Anonymous

Commentaria in Aristotelem graeca

Vol. II

Anonymous

Commentaria in Aristotelem graeca
Vol. II

ISBN/EAN: 9783337172794

Printed in Europe, USA, Canada, Australia, Japan

Cover: Foto ©ninafisch / pixelio.de

More available books at **www.hansebooks.com**

COMMENTARIA
IN ARISTOTELEM
GRAECA

EDITA CONSILIO ET AUCTORITATE

ACADEMIAE LITTERARUM REGIAE BORUSSICAE

VOLUMINIS II

PARS I ALEXANDRI IN ANALYTICORUM PRIORUM
LIBRUM I COMMENTARIUM

BEROLINI
TYPIS ET IMPENSIS G. REIMERI
MDCCCLXXXIII

ALEXANDRI
IN ARISTOTELIS
ANALYTICORUM PRIORUM
LIBRUM I COMMENTARIUM

CONSILIO ET AUCTORITATE

ACADEMIAE LITTERARUM REGIAE BORUSSICAE

EDIDIT

MAXIMILIANUS WALLIES

BEROLINI
TYPIS ET IMPENSIS G. REIMERI
MDCCCLXXXIII

PRAEFATIO

Alexandri Aphrodisiensis in Analytica Aristotelis commentariorum quattuor unum hoc primum integrum ad nostram aetatem pervenit[1]). alterius Analyticorum priorum libri commentarium ante codicum nostrorum memoriam ab hoc separatum periisse videtur. Arabes quidem non iam ferri illud queruntur[2]) atque graeci codices, quorum Torstrikius in bibliothecis Italiae, Hispaniae, Galliae, Britanniae numerum satis magnum et investigavit et examinavit, omnes solum hoc primum continent. sunt sane in eo numero, quibus etiam alterius libri commentarium Alexandri nomine feratur; sed quod hi codices[3]) principi interpretum tribuunt, iam Brandis ei abiudicavit[4]), qui Schol. p. 187 sqq. specimina eius dedit ex Paris. 1873 et 1917, Oxon. Bodlei. 155, Collegii Novi 230. etenim Alexander ipse ab isto interprete, Byzantinae haud dubie aetatis homine, etiam saepius quam a Philopono auctor citatur[5]), multaque ex altero illo commentario deperdito videntur petita esse. ex posteriorum Analyticorum commentariis Alexandreis quae supersunt fragmenta in Supplemento III proponemus.

Iam hinc suspicari licet, id quod infra pluribus probabimus, codices nostros omnes ex archetypo quodam fluxisse, qui unum primi libri commentarium continebat. genera autem eorum distinguenda sunt tria:

---

[1]) Cf. Brandisii de Organi interpretibus graecis commentationem Actorum Acad. Berol. 1833 p. 286. ad recensionem ipsam ex Philopono, quem Br. integritatis huius commentarii testem affert, nihil lucratus sum.

[2]) cf. A. Müller *Die griech. Philosophen in der arab. Ueberlieferung.* Halle 1873 p. 15 (249, 13).

[3]) saeculi XV Vatic. 231, Ambros. D 122 et A 242 inf., saeculi XVI Paris. 1873, Collegii Novi 230, Canonicianus 68. idem sed tacito auctoris nomine praebent s. XVI cod. Paris. 1943 et 1944.

[4]) l. c. p. 290.

[5]) cf. Schol. p. 188a19. 191a11. 191b28. 193b12, 17. 194a40.

classis prima Primi generis est omnium et vetustissimus et praestantissimus liber B, B huius editionis fundamentum, qui cum alia multa in ceteris aut librariorum neglegentia omissa aut vacua relicta tum magnam posteriorum librorum lacunam (p. 383,12—385,24) solus explet. manus correctrices, quatenus ab A. Mau distinctae sunt, siglis B[1] B[2] B[3] notavi[1]), quarum scripturae paene omnes primariis praeferendae sunt. namque B[1] i. e. librarius ipse leviores plerumque errores inter scribendum emendavit. B[2] quoque i. e. manus altera antiqua non coniectanea profert[2]) sed ex archetypo deprompta denuo inspecto. saepius enim, quae librarius homoeoteleutis deceptus praetermisit, in margine addit velut p. 73,13—14. 77,29—30. 83,26—27. 139,6. 214,15. 222,28—29. 225,36—226,2. 268,18. 329,20—21. 378,1 et evanidas litteras restituit ut p. 265,7. 352,22. 366,7. 388,16. 390,27. 418,10. cetera quoque hac manu emendata paucis exceptis[3]) recipere non dubitavimus. neque minus recentioris manus scripturae B[3] signatae commendabiles sunt, quamquam maior earum pars divinando facile inveniri potuit[4]).

Ex hoc descriptam esse eam commentarii partem, quam continet F medii saeculi XV cod. F initio mutilus, non solum plana verborum consensione apparet sed etiam clarius lacunis atque fenestris obviis, ubi B aut deficit aut evanuit[5]).

classis altera Alterius classis libri A C D E H I et aetate et fide multo inferiores ad vetustum quoddam exemplum referendi sunt, in quo, ut codicis I librarius adnotavit (cf. Supplem. p. XII), quinque folia legi non poterant. omnes enim horum foliorum loco vacua relinquunt (p. 383,12—385,24). multae praeterea minores lacunae indidem ortae videntur. omnino autem et inter se et cum editione Aldina (a), quam anno post (1521) Phil. Iuntae heredes denuo typis expresserunt (cf. Supplem. p. XV), ita congruunt, ut horum aliquem totum conferre Torstrikius operae pretium non iudicaverit. itaque a Aldina totius huius classis per saecula XV et XVI propagatae instar nobis sit, cuius discrepantiam exceptis manifestis typothetae erroribus et prava scribendi consuetudine plenam dabimus, quo facilus vulgaris

———

1) Reliquis locis primaria scriptura B pr., correcta B corr. signata est.

2) addit saltem, ubi profert, p. 47,9 οὕτως οἶμαι ὀρθῶς; p. 40,23 et 95,22 discrepantibus quas adnotat lectionibus praeponit γρ.

3) cf. p. 15,19. 37,9. 188,16. 387,14; recta expunxit p. 150,21. 183,8; p. 140,18 aberravit ad vs. 20.

4) cf. p. 264,29. 377,1,26. 415,31; p. 359,4 lacunam ex vulgari recensione supplere videtur cf. vs. 7 et 9.

5) patebit iam, quam obiter Brandis eum inspexerit, qui Schol. p. 139 subnotet „ad Alexandri quaedam loca cod. Reg. 1919 sine ullo fructu inspectus est.“

atque nostrae recensionis discrimen cognoscatur. editor ipse in epistula ad Nicolaum Passerum De Ianua medicum praemissa (cf. p. XIV—XV) *vehementem medicaminum vim* se adhibuisse gloriatur, neque dubitari potest, quin multa eorum, quae in Aldina novata deprendimus, ex ipsius officina prodierint. sed non minus dubium est, quin multa alii iam praeiverint. tota enim haec vulgaris recensio interpolationibus tam referta est, ut fides eius etiam iis locis in suspicionem nobis veniat, ubi veram memoriam videtur servavisse. velut interdum Aldina exhibet, quae in ceteris melioris notae libris omissa ipso sententiarum contextu requiruntur; cuiusmodi additamenta, ubi omissionis origo insuper homoeoteleutis perspicua fit, recipere veriti non sumus (cf. p. 41,12. 109,20. 21. 147,10. 150,5). aliis tamen additamentis, quae homoeoteleutorum commendatione carent, diffidendum est. exemplum dabo p. 149,34, ubi sententiam mancam addito *ὑπάρχον ἔσται* post *ἀναγκαία* Aldinae editor supplet; at veram scripturam et qua defectus origo intellegitur Themistii quae fertur paraphrasis (cf. p. XVII) servavit: *τὸ συμπέρασμα οὐκ ἀναγκαῖον.* eiusdem interpolatoris manum p. 85,25 deprendisse mihi videor, ubi *κόρακι παντί* transposui.

Medium quendam locum et aetate et pretio saeculi XIV libri G L M classis media
et K obtinent, quorum nullus usque ad magnam illam lacunam pertinet.
primum K, ubi B deficit, adhibitus est, ne horum locorum recensio in K
sola deterioris classis memoria posita esset. qui cum mendis et lacunis
deformatus exspectationem non expleret, L et, ut locupletiorem mediae L
classis testem haberemus, M, qui postea innotuit, toti collati sunt. hic, M
quocum prorsus consentit G (cf. p. XII), toties fere cum B quoties contra G
hunc cum a facit; paulo rarius ab utroque differt, inter quae sunt interdum illis praeferenda velut p. 42,27. 121,11. 183,35. 187,1. 190,3. eiusdem recensionis testis deterior est L; nam si multa mendose scripta, librario ad homoeoteleuta aberrante omissa — in quo quidem genere multa iam M praeivit — ad libidinem denique transposita exceperis, aperta erit huius quoque cum M consensio. plerumque enim LM, ubi ab B discedunt, a vero declinant. raro velut p. 1,4. 3,27 et, ubi B praesto est, 71,9 L solum secuti sumus. — K quamquam parum sibi constat, tamen ab M propius quam ab Aldina abesse videtur. quae peculiaria habet, eorum plura sane librarii errori ac neglegentiae debentur; tamen haud frustra collatus est; nonnunquam enim solus vera exhibet, velut p. 128,14. 15. 156,26. 27 hic unus non est lacunosus. hinc et ex eis, quae Supplem. p. XII adnotavimus, etiam hunc librum apparebit medium inter vulgarem et antiquiorem codicis B recensionem intercedere.

Z etiam Z (cf. p. XIII), si quid de tantulo excerpto affirmare licet, eiusdem classis videtur esse.

Satis iam eis, quae de hoc medio codicum genere disserui, probavisse mihi videor, quo iure, ubi optimi codicis B subsidio destitutus eram, eclecticam quandam rationem inierim.

archetypus Haec tria codicum genera quamquam satis certis notis distincta sunt, ad archetypum quendam communem aliquanto post Alexandrum conscriptum spectare primum indicio sunt multi loci pariter in B(L)M a depravati p. 14, 17. 15,19. 50,7. 51,34. 69,14. 72,14. 82,20. 96,6. 100,10. 125,6. 141,23. 148,25. 164,20. 177,4,5,34. 183,24. 184,14. 199,17 et, ubi M desiit, in B a p. 213,32. 215,7. 216,37. 224,17. 18. 228,23,25. 235,21. 256,15. 258,16. 347,1,5. 358,13. 374,6. 377,8. 379,5. 380,31. 391,29. 410,15. 16 — aberrante deinde librario iterata verba in B M a p. 177,4,5. 178,5, in B M p. 139, 30. 144,2, in B a 380,13 cf. 384,18 — tum spatia vacua relicta in a B (M deficit) p. 231,35. 358,26,27. 359,10 (cf. 365,4 καθ'). 380,17. 405,5 (post περιπατεῖ). saepius denique B a vel lemmata Aristotelea interpretationi continuant (p. 243,11. 254,10. 11. 297,26. 380,24. 410,17. 18) vel Alexandrea lemmatis loco habent (p. 231,20—24. 239,20. 244,39. 40).

In lemmatis recensendis,[1]) exceptis videlicet eis, quae textui immiscentur, librorum L M rationem non habui, utpote quorum scholia Aristotelis circumscripta initia tantum lemmatum atque ea perpallido minio iterent. inter a et B hic quoque eadem intercedit ratio; saepius enim Aldinae lemmata ex vulgari Aristotelis recensione interpolata atque aucta reperimus (cf. p. 43,2. 53,26. 60,19. 61,22. 94,1). Ceterum ne B quidem eiusmodi interpolationum plane expers est, velut p. 199,17. 282,15 B a in lemmate exhibent, quae Alexander ipse non legit.

Titulorum, quibus commentarii capita atque, praecipue in a, etiam capitula inscribuntur, quoniam neque in positione neque in verbis ulla est librorum consensio, originem ab Alexandro alienam esse apparet. quare in apparatu eos subnotare satis habui.

In orthographicorum et accentuum minutiis eandem secutus sum rationem, quam H. Diels praef. Simpl. p. VIII—IX exposuit. indicem verborum quem composui cum Topicorum indice coniunctum alteri huius voluminis parti adnectam.

Scr. Berolini
Kal. Sept. MDCCCLXXXIII M. WALLIES.

[1]) litteris uncinis ( ) inclusis codicum Arist. consensum notavi.

SUPPLEMENTUM PRAEFATIONIS

I CONSPECTUS LIBRORUM MANU SCRIPTORUM ET IMPRESSORUM

Escorialensis R-I-13 forma maxima, chartaceus, saeculi XVI, ut A
Torstrikio, XIV, ut Millero videtur, lemmatis rubris, passim a Torstrikio collatus Aldinae persimilis est: velut p. 17,14. 15. 21,15. 39,22—24. 86, 23. 24 eadem omisit, p. 21,27. 383,12. 388,21,23 easdem reliquit lacunas, p. 21,31 στοϊχοῖς habet. ecce specimen variae lectionis a Torstrikio notatae; litterae uncinis inclusae aliorum codicum consensum indicant:

p. 1,9 ὄργανον mrg. (H), ἔργον textus (C D H) || 13 δὲ] καὶ pr. (D H) || p. 16,22 ὅρια (CD) || 23 τί pr. || 25 ἡ om. pr. || p. 21,4 δεῖν pr. || 14. 15 τῆς γὰρ ἀποδείξεως ἴδιον τοῦτο mrg. || 22 συμβαίνειν] οὖν (εἶναι a) || 27 τῷ || 31 λέγοι || p. 22,26 εἰς] ἐν || 28 ἀν*εται || p. 39,22 ἀλλ' ἄχρηστον (ἀλλὰ χρηστὸν a) || cetera p. 1. 16. 17. 21. 22. 39. 40 collata cum Aldina (a) congruunt.

Urbinas 51 forma maxima, membranceus, saeculi XII sive XIII, folio- B
rum nunc 230, huius editionis fundamentum, totus ab A. Mau Romae ea, quam meret, diligentia atque sollertia collatus est. deficit initio p. 1—13,11. 84,15—86,7. 112,8—120,4. 123,11—124,33. 126,21—136,14, ubi folia exciderunt, numeri tamen foliorum continuantur. f. 15ᵛ ante τὸ λεγόμενον ὑπ' αὐτοῦ (p. 40,18) iterum scripta τὸ (sic) μὲν καθόλου καταφατικῇ (p. 38,14) . . . κειμένη· καὶ ἡ ἀντικειμένη (p. 39,9) oblitterata sunt. f. 57ᵛ ad p. 177,32 ἀναδεχομένου in margine manus altera antiqua adscripsit τοῦτο κατὰ τὴν χρυσίππου δόξαν et paulo infra ad τέθνηκεν οὗτος p. 178,1 . . . (evanida quaedam praecedunt) συνημμένου τοῦ εἰ τέθνηκε δίων. (τέ)θνηκεν οὗτος ψεῦδος, φησίν, ἐστὶ καὶ (ἀ)δύνατον τὸ ἀξί(ωμα) τὸ λέγον | τέθνηκεν οὗτος . . . (τ)ὸ μὲν γὰρ | ὁ δίων ἀδύνατόν ἐστι τεθνηκέναι | . . πάλιν ἀποθανόντος αὐτοῦ (φ)θείρεται τὸ οὗτος· ἡ γὰρ δεῖξις | (ἐπὶ) ὄντος, ὁ δὲ ἀποθανὼν οὐ | . . (οὐκέτι?) ἔστι, διὰ τοῦτο ἀδύνατον ὅλως et f. 58ʳ ad ἕποιτο ἐκείνῳ p. 178,32 εἰ γεγονότος τοῦ ἡγ(ουμένου) ἐφθείρετο τὸ . . .; quae ad p. 179,2 τοῦ οὗτος eadem manus adscripsit, evanuerunt paene omnia. horum quidquam textui inserendum esse neque adnotatum est neque probabile videtur. Inde a f. 212ᵛ

(p. 378.19) codex alia manu sed eadem diligentia exaratus est. de correctoribus iam supra p. VI egimus.

C Laurentianus LXXII 11 forma maxima, membraneus, saeculi XV, foliorum 288, lemmatis, quae plena exhibet, rubris, Torstrikii testimonio, qui passim eum inspexit. Aldinae non dissimilior est quam codex A: p. 383.12. 388.21.23 eaedem sunt lacunae; etiam τοὺς 388,20 et προσεῖπον 388.25 fenestris relictis omittit, quas a (προσείρηται habet!) facile ex coniectura supplere potuit. discrepant tamen haec cum Aldina:

p. 1.9 ἔργον (A D H : coll. usque ad 1.16) p. 16.22 ὅρια (A D) | 27 ἐπεὶ | 29 ὁμογενῆ 30 χωρίζοι 31 πλεῖστον | p. 17.22 οὖσαν 23 συγχωρῆσαι || 26 οὐ διά] οὐσία || p. 418.19 habet τῶν.

D Laurentianus LXXII 13 forma maxima, chartaceus, saeculi XV, foliorum 194, quorum in primo nomen legitur Benedicti Varchi. prorsus, ut ait Torstrik, cum Aldina concinit. peculiare collata nihil praebent.

p. 1.9 ἔργον (A C H) 13 δὲ] καὶ (pr. A. H) | p. 16.22 ὅρια (A C) || 25 ἡ om. (pr. A).

E Ambrosianus D 105 inf. forma maxima, chartaceus, saeculi XV, foliorum ordo turbatus. hunc quoque proxime ab Aldina distare Torstrik testatur; specimen tamen non dedit, nisi quod eum p. 1,15 κακείνων habere notavit.

F Parisinus 1919 forma maxima, chartaceus, anno MCCCCXLII [Torstrikio teste, at sec. catal. MCCCCXLIV] manu Pallantis Strozae exaratus, quem Brandis Schol. p. 139 sine ullo fructu passim a se inspectum esse queritur (cf. p. VI). f. 51^{r}—123^{v} huius commentarii continet p. 37,11 παρείασε δὲ — p. 233.12 τὸ μὴ ἀεί, quibus verbis rubro eadem manus subscripsit μέχρι τοῦδε τῶν σχημάτων ἔστιν ἐξήγησις ἀλεξάνδρου ἀφροδισιέως. sequuntur f. 124^{r} alia eiusdem aetatis manu scripta: ἀλλ' ἐὰν ἡ μείζων λάβῃ τὸ ὑπάρχον οὖσα ἀποφατική, ἡ δὲ ἐλάττων τὸ ἐνδεχόμενον καταφατικὴ οὖσα, ἀντιστραφείσης τῆς μείζονος καὶ πάλιν μενούσης ἀποφατικῆς ἐν τῷ συμπεράσματι τὸ ἐνδεχόμενον συνάγεται πάλιν τὸ σύνδρομον τῷ ἀναγκαίῳ . . . ἰστέον δὲ καὶ τοῦτο, ὅτι τὸ ἀναγκαῖον τριχῶς λέγεται, ὥσπερ καὶ τὸ ἐνδεχόμενον, καθάπερ εἴρηται. λέγεται γὰρ ἀναγκαῖον τὸ ἀπαραίτητον. λέγεται ἀναγκαῖον τὸ ὑπάρχον, ὅταν ᾖ, ὡς ὅταν λούηται ὁ ἄνθρωπος, ἀναγκαίως λέγωμεν (l. λέγομεν) αὐτὸν λοῦεσθαι . . ., quae neque Alexandri neque Philoponi sunt.[1]) f. 133^{r} lemmatis πῶς δ' εὐπορήσομεν interpretatio est διδάξας ὁ τεχνικὸς ἐν τῷ πρώτῳ τμήματι . . . a f. 165 manu recentiore (s. XVI) exaratus incipit εἰς τὸ δεύτερον τῶν ὑστέρων ἀναλυτικῶν Anonymi commentarius: διαλαβὼν ὁ ἀριστοτέλης ἐν τῷ πρώτῳ βιβλίῳ τῆς ἀποδεικτικῆς . . . ὡς ἀλεξάνδρῳ δοκεῖ τῷ ἀφροδισιεῖ, ὃς καὶ τὸν θεόφραστον αὐτὸν ἐπιφέρεται μάρτυρα . . . — quaecunque a Torstrikio collata sunt, p. 37,13—39.24. 40,18—23. 41,26—42.5. 43,3—11. 84,6—87.7. 111.30—125.6. 126.21—136,27. 143,6. 217,31. 231,24—233,12, correctum codicem B ita sequuntur, ut F ex hoc descriptus esse videatur.

[1]) Cf. Brandisii de Organi interpr. Gr. commentationem p. 290.

quae in illo deficiunt, librarius huius in lacunis omisit paulo amplioribus, ne sententiarum continuationem praefracte interrumperet (p. 84,15—86,10. 112,4—120,5. 123,11—125,6. 126,21—136,19; de initio mutilato iudicare non licet). itemque si quid in illo evanuit, fenestras reliquit, velut p. 87,7. 121,18.26,27.28 (λ). 123,9.10 ἡ); p. 231,35 uterque Aldinae lacunam habet. notanda praeterea haec sunt:

p. 37,13 ἀντὶ γὰρ τοῦ εἰπεῖν] spatium pauciorum literarum ‖ 15 τὴν δεῖξιν om. 19 ἐπὶ τοῦ ὑπάρχον— evan. p. 38,16 ἐνδεδειγμένοις ‖ 17 τινὶ τῷ . . . ἑαυτῇ (19) om. 26 ἡ om. ‖ p. 39,23 οὐδε[μία γὰρ οὔτε] unc. incl. evan. p. 40,23 πρὸς ἀμφότερα πρὸς p. 121,25 ἐξ habet 26 τῷ β . . . καὶ τὸ α om. (homoeotel.) ‖ 27 ὑπάρχειν omisso ἡ ἐστιν om. in lac. ‖ p. 231,29 ἐπὶ ‖ p. 233,2 τὸ iterat.

Parisinus 1843 quadratus, chartaceus, saeculi XIII, qui in charta G praefixa indicem habet, cui subscribitur κτῆμα ἀντωνίου τοῦ ἐπάρχου, ὃ δέδωκεν τῷ ἐπιφανεστάτῳ φραγκίσκῳ τῷ κραταιῷ βασιλεῖ κελτῶν εἰς εὐχαριστίας σημεῖον. f. 119—205 Analytica et priora et posteriora continet cum scholiis miscellis circumscriptis (f. 158r inc. Prior. II, f. 177r Poster. I, f. 195v Poster. II). f. 127r, unde alia manus incipit. — f. 137v nullo addito nomine exhibet, quae sunt huius commentarii p. 142,19—217,28. hinc iam rarescunt scholia, inter quae Alexandrea praeterea non sunt, atque inde a tertio capite (p. 340,3) paene desinunt.[1]) alterius quoque libri scholia Aristoteleis passim circumscripta, quorum pleraque particula ὅτι introducuntur et σύνοψις inscribuntur, anonyma sunt omnia.[2]) posteriorum

---

[1]) Velut f. 156v ad Arist. p. 51b26: ὁ λέγει (ὁ λέγων?) 'ἔστιν οὐκ ἴσον' καταφάσκει ὅτι τινὶ τὸ μὴ εἶναι ἴσῳ ὑπάρχει, ὅ ἐστι τὸ ἄνισον. ὁ δὲ λέγων 'οὐκ ἔστιν ἴσον' ἀποφάσκει μόνον τὸ ἴσον, καταφάσκει δὲ οὐδέν. διόπερ τὸ μὲν 'ἔστιν ἴσον' καὶ 'οὐκ ἔστιν ἴσον' ἐπί τε τῶν καὶ ὄντων καὶ μὴ ὄντων χωρίζει τὸ ἀληθὲς καὶ τὸ ψεῦδος. τὸ δὲ ἴσον καὶ ἄνισον οὐκέτι· ὃ γὰρ μή ἐστι ποσόν, οὔτε ἴσον ἐστὶν οὔτε ἄνισον (cf. Alex. p. 400,20 sq., Philop. Aldin. f. 90r).

[2]) exemplo sit hoc scholion περὶ ἀπαγωγῆς rubro inscriptum (f. 176v sub finem Anal. pr.) Ὅτι ἀπαγωγῇ λέγεται κεχρῆσθαί τις, ὅταν τῶν δεικτικῶν τινος δύο προτάσεων ἡ μὲν φανερὰ ᾖ ἡ δὲ ἄδηλος μὲν τὸ δὲ πιστὸν ὁμοίως ἔχουσα τῷ συμπεράσματι ἢ καὶ πλέον τοῦ συμπεράσματος. καὶ ταῦτα δεικνύει καταλιπὼν τὸ δεικνύναι τὸ συμπέρασμα τὸ ζητούμενον· οὕτω γὰρ ἀπάγει ἡμᾶς ἀπὸ τοῦ ζητουμένου προβλήματος ἐπὶ ἕτερον. εἰ γὰρ μᾶλλον τοῦ συμπεράσματος ἡ ἑτέρα πρότασις ἄδηλος εἴη καὶ ταύτην ἐπιχωροίη διὰ προσυλλογισμοῦ δεικνύναι, οὐ λέγεται ὁ τοιοῦτος ἀπαγωγῇ κεχρῆσθαι ἀλλ' ὑπαλλαγῇ καὶ τῇ ἐπὶ χαλεπώτερον πρόβλημα βάσει. οὐ μόνον δὲ ἀπαγωγή, ἐφ' ὧν ἡ ἑτέρα πρότασις πιστοτέρα ἐστὶ τοῦ συμπεράσματος, ἀλλὰ καὶ ἐφ' ὧν ὀλίγα ἐστὶ τὰ μεσὰ (ἄμεσα P) τοῦ μέσου καὶ τοῦ ἑτέρου τῶν ἄκρων, τοῦτ' ἔστι, δι' ὧν ἡ πρότασις δείκνυται· καὶ γὰρ ἀπαγωγὴ γίνεται ἅτε συντόμως δεικνυμένης τῆς προτάσεως. καὶ τοῦ μὲν προτέρου τρόπου τῆς ἀπαγωγῆς παράδειγμα α διδακτόν, β ἐπιστήμη, γ ἀρετή· ἡ μὲν αβ φανερά, ἡ δὲ βγ ἄδηλος· ὁμοίως γὰρ ἄδηλον τὸ τὴν ἀρετὴν ἐπιστήμην εἶναι καὶ τὸ τὴν ἀρετὴν διδακτὸν εἶναι. ἐγγύτερον γάρ, φησί, γινόμεθα τοῦ ἐπίστασθαι τὸ συμπέρασμα ταύτης δειχθείσης διὰ τὸ ὡς φανερὰν προσλαμβάνειν τὴν α πρότασιν μὴ ἔχοντας ἐπιστήμην τοῦ συμπεράσματος. τοῦ δὲ δευτέρου τρόπου δ τετραγωνίζεσθαι, ε εὐθύγραμμον, ζ κύκλος. εἰ γὰρ πρόκειται δείξω (l. δεῖξαι), ὅτι πᾶς κύκλος τετραγωνίζεται, διὰ μέσου τοῦ εὐθυγράμμου ὡς εἶναι τὴν μὲν μείζονα πρότασιν φανερὰν τὴν λέγουσαν 'πᾶν εὐθύγραμμον τετραγωνίζεται' (τοῦτο γὰρ ἔχομεν ἐν τῷ δευτέρῳ τῶν Στοιχείων ἐν τῷ τελευταίῳ θεωρήματι δεδειγμένον) ἄδηλον δὲ τὴν ἐλάττονα τὴν λέγουσαν 'πᾶς κύκλος εὐθυγράμμῳ ἴσος

Analyticorum scholia, ex quibus sunt, quae Alexandri nomen prae se ferant, infra tractabimus. — superior foliorum pars imprimis initio madore confecta vix legi potest. collata a Torstrikio p. 142,18—143,28. 154, 26. 177,25—178,31 paene omnia cum cod. M consentiunt, a quo haec tantum differunt:

p. 142,19 τὸ superscr. || 22 τῆς, quod periit in M, habet || p. 143,15 supra μὴ nescio quid || 16 πῶς (a B) || p. 178,10 τὸ prius, quod addit M, om. || 20 οὐκέτι (a B). — p. 204,30 (ubi M iam deficit) ἡ δὲ (B) || p. 217,27 συνεκτικούς (συνακτικούς B).

H Oxoniensis Collegii Novi 230 (cf. p. V) forma maxima, chartaceus, saeculi XVI, Aldinam Torstrikii testimonio sequitur, qui haec adnotavit:

p. 1,5 χρῶνται δὲ . . . σύστασις (7) mrg. || 9 ἔργον (A C D), ὄργανον mrg. (A) || 13 οὖσαν || δὲ] καὶ (pr. A, D) || 15 κἀκείνων (E).

I Escorialensis Φ-II-16 forma maiore, chartaceus, saeculi XVI, qui inscribitur ἀλεξάνδρου ἀφροδισιέως ὑπομνήματα εἰς τὸ ᾱον τῶν προτέρων ἀναλυτικῶν. a Torstrikio passim inspectus et initio et exitu (418,14 καὶ τὸ οὐκ ἀγαθὸν καὶ τὸ οὔτε ἀγαθὸν οὔτε οὐκ ἀγαθόν in mrg. addit) plane cum Aldina congruit. p. 381,33 γεγονέναι in γεγονότι depravavit; p. 382,25 σύνθετος — 29 τῷ ὃ hic quoque ut omnes codices praeter B omittit.[1]) ante lacunam p. 383,12—385,24 eadem manus in margine adscripsit ἐν τῷ παλαιῷ ἀντιγράφῳ ἐνταῦθα οὐκ ἠδυνάμεθα ἀναγνῶναι διὰ τὴν παλαιότητα τοῦ βιβλίου. ἀλλὰ οὐ μόνον δεῖ σε τοῦτο γινώσκειν ἀλλὰ καὶ ὅτι εἰσὶ τὸν ἀριθμὸν φύλλα ὅμοια τούτοις πέντε τὰ πεπαγχμένα καὶ πεπαλαιωμένα, unde tamen non est colligendum hunc ex ipso illo vetusto exemplari descriptum esse.

K Vaticanus 1034 quadratus, bombycinus, saeculi XIV vel XV, mendose scriptus, huius commentarii p. 1—182,28 ἐνδεχόμενον continet. a Torstrikio iam inspectus, ab A. Mau, ubi B deficit, Romae collatus est. pauca, quae praeterea adnotata sunt, hoc loco addam, unde etiam quae huic cum optimo cod. B intercedat ratio appareat:

p. 13,11 καλοῦσι (B L M) || 14 τῆς (A L M) προτάσεως ὅρος (a L) || τῇ ἀποδεικτικῇ καὶ τῇ διαλεκτικῇ (B L M) || 15 συλλογισμοῦ γένεσιν λαμβάνηται (B L M) || οὐδὲν δὲ (a L M) || 16 γὰρ ὁ (B L M) || 17 et 18 ὑπάρχον (L) || p. 84,14 τὸ . . . τῷ (a L M) || 15 ἰσοδύναμον ὂν (a L) || οὐ om. (a L M) || p. 86,11 et 14 τὸ . . . τῷ (B M) || 12. 13 τὸ ποιὸν . . τὸ ποσόν (a L M) || p. 112,5 ὅτι . . . σχήματος (6) om. (a) || 6 post δείξας add. καὶ || p. 120,8 τοῦ habet (B M) || 8. 9 verba collocat ut B M || p. 125,2 συνάπτεται (B M) || 5 οὕτως habet (B M) || 7 τῆς μίξεως τῆς τοιαύτης (B) || p. 126,19 εἰ habet (B M) || p. 136,16. 17 συζυγιῶν] ἀναγωγῶν || 17 δὲ om. (δὴ B) || p. 154,26 τούτω (M) χρῆται (B M) | συναγόμενόν τι (a B) || 27 συναγούσῃ (M) | ἐν (a B) || 28 τῇ ἐξ habet (B M) || 28. 29 ἀνῄρει . . . συμπέρασμα habet (B M) || δὲ τοῦτο

γίνεται' καὶ δεικνύοιτο ἡ τοιαύτη πρότασις διὰ μέσου ἑνὸς ὅρου οἷον τοῦ μετὰ μηνίσκου οὕτως· ὁ κύκλος ἴσος ἐστὶν εὐθυγράμμῳ μετὰ μηνίσκων, οἱ δὲ μηνίσκοι ἴσοι εὐθυγράμμῳ, ὁ κύκλος ἄρα ἴσος γίνεται εὐθυγράμμῳ, καὶ οὗτος ἀπαγωγῇ γίνεται. τοῦτο δὲ περὶ τοῦ καθ' Ἱπποκράτην τὸν Χιόν γεωμέτρην τετραγωνισμοῦ λέγεται, ὃς ἐλέγχεται ψευδογραφούμενος ἐν τῷ πρώτῳ τῆς Φυσικῆς (cf. Philop. Aldin. f. 117v).

[1]) sunt haec ipsius Torstrikii verba, ex quibus concludas A C D E H etiam hoc loco ab eo inspectos esse, quamquam ipse nihil adnotavit.

(M) | 30 τοιαύτης συζυγίας μίξει (B M: τῆς om., quod. add. M) || ἢ ὑπάρχον ἢ ἀναγκαῖον (M) || 31 γίνεσθαι (B M) || p. 156,28 ὑπάρχον (ante αὐτῷ) || 29 ὑπάρχῃ (B M).

Coislinianus 157 forma maxima, membraneus, saeculi XIV medii, et Z quocum plana est consensio, Parisinus 1972, olim Medicaeus, bombycinus, exeuntis saeculi XIII [sec. catalog.], quorum hic f. 210^r—437^r, ille f. 180^r—362^r Analytica et priora et posteriora cum scholiis miscellis continet, f. 242^v et 275^r exhibent ἀρχὴ τοῦ τρίτου τμήματος: περὶ ἀναλύσεως συλλογισμῶν atque deinde ἀλεξάνδρου ἀφροδισιέως nomine praefixo tertii capitis initium (p. 340,3—18 ἀνάγειν). vs. 7,9,13 cum optimo cod. B, vs. 16,17 cum Aldina concinunt; vs. 3 δὲ et εἰς τὰ προειρημένα σχήματα om., vs. 12 fort. recte παραδιδομένης, vs. 14 τε om.

Ad hos codices a Torstrikio indagatos accedunt duo:

Vindobonensis phil. gr. 139 [Nesselii catal. p. 79] forma maxima, L chartaceus, saeculi XIV, ex Sambuci libris, mendose scriptus, foliorum 297, quorum f. 148^r med. titulum fert miniatum ἀλεξάνδρου ἀφροδισιέως ὑπόμνημα εἰς τὰ πρῶτα ἀναλυτικά. prooemii (f. 148^r—150^r) extremis verbis πόλεως μέρη (p. 9,2) eodem versu continuatur Ὁ (rubr.) σκοπὸς τοῦ ἀριστοτέλους διδάξαι περὶ ἀποδείξεως. ἐπειδὴ οὖν ἡ ἀπόδειξίς ἐστι συλλογισμός τις, εἰκότως διδάσκει πρῶτον περὶ συλλογισμοῦ διαιρῶν αὐτὸν εἰς πρῶτον καὶ δεύτερον καὶ τρίτον σχῆμα, εἶτα περὶ ἀποδείξεως καὶ συλλογισμοῦ ἀποδεικτικοῦ. ὁ δὲ τοιοῦτος ἀποδεικτικὸς συλλογισμός ἐστι σύνθετος. ἐμάθομεν, ὅτι τὰ ἁπλᾶ προηγοῦνται τῶν συνθέτων, καὶ ὁ κατὰ ἀνάλυσιν χωρῶν ἀπὸ τῶν συνθέτων ἄρχεται καὶ εἰς τὰ ἁπλᾶ καταλήγει. εἰκότως οὖν ὁ ἀριστοτέλης ἀναλυτικὰ ἐπέγραψε τὴν πραγματείαν: ἄλλως (ἀ rubr.). περὶ ἀναλυτικῶν τὸ βιβλίον ἐπιγέγραπται ἀπὸ τοῦ τρίτου κεφαλαίου τοῦ περὶ ἀναλύσεως ὡς τῆς ἀναλύσεως τελειοτέρας οὔσης· πᾶς γὰρ συλλογισμὸς ἐκ τῆς ἀναλύσεως εὑρίσκεται ἔχων τὸ οἰκεῖον σχῆμα (ὡς . . . σχῆμα Philoponi sunt ed. Zanetti f. 4^r). πρότερα δέ, ἐπεὶ περὶ τοῦ ἁπλῶς συλλογισμοῦ ἐν αὐτῷ διαλαμβάνει τοῦ τέλους ὄντος τοῦ τε ἀποδεικτικοῦ καὶ διαλεκτικοῦ καὶ σοφιστικοῦ· ἐν οἷς δὲ περὶ τῶν εἰδῶν . . . (reliqua quattuor huius pag. verba legi non possunt). post Philoponi deinde prooemium (f. 150^v—151^v) in margine superiore f. 152^r perpallido minio scripta haec leguntur: ὧδέ εἰσιν δύο ἐξηγήσεις, ἡ μὲν πρώτη ἐστὶν ἡ τοῦ ἀλεξάνδρου τοῦ ἀφροδισιέως, ἡ δὲ ἑξῆς ἰωάννου φιλοπόνου. tum f. 152^r—183^r Aristotelis verbis iam circumscripta Alexandrea (p. 9,3—88,10) et Philoponea alternant pallido minio semper τοῦ ἀφροδισιέως et τοῦ φιλοπόνου nominibus atque initiis lemmatum praescriptis. post ἡ ἐπὶ μέρους ἀποφατική (p. 88,10), extrema f. 183^r verba, sequuntur ἢ ὅταν ἡ μείζων καθόλου ᾖ, ἡ δὲ ἐλάττων μερική, τότε ἔσται συλλογισμός, ὅτε δὲ ἡ μείζων μερικὴ ἡ δὲ ἐλάττων καθόλου, τότε οὐ γίνεται: πάλιν ἐὰν μὲν τὸ μ τοῦ μὲν ν̄ κατηγορῆται τοῦ δὲ ξ μὴ παντός, τὸ ν οὐ παντὶ τῷ ξ̄ . . ., quae neque Alexandri neque Philoponi sunt. reliqua Analyticorum pars (f. 183^v—196^v) exceptis paucis quibusdam notis, quae vix legi possunt, scholiis vacat. — initium (p. 1—17,6) H. Diels, reliqua ipse contuli.

Monacensis 222 forma maxima, bombycinus „charta solida et laevi- M gata, titulis et initialibus miniatis, scriptura minutissima et valde abbreviata, a blattis laesus, possessus a Demetrio Tribola Peloponnesio", saeculi XIV [sec. Hardti catalogum s. XIII], foliorum 242, sub eodem titulo f. 91r—114v huius commentarii dimidiam fere partem (p. 1—199, 28) Aristoteleis prooemio excepto circumscriptam habet. lemmatum initia tantum pallido minio ut in L iterantur. f. 104 (p. 119, 7) initio alterius in Aldina capitis adscriptum est Ἀλεξάνδρου ἀφροδισιέως εἰς τὸ πρῶτον τῶν προτέρων ἀναλυτικῶν λόγος δεύτερος. f. 109r (p. 159, 9—163, 23) in margine inferiore spatio ab antecedentibus disiunctum hoc est σχόλιον: ἐπεὶ τὸ ἐνδεχόμενον οὔπω μὲν πάρεστι. δύναται δὲ παρεῖναι καὶ μετὰ τὸ παρεῖναι ἀπεῖναι, διότι μὲν οὔπω πάρεστιν, οὐκ ἔστιν ὑπάρχον. διότι δύναται παρεῖναι. οὐκ ἔστιν ἀδύνατον. διότι μετὰ τὸ παρεῖναι δύναται ἀπεῖναι. οὐκ ἔστιν ἀν(αγκαῖον). τοῦτο ταῖς ἀποφάσεσι τοῦ ὑπάρχοντος καὶ τοῦ ἀναγκαίου καὶ τοῦ ἀδυνάτου ὁρίζεται· οὗ μὲν γὰρ μὴ ὄντος. ἐπειδὴ οὐκ ἔστιν ἀναγκαῖον. τεθέντος ὑπάρχειν, ἐπεὶ οὐκ ἔστιν ὑπάρχον· εἰ γὰρ ἦν ὑπάρχον. οὐκ ἐδεόμεθα τοῦ ὑποθέσθαι τὸ ὑπάρχον· διότι δὲ οὐ δι' [οὐχὶ?] ἀδύνατον σημαίνει. οὐκ ἔστιν ἀδύνατον. et f. 112r (p. 185, 1—188, 14) ὅτι ἐὰν ἐν χρόνῳ ἡ μείζων πρότασις ὑπὸ τῆς ἐλάττονος ὁρίζηται. ἐπὶ πλέον ἐστὶν ὁ μέσος ὅρος τοῦ μείζονος. εἰ δὲ τοῦτο. μερικὴ γίνεται ἡ μείζων. καὶ οὕτως ἔσται ἀσυλλόγιστος ἡ συζυγία . . . (evan. sex fere lit. τῷ καὶ?) τὸ παντὶ καὶ τὸ οὐ . . . (foramen; supple οὐδενὶ συνάγεσθαι). paulo ante quam scholia desinunt, alia manus incipit (f. 113v = p. 195, 28) multo neglegentior, cuius perpallido atramento exarata insuper maculata sunt. inde a f. 114v Aristotelea sine commentario sequuntur exceptis quae in margine sunt figuris et brevioribus notis, quae subinde textus versibus interseruntur. initium (p. 1—25, 23) a me, reliqua a P. Müller collata sunt.

Exempla edita innotuerunt mihi duo:

a Aldinum exemplum, cuius paginarum numeros in dextro ubique margine adscribi iussimus, est forma maxima. f. 1r supra Aldi ancoram titulum habet Ἀλεξάνδρου τοῦ ἀφροδισιέως εἰς τὰ τοῦ Ἀριστοτέλους πρότερα ἀναλυτικὰ ὑπόμνημα et latine *Alexandri aphrodisiensis in priora analytica Aristotelis commentaria.* f. 1v est epistula: ***Franciscus Asulanus Nicolao Passero De Janua, optimo bonarum artium parenti, s. d.*** subscribitur f. 141v Ἐνετίῃσιν ἐτυπώθη παρὰ τοῖς περὶ τὸν Ἄλδον τε καὶ Ἀνδρείαν τὸν ἀσουλανὸν χιλιοστῷ πεντακοσιοστῷ εἰκοστῷ ἀπὸ τῆς θεογονίας ἐνιαυτῷ ἐπὶ ἄρχοντος Λεονάρδου τοῦ λαυρεδανοῦ τοῦ τὴν τῶν πόλεων δεξιῶς ἡνιοχοῦντος βασιλίδα ταύτην ἀνθεστηριῶνος δεκάτῃ ἱσταμένου. ex epistula illa haec digna sunt quae notentur:

Nam cum opacis in tartarorum tenebris Alexandrum in priora Philosophi analytica pallenti confectum squallore, tetra exesum rubigine, frequentibus hinc inde confossum vulneribus, miseros passim laniatum foedatumque artus, quin etiam omni prorsus sensu vitaque carentem offenderim: hunc lachrymis miseratus obortis de imo herculeis adnixus viribus extraxi orco. quem miserum ut iniqua adeo deformatum conspexi sorte, non potui non acerbius deflere: quin et meas omnino partes esse duxi . . ut tantopere pro summis elaborarem viribus, quoad mea ipsius opera superas iterum Alexander reviseret auras . . hunc igitur piis exceptum manibus in meum ilico reieci sinum: hunc fovi continuo dies ac noctes: huic vehementem medicaminum adhibui vim (!): huic summam impendi opem: huic meam omnem sedulus navavi operam: nec destiti prius quam hic pristinum sensim reciperet spiritum . . . huic opportuna omnia admovi nutrimenta . . . ut crebris tandem cum fomitibus integros omnes hoc in corpore rapuerim sensus.

Juntinum exemplum f. 1r eundem titulum graece et latine praebet. Juntina
f. 1v epistula explet: *Augustino Nipho de Medicis Suessano peripateticorum principi Antonius Francinus Varchiensis felicitatem.* subscribitur f. 173r *Florentiae per haeredes Philippi Juntae Anno Domini M.D.XXI. Mense Decembri Leone X. Ponti. Maximo.* cum editione Aldina adeo, plerumque etiam ipsis typothetae erroribus, congruit, ut de origine eius dubitari non possit. quod autem de ceteris editionibus suis Francinus in epistula illa praedicat: *Nos vero . . . olim, quoad potuimus, optimos quosque, tum graecos tum latinos auctores, laceros, mutilos, suis numeris perturbatos, nostris lucubrationibus, collatis in unum multis antiquissimis exemplaribus, nisi ad pristinam integritatem redactos . . . at saltem meliores factos excudendo, studiosis profuimus* — haec praefatur, opinor, ut Alexandro eandem operam navavisse videatur, cuius de commentario simpliciter dicit *Nuper autem . . . excusimus.*

Utrumque exemplar, ut alia omittam multa, expressa habet:

p. 8, 13 βραχέως || 19,30 εἴδη || 23,11 πλήρεις || 18 ὅρον || 33,12 ὡμολόγοιτο || 44,27 προστίθεται || 45,4 διαιροῖ || 54,14 τατὰ (= κατὰ) || 71,25 ἀντιστραφείσης || 73,2 πρότη || 77,7 ἐλάττωνι || 89,9 ἤ || 90,2 ἀσυνόπαρτα || 90,32 ἔχει || 103,22 συγχωρείη || 109,26 ἐλέγχθησαν || 117,20 ἀνάγοντο || 119,17 ὑπεξεῖθη || 124,19 ἀπεζευχθῆναι || 126,12 ληφθήσης || 164,14 ἠπαλλαγήν || 183,15. 16 οὐκ ἐκώλυται || 275,3 πλιόνων || 9 πολητικὴ || 293,36 καὶ τῶν et δειτῶν || 338,9. 10 προχείρως || 398,29 παραλειπὼν || 400,5 καταστάσει.

Versio latina ex harum editionum alterautra expressa est: *Alexandri* versio latina
Aphrodisiensis in priora resolutoria Aristotelis Stagiritae explanatio. Joanne Bernardo Feliciano interprete. Venetiis apud Hieronymum Scotum 1543. forma maxima, *clarissimo atque illustrissimo Diego Hurtado Mendozzae Caesaris oratorem apud Venetos agenti* dedicata. leviora editionum menda haud inscite saepius interpres emendat, graviora aut omnino non perspicit aut vagis ambagibus circumscribit. lemmata plena exhibet. specimen vertendi sint Alexandri p. 31,4—33,27

Theophrastus quidem et Eudemus universalem affirmativam secum reciprocari simpliciter p. 20
ostenderunt. universalem enim negativam universalem privativam nominarunt. demonstrationem autem ita faciunt. A de nullo B dici statuunt. si vero de nullo dicitur, abiunctum est. ergo etiam B ab omni A erit abiunctum. quod si ita est, de nullo A etiam ipsum B dicetur. atque illi quidem hoc modo. at Aristoteles ex deductione ad id quod fieri nequit reciprocari ipsam videtur demonstrare. deductio autem ad id quod fieri nequit fit, cum eius quod volumus demonstrare oppositum supponentes, deinde aliquid ad ipsum ex concessis et positis assumentes unum aliquid. quod evidenti ratiocinatione collectum sit, sustulerimus. quia enim per id quod suppositum fuerat, quod est evidens et concessum, destruitur. ex huiusmodi deductione illud falsum esse convincitur. quod cum falsum est demonstratum, quod oppositum ipsi est. verum esse invenitur. propterea quod, ubicunque alterum contradictionis membrum falsum est, alterum est verum. id quod propositum erat, ac demonstrabatur. hoc modo plerumque

etiam geometrae uti consueverunt. necnon etiam dialectici. atque Aristoteles nunc uti eo videtur . . . (p. 32,9) *ea autem sunt de omni et de nullo et in toto et in nullo. nam his usus universalis negativae reciprocationem demonstrat. si positum enim sit A nulli B inesse, sequi ex hoc asserit, ut et B nulli A insit. nam si non inest, B alicui A inerit. hoc enim est oppositum. ex oppositis vero alterum esse verum necesse est. insit igitur in C. sit enim C aliqua pars ipsius A, cui insit B. erit igitur C in toto et de omni ipso A dicetur. sed C erat quid ex B: et A igitur de aliquo B praedicabitur. positum autem erat A de nullo B dici. de nullo vero dici erat nihil ex B esse, de quo A praedicaretur* . . . (p. 32,32) *quamquam melius fortasse est et his quae dicuntur accommodatius, ut non hoc modo et ratiocinative, sed per expositionem et sensibiliter demonstrationem factam esse hic dicamus. quippe cum hic per expositionem modus ex sensu, non ratiocinative efficiatur. C enim sumitur eiectum atque expositum. quae ipsius A pars sensibilis est. de quo quidem C, quod sensibile quoddam est et particulare, B dicitur. id est: ipsius B pars quae est idem C, quod in ipso B est. quare*
p. 21 *C utrorumque erit pars et in utrisque erit. cum igitur praedicatur A* | *de C, quae pars propria eius est, de quodam etiam B predicabitur. propterea quod C ipsius B pars quaedam est, quae in ipso est. quemadmodum si positum esset hominem nulli equo inesse: et non concederet quispiam equum nulli homini inesse: sumeremus, ergo in aliquo homine erit equus* . . . (p. 33,23) *sed ipse tamen ea hic non utitur. licet enim eadem hac demonstratione universalem affirmativam cum particulari reciprocari ostendere possimus: non propterea Aristotelem hic ea usum esse censendum est. diversam autem esse demonstrationem quae reciprocatione fit ab ea quae fit per expositionem in tertia figura declaravit* (p. 33,27).

II DE [THEMISTII] PARAPHRASI

Hac editione paene iam perfecta Themistii quae fertur paraphrasis [1]) Analyticorum prior. I c. 9—46 ab Ernesto Maass ex codice Parisino 2054 quadrato bombycino saeculi XIV vel XV descripta edenda mihi tradita est, quae est tota ex Alexandri et Philoponi commentariis conflata. Itaque hoc loco suppleo, quae ex illa paraphrasi ad huius commentarii recensionem redundare videntur. Atque de exemplari, ex quo Alexandrea petita sunt, difficile est iudicare intercedentibus non modo paraphrasta ipso verum etiam librariis. sed sic quoque perspicuum est, quamvis saepe paraphrasis peculiaria et vera et falsa exhibeat, tamen hoc tam multis et mendosis locis cum nostris libris conciuuisse [2]), ut horum archetypo communi antiquiorem memoriam secutum esse non videatur. magna illa lacuna p. 383,12—385,24, quae est communis deteriorum saeculi XV

[1]) Cf. V. Rose Hermes t. II p. 191—213.

[2]) ex magno exemplorum numero haec eligo: p. 231,5 συνάγεσθαι || p. 241,30 καὶ ἀνθρώπῳ || p. 247,1 ἡ om. || p. 258,16 γένοιτ' ἄν || p. 259,1 δέ γε || 2 τὸ ᾱ (ante καὶ) || 27 συμπέρασμα || p. 262,15 δείξαιμεν || p. 270,22 συνάγει || p. 272,26 γ̄ δ̄ || p. 274,32 συνάγει || p. 288,35 μόνου om. || p. 316,33 ὅτε || p. 325,22 ὡς om. || p. 333,34 ζητοῦσα πάλιν καὶ λαμβάνουσα collocat || p. 336,12 οὐ || p. 340,25 αὐτούς || p. 347,1 προσληφθείη || p. 355,18 ἡμῖν (αὐτῷ a B) || p. 366,31 λέγοιτο || p. 371,4 προκειμένῳ.

et XVI librorum nota, caruit, ut aetate his fuit superius. omnino codicum nostrorum vetustissimo et praestantissimo B simillimum fuit.[1]) ubi tamen ab hoc differt, saepius cum vulgari recensione, cuius instar nobis est a [2]), rarius cum a M [3]) aut solo M [4]) stat. atqui plura exempla Pseudothemistium adhibuisse nemo sibi persuadebit, qui compilandi rationem istam satis cognoverit. supparem igitur eius codicem et aetate et pretio fuisse optimo nostrorum B statuemus, cuius tamen praestantiae aliquid iam remisit ad deteriorem classem inclinatus.

Enumerabimus iam, quae si non libris nostris praeferenda at certe observatione digna videntur, asterisco appicto, ubi coniecturae nostrae paraphrasi approbantur, cruce, ubi haec praeterea veram haud dubie servavit memoriam:

†p. 126,4 ἂν κατηγοροῖτο (κἂν scripsi vs. 3)
p. 131,6 μηδενὶ
†p. 149,34 τὸ συμπέρασμα οὐκ ἀναγκαῖον, quod Aldinae scripturae ὑπάρχον ἔσται praeferendum est
p. 160,2 ποτὲ καὶ αἱ
†p. 160,10 τοῦ ἀναγκαίου μὴ εἶναι: τοῦ, quod delevimus, a B M
p. 161,3 ἐζήτησαν
†p. 162,3 διαλείπειν καὶ διακόπτεσθαι

---

[1]) etiam luculentius quam ex verarum lectionum copia hoc ex hac manifestorum errorum communione apparebit: p. 258,38 λάβωμεν || p. 259,1 καταφατικὴν | 2 πάλιν τὸ β̄ || 11 ὡς ἂν αἰτίαν || p. 276,16 αὗται || 31 λέγειν (πλέκειν B) || p. 279,7 οὖν om. || p. 281,3 συλλογιστικῶς || p. 284,27 ἐπενεγκὼν || 31 ἐπειδὴ || p. 332,20 ἐκ λόγων || p. 344,4 ἡ μὲν || 9 ἐν || 19 τὰ || 21 εἰρῆσθαι || p. 345,13 περαίνοντες (B pr.) || p. 347,2 τῆς || p. 348,1 συνάγεσθαι || p. 356,24 ὃ || p. 358,25 ἀποδεικτικὸν || p. 366,1 κλίσεις || 30 γένηται || p. 374,24 φερομένου λόγου.

[2]) p. 162,19 προαπολλουμένου || p. 169,6 καὶ om. || 9 καὶ πράξεις καὶ προαιρέσεις collocat || τε om. || p. 171,8 δὲ δεῖ || p. 173,9 ὑπάρχειν || p. 183,26 τότε om. || p. 263,6 ἡ om. || p. 264,20. 21 καὶ ἡ . . . ζῆν τέλος om. || p. 265,1 γ' om. || 35. 36 ποιητικόν || p. 269,28 γένοιτο || p. 271,8 ἐν om. || p. 276,7 γὰρ θ || p. 277,9 εἶναι om. || 27 οὖν om. (in mrg. B[3]) || 33 οὖν om. || 37 καὶ τῶν || p. 279,29 εὐθὺς || p. 289,7 συγκατασκευάζεται || p. 297,3 ὡς || 6 οὐ δὴ || p. 298,29 προσλαμβάνειν || p. 301,29 ἡ om. || p. 326,2 ποιεῖσθαι || p. 332,18 ἀλλ' οὐ || p. 334,21 ἀνωτέρου corr. || p. 337,24 αὐτὰς || p. 338,15 τὴν διαίρεσιν τῶν γενῶν γίγνεσθαι collocat || 18 δὲ add. || p. 340,30 δυνάμεθα || p. 370,22 προκειμένου || p. 379,20 δείκνυσθαι || p. 381,33 μέντοι || p. 413,9 et 10 μὴ om. — lectionum Aldinae a nobis receptarum hac paraphrasi confirmantur: p. 150,5 ἢ ἐπὶ μέρους ἀποφατικὴν ὑπάρχουσαν add. || p. 161,11 ἀδύνατον || p. 173,27 τὰ add. || p. 176,26. 27 τοῦ ἐνδέχεσθαι μὴ om. || p. 257,22 μηδὲ || p. 262,24 δὲ || p. 263,19 οὐδὲ || p. 264,9 διὰ om. || p. 265,14 μὴ om. || p. 276,18 δείκνυνται || p. 281,25 εἰ alterum om. || p. 282,13 πρότασις om. || p. 334,27 δὲ add. || p. 342,9 ὁ om. || p. 370,12 οὖν om. || p. 380,3 τὸ (post ἢ) om. || p. 408,30 ὃ || p. 413,10 καταφατικῶς. — fort. recte p. 316,32 τὸ || p. 374,9 ὑπεροχὴν αὐτῆς || p. 409,5 ἡ ἁπλῆ ἀπόφασις.

[3]) velut p. 170,30 πάσας τὰς τοιαύτας || p. 175,28 ὁ add. || p. 176,10 καὶ prius om. || 30 ἂν εἴη || p. 177,22 δὲ || p. 183,5 δὲ.

[4]) velut p. 149,19 καὶ add. || p. 158,4 οὐ τὸ || p. 160,9 ὁρισμοὺς || p. 190,3 προστιθεμένης. — p. 131, ubi B deficit, exhibet vs. 14 οὐ γὰρ ἀδύνατον (a K) || 15 αὐτῶν (M) 16 τὸ om. (a K) || 18. 19 εἰ ἀναιρεθῇ (a M) || 19. 20 ἀληθὲς εἶναι τὸ παντὶ ὑπάρχειν (a K) || 25 ἂν δεικνύοιτο (a). — p. 133,10 καὶ add. (a).

*p. 169,8 τὰς prius om. || συμβουλίας: τὰς βουλὰς a B M
†p. 170,27 τουτέστιν: οὔτ' εἰ, quod delevi, a B M
p. 171,9 ἡ τῶν ἐπὶ
*p. 173,16 τε om.
p. 183,10—12 εἴη τὸ ἑπόμενον, τοιοῦτον καὶ . . . εἴτε ὑπάρχειν ἀδύνατον τὸ ἑπόμενον, ἀδύνατον ὑπάρχειν καὶ τὸ ἡγούμενον . . . ποτε τὸ ἑπόμενον, ὁμοίως
*p. 184,24 ὕπαρξιν
*p. 191,9 γίνεται
†p. 231,1 ἀντιστραφείη: ἀντιστρέφει, ἡ a B
*p. 231,20 ἡ δὲ
*p. 235,21 ἂν om.
p. 242,35. 36 ἐὰν δὲ ἡ μὲν ἀναγκαία ᾖ ἡ δὲ ἐνδεχομένη, εἰ μὲν καταφατικὴ εἴη ἡ ἀναγκαία, ἐνδεχόμενον πάλιν συνάγει τὸ συμπέρασμα, εἰ δὲ ἡ ἀναγκαία ἀποφατικὴ εἴη καθόλου, οὐ
*p. 243,14 τῆς alterum add.
*p. 243,25 καὶ om.
*p. 244,22 ὃ add.
p. 248,33 ἡ συζυγία
p. 251,4 ἡ ἐλάττων οὖσα ἐνδεχομένη ᾖ
p. 251,12 ἡ συζυγία
p. 251,19 post ἐγρηγορότι add. ἐξ ἀνάγκης
*p. 257,1 ἂν add., *13 τί add.
*p. 259,15 ὤν
*p. 262,34 ἂν add.
†p. 263,8. 9 οὐδὲ . . . ἂν εἴη (οὐδ' ἂν scripsi)
†p. 265,24 ,οἱ δὲ
*p. 269,21 συμπέρασμα

τὸ
*p. 269,32. 33 κατὰ φατικὸν
*p. 271,12 τούτων τι ἔσται
p. 273,32 τό, quod delevi, habet
p. 280,6 post παραβλητέον add. τὸ ὅτι (ut vs. 7)
p. 284,30 ἄρτιαι
*p. 285,31 ἃ
p. 288,16. 17 ῥᾷον . . . χαλεπώτερον
*p. 289,24 ὅτι prius om.
*p. 295,7 δ' add.
†p. 295,8 post μόνοις add. ὥσπερ (ὡς addidi)
*p. 296,2 ἂν habet
p. 296,3. 4 ὡς καὶ τῆς κατ' αὐτὸ ἀπούσης ἐνεργείας φθείρειν τὴν ὕπαρξιν
*p. 298,29 οὐ δεῖ
p. 300,9 τὸ πολὺ
*p. 301,26 λεία
p. 330,26. 27 ἐκ μὲν τῶν οἷς ἕπεται αὐτά, τὸ καταφατικόν, ἐκ δὲ τῶν, οἷς ἕπεται ταῦτα, καὶ τῶν μὴ ὑπαρχόντων τὸ ἀποφατικόν: ἐκ τῶν, οἷς ἕπεται αὐτά a B
*p. 331,7 ἑκάτερον om.
†p. 331,18 γένοιτο ἄν (κἂν vs. 17 scripsi)
*p. 335,12 οὔτε om., sed vs. 10 pro ὅτι τε οὕτως habet οὔτε γὰρ ὅτι
*p. 339,6 διέλοι
*p. 339,34 τὴν . . . λῆψιν . . . εὕρεσιν
*p. 340,25 ἣν
*p. 347,5 αὖ τῇ
*p. 353,21. 22 κατηγορήσοντες
p. 357,32 ἡ alterum om.
†p. 363,9 οὕτως γινομένην
*p. 369,9 δεδειγμένον
*p. 372,14 ᾗ prius add.
p. 379,34 ὑπὲρ τοῦ ἀπαρακολουθήτου (εὐπαρακολουθήτου?) τοῦ μανθάνοντος
*p. 380,13. 14 καὶ τούτου . . . ἔμψυχον τὸ ζῷον om.
p. 384,27. 28 Ὅτι δὲ τεσσάρων ὄντων τῶν προβλημάτων, ὧν ἐν τοῖς Τοπικοῖς ἐξεθέμεθα, ᾧ τὸ ἀπὸ ὁρισμοῦ
†p. 384,30 ἢ: εἶεν (seq. ἑνός) B: εἰ εἶεν scripsi
†p. 384,36 ἀνασκευάσει: ἀνασκευάσειν B, pro quo ἂν ἀνασκευάσειεν scripsi
*p. 385,11 ὁ add.
*p. 390,19 δ' om.
*p 400, 12 καὶ τοῦ μὴ εἶναι λευκὸν add.
p. 405,20 post ἐχούσας add. οἷον
*p. 405,22 ἡ add.
*p. 406,8 καὶ add.
p. 413,5 μουσικός

Excerpsi haec potius quam confeci, quoniam paraphrasis ipsa propediem prelo tradetur (vol. XXIII 3)

———·———

III FRAGMENTA ALEXANDRI IN ANALYTICA POSTERIORA COMMENTARIORUM

In cod. Parisino 1843 (cf. p. XI—XII)[1]) post anonyma quaedam scholia flavo colore scripta (f. 177v—178v) velut ὅτι ἐπὶ πάσης ἀποδείξεως δύο ταῦτα θεωρεῖται. τό τε πρόβλημα . . . καὶ πάλιν ἐν παντὶ προβλήματι δύο ταῦτα θεωρεῖται . . . ὁ κατηγορούμενος εἰ ἀθάνατος — καὶ ὅτι ἐπὶ τῆς ἀποδείξεως ἀδύνατον ἀμφοτέρας ἴσως προεγνῶσθαι . . . τῶν κοινῶν ἀξιωμάτων, ἅπερ εἰσὶν ἀξιόπιστα καὶ προεγνωσμένα — τὰ μὲν οὖν ἐν οἷς ἡ ἀπόδειξις ταῦτα. ἐν τούτοις μὲν οὖν καὶ διὰ τούτων πᾶσα ἀπόδειξις, quae Philoponi sunt (ed. Aldin. a. 1534 f. 4r—4v), inde a f. 179r (Arist. p. 72b32) alia sequuntur pallida atque minio ornata. eiusdem scripturae sunt haec, quae leguntur etiam in cod. Barocciano 87 chartacco quadrato saeculi XVI, qui et ipse f. 169v—202 Analytica posteriora cum miscellis scholiis plerumque anonymis continet:

f. 189v (Barocc. f. 191r) ad Arist. p. 83a30—35

Φιλοπόνου (om. B). Ἐπεὶ δὲ πρὸς (περὶ P) ταύτην τὴν ὑπόθεσιν ἀντέπιπτεν ὁ περὶ (om. B) τῶν ἰδεῶν λόγος . . . ἐνστῆναι αὐτῷ τὸν Ἀριστοτέλην (Philop. Aldin. f. 53v—54r).

f. 190r (Barocc. 191v) ad Arist. p. 83b1 sq.

Ἀλεξάνδρου (om. B). Ὁ δὲ νοῦς πάσης τῆς εἰρημένης ἐπιχειρήσεως τοιοῦτος· πάντα τὰ κατηγορούμενά τινος κυρίως καὶ μὴ κατὰ συμβεβηκὸς ἤτοι ἐν τῷ τί ἐστιν αὐτῶν κατηγορεῖται ἢ ὡς συμβεβηκότα. ἀλλὰ μὴν πάντα τὰ ἐν τῷ τί ἐστι κατηγορούμενα καὶ τὰ ὡς συμβεβηκότα ὥρισται ὡς μήτε ἐπὶ τὸ ἄνω ἐν ταῖς προτάσεσι μήτε ἐπὶ τὸ κάτω εἰς ἄπειρον τοὺς ὅρους λαμβάνεσθαι δύνασθαι. πάντα ἄρα τὰ κατηγορούμενα ὥρισται ὥστε μήτε ἐπὶ τὸ ἄνω μήτε ἐπὶ τὸ κάτω (adde εἰς ἄπειρον ἐν) ταῖς προτάσεσι τοὺς ὅρους λαμβάνεσθαι δύνασθαι. ὧν ὅτι μὲν τὰ ἐν τῷ τί ἐστι κατηγορούμενα ὥρισται, ἐν ἑκάστῳ γένει τῶν ὄντων ἔσται λαβεῖν ἄτομόν τι ἔσχατον τῶν ἐν τῷ αὐτῷ γένει καὶ ἀνώτατόν τι καὶ γενικώτατον, οὗ οὐδὲν ἔτι (ἔστι P) τῶν ἐν τῷ αὐτῷ γένει κατηγορεῖται τῆς κατηγορίας γινομένης κατὰ φύσιν τε καὶ κυρίως. ἀλλὰ μὴν ὡρισμένων τῶν ἄκρων ὄντων ἀνάγκη καὶ τὰ (inc. f. 192r Bar.) μεταξὺ ὡρίσθαι. δῆλον δὲ τοῦτο διὰ τῆς ἐπαγωγῆς. ἐξ οὗ γὰρ ἂν γένους ἄτομόν τι ληφθῇ, κατὰ τούτου πάντα τὰ ἐν τῷ τί ἐστι αὐτοῦ κατηγορούμενα μέχρι τοῦ ἀνωτάτου γένους ὥρισται. τοῦ (ante ras. P) μὲν γὰρ τινὸς ἀνθρώπου προσεχῶς μὲν ὁ ἄνθρωπος ἐν τῷ τί ἐστι κατηγορεῖται, τούτου δὲ τὸ ζῷον πεζὸν δίπουν (δίππουν B: δήπου P), καὶ τούτου τὸ ζῷον πεζόν (δίππουν add. B), καὶ τούτου τὸ ζῷον, καὶ τούτου ἡ ἔμψυχος οὐσία, ἧς ἡ οὐσία· καὶ οὐδὲ ταύτης ἐστὶν ἐξωτέρω τῶν ἐν τῷ τί ἐστι τοῦ τινὸς ἀνθρώπου κατηγορουμένων (κατηγορουμένου P B), ὃ κοινότερον κατηγορεῖται. ὁ δ' αὐτὸς λόγος καὶ ἐπὶ τῶν ἄλλων ἐννέα γενῶν· καὶ γὰρ ἐπ' ἐκείνων ἑκάστου (ἕκαστον P) ὥρισται τὰ ἐν τῷ τί ἐστιν ἕκαστα (ἑκάστω B) τῶν ἐν αὐτοῖς ἐσχάτων τε καὶ ἀτόμων κατηγορεῖσθαι δυνάμενα.

---

[1]) Huius fragmenta ab H. Diels et descripta et cum Barocciano 87 collata sunt.

ἔτι ἐπεὶ ἔστιν ἕκαστον τῶν λαμβανομένων ὁρίσασθαί τε καὶ τῇ διανοίᾳ περιλαβεῖν, ἐξ ὧν ἐστιν αὐτῷ τὸ εἶναι. τὸ δ' εἶναι ἑκάστου (inc. f. 190ᵛ P) συμπληροῦται ὑπὸ (ἐπὶ B) τῶν ἐν τῷ τί ἐστιν αὐτοῦ (om. B) κατηγορουμένων ἁπάντων, τὰ δ' ἄπειρα ἀπερίληπτα τῇ διανοίᾳ. οὐκ ἂν εἴη (εἰς B) τὰ ἐν τῷ τί ἐστι κατηγορούμενα καθ' ἕκαστον γένος ἄπειρα. τὰ δέ γε ὡς συμβεβηκότα κατηγορούμενα ἅπαντα κατὰ τῆς οὐσίας κατηγορεῖται· τὰ γὰρ θ' γένη τῇ οὐσίᾳ συμβέβηκεν, ἡ δέ γε οὐσία οὐδενί. διὸ οὐδὲ (οὐ B) εἰ (om. B: l. ὡς) συμβεβηκυῖά τινι ἡ (ἢ P: om. B) οὐσία κατηγορεῖται. ἀλλ' ὑπόκειται μὲν ἡ οὐσία. κατηγορεῖται δὲ ἕκαστον αὐτῆς (αὐτοῦ P: αὐτῶν B) τῶν ἄλλων γενῶν ὡς συμβεβηκός. οὔτε δὲ ἡ οὐσία ἡ ὑποκειμένη τοῖς συμβεβηκόσιν ἐπ' ἄπειρον ἔχει ἄλλον (ἀλλ' P: ἄλλου B) ἄλλῳ ὑποκείμενον ὅρον· εἰσὶ γάρ, ὡς προείρηταί τε καὶ δέδεικται, καθ' ἕκαστον γένος τῶν ὄντων (parum liquet P: lac. 4 lit. B) ὡρισμένοι (ὁρισμένοι B) οἱ ὅροι, οἵ τε ἄκροι καὶ οἱ μεταξύ, ὥστ' ἔστι τι ἔσχατον ὑποκείμενον ἐν αὐτῇ (αὐτῷ B). ἀλλὰ μὴν οὐδὲ οἱ κατηγορούμενοι ὅροι τῆς οὐσίας ὡς συμβεβηκότες ἐπ' ἄπειρον τὴν προσθήκην (οἷον add. P) οἷοί τε λαμβάνειν διὰ τὸ ἕκαστον γένος τῶν τῆς οὐσίας κατηγορουμένων ὥσπεροῦν καὶ αὐτὴ ἡ οὐσία ὡρισμένους (ὁρισμοὺς P) ὅρους ἔχειν καὶ ἓν ἑνὸς ἐν τῇ μιᾷ προτάσει κατηγορεῖσθαι. οὔτε ἄρα ἐπὶ τὸ κάτω ἡ αὔξησις τῶν ὅρων ἐν ταῖς προτάσεσιν, ἐν αἷς συμβεβηκός τι κατηγορεῖται, ἐπ' ἄπειρον πρόεισιν οὔτε ἐπὶ τὸ ἄνωθεν· ἐδείχθη δέ, ὅτι οὐδὲ ἐν αἷς τὸ τί ἐστι κατηγορεῖται· ἐν οὐδενὶ ἄρα εἴδει προτάσεων ἐπ' ἄπειρον οὔτε ἐπὶ τὸ ἄνω οὔτε ἐπὶ τὸ κάτω προΐασιν οἱ ὅροι.

(Barocc. f. 192ᵛ) ad Arist. p. 84ᵃ13

Ἀλεξάνδρου. Ὧν γὰρ ὑπαρχόντων τισὶν ἐν τῷ τί ἐστιν αὐτὰ τὰ ὑποκείμενα αὐτοῖς (αὐτοῦ B) περιέχεται, τούτοις καθ' αὑτὰ ἐκεῖνα ὑπάρχει. καὶ οἷς αὐτὰ ἐν τῷ τί ἐστιν ὑπάρχουσιν αὐτοῖς. τοῦτο ἀσαφῶς μὲν εἴρηται διὰ συντομίαν· λέγει δὲ καὶ οἷς ἀντὶ τοῦ 'καὶ ὧν ταῦτα ἐν τῷ τί ἐστι ὑπάρχει'· τοῦτο γὰρ παρείαται (παρῆκται B) ὡς ὀφειλόμενον ἐξακούεσθαι ἐκ τοῦ προειρημένου· προείρηται γὰρ τὸ "ὅσα τε γὰρ ἐκείνοις ἐνυπάρχει". ὧν οὖν αὐτὰ τὰ ὑποκείμενα ἐν τῷ τί ἐστιν ἐνυπάρχει ἐνυπαρχόντων (ἢ ὑπαρχόντων B) αὐτοῖς, καὶ ἐκεῖνα τούτοις καθ' αὑτὰ ὑπάρχει· καὶ γὰρ τοῦτο παρείαται (παρῆκται B).

f. 191ʳ (Barocc. f. 193ᵛ) ad Arist. p. 84ᵇ29

Ἀλεξάνδρου. Εἶπε δὲ σχηματίσας τὴν λέξιν ὅτι ἐστὶ τόδε τοδὶ ἢ ὑπάρχει τόδε τῳδί, οὕτως καὶ ὅτι οὐκ ἔστι τόδε τοδὶ οὐδὲ ὑπάρχει τόδε (τῶδε B) τῳδί· τοῦτο δέ, ὅτι οὐκ εἰσὶ πᾶσαι αἱ προτάσεις ὁμοιοσχήμονες, ὡς εἶπε καὶ ἐν τῷ πρώτῳ τῶν Προτέρων ἀναλυτικῶν (c. 36 p. 48ᵃ40 sq.), ἀλλ' ἡ μὲν ὅτι τοδὶ τόδε ἐστίν, οἷον τὸ δίκαιον (καὶ add. B) καλόν. ἡ (εἰ P B) δὲ ὅτι τόδε τοῦδε ὡς τὸ ἥμισυ τοῦ διπλασίου, ἢ τόδε τῷδε ὑπάρχει, οἷον ὅτι τῶν ἐναντίων μία ἐστὶν ἐπιστήμη· οὐ γὰρ συνετὸν τὸ 'τὰ ἐναντία μία ἐπιστήμη', ἀλλ' ὑπάρχειν (ὑπάρχει?) τοῖς ἐναντίοις.[1])

---

[1]) Sequuntur ad Arist. p. 84ᵇ37 Φιλοπόνου (om. Barocc. f. 194ʳ). παραδείγματος ἕνεκεν ἀρχὴν βάρους τὴν μνᾶν φησιν . . . (Aldin. f. 59ᵛ) et breviora quaedam scholia anonyma usque ad finem libri primi (Par. f. 195ʳ, Barocc. f. 202). alterius quoque libri scholia f. 195ᵛ—198ᵛ (Barocc. f. 202—209) anonyma sunt omnia.

f. 199ʳ (Barocc. f. 209ʳ) ad Arist. p. 94ᵃ14

'Αλεξάνδρου (om. B). Φανερὸν οὖν φησιν (om. B) ἐκ τῶν δεδειγμένων γεγονέναι, καὶ πῶς ἔστι τοῦ τί ἐστιν ἀπόδειξις καὶ πῶς οὐκ ἔστιν. οὕτως μὲν γὰρ ἔσται. ὅτι λαμβάνεται ἐν ἀποδείξει· οὐκ ἔσται δὲ οὕτως ὥστε ἀπόδειξιν (ἀποδίδωσιν B) αὐτοῦ εἶναι. τὸ δὲ καὶ τίνων ἔστι καὶ τίνων οὐκ ἔστι δηλωτικὸν ἂν εἴη τοῦ 'καὶ διὰ τίνων ὁρισμῶν ἡ τοῦ τί ἐστιν ἀπόδειξις γίνεται καὶ διὰ τίνων οὔ'· διὰ γὰρ μόνων τῶν θέσει τῆς ἀποδείξεως. ὡς εἶπε. διαφερόντων. ἢ καὶ (om. B) τὸ τίνων ἔστι καὶ τίνων οὐκ ἔστι δηλωτικόν ἐστι τοῦ 'καὶ τίνων ἔστιν ὁρισμῶν ἀπόδειξις [ἢ] καὶ τίνων οὔ' (οὐδαμῶς B). τῶν μὲν γὰρ μετὰ (v. infra) τῆς αἰτίας λαμβανομένων. οἳ (οἱ P B; at v. infra) τῆς ἀποδείξεως διαφέρουσι θέσει (? P: λό B; at v. infra), καὶ τῶν ἀναποδείκτων θέσεων, οἷοί (οἷον B) εἰσιν οἱ τῶν ἀμέσων ὁρισμοί, οὐχ οἷόν τε (οἷοί τε B) ἀπόδειξιν εἶναι. ὁμοίως δὲ οὐδὲ τῶν κατὰ τὸ (κατ' B) εἶδος καὶ τὴν αἰτίαν. τῶν δὲ ὡς συμπερασμάτων ὄντων ὁρισμῶν ἔστιν ἀπόδειξις. διὰ γὰρ ἀποδείξεως οἱ τοιοῦτοι τὸν ὁρισμὸν (l. τῶν ὁρισμῶν) δείκνυνται· διὸ καὶ συμπεράσματά εἰσιν. ἢ εἴρηκεν τὸ τίνων ἔστιν ἀντὶ τοῦ 'ἐν τίσι τὸν συλλογισμὸν τὸν τοῦ ὅτι δεικτικὸν (l. τῶν συλλογισμῶν τῶν . . δεικτικῶν) τὸ τί ἐστιν εἰς (ὡς B) δεῖξιν παραλαμβάνεται καὶ ἐν τίσιν οὔ'. ἐν οἷς μὲν γὰρ (? P: ἢ γὰρ B) τὸ 'ὅτι' (τό τε ὅτε B) δι' οἰκείου μέσου δείκνυται. ἐν τούτοις δύναται καὶ τὸ τί ἦν εἶναι τοῦ ἑτέρου ἄκρου ληφθῆναι ὡς δεικτικὸν (διαιρετικὸν P) τοῦ 'διὰ τί ἐστι'· ἐν οἷς δὲ τὸ 'ὅτι ἐστί' διὰ συμβεβηκότος δέδεικται. οὐκέτι ἐν τούτοις τὸ τί ἐστιν οἷόν τε δεικτικόν τινος παρειλῆφθαι. ἀλλὰ καὶ τὸ ποσαχῶς λέγεται ὁ ὁρισμὸς εἴρηται γνωρίμως. τὸ δὲ καὶ πῶς τὸ τί ἐστι δείκνυσιν ἤτοι ἀντὶ τοῦ 'πῶς γνωρίζειν (? P) ποιεῖ καὶ πῶς οὔ'· ὡς μὲν γὰρ ἐν ἀποδείξει λαμβανόμενον δείκνυσιν, ὡς δὲ διὰ ἀποδείξεως δεικνύμενον καὶ συναγόμενον οὐ δείκνυσιν. ἢ πῶς τὸ τί ἐστι δείκνυσι καὶ πῶς οὔ λέγοι ἄν. διότι εἶπεν ὁρισμὸν καλεῖσθαι καὶ τὸν λόγον τὸν λέγοντα. "τί σημαίνει τοὔνομα". ὃς (ς evan. P) ὁρισμὸς οὐ δείκνυσι τὸ τί ἐστι· ἀλλ' οὐδὲ ἄλλος ἢ μόνος (ἄλλο ἢ λόγος P) ὁ τῆς ἀποδείξεως θέσει διαφέρων. τὸ δὲ καὶ τίνων ἔστι καὶ τίνων οὔ σημαίνοι (σημαίνει B) ἂν νῦν τὸ ὅτι τῶν μὲν (om. B) ἁπλῶν (ἁπλῶς P) ἔστι, των δὲ συνθέτων οὔ.[1])

---

[1]) Iterantur deinde huius scholii particulae: εἶπε δὲ τοῦτο (τοῦ P) οὕτως, (πῶς P: ὡς B) ὅτι λαμβάνεται ἐν ἀποδείξει, οὐκ ἔστι δ' αὐτοῦ (? P) ὥστε ἀπόδειξιν αὐτοῦ εἶναι, ἢ ὅτι τοῦ μὲν ὡς συμπεράσματος ὁρισμὸς ἔστι, τοῦ δὲ ὡς (om. B) ἀποδείξεως (ἀπόδειξις P B) οὐκ ἔστι — in Barocc.: ὅτι λαμβάνεται ἐν ἀποδείξει. οὐκ ἔστι δ' αὐτοῦ . . . ἀποδείξεως (sic) οὐκ ἔστι — in utroque codice: Τῶν μὲν γὰρ ἀπὸ (om. B) τῆς αἰτίας λαμβανομένων. οἳ τῆς ἀποδείξεως διαφέρουσι θέσει καὶ τῶν ἀναποδείκτων θέσεων (θέσει P), οἷοι οἱ τῶν ἀμέσων ὁρισμοί, ὧν ἀπόδειξιν οὐχ οἷόν τε εἶναι. οὐδὲ τῶν κατὰ τὸ εἶδος καὶ τὴν αἰτίαν. τῶν (τῶν . . . ἔστι periit in P) δ' ὡς συμπερασμάτων ὁρισμὸς (sic) ἔστιν ἀπόδειξις — in Barocc solo: ὡς μὲν γὰρ ἐν ἀποδείξει λαμβανόμενα δείκνυσιν, ὡς δὲ δι' ἀποδείξεως δεικνύμενος οὐ δείκνυσι: τῶν μὲν ἁπλῶν ἔστι, τῶν δὲ συνθέτων οὐκ ἔστι· ὁ γὰρ ὅρος λόγος ἑνὸς καθ' ἑνὸς δηλῶν. ἢ οὐκ ἔστι τῶν ἀναποδείκτων θέσει, τῶν δ' ἄλλων ἔστι: ὅτι θέσει διαφέρει τῆς ἀποδείξεως καὶ ὅτι ὁ μὲν δείκνυσι δι' ἀποδείξεως, οὐκ ἔστι δι' ὁρισμοῦ, καὶ ἔμπαλιν. καὶ ὅτι ὁρισμὸς ἀποδείξει ταὐτὸν τῇ θέσει διαφέρει. — sequitur f. 199ᵛ (Barocc. f. 210ᵛ) ad Arist. p. 94ᵇ23 Θεμιστίου. ἡ γένεσις οὖν τοῦ μέσου . . . ὁρισμῶν τοῦ τί ἦν εἶναι (ed. L. Spengel p. 83, 19—23) et Φι-

Scholia ipsa, quibus lemma Ἀλεξάνδρου praefixum est, nihil continent, quod ab huius aut dicendi aut interpretandi genere alienum sit. neque est, cur dubitemus, quin libri qua fide Philoponi et Themistii eadem Alexandri quoque nomen servaverint.

Accedit fragmentum a Torstrikio transcriptum ex cod. Vaticano 1018 chartaceo forma maxima saeculi XV, qui inde a f. 209 Analyticorum Post. I continens post scholia Philoponea exhibet ad Arist. p. 89b10

Ἀλεξάνδρου. Ἡ μὲν οὖν ἀγχίνοια εὐστοχία ἐδηλώθη διὰ τοῦ 'ὁ ἰδὼν τὸ μέσον διὰ τοῦ αἰτίου'. ὁ γὰρ τὸ αἴτιον εὑρὼν τοῦ τὸ ὁραθὲν οὕτως ἔχειν τὸν μέσον ὅρον εὕρηκεν (εἴρηκεν V). τῶν δὲ παραδειγμάτων τὸ μὲν πρῶτον δι' ἀναγκαίου τοῦ μέσου, τὰ δὲ ἐφεξῆς ἔνδοξα καὶ ὡς ἐπὶ τὸ πολύ. ἐπὶ πάντων δὲ αὐτῶν ἡ μὲν ὄψις τῶν ἄκρων καὶ τοῦ συμπεράσματος, ἡ δὲ νόησις τοῦ μέσου, ὃ καὶ αὐτὸς δείκνυσιν ἐπὶ μὲν [οὖν] τοῦ πρώτου παραδείγματος λέγων τὸ λαμπρὸν εἶναι τὸ πρὸς τῷ ἡλίῳ. ἐφ' οὗ τὸ α. τὸ λάμπειν ἀπὸ τοῦ ἡλίου β, σελήνην γ. τῇ μὲν οὖν σελήνῃ (ἡ . . σελήνη V) τὸ λάμπειν καὶ τὸ φωτίζεσθαι ἀπὸ τοῦ ἡλίου ὑπάρχει. ὃ ἐνόησεν αὐτός. τῷ δὲ φωτιζομένῳ ἀπὸ τοῦ ἡλίου τὸ ἔχειν πρὸς τοῦτον τὸ λαμπρόν· γίνεται ὅτι τῇ σελήνῃ τὸ ἔχειν πρὸς τῷ ἡλίῳ τὸ λαμπρὸν συναγόμενον διὰ μέσου τοῦ ὑπὸ τοῦ ἡλίου φωτίζεσθαι. οὗ ἡ εὕρεσις ἐν ἀσκέπτῳ χρόνῳ ἀγχίνοιά ἐστι. διὰ τοῦτο γὰρ καὶ οὐκ ἀποδεικτικῶς, εἰ καὶ συλλογιστικῶς, ὅτι ἐκ τῶν ὑστέρων ἡ εὕρεσις τοῦ προτέρου ἐπὶ τῆς ἀγχινοίας. ἐκ γὰρ τοῦ συμπεράσματος ὁ μέσος· ἐπὶ δὲ τῆς ἀποδείξεως ἀνάπαλιν. ἀναλύσει γὰρ μᾶλλον ἔοικε τὸ τῆς ἀγχινοίας ἢ συλλογισμῷ. διαφέρει δὲ καὶ ταύτῃ, ὅτι ἐν ἀσκέπτῳ χρόνῳ. ὁ γὰρ αὐτὸς λόγος καὶ ἡ αὐτὴ ἀνάλυσις καὶ ἐπὶ τῶν ἄλλων παραδειγμάτων. τὸ μὲν γὰρ α ἔσται (ἔστω?) τὸ πλουσίῳ διαλέγεσθαι, τὸ δὲ β τὸ νοηθὲν τὸ θέλειν δανείσασθαι. τὸ δὲ γ ὅδε τις· κατὰ μὲν γὰρ τοῦδε τοῦ δανείσασθαι θέλοντος τὸ πλουσίῳ διαλέγεσθαι. ὁμοίως πάλιν κατὰ τούτους· ἔστωσαν οὗτοι μὲν τὸ γ. τὸ δὲ ἀλλήλοις εἶναι φίλους τὸ β ἔστω, ὃ ἦν τὸ εὑρεθέν τε καὶ νοηθέν· κατὰ δὲ τῶν ἀλλήλοις φίλων τὸ εἶναι τοῦ αὐτοῦ ἐχθρούς, ὅ ἐστι τὸ α.

λοπόνου. ὅτι αἱ γενέσεις ἀνάπαλιν . . . τὰ δὲ τελικὰ τελευταῖα (Aldin. f. 86v). — f. 200r (Barocc. f. 211v) ad Arist. p. 95a39 ζητεῖ εἰ μὴ ἐξ ἀνάγκης ἕπεται . . . ἑξῆς δείκνυσιν ὅτι μηδὲ γεγονός τι γινόμενον συνεχές est Anonymi Aldinae f. 109r; eiusdem est f. 200v (Barocc. f. 213r) ad Arist. p. 95b9 ἐν τοῖς τελευταίοις τοῦ τετάρτου λόγου τῆς φυσικῆς ἀκροάσεως . . . τοῦ τὴν γένεσιν συνείρειν (Aldin. f. 109v). — f. 201r (Barocc. f. 213r) ad Arist. p. 96a29 τοῦτο παράδειγμα τῶν ἐπὶ πλέον μὲν . . . ἀλλὰ καὶ πράγματος κεκοινώνηκε est Eustratii (Aldin. f. 45v). magnum denique σχόλιον (rubr.), quod explet Paris. f. 205v—207r, σκοπὸς τῆς προειρημένης πραγματείας κατὰ μὲν Ἀλέξανδρον οὗτος . . . ὅπερ ψεῦδος· τὸ γὰρ ἀληθὲς ἦν οὐ παντί initium est Philoponei in Analyt. Prior. II commentarii (ed. Zanetti f. 94r—96r), cui eodem versu continuatur ἔχει σημεῖον, ἐπείπερ ἔχειν ἀνάγκη . . . εἰ δὲ μή, οὐκ ἔσται ἓν ἑνὸς σημεῖον, qui est exitus Anal. Prior. II (Arist. p. 70b24—38).

ALEXANDRI
IN ARISTOTELIS
ANALYTICORUM PRIORUM
LIBRUM I COMMENTARIUM

ΑΛΕΞΑΝΔΡΟΥ ΑΦΡΟΔΙΣΙΕΩΣ ΕΙΣ ΤΟ Α ΤΩΝ ΑΡΙΣΤΟΤΕΛΟΥΣ ΑΝΑΛΥΤΙΚΩΝ ΠΡΟΤΕΡΩΝ ΥΠΟΜΝΗΜΑ 2r

Ἡ λογική τε καὶ συλλογιστικὴ πραγματεία ἡ νῦν ἡμῖν προκειμένη, ὑφ' ἣν ἥ τε ἀποδεικτικὴ καὶ ἡ διαλεκτική τε καὶ πειραστικὴ ἔτι τε καὶ ἡ σοφιστικὴ μέθοδος, ἔστι μὲν ἔργον φιλοσοφίας, χρῶνται δὲ αὐτῇ καὶ ἄλλαι τινὲς ἐπιστῆμαι καὶ τέχναι, ἀλλὰ παρὰ φιλοσοφίας λαβοῦσαι· ταύτης γὰρ ἥ τε εὕρεσίς ἐστι καὶ ἡ σύστασις καὶ ἡ πρὸς τὰ κυριώτατα χρῆσις. οὖσα δὲ ἔργον αὐτῆς τοῖς μὲν καὶ μέρος φιλοσοφίας εἶναι δοκεῖ, οἱ δὲ οὐ μέρος ἀλλ' ὄργανον αὐτῆς φασιν εἶναι. οἱ μὲν οὖν μέρος αὐτὴν λέγοντες ἠνέχθησαν ἐπὶ τοῦτο, διότι ὥσπερ περὶ τὰ ἄλλα, ἃ ὁμολογεῖται πρὸς ἁπάντων μέρη φιλοσοφίας εἶναι, ἡ φιλοσοφία καταγίνεται ἔργον ποιουμένη τήν τε εὕρεσιν αὐτῶν καὶ τὴν τάξιν τε καὶ σύστασιν, οὕτω δὴ καὶ περὶ τὴν πραγματείαν τήνδε. οὖσα δὲ ταύτης ἔργον οὐδετέρου τῶν λοιπῶν τῆς φιλοσοφίας μερῶν μόριόν ἐστιν οὔτε τοῦ θεωρητικοῦ οὔτε τοῦ πρακτικοῦ· ἄλλο γὰρ τό τε ὑποκείμενον ταύτῃ κἀκείνων ἑκατέρᾳ καὶ διαφέρουσα ἡ πρόθεσις καθ' ἑκάστην αὐτῶν, οἷς τε διαφέροντα ἐκεῖνα ἀλλήλων ἀντιδιαιρεῖται ἀλλήλοις, τούτοις καὶ ἡ μέθοδος αὕτη ἑκατέρας ἐκείνων διαφέρουσα εὐλόγως ἂν ἀντιδιαιροῖτο αὐτοῖς. καὶ γὰρ τῷ ὑποκειμένῳ διαφέρει ἐκείνων (ἀξιώματα γὰρ καὶ προτάσεις τὰ ὑποκείμενα ταύτῃ) καὶ τῷ τέλει καὶ τῇ προθέσει· ἡ γὰρ ταύτης πρόθεσις τὸ διὰ τῆς ποιᾶς τῶν προτάσεων συνθέ-

---

1 Titulus non satis constat; inscripsi ex optimi libri B, qui deficit initio p. 1—13, 11, tertii capitis titulo et subscriptione: Ἀλεξάνδρου ἀφροδισιέως ὑπόμνημα εἰς τὸ περὶ ἀναλύσεως συλλογισμῶν ἀριστοτέλους ἀναλυτικῶν προτέρων πρώτου; Ἀλεξάνδρου Ἀφροδισιέως ὑπόμνημα εἰς τὰ πρῶτα ἀναλυτικά inscribit LM: Ἀλεξάνδρου τοῦ ἀφροδισιέως εἰς τὸ τῶν τοῦ Ἀριστοτέλους προτέρων ἀναλυτικῶν πρῶτον ὑπόμνημα a: periit titulus in K   3 post συλλογιστική 3—4 lit. evanuerunt in K; multae quoque aliae lit. in prima huius libri pag. evanuerunt, quae est usque ad συμβαίνει τοῖς μέρος (p. 2, 22)   4 καὶ om. a   ἡ (ante διαλεκτική) L: om. aKM   6 post ἐπιστῆμαι add. τε a   8 εἶναι φιλοσοφίας a   10 περὶ aKM: ἐπὶ L   ἃ om. L   12 ante σύστασιν add. τὴν aL   15 ταύτης LM   κἀκείνῳ a   ἑκατέρα a: ἑτέρα KLM   18 ἀντιδιαιρεῖται om. ἂν a   17 διαφέρουσα a   20 συνθέσεως τῶν προτάσεων a

σεως ἐκ τῶν τιθεμένων τε καὶ συγχωρουμένων ἐξ ἀνάγκης τι συναγόμενον 2r δεικνύναι. ὃ οὐδετέρας ἐκείνων τέλος.

Οἱ δὲ μὴ μέρος αὐτὴν ἀλλ' ὄργανον φιλοσοφίας εἶναι λέγοντες οὔ φασιν αὔταρκες εἶναι πρὸς τὸ μέρος εἶναί τι τέχνης τινὸς ἢ ἐπιστήμης τὸ τὴν τέχνην ἢ τὴν ἐπιστήμην καὶ περὶ ἐκεῖνο καταγίνεσθαι τὸ μόριον ὁμοίως ὡς καὶ περὶ ἕκαστον τῶν ἄλλων μερῶν αὐτῆς, περὶ ἃ πραγματεύεται· κρίνεται γὰρ τὸ μέρος οὐκ ἀπὸ τῆς περὶ αὐτὸ σπουδῆς τε καὶ πραγματείας μόνης, ἀλλ' ὅταν προσῇ τούτῳ τὸ καὶ τὸ τέλος αὐτοῦ καὶ τὴν σύστασιν μὴ πρὸς ἄλλο τι τῶν, περὶ ἃ καὶ αὐτὰ ἡ αὐτὴ ἐπιστήμη πραγματεύεται, τὴν ἀναφορὰν ἔχειν μηδὲ ἐκείνου χάριν ζητεῖσθαί τε καὶ συνίστασθαι. τὸ γὰρ ἐπ' ἄλλων τινῶν χρείαν τῶν ὑπὸ τὴν αὐτὴν ἐπιστήμην ἢ τέχνην ὄντων τὴν ἀναφορὰν ἔχον οὔτ' ἂν ἀντιδιαιροῖτο δεόντως ἐκείνοις, ὧν χάριν ἐστί τε καὶ γίνεται, οὔτ' ἂν μέρος ὁμοίως ἐκείνοις εἴη ὂν τούτων χάριν· τὸ γὰρ ἐπί τινα τὴν ἀναφορὰν ἔχον καὶ οὗ τὸ τέλος ὡς πρὸς τὴν ἄλλων εὕρεσίν τε καὶ σύστασιν συντελοῦν διὰ τοῦτο σπουδάζεται ὄργανον ἐκείνων. ὡς γὰρ ἐπὶ τῶν διαφερουσῶν τεχνῶν τὸ τέχνης τινὸς ἔργον ἄλλης τινός ἐστιν τέχνης ὄργανον τῷ τὴν ἀναφορὰν ἔχειν τὸ τέλος αὐτοῦ πρὸς χρείαν τῶν γινομένων ὑπὸ τῆς τέχνης, ἧς ἐστιν ὄργανον, οὕτως εἰ καὶ ἐπὶ τῆς αὐτῆς ἐπιστήμης ἢ τέχνης γινόμενά τινα τήνδε τὴν τάξιν ἔχοι πρὸς ἄλληλα. ἔσται τὸ μὲν ὄργανον αὐτῶν τὸ δὲ προηγούμενον ἔργον τε καὶ μέρος· οὐδὲ γὰρ ἡ σφῦρα καὶ ὁ ἄκμων ὄργανον κωλύεται τῆς χαλκευτικῆς εἶναι, διότι αὐτῆς ἐστιν ἔργα. ἔτι δὲ συμβαίνει τοῖς μέρος αὐτὸ φιλοσοφίας λέγουσι τὸ φιλοσοφίας μέρος ὄργανον λέγειν εἶναι τῶν ἄλλων ἐπιστημῶν τε καὶ τεχνῶν, ὅσαι πρὸς τὴν τῶν οἰκείων κατασκευήν τε καὶ σύστασιν συλλογισμοῖς τε καὶ ἀποδείξεσι χρῶνται· χρῶνται γὰρ αὐτοῖς, οὐ μὴν ὡς μέρεσιν οἰκείοις· οὔτε γὰρ τῶν διαφόρων ἐπιστημῶν οἷόν τε ταὐτὸν εἶναι μέρος, οὔτε τις ἐκείνων περὶ τὴν σύστασιν αὐτῶν καὶ τὴν εὕρεσιν πραγματεύεται, ὥστε εἶεν ἂν αὐτοῖς ὡς ὀργάνοις χρώμεναι. εἰ δὲ τοῦτο, ἀρχιτεκτονικωτέρα δὲ ἀεὶ τέχνη τε καὶ ἐπιστήμη ἡ πρὸς τὸ οἰκεῖον ἔργον χρωμένη ἔργῳ καὶ τέλει 2v τινὸς τέχνης τῆς τὸ ἴδιον ἔργον ἐπὶ τὴν ταύτης χρείαν ἀναφερούσης, ὡς ἔχει χαλινοποιητικὴ μὲν πρὸς ἱππικήν, ναυπηγικὴ δὲ πρὸς κυβερνητικήν, εἶεν ἂν καὶ φιλοσοφίας ἕτεραι τελειότεραι κατ' αὐτοὺς ἐπιστῆμαί τε καὶ τέχναι, ὧν ὄργανον τὸ ταύτης μέρος. εἰ δὲ μὴ πᾶσαν λέγοιεν τὴν λογικὴν πραγματείαν πρὸς τὴν εὕρεσίν τε καὶ σύστασιν τῶν κατὰ φιλοσοφίαν ζητουμένων τὴν ἀναφορὰν ἔχειν ἢ τῶν κατ' ἄλλην ἐπιστήμην ἢ τέχνην τινὰ

1 τεθειμένων L 7 κρίνεσθαι a: κρίνε . . . K τε om. K 8 τούτου a 9 αὐτὰ LM: αὐτὴ a: αὐτὴ an αὐτό? K 13 τε aK: om. LM ἐκείνοις om. K 14 οὐ L ὡς om. a 15 τούτων K post ἐκείνων add. ἐστιν a 17 τέχνης ἐστὶ L τῷ τὴν . . . ὄργανον om. a 18 εἰ om. KM 19 ἢ KLM: καὶ a ἔχοι LM: ἔχει a: evan. K 20 αὐτοῦ K 22 συμβαίνει om. L 23 λέγει L εἶναι λέγειν collocant aK τε om. a 24 ὅσοι L τε (post συλλογισμοῖς) om. K 26 οἷόν τε LM: οἴονται aK 27 τὴν (post περὶ) om. K 30 τέχνης om. L τῆς τὸ ἴδιον ἔργον om. LM 33 τὸ aKM: τὰ (?) L 34 τὴν om. a 35 ἢ (ante τέχνην) KLM: τε καὶ a

θεωρουμένων τε καὶ ζητουμένων, ἀλλ' εἶναί τινα ἐν αὐτῇ θεωρούμενά τε 2v καὶ ζητούμενα, ἃ πρὸς οὐδέν ἐστι χρήσιμα, πρῶτον μὲν συγχωρήσουσιν εὐλόγως ὑπὸ τῶν ἀρχαίων, οἳ μέχρι τῆς χρείας προήγαγον τὴν λογικὴν πραγματείαν, ὄργανον αὐτὴν ἀλλὰ μὴ μέρος λέγεσθαι. εἶτα δὲ καὶ κατ' αὐτοὺς τὸ μὲν χρήσιμον αὐτῆς ἐστιν ὄργανον, τὸ δὲ οὐ χρήσιμον ἔσται μέρος ὄν. εἰ δὲ τὸ χρήσιμον βέλτιόν τε καὶ πλείονος σπουδῆς τε καὶ πραγματείας ἄξιον, καὶ κατ' αὐτοὺς ἔσται τὸ μὲν βέλτιον τῆς λογικῆς μόριον ὄργανον φιλοσοφίας τε καὶ τῶν ἄλλων ἐπιστημῶν τε καὶ τεχνῶν, τὸ δὲ ἐλάττονος σπουδῆς ἄξιον μέρος. καίτοι τὸ ὄργανον ἐν πᾶσι τοῦ ὡς μέρους ἔργου δευτέραν χώραν ἔχει. ἔτι εἰ σπουδάζοιτο ὡς γυμνάσιον τῆς διανοίας πρὸς τὴν εὕρεσιν τῶν ἐν τοῖς μέρεσι τῆς φιλοσοφίας ζητουμένων, καὶ οὕτως ἂν τὴν τοῦ ὀργάνου χώραν ἔχοι. εἰ δὲ διὰ τὴν τῆς ἐν αὐτοῖς ἀληθείας γνῶσιν, μόριον ἂν γίγνοιτο τῆς θεωρητικῆς· ἐκείνης γὰρ ἡ γνῶσις τέλος. τί δὲ τὸ καλὸν ἔχουσα ἡ τῶν ἀχρήστων κατὰ τὴν λογικὴν μέθοδον θεωρία σπουδῆς ἂν ἀξιοῖτο ὡς οὖσα τῆς φιλοσοφίας μέρος; τὰ γὰρ σπουδῆς ἀξιούμενα δεόντως ἢ ἐπ' ἄλλα τινὰ τὴν ἀναφορὰν ἔχει, ἃ ἐστι δι' αὑτὰ αἱρετά, ἢ ἐν αὑτοῖς ἔχει τὸ τῆς σπουδῆς ἄξιον· οὐ γὰρ ἡ παντὸς καὶ ἡ τοῦ τυχόντος γνῶσις φιλοσοφίας ἀξία (ἔνια γοῦν ἄμεινον ἀγνοεῖσθαι), ἀλλ' ἡ τῶν θείων τε καὶ τιμίων, ταῦτα δέ ἐστιν, ὧν ἡ φύσις δημιουργὸς τέχνη τις οὖσα θεία· τὸ γὰρ θεωρεῖν καὶ ἀπ' αὐτοῦ τοῦ ὀνόματος δῆλον ὡς ἔστι περὶ τὴν τῶν θείων ὄψιν τε καὶ γνῶσιν· σημαίνει γὰρ τὸ ὁρᾶν τὰ θεῖα. διὸ καὶ τὴν θεωρητικὴν φιλοσοφίαν ἐπιστήμην φαμὲν εἶναι θείων τε καὶ τῶν φύσει γινομένων καὶ συνεστώτων· ἡ γὰρ τῶν τοιούτων γνῶσις δι' αὑτὴν σπουδῆς ἀξία. ἔνθα δὲ τὰ θεωρούμενα μήτε ἐπ' ἄλλα τὴν ἀναφορὰν ἔχει μήτε ἐν αὑτοῖς τερπνόν τι καὶ τίμιον, ἡ τούτων γνῶσις οὖσα παντάπασι περιττὴ οὐδ' ἂν οἰκεία φιλοσοφίας εἴη οὖσα ματαιοπονία τις· παντὸς γὰρ μᾶλλον οἰκεῖον φιλοσόφου τὸ μηδὲν εἰκῇ ὥσπεροῦν μὴ πράττειν οὕτως δὲ μηδὲ θεωρεῖν, ἀλλ' ἔχειν ὅρον ὁμοίως τῇ πράξει καὶ τὴν θεωρίαν. οὐ γὰρ ὅμοια τὰ κατὰ γεωμετρίαν, ὡς οἴονταί τε καὶ παραβάλλουσι, τῷ τῆς διαλεκτικῆς ἀχρήστῳ μέρει· πρῶτον μὲν γὰρ οὐδὲ γεωμετρία τῆς κυρίως λεγομένης φιλοσοφίας μέρος, ὥς φασιν αὐτοί· ἔπειτα δὲ ἀστρολογία μόριόν πως οὖσα τῆς γεωμετρίας περὶ θείων τε καὶ φυσικῶν οὐσιῶν

---

1 τε om. L 3 μέχρι (χ in τ corr. man. rec.) προήγαγον τῆς χρείας M: τῆς om. a 4 καὶ om. a 6 εἰ δὲ ... πλείονος om. LM πράγματος M 8 τε post φιλοσοφίας om. a τεχνῶν τε καὶ ἐπιστημῶν a 10 ἔχει χώραν L post εἰ add. μὲν a 11 τὴν om. a 12 τῆς M (corr.?): τοῖς KL: om. a 13 γένοιτο a τῆς om. L 15 γὰρ om. LM 16 ἔχειν L (ante ἃ et ante τὸ) αὐτὰ libri 17 αὐτοῖς libri ante παντὸς add. τοῦ a 18 γοῦν KLM: οὖν a 19 ἡ (ante τῶν) aKM: ἢ L τε om. L ταῦτα aLM: τοιαῦτα K ἔσται a 20 post δῆλον add. ἐστιν a 22 διότι L 24 αὐτὴν KLM post ἄλλα add. τινὰ a 25 μηδὲ L τερπνόν a: περιττόν KLM 26 οἰκείας L 27 φιλοσόφου L: φιλοσοφία aKM 28 οὕτω L δὲ KLM: δὴ a μηδὲ scripsi: μήτε libri ἀλλὰ M ὅμοιον L τῇ θεωρίᾳ a 29 οἴονταί τε καὶ aKM: οἷόν τε L 31 κυρίας aKL post δὲ add. καὶ ἡ a 32 πως om. L ante θείων add. τῶν L

ποιεῖται τὴν θεωρίαν. ὧν ἡ γνῶσις ἐν αὐτῇ τὸ καλὸν καὶ τίμιον ἔχει. 2v πρὸς δὲ τούτοις πάμπολλά ἐστι τῶν ἀπὸ γεωμετρίας πρὸς φιλοσοφίαν χρήσιμα, δι' ἃ εἰκότως σπουδάζεται· τό τε γὰρ μὴ περὶ αἰσθητῶν μόνων τὸν λόγον ποιεῖσθαι ἀλλὰ περὶ τῶν ἐκπεπτωκότων τε τὴν αἴσθησιν καὶ νοητῶν χρησιμώτατον τῇ κατὰ φιλοσοφίαν θεωρίᾳ, εἴ γε αἱ ἀσώματοί τε καὶ νοηταὶ οὐσίαι πρῶταί τε καὶ τιμιώτεραι τῶν αἰσθητῶν, ὧν ὁ φιλόσοφος θεωρητικός. ἔτι ἡ γεωμετρία ἐκ νέων προσεθίζει περὶ γραμμῶν καὶ ἐπιπέδων καὶ στερεῶν ἰδίᾳ περὶ ἑκάστου διδάσκουσα τὸν λόγον ποιεῖσθαι, ὧν οὐδέν ἐστιν αἰσθητόν· τό τε ⟨γὰρ⟩ διαιρεῖν ἀπ' ἀλλήλων τῷ λόγῳ δύνασθαι τὰ διαφέροντα μὲν ἀλλήλων κατ' οὐσίαν τῇ μέντοι ὑποστάσει τε καὶ ὑπάρξει μὴ δυνάμενα χωρὶς ἀλλήλων εἶναι ἀναγκαιότατον πρὸς τὴν φιλόσοφον θεωρίαν· τάς τε γὰρ ἀρχὰς τῶν φύσει συνισταμένων, αὗται δέ εἰσιν 3r ὕλη τε καὶ εἶδος, οὕτως λαμβάνει· ἀχώριστα γὰρ τῇ ὑποστάσει ταῦτα ἀλλήλων καὶ οὐ δυνάμενα θάτερον αὐτῶν εἶναι χωρὶς θατέρου. ἀλλὰ καὶ τὰς τῶν νοητῶν διαφορὰς καὶ τὸν ἀριθμὸν τῶν γενῶν, οἷς πάντα τὰ ὄντα ὑποτάσσεται, διὰ τοῦ τῷ λόγῳ χωρίζειν τὰ συγκεχυμένα ποιεῖται, ἐπεὶ τά τε ἐννέα γένη ἐν ὑποκειμένῃ τῇ οὐσίᾳ ἐστὶ καὶ οὐ δύναται χωρὶς αὐτῆς ὑποστῆναι. καὶ πρὸς τούτῳ δὴ οὕτως ἀναγκαία ἦν ἡ γεωμετρία καὶ χρήσιμος. ἐθίζουσα χωρὶς μὲν περὶ γραμμῆς λέγειν ὡς φύσεώς τινος οὔσης καθ' αὑτήν, χωρὶς δὲ περὶ ἐπιπέδου καὶ στερεοῦ, ὧν οὐδὲν ἔξω τοῦ φυσικοῦ σώματος οἷόν τε ὑποστῆναι. ἔτι δὲ συλλογισμοῖς τε καὶ ἀποδείξεσι πρὸς τὰς τῶν προκειμένων αὐτῇ δείξεις χρωμένη προσεθίζει καὶ ἐν τοῖς κατὰ φιλοσοφίαν μὴ ταῖς μυθώδεσι φλυαρίαις ἐπακολουθοῦντας πιστεύειν περὶ τῶν προκειμένων ἀλλ' ἀποδείξεις αὐτῶν ἀπαιτεῖν καὶ μόνα ἡγεῖσθαι πιστὰ τὰ ἐξ αὑτῶν γνώριμα ἢ δι' ἀποδείξεως τεθέντα. καὶ ἀναλογίαις δὲ καὶ συμμετρίαις χρῆται πρὸς τὰς τῶν οἰκείων δείξεις, δι' ὧν πολλὰ καὶ τῶν κατὰ φιλοσοφίαν δείκνυται, ὧν οὐδὲν οἷόν τε παρὰ τῆς ἀχρήστου διαλεκτικῆς συντελοῦν εἰς φιλοσοφίαν λαβεῖν. διὸ καὶ ὡς παντάπασιν ἄχρηστός τε οὖσα καὶ περιττὴ δικαίως ἂν τῆς φιλοσόφου θεωρίας ἐξορίζοιτο.

Οὐκ ἐπεὶ δὲ ὄργανον καὶ οὐ μέρος φιλοσοφίας ἡ ἀναλυτική, διὰ τοῦτο ἐλάττονός ἐστιν ἡμῖν σπουδῆς ἀξία· ἡ γὰρ σπουδὴ τῶν ὀργάνων τῇ τῶν γινομένων ἢ δεικνυμένων δι' αὐτῶν ἀξίᾳ κρίνεται. πλείστου δὲ τὰ κατὰ φιλοσοφίαν ὄντα ἄξια δι' ἀποδείξεως δείκνυται· τά τε γὰρ ἄλλα τὰ ἐν φιλοσοφίᾳ πάσης ἄξια σπουδῆς καὶ πρὸ τῶν ἄλλων ἡ θεωρία τε καὶ

1 αὐτῇ libri 2 ante γεωμετρίας add. τῆς a 3 post περὶ add. τῶν a μόνον aKL 5 αἱ om. L 6 τε om. aL 7 ἔτι aKM: ἔστιν L προσερεθίζει a 8 ante ἰδίᾳ add. καὶ a τὸν λόγον διδάσκουσα L 9 γὰρ a: om. KLM 10 κατ' LM: κατὰ τὴν aK τῇ μέντοι aKM: τὰ μὲν τῇ L 11 ἀναγκαιότερον a 12 θεωρίαν superscr. K φύσεων L 14 δυνάμενον M itemque sed corr. L αὐτῷ a 17 ὑποκειμένῳ a ἐστὶ LM: εἰσὶ aK οὐ δύνανται LM: ἀδύνατα aK 18 ἀναγκαῖα. οὕτως a 19 ἐχθίζουσα L 20 ἑαυτὴν L 22 κειμένων aK προσερεθίζει a 23 ταῖς om. a 24 αὐτὸν L 25 αὐτῶν libri τεθέντων L 26 πολλαὶ a 28 ἄχρηστόν L 29 τῆς aKL: τοῦ (?) M 30 ὄργανον δὲ a 31 ἐστιν om. aK post ἡμῖν add. ἔσται a 32 πλείστων, ut videtur, K 34 post πάσης add. πλείστης a

ἡ γνῶσις τῆς ἀληθείας· οἰκειοτάτη τε γὰρ τοῖς ἀνθρώποις ἡ ἀλήθεια καὶ 3r μέγιστον ἀγαθόν. καὶ ὅτι μὲν οἰκειοτάτη, δῆλον ἐκ τοῦ ὥσπερ τῶν ἄλλων ζῴων ἑκάστῳ ἐστί τι οἰκεῖόν τε καὶ κατὰ φύσιν, τῷ μὲν τὸ τρέχειν, τῷ δὲ τὸ ἵπτασθαι, τῷ δὲ τὸ θηρᾶν, ἄλλῳ δὲ τὸ φυλάττειν, τῷ δὲ τὸ ἀχθοφορεῖν καὶ ἄλλῳ ἄλλο, οὕτως καὶ τῷ ἀνθρώπῳ οἰκεῖόν τε καὶ κατὰ φύσιν εἶναι ἐπιστήμην τε καὶ θεωρίαν· "πάντες γὰρ ἄνθρωποι τοῦ εἰδέναι ὀρέγονται φύσει", οὗ σημεῖον τό τε τῶν αἰσθήσεων ταύτας προτιμᾶν, αἳ πλείονος αὐτοῖς γνώσεώς εἰσιν αἴτιαι, καὶ τὸ εὐθὺς ἐκ νέων φιληκόους τε καὶ φιλομύθους εἶναι· τὰ γὰρ παιδία σπουδάζει περὶ τὴν τῶν μύθων ἀκρόασιν, καίτοι μηδὲν ἄλλο παρὰ τὴν γνῶσιν αὐτῶν ἐκ τῶν μύθων λαμβάνοντα, καὶ κρίνεταί γε τὰ εὐφυέστερα αὐτῶν τῇ σπουδῇ τῇ περὶ τὴν τῶν μύθων ἀκρόασιν, ὡς οὔσης κατὰ φύσιν τοῖς ἀνθρώποις τῆς ἐπιστήμης τε καὶ γνώσεως. ἔτι δὲ ἐκ τοῦ τῇ τοῦ ἀληθοῦς γνώσει μάλιστά τε καὶ φανερώτατα τῶν ἄλλων ζῴων τὸν ἄνθρωπον διαφέρειν· τῶν μὲν γὰρ ἀρετῶν καὶ τῶν κατ' αὐτὰς πράξεων ἔστιν ἴχνη τινὰ εὑρεῖν καὶ ἐν τοῖς ἀλόγοις ζῴοις (τὰ μὲν γὰρ αὐτῶν ἀνδρείας μετέχειν δοκεῖ, τὰ δὲ σωφροσύνης, τὰ δὲ δικαιοσύνης, ἤδη δέ τινα αὐτῶν καὶ φρόνιμα εἶναι προσυπείληπται, τὰ δέ τινα ἐλευθέρια, ὡς ἔνεστι μαθεῖν ἐκ τῆς Περὶ ζῴων ἱστορίας Ἀριστοτέλει γεγραμμένης ἐν βιβλίοις πλείοσιν), ἀληθείας δὲ καὶ τοῦ θεωρητικοῦ νοῦ παντάπασιν ἄγευστα τυγχάνει. ἀλλὰ καὶ μέγιστον τῶν ἀνθρωπίνων ἀγαθῶν ἡ θεωρία· "ἀλήθεια γὰρ πάντων μὲν ἀγαθῶν θεοῖς ἡγεῖται, πάντων δὲ ἀνθρώποις". εἰ γάρ τι δεῖ περὶ τῶν ὑπὲρ ἡμᾶς ἀποφαίνεσθαι, οὐκ ἄλλην τινὰ τοῖς θεοῖς ἐνέργειαν ὑπάρχειν παρὰ ταύτην ὑποληπτέον· τὸ γὰρ κατά τινα τῶν ἄλλων ἀρετῶν αὐτοὺς ἐνεργεῖν λέγειν οὐδαμῶς ὁμολογούμενον, εἴ γε περὶ πάθη μὲν αἱ ἀρεταὶ τούτων οὖσαι μετρητικαὶ καὶ ταῦτα ῥυθμίζουσαι, ἀπαθὲς δὲ τὸ θεῖον. ἔτι δὲ αἱ μὲν ἠθικαὶ ἀρεταὶ μετὰ προαιρέσεως· ἐδείχθησαν γὰρ ἕξεις οὖσαι προαιρετικαί· ἀλλὰ μὴν ἡ προαίρεσις ὄρεξίς ἐστι βουλευτική, ἡ δὲ βουλὴ περὶ τῶν βουλευτῶν, βουλευόμεθα δὲ 3v περὶ τῶν ἐφ' ἡμῖν ἀδήλων δέ, πῶς ἀποβήσεται· περὶ δὲ τῶν κατὰ τὰς ἐπιστήμας οὐδεὶς βουλεύεται. εἰ τοίνυν μηδὲν ἐν τοῖς θεοῖς τῶν ὑπ' αὐτῶν γινομένων ἄδηλον, πῶς ἀποβήσεται, οὐδ' ἂν βουλευτόν τι ἐν αὐτοῖς εἴη· εἰ δὲ μὴ τοῦτο, οὐδὲ βουλή, εἰ δὲ μὴ βουλή, οὐδὲ προαίρεσις, εἰ δὲ μὴ προαίρεσις,

1 ἡ (ante γνῶσις) om. a οἰκειοτάτη τε aK: οἰκειότατον LM 2 οἰκειότατον M 3 ἑκάστῳ ζῴων L 4 ἵπτασθαι K ἄλλω KLM: τῷ a 5 post οὕτως add. δὲ a 6 "πάντες ... φύσει"] Metaphys. A 1 p. 980a22 7 αἰσθητῶν K 8 αὐτῆς a τὸ aKM: τῶν L νέου a 10 post ἀκρόασιν add. ὡς οὔσης κατὰ φύσιν τοῖς ἀνθρώποις τῆς γνώσεως (12. 13) a itemque om. τῆς γνώσεως K αὐτῶν om. L 13 τοῦ (post τῇ) LM: τῆς a: om. K τε (post μάλιστα) aKM: δὲ L 14 φανερωτάτη L ἄλλων LM: ἀλόγων aK 16 ἀνδρείας αὐτῶν aK 17 τὰ δὲ δικαιοσύνης om. LM προσυπείληπται a: προείληπται KLM 18 ἐλεύθερα a ἔνεστι KLM: ἔστι a Περὶ ζ. ἱ.] I 1 p. 488b12 sq. 19 γεγραμμένοις a 21 "ἀλήθεια ... ἀνθρώποις"] Plat. leg. V 3 p. 730B post μὲν add. τῶν M 23 ὑπάρχειν om. a 24 post ὁμολογούμενον add. αὐτοὺς L 27 γὰρ om. L 29 ἄδηλον a περὶ δὲ ... ἀποβήσεται (31) om. a 31 πῶς ἀποβήσεται om. LM βουλευτέον M εἴη aKM: εἶναι L

οὐδ' ἀρετὴ τοιαύτη. τοῖς μὲν οὖν θεοῖς συνεχής τε καὶ ἀδιάλειπτος ἡ 3r τῆς ἀληθείας θεωρία· τοῖς δὲ ἀνθρώποις συνεχῶς μὲν οὐχ οἷόν τε κατ' αὐτὴν ἐνεργεῖν· πολλαὶ γὰρ αἱ κατὰ τὸν βίον περιστάσεις, αἷς συγκεκλήρωνται. αἱ ἀπάγουσαι αὐτοὺς τῶν τιμιωτέρων· οὐ μὴν ἀλλὰ ἐφ' ὅσον οἷός τέ ἐστιν, ἀνακύψας ἀπὸ τῶν παθῶν τε καὶ τῶν ἀνθρωπίνων περιστάσεων κατὰ τὴν θείαν τε καὶ δικαίως καλουμένην θεωρίαν ἐνεργεῖ ὁρῶν τὰ τιμιώτατα. ὅταν δὴ κατὰ ταύτην τὴν δύναμιν τῆς ψυχῆς ἐνεργῇ ὁμοίας ἐνεργείας ἐνεργῶν θεοῖς, ὁμοιοῖτ' ἂν αὐτοῖς. εἰ δὴ τὸ θεῷ ὁμοιοῦσθαι μέγιστον ἀγαθὸν ἀνθρώπῳ, τοῦτο δ' αὐτῷ διὰ θεωρίας τε καὶ τῆς τἀληθοῦς γνώσεως περιγίνεται, ἡ δὲ τἀληθοῦς γνῶσις δι' ἀποδείξεως, δικαίως ἂν πλείστης τιμῆς ἀξιοῖτο καὶ σπουδῆς, διὰ δ' αὐτὴν καὶ ἡ συλλογιστική, εἴ γε ἡ ἀπόδειξις συλλογισμός τις.

Τοῦτό τοι καὶ πρῶτον περὶ συλλογισμῶν ὁ Ἀριστοτέλης πρὸ τοῦ περὶ ἀποδείξεως λέγειν πραγματεύεται ἐν τούτοις, οἷς ἡ ἐπιγραφὴ Περὶ προτέρων ἀναλυτικῶν, διδάσκων ἡμᾶς, τί ἐστι συλλογισμός, καὶ ἐκ τίνων σύγκειται, καὶ πόσα σχήματά ἐστι συλλογιστικά, καὶ τίνες αὐτῶν διαφοραί· τύπῳ γάρ τινι κοινῷ τὰ σχήματα ἔοικεν, ἐν οἷς ἔστιν ἐναρμόσαντα ὕλην εἶδός τι ἀναμάξασθαι ταὐτὸν ἐπὶ ταῖς διαφόροις ὕλαις· ὡς γὰρ ἐπὶ τῶν τύπων τῶν αὐτῶν ἡ διαφορὰ οὐ κατὰ τὸ εἶδος γίνεται καὶ τὸ σχῆμα τοῖς ἐναρμοζομένοις ἀλλὰ κατὰ τὴν ὕλην, οὕτω δὴ καὶ ἐπὶ τῶν σχημάτων τῶν συλλογιστικῶν. λέγει δὲ καί, πόσαι καθ' ἕκαστον σχῆμα συζυγίαι, καὶ τίνες τούτων εἰσὶ συλλογιστικαὶ καὶ τίνες ἀσυλλόγιστοι, καὶ τίνες διαφοραὶ τῶν καθ' ἕκαστον σχῆμα συλλογισμῶν πρὸς ἀλλήλους, καὶ τίνες μὲν τέλειοι τῶν συλλογισμῶν καὶ αὐτόθεν γνώριμοι καὶ οὐ δεόμενοι ἀποδείξεως, τίνες δὲ ἀτελεῖς καὶ οὐκ ἀναπόδεικτοι, καὶ πόθεν τοῖς ἀτελέσιν εἴρηται τὸ εἶναι συλλογισμοῖς. λέγει δὲ ἐν αὐτοῖς καὶ περὶ εὑρέσεως προτάσεων, πῶς ἂν εὑρίσκοιμεν προτάσεις πρὸς τὸ καθ' ἕκαστον σχῆμα τῶν οἰκείων εὐπορεῖν συλλογισμῶν. λέγει δὲ καὶ περὶ ἀναλύσεως συλλογισμῶν καὶ καθόλου, ὅσα τῆς συλλογιστικῆς ἐστιν ἴδια πραγματείας. περὶ τούτων εἰπὼν ἐν τοῖς δύο τοῖς Προτέροις ἀναλυτικοῖς μετὰ ταῦτα τὸν περὶ ἀποδείξεως, περὶ ἧς ἐνταῦθα οὐ προτίθεται, ποιήσεται λόγον ἐν τοῖς ἐπιγραφομένοις Ὑστέροις ἀναλυτικοῖς, ἃ καὶ αὐτά ἐστι δύο. διὰ τοῦτο καὶ ἐπιγράφει Πρότερα μὲν ἀναλυτικὰ τὰ περὶ συλλογισμῶν, Ὕστερα δὲ τὰ περὶ ἀποδείξεως, ἐπειδὴ πρότερος ὁ συλλογισμὸς ἀποδείξεως τῇ φύσει· μεμαθήκαμεν γὰρ καὶ ἐν ταῖς Κατηγορίαις, ὅτι ἐστὶ πρότερα τῇ φύσει τὰ μὴ ἀντιστρέφοντα κατὰ

2 συνεχῶς μὲν om. a 4 αὐτάς a 7 δὴ aKM: δὲ L ἐνεργεῖ K 8 ante θεοῖς add. τοῖς a 9 αὐτὸ K διὰ om. L τῆς τἀληθοῦς (τ paene evan. M) γνώσεως KM: τῆς ἀληθοῦς γνώσεως L: γνώσεως τῆς ἀληθοῦς a 11 ἀξιῷτο τιμῆς a 13 τοι om. LM συλλογισμοῦ a 14 ἡ ἐπιγραφὴ aKM: γράφει L 18 post ταὐτὸν add. γὰρ a 24 αὐτόθι K 27 εὑρίσκωμεν πρότασιν a ἀπορεῖν L (et M?) 29 δύο τοῖς KM: δυσὶ a: om. L 30 ἐνταῦθα οὐ KLM: ἐνθάδε a 31 ποιῆσαι L γραφομένοις L: ἐπιγεγραμμένοις a 32 ἐπιγράφεται a 33 ἐπεὶ L 34 ante ἀποδείξεως add. τῆς a μεθεστήκαμεν L 35 Κατηγορίαις] c. 7 p. 7b 15 sq. τῇ aK: τῶν LM

τὴν τοῦ εἶναι ἀκολουθίαν ἐκείνοις, οἷς τεθεῖσιν αὐτὰ ἕπεται. τοιαῦτα δέ 3v ἐστι καὶ τὰ γένη· πᾶν γὰρ γένος ἑκάστου τῶν ὑπ' αὐτὸ εἰδῶν πρότερον τῇ φύσει· τῷ μὲν γὰρ εἴδει τεθέντι πάντως ἀνάγκη τὸ γένος ἕπεσθαι, μηκέτι δὲ τῷ γένει τὸ εἶδος. ὁμοίως δὲ ἔχει καὶ τὰ εἴδη πρὸς τά, ὧν ἐστιν εἴδη· πρότερα γὰρ καὶ αὐτὰ ἐκείνων. οὕτω δὲ ἔχει καὶ ὁ συλλογισμὸς πρὸς ἀπόδειξιν· ἀποδείξεως μὲν γὰρ οὔσης πάντως ἔστι καὶ συλλογισμός· ἡ γὰρ ἀπόδειξις συλλογισμός τις· συλλογισμοῦ δὲ ὄντος οὐ πάντως ἔστιν ἀπόδειξις διὰ τὸ συλλογισμὸν εἶναι καὶ διαλεκτικόν τινα καὶ σοφιστικόν. ἐπεὶ τοίνυν πρότερον μὲν συλλογισμός, ὕστερον δὲ ἀπόδειξις, εἰκότως, ἐν οἷς μὲν βιβλίοις περὶ τοῦ προτέρου τὸν λόγον ποιεῖται, ταῦτα Πρότερα ἐπέγραψεν, ἐν οἷς δὲ περὶ τοῦ ὑστέρου, ταῦτα Ὕστερα. Ἀναλυτικὰ δέ, ὅτι ἡ παντὸς συνθέτου εἰς τά, ἐξ ὧν ἡ σύνθεσις αὐτῶν, ἀναγωγὴ ἀνάλυσις καλεῖται. ἀντεστραμμένως γὰρ ἡ ἀνάλυσις ἔχει τῇ συνθέσει· ἡ μὲν γὰρ σύνθεσις | ἀπὸ τῶν ἀρχῶν ὁδός ἐστιν ἐπὶ τὰ ἐκ τῶν ἀρχῶν, ἡ δὲ ἀνάλυσις 4r ἐπάνοδός ἐστιν ἀπὸ τοῦ τέλους ἐπὶ τὰς ἀρχάς· οἵ τε γὰρ γεωμέτραι ἀναλύειν λέγονται, ὅταν ἀπὸ τοῦ συμπεράσματος ἀρξάμενοι κατὰ τὴν τάξιν τῶν εἰς τὴν τοῦ συμπεράσματος δεῖξιν ληφθέντων ἐπὶ τὰς ἀρχὰς καὶ τὸ πρόβλημα ἀνίωσιν. ἀλλὰ καὶ ὁ τὰ σύνθετα σώματα ἀνάγων εἰς τὰ ἁπλᾶ σώματα ἀναλύσει χρῆται καὶ ὁ τῶν ἁπλῶν ἕκαστον εἰς τά, ἐξ ὧν αὐτοῖς τὸ εἶναι, ὅπερ ἐστὶν ὕλη καὶ εἶδος, ἀναλύει. ἀλλὰ καὶ ὁ τὸν λόγον εἰς τὰ μέρη τοῦ λόγου διαιρῶν καὶ ὁ τὰ μέρη τοῦ λόγου εἰς τὰς συλλαβὰς καὶ ὁ ταύτας εἰς τὰ στοιχεῖα ἀναλύει. ἀναλύειν δὲ ἰδίως λέγονται καὶ οἱ τοὺς συνθέτους συλλογισμοὺς ἀναλύοντες εἰς τοὺς ἁπλοῦς. ἀλλὰ καὶ οἱ τοὺς ἁπλοῦς εἰς τὰς προτάσεις, ἐξ ὧν αὐτοῖς τὸ εἶναι. ἀλλὰ καὶ τὸ τοὺς ἀτελεῖς συλλογισμοὺς εἰς τοὺς τελείους ἀνάγειν ἀναλύειν καλεῖται. ἀλλὰ καὶ τὴν τῶν τιθεμένων συλλογισμῶν εἰς τὰ οἰκεῖα σχήματα ἀναγωγὴν ἀνάλυσιν λέγουσι. καὶ κατὰ τοῦτο τὸ σημαινόμενον τῆς ἀναλύσεως μάλιστα Ἀναλυτικὰ καὶ ταῦτα ἐπιγέγραπται· ὑπογράφει γάρ τινα ἡμῖν μέθοδον ἐπὶ τέλει τοῦ πρώτου, δι' ἧς τοῦτο ποιεῖν δυνησόμεθα. ἀλλὰ καὶ πῶς τὴν τῶν ἁπλῶν συλλογισμῶν εἰς τὰς οἰκείας προτάσεις, ἐξ ὧν αὐτοῖς τὸ εἶναι καὶ αὐτῶν, ἀναγωγὴν ποιεῖν δυνησόμεθα. εὑρήσομεν δέ τινα αὐτῶν λέγοντα, καὶ πῶς οἱ σύνθετοι συλλογισμοὶ γίνονται ἐκ τῶν ἁπλῶν, καὶ πῶς αὐτοὺς εἰς ἐκείνους ἀνάξομεν. ἐν οἷς μὲν οὖν περὶ τῆς τῶν συλλογισμῶν ἀναλύ-

1 ἀκολούθησιν a 2 ἕκαστον L 3 τῷ bis a om. γὰρ et ἀνάγκη 5 ἐστι γένη L 6 ἔσται a καὶ om. aK 7 post ἀπόδειξις add. καὶ L 12 ἡ post ὅτι om. K εἰς aKM: εἴη L 13 γὰρ (ante ἡ) aKM: δὲ L 14 ἐστιν om. L 15 post ἐστιν add. ἐπὶ τὰς ἀρχὰς aK ἐπὶ τὰς ἀρχάς om. a (non om. K) 17 τῶν aLM: τὴν K 18 ὁ τὰ aKM: τὰ ὅσα L συνθέντα a ἀνάγων σώματα L 20 ante εἶδος add. τὸ L 22 τὰ om. K 24 τὰς om. K 25 καλεῖται KLM: λέγεται a 26 ἀναγωγὴν εἰς τὰ οἰκεῖα σχήματα a 27 λέγεται K pr. ante καὶ add. ὅθεν a σημεῖον L μάλιστα τῆς ἀναλύσεως M 31 ἀναγωγὴν ποιεῖν aKM: ἀναγαγεῖν L τινα αὐτῶν KLM: που αὐτὸν a 32 καὶ πῶς aKM: ἔτι L

σεως πεπραγμάτευται, ταῦτα Ἀναλυτικὰ Πρότερα, ἐν οἷς δὲ περὶ τῆς τῶν 4r ἀποδείξεων, Ἀναλυτικὰ μὲν καὶ αὐτά, Ὕστερα δὲ ἐπιγράφει.

Ὃν δὲ πρὸς διδασκαλίαν χρησιμώτατον τὸ δεῖν τῶν ῥηθησομένων τὸν σκοπὸν καὶ τὴν πρόθεσιν λέγειν (οἱ γὰρ εἰδότες. ἐπὶ τί τῶν λεγομένων ἕκαστον τὴν ἀναφορὰν ἔχει, ῥᾷον μανθάνουσι τῶν οὐκ εἰδότων· παραπλησία γὰρ τῶν οὕτως μανθανόντων ἡ διαφορὰ τοῖς ὁδὸν βαδίζουσι τὴν αὐτήν, ὧν οἱ μὲν ἴσασι τὸ πέρας τῆς ὁδοῦ. ἔνθα ἀφικέσθαι δεῖ, οἱ δὲ ἀγνοοῦσιν· καὶ γὰρ ἐκείνων οἱ μὲν εἰδότες ῥᾷόν τε βαδίζουσι καὶ χωρὶς καμάτου ἀνύουσι τὸ προκείμενον. οἱ δ' ἀγνοοῦντες κάμνουσι μᾶλλον· ἐν πᾶσι γὰρ ἡ ἀγνωσία ἀπειρίᾳ τινὶ ἔοικε), τοῦτο δὴ οὕτως ὂν χρήσιμον ἔν τε ταῖς ἄλλαις πραγματείαις ὡς ἐπὶ τὸ πλεῖστον εἴωθε ποιεῖν καὶ δὴ καὶ ἐνταῦθα· εὐθὺς γὰρ ἐν ἀρχῇ λέγει. τί ποτέ ἐστι τὸ προκείμενον αὐτῷ, καὶ ταχέως εἰπὼν καὶ διὰ βραχέων ἐφεξῆς ἔχεται τῶν ἀγόντων ἐπὶ τὰ προκείμενα. καὶ γὰρ καὶ ἀρχή ἐστιν ὥσπερ ἐν τοῖς γινομένοις τὸ οὗ ἕνεκεν οὕτως καὶ ἐν τοῖς λεγομένοις· τὸ γὰρ οὗ χάριν τινὰ λέγεται, τοῦτ' ἔστιν ὁ σκοπός, αἴτιον τῶν ἐκείνου χάριν λεγομένων. εἰ δὲ ἀρχή. ὡς ἀπὸ ἀρχῆς ἐντεῦθεν ἄρχεσθαι χρή. ἔσται δὲ καὶ πρὸς τὴν κρίσιν συντελῶν τοῖς τε λέγουσι τῶν λεγομένων καὶ τοῖς μανθάνουσιν, ὧν ἀκούουσι. γνωριζόμενος ὁ σκοπός. ἅμα δὲ ἡμᾶς διὰ τοῦ τὴν πρόθεσιν ταύτην εἰπεῖν εἶναι τῆς περὶ τῶν συλλογισμῶν πραγματείας τὸ περὶ ἀποδείξεως εἰπεῖν διδάσκει, ὅτι προηγούμενον ἔργον τῆς συλλογιστικῆς πάσης μεθόδου χρὴ τὸν περὶ ἀποδείξεως ἡγεῖσθαι λόγον· καὶ γὰρ ἡ περὶ τὰ ἄλλα εἴδη τοῦ συλλογισμοῦ πραγματεία τῷ φιλοσόφῳ γίνεται, καθ' ὅσον καὶ τὸ περὶ ἐκείνων διειληφέναι χρήσιμον πρὸς ἀπόδειξιν καὶ τὴν τοῦ ἀληθοῦς εὕρεσιν· ὅ τε γὰρ ἐν τοῖς διαλεκτικοῖς γυμνασάμενος συλλογισμοῖς καὶ τὸ πιθανὸν καὶ τὸ παρακείμενον τἀληθεῖ συνορᾶν δυνάμενος ῥᾷον τὸ ἀληθὲς εὑρίσκει οὐκ ἀπατώμενος ὑπὸ τῆς ὁμοιότητος τοῦ πιθανοῦ τῆς πρὸς τἀληθές, ἀλλ' εἰδὼς αὐτοῦ τὴν διαφοράν, ὅ τε τοὺς σοφιστικοὺς λόγους εἰδώς, ὅπως γίνονται. δύναιτ' ἂν τὸ ψεῦδος φυλάττεσθαι· ἡ δὲ τούτου φυγὴ πλεῖστα πρὸς τὴν τἀληθοῦς εὕρεσιν συνεργεῖ. παραπλήσιον δὲ καὶ ἐν τοῖς Ἠθικοῖς πεποίηκε τῷ ἐνταῦθα· καὶ γὰρ ἐκεῖ προειπὼν "ἡ μὲν οὖν μέθοδος τούτων ἐφίεται | πολιτική τις οὖσα" 4v καὶ εἰπὼν τὴν πρόθεσιν εἶναι αὐτῷ περὶ πολιτείας καὶ τῆς πολιτικῆς δυνάμεως μετὰ δέκα βιβλία περὶ ἐκείνης ποιεῖται τὸν λόγον, ὡς ὄντος ἀναγκαίου

1 τῆς om. a 2 ante Ἀναλυτικὰ add. ταῦτα μὲν K, ταῦτα δὲ a αὐτά aKM: ταῦτα L 3 ὃν KLM: ἓν a πρὸ διδασκαλίας a δεῖν] conicio ἀεί 5 post ἕκαστον add. τὴν πρόθεσιν καὶ a 8 βαδίζουσί τε L 12 λέγεται aK 13 διὰ βραχέως a 14 καὶ (post γὰρ) om. aL γενομένοις a 16 ὡς om. KM 17 ἔστι aL τε om. L 19 τῆς aKM: καὶ L post περὶ add. τῆς L τῶν om. a 23 τὸ KLM: τον a πρὸς om. L 25 περικείμενον a τἀληθεῖ MK corr.: τἀληθῆ aLK pr. 26 δυνάμενος om. L τἀληθὲς a ante οὐκ add. καὶ L 28 δύναντ' L 29 τοῦ ἀληθοῦς L 30 δὲ καὶ aKM: δὴ L 31 προειπὼν] Eth. Nic. I 1 p. 1094b11 ἡ aKM: εἰ L 32 αὐτῷ libri 33 περιποιεῖται L

πρῶτον εἰπεῖν περὶ τῶν ἠθῶν τῶν ἀνθρωπίνων, ὁποῖά τινα χρὴ εἶναι 4v ταῦτα τῶν συμπληρωσόντων τὴν πόλιν· ταῦτα γὰρ πρῶτα πόλεως μέρη.

p. 24a10 Πρῶτον εἰπεῖν περὶ τί καὶ τίνος ἐστὶν ἡ σκέψις, ὅτι περὶ ἀπόδειξιν καὶ ἐπιστήμην ἀποδεικτικήν.

Εἶπε μὲν διὰ βραχέων, τίς ἡ πρόθεσις καὶ τίς ὁ σκοπὸς πάσης τῆς ἀναλυτικῆς ἐπιστήμης. προσθεὶς δὲ τό τε περὶ τί, ὅπερ ἐστὶν αἰτιατικῆς πτώσεως ἀπαιτητικόν, καὶ τὸ τίνος γενικῆς πτώσεως ὄν, τὴν ἀπόδοσιν ἐποιήσατο κατὰ αἰτιατικὴν πτῶσιν, μόνον εἰπὼν περὶ ἀπόδειξιν καὶ ἐπιστήμην, ἡμῖν καταλιπὼν τὸ μετασχηματίσαι καὶ εἰς γενικὴν πτῶσιν τὰ εἰρημένα. γράφεται ⟨δὲ⟩ ἔν τισιν οὐ διὰ τοῦ ν̄, ἀλλὰ διὰ τοῦ σ ἐπιστήμης ἀποδεικτικῆς· καὶ εἴη ἂν οὕτως ἐχούσης τῆς γραφῆς πρὸς ἑκάτερον τῶν προτεθέντων ἀπηντηκώς, πρὸς μὲν τὸ περὶ τί διὰ τοῦ περὶ ἀπόδειξιν, πρὸς δὲ τὸ τίνος διὰ τοῦ ἐπιστήμης ἀποδεικτικῆς. δύναται δ', ἂν ᾖ διὰ τοῦ σ γεγραμμένον ἐπιστήμης ἀποδεικτικῆς, τὰ προειρημένα, τὸ περὶ τί καὶ τίνος, μὴ εἰρῆσθαι περὶ τοῦ ὑποκειμένου ἀμφότερα, ἀλλὰ τὸ μὲν ἕτερον τὸ περὶ τί περὶ τοῦ ὑποκειμένου (πᾶν γάρ τι ὑποκείμενον) τὸ δὲ τίνος περὶ τῆς θεωρούσης τὸ ὑποκείμενον ἕξεως, ὡς εἶναι περὶ μὲν ὑποκείμενον τὴν ἀπόδειξιν, θεωρούσης δὲ ταύτην τῆς ἀποδεικτικῆς ἐπιστήμης. καὶ εἴη ἂν πρὸς ἑκάτερον τῶν προτεθέντων οἰκείως οὕτως ἀπηντηκώς. ἔστι δὲ ἡ μὲν ἀπόδειξις συλλογισμὸς ἀποδεικτικός, ἐπιστήμη δὲ ἀποδεικτικὴ ἕξις, ἀφ' ἧς οἷόν τέ ἐστιν ἀποδεικτικῶς συλλογίζεσθαι· τὸ γὰρ περὶ ἀποδείξεως εἰπεῖν ἐπιστήμης ἐστὶν ἀποδεικτικῆς καὶ τοῦ ταύτην ἔχοντος.

p. 24a11 Εἶτα διορίσαι, τί ἐστι πρότασις.

Ἐπεὶ ἀναγκαῖος μὲν εἰς τὸν περὶ ἀποδείξεως λόγον ὁ περὶ συλλογισμοῦ, ὡς φθάνομεν εἰρηκότες, ὁ δὲ συλλογισμὸς ἐκ προτάσεων σύγκειται, αἱ δὲ προτάσεις ἐξ ὅρων, εἰκότως περὶ τούτων λέγει πρὸ τοῦ περὶ συλλογισμοῦ λέγειν, ἐξ ὧν τῷ συλλογισμῷ τὸ εἶναι· οὐδὲ γὰρ περὶ ὀνομάτων οἷόν τε εἰδέναι τῷ μὴ εἰδότι περὶ συλλαβῶν καὶ στοιχείων. μεθ' ἃ περὶ συλλογισμοῦ προτίθεται εἰπεῖν ἐνδεικνύμενος ἡμῖν, ὅτι διὰ τοῦτον καὶ τὸν περὶ ἐκείνων πεποίηται λόγον. ὥσπερ καὶ τὸν περὶ συλλογισμοῦ διὰ τὸν περὶ

---

2 συμπληρούντων a   πρῶτα om. L   ante πόλεως add. τῆς a   4 ἀποδείξεως a   ἐπιστήμης ἀποδεικτικῆς a et Ar.   6 τε om. a   9 post ἐπιστήμην add. ἀποδεικτικήν a   10 δὲ a: om. KLM   το ν̄ K: oblit. L   13 ante ἐπιστήμης add. περὶ K   14 δύναται KM: δύνανται L: δύναιτο a   δὲ L   ᾖ KM: εἶναι L: καὶ a   γεγραμμένου add. τοῦ a   16 ἀμφοτέροις a   17 πᾶν KLM: περὶ a   19 ταύτης KLM   20 ἀπήντα L   ἡ μὲν KLM: ἡμῖν a   27 λέξαι a   29 ὃ a   30 καὶ om. L   31 ποιεῖται aK   post πεποίηται add. τὸν L   συλλογισμῶν aK

ἀποδείξεως. τίνες δέ εἰσι τέλειοι συλλογισμοὶ καὶ τίνες ἀτελεῖς, αὐτὸς 4v προϊὼν ποιήσεται γνώριμον. καὶ τὸ ἐν ὅλῳ δὲ εἶναι καὶ τὸ ἐν μηδενί (τοῦτο γάρ ἐστι σημαινόμενον ὑπὸ τοῦ ἢ μὴ εἶναι), ὅτι ταὐτά ἐστι τὸ μὲν τῷ κατὰ παντός, τὸ δὲ τῷ κατὰ μηδενός. τὸ δὲ κατὰ παντὸς καὶ κατὰ μηδενὸς σημαίνει τὴν καθόλου κατάφασιν καὶ τὴν καθόλου ἀπόφασιν. ὡς προϊὼν γνώριμον ποιήσει. ἐπεὶ δὲ χρήσεται ἐν τῇ τῶν συλλογισμῶν ἀποδόσει καὶ τῶν συζυγιῶν ὅλως τῶν ἐν τοῖς σχήμασι τῷ ἐν ὅλῳ εἶναι ἄλλο τι ἄλλῳ τινὶ καὶ τῷ ἐν μηδενί, διὰ τοῦτο προλέγει περὶ αὐτῶν.

p. 24a16 Πρότασις μὲν οὖν ἐστὶ λόγος καταφατικὸς ἢ ἀποφατικὸς τινὸς κατά τινος· οὗτος δὲ ἢ καθόλου ἢ ἐν μέρει ἢ ἀδιόριστος.

Εἴη μὲν ἂν λόγος τῆς προτάσεως κἀκεῖνος. ὃν τῆς ἀποφάνσεως ἀπέδωκεν ἐν τῷ Περὶ ἑρμηνείας· λόγος γάρ. "ἐν ᾧ τὸ ἀληθεύειν ἢ ψεύδεσθαι ὑπάρχει". οὐ μὴν ἀλλὰ καὶ ἰδίως τὴν πρότασιν ὁρίζεται· καὶ γὰρ εἰ ταὐτὸν κατὰ τὸ ὑποκείμενον πρότασίς τε καὶ ἀπόφανσις, ἀλλὰ τῷ λόγῳ γε διαφέρει. καθόσον μὲν γὰρ ἢ ἀληθής ἐστιν ἢ ψευδής, ἀπόφανσίς ἐστι, καθόσον δὲ καταφατικῶς ἢ ἀποφατικῶς λέγεται, πρότασις, ἢ ὁ μὲν 5r ἀποφαντικὸς λόγος ἐν τῷ ἀληθὴς ἢ ψευδὴς εἶναι ἁπλῶς τὸ εἶναι ἔχει. ἡ δὲ πρότασις ἤδη ἐν τῷ πως ἔχειν ταῦτα. διὸ αἱ μὴ ὁμοίως ἔχουσαι αὐτὰ λόγοι μὲν οἱ αὐτοί, προτάσεις δὲ οὐχ αἱ αὐταί. ἡ μὲν γὰρ λέγουσα πρότασις. ὅτι ἡ δικαιοσύνη ἀγαθόν, ὁμοίως ἔχει τῇ λεγούσῃ, ὅτι ἡ ἀδικία κακόν, ἀληθεῖς δὲ ἄμφω καὶ καταφάσεις, προτάσεις δὲ οὐχ αἱ αὐταί, εἴ γε διαφέρουσιν ἐν αὐταῖς οἵ τε ὑποκείμενοι καὶ οἱ κατηγορούμενοι. ἀλλὰ καὶ ἡ κατάφασις καὶ ἡ ἀπόφασις αἱ ἀληθεῖς ὁμοίως ἔχουσι κατὰ τοῦτο καὶ εἰσὶ λόγοι οἱ αὐτοί. προτάσεις δὲ οὐχ αἱ αὐταί. εἴ γε διάφορον τὸ ποιὸν τῆς ἀποφάνσεως ἐν αὐταῖς. καὶ εἰσὶ προτάσεις μὲν οὐχ αἱ αὐταί, ἀποφάνσεις δὲ αἱ αὐταί. δοκεῖ δὲ ἀπὸ τῶν ὑπὸ τὴν πρότασιν τὴν πρότασιν ὁρίζεσθαι. τούτου δὲ αἴτιον· ἐπεὶ εἶπεν ἐν τῷ Περὶ ἑρμηνείας. ὅτι "ἔστιν εἷς πρῶτος λόγος ἀποφαντικὸς κατάφασις. εἶτα ἀπόφασις", ἐν οἷς δὲ τάξις ἐστὶ καὶ τὸ μὲν πρῶτόν ἐστι τὸ δὲ ὕστερον τῶν ὑποτεταγμένων, ὡς ἐν τῷ ὑστέρῳ τὸ πρῶτον ἐμφαίνεσθαι, ἐν τούτοις τὸ κοινῶς αὐτῶν κατηγορούμενον οὐχ

2 ante προϊὼν add. περὶ τούτων L ποιεῖται aK 3 ὑπὸ τοῦ om. LM: an ὑπὸ delendum? (cf. 7,27 et 12,1) ante ἢ add. εἶναι a 4 τὸ δὲ . . . μηδενὸς om. a 5 ante καθόλου add. τοῦ K 7 ἀποδόσει M: ἀποδώσει aKL ἐν (ante ὅλῳ) om. L 8 τῷ aKM: τὸ L 13 ἀποφάσεως ἀποδέδωκεν L 14 Περὶ ἑρμηνείας] c. 4 p. 17a3 15 ἀλλὰ καὶ KLM: ἀλλ' a 17 γε KLM: τε a: δὲ temptabat Prantl *Geschichte der Logik im Abendlande* I p. 352,20 18 post δὲ add. ἢ L καταφατικὸς aKL ἢ ἀποφατικὸς aL: om. K 21 ἡ μὲν γὰρ λέγουσα . . . ἀποφάνσεις δὲ αἱ αὐταί (27. 28) om. aK γὰρ om. M 23 δὲ (ante ἄμφω) M: καὶ L 29 Περὶ ἑρμ.] c. 5 p. 17a8 πρῶτος post ἀποφαντικὸς transpon. L 30 εἶτα ἀπόφασις om. KLM 31 δ' L

ὡς γένος αὐτῶν κατηγορεῖται· ἐν γὰρ τοῖς γένεσι τὰ εἴδη τὰ προσεχῆ 5r αὐτοῖς ἀντιδιαιρεῖται ἀλλήλοις, καὶ οὐ τὸ μὲν πρῶτόν ἐστιν αὐτῶν τὸ δ' ὕστερον· ἐπεὶ τοίνυν οὐ γένος ἡ πρότασις οὐδέ ἐστι φύσις τις ἄλλη παρὰ τά, ὧν κατηγορεῖται, καὶ ἐν οἷς αὐτῇ τὸ εἶναι, ὡς ἐπὶ τῶν γενῶν ἐστι, διὰ τοῦτο ἐκ τῆς καταφάσεως καὶ τῆς ἀποφάσεως, ὧν κατηγορεῖται, ἐδήλωσεν αὐτήν. καὶ γὰρ τὸ ἐν τῷ Περὶ ἑρμηνείας εἰρημένον ἴσον ἐστὶ τούτῳ τὸ "ἔστιν οὖν ἁπλῆ ἀπόφανσις φωνὴ σημαντικὴ περὶ τοῦ ὑπάρχειν τι ἢ μὴ ὑπάρχειν". ἀλλὰ καὶ τὸ "ἀποφάνσεως τὸ ἕτερον μόριον, ἓν καθ' ἑνός", ὡς ἐν τοῖς Ὑστέροις ἀναλυτικοῖς λέγει, ἴσον τούτοις, ᾧ ὅρῳ οὐκέτι προσέθηκε τὸ κατὰ τὸ ποιὸν ἢ τοὺς χρόνους, ὅτι ἐν τῇ ἀντιφάσει ταῦτα συνείληπται· εἰσὶ γὰρ κατὰ ταῦτα καὶ αἱ ἀντιφάσεις. ὅμοιον τούτοις καὶ τὸ 'λόγος ἀποφαντικός τινος περί τινος'. εἰ μὴ ἄρα οὗτος κοινότερος, ὅτι ἐν αὐτῷ οὔπω συμπαρείληπται οὔτε ἡ κατάφασις οὔτε ἡ ἀπόφασις. ὡς δὲ πολλαχῶς λεγομένης τῆς προτάσεως ἔοικε καὶ Θεόφραστος ἐν τῷ Περὶ καταφάσεως φρονεῖν. αὐτὴν γοῦν οὐχ ὁρίζεται, ἀλλὰ κατάφασιν καὶ ἀπόφασιν.

Εἰσὶ δὲ οὗτοι οἱ ὅροι προτάσεως οὐ πάσης ἀλλὰ τῆς ἁπλῆς τε καὶ καλουμένης κατηγορικῆς· τὸ γάρ τι κατά τινος ἔχειν καὶ τὸ καθόλου ἢ ἐν μέρει ἢ ἀδιόριστον ἴδια ταύτης· ἡ γὰρ ὑποθετικὴ οὐκ ἐν τῷ τι κατά τινος λέγεσθαι ἀλλ' ἐν ἀκολουθίᾳ ἢ μάχῃ τὸ ἀληθὲς ἢ τὸ ψεῦδος ἔχει. ἔστι δὲ οὐδὲ τῆς διαλεκτικῆς ὁ ἀποδεδομένος ὁρισμός (ἐκείνη γὰρ ἐν ἐρωτήσει), ἀλλὰ μόνης τῆς συλλογιστικῆς. τὸ δὲ [τὶ] κατά τινος καὶ ἐπὶ τῆς ἀποφάσεως εἶπεν, ἐπεὶ καὶ ἐν τῇ ἀποφάσει ὑποκείμενός τις ὅρος ἐστὶ καὶ κατηγορούμενος· τὸ γὰρ κατά τινος νῦν οὐ τοῦ καταφατικοῦ δηλωτικόν ἐστιν ἀλλὰ τοῦ κατηγορουμένου, ὃ κατηγορεῖται ἢ καταφατικῶς ἢ ἀποφατικῶς. ἐν μέντοι τῷ Περὶ ἑρμηνείας ὁριζόμενος τὴν κατάφασιν καὶ ἀπόφασιν τῷ κατά τινος ἐπὶ τῆς καταφάσεως ἐχρήσατο· ἐπὶ δὲ τῆς ἀποφάσεως οὐκέτι τῷ κατά τινος, ἀλλὰ τῷ ἀπό τινος εἰπὼν αὐτὴν ἀπόφανσιν εἶναι "τινὸς ἀπό τινος". δύο δὲ ὄντων, οἷς ἡ κατηγορικὴ πρότασις ὁρίζεται (ποιῷ γὰρ καὶ ποσῷ), ἀμφότερα παρέλαβεν ἐν τῷ τῆς προτάσεως λόγῳ, τὸ μὲν ποιὸν διὰ τοῦ εἰπεῖν λόγον αὐτὴν εἶναι καταφατικὸν ἢ ἀποφατικόν (αὕτη γὰρ προτάσεων πρώτη καὶ κοινὴ ποιότης), τὸ δὲ ποσὸν διὰ τοῦ εἰπεῖν οὗτος δὲ ἢ καθόλου ἢ ἐν μέρει ἢ ἀδιόριστος. ὧν καὶ

---

1 τὰ προσεχῆ αὐτοῖς KLM: ἐπίσης a 2 δὲ aK 3 ἡ πρότασις οὐ γένος οὐδὲ φύσις ἐστί a 5 τῆς (post καὶ) om L κατηγορεῖ L 6 Περὶ ἑρμ.] c. 5 p. 17a22 7 οὖν] δὲ ἡ μὲν Ar. εἰ ὑπάρχει τι ἢ μὴ ὑπάρχει aK 9 Ὑστέρ. ἀναλ.] I 2 p. 72a8 10 τὸ (post κατὰ) om. a ποσὸν aK 11 post γὰρ add. καὶ aK, κατὰ τὸ ποιὸν καὶ τοὺς χρόνους LM καὶ (ante αἱ) om. a 12 ἀποφατικὸς K 15 οὖν a 17 ἁπλῶς a καὶ καλουμένης aM: καὶ κατηγορουμένης expet. K 18 κατηγορικῆς καλουμένης L 20 τὸ (post ἢ) om. aK 21 ἀποδιδόμενος a 22 τὶ delevi ἐπὶ KLM: τὸ a 23 ἐστιν ὅρος L 24 καὶ om. K post γὰρ add. τι a 26 Περὶ ἑρμ.] c. 5 p. 17a26 καὶ scripsi: ἢ libri 29 ἀπόφασιν aK 30 παρέλαβον a 31 διὰ τοῦ KM: διὰ τὸ L: δι' αὐτοῦ a ante καταφ. add. ἢ L 32 διὰ τὸ L 33 ὧν om. a

νῦν μὲν ἐκτίθεται τὰ σημαινόμενα, ἐπὶ πλέον δὲ περὶ αὐτῶν ἐν τῷ Περὶ 5r ἑρμηνείας εἴρηκε. σημειωτέον δέ, ὅτι οὐχ ὁμοίως ἔν τε τούτοις καὶ ἐν τοῖς Ὑστέροις ἀναλυτικοῖς ἀποδίδωσι τὸ καθόλου.

p. 24a22 Διαφέρει δὲ ἡ ἀποδεικτικὴ πρότασις τῆς διαλεκτικῆς, ὅτι ἡ μὲν ἀποδεικτικὴ λῆψις θατέρου μορίου τῆς ἀντιφάσεώς ἐστιν.

Εἰπὼν τὸν κοινὸν λόγον τῆς προτάσεως προστίθησι καὶ τὰς διαφοράς, αἷς διαφέρουσιν ἀλλήλων ἥ τε ἀποδεικτικὴ καὶ ἡ διαλεκτική, ἅμα μὲν δεικνύς, ὅτι ἐν ταύταις ἐστὶν ὁ κοινός τε καὶ ἀποδεδομένος λόγος τῆς προτάσεως καὶ οὐ κατὰ τοῦτό ἐστιν αὐταῖς ἡ διαφορά· ἐν πάσαις γὰρ ταῖς προτάσεσι ταῖς συλλογιστικαῖς ὁ ἀποδεδομένος λόγος· οὐ μὴν καὶ ἐν τῇ ἐρωτήσει· οὐδὲ γὰρ ἁπλῶς ἐκείνη πρότασις, ἀλλὰ τὸ ὅλον διαλεκτικὴ 5v πρότασις. ἅμα δὲ καὶ ἐπεὶ ἐν τοῖς Τοπικοῖς ὁριζόμενος τὴν πρότασιν λόγον ἀποδέδωκεν αὐτῆς, ὅτι ἐστὶ πρότασις διαλεκτικὴ ἐρώτησις ἔνδοξος, ἵνα μή τις ὑπολάβῃ τῆς καθόλου προτάσεως ἐκεῖνον εἶναι λόγον, καὶ ἐνταῦθα διαστέλλεται καὶ τῶν προτάσεων τὰς διαφορὰς δηλοῖ δεικνύς, ὅτι τῆς κοινῶς λεγομένης προτάσεως τῆς πρὸς τὸ κοινῶς συλλογίσασθαι λαμβανομένης ὁ ἀποδεδομένος νῦν λόγος ἐστὶν ἀλλ' οὐχ ὁ ἐν τοῖς Τοπικοῖς εἰρημένος· ἐκεῖνος γὰρ διαλεκτικῆς ἐστι προτάσεως λόγος καὶ ταύτης οὐδέπω συλλογιστικῆς. κατὰ γὰρ τὰς διαφορὰς τῶν συλλογισμῶν διαφοραὶ καὶ προτάσεών εἰσιν, ὄντος τινὸς κοινοῦ προτάσεως λόγου ὥσπεροῦν καὶ συλλογισμοῦ. ἐπὶ πλέον μὲν οὖν περὶ τῆς ἀποδεικτικῆς προτάσεως, τίνι τῶν ἄλλων διαφέρει, ἐν τοῖς Ὑστέροις ἀναλυτικοῖς διαλαμβάνει· καὶ γὰρ τῇ ὕλῃ διαφέρει αὐτῶν (ἀληθὴς γὰρ καὶ προτέρα καὶ γνώριμος καὶ ἀναγκαία) καὶ τῇ χρήσει τε καὶ τῇ λήψει, ὅτι μὴ ἐρωτᾷ ὁ ἀποδεικνύς. νῦν δὲ ἐνδείκνυται αὐτῆς τὴν πρὸς τὴν διαλεκτικὴν πρότασιν διαφορὰν ἀπὸ τοῦ τρόπου τῆς λήψεως πρῶτον, ὅτι μὴ ἐν ἐρωτήσει κεῖται ἡ ἀποδεικτικὴ μηδὲ δι' ἐρωτήσεως λαμβάνεται. ὁ μὲν γὰρ ἐρωτῶν τὴν ἀντίφασιν ὡς παρεσκευασμένος παντὶ τῷ ὑποκειμένῳ ὑπὸ τοῦ ἀποκρινομένου ἐνστῆναι καὶ ἀνελεῖν αὐτὸ διὰ τοῦ ἐσομένου ὑπ' αὐτοῦ συλλογισμοῦ, δι' ὧν ἐκεῖνος ἀποκρινόμενος δίδωσιν, οὕτως ἐρωτᾷ. τοιοῦτος δέ ἐστιν ὁ διαλεκτικὸς ὁ ἐξ ἐνδόξων συλλογιζόμενος· εὐπορῆσαι γὰρ οἷόν τε ἐνδόξων καὶ πρὸς τὰ ἀντικείμενα. ὁ δὲ ἀποδεικνὺς οὐκ ἐκ πάντων τῶν δοθέντων ἀποδείξει· οὐ γὰρ οἷόν τε τὰ ἀντικείμενα ἀλλήλοις ἀληθῆ εἶναι. οὐκ ἐρωτᾷ οὖν ὁ ἀποδεικνύς, ἀλλὰ παρ' ἑαυτοῦ λαμβάνει·

---

3 Ὑστ. ἀναλ.] I 4 p. 73b26 sq.   7 προτίθησι aK   8 διαφέρει a   ἡ alterum om. L   9 post καὶ add. ὁ M   10 ταῖς προτάσεσι om. L   13 Τοπικοῖς] I 10 p. 104a8   λόγον LM: λόγῳ aK   14 ἀποδέδωκα L   ὅτι . . . ἔνδοξος om. L   16 δηλοῖ om. a   17 κοινῶς om. a   ante κοινῶς add. ὅλον L   18 λόγος νῦν L   20 προτάσεις L   23 ἀλήθεια a   24 τε aKM: γε L   25 ἀποδεικτικός a   αὐτῆς aM: αὐτοῖς L: αὐτ.̃. K (fuisse ὧν videtur)   26 τρόπου KLM: πρώτου a   27 ἐν om. aL   29 ἀναιρεῖν a   32 ante ἀντικείμενα add. αὐτὰ K   34 ὁ om. K

τὸ γὰρ ἀκόλουθον ταῖς ἀρχαῖς λαμβάνει καὶ ταῖς ὑποθέσεσιν, ὡς ἐν τῇ 5v γεωμετρίᾳ γινόμενον ὁρῶμεν· οὐ γὰρ ὁ βουλόμενος δεῖξαι τοῦ τριγώνου τὰς τρεῖς γωνίας δυσὶν ὀρθαῖς ἴσας διὰ προτάσεων δείκνυσιν ἐξ ἐρωτήσεως δοθεισῶν. ἐρώτησιν δὲ ἀντιφάσεως εἶπε τὴν διαλεκτικὴν πρότασιν νῦν ἀντὶ τοῦ 'δι' ἐρωτήσεως ἀντιφάσεως λαμβανομένην', ὡς δῆλον ἐκ τοῦ ἐπιφερομένου τοῦ οὐδὲν δὲ διοίσει· οὐδὲ γὰρ ὁ ἐρωτῶν διὰ τῆς ἐρωτήσεως συλλογίζεται ἀλλὰ διὰ τοῦ ληφθέντος διὰ τῆς ἐρωτήσεως. ὑποθέσεις δὲ τῶν ἀποδείξεων αἱ ἀρχαί. ὅτι οὐκ ἔστιν ἀπόδειξις τῶν τοιούτων προτάσεων καὶ τῶν ἀρχῶν, ἀλλ' ὡς ἐναργεῖς καὶ αὐτόθεν γνώριμοι τίθενται ἢ ὡς τοῖς τοιούτοις ἑπόμεναι· τὸ δὲ μὴ δι' ἀποδείξεως λαμβανόμενον ὑπόθεσίν τε καὶ ὑποτίθεσθαι καλοῦσι καὶ κοινότερον ἔτι θέσιν. ἐκ τούτων δὴ τὴν ἀπόδειξιν ποιεῖται. εἰπὼν δὲ τὴν κατὰ χρῆσιν διαφορὰν αὐτῶν προστίθησιν ἐφεξῆς καὶ τὴν κατὰ τὴν ὕλην, πρῶτον δείξας, ὅτι κοινὸς ὁ ἀποδεδομένος προτάσεως λόγος καὶ ἐφαρμόζων καὶ τῇ ἀποδεικτικῇ καὶ τῇ διαλεκτικῇ, ὅταν εἰς συλλογισμοῦ γένεσιν λαμβάνηται, εἰπὼν οὐδὲν δὲ διοίσει πρὸς τὸ γενέσθαι τὸν ἑκατέρου συλλογισμόν· καὶ γὰρ ὁ ἀποδεικνύων καὶ ὁ ἐρωτῶν συλλογίζεται λαβών τι κατά τινος ὑπάρχειν ἢ μὴ ὑπάρχειν. ὃς ἦν ἀποδεδομένος προτάσεως λόγος· καὶ γὰρ εἰ ὁ τρόπος τῆς λήψεως αὐτῶν διάφορος, ἀλλὰ τά γε λαμβανόμενα κατὰ τὸν τῆς προτάσεως κοινωνεῖ λόγον. τῇ λαμβανομένῃ οὖν διαλεκτικῇ προτάσει ὁ εἰρημένος κοινὸς τῆς προτάσεως λόγος ἐφαρμόζει, οὐ τῇ ἐρωτωμένῃ· καὶ γὰρ τῇ ἀποδεικτικῶς ληφθείσῃ καὶ τῇ διαλεκτικῶς κοινὸν τὸ κατάφασιν ἢ ἀπόφασιν εἶναί τινος κατά τινος, ᾗ προτάσει πρὸς τὸν κοινῶς καὶ ἁπλῶς συλλογισμὸν χρώμεθα· τὸ γὰρ καταφατικόν τε καὶ ἀποφατικὸν αὐτῶν πρὸς συλλογισμὸν χρήσιμον.

Ἐδήλωσε δὲ ἡμῖν διὰ τῆς λέξεως ταύτης, ὅπως καὶ ἐπὶ τῆς ἀποφάσεως τὸ κατά τινος ἁρμόζει, εἰπὼν τὶ κατά τινος ὑπάρχειν ἢ μὴ ὑπάρχειν. καὶ προσθεὶς δὲ τοῖς ἑξῆς τὸν προειρημένον τρόπον τοῦτο δηλοῦν ἔοικεν, ὅτι | κοινόν ἐστι τὸ κατά τινος. ἢ τὸ τὸν προειρημένον 6r τρόπον δηλωτικόν ἐστι τοῦ καθόλου ἢ ἐν μέρει ἢ ἀδιορίστως. ποιεῖται δέ τινα καὶ τῆς διαλεκτικῆς προτάσεως διαίρεσιν· ἄλλην μὲν γάρ φησιν

---

2 ὁρῶμεν γινόμενον L   δεῖξαι post τριγώνου transpon. L: τὰς τρεῖς τοῦ τριγώνου colloc. a   3 προτάσεως K   4 τὴν om. L   6 φερομένου L   δὲ a et Ar.: om. KLM   οὐδὲ scripsi: οὔτε libri   7 διὰ (ante τῆς) om. L   9 post ἀλλ' add. ἢ a   αὐτόθι KL   10 τοῖς om. L   ἑπόμενα KM   11 ὑποτίθεσθαι] hinc inc. B: K huc usque coll.   καλοῦμεν a   12 ἀπόδειξιν] ἀπό evan. B   13 ὕλην] ὑλ evan. B   14 ante προτάσεως add. τῆς aLM   λόγος BM: ὅρος aL   τῇ διαλεκτικῇ καὶ τῇ ἀποδεικτικῇ a   15 συλλογισμῶν λαμβάνηται γένεσιν a   δὲ οὐδὲν B   δὲ om. L   16 post γὰρ add. καὶ a   17 τινος] νο evan. B   ὑπάρχον ἢ μὴ ὑπάρχον L   18 ἀποδεδομένος] ος evan. B   ante προτάσεως add. τῆς LM   23 εἶναι ἢ ἀπόφασιν aLM   προτάσει] ει evan. B   προτάσει L   24 τὸ γὰρ . . . συλλογισμὸν om. L   26 τῆς evan. B   27 ὑπάρχειν ἢ] ειν ἢ evan. B   ἢ a et Ar.: καὶ τί LM   28 προσθῆς L   προειρημένον] προ evan. B   30 τοῦ aB: τῶν LM

εἶναι τὴν πυνθανομένου καὶ ἐρωτῶντος (ἐρώτησιν γὰρ ἀντιφάσεως), 6r ἥτις ἐστὶν ἐν τῇ παρ' ἄλλου αἰτήσει, ἥτις οὐδέπω λόγος ἀποφαντικὸς οὐδὲ κατάφασις ἢ ἀπόφασις, ἄλλην δὲ τοῦ συλλογιζομένου. ἣ καὶ μέρος ἐστὶ τοῦ συλλογισμοῦ γινομένου, ἥτις ἐστὶν ἀπὸ τῆς ὕλης· ἡ γὰρ ἐρώτησις τῆς ἀντιφάσεως οὐκ ἔστι συλλογισμοῦ μέρος. τί δὲ τὸ φαινόμενόν τε καὶ ἔνδοξον, εἴρηκεν ἐν τοῖς Τοπικοῖς.

p. 24b12 Τί μὲν οὖν ἐστι πρότασις, καὶ τίνι διαφέρει συλλογιστικὴ καὶ ἀποδεικτικὴ καὶ διαλεκτική.

Εἴρηκεν, ὅτι ἡ μὲν πρότασίς ἐστι λόγος καταφατικὸς ἢ ἀποφατικός τινος κατά τινος, καὶ οὗτος ὁ λόγος εἴη ἂν τῆς συλλογιστικῆς προτάσεως. ἡ δὲ ἀποδεικτικὴ πρότασίς ἐστιν, ὡς μὲν ἐνθάδε εἴρηκεν, ἀληθὴς καὶ διὰ τῶν ἐξ ἀρχῆς ὑποθέσεων εἰλημμένη, ὡς δὲ ἐν τοῖς Ὑστέροις ἀναλυτικοῖς, ἡ ἀληθὴς καὶ ἄμεσος καὶ πρώτη καὶ γνωριμωτέρα καὶ αἰτία τοῦ συμπεράσματος· ἡ δὲ διαλεκτικὴ πυνθανομένῳ μὲν ἐρώτησις ἀντιφάσεως, συλλογιζομένῳ δὲ λῆψις τοῦ φαινομένου καὶ ἐνδόξου. εἴη δ' ἂν καὶ σοφιστική, ἧς οὐκ ἐμνημόνευσε νῦν, λῆψις τοῦ φαινομένου καὶ ἐνδόξου· ἡ γὰρ ἐπιπόλαιον τὸ πιθανὸν καὶ εὐφωρατότερον ἔχουσα σοφιστικὴ πρότασίς ἐστι. δι' ἀκριβείας δὲ περὶ αὐτῶν λέγει, περὶ μὲν τῆς ἀποδεικτικῆς ἐν τοῖς Ὑστέροις ἀναλυτικοῖς, περὶ δὲ τῆς διαλεκτικῆς ἐν τοῖς Τοπικοῖς, περὶ δὲ τῆς σοφιστικῆς ἐν τοῖς Σοφιστικοῖς ἐλέγχοις, ἃ πάντα ἕπεται τῇ κοινῇ περὶ συλλογισμῶν πραγματείᾳ. καὶ εἴη ἂν διὰ τοῦ εἰπεῖν ἐν τοῖς ἑπομένοις ῥηθήσεται, ὅτι πρῶτα τῇ τάξει ταῦτα τὰ βιβλία ἐκείνων τῶν πραγματειῶν, δεδηλωκώς.

p. 24b16 Ὅρον δὲ καλῶ, εἰς ὃν διαλύεται ἡ πρότασις.

Ἔοικεν ἐνδείκνυσθαι καὶ αὐτός, ὅτι μὴ σύνηθες τὸ τοῦ ὅρου ὄνομα μηδὲ γνώριμον ἐπὶ τοῦ τῆς προτάσεως τασσόμενον μέρους, εἰπὼν ὅρον δὲ καλῶ. διὰ τοῦτο καὶ πρῶτον περὶ προτάσεως τὸν λόγον ἐποιήσατο, ὅτι ἐκ τῆς προτάσεως καὶ τὴν τοῦ ὅρου ἀπόδοσιν ἔμελλε ποιεῖσθαι. εἰσὶ δὲ ὅροι ἐν ἁπλῇ προτάσει ὄνομα καὶ ῥῆμα. εἴρηνται δὲ ὅροι τὰ τῆς προτάσεως μέρη ἀπὸ τοῦ τούτοις ὁρίζεσθαι τὴν πρότασιν καὶ ἐκ τούτων αὐτὴν

---

1 ἐρώτησις γάρ ἐστιν aLM 3 τοῦ om. LM 4 ante γινομένου add. τοῦ LM γινομένη a τῆς om. a 5 φαινομένου καὶ καὶ ἐνδόξου a 6 Τοπικοῖς] I 1 p. 100b21—23 7 τίνι aB (n in): τί Ar. 8 post συλλογιστική add. τε a 12 τῶν aBM: τὸ L προτάσεως L Ὑστ. ἀν.] I 2 p. 71b21 15 σύλληψις L καὶ om. L 16 δ' om. LM 17 καὶ (ante ἐνδόξου) om. LM καὶ aBM: aliud quid superscr. in litura L εὐφωρατότερον scripsi: εὐφωρατώτερον libri 18 λέγειν L 19 τῆς (ante διαλεκτικῆς) om. L 21 συλλογισμῶν] γισμῶν in ras. B 22 post εἰπεῖν add. ὅτι L 25 αὐτό a 26 τασσόμενον om. L δὲ om. M 27 καὶ πρῶτον B: καὶ a: δὲ καὶ πρότερον LM τὸν ante περὶ transponunt LM 29 post ἐν add. τῇ a δὲ om. L 30 τοῦ om. L

συγκεῖσθαι. ἔστι δὲ ὁ μέν, καθ' οὗ κατηγορεῖται, ὁ ὑποκείμενος ὅρος, περὶ 6r οὗ καὶ ὁ λόγος γίνεται, ὁ δὲ κατηγορούμενος ὁ ἐπιφερόμενος τῷ ὑποκειμένῳ καὶ λεγόμενος περὶ αὐτοῦ· πᾶσα γὰρ πρότασις κατηγορικὴ ἐξ ὑποκειμένου ὅρου καὶ κατηγορουμένου σύγκειται. τὸ δὲ προστιθεμένου ἢ διαιρουμένου τοῦ εἶναι ἢ μὴ εἶναι προσέθηκεν, ἵνα μή τινες ἀγνοήσαντες, ὅταν τὸ 'ἐστί' τρίτον προσκατηγορῆται ἐν προτάσει, διαιροῦντες τὴν πρότασιν τὸ εἶναι ἢ μὴ εἶναι τρίτον ὅρον ἡγῶνται εἶναι. οὐ γὰρ ὅρος ἐν ταῖς τοιαύταις προτάσεσι τὸ 'ἐστίν', ἀλλὰ προστιθέμενον μὲν σύνθεσιν σημαίνει τοῦ κατηγορουμένου καὶ τοῦ ὑποκειμένου καὶ ἔστι καταφάσεως δηλωτικόν· ἀποφατικῶς δὲ λεγόμενον διαιρεῖ καὶ χωρίζει τοὺς ὅρους ἀπ' ἀλλήλων καὶ ἔστιν ἀποφάσεως δηλωτικόν· εἰς γὰρ δύο ὅρους πᾶσα διαιρεῖται πρότασις. ὅτι γὰρ μήτε ὅρος τὸ 'ἐστί' μήτε ὅρου μέρος, δῆλον εἶναι δοκεῖ ἐκ τοῦ καὶ τὴν κατάφασιν καὶ τὴν ἀπόφασιν τὰς ἀντικειμένας ἐκ τῶν αὐτῶν ὅρων συγκεῖσθαι. δοκεῖ δὲ ὅρος γίνεσθαι τὸ 'ἐστίν', ὅταν μόνον κέηται, τοῦτ' ἔστι κατηγορηθῇ κατὰ τοῦ ὑποκειμένου, ὡς ἐπὶ τοῦ 'Σωκράτης ἔστι'. δοκεῖ γὰρ τὸ 'ἐστί' τότε κατηγορούμενος ὅρος εἶναι. οὐ μὴν ἀλλ' εἰ ἀκριβολογοῖτό τις, οὐδὲ τότε ἐστὶ καθ' αὑτὸ ὅρος τὸ 'ἐστίν'· ἡ γὰρ λέγουσα πρότασις 'Σωκράτης ἔστιν' ἴσον δύναται τῇ 'Σωκράτης ὄν ἐστιν', ἐν ᾗ γίνεται τὸ ὂν μετὰ τοῦ 'ἐστίν' ὁ κατηγορούμενος ὅρος, οὐ τὸ 'ἐστίν'. ἐπεὶ δὲ τῷ ὂν τὸ 'ἐστίν' ἴσον δοκεῖ δύνασθαι, ἐγκεκλιμένον ἀπ' αὐτοῦ, συντομίας χάριν 6v καὶ τοῦ μὴ ταὐτὸ λέγειν δοκεῖν μόνον συντάσσεται τῷ ὑποκειμένῳ· οὕτως δὲ συνταχθὲν ὅρος γίνεται καὶ τῆς προτάσεως μόριον.

Εἰπὼν δὲ συντιθεμένου ἢ διαιρουμένου προσέθηκε τοῦ εἶναι ἢ μὴ εἶναι ἀκαταλληλότερον μέν πως τῇ ἑρμηνείᾳ δοκῶν χρῆσθαι διὰ τὴν τοῦ μὴ εἶναι πρόσθεσιν· δοκεῖ γὰρ αὔταρκες εἶναι τὸ προστιθεμένου ἢ διαιρουμένου τοῦ εἶναι· ἡ μὲν γὰρ πρόσθεσις τοῦ εἶναι κατάφασιν ποιεῖ, ἡ δὲ διαίρεσις ἀπόφασιν. οὐ μὴν ἀλλὰ καὶ προσέθηκεν αὐτὸ ὑπὲρ τοῦ δηλῶσαι, τίνα τρόπον τοῦ εἶναι διαιρουμένου ἀπόφασις γίνεται· διαίρεσις γάρ ἐστι καὶ ἡ παντελὴς ἄρσις τοῦ 'ἐστί', διαίρεσίς ἐστι καὶ ἡ μετὰ τοῦ ἀποφατικοῦ μορίου σύνταξις, ὁποῖόν ἐστι τὸ 'οὐκ ἔστιν'. ἀλλὰ τέλεον μὲν ἀφαιρεθέντος τοῦ 'ἐστίν' ἀπὸ τῆς προτάσεως καὶ οὕτως διαιρεθέντος οὔτε ἀπόφασις τὸ καταλειπόμενον οὔτε πρότασις ὅλως· ὁ γὰρ ἀφελὼν ἀπὸ τῆς προτάσεως τῆς 'Σωκράτης λευκός ἐστι' τὸ 'ἐστί' καὶ καταλιπὼν τὸ 'Σωκράτης λευκός' οὔτε ἀπόφασιν πεποίηκεν οὔτε ἔτι πρότασιν τὸ καταλειπό-

3 πρότασις ex προτάσεις, ut videtur, corr. L   4 ante προστ. add. ἢ L   5 ante τοῦ add. ἢ a   τινες] ες post superscr. B   6 post ἐν add. τῇ a   7 ἡγοῦνται a   8 προστιθέμενον] τι superscr. B   10 post διαιρεῖ add. τε a   12 εἶναι om. L   14 κέηται scripsi: κεῖται libri   τοῦτ' ἔστι ... Σωκράτης ἔστι (15) om. aLM   16 τότε τὸ ἐστὶ aLM   18 ὂν B: ὢν aLM   19 ὂν B: ὢν aLM   post ὁ add. δὲ a   οὐ τὸ scripsi: οὗ τὸ B[1]LM: οὕτω B[2]: οὗτος a   ἐστίν a: ὄν ἐστιν B: ὢν ἐστιν LM   τῷ aM: τὸ BL   20 ὂν B: ὢν aM: ὢν ἐστὶ L   τὸ aM: τῷ BL   21 ταὐτὸν aLM   συντάσσεσθαι L   23 δὲ om. M   27 αὐτὴν L   ὑπὲρ τοῦ δηλῶσαι om. L   29 διαίρεσίς ἐστι om. LM   33 Σωκράτης om. a   34 ἐποίησεν B   ἔτι om. LM

μενον τετήρηκεν· ἡ γὰρ πρότασις τέλειός ἐστι λόγος καὶ ἀνελλιπής. ὑπὲρ 6v τοῦ οὖν δεῖξαι, τίνα τρόπον χρὴ διαιρεῖν τὸ 'ἐστίν' ἐν τῇ ἀποφάσει, προσέθηκε τὸ μὴ εἶναι, ἵνα ᾖ 'προστιθεμένου μὲν τοῦ εἶναι ἐν ταῖς καταφάσεσιν, διαιρουμένου δὲ τοῦ αὐτοῦ τούτου ἐν ταῖς ἀποφάσεσι καὶ γινομένου μὴ εἶναι'· οὐ γὰρ τέλεον διαιρουμένου καὶ ἀφαιρουμένου. ἢ προσέθηκε τὸ προστιθεμένου ἢ διαιρουμένου τοῦ εἶναι ἢ μὴ εἶναι ὑπὲρ τοῦ ἐνδείξασθαι, ὅτι ταῦτα, τὸ εἶναι ἢ μὴ εἶναι, οὐ μόριά ἐστι τῆς προτάσεως οὐδὲ ὅροι, ἀλλ' ἔστιν ἔξωθεν τῶν ὅρων καὶ τὸ εἶναι καὶ τὸ μὴ εἶναι, ἢ προστιθέμενα τοῖς κατηγορουμένοις ὅροις ἔξωθεν ἐν τῇ τῶν προτάσεων εἰς τοὺς ὅρους διαιρέσει ἢ χωριζόμενα αὐτῶν· οὐδὲν γὰρ πλέον ὡς πρὸς τὴν εἰς τοὺς ὅρους τῶν προτάσεων διαίρεσιν ποιεῖ ταῦτα προστιθέμενα ἢ ἀφαιρούμενα· δοκοῦσι γὰρ οἱ ὅροι εἶναι τῆς 'Σωκράτης λευκός ἐστι' τὸ Σωκράτης καὶ τὸ λευκός. καὶ εἴη ἂν καταλληλότερον ἡ λέξις ἔχουσα, εἰ οὕτως λέγοι τὸ προστιθεμένου τοῦ εἶναι ἢ μὴ εἶναι ἢ διαιρουμένου. ἢ ἄτοπον τὸ μηδ' ὅλως λέγειν τὸ 'ἐστίν' ἐν ταῖς οὕτως ἐχούσαις προτάσεσι κατηγορεῖσθαι, καὶ ταῦτα Εὐδήμου ἐν τῷ πρώτῳ Περὶ λέξεως δεικνύντος τοῦτο διὰ πλειόνων.

p. 24b 18 Συλλογισμὸς δέ ἐστι λόγος, ἐν ᾧ τεθέντων τινῶν ἕτερόν τι τῶν κειμένων ἐξ ἀνάγκης συμβαίνει τῷ ταῦτα εἶναι.

Εἰπὼν περὶ προτάσεων καὶ περὶ τῶν τῆς προτάσεως μορίων, ἃ ὠνόμασεν ὅρους, ἀκολούθως ἀποδίδωσι, τί ποτέ ἐστιν ὁ συλλογισμός. ὅτι μὲν οὖν λόγος τίς ἐστιν ὁ συλλογισμὸς καὶ ὡς ἐν γένει τῷ λόγῳ ἐστί, δῆλον. λαβὼν δὲ τὸ γένος αὐτοῦ, ὃ τῶν ὁριστῶν τῆς κοινῆς φύσεώς ἐστι δηλωτικόν, καθ' ἣν τῶν διαφερόντων κατὰ τὸ γένος χωρίζεται· τοῦτο γὰρ ἡ τοῦ γένους ἐν τοῖς ὁριζομένοις θέσις δύναται· δεῖ μὲν γὰρ ὑπὸ τοῦ ὅρου τὸ ὁριζόμενον πάντως χωρισθῆναι· ἐπεὶ δὲ τῶν διαφερόντων αὐτοῦ τὰ μὲν πλεῖον ἀφέστηκε τούτων, ὅσα οὐδὲ ταὐτοῦ κεκοινώνηκεν αὐτῷ γένους, τὰ δὲ ἐγγύτερά τέ ἐστι καὶ ὁμογενῆ αὐτῷ· τῶν μὲν οὖν ἀνομοιογενῶν τὸ γένος αὐτὸ χωρίζει, τῶν δὲ ὁμογενῶν αἱ διαφοραί, διὸ πρῶτον ἐν τοῖς ὁρισμοῖς λαμβάνεται τὸ γένος χωριστικὸν ὂν τῶν πλεῖστον διαφερόντων· λαβὼν δὴ τὸ γένος τὸ τοῦ συλλογισμοῦ μετὰ ταῦτα διὰ τῶν διαφορῶν τοῦ

---

3 ἵν' a εἶναι BLM: ἐστὶν a 6 ἢ (ante μὴ) aL (bifum): καὶ BM (Ar.); cf. 15,23 et 16,7,14 7 εἰσι L 8 καὶ τὸ εἶναι ... ἔξωθεν (9) om. LM 9 post ἐν add. δὲ M 10 ante ἢ add. ἢ προστιθέμενα LM οὐδὲ aLM ante πλέον expct. τὸ B 13 ἡ λέξις καταλληλότερον L 14 λέγοι τὸ scripsi: λέγοιτο libri ante μὴ add. καὶ B 21 τῆς προτάσεως BLM: τῶν προτάσεων a 22 ὁ om. aLM συλλογισμός] συλ periit in M 23 ὁ om. LM ἐν om. a 24 ante γένος add. κοινὸν aM 25 τὸ om. aLM 26 ἐν τοῖς ὁριζομένοις ἡ τοῦ γένους a 27 ἐπὶ a αὐτῷ a aut τῶν διαφερόντων αὐτοῦ aut τούτων (28) delendum videtur 28 πλείω a τούτων BLM: τούτου a οὐδὲ B: οὐ aLM τοῦ αὐτοῦ LM αὐτῷ BLM: τοῦ a 29 ἐγγυτέρω a τε superscr. B ὁμοιωγενῆ a ἀνομογενῶν M 30 αὐτὸ a: αὐτὰ BLM αἱ superscr. B πρῶτον B: πρότερον aLM 31 πλείστων a 32 δὲ a τὸ (post γένος) om. a τοῦ λόγου BLM: τούτου a

λόγου τὴν οἰκείαν καὶ ἴδιον οὐσίαν τοῦ συλλογισμοῦ συντιθεὶς ταύτας τῷ 6v γένει ἔδειξε. διὰ μὲν τοῦ τεθέντων τινῶν ἐνδειξάμενος τό γε δεῖν εἶναί τινας εἰλημμένας προτάσεις ἢ συγχωρουμένας ὑπὸ τοῦ συλλογιζομένου, ὃ οὐ πᾶς ἔχει λόγος. τί γὰρ ἐν τῇ εὐχῇ τίθεται ἢ ἐν τῇ ἐντολῇ ἢ ἐν τῇ κλήσει; δοκεῖ δέ τισι τὸ τεθέντων μὴ ἁπλῶς σημαίνειν τὸ 'ληφθέντων', ἀλλὰ καὶ τὸν τρόπον δηλοῦν τῶν | λαμβανομένων· ὅτι γὰρ κατηγορικὰς 7r εἶναι δεῖ τὰς λαμβανομένας πρὸς συλλογισμὸν προτάσεις δηλοῦσθαι διὰ τοῦ τεθέντων· ταύτας γὰρ καὶ ὡρίσατο· δείξει γάρ, ὅτι αἱ ὑποθετικαὶ προτάσεις αὐταὶ καθ' αὑτὰς οὐ ποιοῦσι συλλογισμόν. διὸ τεθέντων εἶπεν, οὐ ληφθέντων. καὶ προσέτι, ὅτι μὴ ἓν δεῖ τὸ τιθέμενον εἶναι μηδὲ μίαν πρότασιν, τὸ τεθέντων δηλοῖ, ἀλλὰ τὸ ἐλάχιστον δύο· οὐ γάρ εἰσι συλλογισμοὶ οἱ λεγόμενοι ὑπὸ τῶν νεωτέρων μονολήμματοι· ὁ γὰρ συλλογισμὸς καὶ ἀπ' αὐτοῦ τοῦ ὀνόματος σύνθεσίν τινα δηλοῖ λόγων· οἷς γὰρ ἂν ᾖ τὸ σὺν προσκείμενον, συμπλοκὴν τούτων καὶ σύνθεσιν δηλοῖ καὶ σύλληψιν. οὕτω τὸ συντρέχειν· τρεχόντων γὰρ σύνθεσιν καὶ σύνοδον σημαίνει· ὁμοίως τὸ συμμαχεῖν· μαχομένων γάρ· καὶ τὸ συμπαλαίειν παλαιόντων· καὶ τὸ συζητεῖν δὲ ζητούντων· ἀλλὰ καὶ τὸ συμψηφίζειν ψήφων σημαίνει σύνθεσιν. οὕτως οὖν καὶ συλλογισμὸς σύνθεσίς ἐστι λόγων. οἱ δὲ λεγόμενοι μονολήμματοι δοκοῦσιν εἶναί ποτε συλλογισμοὶ τῷ τὴν ἑτέραν πρότασιν διὰ τὸ εἶναι γνώριμον τοὺς ἀκούοντας προστιθέναι. τὸ γὰρ 'ἀναπνεῖς, ζῇς ἄρα' δοκεῖ συλλογισμὸς εἶναι, ὅτι παρ' αὑτοῦ προστίθησιν ὁ ἀκούσας τὴν ἑτέραν πρότασιν οὖσαν γνώριμον τὴν 'πᾶς ὁ ἀναπνέων ζῇ'. ἐπεὶ εἴ γε μὴ ἦν γνώριμος αὕτη, οὐδεὶς ἂν συνεχώρει τὸ συμπέρασμα τὸ 'ζῇς ἄρα' ἐπὶ τοῦ 'ἀναπνεῖς', ἀλλ' ἀπῄτει τὴν αἰτίαν· βούλεται γὰρ ὁ συλλογισμὸς τὸ συμπέρασμα ἀθροίζειν ἐκ τῶν προτάσεων, ὃ οὐ γίνεται ἐκ μιᾶς προτάσεως. καὶ γὰρ εἰ ὅτι μάλιστα ἕποιτό τι ἑνί τινι ἐξ ἀνάγκης, ἀλλ' οὐ διὰ τοῦτο ἤδη καὶ συλλογιστικῶς· οὐ γὰρ ἐπεὶ ὁ συλλογισμὸς ἀναγκαίως ἔχει τὸ συμπέρασμα ἑπόμενον τοῖς κειμένοις, ἤδη καί, εἴ τι ἀναγκαίως ἕπεταί τινι, τοῦτο συλλογιστικῶς ἕπεται· ἐπὶ πλέον γὰρ τὸ ἀναγκαῖον τοῦ συλλογισμοῦ. ἐν γοῦν ταῖς ἀκολουθίαις καὶ ταῖς σχέσεσι καὶ συνεχέσι καὶ συνημμένοις τοῖς ὑγιέσιν ἐξ ἀνάγκης μὲν ἀκολουθεῖ τῷ ἡγουμένῳ τὸ ἑπόμενον, ἀλλ' οὐ συλλογισμὸς ἤδη τοῦτο· ἐν γὰρ τῷ 'εἰ ἡμέρα ἐστί, φῶς ἐστιν', ἐξ ἀνάγκης ἕπεται τῷ ἡμέρᾳ εἶναι τὸ φῶς εἶναι, ἀλλ' οὐ συλλογιστικῶς. ἀλλὰ καὶ τῷ κλέπτοντι ἕπεται τὸ ἁμαρτάνειν καὶ τῷ ὑβρίζοντι τὸ ἀδικεῖν· ἀλλ' οὐ

1 οὐσίαν post συντιθεὶς transponit B   3 προτάσεις εἰλημμένας aLM   7 πρὸς συλλογισμὸν om. a   δηλοῦται aLM   8 καὶ om. aLM   9 ἑαυτὰς M   διὸ BLM: διὰ τοῦτο a   11 δηλοῦν LM   12 ἀπὸ L   13 καὶ om. aLM   εἴη a   14 συμ L   καὶ σύλληψιν . . . σύνθεσιν (15) om. a   17 ψηφίζειν L   σημαίνει BLM: δηλοῖ a   18 οὖν om. a   μονολήμματοι λεγόμενοι aLM   19 πρότασιν BLM: τῶν προτάσεων a   21 αὐτοῦ aB: ἑαυτοῦ LM   δευτέραν a   22 οὖσαν BLM: εἶναι a   τὴν πᾶς om. a   26 τι B¹ corr.: om. aLM   ἐξ ἀνάγκης ἑνί τινι aLM   27 συλλογιστικῶς BLM: συλλογισμός a   30 καὶ (post σχέσεσι) aBL: ταῖς M   31 μὲν om. a   32 τῷ εἰ BLM: τῷδε a   33 ἡμέρα BM   ἀλλὰ om. a   34 κλέπτοντι] οντι in ras. M

διὰ τοῦτο συλλογισμοὶ ταῦτα· ἴδιον γὰρ συλλογισμοῦ τὸ διὰ πλειόνων τὸ ἀναγκαῖον δεικνύναι. διὸ οὐδ' ἂν αἱ μὲν λέξεις ὦσι πλείους τῶν τιθεμένων, ταὐτὸν δὲ ταῦτα σημαίνῃ τῷ πρώτῳ, οὐδ' οὕτω συλλογισμὸς ἐκ τῶν τοιούτων ἔσται· καὶ γὰρ ὁ οὕτως ἔχων λόγος τῇ δυνάμει μονολήμματος, ὡς ὁ λέγων 'ἡμέρα ἐστίν· ἀλλὰ καὶ οὐχὶ οὐχ ἡμέρα ἐστίν· φῶς ἄρα ἐστίν'· τὸ γὰρ 'οὐχὶ οὐχ ἡμέρα ἐστί' τοῦ 'ἡμέρα ἐστί' μόνῃ τῇ λέξει διαφέρει.

Τὸ μὲν οὖν τεθέντων τούτων ἐστὶ δηλωτικόν. τὸ δὲ ἕτερόν τι τῶν κειμένων ἐξ ἀνάγκης συμβαίνει χωρίζει τὸν συλλογισμὸν τοῦ ἐπακτικοῦ λόγου· τὸ γὰρ ἀναγκαίως ἕπεσθαι τὸ συμπέρασμα τοῖς κειμένοις δηλοῖ, ὃ οὔτε ὁ παραδειγματικὸς οὔτε ὁ ἐπακτικὸς ἔχουσιν. καίτοι καὶ ἐν ἐκείνοις τίθεται ἤ τινὰ ἤ τί. πάνυ δὲ καλῶς τὸ δεῖν ἕτερον τῶν τεθέντων εἶναι τὸ συμπέρασμα προσέθηκεν· ἄχρηστον γὰρ καὶ συλλογιστικῆς χρείας φθαρτικὸν τὸ τὸ ὁμολογούμενον καὶ κείμενον ἐπιφέρειν. τὸ γὰρ χρειῶδες τοῦ συλλογισμοῦ οὐ παρέχεται τὸ 'εἰ ἡμέρα ἐστίν, φῶς ἐστιν· ἀλλὰ μὴν ἡμέρα ἐστίν· φῶς ἄρα ἐστί'. καὶ ὅλως οἱ λεγόμενοι ὑπὸ τῶν νεωτέρων ἀδιαφόρως περαίνοντες. τοιοῦτοι δὲ καὶ οἱ διφορούμενοι, οἷός ἐστιν 'εἰ ἡμέρα ἐστίν, ἡμέρα ἐστίν· ἀλλὰ μὴν ἡμέρα ἐστίν· ἡμέρα ἄρα ἐστίν'. σχῆμα μὲν γὰρ συλλογιστικὸν δύναται καὶ τὸ τοιοῦτον εἶναι καὶ συζυγία συλλογιστική, συλλογισμὸς δὲ οὐδαμῶς· ὄργανον γὰρ ὁ συλλογισμὸς καὶ χρείας τινὸς χάριν καὶ δείξεως παραλαμβανόμενον, ὥστε τὸ μὴ χρήσιμον οὐδὲ συλλογισμός. ὅτι δὲ οὐ χρήσιμον τὸ τοιοῦτον εἶδος, μάθοιμεν ἄν, εἰ ἐπέλθοιμεν τὰ εἴδη τοῦ συλλογισμοῦ καὶ ἐξετάσαιμεν, τίνι αὐτῶν οἰκεῖον τὸ τῶν κειμένων τι ἐπιφέρειν. πότερον γὰρ τῷ ἀποδεικτικῷ; ἀλλ' οὗτός γε τὸ ἄδηλον πειρᾶται διὰ τῶν φανερῶν καὶ γνωρίμων ἐκκαλύπτειν καὶ τὸ ὕστερον διὰ τῶν πρώτων. ἀλλὰ τῷ διαλεκτικῷ; ἀλλὰ καὶ οὗτος, ὃ μὴ βούλεται συγχωρεῖν ὁ προσδιαλεγόμενος, τοῦτο πειρᾶται διὰ τῶν ἐνδόξων καὶ ὧν συγχωρεῖ δεικνύναι εἰς ἀντίφασιν περιάγων. ἀλλὰ τῷ ἐριστικῷ; ἀλλὰ καὶ τούτῳ πρόκειται καὶ αὐτῷ ἢ εἰς ἀντίφασιν ἢ εἰς φαινομένην ἀντίφασιν περιαγαγεῖν τὸν ἀποκρινόμενον, ἐξ ὧν δίδωσιν· οὐχ ὃ δίδωσι γοῦν συμπεραίνεται, ἀλλ' ἐξ ὧν δίδωσιν, ὃ οὐ βούλεται δοῦναι· δῆλον οὖν, ὡς ἄλλο τι τοῦ δεδομένου

---

1 συλλογισμοὶ B: συλλογισμὸς aLM 3 σημαίνει aLM τῶν om. LM 5 ὡς ὁ λέγων om. a post λέγων add. εἰ M 8 μὲν om. a 9 συμβαίνειν a: ras. post νει B χωρίζοι B τοῦ om. a 10 τοῖς κειμένοις τὸ συμπέρασμα a 12 τίθενται a post ἤ τι add. ἢ ὅτι ἕτερον τῶν κειμένων ἐξ ἀνάγκης (ἐξ ἀν. om. a) τὸ συμπέρασμα aLM 13 εἶναι τῶν τεθέντων a πρὸς συλλογιστικὴν χρείαν LM 14 φορτικὸν aLM τὸ alterum om. L καὶ om. a κείμενον aBM: κύριον L 15 τοῦ συλλογισμοῦ om. aB περιέχεται οἷον τὸ LM φῶς ἐστιν om. a 16 φῶς LM: ἡμέρα aB 17 ἀδιαφόρως a: διαφόρως BLM διαφορούμενοι B; cf. 20, 11 et Prantl I p. 446, 122, p. 447, 125, p. 476, 185 18 ἡμέρα ἐστιν (ante ἀλλὰ) iterat L 19 γὰρ om. LM συζυγίας συλλογιστικῆς aLM 20 συλλογισμὸν (ante δὲ) L 22 οὐ BLM: οὐδὲ a μανθάνοιμεν a 23 τῶν συλλογισμῶν εἴδη a τὸ om. L 24 post ἐπιφέρειν add. ἐστί aLM 28 ante τῷ add. καὶ L 29 πρόσκειται aLM καὶ αὐτῷ ἢ om. a: καὶ αὐτῷ sub ἢ εἰς add. L 30 γοῦν aBM: τοῦτο L 31 οὐ BLM: μὴ a

ἐποίσει. εἰ δ' ἐστὶ τὸ γένος ἐν τοῖς εἴδεσι τοῖς αὑτοῦ, καὶ ἔστιν ὁ συλλογισμὸς γένος τῶν αὑτοῦ εἰδῶν, ἐν οὐδενὶ δὲ αὐτῶν ταὐτὸν τῷ εἰλημμένῳ τὸ ἐπιφερόμενον, οὐδ' ἂν ἐν συλλογισμῷ εἴη ὅλως. ὁ γὰρ ἐξ ἀντιφάσεως διαιρετικὸς συλλογισμὸς οὐχ ὡς ταὐτὸν τῷ μεταλαμβανομένῳ ᾖ, ὥς οἱ νεώτεροί φασι, προσλαμβανομένῳ τὸ συμπέρασμα ἐπιφέρει· ὁ γὰρ λέγων 'ἤτοι ἡμέρα ἐστίν, ἢ οὐκ ἔστιν ἡμέρα', εἶτα προσλαμβάνων τὸ ἕτερον τῶν ἐν τῷ διαιρετικῷ, ἢ τὸ ἀποφατικὸν τὸ 'ἀλλὰ μὴν οὐκ ἔστιν ἡμέρα' ἢ τὸ καταφατικὸν τὸ 'ἡμέρα ἐστίν', ἔχει μὲν συναγόμενον ἢ τὸ 'οὐκ ἄρα ἡμέρα ἐστίν' ἢ τὸ 'ἡμέρα ἄρα ἐστίν', ὃ δοκεῖ ταὐτὸν εἶναι τῷ προσειλημμένῳ, ἤτοι τῷ 'ἀλλὰ μὴν οὐκ ἔστιν ἡμέρα' ἢ τῷ 'ἀλλὰ μὴν ἡμέρα ἐστίν'· οὐ μὴν ὡς ταὐτὸν ὂν αὐτῷ ἐπιφέρεται, ἀλλ' ὡς ἀντικείμενον τῷ ἑτέρῳ τῶν ἐν τῷ διαιρετικῷ· συμβαίνει δὲ τὸ ἐκείνῳ ἀντικείμενον ἐν τοῖς τοιούτοις συλλογισμοῖς ταὐτὸν γίνεσθαι τῇ προσλήψει. πάμπολυ δὲ διαφέρει τὸ προηγουμένως ταὐτὸν τῶν κειμένων τινὶ λαβεῖν τὸ συμπέρασμα ἢ λαβεῖν μὲν αὐτὸ ὡς ἄλλο συμπεσεῖν δὲ αὐτῷ τὸ ταὐτὸν αὐτῷ γενέσθαι. οὐδέποτε οὖν ἄλλοτε ἢ τότε, ὅτε ταὐτὸν γίνεται τὸ ἀντικείμενον τῷ ἑπομένῳ τῇ προσλήψει, ἡ τοιαύτη ἐπιφορά. καὶ τότε οὖν ὡς ἕτερον λαμβάνεται, εἴ γε ἕτερόν ἐστι τὸ εἶναι τῳδέ τινι καὶ τὸ εἶναι ἀντικειμένῳ τοῦ ἑτέρου τῶν ἐν τῇ διαιρέσει. τῇ λέξει οὖν ταὐτὸν οὐ τῇ δυνάμει. καὶ τότε ἐστὶν οὕτως, ὃ ἀναγκαῖον καὶ τοῖς ἀπὸ τῆς Στοᾶς λέγειν, εἴ γε ἐν τοῖς διαιρετικοῖς καὶ διαζευκτικοῖς συλλογισμοῖς φασι τῇ προσλήψει θατέρου τῶν ἐν τῷ διεζευγμένῳ τὸ ἀντικείμενον ἕπεσθαι τοῦ λοιποῦ τῆς συλλογιστικῆς συμπλοκῆς. εἰ δὲ τοῦτο, οὐκ ἂν εἴη συλλογισμὸς κατ' αὐτοὺς ἔτι, ἔνθα προσληφθέντος τοῦ ἑτέρου μὴ τὸ ἀντικείμενον τὸ δ' αὐτό τι τῷ προσληφθέντι τῶν ἐν τῷ διαζευκτικῷ ἐπιφέρεται. ὥστε ἢ οὐ συλλογιστικὴ ἡ προκειμένη συμπλοκή, εἰ ταὐτὸν τῷ προσλαμβανομένῳ τῶν ἐν τῷ διαζευκτικῷ ἐπιφέρει, ἤ, εἰ συλλογιστική, καὶ κατ' αὐτοὺς οὐχ ὡς ταὐτὸν εἴληπται τῷ προσειλημμένῳ τὸ ἐπιφερόμενον· οὐ γὰρ εἰ συμπέπτωκε τῷ αὐτῷ ἅμα τε ἀντικειμένῳ εἶναι τῷ ἑτέρῳ τῶν ἐν τῷ διαιρετικῷ καὶ τῷ ἑτέρῳ αὐτῶν τὸ αὐτὸ γίνεσθαι, ἤδη καὶ ταὐτόν ἐστιν αὐτῷ τό τε εἶναι τῷ αὐτῷ τῷ ἑτέρῳ καὶ τὸ εἶναι ἀντικειμένῳ τοῦ ἑτέρου. εἰ γὰρ ἦν ἀλλήλοις ταὐτά, ἐν πᾶσι τοῖς διαιρετικοῖς τὸ ἀντικείμενον τῷ ἑτέρῳ εὐθὺς ἂν καὶ ταὐτὸν ἦν τῷ λοιπῷ. διαφέροντα δὲ ἐν τοῖς πλείστοις, καὶ ἐν οἷς ἅμα τῷ

1 τοῖς alterum om. aL αὐτοῦ libri 2 αὐτοῦ libri ἐν om. aLM 3 συλλογισμοῖς L 6 προσλαμβανομένων B pr. 7 ἀποφαντικὸν LM 8 post μὲν add. οὖν a συναγόμενα aM 10 ἤτοι om. a 11 αὐτῷ ὂν aLM 13 τὸ scripsi: τοῦ aBM: τὸ an τοῦ? L 14 τινὶ τῶν κειμένων a ἢ BLM: τὸ a 15 γίνεσθαι a 16 ὅτε om. a 20 τοῖς (post καὶ) B: τοὺς aLM 21 post καὶ add. τοῖς aL 22 τῷ λοιπῷ M τῇ συλλογιστικῇ συμπλοκῇ B 24 τὸ (post μὴ) superscr. B 25 διαζευτικῷ BL ἢ om. aB 26 προκειμένη scripsi: προσκειμένη B: ἐπιφερομένη aLM προλαμβανομένῳ L (λαμβαν in ras.) τῶν aBL: τὸ M διαζευτικῷ L 27 ἢ εἰ BM: ἡ aL 28 προειλημμένῳ aB 30 τὸ αὐτὸ BLM: τῷ αὐτῷ a ἤδη BLM: εἴδη a 32 ταῦτα aB pr. 33 λοιπῷ BLM: ληπτῷ a τῷ αὐτῷ aB: τὸ αὐτὸ LM

αὐτῷ ὑπάρχει, οὐχ ὡς ταὐτὰ ὑπάρχει. ὥστ' οὐδ' ὁ λαμβάνων αὐτῶν τι 7v ὡς ἀντικείμενον τῷ ἑτέρῳ ὡς ταὐτὸν ἂν τῷ ἑτέρῳ λαμβάνοι· ἐν γοῦν τοῖς μὴ ἐξ ἀντικειμένων διαιρετικοῖς, ὡς ἐν τοῖς ἐξ ἐναντίων, οὐδετέρῳ τῶν κειμένων ταὐτὸν τὸ συμπέρασμα οὐδὲ τῇ λέξει, ὅτι μὴ συμπίπτει ἐπὶ τούτων τὸ ἀντικείμενον τῷ ἑτέρῳ τῷ λοιπῷ ταὐτὸν εἶναι. ἐν γὰρ τῷ 'ἤτοι ἡμέρα ἐστὶν ἢ νύξ ἐστιν, ἀλλὰ μὴν οὐκ ἔστιν ἡμέρα, νὺξ ἄρα ἐστίν' τὸ 'νύξ ἐστιν' οὐδετέρῳ ταὐτὸν τῶν εἰλημμένων, οὔτε τῷ τροπικῷ ὑπ' αὐτῶν λεγομένῳ (ἦν γὰρ ἐκεῖνο 'ἤτοι ἡμέρα ἔστιν ἢ νύξ ἐστι', τὸ ὅλον τοῦτο) οὔτε τῇ προσλήψει· ἡ γὰρ πρόσληψίς ἐστιν 'ἀλλὰ μὴν οὐκ ἔστιν ἡμέρα', ὧν ἀμφοτέρων ἕτερόν ἐστι τὸ 'νύξ ἐστιν'. ἀλλὰ μὴν οὐδὲ οἱ διφορούμενοι λόγοι λεγόμενοι ὑπ' αὐτῶν συλλογιστικοί, οἷός ἐστιν ὁ 'εἰ ἡμέρα ἐστίν, ἡμέρα ἐστίν· ἀλλὰ μὴν ἡμέρα ἐστίν· ἡμέρα ἄρα ἐστίν'· οὔτε γὰρ τὴν χρείαν τὴν τοῦ συλλογισμοῦ παρέχεται, ἔτι τε, εἰ ἡ τοῦ ἑπομένου πρόσληψις ἐν τοῖς συνεχέσιν ἀσυλλόγιστος, ἐν δὲ τοῖς τοιούτοις συνεχέσι ταὐτὸν τὸ ἡγούμενον τῷ ἑπομένῳ, ἡ πρόσληψις οὐ μᾶλλον τοῦ ἡγουμένου 8r ἢ τοῦ ἑπομένου γίνεται· οὐ γὰρ εἰ ἀληθὲς τὸ αὐτὸ αὐτῷ τι ἕπεσθαι, ἤδη καὶ πρὸς συλλογισμὸν χρήσιμον τὸ τοιοῦτον συνημμένον, ὥσπερ οὐδὲ τὸ ἀπρόσληπτον, οἷόν ἐστι τὸ 'εἰ ἵππος εἶ, ζῷον εἶ'. ἀλλ' εἰ καὶ τὸ ἀμφότερα προσλαμβάνειν, καὶ τὸ ἡγούμενον καὶ τὸ ἑπόμενον, ἀσυλλόγιστον, εἴη ἂν καὶ ταύτῃ ἐλεγχόμενος ὁ τοιοῦτος λόγος· ἐν οἷς γὰρ ταὐτὸν τὸ ἡγούμενον τῷ ἑπομένῳ, ἡ πρόσληψις ἢ ἀμφοτέρων ἢ οὐδετέρου ἢ μᾶλλον τοῦ ἑπομένου γίνεται καὶ ὁμοιοτέρα οὕτω γίνεται. ἀλλ' εἰ καὶ τὸ τὸ ἐν ἀρχῇ λαμβάνειν ἀσυλλόγιστον, καὶ τούτῳ ὁ ταὐτὸν ἐπιφέρων τῶν κειμένων τινὶ ὑπεύθυνος λόγος· ὃ γὰρ βούλεται δεῖξαι, τοῦτο προσλαμβάνει. ἔτι αὐτὸς ἀρχόμενος τῆς πραγματείας, τί τέλος αὐτῆς καὶ σκοπός ἐστι, προεῖπεν· ἀπόδειξις γὰρ καὶ ἐπιστήμη ἀποδεικτική· ὥσθ' ὅσα μηδὲν εἰς ταῦτα συντελεῖ, οὐκ ἂν οἰκεῖα τῆς προκειμένης εἴη πραγματείας. καὶ γὰρ ἄτοπον ἐπαγωγὴν μὲν μὴ λέγειν, εἰ τῶν εἰλημμένων τι καὶ κειμένων ἐπιφέροιτο ἐν τῷ ἐπακτικῷ λόγῳ, συλλογισμὸν δὲ ἀξιοῦν εἶναι καὶ τὸν τοιοῦτον λόγον.

Τὸ δ' ἐξ ἀνάγκης συμβαίνει οὐ τοῦ ἀναγκαῖον εἶναι τὸ συμπέρασμα δηλωτικόν ἐστιν, ὡς φήθησάν τινες (τοῦτο γὰρ ἐπὶ τῶν ἀναγκαίων μόνων γίνεται προτάσεων), ἀλλὰ τοῦ ἐξ ἀνάγκης ἀκολουθεῖν τοῖς κειμένοις,

1 ὑπάρχειν (ante οὐχ et ante ὥστ') a   οὐχ ὡς ταὐτὰ ὑπάρχει om. LM   ταῦτα a   οὐδ' ὁ BLM: οὐδὲ a   2 λαμβάνοις a   ἐν om. a   3 ἐν om. a   4 ante ταὐτὸν add. ὧν a   τὸ om. aBL   5 τὸ λοιπῷ L   7 τὸ νὺξ . . . ἢ νὺξ ἔστι (8) om. a   ἐστὶν (ante οὐδετέρῳ) M: δὲ BL   οὐδέτερον L   8 ἦν M: ἢ BL   9 πρόσληψις aB: πρότασις λῆψις LM   ἐστιν om. aL   10 ὧν BM: τῶν a: om. L   post νὺξ add. ἄρα a   11 διαφορούμενοι BL   λόγοι om. a   ὁ om. a   13 τὴν alterum om. aLM   16 ἑπομένου ἢ τοῦ ἡγουμένου a   τινι a   18 τὸ ἵππος εἰ ζῷον ἢ a   ἀμφότερον L   21 οὐδετέρων a   22 ὁμοιότατον οὕτως a   γίνεται (post οὕτω) om. aLM   τὸ alterum om. aLM   24 τούτῳ BM: τοῦτο L: τούτων a   25 τί BLM: ὅ a   26 ἀπόδειξιν LM   ἐπιστήμην ἀποδεικτικὴν LM   ταύτην a   28 ἐπαγωγὴν μὲν ἄτοπον a   εἰ om. a   29 τῷ periit M   ἀξιοῖ a   30 συμβαίνειν a   31 ὡς φήθησάν τινες om. aLM

ἄν τε ὑπάρχον ᾖ ἄν τε ἐνδεχόμενον ἄν τε καὶ ἀναγκαῖον τὸ συμπέρασμα. καὶ 8r γὰρ ἂν ἐνδεχόμενον ᾖ τὸ συμπέρασμα, ἀλλ' ἐξ ἀνάγκης γε καὶ αὐτὸ ἕπεται ταῖς προτάσεσιν ἐν ταῖς συλλογιστικαῖς συζυγίαις· οὐ γὰρ τοῦ τὴν συμπεραινομένην πρότασιν δεῖν ἀναγκαίαν εἶναι ἡ λέξις ἐστὶ δηλωτική, ἀλλὰ τῆς τοῦ συμπεράσματος πρὸς τὰς προτάσεις ποιᾶς σχέσεώς ἐστι μηνυτική· ἂν γοῦν ληφθῇ πρότασις 'πᾶς ἄνθρωπος κατάκειται' καὶ ταύτῃ προσληφθῇ ἡ λέγουσα 'πᾶς ὁ κατακείμενος κοιμᾶται', ἐξ ἀνάγκης μὲν ἀκολουθήσει τὸ 'πᾶς ἄνθρωπος κοιμᾶται', οὐ μὴν καὶ ἀναγκαῖον ἔσται τὸ πάντα ἄνθρωπον κοιμᾶσθαι.

Τὸ δὲ τῷ ταῦτα εἶναι τίνος χάριν τῷ τοῦ συλλογισμοῦ ὅρῳ προσέθηκεν, αὐτὸς ἐξηγήσατο εἰπὼν λέγω δὲ τῷ ταῦτα εἶναι τὸ διὰ ταῦτα συμβαίνειν, ὃ καὶ αὐτὸ ἔτι δοκοῦν ἀσάφειάν τινα ἔχειν (τὸ γὰρ διὰ ταῦτα αἰτίας ἐστὶ δηλωτικόν· δύναται δὲ καὶ μὴ δι' αἰτίων συλλογισμὸς γίνεσθαι, ὡς ὁ διὰ σημείων ἐκ τῶν ὑστέρων τὰ πρῶτα δεικνύς· τῆς γὰρ ἀποδείξεως ἴδιον τοῦτο, τοῦτ' ἔστι τὸ δι' αἰτίων συλλογίζεσθαι· δεῖ μὲν γὰρ αἰτίας τοῦ συμπεράσματος τὰς προτάσεις εἶναι, εἰ συλλογισμὸς ἔσται, οὐ μέντοι δεῖ πάντως τὰ ὑπὸ τῶν προτάσεων δηλούμενα αἴτια εἶναι τοῦ πράγματος τοῦ δηλουμένου ὑπὸ τοῦ συμπεράσματος· δύναται γάρ τις καὶ δι' ὑστέρων τὸ πρότερον συλλογίσασθαι, ὡς ὁ ἐκ τοῦ γάλα ἔχειν τὸ τετοκέναι δεικνὺς καὶ διὰ τῆς τέφρας τὸ πῦρ, καὶ ὅλως οἱ διὰ σημείων συλλογισμοὶ τοιοῦτοι· οὐ γὰρ τὸ ὕστερον τοῦ προτέρου αἴτιον) διὰ τοῦτο καὶ τὸ διὰ ταῦτα συμβαίνειν ἐξηγήσατο εἰπὼν τὸ μηδενὸς ἔξωθεν ὅρου προσδεῖν πρὸς τὸ γενέσθαι τὸ ἀναγκαῖον, τοῦτ' ἔστι τὸ αὐτάρκεις εἶναι τοὺς κειμένους ὅρους πρὸς τὸ συμπέρασμα, διὰ ταύτης τῆς προσθέσεως ἅμα δεικνὺς καὶ ὅτι μή εἰσιν οἱ λεγόμενοι μονολήμματοι συλλογισμοί· προσδέονται γὰρ καὶ ἐκεῖνοι ἔξωθέν τινος ὅρου καὶ προτάσεως πρὸς τὸ συμπέρασμα, ὃν ὅρον καὶ πρότασιν προστίθησι παρ' αὐτοῦ, πρὸς ὃν ὁ λόγος, τῷ εἶναι γνώριμον. καθόλου γάρ, εἴ τι εἴη συναγόμενον μὲν οὐ μὴν ἐκ τῶν κειμένων ἀλλ' ἑτέρας προτάσεως προσλήψει, τὸ τοιοῦτον ἀναγκαῖον μὲν ῥηθήσεται, οὐ μὴν συλλογισμὸς ἤδη τοῦτο, ὁποῖοί εἰσι καὶ οἱ ἀμεθόδως περαίνοντες λόγοι παρὰ τοῖς Στωϊκοῖς, οἷον εἰ λέγοι τις 'τὸ πρῶτον τοῦ δευτέρου μεῖζον, τὸ δὲ δεύτερον τοῦ τρίτου, τὸ ἄρα πρῶτον τοῦ τρίτου

1 καὶ (post ἄν τε) om. a 2 ἂν B: κἂν aLM γε scripsi: τε libri 4 δεῖ πρότασιν a ἡ λέξις BLM: ὁ λόγος a δηλωτικός a 5 ἐστι om. a 6 κἂν aLM οὖν a 8 καὶ om. a ἐστι aLM 10 ταῦτα εἶναι] α εἶναι superscr. B¹ 11 τῷ aBM: τὸ L (u) τὸ BLM et Ar.: τῷ a (Ciſnm) 12 δοκοῦν ἔτι L 13 δι' αἰτίαν L συλλογισμόν L 14 γίνεσθαι post αἰτίων transponunt LM ὡς ὁ . . . πρῶτα om. aL δεικνύς BM: δείκνυσι L: om. a 15 τοῦτ' . . . συλλογίζεσθαι om. aLM δεῖ μὲν . . . τοῦ δηλουμένου (18) om. L 17 δειλούμενα a 19 τὰ πρότερα a ὁ om. LM 22 συμβαίνειν LM et Ar.: εἶναι aB τὸ BL et Ar.: τῷ aM ἔξωθεν a et Ar.: om. BLM (cf. 26) 23 τὸ (ante αὐτάρκεις) aB: τῷ LM 25 καὶ om. a: superscr. L 26 γὰρ om. L 27 παρ' BLM: περὶ a αὐτοῦ B: ἑαυτοῦ LM: om. in lac. a τῷ BLM: τὸ a 28 συναιρόμενον a μὲν om. L 31 στοϊκοῖς a λέγει a

μεῖζον'· τοῦτο γὰρ ἀναγκαίως μὲν ἕπεται, οὐ μὴν καὶ συλλογιστικῶς, εἰ 8r μὴ προσληφθείη τις ἔξωθεν πρότασις ἡ λέγουσα 'τὸ τοῦ μείζονος μεῖζον καὶ τοῦ ἐλάττονος ἐκείνου μεῖζόν ἐστι'. τοιοῦτόν ἐστι καὶ τὸ ἐν τῷ πρώτῳ τῶν Εὐκλείδου Στοιχείων θεώρημα τὸ "ἥδε τῇδε ἴση· ἀλλὰ καὶ ἥδε τῇδε· καὶ ἥδε ἄρα τῇδε ἴση"· καὶ γὰρ τοῦτ' ἀληθὲς μέν, ἀλλ' ἐνδεῖ ἡ καθόλου πρότασις, ἵνα συνάγηται συλλογιστικῶς· | ἔστι δὲ αὕτη "τὰ τῷ αὐτῷ ἴσα 8v καὶ ἀλλήλοις ἐστὶν ἴσα". οὕτως ἔχει καὶ τὸ παρὰ Πλάτωνι ἐν Πολιτείᾳ τὸ "εἰ θεοῦ ἦν παῖς, οὐκ ἦν αἰσχροκερδής, εἰ δὲ αἰσχροκερδής, οὐκ ἦν θεοῦ παῖς· οὐκ ἄρα ἄμφω"· καὶ γὰρ καὶ τοῦτο οὐ διὰ τῶν κειμένων συνάγεται ἀλλὰ προσλήψει καθολικῆς προτάσεως· ἔστι δὲ αὕτη 'ὧν ἑκατέρῳ τῶν ἀντικειμένων τὸ θατέρῳ ἀντικείμενον ἕπεται, ταῦτα ἀδύνατον ἄμφω ἅμα τῷ αὐτῷ ὑπάρχειν'· ταύτῃ γὰρ τῇ προτάσει οὔσῃ καθόλου προσληφθείσης τῆς 'τῷ δὲ θεοῦ παῖδα εἶναι καὶ τῷ αἰσχροκερδεῖ ἕπεται ἑκατέρῳ αὐτῶν τὸ ἀντικείμενον θατέρου', ἐφ' οἷς συμπέρασμα τὸ 'οὐκ ἄρα ἄμφω ταῦτα τῷ αὐτῷ'· τῷ μὲν γὰρ θεοῦ παῖδα εἶναι ἕπεται τὸ ἀντικείμενον τῷ αἰσχροκερδεῖ (αὕτη γὰρ ἀπόφασις αὐτοῦ), τῷ δὲ αἰσχροκερδεῖ πάλιν ἡ ἀπόφασις τοῦ θεοῦ παῖδα εἶναι. καὶ ὅλως τοιοῦτον τὸ εἶδός ἐστι τῶν λόγων, οὓς οἱ νεώτεροι λέγουσιν ἀμεθόδως περαίνοντας, οἷόν ἐστι καὶ τὸ 'ἡμέρα ἐστίν· ἀλλὰ καὶ σὺ λέγεις, ὅτι ἡμέρα ἐστίν· ἀληθεύεις ἄρα'· οὐ γὰρ συλλογισμὸς τοῦτο· ἔσται δὲ προστεθείσης καθόλου προτάσεως τῆς 'ὁ τὸ ὂν εἶναι λέγων ἀληθεύει', ἢ προστεθείσης τῆς 'ὁ δὲ ἡμέρας οὔσης ἡμέραν εἶναι λέγων τὸ ὂν εἶναι λέγει'· συμπέρασμα γὰρ ἐπὶ τοῖς κειμένοις 'ὁ ἄρα ἡμέρας οὔσης ἡμέραν εἶναι λέγων ἀληθεύει'. διά τε οὖν τοὺς λόγους τοὺς μονολημμάτους καὶ διὰ τοὺς ἀμεθόδως περαίνοντας πρόσκειται τὸ τῷ ταῦτα εἶναι, καὶ ἔτι διὰ τοὺς μὴ ἔχοντας κυρίας προτάσεις ἀλλ' ὀφείλοντας εἰς ἐκείνας μεταληφθῆναι, ἵνα γένωνται συλλογιστικοί. ὡς ἔχει ὁ λόγος ὁ λέγων 'μὴ οὐσίας ἀναιρουμένης οὐκ ἀναιρεῖται οὐσία· τῶν δὲ μερῶν τῆς οὐσίας ἀναιρουμένων ἀναιρεῖται οὐσία· τὰ μέρη ἄρα τῶν οὐσιῶν οὐσίαι', οὗ καὶ αὐτὸς ἐπὶ τέλει τοῦ λόγου μνημονεύει· οὐ γὰρ τῷ ταῦτα εἶναι τὸ συμπέρασμα, ἀλλὰ δεῖ μεταληφθῆναι τὰς προτάσεις. παραιτοῖντο

1 μὴν evan. B   συλλογισμῷ a   2 προσληφθήσεται a   3 ἐστὶ μεῖζον LM   4 post τὸ add. εἰ B   ἴσον a   ἀλλὰ καὶ ἥδε τῇδε om. aB   5 τοῦ τἀληθὲς a   6 εἰσίν aLM   7 ἴσα εἰσίν LM   Πολιτείᾳ] III 16 p. 408c memoriter citat: οὐ πειθόμεθα αὐτοῖς ἀμφότερα, ἀλλ' εἰ μὲν θεοῦ ἦν, οὐκ ἦν, φήσομεν, αἰσχροκερδής, εἰ δ' αἰσχροκερδής, οὐκ ἦν θεοῦ   τὸ (ante εἰ) om. aL   8 εἰ δὲ αἰσχροκερδής, οὐκ ἦν θεοῦ ante om. subscr. L   9 παῖς om. LM   καὶ alterum om. aL   10 τῆς καθόλου a   ἔστι δὲ αὕτη om. a   ὧν B: ὡς LM: ᾧ a   11 ἕπεται ἀντικείμενον a   12 ὑπάρχειν ἅμα τῷ αὐτῷ a   13 τὸ δὲ LM   τὸ αἰσχροκερδῆ LM   αἰσχροκερδῶς a   14 θατέρῳ a   ἐπὶ τούτοις a   τὸ om. a   16 post αἰσχροκερδεῖ add. τῷ ἀντικειμένῳ a   αὕτη B: ἡ aLM   αὐτῷ a   17 τοῦ aBM: τὸ L   ἐστὶ τὸ εἶδος LM   18 οὓς aBM: ὡς L   19 καὶ om. a   20 ante καθόλου add. τῆς a   post καθόλου add. τῆς L   21 ἧς B   22 γὰρ om. a   24 τὸ om. aL   τῷ superscr. M   25 κυρίως a   26 ὁ λόγος ἔχει aLM   27 τῶν δὲ ... οὐσία (28) B: ὃ δέ ἐστιν ἀναιρούμενον, καὶ τὸ ἐκ τούτων ἀναιρεθήσεται a: ἐξ ὧν δ' ἐστὶν ἀναιρουμένων, καὶ τὸ ἐκ τούτων φθείρεσθαι Ar.: om. LM   28 ante οὐσίαι add. οὐκ LB   29 μνημονεύει] Anal. pr. I 32 p. 47a24 memoriter citat   30 παραιτοῖτ' a

δ' ἂν διὰ τῆς προσθήκης ταύτης καὶ οἱ παρέλκον τι προσκείμενον ἔχοντες. 8r ὡς εἶπον, ἐν οἷς ἐστι τῶν σοφισμάτων τὰ τὸ μὴ αἴτιον αἰτιώμενα.

Πειρῶνται δέ τινες καὶ τὸ τεθέντων ὡς μὴ δεόντως εἰρημένον συκοφαντεῖν λέγοντες τὴν θέσιν ἐπὶ σωμάτων λέγεσθαι κυρίως τῶν τόπον κατεχόντων, ἀσώματον δὲ εἶναι τὸν λόγον, μὴ δεῖν δὲ μηδὲ κατ' αὐτὸν τὸν Ἀριστοτέλη μεταφοραῖς ἐν τοῖς ὁριστικοῖς λόγοις κεχρῆσθαι. ἀλλ' οὗτοί γε ἐοίκασι τὴν αἰτίαν ἀγνοεῖν, δι' ἣν οὐ χρὴ μεταφοραῖς ἐν τοῖς ὁριστικοῖς λόγοις κεχρῆσθαι· ἔστι δὲ αὕτη, ὅτι ἀσαφεστέρους τοὺς λόγους συμβαίνει γίνεσθαι, ὥστε τὰς τοιαύτας χρὴ μεταφορὰς φυλάττεσθαι καὶ τότε. ὅταν δὲ ἡ μεταφορὰ διὰ συνήθειαν γνωριμωτέρα τῶν κυρίως λεγομένων ᾖ, οὐκέτι ἂν ὁ ταύτῃ χρώμενος ἁμαρτάνοι. πλήρης δὲ ἡ συνήθεια τῆς προειρημένης μεταφορᾶς. διὸ καὶ Πλάτων ὡς ἐναργεῖ αὐτῇ ἐν Θεαιτήτῳ χρῆται λέγων "θὲς δή μοι κήρινον ἐκμαγεῖον ἐν τῇ ψυχῇ".

p. 24b22 Τέλειον μὲν οὖν καλῶ συλλογισμὸν τὸν μηδενὸς ἄλλου προσδεόμενον παρὰ τὰ εἰλημμένα πρὸς τὸ φανῆναι τὸ ἀναγκαῖον.

Δόξει προχείρως σκοποῦσι τοῦ τελείου συλλογισμοῦ τὸν προειρημένον ὅρον ἀποδεδωκέναι· εἶπε γὰρ ἐπ' αὐτοῦ τὸ μηδενὸς ὅρου προσδεῖν αὐτῷ πρὸς τὸ γίνεσθαι τὸ ἀναγκαῖον, λέγει δὲ ἀτελῆ εἶναι συλλογισμὸν τὸν προσδεόμενον ἑνὸς ἢ πλειόνων. εἰ δὲ τοῦτο, οὐδ' ἂν συλλογισμοὶ εἴησαν οἱ ἀτελεῖς. τοιοῦτοι δὲ οἱ ἐν δευτέρῳ καὶ τρίτῳ σχήματι συλλογισμοί, οὓς παντὸς μᾶλλον λέγει καὶ αὐτοὺς συλλογισμοὺς εἶναι. ἀλλὰ καὶ ἀρχόμενος ὡς περὶ συλλογισμῶν τῶν ἀτελῶν εἴρηκεν· τῶν γὰρ συλλογισμῶν προέθετο ζητήσειν "ποῖος τέλειος καὶ ποῖος ἀτελής", ὡς ὄντος καὶ τοῦ ἀτελοῦς συλλογισμοῦ. οὐ μὴν τοῦτ' ἔστι τὸ λεγόμενον, ἀλλ' ἐν τῷ ὅρῳ τοῦ συλλογισμοῦ περιέχεται καὶ ὁ ἀτελής· ὧν γάρ φησι προσδεῖσθαι τὸν ἀτελῆ, οὐχ ὡς ἔξωθεν ὀφειλόντων αὐτῶν προσληφθῆναι λέγει. ἀλλ' ὡς ἐνυπαρχόντων μὲν ἐν τοῖς κειμένοις δεομένων δὲ δείξεως· λέγει γὰρ ἐπ' αὐτῶν ἃ ἔστι μὲν ἀναγκαῖα διὰ τῶν ὑποκειμένων ὅρων, οὐ μὴν εἴληπται διὰ προτάσεων. | εἰ δ' ἐστὶ τά, ἐξ ὧν τὸ συμπέρασμα, ἐν 9r τοῖς κειμένοις, εἴη ἂν καὶ ἐν τοῖς τελείοις καὶ ἐν τοῖς ἀτελέσι συλλογισμοῖς συναγόμενον συμπέρασμα "τῷ ταῦτα εἶναι", ὥστε καὶ οὗτοι συλ-

1 δ' M: om. aBL 2 μὴ om. a 5 ἐχόντων LM μηδὲ om. aLM 6 Ἀριστοτέλην aLM μεταφοραῖς . . . ἐοίκασι om. LM 7 γε om. a 8 χρῆσθαι L 9 καὶ BLM: κἂν a ὅταν om. a 10 συνηθείας aB pr. 12 διαφορᾶς L αὐτῷ BL Θεαιτήτῳ] c. 23 p. 191 C memoriter citat: θὲς δή μοι λόγου ἕνεκα ἐν ταῖς ψυχαῖς ἡμῶν ἐνὸν κήρινον ἐκμαγεῖον 18 ὅρου BM: ὅρον aL αὐτῷ om. a 19 γενέσθαι a et Ar. συλλογισμὸν εἶναι a 20 ante ἑνὸς add. ἢ a et Ar. 21 σχήματι καὶ τρίτῳ aLM 22 μᾶλλον πάντων a: μᾶλλον πάντως LM 23 τῶν ἀτελῶν . . . ἀλλ' ἐν (25) om. L 24 ζητῆσαι a ὡς ὄντος . . . ὁ ἀτελής (26) om. a καὶ τοῦ om. B 27 αὐτῶν ὀφειλόντων aLM 29 μὲν BM, itemque sed superscr. L: μὴ a 30 post διὰ add. τῶν B (f) δὲ L 31 ἐν (post prius καὶ) BLM: ἐπὶ a τελείοις καὶ ἐν τοῖς om. a

λογισμοί. οὐκέτι δὲ καὶ ἀτελεῖς συλλογισμοὶ οἱ ἀμεθόδως περαίνοντες· 9r ἔξωθεν γὰρ αὐτοῖς προστίθεται τὸ τῆς συναγωγῆς αἴτιον. ἑνὸς μὲν οὖν προσδέονται οἱ ἀτελεῖς συλλογισμοὶ οἱ μιᾶς ἀντιστροφῆς δεόμενοι πρὸς τὸ ἀναχθῆναι εἴς τινα τῶν ἐν τῷ πρώτῳ σχήματι τῶν τελείων καὶ ἀναποδείκτων, πλειόνων δέ, ὅσοι διὰ δύο ἀντιστροφῶν εἰς ἐκείνων τινὰ ἀνάγονται, ὡς προϊὼν δείξει. καὶ οἱ διὰ τῆς εἰς ἀδύνατον δὲ ἀπαγωγῆς δεικνύμενοι ἀτελεῖς καὶ αὐτοί. ὅσοις μὲν οὖν ἔξωθεν προσθήκης τινὸς δεῖ λόγου πρὸς τὸ τὸ συμπέρασμα συναχθῆναι, οὗτοι οὐδὲ τὴν ἀρχὴν εἶεν ἂν συλλογισμοί, ὧν λόγων εἰσὶ καὶ οἱ ἀμεθόδως περαίνοντες· οἷς δὲ τὸ ἐνδέον δυνάμει ἐν τοῖς κειμένοις ἐστί, βοηθείας δὲ δέονται καὶ τοῦ ἐκκαλυφθῆναι, οὗτοι συλλογισμοὶ μέν εἰσιν, ἀλλ' ἀτελεῖς. οὗτοι δέ εἰσιν οἱ οὐκ ἀναπόδεικτοι οἵ ἔν τε τῷ δευτέρῳ καὶ τρίτῳ σχήματι. πῶς οὖν ἐστιν ἐν τοῖς ἀδυνάτοις οὐκ ἔξωθεν τὰ λαμβανόμενα; ἢ ἔξωθεν μὲν τὰ λαμβανόμενα καὶ οὐδὲ δυνάμει ὄντα ἐν τοῖς κειμένοις, ὥσπερ αἱ ἀντιστροφαί, ἀλλὰ τὰ λαμβανόμενα οὐ τοῦ προκειμένου ἐστὶ συλλογιστικὰ ἀλλ' ἄλλου τινός· ἐκείνου γὰρ ὁ συλλογισμός, ὃ τῷ ἀδύνατόν τι εἶναι ἀναιρεθὲν τῆς τούτου θέσεως αἴτιον. διὸ τοῦτο μὲν οὐ διὰ συλλογισμοῦ φαμεν ἀλλ' ἐξ ὑποθέσεως δείκνυσθαι· ὁ δὲ συλλογισμὸς ἄλλου.

p. 24b26 Τὸ δὲ ἐν ὅλῳ εἶναι ἕτερον ἑτέρῳ καὶ τὸ κατὰ παντὸς κατηγορεῖσθαι θατέρου θάτερον ταὐτόν ἐστιν.

Οἷς προϊόντος τοῦ λόγου μέλλει χρῆσθαι (ἔστι δὲ ταῦτα τό τε κατὰ παντὸς καὶ τὸ ἐν ὅλῳ καὶ τὸ κατὰ μηδενὸς καὶ τὸ ἐν μηδενὶ εἶναι τόδε τῷδε) πρῶτον ταῦτα γνώριμα ποιεῖ, καὶ διδάσκει ἡμᾶς, τί μέν ἐστι τὸ ἐν ὅλῳ εἶναι καὶ τὸ κατὰ παντός, καὶ ὅτι ταὐτά ἐστιν ἀλλήλοις ἀμφότερα ταῦτα ἐπὶ τῆς καθόλου καταφατικῆς προτάσεως λεγόμενα, τί δὲ τὸ κατὰ μηδενὸς καὶ τὸ ἐν μηδενί, καὶ ὅτι καὶ αἰεὶ ταῦτα ἀλλήλοις μέν ἐστι ταὐτά, λέγεται δὲ ἐπὶ τῆς καθόλου ἀποφατικῆς προτάσεως. τὸ οὖν κατὰ παντός, φησίν, ἐστίν, ὅταν μηδὲν ᾖ λαβεῖν, καθ' οὗ θάτερον οὐ λεχθήσεται, τοῦτ' ἔστιν, ὅταν μηδὲν ᾖ λαβεῖν τοῦ ὑποκειμένου, καθ' οὗ τὸ κατηγορούμενον οὐ ῥηθήσεται· ἐπεὶ γὰρ πᾶσα πρότασις κατηγορικὴ ἐξ ὑποκειμένου ὅρου ἐστὶ καὶ κατηγορουμένου, τότε λέγεται ὁ κατηγορούμενος κατὰ παντὸς τοῦ ὑποκειμένου ἀληθῶς, ὅταν μηδὲν ᾖ λαβεῖν τοῦ ὑποκειμένου, καθ' οὗ οὐ ῥηθήσεται τὸ κατηγορούμενον, οἷον τὸ ζῷον κατὰ

4 εἴς τινα BLM: εἴσω a 5 ἀνάγονται, ὡς om. in lac. a 6 δὲ om. aLM 7 μὲν οὖν ἔξωθεν om. in lac. a προσθήκης προσδεῖ τινος LM: προσδεῖ τινος προσθήκης a 8 τὸ alterum om. aLM ἂν εἶεν a 10 δεῖνται B: δεῖται a 12 τε superscr. L: om. a 13 μὲν om. LM 15 εἰσι a ἐκεῖνος a 16 ὁ τῷ BM, itemque sed corr. L: τὸ a 17 τοῦτο ex τὸ corr. L 20 θάτερον θατέρου a (umf) 21 τε om. a 22 τὸ tertium om. LM εἶναι om. a 26 τὸ om. LM καὶ (post ὅτι) om. aL μέν om. aBL 27 ante ἐπὶ add. καὶ a καταφατικῆς LM 28 post λαβεῖν add. τοῦ ὑποκειμένου a (BCdifnum); τῶν τοῦ ὑποκειμένου Ar. 31 ὅρου om. a 33 τὸ κατηγορούμενον οὐ ῥηθήσεται a

παντὸς ἀνθρώπου· οὐδένα γὰρ λαβεῖν ἔστιν ἄνθρωπον, καθ' οὗ τὸ ζῷον 9r οὐ ῥηθήσεται. οὕτως δὲ ἐχόντων ὁ ἄνθρωπος ἐν ὅλῳ γίνεται τῷ ζῴῳ, τοῦτ' ἔστι περιεχόμενον ὑπ' αὐτοῦ ὡς ὅλου· μέρος γάρ πως τοῦ καθόλου τὸ ἐν ὅλῳ· τὸ γὰρ ἐν ὅλῳ σημαντικόν ἐστι τοῦ μὴ ἔξω πίπτειν τι τοῦ λεγομένου ἐν ὅλῳ εἶναι ἐκείνου, ἐν ᾧ λέγεται εἶναι ὡς ἐν ὅλῳ. οὐ γὰρ τὸ παρεκτεινόμενόν τινι διὰ παντὸς ἐν ὅλῳ μόνον λέγεται· ἐν ὅλῳ γὰρ καὶ τὸ μέρος ἐστίν· ἐνδέχεται γὰρ καὶ ἐπὶ πλέον εἶναι τὸ κατὰ παντός τινος λεγόμενον, ὡς τὸ ζῷον τοῦ ἀνθρώπου, ἐνδέχεται καὶ ἐπ' ἴσης, ὡς τὸ γελαστικὸν τοῦ ἀνθρώπου. ἐν δὴ τοῖς οὕτως ἔχουσι κατὰ παντὸς μὲν λέγεται ἀπὸ τοῦ κατηγορουμένου ἀρχομένων· οὗτος γάρ ἐστι τὸ κατὰ παντός· ἐν ὅλῳ δὲ ἀπὸ τοῦ ὑποκειμένου· οὗτος γάρ ἐστιν ἐν ὅλῳ. σημειωτέον δέ, ὅτι οὐχ ὁμοίως ἔν τε τούτοις καὶ ἐν τοῖς Ὑστέροις ἀναλυτικοῖς ἀποδίδωσι τὸ καθόλου. ἀποδοὺς δέ, τί ποτέ ἐστι τὸ κατὰ παντός, φησίν, ὅτι καὶ τὸ κατὰ μηδενὸς ὡσαύτως, οὐ τοῦτο λέγων, ὅτι ταὐτόν ἐστι τὸ κατὰ παντὸς καὶ τὸ κατὰ μηδενός (ἐναντία γάρ ἐστιν), ἀλλ' ὅτι δυνατὸν ὁρίσασθαι αὐτὸ ὁρμωμένους ἀπ' αὐτοῦ τοῦ περὶ τοῦ κατὰ παντὸς εἰρημένου εἰπεῖν περὶ τοῦ κατὰ μηδενός· ἔσται γὰρ ἀνάπαλιν ἀποδιδόμενον τὸ κατὰ μηδενός· ὅταν γὰρ μηδὲν ᾖ λαβεῖν τοῦ ὑποκειμένου, | καθ' οὗ τὸ κατη- 9v γορούμενον ῥηθήσεται, τότε ἐστὶ καὶ τὸ κατὰ μηδενὸς ἀληθῶς, οἷον τὸ χρεμετιστικὸν κατ' οὐδενὸς ἀνθρώπου· οὐδεὶς γάρ ἐστιν ἄνθρωπος, καθ' οὗ τὸ χρεμετιστικὸν κατηγορεῖται. κατ' οὐδενὸς μὲν οὖν τοῦ ἀνθρώπου τὸ χρεμετιστικόν, ἐν οὐδενὶ δὲ ὁ ἄνθρωπος τῷ χρεμετιστικῷ· ἀμφότερα γὰρ ταῦτα λέγεται ἐπὶ τῆς καθόλου ἀποφατικῆς προτάσεως.

p. 25a1 Ἐπεὶ δὲ πᾶσα πρότασίς ἐστιν ἢ τοῦ ὑπάρχειν ἢ τοῦ ἐξ ἀνάγκης ὑπάρχειν ἢ τοῦ ἐνδέχεσθαι ὑπάρχειν.

Τῷ πᾶσα πρότασις δεῖ τὸ 'κατηγορική' προσυπακούειν· περὶ γὰρ τῶν τοιούτων προτάσεών τε καὶ συλλογισμῶν τὸν λόγον νῦν ποιεῖται, ὧν καὶ τὸν λόγον ἀπέδωκεν. ἐπεὶ τοίνυν πᾶσα πρότασις κατηγορικὴ ὅρον ὅρου

1 ἔστιν ἄνθρωπον λαβεῖν M: ἄνθρωπόν ἐστι λαβεῖν aL 3 τοῦ BLM: πρὸς τὸ a 4 σημαντικόν corr. B[1] 5 ἐκείνῳ a εἶναι (ante ὡς) om. a 6 λέγεται μόνον a 7 μέρος B: ἐπὶ μέρους aLM 8 τινὰ a 9 δὴ BM: δὲ aL 10 λέγομεν a ἀρχόμενοι aB pr., ut videtur οὗτος scripsi: οὕτως libri 11 οὗτος a: οὕτως BLM ante ἐν add. τὸ a 12 ἐν (ante τοῖς) om. LM Ὑστ. ἀν.] 14 p. 73a28 sq. 13 ἀποδοὺς aBL: ἀποδιδοὺς M 14 ταὐτά a 16 ὁρίσαι LM ἀπ' αὐτοῦ τοῦ M: ἀπ' αὐτοῦ BL: ἀπὸ τοῦ a περὶ BLM: παρὰ a 17 εἰπεῖν περὶ . . . κατὰ μηδενός (18) om. a 18 ὅταν γὰρ . . . τὸ κατὰ μηδενὸς (19) om. LM 19 τότε B: τοῦτο a καὶ om. a ἀληθῶς om. aLM 20 χρεμμετιστικὸν a semper 21 οὐ τοί B μὲν om. a τοῦ om. a 22 post χρεμετιστικόν add. ἐστιν a τῷ χρεμμετιστικῷ ὁ ἄνθρωπος a γὰρ om. BM 23 ante ἐπὶ add. πάλιν LM 26 πᾶσαν πρότασιν B κατηγορικὴν B: κατηγορικὸν L γὰρ om. L 27 ποιεῖται νῦν a 28 ἐπειδὴ a post κατηγορικὴ add. ἢ B: ἢ τοῦ ὑπάρχειν ἢ τοῦ ἐξ ἀνάγκης ὑπάρχειν ἢ τοῦ ἐνδέχεσθαι ὑπάρχειν add. a

κατηγορούμενον ἔχει ἢ καταφατικῶς ἢ ἀποφατικῶς, τουτ' ἔστιν ὡς ὑπάρ- 9v χοντα τῷ ὑποκειμένῳ ἢ μὴ ὑπάρχοντα, τῶν δὲ ὑπαρχόντων τισὶ τὰ μὲν ἀεὶ ὑπάρχει, τὰ δὲ ποτὲ μὲν ὑπάρχει, ποτὲ δὲ οὐχ ὑπάρχει, εἰ μὲν ἀεὶ ὑπάρχοι τὸ ὑπάρχειν λεγόμενον καὶ οὕτως λαμβάνοιτο ὑπάρχειν, ἀναγκαία γίνεται ἡ τοιαύτη πρότασις καταφατικὴ ἀληθής. ἀναγκαία δὲ ἀποφατικὴ ἀληθὴς ἡ τὸ μηδέποτε πεφυκὸς ὑπάρχειν τινὶ οὕτως μὴ ὑπάρχειν αὐτῷ λαμβάνουσα. εἰ δὲ μὴ ἀεὶ ὑπάρχοι τὸ κατηγορούμενον τῷ ὑποκειμένῳ, εἰ μὲν κατὰ τὸ ἐνεστὼς ὑπάρχοι, ἡ τοῦτο μηνύουσα πρότασις ὑπάρχουσα γίνεται καταφατικὴ ἀληθής. ὁμοίως καὶ ὑπάρχουσα ἀποφατικὴ ἀληθὴς ἡ τὸ νῦν μὴ ὑπάρχον μὴ ὑπάρχειν λέγουσα. εἰ δὲ μὴ ὑπάρχοι ἐπὶ τοῦ παρόντος τὸ κατηγορούμενον τῷ ὑποκειμένῳ δυνάμενον αὐτῷ ὑπάρχειν καὶ οὕτως, ὡς δυνάμενον, λαμβάνοιτο, ἐνδεχομένη καταφατικὴ ἀληθὴς ἡ πρότασις. ἡ δὲ ἐνδέχεσθαι μὴ ὑπάρχειν ἢ τὸ ὑπάρχον ἢ τὸ μὴ ὑπάρχον μὲν οἷόν τε δὲ καὶ ὑπάρχειν καὶ μὴ ὑπάρχειν λέγουσα ἐνδεχομένη ἀποφατικὴ ἀληθής. ψευδεῖς δέ γε αἱ τὰ μὴ τοῦτον ἔχοντα τὸν τρόπον ὡς οὕτως ἔχοντα μηνύουσαι· δηλωτικαὶ γὰρ οὖσαι τῆς ὑπάρξεως τῶν ὑπ' αὐτῶν δηλουμένων αἱ προτάσεις, ὡς ἂν ἐκεῖνα ἔχῃ ὑπάρξεως, οὕτως ἔχουσι καὶ αὐταὶ συνεξομοιούμεναι τῷ τῶν δηλουμένων ὑπ' αὐτῶν τρόπῳ. ἔτι ἐπεὶ πᾶν τὸ ὑπάρχον τινὶ ἢ ἀχώριστον αὐτοῦ ἐστι καὶ καθ' αὑτὸ ὑπάρχον ἢ χωριστόν, εἰ μὲν ἀχώριστον ἦν, ἡ τοῦτο δηλοῦσα πρότασις ἀναγκαία, εἰ δὲ χωριστόν, ἐνδεχομένη, ἧς ἡ μὲν τὸ παρὸν ἤδη δηλοῦσα ὑπάρχουσα, ἡ δὲ τὸ κεχωρισμένον ἢ τὸ μήπω παρὸν οἷόν τε δὲ ὑπάρξαι ἐνδεχομένη ἰδίως.

p. 25a 2 Τούτων δὲ αἱ μὲν καταφατικαὶ αἱ δὲ ἀποφατικαὶ καθ' ἑκάστην πρόσρησιν.

Τρεῖς διαφορὰς προτάσεων εἰπών, ἀναγκαίαν, ὑπάρχουσαν, ἐνδεχομένην, καθ' ἑκάστην τούτων διαφορὰν τὰς μὲν καταφατικάς φησι γίνεσθαι τῶν προτάσεων τὰς δὲ ἀποφατικάς· καὶ γὰρ ἀναγκαία καταφατικὴ καὶ ἀναγκαία ἀποφατική ἐστιν, ὡς εἰρήκαμεν, ὁμοίως καὶ ὑπάρχουσα καὶ ἐνδεχομένη, ὥσθ' ἓξ διαφοραὶ προτάσεων αὗται. τὸ δὲ καθ' ἑκάστην πρόσρησιν τὸ καθ' ἑκάστην κατηγορίας διαφορὰν καὶ καθ' ἑκάστην τρόπου προσθήκην

1 καταφατικὸν ἢ ἀποφατικὸν M 2 δὲ om. L 3 post alterum μὲν add. οὖν aLM 4 ὑπάρχοι B: ὑπάρχει aLM ὑπάρχειν (post λαμβ.) B: ὑπάρχον aLM 5 ἡ πρότασις ἡ τοιαύτη a 6 οὕτως om. a αὐτὸ aLM 7 αἰεὶ LM ὑπάρχει aLM 8 ἐνεστὸς a: ἐντὸς L ὑπάρχει aLM τοῦτο aBM: τοῦ L 9 post καὶ add. ἡ B 10 ὑπάρχοι B: ὑπάρχει aLM 11 αὐτὸ LM 13 ἐνδέχεσθαι μὴ BLM: ἐνδεχομένη a μὲν om. M 14 καὶ (post δὲ) om. a ὑπάρχον (pro altero ὑπάρχειν) a 15 τὰ om. a 16 τὸν . . . δηλούμενον L: τῶν . . . λεγομένων a 17 ἔχει aLM ἔχουσαι LM 18 πᾶν post τινὶ transponunt LM 19 ἢ (post τινὶ) om. a ἐστιν αὐτοῦ aLM καθ' ἑαυτοῦ LM 20 ἦν a: ᾖ BLM 22 ἡ BLM: ἤγουν a μήπως M 26 φησι om. a 27 ante καταφ. add. ἡ M καὶ ἀναγκαία ἀποφατική om. LM 28 ἐστιν BM: ἔσται L: om. a ὡς BL: ὥσπερ aM προειρήκαμεν L ὁμοίως om. LM 29 ὥστε M τὰ L 30 ante κατηγορίας add. πρὸς a προσθήκην τρόπου aLM

δηλοῖ· οὐ γὰρ ἀξιοῖ τὰς προτάσεις ἀπὸ τῶν ὑποκειμένων αὐταῖς καὶ δηλουμένων 9r ὑπ' αὐτῶν λαμβάνειν τὸ ἀναγκαῖον καὶ τὸ ὑπάρχον καὶ τὸ ἐνδεχόμενον, ἀλλὰ ἀπὸ τῆς προσθήκης τῆς προστιθεμένης καὶ προσκατηγορουμένης τῆς λεγούσης, ὅτι τόδε τῷδε ἐξ ἀνάγκης ὑπάρχει ⟨ἢ ὑπάρχει⟩ ἢ ἐνδέχεται ὑπάρχειν· οὕτως γὰρ ἔσονταί τινες καὶ ἀληθεῖς ἀναγκαῖαι καὶ ψευδεῖς, ὁμοίως καὶ ὑπάρχουσαι καὶ ἐνδεχόμεναι· οὐδεὶς γὰρ ἂν λόγος ψευδὴς γίνοιτο, εἰ μόνος οὗτος λέγοιτο ὁ δηλῶν τὴν τῶν πραγμάτων φύσιν καὶ ὢν τοιοῦτος, ὁποῖα τὰ δηλούμενα. ἐπεὶ δὲ λέγομεν τὸν ἀποφαντικὸν λόγον τὸ ἀληθὲς καὶ τὸ ψεῦδος ὁμοίως δέχεσθαι, ὡς λέγομεν κατάφασίν τινα ἀληθῆ καὶ 10r ἄλλην τινὰ ψευδῆ τὴν οὐχ ὡς ἔχει τό, περὶ οὗ λέγεται, λέγουσαν, οὕτως ἐροῦμεν καὶ ἀναγκαίαν τινὰ ψευδῆ· ψευδὴς δὲ ἔσται ἀναγκαία ἡ λέγουσα τὸ μὴ ἀναγκαῖον ἀναγκαῖον. δεῖ ἄρα ταῖς προτάσεσι προσκεῖσθαι τὰς τοιαύτας προσρήσεις καὶ τοὺς τοιούτους τρόπους.

p. 25a4 Πάλιν δὲ τῶν καταφατικῶν καὶ ἀποφατικῶν αἱ μὲν καθόλου αἱ δὲ ἐν μέρει αἱ δὲ ἀδιόριστοι.

Τούτων ταῖς προειρημέναις προτάσεσι προστεθεισῶν τῶν διαφορῶν γίνονται αἱ πᾶσαι προτάσεις κατηγορικαὶ ὀκτωκαίδεκα· τρεῖς μὲν καταφατικαὶ ἀναγκαῖαι, καθόλου, ἐπὶ μέρους, ἀδιόριστος, τρεῖς δὲ αἱ ταύταις ἀντικείμεναι ἀποφατικαί, ὁμοίως δὲ καὶ ὑπάρχουσαι τρεῖς μὲν καταφατικαὶ τρεῖς δὲ ἀποφατικαί, καὶ ἐνδεχόμεναι τὸν αὐτὸν τρόπον· ὥστε τρὶς ἓξ ἔσονται αἱ πᾶσαι αἱ κατ' εἶδος ἀλλήλων διαφέρουσαι, ἐξ ὧν οἱ κατηγορικοὶ συλλογισμοὶ συντίθενται. οὐσῶν δὴ τούτων τε καὶ τοσούτων προτάσεων ἑξῆς πειρᾶται περὶ ἀντιστροφῶν αὐτῶν τὸν. λόγον ποιεῖσθαι, ἐπειδὴ οἱ πλεῖστοι τῶν ἐν δευτέρῳ καὶ τρίτῳ σχήματι συλλογισμῶν πάντων ἀτελῶν ὄντων πρὸς τὸ δείκνυσθαι συλλογιστικοὶ δέονται τῶν κατὰ τὰς προτάσεις ἀντιστροφῶν, ἢ μιᾶς ἢ πλειόνων, ὡς δειχθήσεται.

Ἄξιον δὲ ἔδοξεν ἐπισκέψεως εἶναί μοι, τί δήποτε περὶ συλλογισμῶν καὶ σχημάτων τὸν λόγον ἐν τούτοις τοῖς βιβλίοις ποιούμενος παραλαμβάνει καὶ τὰς τῶν προτάσεων κατὰ τὴν ὕλην διαφοράς· ὑλικαὶ γὰρ διαφοραὶ τὸ οὕτως ἢ οὕτως ὑπάρχειν· ἤδη γὰρ δόξουσιν αἱ τοιαῦται διαφοραὶ τῶν

---

1 ὑποκειμένων BLM: κειμένων ἐν a 4 ἢ ὑπάρχει addidi 5 ὑπάρχειν aBL: ἢ ὑπάρχει M post ἀληθεῖς add. καὶ LM 6 γένοιτο a 7 post οὗτος add. ὁ τρόπος a 8 ἐπεὶ δὲ aBM: ἐπειδὴ L 9 ὡς λέγομεν BLM: λέγομεν δὲ a 10 τὴν οὐχ ... ψευδῆ (11) om. L 11 δὲ ἔσται B: γάρ ἐστιν aLM 12 προκεῖσθαι L 13 τοιαύτας om. a προσρήσεις aM: προσρρήσεις B, ut semper: προρρήσεις L τοιούτους om. a 16 προτεθεισῶν L 17 πᾶσαι om. L 18 ἀναγκαῖαι ... καταφατικαί (19) om. L αἱ om. aLM 19 post καὶ add. αἱ M 20 post καὶ add. αἱ a τρὶς a: τρεῖς BLM post ἓξ add. πᾶσαι aLM 21 πᾶσαι αἱ om. aLM 22 δὴ aB: δὲ LM τοιούτων M post τοσούτων add. τῶν L 23 ἐπεὶ δὲ B 25 ἐνδείκνυσθαι συλλογιστικῶς a 27 ἔδειξεν a μοι om. a 28 τὸν λόγον om. LM ἐν τούτοις τὸν λόγον a τοῖς βιβλίοις om. aL

προτάσεων οὐχ ἁπλῶς πρὸς συλλογισμὸν συντελεῖν, ἀλλὰ πρὸς τὸ τοιοῦτον 10r ἢ τοιοῦτον αὐτὸν εἶναι, ἀποδεικτικόν, ἂν οὕτως τύχῃ, ἢ διαλεκτικόν. ἢ αἱ διαφοραὶ αἱ τοιαῦται τῶν προτάσεων πρὸς τὴν συλλογιστικὴν μέθοδόν τε καὶ πραγματείαν ἀναγκαῖαι καθόλου· τῷ τε γὰρ μὴ ὁμοίως γίνεσθαι τὰς ἀντιστροφὰς τῶν κατὰ τοὺς προειρημένους τρόπους διαφερουσῶν προτάσεων, διὰ δὲ τῶν ἀντιστροφῶν τοὺς πλείους τῶν ἐν τοῖς παρὰ τὸ πρῶτον σχῆμα συλλογισμῶν δείκνυσθαι συνάγοντας ἀναγκαία ἡ κατὰ τοὺς τρόπους τούτους αὐτῷ διαίρεσις· ἄλλως μὲν γὰρ ἐπὶ τῶν ἀναγκαίων καὶ ὑπαρχόντων, ἄλλως δὲ ἐπὶ τῶν ἐνδεχομένων ἀντιστρεφόμεναι αἱ προτάσεις ποιήσουσι συλλογισμόν. ἀλλὰ καὶ τῷ μιγνυμένας ἀλλήλαις τὰς κατὰ τούσδε τοὺς τρόπους διαφερούσας προτάσεις διαφοράν τινα ποιεῖν συλλογισμῶν καὶ κατὰ τοῦτο πρὸς τὴν συλλογιστικὴν πραγματείαν ἡ κατὰ τούσδε τοὺς τρόπους διαφορὰ τῶν προτάσεων ἀναγκαία. χωρὶς γοῦν τῆς ὕλης αὐτοὺς τοὺς τρόπους προστιθεὶς ταῖς προτάσεσι καθολικὰς ἐπ' αὐτῶν τὰς δείξεις ποιεῖται, οὐ παρὰ τὸ τήνδε τὴν ὕλην ἢ τήνδε εἶναι δεικνὺς τὴν διαφορὰν γινομένην τῶν συλλογισμῶν ἀλλὰ παρὰ τὸν προσκείμενον τρόπον. οὖσαι οὖν αἱ δείξεις αὐτῶν καθολικαὶ ἴδιαι ἂν εἶεν τῆς περὶ συλλογισμῶν πραγματείας· ὅτι γὰρ ὡς πρὸς τὴν συλλογιστικὴν μέθοδον τῶν τρόπων τούτων χρησίμων ὄντων μνημονεύει, δῆλον ἐκ τοῦ εἶναι μὲν προτάσεων καὶ κατ' ἄλλους τινὰς τρόπους διαφοράς· καὶ γὰρ τὸ καλῶς προσκείμενον καὶ τὸ κακῶς καὶ τὸ μακρῶς καὶ τὸ βραχέως καὶ τὸ ταχέως καὶ τὸ βραδέως τρόποι προτάσεών εἰσι καὶ διαφοραί, οἷον 'Σωκράτης καλῶς διαλέγεται ἢ μακρῶς ἢ συντόμως'. ἀλλ' οὐδενὸς τοιούτου μνημονεύει ποιούμενος τὴν τῶν προτάσεων διαίρεσιν, ὅτι μηδὲν πρὸς γένεσιν ἢ διαφορὰν συλλογισμῶν συντελοῦσι. πρὸς μὲν οὖν τὴν τῶν συλλογισμῶν γένεσίν τε καὶ σύστασιν ἡ τῶν τρόπων τούτων διαφορὰ χρήσιμος, οὐκέτι δὲ καὶ πρὸς τὴν τῶν εἰδῶν τοῦ συλλογισμοῦ· οὐ γὰρ κατὰ ταύτην τὴν διαίρεσιν αἱ τῶν συλλογισμῶν διαφοραί, τοῦ γε ἀποδεικτικοῦ καὶ τοῦ διαλεκτικοῦ καὶ τοῦ σοφιστικοῦ, ἀλλὰ καθ' ἣν αὐτὸς δείκνυσιν ἐν ταῖς οἰκείαις αὐτῶν πραγματείαις· ἐκεῖ γὰρ πολλὰ περὶ ταύτης 10v τῆς θεωρίας καλῶς σαφηνίζων ἐδήλωσεν.

---

1 post ἁπλῶς add. ἀλλὰ a συντελεῖς a 2 ἢ τοιοῦτον om. L τύχοι aM 2. 3 ἢ αἱ aBM: καὶ αἱ L 3 post τοιαῦται διαφοραὶ repetit L τὴν om. a 4 τῷ BLM: τὸ a τε om. LM μὴ om. L 6 τοὺς om. L 7 συλλογιστικὸν L 8 ὑπαρχόντων BLM: ἐπὶ τῶν ὑπαρχουσῶν a 9 ποιοῦσι aL συλλογισμόν BLM: τοὺς συλλογισμοὺς a 10 καὶ om. a τούσδε BLM: τούσδε ἢ τούσδε a 13 γοῦν LM: γ' οὖν B: οὖν a 14 προστιθέασι L ταῖς προτάσεσι om. L καθολικὰς ex καθολικαῖς corr. B[1] ἐπ' αὐτῶν τὰς δείξεις aBM: τὰς δείξεις μετ' αὐτῶν L 15 τὸ om. a ἢ τήνδε τὴν ὕλην a εἶναι om. a 16 προκείμενον aL δείξεις αὐτῶν BLM: ἀποδείξεις αὗται a 17 εἶεν a: om. BLM ὅτι aBM: ἔστι L 19 κατὰ L 20 διαφοράν a γὰρ om. a τὸ (ante κακῶς) om. L 21 καὶ τὸ ταχέως καὶ τὸ βραδέως om. LM 22 καὶ διαφοραί BLM: διάφοροι a 24 ante alterum πρὸς add. καὶ LM 26 καὶ om. L 27 κατὰ ταύτην scripsi: κατ' αὐτὴν libri προαίρεσιν a γε om. aL; conicio τε 28 καὶ τοῦ διαλεκτικοῦ om. L 29 ἐκεῖ . . . ἐδήλωσεν (30) om. LM

p. 25a5 Τῶν μὲν ἐν τῷ ὑπάρχειν τὴν μὲν καθόλου στερητικὴν ἀνάγκη τοῖς ὅροις ἀντιστρέφειν.

Ἐφεξῆς τοῖς εἰρημένοις περὶ ἀντιστροφῶν προτάσεων ποιεῖται τὸν λόγον· χρήσιμος γὰρ αὐτῷ ἡ τοῦδε τοῦ θεωρήματος διδασκαλία πρὸς τοὺς ἀτελεῖς συλλογισμοὺς τούς ἔν τε τῷ δευτέρῳ καὶ τρίτῳ σχήματι συνισταμένους, ὡς ἔφαμεν· οἱ γὰρ πλεῖστοι αὐτῶν δείκνυνται συλλογιστικοὶ δι' ἀντιστροφῆς ἢ δι' ἀντιστροφῶν. λέγεται δὲ πλεοναχῶς ἡ ἀντιστροφή· καὶ γὰρ ἐπὶ συλλογισμῶν ἀντιστροφὴ γίνεται, καὶ λέγονται συλλογισμοὶ ἀντιστρέφειν· λέγεται γοῦν ὁ τῷ συλλογιστικῷ λόγῳ ἀντιστρέφων συλλογιστικὸς καὶ αὐτὸς εἶναι. ἀλλ' οὗτοι μὲν σὺν ἀντιθέσει ἀντιστρέφουσιν· ὅταν γὰρ τὸ ἀντικείμενον τοῦ συμπεράσματος λαβόντες τὴν ἑτέραν τῶν προτάσεων προσλάβωμεν, συλλογιστικῶς τὸ ἀντικείμενον τῇ ἑτέρᾳ προτάσει συνάγομεν· τὸ γὰρ τῷ συλλογιστικῷ τρόπῳ ἀντιστρέφον οὕτω καὶ αὐτὸ συλλογιστικόν ἐστιν. ἀλλὰ περὶ μὲν τῆς τῶν συλλογισμῶν ἀντιστροφῆς διδάξει ἡμᾶς ἐν τῷ δευτέρῳ τῆσδε τῆς πραγματείας. ἔστι δὲ καὶ ἐν προτάσεσιν ἀντιστροφὴ σὺν ἀντιθέσει· ἀντιστρέφει γὰρ τῇ 'ἄνθρωπος ζῷόν ἐστιν' ἡ λέγουσα 'τὸ μὴ ζῷον οὐδὲ ἄνθρωπός ἐστιν'. ἐν προτάσεσιν ἀντιστροφή, καὶ ὅταν ἡ καταφατικὴ τῇ ἀποφατικῇ τῇ ὁμοίως λαμβανομένῃ συναληθεύῃ· οὕτως λέγεται ἀντιστρέφειν ἡ ἐνδεχομένη καταφατικὴ τῇ ἐνδεχομένῃ ἀποφατικῇ, οἷον εἰ ἀληθές ἐστι τὸ 'ἐνδέχεται πάντα ἄνθρωπον περιπατεῖν' ὡς ἐνδεχόμενον, ἀληθές ἐστι καὶ τὸ ἐνδέχεσθαι μηδένα ἄνθρωπον περιπατεῖν. λέγεται προτάσεων ἀντιστροφὴ καὶ ἡ ἀντιστροφὴ τῶν ὅρων μετὰ τοῦ συναληθεύειν. ἀντιστροφὴ δὲ ὅρων ἐστίν, ὅταν ἐναλλάξαντες τὸν μὲν ὑποκείμενον τῶν ὅρων κατηγορούμενον ποιήσωμεν, τὸν δέ πως κατηγορούμενον ὑποκείμενον ποιῶμεν, τηροῦντες τῆς ἀντιστρεφομένης προτάσεως τὴν ποιότητα. ἁπλῶς μὲν οὖν ἡ ἐναλλαγὴ τῶν ὅρων κατὰ τὸν προειρημένον τρόπον ἀντιστροφὴ καλεῖται, οἷον πᾶς ἄνθρωπος ζῷον, πᾶν ζῷον ἄνθρωπος· ἀντεστράφησαν γὰρ οἱ ὅροι. ὅταν δὲ πρὸς τῇ ἀντιστοφῇ καὶ συναληθεύωσιν ἀλλήλαις αἱ ἀντιστρεφόμεναι ὁμοίως λαμβανόμεναι, ἀντιστρέφειν ἑαυταῖς αἱ προτάσεις αὗται λέγονται.

Περὶ τῆς τοιαύτης τῶν προτάσεων ἀντιστροφῆς τὸν λόγον ποιεῖται νῦν καὶ δείκνυσι, τίνες μὲν τῶν προειρημένων προτάσεων ἀντιστρέφουσιν ἀλλήλαις, τίνες δὲ οὔ. δειχθήσεται δέ, ὅτι, ὧν μὲν αἱ ἀντικείμεναι ἀντιστρέφουσιν ἀλλήλαις, καὶ αὗται ἀντιστρέφουσιν. ὧν δὲ αἱ ἀντικείμεναι μὴ ἀντιστρέ-

1 τῶν μὲν B: τὴν μὲν οὖν a: τὴν μὲν Ar. τὴν μὲν om. a et Ar. 3 ante προτάσεων add. τῶν LM τὸν λόγον ποιεῖται LM 5 τε om. aLM συνισταμένους BLM: συναγομένους a 6 ἔφημεν L 7 ἀντιστροφῶν L corr. 9 γοῦν LM: οὖν aB 10 post σὺν add. τῇ L 12 συνάγωμεν a 13 τῷ om. L οὕτως aLM 15 καὶ om. a 17 προτάσεσιν B: προτάσει ἐστὶν aLM 20 ἐνδέχεται BM: ἐνδέχεσθαι a: om. L 21 ἐνδέχεται M 22 προτάσεων ἀντιστροφὴ om. a ἡ om. a 23 ante ὅρων add. τῶν a ἐναλλὰξ a 24 πως om. LM 26 εἰρημένον aLM ἀντιστροφὴ aL: ἀναστροφὴ B: ἀντιφατικὴ M 27 πᾶν aLM: πᾶς B 28 αἱ om. L: superscr. M post ἀντιστρεφόμεναι add. προτάσεις a 30 post τοιαύτης add. τοίνυν a 31 προτάσεων om. L 32 δ' οὐ M ὅτι om. LM αἱ om. L 33 αὐταὶ libri

φουσιν, οὐδὲ αὐταὶ ἀντιστρέφουσιν, οἷον ἀντίκειται ἀντιφατικῶς τῇ μὲν καθόλου ἀποφατικῇ ἡ ἐπὶ μέρους καταφατική, τῇ δὲ καθόλου καταφατικῇ ἡ ἐπὶ μέρους ἀποφατική. ἡ μὲν οὖν καθόλου ἀποφατικὴ ἑαυτῇ ἀντιστρέφει. ὡς δείξει· ἀληθοῦς γὰρ οὔσης τῆς καθόλου ἀποφατικῆς ἀληθὴς γίνεται καὶ ἡ ἀνάπαλιν κατὰ τοὺς ὅρους ὁμοίως λαμβανομένη, οἷον 'οὐδεὶς ἄνθρωπος ἵππος' ἀληθὴς καὶ 'οὐδεὶς ἵππος ἄνθρωπος' ἀληθής. καὶ ἡ ἐπὶ μέρους δὴ καταφατική, ἥτις ἀντίκειται τῇ καθόλου ἀποφατικῇ, ἀντιστρέψει καὶ αὐτή· ἀληθοῦς γὰρ ληφθείσης τῆς ἐπὶ μέρους καταφατικῆς ἀληθὴς γίνεται καὶ ἡ ἀνάπαλιν κατὰ τοὺς ὅρους ταύτῃ λαμβανομένη, οἷον 'τὶς ἄνθρωπος μουσικός' ἀληθής, ἀληθὴς καὶ ἡ λέγουσα 'τὶ μουσικὸν ἄνθρωπος'. καὶ αὗται μὲν οὖν ἀντιστρέφουσιν ἑαυταῖς. ἡ δὲ καθόλου καταφατικὴ οὐκ ἀντιστρέφει ἑαυτῇ· οὐδὲ γὰρ εἰ ἀληθές ἐστι τὸ πάντα ἄνθρωπον ζῷον εἶναι, ἤδη ἀληθὴς γίνεται καὶ ἡ τὸ πᾶν ζῷον εἶναι ἄνθρωπον λέγουσα· οὕτως γὰρ ἂν ἀντέστρεφεν ἑαυτῇ· ἀντιστρέφει δὲ αὐτῇ ἡ ἐπὶ μέρους καταφατικὴ ἡ λέγουσα 'τὶ ζῷον ἄνθρωπος', ὥστε ἡ ἐπὶ μέρους καταφατικὴ καὶ πρὸς ἑαυτὴν ἀντιστρέφει καὶ πρὸς τὴν καθόλου καταφατικήν. ὡς μέντοι ἡ καθόλου καταφατικὴ οὐκ ἀντιστρέφει ἑαυτῇ, οὕτως οὐδ' ἡ ἀντικειμένη τῇ καθόλου καταφατικῇ ἡ ἐπὶ μέρους ἀποφατικὴ οὐδὲ ἑαυτῇ ἀντιστρέφει· οὐ γὰρ εἰ ἀληθές ἐστι τὸ τὶ ζῷον μὴ εἶναι ἄνθρωπον, ἀληθὲς γίνεται καὶ τὸ τινὰ ἄνθρωπον μὴ εἶναι ζῷον. οὐκ εἴ τινες δέ ποτε ἐν αὐταῖς συναληθευόμεναι ληφθεῖεν ἐν ταῖς ἀντιστροφαῖς, διὰ τοῦτο τὸ εἰρημένον ὑφ' ἡμῶν διαβάλλεται· ἱκανὸν γὰρ ἐπὶ πάντων τῶν τοιούτων πρὸς ἀναίρεσιν τοῦ καθόλου καὶ τὸ ἐπὶ τινὸς δεῖξαι μὴ οὕτως ἔχον· τὰ γὰρ μὴ ἐπὶ πάντων συναληθευόμενα οὐ παρὰ τῆς οἰκείας φύσεως τὸ ἀντιστρέφειν ἔχει ἀλλὰ παρὰ τὴν τινὸς ὕλης ἰδιότητα. λέγει δὴ περὶ τῶν τοιούτων κατὰ τὰς προτάσεις ἀντιστροφῶν καὶ πειρᾶται μὴ ἐκ τοῦ ἐναργοῦς μόνον ἀλλὰ καὶ λόγοις τισὶ καθολικοῖς προσχρώμενος τὰς ἐν αὐταῖς ἀντιστροφὰς δεικνύναι. περὶ δὲ τῶν ἀδιορίστων οὐ λέγει, ὅτι μηδὲ χρήσιμοι πρὸς συλλογισμούς εἰσιν αὗται, καὶ ὅτι ἴσον ταῖς ἐπὶ μέρους δύνανται.

---

1 αὐταὶ aLM: αὗται B ἀντίκεινται M 2 ἡ superscr. L 4 ἀληθῶς B 6 ἀληθὴς iterant aLM ante οὐδεὶς alterum add. ἡ LM ἀληθής om. aLM 7 δὴ LM: δ' ἡ B: δὲ a 8 ἀντιστρέψει B (ψ in ras.) LM: ἀντιστρέφει a αὐτή] spirit. et accent. in ras. B ἀληθῶς M ληφθείσης BLM: οὔσης a 10 ἀληθὴς alterum om. a 11 τὶς μουσικός LM 12 καθόλου om. L 13 ἔσται a ἡ καὶ a 14 ἄνθρωπον εἶναι aM ἂν om. LM ἑαυτῇ aBM: αὐτῇ L 15 αὐτῇ post καταφατικὴ transponit L αὐτὴ τῇ . . . καταφατικῇ a ἡ (ante λέγουσα) om. a ἄνθρωπον εἶναι aLM 16 ἡ om. L 18 τῇ καθόλου καταφατικῇ ἀντικειμένη aLM 19 οὐδὲ γὰρ aLM εἰ om. L 20 τὶ om. L 24 μὴ οὕτως ἔχον om. L ἔχοντα M 25 μὴ om. L ἀληθευόμενα aL 26 δὴ BLM: δὲ a 27 πειρᾶται post μόνον collocat L 28 καὶ LM, itemque sed corr. B: om. a 29 ante αὐταῖς add. ταῖς L δὲ om. M

p. 25a14 Πρῶτον μὲν οὖν ἔστω στερητικὴ καθόλου ἡ ΑΒ πρότασις. εἰ οὖν μηδενὶ τῷ Β τὸ Α ὑπάρχει, οὐδὲ τῷ Α οὐδενὶ ὑπάρξει τὸ Β. 11r

Θεόφραστος μὲν καὶ Εὔδημος ἁπλούστερον ἔδειξαν τὴν καθόλου ἀποφατικὴν ἀντιστρέφουσαν ἑαυτῇ· τὴν γὰρ καθόλου ἀποφατικὴν ὠνόμασε καθόλου στερητικήν. τὴν δὲ δεῖξιν οὕτως ποιοῦνται· κείσθω τὸ Α κατὰ μηδενὸς τοῦ Β· εἰ κατὰ μηδενός, ἀπέζευκται τοῦ Β τὸ Α καὶ κεχώρισται· τὸ δὲ ἀπεζευγμένον ἀπεζευγμένου ἀπέζευκται· καὶ τὸ Β ἄρα παντὸς ἀπέζευκται τοῦ Α· εἰ δὲ τοῦτο, κατὰ μηδενὸς αὐτοῦ. οὕτως μὲν οὖν ἐκεῖνοι. ὁ δὲ Ἀριστοτέλης δοκεῖ προσχρώμενος τῇ εἰς ἀδύνατον ἀπαγωγῇ ἀντιστρέφουσαν αὐτὴν δεικνύναι. γίνεται δὲ ἡ εἰς ἀδύνατον ἀπαγωγή, ὅταν, οὗ βουλόμεθα δεῖξαι, τὸ ἀντικείμενον ὑποθέμενοι καὶ προσλαμβάνοντες αὐτῷ τι τῶν ὁμολογουμένων καὶ κειμένων ἀναιρῶμεν ἕν τι τῶν ἐναργῶς συλλογιστικῶν· δι' ὃ γὰρ ὑποτεθὲν ἀναιρεῖται τὸ ἐναργὲς καὶ ὁμολογούμενον, τοῦτο ἐλέγχεται ψεῦδος ὂν διὰ τῆς τοιαύτης ἀπαγωγῆς· τούτου δὲ δειχθέντος ψευδοῦς τὸ ἀντικείμενον αὐτῷ ἀληθὲς ὂν εὑρίσκεται, ἐπειδὴ ἐπὶ παντὸς θάτερον μόριον τῆς ἀντιφάσεως ἀληθές, θάτερον δὲ ψεῦδος, ὅπερ ἦν τὸ προκείμενον καὶ δεικνύμενον. τούτῳ τῷ τρόπῳ πλείστῳ μὲν καὶ οἱ γεωμέτραι χρῶνται· οὐ μὴν ἀλλὰ καὶ οἱ διαλεκτικοί. δοκεῖ δὲ καὶ ὁ Ἀριστοτέλης νῦν αὐτῷ προσχρῆσθαι· φησὶ γάρ, ὅτι, εἰ μηδενὶ τῷ Β τὸ Α ὑπάρχει, οὐδὲ τῷ Α οὐδενὶ ὑπάρξει τὸ Β, ὃ βούλεται δεῖξαι· εἰ γὰρ μὴ συγχωροίη τις τοῦτο, δῆλον ὡς τὸ ἀντικείμενον τούτῳ ἀληθὲς φήσει τὸ τὸ Β τινὶ τῷ Α ὑπάρχειν· τῷ γὰρ μηδενὶ τὸ τινὶ ἀντίκειται ἀντιφατικῶς, ὡς ἐν τῷ Περὶ ἑρμηνείας δέδειχεν. ὑποθέμενος δὲ τὸ Β τινὶ τῷ Α ὑπάρχειν λαμβάνει, ᾧτινι τοῦ Α τὸ Β ὑπάρχει, τὸ Γ μόριόν τι ὂν τοῦ Α καὶ διὰ τοῦτο δείκνυσιν, ὅτι καὶ τὸ Α τινὶ τῷ Β ὑπάρξει.

Πάνυ δὲ διὰ βραχέων τὸ προκείμενον ἔδειξε· διὸ καί τινες αὐτὸν οἴονται διὰ τῆς ἐπὶ μέρους καταφατικῆς ὡς ἀντιστρεφούσης τὴν δεῖξιν πεποιῆσθαι, οἳ καὶ ἐπεγκαλοῦσιν αὐτῷ ὡς χρωμένῳ τῇ δι' ἀλλήλων δείξει· θέλων μὲν γὰρ δεῖξαι τὴν καθόλου ἀποφατικὴν ἀντιστρέφουσαν προσχρῆται εἰς τὴν τοῦδε δεῖξιν τῇ ἐπὶ μέρους καταφατικῇ, ὥς φασι, καὶ τῇ ταύτης ἀντι-

2 τῷ aB (in m, pr. C): τῶν Ar. 3 τῷ aB (nm): τῶν Ar. 4 post μὲν add. οὖν a ἔδειξαν aBM: εἶναι L 5 ὠνόμασαν aL 6 κείσθω LM, B¹ corr.: κεῖσθαι, quod etiam B habuerat, a 7 post εἰ add. δὲ a τοῦ Β . . . ἀπέζευκται (8) om. a 9 κατ' οὐδενὸς a 12 βουλώμεθα L αὐτοῦ a 13 ἐναργῶν M 14 ὑποτιθὲν L 15 ἐλέγχεται om. L 17 ψευδές aLM ψευδές, θάτερον δὲ (δὲ om. L) ἀληθές aL 18 πλεῖστα aLM καὶ (ante οἱ) om. L 19 δὲ om. M καὶ (ante ὁ) om. a 20 ὅτι om. L τῷ β̄ aB: τῶν β̄ LM (cf. 31,2) 21 τὸ a L 22 φησὶ B: φύσει a 23 τὸ alterum om. L 24 Περὶ ἑρμ.] c. 7 p. 17b16 post τινὶ τῷ α add. τοῦ β̄ L 25 τοῦ (post ᾧτινι) LM: τῷ a: om. B ὑπάρχειν a ante γ̄ add. γὰρ a τοῦ α ante μόριον collocant LM: τοῦ β̄ a 26 καὶ (ante διὰ) om. L τούτου M 28 πεποιῆσθαι ex ποιεῖσθαι corr. B¹ 29 ἐπικαλεῖσθαι L: ἐπεγκαλεῖσθαι M διαλλήλῳ LM 30 τὴν καθόλου ἀποφατικὴν δεῖξαι a

στροφῇ. δεικνὺς δὲ μετ' ὀλίγον πάλιν τὴν ἐπὶ μέρους καταφατικὴν ἀντι- 11r
στρέφουσαν τῇ καθόλου ἀποφατικῇ προσχρῆται ὡς ἀντιστρεφούσῃ. ὁ δὲ τοιοῦτος τρόπος τῆς δείξεως μοχθηρὸς ὁμολογουμένως. οὐ μὴν τοῦτο Ἀριστοτέλης πεποίηκεν, ὡς οἴονται· τὴν μὲν γὰρ ἐπὶ μέρους καταφατικὴν ὁμολογουμένως δείξει διὰ τῆς καθόλου ἀποφατικῆς ἀντιστρέφουσαν, τὴν δὲ καθόλου ἀποφατικὴν οὐ δείκνυσι νῦν διὰ τοῦ τὴν ἐπὶ μέρους καταφατικὴν λαβεῖν ἀντιστρέφουσαν· δείκνυσι μὲν γὰρ τὸ προκείμενον, | ἀλλ' οὐ χρῆται 11v
αὐτῷ ὡς ὁμολογουμένῳ καὶ κειμένῳ. δείκνυσι δὲ διὰ τῶν ἐφθακότων δεδεῖχθαί τε καὶ κεῖσθαι· ἔστι δὲ ταῦτα τό τε κατὰ παντὸς καὶ τὸ κατὰ μηδενὸς καὶ ἐν ὅλῳ καὶ ἐν μηδενί· τούτοις γὰρ προσχρώμενος δείκνυσι τὴν τῆς καθόλου ἀποφατικῆς ὑπαρχούσης ἀντιστροφήν. κειμένου γὰρ τοῦ Α μηδενὶ τῷ Β φησὶν ἕπεσθαι τούτῳ τὸ καὶ τὸ Β μηδενὶ τῷ Α· εἰ γὰρ τὸ Β τινὶ τῷ Α ὑπάρχει (τοῦτο γάρ ἐστι τὸ ἀντικείμενον τῷ κειμένῳ, καὶ δεῖ τὸ ἕτερον αὐτῶν ἀληθὲς εἶναι). ὑπαρχέτω τῷ Γ· ἔστω γὰρ τοῦτο τὶ τοῦ Α, ᾧ ὑπάρχει τὸ Β. ἔσται δὴ τὸ Γ ἐν ὅλῳ τῷ Β καὶ τὶ αὐτοῦ, καὶ τὸ Β κατὰ παντὸς τοῦ Γ· ταὐτὸν γὰρ τὸ ἐν ὅλῳ καὶ τὸ κατὰ παντός. ἀλλ' ἦν τὸ Γ τὶ τοῦ Α· ἐν ὅλῳ ἄρα καὶ τῷ Α τὸ Γ ἐστίν· εἰ δὲ ἐν ὅλῳ, κατὰ παντὸς αὐτοῦ ῥηθήσεται τὸ Α. ἦν δὲ τὸ Γ τὶ τοῦ Β· καὶ τὸ Α ἄρα κατά τινος τοῦ Β κατηγορηθήσεται· ἀλλ' ἔκειτο κατὰ μηδενὸς τὸ Α τοῦ Β· ἦν δὲ κατὰ μηδενὸς τὸ μηδὲν εἶναι τοῦ Β, καθ' οὗ τὸ Α κατηγορηθήσεται.

Ὅτι δὲ μὴ διὰ τῆς ἐπὶ μέρους καταφατικῆς ὡς ἀντιστρεφούσης τὴν δεῖξιν πεποίηται, δῆλον καὶ ἐξ αὐτῆς τῆς λέξεως· οὐ γὰρ εἶπεν 'εἰ γὰρ τινὶ τὸ Β τῷ Α, καὶ τὸ Α τῷ Β τινί'· τοῦτο γὰρ ἦν τὸ διὰ τῆς ἐπὶ μέρους καταφατικῆς δεῖξαι. τὴν γοῦν ἐπὶ μέρους καταφατικὴν δεικνὺς ἐν τοῖς ἑξῆς ἀντιστρέφουσαν προσχρώμενος τῇ τῆς καθόλου ἀποφατικῆς ἀντιστροφῇ οὕτως ἐχρήσατο εἰπών· εἰ γὰρ μηδενί, οὐδὲ τὸ Α οὐδενὶ τῷ Β· τοῦτο γάρ ἐστι τὸ ὡς ὁμολογουμένῳ χρῆσθαι. ὁ δὲ οὐ λαμβάνει μὲν ὡς ὁμολογούμενον τὸ τὴν ἐπὶ μέρους καταφατικὴν ἀντιστρέφειν, ἐκθέμενος δὲ τοῦ Α τὶ τὸ Γ ἐπὶ τούτου τὴν δεῖξιν ποιεῖται, καθ' οὗ οὐκέτι τὸ Β κατά τινος. διὸ οὐ τῇ ἐπὶ μέρους ἀντιστροφῇ ἀλλὰ τῷ κατὰ παντὸς καὶ ἐν ὅλῳ ῥητέον αὐτὸν κεχρῆσθαι πρὸς τὴν δεῖξιν. ἢ ἄμεινόν ἐστι καὶ οἰκειότατον τοῖς λεγομένοις τὸ δι' ἐκθέσεως καὶ αἰσθητικῶς λέγειν τὴν δεῖξιν γεγονέναι, ἀλλὰ μὴ τὸν εἰρημένον τρόπον μηδὲ συλλογιστικῶς·

1 πάλιν μετ' ὀλίγον LM ante ἀντιστρέφουσαν add. ὡς LM 4 ante Ἀριστ. add. ὁ LM 6 τὴν τοῦ L 8 ὡς om. a διὰ τῶν aB: δι' αὐτῶν LM πεφθακότων LM 9 κατὰ alterum add. B² 11 ἀποφατικῆς aB: καταφατικῆς LM 12 τὸ (post τούτῳ) aBM: τῷ L 13 κειμένῳ B: ἀντικειμένῳ aLM 14 ἔστω corr. ex ἔσται B¹ 15 δὴ aBM: δὲ L τῷ β καὶ τὶ αὐτοῦ . . . εἰ δὲ ἐν ὅλῳ (18) om. a 17 ἄρα BM: γὰρ L 18 ante κατὰ παντὸς add. καὶ τὸ a 20 τοῦ β τὸ α L 22 μὴ add. B¹ 23 πεποίηκε L 25 γοῦν aM: οὖν B: τῆς L ἐν τοῖς aBM: αὐτοῖς L 26 τῇ om. L 28 τῷ aBLM (if): τῶν Ar. ὧδε a 30 τοῦ γ L οὐκέτι B: οὐκ ἔστι aLM 31 τῷ aBM: τὸ L 32 ῥητόν L 33 ἐστι om. L δι' ἐκθέσεως aBM: ἐκ διαθέσεως L αἰσθήσεως LM

ὁ γὰρ διὰ τῆς ἐκθέσεως τρόπος δι' αἰσθήσεως γίνεται καὶ οὐ συλλογιστικῶς· 11v τοιοῦτον γάρ τι λαμβάνεται τὸ Γ τὸ ἐκτιθέμενον, ὃ αἰσθητὸν ὂν μόριόν ἐστι τοῦ Α· εἰ γὰρ κατὰ μορίου τοῦ Α ὄντος τοῦ Γ αἰσθητοῦ τινος καὶ καθ' ἕκαστα λέγοιτο τὸ Β, εἴη ἂν καὶ τοῦ Β μόριον τὸ αὐτὸ Γ ὄν γε ἐν αὐτῷ· ὥστε τὸ Γ εἴη ἂν ἀμφοτέρων μόριον καὶ ἐν ἀμφοτέροις αὐτοῖς. κατηγορούμενον δὴ τὸ Α τοῦ Γ ὄντος ἰδίου μορίου κατά τινος ἂν τοῦ Β κατηγοροῖτο, ἐπεὶ τοῦ Β τὸ Γ μόριόν ἐστιν ὄν γε ἐν αὐτῷ. οἷον εἰ κείμενον εἴη τὸν ἄνθρωπον μηδενὶ ἵππῳ ὑπάρχειν καὶ μὴ συγχωροίη τις τούτῳ τὸν ἵππον μηδενὶ ἀνθρώπῳ. λέγοι ἂν τινὶ αὐτὸν ἀνθρώπῳ ὑπάρχειν. ἂν δὴ ληφθῇ οὗτος, οἷον Θέων, ἔσται καὶ ὁ ἄνθρωπος τινὶ ἵππῳ ὑπάρχων. ἐπειδὴ ὁ Θέων καὶ ἄνθρωπος καὶ ἵππος εἶναι ἐλήφθη. ἀδύνατον δὲ τοῦτο· ὡμολόγητο γὰρ τὸ τὸν ἄνθρωπον μηδενὶ ἵππῳ ὑπάρχειν. ἄντικρυς δὲ ἐπὶ τοῦ τρίτου σχήματος χρώμενος τῇ δι' ἐκθέσεως δείξει οὕτως κέχρηται ὡς οὔσῃ αἰσθητικῇ ἀλλ' οὐ συλλογιστικῇ. διὸ καὶ ἐνταῦθα κέχρηται αὐτῇ· οὐδέπω γὰρ περὶ τῶν συλλογιστικῶν δείξεων γνώριμον. ἐπεὶ δὲ ταύτῃ τῇ δείξει προσχρώμενον ἔνεστι καὶ τὴν ἐπὶ μέρους καταφατικὴν ἀντιστρέφουσαν δεικνύναι τῷ ἕπεσθαι τοῖς προειρημένοις κἀκεῖνο, ἡγοῦνταί τινες διὰ τῆς ἀντιστροφῆς τῆς ἐπὶ μέρους καταφατικῆς πεποιῆσθαι τὴν δεῖξιν αὐτόν. οὐ μὴν καὶ πεποίηκεν οὕτως· οὐ γὰρ προσκέχρηται τῇ ἀντιστροφῇ τῆς ἐπὶ μέρους καταφατικῆς· τὸ γὰρ Α λαμβάνει τινὶ τῷ Β ὑπάρχειν, οὐχ ὅτι ἀντιστρέφει, ἀλλ' ὅτι τὸ Γ μόριον ὂν τοῦ Α καὶ τοῦ Β μόριόν ἐστιν· ἐπήνεγκε γοῦν τὸ γὰρ Γ τοῦ Β τί ἐστιν. ᾧ εἵπετο καὶ τὸ ἀντιστρέφειν· ἀλλ' αὐτός γε οὐ προσεχρῆτο αὐτῷ. ἐπεὶ τῇ αὐτῇ γε δείξει ἔνεστι χρησαμένους δεῖξαι καὶ τῇ καθόλου καταφατικῇ τὴν ἐπὶ μέρους ἀντιστρέφουσαν· ἀλλ' οὐ διὰ τοῦτο καὶ Ἀριστοτέλης αὐτῇ νῦν κέχρηται. ὅτι γὰρ ἄλλη τῆς δι' ἀντιστροφῆς δείξεως ἡ δι' ἐκθέσεως, φανερώτατα ἐπὶ τοῦ τρίτου σχήματος δέδειχεν· λαβὼν γὰρ συζυγίαν, ἐν ᾗ τὰ ἄκρα ἀμφότερα κατὰ παντὸς τοῦ μέσου κατηγορεῖται, καὶ δείξας | πρῶτον δι' 12r ἀντιστροφῆς τῆς ἑτέρας τῶν προτάσεων τὸ συναγόμενον συλλογιστικῶς μετὰ ταῦτα καὶ δι' ἐκθέσεως τὴν δεῖξιν ποιεῖται ὡς ἄλλης οὔσης παρὰ τὴν δι'

---

1 ὁ γὰρ BLM: τοιοῦτος γὰρ ὁ a 2 τι om. L τὸ alterum om. L ὂν om. aL 3 εἰ . . . τοῦ a om. a τὸ a L 4 εἴη ἂν καὶ BLM: ἤγουν a γε om. aLM 5 καὶ om. L 6 τὸ a aBM: τοῦ a L 7 γε superscr. M 8 τούτῳ B: τοῦτο a: τὸ M: om. L 9 λέγοι . . . ἀνθρώπῳ post ὑπάρχειν collocant LM: om. a ἐὰν L 10 post ληφθῇ add. λέγοιτο ἂν τινὶ ἀνθρώπῳ a τινὶ . . . ἄνθρωπος (11) om. L ὑπάρχει aM 12 ὑπάρχειν ἵππῳ aLM 13 τοῦ om. a τρίτου σχήματος] cf. Ar. p. 28a23 14 αἰσθητῇ LM 15 οὐδέπω aBM: οὐδὲ L 16 προσχρώμενος M post ἔνεστι add. ὡς M 17 εἰρημένοις LM 18 πεποιηκέναι B 19 οὐ (ante γὰρ) om. L προσκέχρηται B: προσχρώμενός ἐστιν aLM 21 ἀντιστρέφον a 22 τί om. LM 23 προσεχρήσατο LM γε om. aLM 24 δείξει aBM: χρήσει L δεῖξαι om. L τὴν κ. καταφατικὴν τῇ a 25 χρῆται LM 26 δι' (post τῆς) om. L φανερώτερον LM: om. in lac. a 27 ἔδειξεν L 28 μέσου BLM: μέρους a post κατηγορεῖται interstitium ca. 8 lit. a 29 συλλογιστικῆς M

ἀντιστροφῆς. ὁμοιοτάτη δὲ τῇ δι' ἐκθέσεως ἐκεῖ δείξει, ᾗ νῦν ἐπὶ τῆς 12r ἀντιστροφῆς κέχρηται.

Καὶ αὕτη μὲν ἡ δεῖξις ἡ ἐπὶ τῆς καθόλου ἀποφατικῆς, ᾗ Ἀριστοτέλης κέχρηται οὔτε τῇ δι' ἀλλήλων προσκεχρημένος δείξει οὔτε τῇ εἰς ἀδύνατον ἀπαγωγῇ συλλογιστικῶς· ἦν γὰρ οὐδὲ αὕτη κατὰ καιρὸν ἡ δεῖξις· οὐ γὰρ εἰ ἐφαρμόζει τοῖς εἰρημένοις ἡ δι' ἀδυνάτου δεῖξις, ἤδη καὶ αὐτὸς δι' αὐτῆς ἔδειξε τὸ προκείμενον. ἄλλος γὰρ καὶ τῆς τοιαύτης δείξεως ὁ ἐκθετικὸς τρόπος· ἡ γὰρ δι' ἀδυνάτου δεῖξις τοῦ προκειμένου ἐν τρίτῳ σχήματι γίνεται· ὑποτεθέντος γὰρ τοῦ τὸ Β τινὶ τῷ Α, τοῦτ' ἔστι τῷ Γ παντί, ὅ ἐστί τι τοῦ Α, καὶ προσληφθείσης προτάσεως τῆς 'τὸ Α κατὰ παντὸς τοῦ Γ' οὔσης ἐναργοῦς συνάγεται ἐν τρίτῳ σχήματι τὸ τὸ Α τινὶ τῷ Β ὑπάρχειν, ὅ ἐστιν ἀδύνατον· ἔκειτο γὰρ μηδενὶ ὑπάρχειν. ἄκαιρος δὲ νῦν καὶ ἡ διὰ τρίτου σχήματος δεῖξις. ἄμεινον οὖν λέγειν τὰ εἰρημένα δεικτικὰ εἶναι τοῦ δεῖν ἀπεζεῦχθαι καὶ τὸ Β τοῦ Α, εἰ τὸ Α τοῦ Β ἀπέζευκται, ὃ οἱ περὶ Θεόφραστον ὡς ἐναργὲς ὂν λαμβάνουσι χωρὶς δείξεως. ἔνεστι δὲ καὶ διὰ συλλογισμοῦ δεῖξαι διὰ τοῦ πρώτου σχήματος γινομένου, ὡς καὶ αὐτὸς προσχρῆται τῇ εἰς ἀδύνατον ἀπαγωγῇ· εἰ γάρ τις μὴ λέγοι ἀντιστρέφειν τὴν καθόλου ἀποφατικήν, κείσθω τὸ Α μηδενὶ τῷ Β· εἰ δὲ μὴ ἀντιστρέφει, ἔστω τὸ Β τινὶ τῷ Α· γίνεται ἐν πρώτῳ σχήματι τὸ Α τινὶ τῷ Α μὴ ὑπάρχον, ὅπερ ἄτοπον. ἀλλ' ἄκαιρον τὸ διὰ συλλογισμοῦ δεικνύναι μηδέπω περὶ συλλογισμῶν εἰδότας. διὸ χρηστέον, ᾧ αὐτὸς ἐξέθετο τρόπῳ τῆς δείξεως.

Δείξας δὲ ταύτην ἀντιστρέφουσαν προσχρῆται τοῖς δεδειγμένοις πρὸς τὰ ἐφεξῆς δεικνύμενα· ὅτι γὰρ ἡ ἐπὶ μέρους καταφατικὴ ἀντιστρέφει, πάλιν προσχρησάμενος τῇ τῆς καθόλου ἀποφατικῆς ἀντιστροφῇ δείκνυσιν. εἰ γὰρ τὸ Α τινὶ ὑπάρχει τῷ Β, καὶ τὸ Β τινὶ ὑπάρχει τῷ Α· εἰ γὰρ μηδενί (αὕτη γὰρ ἀντίκειται τῇ τινί), οὐδὲ τὸ Α οὐδενὶ ὑπάρξει τῷ Β· ἀντιστρέφουσα γὰρ δέδεικται ἡ καθόλου ἀποφατική· ἀλλ' ἔκειτο τὸ Α τινὶ τῷ Β ὑπάρχειν· καὶ τὸ Β ἄρα τινὶ τῷ Α ὑπάρξει. ἀλλὰ καὶ τῇ καθόλου καταφατικῇ ὅτι ἡ ἐπὶ μέρους ἀντιστρέφει, ὁμοίως δείκνυται· εἰ γὰρ τὸ Α παντὶ τῷ Β, καὶ τὸ Β τινὶ τῷ Α· εἰ γὰρ μηδενί, γίνεται καθόλου ἀποφατική,

1 ὁμοιοτάτην aLM τῇ aBL: τὴν M 4 διαλλήλῳ aLM ante δείξει add. ἡ L δυνατὸν L 5 οὐ BLM: οὐδὲ a 6 ἐφήρμοζε LM ἤδη aBM: ἡ L αὐτὸς B: οὗτος aM: οὕτω L 7 ἐκθετικὸς BLM: καθεστηκὼς a 8 post δεῖξις verba antecedentia inde ab ἤδη (6) ita, ut supra scripta sunt, repetit L ante τρίτῳ add. τῷ LM 9 ὑποτιθέντος L γὰρ om. M: γὰρ τοῦ om. L τῷ α aBL: τὸ α M 10 τοῦ α aB: τῆς α LM προληφθείσης L 11 ante τρίτῳ add. τῷ LM τὸ alterum om. M 13 ante τρίτου add. τοῦ aLM οὖν BLM: δὲ a post λέγειν add. περὶ a δεικτικὸν aL 14 καὶ om. L 17 χρῆται L μὴ om. L λέγει LM 19 post γίνεται add. δὴ a πρώτῳ σχήματι aBM: προσχήματι L 20 ὑπάρχειν LM post ἀλλ' add. οὐκ LM 21 συλλογισμοῦ LM 24 post πάλιν add. δὲ a 26 ὑπάρχει τινὶ L 27 τῇ om. L 28 τινὶ τῷ β τὸ α a 29 ἡ κ. καταφατικὴ a 30 ἡ om. aL δείκνυται ὁμοίως LM 31 καθόλου γίνεται L

ἥτις ἐδείχθη ἀντιστρέφουσα αὐτῇ· ὥστε ἔσται καὶ τὸ Α οὐδενὶ τῷ Β· κεῖται δὲ καὶ παντὶ ὑπάρχειν. οὐ τοῦτο δὲ λέγεται, ὅτι ἡ καθόλου καταφατικὴ οὐδέποτε αὐτῇ ἀντιστρέφει· ἀντιστρέφει γὰρ ἐπὶ ὕλης τινός. οἷον ἐπὶ τῶν ἐξισαζόντων καὶ ἰδίων. ἀλλ' ἐπεὶ μὴ ἀεί, ἀεὶ δὲ ἡ ἐπὶ μέρους (καὶ γὰρ ὅταν ἡ καθόλου ᾖ ἀντιστρέφουσα, καὶ τότε ἡ ἐπὶ μέρους ἀληθής), διὰ τοῦτο αὕτη ἀντιστρέφειν αὐτῇ λέγεται· αἱ γὰρ ἀντιστροφαὶ καὶ ὅλως αἱ κατὰ τὰ σχήματα συναγωγαὶ οὐ παρὰ τὴν τῆς ὕλης ἰδιότητα γίνονται, ὡς εἶπον ἤδη (αὕτη μὲν γὰρ ἄλλοτ' ἀλλοία), ἀλλὰ παρ' αὐτὴν τὴν τῶν σχημάτων φύσιν. διὸ καθολικαὶ αἱ δείξεις ἐπ' αὐτῶν. τὴν δὲ ἐπὶ μέρους ἀποφατικήν, ὅτι μὴ ἀντιστρέφει, ἔδειξεν ἐπὶ ὕλης· εἰ γὰρ ἔστιν, ὅτε καὶ ἐφ' ὧν μὴ ἀντιστρέφει. ἀπολώλεκε τὸ καθόλου. οὔσης γὰρ ἀληθοῦς τῆς 'ἄνθρωπος οὐ παντὶ ζῴῳ ὑπάρχει ἢ τινὶ ζῴῳ οὐχ ὑπάρχει' οὐκέτι ἀληθὴς γίνεται ἡ λέγουσα 'ζῷον οὐ παντὶ ἀνθρώπῳ ἢ τινὶ ἀνθρώπῳ οὐχ ὑπάρχει'· οὐδὲ γὰρ τοῦ ἀντικειμένου αὐτῇ ληφθέντος, ἀδύνατόν τι ἕπεται, ὥσπερ ἐπὶ τῶν ἀντιστρεφουσῶν δέδειχεν. ἀντίκειται μὲν γὰρ τῷ τινὶ μὴ τὸ παντί· ληφθέντος δὲ τοῦ Β παντὶ τῷ Α ὑπάρχειν ἀκολουθήσει καὶ τὸ Α τινὶ τῷ Β ὑπάρχειν· ἔκειτο δὲ αὐτῷ τινὶ μὴ ὑπάρχειν. οὐκ ἔστι δὲ ἀδύνατον, ὃ τινὶ ὑπάρχει, τοῦτο καὶ τινὶ μὴ ὑπάρχειν· ὁ γοῦν ἄνθρωπος τινὶ ζῴῳ μὴ ὑπάρχων καὶ ὑπάρχει τινί. | 12r

p. 25a 27 Τὸν αὐτὸν δὲ τρόπον ἕξει καὶ ἐπὶ τῶν ἀναγκαίων προτάσεων. 12v

Ὁμοίως φησὶ ταῖς κατὰ τὸ ὑπάρχον καὶ τὰς ἀναγκαίας ἀντιστρέφειν προτάσεις, καὶ δείκνυσι πρῶτον καὶ ἐπὶ τούτων τὴν καθόλου στερητικὴν ἀντιστρέφουσαν αὐτῇ οὕτως·

p. 25a 29 Εἰ μὲν γὰρ ἀνάγκη τὸ Α τῷ Β μηδενὶ ὑπάρχειν, ἀνάγκη καὶ τὸ Β τῷ Α μηδενὶ ὑπάρχειν· εἰ γὰρ τινὶ ἐνδέχεται, καὶ τὸ Α τινὶ τῷ Β ἐνδέχοιτο ἄν.

Ἡ μὲν καθόλου ἀποφατικὴ ὑπαρχούσα ἐδείχθη ἀντιστρέφουσα· ἐπεὶ

1 αὐτῇ B: ἑαυτῇ aLM 2 ἔκειτο LM καὶ om. aLM ἡ om. L 3 αὐτῇ B: ἑαυτῇ aM: δὲ L οἷον ἐπὶ τῶν ἐξισαζόντων καὶ ἰδίων om. B: post ἀεὶ δὲ (4) transponunt LM (sed οἷον om. M) 4 ἡ BM: τῇ a: om. L 5 post γὰρ add. καὶ LM ἡ om. L ᾖ om. a καὶ (ante τότε) om. B ἡ om. L ἀληθεύει a 6 post τοῦτο add. οὖν LM αὐτῇ aB: ἑαυτῇ LM αἱ γὰρ B: καὶ γὰρ αἱ aLM ὅλως καὶ aL 7 τὰ om. a 8 ὡς BLM: ὥσπερ a εἶπεν M μὲν om. a ἄλλοτε LM 9 ἀποδείξεις a 10 καὶ om. L 11 τῆς aBM: τις L 12 οὐχ om. a 13 ante ζῷον add. τὸ aLM 14 οὐδὲ aBM: οὐ L τοῦ periit M αὐτοῦ a ληφθέντος αὐτῇ L 16 τῷ α παντὶ aM: τὸ α παντὶ L 17 ἔκειτο . . . ὑπάρχειν om. B οὐκ ἔστι aBM: οὐκέτι L 18 post τοῦτο add. δὲ L γοῦν aBM: γὰρ L 22 ὑπάρχειν L 23 καὶ alterum om. L 24 αὐτῇ corr. ex αὐτῇ B: ἑαυτῇ aLM 27 τῷ β τινὶ a et Ar. ἂν om. aB 28 ἀντιστρέφειν a

δὲ ἡ ἀναγκαία καθόλου ἀποφατικὴ τῆς μὲν ὑπαρχούσης καθόλου ἀποφατικῆς 12v διαφέρει τῷ ἐξ ἀνάγκης, καθ' ὃ τῆς δειχθείσης ἡ δεικνυμένη νῦν διαφέρει (ἔστι δὲ τοῦτο τὸ ἀναγκαῖον), κατὰ τοῦτο τὴν δεῖξιν ποιεῖται. εἰ γὰρ μὴ ἐξ ἀνάγκης τὸ Β τῷ Α μηδενὶ ὑπάρχοι, ἀλλὰ ἐνδέχοιτο τινὶ ὑπάρχειν (αὕτη γὰρ ἀναίρεσις καὶ ἀντίφασις πρὸς τὴν καθόλου ἀποφατικὴν ἀναγκαίαν, ὡς ἐν τῷ περὶ τῆς ἀντιφάσεως δέδεικται λόγῳ), καὶ τὸ Α, φησί, τῷ Β ἐνδέχοιτο ⟨ἂν⟩ τινί· ἀλλ' ἔκειτο ἐξ ἀνάγκης μηδενὶ ὑπάρχειν. δοκεῖ δὲ καὶ ἐνταῦθα πάλιν διὰ τῆς ἐνδεχομένης ἐπὶ μέρους καταφατικῆς ὡς ἀντιστρεφούσης τὴν δεῖξιν περὶ τῆς ἀναγκαίας καθόλου ἀποφατικῆς πεποιῆσθαι, καίτοι μηδέπω περὶ τῶν κατὰ τὰς ἐνδεχομένας ἀντιστροφῶν εἰρηκώς. ἢ τὸ μὲν ἀντικεῖσθαι τῇ καθόλου ἀναγκαίᾳ ἀποφατικῇ τὴν ἐπὶ μέρους καταφατικὴν ἐνδεχομένην εἶχεν ὁμολογούμενον (ἀντιφάσεις γάρ), διὸ καὶ τοῦτο ἔλαβε. λαβὼν δὲ αὐτό, ἐπεὶ καὶ τὸ ὑπάρχον τινί, εἰ μὴ ἐξ ἀνάγκης ὑπάρχοι, ἐνδέχεσθαι καὶ ἐνδεχομένως ὑπάρχειν λέγεται, ἦν δὲ αὐτῷ δεδειγμένον τὸ τὴν ἐπὶ μέρους ὑπάρχουσαν ἀντιστρέφειν ἑαυτῇ, ταύτῃ προσεχρήσατο· ἀνελὼν γὰρ τὸ ἀναγκαῖον διὰ τοῦ τινὶ ἐνδέχεσθαι ὑπάρχειν τῷ τὸ τινὶ ὑπάρχον, ὅτε ὑπάρχει, ἀντιστρέφειν· τὸ δὲ ἐνδεχόμενον τινὶ ὑπάρχειν ἤτοι ἤδη ὑπάρχει αὐτῷ ἢ οἷόν τέ ἐστιν ὑπάρξαι ποτέ· ὁπόταν δὲ ὑπάρχῃ, ἀντιστρέφει· οὕτως ἔσται τὸ ἐξ ἀνάγκης μηδενὶ ὑπάρχον ὑπάρχον ποτὲ τινὶ ἐκείνῳ, ὃ ἀδύνατον. ὅτι δὲ τὸ ἐνδεχόμενον ἐπὶ τοῦ ὑπάρχοντος μὲν οὐκ ἐξ ἀνάγκης δὲ λέγεται, ὀλίγον προελθὼν διαιρούμενος τὸ ἐνδεχόμενον λέγει· σημαίνειν γάρ φησιν αὐτὸ ὥσπερ καὶ τὸ ἀναγκαῖον οὕτω δὲ καὶ τὸ μὴ ἀναγκαῖον ἀλλὰ ὑπάρχον, ἐφ' οὗ καὶ νῦν αὐτῷ κέχρηται. καὶ εἴη ἂν τῷ ἐξ ἀνάγκης μηδενὶ τὸ ἐνδεχομένως τινὶ ὑπάρχον ἢ ὑπάρξον ἀντικείμενον. ἐπεὶ δὲ τοῦ ἀναγκαίου τὸ μὲν ἁπλῶς ἐστιν ἀναγκαῖον, τὸ δὲ μετὰ διορισμοῦ λέγεται, ὡς τὸ 'ἄνθρωπος ἐξ ἀνάγκης παντὶ γραμματικῷ, ἔστ' ἂν ᾖ γραμματικός' (αὕτη γὰρ οὐχ ἁπλῶς ἐστιν ἡ πρότασις ἀναγκαία· δέδειχε δὲ αὐτῶν τὴν διαφορὰν καὶ Θεόφραστος· οὐ γὰρ αἰεὶ γραμματικός ἐστιν, ἀλλ' οὐδ' ὁ ἄνθρωπος γραμματικός), ἐπεὶ τοίνυν διαφέρει, δεῖ ἡμᾶς εἰδέναι, ὅτι περὶ τῶν ἁπλῶς καὶ κυρίως λεγομένων ἀναγκαίων τὸν λόγον ποιεῖται νῦν Ἀριστοτέλης· αἱ γὰρ οὕτως ἀναγκαῖαι ἀντιστρέφουσιν.

---

1 ἡ om. L   2 δειχθείσης a: δεικνυμένης BLM   3 ante κατὰ add. καὶ L   4 ὑπάρχοι B: ὑπάρχει aM: ὑπάρχειν L   6 ἀντιφάσεως B: καταφάσεως aLM   7 ἂν addidi: cf. p. 35,27   8 καὶ om. L   ὡς om. a   11 τὴν BLM: τῇ a   13 ἐπεὶ aBM: ἐπειδὴ L   ὑπάρχει a   14 ὑπάρχοι B: ὑπάρχει aLM   ἦν LM: ᾖ aB   αὐτὸ L   16 γὰρ om. LM   τῷ om. L   18 ὑπάρχον αὐτοῦ a   19 ὑπάρχει a   ἀντιστρέφειν a   post ἔσται add. καὶ LM   ὑπάρχειν (post μηδενὶ) L   20 ἐκείνῳ om. LM   ὅπερ a   δὲ τὸ om. L   21 προελὼν a   22 λέγειν L   σημαίνει a   φησιν] cf. Ar. p. 25a38   24 τῷ aBM: τὸ L   ἐνδεχόμενον a   25 ἐπεὶ BLM: ἐπὶ a   ἁπλῶς post ἀναγκαῖον collocat a   27 γὰρ om. a   29 οὐδ' ὁ BM: οὐδὲ aL   30 λεγομένων om. aLM   31 ante Ἀρ. add. ὁ aLM

p. 25a32 Εἰ δὲ ἐξ ἀνάγκης τὸ Α παντὶ ἢ τινὶ τῶν Β ὑπάρχει, 12v
καὶ τὸ Β τινὶ τῶν Α ἀνάγκη ὑπάρχειν.

Ὅτι καὶ τῇ καθόλου καταφατικῇ ἀναγκαίᾳ καὶ τῇ ἐπὶ μέρους καταφατικῇ ἀναγκαίᾳ ἀντιστρέφει ἡ ἐπὶ μέρους καταφατικὴ ἀναγκαία, ὁμοίως δείκνυσιν, ὡς ἔδειξεν ἐπὶ τῆς στερητικῆς καθόλου. εἰ γὰρ τὸ μὲν Α ἢ παντὶ τῷ Β ἐξ ἀνάγκης ὑπάρχοι ἢ τινί, τὸ δὲ Β μὴ ὑπάρχοι τινὶ τῷ Α ἐξ ἀνάγκης, ἐνδέχοιτ' ἂν αὐτῷ ποτε μηδενὶ ὑπάρχειν· ἀπόφασις γὰρ τῆς 'ἀνάγκη τινί' τὸ 'οὐκ ἀνάγκη τινί', ὃ ἴσον δύναται τῷ 'ἐνδέχεται μηδενί', ἐπεὶ τὸ 'οὐκ ἀνάγκη τινί' καὶ 'οὐδενὶ ἀνάγκη' τὰ αὐτά. ὅτε δὲ μηδενὶ ὑπάρχει τὸ Β τῷ Α, οὐδ' ἂν τὸ Α οὐδενὶ τῷ Β ὑπάρχοι· δέδεικται γάρ· ὥστε οὐδ' ἂν τὸ Α ἢ παντὶ ἢ τινὶ τῶν Β ἐξ ἀνάγκης ὑπάρχοι. | παρείασε δὲ 13r αὐτὸς τὸ παντὶ καὶ ἠρκέσθη τῷ λαβεῖν, ὅτι μηδὲ τὸ Α ἔτι ἐξ ἀνάγκης τινὶ τῷ Β· ἀντὶ γὰρ τοῦ εἰπεῖν 'εἰ γὰρ μηδενὶ ἀνάγκη' ἁπλῶς εἶπεν εἰ γὰρ μὴ ἀνάγκη. ὅτι δὲ οὐ πεποίηται ἐπὶ τῆς ἐνδεχομένης ἀποφατικῆς τὴν δεῖξιν, δῆλον· οὐδὲ γὰρ ἀντιστρέφειν αὐτῷ δοκεῖ αὕτη· ἀλλ' ἐπὶ τὴν ὑπάρχουσαν ἀποφατικὴν ἤγαγε, καὶ ταύτης ἀφελὼν τὸ ἀναγκαῖον. ὃ ἐδήλωσε διὰ τοῦ μηκέτι χρήσασθαι τῷ ἐνδεχομένῳ, ἀλλ' ἁπλῶς τῷ εἰ γὰρ μὴ ἀνάγκη· ἡ γὰρ ὑπάρχουσα αὐτῷ ἀντιστρέφουσα κεῖται. ἐξ οὗ δῆλον, ὅτι καὶ ἐπὶ τῆς πρὸ ταύτης δείξεως τῷ "τινὶ ἐνδέχεται" ἐπὶ τοῦ ὑπάρχοντος κέχρηται· τὸ γὰρ "εἰ γὰρ τινὶ ἐνδέχεται" ἀκουστέον ὡς εἰρημένον ἐκεῖ ἀντὶ τοῦ 'εἰ γὰρ τινὶ ἐνδεχομένως ὑπάρχει'. καὶ τῇ ἐπὶ μέρους δὲ ἀποφατικῇ ἀναγκαίᾳ οὐδεμίαν φησὶν ἀντιστρέφειν, διότι μηδὲ τῇ ὑπαρχούσῃ ἀντέστρεφε, τοῦτ' ἔστι διὰ τὸ ἐπὶ ὅρων καὶ ὕλης τινὸς ὁμοίως, ὅτι μὴ ἀντιστρέφει, δείκνυσθαι· ἐπὶ γὰρ τῶν αὐτῶν ὅρων ὁ ἔλεγχος· ὁ γὰρ ἄνθρωπος τινὶ ζῴῳ ἐξ ἀνάγκης οὐχ ὑπάρχει, καὶ τὸ ζῷον παντὶ ἀνθρώπῳ ἐξ ἀνάγκης ὑπάρχει.

p. 25a37 Ἐπὶ δὲ τῶν ἐνδεχομένων, ἐπεὶ πολλαχῶς λέγεται
τὸ ἐνδέχεσθαι.

Τὴν τοῦ ἐνδεχομένου ὁμωνυμίαν ἔδειξεν ἡμῖν καὶ ἐν τῷ Περὶ ἑρμη-

1 et 2 τῶν B (Ci, corr. A): τῷ a et Ar.   4 post ὁμοίως add. δὲ B   5 καθόλου στερητικῆς LM   μὲν γὰρ τὸ LM: μέλλει γὰρ τὸ a   ἢ BM: εἰ a: om. L   6 ἀνάγκης aB: ἀναγκαίου LM   ὑπάρχει (ante ἢ) LM: ὑπάρχειν a   post ἢ τινὶ add. ἐνδέχεται L   τὸ δὲ aBM: τῷ L   ὑπάρχειν a   τινὶ om. L   τῷ aBM: τὸ L   Α om. M   7 μηδενὶ . . . οὐδενὶ (9) om. L   8 ἀνάγκης (post τῆς) a   ὃ om. a   ἐνδέχεσθαι aM   9 ἀνάγκη (post οὐδενὶ) aB: ἐνδέχεται L, B² superscr.: ἐνδέχεσθαι M   δὲ om. aL   10 τῷ β̄ τὸ ᾱ L   ὑπάρχει aLM   ὡς a   11 τῷ β a   ὑπάρχῃ a   παρείασε] ασε superscr. B   12 τὸ (ante παντὶ) aBM: τῷ L   ἔτι BM: ἐστὶν aL   14 δὲ om. a   15 τὴν δεῖξιν ante ἐπὶ τῆς (14) transponit a   αὐτῷ BLM: αὐτὸ a   αὕτη B: αὐτῇ a: αὐτό LM   16 ὃ om. LM   17 εἰ om. LM   19 τῷ BLM: τὸ a   ἐπὶ τοῦ . . . ἐνδέχεται (20) om. a   ἐπὶ τοῦ ὑπάρχον-] literarum loco lacera quaedam B   20 τὸ LM: τοῦ B   21 δὲ om. L   22 φασὶν a   23 ἀντιστρέφειν L   25 καὶ . . . ὑπάρχει om. BM   26 ἐπεὶ B: ἐπειδὴ a et Ar.   28 Περὶ ἑρμηνείας] c. 9 p. 19a19

νείας· καὶ γὰρ κατὰ τοῦ ἀναγκαίου τῷ ἐνδέχεσθαι χρώμεθα, ὅταν εἴπωμεν 13r τὸ ζῷον ἐνδέχεσθαι κατὰ παντὸς ἀνθρώπου, καὶ κατὰ τοῦ ὑπάρχοντος, ἂν εἴπωμεν τὸ ὑπάρχον τινὶ ἐνδέχεσθαι ὑπάρχειν. ἐδήλωσε δὲ νῦν τὸ ὑπάρχον διὰ τοῦ μὴ ἀναγκαῖον εἰπεῖν, ἐπεὶ ταύτῃ τοῦ ἀναγκαίου διαφέρει τὴν εἰς τὸν παρόντα χρόνον ὕπαρξιν κοινὴν ἔχον πρὸς αὐτό. καὶ σημειωτέον τὴν λέξιν, ὅτι τὸ ὑπάρχον ἐνδεχομένως τῷ ὑπὸ τῆς ὑπαρχούσης προτάσεως σημαινομένῳ ταὐτόν ἐστιν. λέγεται δὲ καὶ κατὰ τοῦ δυνατοῦ τὸ ἐνδεχόμενον. ὃ μετ' ὀλίγον. τί ποτε σημαίνει, ἐρεῖ λέγων "ὅσα δὲ τῷ ὡς ἐπὶ τὸ πολὺ καὶ τῷ πεφυκέναι λέγεται ἐνδέχεσθαι, καθ' ὃν τρόπον διορίζομεν τὸ ἐνδεχόμενον". ὁμωνύμου δὴ ὄντος τοῦ ἐνδεχομένου καὶ κατὰ τοσούτων κατηγορουμένου τὰς μὲν καταφατικὰς ἐνδεχομένας προτάσεις, καθ' οὗ τὸ ἐνδέχεσθαι λαμβάνεται. ἄν τε κατὰ τοῦ ἀναγκαίου ἄν τε κατὰ τοῦ ὑπάρχοντος ἄν τε κατὰ τοῦ δυνατοῦ, ὁμοίως φησὶν ἀντιστρέφειν, τῇ μὲν καθόλου καταφατικῇ τὴν ἐπὶ μέρους καταφατικήν, ὁμοίως δὲ καὶ τῇ ἐπὶ μέρους καταφατικῇ καὶ αὐτῇ τὴν ἐπὶ μέρους καταφατικήν. καὶ δείκνυσι τοῦτο τοῖς προειρημένοις καὶ δεδειγμένοις προσχρώμενος· εἰ γὰρ τὸ Α παντὶ τῷ Β ἢ τινὶ ἐνδέχεται, καὶ τὸ Β τινὶ τῷ Α ἐνδέχοιτ' ἄν· εἰ γὰρ μηδενὶ ἐνδέχοιτο, γίνεται καθόλου ἀποφατική, ἥτις ἐδείχθη ἀντιστρέφουσα ἑαυτῇ. εἰ μὲν οὖν τὸ δυνατὸν σημαίνοι τὸ ἐνδέχεσθαι, γίνεται τὸ ἀποφατικὸν λαμβανόμενον καὶ ὑποτιθέμενον καθόλου ἀναγκαῖον· τοιοῦτον γὰρ τὸ 'οὐκ ἐνδέχεται τινί', ὃ ἐδείχθη ἀντιστρέφον· εἰ δὲ τὸ ὑπάρχον, ὑπάρχουσα πάλιν γίνεται καθόλου ἀποφατικὴ ἡ ὑποτιθεμένη, ἣ καὶ αὐτὴ ἐδείχθη ἀντιστρέφουσα. καὶ εἰ ἀναγκαῖον δὲ εἴη τὸ σημαινόμενον ὑπὸ τοῦ ἐνδέχεσθαι παντὶ ἢ τινὶ τὸ Α τῷ Β, ἐδείχθη καὶ ἐπὶ τούτου. ὅτι τὸ ἀντικείμενον αὐτῷ ἀποφατικὸν καθόλου ἐνδεχόμενον οὕτως ἕξει, ὡς ποτε αὐτῷ μηδενὶ ὑπάρχειν· οὕτως γὰρ ἀληθὲς τὸ ἐνδεχόμενον· κεῖται δὲ ἡ ὑπάρχουσα ἀποφατικὴ ἀντιστρέφουσα· οὕτως γὰρ τὴν δεῖξιν ἐποιήσατο ἐπὶ τῆς ἀναγκαίας τῆς τε καθόλου καταφατικῆς καὶ τῆς ἐπὶ μέρους. ἐπὶ μὲν οὖν τῶν καταφατικῶν πασῶν ὁμοίως φησὶν ἕξειν τὰς ἀντιστροφάς· ἐπὶ δὲ τῶν ἀποφατικῶν οὐκέτι· ἀλλ' ὅσα μὲν ἀναγκαίως μὴ ὑπάρχοντα ὑπὸ τοῦ ἐνδέχεσθαι σημαίνεται, ἢ ὅσα μὴ ἐξ ἀνάγκης ὑπάρχοντα (τὴν γὰρ ὑπάρχουσαν ἀποφατικὴν ἐδήλωσε διὰ τοῦ εἰπεῖν ἢ τῷ μὴ ἐξ ἀνάγκης ὑπάρχειν), τὰ μὲν τούτων σημαντικὰ ἐνδεχόμενα ὁμοίως ἀντιστρέφει εἰκότως· οὐδὲν γὰρ ἄλλο ἢ ὀνόματος ὑπαλλαγὴ γέγονεν ὑπ' αὐτῶν, τὰ δὲ σημαινόμενα ταὐτά ἐστι τοῖς φθάνουσι δεδεῖχθαι. ἐπὶ δὲ τῶν οὕτως λεγομένων

1 ante ὅταν add. ὡς a 3 ἐνδέχεται a 5 ἔχων a 9 cf. p. 39, 16 τῷ aBM: τὸ L ἐνδέχεσθαι λέγεται a 10 ὁρίζομεν a δὴ BM: δὲ aL 12 καθ' οὗ aBM: καθόλου L 14 ἀντιστρέφει a 15 καὶ (post δὲ) om. LM 17 καὶ om. L 19 αὐτῇ L σημαίνοιτο τῷ a 20 ante λαμβανόμενον add. τὸ a τοιοῦτο a 22 ὑπάρχει LM ἡ om. aLM 23 καὶ om. LM 25 καθόλου ἀποφατικὸν a 26 μηδὲν L ὑπάρχει a 27 γάρ om. a 30 μὴ ἀναγκαίως a 31 μὴ om. a 32 τῷ BLM: τοῦ a 33 post μὲν add. οὖν a ἐνδεχόμενα om. M ἀντιστρέφειν a 34 γέγονεν ὑπαλλαγή a ὑπ' BLM: παρ' a δὲ om. L 35 ἐπὶ δὲ BM: ἐπὶ L: ἐπειδὴ a: ἐπὶ δὴ conicio οὕτως aBM: ὄντως L

ἐνδεχομένων τῇ μὲν καθόλου ἀποφατικῇ ἡ καθόλου ἀποφατικὴ ἀντιστρέφει. 13r τῇ δὲ ἐπὶ μέρους οὐδεμία. τῶν δὲ παραδειγμάτων τὸ μὲν τὸν ἄνθρωπον ἐνδέχεσθαι μὴ εἶναι ἵππον τῆς ἀναγκαίας ἀποφατικῆς ἐστι σημαντικόν, τὸ δὲ τὸ λευκὸν ἐνδέχεσθαι μηδενὶ ἱματίῳ ὑπάρχειν τῆς ὑπαρχούσης, καὶ αἱ ἀντιστροφαὶ αὐτῶν, ἃς παρέθετο, σαφεῖς. τὸ δὲ εἰ γάρ τινι ἀνάγκη. καὶ τὸ λευκὸν ἱματίῳ τινὶ ἔσται ἐξ ἀνάγκης εἶπεν, ἐπεὶ ἔδει μὲν τῇ ἐνδεχομένῃ καθόλου ἀποφατικῇ τὴν ἐπὶ μέρους καταφατικὴν ἀναγκαίαν ἀντιθεῖναι, ἣν δὲ ἡ ὑπάρχουσα κατὰ τὴν λέξιν ἐνδεχομένη κειμένη· καὶ ἡ ἀντικειμένη δὴ αὐτῇ κατὰ τὴν λέξιν ἀναγκαῖον ἕξει. τὸ μέντοι σημαινόμενον ὑπ' αὐτῆς ἐπὶ μέρους καταφατικὸν ὑπάρχον ἔσται· τοῦτο γὰρ ἀντίκειται τῷ καθόλου ἀποφατικῷ ὑπάρχοντι. κἂν τὸ κυρίως δὲ ἀναγκαῖον ἐπὶ μέρους καταφατικὸν ληφθῇ, δέδεικται καὶ αὐτὸ ἀντιστρέφον. ὁμοίως δέ, φησί, καὶ ἐπὶ τῆς ἐν μέρει ἀποφατικῆς. δῆλον ὅτι ἕξει· οὐδεμία γὰρ ἀντιστρέφει τῇ ἐπὶ μέρους ἐνδεχομένῃ ἀποφατικῇ, ὅταν ἢ τὸ ἀναγκαῖον ἢ τὸ ὑπάρχον σημαίνῃ.

p. 25b14 Ὅσα δὲ τῷ ὡς ἐπὶ τὸ πολὺ καὶ τῷ πεφυκέναι λέγεται.

Ἦν τρίτον ὑπὸ τοῦ ἐνδεχομένου σημαινόμενον τὸ δυνατόν. ὃ νῦν, τί ποτέ ἐστιν, λέγων εἶπεν ὅσα δὲ τῷ ὡς ἐπὶ τὸ πολὺ καὶ τῷ πεφυκέναι λέγεται. παρέθετο δὲ μόνον τοῦτο τοῦ ἐνδεχομένου, τὸ ὡς ἐπὶ τὸ πολὺ καὶ τὸ πεφυκός (τὸ γὰρ πεφυκὸς ὡς ἐπὶ τὸ πολύ), ὅτι μόνον τοῦτο πρὸς συλλογιστικὴν χρείαν ἐστὶ χρήσιμον. ἔστι μὲν γὰρ τοῦ δυνατοῦ καὶ τὸ ἐπ' ἴσης καὶ τὸ ἐπ' ἔλαττον, ἀλλὰ ἄχρηστοι οἱ ἐπὶ τῆς τοιαύτης ὕλης συλλογισμοί· οὐδεμία γὰρ οὔτε τέχνη οὔτε ἐπιστήμη τῷ τοιούτῳ ἐνδεχομένῳ καὶ δυνατῷ χρῆται· ἐπὶ γὰρ τῆς τοιαύτης ὕλης οὐδὲν ἧττον ἢ μᾶλλον τοῦ δεικνυμένου συλλογιστικῶς ὑπάρχειν τὸ ἀντικείμενόν ἐστιν· ἐπὶ δέ γε τοῦ ἐπ' ἔλαττον καὶ μᾶλλον τοῦ συναγομένου τὸ ἀντικείμενον, ὡς καὶ αὐτὸς ἐν τοῖς περὶ τῶν ἐνδεχομένων συλλογισμοῖς ἐρεῖ. περὶ δὴ μόνου ποιεῖται τὸν λόγον τοῦ ἐνδεχομένου καὶ δυνατοῦ τοῦ ὡς ἐπὶ τὸ πλεῖστον καὶ τοῦ πεφυκότος τε καὶ κατὰ φύσιν, ὃ καὶ αὐτὸ ὡς ἐπὶ τὸ πλεῖστόν ἐστιν, ἐπειδὴ ἐκ τῶν τοιούτων καὶ δείκνυταί τινα τῶν κατὰ φύσιν γινομένων. καὶ εἰσί τινες τέχναι περὶ τὸ οὕτως ἐνδεχόμενον, ὡς αἱ στοχαστικαί· λαβὼν γὰρ ὁ

---

1 ἐνδεχομένων om. LM   καθόλου (post ἡ) aBM: ἐπὶ μέρους L   4 τὸ (post δὲ) om. L   ἐνδέχεσθαι om. Ar.   6 τινὶ om. L   8 ἀντιτιθέναι a   ἡ om. L   τὴν om. M   9 ἡ om. M   δὴ aB: δὲ LM   τὴν om. M   10 ὑπάρχον] πάρχο evan. B   12 ληφθείη aLM   αὐτὸ BLM: τὸ αὐτῷ a   13 φησί om. L   ἐπὶ om. L   ἐν μέρει BLM: ἐπὶ μέρους a   ἕξει a: ἕξειν BLM   14 ἀποφατικῇ ἐνδεχομένῃ a   16 τὸ om. Ar. libri praeter Cmi, corr. d   post λέγεται add. ἐνδέχεσθαι a   18 εἶπεν λέγων a   τὸ om. a   19 τοῦτο μόνον aLM   20 τοῦτο μόνον L   22 τὸ alterum om. B   ἀλλὰ ἄχρηστοι οἱ BLM: ἀλλὰ χρηστὸν εἰ a   τοιαύτης ὕλης . . . ἐπὶ γὰρ τῆς (24) om. a   23 τῶν τοιούτων L   23, 24 ἐνδεχομένως omisso καὶ LM   25 ἐπὶ BLM: ἐπεὶ a   26 ἔλαττον καὶ aBM: ἐλάττονος L   27 περὶ τοῖς omisso ἐν L   30 τῶν τοιούτων aBM: τούτων L

ἰατρὸς τὸ τὸν οὕτως νοσοῦντα ὡς ἐπὶ τὸ πλεῖστον ὑπὸ πλήθους ἐνοχλεῖσθαι 13v καὶ τὸ τὸν ὑπὸ τοῦ πλήθους ἐνοχλούμενον ὡς ἐπὶ τὸ πλεῖστον διὰ φλεβοτομίας θεραπεύεσθαι συνάγει τὸ τὸν οὕτως νοσοῦντα ἐνδέχεσθαι ὑπὸ φλεβοτομίας θεραπευθῆναι, ὃ λαβὼν χρῆται τῇ φλεβοτομίᾳ. διὸ καὶ ἔστιν ἐν συλλογιστικῇ χρείᾳ. ἐπὶ δὴ τούτου τοῦ λεγομένου οὕτως ἐνδέχεσθαι οὐκέτι ὁμοίως φησὶν ἕξειν τὰς ἀποφατικὰς ἀντιστροφάς, ὡς ἐδείχθησαν ἔχουσαι ἐπί τε τοῦ ἀναγκαίου καὶ τοῦ ὑπάρχοντος· ἐπὶ μὲν γὰρ ἐκείνων ἡ καθόλου ἀποφατικὴ ἀντέστρεφεν ἑαυτῇ, τῇ δὲ ἐπὶ μέρους ἀποφατικῇ οὐκ ἦν τις ἀντιστρέφουσα, ἐπὶ δὲ τούτων τὴν μὲν καθόλου ἀποφατικὴν ἐνδεχομένην οὔ φησιν ἀντιστρέφειν πρὸς ἑαυτήν, ἀλλὰ δῆλον ὅτι πρὸς τὴν ἐπὶ μέρους (τοῦτο γὰρ βούλεται), τὴν δὲ ἐπὶ μέρους ἀποφατικὴν ἀντιστρέφειν ἑαυτῇ, ἀνάπαλίν πως ἢ ὡς ἐπ' ἐκείνων τῶν τρόπων εἶχον. τὴν δὲ αἰτίαν τῆς τοιαύτης ἀντιστροφῆς φησι φανερὰν ποιήσειν, ἐπειδὰν περὶ τῶν ἐξ ἐνδεχομένων προτάσεων γινομένων συλλογισμῶν λέγῃ·

p. 25b 19 Νῦν δὲ τοσοῦτον ἡμῖν πρὸς τοῖς εἰρημένοις ἔστω δῆλον, ὅτι τὸ ἐνδέχεσθαι μηδενὶ ἢ τινὶ μὴ ὑπάρχειν καταφατικὸν ἔχει τὸ σχῆμα.

Τὸ λεγόμενον ὑπ' αὐτοῦ νῦν τὸ τὸ ἐνδέχεσθαι, ἐν αἷς ἂν προτάσεσιν ᾖ προσκατηγορούμενον, κατάφασιν ἐκείνην εἶναι, ὥσπερ καὶ ἐν αἷς χωρὶς τοῦ ἐνδέχεσθαι τὸ 'ἐστί' κατηγορεῖται, ἀληθές τέ ἐστι καὶ εἴρηται καὶ δέδεικται ἐν τῷ Περὶ ἑρμηνείας. οὐ μὴν αὐτάρκης αἰτία αὕτη τοῦ τὰς ἐνδεχομένας ἀποφατικάς, ἐπεὶ καὶ καταφάσεις εἰσίν, ὁμοίως ἀντιστρέφειν ταῖς ἄλλαις καταφάσεσι, τὴν ἐπὶ μέρους πρὸς ἀμφοτέρας, τήν τε καθόλου καὶ τὴν ἐπὶ μέρους· εἰ γὰρ ἦν αὔταρκες τοῦτο, | ἔδει καὶ ἐπὶ τῶν ἀναγκαίων 14r οὕτως ἔχειν· καὶ γὰρ τὸ ἀναγκαῖον ἐν αἷς ἂν ᾖ προτάσεσι προσκατηγορούμενον, καταφάσεις ἐδείχθησαν οὖσαι καὶ αὐταί. ἀλλ' ὅμως καίτοι οὕτως ἐχουσῶν αὐτῶν ἔδειξε τὰς μὲν καθόλου ἀποφατικὰς ἀναγκαίας ἀντιστρεφούσας αὑταῖς καίτοι καταφάσεις οὔσας· ἡ γὰρ ἀναγκαία ἀποφατικὴ κατάφασις ἁπλῶς οὖσα τὸ ὅλον ἀποφατικὴ ἀναγκαία λέγεται· τῇ δέ γε ἐπὶ μέρους ἀναγκαίᾳ ἀποφατικῇ οὐδεμία ἀντέστρεφεν. οὐχ ὡς αἰτίαν οὖν ταύτην ἀπο-

1 οὔτω a 2 τὸν BLM: αὐτὸν a τοῦ om. aM ὡς ἐπὶ τὸ πλεῖστον om. a 3 θεραπεύεσθαι ... φλεβοτομίας om. L 5 ἐν συλλογιστικῇ χρείᾳ aBM: συλλογιστικὴ χρεία L ἐπὶ δὴ scripsi: ἐπειδὴ aBM: ἐπὶ δὲ L 7 τε om. aLM γὰρ om. a 8 ἡ om. a 10 ἀντιστρέφει L ὅτι aBM: αὐτὴν L 11 δὲ om. L 12 ἀντιστρέφειν ἑαυτῇ om. aLM πως om. L 13 τῆς δὲ ἀντιστροφῆς τοιαύτης τὴν αἰτίαν L φανερὰν φησι aLM 14 γινομένων om. aL λέγει B 15 ὑμῖν a ἔστω ante πρὸς transponit a et Ar. 18 τὸ (post νῦν) om. LM 19 ἐκείνων a 20 προσκατηγορεῖται a τε om. B 21 Περὶ ἑρμηνείας] c. 12 p. 21a 34 sq. ante αἰτία add. ἡ LM 23 πρὸς ante τὴν transponit L πρὸς ἀμφοτέρας (β α in ras.) B; γρ. ἀμφοτέρας ... τὴν ἐπὶ (cetera perierunt) in mg. B² τε BL: τῆς a: om. M 25 ᾖ BLM: εἴη a post προτάσεσι add. καὶ L 26 αὐταὶ aM: αὗται BL 28 αὑταῖς B: αὐταῖς LM: αὐτὰς a οὔσας om. L 29 γε om. L 30 αἰτίαν οὖν aBM: αἰτιοῦνται L

διδοὺς τοῦ μὴ ἀντιστρέφειν τὴν καθόλου ἐνδεχομένην ἀποφατικὴν ἔθηκεν 14r αὐτός· καὶ γὰρ ὑπέθετο αὐτὸ ὡς ὕστερον φανερὸν ποιήσων· παραμυθίας δὲ χάριν τοῦ ὡς καταφάσεσιν ἡμᾶς προσέχειν αὐταῖς δεῖν καὶ οὕτως ζητεῖν αὐτῶν τὰς ἀντιστροφάς. ἐπεὶ τήν γε ἀληθῆ αἰτίαν, δι' ἣν ὡς καταφάσεις αὐτὰς ἀντιστρέφειν δεῖ, ἀποδώσει προελθών· διότι γὰρ ἀντιστρέφει τὸ καθόλου ἐνδεχόμενον ἀποφατικὸν καὶ τὸ καθόλου ἐνδεχόμενον καταφατικὸν ἀλλήλοις καὶ συναληθεύουσι κατὰ τὴν τάξιν τὴν αὐτὴν φυλασσομένων τῶν ὅρων ἐπὶ τοῦ οὕτως λεγομένου ἐνδεχομένου, διὰ τοῦτο αὐτῶν καὶ αἱ ἀντιστροφαὶ ὡς καταφατικῶν γίνονται· ὃ γὰρ ἐνδέχεται μηδενὶ ὑπάρχειν, τοῦτο ἐνδέχεται καὶ παντὶ ὑπάρχειν, καὶ ὃ παντὶ ἐνδέχεται, καὶ μηδενί, ὃ ἐπ' ἄλλων οὐκ ἔστι προτάσεων ἢ μόνων τῶν οὕτως ἐνδεχομένων. κατὰ τοῦτο οὖν ἰσοδυναμοῦσα ἡ καθόλου ἀποφατικὴ ⟨τῇ καθόλου καταφατικῇ⟩ οὖσα καὶ ἄλλως κατάφασις ὁμοίως ἐκείνῃ ἀντιστρέφει, οὐ διότι τὸ 'ἐνδέχεται' προσκατηγορούμενον ἔχει· εἰ γὰρ ἴσον δυναμένης τῆς ἀποφάσεως τῇ καταφάσει ἀντιστρέφοι ἡ καθόλου ἀποφατική, ἀντιστρέφοι ἂν καὶ ἡ καθόλου καταφατικὴ ἐνδεχομένη πρὸς αὐτήν. τοῦτο δ' ἐστὶ ψεῦδος· εἰ γὰρ τοῦ Α ἐνδεχομένου τῷ Β μηδενὶ καὶ παντὶ λέγοι τις καὶ τὸ Β τῷ Α ἐνδέχεσθαι μηδενί, τῷ καὶ παντὶ ἐνδέχεσθαι εἴη ἂν ἡ καθόλου καταφατικὴ ἐνδεχομένη ἀντιστρέφουσα αὑτῇ, ὅπερ οὐκ ἔστιν ἀληθές· οὐ γὰρ εἰ πάντα ἄνθρωπον ἐνδέχεται περιπατεῖν, ἤδη καὶ πᾶν τὸ περιπατοῦν ἐνδέχεται ἄνθρωπον εἶναι. Ἀριστοτέλης μὲν οὖν διὰ ταῦτα τὴν καθόλου ἀποφατικὴν ἐνδεχομένην οὔ φησιν ἀντιστρέφειν αὑτῇ· Θεόφραστος δὲ καὶ ταύτην ὁμοίως ταῖς ἄλλαις ἀποφατικαῖς φησιν ἀντιστρέφειν, περὶ ὧν τῆς διαφορᾶς, ὅταν περὶ τῶν ἐνδεχομένων λέγωμεν, ἐπὶ πλέον ἐροῦμεν.

p. 25b25 Κατὰ δὲ τὰς ἀντιστροφὰς ὁμοίως ἕξουσι ταῖς ἄλλαις.

Εἰπὼν τὰς ἐνδεχομένας ἀποφατικὰς καταφατικὰς εἶναι κατὰ τὰς ἀντιστροφὰς ὁμοίως αὐτάς φησιν ἕξειν ταῖς ἄλλαις, δῆλον ὅτι ταῖς καταφατικαῖς· ἀντιστρέφειν γὰρ καὶ τῇ καθόλου καταφατικῇ ἐνδεχομένῃ καὶ τῇ ἐπὶ μέρους τὴν ἐπὶ μέρους· τοιαύτη γὰρ ἡ τῶν καταφατικῶν ἀντιστροφή.

p. 25b26 Διωρισμένων δὲ τούτων λέγωμεν ἤδη, διὰ τίνων καὶ πότε καὶ πῶς γίνεται πᾶς συλλογισμός· ὕστερον δὲ λεκτέον περὶ ἀποδείξεως.

Ἐφεξῆς τοῖς προειρημένοις λέγειν προτίθεται, ὧν ἕνεκεν καὶ περὶ

2 ἐπέθετο L 5 προσελθὼν L 9 καταφατικαὶ a 12 τῇ καθόλου καταφατικῇ a: om. BLM 15 ἀντιστρέφει (ante ἡ) aLM 16 αὐτὴν aB: ἑαυτὴν LM τοῦ aBM: τὸ L 19 αὐτῇ aB: ἑαυτῇ LM 20 περιπατεῖν BLM: λευκὸν εἶναι a τὸ περιπατοῦν BLM: λευκὸν a 22 αὑτῇ B[1] corr., L: ἑαυτῇ M: αὐτῇ a 23 φασιν L (?) 24 ἐπὶ πλέον ἐροῦμεν om. L 27 ὁμοίως post φησιν transponit a 28 γὰρ om. L ἀποφατικῇ a 29 τὴν aBM: ταῖς L post μέρους add. καταφατικὴν a 30 λέγωμεν aB (corr. d): λέγομεν Ar. 33 προστίθεται aM ἕνεκα a καὶ om. L

ἐκείνων εἶπεν. ἔστι δὲ τὸ διὰ τίνων οἱ συλλογισμοὶ γίνονται, ὅτι διὰ προτά- 14r σεων. ἐπεὶ δὲ διὰ ποιᾶς προτάσεων συνθέσεως οἱ συλλογισμοὶ γίνονται, διὰ τοῦτο προσέθηκε τῷ διὰ τίνων τό τε πότε καὶ πῶς σημαντικὰ ὄντα τὸ μὲν πότε τῶν τε συζυγιῶν καὶ τῶν σχημάτων, ὅτι κατὰ ὅρον τινὰ δεῖ κοινωνεῖν τὰς προτάσεις, ἐν οἷς σχήμασι καὶ ἐν αἷς συζυγίαις οἱ συλλογισμοί, καὶ ἔτι τῆς τῶν προτάσεων ποιότητος· οὐ γὰρ ἐκ πασῶν συντιθεμένων προτάσεων γίνονται συλλογισμοί· οὔτε γὰρ ἐκ δύο ἀποφατικῶν οὔτε ἐκ δύο ἐπὶ μέρους, ὡς δείξει· τὸ δὲ πῶς τῶν καθ' ἕκαστον σχημάτων συζυγιῶν καὶ τρόπων συλλογισμῶν ἐστι δηλωτικόν· καὶ γὰρ εἰ ἐκ τῶν προτάσεων γίνεται συλλογισμός, οὐχ ὁπωσοῦν συντιθεμένων γίνεται, ἀλλ' ἐν τάξει τῇ οἰκείᾳ· διά τε γὰρ προτάσεων οἱ συλλογισμοὶ ποιῶν καὶ ἐν σχήμασιν, οἷς ἐρεῖ, καὶ ἐν τούτοις κατὰ ποιὰν τῶν προτάσεων | πρὸς 14v ἀλλήλας συμπλοκήν· καθ' ἕκαστον γὰρ σχῆμα καὶ ἀσυλλόγιστοι καὶ συλλογιστικαί εἰσι συζυγίαι παρὰ τὴν ποιὰν τῶν προτάσεων σύνθεσιν. διὰ τίνων μὲν οὖν; διὰ γὰρ προτάσεων. πότε δὲ καὶ πῶς; ἐκ γὰρ τοιῶνδε προτάσεων καὶ οὕτω συντεθεισῶν, ὡς εἶναι τὸ μὲν πότε τοῦ τοιαύτας δεῖν λαμβάνεσθαι τὸ δὲ πῶς τῆς τοιᾶσδε συνθέσεως δηλωτικόν. τὴν δ' αἰτίαν τοῦ προθέμενον λέγειν περὶ ἀποδείξεων πρῶτον περὶ συλλογισμῶν τὸν λόγον ποιεῖσθαι αὐτὸς σαφῶς ἀποδέδωκεν ἐνταῦθα· διότι γὰρ καθόλου μᾶλλον ὁ συλλογισμός. καὶ πῶς καθόλου, ἐδίδαξε διὰ τοῦ δεῖξαι, ὅτι μὴ ἀντιστρέφει· ἡ μὲν γὰρ ἀπόδειξις συλλογισμός τις· ὁ δὲ συλλογισμὸς οὐ πᾶς ἀπόδειξις. οὕτως δὲ ἔχων ὁ συλλογισμὸς πρὸς τὴν ἀπόδειξιν πρῶτός ἐστιν αὐτῆς· αὕτη γὰρ καὶ ἡ τῆς ἐπιγραφῆς αἰτία τῆς τῶν Προτέρων ἀναλυτικῶν καὶ Ὑστέρων ἐπιγράφεσθαι τάσδε τὰς πραγματείας, ὡς ἔφαμεν· ἔδει γὰρ τὸν μέλλοντα τὴν ἀπόδειξιν ὁρίζεσθαι καὶ τιθέναι ἐν γένει τῷ συλλογισμῷ πρῶτον ἐγνωκέναι, τί ποτ' ἐστὶ συλλογισμός, καὶ διὰ τίνων γίνονται καὶ πότε καὶ πῶς ἐχόντων πρὸς ἄλληλα. προσέθηκε δὲ τὸ πᾶς συλλογισμὸς καίτοι περὶ τῶν κατηγορικῶν μόνων ποιούμενος τὸν λόγον, ὅτι μόνους τούτους ἡγεῖται κυρίως εἶναι συλλογισμούς, ὡς καὶ προϊὼν δείξει· τῶν γὰρ ἐξ ὑποθέσεως οὐδένα τὸ προκείμενον συλλογίζεσθαι.

---

1 post δὲ add. καὶ L   3 τὸ διὰ M   τό τε B: καὶ τὸ LM: τὸ καὶ a   post πῶς add. ἃ LM   4 ὄντα B: εἰσι LM: δέ εἰσι a   τε om. a   τῶν (ante σχημάτων) om. B   5 δεῖ κοινωνεῖν L   7 γίνονται . . . προτάσεων (10) om. L   8 post ἕκαστον add. τῶν aM   10 τῶν om. aM   συλλογισμὸς γίνεται L   13 ἀσυλλόγιστοι corr. M   14 παρὰ aBM: κατὰ L   15 ante προτάσεων add. τῶν aLM   δὲ om. LM   16 ante οὕτω add. γὰρ M   οὕτως LM   17 τῆς om. L   δὲ LM   18 ἀποδείξεως aLM   19 σαφῶν L   20 ἀντιστρέφειν a   23 post πρῶτος add. δ' a   ἡ om. L   τῆς τῶν BLM: τοῦ a   25 ἔφαμεν] p. 6,32   26 τὸν συλλογισμὸν a   ποτε M: om. L   27 γίνεται aLM   post ἄλληλα add. ποιεῖται δὲ τὸν λόγον εἰκότως πρῶτον περὶ τοῦ πρώτου σχήματος aB: cf. p. 43,5. 47,19   28 μόνον a   30 ὑποθέσεων omisso ἐξ L

p. 25b32 Ὅταν οὖν ὅροι τρεῖς οὕτως ἔχωσι πρὸς ἀλλήλους. 14v
ὥστε τὸν ἔσχατον ἐν ὅλῳ εἶναι τῷ μέσῳ.

Γίνεται μὲν ὁ λόγος αὐτῷ περὶ τῶν σχημάτων τῶν συλλογιστικῶν. ἐν οἷς σχήμασι πάντες οἱ τέλειοι καὶ οἱ ἀτελεῖς συλλογισμοὶ τὴν σύστασιν λαμβάνουσι, καὶ ποιεῖταί γε τὸν λόγον πρῶτον περὶ τοῦ πρώτου λεγομένου σχήματος, ἐν ᾧ ἡ τῶν τελείων γένεσις συλλογισμῶν. ἐπεὶ δέ ἐστιν ὁ συλλογισμὸς πίστις τις (πιστοῦται γὰρ διά τινων ὁ συλλογιζόμενός τι καὶ δείκνυσι· διὰ γὰρ τῶν πεπιστευμένων τὸ ἀμφισβητούμενον πιστὸν ὁ συλλογιζόμενος ποιεῖ), οὐ πᾶσα δὲ πίστις συλλογισμός, οὐδὲν χεῖρον ἴσως προειπεῖν ὀλίγα περὶ πίστεως· γνωριμωτέρα γὰρ οὕτως καὶ ἡ συλλογιστικὴ πίστις ἔσται. πᾶς δὴ ὁ πιστούμενός τι καὶ γνώριμον βουλόμενος ποιῆσαι ἐξ ἄλλου ἢ ἄλλων αὐτὸ πιστοῦται· αὐτὸ γὰρ ἐξ αὑτοῦ οὐδὲν δείκνυται καὶ πιστοῦται. ἐπεὶ πάντ' ἂν οὕτως ἦν πιστά. ἐπεὶ τοίνυν ἐξ ἄλλου. ἤτοι ἐκ τοῦ ὅλου τε καὶ καθόλου καὶ περιέχοντος δείκνυσι τὸ προκείμενον, ὃ ἢ μέρος τι ὂν τοῦ. δι' οὗ ἡ πίστις. ἢ ὅλως τὶ αὐτοῦ δείκνυται δι' αὐτοῦ, ἢ ἐκ τῶν μερῶν αὐτοῦ δεικνύμενον τὸ ὅλον ἢ ἐκ μέρους τινὸς τῶν ὑπὸ τὸ ὅλον μέρος τι. ὅταν μὲν οὖν μέρος ἐκ μέρους δεικνύμενον ᾖ καὶ πιστούμενον, τὸ τοιοῦτον καὶ ἡ οὕτως γινομένη πίστις παράδειγμα καλεῖται, ὡς ὁ κωλύων Διονυσίῳ φυλακὴν διδόναι τοῦ σώματος Συρακουσίους αἰτοῦντι ὡς. εἰ λάβοι, ἐπιθησομένου τυραννίδι καὶ πιστούμενος τοῦτο διὰ τοῦ ὅτι καὶ Πεισίστρατος αἰτήσας παρ' Ἀθηναίων λαβὼν ἐτυράννησε καὶ Θεαγένης παρὰ Μεγαρέων· ἑκάτερον γὰρ τούτων, καὶ τὸ δεικνύμενον καὶ τό. δι' οὗ δείκνυται καὶ κωλύεται, μέρη ἐστὶν ὅλου τοῦ ὅτι οἱ φυλακὴν αἰτοῦντες τοῦ σώματος πάντες ἐπιτίθενται τυραννίδι. ὃ δὴ διὰ τοῦ ἑτέρου μέρους πιστὸν ποιήσας χρῆται αὐτῷ πρὸς τὸ ἕτερον, ὅς λόγος δεικτικὸς μέρους διὰ μέρους γνωρίμου καὶ πιστοῦ ἀγνοουμένου τινὸς καὶ ἀμφισβητουμένου. ὅταν δὲ ἐκ τῶν μερῶν τὸ ὅλον ᾖ πιστούμενόν τε καὶ δεικνύμενον. τὸ τοιοῦτον ἐπαγωγὴ καλεῖται, οἷον ἄνθρωπος τὴν κάτω γένυν κινεῖ καὶ ἵππος καὶ κύων καὶ βοῦς καὶ πρόβατον. καὶ πᾶν ἄρα ζῷον. λόγος δὲ τῆς | ἐπαγωγῆς ἡ διὰ 15r
τῶν καθ' ἕκαστα γνωρίμων καὶ πιστῶν ὁδὸς ἐπὶ τὸ καθόλου ἄγνωστον.

1 ἀρχὴ τοῦ α σχήματος in mg. B: σχῆμα πρῶτον superscr. a οὕτω a 2 sequentia quoque Aristotelis verba usque ad συλλογισμὸν τέλειον. sed om. ὅλῳ, add. a 4 οἱ (ante ἀτελεῖς) M: om. aBL 5 γε om. aLM λεγομένου πρώτου aLM 6 ἐπεὶ δὲ BLM: ἐπειδὴ a 7 τις om. B τι om. L 9 ἴσος a 10 ὀλίγα προειπεῖν aLM 11 πᾶς aBM: τῆς L τι om. L 12 ἄλλων L αὑτοῦ B[1] corr. (ex αὐτοῦ). L: ἑαυτοῦ aM 13 ἐπεὶ (ante πάντ') aBM: ἐπὶ L πάντα LM 15 ἢ (post πίστις) om. a ὅλον M αὐτοῦ δείκνυται ... μερῶν αὐτοῦ (16) BLM: οὖν ἐκ τοῦ a 17 μερῶν (post ὅλον) a ante δεικνύμενον add. τὸ LM παραδεικνύμενον a 19 Διονυσίῳ] eodem exemplo Ar. utitur rhet. I 2 p. 1357b31 συρρακουσίους M 20 θησομένου a ante τυραννίδι add. τῇ a διὰ τοῦ om. L 21 καὶ (ante Πεισ.) om. L θεαγένης BLM: θεόγνις a 22 καὶ (post τούτων) om. L 23 μέρος LM ante ὅλου add. τοῦ a 24 ὃ δὴ scripsi: ὁ δὲ libri 25 ὅς B: ὡς aLM 27 ᾖ ante τὸ transponit a 28 καὶ ἵππος om. B 29 ἡ om. aLM 30 ἑκάστην M καθόλου] ου evan. B

ἄμφω δὲ ταῦτα, ἥ τε ἐπαγωγὴ καὶ τὸ παράδειγμα, τὸ μὲν πιθανὸν ἐν 15r αὑτοῖς ἔχει, τὸ δὲ ἀναγκαῖον οὐκ ἔχει. τὸ δ' ἐπὶ πλέον περὶ τούτων τῶν πίστεων καὶ αὐτὸς ἐν τῷ δευτέρῳ δείκνυσιν, αὐτῶν τήν τε πρὸς τὴν συλλογιστικὴν πίστιν διαφορὰν καὶ ὅτι καὶ αὗται χρήσιμοί πως τῇ πίστει ὑπάγονται τῇ συλλογιστικῇ. διὸ ὡς πρὸς τὰ προκείμενα ἱκανὰ νῦν τὰ περὶ αὐτῶν εἰρημένα. ὅταν δὲ ἐκ τοῦ ὅλου τὸ μέρος λαμβάνῃ τὴν πίστιν, ἡ τοιαύτη πίστις ἤδη συλλογισμὸς καλεῖται, καὶ ἔστιν ἀναγκαστικωτάτη τῶν πίστεων αὕτη· ὃ γὰρ τῷ καθόλου τε καὶ παντὶ συμβέβηκέ τε καὶ ὑπάρχει, τοῦτ' ἐξ ἀνάγκης καὶ τῷ ἐν τούτῳ ὄντι τε καὶ περιεχομένῳ· ὁ γὰρ πᾶσαν δικαιοσύνην καλὸν λαβὼν πᾶν δὲ τὸ καλὸν ἀγαθὸν διὰ τοῦ ὅλου τε καὶ καθόλου τοῦ πᾶν τὸ καλὸν ἀγαθὸν εἶναι ἔδειξε τὸ καὶ τὴν δικαιοσύνην τοιοῦτον εἶναι μέρος ὂν τοῦ πᾶν τὸ καλὸν ἀγαθὸν εἶναι, εἴ γε καὶ ἡ δικαιοσύνη καλόν. τίς δὲ ὁ τοῦ συλλογισμοῦ λόγος, ἀποδέδωκεν.

Ἐπεὶ τοίνυν ὁ συλλογισμὸς δεῖξίς τινός ἐστιν ἀμφισβητουμένου διά τινων ὁμολογουμένων, τὸ δὲ ἀμφισβητούμενον καὶ εἰς δεῖξιν προτεινόμενον πρόβλημα καλεῖται, εἴπωμεν βραχέα περὶ αὐτοῦ. ἔστι δὴ τὸ πρόβλημα τῷ γένει πρότασις· τὸ γὰρ αὐτὸ γένει πρόβλημα καὶ λῆμμα καὶ ὁμολόγημα καὶ συμπέρασμα καὶ ἀξίωμα· πάντα γὰρ προτάσεις τῇ σχέσει τὴν διαφορὰν ἔχοντα. προτιθέμενον μὲν γὰρ εἰς δεῖξιν ὡς μὴ γνώριμον πρόβλημα καλεῖται, λαμβανόμενον δὲ εἰς ἄλλου δεῖξιν λῆμμα καὶ ὁμολόγημα, ὡς Πλάτων, καὶ ἰδίως πρότασις· ἀξίωμα δέ, ἂν ἀληθές ᾖ καὶ ἐξ αὑτοῦ γνώριμον· δεδειγμένον δὲ συμπέρασμα· τὸ γὰρ δειχθὲν γίνεται συμπέρασμα τῶν, δι' ὧν ἐδείχθη. ἐπεὶ τοίνυν τὸ πρόβλημα πρότασις τῷ γένει, πᾶσα δὲ πρότασις ἐξ ὑποκειμένου ἐστὶν ὅρου καὶ κατηγορουμένου, τοῦ μὲν ὑποκειμένου ὄντος τοῦ, περὶ οὗ ὁ λόγος, κατηγορουμένου δὲ τοῦ περὶ τούτου λεγομένου, καὶ ὑποκειμένου μὲν ὄντος, ᾧ ὁ κατὰ τὸ ποσὸν διορισμὸς τῆς προτάσεως προστίθεται, τὸ πᾶς ἢ οὐδεὶς ἢ τὶς ἢ οὐ πᾶς, ᾧ δὲ τὸ 'ἐστίν' ἤ τι ἴσον τούτῳ δυνάμενον καὶ περιέχον ἐν αὑτῷ δυνάμει αὐτὸ τοῦτο, κατηγορουμένου· δύο δὴ ὄντων ὅρων τῶν ἐν τῷ προβλήματι, τοῦ μὲν ὑποκειμένου τοῦ δὲ κατηγορουμένου, ὃν δεῖ ὑπάρχοντα ἢ μὴ ὑπάρχοντα δειχθῆναι τῷ ὑποκειμένῳ, τρίτου τινὸς ὅρου δεῖ πρὸς τὴν ἐκείνου δεῖξιν, ὃς προσληφθεὶς ἢ

---

3 δείκνυσιν aB¹ corr.: δεικνὺς B pr., LM 4 καὶ (post ὅτι) om. a ante χρήσιμοί add. ὡς LM 4. 5 ὑπάγονται τῇ πίστει aL 5 τὰ νῦν a 7 συλλογισμὸς BLM: συλλογιστικὴ a 9 τε om. a 11 τοῦ aBM: τὸ L τὸ (post πᾶν) aBM: τι L ἔδειξε . . . τοιοῦτον εἶναι (12) om. a καὶ om. LM 12 τοιοῦτον B: ἀγαθὸν LM 16 post εἴπωμεν add. οὖν LM βραχέως M δὴ aBM: δὲ L 17 γὰρ aBM: γοῦν L 17 αὐτὸ B¹ corr., M: αὐτῷ a: τῷ L 19 προστιθέμενον L μὲν om. a 20 πλάτων (velut Gorg. c. 36 p. 480B, Theaet. c. 11 p. 155B) B: περατοῦν LM: περατῶν a 21 προτάσεις aLM ὅταν a αὑτοῦ BLM: ἑαυτοῦ a 22 δὲ aBM: μὲν L γὰρ om. L 23 τῷ . . . πρότασις om. L 24 ὅρου ἐστὶν aL 25 τοῦ, περὶ οὗ . . . ὄντος (26) om. L 26 τὸ om. LM ὁρισμὸς a 27 τὸ (ante ἐστίν) aBM: ἂν L ἤ τι B: ἤτοι aLM 28 τοῦτο a αὑτῷ aB: ἑαυτῷ M: τῷ αὐτῷ L κατηγορουμένου a: κατηγορούμενον B (? ult. lit. evan., sed vid. fuisse ν) LM 29 δὴ aBM: δὲ L ὅρων ὄντων a

συνάξει τοὺς ἐν τῷ προβλήματι ἢ χωρίσει καὶ διαστήσει. δεῖ δὲ τοῦτον 15r τὸν προσλαμβανόμενον ἔξωθεν ὅρον σχέσιν τινὰ ποιὰν ἔχειν πρὸς τοὺς ἐν τῷ προβλήματι δύο ὅρους. οὗτος δὲ ληφθεὶς μέσος ἀμφοτέρων γίνεται καὶ διαιρεῖ τὸ πρόβλημα καὶ ποιεῖ τὴν μίαν πρότασιν δύο ἐν ἑκατέρᾳ αὐτῶν καὶ αὐτὸς παραλαμβανόμενος καὶ ἑκατέρῳ συντιθέμενος τῶν ἐν τῷ προβλήματι ὅρων ἐν μέρει, ποτὲ μὲν τῷ ὑποκειμένῳ ποτὲ δὲ τῷ κατηγορουμένῳ. καὶ τούτῳ γε γνωρίζεται ὁ μέσος ἔξωθεν παρειλημμένος τῷ δὶς λαμβάνεσθαι καὶ ἐν ἀμφοτέραις εἶναι ταῖς προτάσεσιν. καὶ καλεῖται ἡ τοιαύτη τῶν προτάσεων συμπλοκὴ συζυγία· συζυγία γάρ ἐστι κοινωνία δύο προτάσεων κατὰ ἕνα ὅρον, ὅς ἐστι μέσος· τῶν γὰρ διαφερουσῶν προτάσεων αἱ μὲν οὐδ' ὅλως κοινωνοῦσιν ἀλλήλαις, ὡς ἡ 'πᾶν δίκαιον καλόν' καὶ ἡ 'πᾶσα ἡδονὴ ἀγαθόν', αἱ δὲ κοινωνοῦσιν ἀλλήλαις· καὶ τῶν κοινωνουσῶν αἱ μὲν κατὰ ἕνα κοινωνοῦσιν ὅρον, αἱ δὲ κατὰ τοὺς δύο.

Ἐν μὲν οὖν ταῖς κατὰ τοὺς δύο ὅρους κοινωνούσαις προτάσεσιν αἵ τε ἀντιθέσεις τῶν προτάσεών εἰσι καὶ αἱ ἀντιστροφαί. ὅταν μὲν γὰρ οὕτω κοινωνῶσι τῶν ὅρων, ὡς τὴν αὐτὴν αὐτοὺς τάξιν ἐν ἀμφοτέραις φυλάττειν ταῖς προτάσεσι διαφέρειν δὲ ἢ κατὰ τὸ ποιὸν ἢ κατὰ τὸ ποσὸν ἢ κατ' ἄμφω, αἱ ἀντιθέσεις εὑρίσκονται αὐτῶν καὶ αἱ τῶν ἀντιθέσεων διαφοραί· ὅταν μὲν γὰρ τούς τε ὅρους ὁμοίως ἔχωσι κειμένους καὶ τὸ ποσὸν ταὐτὸν ἐν ἀμφοτέραις, διαφέρωσι δὲ κατὰ τὸ ποιόν, ἂν μὲν καθόλου ὦσιν, ἐναντίαι | γίνονται· ἡ γὰρ καθόλου καταφατικὴ τῇ καθόλου ἀποφατικῇ, ὅταν ἐπὶ 15v τῶν αὐτῶν ὅρων ὦσι καὶ τῆς αὐτῆς τάξεως κατὰ τὸ καταφατικὸν μόνον καὶ τὸ ἀποφατικὸν διαφέρουσαι, ἐναντίαι εἰσίν· ὅταν δὲ ὦσιν ἐπὶ μέρους ἀμφότεραι, ὑπεναντίαι καλοῦνται, αἳ δοκοῦσι μὲν ἀντίθεσιν ἔχειν πρὸς ἀλλήλας, οὐ μὴν ἀντίκεινταί γε· ὅταν δὲ τὸ μὲν ποιὸν ταὐτὸν ἔχωσι πρὸς τῇ ὁμοίᾳ τάξει τῶν ὅρων, διαφέρωσι δὲ κατὰ τὸ ποσόν, ὑπάλληλοι γίνονται, αἵτινες οὐκ εἰσιν ὅλως ἀντικείμεναι· οὕτως γὰρ ἔχουσι πρὸς ἀλλήλας ἥ τε καθόλου καταφατικὴ πρὸς τὴν ἐπὶ μέρους καταφατικὴν καὶ ἡ καθόλου ἀποφατικὴ πρὸς τὴν ἐπὶ μέρους ἀποφατικήν· ὅταν δὲ καὶ κατὰ τὸ ποσὸν καὶ κατὰ τὸ ποιὸν ὦσι διαφέρουσαι καὶ τοὺς αὐτοὺς ἔχωσιν ὅρους καὶ ὁμοίως τεταγμένους, τότε ἀντίφασιν ποιοῦσιν· οὕτως ἔχουσιν ἥ τε καθόλου καταφατικὴ καὶ ἡ ἐπὶ μέρους ἀποφατικὴ πρὸς ἀλλήλας καὶ ἡ καθόλου

---

1 δὲ om. L 2 ἔχειν ποιὰν aLM 3 δὲ] δὴ conicio 4 post ποιεῖ add. δύο προτάσεις LM δύο om. aLM ἑκατέρῳ a 5 προσλαμβανόμενος a 7 γε om. aLM 8 ταῖς προτάσεσιν εἶναι a 9 post ἐστι non plane delevit κατὰ L δύο προτάσεων κοινωνία L 10 μέσος aBL: μέρος M post μέσος add. ἑκατέρας LM 12 ἡδονὴ aBM: δόσις L 13 ὅρον κοινωνοῦσιν aLM 14 τοὺς om. aLM 16 κοινωνοῦσι L ὡς aBM: ὥστε L αὐτὴν aB: αὐτῶν LM ἐν ἀμφοτέραις om. aLM 17 ante ταῖς add. ἐν a τὸ om. L κατὰ om. M τὸ om. L 19 μὲν γὰρ BLM: δὲ a 20 post μὲν add. γὰρ LM 22 κατὰ BLM: καὶ a 23 τὸ om. aLM dubito, num ἐναντία ἐστίν scribendum sit 24 ἀντιθέσεις a ἔχειν ἀντίθεσιν L 25 δὲ om. L 26 τὸ om. L 27 ὅλως aLM: ὅμως B 30 ὦσι διαφέρουσαι ex διαφέρωσι B^1 corr. ἔχωσιν ex ἔχουσιν B^1 corr.

ἀποφατικὴ καὶ ἡ ἐπὶ μέρους καταφατικὴ πάλιν πρὸς ἀλλήλας· ἀντιφατικῶς 15v γὰρ αἱ τοιαῦται ἀντίκεινται. ὅταν δὲ κοινωνῶσι μὲν κατὰ τοὺς δύο ὅρους αἱ προτάσεις ἀλλήλαις, μὴ τὴν αὐτὴν δὲ τάξιν ἔχωσιν ἐν αὐταῖς οἱ ὅροι, ἀλλὰ ἀνάπαλιν λαμβάνωνται, ἐν ταῖς οὕτω κοινωνούσαις εἰσὶν αἱ τῶν προτάσεων ἀντιστροφαί· ἔστι γὰρ προτάσεως ἀντιστροφὴ κοινωνία προτάσεων κατὰ τοὺς δύο ὅρους ἀνάπαλιν τιθεμένους μετὰ τοῦ συναληθεύειν. ὅταν μὲν οὖν κατὰ τὸ ποιὸν διαφέρωσιν, αἱ τοιαῦται ἀντιστροφαὶ γίνονταί τε καὶ λέγονται τῶν προτάσεων σὺν ἀντιθέσει. ὅταν δ' αἱ αὐταὶ κατὰ τὸ ποιὸν ὦσιν, αἱ οὕτως λαμβανόμεναι καὶ συναληθεύουσαι ἀντιστροφαὶ χωρὶς ἀντιθέσεως γίνονται. τῶν δ' οὕτως ἀντιστρεφουσῶν αἱ μὲν πρὸς τῷ ποιῷ καὶ τὸ ποσὸν ταὐτὸν φυλάττουσιν, ὡς αἱ καθόλου ἀποφατικαὶ ἐδείχθησαν ὑπάρχουσαί τε καὶ ἀναγκαῖαι· ὁμοίως καὶ αἱ ἐπὶ μέρους καταφατικαί· αἱ δέ τινες τὸ μὲν ποιὸν ταὐτὸν ἔχουσι, κατὰ δὲ τὸ ποσὸν διαφωνοῦσιν, ὡς αἱ πρὸς τὰς καθόλου καταφατικὰς ἀντιστρέφουσαι· εἰσὶ γὰρ αἱ ἐπὶ μέρους καταφατικαί· ὁμοίως δὲ καὶ αἱ πρὸς τὰς καθόλου ἀποφατικὰς ἐνδεχομένας· καὶ γὰρ πρὸς ταύτας αἱ ἐπὶ μέρους ἀποφατικαὶ ἐνδεχόμεναι ἀντιστρέφουσι.

Καὶ τοιαύτη μὲν ἡ κατὰ τοὺς δύο ὅρους τῶν κοινωνουσῶν ἀλλήλαις προτάσεων διαφορά. αἱ δὲ κατὰ ἕνα ὅρον κοινωνοῦσαι ποιοῦσι μὲν τὰς συζυγίας, ὡς προεῖπον, κατὰ δὲ τὴν διάφορον τοῦ μέσου πρὸς τοὺς ἄκρους τοὺς ἐν τῷ προβλήματι κοινωνίαν ἡ τῶν συλλογιστικῶν σχημάτων γίνεται διαφορά· ὁ γὰρ μέσος οὗτος ὁ δὶς λαμβανόμενος καὶ ἑκατέρῳ τῶν ἄκρων συντασσόμενος, οἳ ἦσαν τοῦ προβλήματος μέρη, ἢ οὕτως λαμβάνεται, ὡς καὶ τὴν θέσιν μέσην ἔχειν ἐκείνων, τοῦ μὲν ὑποκειμένου ἐν τῷ προβλήματι κατηγορούμενος τῷ δὲ κατηγορουμένῳ ὑποκείμενος, ὡς ἔχει ἐπὶ τοῦ προβλήματος τοῦ 'πότερον πᾶν δίκαιον ἀγαθὸν ἢ οὔ'· ἔξωθεν γὰρ ὅρος παραληφθεὶς τὸ καλὸν καὶ κατηγορηθεὶς μὲν τοῦ δικαίου, ὃς ἦν ὑποκείμενος, ὑποτεθεὶς δὲ τῷ ἀγαθῷ, ὃς ἦν κατηγορούμενος, ἐποίησε συζυγίαν τοιαύτην· πᾶν δίκαιον καλόν, πᾶν καλὸν ἀγαθόν. ἡ τοιαύτη τοῦ μέσου θέσις καὶ ἡ οὕτως γινομένη τῶν προτάσεων κατὰ τὸν μέσον ὅρον κοινωνία καλεῖται σχῆμα πρῶτον· ἐν ᾗ γὰρ συζυγίᾳ ὁ μέσος καὶ δὶς λαμβανόμενος τοῦ μὲν κατηγορεῖται τῶν ἐν τῷ προβλήματι ὅρων τῷ δὲ ὑπόκειται, τοῦτο τὸ σχῆμα πρῶτον καλεῖται. ἢ πάλιν ὁ μέσος ἀμφοτέρων τῶν ἐν τῷ προβλήματι ὅρων κατηγορεῖται, ὡς γίνεται ἐπὶ τῆς τοιαύτης συζυγίας· ζητουμένου γάρ, εἰ ὁ ἄνθρωπος χρεματιστικόν ἐστιν ἢ οὔ, τρίτος ὅρος ληφθεὶς τὸ λογικὸν καὶ κατηγορηθεὶς ἀμφοτέρων ἐκείνων, τοῦ τε ἀνθρώπου καὶ τοῦ χρεματιστικοῦ,

---

1 ἡ om. B ἀλλήλας ex ἀλλήλαις B¹ corr. 2 δὲ om. L 4 λαμβάνωνται M: λαμβάνονται aBL 4 ante προτάσεων add. δύο a 6 δύο om. a 7 τε om. L 8 δὲ LM 12 post ὁμοίως add. δὲ M 13 διαφωνοῦσιν aB: διαφέρουσιν LM 15 αἱ om. aL 16 ταύταις B αἱ om. LM καταφατικαὶ a 18 διαφοραί a post τὰς add. δύο a 19 διαφορὰν a 20 κοινωνοῦντας a 21 ὁ δὶς λαμβανόμενος aBM: διαλαμβανόμενος L 22 μέρος a 24 ἐπὶ BLM: ἐκ a 30 καὶ om. a 31 τὸ om. L 33 ὡς aB: εἰ LM 34 χρηματιστικόν, ut semper, a ἐστιν om. L τρίτος BLM: μέσος a

τοῦ μὲν ἀνθρώπου καταφατικῶς τοῦ δὲ χρεματιστικοῦ ἀποφατικῶς, ποιεῖ 15v συζυγίαν τοιαύτην· πᾶς ἄνθρωπος λογικόν, οὐδὲν χρεματιστικὸν λογικόν. ἡ τοιαύτη τοῦ μέσου πρὸς τοὺς ἄκρους κοινωνία | ποιεῖ τὸ δεύτερον λεγόμενον 16r σχῆμα. γίνεται καὶ τρίτη τις τοῦ μέσου πρὸς τοὺς ἄκρους κοινωνία διαφέρουσα τῶν προειρημένων· ἔστι δὲ αὕτη, ὅταν ἀμφοτέροις τοῖς ὅροις τοῖς ἐν τῷ προβλήματι ὁ μέσος λαμβανόμενος ὑποκείμενος ᾖ, οἷον εἰ εἴη ζητούμενον, εἰ οὐσία τις ἔμψυχός ἐστιν ἢ οὔ, ληφθείη δὲ μέσος ὅρος τὸ ζῷον καὶ ὑποτεθείη ἀμφοτέροις τοῖς ὅροις, τῇ τε οὐσίᾳ καὶ τῷ ἐμψύχῳ. καὶ γένοιτο 'πᾶν ζῷον οὐσία ἐστί. πᾶν ζῷον ἔμψυχόν ἐστι. τὶς ἄρα οὐσία ἔμψυχός ἐστιν'· ἐν γὰρ τῇ τοιαύτῃ συζυγίᾳ ὁ μέσος ἀμφοτέροις ὑπόκειται. ἡ τοιαύτη συμπλοκὴ τοῦ μέσου πρὸς τοὺς ἄκρους τὸ τρίτον λεγόμενον σχῆμα ποιεῖ. καὶ ἔστι μόνα ταῦτα τὰ τρία σχήματα. ὅτι καθόλου μὲν ἡ τοῦ μέσου λῆψις ἦν τῶν τε συζυγιῶν καὶ τῶν σχημάτων γεννητική, παρὰ δὲ τοὺς προειρημένους τρόπους ἀδύνατον κατ' ἄλλην τινὰ σχέσιν ἐν τρισὶν ὅροις μέσον ὅρον πρὸς τοὺς ἄκρους τοὺς δύο συνταχθῆναι, πᾶς δὲ συλλογισμὸς ἁπλοῦς ἐκ τριῶν ὅρων καὶ δύο προτάσεων, ὡς δείξει.

Ἐπεὶ δὲ καθ' ἕκαστον σχῆμα καὶ συλλογιστικαί τινές εἰσι συζυγίαι καὶ ἀσυλλόγιστοι, περὶ τούτων ποιήσεται τὸν λόγον καὶ δείξει, πόσοι καὶ τίνες οἱ καθ' ἕκαστον σχῆμα συλλογισμοί. καὶ πρῶτόν γε τὸν λόγον περὶ τοῦ πρώτου σχήματος, ὡς εἶπον, ποιεῖται· εἰκότως γὰρ πρῶτον τοῦτο, ἐν ᾧ ὁ μέσος οὐ τῇ πρὸς τοὺς ἄκρους σχέσει μόνον ἀλλὰ καὶ τῇ τάξει μέσος ἐστὶ καὶ τῇ θέσει· οἷς γὰρ σχήμασι τῆς γενέσεως ὁ μέσος ὅρος αἴτιος, τούτων καὶ τῆς τάξεως ἂν εἰκότως αὐτὸς εἴη κύριος. προτάσσει οὖν τοῦτο τὸ σχῆμα τῶν ἄλλων, ἐν ᾧ τυγχάνει μέσος ὁ αὐτὸς ὢν κατὰ πάντα. ἔτι οἱ μὲν ἐν τούτῳ τῷ σχήματι γινόμενοι συλλογισμοὶ τέλειοί εἰσιν, ἀτελεῖς δὲ οἱ ἐν τοῖς ἄλλοις καὶ παρὰ τούτου βοηθούμενοι· πρότερον δὲ τὸ τέλειον τοῦ ἀτελοῦς. ἔχει δὲ καὶ τὰ δύο σχήματα τὴν γένεσιν ἀπὸ τοῦ πρώτου· οὐσῶν γὰρ δύο προτάσεων ἐν αὐτῷ, τῆς μὲν πρὸς τῷ μείζονι ἄκρῳ τῆς δὲ πρὸς τῷ ἐλάττονι (ἔστι δὲ μείζων ἄκρος ὁ ἐν τῷ προβλήματι κατηγορούμενος· ὁμοίως δὲ καὶ ἐν τῷ συμπεράσματι μείζων λεγόμενος, ὅτι ἐστὶν ἐπὶ πλέον τοῦ, οὗ κατηγορεῖται· οὐκ ἀεὶ μὲν τοῦτο· ἔστι γάρ ποτε καὶ ἐπ' ἴσης· ἀλλὰ τὸ μὲν ἐπ' ἴσης ποτὲ γίνεσθαι κοινόν ἐστι τῷ τε ὑποκειμένῳ καὶ τῷ κατηγορουμένῳ, ὅτε δὲ μή εἰσιν ἴσοι, ἴδιον τοῦ μὲν κατηγορουμένου

---

2 λογικός (ante οὐδὲν) M οὐδὲν B[1] corr. 4 τις om. aLM 6 εἴη aB: ἢ LM 7 ληφθῇ M 9 πᾶν ζῷον (ante οὐσία) bis L τὶς ἄρα οὐσία ἔμψυχός ἐστιν aLM: πᾶν ἔμψυχον οὐσία B; sed ad πᾶν adser. in marg. infer. B[2]: οὕτως οἶμαι ὀρθῶς· πᾶν ζῷον ἔμψυχον· πᾶν ζῷον οὐσία· τὶς ἄρα οὐσία ἔμψυχος 11 post ἡ add. γοῦν M λεγόμενον τρίτον a 13 τε om. a γεννητική aB: ποιητική LM 14 δὲ om. LM 16 ἁπλοῦς ex ἁπλῶς corr. B[1]: om. L 17 τινές om. LM 21 ᾧ ex ᾗ corr. B[1] ὁ μέσος . . . ἐν ᾧ (24) om. L 23 προτάσσει aL: προάγει BM 26 παρὰ ex περὶ corr. B[1] τοῦτο L πρότερον ex πότερον corr. B[1] 27 ἀπὸ τοῦ πρώτου . . . κατηγορούμενος (30) om. L 29 ἄκρος BM: ὅρος a 30 post ὅτι add. δ' a 31 τοῦ om. aL post μὲν add. γὰρ aLM 32. 33 κατηγορουμένῳ καὶ τῷ ὑποκειμένῳ a 33 ἴδιον τοῦ μὲν κατηγορουμένου om. L: μὲν om. aM

τὸ ἐπὶ πλέον λέγεσθαι τοῦ δὲ ὑποκειμένου τὸ ἐπ' ἔλαττον· λέγω δὲ ἐν 16r ταῖς ἀληθέσι προτάσεσιν· οὐδέποτε γὰρ ἀνάπαλιν· ἀπὸ τοῦ ἰδίου δὴ ἑκάτερος, καὶ ὅτε ἴσοι εἰσίν, ἔχει τὸ ὄνομα· ὁ μὲν γὰρ κατηγορούμενος μείζων λέγεται, καὶ ὅτε ἐστὶν ἴσος, ἐπεὶ ἴδιον αὐτοῦ τὸ ποτὲ μεῖζον μηδέποτε δὲ ἔλαττον. ὁ δὲ ὑποκείμενος ἐλάττων· τούτου γὰρ τοῦτο ἴδιον· οὐδέποτε γὰρ μείζων οὗτος). οὐσῶν οὖν δύο προτάσεων ἐν τῷ πρώτῳ σχήματι, τῆς μὲν ἐχούσης τὸ μέσον συντεταγμένον τῷ κατηγορουμένῳ καὶ μείζονι καὶ διὰ τοῦτο καὶ αὐτῆς μείζονος λεγομένης τῆς δὲ ἐχούσης τὸ μέσον τῷ ὑποκειμένῳ καὶ ἐλάττονι συντασσόμενον καὶ διὰ τοῦτο καὶ αὐτῆς ἐλάττονος λεγομένης. ἡ ἑκατέρας τούτων τῶν προτάσεων ἀντιστροφὴ ἑκάτερον ἐκείνων τῶν σχημάτων γεννᾷ, ὥστε καὶ κατὰ τοῦτο πρῶτον ἐκείνων, ὅτι καὶ τῶν ἄλλων γεννητικόν. ἐπεὶ δέ ἐστιν ἐν συλλογισμῷ κυριώτερον τὸ καθόλου (ἴδιον γὰρ τῆς συλλογιστικῆς πίστεως τὸ ἐκ τοῦ καθόλου δεικνύναι) καὶ ἔστιν ἡ μείζων πρότασις καθόλου ἡ ἐν τῷ πρώτῳ σχήματι, εἰ εἴη συλλογιστικὴ ἡ συζυγία, ἡ τῆς μείζονος καὶ κυριωτέρας προτάσεως ἀντιστροφὴ τὸ κυριώτερον καὶ πρῶτον τῶν λοιπῶν σχημάτων γεννήσει· γίνεται δὲ ἀντιστραφείσης ἐκείνης ὁ μέσος ἀμφοτέρων κατηγορούμενος· εἰκότως ἄρα μέσον σχῆμα καὶ δεύτερον, ἐν ᾧ ὁ μέσος ἀμφοτέρων κατηγορεῖται. τρίτον δὲ καὶ ἔσχατον τὸ κατ' ἀντιστροφὴν γινόμενον τῆς ἐν τῷ πρώτῳ σχήματι ἐλάττονος προτάσεως, ἧς ἀντιστραφείσης ὁ μέσος ἀμφοτέροις ὑποκείμενος γίνεται. ἔτι καὶ διὰ τοῦτο τὸ πρῶτον πρῶτόν ἐστι σχῆμα, ὅτι ἐν τούτῳ τῷ σχήματι συνάγεται πάντα τὰ προβλήματα, καὶ καθόλου καταφατικὸν καὶ | καθόλου ἀποφατικὸν καὶ ἐπὶ μέρους καταφατικόν τε καὶ ἀποφατικόν, 16v ὥστε καὶ διὰ τοῦτο εὐλόγως τοῦτο πρῶτον ὁλόκληρον καὶ τέλειον πάντη ὄν. ἐπὶ γὰρ τῶν δύο τῶν λοιπῶν σχημάτων οὐ συνάγεται πάντα· δύο γὰρ ὄντων καθ' ἑκάστην πρότασιν, ποιοῦ τε καὶ ποσοῦ, καὶ ὄντος ἐν μὲν ποσῷ τιμιωτέρου τοῦ καθόλου ἐν δὲ τῷ ποιῷ τοῦ καταφατικοῦ ἑκάτερον αὐτῶν πλεονεκτεῖ κατά τι θατέρου, τὸ μὲν δεύτερον τοῦ τρίτου τῷ ἐν αὐτῷ καθόλου συνάγεσθαι, ὃ ἦν ἄμεινον ἐν ποσῷ (καταφατικὸν γὰρ οὐδὲν ἐν τούτῳ τῷ σχήματι δείκνυται), τὸ δὲ τρίτον τοῦ δευτέρου τῷ ἐν τούτῳ πάλιν τὸ καταφατικὸν συνάγεσθαι, ὃ ἦν τιμιώτερον ἐν ποιῷ· καθόλου γὰρ

3 post ὅτε add. δὴ aLM εἰσὶν ἴσοι aLM γὰρ om. aLM 4 λέγεσθαι a post ποτὲ add. μὲν a μείζων LM 5 ἔλαττον B: ἐλάττων LM: om. a ὁ δὲ BLM: ὡς ὁ a τούτου aBM: τοῦτο L τοῦτο aBM: τούτω L 6 οὖν om. L 7 μέσον aBM: πρῶτον L 8 καὶ (ante διὰ) om. a τῆς δὲ . . . λεγομένης (10) bis L δ' M 9 ἐλάσσονι a: ἔλαττον B 11 post κατὰ add. κοινοῦ a ὅτι om. L 12 γεννητική L ἔνεστιν a κυριωτέρω M: κύριον a 13 τοῦ om. a 14. 15 συλλογιστικὴ εἴη aLM 15 ἡ (ante τῆς) BLM: εἰ a ἀντιστροφῆς omisso προτάσεως a 16 πρῶτον καὶ κυριώτερον aLM γεννήσεως a 17 ἄρα om. aLM 18 μέσον om. B 19 ἔσχατον aLM: ἕκαστον B 20 post μέσος add. ὅρος LM 21 post ἔτι add. δὲ L πρῶτον alterum om. L τούτῳ post σχήματι (22) transponit a 22 καταφατικὰ aLM 23 ἀποφατικὰ . . . καταφατικά . . . ἀποφατικά aLM τε om. a 24 πρῶτον om. L 25 λοιπῶν δύο omisso altero τῶν LM συνάγονται a 28 τρίτου aB: πρώτου LM

οὐδὲν ἐν τρίτῳ συνάγεται σχήματι. ἐπεὶ δὲ ἴδιον συλλογισμοῦ μᾶλλον τὸ 16v καθόλου ἢ τὸ καταφατικόν (καὶ γὰρ ἡ γένεσις αὐτῷ ἐκ τούτου. καὶ τούτῳ τῶν ἄλλων πίστεων διαφέρει), εἰκότως τὸ ἐν τῷ ἰδίῳ τοῦ συλλογισμοῦ πλεονεκτοῦν σχῆμα καὶ τοῦτο ἔχον προτάσσεται τοῦ μηδὲν δεικνύντος καθόλου· ᾧ καὶ ὁ δεύτερος ἀναπόδεικτος πλεονεκτῶν τοῦ τρίτου τὴν πρὸ αὐτοῦ τάξιν ἔχει. ἀλλὰ καὶ ὄντος συλλογισμοῦ τοῦ μὲν ἀποδεικτικοῦ τοῦ δὲ διαλεκτικοῦ τοῦ δὲ σοφιστικοῦ καὶ τιμιωτάτου μὲν τοῦ ἀποδεικτικοῦ δευτέραν δὲ ἔχοντος τάξιν τοῦ διαλεκτικοῦ καὶ τρίτην τοῦ σοφιστικοῦ τῷ μὲν ἀποδεικτικῷ τὸ πρῶτον σχῆμα οἰκειότερον· οἱ γὰρ ἀποδεικνύντες κυρίως καθόλου καταφατικὰ συμπεραίνονται· διὰ τούτων γὰρ ἡ ἀπόδειξις, ἃ μόνον διὰ τοῦ πρώτου δείκνυται σχήματος· ὅθεν εὐλόγως καὶ διὰ τοῦτο πρῶτον. τῷ δὲ διαλεκτικῷ τὸ δεύτερον· σχεδὸν γὰρ ὁ διαλεκτικὸς ἀεὶ τὰ τιθέμενα ὑπὸ τοῦ προσδιαλεγομένου ἀνασκευάζειν πειρώμενος ἀποφατικὰ συνάγει· τούτοις δὲ τὸ δεύτερον ἀνάκειται σχῆμα. οἱ δὲ σοφισταὶ ἀδιόριστα ἐρωτῶντές τε καὶ συνάγοντες, τῷ τὸ ἀδιόριστον ἴσον δύνασθαι τῷ ἐπὶ μέρους ἐπὶ μέρους δὲ πάντα ἐν τῷ τρίτῳ σχήματι συνάγεσθαι οἰκεῖον ἂν ἔχοιεν τοῦτο τὸ σχῆμα.

Ἡ μὲν οὖν ποιότης τῶν σχημάτων καὶ ἡ τάξις καὶ ἡ τῆς τάξεως αἰτία αὕτη τε καὶ διὰ ταῦτα. δεῖ δὲ ἐν τῷ πρώτῳ σχήματι τῷ ἔχοντι τὸν μὲν μείζονα ὅρον κατηγορούμενον τοῦ μέσου τὸν δὲ μέσον τοῦ ἐσχάτου καὶ ἐλαττόνος τὸν μὲν ἐλάττονα καὶ ἔσχατον ὅρον ἐν ὅλῳ εἶναι τῷ μέσῳ ἐξ ἀνάγκης ἢ ὅλον ἢ μέρος αὐτοῦ, εἰ μέλλοι συλλογισμὸς ἔσεσθαι. οὕτως δ' ἐχόντων τῶν ὅρων τούτων πρὸς ἀλλήλους ἔσται ἡ ἐλάττων πρότασις (ἐλάττων δὲ ἡ πρὸς τῷ ἐλάττονι ἄκρῳ) ἢ καθόλου καταφατικὴ ἢ ἐπὶ μέρους καταφατική, καταφατικὴ δὲ πάντως· μὴ γὰρ οὔσης ταύτης ἐν τῷ πρώτῳ σχήματι καταφατικῆς ἀδύνατον γενέσθαι συλλογισμόν. τὴν δὲ μείζονα πρότασιν ἀναγκαῖον εἶναι πάλιν καθόλου, εἰ μέλλοι συλλογισμὸς ἔσεσθαι ἐν πρώτῳ σχήματι· ἐπεὶ γὰρ ἐν ὅλῳ τῷ μέσῳ ὅρῳ ὁ ἐλάττων ἐστὶ καὶ μέρος αὐτοῦ δύναται εἶναι, εἰ καί ποτε ἴσος αὐτῷ λαμβάνεται, καὶ μείζων ὁ μέσος τοῦ ἐλάττονος, εἰ μὴ κατὰ παντὸς τοῦ μέσου ὁ μείζων ἄκρος κατηγοροῖτο, κατὰ δὲ μέρος αὐτοῦ, οὐκ ἐξ ἀνάγκης οὐδ' ὁ ἐλάττων ὅρος περιλαμβάνεται ὑπ' αὐτοῦ· δύναται γὰρ ἑτέρου τινὸς μέρους τοῦ μέσου ὁ μείζων κατη-

1 τρίτῳ B: τῷ τρίτῳ LM: τούτῳ τῷ a σχήματι συνάγεται aLM δὲ B: γὰρ LM: om. a μᾶλλον συλλογισμοῦ a 2 τούτων a 3 τοῦ συλλογισμοῦ aBM: συλλογισμῷ L 4 πλεονεκτεῖν B 5 ὁ om. a ante τὴν add. τῷ a τὴν πρὸ αὐτοῦ om. L 6 ἔχειν aL 8 post ἔχοντος eras. 1 lit. B 9 τὸ BLM: τῷ a οἰκειότατον a 10 τοιούτων aLM μόνον a: μόνα BLM 11 δείκνυνται M 12 δὲ om. L 13 ἀποφατικὸν M 15 τε om. a 16 τοῦτο ἔχοιεν a 19 τε om. L μὲν om. LM 21 ἐλάττονος aBM: ἐλάττονα L 22 μέλλει a 23 δὲ L ἀλλήλοις a 25 καταφατική (post μέρους) aB: ἀποφατική LM ταύτης post σχήματι (26) transponit a 26 ἀποφατικῆς B 27 μέλλει a post ἐν add. τῷ LM 28 ante μέρος add. κατὰ a 29 λαμβάνεται αὐτῷ L 31 αὐτῷ M οὐδὲ LM περιλαμβάνοιτο aM 32 μέσου in ras. L

γορεῖσθαι, εἰ ἐπὶ μέρους εἴη, καὶ μὴ τούτου, ὅ ἐστιν ἢ ὅλος ὁ ἐλάττων 16v
ὅρος ἢ μέρος αὐτοῦ. ὡς γὰρ ὁ μὲν μέρος τοῦ προσώπου τρωθεὶς οὐ πάντως τὸν ὀφθαλμὸν τέτρωται, ὁ δὲ πᾶν αὐτὸ τετρωμένος ἔχει καὶ τὸν ὀφθαλμὸν τετρωμένον ὄντα ἐν ὅλῳ τῷ προσώπῳ, οὕτως δὴ καὶ ἐπὶ τῆς προκειμένης συζυγίας ὁ μὲν ἄκρος ὅλον τὸν μέσον περιλαμβάνων καὶ τὰ μέρη αὐτοῦ πάντα συμπεριείληφεν, ὁ δὲ μέρος αὐτοῦ οὐ πάντως ἤδη καὶ τοῦτο, ὅ ἐστιν ἢ ὅλος ὁ ἐλάττων ὅρος ἢ μέρος αὐτοῦ. ἔσται οὖν καὶ ἡ μείζων πρότασις ἐξ ἀνάγκης καθόλου ἢ καταφατικὴ ἢ ἀποφατική, καὶ ἕξει ἐν πρώτῳ σχήματι ἡ μὲν μείζων πρότασις τὸ μὲν ποσὸν ὡρισμένον (καθόλου γάρ) ἀόριστον δὲ τὸ ποιόν, ἡ δὲ ἐλάττων ἀνάπαλιν τὸ μὲν ποιὸν ὡρισμένον ἕξει (πάντως γὰρ ἔσται καταφατική) ἀόριστον δὲ τὸ ποσόν· καὶ γὰρ καθόλου οὔσης αὐτῆς καταφατικῆς καὶ ἐπὶ μέρους συλλογισμὸς ἔσται· 17r
ὥστε ἔσται ἡ μὲν μείζων πρότασις ἐν πρώτῳ σχήματι ἢ καθόλου καταφατικὴ ἢ καθόλου ἀποφατική, ἡ δ' ἐλάττων ἢ καθόλου καταφατικὴ ἢ ἐπὶ μέρους. τεσσάρων δὴ οὐσῶν προτάσεων, δύο μὲν καθόλου ἢ καταφατικῆς ἢ ἀποφατικῆς δύο δὲ καταφατικῶν ἢ καθόλου ἢ ἐπὶ μέρους, συμπλεκομένων τούτων τέσσαρες γίνονται συμπλοκαί. διὸ καὶ τέσσαρες συλλογισμοὶ τοῦ πρώτου σχήματος· ἢ γὰρ καθόλου οὖσα ἡ ἐλάττων καταφατικὴ συνταχθήσεται τῇ μείζονι οὔσῃ καὶ αὐτῇ καθόλου καταφατικῇ, ἢ μένουσα αὐτὴ καθόλου καταφατικὴ τῇ μείζονι καθόλου ἀποφατικῇ συντεθήσεται, ἢ γενομένη ἐπὶ μέρους καταφατικὴ συνταχθήσεται τῇ μείζονι ποτὲ μὲν καθόλου καταφατικῇ οὔσῃ ποτὲ δὲ καθόλου ἀποφατικῇ.

Τὸ δὲ συμπέρασμα ἀεὶ ἐν τῷ πρώτῳ σχήματι παρὰ μὲν τῆς μείζονος προτάσεως τὸ ποιὸν ἕξει· ὁποία γὰρ ἂν ἡ μείζων ᾖ, ἄν τε καταφατικὴ ἄν τε ἀποφατική, καὶ τὸ συμπέρασμα τοιοῦτον ἔσται· τὸ δὲ ποσὸν παρὰ τῆς ἐλάττονος· καθόλου μὲν γὰρ οὔσης τῆς ἐλάττονος ἔσται καὶ τὸ συμπέρασμα καθόλου, εἰ δὲ ἐπὶ μέρους ἐκείνη, ἐπὶ μέρους καὶ τὸ συμπέρασμα. ὁρίζεται δὴ τὸ συμπέρασμα ὑπὸ τοῦ ἐν ἑκατέρᾳ προτάσει ἀορίστου, ὃ καὶ αὐτὸ μαρτύριον ἂν εἴη τοῦ ἐκ τῶν τεθέντων γίνεσθαι τὸν συλλογισμόν, τοῦτ' ἔστιν ἐκ τῶν συγχωρουμένων· συγχωρεῖται γὰρ ταῦτα, ἃ καὶ μὴ συγχωρηθῆναι δύναται· ἃ δέ ἐστιν ἀναγκαῖα καὶ ὧν ἀναιρουμένων οὐκ ἂν

1 τοῦτο LM   ὅλον a   3 post πάντως add. ἤδη a   4 οὕτω M   δὴ καὶ LM: δὲ B: καὶ a   6 πάντα αὐτοῦ L   7 ὃ om. L   ὅλον a   ὁ aLM: ἡ B   ἔσται scripsi: ἔστω libri   8 post καθόλου add. μέρος ἢ καταφατικῆς ἢ ἀποφατικῆς B   ἢ prius ex ἡ corr. B¹   9 μὲν (ante ποσὸν) a: om. BLM   9. 10 καθόλου γὰρ om. a   11 ἐστὶ aLM   καταφατικόν a   δὲ om. M   12 αὐτῆς BM: τῆς a: om. L   14 δὲ M   καταφατικὴ ἢ καθόλου a   15 ante προτάσεων add. τῶν LM   16 post δὲ add. κατὰ μέρος ἢ B   καταφατικῶν a: καταφατικῆς ἢ ἀποφατικῆς B: om. LM   ἢ καθόλου ἢ om. LM   18 οὖσαι a   19 τῇ aL, itemque sed corr. B: τῷ B pr., M   αὐτὴ aLM: αὕτη B   20 καθόλου ἀποφατικῇ ... μείζονι (21) om. L   συντεθήσεται B: συνταχθήσεται aM   23 δὲ om. L   αἰεὶ M   τῷ om. aLM   παρὰ aM: π̄ B: om. L   25 τοιοῦτον BM: τοῦτον aL   27 ante ἐκείνη add. ἔστιν a   28 δὴ B: δὲ a: om. LM

γένοιτο συλλογισμός, ταῦτα οὐκ ἂν εἴη τιθέμενα καὶ συγχωρούμενα. ὅτι 17r οὖν ἐκ τῶν τεθέντων, δῆλον ἐκ τοῦ τούτοις ὅμοιον γίνεσθαι τὸ συμπέρασμα τοῖς συγχωρηθεῖσιν, οὐ τοῖς ἐξ ἀνάγκης ὑπάρχουσιν. καὶ γὰρ εἰ τῷ ὡρισμένῳ τῶν προτάσεων ἐγίνετο ὅμοιον τὸ συμπέρασμα, ἀεὶ ἂν ταὐτό τε καὶ ἓν συνήγετο (καθόλου γὰρ καταφατικόν, καταφατικὸν μὲν διὰ τὴν ἐλάττω, καθόλου δὲ διὰ τὴν μείζω), καὶ οὐκ ἂν ἄλλο τι οἷόν τ' ἦν δεῖξαι συλλογιστικῶς ἐν πρώτῳ σχήματι. ἔτι οὕτως γίνεται τὸ τῷ χείρονι τῶν λαμβανομένων ὅμοιον γίνεσθαι τὸ συμπέρασμα. ὅταν μὲν οὖν ἀμφότεραι αἱ προτάσεις ὦσι καθόλου τε καὶ καταφατικαί, καὶ τὸ συμπέρασμα γίνεται τοιοῦτον, καὶ εἰκότως ἂν ὁ τοιοῦτος συλλογισμὸς τὴν πρώτην ἔχοι τάξιν ἔχων ἐν τῷ συμπεράσματι καὶ τὸ ἐν τῷ ποσῷ καὶ τὸ ἐν τῷ ποιῷ βέλτιον. μεταπεσούσης δὲ τῆς μείζονος εἰς τὸ καθόλου ἀποφατικὸν ὁ δευτέραν ἔχων τάξιν· τὸ γὰρ ἐν τῷ ἰδίῳ τοῦ συλλογισμοῦ βέλτιον ἔχει πάλιν οὗτος ὁ συλλογισμός, εἰ καὶ μὴ ἀμφότερα· τὸ γὰρ καθόλου. ἂν δὲ ἡ ἐλάττων μεταπέσῃ καὶ ἐπὶ μέρους γένηται, καθόλου μὲν καταφατικῆς οὔσης τῆς μείζονος ἐπὶ μέρους δὲ τῆς ἐλάττονος καταφατικὸν ἔσται τὸ συμπέρασμα, καὶ τρίτος οὗτος τῇ τάξει συλλογισμὸς πλεονεκτῶν τοῦ μετ' αὐτὸν τῷ ἐν τῷ ποιῷ βελτίονι· καταφατικὸς μὲν γὰρ οὗτος, ἐκεῖνος δὲ ἀποφατικός. ὅταν δὲ οὔσης τῆς ἐλάττονος ἐπὶ μέρους καταφατικῆς ἡ μείζων γένηται καθόλου ἀποφατική, γίνεται τὸ συμπέρασμα ἐπὶ μέρους ἀποφατικόν, καὶ ἔσχατος οὗτος συλλογισμὸς ἐν τῷ πρώτῳ σχήματι τοῦ μὲν κατὰ τὸ ποσὸν τοῦ δὲ κατὰ τὸ ποιὸν τοῦ δὲ κατ' ἄμφω ἐλαττούμενος τῶν πρὸ αὐτοῦ. καὶ τοσαῦται μὲν αἱ ἐν τῷ πρώτῳ σχήματι συλλογιστικαὶ συζυγίαι, καὶ οὕτως εὑρίσκονται, εἰ ἐπὶ τῶν διωρισμένων προτάσεων λαμβάνοιντο. εἰ δὲ καὶ τὰς ἐξ ἀδιορίστων συζυγίας συναριθμοῦμεν, δύο ἄλλοι συλλογισμοὶ ἐν πρώτῳ σχήματι εὑρεθήσονται τῆς ἐλάττονος ἀδιορίστου καταφατικῆς λαμβανομένης καὶ συντασσομένης ποτὲ μὲν τῇ μείζονι καθόλου οὔσῃ καταφατικῇ, ἧς συζυγίας τὸ συμπέρασμα ἀδιόριστον καταφατικὸν ἔσται, ποτὲ δὲ τῇ μείζονι καθόλου ἀποφατικῇ ληφθείσῃ, ἧς τὸ συμπέρασμα ἀδιόριστον ἀποφατικόν. ἀδύνατον γὰρ τῆς μείζονος ἀδιορίστου ληφθείσης συλλογισμὸν γενέσθαι. αἰεὶ δὲ δοκεῖ τὸ συμπέρασμα ὅμοιον γίνεσθαι τῷ | χείρονι τῶν ἐν 17v ταῖς προτάσεσιν εἰλημμένων καὶ κατὰ τὸ ποσὸν καὶ κατὰ τὸ ποιόν.

Τοσαῦται μὲν οὖν ἐν τῷ πρώτῳ σχήματι αἱ συλλογιστικαὶ συζυγίαι. αἱ δὲ πᾶσαι ἐν τῷ πρώτῳ σχήματι καὶ ἐν τοῖς ἄλλοις δύο ἔσονται συζυγίαι, εἰ καὶ τὰς ἀδιορίστους συναριθμοίη τις, λϛ', καθ' ἕκαστον σχῆμα ἑξαχῶς

2 τοῦ τούτοις aBM: τοῖς L 4. 5 ταυτό τε καὶ ἓν B: ἓν καὶ ταυτὸ (ταυτὸν M) aLM 5 καταφατική bis aL 6 διὰ om. a ἂν post τι transponit a τε LM ἦν om. L 7 τὸ BLM: τῷ a 10 ἔχοι B: ἔχει aL: ἔχῃ M 11 τῷ (ante ποσῷ) om. a τὸ om. L τῷ (ante ποιῷ) om. aL 15 μὲν om. L 17 τῆς τάξεως a 21 τὸ om. L 21. 22 ποσὸν τοῦ δὲ κατὰ τὸ om. a 22 τὸ om. L κατὰ L 26 εὑρίσκονται a 30. 31 γίνεσθαι L 32 τὸ (ante ποσὸν) om. aL τὸ (ante ποιόν) om. L 33 αἱ om. a 34 δύο scripsi (cf. p. 52, 16): δὲ BLM: om. a 35 λς' aLM: καὶ B

τῆς ἑτέρας προτάσεως συντιθεμένης τῇ ἑτέρᾳ ὁμοίως καὶ αὐτῆς ἑξαχῶς 17v λαμβανομένης. οὔσης μὲν γὰρ τῆς μείζονος καθόλου καταφατικῆς ἓξ ἔσονται συζυγίαι τῆς ἐλάττονος ἢ καθόλου καταφατικῆς λαμβανομένης ἢ καθόλου ἀποφατικῆς ἢ ἐπὶ μέρους καταφατικῆς ἢ ἐπὶ μέρους ἀποφατικῆς ἢ ἀδιορίστου καταφατικῆς ἢ ἀποφατικῆς. εἰ δὲ εἴη πάλιν ἡ μείζων καθόλου ἀποφατική, πάλιν ἓξ ἄλλαι συμπλοκαὶ τῆς ἐλάττονος ἑξαχῶς αὐτῇ, καθ' ἃ προειρήκαμεν, συντίθεσθαι δυναμένης. ἑξαχῶς δὲ πάλιν συντεθήσεται ἡ ἐλάττων τῇ μείζονι, κἂν ἀδιόριστος καταφατικὴ ληφθῇ. ὁμοίως δὲ καὶ ἑξαχῶς καὶ ἀδιορίστου αὐτῆς ἀποφατικῆς ληφθείσης. τὸν αὐτὸν δὲ τρόπον καὶ ἐπὶ μέρους λαμβανομένης ποτὲ μὲν καταφατικῆς ποτὲ δὲ ἀποφατικῆς. μεταπιπτούσης ⟨δὴ⟩ ἑξαχῶς τῆς μείζονος καὶ γινομένης καὶ αὐτῆς ποτὲ μὲν καθόλου καταφατικῆς ποτὲ δὲ καθόλου ἀποφατικῆς ποτὲ δὲ ἀδιορίστου καταφατικῆς ἢ ἀποφατικῆς ποτὲ δὲ ἐπὶ μέρους ἢ καταφατικῆς ἢ ἀποφατικῆς. τῷ καθ' ἑκάστην διαφορὰν ἑξαχῶς αὐτῇ τὴν ἐλάττονα συντίθεσθαι ἔσονται ἑξάκις ἓξ αἱ πᾶσαι τῶν προτάσεων ἐν τούτῳ τῷ σχήματι συμπλοκαί. αἱ αὐταὶ δὲ καὶ ἐν τοῖς ἄλλοις δύο. ἐξαιρουμένων δὲ τῶν ἀδιορίστων ἔσονται αἱ πᾶσαι συμπλοκαὶ τετράκις τέσσαρες, αἳ γίνονται ιϛ', ἐξ ὧν ὑφαιρουμένων τεσσάρων τῶν συλλογιστικῶν αἱ καταλειπόμεναι γίνονται ἀσυλλόγιστοι συζυγίαι δώδεκα. συλλογιστικαὶ δὲ καὶ δόκιμοι συζυγίαι λέγονται αἱ μὴ συμμεταβάλλουσαι τῇ τῆς ὕλης διαφορᾷ μηδὲ ἄλλοτε ἀλλοῖον συνάγουσαί τε καὶ δεικνύουσαι ἀλλὰ αἰεὶ καὶ ἐπὶ πάσης ὕλης ὅμοιόν τι καὶ ταὐτὸν εἶδος ἐν τῷ συμπεράσματι φυλάττουσαι. ἡ δὲ συμμεταπίπτουσα τῇ ὕλῃ καὶ συμμετασχηματιζομένη καὶ ἄλλοτε ἀλλοῖον καὶ μαχόμενον ἴσχουσα τὸ συμπέρασμα ἀσυλλόγιστός τε καὶ ἀδόκιμος συζυγία, ὡς ἄνθρωπος ἀδόκιμος ὁ μὴ ἑστὼς τὴν γνώμην μηδὲ βέβαιος.

Ποιούμενος δὲ τὸν λόγον ἐπὶ τοῦ πρώτου σχήματος πρῶτον διὰ παραδείγματος αὐτό, ὁποῖόν ἐστιν, ἐνεδείξατο εἰπὼν ὅταν οὖν ὅροι τρεῖς οὕτως ἔχωσι πρὸς ἀλλήλους, ὥστε τὸν ἔσχατον ἐν ὅλῳ εἶναι τῷ μέσῳ καὶ τὸν μέσον ἐν ὅλῳ τῷ πρώτῳ εἶναι ἢ μὴ εἶναι· ταῦτα γὰρ παραδείγματα. τὸ μὲν τοῦ πρώτου συλλογισμοῦ τὸ δὲ τοῦ

1 ἑτέρας om. aLM 3 καταφατικῆς λαμβανομένης B: ληφθείσης καταφατικῆς a: καταφατικῆς LM καθόλου alterum om. LM 7 συντεθήσεται post μείζονι (8) transponit a 8 ἀόριστος a 9 καὶ om. a: κἂν M ἀδιορίστου αὐτῆς ἀποφατικῆς ληφθείσης a: ἀδιορίστως (ἀδιόριστος L) αὐτὴ ἀποφατικὴ ληφθεῖσα BLM 11 δὴ addidi καὶ (ante αὐτῆς) om. a 12 δὲ alterum om. L 12. 13 ποτὲ δὲ ἀδιορίστου καταφατικῆς ἢ ἀποφατικῆς ante τῷ (14) transponit a 12 post ἀδιορίστου add. ἢ LM 13 ποτὲ δὲ ἐπὶ μέρους ἢ καταφατικῆς ἢ ἀποφατικῆς B: ποτὲ δὲ μερικῆς καταφατικῆς, ποτὲ δὲ μερικῆς ἀποφατικῆς a: om. LM 14 αὐτῇ a: αὐτὴν BLM 15 τῷ om. M 16 ἄλλοις aB: λοιποῖς LM δύο om. L: post δὲ alterum transponit M 17 ιϛ' BLM: δεκαέξ a 19 συζυγίαι (ante δώδεκα) om. a καὶ om. L 20 μεταβάλλουσαι L 21 τε aLM: τι B αἰεὶ om. aLM 23 καὶ (post ἀλλοῖον) om. L ἰσχύουσα LM 24 συζυγία, ὡς ἄνθρωπος ἀδόκιμος om. L 25 βέβαιος B: βεβαῖον L: βεβαίως aM 26 δὲ post ἐπὶ transponunt LM: om. a 27 ὅταν . . . μὴ εἶναι (29)] lemma in a 28 πρὸς ἀλλήλους om. M ὥστε B et Ar.: ὡς aLM; at cf. p. 53, 16 ὅλῳ om. BM 29 post πρώτῳ add. ἢ L et Ar. 30 τὰ μὲν L τὸ δὲ a: τὰ δὲ BLM

δευτέρου. εἴη δ' ἂν ὁ λόγος τοῦ πρώτου σχήματος, περὶ οὗ λέγει, ὃν 17v ἑξῆς ἀποδέδωκε λέγων περὶ τοῦ μέσου ὅρου· ἐν ᾧ γὰρ σχήματι ὁ μέσος "αὐτός τε ἐν ἄλλῳ ἐστὶ καὶ ἄλλος ἐν τούτῳ", τοῦτό ἐστι πρῶτον σχῆμα· ὁ γὰρ μέσος ἐν τούτῳ τοῦ μὲν κατηγορεῖται τῶν ὅρων, τῷ δὲ ὑπόκειται. μέσου δὲ λόγον οὐ καθόλου ἀποδέδωκεν, ἀλλὰ τοῦ ἐν πρώτῳ σχήματι. εἴη δ' ἂν καθόλου μέσος ὅρος ἐν συζυγίᾳ ὁ δὶς λαμβανόμενος καὶ ὁ ἐν ἀμφοτέραις ὢν ταῖς προτάσεσι καὶ καθ' ὃν κοινωνοῦσιν αἱ ἐν ταῖς συζυγίαις προτάσεις ἀλλήλαις. ἐδήλωσε δὲ διὰ τῆς λέξεως καὶ τὴν αἰτίαν τοῦ πρῶτον εἶναι σχῆμα τοῦτο εἰπὼν ἀνάγκη τῶν ἄκρων εἶναι συλλογισμὸν τέλειον· ἐν ᾧ γὰρ οἱ τέλειοι συλλογισμοί, τοῦτο εἰκότως σχῆμα πρῶτον. οὐ τοῦτο δὲ λέγει, ὅτι, ἐν ᾗ συζυγίᾳ ὁ μέσος "καὶ αὐτὸς ἐν ἄλλῳ ἐστὶ καὶ ἄλλος ἐν τούτῳ" καὶ ἔχει ὁ μέσος καὶ τὴν θέσιν μέσην, ὅτι πάντως αὕτη συλλογιστικὴ καὶ συλλογισμὸς τέλειος ἐξ αὐτῆς γίνεται· ἐπεὶ οὕτως γε ἔσονται πᾶσαι αἱ ἐν τούτῳ τῷ σχήματι συζυγίαι συλλογιστικαί· ἀλλὰ τὸ λεγόμενόν ἐστιν 'ὅταν οὕτως ἔχωσιν, ὡς προείρηκεν'. παρατιθέμενος δὲ πῶς, εἶπεν ὥστε τὸν ἔσχατον ἐν ὅλῳ εἶναι τῷ μέσῳ καὶ τὸν μέσον ἐν τῷ πρώτῳ εἶναι ἢ μὴ εἶναι· τότε γὰρ οὕτως ἐχουσῶν τῶν προτάσεων τῶν ἄκρων συλλογισμὸς | γίνεται πρὸς ἀλλήλους τέλειος. 18r συλλογισμὸν δ' εἶπε νῦν τὸ συμπέρασμα. ποιεῖται δὲ τὴν ἀρχὴν τῆς τῶν συλλογισμῶν διδασκαλίας ποτὲ μὲν ἀπὸ τοῦ ἐν ὅλῳ ποτὲ δὲ ἀπὸ τοῦ κατὰ παντός, ἐπεὶ ἑκάτερον αὐτῶν ἀρχή τίς ἐστι καὶ πρῶτον. τὸ μὲν γὰρ ἐν ὅλῳ ἀρχὴ καὶ πρῶτον πρὸς ἡμᾶς· ἡμῖν γὰρ γνωριμώτερα τὰ ἐν ὅλῳ καὶ ὑποκείμενα μᾶλλον τῶν ἐπὶ πλέον λεγομένων· ἐγγυτέρω γὰρ τῶν αἰσθητῶν ταῦτα. τὸ δὲ κατὰ παντὸς πάλιν τῇ φύσει πρῶτον· κοινότερον γὰρ καὶ γενικώτερον· τὰ δὲ κοινὰ τῇ φύσει πρῶτα, οὕτως δὲ καὶ ἀρχαί.

p. 25b37 Εἰ γὰρ τὸ Α κατὰ παντὸς τοῦ Β καὶ τὸ Β κατὰ παντὸς τοῦ Γ.

Ἐπὶ στοιχείων τὴν διδασκαλίαν ποιεῖται ὑπὲρ τοῦ ἐνδείξασθαι ἡμῖν, ὅτι οὐ παρὰ τὴν ὕλην γίνεται τὰ συμπεράσματα ἀλλὰ παρὰ τὸ σχῆμα καὶ τὴν τοιαύτην τῶν προτάσεων συμπλοκὴν καὶ τὸν τρόπον· οὐ γὰρ ὅτι ἥδε ἡ ὕλη, συνάγεται συλλογιστικῶς τόδε, ἀλλ' ὅτι ἡ συζυγία τοιαύτη. τὰ οὖν

1 περὶ om. a 2 ἑξῆς BLM: ἐξ ἀρχῆς a λέγων om. L post ὅρου add. λέγειν L γὰρ om. L 3 τοῦτ' ἔστι LM 5 ἀπέδωκεν M ante πρώτῳ add. τῷ M 7 καὶ om. L 8 δὲ om. a καὶ om. L 9 ante σχῆμα add. τὸ L 11 οὐ aBM: οὐδὲ L ante αὐτὸς add. ὁ B 12 ὅτι om. a αὐτὴ L 13 γε om. a 14 αἱ om. L 15 προειρήκαμεν aLM παρατιθέμενοι a δὲ πῶς LM: πῶς δὲ aB 16 post ὥστε add. φησι aLM τὸ ἔσχατον L 17 post πρώτῳ add. ἢ a 19 δ' aB: δὲ LM 20 διδασκαλίας om. L 23 λεγομένων aB: λαμβανομένων LM 24 ante κατὰ add. ἢ L κοινότερα L καὶ aB: τὰ LM 25 γενικώτερα LM καὶ corr. ex αἱ B 26 sequentia quoque Aristotelis verba ἀνάγκη τὸ ᾱ κατὰ παντὸς τοῦ γ̄ κατηγορεῖσθαι exhibet a 28 ἐπὶ BM: ὑπὲρ aL δεῖξαι a 31 ἡ (ante συζυγία) om. L

στοιχεῖα τοῦ καθόλου καὶ ἀεὶ καὶ ἐπὶ παντὸς τοῦ ληφθέντος τοιοῦτον 18r ἔσεσθαι τὸ συμπέρασμα δεικτικά ἐστιν. ἐδίδαξε δὲ ἡμᾶς, ὅτι τὸ ἐν ὅλῳ εἶναι ἕτερον ἐν ἑτέρῳ καὶ τὸ κατὰ παντὸς λέγεσθαι θάτερον θατέρου ταὐτόν ἐστι. χρησάμενος οὖν τῷ ἐν ὅλῳ ἐν τῇ τοῦ σχήματος ἐκθέσει μεταλαβὼν τῷ κατὰ παντὸς χρῆται, ἅ ἐστιν ἄμφω ἐν τῇ καθόλου καταφατικῇ προτάσει. ὑπομιμνήσκει δὲ ἡμᾶς, πῶς καὶ τὸ κατὰ παντὸς ἀπέδωκεν ("ὅταν γὰρ μηδὲν ᾖ λαβεῖν τοῦ ὑποκειμένου, καθ' οὗ τὸ κατηγορούμενον οὐ ῥηθήσεται"), ὑπὲρ τοῦ ἐνδείξασθαι, ὅτι οὐδενὸς ἔξωθεν ἐπὶ τῆς τοιαύτης συναγωγῆς χρεία πρὸς τὸ φανερὸν γενέσθαι τὸ ἀναγκαῖον, ἀλλ' ἱκανὰ τὰ κείμενα· τὸ γὰρ κατὰ παντός, ὅ ἐστι κείμενον καὶ εἰλημμένον διὰ τῶν προτάσεων, ἱκανὸν πρὸς τὴν δεῖξιν τῆς συναγωγῆς. διὰ τοῦτο καὶ τέλειοι οἱ οὕτως ἔχοντες συλλογισμοὶ καὶ κυρίως ἀναπόδεικτοι. ἔστω γὰρ μείζων μὲν ἄκρος τὸ Α, μέσος δὲ ὅρος τὸ Β, ἐλάττων δὲ ἄκρος τὸ Γ· εἰ τὸ Γ ἐν ὅλῳ τῷ Β, τὸ Β κατὰ παντὸς τοῦ Γ· ἀντιστρέφει γὰρ ταῦτα ἀλλήλοις· οὐδὲν ἄρα ἔστι λαβεῖν τοῦ Γ, καθ' οὗ τὸ Β οὐ ῥηθήσεται. πάλιν εἰ τὸ Β ἐν ὅλῳ τῷ Α, τὸ Α κατὰ παντὸς τοῦ Β· οὐδὲν ἄρα τοῦ Β ἐστί, καθ' οὗ οὐ λέγεται τὸ Α. εἰ οὖν οὐδὲν ἔστι λαβεῖν τοῦ Β, καθ' οὗ τὸ Α οὐ λέγεται, τὶ δὲ τοῦ Β τὸ Γ ἐστίν, καὶ κατὰ τοῦ Γ ἐξ ἀνάγκης ῥηθήσεται. αὐτόθεν οὖν ἐναργὴς ἡ τῶν τοιούτων συλλογισμῶν συναγωγὴ γινομένη καὶ πιστουμένη διὰ τῶν κειμένων, τοῦ τε κατὰ παντὸς καὶ τοῦ κατὰ μηδενός, καὶ μηδενὸς ἔξωθεν ἄλλου προσδεομένη. χρῆται δὲ τῷ κατὰ παντὸς καὶ τῷ κατὰ μηδενὸς ἐν τῇ διδασκαλίᾳ, ὅτι διὰ τούτων γνώριμος ἡ συναγωγὴ τῶν λόγων, καὶ ὅτι οὕτως λεγομένων γνωριμώτερος ὅ τε κατηγορούμενος καὶ ὁ ὑποκείμενος, καὶ ὅτι πρῶτον τῇ φύσει τὸ κατὰ παντὸς τοῦ ἐν ὅλῳ αὐτῷ, ὡς προείρηται. ἡ μέντοι χρῆσις ἡ συλλογιστικὴ ἐν τῇ συνηθείᾳ ἀνάπαλιν ἔχει· οὐ γὰρ ἡ ἀρετὴ λέγεται κατὰ πάσης δικαιοσύνης, ἀλλ' ἀνάπαλιν πᾶσα δικαιοσύνη ἀρετή. διὸ καὶ δεῖ κατ' ἀμφοτέρας τὰς ἐκφορὰς γυμνάζειν ἑαυτούς, ἵνα τῇ τε χρήσει παρακολουθεῖν δυνώμεθα καὶ τῇ διδασκαλίᾳ.

p. 25b40 Ὁμοίως δ' εἰ καὶ τὸ μὲν Α κατὰ μηδενὸς τοῦ Β.

Ἐκθέμενος τὸν πρῶτον συλλογισμὸν ἐν πρώτῳ σχήματι τὸν ἐκ δύο καθόλου καταφατικῶν καθόλου καταφατικὸν συνάγοντα τοῦ δευτέρου πάλιν μνημονεύει τοῦ ἐκ καθόλου ἀποφατικῆς τῆς μείζονος καὶ καθόλου κατα-

1 καὶ alterum om. aLM 2 ἐστιν M: εἰσιν aBL ὅτι aB: ὡς LM 3 ἐν om. a 4 ἐκθέσει B: ἐκβάσει aLM 5 εἰσιν L 6 πῶς om. L ἀποδέδωκεν a "ὅταν ... ῥηθήσεται" (7)] An. pr. I 1 p. 24b29 12 ἔστι aLM 15 πάλιν εἰ ... ῥηθήσεται (18) om. L 16 post ἐστί add. λαβεῖν aM 16. 17 τὸ α οὐ λέγεται aM 17 εἰ οὖν ... λέγεται om. M οὐδὲν οὖν a 18 ἐξ ἀνάγκης καὶ κατὰ τοῦ γ aM ante ῥηθήσεται add. τὸ α M 20 καὶ alterum om. LM 24 πρότερον L 25 ὥσπερ εἴρηται M προείρηται] p. 53,24 26 ἀρετὴ aB: δικαιοσύνη LM δικαιοσύνης aB: ἀρετῆς LM ἀλλὰ M 27 δεῖ καὶ aL 28 δυνάμεθα aL: δυνάμενα M 30 δὲ καὶ εἰ Ar. 32 καθόλου καταφατικὸν om. LM

φατικῆς τῆς ἐλάττονος καθόλου ἀποφατικὸν συνάγοντος καί φησιν, ὅτι 18r ὁμοίως καὶ ἐπὶ τούτου ἐκ τοῦ κατὰ μηδενὸς καὶ ἐκ τοῦ κατὰ παντὸς γνώριμος ἡ συναγωγή. διὸ καὶ ἀναπόδεικτος καὶ τέλειος καὶ οὗτος. εἰ γὰρ κατὰ παντὸς τὸ Β τοῦ Γ, οὐδὲν ἔσται τοῦ Γ, καθ' οὗ τὸ Β οὐ ῥηθήσεται· τὶ ἄρα ἐστὶ τὸ Γ τοῦ Β. ἂν δὴ τὸ Α κατὰ μηδενὸς λέγηται τοῦ Β, οὐδὲν ἔσται | τοῦ Β, καθ' οὗ κατηγορηθήσεται τὸ Α· ἦν δέ τι τοῦ Β 18v καὶ τὸ Γ· κατ' οὐδενὸς ἄρα τοῦ Γ τὸ Α.

p. 26a2 Εἰ δὲ τὸ μὲν πρῶτον παντὶ τῷ μέσῳ ἀκολουθεῖ, τῷ δὲ ἐσχάτῳ τὸ μέσον μηδενί, οὐκ ἔσται συλλογισμός.

Ἀκολουθεῖν μὲν εἶπε τὸ κατηγορεῖσθαι· τὸ γὰρ κατηγορούμενον ἀκολουθεῖ τῷ ὑπ' αὐτό. εἰπὼν δὲ περὶ τῶν συλλογισμῶν τῶν ἐν πρώτῳ σχήματι συζυγιῶν, εἰ καθόλου εἶεν ἀμφότεραι αἱ προτάσεις, παρατίθεται καὶ τὰς ἀσυλλογίστους, αἳ γίνονται καθόλου τῶν προτάσεων οὐσῶν· τεσσάρων γὰρ γινομένων συζυγιῶν ἐν πρώτῳ σχήματι, εἰ ἀμφότεραι εἶεν αἱ προτάσεις καθόλου, αἱ μὲν δύο συλλογιστικαί τέ εἰσι καὶ δόκιμοι, ἃς ἐξέθετο, αἱ δὲ δύο ἀσυλλόγιστοι, ἥ τε ἔχουσα τὴν ἐλάττονα ἀποφατικὴν τὴν δὲ μείζονα καταφατικήν, ἧς νῦν ἐμνημόνευσε, καὶ ἡ ἀμφοτέρας ἔχουσα ἀποφατικάς. τοῦ μὲν οὖν τὴν ἐκκειμένην συζυγίαν ἀσυλλόγιστον εἶναι αἴτιον, ὅτι ἡ ἐλάττων ἀποφατικὴ ἐλήφθη· εἰρήκαμεν γάρ, ὅτι ἀδύνατον ἐν πρώτῳ σχήματι συλλογισμὸν γενέσθαι ἀποφατικῆς οὔσης τῆς ἐλάττονος προτάσεως. ὅτι γὰρ οὕτως ἐχουσῶν τῶν προτάσεων οὐδὲν ἀναγκαῖον συνάγεται, ὅ ἐστιν ἴδιον συλλογισμοῦ, αὐτὸς μὲν δείκνυσι τῇ τῆς ὕλης παραθέσει· καὶ γὰρ καθόλου καταφατικὸν ἐπί τινος ὕλης δείξει δυνάμενον συνάγεσθαι καὶ πάλιν ἐπ' ἄλλης καθόλου ἀποφατικόν, ὃ ἐναργέστατον σημεῖον τοῦ μηδεμίαν ἔχειν τὴν συζυγίαν ταύτην ἰσχὺν συλλογιστικήν, εἴ γε τά τε ἐναντία καὶ τὰ ἀντικείμενα ἐν αὐτῇ δείκνυται, ὄντα ἀλλήλων ἀναιρετικά. ἐν ᾗ γὰρ ἂν συζυγίᾳ καθόλου καταφατικὸν καὶ καθόλου ἀποφατικὸν δεικνύηται, ἐν ταύτῃ οὐδὲν οἷόν τε συνάγεσθαι συλλογιστικῶς τῷ δεῖν μὲν τὸ συναγόμενον συλλογιστικῶς ἐπὶ πάσης τε ὕλης τὸ αὐτὸ εἶναι καὶ ἔτι ἢ καθόλου καταφατικὸν εἶναι ἢ καθόλου ἀποφατικὸν ἢ ἐπὶ μέρους καταφατικὸν ἢ ἀποφατικὸν ἀναιρεῖσθαι δὲ τὰ μὲν καταφατικὰ ἀμφότερα ὑπὸ τοῦ καθόλου ἀποφατικοῦ πάλιν δ' αὖ τὰ ἀποφατικὰ ὑπὸ τοῦ καθόλου καταφατικοῦ. τοῦτο δὲ ἐμήνυσεν εἰπὼν ὥστ' οὔτε τὸ κατὰ μέρος οὔτε τὸ καθόλου

2 μηδενὸς ... παντὸς aBM: παντὸς ... μηδενὸς L 3 τέλειος καὶ ἀναπόδεικτος a καὶ (ante οὗτος) L: om. aBM 4 τὸ $\bar{\beta}$ τοῦ $\bar{\gamma}$ a: τοῦ (υ evan. B) $\bar{\beta}$ τὸ $\bar{\gamma}$ BM: τοῦ $\bar{\gamma}$ τὸ $\bar{\beta}$ L ὃ τοῦ L 5 δὴ BLM: δὲ a 7 καὶ om. a 8 ἀκολουθεῖ aB (Marc. 231): ὑπάρχει Ar. 8. 9 τὸ δὲ μέσον μηδενὶ τῷ ἐσχάτῳ ὑπάρχει Ar. 9 οὐδενί B 10 ἀκολουθεῖ B 11 post ἐν add. τῷ aLM 12 συζυγιῶν ante τῶν ἐν (11) transponunt aLM 13 οἳ M γὰρ om. LM 13. 14 γινομένων τεσσάρων L 15 τε om. LM 18 ἐγκειμένην a 19 εἰρήκαμεν] cf. p. 49,25 24 ἐπὶ L ἀποφατικῆς L 26 αὐτῇ scripsi: αὐτῷ BLM: ταυτῷ a ὄντα B corr.: οἷον τὰ aLM et, ut videtur, B pr. 27 ἀποφατικὸν καὶ καθόλου καταφατικὸν L δεικνύηται correxi: δείκνυται libri 29 τε B: τῆς aLM 31 τὴν μὲν καταφατικὴν ἀμφοτέραν a

γίνεται ἀναγκαῖον, οὐχ ὅτι δέ, ἐὰν ἀντίφασις ἐν συζυγίᾳ τινὶ συναγομένη 18v δειχθῇ, ἀναιρεῖται τὸ δύνασθαί τι ἐν αὐτῇ συνάγεσθαι συλλογιστικῶς. ἂν μὲν γὰρ καθόλου καταφατικὸν καὶ ἐπὶ μέρους ἀποφατικὸν συνάγηται, οὐδὲν κωλυθήσεται τὸ ἐπὶ μέρους καταφατικὸν συνάγεσθαι συλλογιστικῶς· ὑπ' οὐδετέρου γὰρ τοῦτο τῶν κειμένων ἀναιρεῖται· ἂν δὲ ἡ ἑτέρα ἀντίφασις ᾖ δεικνυμένη, δυνήσεται τὸ συλλογιστικῶς συναγόμενον εἶναι ἐπὶ μέρους ἀποφατικόν. ἀλλὰ περὶ μὲν τούτου μετ' ὀλίγον ῥηθήσεται. νῦν δὲ ἡμεῖς προσθῶμεν καὶ τὴν αἰτίαν τοῦ ἀσυλλόγιστον εἶναι τὴν ἐκκειμένην. εἰ γὰρ τὸ Γ ἐν μηδενὶ τῷ Β, τὸ Β κατ' οὐδενὸς τοῦ Γ· οὐδὲν ἄρα ἔσται λαβεῖν τοῦ Γ, καθ' οὗ τὸ Β ῥηθήσεται· κεχώρισται δὴ τὸ Γ τοῦ Β καὶ κατ' οὐδὲν αὐτῷ συνῆπται. τὸ δέ γε Α κατὰ παντὸς τοῦ Β κεῖται. ἀλλ' ἐπεὶ τὸ κατὰ παντός τινος λεγόμενον δύναται καὶ ἐπὶ πλέον αὐτοῦ εἶναι· διὰ τοῦτο γὰρ καὶ ὁ κατηγορούμενος ὅρος μείζων καλεῖται· δύναται γὰρ τὸ Α τοιοῦτον ληφθῆναι, ὡς πᾶν τε τὸ Β περιειληφέναι καὶ ἔτι ἔχειν τινὰ μόρια ὑπερπίπτοντα τὴν περίληψιν τοῦ Β· οἷς δὴ ὑπερπίπτει τοῦ Β τὸ Α μέρεσιν αὑτοῦ, δύναται τούτοις καὶ τὸ Γ περιλαμβάνειν καὶ μὴ περιλαμβάνειν. γίνεται οὖν παρὰ τὴν τῆς ὕλης διαφορὰν τἀναντία ἀληθῆ ἐπὶ τῆς τοιαύτης τῶν προτάσεων συμπλοκῆς. αἱ δὲ οὕτως ἔχουσαι συμπλοκαὶ ἀσυλλόγιστοι. ἔστω γὰρ τὸ μὲν Α ζῷον τὸ δὲ Β ἄνθρωπος τὸ δὲ Γ ἵππος· ζῷον παντὶ ἀνθρώπῳ, ἄνθρωπος οὐδενὶ ἵππῳ, ζῷον παντὶ ἵππῳ· τῷ γὰρ ὑπερεκπίπτοντι τοῦ ἀνθρώπου τὸ ζῷον περιέχει καὶ τὸν ἵππον, οὐ κατὰ τὴν τοῦ μέσου κοινωνίαν τε καὶ αἰτίαν. ἐὰν δὲ ἀντὶ τοῦ ἵππου λίθος τεθῇ, ἡ μὲν ἀλήθεια τῶν προτάσεων ὁμοία· | καὶ γὰρ τὸ ζῷον κατὰ παντὸς ἀνθρώπου, 19r καὶ ὁ ἄνθρωπος κατ' οὐδενὸς λίθου, ⟨καὶ τὸ ζῷον κατ' οὐδενὸς λίθου⟩. ἀδόκιμος ἄρα ἡ συζυγία οὐκ αὐτὴ τὴν ὕλην εἰδοποιοῦσα ἀλλὰ συμμεταπίπτουσα τῇ ἐκείνης διαφορᾷ καὶ μηδὲν ἀναγκαῖον συνάγουσα ἐκ τῶν κειμένων.

Εἰπὼν δὲ καὶ γὰρ παντὶ καὶ μηδενὶ ἐνδέχεται τὸ πρῶτον τῷ ἐσχάτῳ ὑπάρχειν ἐπήνεγκεν ὥστε οὔτε τὸ κατὰ μέρος οὔτε τὸ καθόλου γίνεται ἀναγκαῖον· οὐ γὰρ μόνον ἀναιρεῖται ὑπὸ τοῦ καθόλου ἀποφατικοῦ τὸ καθόλου καταφατικόν, ὡς εἰρήκαμεν, ἀλλὰ καὶ τὸ ἐπὶ

1 γίνεσθαι a ante ἀντίφασις add. ἡ aLM 2 δειχθῇ scripsi: ἐδείχθη libri 3 γὰρ om. L 4 οὐδὲ B 5 ἂν B: ἣν aM: ἦν L 7 post μὲν add. οὖν L 8 ante τὴν ἐκκειμένην add. τὴν συζυγίαν aLM κειμένην LM 9 οὐδὲν ex οὐδὲ corr. B 10 δὴ BM: δὲ aL 11 γε om. L 12 εἶναι αὐτοῦ aL 13 καὶ om. aLM γὰρ alterum om. aLM 14 ληφθῆναι B: εἰλῆφθαι aLM 15 τοῦ β̄ post τὴν transponunt aL δὴ BL: δὲ aM ὑπερπίπτει] conicio ὑπερεκπίπτει (cf. vs. 20) τὸ α corr. ex τοῦ α B 16 αὐτοῦ libri καὶ (post τούτοις) om. L 17 τὰ ἐναντία LM 20. 21 ὑπερεκπίπτειν a 21 ante οὐ add. καὶ M 22 τε B: αὐτός aLM ἵππος a 24 ὁ om. a καὶ τὸ ζῷον κατ' οὐδενὸς λίθου a: om. BLM 25 ἄρα B: ἔτι M: om. L: δὲ αὕτη a 28 δὲ καὶ om. L παντὶ aLM et Ar.: τὸ παντὶ B 30 γίνεσθαι a post ἀναγκαῖον add. οὔτε τῶν καθόλου τι οὔτε τῶν ἐπὶ μέρους B 30. 31 τῆς (τῆς etiam B pr.) καθόλου ἀποφατικῆς a 31 καταφατικόν aBM: ἀποφατικόν L εἰρήκαμεν] p. 55,31

μέρους καταφατικόν (ἡ γὰρ ἀντίφασις ἐν τούτοις). καὶ πάλιν ὑπὸ τοῦ καθόλου καταφατικοῦ οὐ τὸ καθόλου ἀποφατικὸν ἀναιρεῖται μόνον ἀλλὰ καὶ τὸ ἐπὶ μέρους ἀποφατικόν· ὥστε ἐν τῷ δεῖξαι τἀναντία συναγόμενα, ὅτι μηδὲ τῶν ἐπὶ μέρους τι συνάγεται κατὰ συλλογιστικὴν ἀνάγκην, ἔδειξεν. 19r

p. 26a 9 Οὐδ' ὅταν μήτε τὸ πρῶτον τῷ μέσῳ μήτε τὸ μέσον τῷ ἐσχάτῳ μηδενὶ ὑπάρχῃ.

Μετελήλυθεν ἐπὶ τὴν ἐκ δύο καθόλου ἀποφατικῶν ἐν πρώτῳ σχήματι συζυγίαν, καὶ δείκνυσι καὶ ταύτην ἀσυλλόγιστον οὖσαν τῇ τῶν ὅρων πάλιν παραθέσει, ὧν παρὰ τὴν διαφορὰν καὶ παντὶ καὶ μηδενὶ ὑπάρχον φαίνεται τὸ Α τῷ Γ. αἰτία δὲ τοῦ μηδὲν συνάγεσθαι ἐν τῇ τοιαύτῃ συζυγίᾳ συλλογιστικῶς, ὅτι ὁ μέσος οὐδεμίαν ἔχει σχέσιν πρὸς οὐδέτερον τῶν ἄκρων, ἀλλ' οὕτως ἔχει, ὡς εἰ καὶ τὴν ἀρχὴν μηδὲ ἐλήφθη· παρὰ δὲ τοῦτον ὁ συλλογισμός· οὕτως γὰρ ἔχοντος αὐτοῦ δύναται καὶ πίπτειν ὑπὸ τὸ Α τὸ Γ καὶ μὴ πίπτειν. εἰ μὲν γὰρ τὸ Α ἐπιστήμη τὸ δὲ Β γραμμὴ τὸ δὲ Γ ἰατρική, ἀληθῶν οὐσῶν ἀμφοτέρων τῶν προτάσεων καθόλου ἀποφατικῶν ἡ ἐπιστήμη τῇ ἰατρικῇ πάσῃ ὑπάρξει. εἰ δὲ ἀντὶ τῆς ἰατρικῆς μονὰς τεθείη ἢ λίθος, αἱ μὲν προτάσεις ὁμοίως ἀληθεῖς, οὐδεμιᾷ δὲ ἐπιστήμη μονάδι ὑπάρξει οὐδὲ λίθῳ.

p. 26a 13 Καθόλου μὲν οὖν ὄντων τῶν ὅρων δῆλον ἐν τούτῳ τῷ σχήματι.

Εἰρήκαμεν, ὅτι τεσσάρων οὐσῶν συζυγιῶν ἐν πρώτῳ σχήματι καθόλου τῶν προτάσεων λαμβανομένων δύο μὲν γίνονται συλλογιστικαὶ δύο δὲ ἀσυλλόγιστοι.

p. 26a 14 Καὶ ὅτι ὄντος τε συλλογισμοῦ τοὺς ὅρους ἀναγκαῖον ἔχειν, ὡς εἴπομεν.

Ἀντιστρέψας εἶπε· καὶ γὰρ συλλογισμοῦ ὄντος ἐν πρώτῳ σχήματι ἐκ καθόλου προτάσεων ἀνάγκη τὴν εἰρημένην θέσιν καὶ τάξιν ἔχειν τοὺς ὅρους πρὸς ἀλλήλους, καὶ τῶν ὅρων οὕτως ἐχόντων καὶ κειμένων ἀνάγκη συλλογισμὸν εἶναι. ὅτι μὲν οὖν, εἰ καθόλου καταφατικὸν εἴη συμπέρασμα, ἀνάγκη

---

3 ἀποφατικὸν L corr. τὰ ἐναντία LM 4 μηδ' omisso τῶν a 9 παρὰ BLM: περὶ a ὑπάρχειν aLM 11 σχέσιν aLM: σύνθεσιν B 12 μηδὲ τὴν ἀρχὴν aL μηδ' M παρὰ BLM: περὶ a 13 καὶ om. LM 14 καὶ om. L μὲν om. a δὲ (ante β) om. aB δὲ (ante γ) om. a 15 ἀληθῶν om. aLM 16 πάσει B 17 μονάδι ἐπιστήμη a 19 οὖν Ar.: om. aB (C): at cf. p. 58,11 τῶν ὅρων om. a 22 μὲν om. a 24 τε B: τοῦ a τοῦ ὅρους B 25 ὡς εἴπομεν om. a 27 ante θέσιν add. πρότασιν καὶ a καὶ τάξιν om. aL 28 post ἀνάγκη add. καὶ M

ἐκ προτάσεων τοιούτων καὶ οὕτως κειμένων, ὡς ἐδείξαμεν, ἐν πρώτῳ 19r σχήματι γίνεσθαι αὐτόν. δῆλον· ἐν ἄλλῳ γὰρ σχήματι οὐδὲν καθόλου συνάγεται καταφατικόν. πῶς δὲ ἔτι ἀληθὲς ἐπὶ τοῦ ἀποφατικοῦ καθόλου συμπεράσματος; δόξει γὰρ οὐκ ἀναγκαῖον εἶναι, εἰ ἔστι καθόλου ἀποφατικὸν συμπέρασμα συλλογιστικῶς γεγονός, καὶ τοὺς ὅρους οὕτως ἔχειν, ὡς εἰρήκαμεν, ἐν τῇ δευτέρᾳ συζυγίᾳ τῶν ἐν πρώτῳ σχήματι· δύναται γὰρ ταὐτὸν συμπέρασμα συλλογιστικῶς δειχθῆναι καὶ ἄλλως ἐχόντων τῶν ὅρων· καὶ γὰρ ἐν δευτέρῳ σχήματι τὸ καθόλου ἀποφατικὸν δείκνυται καὶ διχῶς γε· ὥστ' οὐκ ἀληθὲς δόξει τὸ ὄντος τε συλλογισμοῦ τοὺς ὅρους ἀναγκαῖον ἔχειν, ὡς εἴπομεν. δεῖ οὖν προσυπακούειν, ἵν' ἀληθὲς ᾖ τὸ λεγόμενον, τὸ 'ἐν τούτῳ τῷ σχήματι', ὡς προείρηκε διὰ τοῦ καθόλου μὲν οὖν ὄντων τῶν ὅρων δῆλον ἐν τούτῳ τῷ σχήματι· ὥστε καὶ ἃ ἐπιφέρει περὶ τῶν ἐν τούτῳ τῷ σχήματι λέγει. δύναται δέ τις καὶ ἐπὶ τῶν ἐν τῷ δευτέρῳ σχήματι συλλογισμῶν τῶν τὸ καθόλου ἀποφατικὸν συναγόντων λέγειν τὸ εἰρημένον ἁρμόζειν· καὶ γὰρ καὶ ἐκεῖ, εἰ καὶ ⟨μὴ⟩ ἡ τάξις τῶν προτάσεων οὕτως κεῖται, ὡς ἄλλως ἐχόντων πρὸς ἀλλήλους τῶν ὅρων καὶ οὐχ ὡς ἐν τῷ πρώτῳ σχήματι, ἀλλὰ καὶ τότε δυνάμει οὕτως ἔχουσι. κατὰ γοῦν τὴν εἰς τὸ πρῶτον σχῆμα διὰ τῶν ἀντιστροφῶν τῶν προτάσεων 19v ἀνάλυσιν δείκνυνται συλλογιστικαὶ οὖσαι αἱ συζυγίαι. ὥστε καὶ τότε οὕτως ἔχουσιν οἱ ὅροι πρὸς ἀλλήλους, ὡς εἴρηκεν ἐπὶ τῆς ἐν τῷ πρώτῳ σχήματι δευτέρας συζυγίας· εἰς γὰρ ταύτην ἀνάγονται οἱ καθόλου ἀποφατικὸν ἐν δευτέρῳ συνάγοντες σχήματι, ὡς προϊὼν δείξει.

p. 26a17 Εἰ δ' ὁ μὲν καθόλου τῶν ὅρων ὁ δ' ἐν μέρει πρὸς τὸν ἕτερον.

Οὐκ ἀργῶς μοι δοκεῖ προστεθεικέναι τῷ ὁ δ' ἐν μέρει τὸ πρὸς τὸν ἕτερον· δύναται γὰρ καὶ ἐν μιᾷ καὶ τῇ αὐτῇ προτάσει τῶν ὅρων ὁ μὲν καθόλου εἶναι ὁ δ' ἐν μέρει, καθόλου μὲν ὁ ὑποκείμενος ὅλος λαμβανόμενος ἐν μέρει δὲ ὁ κατηγορούμενος, οὗ μέρος κατὰ τοῦ ὑποκειμένου λέγεται. οὐ γὰρ πᾶν ζῷον κατὰ ἀνθρώπου· μέρος γὰρ τοῦ ζῴου κατὰ παντὸς ἀνθρώπου ἐν τῇ προτάσει τῇ λεγούσῃ 'πᾶς ἄνθρωπος ζῷον'· τί γὰρ

1 τοιούτων προτάσεων aLM οὕτω a 1. 2 ἐν πρώτῳ σχήματι om. a 2 σχήματι bis, semel expct., M αὐτό a ante σχήματι add. τῷ LM 3 ἔτι aBL: ἔστιν M ante ἐπὶ add. καὶ L καταφατικοῦ L 9 ὥστε L δείξει M τε Ar.: γε BLM: om. a: cf. p. 57, 24 10 ἵνα M ᾖ ἀληθὲς L 11 τὸ ἐν LM: καὶ ἐν aB ὡς aB: ὃ M: evan. L οὖν om. aL 12 δῆλον ἐν om. a ἐπιφέρειν a 13 δὲ om. LM τῷ alterum om. aLM 14 συλλογισμῶν om. aLM 15 ante λέγειν add. καὶ L ante ἁρμόζειν add. καὶ aLM μὴ a: om. BLM 16 τῶν ὅρων πρὸς ἀλλήλους aL 17 τῷ om. L 21 ἀποφατικοὶ a 22 σχήματα a σχήματι συνάγοντες LM 25 τῷ LM: τὸ aB δὲ LM τὸ LM: om. aB 27 δὲ L ὅλος BLM: ὅρος a 29 ante ἀνθρώπου add. τοῦ aLM post ἀνθρώπου add. λέγεται LM μέρος aB: τί LM 30 ἀνθρώπου om. L

ζῷον κατ' ἀνθρώπου. ἀλλὰ καὶ ἡ 'τὸ ζῷον κατὰ τινὸς ἐμψύχου' ἔχει τὸν 19v μὲν καθόλου τῶν ὅρων τὸν δ' ἐν μέρει· διὰ τοῦτο καὶ ἡ ἀντιστροφὴ τῆς τοιαύτης προτάσεως ἐπὶ μέρους γίνεται. ἵν' οὖν ἐν συμπλοκῇ προτάσεων δηλώσῃ τῶν ὅρων τὸ καθόλου καὶ ἐν μέρει καὶ μὴ ἐν προτάσει μιᾷ μηδ' ἐν ἀντιστροφῇ προτάσεως, προσέθηκε τὸ πρὸς τὸν ἕτερον, τοῦτ' ἔστιν 'ὅταν οὖν καθόλου κατηγορῆταί τις ὅρος καὶ οὗτος ἄλλου τινὸς ἐπὶ μέρους κατηγορῆται', ἢ ἔτι ἁπλούστερον 'ὅταν ὁ αὐτὸς ὅρος πρὸς μὲν ἄλλον ὅρον καθόλου ᾖ πρὸς δὲ ἄλλον ἐπὶ μέρους ἐν τῇ προειρημένῃ συμπλοκῇ'· τοῦτον γὰρ τὸν τρόπον ἐπὶ μέρους αὐτοῦ λαμβανομένου γίνεται συζυγία καὶ συμπλοκὴ προτάσεων. εἰρηκὼς δὲ περὶ τῶν συζυγιῶν τῶν ἐν τῷ πρώτῳ σχήματι ἐκ δύο καθόλου μεταβαίνει πάλιν ἐπὶ τὰς συζυγίας, ἐν αἷς ἡ ἑτέρα πρότασις ἐπὶ μέρους ἐστὶ τῆς ἑτέρας οὔσης καθόλου, καὶ δείκνυσι, τίνες εἰσὶν αἱ τοιαῦται, καὶ πόσαι καὶ ποῖαι αὐτῶν συλλογιστικαί. καὶ πρῶτόν γε ταύτας ἐκτίθεται. δύο δ' εἰσὶν αἱ δόκιμοι καὶ ἐν ταῖς τοιαύταις συζυγίαις, ἥ τε καθόλου καταφατικὴν τὴν μείζονα πρότασιν ἔχουσα τὴν δὲ ἐλάττονα ἐπὶ μέρους καταφατικὴν καὶ ἡ τῆς ἐλάττονος οὔσης ἐπὶ μέρους καταφατικῆς τὴν μείζονα ἔχουσα καθόλου ἀποφατικήν, ὧν ἀμφοτέρων ὁμοῦ ἐμνημόνευσεν εἰπὼν ὅταν μὲν τὸ καθόλου τεθῇ πρὸς τὸ μεῖζον ἄκρον ἢ κατηγορικὸν ἢ στερητικόν, τὸ δ' ἐν μέρει πρὸς τὸ ἔλαττον κατηγορικόν, ἀνάγκη συλλογισμὸν εἶναι τέλειον. οὔσης μὲν γὰρ τῆς μείζονος καθόλου τε καὶ καταφατικῆς ἐπὶ μέρους καταφατικὸν ἔσται τὸ συναγόμενον, καθόλου δὲ ἀποφατικῆς ληφθείσης ἐκείνης ἐπὶ μέρους ἀποφατικὸν συναχθήσεται. τῷ γὰρ δεῖν τὴν ἑτέραν ἐπὶ μέρους εἶναι εἰλῆφθαι δὲ τὴν μείζονα καθόλου πάντως ἡ ἐλάττων ἐπὶ μέρους ἔσται· εἴρηκε δέ, ὅτι καὶ κατηγορική.

p. 26a 20 Ὅταν δὲ πρὸς τὸ ἔλαττον ᾖ καὶ ἄλλως πως ἔχωσιν οἱ ὅροι, ἀδύνατον.

Προειπὼν περὶ τῆς μείζονος προτάσεως, ὅτι καὶ στερητικῆς οὔσης αὐτῆς ἔσται συλλογισμός, ἐπήνεγκεν ὅταν δὲ πρὸς τὸ ἔλαττον, δῆλον ὅτι τὸ στερητικὸν μετατεθῇ, ὡς εἶναι ταύτην μὲν ἐπὶ μέρους ἀποφατικὴν τὴν δὲ μείζονα καθόλου μὲν ἢ καταφατικὴν δὲ ἢ ἀποφατικήν. τὸ δὲ καὶ ἄλλως πως ἔχωσι δηλωτικόν ἐστι τοῦ 'ἂν ἡ μὲν μείζων τὸ ἐπὶ

---

1 κατ' aBM: κατὰ τοῦ L τινὸς ἐμψύχου] ος ἐμψύχου in ras. B[2] 2 δὲ LM 3 ἵνα LM 4 τῶν ὅρων post μέρει transponit a, repetit B 5 προτάσεως om. aLM 6 οὖν om. a 6. 7 κατηγορῆται ἐπὶ μέρους L 7 κατηγορεῖται a ὅρον om. L 10 τῷ om. aLM 11 τὰς συζυγίας aLM: τὴν συζυγίαν B 14 ἐκτίθησι aLM 15 καταφατικὴ a μείζω a ἐλάττω a 18 τεθῇ om. L τῷ μείζονι ἄκρῳ a 19 τῷ ἐλάττονι a 20 εἶναι BLM et Ar.: γενέσθαι a 21 καὶ om. aL καταφατικὸν] κατα evan. L 22 ληφθείσης BLM: δειχθείσης a ἐκείνης om. aLM 26 τῷ ἐλάττονι a καὶ in ras. B: om. a 28. 29 αὐτῆς οὔσης a 29 τῷ ἐλάττονι a 30 μετατεθείη a 31 ἢ (post μὲν) om. a δὲ (ante ἢ prius) om. LM 32 καὶ om. aM ante ἄλλως add. ἂν BM: at cf. p. 60, 4, 63, 12 post ἂν add. τε LM μὲν ἡ aL

μέρους εἶναι μεταλάβῃ. ἡ δὲ ἐλάττων τὸ καθόλου'· οὕτως γὰρ ἐχουσῶν 19v οὐ γίνεται συλλογισμός. δύναται τὸ ὅταν δὲ πρὸς τὸ ἔλαττον καὶ 'ὅταν πρὸς τὸ ἔλαττον τὸ καθόλου μετενεχθῇ'. καὶ ὅσον γε ἐπὶ τοῖς ἐπιφερομένοις τοῦτ' ἔστι τὸ λεγόμενον μᾶλλον. καὶ εἴη ἂν τὸ ἢ καὶ ἄλλως πως ἔχωσιν οἱ ὅροι εἰρημένον ἐπὶ τῆς ἐλάττονος προτάσεως, ἂν μὴ μεταλάβῃ μὲν αὕτη τὸ καθόλου, μένουσα δὲ ἐπὶ μέρους ἀποφατικὴ ληφθῇ. |

p. 26a21 Λέγω δὲ μεῖζον μὲν ἄκρον, ἐν ᾧ τὸ μέσον ἐστίν, 20r ἔλαττον δὲ τὸ ὑπὸ τὸ μέσον.

Δεῖ πάντων τῶν λεγομένων ἀκούειν ὡς ἐπὶ τοῦ πρώτου σχήματος λεγομένων· καὶ γὰρ καὶ τὸ νῦν λεγόμενον οὕτως ἔχει· ἐν τῷ πρώτῳ σχήματι μεῖζον μέν, ἐν ᾧ τὸ μέσον ἐστίν, ἔλαττον δὲ τὸ ὑπὸ τὸ μέσον· ἦν γὰρ ἐν τούτῳ τῷ σχήματι ὁ μέσος τῷ μὲν ὑποκείμενος τοῦ δὲ κατηγορούμενος. ἐπεὶ ἔν γε τῷ δευτέρῳ σχήματι καὶ ὁ μείζων καὶ ὁ ἐλάττων ἐν τῷ μέσῳ εἰσίν· ὑπ' οὐδένα γὰρ ὁ μέσος. ἀνάπαλιν δὲ ἐν τῷ τρίτῳ ὁ μέσος οὐχ ὑπὸ τὸν μείζονα μόνον ἐστὶν ἀλλὰ καὶ ὑπὸ τὸν ἐλάττονα· οὐδεὶς γὰρ ἐν τῷ μέσῳ. σαφῶς δέ, ὅτι ὁ κατηγορούμενος ἐν τῷ συμπεράσματι οὗτος καὶ ἐν ταῖς προτάσεσι μείζων ἐστὶ καὶ παρὰ τοῦτον ἡ μείζων πρότασις, ἔδειξεν.

p. 26a23 Ὑπαρχέτω γὰρ τὸ μὲν Α παντὶ τῷ Β, τὸ δὲ Β τινὶ τῷ Γ.

Ἡ μὲν συζυγία τοῦ τρίτου ἀναποδείκτου, ὅς ἐστιν ἐπὶ μέρους καταφατικὸν ἔχων τὸ συμπέρασμα. εἰ γὰρ τὸ Β τινὶ τῷ Γ, τὶ τοῦ Γ ἐν ὅλῳ ἐστὶ τῷ Β· κατὰ παντὸς δὲ τοῦ Β τὸ Α· οὐδὲν ἄρα ἐστὶ τοῦ Β, καθ' οὗ οὐ ῥηθήσεται τὸ Α· τὶ δὲ τοῦ Β ἐστὶ τὸ Γ· κατὰ τούτου ἄρα τὸ Α ῥηθήσεται. ὁμοίως δὲ ἕξει καὶ ὁ τέταρτος ἀναπόδεικτος ὁ ἔχων τὴν μὲν μείζονα καθόλου ἀποφατικὴν τὴν δὲ ἐλάττονα ἐπὶ μέρους καταφατικήν. εἰ γὰρ εἴη τι τοῦ Γ ἐν ὅλῳ τῷ Β, τὸ δὲ Β ἐν μηδενὶ τῷ Α, τὸ Α τινὶ τῷ Γ οὐχ ὑπάρξει. τὶ μὲν γὰρ τοῦ Γ ὑπὸ τὸ Β· οὐδὲν δ' ἔστι τοῦ Β λαβεῖν, καθ' οὗ τὸ Α ῥηθήσεται· ὥστε οὐδὲ κατὰ τινὸς τοῦ Γ ἐκείνου, ὃ

1 μεταλάβοι a 2 post δύναται add. δὲ aLM τὸ LM: τὸ καὶ B: καὶ τὸ a 2. 3 πρὸς τὸ ἔλαττον καὶ ὅταν superscr. B[3]: om. a 3. 4 φερομένοις aLM 4 μᾶλλον om. a ἢ post καὶ transponit M: om. aL 5 ἐπὶ BLM: περὶ a 6 μεταλάβοι a ante μένουσα add. ἀλλὰ M δὲ om. LM ληφθείη a 8 post μέσον add. ὂν a et Ar. 10 καὶ alterum om. LM 11 post μέσον add. ὂν aL (cf. 8) 12 ἦν evan. L 14 ἐστίν a 15 ἀλλὰ evan. L 16 σαφὲς LM 17 καὶ (ante ἐν) om. L παρὰ BLM: περὶ a τοῦτον aBM: μείζων L 19 sequentia quoque Ar. verba οὐκοῦν εἰ ἔστι κατὰ (κατὰ om. Ar., sed add. Cdi) παντὸς κατηγορεῖσθαι τὸ ἐν ἀρχῇ λεχθέν, ἀνάγκη τὸ α τινὶ τῷ γ ὑπάρχειν. καὶ εἰ τὸ μὲν α μηδενὶ τῷ β ὑπάρχει, τὸ δὲ β τινὶ τῷ γ, ἀνάγκη τὸ α τινὶ τῷ γ μὴ ὑπάρχειν exhibet a 21 ἀναπόδεικτος LM ἐπὶ μέρους oblit. M 24 τῷ β ἔστι τοῦ γ a 25 δ' ἕξει M: δόξει L τέτταρα L ὁ alterum om. LM 28 ὑπὸ evan. L δ' ἐστὶ aBM: δὲ τὶ L

ἦν τι τοῦ Β. ὅμοιαι ταῖς τοιαύταις συναγωγαῖς γίνονται, καὶ εἰ ἀδιόριστον 20r καταφατικὴν τὴν ἐλάττονα ποιήσαιμεν, τηρήσαιμεν δὲ τὴν μείζονα ποτὲ μὲν καθόλου καταφατικὴν ποτὲ δὲ καθόλου ἀποφατικήν. πάντες δὲ οἱ προειρημένοι τέλειοι· πάντες γὰρ τῷ κατὰ παντὸς μόνῳ ἢ κατὰ μηδενὸς προσχρώμενοι. ὃ ἔστι κείμενον, φανερὰν τὴν συναγωγὴν ἔχουσιν.

p. 26a30 Ἐὰν δὲ πρὸς τὸν ἐλάσσονα ἄκρον τὸ καθόλου τεθῇ ἢ κατηγορικὸν ἢ στερητικόν, οὐκ ἔσται συλλογισμός.

Λέγει μὲν περὶ συζυγιῶν τῶν ἐχουσῶν τὴν μὲν ἑτέραν πρότασιν καθόλου τὴν δὲ ἑτέραν ἐπὶ μέρους. εἰπὼν δὲ περὶ τούτων, ἐν αἷς τὸ καθόλου ἦν πρὸς τῇ μείζονι προτάσει, τὸ δὲ ἐπὶ μέρους πρὸς τῇ ἐλάττονι ὂν καταφατικόν, καὶ δείξας, ὅτι συλλογιστικαὶ αἱ τοιαῦται συζυγίαι, προσθεὶς δὲ καὶ τάς, ἐν αἷς ἀντὶ τοῦ ἐπὶ μέρους τὸ ἀδιόριστον ἔχει ἡ ἐλάττων πρότασις τῶν ἄλλων τῶν αὐτῶν μενόντων (δύο γὰρ καὶ οὕτως λαμβανομένης τῆς ἐλάττονος ἐγίνοντο συλλογισμοί), νῦν μετελήλυθεν ἐπὶ τὰς ἐναλλάξ. αὗται δέ εἰσιν αἱ ἔχουσαι τὴν ἐλάττονα πρότασιν καθόλου. γίνεται δὲ ταύτης οὔσης καθόλου ἡ μείζων πρότασις ἢ ἐπὶ μέρους ἢ ἀδιόριστος· οὔσης δὲ ταύτης ἐπὶ μέρους ἢ ἀδιορίστου ἀσυλλόγιστοι πᾶσαι αἱ συμπλοκαί, ὡς προειρήκαμεν. δείκνυσιν οὖν ἐκτιθέμενος τὰς συμπλοκὰς καὶ συζυγίας ταύτας, ὅτι εἰσὶν ἀσυλλόγιστοι, πάλιν χρώμενος τῇ τῆς ὕλης παραθέσει, ἐφ' ἧς εὑρίσκεται τὰ ἐναντία συναγόμενα. τὸ δὲ κατὰ μέρος ὄντος εἶπεν ἀντὶ τοῦ 'τῆς μείζονος'· αὕτη γὰρ γίνεται κατὰ μέρος.

p. 26a33 Οἷον εἰ τὸ μὲν Α τινὶ τῷ Β ὑπάρχει ἢ μὴ ὑπάρχει.

Ὅτι καὶ καταφατικῆς καὶ ἀποφατικῆς οὔσης τῆς μείζονος προτάσεως, εἰ | ἐπὶ μέρους εἴη, ἀσυλλόγιστος ἡ συμπλοκή. εἰ γὰρ τὸ μὲν Α κατὰ 20v τινὸς τοῦ Β λέγοιτο, τὸ δὲ Β κατὰ παντὸς τοῦ Γ, οὐδὲν μὲν ἔσται τοῦ Γ, καθ' οὗ οὐ ῥηθήσεται τὸ Β, ὥστε τι τοῦ Β τὸ Γ· τὸ δὲ Α κατὰ τινὸς τοῦ Β λεγόμενον δύναται καὶ κατὰ τούτου τοῦ μέρους αὐτοῦ λέγεσθαι, ὅ ἐστι τὸ Γ, δύναται καὶ κατ' ἄλλου· ἐπὶ πλέον γὰρ τὸ Β τοῦ Γ κατηγορεῖται· οὐκ ἐξ ἀνάγκης ἄρα ἢ ὑπάρξει ἢ οὐχ ὑπάρξει τὸ Α τῷ Γ. οἷον εἰ εἴη τὸ Α ἀγαθὸν τὸ δὲ Β ἕξις τὸ δὲ Γ φρόνησις· τὸ μὲν γὰρ ἀγαθὸν

---

1 ὁμοίως a et, ut videtur, B pr. 2 ποιήσωμεν a 4 post ἢ add. τῷ a 4. 5 χρώμενοι a 6 τὸ ἔλασσον a: τὸ ἔλαττον Ar. 8 ante συζυγιῶν add. τῶν a 9 δ' (post τὴν) M 10 δὲ B: δ' LM: δέ γε a 14 ἐπελήλυθεν a 15 αἱ om. L 17 ante ἐπὶ add. ἢ a πᾶσαι ... ἀσυλλόγιστοι (19) om. L 18 προειρήκαμεν] cf. p. 49, 26 sq. 19 ταύτας post συμπλοκὰς (18) transponit a 20 τὸ scripsi: τοῦ libri ὄντος om. a 21 τοῦ om. L 22 textus verba in LM μὲν a et Ar.: om. BLM sequentia quoque Ar. verba τὸ δὲ β παντὶ τῷ γ ὑπάρχει. ὅροι τοῦ μὲν (μὲν om. Ar.) ὑπάρχειν ἀγαθόν, ἕξις, φρόνησις, τοῦ δὲ (δὲ om. Ar.) μὴ ὑπάρχειν ἀγαθόν, ἕξις, ἀμαθία exhibet a 23 καὶ (ante καταφατικῆς) om. L καὶ ἀποφατικῆς om. L 24 post εἰ (ante ἐπὶ) add. μὲν a 25 τοῦ (ante β) om. L 27 ὃ B: ὅπερ LM: ὅ τί a 28 τοῦ γ (post ἐστι) a post ἄλλου add. μὴ λέγεσθαι LM 30 δὲ alterum om. B

κατὰ τινὸς ἕξεως, ἡ δ' ἕξις κατὰ πάσης φρονήσεως, τὸ ἀγαθὸν κατὰ πάσης 20v φρονήσεως. εἰ δ' εἴη τὸ Γ ἀμαθία (λαμβάνει δὲ τὴν ἀμαθίαν ὡς ἕξιν ἢ ὡς ἀφροσύνην ἢ κακίαν), πάλιν ἔσται τὸ ἀγαθόν, ὁ μείζων ἄκρος, οὐδεμιᾷ οὔτε ἀμαθίᾳ οὔτε ἀφροσύνῃ, τῆς ἕξεως, ὃς ἦν μέσος ὅρος, κατ' αὐτῶν καθόλου κατηγορουμένης. ὥστε ἀδόκιμος ἡ συζυγία. ὁμοία ἡ δεῖξις, εἰ εἴη τὸ Α τινὶ τῷ Β μὴ ὑπάρχον. καὶ ἐπὶ τῶν αὐτῶν ὅρων· ὡς γὰρ τινὶ ὑπάρχει τὸ Α, οὕτω δύναται καὶ τινὶ μὴ ὑπάρχειν· τὸ γὰρ ἀγαθὸν οὕτως τινὶ ἕξει ὑπάρξει, ὅτι καὶ τινὶ οὐχ ὑπάρχει.

p. 26a36 Πάλιν εἰ τὸ μὲν Β μηδενὶ τῷ Γ, τὸ δὲ Α τινὶ τῷ Β ὑπάρχει ἢ μὴ ὑπάρχει ἢ μὴ παντὶ ὑπάρχει.

Τὸ μὲν τινὶ μὴ ὑπάρχειν ἢ μὴ παντὶ ἀμφότερα τῆς ἐπὶ μέρους ἀποφατικῆς ἐστι δηλωτικά, τῇ λέξει διαφέροντα· τῷ γὰρ μὴ ὑπάρχειν προσθετέον τὸ 'τινί' ὡς ἀπὸ κοινοῦ εἰρημένον. ὅτι δὲ μηδὲ αἱ τοιαῦται συμπλοκαὶ συνακτικαὶ αἱ ἔχουσαι τὴν ἐλάττονα καθόλου ἀποφατικὴν ἐπὶ μέρους δὲ τὴν μείζονα, δείκνυσιν. ὁμοίᾳ γὰρ ὁδῷ χρώμενοι εὑρήσομεν τὸ Α καὶ ὑπάρχον ποτὲ παντὶ τῷ Γ καὶ μηδενὶ ὑπάρχον. ἔστω γὰρ τὸ μὲν Α λευκὸν τὸ δὲ Β ἵππος τὸ δὲ Γ κύκνος· τὸ γὰρ λευκὸν τινὶ ἵππῳ ὑπάρχει, ἀλλὰ καὶ τινὶ ἵππῳ οὐχ ὑπάρχει· ἵππος δὲ οὐδενὶ κύκνῳ· τὸ δὲ λευκὸν παντὶ κύκνῳ. τὸ γὰρ λευκόν, ἐν ᾧ ὑπερβάλλει τὸν ἵππον ὂν ἐπὶ πλέον αὐτοῦ καὶ κατηγορούμενον, τούτῳ νῦν περιείληφε τὸ Γ, ὅ ἐστιν ὁ κύκνος, ᾧ οὐδενὶ ἵππος ὑπῆρχεν. ἐὰν δὲ ποιήσωμεν τὸ Γ ἀντὶ τοῦ κύκνου κόρακα, ἵππος οὐδενὶ κόρακι· ἀλλ' οὐδὲ τὸ λευκόν. ἐπὶ τῶν αὐτῶν ὅρων δειχθήσεται, καὶ εἰ ἡ μείζων πρότασις ἀδιόριστος ἢ καταφατικὴ ἢ ἀποφατικὴ ληφθείη, ἐπεὶ τὸ ἀδιόριστον ὡς ἴσον τῷ ἐπὶ μέρους λαμβάνεται. σημειωτέον δέ, ὅτι, ἐν ᾗ μὲν συζυγίᾳ ἡ ἐλάττων καθόλου ἐστὶ καταφατικὴ τῆς μείζονος οὔσης ἐπὶ μέρους, τὸ ἀσυλλόγιστον διὰ τὴν μείζονα ἐπὶ μέρους οὖσαν, ἐν ᾗ δὲ τῆς μείζονος ἐπὶ μέρους οὔσης ἢ ἀδιορίστου ἡ ἐλάττων ἐστὶ καθόλου ἀποφατική, τὸ ἀσυλλόγιστον παρ' ἀμφοτέρων τῶν προτάσεων· καὶ γὰρ παρὰ τῆς μείζονος (ἐπὶ μέρους γάρ) καὶ παρὰ τῆς ἐλάττονος, ὅτι ἀποφατική.

1 δὲ M 1. 2 τὸ ἀγαθὸν κατὰ πάσης φρονήσεως om. LM 2 δὲ LM λάβη L 3 ὡς om. aLM 4 καθ' αὐτῶν B 5 κατηγορούμενος aLM ante εἰ add. καὶ aLM 6 εἴη om. a τῷ α a ὑπάρχειν L ὡς aBL: εἰ M 7 ὑπάρχει BLM: ὑπάρξει a post ὑπάρχει add. ἢ μὴ πάλιν ὑπάρχει M 9 post τῷ β add. ἢ Ar. (sed om. i) 11 et 12 ὑπάρχει a 14 συνακτικαὶ om. LM αἳ ἔχουσι L 16 παντὶ] ντι in ras. B μὲν om. LM 17 τὸ γὰρ . . . οὐχ ὑπάρχει (18) om. a τὸ γὰρ B: τὸ μὲν οὖν LM 18 ἵππος aBM: ἵππῳ L δὲ (ante λευκὸν) om. L 20 καὶ om. L τοῦτο LM περιείληφε a: παρείληφε BLM ὁ om. aLM 21 τοῦ om. L 22 ante ἵππος add. καὶ aBM 23 δειχθήσεται B: ῥηθήσεται aLM εἰ om. L 24 τῷ aLM: τοῦ B 25 post μὲν add. ἂν aB 28 ἐστὶ post καθόλου transponunt aM: om. L παρὰ L τῶν om. L

p. 26a39 Οὐδ' ὅταν τὸ μὲν πρὸς τῷ μείζονι ἄκρῳ καθόλου γένηται ἢ κατηγορικὸν ἢ στερητικόν, τὸ δὲ πρὸς τῷ ἐλάττονι στερητικὸν καὶ κατὰ μέρος, οὐκ ἔσται συλλογισμὸς ἀδιορίστου τε καὶ ἐν μέρει ληφθέντος. οἷον εἰ τὸ μὲν Α παντὶ τῷ Β ὑπάρχει, τὸ δὲ Β τινὶ τῷ Γ μή, ἢ εἰ μὴ παντὶ ὑπάρχει.

Τὸ μὲν τινὶ μὴ ὑπάρχειν ἢ μὴ παντὶ ὑπάρχειν πάλιν ταὐτόν ἐστιν. δείξας δὲ διὰ τῶν πρώτων ἀσυλλογίστους συζυγίας, ἐφ' ὧν ἡ μείζων ἦν ἐπὶ μέρους, νῦν δείκνυσιν ἀσυλλογίστους καὶ ἐν αἷς μενούσης τῆς μείζονος καθόλου ἢ καταφατικῆς ἢ ἀποφατικῆς ἡ ἐλάττων ἐπὶ μέρους ἐστὶν ἀποφατική· δι' οὗ δείκνυσι, πῶς εἶπεν ἐν τοῖς ἐπάνω "ὅταν δὲ πρὸς τὸ ἔλαττον, ἢ καὶ ἄλλως πως ἔχωσιν οἱ ὅροι". γίνεται δὲ ἐν ταῖς τοιαύταις συμπλοκαῖς τὸ ἀσυλλόγιστον πάλιν παρὰ τὴν ἐλάττονα οὖσαν ἀποφατικήν. ἡ δὲ δεῖξις αὐτῷ τοῦ ταύτας ἀσυλλογίστους εἶναι τὰς συζυγίας γέγονεν ἐπὶ τοῦ μέρους τοῦ Γ, ᾧ κεῖται αὐτῷ μὴ ὑπάρχειν τὸ Β· τοῦτο γὰρ λαβὼν δείκνυσι διὰ τῆς παραθέσεως τῶν ὅρων πάλιν καὶ παντὶ καὶ μηδενὶ αὐτῷ τὸ Α ὑπάρχον. οὕτως γὰρ οἰκείως δείκνυσθαι ἔμελλε τὸ τῆς ἐκκειμένης συζυγίας ἀσυλλόγιστον· εἰ γὰρ ἐπὶ παντὸς τοῦ Γ, οὐ προσεχὴς ἔτι ὁμοίως ἡ δεῖξις. ὡς γὰρ ὅτε τὸ Β μηδενὶ τῷ Γ ὑπῆρχεν, ἀσυλλόγιστος ἐδείκνυτο ἡ συζυγία τῷ, ᾧ μη|δενὶ ὑπῆρχε τὸ Β, τούτῳ τὸ Α καὶ παντὶ δύνασθαι καὶ μηδενὶ ὑπάρχειν, οὕτως καὶ ὅτε τὸ Β κεῖται τινὶ τῷ Γ μὴ ὑπάρχειν, ἀσυλλόγιστος ἂν δεικνύοιτο, εἰ δειχθείη τούτῳ τοῦ Γ τὸ Α καὶ παντὶ καὶ μηδενὶ ὑπάρχειν δυνάμενον, ᾧ αὐτοῦ μέρει τὸ Β οὐχ ὑπῆρχεν. ἔτι δὲ ἐπεὶ οὔσης τῆς ἐλάττονος ἐπὶ μέρους ἀποφατικῆς δύναται κατὰ τὸ αὐτὸ ἡ αὐτὴ καὶ ἐπὶ μέρους εἶναι καταφατική (τὸ γὰρ τινὶ μὴ ὑπάρχον οὐδὲν κεκώλυται καὶ τινὶ ἐκείνῳ ὑπάρχειν), ὅταν δὲ ὑπάρχουσα ἐπὶ μέρους ᾖ καταφατικὴ ἡ ἐλάττων, συλλογισμὸς γίνεται τῆς μείζονος καθόλου οὔσης καὶ καταφατικῆς καὶ ἀποφατικῆς ἢ ἐπὶ μέρους καταφατικὸς ἢ ἐπὶ μέρους ἀποφατικός, ὡς δέδεικται (ἑκατέρα γὰρ τῶν προτάσεων γίνεται τὸ ἴδιον ἔχουσα, καὶ ἡ ἐλάττων τὸ καταφατικὸν καὶ ἡ μείζων τὸ καθόλου), οὔσης δὲ συλλογιστικῆς τῆς συζυγίας ταύτης οὐκ ἐνῆν ὅρους λαβεῖν τοῦ παντὶ

1 τὸ B corr.: τῷ aB pr. 3 καὶ om. a et Ar. ἀδιορίστου . . . μὴ παντὶ ὑπάρχει (6) om. a 3. 4 ἀδιορίστου Ar.: ἀορίστου B 7 post μὲν add. γὰρ LM 8 μείων L 9 μενούσης B: οὔσης aLM 10 ἢ ἀποφατικῆς om. LM 11 δείκνυται a εἶπεν] p. 26a20 post ἐπάνω add. τὸ aLM 12 καὶ om. B pr., L 13 παρὰ BLM: περὶ a 14 δεῖξις δὲ a 15 τοῦ (ante μέρους) om. aLM τῷ γ̄ L 20 δυνάμενον, sed ante ὑπάρχειν (21) transpositum, a: eodem δύνασθαι transponit L 21 καὶ (ante ὅτε) om. aLM τὸ β̄ om. L 22 δεικνύοιτο BLM: δείκνυται a τοῦ γ̄ B: τῷ γ̄ aLM τὸ α transponit ante ὑπάρχειν (23) aL καὶ (post α) om. L 22. 23 μηδενὶ καὶ παντὶ L 23 μέρος a δὲ om. a 24 τὸν αὐτὸν L 25 καταφατική om. L 26 ᾖ BLM: ἡ a 28 ἢ ἐπὶ μέρους . . . ἀποφατικός (29) om. a 29 γὰρ om. L

καὶ τοῦ μηδενὶ τὸ Α τῷ Γ ὑπάρχειν, κειμένου τοῦ Β τινὶ τῷ Γ μὴ 21r ὑπάρχειν, εἰ καὶ τινὶ ὑπάρχοι. οὐκ ἂν εἴη λαβεῖν τοῦ παντὶ καὶ μηδενὶ τὸ Α τῷ Γ ὑπάρχειν. οὕτως γὰρ ἂν διεβάλλοντο καὶ ἀνῃροῦντο καὶ αἱ συλλογιστικαὶ συζυγίαι. ἥ τε ἔχουσα τὸ Β τινὶ τῷ Γ ὑπάρχον τὸ δὲ Α παντὶ τῷ Β ἥ τὸ μὲν Β τινὶ τῷ Γ τὸ δὲ Α μηδενὶ τῷ Β· ἐπὶ μὲν γὰρ τῆς τὸ καταφατικὸν συναγούσης συζυγίας ἀδύνατον ληφθῆναι τοῦ μηδενὶ ὑπάρχειν τὸ Α τῷ Γ, ἐπεὶ συλλογιστικῶς αὐτῷ τινὶ ὑπάρχει, ἐπὶ δὲ τῆς τὸ ἐπὶ μέρους ἀποφατικὸν συλλογιζομένης πάλιν ἀδύνατον τοῦ παντὶ ληφθῆναι συλλογιστικῶς δεικνυμένου τοῦ τινὶ μὴ ὑπάρχειν τὸ Α τῷ Γ· ἀναιροῖτο γὰρ ἂν τούτων ἑκάτερον. εἰ ὅροι εὑρίσκοιντο τοῦ τε παντὶ τὸ Α τῷ Γ καὶ τοῦ μηδενὶ ἐπὶ τῆς τοιαύτης συζυγίας. διὰ τοῦτο οὖν ἐπεὶ μὴ οἷόν τέ ἐστιν, ἐπὶ μὲν τοῦ Γ ἁπλῶς τὴν δεῖξιν οὐ ποιεῖται. λαμβάνει δὲ ἀπ' αὐτοῦ ταῦτα τὰ μέρη, οἷς τὸ Β οὐχ ὑπάρχει (κεῖται γὰρ τινὶ τῷ Γ ἐκεῖνο μὴ ὑπάρχειν), καὶ παραθέμενος ὕλην τινὰ δείκνυσι τούτων, οἷς μέρεσιν οὖσι τοῦ Γ τὸ Β οὐχ ὑπῆρχε, τῷ μὲν παντὶ ὑπάρχον τὸ Α τῷ δὲ οὐδενί. ἔνεστι δὲ καὶ κατὰ τῶν τοῦ Γ μερῶν τὸ Β καθόλου ἀποφατικῶς κατηγορήσαντας ὡς καθόλου ἀποφατικῇ τῇ ἐλάττονι χρωμένους δεικνύναι τὴν εἰρημένην συμπλοκὴν ἀσυλλόγιστον. εἰ γὰρ τὸ μὲν Α κατὰ παντὸς τοῦ Β, τὸ δὲ Β κατ' οὐδενὸς τούτων, ἃ μέρη ὄντα τοῦ Γ εἴληπται, δύναται τὸ Α ἐπὶ πλέον ὂν τοῦ Β (ἐνδέχεται γὰρ τοιοῦτον αὐτὸ εἶναι ὡς ὑπερέχειν τοῦ Β) καὶ περιέχειν ταῦτα τὰ τινὰ τοῦ Γ, οἷς οὐχ ὑπῆρχε τὸ Β, καὶ μὴ περιέχειν. ἀδόκιμος δὲ ἡ οὕτως ἔχουσα συζυγία. ὅροι, οὓς παρατίθεται, κατὰ μὲν τοῦ Α ζῷον, κατὰ δὲ τοῦ Β ἄνθρωπος, κατὰ δὲ τοῦ Γ ὅλου ἔστω λευκόν, ᾧ τινὶ ὁ ἄνθρωπος ὑπάρχει καὶ οὐχ ὑπάρχει. εἶτ' ἐπεὶ ἐπὶ μέρους τέ ἐστιν ἡ Β Γ ἀποφατικὴ καὶ μὴ δύναται καθόλου ἐπὶ τοῦ Γ ἀποφατικὸν δειχθῆναί τε καὶ συναχθῆναι οὕτω ληφθέντων, ἀλλ' οὐδὲ καθόλου καταφατικόν, ἂν ᾖ πάλιν ἡ Α Β καθόλου ἀποφατικὴ εἰλημμένη, εἰλήφθω τινὰ τοῦ λευκοῦ, καθ' ὧν οὐδενὸς ἄνθρωπος λέγεται, καὶ ἔστω ταῦτα κύκνος καὶ χιών· οὔτε γὰρ κατὰ κύκνου ὁ ἄνθρωπος λευκοῦ ὄντος οὔτε κατὰ χιόνος. τὸ δὴ ζῷον κατὰ μὲν κύκνου παντὸς κατὰ χιόνος δὲ οὐδαμῶς. καὶ οὕτως ἐπὶ μέρους

---

1 μηδενὶ corr. B τὸ corr. ex τοῦ B ante ὑπάρχειν add. μὴ L 2 post εἰ add. δὲ LM ὑπάρχοι B: ὑπάρχει aLM 6 τὸ om. L τοῦ aB: τὸ LM 7 αὐτὸ L ὑπάρχειν B ἐπὶ BLM: ἐκ a δὲ om. L post τῆς add. ἐπὶ L 8 τὸ eras., ut videtur, M τοῦ a: τὸ BLM 9 post συλλογιστικῶς add. δὲ L τοῦ om. L ἀναιροῖτο γὰρ ἂν B: καὶ ἀναιροῖτο γὰρ καὶ LM: καὶ ἀναιροῖτ' ἂν καὶ a 10 ἑκατέρα a 12 ταῦτα om. L 13 οἷς BLM: οἷον a ἐκεῖνο om. L 15 ὑπάρχον aB: ὑπάρχει LM καὶ om. a 17 τῇ ἐλάττονι ἀποφατικῇ L εἰρημένην a: ἀντικειμένην BLM 18 τοῦ β̄ BLM: τοῦ γ̄ a 19 τοῦ γ̄ ὄντα aLM τὸ om. a 20 αὐτὸν BM εἶναι post τοιοῦτον transponunt aLM 21 τὸ aLM: τοῦ B 22 δὲ om. L 24 οὐχ ὑπάρχει καὶ ὑπάρχει aLM εἶτ' ἐπεὶ B: εἰ aLM τέ BLM: δέ a 25 καθόλου om. aLM ἐπὶ om. M 26 οὕτως L 28 οὐδενὸς BLM: οὐδὲ a καὶ om. aLM οὔτε aBM: οὐ L 29 οὔτε aBM: ἤ L δὴ aBL: δὲ M 30 ante κύκνου add. τοῦ a δὲ χιόνος aLM οὐδαμῶς B: οὐδεμιᾶς LM: μηδεμιᾶς a

τοῦ Γ, ᾧ οὐχ ὑπῆρχε τὸ Β. ἐδείχθη ἡ τοιαύτη συζυγία ἀδόκιμός τε καὶ 21r ἀσυλλόγιστος. ἐπὶ δὲ τῶν συμπλοκῶν τῶν ἐκ δύο ἐπὶ μέρους ἡ παράθεσις ἡ τῶν ὅρων αὐτῷ, δι' ὧν ἀσυλλογίστους ἐλέγχει τὰς τοιαύτας συμπλοκάς, οὐκέτι γίνεται ἐπὶ μέρους τοῦ Γ, ᾧ τινὶ κεῖται ⟨μὴ⟩ ὑπάρχειν τὸ Β, ἀλλ' ἐφ' ὅλου τοῦ Γ. ὅτι ἀσυλλόγιστος ἡ ἐκ δύο ἐπὶ μέρους συμπλοκὴ ὁμοίως. ἄν τε τὸ Β τῷ Γ τινὶ μὴ ὑπάρχῃ ὡς καὶ ὑπάρχειν τινί, ἄν τε καὶ μηδενὶ αὐτῷ ὑπάρχῃ. τῷ οὖν μὴ παρακεῖσθαί τινα συζυγίαν συλλογιστικὴν τῇ τοιαύτῃ τῶν προτάσεων συμπλοκῇ οἷόν τε ἦν ἐφ' ὅλου τοῦ Γ ὅρων εὐπορῆσαι τοῦ παντὶ καὶ τοῦ μηδενί. εἰ δὲ ὅλῳ τῷ Γ [καὶ μηδενί], δῆλον. ὡς καὶ τῶν 21v μερῶν αὐτοῦ ἑκάστῳ· ὥστε καὶ ᾧ τὸ Β οὐχ ὑπῆρχεν. ὅμοιος ὁ ἔλεγχος, καὶ εἰ ἡ ΑΒ καθόλου ληφθείη ἀποφατική. ἔστωσαν γὰρ ὅροι ἐπὶ μὲν τοῦ Α ἄψυχον, ἐπὶ δὲ τοῦ Β ἄνθρωπος, τὸ δὲ Γ λευκόν, καὶ εἰλήφθω πάλιν, ὧν μὴ κατηγορεῖται λευκῶν ὁ ἄνθρωπος, κύκνος καὶ χιών· τὸ γὰρ ἄψυχον ἀνάπαλιν χιόνι μὲν πάσῃ, κύκνῳ δὲ οὐδενί. διὰ τῶν αὐτῶν ὅρων, τοῦ τε κύκνου καὶ τῆς χιόνος, ἐδείχθη, καὶ ὅτε ἦν ἡ μείζων καθόλου καταφατική, ἀσυλλόγιστος ἡ συζυγία. οὔτε δὲ προσχρῆται τῷ καθόλου ἀποφατικῷ ἐν τῇ τῶν ὅρων ἐκθέσει μεταλαμβάνων τὸ ἐπὶ μέρους ἀποφατικὸν τῆς ἐλάττονος προτάσεως εἰς τὸ καθόλου ἀποφατικόν, ὡς οἴονταί τινες, οὔτ', εἴ τις προσχρῆται, διὰ τοῦτο ὑποληπτέον αὐτὸν μὴ δεικνύναι τὴν προκειμένην συζυγίαν ἀσυλλόγιστον· μᾶλλον γὰρ τῷ καθόλου προσχρῆται ὁ ἐπὶ παντὸς τοῦ Γ δεικνὺς τὸ παντὶ καὶ μηδενὶ ἢ ὁ ἐπὶ μέρους αὐτοῦ. ἔτι δὲ εἰ μὲν μὴ οἷόν τε ἦν λαβεῖν μέρη τινὰ τοῦ ἐσχάτου ὅρου, οἷς οὐχ ὑπάρξει καθόλου ὁ μέσος, καλῶς ἂν ἐνίσταντο τῇ τοιαύτῃ μεταλήψει οἱ ἐνιστάμενοι. τοῦτο δ' ἂν ἦν, εἰ ἦν ἄτομος καὶ μὴ εἶχε μέρη. ἀλλὰ μὴν οὐχ οἷόν τε ἀτόμου ὄντος αὐτοῦ ἀληθὲς εἶναι τὸ τινὶ αὐτῷ μὴ ὑπάρχειν τὸ μέσον· εἰ γὰρ οἱ διορισμοί. τὸ παντὶ καὶ μηδενὶ καὶ τὸ τινὶ καὶ τὸ τινὶ μή, τῷ καθόλου προστίθενται, ὡς ἐν τῷ Περὶ ἑρμηνείας δέδεικται, δῆλον. ὡς καθόλου ἐστὶν ὁ ἔσχατος ὅρος ἀλλ' οὐχὶ ἄτομος. καὶ ἕξει ποτὲ οὐ μόνον τὶ ἀλλὰ καὶ τινά, ὧν κατηγορεῖται, εἰ τινὶ αὐτῷ εἴληπται μὴ ὑπάρχειν ὁ μέσος, ὥσπερ ἐφ' οὗ αὐτὸς παρέθετο. τοιούτου δ' ὄντος ἥ τε ἔκθεσις ἀληθὴς καὶ ἡ μετάληψις ἡ εἰς τὸ καθόλου, καὶ ἡ διὰ τούτου δεῖξις τοῦ ἀσυλλόγιστον εἶναι τὴν κειμένην συζυγίαν ὑγιής.

---

1 τε om. L 2 ἡ alterum om. a 4 μὴ addidi ὑπάρχειν om. aLM τὸ β̄ BLM: τὸ ᾱ a 6 ὡς . . . ὑπάρχῃ (7) om. L 7 συζυγίαν τινὰ a 8 εὐπορεῖν LM 9 τοῦ om. L post δὲ add. καὶ L καὶ μηδενὶ delere malui quam ante καὶ addere καὶ παντὶ 10 ὅμοιος B: ὅλος LM: οὗτος a 11 ante ὅροι add. οἱ aLM 15 ὁ μείζων . . . καταφατικός (16) LM 16 ante οὔτε add. καὶ LM δὲ om. aLM 19 οὔτε LM τις om. a 21 τὸ BLM: τῷ a ὁ (post ἢ) om. LM 22 μὲν om. a τινὰ τοῦ ἐσχάτου μέρη B 23 ὑπάρχει a ἐνίσταντο aM: ἐνίσταιντο B: ἐνίστατο L 24 ἄτομον LM 25 αὐτῷ BLM: αὐτὸ a 26 εἰ γὰρ οἱ BM: οἱ γὰρ aL τὸ tertium om. aLM 26. 27 μὴ τινὶ L 27 τὸ καθόλου aL Περὶ ἑρμηνείας] c. 7 δείκνυται, ut videtur, corr. M 29 εἰ aLM: ἢ B ὑπάρχων L 30 αὐτὸς BLM: παντὸς a 31 τοῦτο L 32 ante ὑγιής add. ἀληθὴς καὶ aLM

ἢ τῇ ἐπὶ τοῦ ἀδιορίστου δείξει ἰδίᾳ ἐπ' ἀμφοτέρων χρῆται τῶν συμπλοκῶν. 22r τῆς τε, ἐν ᾗ ἡ μὲν μείζων καθόλου καταφατικὴ ἡ δ' ἐλάττων ἐπὶ μέρους ἀποφατική, καὶ τῆς ἐχούσης τὴν μὲν μείζονα πάλιν καθόλου ἀποφατικὴν τὴν δ' ἐλάττονα ἐπὶ μέρους ἀποφατικήν. ποιησάμενος οὖν τὸν λόγον πρῶτον ἐπὶ τῆς ἐχούσης τὴν μείζονα καθόλου καταφατικήν, ὁμοίως, φησί, δειχθήσεται, καὶ εἰ ἡ μείζων καθόλου οὖσα εἰς τὸ ἀποφατικὸν μεταληφθείη.

p. 26b21 Οὐδὲ ἐὰν ἄμφω τὰ διαστήματα κατὰ μέρος ᾖ ἢ κατηγορικῶς ἢ στερητικῶς.

Δείκνυσιν, ὅτι, κἂν ἀμφότεραι ὦσιν ἐπὶ μέρους αἱ προτάσεις, ὅπως ἂν ἔχωσι ποιότητος, ἀσυλλόγιστοι αἱ συζυγίαι, ἄν τε ἀμφότεραι καταφατικαί, ἄν τε ἀμφότεραι ἀποφατικαί, ἄν τε ἡ μὲν μείζων καταφατικὴ ἡ δὲ ἐλάττων ἀποφατική, ἐάν τε ἀνάπαλιν, ἀλλ' οὐδ' ἂν ἀδιόριστοι ἢ ἀμφότεραι καταφατικαὶ ἢ ἀμφότεραι ἀποφατικαὶ ἢ ἡ μὲν μείζων ἀποφατικὴ ἡ δὲ ἐλάττων καταφατικὴ ἢ ἀνάπαλιν. κοινοὶ δὲ πασῶν ὅροι τῶν ὀκτὼ συζυγιῶν, τοῦ μὲν ὑπάρχειν ζῷον, λευκόν, ἵππος, τοῦ δὲ μὴ ὑπάρχειν ζῷον, λευκόν, λίθος. δῆλον δὲ τὸ αἴτιον τοῦ τὰς τοιαύτας συμπλοκὰς πάσας ἀσυλλογίστους εἶναι· τῷ γὰρ μηδὲν εἰλῆφθαι καθόλου ὁ μέσος οὐ κατὰ ταὐτὸν ἀμφοτέροις κοινωνῶν ἀλλὰ δυνάμενος τίθεσθαι κατ' ἄλλο καὶ ἄλλο σχεδὸν οὐδὲ μέσος ἐστὶν αὐτῶν. εἰκότως δὲ ἐκ δύο ἐπὶ μέρους προτάσεων οὐδὲν συνάγεται συλλογιστικῶς, ὅτι κεῖται ἡ συλλογιστικὴ πίστις διὰ τοῦ καθόλου πιστοῦσθαι 22v καὶ δεικνύναι τι τῶν ὑπ' αὐτό. ὅσοι δὲ ἡγοῦνται ἐκ δύο ἐπὶ μέρους συλλογιστικῶς τι συνάγεσθαι, ὡς οἱ τοὺς παρὰ τοῖς Στωϊκοῖς λεγομένους ἀμεθόδως περαίνοντας παρεχόμενοι εἰς δεῖξιν τούτου καὶ ἄλλα τινὰ παραδείγματα ἀθροίζοντες, ἢ διαβαλλέτωσαν τὰ ὑπ' Ἀριστοτέλους εἰρημένα παραδείγματα εἰς ἔλεγχον τοῦ ἀσυλλόγιστον τὴν τοιαύτην συμπλοκὴν δείξαντες αὐτὴν ψευδῆ (καὶ λέγοιεν ἄν τι) ἢ ἴστωσαν, ὅτι ἱκανὸν καὶ τὸ ἕν τι παρατεθὲν ἀσυλλόγιστον ἐλέγξαι συζυγίαν. πρὸς τῷ καὶ τὰ παραδείγματα, ἃ παρέχονται, μὴ τοῖς λαμβανομένοις καὶ τιθεμένοις ἔχειν ἐξ ἀνάγκης ἑπόμενον τὸ συμπέρασμα μηδὲ "τῷ ταῦτα εἶναι" ἀλλὰ τῷ ἀληθῆ εἶναι ἐπ' αὐτῶν τὴν καθόλου πρότασιν, παρ' ἧς ἔχοντες τὸ συμπέρασμα, ἐν τῇ τῶν προτάσεων λήψει παραλιπόντες ἐκείνην, τὴν ἐλάττονα εἰς δύο διαιροῦσιν· πάντες γὰρ οὕτως συνάγουσιν τῶν λεγομένων ὑπ' αὐτῶν ἀμεθόδως περαίνειν οἱ τὰς δύο

1 ἰδίως L 4 δὲ LM 7 Οὐδὲ ἐὰν B (df): οὐδέ γε a (Cm, sed non om. ἂν) ᾖ om. Ar. (sed add. Cf) 11 ἄν τε ἀμφότεραι ἀποφατικαί om. L 12 ἄν τε aL 13. 14 καταφατική, ἡ δὲ (δ' M) ἐλάττων ἀποφατικὴ aLM 15 ἵππος, τοῦ δὲ μὴ ὑπάρχειν ζῷον, λευκόν om. L 17 τὸ γὰρ L μηδὲν B: ἐν μηδενὶ LM: μὴ a 18 ἀλλὰ post add. B ante μέσος add. ὁ B 20 τοῦ aBM: τὸ L 21 αὐτό] τό evan. B 22 τὰ . . . λεγόμενα L 23 περαίνοντες a 24 τὰ BLM: τῷ a 26 ἢ ἴστωσαν BLM: εἰ δὲ μή, ἴστωσαν a ἕν τι B (evan. ε, sed ʽ restat) LM: ὄντι a 27 ἐλέγξαι BLM: ἐργάζεσθαι a τῷ aBM: τὸ L 28 τεθειμένοις a 29 "τῷ ταῦτα εἶναι"] An. pr. I 1 p. 24b20 αὐτῶν a: αὐτῷ BLM 30 ᾗ a 31 συλλήψει aLM παραλείποντες aLM ἐκείνων B διαιροῦσαν LM 32 οὕτω M

προτάσεις ἐπὶ μέρους ἔχοντες. ῥᾴδιον δὲ ἐπὶ τῶν παραδειγμάτων, ὧν 22v παρέχονται, τοῦτο δεικνύναι. καὶ τἆλλα δέ, ὅσα ἡμαρτημένως λαμβάνουσι βιαζόμενοι δεικνύναι συλλογιστικὴν τὴν τοιαύτην συζυγίαν, οὐ χαλεπὸν ἐλέγχειν.

p. 26b26 **Φανερὸν οὖν ἐκ τῶν εἰρημένων, ὡς, ἐὰν ᾖ συλλογισμὸς ἐν τούτῳ τῷ σχήματι κατὰ μέρος, ὅτι ἀνάγκη τοὺς ὅρους οὕτως ἔχειν, ὡς εἴπομεν.**

Ἔδειξεν, ὅτι ἐν τοῖς ἐπὶ μέρους συλλογισμοῖς (δύο δὲ ἦσαν οὗτοι) τὴν μὲν μείζονα δεῖ καθόλου εἶναι ἢ καταφατικήν, ἐφ' οὗ καταφατικὸν ἦν τὸ συμπέρασμα, ἢ ἀποφατικήν, ἐφ' οὗ ἀποφατικόν, τὴν δὲ ἐλάττονα καταφατικὴν ἐπὶ μέρους ἐν ἀμφοτέροις τοῖς συλλογισμοῖς.

p. 26b28 **Δῆλον δὲ καὶ ὅτι πάντες οἱ ἐν αὐτῷ συλλογισμοὶ τέλειοί εἰσιν.**

Ὡρίσατο τὸν τέλειον συλλογισμὸν "τὸν μηδενὸς ἄλλου προσδεόμενον παρὰ τὰ εἰλημμένα πρὸς τὸ φανῆναι τὸ ἀναγκαῖον". φησὶ δὲ πάντας τοὺς ἐν τούτῳ τῷ σχήματι δεδειγμένους συλλογισμοὺς τελείους εἶναι, ἐπειδὴ πάντες ἐπιτελοῦνται διὰ τῶν ἐξ ἀρχῆς εἰλημμένων τε καὶ κειμένων καὶ οὐδενὸς ἄλλου προσδέονται. ἔστι δὲ τὰ ἐξ ἀρχῆς λαμβανόμενα, δι' ὧν τὸ ἐν αὐτοῖς ἀναγκαῖον φανερόν ἐστιν, τό τε κατὰ παντὸς ἴσον ὂν τῷ ἐν ὅλῳ καὶ τὸ κατὰ μηδενὸς καὶ ἐν μηδενί.

p. 26b30 **Καὶ ὅτι πάντα τὰ προβλήματα δείκνυται διὰ τούτου τοῦ σχήματος.**

Διὰ ταῦτα μάλιστα πρῶτον τοῦτο τὸ σχῆμα. διὸ καὶ αὐτὸς ταῦτα προειπὼν ἐπήνεγκε **καλῶ δὲ τὸ τοιοῦτον σχῆμα πρῶτον**, ὡς ἀποδεδωκὼς τὰς αἰτίας τοῦ τοῦτο εὐλόγως καλεῖν πρῶτον.

Αὐτὸς μὲν οὖν τούτους τοὺς ἐκκειμένους συλλογισμοὺς τέσσαρας ἔδειξε προηγουμένως ἐν τῷ πρώτῳ σχήματι γινομένους. Θεόφραστος δὲ προστίθησιν ἄλλους πέντε τοῖς τέσσαρσι τούτοις οὐκέτι τελείους οὐδ' ἀναποδείκτους ὄντας, ὧν μνημονεύσει καὶ ὁ Ἀριστοτέλης, τῶν μὲν ἐν τούτῳ τῷ βιβλίῳ

2 καὶ τἆλλα aBL: κατ' ἄλλα M   δ' L   6 ὅτι om. a   7 οὕτως om. a   8 ἐν BLM: ἐπὶ a   οὗτοι ἦσαν aLM   9 δεῖ scripsi: δεῖν libri   10 ἢ ἀποφατικήν, ἐφ' οὗ ἀποφατικόν om. L   δ' M   12. 13 textus verba in L   14 τὸν scripsi ex Ar. (An. pr. I 1 p. 24b23): τοῦ libri   16 τούτῳ post σχήματι transponit L   δεδειγμένους post τούτῳ transponit a   17 τε καὶ κειμένων om. aLM   18 εἰλημμένα M   19 φανερὸν ἀναγκαῖον L   20 τὸ aBM: τῷ L   ἐν om. L   21 δείκνυται Ar.: δείκνυνται aB   23 post ταῦτα alterum add. πάντα aLM   24 καλῶ ... πρῶτον lemma in L   25 post τοῦτο add. αὐτὸν LM   26 οὖν om. a   τοὺς om. L   ἐγκειμένους a   27. 28 προτίθησιν L   28 τέτταρσι L   τούτους aM   29 μνημονεύει aLM   ὁ om. a

προελθών. τῶν δὲ ἐν τῷ μετὰ τοῦτο τῷ δευτέρῳ κατ' ἀρχάς. τῶν μὲν 22r τριῶν τῶν κατὰ ἀντιστροφὴν τῶν συμπερασμάτων γινομένων, τοῦ τε πρώτου ἀναποδείκτου καὶ τοῦ δευτέρου καὶ τοῦ τρίτου. ἐν τῷ δευτέρῳ κατ' ἀρχάς, ἐν οἷς ζητεῖ, εἰ ἐνδέχεται πλείονα συμπεράσματα γενέσθαι ἐπὶ τοῖς αὐτοῖς κειμένοις. τῶν δὲ καταλειπομένων δύο ἐν τούτοις, ἐν οἷς λέγει, ὅτι τῶν ἀσυλλογίστων συζυγιῶν αἱ μὲν ὁμοιοσχήμονες τέλειοί εἰσιν ἀσυλλόγιστοι, ἐν δὲ ταῖς ἀσυλλογίστοις ταῖς ἐχούσαις τὸ ἀποφατικὸν καθόλου καὶ οὔσαις ἀνομοιοσχήμοσι συνάγεταί τι ἀπὸ τοῦ ἐλάττονος ὅρου πρὸς τὸν μείζονα. αὗται δέ εἰσιν ἐν πρώτῳ σχήματι δύο συμπλοκαί. ἥ τε ἐκ καθόλου κατα- 23r φατικῆς τῆς μείζονος καὶ καθόλου ἀποφατικῆς τῆς ἐλάττονος καὶ ἡ ἐξ ἐπὶ μέρους καταφατικῆς τῆς μείζονος καὶ καθόλου ἀποφατικῆς τῆς ἐλάττονος. αἱ γὰρ παρὰ ταύτας συζυγίαι ἢ συλλογιστικαί εἰσιν ἢ ὁμοιοσχήμονες ἢ οὐκ ἔχουσι τὴν ἐλάττονα καθόλου ἀποφατικήν· ὧν τὸν μὲν ὄγδοον τὸν δὲ ἔνατον Θεόφραστος λέγει. συνάγεται δὲ ἀντιστρεφομένων ἀμφοτέρων τῶν προτάσεων ἐπὶ μέρους ἀποφατικὸν ἀπὸ τοῦ ἐλάττονος ὅρου πρὸς τὸν μείζονα τὸ συμπέρασμα. ὃ εἰ μὲν ἀντέστρεφεν, ἦν ἂν ἀναγκαίως καὶ προηγουμένως ἑκατέρα τῶν συζυγιῶν συλλογιστική, δι' ἀντιστροφῆς τοῦ συμπεράσματος δεικνῦσα τὸ προκείμενον. ἐπεὶ δὲ μὴ ἀντιστρέφει, πρὸς μὲν τὴν τοῦ προκειμένου δεῖξιν ἀσυλλόγιστοι αἱ συζυγίαι, ἄλλο μέντοι τι δύναται δι' αὐτῶν συλλογιστικῶς συνάγεσθαι. ἐπισημανούμεθα δὲ περὶ αὐτῶν, ἐπειδὰν κατ' ἐκείνους γενώμεθα τοὺς τόπους.

p. 26b34 Ὅταν δὲ τὸ αὐτὸ τῷ μὲν παντὶ τῷ δὲ μηδενὶ ὑπάρχῃ, ἢ ἑκατέρῳ παντὶ ἢ μηδενί.

Εἰπὼν περὶ τοῦ πρώτου σχήματος καὶ τῶν ἐν αὐτῷ συζυγιῶν καὶ δείξας, τίνες μέν εἰσιν αὐτῶν συλλογιστικαί, τίνες δὲ ἀσυλλόγιστοι, μεταβέβηκεν ἐπὶ τὸ δεύτερον σχῆμα, καὶ περὶ τῶν ἐν τούτῳ συζυγιῶν πάλιν ποιήσεται τὸν λόγον κατὰ ταὐτά. ἔστι δὲ τὸ δεύτερον σχῆμα, ὡς ἔφαμεν, ἐν ᾧ ὁ κοινὸς ὅρος καὶ μέσος ἀμφοτέρων τῶν ἐν τῷ προκειμένῳ προβλήματι κατηγορεῖται. ὃ ἔδειξεν εἰπὼν ὅταν δὲ τὸ αὐτὸ τῷ μὲν παντὶ τῷ δὲ μηδενὶ ὑπάρχῃ, ἢ ἑκατέρῳ παντὶ ἢ μηδενί· τοῦτο γάρ ἐστιν ἴσον τῷ 'ὅταν δὲ τὸ αὐτό (τοῦτο δ' ἐστὶ τὸ μέσον καὶ δὶς λαμβανόμενον)

—

1 τῷ (post τοῦτο) om. L μὲν τῶν L 2 τῶν utrumque om. L κατ' M 3 κατὰ τὰς a κατ' ἀρχάς] An. pr. II 1 p. 53a3 sq. 4 γίνεσθαι L 5 ἐν alterum om. a λέγει] An. pr. I 7 p. 29a19—26 13 ἔχουσαι aLM 15 τὸ om. aLM 16 ἂν om. M ἂν ἀναγκαίως . . . τοὺς τόπους (21) om. L (ἦν vs. 16 ultimum folii verbum est) 17 συλλογιστική aB: συμπλοκή M 18 δεικνύουσα aM 19 τι om. a 21 κατ' evan. M 22 σχῆμα δεύτερον in mg. B, superscr. a: ἀρχὴ σὺν θεῷ τοῦ δευτέρου σχήματος superscr. L: σχῆμα δεύτερον περὶ τῶν ἐξ ὑπαρχουσῶν προτάσεων συγκειμένων συζυγιῶν superscr. M 23 ὑπάρχῃ om. B μηδενί Ar.: οὐδενί aB 27 ποιήσηται L ταὐτά scripsi: ταῦτα libri ἔφαμεν] p. 47, 3 30. 31 ἴσον ἐστὶ aM 31 δέ ἐστι L

τῷ μὲν τῶν ἄκρων παντὶ ὑπάρχῃ καὶ κατὰ παντὸς αὐτοῦ κατηγορῆται, τῷ 23r δὲ μηδενὶ καὶ κατὰ μηδενὸς αὐτοῦ κατηγορῆται, ἢ κατὰ ἑκατέρου τῶν ἄκρων κατὰ παντὸς λέγηται ἢ κατὰ μηδενός'. πάλιν δὲ καὶ τοῦτο τὸ σχῆμα ὡς καὶ τὸ πρῶτον διὰ τοῦ παραθέσθαι παραδείγματα φανερὸν ἐποίησε, πῶς ἔχει τὸν μέσον ὅρον ἐν αὑτῷ, ὅτι κατηγορούμενον ἀμφοτέρων. τὰ δὲ παραδείγματα, οἷς κέχρηται, τῶν συζυγιῶν ἐστι δηλωτικὰ τῶν ἐκ καθόλου τῶν δύο προτάσεων, περὶ ὧν πρῶτον λέγει, ὥσπερ καὶ ἐπὶ τῶν ἐν τῷ πρώτῳ σχήματι. πασῶν δὲ ἐμνημόνευσε τῶν ἐκ καθόλου προτάσεων εἰπὼν ὅταν δὲ τὸ αὐτὸ τῷ μὲν παντὶ τῷ δὲ μηδενὶ ὑπάρχῃ, ἢ ἑκατέρῳ παντὶ ἢ μηδενί.

Ὅτι μὲν οὖν τὸ τοιοῦτόν ἐστι σχῆμα δεύτερον, καὶ δι' ἃς αἰτίας, εἰρήκαμεν. φανερὸν δέ, ὅτι καὶ κατὰ ἀντιστροφὴν τῆς ἐν πρώτῳ σχήματι μείζονος προτάσεως ὁ μέσος γίνεται ἀμφοτέρων κατηγορούμενος. ἀντιστραφείσης γὰρ ἐκείνης ὁ μέσος γίνεται κατηγορούμενος ἐκείνου, ᾧ ὑπέκειτο· ὑπέκειτο δὲ τῷ μείζονι ἄκρῳ· κατηγορεῖται δὲ καὶ τοῦ ἐλάττονος· ἀμφοτέρων ἄρα γίνεται κατηγορούμενος τῆς μείζονος ἀντιστραφείσης. ὢν δὲ κατηγορούμενος βελτίονα χώραν ἐπὶ τοῦ δευτέρου σχήματος ἔχει, εἴ γε μεῖζον ἦν τὸ κατηγορεῖσθαι τοῦ ὑποκεῖσθαι. εἰκότως ἄρα καὶ τοῦτο τὸ σχῆμα δεύτερον, ὅτι ὁ μέσος, δι' ὃν ὁ συλλογισμός, τὴν οἰκείαν θέσιν ἀπολέσας, ἣν εἶχεν ἐν τῷ πρώτῳ σχήματι, τῶν καταλειπομένων δύο τὴν καλλίονα θέσιν τούτων ἔχει.

Ἔστι δὲ συλλογιστικὴ συζυγία ἐν τῷ δευτέρῳ σχήματι, ἐν ᾗ ἐστιν ἡ μείζων πρότασις καθόλου. ταύτης γὰρ οὔσης ἐπὶ μέρους οὐδεὶς ἔσται συλλογισμὸς ἐν δευτέρῳ σχήματι, καὶ εὐλόγως· ἀφ' ἧς γὰρ προτάσεως ἀντιστραφείσης ἐκ τοῦ πρώτου σχήματος ἡ γένεσις αὐτῷ, ταύτης τὸ ἴδιον φυλάσσεται καὶ ἐν ταῖς ἐν δευτέρῳ σχήματι συλλογιστικαῖς συζυγίαις. τὴν δὲ δευτέραν πρότασιν δεῖ, τὴν ἐλάττονα, ἢ ἐπὶ μέρους ἢ καθόλου εἶναι· καὶ γὰρ καθόλου οὖσα καὶ ἐπὶ μέρους συλλογιστική. δεῖ δὲ αὐτὴν ἐξ ἀνάγκης κατὰ τὸ ποιὸν ἀντικειμένην εἶναι τῇ μείζονι καὶ ἀνομοιοσχήμονα, εἰ μὲν ἐκείνη εἴη καταφατική, ταύτην ἀποφατικήν, εἰ δ' ἐκείνη ἀποφατική, ταύτην καταφατικήν· ὁμοιοσχημόνων γὰρ οὐσῶν οὐ γίνεται συλλογισμὸς ἐν δευτέρῳ σχήματι· οὔτε γὰρ ἐκ δύο ἀποφατικῶν, ὅτι ἐν οὐδενὶ σχήματι ἡ τοιαύτη συζυγία συλλογιστική, οὔτε ἐκ δύο καταφατικῶν, ὡς δειχθήσεται.

---

1 ὑπάρχῃ scripsi: ὑπάρχει libri 1 et 2 κατηγορῆται scripsi: κατηγορεῖται libri τῷ δὲ . . . κατηγορῆται (2) om. aLM 2 ἑτέρου a 3 λέγεται LM 5 ἔχει aB: δεῖ ἔχειν LM αὐτῷ a: αὑτῷ BLM ante κατηγορούμενον add. μὴ L δὲ om. LM 6 τῶν tertium om. aLM 7 τῷ om. aLM 9 ὑπάρχῃ scripsi ex Ar.: ὑπάρχει L: om. aBM: cf. lemma et p. 70, 30 11 μὲν οὖν . . . ἐκείνης (14) om. a τὸ om. LM 12 εἰρήκαμεν] p. 48, 12 18 κατ' M 13 ἀντιστραφείσης . . . κατηγορούμενος (14) om. L: ἀντιστραφείσης γὰρ ἐκείνης om. M 15 κατηγορεῖτο a 16 ὢν aB: ὁ LM 18 τὸ (ante κατηγορεῖσθαι) om. L ἄρα BLM: οὖν ἐστι a 20 ἀπωλέσας L 21 τούτων θέσιν aL 25 ἀντιστρεφείσης a 27 εἶναι ἢ καθόλου L 30 εἴη aBM: ᾖ L αὕτη ἀποφατική a εἰ δ' . . . καταφατικήν (31) om. LM 31 αὕτη καταφατική a 33 συλλογιστικὴ συζυγία L

οὕτω δὲ ἐχουσῶν τῶν συλλογιστικῶν προτάσεων καὶ ἐν τούτῳ τῷ σχήματι 23v τέσσαρες ἔσονται συμπλοκαὶ συλλογιστικαί, τῇ μείζονι προτάσει, εἰ μὲν καταφατικὴ εἴη, συντασσομένης τῆς ἐλάττονος ἢ καθόλου ἢ ἐπὶ μέρους ἀποφατικῆς, εἰ δὲ ἡ μείζων ἀποφατικὴ ληφθείη, τῆς ἐλάττονος ἢ καθόλου ἢ ἐπὶ μέρους γινομένης καταφατικῆς.

p. 26b36 Μέσον δὲ ἐν αὐτῷ λέγω τὸ κατηγορούμενον ἀμφοῖν.

Οὗτος ἂν εἴη καὶ ὁ λόγος τοῦ δευτέρου σχήματος, ἐν ᾧ ὁ μέσος ἀμφοτέρων τῶν ἄκρων, ὧν δεῖ τὴν συναγωγὴν ποιήσασθαι, κατηγορεῖται.

p. 26b37 Μεῖζον δὲ ἄκρον τὸ πρὸς τῷ μέσῳ κείμενον· τίθεται δὲ τὸ μέσον ἔξω μὲν τῶν ἄκρων, πρῶτον δὲ τῇ θέσει.

Διὰ τῆς καταγραφῆς τῶν ὅρων καὶ τῆς τάξεως ἐδήλωσεν ἡμῖν, ὅτι τῆς μείζονος προτάσεως τῆς ἐν τῷ πρώτῳ σχήματι ἀντιστραφείσης τὸ δεύτερον σχῆμα γέγονεν· ἡ γὰρ θέσις καὶ ἡ τάξις, ἣν εἴρηκε, τῶν ὅρων καὶ τὸ προτετάχθαι τὸν μέσον καὶ μετ' αὐτὸν κεῖσθαι τὸν μείζονα τὴν ἀντιστροφὴν ἐκείνης δηλοῖ τῆς προτάσεως.

Μεῖζον δὲ ἄκρον τὸ πρὸς τῷ μέσῳ κείμενον.

Ζητεῖται, εἰ φύσει ἐν δευτέρῳ σχήματι μείζων τίς ἐστι καὶ ἐλάττων ἄκρος, καὶ τίνι οὗτος κριθήσεται. εἰ γάρ ἐστιν ἀδιάφορον, ἐξέσται, οἷον ἂν συντάξαι βουληθῶμεν ἐν τῇ θέσει τῷ μέσῳ, τοῦτον λέγειν μείζονα· τοῦτο δέ, ἐπεὶ ἀποφατικὰ μὲν τὰ ἐν τούτῳ τῷ σχήματι συναγόμενα, τὰ δὲ καθόλου ἀποφατικὰ ἀλλήλοις ἀντιστρέφει· ὥστε κατὰ τοῦτο οὐδὲν μᾶλλον ὁ ἕτερος τοῦ ἑτέρου μείζων ἐν ταῖς καθόλου ἀποφάσεσιν, εἴ γε μείζων μέν ἐστιν ὁ κατηγορούμενος, οὗτοι δὲ ἐπ' ἴσης ἀλλήλων ἀντικατηγοροῦνται. ἐπὶ μὲν γὰρ τῶν καταφατικῶν μείζων ὁ κατηγορούμενος καθόλου, ὅτι καὶ ἐπὶ πλέον· διὰ τοῦτο γὰρ οὐδὲ ἀντιστρέφει· ὥστε φύσει αὐτῷ τὸ μείζονα εἶναι ὑπάρχει. ἐπὶ δὲ τῶν καθόλου ἀποφατικῶν οὐκέτι τοῦτο ἀληθές. τὸ μὲν οὖν λέγειν, ὡς Ἑρμῖνος οἴεται, ἐν δευτέρῳ σχήματι τὸν μείζονα ἄκρον εἶναι, ἐὰν μὲν ἀμφότεροι ὁμογενεῖς ὦσιν, ὧν ὁ μέσος κατηγορεῖται, τὸν ἐγγύτερον τοῦ κοινοῦ γένους αὐτῶν (ἂν γὰρ ὦσιν οἱ ἄκροι ὄρνεον καὶ

2 τέσσαρες om. LM συμπλοκαὶ post συλλογιστικαί transponunt aM: om. L ante τῇ add. καὶ LM 4 δὲ om. L 8 ὧν δεῖ . . . ἄκρων (10) om. aL (in quo μεῖζον . . . ἄκρων textus verba fuisse videntur) 9 post κείμενον add. ἔλαττον δὲ τὸ πορρωτέρω τοῦ μέσου Ar. (sed om. pr. B) τίθεται . . . θέσει (10) om. M 11 τάξεως B: λέξεως aLM 14 τὸ om. L τὸν μείζονα scripsi: τὴν μείζονα BLM: om. a 16 μεῖζον . . . κείμενον sunt textus verba in L 17 ζητεῖ a εἰ aBM: ἢ L 20 τοῦτο aBL: τοῦτον M ἐπὶ L 22 post μείζων add. ἐστὶν aLM 24 ante καταφατικῶν add. καθόλου a 25 μείζονα a: μεῖζον B: μείζων M: ? L 26 ἐπὶ δὲ B: ἐπεὶ δὲ aM: ἐπειδὴ L 27 ante δευτέρῳ add. τῷ a 28 μὲν om. a τὸν scripsi: τὸ aBM: τῷ L 29 ἐγγυτέρω LM

ἄνθρωπος, ἐγγυτέρω τοῦ κοινοῦ γένους αὐτῶν. τοῦ ζῴου, τὸ ὄρνεον τοῦ 23v ἀνθρώπου καὶ ἐν τῇ πρώτῃ διαιρέσει, διὸ καὶ μείζων ἄκρος τὸ ὄρνεον, καὶ καθόλου ἐν τοῖς ὁμογένεσιν ὁ οὕτως ἔχων πρὸς τὸ κοινὸν γένος μείζων), εἰ δ' εἶεν ἴσον ἀφεστῶτες ἀμφότεροι τοῦ κοινοῦ γένους ὡς ἵππος καὶ ἄνθρωπος, δεῖν ἐπισκοπεῖν τὸν μέσον τὸν κατηγορούμενον αὐτῶν, τίνος μὲν δι' αὑτὸν κατηγορεῖται, τίνος δὲ δι' ἄλλον, κἂν ᾖ τοῦ μὲν δι' αὑτὸν τοῦ δὲ δι' ἄλλον κατηγορούμενος, συγκρίνειν τόν, δι' ὃν κατηγορεῖται τοῦ ἑτέρου, τῷ, δι' ὃν καθ' ἑαυτὸν κατηγορεῖται, κἂν ᾖ ἐκεῖνος, δι' ὃν τοῦ ἑτέρου κατηγορεῖτο, ἐγγυτέρω τοῦ κοινοῦ γένους αὐτῶν, καὶ τοῦτον, οὗ κατηγορεῖται ὁ μέσος διὰ τὸν ἐγγυτέρω τοῦ κοινοῦ γένους, μείζονα λέγειν (οἷον εἰ εἶεν οἱ μὲν ἄκροι ἵππος καὶ ἄνθρωπος, κατηγοροῖτο δὲ αὐτῶν τὸ λογικὸν καὶ τοῦ μὲν ἵππου ἀποφατικῶς τοῦ δὲ ἀνθρώπου καταφατικῶς, ἐπεὶ τὸ λογικὸν οὐ καθ' αὑτὸ ἀποφάσκεται τοῦ ἵππου ἀλλὰ διὰ τὸ ἄλογον αὐτὸν εἶναι, τὸ δὲ λογικὸν δι' αὑτὸ καταφάσκεται τοῦ ἀνθρώπου, ἐγγυτέρω τοῦ κοινοῦ γένους αὐτῶν ἐστι, τοῦ ζῴου, ὁ ἵππος ἤπερ ὁ ἄνθρωπος· ἔσται δὴ καὶ ὁ ἵππος μείζων τοῦ ἀνθρώπου ἄκρος καίτοι ἴσον ἀφεστῶτος τοῦ γένους τοῦ οἰκείου αὐτοῖς, ὅτι μείζων, δι' ὃν αὐτοῦ τὸ κατηγορούμενον κατηγορεῖτο· ὡς γὰρ ἀλόγου αὐτοῦ οὐχ ὡς ἵππου τὸ λογικὸν ἀποφάσκεται, τοῦ ἀνθρώπου καταφασκομένου τοῦ λογικοῦ καθ' αὑτό), εἰ δὲ μὴ εἶεν ὁμογενεῖς οἱ ἄκροι ἀλλὰ διαφερόντων γενῶν, μείζονα αὐτῶν θετέον τὸν ἐν τῷ οἰκείῳ γένει ἐγγυτέρω ὄντα αὐτῶν (οἷον ἂν κατηγορῆταί τι χρώματος καὶ ἀνθρώπου, μείζων ἄκρος τὸ χρῶμα· ἐγγυτέρω γὰρ τοῦτο τῆς ποιότητος ἢ ὁ ἄνθρωπος τῆς οὐσίας· ἄτομον γὰρ εἶδος ἄνθρωπος, τὸ δὲ χρῶμα οὔ), ἂν δὲ ἴσον πάλιν ἀπέχωσιν ἀμφότεροι τῶν οἰκείων γενῶν, ἐπὶ τὸν κατηγορούμενον ἐπανιέναι καὶ ζητεῖν, τίνος μὲν αὐτῶν | δι' αὑτόν, τίνος δὲ δι' ἄλλον κατη- 24r γορεῖται, κἂν ᾖ, δι' ὃν κατηγορεῖται τοῦ ἑτέρου, ἐγγυτέρω τοῦ οἰκείου γένους, καὶ τοῦτον, οὗ δι' ἐκεῖνον κατηγορεῖτο, μείζονα ἡγητέον ἄκρον (οἷον εἰ εἶεν ὅροι λευκὸν καὶ ἄνθρωπος, τὸ μὲν ἐν ποιῷ ἄτομον εἶδος τὸ δὲ ἐν οὐσίᾳ, κατηγοροῖτο δὲ τὸ λογικὸν καταφατικῶς μὲν τοῦ ἀνθρώπου ἀποφατικῶς δὲ τοῦ λευκοῦ, ἐπεὶ τοῦ μὲν ἀνθρώπου, καθ' ὃ ἄνθρωπος,

2 πρώτῃ a: om. LM διὸ LM: δι' ὃν B: δι' ἣν a 4 ἐν ἴσῳ L 5 περισκοπεῖν a τὸ μέσον L 6 αὑτὸν (ante κατηγορεῖται) a: αὐτὸν BM: αὐτῶν L ἄλλων L κἂν ... δι' ἄλλον (7) om. a μὲν BM, L pr.: μέσον rec. atram. corr. L αὐτὸν libri 7 ἄλλων L κατηγορούμενος BLM: κατηγορούμενον καὶ a 8 κατὰ ἑαυτὸν LM 8. 9 τοῦ ἑτέρου κατηγορεῖτο post αὐτῶν transponunt aL 9 κατηγορεῖτο B: κατηγορεῖται LM: κατηγοροῖτο a τοῦτον LM: τούτων aB οὗ BM: οὐ aL 10 post διὰ addere voluit τὸ Prantl I p. 556, 70 11 post δὲ add. δι' L 11 et 12 λογιστικὸν L 13 τοῦ ἵππου ... καταφάσκεται (14) add. B² 14 αὐτὸ B 17 αὐτοῖς BLM: αὐτοῦ a μείζων LM: μεῖζον aB αὐτοῦ τὸ scripsi: αὐτοῦ τοῦ B: αὐτοῦ LM: ἂν τούτου a κατηγορουμένου a κατηγορεῖται LM: κατηγοροῖτο a 18 γὰρ om. a τοῦ (ante ἀνθρώπου) bis aBM 19 καταφασκόμενον L 21 τι om. L καὶ om. L 22 ἢ ὁ ἄνθρωπος om. L 23 ante ἄνθρωπος add. ὁ aM 25 αὐτὸν aM: αὑτὸν BL 27 τοῦτον, οὗ BLM: τούτου a κατηγοροῖτο a 29 κατηγορῆται a 30 ἐπὶ aLM

καταφάσκεται, τοῦ δὲ λευκοῦ οὐ καθ' ὃ λευκὸν ἀποφάσκεται, ἀλλὰ καθ' ὃ 24r ἄψυχόν ἐστιν. ἐπεὶ τὸ ἄψυχον, δι' ὃ τοῦ λευκοῦ τὸ λογικὸν ἀποφάσκεται, κοινότερον καὶ καθολικώτερον καὶ ἐγγυτέρω τῆς οὐσίας τῆς ἀψύχου ἢ ὁ ἄνθρωπος τῆς ἐμψύχου. καὶ τὸ λευκὸν διὰ τοῦτο μείζων ὅρος τοῦ ἀνθρώπου), τὸ δὴ ταῦτα λέγειν καὶ ζητεῖν καὶ φύσει δεικνύναι ἐν τῷ δευτέρῳ σχήματι τὸν μείζονα ἄκρον πρὸς τῷ περιεργίαν ἔχειν οὐδὲ ἀληθές ἐστι. πρῶτον μὲν γὰρ ἂν μὴ αὐτοὺς ἐφ' ἑαυτῶν τοὺς ληφθέντας ὅρους ἐξετάζωμεν, ἀλλὰ καθ' οὓς ὁ κατηγορούμενος ὅρος οὐχ ὑπάρχει. αἰεὶ ἐν τῇ ἀποφατικῇ προτάσει ὁ μείζων ὅρος ἔσται. ἴσος γὰρ ἢ μείζων οὗτος ἔσται τοῦ μέσου ἢ οὕτως ἀπ' ἀρχῆς εἰλημμένος ἤ, δι' ὃν ἀποφάσκεται, γινόμενος τοιοῦτος οὕτως ἔχειν πρὸς τὸν μέσον μείζονα ἀποφασκόμενον. ὁ γὰρ μέσος οὐχ ὑπάρξει. ᾧ κεῖται μὴ ὑπάρχειν. διότι τὸ ἀντικείμενον αὐτῷ καὶ ἀντιδιῃρημένον ὑπάρχει τῷ ὑποκειμένῳ· τὸ δὲ ἀντικείμενον τῷ μέσῳ καὶ ἀντιδιῃρημένον ἴσον ἐστὶν αὐτῷ. ἢ γὰρ διὰ τοῦτο αὐτὸ ἢ διά τι ἄλλο ἐπὶ πλέον ὂν τοῦ μέσου, ὡς ὅταν τὸ λογικὸν διὰ τὸ ἄψυχον ἀποφάσκηταί τινος· ἴσον γὰρ γίνεται τότε. ὅταν διὰ τὸ ἄλογον· τὸ γὰρ λογικὸν ἴσον τῷ ἀλόγῳ, δι' ὃ τοῦ ἵππου ἀποφατικῶς τὸ λογικὸν κατηγορεῖτο. ἢ οὖν τούτῳ μὲν ἴσος ὁ μέσος. οὗ ἀποφάσκεται, ἢ ἐλάττων αὐτοῦ γίνεται, ὅταν διὰ τὸ ἄψυχον τὸ λογικὸν ἀποφάσκηταί τινος· τὸ γὰρ ἄψυχον τῷ ἐμψύχῳ ἴσον, ὑφ' ὃ τὸ λογικὸν μεῖζον ὂν τοῦ ἑτέρου. οὗ καταφάσκεται· ἐπεὶ γὰρ ὁ κατηγορούμενος καταφατικῶς μείζων τοῦ ὑποκειμένου αὐτῷ, οὗ ἀποφάσκεται ὁ μέσος ἢ οὗ καταφάσκεται ὁ μέσος, εἴ γε ἡ αἰτία, δι' ἣν ἀποφάσκεται, ἴσος ἢ μείζων αὐτοῦ τοῦ μέσου. ὃς μείζων ἐστὶ τοῦ ὑποκειμένου αὐτῷ ἐν τῇ καταφατικῇ προτάσει. ὥστε καὶ ἡ ἀποφατικὴ πρότασις ἀεὶ μείζων ἔσται τῆς καταφατικῆς. ἀλλὰ μὴν λέγει Ἀριστοτέλης καὶ πρὸς τῷ ἐλάσσονι τὸ ἀποφατικὸν τίθεσθαι· ὁ γοῦν δεύτερος συλλογισμὸς ἐν τούτῳ τῷ σχήματι τὴν ἐλάττονα ἔχει ἀποφατικήν. ἔτι διὰ τί ἐπὶ μόνων τῶν ἀποφατικῶν ἡ μετάληψις καὶ ἡ ζήτησις ἔσται τοῦ. δι' ὃν κατηγορεῖται ἀποφατικῶς; καὶ γὰρ ἐπὶ τῆς καταφάσεως τὸ αὐτὸ ζητηθήσεται. τὸ γὰρ λογικὸν τοῦ ἀνθρώπου, εἰ καὶ καθ' αὑτό. ἀλλ' οὐ πρώτου, οὐδὲ ᾗ ἄνθρωπος, ἀλλὰ ᾗ λογικός· ὥστε εἰ τοῦ μὲν ἵππου διὰ τὸ ἄλογον τοῦ δὲ ἀνθρώπου διὰ τὸ λογικόν, ἴσον δὲ

---

1 ἀλλὰ . . . ἀποφάσκεται (2) om. L 3 ἐγγύτερον aLM post ἀψύχου add. ἢ ὁ ἄνθρωπος τῆς ἀψύχου L 5 λέγειν . . . ἀλλὰ (7) om. L 6 τὸ μεῖζον a οὐδ' M 7 ἀφ' aM 9 ἢ LM: ὁ aB μείζων aBM: μείων L τὸ μέσον L 10 ante ἢ οὕτως add. καὶ LM post οὕτως add. καὶ οὕτως a: eras. B ὑπ' a 11 ante οὕτως add. καὶ M μέσον om. M 12 ὑπάρξει BLM: ὑπάρχει a κείμενον omisso τὸ L 12. 13 ἀντιδιειρημένον a; item vs. sq. 13 τῷ alterum om. L 14 αὐτῷ aLM: αὐτῶν B 15 τοῦ μέσου ὂν a 16 εὐλόγῳ L 17 δι' ὃ corr. ex διὰ B κατηγορεῖται a: κατηγορεῖτο LM 18 ἢ M: ὁ aB: om. L 21 αὐτοῦ a οὗ (ante καταφ.) BLM: οὐ a 22 ἴσον a 25 ante Ἀριστοτέλης add. ὁ aLM 26 γ' οὖν B: οὖν aLM 27 ante ἀποφατικήν add. καθόλου aLM 28 κατηγορεῖτο B 29 ἐπὶ BLM: κἀπὶ a 30 εἰ BLM: ᾗ a πρῶτον aLM ἀλλὰ in ras. B (videtur fuisse διὰ) post ᾗ alterum add. νοῦ καὶ ἐπιστήμης δεκτικόν LM 31 τοῦ δὲ ἀνθρώπου . . . ἄλογον (75,1) om. a

τὸ ἄλογον τῷ λογικῷ (ἐκ τῆς αὐτῆς γὰρ διαιρέσεως), οὐδέπω ὁ μείζων 24r εὕρηται καὶ κατὰ τὴν ἐκκειμένην μέθοδον. διὸ οὕτως μὲν οὐ χρὴ τὴν κρίσιν ποιεῖσθαι τῆς προτάσεως τῆς ἐν τῷ δευτέρῳ σχήματι μείζονος. καθόλου γὰρ τῷ δύνασθαι καὶ τὸ καταφατικὸν εἶναι πρὸς τῷ μείζονι ὅρῳ καὶ τὸ ἀποφατικὸν ἐν τούτῳ τῷ σχήματι. ὁποῖος ἂν ὅρος εὑρεθῇ κατὰ τὴν προειρημένην μέθοδον μείζων, οὗτος καὶ ὡς μείζων καὶ ὡς ἐλάττων λαμβανόμενος ποιήσει τὴν συζυγίαν συλλογιστικήν· ὃ πάσχων οὐκέτ' ἂν εἴη μείζων ἐν τούτῳ τῷ σχήματι· οὐ γὰρ ἁπλῶς μείζονος ὅρου ἡ ζήτησις ἀλλὰ τοῦ ἐν τούτῳ μείζονος.

Ἀλλ' οὐδὲ ἁπλῶς πάλιν ῥητέον μείζονα τὸν ἐν τῷ συμπεράσματι τοῦ συλλογισμοῦ κατηγορούμενον, ὡς δοκεῖ τισιν· οὐδὲ γὰρ οὗτος δῆλος· ἄλλοτε γὰρ ἄλλος ἔσται καὶ οὐχ ὡρισμένος τῷ ἀντιστρέφειν τὴν καθόλου ἀποφατικήν, καὶ ὁ τέως μείζων αὖθις ἐλάττων, καὶ ἐφ' ἡμῖν ἔσται τὸν αὐτὸν καὶ μείζω καὶ ἐλάττω ποιεῖν. οὔτε οὖν φύσει τίς ἐστιν ἐν τοῖς ἀποφατικοῖς μείζων, οὔθ' ἁπλῶς ἐκ τοῦ συμπεράσματος χρὴ τὸν μείζω λαμβάνειν· οὐδὲ γὰρ οὗτος ὡρισμένος ἔσται, τό τε συμπέρασμα ἔχει κατηγορούμενον τὸν ἐν ταῖς προτάσεσιν εἰλημμένον ὡς μείζονα, ὥστε οὐ τὸ συμπέρασμα 24v τοῦ μείζονος δεικτικόν, ἀλλὰ τὸ λαβεῖν τινα μείζονα αἴτιον τοῦ καὶ ἐν τῷ συμπεράσματι τοῦτον κατηγορεῖσθαι. ἀλλ' οὐδὲ λέγειν οἷόν τέ ἐστιν, ὅτι μηδέ ἐστί τις ἐν αὐτῷ μείζων· ὥρισται γὰρ καὶ τὸ δεῖν τὴν μείζονα πρότασιν ἐν αὐτῷ καθόλου εἶναι, εἰ μέλλοι ἔσεσθαι συλλογιστικὴ συμπλοκή· μείζων δὲ πρότασις, ἐν ᾗ ὁ μείζων ὅρος. δεῖ δὴ μείζονά τε ἡγεῖσθαι ὅρον καὶ πρῶτον τιθέναι, ὃν ἐν τῷ προβλήματι βουλόμεθα δεῖξαί τε καὶ συναγαγεῖν, ὃν κατηγορούμενον ἔχομεν· πᾶς γὰρ ὁ συλλογιζόμενος ὁρίσας παρ' αὑτῷ πρῶτον, ὃ βούλεται δεῖξαι, οὕτως εἰς τοῦτο τῶν οἰκείων εὐπορεῖ προτάσεων· οὐ γὰρ ἀπὸ τύχης περιπίπτει τῷ συμπεράσματι. τὸν δὴ ἐν τῷ προκειμένῳ προβλήματι εἰς τὴν δεῖξιν κατηγορούμενον τοῦτον θετέον μείζονα· καὶ γὰρ εἰ ἀντιστρέφει καὶ διὰ τοῦτο γίνεται ὁ αὐτὸς καὶ ὑποκείμενος, ἀλλ' ἔν γε τῷ ἡμῖν εἰς τὸ δεῖξαι προκειμένῳ κατηγορούμενος ἦν τε καὶ μένει. διὰ τοῦτο γάρ, κἂν ἄλλο γένηται συμπέρασμα, ἀντιστρέφομεν αὐτό. ὥστε ἡμῖν τοῖς δεικνύουσι καὶ συλλογιζομένοις καὶ τάττουσι τοὺς ὅρους οὗτος μείζων, ἐπεὶ μὴ τῇ αὐτῶν φύσει ἐν τοῖς ἀποφατικοῖς τὸ μεῖζον καὶ τὸ ἔλαττον ἀλλ' ἐν τῇ τῶν συμπερασμάτων προθέσει. δῆλον δέ, ὅτι ὁ ἐν τῷ προβλήματι κατηγορούμενος καὶ ἐν τῷ συμπεράσματι κατηγορούμενος γίνεται.

---

1 τῷ λογικῷ BLM: τὸ λογικὸν a   ἡ μείζων aL   3 προτάσεως BLM: καταφάσεως a   4 τὸ δύνασθαι a   6. 7 λαμβανόμενος aB: λεγόμενος LM   7 οὐκέτι M   8 ἡ om. a   11 τισιν· οὐδὲ γὰρ aBM: τὸ συμπέρασμα L   12 ἄλλο aL   καὶ om. a   13 ἐφ' ἡμῖν BLM: φημὴ a   ἐστὶ L   14 post ἐλάττω add. καὶ L   16 οὕτως a   20 καὶ om. aLM   21 μέλλει aLM   22 ante ὅρος add. ἔσται LM, ἐστὶν a   post ὅρος add. τίνα οὖν (οὖν om. a) εἶναι οἰητέον ἐν δευτέρῳ σχήματι μείζονα ὅρον aLM   24 συλλογικὸς L   ἑαυτῷ M: αὐτῷ a   28 εἰ om. LM   29 τὴν δεῖξιν LM   31 καὶ τάττουσι] καὶ τάτ evan. M   32 αὐτῶν libri   33 ὁ om. L   34 γίνεται aB: ἔσται LM

p. 27a1 Τέλειος μὲν οὖν οὐκ ἔσται συλλογισμὸς ἐν τούτῳ τῷ σχήματι, δυνατὸς δὲ ἔσται καὶ καθόλου καὶ μὴ καθόλου τῶν ὅρων ὄντων. 24v

Τελείους εἶπε συλλογισμοὺς τοὺς ἐκ τῶν κειμένων φανερὸν τὸ ἀναγκαῖον ἔχοντας, οἷοι ἐδείχθησαν ὄντες οἱ ἐν τῷ πρώτῳ σχήματι, ἀτελεῖς δὲ τοὺς ἔξωθεν προσδεομένους τινὸς ἢ τινῶν, ἃ ἔστι μὲν ἀναγκαῖα διὰ τῶν ὑποκειμένων ὅρων, οὐ μὴν εἴληπται διὰ προτάσεως. τοιοῦτοί εἰσιν οἵ ἔν τε τούτῳ τῷ σχήματι καὶ οἱ ἐν τῷ τρίτῳ· οἱ μὲν γὰρ τρεῖς τῶν ἐν τούτῳ τῷ σχήματι ἀντιστροφῆς προσδέονται πρὸς τὸ φανερὸν τὸ ἐν αὐτοῖς ἀναγκαῖον γενέσθαι. ὁ δὲ τέταρτος διὰ μὲν ἀντιστροφῆς οὐ δείκνυται, διὰ δὲ τῆς εἰς ἀδύνατον ἀπαγωγῆς δείκνυται αὐτοῦ ἡ ἀνάγκη τῆς συναγωγῆς. τὸ δὲ δυνατὸς δ' ἔσται καὶ καθόλου καὶ μὴ καθόλου τῶν ὅρων ὄντων δηλωτικόν ἐστι τοῦ καὶ ἐξ ἀμφοτέρων καθόλου τῶν προτάσεων οὐσῶν δύνασθαι γενέσθαι συλλογισμὸν καὶ ἐν τούτῳ τῷ σχήματι καὶ μὴ οὐσῶν ἀμφοτέρων καθόλου. ἀλλὰ δῆλον ὅτι τῆς ἑτέρας ἐπὶ μέρους, τοῦτ' ἔστι τῆς ἐλάττονος· ἀμφοτέρων γὰρ ἐπὶ μέρους οὐσῶν οὐδεὶς γίνεται συλλογισμός· ἀλλ' οὐδ' ἂν ἡ μείζων ἐπὶ μέρους γένηται, ὡς εἰρήκαμεν.

p. 27a3 Καθόλου μὲν οὖν ὄντων ἔσται συλλογισμός, ὅταν τὸ μέσον τῷ μὲν παντὶ τῷ δὲ μηδενὶ ὑπάρχῃ, ἂν πρὸς ὁποτερῳοῦν ᾖ τὸ στερητικόν· ἄλλως δὲ οὐδαμῶς.

Ὅτι δεῖ ἀνομοιοσχήμονας κατὰ τὸ ποιὸν εἶναι τὰς ἐν τούτῳ τῷ σχήματι προτάσεις, εἰ μέλλοιεν συλλογιστικὴν συζυγίαν ποιήσειν, εἰρήκαμεν. ὅταν δὲ ἀμφότεραι μὲν ὦσιν αἱ προτάσεις καθόλου, ὦσι δὲ καὶ ἀνομοιοσχήμονες. συλλογισμὸς ἔσται. ἄν τε ἡ μὲν μείζων ἀποφατικὴ ἡ δὲ ἐλάττων καταφατικὴ ᾖ. ἐάν τε καὶ ἀνάπαλιν· ἀμφότεραι γὰρ αἱ συζυγίαι οὕτως ἔχουσαι συλλογιστικαί, συνάγουσαι καθόλου ἀποφατικόν. εἰσὶ δὲ καὶ ἐν τούτῳ τῷ σχήματι, καθ' ἃ προείρηται, συλλογιστικαὶ συζυγίαι τέσσαρες, ὥσπερ καὶ ἐν τῷ πρώτῳ, δύο μὲν ἐκ καθόλου προτάσεων δύο δὲ ἐκ τῆς ἑτέρας τῆς ἐλάττονος ἐπὶ μέρους. τάξις δὲ τῶν συλλογισμῶν τούτων ἥδε· πρῶτοι μέν εἰσιν οἱ δύο οἱ ἐκ τῶν καθόλου καθόλου συνάγοντες ἀποφατικόν· οὐδὲν γὰρ καταφατικὸν συνάγεται ἐν τούτῳ τῷ σχήματι, ὅτι μηδ' ἐξ ὁμοιειδῶν προτάσεων. οὗτοι δὲ πρῶτοι· τὸ γὰρ καθόλου τοῦ ἐπὶ μέρους τιμιώτερόν

1 ἔστι a post συλλογισμὸς add. οὐδαμῶς Ar. 4—17 desunt in L 5 οἷον a ὄντες BM: ἔχοντες a 7 προτάσεων aM 10 δείκνυται om. M 12 δ' om. a 13 καὶ om. a 14 γίνεσθαι M 17 γίνηται M εἰρήκαμεν] p. 71,23 18 οὖν om. a 19 κἂν a (fi) 21 Ὅτι δεῖ ἀνομοιοσχήμονας om. L 22 μέλλοιμεν a εἰρήκαμεν] p. 71,28—33 24 μὲν ἡ M 25 ᾖ scripsi: εἴη libri, quod post ἄν τε (24) transponunt aLM 27 προείρηται] p. 72,2 30 συνάγοντες καθόλου a ἀποφατικά aLM 31 ἐν τούτῳ συνάγεται τῷ σχήματι aLM 32 καθόλου γὰρ aLM

τε καὶ πρῶτον. τούτων δὲ πάλιν τῶν δύο πρῶτος ἂν εἴη ὁ τὴν μείζονα 24v πρότασιν ἔχων καθόλου τε καὶ ἀποφατικὴν τὴν δ' ἐλάττονα καθόλου κατα- 25r φατικήν· μιᾶς γὰρ ἀντιστροφῆς οὗτος δεῖται πρὸς τὸ τὸ ἀναγκαῖον τὸ ἐν αὐτῷ φανῆναι· ἀντιστραφείσης γὰρ τῆς μείζονος προτάσεως ἀνάγεται εἰς τὸν δεύτερον ἀναπόδεικτον, ὡς δειχθήσεται. ὁ δὲ ἔχων τὴν μείζονα καθόλου καταφατικὴν μετ' ἐκεῖνον ἂν τάσσοιτο· δύο γὰρ ἀντιστροφῶν οὗτος δεῖται πρὸς τὸ δειχθῆναι τὸν μείζονα ἄκρον μηδενὶ τῷ ἐλάττονι ἄκρῳ ὑπάρχοντα. πλείονος δὴ βοηθείας δεόμενος τοῦ πρὸ αὐτοῦ εἰκότως μετ' ἐκεῖνον τέτακται ἀτελέστερος ὢν αὐτοῦ. δειχθήσονται δὲ καὶ ἐν τούτῳ δύο ἀντιστρέφουσαι. ἐπὶ δὲ τῶν δύο τῶν ἐπὶ μέρους ἀποφατικὸν συναγόντων δεῖ μέν, ὡς εἰρήκαμεν, τὴν μείζονα πρότασιν ἔχειν τὸ καθόλου· γίνεται δὲ ἡ ἐλάσσων ἐν ἀμφοτέροις ἐπὶ μέρους. ἐν ᾧ μὲν οὖν ἡ μείζων καθόλου τέ ἐστι καὶ ἀποφατικὴ ἡ δὲ ἐλάττων ἐπὶ μέρους καταφατική, τρίτος οὗτος ἔσται. ἐπεὶ δι' ἀντιστροφῆς τῆς μείζονος προτάσεως τὸ ἀναγκαῖον τὸ ἐν αὐτῷ φανερὸν γίνεται· ἀντιστραφείσης γὰρ ταύτης γίνεται ὁ ἐν τῷ πρώτῳ σχήματι τέταρτος ἀναπόδεικτος. ἡ γὰρ ἀντιστροφὴ εἰ καὶ μὴ ἄντικρυς εἴληπται ἐν ταῖς προτάσεσιν, ἀλλὰ δυνάμει γε. διὸ καὶ ἧττόν γε ἀτελὴς οὗτος τοῦ μετ' αὐτόν. ὃς ἔχει τὴν μείζονα πρότασιν καθόλου καταφατικὴν τὴν δὲ ἐλάττονα ἐπὶ μέρους ἀποφατικήν· οὗτος γὰρ οὐχ οἷός τε δειχθῆναι δι' ἀντιστροφῆς, ἀλλὰ καὶ πλείονος δεῖ βοηθείας· διὰ γὰρ τῆς εἰς ἀδύνατον ἀπαγωγῆς τὸ ἐν τούτῳ δείκνυται ἀναγκαῖον. ἐν ᾗ δείξει ἔξωθεν πρότασίς τις παραλαμβάνεται. ἢ οὐχ ὑπὸ τῶν ὑποκειμένων δηλοῦται. οὐ μὴν ἐπ' ἄλλων ὅρων καὶ ἐπ' ἄλλου δειχθέντος τὸ προκείμενον συνάγεται· ὁ μὲν γὰρ συλλογισμὸς γίνεται τοῦ ἀντικειμένου, ἀδυνάτου δὲ ἐκείνου φανέντος τῇ ἐκείνου ἀναιρέσει τοῦτο πιστοῦται ὂν ἀντικείμενον αὐτῷ, ὡς δειχθήσεται. οἱ δὲ δι' ἀντιστροφῶν συνάγοντες αὐτὸ τὸ προκείμενον συλλογίζονται. δεόμενος δὲ τοσαύτης βοηθείας εἰκότως ἀτελέστερός ἐστι καὶ τὴν ἐσχάτην χώραν ἔχει τῶν ἐν τούτῳ τῷ σχήματι, ἐπεὶ οἱ πρὸ αὐτοῦ τρεῖς δεικνύμενοι δι' ἀντιστροφῆς δύνανται δείκνυσθαι καὶ διὰ τῆς εἰς ἀδύνατον ἀπαγωγῆς. ὁ δὲ τέταρτος οὐκέτι δι' ἀντιστροφῆς δυνάμενος δείκνυσθαι διὰ τῆς εἰς ἀδύνατον ἀπαγωγῆς μόνον τὴν πίστιν λαμβάνει τοῦ συλλογισμὸς εἶναι. ἐξετάζων δὲ καὶ τὰς ἐν τούτῳ τῷ σχήματι συζυγίας, τίνες εἰσὶ καὶ πόσαι μὲν καὶ ποῖαι συλλογιστικαὶ ποῖαι δὲ ἀσυλλόγιστοι, καὶ διὰ στοιχείων ποιεῖται τὰς τῶν συζυγιῶν

---

2 δὲ M 3 οὗτος om. L τὸ alterum om. LM τοῦ ἐν L 6 ἐκείνων L 8 δὴ aBM: δὲ L τοῦ aBL: τῶν M 9 ἀτελέστερος a, B pr.: εὐτελέστερος LM, B corr. (εὐτ. et ἀτ. saepius in libris vix possunt discerni) ἀντιστρέφουσαι corr. ex ἀντιστρέφονται B: ἀντιστροφαί a 10 δὲ aBM: μὲν L 11 εἰρήκαμεν] p. 76, 17 ἡ om. L 15 γὰρ BLM: δὴ a ὁ om. a 16 ἡ aBM: εἰ L εἴληπτο LM 17 γε alterum om. aLM 18 ante μείζονα add. μὲν a 19 γὰρ om. L 20 καὶ om. a δεῖται aLM 22 κειμένων aLM 24 τῷ ἀντικειμένῳ L δὲ om. L 25 αὐτὸ M οἱ δὲ evan. M post δι' add. ἀντιστροφῆς ἢ LM 27 post εἰκότως add. καὶ L post ἀτελέστερός add. τε aLM 29. 30 [ὁ δὲ] τέταρτος οὐκέτι [δι'] ἀντιστροφῆς δυνά[μενος] δείκνυσθαι διὰ τῆς [εἰς] ἀδύνατον ἀπαγωγῆς in mg. add. B²: litterae unc. inclusae perierunt 31 ἐξετάσθαι L 32 μὲν om. L 33 καὶ (ante ποῖαι) BLM: οὐ a post διὰ add. πόσων B, ποίων LM, τοιούτων a: delevi

ἐκθέσεις. ὥσπερ καὶ ἐπὶ τοῦ πρώτου σχήματος· χρῆται γὰρ στοιχείοις οὐ 25r τοῖς Α, Β, Γ, οἷς ἐν τῷ πρώτῳ σχήματι. ἀλλὰ τοῖς Μ. Ν, Ξ, μέσον μὲν λαμβάνων τὸ Μ τὸ ἀμφοτέρων κατηγορουμένον καὶ τὴν πρώτην ἔχον τάξιν ἐν τῇ καταγραφῇ. μείζονα δὲ ἄκρον τὸ Ν ἐφεξῆς κείμενον μετὰ τὸν μέσον, ἔσχατον δὲ καὶ ἐλάττονα τὸ Ξ. ὅτι δὲ μηδεμιᾶς οὔσης στερητικῆς προτάσεως οὐκ ἔσται συλλογιστικὴ συζυγία ἐν τούτῳ τῷ σχήματι. ἐδήλωσεν εἰπὼν ἂν πρὸς ὁποτερφοῦν ᾖ τὸ στερητικόν· ἄλλως δὲ οὐδαμῶς. εἰσὶ δὲ καὶ ἐν τούτῳ τῷ σχήματι ἀσυλλόγιστοι συζυγίαι χωρὶς τῶν ἀδιορίστων δεκαδύο. ὡς δείκνυσιν. ἐπεὶ αἱ πᾶσαι ἑκκαίδεκα.

p. 27a5 Κατηγορείσθω γὰρ τὸ Μ τοῦ μὲν Ν μηδενὸς τοῦ δὲ Ξ παντός. ἐπεὶ οὖν ἀντιστρέφει τὸ στερητικόν.

Δέδεικται ἐν τοῖς ἐπάνω. ὅτι ἡ καθόλου στερητικὴ ὑπάρχουσα ἑαυτῇ ἀντιστρέφει. ἐπεὶ οὖν εἴληπται ἡ μείζων πρότασις καθόλου ἀποφατική (κεῖται γὰρ τὸ Μ τῷ Ν μηδενί). ἂν ἀντιστραφῇ. ἔσται καὶ τὸ Ν οὐδενὶ τῷ Μ· κεῖται δὲ καὶ τὸ Μ παντὶ τῷ Ξ· οὕτως δὲ ἐχουσῶν τῶν προτάσεων γίνεται ὁ δεύτερος συλλογισμὸς τῶν ἐν τῷ πρώτῳ σχήματι συνάγων καθόλου ἀποφατικὸν τὸ τὸ Ν μηδενὶ τῷ Ξ. τοῦτο δὴ συναχθήσεται καὶ ὑπὸ τῆς ἐκκειμένης συζυγίας. ἔστω τὸ μὲν Μ ζῷον τὸ δὲ | Ν ἄψυχον 25v τὸ δὲ Ξ ἄνθρωπος. εἰ δὴ τὸ ζῷον κατ' οὐδενὸς ἀψύχου, καὶ ἀντιστρέψασι τὸ ἄψυχον κατ' οὐδενὸς ζῴου· τὸ δὲ ζῷον κατὰ παντὸς ἀνθρώπου· τὸ ἄψυχον ἄρα κατ' οὐδενὸς ἀνθρώπου. καὶ οὗτος μὲν ὁ πρῶτος τοῦ δευτέρου σχήματος συλλογισμὸς καὶ διὰ τοιαύτης βοηθείας τελειούμενος.

p. 27a9 Πάλιν εἰ τὸ Μ τῷ μὲν Ν παντὶ τῷ δὲ Ξ μηδενί, οὐδὲ τὸ Ξ τῷ Ν οὐδενὶ ὑπάρξει.

Δέον ἐπενεγκεῖν τὸ ὀφεῖλον συμπέρασμα δειχθῆναι ἐν τῇ τοιαύτῃ συμπλοκῇ (ἔστι δὲ τοῦτο. ὅτι τὸ Ν οὐδενὶ τῷ Ξ· κεῖται γὰρ τὸ Ν μείζων ὅρος. διὸ καὶ δεῖ κατηγορῆσαι αὐτὸν ἐν τῷ συμπεράσματι) εἶτα οὕτως ἐλθεῖν ἐπὶ τὸ δεῖξαι. πῶς τοῦτο συνάγεται. ὅδε τὸ μὲν συμπέρασμα τὸ τελευταῖον

—

1 ὥνπερ a χρῆται ... σχήματι (2) om. a γὰρ B: δὲ LM 2 οἷς BL: οἷοις καὶ M τῶν μ a 3 τὸ alterum om. L ἀμφότερον a ἔχων L: ἔχοντα M 6 τῷ σχήματι τούτῳ L ἐδήλωσεν ... σχήματι (8) om. L 7 ᾖ corr. ex ἡ B 8 καὶ om. aLM 8. 9 ἀδιορίστων aBM: ἀσυλλογίστων L 9 αἱ BM: καὶ aL ἓξ καὶ δέκα LM 10 κατηγορείσθω ... στερητικόν (11) sunt textus verba in M δέδεικται] p. 31–32,21 12 ἡ om. L ante ἑαυτῇ add. ἐν L 14 μηδενὶ τῷ ν aLM οὐδενὶ B: μηδενὶ aLM 15 δὲ alterum om. M 16 τῷ om. aLM 17 τὸ alterum om. aLM 18 ὑπὸ aB: ἐπὶ LM ἐκκειμένης aM, itemque sed corr. B: κειμένης B pr., L 19 ἀντιστρέφουσι LM: ἀντιστρέφει a 21 οὗτος aLM: οὕτως B 21. 22 τοῦ δευτέρου σχήματος BLM: τῶν ἐν τῷ δευτέρῳ σχήματι a 23 Πάλιν ... ὑπάρξει (24) sunt textus verba in LM οὐδενί a 24 τὸ ξ τῷ ν aBM (B pr., CdΓ): τῷ ξ τὸ ν L et Ar. 24 ὑπάρχει B 26 μεῖζον M 27 δεῖ καὶ a 28 πῶς om. L μὲν om. a

παρέλιπε. τὴν δὲ ἀπόδειξιν λέγει. δι' ἧς δειχθήσεται τὸ συμπέρασμα τοῦτο· 25v λέγει γάρ. ὅτι οὐδὲ τὸ Ξ τῷ Ν οὐδενὶ ὑπάρξει. καὶ τοῦτο πρῶτον δείκνυσι συμπέρασμα γινόμενον ἐπὶ τῇ τοιαύτῃ συζυγίᾳ. ἐπεὶ γὰρ κεῖται ἡ ἐλάττων ἡ Μ Ξ καθόλου ἀποφατική. ἀντιστρέφει δὲ τὸ καθόλου ἀποφατικόν. οὐδὲ τὸ Ξ οὐδενὶ τῷ Μ· τὸ δὲ Μ ἔκειτο παντὶ τῷ Ν ὑπάρχον· ἐξ ὧν συνάγεται τὸ Ξ μηδενὶ τῷ Ν· ἦν γὰρ ἡ μείζων καθόλου καταφατική. οὕτως δὲ κειμένων γίνεται πάλιν ὁ δεύτερος ἀναπόδεικτος ἐν πρώτῳ σχήματι· τὸ γὰρ Ξ οὐδενὶ τῷ Μ. τὸ Μ παντὶ τῷ Ν· ἐξ ὧν συνάγεται τὸ Ξ μηδενὶ τῷ Ν. καὶ ὃ μὲν εἶπεν ἔσεσθαι συμπέρασμα. οὕτως ἔδειξεν ἀντιστρέψας τὴν ἐλάττονα πρότασιν. ἐπεὶ δ' οὐκ ἦν τοῦτο προκείμενον δεῖξαι (ἔκειτο γὰρ ἐν τῇ συζυγίᾳ μείζων ὅρος τὸ Ν· δεῖ δὲ τὸν μείζονα ἐν τῷ συμπεράσματι κατηγορεῖσθαι). ἀντιστρέφει τὸ συμπέρασμα καθόλου ὂν ἀποφατικόν. καὶ οὕτως δείκνυσι τὸ Ν μηδενὶ τῷ Ξ ὑπάρχον. ὃ ἔδει δειχθῆναι συναγόμενον. δύο οὖν ἐδέησεν ἡμῖν ἀντιστροφῶν πρὸς τὴν τοῦ προκειμένου δεῖξιν· καὶ γὰρ τὴν πρότασιν ἀντεστρέψαμεν τὴν ἐλάττονα καὶ τὸ γενόμενον συμπέρασμα. ἔστω ζῷον ἐπὶ τοῦ Μ. ἄνθρωπος ἐπὶ τοῦ Ν. ἄψυχον ἐπὶ τοῦ Ξ· ζῷον παντὶ ἀνθρώπῳ. ζῷον οὐδενὶ ἀψύχῳ. ἡ δεῖξις· ἄψυχον οὐδενὶ ζῴῳ, ζῷον παντὶ ἀνθρώπῳ. ἄψυχον οὐδενὶ ἀνθρώπῳ. καὶ ἄνθρωπος ἄρα οὐδενὶ ἀψύχῳ. τὸ δὲ ὥστε ἔσται ὁ αὐτὸς συλλογισμὸς προσέθηκε δεικτικὸν ὄν. ὅτι διὰ τοῦ αὐτοῦ συλλογισμοῦ καὶ τοῦτο δειχθήσεται τὸ συμπέρασμα τὸ Ν μηδενὶ τῷ Ξ. δι' οὗ ἐδείχθη καὶ τὸ Ξ οὐδενὶ τῷ Ν· ἐδείχθη δὲ ἐκεῖνο συναγόμενον διὰ τοῦ δευτέρου τοῦ ἐν πρώτῳ σχήματι ἀντιστραφείσης τῆς καθόλου ἀποφατικῆς· ὥστε καὶ τοῦτο δι' ἐκείνου. τὸ γὰρ ἀντιστρέφειν τὸ καθόλου ἀποφατικὸν αὐτῷ. ὅπερ ἦν τὸ συμπέρασμα, κεῖται ὁμολογούμενον. καὶ οὐδὲν δεῖ ἄλλου τινὸς συλλογισμοῦ πρὸς τοῦτο.

p. 27a14 Ἔστι δὲ δεικνύναι ταῦτα καὶ εἰς τὸ ἀδύνατον ἄγοντας.

Λέγει. ὅτι καὶ τῇ εἰς ἀδύνατον ἀπαγωγῇ χρωμένους ἔστι δεῖξαι καὶ τὰς προειρημένας συζυγίας συλλογιστικάς τε οὔσας καὶ συναγούσας τὸ καθόλου ἀποφατικόν. τὸν μὲν οὖν πρῶτον συλλογισμὸν οὕτως δείξομεν· κείσθωσαν αἱ προτάσεις τὸ Μ τῷ Ν οὐδενί. τὸ Μ τῷ Ξ παντί· λέγω. ὅτι τὸ Ν τῷ Ξ οὐδενί. εἰ γὰρ ἀδύνατον. τὸ Ν τῷ Ξ τινὶ ὑπαρχέτω. ὃ ἀντικείμενόν ἐστι τῷ μηδενί. δεῖ δὲ ἢ τοῦτο ἢ ἐκεῖνο συνάγεσθαι· ἐπὶ παντὸς

---

2 οὐδενὶ τῷ ν L   ὑπάρχει B: cf. p. 78,24   5 τῷ μ̄ οὐδενὶ ὑπάρξει aLM   τῷ ν παντὶ ὑπέκειτο L: τῷ ν̄ παντὶ ὑπόκειται M: παντὶ τῷ ν̄ ὑπέκειτο a   6 ἦν γὰρ ἡ μείζων . . . μηδενὶ τῷ ν (9) om. a   10 ἐλάττω a   13 ὑπάρχειν M   15 γενόμενον B: συναγόμενον aLM   19 ἀψύχῳ aB: ἀνθρώπῳ LM   22 τοῦ ἐν BLM: τῶν ἐν τῷ a   23 ἀντιστραφείσης om. L   24 αὐτῷ a: αὐτῷ BLM   ὅπερ] περ evan. L   25 τινὸς om. LM: post συλλογισμοῦ transponit a   26 ἀπάγοντας a (Cidfu)   27 καὶ (post δεῖξαι) om. aLM   29 δείξωμεν B   30 παντὶ τῷ ξ aLM   post ὅτι add. καὶ a   31 γὰρ ἀδύνατον scripsi: γὰρ δυνατόν BLM: δὲ μὴ τοῦτο a   τινὶ om. B: ante τῷ ξ transponit a

γὰρ θάτερον μόριον τῆς ἀντιφάσεως. ἐπεὶ τοίνυν τὸ Ν τινὶ τῷ Ξ κεῖται ὑπάρχειν, ὑπάρξει δῆλον ὅτι καὶ τὸ Ξ τινὶ τῷ Ν διὰ τὸ τὴν ἐπὶ μέρους καταφατικὴν ἀντιστρέφειν αὑτῇ· κεῖται δὲ καὶ τὸ Μ παντὶ τῷ Ξ ὑπάρχειν. γίνεται οὖν συζυγία τὸ Μ παντὶ τῷ Ξ, τὸ Ξ τινὶ τῷ Ν· τὸ ἄρα Μ τινὶ τῷ Ν, ὅπερ ἀδύνατον· ὑπόκειται γὰρ τὸ Μ μηδενὶ τῷ Ν ὑπάρχον. εἰ δὴ τὸ ἀδύνατον ἠκολούθησε τοῦτο παρὰ τὸ ὑποτεθῆναι τὸ Ν τινὶ τῷ Ξ ὑπάρχον, ἡ ὑπόθεσις ἄρα ἀδύνατός τε καὶ ψευδής. εἰ δὲ τοῦτο ψεῦδος, τὸ ἀντικείμενον αὐτῷ ἀληθές· ἀντίκειται δὲ τῷ τὸ Ν τινὶ τῷ Ξ ὑπάρχειν τὸ μηδενὶ ὑπάρχειν αὐτὸ τῷ Ξ· τὸ Ν ἄρα οὐδενὶ τῷ Ξ, ὃ προέκειτο δεῖξαι. ἢ οὕτως ἄμεινον δεικνύναι· λέγω, ὅτι τὸ Ν τῷ Ξ οὐδενὶ ἐπὶ τῇ ἐκκειμένῃ συζυγίᾳ· εἰ γὰρ ψεῦδός φησί τις τοῦτο, ὑποκείσθω τὸ ἀντικείμενον τὸ Ν τινὶ τῷ Ξ ὑπάρχειν· κεῖται | δὲ καὶ τὸ Μ τῷ Ν οὐδενί· συνάγεται ἐν πρώτῳ σχήματι τὸ Μ τινὶ τῷ Ξ μὴ ὑπάρχειν. ἀλλ' ἔκειτο τὸ Μ παντὶ τῷ Ξ ὑπάρχειν· ἀδύνατον ἄρα συνήχθη τὸ Μ τινὶ τῷ Ξ μὴ ὑπάρχειν ὑποτεθέντος τοῦ Ν τινὶ τῷ Ξ ὑπάρχειν· ψευδὴς γὰρ ἡ ὑπόθεσις. τὸ ἀντικείμενον ἄρα αὐτῇ ἀληθὲς τὸ τὸ Ν μηδενὶ τῷ Ξ. πάλιν κείσθω ἡ δευτέρα συζυγία τὸ Μ τῷ Ν παντί, τὸ Μ τῷ Ξ μηδενί· λέγω, ὅτι τὸ Ν τῷ Ξ οὐδενί. εἰ γὰρ τινί, κεῖται δὲ καὶ τὸ Μ τῷ Ν παντί, ἔσται τὸ Μ τινὶ τῷ Ξ ὑπάρχον, ὅπερ ἀδύνατον· οὐδενὶ γὰρ ὑπῆρχε τὸ Μ τῷ Ξ. ψευδὴς ἄρα ἡ ὑπόθεσις, δι' ἣν συνήχθη τοῦτο, ἡ θεῖσα τὸ Ν τινὶ τῷ Ξ ὑπάρχειν· ἀληθὲς ἄρα τὸ ἀντικείμενον αὐτῇ τὸ τὸ Ν μηδενὶ τῷ Ξ. κἂν ἀντιστρέψωμεν δὲ τὴν ὑπόθεσιν καὶ ποιήσωμεν τὸ Ξ τινὶ τῷ Ν καὶ προσλάβωμεν τὴν 'τὸ Μ τῷ Ξ οὐδενί', συνάγεται πάλιν ἀδύνατον τὸ τὸ Μ τινὶ τῷ Ν μὴ ὑπάρχειν· ἔκειτο γὰρ αὐτῷ παντὶ ὑπάρχειν.

p. 27a 15 Ὅτι μὲν οὖν γίνεται συλλογισμὸς οὕτως ἐχόντων τῶν ὅρων, φανερόν.

Δείξας τὰς προειρημένας δύο συζυγίας συλλογιστικὰς ἐν δευτέρῳ σχήματι διά τε τῶν ἀντιστροφῶν καὶ διὰ τῆς εἰς ἀδύνατον ἀπαγωγῆς ἐπισημαίνεται, ὅτι οὐ τέλειοι οὗτοι οἱ συλλογισμοὶ τῷ προσδεηθῆναι ἀποδείξεως ἔξωθεν πρὸς τὸ τὸ ἐν αὐτοῖς ἀναγκαῖον φανερὸν γενέσθαι.

3 ἑαυτῇ aLM καὶ om. a 5 οὐδενὶ a ὑπάρχειν M 6 τεθῆναι a post ξ repetit τινὶ M 7 ὑπάρχειν M τε om. L: τε καὶ ψευ evan. M 8 τῷ (ante τὸ) om. L τῷ ξ τινὶ M τῷ (ante μηδενὶ) L 9 αὐτῷ τῷ ξ τὸ ν. τὸ ν aLM 10 ἐκκειμένῃ (ἐκ in ras.) B: κειμένῃ aLM 11 φήσει a 12 τῷ ξ τινὶ LM post συνάγεται add. οὖν LM 13 τῷ ξ τινὶ aLM 14 ἀδύνατον ... τῷ ξ ὑπάρχειν (15) om. aLM 15 ψεῦδος aL 16 τὸ alterum om. aLM 18 μηδενί a παντὶ τῷ ν L 19 ὑπάρχειν M ὑπῆρξε LM 21 τὸ (ante ν) om. L 22 προσλαμβάνωμεν B τὴν alterum om. LM 23 τὸ primum om. B τὸ alterum om. L μὴ om. LM 27 ante δευτέρῳ add. τῷ aLM 28 τε aBM: ταῦτα L 29 οἱ om. L: οι οἱ evan. M 30 τὸ alterum om. L

p. 27a18 Ἐὰν δὲ τὸ Μ παντὸς τοῦ Ν καὶ τοῦ Ξ κατηγορῆται, οὐκ ἔσται συλλογισμός. 26r

Δείξας τὰς συλλογιστικὰς συζυγίας ἐν τῷ δευτέρῳ σχήματι καθόλου οὐσῶν ἀμφοτέρων τῶν προτάσεων παρατίθεται καὶ τὰς ἀσυλλογίστους. καὶ τῇ τῆς ὕλης παραθέσει δεικνὺς καὶ παντὶ καὶ μηδενὶ δυνάμενον ἐν αὐταῖς ὑπάρχειν τὸν μείζονα ἄκρον τῷ ἐλάττονι ἐλέγχει αὐτῶν τὸ ἀσυλλόγιστον. εἰσὶ δὲ αἱ καταλειπόμεναι συζυγίαι καθόλου ἀμφοτέρων οὐσῶν τῶν προτάσεων αἱ ὁμοιοσχήμονες, ἥ τε ἐκ δύο καθόλου καταφατικῶν καὶ ἡ ἐκ δύο καθόλου ἀποφατικῶν. πρώτην μὲν οὖν προχειρίζεται τὴν ἐκ δύο καθόλου καταφατικῶν, ἐν ᾗ τὸ Μ παντὶ τῷ Ν καὶ τῷ Ξ ὑπάρχει. ὅρους δὲ παρατίθεται τοῦ παντὶ ὑπάρχειν τὸ Ν τῷ Ξ οὐσίαν ἐπὶ τοῦ Μ, ζῷον ἐπὶ τοῦ Ν, ἄνθρωπον ἐπὶ τοῦ Ξ· ἡ γὰρ οὐσία καὶ ζῴῳ παντὶ καὶ ἀνθρώπῳ παντί, καὶ τὸ ζῷον, ὅπερ ἦν τὸ Ν, ἀνθρώπῳ παντί, ὃ ἔκειτο ἐπὶ τοῦ Ξ. ἐπὶ δὲ τοῦ μηδενὶ τὸ Ν τῷ Ξ ὑπάρχειν τίθησιν ἐπὶ τοῦ Ξ ἀριθμόν. φανερώτερον δ' ἂν εἴη τὸ λεγόμενον, εἰ λίθος τεθείη. πάλιν γὰρ αἱ μὲν προτάσεις ὁμοίως ἀληθεῖς· ἡ γὰρ οὐσία καὶ ζῴῳ παντὶ καὶ λίθῳ· ζῷον δὲ οὐδενὶ λίθῳ. τὸν δὲ ἀριθμὸν αὐτὸς ἤτοι ἀντὶ μονάδος ἔλαβε· λέγουσι γὰρ τὴν μονάδα οὐσίαν· οὐ γάρ φασιν αὐτὴν ποσὸν τῷ μήτε συνεχὲς εἶναι μήτε διωρισμένον· οὐσίαν δὲ τῷ τῶν ἐναντίων εἶναι δεκτικήν· ἐναντία γὰρ ἡ ἀρχὴ καὶ τὸ πέρας, ἅπερ ἄμφω ἐν ἀριθμῷ μονὰς ἔχει. εἰ δέ ἐστι μονὰς τὸ ἀδιαίρετον ἐν ποσῷ καὶ σημεῖον τὸ ἀδιαίρετον ἐν μεγέθει καὶ τὸ νῦν τὸ ἀδιαίρετον ἐν χρόνῳ, εἴη ἂν ἐν γένει τούτοις· ταῦτα γὰρ ποσά. ἔτι ἡ μονὰς μέρος ἐστὶν ἀριθμοῦ· ὁ γὰρ ἀριθμὸς σύγκειται ἐκ μονάδων· τὸ δὲ τοῦ ποσοῦ μέρος ποσόν. ἄμεινον δὲ λέγειν κοινότερον αὐτὸν κεχρῆσθαι τῷ παραδείγματι, ὥσπεροῦν καὶ ἐπ' ἄλλων χρώμενος εὑρεθήσεται οὐ πάνυ ἐξητασμένως τοῖς παραδείγμασιν, ἄλλως τε ἐπεὶ καὶ τῶν Πυθαγορείων ἡ δόξα· οὐσίαι γὰρ κατὰ τοὺς Πυθαγορικοὺς οἱ ἀριθμοί, εἴ γε ἀρχαὶ τῶν οὐσιῶν. αἰτία δὲ τοῦ μὴ εἶναι ἐν δευτέρῳ σχήματι συλλογιστικὴν συζυγίαν τὴν ἐκ δύο καθόλου καταφατικῶν, ὅτι ὁ μέσος ἀμφοτέρων κατηγορεῖται, μείζων δὲ ὁ κατηγορούμενος· μείζων τοίνυν ἀμφοτέρων ὢν δύναται κατ' ἄλλο μὲν αὐτοῦ μέρος τοῦ ἑτέρου ἄκρου κατηγορεῖσθαι κατ' ἄλλο δὲ τοῦ ἑτέρου. καὶ οὕτως οὐδὲν γίνεται κοινὸν ἔχοντα τὰ ἄκρα πρὸς ἄλληλα, ἂν κατ' ἄλλο καὶ ἄλλο κοινωνῶσι τοῦ μέσου· δεῖ γάρ τινος ἑνὸς καὶ ταὐτοῦ

---

1 κατηγορεῖται a 4 καὶ (ante τὰς) om. L 6 ἐλέγχοι M αὐτὸν L 8 καθόλου alterum om. aLM 9 μὲν om. a 10 ὑπάρχει (ὑπάρξει M) καὶ τῷ (τὸ a) ξ aLM 13. 14 τοῦ δὲ omisso ἐπὶ a 14 μηδενὸς LM 16 ἀληθεῖς ὁμοίως aLM 19 τῷ aBM: τὸ L 20 ἐν ἀριθμῷ μονὰς ἔχει ἄμφω a ἔσται LM 21 τὸ (ante νῦν) om. aLM 22 γένει scripsi: γένεσι BLM: γενέσει a 24 μέρος ex μέρους corr. B[1] δὲ B: δὴ aM: δεῖ L αὐτὸν κοινότερον a κεχρῆσθαι aL 25 ὥσπερ L 26 ἐξητασμένος L: ἐξητασμένον a ἄλλως τε scripsi: ἀλλ' ὥσπερ B: om. aLM 27 οὐσία aB 28 αἴτιον aL: αἰτίαι M 29 post μέσος add. ὅρος aLM 31 αὐτοῦ libri ἄλλου (ante δὲ) L 33 καὶ ἄλλο om. a κοινωνοῦσι aM μέσου aBL: μέρους M τοῦ αὐτοῦ aLM

κοινωνεῖν τοὺς ἄκρους, εἰ μέλλοι συλλογισμὸς ἔσεσθαι. ὁμοίως δὲ ἐλέγχει 26r καὶ τὴν ἐκ δύο καθόλου ἀποφατικῶν συζυγίαν ἀσυλλόγιστον ὅρους παραθέμενος τοῦ τε παντὶ καὶ τοῦ μηδενί, ἐπὶ μὲν τοῦ Μ γραμμήν, ἐπὶ δὲ τοῦ Ν ζῷον, | ἄνθρωπον δὲ ἐπὶ τοῦ Ξ καὶ λίθον· ἡ γὰρ γραμμὴ οὐδενὶ ζώῳ καὶ 26v οὐδενὶ ἀνθρώπῳ οὐδὲ λίθῳ, καὶ τὸ ζῷον ἀνθρώπῳ μὲν παντὶ λίθῳ δὲ οὐδενί. δι' ἣν δ' αἰτίαν ἐκ δύο ἀποφατικῶν προτάσεων οὐδὲν συνάγεται, φθάνομεν εἰρηκέναι. τούτοις δ' ἐπιφέρει τὸ ὅτι, ἂν ᾖ συλλογισμός τις ἔχων συμπέρασμα καθόλου ἐν τῷ δευτέρῳ σχήματι, ἀνάγκη αὐτὸν ἔχειν προτάσεις, οἵας εἰρήκαμεν, ἀνομοιοσχήμονας, τὴν μὲν καθόλου ἀποφατικὴν τὴν δὲ καθόλου καταφατικήν. ἄλλως δὲ οὐκ ἂν γένοιτο· αἱ γὰρ παρὰ ταύτας τῶν καθόλου προτάσεων συμπλοκαὶ ἐν τούτῳ τῷ σχήματι ἠλέγχθησαν οὖσαι ἀσυλλόγιστοι.

p. 27a26 Ἐὰν δὲ πρὸς τὸν ἕτερον ᾖ καθόλου τὸ μέσον.

Εἰρηκὼς περὶ τῶν συζυγιῶν τῶν ἀμφοτέρας τὰς προτάσεις ἐχουσῶν καθόλου καὶ δεδειχὼς τάς τε συλλογιστικὰς αὐτῶν καὶ τὰς ἀσυλλογίστους νῦν λέγει περὶ τῶν ἐκ καθόλου καὶ ἐπὶ μέρους συγκειμένων, δεικνύς, τίνες εἰσί, καὶ ποῖαι μὲν αὐτῶν αἱ συλλογιστικαὶ ποῖαι δὲ ἀσυλλόγιστοι, δεικνὺς δὲ καὶ ἐν ταύταις τὰς ἀνομοιοσχήμονας οὔσας συλλογιστικὰς φυλασσομένου τοῦ καθόλου τῇ μείζονι προτάσει, αἳ καὶ αὐταὶ γίνονται δύο, ποτὲ μὲν ἀποφατικῆς καθόλου τῆς μείζονος συντιθεμένης καταφατικῇ ἐπὶ μέρους τῇ ἐλάττονι, ποτὲ δὲ καταφατικῆς μὲν καθόλου τῆς μείζονος οὔσης ἐπὶ μέρους δὲ ἀποφατικῆς τῆς ἐλάττονος.

p. 27a32 Εἰ γὰρ τὸ Μ τῷ μὲν Ν μηδενὶ τῷ δὲ Ξ τινὶ ὑπάρχει, ἀνάγκη τὸ Ν τινὶ τῷ Ξ μὴ ὑπάρχειν.

Δείκνυσι ταύτην συλλογιστικὴν τὴν συζυγίαν προσχρησάμενος τῇ τῆς καθόλου ἀποφατικῆς τῆς Μ Ν ἀντιστροφῇ. εἰ γὰρ τὸ Μ μηδενὶ τῷ Ν, καὶ τὸ Ν οὐδενὶ τῷ Μ· κεῖται δὲ τὸ Μ τινὶ τῷ Ξ· γίνεται συζυγία ἡ τοῦ τετάρτου συλλογισμοῦ ἐν πρώτῳ σχήματι, τὸ Ν τῷ Μ οὐδενί, τὸ Μ τῷ Ξ τινί, ἐξ ἧς συνήγετο τὸ Ν τινὶ τῷ Ξ μὴ ὑπάρχον. τοῦτο δὴ καὶ ἐν τῇ προκειμένῃ συζυγίᾳ ἐν δευτέρῳ σχήματι ἔσται συμπέρασμα. ἔστι

---

1 μέλλει aL 3 παντὸς LM μηδενὸς LM 4 post γραμμὴ delevit καὶ B 5 οὐδὲ B: καὶ οὐδενὶ aLM δὲ L 7 φάνομεν L εἰρηκέναι] p. 57, 10 sq. δὲ L τις om. a 8 τῷ om. a 10 τὴν δὲ B: τὴν δ' (δὲ M) ἑτέραν aLM 11 ταῦτα L ἠλέγχθησαν ante ἐν transponit L: ἐλέγχθησαν a 13 τὸ ἕτερον B 17 ante ἀσυλλόγιστοι add. αἱ a 18 ante ἐν add. τὰς L 19 τῇ aBL: τῷ M 20 post συντιθεμένης add. καὶ a καταφατικῇ scripsi: καταφατικῆς libri 21 καθόλου om. aLM 23. 24 textus verba in LM 24 τῷ ξ τινὶ LM 25 τὴν om. L 27 τὸ $\overline{μ}$ BLM: τῷ $\overline{μ}$ a 27. 28 ὁ τοῦ τετάρτου τρόπου συλλογισμὸς LM 28 $\overline{μ}$ τῷ $\overline{ν}$ B οὐδενὶ τῷ $\overline{μ}$ L 29 ὑπάρχειν aL δὲ L

δὲ δεῖξαι τοῦτο καὶ διὰ τῆς εἰς ἀδύνατον ἀπαγωγῆς. κείσθω γὰρ τὸ Μ 26v τῷ μὲν Ν μηδενὶ τῷ δὲ Ξ τινί· λέγω, ὅτι καὶ τὸ Ν τινὶ τῷ Ξ οὐχ ὑπάρχει. εἰ γὰρ μὴ τοῦτο, τὸ ἀντικείμενον αὐτῷ τὸ Ν τῷ Ξ παντί· κεῖται δὲ καὶ τὸ Μ τῷ Ν οὐδενί· συναχθήσεται κατὰ τὸν δεύτερον ἐν πρώτῳ σχήματι τὸ Μ τῷ Ξ οὐδενί, ὅπερ ἀδύνατον· κεῖται γὰρ τὸ Μ τινὶ τῷ Ξ ὑπάρχειν. ψευδὴς ἄρα ἡ ὑπόθεσις, δι' ἧς συνήχθη τοῦτο· τὸ ἄρα ἀντικείμενον αὐτῇ ἀληθές· ἀντίκειται δὲ τῇ 'τὸ Ν τῷ Ξ παντί' ἡ λέγουσα τὸ Ν τῷ Ξ τινὶ μὴ ὑπάρχειν.

p. 27a36 Πάλιν εἰ τῷ μὲν Ν παντὶ τὸ Μ τῷ δὲ Ξ τινὶ μὴ ὑπάρχει, ἀνάγκη τὸ Ν τινὶ τῷ Ξ μὴ ὑπάρχειν· εἰ γὰρ παντὶ ὑπάρξει.

Οὐκέτι τοῦτον τὸν συλλογισμὸν δείκνυσι δι' ἀντιστροφῆς ἀνάγων εἴς τινα τῶν ἀναποδείκτων, ὡς ἔδειξε τοὺς πρὸ αὐτοῦ τρεῖς ἐν τῷ δευτέρῳ σχήματι. αἴτιον δέ, ὅτι μὴ ἐγχωρεῖ δεῖξιν τοιαύτην ἐπὶ τῆς ἐκκειμένης συζυγίας ποιήσασθαι· οὔτε γὰρ ἂν τὴν μείζονα καθόλου οὖσαν καταφατικὴν ἀντιστρέψωμεν, ἔτι καθόλου μένει διὰ τὸ τὴν καθόλου καταφατικὴν πρὸς τὴν ἐπὶ μέρους καταφατικὴν ἀντιστρέφειν, οὔτε δὲ ἐν πρώτῳ σχήματι οὔτε ἐν τῷ δευτέρῳ συλλογιστικὴ συζυγία ἐστίν, ἐν ᾗ ἡ μείζων ἐπὶ μέρους. ἀλλ' οὐδ' ὅλως συλλογιστικὴ συζυγία, ἐν ᾗ αἱ δύο ἐπὶ μέρους· γίνονται δὲ ἐπὶ μέρους ἡ μὲν μείζων διὰ τὴν ἀντιστροφήν, ἡ δὲ ἐλάττων, ὅτι καὶ εἴληπται τὴν ἀρχὴν ἐπὶ μέρους. τῇ μὲν οὖν τῆς μείζονος προτάσεως ἀντιστροφῇ διὰ τοῦτο οὐχ οἷόν τε χρήσασθαι· τὴν δὲ ἐλάττονα ἐπὶ μέρους οὖσαν ἀποφατικὴν ἀδύνατον ἀντιστρέψαι· οὐ γὰρ ἀντιστρέφει ἡ ἐπὶ μέρους ἀποφατικὴ ὑπάρχουσα τῇ ἐπὶ μέρους ἀποφατικῇ. τῇ εἰς ἀδύνατον δὴ ἀπαγωγῇ χρώμενος δείκνυσι τὴν προκειμένην συζυγίαν συλλογιστικήν. εἰ γὰρ μή ἐστιν ἀληθὲς ἐπὶ ταῖς κειμέναις προτάσεσι τὸ τὸ Ν τινὶ τῷ Ξ μὴ ὑπάρχειν, ἀληθὲς ἔσται τὸ ἀντικείμενον αὐτῷ· ἔστι δὲ τοῦτο τὸ τὸ Ν παντὶ τῷ Ξ ὑπάρχειν· κεῖται δὲ | καὶ τὸ Μ παντὶ τῷ Ν ὑπάρχειν· γίνεται δὴ 27r ἐν τῷ πρώτῳ σχήματι ἡ συζυγία ἐκ δύο καθόλου καταφατικῶν, ἐξ ὧν

---

1 δεικνύναι L καὶ om. L 2 καὶ om. LM 2. 3 τῷ ξ̅ τινὶ οὐχ ὑπάρχει (ὑπάρξει a) τὸ ν̅ aLM 3 τὸ (ante ἀντικ.) om. L παντὶ τῷ ξ̅ aLM 4 post δεύτερον add. τρόπον L 6 ψεῦδος M 7 αὐτῷ LM 8 τινὶ τῷ ξ̅ a μὴ om. LM 9—12 sunt textus verba in LM 9 τὸ μὲν a (i) μ̅ παντὶ τῷ ν̅ a (mfi) 10 ὑπάρχῃ B (corr. AB) τινὶ om. L: post ξ̅ transponit M 11 ὑπάρξει aBLM (Cfi): ὑπάρχει Ar. 13 ἀναποδείκτως M τῷ om. aLM 14 ἐγκειμένης a et, ut videtur, B pr. 16 ante ἔτι add. οὐ γὰρ a 17 δὲ om. L ante πρώτῳ add. τῷ L: superscr. M 18 τῷ om. a 19. 20 γίνονται δὲ ἐπὶ μέρους om. aLM 24 ante εἰς post add. δὲ B δὴ om. aLM 26 τῷ ξ̅ τινὶ LM 27 ἀληθὲς . . . ἀν[τικ]είμενον . . . [τοῦτο] . . . παν[τὶ τῷ] ξ̅ ὑπάρχειν (28) in mg. B[2]; literae uncinis inclusae perierunt ἔσται B: ἐστὶ aLM τὸ alterum om. M παντὶ om. L: post ξ̅ (28) transponit M 28 ante ὑπάρχειν utrumque add. μὴ L δὴ aBM: δὲ L

συναχθήσεται τὸ Μ παντὶ τῷ Ξ. ὃ ἀδύνατον· κεῖται γὰρ τινὶ αὐτῷ μὴ 27r ὑπάρχειν. ψεῦδος ἄρα τὸ ὑποτεθὲν τὸ τὸ Ν παντὶ τῷ Ξ ὑπάρχειν· τὸ ἄρα ἀντικείμενον αὐτῷ ἀληθὲς τὸ τὸ Ν τινὶ τῷ Ξ μὴ ὑπάρχειν.

p. 27b1 Καὶ εἰ τὸ Μ τῷ μὲν Ν παντὶ ὑπάρχει τῷ δὲ Ξ μὴ παντί.

Ἐπὶ τοῦ τινὶ μὴ ὑπάρχειν τὴν δεῖξιν ποιησάμενος. ἐπεὶ τὸ τινὶ μὴ ὑπάρχειν ἴσον δυνάμενον τῷ μὴ παντὶ κατὰ τὴν λέξιν διαφέρει, μεταλαβὼν ἀντὶ τοῦ τὸ Μ τινὶ τῷ Ξ μὴ ὑπάρχειν τίθησι τὸ Μ μὴ παντὶ τῷ Ξ ὑπάρχειν, καὶ λέγει τὸν αὐτὸν ἔσεσθαι συλλογισμὸν καὶ διὰ τῆς αὐτῆς δείξεως, κἂν εἰς τὴν λέξιν ταύτην μεταληφθῇ τὸ ἐπὶ μέρους ἀποφατικόν. ὁμοίως γὰρ καὶ τὸ συμπέρασμα τῇ λέξει διοίσει· συναχθήσεται γὰρ τὸ Ν οὐ παντὶ τῷ Ξ. τοιοῦτός ἐστιν ὁ ὑποσυλλογιστικὸς ὑπὸ τῶν νεωτέρων λεγόμενος ὁ λαμβάνων μὲν τὸ ἰσοδυναμοῦν τῇ προτάσει τῇ συλλογιστικῇ ταὐτὸν δὲ καὶ ἐκ ταύτης συνάγων· τῷ γὰρ τινὶ μὴ ὑπάρχειν τὸ μὴ παντὶ ὑπάρχειν ἰσοδυναμοῦν μετείληπται. ἀλλ' ἐκεῖνοι μὲν οὐ λέγουσι τοὺς τοιούτους συλλογισμοὺς εἰς τὴν φωνὴν καὶ τὴν λέξιν βλέποντες, ἀλλὰ Ἀριστοτέλης πρὸς τὰ σημαινόμενα ὁρῶν, ἐφ' ὧν ὁμοίως σημαίνεται, οὐ πρὸς τὰς φωνὰς τὸν αὐτόν φησι συνάγεσθαι συλλογισμὸν καὶ ἐν τῇ τοιαύτῃ τῆς λέξεως ἐν τῷ συμπεράσματι μεταλήψει, ἂν ᾖ συλλογιστικὴ ὅλως συμπλοκή. ἄξιον δὲ ἐπιστῆσαι. πῶς ἡ εἰς τὸ ἀδύνατον ἀπαγωγὴ ἔξωθεν τὴν ὑπόθεσιν πρὸς τὴν τοῦ προκειμένου δεῖξιν λαμβάνουσα ἐστὶ συλλογιστική, εἴ γε συλλογισμὸς ἦν ὁ μὴ δεόμενος ἔξωθέν τινος πρὸς τὸ γενέσθαι τὸ ἀναγκαῖον, ὡς εἶπεν ὁριζόμενος τὸν συλλογισμόν. ἢ καὶ ἐν ταῖς εἰς ἀδύνατον ἀπαγωγαῖς τὸ μὲν προκείμενον δείκνυται καὶ τὴν πίστιν λαμβάνει διὰ τῶν κειμένων, ἡ δὲ ὑπόθεσις ἄλλο τι δείκνυσι καὶ πρὸς ἄλλο συμπέρασμα λαμβάνεται, ὃ ἀδύνατον δειχθὲν οὐ δι' ἄλλου τινὸς ἢ διὰ τῶν κειμένων τῇ αὑτοῦ ἀναιρέσει συναναιρεῖ τὴν ὑπόθεσιν. ἧς ἀναιρεθείσης τὸ προκείμενον πιστὸν γίνεται. δι' ὧν δὲ δείκνυται ἡ ὑπόθεσις ἀδύνατος, ταῦτ' ἐστὶ δεικνύντα τὸ λεγόμενον συμπέρασμα ἐξ ἀνάγκης ἑπόμενον ταῖς ληφθείσαις προτάσεσιν· ἦν δὲ τὸ Ν μὴ παντὶ τῷ Ξ· διὰ γὰρ τὸ τὸ Μ κατὰ παντὸς μὲν τοῦ Ν κατηγορεῖσθαι μὴ κατὰ παντὸς δὲ τοῦ Ξ τοῦτο ἐδείχθη. παραφυλακτέον δέ, ὅτι ἐν μὲν τῷ δευτέρῳ σχήματι ἐν τῇ συζυγίᾳ τῇ ἐχούσῃ τὸ ἐπὶ μέρους ἀποφατικὸν τῇ συλλο-

1 μ̄ BLM: α a 2 παντὶ τὸ ν̄ τῷ ξ̄ LM: παντὶ τῷ ξ̄ τὸ ν̄ a 4. 5 sunt textus verba in LM 8 μὴ (ante παντὶ) BLM: οὐ a 9 ἔσεσθαι om. aLM αὐτῆς aBM: ταύτης L 13 καὶ om. L 14 τῷ B: τὸ aLM ὑπάρχει (post μὴ et post παντὶ) M τὸ B: τῷ aLM 15 ἰσοδύναμον ὂν aL οὐ om. aLM λέγουσι . . . τοῦ δὲ μὴ ὑπάρχειν ζῷον (p. 86, 7) om. B, in quo deest folium unum 16 post καὶ add. εἰς L βλέπειν KM 18 ἐν (post καὶ) om. LM 22 μὴ aLM: μὲν K εἶπεν] p. 24b18 24 δείκνυσι a τὴν om. M προκειμένων a 25 καὶ KLM: μὴ a 26 αὐτοῦ libri 30 τὸ τὸ KLM: τῶν τὸ a μὲν . . . παντὸς (31) om. L κατὰ alterum om. a

γιστικῇ δεῖ εἶναι τὴν μείζονα καθόλου καταφατικὴν τὴν δὲ ἐλάττονα ἐπὶ μέρους ἀποφατικήν (οὕτως γὰρ μόνως ἐχουσῶν αὐτῶν ἡ δι' ἀδυνάτου δεῖξις προχωρεῖ. δι' ἧς αὕτη ἡ συζυγία μόνης δείκνυται συλλογιστική· ἂν δὲ ληφθῶσιν ἀνάπαλιν ἔχοντες οἱ ὅροι, οὐκέτι ἰσχύει ἐπ' αὐτῶν ἡ δι' ἀδυνάτου δεῖξις, διὸ οὐδὲ συλλογιστικὴ ἔτι οὕτως ληφθεῖσα ἡ συζυγία), ἐπὶ δέ γε τοῦ τρίτου σχήματος ἡ ἕκτη συζυγία τῶν συλλογιστικῶν ἡ ἔχουσα καὶ αὐτὴ ἐπὶ μέρους ἀποφατικὴν τὴν ἑτέραν τὴν δὲ ἑτέραν καθόλου καταφατικήν, ἥτις καὶ αὐτὴ δείκνυται διὰ τῆς εἰς ἀδύνατον ἀπαγωγῆς, ἀνάπαλιν ταύτῃ ἔχει. δεῖ γὰρ ἔχειν ἐν ἐκείνῳ τῷ σχήματι τὴν μείζονα πρότασιν τὸ ἐπὶ μέρους ἀποφατικὸν τὴν δὲ ἐλάττονα τὸ καθόλου καταφατικὸν τῷ δεῖν ἐν ἐκείνῳ τῷ σχήματι τὴν μείζονα πρότασιν πάντως εἶναι ἀποφατικὴν τὴν δὲ ἐλάττονα καταφατικήν, εἰ μέλλοι ἔσεσθαι συλλογισμός. οὕτως γὰρ ἔχουσα συλλογιστικὴ δείκνυται δι' ἀδυνάτου· ἂν δ' ἀνάπαλιν ἔχωσιν αἱ προτάσεις, ἀσυλλόγιστος ἡ συμπλοκή, ὡς ἐροῦμέν τε καὶ δείξομεν μετ' ὀλίγον.

p. 27b4 Ἐὰν δὲ τοῦ μὲν Ξ παντὸς τοῦ δὲ Ν μὴ παντὸς κατηγορῆται, οὐκ ἔσται συλλογισμός. |

Δείξας, τίνες εἰσὶ συμπλοκαὶ συλλογιστικαὶ ἀνομοίων οὐσῶν καὶ κατὰ τὸ ποιὸν καὶ κατὰ τὸ ποσὸν τῶν προτάσεων, νῦν πάλιν τὰς ἀσυλλογίστους παρατίθεται καὶ δείκνυσι, τίνες εἰσὶν ἀνομοίων οὐσῶν κατ' ἄμφω τὰ προειρημένα τῶν προτάσεων. ἔφαμεν δὲ δεῖν, εἰ μέλλοι συλλογισμὸς ἔσεσθαι, ἐν δευτέρῳ σχήματι τὴν μείζονα πρότασιν τὸ καθόλου ἔχειν· πᾶσα δὴ ἡ μὴ οὕτως ἔχουσα συζυγία ἀδόκιμός τε καὶ ἀσυλλόγιστος. ὅροι, δι' ὧν ἐλέγχει ἀσυλλόγιστον τὴν ἐκκειμένην συζυγίαν, τοῦ μὲν παντὶ ὑπάρχειν τῷ Ξ τὸ Ν ζῷον, οὐσία, κόραξ· τὸ γὰρ ζῷον οὐ πάσῃ μὲν οὐσίᾳ, κόρακι δὲ παντί, ⟨καὶ ἡ οὐσία κόρακι παντί·⟩ τοῦ δὲ μηδενὶ ζῷον, λευκόν, κόραξ· τὸ γὰρ ζῷον λευκῷ μὲν οὐ παντί, κόρακι δὲ παντί, καὶ τὸ λευκὸν οὐδενὶ κόρακι. ἀσυλλόγιστος δὲ ἡ συζυγία, διότι ὁ μείζων, κατὰ ἃ μόρια αὐτοῦ ἐκπίπτει τῆς πρὸς τὸν μέσον κοινωνίας, τούτοις ἀσυλλογίστως καὶ περιέχειν τὸν ἐλάττονα ὅρον δυνήσεται καὶ μὴ περιέχειν.

2 οὕτω a ἐχουσῶν correxi: ἐχόντων libri αὐτῶν om. LM 3 μόνως M 4 δι' om. LM 5 ἐπὶ δέ γε . . . συζυγία (6) om. L 6 ἡ alterum om. K 10 ἐν om. L 12 ἐλάσσονα a 13 ante συλλογιστικὴ add. ἡ a 14 συμπλοκή aK: συλλογιστική LM 16 post κατηγορῆται add. τὸ $\overline{\mu}$ a (u, re. d: idem post ξ παντός add. C) 17 συλλογιστικαὶ συμπλοκαὶ a ante ἀνομοίων add. καὶ aLM καὶ om. a 18 πάλιν KLM: πρῶτον a τὰς ἀσυλλογίστους] τὰς α evan. M 20 ἔφαμεν] p. 71,22 $\overset{λλ'}{μ}$ K 21 δὴ scripsi: δὲ libri 23 ἐγκειμένην a 24 τὸ ν τῷ ξ a οὐ πάσῃ . . . ζῷον (25) in mg. infer. K 25 καὶ ἡ οὐσία παντὶ κόρακι a (κόρακι παντί transposui): om. KLM 26 γὰρ om. L: δὲ M τὸ λευκὸν aLM: τὸ τελευταῖον superscripto τὸ λευκὸν K 27 ὁ M: ἡ aKL κατὰ ἃ scripsi: κατὰ τὰ libri αὐτοῦ LM: αὐτῆς aK 28 ἐκπίπτων LM ante τούτοις add. καὶ συμπλεκόμενος LM 29 ἐλάσσονα a

p. 27b 6 Οὐδ' ὅταν τοῦ μὲν Ξ μηδενὸς τοῦ δὲ Ν τινός. 27v

Πάλιν γὰρ καὶ ἐν ταύτῃ τῇ συζυγίᾳ ἡ μείζων πρότασις ἐπὶ μέρους γίνεται. ὅροι τοῦ μὲν ὑπάρχειν παντὶ τῷ Ξ τὸ Ν ζῷον, οὐσία, μονάς· μέσον ζῷον· τὸ γὰρ ζῷον τινὶ μὲν οὐσίᾳ, μονάδι δὲ οὐδεμιᾷ. καὶ ἡ οὐσία πάσῃ μονάδι. δόξῃ δὲ προσχρῆται τῶν Πυθαγορικῶν, οἷς ἐδόκει ἡ μονὰς οὐσία εἶναι, ὥσπερ καὶ πρὸ ὀλίγου τῷ ἀριθμῷ. ἡ δὲ αὐτὴ δεῖξις, κἂν ἀντὶ τῆς μονάδος ληφθῇ λίθος. τοῦ δὲ μὴ ὑπάρχειν ζῷον, οὐσία, ἐπιστήμη· τὸ γὰρ ζῷον οὐσίᾳ μὲν τινί, ἐπιστήμῃ δὲ οὐδεμιᾷ, καὶ οὐσία οὐδεμιᾷ ἐπιστήμῃ. ἡ αὐτὴ αἰτία καὶ ἐν ταύτῃ τῇ συζυγίᾳ τοῦ αὐτὴν ἀσυλλόγιστον εἶναι.

p. 27b 9 Ὅταν μὲν οὖν ἀντικείμενον ᾖ τὸ καθόλου τῷ κατὰ μέρος.

Ἔδειξεν ἀνομοιοσχημόνων οὐσῶν τῶν προτάσεων καὶ κατὰ τὸ ποιὸν καὶ κατὰ τὸ ποσόν (τὴν γὰρ κατὰ τὸ ποιὸν διαφορὰν ἐσήμανεν εἰπὼν ὅταν μὲν οὖν ἀντικείμενον ᾖ τὸ καθόλου τῷ κατὰ μέρος), τίνες μὲν συλλογιστικαὶ συζυγίαι, τίνες δὲ ἀσυλλόγιστοι. ἡ μὲν γὰρ ἔχουσα τὴν μείζονα πρότασιν καθόλου ἀποφατικὴν τὴν δὲ ἐλάττονα ἐπὶ μέρους καταφατικὴν καὶ ἡ τὴν μὲν μείζονα ἔχουσα καθόλου καταφατικὴν τὴν ἐπὶ μέρους δὲ τὴν ἐλάττονα ἀποφατικὴν αὗται συλλογιστικαί, αἱ δὲ παρὰ ταύτας ἀσυλλόγιστοι. ἐφεξῆς δὲ δείκνυσιν, ὅτι, ὥσπερ ἐπὶ τῶν καθόλου αἱ ὁμοιοσχήμονες ἦσαν ἀσυλλόγιστοι, οὕτως δὲ καὶ ἐπὶ τῶν τὴν μὲν ἑτέραν ἐχουσῶν καθόλου τὴν δὲ ἑτέραν ἐπὶ μέρους, αἵτινες οὐκέτι ἀντικείμενον τὸ καθόλου τῷ κατὰ μέρος ἔχουσι. πᾶσαι γὰρ αἱ ἐν δευτέρῳ σχήματι ὁμοιοσχήμονες συζυγίαι, ὅπως ἂν ἔχωσι καὶ κατὰ τὸ ποσόν, ἀσυλλόγιστοι. τίνες δ' εἰσὶν ὁμοιοσχήμονες, ὅτι αἱ κατὰ τὸ ποιὸν ὅμοιαι, ἐδήλωσε καὶ αὐτὸς εἰπὼν οἷον ἀμφότεραι στερητικαὶ ἢ καταφατικαί. λαμβάνει δὲ πρώτην συζυγίαν ἐξ ὁμοιοσχημόνων τὴν ἔχουσαν τὴν μείζονα καθόλου ἀποφατικὴν τὴν δὲ ἐλάττονα ἐπὶ μέρους ἀποφατικήν.

p. 27b 14 Οἷον τὸ Μ τῷ μὲν Ν μηδενὶ τῷ δὲ Ξ τινὶ μὴ ὑπαρχέτω· ἐνδέχεται δὴ καὶ παντὶ καὶ μηδενὶ τὸ Ν τῷ Ξ ὑπάρχειν.

Ὑπισχνεῖται μὲν τῇ τῶν ὅρων παραθέσει, δεῖξαι ἐπ' αὐτῶν τὸ ἀσυλ-

---

1 textus verba in LM 3 τὸ ν̄ τῷ ξ̄ K 4 ἡ om. LM 5 πάσῃ aLM: πάλιν K 6 πρὸ ὀλίγου] cf. p. 81, 14 sq. ἀριθμῷ om. L 7 ζῷον] hinc iterum B 9 καὶ ἐν ταύτῃ τῇ συζυγίᾳ τοῦ αὐτὴν aB: τοῦ καὶ ταύτην τὴν συζυγίαν LM 11 τῷ καθόλου τὸ a 12 καὶ (post προτάσεων) om. LM τὸ om. B 13 τὸ prius om. B κατὰ (ante ποσόν) om. M ante ποιὸν addendum videtur ⟨ποσὸν καὶ κατὰ τὸ⟩ 14 τῷ καθόλου τὸ a 17 ἡ om. B μὲν om. aLM 17. 18 δὲ (δ' M) ἐλάττονα ἐπὶ μέρους aLM 19 αἱ om. B 20 ἑτέραν μὲν a 21 τῷ καθόλου τὸ aL 23 ὅπως ἂν ἔχωσι καὶ (καὶ om. L) κατὰ τὸ (τὸ om. L) ποσὸν om. a τίνες ... ὅμοιαι (24) om. a δέ M 24 ante ἐδήλωσε add. ὅπερ a 26 δ' M 28. 29 iterum textus verba in L 28 ὑπάρχειν L τῷ ξ̄ τὸ ν̄ a et Ar. 30 αὐτῷ M

λόγιστον τὸ παντὶ καὶ μηδενὶ τὸ N τῷ Ξ ὑπάρχειν ὡς δυνάμενον ἐπὶ τῆς τοιαύτης συζυγίας, ἐλέγξειν καὶ δείξειν τὸ ἀσυλλόγιστον τῆς συμπλοκῆς. λαβὼν δὲ ὅρους τοῦ μηδενὶ μέλαν, χιόνα, ζῷον (τὸ ⟨γὰρ⟩ μέλαν χιόνι μὲν οὐδεμιᾷ, ὅ ἐστι μείζων ἄκρος ὢν κατὰ τοῦ N, ζῴῳ δὲ τινὶ οὐχ ὑπάρχει, ὅ ἐστιν ἐλάττων ἄκρος ὁ ἐπὶ τοῦ Ξ, καὶ χιὼν οὐδενὶ ζώῳ) μεταβὰς ἐπὶ τὸ λαβεῖν καὶ τοῦ παντὶ ὅρους (οὕτως γὰρ ἔμελλεν ἀσυλλόγιστος ἡ συζυγία δειχθήσεσθαι) ἐφίστησιν ἡμᾶς πρῶτον, πῶς μὲν εἰλημμένης τῆς ἐπὶ μέρους ἀποφατικῆς ἀληθοῦς τῆς M Ξ οἷόν τ' εὐπορῆσαι καὶ τοῦ παντὶ ὑπάρχειν τὸ N τῷ Ξ ὅρων, πῶς δὲ εἰλημμένης ἀδύνατον. ἐπεὶ γὰρ τὸ ἐπὶ μέρους ἀποφατικόν, ὥσπεροῦν καὶ τὸ καταφατικόν, ἀληθεύεται καὶ τῷ τὰς ὑπὲρ αὐτὰς τὰς καθόλου ἀληθεῖς εἶναι καὶ τῷ τὰς ὑπεναντίας αὐταῖς (ἡ γὰρ λέγουσα τὸ M τινὶ τῷ Ξ μὴ ὑπάρχειν ἀληθής, κἂν μηδενὶ τὸ M τῷ Ξ ὑπάρχῃ· ὑπὸ ταύτην γὰρ τέτακται καὶ ἀκολουθεῖ αὐτῇ καὶ ἔστιν ὑπάλληλος αὐτῇ· ἀληθής δέ, κἂν ἡ μὲν τὸ M τῷ Ξ μηδενὶ λέγουσα ψευδὴς ᾖ, ἡ δὲ τινὶ τὸ M τῷ Ξ τιθεῖσα ἀληθής, ἥτις ἐστὶν ὑπεναντία τῇ λεγούσῃ τὸ M τινὶ τῷ Ξ μὴ ὑπάρχειν· ὑπὸ γὰρ τὰς ἀλλήλαις ἐναντίας τὰς καθόλου ἑκατέρα τούτων), ὄντος δὴ διττοῦ τοῦ ἀληθοῦς τῇ ἐπὶ μέρους ἀποφατικῇ. ἂν μὲν οὕτως ληφθῇ ἀληθὴς ἡ λέγουσα τὸ M τινὶ τῷ Ξ μὴ ὑπάρχειν. ὅτι καὶ τινὶ ὑπάρχει, οὐ δυνησόμεθα ὅρων εὐπορῆσαι δεικνύντων τὸ N παντὶ τῷ Ξ ὑπάρχον. τούτου δὲ τὸ αἴτιον, ὅτι ἡ λέγουσα συζυγία τὸ M τῷ N μηδενὶ τῷ δὲ Ξ τινὶ ὑπάρχειν συλλογιστικὴ ἡμῖν δέδεικται οὖσα, συνάγουσα ἐπὶ μέρους ἀποφατικόν· τὸ γὰρ N τινὶ τῷ Ξ ἀνάγκη μὴ ὑπάρχειν. εἰ δὲ συλλογιστικῶς καὶ ἐξ ἀνάγκης ἐπὶ μέρους ἀποφατικὸν συνάγεται, ὅταν ᾖ τὸ M τινὶ τῷ Ξ μὴ ὑπάρχον ὡς καὶ τινὶ ὑπάρχειν, δῆλον ὅτι οὐκ εὐπορήσομεν ὅρων τῶν ἐχόντων τὸ N παντὶ τῷ Ξ· οὕτως γὰρ ἀναιροῖτο ἂν τὸ ἐξ ἀνάγκης ἐπὶ μέρους ἀποφατικὸν συνάγεσθαι ἐν τῇ συζυγίᾳ τῇ ἐχούσῃ τὸ M μηδενὶ μὲν τῷ N τινὶ δὲ τῷ Ξ ὑπάρχον, ἐπειδὴ εἴληπται νῦν οὕτως τὸ M τινὶ τῷ Ξ μὴ ὑπάρχειν ὡς καὶ ὑπάρχον τινί.

Αὕτη μὲν ἡ αἰτία τοῦ οὕτως ἀληθοῦς λαμβανομένης τῆς M Ξ μὴ δύνασθαι ληφθῆναι ὅρους τοῦ τὸ N παντὶ τῷ Ξ. αὐτὸς δὲ δείκνυσι διὰ τοῦ ἀδυνάτου, ὅτι οὕτως κειμένης ἀληθοῦς εἶναι τῆς ἐπὶ μέρους ἀποφατικῆς τῆς M Ξ ἀδύνατον τὸ N παντὶ τῷ Ξ ὑπάρξαι. εἰ γὰρ εἴη κείμενον τὸ N

3 χιόνα B: χιὼν aLM γὰρ a: om. BLM μέλαν om. B 4 ὑπάρχειν B 5 ὁ BLM: ὢν a χιόνι B ante μεταβὰς add. καὶ M 6 ἔμελλεν ex corr. M 7 ἐφίστησιν ἡμᾶς evan. B (sed φ, spiritus, accentus internoscere licet) 9 τοῦ ν L ὁρᾶν L 10 καὶ (post ὥσπεροῦν) om. L 11 τὰς alterum om. L γὰρ om. a 12 μ (ante τινὶ et ante τῷ) BLM: ν a 13 καὶ ὑπὸ ταύτης τέτακται L 14 αὐτῇ scripsi: αὐτὴ libri μ LM: ν̄ aB 15 μ BLM: ν̄ a ξ a: ν̄ BLM ἥτις B: ἡ aLM 16 μ BLM: ν̄ a ὑπὸ γὰρ … ἀποφατικῇ (17) om. a ἀλλήλαις BL: ἄλλας M 18 ἂν δὴ οὕτως ληψώμεθα a ἀληθὴς ἡ λέγουσα om. a 19 ὅτι καὶ τινὶ ὑπάρχει om. L 20 ὑπάρχειν aM: om. L τοῦτο aL δὴ B 20. 21 συζυγία τὸ μ τῷ ν μηδενὶ om. L 21 ὑπάρχει L 22 μὴ aLM: οὐχ B 24 ὑπάρχον scripsi: ὑπάρχειν libri 27 ὑπάρχειν L ἐπεὶ δὲ LM 28 μ aB: ν̄ LM ὑπάρχον B: ὑπάρχειν aLM 30 δείκνυται a

παντὶ τῷ Ξ κειμένου τοῦ Μ μηδενὶ τῷ Ν, γίνεται ἐν πρώτῳ σχήματι τὸ 28r Μ μηδενὶ τῷ Ξ, ὅπερ ἀδύνατον· ὑπέκειτο γὰρ οὕτως τὸ Μ τινὶ τῷ Ξ μὴ ὑπάρχειν ὡς καὶ ὑπάρχειν τινί. οὕτως μὲν οὖν λαμβανομένης τῆς ἐπὶ μέρους ἀποφατικῆς οὐχ οἷόν τ' εὐπορῆσαι τοῦ παντὶ τὸ Ν τῷ Ξ ὑπάρχειν ὅρων. ἀλλ' ἐπεὶ τὸ τινὶ μὴ ὑπάρχειν τὸ Μ τῷ Ξ οὐ μόνον, ὅτε καὶ τινὶ ὑπάρχει, ἀληθές ἐστιν, ἀλλὰ καὶ οὐδὲν ἧττον, καὶ ὅτε μηδενί, τῷ ἀδιόριστον εἶναι τῆς ἐπὶ μέρους ἀποφατικῆς τὸ ἀληθές, ἂν ληφθῇ τὸ τινὶ μὴ ὑπάρχον οὕτως ἀληθὲς ὡς καὶ μηδενί, τοῦτ' ἔστιν ἐπὶ ὕλης, ἐφ' ἧς καὶ οὐδενὶ τὸ Μ τῷ Ξ ὑπάρχει (οὐδὲν γὰρ ἧττον καὶ τότε ἀληθής ἐστιν ἡ ἐπὶ μέρους ἀποφατική), εὐπορήσομεν ὅρων πρὸς τὸ δεῖξαι τὸ Ν καὶ παντὶ τῷ Ξ· ἐδείξαμεν γάρ, ὅτι τῶν δύο καθόλου ἀποφατικῶν οὐσῶν οὐδὲν συνάγεται. τοῦ παντὶ τὸ Ν τῷ Ξ ὑπάρχειν ὅροι γραμμὴ τὸ Μ, ζῷον τὸ Ν, ἄνθρωπος τὸ Ξ· ἡ μὲν γὰρ γραμμὴ οὐδενὶ ζῴῳ καὶ τινὶ οὐχ ὑπάρχει ἀνθρώπῳ, ἐπεὶ καὶ μηδενί, ζῷον δὲ παντὶ ἀνθρώπῳ.

Τῇ αὐτῇ δείξει χρῆται καὶ ἀμφοτέρων οὐσῶν καταφατικῶν, τῆς μὲν μείζονος καθόλου τῆς Μ Ν τῆς δὲ ἐλάττονος ἐπὶ μέρους τῆς Μ Ξ. τοῦ μὲν γὰρ μηδενὶ ὑπάρχειν ὅρων εὐπορεῖ· λευκὸν γὰρ ἐπὶ τοῦ Μ τίθησι, κύκνον ἐπὶ τοῦ Ν, λίθον ἐπὶ τοῦ Ξ· τὸ γὰρ λευκὸν κύκνῳ μὲν παντὶ λίθῳ δὲ τινί, καὶ κύκνος οὐδενὶ λίθῳ. τοῦ δὲ παντὶ οὐκέτι, ἂν ᾖ ἡ ἐπὶ μέρους καταφατικὴ οὕτως εἰλημμένη ὡς συναληθευομένη τῇ ἐπὶ μέρους ἀποφατικῇ. ἀποφατικῆς γὰρ οὔσης πάλιν τῆς ἐλάττονος ἐπὶ μέρους καὶ καταφατικῆς καθόλου τῆς μείζονος ἐν τούτῳ τῷ σχήματι συνάγεται ἐπὶ μέρους ἀποφατικὸν συμπέρασμα συλλογιστικῶς, ὡς δέδεικται. ὄντος δὴ ἀληθοῦς τοῦ τινὶ μὴ ἐν τῇ τοιαύτῃ συζυγίᾳ ἀδύνατον εὐπορῆσαι ὅρων τοῦ παντί· ἀναιρεθήσεται γὰρ οὕτως καὶ διαβληθήσεται ἡ συλλογιστικὴ συζυγία· εἰ γὰρ παντὶ ὑπάρχοι, καὶ ᾧτινι συλλογιστικῶς ἐδείχθη μὴ ὑπάρχον, 28v ὑπάρχοι ἄν. οὕτως μὲν οὖν ἀληθοῦς οὔσης τῆς ἐπὶ μέρους καταφατικῆς οὐχ οἷόν τ' εὐπορῆσαι πάλιν ὅρων τοῦ παντὶ τὸ Ν τῷ Ξ ὑπάρχειν. εἰ γὰρ τὸ Ν παντὶ τῷ Ξ, εἴη δὲ καὶ τὸ Μ παντὶ τῷ Ν, τὸ Μ παντὶ τῷ Ξ ὑπάρξει· ἀλλ' ἔκειτο τινὶ μὴ ὑπάρχειν· οὕτως γὰρ ἦν ἀληθὴς ἡ Μ Ξ ἐπὶ μέρους οὖσα καταφατική. ἀλλ' ἐπεὶ ἀδιόριστον τὸ ἀληθὲς τῆς ἐπὶ μέρους καταφατικῆς (οὐ γὰρ μόνον τότε ἀληθής ἐστιν, ὅτε καὶ ἡ ὑπεναντία αὐτῇ ἀληθής, ἀλλὰ καὶ ὅτε ἡ καθόλου καταφατική, ὑφ' ἥν ἐστιν), ὅταν οὕτως ληφθῇ ἀληθὴς εἶναι ὡς διὰ τὴν καθόλου, ὑφ' ἥν ἐστι, καὶ ἐπὶ

1 κειμένου om. L 4 μέρους] μέρ evan. B τε LM 5 ὅτι LM 6 ἀλλὰ καὶ B: ἀλλὰ M: ἀλλ' aL 7 τῆς aB: τὸ L: τῷ M ὑπάρχειν aLM 8 ἐπὶ BLM: ἐφ' a 8. 9 τῷ $\overline{ξ}$ ὑπάρχει τὸ μ (ν a) aLM 10 ἀποφατική] huc usque L καὶ om. M 11 post ὅτι add. ὁ aM 12. 13 τοῦ μ ... τοῦ $\overline{ν}$ ... τοῦ ξ M 16 post μείζονος erasit τῆς B μ (ante ν) evan. B 17 τίθησι om. aM 18 post τὸ add. μὲν a 21 ἐπὶ μέρους τῆς ἐλάττονος a 22 τῆς om. a 23 δέδεικται] p. 83, 12 sq. δὴ scripsi: δὲ aBM 26 γὰρ om. aM ὑπάρχῃ a: ὑπάρ$^{\chi}$ M ὑπάρχον aB: ὑπάρ$^{\chi}$ M 27 μὲν om. aM 28 τε M τοῦ παντὶ] τοῦ παν evan. B 29 καὶ τὸ $\overline{μ}$ evan. B ξ evan. M 30 ὑπάρχει B τινὶ a: τισὶ BM ὑπάρχειν a: ὑπάρξειν BM $\overline{μ}$ ξ B: μείζων aM 31 ἐπειδὴ M 32 ἀληθές M ἡ om. aB 33 αὐτῇ a: αὕτη BM 34 οὕτω aM ἀληθὲς M

τοιούτων διαβληθήσεται ἡ συζυγία ὅρων, ὡς ἤδη διεβλήθη. ἐκ δύο γὰρ 28v καθόλου καταφατικῶν ὅτι μηδὲν συνάγεται ἐν τούτῳ τῷ σχήματι, ἐδείχθη. ὥστε διὰ τοῦτο οὐδ' εἰ ἡ ἑτέρα μὲν καθόλου καταφατικὴ ληφθείη ἡ δ' ἑτέρα ἐπὶ μέρους καταφατική, οὐδὲν συναχθήσεται. ἐπ' ἀμφοτέρων γὰρ ἀληθὴς γίνεται ἡ ἐπὶ μέρους καταφατικὴ καὶ τῆς καθόλου καταφατικῆς οὔσης ἀληθοῦς καὶ τῆς ὑπεναντίας ταύτῃ. αὔταρκες δὲ πρὸς δεῖξιν ἀσυλλογίστου συζυγίας τὸ κἂν ποτὲ καὶ ἐπὶ τινὸς ὕλης εὐπορῆσαι δεικνυούσης καὶ παντὶ καὶ μηδενί. ὅροι τοῦ παντὶ τὸ Ν τῷ Ξ οὐσία, ζῷον, ἄνθρωπος· ἡ γὰρ οὐσία παντὶ ζῴῳ καὶ τινὶ ἀνθρώπῳ, ὅτι καὶ παντί.

Τῷ ἀδιορίστῳ τῆς ἐπὶ μέρους προτάσεως προσχρησάμενος ἤδη καὶ ἐπὶ τοῦ πρώτου σχήματος ἔδειξεν ἀσυλλόγιστον τὴν ἐκ καθόλου ἀποφατικῆς τῆς μείζονος καὶ ἐπὶ μέρους ἀποφατικῆς τῆς ἐλάττονος. ἀλλ' ἐκεῖ μὲν καὶ τῇ ἐκθέσει προσχρησάμενος ἤλεγξε τὴν οὕτως ἔχουσαν συζυγίαν· ἐνταῦθα δὲ ἠρκέσθη τῷ ἀδιορίστῳ τῆς ἐπὶ μέρους. ἔνεστι μέντοι καὶ ἐπὶ τῶν προειρημένων συμπλοκῶν δεῖξαι ἐπὶ ὅρων καὶ διὰ τῆς ἐκθέσεως τὸ ἀσυλλόγιστον αὐτῶν, εἰ μὲν ἀμφότεραι εἶεν ἀποφατικαί, λαβόντας ὅρους ἐπιστήμην, κακίαν, ἕξιν. ἐπιστήμη γὰρ οὐδεμιᾷ μὲν κακίᾳ, τινὶ δὲ ἕξει οὐχ ὑπάρχει· καὶ οἷς οὐχ ὑπάρχει τῆς ἕξεως ἡ ἐπιστήμη, εἰλήφθωσαν ἀνδρεία καὶ δειλία· οὐ γὰρ ἐπιστῆμαι αἱ ἀρεταί· κακία δὴ οὐδεμιᾷ μὲν ἀνδρείᾳ πάσῃ δὲ δειλίᾳ. ἀλλὰ κἂν ληφθῇ ἡ ἀρετὴ οὐδεμιᾷ κακίᾳ καὶ ἡ ἀρετὴ τινὶ ἕξει οὔ, καὶ οἷς τῆς ἕξεως ἡ ἀρετὴ οὐχ ὑπάρχει. [εἰ] ληφθῇ ἡ ἰατρικὴ καὶ ἡ δειλία, καὶ ἡ κακία πάσῃ μὲν δειλίᾳ οὐδεμιᾷ δὲ ἰατρικῇ. εἰ δὲ εἶεν ἀμφότεραι καταφατικαί, ἔστωσαν ὅροι ἕξις, ἐπιστήμη, ποιότης· ἡ γὰρ ἕξις πάσῃ μὲν ἐπιστήμῃ τινὶ δὲ ποιότητι· καὶ οἷς ἡ ἕξις τῆς ποιότητος ὑπάρχει, εἰλήφθω ἀκολασία καὶ γραμματική· ἐπιστήμη γὰρ πάσῃ μὲν γραμματικῇ οὐδεμιᾷ δὲ ἀκολασίᾳ. ὁ αὐτὸς λόγος, κἂν ληφθῇ οὐσία παντὶ μὲν ζῴῳ τινὶ δὲ λευκῷ· καὶ οἷς ὑπάρχει λευκοῖς ἡ οὐσία, ληφθεῖεν κύκνος καὶ χιών· ζῷον γὰρ παντὶ μὲν κύκνῳ χιόνι δὲ οὐδεμιᾷ.

Ἀριστοτέλης μὲν οὖν οὕτως διέβαλε τὰς προειρημένας συζυγίας, ὅτι ἀσυλλόγιστοι, τῷ εὐπορῆσαι ὕλης καὶ τοῦ παντὶ καὶ τοῦ μηδενί· ἱκανὴν γὰρ ταύτην ἡγεῖται διαβολὴν ἀσυλλογίστου συζυγίας. τὸ δὲ ἡγεῖσθαι δύνασθαι διαβάλλεσθαι τὰς προειρημένας συζυγίας, κἂν δείξῃ τις, ὅτι μηδενὶ καὶ τινὶ τὸ Ν τῷ Ξ, διότι ἀντιφάσεις ταῦτα, ὡς ἄλλοι τέ τινες τῶν ἀρχαίων καὶ Ἑρμῖνος δὲ λέγει, ("ἐφ' ἧς γὰρ συζυγίας, φησί, τὴν ἀντίφασιν ἔνεστι συναγο-

4 οὐδὲν a: οὐδὲ BM ἐπ' om. B 6 ταύτῃ BM: αὐτῇ a post ταύτῃ add. αὕτη B 7. 8 καὶ παντὶ καὶ μηδενὶ δεικνυούσης aM 8 τοῦ bis B 11 ἐπὶ τοῦ πρώτου σχήματος] c. 4 p. 26a 39 sq. μὲν om. M 17 et 18 ὑπάρξει aM 18 εἰλήφθω aM 19 ante κακία add. καὶ M δὴ a: δὲ BM 20 ἡ (post ληφθῇ) om. B καὶ (ante ἡ) om. aM 21 ὑπάρξει a εἰ delevi 21. 22 ἡ (ante ἰατρικὴ et ante δειλία et ante κακία) om. aM 23 ante ὅροι add. οἱ aM 24 ante ὑπάρχει add. οὐχ BM ὑπάρξει a 25 γὰρ BM: γοῦν a 27 ante ὑπάρχει add. οὐχ M καὶ (ante χιών) om. M 29 διέβαλλε M: διέλαβε a 30 εὐπορεῖν M τοῦ alterum om. aM 32 ὅτι om. M 33 ν aB: μ M 34 δὲ B: μὲν M: om. a φήσει B

μένην δεῖξαι. εὔλογον ταύτην μηδὲν ἔλαττον ἀσυλλόγιστον λέγειν τῆς, ἐν ᾗ τὰ ἐναντία συνάγεται· ἀσυνύπαρκτα γὰρ καὶ ταῦτα ὁμοίως ἐκείνοις") καὶ παρατίθεσθαι ὅρους τοῦ τινὶ ἄψυχον, ἔμψυχον, σῶμα σάρκινον (τὸ γὰρ ἄψυχον ἐμψύχῳ οὐδενί, σώματι δὲ σαρκίνῳ ἢ καὶ ἁπλῶς σώματι τινὶ οὐχ ὑπάρχει, τὸ ἔμψυχον τινὶ σαρκίνῳ σώματι καὶ ἁπλῶς τινὶ σώματι ὑπάρχει), τοῦτο δὴ οὐδαμῶς ὑγιὲς οὐδὲ αὔταρκες εἰς συζυγίας διαβολήν. συγχωρηθήσεται μὲν γὰρ τούτων μηδέτερον συνάγεσθαι συλλογιστικῶς, διότι ἐστὶν ἀλλήλων ἀναιρετικά. ἐρεῖ μέντοι τις, ὅσον ἐπὶ τοῖς κειμένοις, δύνασθαι συνάγεσθαι ἐπὶ μέρους ἀποφατικόν· τὸ γὰρ ἐπὶ μέρους ἀποφατικὸν ὑπ' οὐδετέρου τῶν προειρημένων ἀναιρεῖται. τὰ γὰρ εἰς ἔλεγχον ἀσυλλογίστου συζυγίας παρατιθέμενα οὐ μόνον αὐτὰ δεῖ μὴ δύνασθαι συνυπάρχειν ἀλλήλοις ἀλλὰ καὶ πάντων εἶναι ἀναιρετικὰ τῶν συλλογιστικῶς δείκνυσθαι δυναμένων. τὸ δὴ ἐπὶ μέρους ἀποφατικὸν πῶς ἂν διαβληθείη, εἰ μὴ εἴη ὕλης εὐπορῆσαι τοῦ παντί; ἔτι καὶ ἐν ταῖς ὁμολογουμέναις συλλογιστικαῖς συζυγίαις ἔστιν εὑρεῖν συναγομένην ἀντίφασιν. ἢ οὖν κἀκείνας ἀσυλλογίστους ἐροῦμεν, ἢ οὐδὲ αὕτη διὰ τοῦτ' ἀσυλλόγιστος. ἰδοὺ γὰρ ἐν τῷ πρώτῳ σχήματι οὔσης συλλογιστικῆς συζυγίας τῆς ἐκ καθόλου ἀποφατικῆς τῆς μείζονος καὶ ἐπὶ μέρους καταφατικῆς τῆς ἐλάττονος ἐχούσης ἐπὶ μέρους ἀποφατικὸν συμπέρασμα ἔστιν ὅρων εὐπορῆσαι καὶ τοῦ μηδενὶ καὶ τοῦ τινί· ἄνθρωπος γὰρ οὐδενὶ ἵππῳ, ἵππος τινὶ τετράποδι, ἄνθρωπος οὐδενὶ τετράποδι· τοῦ δὲ τινί· χιὼν οὐδενὶ κύκνῳ, κύκνος τινὶ λευκῷ, χιὼν τινὶ λευκῷ. καὶ ἐν τῇ τὴν μείζονα δὲ ἐχούσῃ καθόλου καταφατικὴν ἔστι λαβεῖν ὅρους καὶ τοῦ παντὶ καὶ τοῦ τινὶ μή· τοῦ μὲν παντὶ οὐσία, ζῷον, ἄνθρωπος, τοῦ δὲ τινὶ μὴ οὐσία, ζῷον, λευκόν. ἀλλὰ κἂν λαβόντες τὴν ἐκκειμένην συζυγίαν τὴν ἔχουσαν τὴν μείζονα καθόλου ἀποφατικὴν ὑποθώμεθα τὸ πρῶτον τινὶ τῷ τρίτῳ ὑπάρχειν, οὐδὲν ἀδύνατον ἀπαντᾷ, ὥστε οὐκ ἀναιρεῖται τὸ τινί· ἐδείχθη δέ, ὅτι καὶ μηδενί.

Καὶ πῶς, φασίν, οὐκ ἀναιρεθήσεται ἡ δι' ἀδυνάτου δεῖξις, εἰ ἐν συλλογιστικῇ συζυγίᾳ δύναιτο δείκνυσθαι τὰ ἀντικείμενα; οὐ γὰρ τοῦτο μόνον ἔσται συναγόμενον ἔτι, οὗ τὸ ἀντικείμενον ἀδύνατον, ἀλλὰ καὶ ἄλλο τι, οὗ οἷόν τε δείκνυσθαι καὶ τὸ ἀντικείμενον. οὗ ὄντος οὐκέτ' ἂν ἡ δι' ἀδυνάτου δεῖξις χώραν ἔχοι. εἰ γὰρ ἐν τῇ συζυγίᾳ τῇ συναγούσῃ ἐπὶ μέρους καταφατικὸν ἐν πρώτῳ σχήματι δύναται καὶ καθόλου καταφατικὸν καὶ ἐπὶ μέρους

---

1 ἔλαττον om. a: ἧττον iam Prantl addere voluit I p. 556,71   2 ἀσυνύπαρτα a   4 post ἐμψύχῳ add. μὲν a   ἁπλῷ a   post σώματι alterum add. τι a   5 ante τὸ add. καὶ a   ante ὑπάρχει alterum add. οὐχ aM   6 δὴ aB: δὲ M   7 τούτῳ aM   συνάγεσθαι] συνά evan. B   8 ἀλλήλων om. aM   10 ἀναιρῆται aM   11 δεῖ αὐτὰ a   12 ἀναιρετικὰς a   13 δὴ aB: δ' M   14 ante τοῦ add. καὶ a, post τοῦ M   συζυγίαις συλλογιστικαῖς a   συλλογιστικαῖς] λλογιστικαῖς evan. B   15 συναγομένην B: ὁμολογουμένην aM   ἢ B[1] corr. omisso οὖν   16 οὐδ' M   αὐτὴ aM   τοῦτο M   18 ἐπὶ μέρους alterum om. M   19 εὐπορῆσαι ὅρων M   ante ἄνθρωπος add. καὶ a   24 ἐκκειμένην ex ἐγκειμένην, ut videtur, corr. B[1]   25 τὸ α τινὶ τῷ γ aM   27 δ' M   28 φησιν aM   εἰ BM: ἡ a   29 δύναται M   οὐ BM: εἰ a   30 ἔτι] τι evan. B   οὗ B corr.: οὐ aM, B pr.   31 ὄντος om. aM   32 ἔχει a

ἀποφατικὸν συνάγεσθαι (οὐδέτερον δὲ τούτων οἷόν τε δειχθῆναι διὰ τῆς εἰς ἀδύνατον ἀπαγωγῆς λαβόντων καὶ ὑποθεμένων τὸ ἀντικείμενον τοῦ ἐπὶ μέρους καταφατικοῦ), διαβάλλοιτ' ἂν ἡ συναγωγὴ ὡς οὐ χρήσιμος. ἔτι δοκεῖ μὲν πάσης συλλογιστικῆς συμπλοκῆς δείκνυσθαι τὸ συμπέρασμα καὶ διὰ τῆς εἰς ἀδύνατον ἀπαγωγῆς, τοῦτο δ' οὐχ οἷόν τε εἶναι, ἐν ᾗ τὰ ἀντικείμενα ἀλλήλοις συνάγεται· οὐδέτερον γὰρ τῶν ἀντικειμένων ἐπ' αὐτῆς ἀδύνατον. ἡ οὖν οὐδεμία συμπλοκὴ συλλογιστικὴ συνάγεται συλλογιστικῶς. ἡ οὐ καὶ τὸ ἀντικείμενον οἷόν τε ἀληθὲς εἶναι. οὐδὲ τοῦτο τὸ παρ' ἡμῶν εἰρημένον· διὸ οὐκ ἀναιρεῖται ἡ διὰ τοῦ ἀδυνάτου δεῖξις. μόνον γὰρ συνάγεται τοῦτο συλλογιστικῶς, οὗ τὸ ἀντικείμενον ἀδύνατον· οὐ μὴν ἀδύνατον ἄλλων τινῶν παρὰ τὸ συλλογιστικῶς δεικνύμενον ἀντικειμένων ἀλλήλοις ἐπὶ τινῶν ὑλῶν γίνεσθαι καὶ ἐν αὐτοῖς συναγωγὴν οὐκέτι συλλογιστικῶς, ὧν ὑποκειμένων οὐδὲν ἀδύνατον ἀπαντᾷ συνάγεσθαι. ἐν γὰρ τῇ τὸ ἐπὶ μέρους καταφατικὸν συναγούσῃ τοῦ μὲν τούτῳ ἀντικειμένου ἀδύνατον ὅρων εὐπορῆσαι· ἔστι δὲ τοῦτο τὸ μηδενί. τοῦ μέντοι παντὶ καὶ τινὶ μὴ οὐκ ἀδύνατον, ὧν οὐδέτερον οὔτε ἀντίκειται τῷ τινὶ οὔτε δείκνυται συλλογιστικῶς συναγόμενον· οὔτε ⟨γὰρ⟩ τοῦ καθόλου καταφατικοῦ ὑποτεθέντος συνάγεσθαι ἀδύνατόν τι ἕπεται οὔτε τοῦ ἐπὶ μέρους ἀποφατικοῦ· μόνου δὲ τοῦ ἀντικειμένου τῷ ἐπὶ μέρους καταφατικῷ ὑποτεθέντος τὸ ἀδύνατον ἕπεται· τοῦτο γὰρ ἦν τὸ ἑπόμενον συλλογιστικῶς.

Ἡ δεῖξις οὖν, ᾗ χρῆται Ἑρμῖνος, οὐχ ἱκανὴ διαβάλλειν συζυγίαν καὶ ἀσυλλόγιστον ἀποφῆναι. διὸ εὐλόγως Ἀριστοτέλης ἐλέγχει τὰς ἀσυλλογίστους μόνῃ τῇ τοῦ παντὶ καὶ μηδενὶ παραθέσει· ἐν γὰρ τούτοις οὐδὲν οἷόν τε δείκνυσθαι συλλογιστικῶς τῷ παντὸς τοῦ λαμβανομένου συνάγεσθαι συλλογιστικῶς εὑρίσκεσθαι τὸ ἀναιρετικὸν καὶ ἀντικείμενον ἐφ' ὕλης τινὸς γινόμενον ἀληθές. καθόλου δέ. ἐν αἷς συζυγίαις συλλογιστικαῖς τοῦ ἐπὶ μέρους ἐστὶ συμπέρασμα, τῷ τὸ ἐπὶ μέρους ἀορίστως ἀληθὲς εἶναι (καὶ γὰρ μετὰ τῆς καθόλου, ὑφ' ἥν ἐστιν, ἀληθὴς ἡ ἐπὶ μέρους καὶ μετὰ τῆς ἑαυτῇ ὑπεναντίας) καθ' ἑκατέρους τοὺς τρόπους ἀληθῆ λαμβάνοντες αὐτὴν ποτὲ μὲν εὐπορήσομεν ὅρων δεικνύντων τὸ καθόλου, ὑφ' ὅ ἐστιν ἡ λαμβανομένη ἐπὶ μέρους, ποτὲ δὲ τοῦ ὑπεναντίου τῷ εἰλημμένῳ καὶ συνηγμένῳ ἐπὶ μέρους, ὅ οὐδαμῶς ἀναιρετικόν ἐστι τοῦ ὑπεναντίου αὐτῷ ἐπὶ μέρους.

---

3 ὡς BM: καὶ a 5 post ἀπαγωγῆς repetit δείκνυσθαι B εἶναι om. a 7 ἡ (ante οὖν) B: καὶ aM γοῦν M συλλογιστικὴ συμπλοκὴ M οὐ scripsi: οὖ libri 8 οἷόν τε aB: δυνατῶ M δὲ τοῦτο evan. B τὸ alterum om. M 12 αὐτῇ a 13 ἀπαντᾷ ex ἅπαντα corr. B[1] συνάγεσθαι οὐδὲν ἀδύνατον ἀπαντᾷ aM ἀποφατικὸν M 16 τῷ aB: τὸ M γὰρ addidi 18 μόνου a: οὐ μόνον BM τῷ ἐπὶ μέρους bis M 19 ὑποτιθέντος B 21 δεῖξις B: χρῆσις aM διαλαβεῖν M 23 παντὸς καὶ μηδενὸς a 24 πάντως a 25 εὑρίσκεται a post καὶ add. τὸ M 26 τοῦ aB: τὸ M 27 ἐστὶ συμπέρασμα BM: ἢ συμπεράσματος a ἀόριστον M 29 ἑκατέρους B corr.: ἑτέρους M, B pr.: ἑκάτερα a 30 εὐπορῆσαι aM 31 τὸ ὑπεναντίον a 32 αὐτῇ M

p. 27b28 Ἐὰν δὲ τὸ καθόλου πρὸς τὸ ἔλαττον ἄκρον ᾖ, καὶ τὸ Μ 29v τῷ μὲν Ξ μηδενὶ τῷ δὲ Ν τινὶ μὴ ὑπάρχῃ.

Δείξας ἀσυλλογίστους συζυγίας ἐν δευτέρῳ σχήματι τὰς ὁμοιοσχήμονας τὰς ἐχούσας τὸ ἐπὶ μέρους πρὸς τῷ ἐλάττονι τὸ δὲ καθόλου πρὸς τῷ μείζονι νῦν λαμβάνει τὰς ὁμοιοσχήμονας τὰς ἀνάπαλιν ἐχούσας τὸ μὲν ἐπὶ μέρους πρὸς τῷ μείζονι τὸ δὲ καθόλου πρὸς τῷ ἐλάττονι, καὶ τῇ τῶν ὅρων παραθέσει τὸ ἀσυλλόγιστον δείκνυσιν αὐτῶν. αἱ δὲ συζυγίαι αὗται κατ' ἄμφω ἀσυλλόγιστοι ἐν τῷ σχήματι τούτῳ, διά τε τὸ ὁμοιόσχημον τῶν προτάσεων καὶ διὰ τὸ τὴν μείζονα ἐπὶ μέρους λαμβάνεσθαι. ὅτι δὲ μηδενός εἰσι συλλογιστικαί, ἐλέγχει ἁπλῶς παραθέμενος τοὺς ὅρους, οὐκέτι τῷ τῆς ἐπὶ μέρους ἀδιορίστῳ προσχρώμενος· ὡς γὰρ ἂν ᾖ ἡ μείζων οὖσα ἐπὶ μέρους ἀληθής. ἄν τε διὰ τὴν καθόλου ἄν τε καὶ δι' αὐτὴν τῷ τὴν ἐπὶ μέρους καταφατικὴν τὴν ὑπεναντίαν αὐτῇ ἀληθῆ εἶναι, ἀσυλλόγιστος γίνεται ἡ συζυγία τῷ ὁμοιοσχημόνων οὐσῶν τῶν προτάσεων ἐν τῷ σχήματι τούτῳ μηδένα γίνεσθαι συλλογισμόν. τοῦ μὲν οὖν παντὶ ὑπάρχειν ὅρους παρατίθεται λευκόν, ζῷον, κόρακα· τὸ γὰρ ζῷον παντὶ κόρακι· τοῦ δὲ μηδενὶ λευκόν. λίθον, κόρακα· ὁ γὰρ λίθος οὐδενὶ κόρακι. τὸ γὰρ λευκὸν καὶ ζῴῳ τινὶ καὶ λίθῳ τινί, κόρακι δὲ οὐδενί. ὁμοίως δὲ δείκνυσι, καὶ εἰ ἀμφότεραι ληφθεῖεν καταφατικαί, ἡ δὲ μείζων ἐπὶ μέρους. τοῦ μὲν γὰρ μὴ ὑπάρχειν ὅροι λευκόν. ζῷον, χιών· τὸ γὰρ ζῷον οὐδεμιᾷ χιόνι τοῦ λευκοῦ τινὶ μὲν ζῴῳ ὑπάρχοντος πάσῃ δὲ χιόνι· τοῦ δὲ ὑπάρχειν λευκόν, ζῷον, κύκνος· τὸ γὰρ ζῷον παντὶ κύκνῳ, ὁμοίως τοῦ λευκοῦ ζῴῳ μὲν τινὶ ὑπάρχοντος κύκνῳ δὲ παντί.

p. 27b36 Ἀλλ' οὐδ' εἰ τινὶ ἑκατέρῳ ὑπάρχει ἢ μὴ ὑπάρχει.

Εἰπὼν περὶ πασῶν τῶν συζυγιῶν τῶν ἐχουσῶν τὴν ἑτέραν καθόλου τὴν δ' ἑτέραν ἐπὶ μέρους καὶ δείξας δύο μόνας συλλογιστικὰς ἐν αὐταῖς (αἱ γὰρ τὴν μείζονα καθόλου ἔχουσαι καὶ ἀντικειμένην τὴν ἐπὶ μέρους κατὰ τὸ ποιὸν ἐδείχθησαν συλλογιστικαί. αἱ δ' ἄλλαι πᾶσαι ἀσυλλόγιστοι, οὖσαι ἕξ) νῦν μέτεισιν ἐπὶ τὰς ἐξ ἀμφοτέρων ἐπὶ μέρους, καὶ περὶ πασῶν αὐτῶν ἅμα ποιεῖται τὸν λόγον, καὶ διὰ τῶν αὐτῶν παραδειγμάτων πασῶν ἐλέγχει τὸ ἀσυλλόγιστον, ὡς ἐποίησεν καὶ ἐπὶ τοῦ πρώτου σχήματος. συγκαταριθμεῖ δὲ καὶ τὰς ἀδιορίστους ταῖς ἐπὶ μέρους ὡς ὁμοίως ἐκείναις ἀσυλλογίστους καὶ ἴσον αὐταῖς δυναμένας καὶ διὰ τῶν αὐτῶν ἐλεγχομένας. εἰπὼν δὲ

---

1 εἰ Ar.   τῷ ἐλάττονι ἄκρῳ a   ἐστί a et Ar.   2 ὑπάρχει Ar.   4 πρὸς τῷ ἐλάττονι τὸ ἐπὶ μέρους aM   5 ἀνομοιοσχήμονας M   μὲν om. a   10 μηδενός scripsi: μηδέ aB: μηδ' M   11. 12 ἐπὶ μέρους οὖσα aM   12 καὶ om. a   16 δὲ om. M   18 δὲ alterum om. aM   20 ὅροι om. a   21 δ' (post τοῦ) M   23 ante παντί add. τῷ B   25 post τὴν add. μὲν a   27 τῇ (ante ἐπὶ) aM   28 post οὖσαι add. πᾶσαι M   29 ἐξ ἀμφοτέρων B: ἀμφοτέρας aM   αὐτῶν om. a   30 τὸν λόγον ποιεῖται M   31 καὶ om. a   ἐπὶ τοῦ πρώτου σχήματος] c. 4 p. 26b25   32 ταῖς ἐπὶ μέρους om. M

ἀλλ' οὐδ' εἰ τινὶ ἑκατέρῳ ὑπάρχει ἢ μὴ ὑπάρχει, δῆλον ὅτι τῷ 29v 'ἑκατέρῳ τινί', προσέθηκε τὸ ἢ μηδετέρῳ παντί. τῇ λέξει διαφέρον τοῦ ἑκατέρῳ τινὶ μὴ ὑπάρχειν· ἀμφότερα γὰρ δηλωτικά ἐστι τῶν ἐπὶ μέρους ἀποφατικῶν. οἱ δὲ ὅροι τοῦ μὲν παντὶ ὑπάρχειν λευκόν, ζῷον, ἄνθρωπος, τοῦ δὲ μηδενὶ λευκόν, ζῷον, ἄψυχον· λευκὸν γὰρ καὶ τινὶ ζῴῳ καὶ τινὶ ἀνθρώπῳ ὑπάρχει καὶ οὐχ ὑπάρχει, καὶ τῷ μὲν ἑτέρῳ αὐτῶν τινὶ ὑπάρχει, τῷ δ' ἑτέρῳ αὐτῶν τινὶ οὐχ ὑπάρχει, καὶ ἀδιορίστως ἑκατέρῳ αὐτῶν καὶ ὑπάρχει καὶ οὐχ ὑπάρχει, καὶ παραλλάξ, καὶ ἐπὶ μὲν τοῦ ἑτέρου ἀδιορίστως ἐπὶ δὲ τοῦ ἑτέρου διωρισμένως ἐπὶ μέρους, καὶ τὸ ζῷον παντὶ ἀνθρώπῳ. ὁμοίως πάλιν τὸ μὲν λευκὸν τῷ τε ζῴῳ καὶ τῷ ἀψύχῳ κατὰ πάσας τάς τε ἐν μέρει καὶ τὰς ἀδιο|ρίστους μεταθέσεις, τὸ ⟨δὲ⟩ ζῷον οὐδενὶ ἀψύχῳ. 30r

p. 28a1 Φανερὸν οὖν ἐκ τῶν εἰρημένων, ὅτι, ἐάν τε οὕτως ἔχωσιν οἱ ὅροι πρὸς ἀλλήλους, ὡς ἐλέχθη, γίνεται συλλογισμὸς ἐξ ἀνάγκης, ἄν τε ᾖ συλλογισμός, ἀνάγκη τοὺς ὅρους οὕτως ἔχειν.

Δεῖ προσυπακούειν πάλιν τὸ 'ἐν δευτέρῳ σχήματι'· οὐ γὰρ ἁπλῶς, ἂν ᾖ καθόλου ἀποφατικὸς συλλογισμὸς ἢ ἐπὶ μέρους ἀποφατικός, δεῖ τὰς προτάσεις οὕτως ἔχειν· καὶ γὰρ ἐν πρώτῳ σχήματι συλλογισμοὶ τούτων, οὐκ ἐν δευτέρῳ μόνον.

p. 28a6 Ἢ ἐνυπάρχει τοῖς ὅροις ἐξ ἀνάγκης ἢ τίθενται ὡς ὑποθέσεις.

Ἐξ ἀνάγκης μὲν ἐνυπάρχει τοῖς ὅροις καὶ ταῖς προτάσεσι ταῖς κειμέναις τὸ τῶν ἀντιστροφῶν, αἷς πρὸς τὴν τελείωσιν τῶν συλλογισμῶν προσεχρησάμεθα, ἐν οἷς ἡ δεῖξις δι' ἀντιστροφῆς· αἱ γὰρ τῶν προτάσεων ἀντιστροφαὶ ἐνυπάρχουσι ταῖς εἰλημμέναις προτάσεσι. τίθενται δὲ ὡς ὑποθέσεις, αἷς χρώμεθα πρὸς τὴν τῶν ἀτελῶν συλλογισμῶν δεῖξιν ἐν ταῖς εἰς ἀδύνατον ἀπαγωγαῖς, ὡς καὶ αὐτὸς ἐδήλωσε. τὸ γὰρ ἀντικείμενον, οὗ δείκνυμεν, ὑπόθεσιν λαβόντες, οὕτως τοῦ ἀδυνάτου συλλογισμὸν ποιήσαντες καὶ συναγωγήν, διὰ τούτου τὴν ὑπόθεσιν ἀνελόντες κατασκευάζομεν αὐτῆς τὸ ἀντικείμενον, ὃ ἦν προκείμενον. δῆλον δὲ καὶ ὅτι πάντα τὰ ἐν τούτῳ τῷ σχήματι συμπεράσματα ἀποφατικά.

---

1 τι M τῷ B: τὸ M: om. a 2 post τινὶ add. ἢ μὴ τινὶ a τὸ aB: τῷ M 3 ἑκατέρῳ a: ἑκάτερον BM ὑπάρχειν a: ὑπάρχον BM 6 post ἀνθρώπῳ add. καὶ aM ἑτέρῳ a: ἑκατέρῳ BM 7 καὶ ἀδιορίστως . . . οὐχ ὑπάρχει (8) om. aM 8 ἐπὶ aM: περὶ B ἀδιορίστω M 11 δὲ a: om. BM 13 ἐλέχθη B (corr. η): ἐλέχθησαν a 14 ἄν τε . . . ἔχειν (15) om. a 16 τὸ ἐν B: ἐν τῷ aM 18 συλλογισμὸς a 19 μόνῳ M 20 ante ἢ add. ἃ ex Arist. a τίθεται B; at cf. vs. 25 22. 23 ἀντικειμέναις M 24 οἷς a: αἷς BM 27 post ἀντικείμενον add. αὐτῶν M οὐ M 28 ante οὕτως add. καὶ aM 29 ἔκθεσιν M

p. 28a10 Ὅταν δὲ τῷ αὐτῷ τὸ μὲν παντὶ τὸ δὲ μηδενὶ ὑπάρχῃ. 30r

Ἐπὶ τὸ τρίτον μέτεισι σχῆμα. ὁποῖον δ' ἐστὶ καὶ τίνα τὴν τοῦ μέσου θέσιν ἔχει, διὰ παραδείγματος πάλιν ἐδήλωσε λαβὼν τὰς ἐν τούτῳ τῷ σχήματι ἐκ τῶν καθόλου προτάσεων συζυγίας, ἐν ᾧ ὁ μέσος ἀμφοτέροις ὑπόκειται τοῖς ὅροις. τοιοῦτόν ἐστιν, ὡς ἔφαμεν, τὸ τρίτον σχῆμα. τρίτον δὲ ὂν καὶ τὴν ἐσχάτην τάξιν ἔχον οὕτω τέτακται, ὅτι τε ὁ μέσος αἴτιος τῆς τῶν ἄκρων κοινωνίας τὴν ἐσχάτην τάξιν ἔχων ἐν τούτῳ τέτακται, καὶ ὅτι οὐδὲν ἐν αὐτῷ καθόλου συνάγεται, καὶ ὅτι οἱ σοφιστικοὶ συλλογισμοὶ μάλιστα ἐν τούτῳ τῷ σχήματι γίνονται ἀδιόριστα καὶ ἐπὶ μέρους συμπεραινόμενοι, ἔσχατος δὲ τῶν συλλογισμῶν ὁ σοφιστικός, καὶ ὅτι ἑκατέρου σχήματος, τοῦ τε δευτέρου καὶ τοῦ τρίτου, τὴν γένεσιν ἐχόντων ἀπὸ τοῦ πρώτου ἐκ τῆς χείρονος προτάσεως ἡ γένεσις τούτῳ. ἑκατέρα γὰρ τῶν ἐν ἐκείνῳ προτάσεων ἀντιστραφεῖσα ποιεῖ τούτων τι τῶν σχημάτων, ὡς ἤδη προειρήκαμεν· τῆς μὲν γὰρ μείζονος ἀντιστραφείσης τὸ δεύτερον ἐγένετο, τῆς δ' ἐλάττονος τὸ τρίτον, ὥστε, εἰ ἡ γένεσις αὐτοῦ παρὰ τῆς χείρονος τῶν ἐν τῷ πρώτῳ σχήματι προτάσεως (ἡ γὰρ ἐλάττων χείρων, καθ' ὃ ἐλάττων), εἰκότως καὶ αὐτὸ ἔσχατον.

Εἰσὶ δὲ καὶ ἐν τούτῳ τῷ σχήματι, ὥσπερουν καὶ ἐν τῷ πρὸ τούτου, αἱ πᾶσαι συζυγίαι ιϛ' ἄνευ τῶν ἐξ ἀδιορίστων προτάσεων· ταύτας γὰρ ὡς ἴσον ταῖς ἐπὶ μέρους δυναμένας παρῃτησάμεθα. συλλογιστικαὶ δ' ἐν τούτῳ συζυγίαι πλείονες· ἓξ γάρ· τῶν δὲ πρὸ τούτου ἑκάτερον τέσσαρας εἶχε τὰς συλλογιστικάς. τὸ δ' αἴτιον, ὅτι δεῖ μὲν πάλιν ἐν τούτῳ τῷ σχήματι, εἰ μέλλοι ἔσεσθαι συλλογισμός, τὴν ἐλάττονα πρότασιν καταφατικὴν ἐξ ἀνάγκης εἶναι· εἰ γὰρ ἀποφατικὴ εἴη αὕτη, οὐκ ἂν γένοιτο συλλογισμὸς ἐν τρίτῳ σχήματι· ἡ δὲ μείζων ὅπως ἂν ἔχουσα ληφθῇ, ταύτης οὔσης καταφατικῆς συλλογισμὸς γίνεται, μόνον τοῦτο φυλασσόντων ἡμῶν τὸ μὴ ἀμφοτέρας ἀποφατικὰς ἢ ἐπὶ μέρους εἶναι· ἐκ γὰρ δύο ἐπὶ μέρους οὐδεὶς γίνεται συλλογισμὸς ἐν οὐδενὶ σχήματι, ὥσπερ καὶ ἐξ ἀποφατικῶν δύο. ἡ δὲ μείζων καὶ ἐλάττων πρότασις ὁμοίως ἐν τούτῳ ληφθήσονται, ὡς καὶ ἐν τῷ δευτέρῳ. τούτων δὲ τηρουμένων ἓξ γίνονται συζυγίαι συλλογιστικαί· διὸ τοσαῦται αἱ ἐν τούτῳ τῷ σχήματι συζυγίαι συλλογιστικαί. τῆς γὰρ ἐλάττονος καθόλου 30v μὲν καταφατικῆς οὔσης τέσσαρες ἔσονται συλλογιστικαὶ συζυγίαι τῆς μεί-

1 Περὶ τοῦ τρίτου σχήματος in mg. B, superscr. M: σχῆμα τρίτον superscr. a Ὅταν aB, in quo Ὅτ evanuit, (et d): ἐὰν Ar. sequentia quoque Arist. verba add. a: ἢ ἄμφω παντὶ ἢ μηδενί, τὸ μὲν σχῆμα τὸ τοιοῦτον καλῶ τρίτον, μέσον δὲ ἐν αὐτῷ λέγω, καθ' οὗ ἄμφω κατηγοροῦμεν (τὰ κατηγορούμενα Ar.), ἄκρα δὲ τὰ κατηγορούμενα, μεῖζον δὲ ἄκρον τὸ πορρωτέρω (πορρώτερον Ar., sed πορρωτέρω n) τοῦ μέσου, ἔλαττον δὲ ἐγγυτέρω (τὸ ἐγγύτερον Ar., sed ἐγγυτέρω n) 2 μέτεισι] μετ evan. B 5 ἔφαμεν] p. 48, 20 6 δὲ om. B οὕτως M ὅτι τε . . . τέτακται (7) om. a 10 ἑκάτερος a 12 τούτων a 14 εἰρήκαμεν a; cf. p. 48, 5 sq. 15 εἰ om. B 16 τῷ om. a προτάσεων M 18 ἐν τῷ] conicio ἐν τοῖς 19 ιϛ M: ϛ aB 20 δυναμένας] μέν evan. B 21 πλείους M 22 αἴτιον corr. B 23 συλλογισμὸς ἔσεσθαι aM 24 εἴη om. a 25 ἂν om. a ληφθείη a 26. 27 ἀμφοτέρῳ a 29 post ὁμοίως add. καὶ a τῷ om. a 30 συλλογιστικαὶ συζυγίαι a αἱ BM: καὶ a 31 συλλογιστικαὶ ante συζυγίαι transponit a: om. M 32 συζυγίαι συλλογιστικαί a

ζονος ποτὲ μὲν καταφατικῆς καθόλου ἢ ἀποφατικῆς λαμβανομένης ποτὲ 30v δ' ἐπὶ μέρους ἢ καταφατικῆς ἢ ἀποφατικῆς· εἰ δ' ἡ ἐλάττων ἐπὶ μέρους εἴη καταφατική, δύο πάλιν συζυγίαι συλλογιστικαὶ τῆς μείζονος καθόλου ἢ καταφατικῆς ἢ ἀποφατικῆς οὔσης. αἴτιον δὲ τοῦ πλείους ἐν τούτῳ γίνεσθαι τῷ σχήματι τὰς συλλογιστικὰς συζυγίας, ὅτι ἐν ἐκείνοις μὲν πλείω ἦν τὰ ὡρισμένα, ἃ ἔδει φυλάσσειν, ἵνα γένηται συλλογιστικὴ συμπλοκή. δύο γὰρ ἦν καὶ ἐν τῷ πρώτῳ καὶ δευτέρῳ σχήματι τὰ ὡρισμένα· ἐν μὲν γὰρ τῷ πρώτῳ ἡ μείζων πρότασις ὥριστο (καθόλου γάρ) καὶ ἡ ἐλάττων (καταφατικὴ γάρ), ἐν δὲ τῷ δευτέρῳ ἥ τε μείζων (καθόλου γάρ) καὶ τὸ μὴ δεῖν ὁμοιοσχήμονας ἀμφοτέρας λαμβάνεσθαι· ἴδιον γὰρ τοῦ δευτέρου τὸ ἐκ δύο καταφατικῶν μηδὲν συνάγειν. ἐν δὲ τῷ τρίτῳ ὥρισται μόνον ἡ ἐλάττων πρότασις· καταφατικὴ γάρ· τὸ γὰρ μήτε ἀμφοτέρας ἐπὶ μέρους μήτε ἀποφατικὰς εἶναι τῶν τριῶν σχημάτων κοινόν, οὐ τούτου ἴδιον· κοινότερον δὲ καὶ ἐπὶ πλέον τὸ ἔλαττον ὡρισμένον. ἀπήντησε δὲ κατὰ τὸ εὔλογον τοῦ πρώτου σχήματος ἀμφοτέρας ἔχοντος τὰς προτάσεις ὡρισμένας, τὴν μείζονα τῷ ποσῷ (καθόλου γὰρ ἦν) τὴν δὲ ἐλάττονα τῷ ποιῷ (καταφατικὴ γὰρ ἦν), καὶ τὸ τῶν ἄλλων σχημάτων, τοῦ τε δευτέρου λέγω καὶ τοῦ τρίτου, ἑκατέρων τῶν προτάσεων ἀφ' ἧς ἑκάτερον αὐτῶν ἀντιστραφείσης ἐγένετο, τὸ ἐκείνης ἴδιον φυλάττειν. τὸ μὲν γὰρ δεύτερον ἀπὸ τῆς μείζονος ἀντιστραφείσης γεγονὸς τὸ ἐκείνης ἐν ταῖς συλλογιστικαῖς συζυγίαις ἴδιον φυλάττει· καθόλου γὰρ ἔχει καὶ τὸ δεύτερον τὴν μείζονα πρότασιν ἐν ταῖς συλλογιστικαῖς συμπλοκαῖς. τὸ δὲ τρίτον ἀπὸ τῆς ἐλάττονος ἀντιστραφείσης γεγονὸς τὸ ταύτης ἴδιον ἔχει· ὥρισται γὰρ ἐν τούτῳ πάλιν ἡ ἐλάττων, ὡς ἔφαμεν, τῷ καταφατικὴν εἶναι.

Ἓξ δὲ ὄντων συλλογισμῶν ἐν τούτῳ τῷ σχήματι πρῶτος μὲν ἂν αὐτῶν εἴη τῇ τάξει ὁ ἐκ δύο καθόλου καταφατικῶν ἐπὶ μέρους καταφατικὸν συνάγων κατὰ ἀντιστροφὴν τῆς ἐλάττονος προτάσεως. δύναται δὲ καὶ τῆς μείζονος ἀντιστραφείσης γενέσθαι, ἀλλὰ δεήσει καὶ τὸ συμπέρασμα ἀντιστρέφειν· διὸ καὶ τοῦτόν τινες τὸν συλλογισμὸν προστιθέντες ὡς ἄλλον τοῦ πρὸ αὐτοῦ ἑπτά φασιν τοὺς ἐν τούτῳ τῷ σχήματι συλλογισμούς. πρώτη δὲ αὕτη ἡ συμπλοκὴ διὰ τὸ καὶ ἐκ καθόλου ἀμφοτέρων εἶναι καὶ καταφατικῶν. ἐπιζητήσαι δ' ἄν τις, τί δήποτε ἐν τῷ δευτέρῳ σχήματι δύο ἦσαν συμπλοκαὶ συλλογιστικαὶ ἔχουσαι τὴν μὲν ἑτέραν καθόλου ἀποφατικὴν τὴν δ' ἑτέραν καθόλου καταφατικὴν τῷ ποτὲ μὲν τὴν μείζονα ποτὲ δὲ τὴν

---

1 καθόλου καταφατικῆς a 2 ante ἢ add. οὔσης aM εἰ δ' . . . ἀποφατικῆς (4) om. a 3 συλλογιστικαὶ συζυγίαι M 4 ἀποφατικῆς ἢ καταφατικῆς M γίνεσθαι om. a 6 συμπλοκὴ συλλογιστικὴ aM 7 ante δευτέρῳ add. ἐν τῷ aM 11 συνάγεται a 13 post κοινὸν add. ὂν M 14 ἀπήτησε a 16 et 17 ἦν om. aM 16 δ' M 17 λέγω om. M 19 φυλάττει M γάρ om. a 20 ἐκείνης BM: ἐν ἐκείνῃ a 21 φυλάσσει M 22 συμπλοκαῖς a et in rasura M: συζυγίαις superscripto γρ. συμπλοκαῖς B 24 καταφατικὴ M: καταφατικῇ a 25 αὐτῶν ἂν M 27 κατ' M 30 post φασιν add. εἶναι aM τὰς a 31 καὶ (post εἶναι) om. aM 31. 32 καταφατικὸν B 32 ἐπιζητήσῃ aM post ἐν add. μὲν M 33 συλλογιστικαὶ συμπλοκαὶ M

ἐλάττονα οὖσαν καθόλου ἀποφατικὴν ἀντιστρέφεσθαι. ἐν δὲ τῷ τρίτῳ σχή- 30v
ματι οὐκέτι λέγονται δύο εἶναι συμπλοκαὶ συλλογιστικαὶ ἐκ δύο καθόλου καταφατικῶν, καίτοι καὶ ἐπὶ τούτων δυναμένης ποτὲ μὲν τῆς ἐλάττονος ποτὲ δὲ τῆς μείζονος ἀντιστρέφεσθαι. ἢ ὅτι ἐν μὲν τῷ δευτέρῳ σχήματι τῷ ἀνομοιοσχήμονας εἶναι τὰς προτάσεις ἐξ ἀνάγκης κατὰ τὴν ὑπαλλαγὴν τοῦ καθόλου ἀποφατικοῦ καὶ ἀντιστρέφουσα ἄλλη γίνεται, καὶ ποτὲ μὲν ἡ μείζων ποτὲ δὲ ἡ ἐλάττων. καὶ οὐκ ἐφ' ἡμῖν ἐστιν, ἣν θέλομεν, ἀντιστρέφειν. ἐπὶ δὲ τοῦ τρίτου σχήματος, ὅταν ὦσιν αἱ δύο καθόλου καταφατικαί, οὐχ ἡ τῶν προτάσεων θέσις αἰτία τοῦ ἄλλοτε ἄλλην αὐτῶν ἀντιστρέφειν· ὁμοία γὰρ ἐκείνη τε καὶ ἡ αὐτή [θέσις]· ἀλλ' ἐφ' ἡμῖν γίνεται τοῦτο, οὐ παρὰ τῆς συζυγίας ἧκον. διὸ ὁμοίως ἑκατέρας ἀντιστρέφεσθαι δυναμένης τῷ τὴν αὐτὴν θέσιν εἶναι τῶν προτάσεων, ἧς ἀντιστρεφομένης ἡ δεῖξις ἀπεριεργοτέρα, κατὰ ταύτην ὥρισται τὸ τῆς συζυγίας συλλογιστικόν. ἔτι αἱ τῶν συλλογισμῶν διαφοραὶ καθ' ἕκαστον σχῆμα παρὰ τὰς τῶν συζυγιῶν διαφορὰς γίνονται, οὐ παρὰ τὰς τῶν δείξεων. δείκνυται γοῦν ἡ αὐτὴ συμπλοκὴ συλλογιστικὴ οὖσα καὶ δι' ἀντιστροφῆς καὶ διὰ τῆς εἰς ἀδύνατον ἀπαγωγῆς, ἀλλὰ καὶ τῇ ἐκθέσει· ἀλλ' οὐ | 31r διὰ τοῦτο πλείους οἱ συλλογισμοὶ διὰ τὸ μίαν εἶναι τήν, ἐφ' ᾗ αἱ διαφέρουσαι δείξεις, συζυγίαν. ὥστε, εἰ μία συζυγία ἡ ἐκ δύο καθόλου καταφατικῶν ἐν τρίτῳ σχήματι, εἷς καὶ συλλογισμός, εἰ καὶ αἱ δείξεις διάφοροι τῷ ἄλλοτε ἄλλην τῶν προτάσεων ἀντιστρέφεσθαι δύνασθαι.

Μετὰ δὲ τοῦτον ὁ ἐκ καθόλου ἀποφατικῆς τῆς μείζονος καὶ καθόλου καταφατικῆς τῆς ἐλάττονος ἐπὶ μέρους ἀποφατικὸν συνάγων· καὶ γὰρ οὗτος ἀμφοτέρας μὲν ἔχει τὰς προτάσεις καθόλου, ἀλλ' οὐκ ἀμφοτέρας καταφατικάς. καὶ οὗτος δὲ δείκνυται συνάγων κατ' ἀντιστροφὴν τῆς ἐλάττονος. τρίτος ὁ ἐκ καθόλου καταφατικῆς τῆς μείζονος καὶ ἐπὶ μέρους καταφατικῆς τῆς ἐλάττονος ἐπὶ μέρους καταφατικὸν συνάγων, καὶ οὗτος κατ' ἀντιστροφὴν τῆς ἐλάττονος. πρῶτος ὢν τῇ τάξει τοῦ μετ' αὐτὸν διὰ ὁμοίων τούτων προτάσεων τὸ ἐπὶ μέρους καταφατικὸν συνάγοντος, ὅτι οὗτος μὲν διὰ μιᾶς ἀντιστροφῆς δείκνυται συνάγων τὸ προκείμενον, ὁ δὲ μετ' αὐτὸν ὁ ἐξ ἐπὶ μέρους καταφατικῆς τῆς μείζονος καὶ καθόλου καταφατικῆς τῆς ἐλάττονος διὰ δύο ἀντιστροφῶν δείκνυται συνάγων τὸ προκείμενον· κατὰ γὰρ τὴν ἀντιστροφὴν τῆς τε μείζονος οὔσης ἐπὶ μέρους καταφατικῆς καὶ τοῦ συμπεράσματος. πέμπτος δ' ἂν εἴη ὁ ἐκ καθόλου ἀποφατικῆς τῆς μείζονος

1 οὖσαν aM: οὐκ ἂν B 2 ante ἐκ add. καὶ M 2. 3 καταφατικῶν καθόλου a 5 τῷ aB: τὸ M 6 καὶ (ante ἀντιστρέφουσα) om. a ἀντιστρέφουσα scripsi: ἀντιστρεφούσας libri ἄλλον a 7 δ' M ἣν B 8 αἱ δύο ὦσι a καθόλου om. a 10 τε om. M θέσις delevi 12 τῶν προτάσεων εἶναι M 13 ἀπεριττοτέρα a: ἀπεριεργοτέρα BM 14 παρὰ corr. ex περὶ (π̀) B[1], item vs. sq. 15 οὖν aM 16 καὶ (ante δι') om. a δι' aB: διὰ τῆς M 17. 18 πλείους οἱ συλλογισμοὶ] είους οἱ συ evan. B 18 ἧς M 19 καταφατικῶν καθόλου M 20 post καὶ prius add. ὁ M εἰ καὶ B: ἂν (ἂν om. a) εἴη. κἂν aM 22 τοῦτο M 27 οὗτος om. M ἐπὶ μέρους . . . τῆς ἐλάττονος (28) bis a 28 δι' M τούτων] fort. τούτῳ 30 ὁ δὲ scripsi: ὅδε libri 33 τε om. M

καὶ ἐπὶ μέρους καταφατικῆς τῆς ἐλάττονος ἐπὶ μέρους ἀποφατικὸν συνάγων 31r δι' ἀντιστροφῆς τῆς ἐλάττονος. μετ' ἐκείνους ὢν τὸ ἀποφατικὸν συνάγων, ἔχων καὶ αὐτὸς τὴν ἑτέραν ἐπὶ μέρους πρότασιν. ἕκτου δ' ἂν ἔχοι τάξιν ὁ ⟨ἐξ⟩ ἐπὶ μέρους ἀποφατικῆς τῆς μείζονος καὶ καθόλου καταφατικῆς τῆς ἐλάττονος ἐπὶ μέρους ἀποφατικὸν συνάγων οὐκέτι δεικνύμενος δι' ἀντιστροφῆς· ἀλλὰ καὶ οὗτος διὰ τῆς εἰς ἀδύνατον ἀπαγωγῆς, ὡς καὶ ὁ τέταρτος ἐν τῷ δευτέρῳ σχήματι ὁ ἔχων καθόλου καταφατικὴν τὴν μείζονα καὶ ἐπὶ μέρους ἀποφατικὴν τὴν ἐλάττονα· διὸ ὥσπερ ἐκεῖνος ἔσχατος ἐν τῷ δευτέρῳ σχήματι, οὕτω δὴ καὶ οὗτος ἐν τῷ τρίτῳ. ἡ μὲν οὖν τάξις αὕτη ἂν εἴη τῶν ἐν τούτῳ τῷ σχήματι συλλογισμῶν. οὐ μὴν ταύτῃ τῇ τάξει καὶ Ἀριστοτέλης ἐπ' αὐτῶν κέχρηται τὴν παράδοσιν αὐτῶν ποιούμενος, ἀλλὰ ἐνήλλαχεν αὐτήν.

Εἰκότως δὲ ἐπὶ μὲν τοῦ δευτέρου σχήματος οἱ δι' ἀντιστροφῆς δεικνύμενοι συλλογισμοὶ τῆς μείζονος προτάσεως ἀντιστρεφομένης δείκνυνται· καὶ γὰρ ὁ δεύτερος ὁ τὴν μείζονα ἔχων καθόλου καταφατικὴν τὴν δὲ ἐλάττονα καθόλου ἀποφατικὴν κατ' ἀντιστροφὴν γινόμενος τῆς ἀποφατικῆς, ὅσον ἐπὶ τῇ δείξει, τὴν ἐλάττονα κειμένην μείζονα ποιεῖ· διὸ χρείαν ἔχομεν τοῦ καὶ τὸ συμπέρασμα ἐπ' αὐτοῦ ἀντιστρέψαι, ἵνα σχῶμεν τὸν κείμενον ἐν ταῖς προτάσεσι μείζονα τοῦτον ἐν τῷ συμπεράσματι κατηγορούμενον. ἐν δὲ τῷ τρίτῳ σχήματι ἡ ἐλάττων ἐστὶν ἡ ἀντιστρεφομένη· καὶ γὰρ καὶ ἐν τούτῳ ἐν τῇ συζυγίᾳ τῇ ἐξ ἐπὶ μέρους καταφατικῆς τῆς μείζονος καὶ καθόλου καταφατικῆς τῆς ἐλάττονος ἀντιστρέφεται μὲν ἡ μείζων κειμένη ἐπὶ μέρους καταφατική, ἀλλ', ὅσον ἐπὶ τῷ συλλογισμῷ, ἐλάττων γίνεται. διὸ πάλιν καὶ ἐπὶ ταύτης τῆς συζυγίας ἐδεήθημεν ἀντιστρέψαι καὶ τὸ συμπέρασμα ὑπὲρ τοῦ τηρῆσαι τὸν κείμενον μείζονα κατηγορούμενον ἐν τῷ συμπεράσματι· ὅσον γὰρ ἐπὶ τῷ συλλογισμῷ τῷ δι' ἀντιστροφῆς, ἐλάττων ἐγένετο. εἰκότως δ' ἦν τοῦτο, ὡς ἔφην· ἀφ' ἧς γὰρ προτάσεως ἑκατέρῳ τῶν σχημάτων ἀντιστραφείσης ἐκ τοῦ πρώτου σχήματος ἡ γένεσις, ταύτης ἀντιστρεφομένης πάλιν καὶ ἡ ἀνάλυσις καὶ ἡ ἀναγωγὴ αὐτῶν εἰς τὸ πρῶτον γίνεται σχῆμα, δι' ἧς ἀναλύσεως δείκνυνται τὸ συλλογιστικὸν ἔχοντες.

p. 28a 12 Μέσον δ' ἐν αὐτῷ λέγω, καθ' οὗ ἄμφω τὰ κατηγορούμενα.

Οὗτος ἂν εἴη λόγος τοῦ τρίτου σχήματος, ἐν ᾧ τὰ ἄκρα ἀμφότερα τοῦ μέσου κατηγορεῖται. |

1 καὶ . . . ἐλάττονος om. a ἐν μέρει M 2 τὸ B: τῷ aM συνάγων B et, ut videtur, M pr.: συνάγειν a, M corr. 3 πρότασιν ἐπὶ μέρους M ἕκτην B 4 ἐξ a: om. BM 4. 5 ἀποφατικὴν ἔχων τὴν μείζονα καὶ καθόλου καταφατικὴν τὴν ἐλάττονα καὶ M 7 τῷ om. a 9 δὴ aM: δὲ B 12 post ἀλλὰ add. καὶ aM ἐνήλλαξεν a 13 δ' M 14 δείκνυνται corr. ex δείκνυται B[1] 15 δ' M 17 ὅσον BM: ὃς a 18 προκείμενον a 21 τῇ (ante ἐξ) aM: τῆς B 25 μείζονα κείμενον aM 26 τῶν συλλογισμῶν τῶν M 27. 28 ἑκατέρῳ τῶν σχημάτων post σχήματος (28) transponit a 29 ἡ (ante ἀνάλυσις et ante ἀναγωγὴ) om. aM 30 σχῆμα γίνεται aM 31 καθ' corr., ut videtur, ex δι' B[1] 33 Οὗτος ἂν corr. ex ὅταν B[1]

p. 28a 13 Μεῖζον δὲ ἄκρον τὸ πορρώτερον τοῦ μέσου. 31v

Ὡς τῆς μείζονος προτάσεως ἐν πρώτῳ σχήματι ἀντιστραφείσης ἐγίνετο πρὸ τοῦ μείζονος ἄκρου ὁ μέσος τιθέμενος ἐν τῷ δευτέρῳ σχήματι, οὕτως πάλιν ἐν τῷ τρίτῳ σχήματι κατ' ἀντιστροφὴν τῆς ἐλάττονος ἐν πρώτῳ σχήματι προτάσεως τοῦ τρίτου σχήματος γεγονότος γίνεται ὁ μέσος μετὰ τὸν ἐλάττονα ἄκρον τὴν θέσιν ἔχων· τῇ γὰρ ἑκατέρας προτάσεως ἀντιστροφῇ ὁ μέσος τὴν θέσιν πλησίον πίπτει τοῦ ἄκρου, ᾧ συνέζευκται ἐν τῇ ἀντιστρεφομένῃ προτάσει. γινόμενος δὲ ἐν τῷ τρίτῳ σχήματι πλησίον τοῦ ἐλάττονος ἄκρου ὁ μέσος ἀμφοτέροις ὑποκείμενος γίνεται, τῷ μὲν ἐλάττονι διὰ τὴν ἀντιστροφὴν τῆς ἐλάττονος προτάσεως τῷ δὲ μείζονι, ὅτι καὶ ἔκειτο τὴν ἀρχὴν ἐν πρώτῳ σχήματι ὑποκείμενος τούτῳ. ὑποκείμενος δὲ ἀμφοτέροις εἰκότως τὴν ἐσχάτην ἔχει θέσιν.

p. 28a 16 Δυνατὸς δὲ ἔσται καὶ καθόλου καὶ μὴ καθόλου τῶν ὅρων ὄντων πρὸς τὸ μέσον.

Τὸ μὴ καθόλου οὐ τοῦ 'μηδετέρας οὔσης καθόλου' σημαντικόν ἐστιν (ἀδύνατον γάρ, ὡς εἰρήκαμεν ἤδη, ἐκ δύο ἐπὶ μέρους προτάσεων συλλογισμὸν γενέσθαι), ἀλλ' ὅτι 'μὴ ἀμφοτέρων καθόλου'.

p. 28a 18 Καθόλου μὲν οὖν ὄντων, ὅταν καὶ τὸ Π καὶ τὸ Ρ παντὶ τῷ Σ ὑπάρχῃ.

Ἐπὶ τούτου τοῦ σχήματος πάλιν χρῆται στοιχείοις τοῖς Π, Ρ, Σ, καὶ ἔστιν αὐτῷ τοῦ μὲν μείζονος ἄκρου σημαντικὸν τὸ Π τοῦ δὲ ἐλάττονος καὶ ὀφείλοντος ὑποκεῖσθαι ἐν τῷ γινομένῳ συμπεράσματι τὸ Ρ τοῦ δὲ μέσου τὸ Σ. πρώτην δὲ ἐκτίθεται τὴν ἐκ δύο καθόλου καταφατικῶν συζυγίαν, ἣν δείκνυσι συλλογιστικὴν διά τε τοῦ ἀντιστρέψαι τὴν ἐλάττονα πρότασιν τὴν Ρ Σ οὖσαν καθόλου καταφατικὴν καὶ λαβεῖν τὴν Ρ Σ ἐπὶ μέρους καταφατικὴν καὶ ἀναγαγεῖν οὕτως εἰς τὸν τρίτον συλλογισμὸν τὸν ἐν τῷ πρώτῳ σχήματι τὸν ἐκ καθόλου καταφατικῆς τῆς μείζονος καὶ ἐπὶ μέρους καταφατικῆς τῆς ἐλάττονος ἐπὶ μέρους καταφατικὸν συνάγοντα. ἔνεστι μέντοι, ὡς εἶπον, καὶ τὴν μείζονα ἀντιστρέψαντας τὸ αὐτὸ τοῦτο δεῖξαι συναγόμενον, ἂν καὶ τὸ συμπέρασμα ἀντιστρέψωμεν. εἰ γὰρ τὸ Π παντὶ τῷ Σ, καὶ

---

1 Μεῖζον . . . μέσου textus verba in M   πορρωτέρω aM (n)   2 ante πρώτῳ add. τῷ a   ἐγένετο M   3 τῷ om. M   οὕτω M   4. 5 προτάσεως ἐν πρώτῳ σχήματι a   6 ἑκατέρᾳ B   post ἀντιστροφῇ add. ἐλάττων a: evan. B (an om. in lac.?)   8 προτάσει om. M   14 τῷ μέσῳ a   16 εἰρήκαμεν] p. 68, 16 sq.   17 ἀλλ' ὅτι aB: ἀλλὰ M   ante ἀμφοτέρων add. ἐπ' M, ἐξ a   18 οὖν om. a   post ὄντων add. τῶν ὅρων a (n)   20 τοῦτο τῷ σχήματι M   ante στοιχείοις add. τοῖς M   21 αὐτὸ a   δ' M   24 τε om. aM   26. 27 τὸν ἐν τῷ πρώτῳ σχήματι B: τοῦ πρώτου σχήματος aM   29 εἶπον] p. 97, 22   30 καὶ (post $\overline{\sigma}$) om. aM

τὸ Σ τινὶ τῷ Π· κεῖται δὲ καὶ τὸ Ρ παντὶ τῷ Σ· γίνεται τὸ Ρ τινὶ 31v
τῷ Π. ἂν δὴ ἀντιστρέψωμεν καὶ τοῦτο, ἔσται καὶ τὸ Π τινὶ τῷ Ρ, ὃ ἔδει δεῖξαι. αὐτὸς δὲ οὐ παρέθετο τὴν δεῖξιν ταύτην, ὅτι χείρων τῆς προειρημένης δύο ἀντιστροφῶν δεομένη. δείκνυσι δὲ ἐπὶ μέρους καταφατικὸν συναγόμενον ἐν ταύτῃ τῇ συζυγίᾳ καὶ διὰ τῆς εἰς ἀδύνατον ἀπαγωγῆς. ὑποκείσθω γὰρ τὸ ἀντικείμενον τοῦ τὸ Π τινὶ τῷ Ρ ὑπάρχειν· ἔστι δὲ τοῦτο τὸ μηδενί· ἀλλὰ καὶ κεῖται ἐν τῇ συζυγίᾳ τὸ Ρ παντὶ τῷ Σ ὑπάρχειν· γίνεται συναγόμενον τὸ τὸ Π μηδενὶ τῷ Σ ἐν πρώτῳ σχήματι κατὰ τὸν δεύτερον συλλογισμὸν τὸν ἐκ καθόλου ἀποφατικῆς τῆς μείζονος καὶ καθόλου καταφατικῆς τῆς ἐλάττονος καθόλου ἀποφατικὸν συνάγοντα. ἀδύνατον δέ γε τὸ Π μηδενὶ ὑπάρχειν τῷ Σ· ἔκειτο γὰρ ἐν τῇ προτεθείσῃ συζυγίᾳ παντὶ αὐτῷ ὑπάρχειν. ψευδὴς ἄρα καὶ ἡ ὑπόθεσις, παρ' ἣν ἐγένετο τὸ τοῦ ἀδυνάτου συμπέρασμα. εἰ δὲ ψευδὴς ἡ ὑπόθεσις ἡ μηδενὶ τὸ Π τῷ Ρ τιθεῖσα, ἀληθὴς γίνεται ἡ ἀντικειμένη αὐτῇ ἀντιφατικῶς ἡ τὸ Π τινὶ τῷ Ρ τιθεῖσα.

Εἰπὼν δὲ περὶ τῆς εἰς ἀδύνατον ἀπαγωγῆς, ὅτι καὶ οὕτως δεῖξαι οἷόν τέ ἐστιν ἐπὶ μέρους καταφατικὸν γινόμενον τὸ συμπέρασμα τὸ μὲν παρατίθεσθαι αὐτὴν τὴν δεῖξιν τὴν δι' ἀδυνάτου ὡς γνώριμον παρέλιπεν· ἐποίησε γὰρ καὶ ἐπὶ τοῦ δευτέρου σχήματος. προσέθηκε δὲ καὶ τρίτην τινὰ δεῖξιν, ᾗ ἔνεστι καὶ αὐτῇ προσχρώμενον, ὅτι τὸ Π τινὶ τῷ Ρ ὑπάρχει, ἐν τῇ ἐκκειμένῃ συζυγίᾳ δεικνύναι συναγόμενον. | λέγει δὲ αὐτὴν τῷ ἐκθέσθαι 32r
καὶ ὑπογράφει καὶ δείκνυσι, τίς ὁ τῆς ἐκθέσεως τρόπος. ἐπεὶ γὰρ κεῖται καὶ τὸ Π καὶ τὸ Ρ παντὶ τῷ Σ ὑπάρχοντα, ἂν ἀντὶ τοῦ Σ λάβωμέν τι τῶν ὑπὸ τὸ Σ, τούτῳ ὑπάρχει δῆλον ὅτι καὶ τὸ Π καὶ τὸ Ρ, εἴ γε καὶ παντὶ τῷ ὑπὸ τὸ Σ. οὕτως δὲ δειχθήσεται καὶ τὸ Π τινὶ τῷ Ρ ὑπάρχον. καὶ λαμβάνει γε τὸ Ν· τούτου δ' οὕτως ἔχοντος καὶ τὸ Π, φησί, τινὶ τῷ Ρ ὑπάρξει. ἀλλὰ δοκεῖ γε οὕτως μηδὲν πλέον γεγονέναι πρὸς τὸ δειχθῆναι τὸ προκείμενον. τί γὰρ διαφέρει τῷ Σ ὑπάρχειν λαβεῖν παντί τό τε Π καὶ τὸ Ρ καὶ μέρει τινὶ τοῦ Σ τῷ Ν; τὸ γὰρ αὐτὸ καὶ ἐπὶ τοῦ Ν ληφθέντος μένει· ἡ γὰρ αὐτὴ συζυγία ἐστίν, ἄν τε κατὰ τοῦ Ν παντὸς ἐκείνων ἑκάτερον, ἄν τε κατὰ τοῦ Σ κατηγορῆται. ἢ οὐ τοιαύτη ἡ δεῖξις, ᾗ χρῆται· ὁ γὰρ δι' ἐκθέσεως τρόπος δι' αἰσθήσεως γίνεται. οὐ γὰρ ἵνα τοιοῦτόν τι τοῦ Σ λάβωμεν, καθ' οὗ ῥηθήσεται παντὸς καὶ τὸ Π καὶ τὸ Ρ, λέγει (οὐδὲν γὰρ πλέον, εἰ οὕτως ληφθείη), ἀλλ' ἵνα τι τῶν ὑπ'

---

1 post γίνεται add. καὶ M   1. 2 σ̄ τινὶ τῷ ρ̄ M   4 δεομένη a: δεομένην BM   ante ἐπὶ add. καὶ a   6 τοῦ BM: τῷ a   6. 7 ἔστι δὲ τοῦτο B: ὅ ἐστι aM   7 τῇ evan. B   10 συναγόμενον B pr.   12 καὶ om. aM   13. 14 τῷ π̄ τὸ ρ̄ a   14 τινὶ om. M   15 τιθεῖσα aB: τινι (νι superscr.) θεῖσα M   16 εἶπε a   16. 17 οἷόν τέ ἐστι δεῖξαι M   17 τὸ (ante συμπέρασμα) om. aM   συμπέρασμα ante γινόμενον transponit M   ante τὸ μὲν add. καὶ a   18 παραλέλοιπεν M   20 αὐτῷ B   ὑπάρχειν a   21 τὸ a   22 κεῖται post ρ̄ (23) transponit a   24 τούτῳ aM: τοῦτο ᾧ B   ὑπάρχειν M   25 ὑπὸ τὸ om. a   26 γε BM: μέρος a   27 ρ aB: ν̄ M   ὑπάρξαι aM   28 post διαφέρει add. τοῦ a   29 καὶ μέρει M: μέρει B: τὸ μέρος a   31 ἑκάτερον (ἑκατέρου a) ἐκείνων aM   34 οὐδὲν corr. ex οὐδὲ B[1]

αἴσθησιν πιπτόντων. ὃ φανερόν ἐστιν ὂν καὶ ἐν τῷ Π καὶ ἐν τῷ Ρ. οἷον 32r εἰ εἴη τὸ ζῷον κείμενον ἐπὶ τοῦ Π κατὰ παντὸς ἀνθρώπου, ὅ ἐστι τὸ Σ. εἴη δὲ καὶ τὸ λογικὸν κείμενον ἐπὶ τοῦ Ρ κατὰ παντὸς καὶ τοῦτο τοῦ ἀνθρώπου· ἂν δὴ αἰσθητόν τι τοῦ Σ, τοῦτ' ἔστι τινὰ ἄνθρωπον, λάβωμεν, οἷον Σωκράτη, τῷ φανερῶς καὶ αἰσθητῶς τοῦτον καὶ ζῷον εἶναι καὶ λογικὸν ἐναργὲς γίνεται, ὅτι καὶ τὸ Π, τοῦτ' ἔστι τὸ ζῷον, τινὶ τῷ Ρ, τοῦτ' ἔστι τῷ λογικῷ, κοινωνεῖ τε καὶ ὑπάρχει. ὅτι γὰρ αἰσθητὴ ἡ διὰ τῆς ἐκθέσεως δεῖξις, σημεῖον πρῶτον μὲν τὸ εἰ μὴ οὕτως λαμβάνοιτο, μηδεμίαν γίνεσθαι δεῖξιν· ἔπειτα δὲ καὶ τὸ αὐτὸν μηκέτι χρήσασθαι ἐπὶ τοῦ Ν, ὃ ἦν τι τοῦ Σ, τῷ ἐκκειμένῳ τῷ παντὶ αὐτῷ ὑπάρχειν τό τε Π καὶ τὸ Ρ ἀλλ' ἁπλῶς θεῖναι τὸ ὑπάρχειν· ἀλλὰ καὶ τὸ μηδετέραν ἀντιστρέψαι. κατὰ γὰρ αἰσθητοῦ καὶ ἑνὸς κατ' ἀριθμὸν οὐκέθ' ἁρμόζει τὸ κατὰ παντὸς οὐδὲ ὁ διορισμὸς ὅλως· ὁ γὰρ διορισμὸς τῶν προτάσεων ἐπὶ τῶν καθόλου χώραν ἔχει· τὰ δὲ ἄτομα οὐ καθόλου. ἰδία δὲ ἡ δι' ἐκθέσεως δεῖξις τοῦ τρίτου σχήματος, ἐπειδὴ ἐν τούτῳ διττὸν τὸ μέσον ἐστὶ ⟨καὶ⟩ ἀμφοτέροις τοῖς ἄκροις ἕν ἐστι τὸ ὑποκείμενον· δεῖ δὲ τὴν ἔκθεσιν ἐκ τοῦ μέσου τε καὶ ὑποκειμένου γίνεσθαι. τινὲς μὲν οὖν οἴονται ἕν τι λαβόντες αἰσθητόν τι ὂν κατὰ τοῦτο ἢ συνημμένα ἢ κεχωρισμένα ἔχειν ἀλλήλων τὰ κατηγορούμενα αὐτοῦ. εἰ δ' ἐκ πλειόνων ὑποκειμένων λαμβάνοιτο, οὐχ ἓν ἔσται τῷ ἄλλο ἐξ ἑκατέρου λαμβάνεσθαι, μάλιστα ἂν κατὰ μὲν τοῦ ἑτέρου καταφατικῶς κατηγορῆται τὸ κατηγορούμενον κατὰ δὲ τοῦ ἑτέρου ἀποφατικῶς. οὕτως δὲ οὐδεμία φανερὰ κοινωνία καὶ αἰσθητή. δειχθείη δ' ἂν ἔτι καὶ διὰ τὸ πάντα ἐπὶ μέρους ἐν τούτῳ συνάγεσθαι· ἱκανὸν γὰρ ἕν τι ληφθὲν καὶ αἰσθητὸν πρὸς τὸ τοιοῦτον συμπέρασμα. τοιαύτη ἄντικρυς καὶ ἡ δεῖξις αὐτῷ τοῦ τὴν καθόλου ἀποφατικὴν ὑπάρχουσαν ἀντιστρέφειν γέγονε καὶ οὐχ, ὥς τινες ἡγοῦνται, διὰ τῆς ἐπὶ μέρους καταφατικῆς.

p. 28a26 **Καὶ ἐὰν τὸ μὲν Ρ παντὶ τῷ Σ, τὸ δὲ Π μηδενί.**

Ἐπὶ δευτέραν συζυγίαν μετελήλυθε τὴν ἐκ καθόλου ἀποφατικῆς τῆς μείζονος καὶ καθόλου καταφατικῆς τῆς ἐλάττονος, καὶ δείκνυσι καὶ ταύτην συλλογιστικὴν διὰ τοῦ ἀντιστρέψαι τὴν ἐλάττονα τὴν Ρ Σ οὖσαν καθόλου καταφατικὴν καὶ λαβεῖν ἐπὶ μέρους καταφατικὴν τὴν Ρ Σ καὶ ἀναγαγεῖν εἰς τὸν ἐν πρώτῳ σχήματι τέταρτον συλλογισμόν, ὃς ἦν ἐκ καθόλου ἀποφατικῆς τῆς μείζονος καὶ ἐπὶ μέρους καταφατικῆς τῆς ἐλάττονος ἐπὶ μέρους ἀποφατικὸν συνάγων. δῆλον δ', ὅτι ἔνεστι καὶ διὰ τῆς εἰς ἀδύνατον απα-

2 τὸ ζῷον post π transponit a π evan. B 4 τὸ ς B 5 Σωκράτην aM 6 ἐναργὲς γίνεται om. B π B¹ corr. 7 αἰσθητικὴ aM 9 τὸ om. M αὐτὸν M: αὐτὸ B: αὐτῷ a τι om. M 10 τῷ ἐκκειμένῳ scripsi: τὸ ἐκκείμενον libri τῷ (ante παντὶ) M: τὸ aB 11 ὑπάρχον aM 12 post γὰρ add. τοῦ aM 14. 15 τῷ τρίτῳ σχήματι a 15 ἐπεὶ M: ἐπεὶ δ' a καὶ addidi 16 ante ἓν add. καὶ οὐχ M ἐκ om. aM 17 λαβόντας a τι om. M 18 τούτου a συνημμένου ἢ κεχωρισμένου a ante ἀλλήλων add. ἀπ' a 19 δὲ M τῷ ἄλλο B: ἀλλ' aM 20 post ἂν add. ὅταν M κατηγορεῖται a 21 ἡ δεῖξις] cf. p. 31 et 32 27 ἐὰν aB (Cn): ἂν Ar.

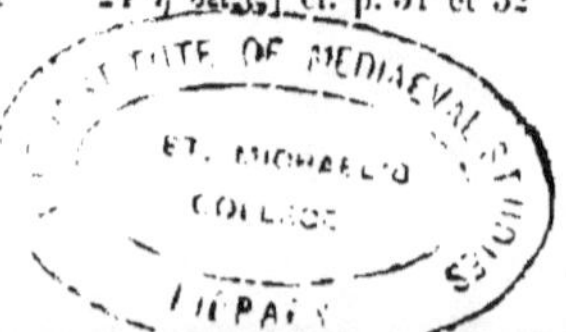

γωγῆς δεῖξαι καὶ τοῦτον, ὡς λέγει, καὶ σαφὲς τὸ συναγόμενον ἀδύνατον· 32r ἂν γὰρ ὑποτεθῇ τὸ Π παντὶ τῷ Ρ, ἐπεὶ τὸ Ρ ἔκειτο παντὶ τῷ Σ, συναχθήσεται τὸ Π παντὶ τῷ Σ, ᾧ ἔκειτο μηδενὶ ὑπάρχειν. ἀλλὰ καὶ τῷ ἐκθέσθαι ἔνεστι προσχρησαμένους ὁμοίως πάλιν δεῖξαι, | εἰ καὶ μὴ αὐτὸς 32v ἐμνημόνευσεν. ἂν γάρ τι τοῦ Σ αἰσθητὸν λάβωμεν, τῷ τοῦτο ἐναργῶς ἐν μὲν τῷ Ρ εἶναι καὶ μετέχειν αὐτοῦ τοῦ δὲ Π μὴ κοινωνεῖν φανερὸν ἔσται, ὅτι τὸ Π τινὶ τῷ Ρ οὐχ ὑπάρχει· τούτῳ γὰρ τῷ ἐκκειμένῳ καὶ εἰλημμένῳ οὐχ ὑπάρξει ὄντι τινὶ τοῦ Ρ.

p. 28a30 Ἐὰν δὲ τὸ μὲν Ρ μηδενὶ τῷ Σ, τὸ δὲ Π παντὶ τῷ Σ ὑπάρχῃ.

Ἐκθέμενος τὰς συλλογιστικὰς συζυγίας τὰς ἐκ καθόλου τῶν δύο προτάσεων οὔσας νῦν τῶν ἀσυλλογίστων ἐπ' αὐταῖς μνημονεύει. καὶ πρῶτον μὲν παρατίθεται τὴν ἔχουσαν τὴν ἐλάττονα καθόλου ἀποφατικὴν τὴν δὲ μείζονα καθόλου καταφατικήν, ἥν, ὅτι ἐστὶν ἀσυλλόγιστος, ἐλέγχει τῇ τῶν ὅρων παραθέσει, δεικνύς, ὅτι καὶ παντὶ καὶ μηδενὶ δύναται τὸ Π τῷ Ρ κειμένης ταύτης τῆς συζυγίας ὑπάρχειν. ζῷον γὰρ παντὶ ἀνθρώπῳ ὂν Π ὄντι τῷ Σ, ἵππος οὐδενὶ ἀνθρώπῳ ὢν Ρ, καὶ ζῷον παντὶ ἵππῳ, τοῦτ' ἔστι τὸ Π τῷ Ρ. πάλιν καὶ ζῷον παντὶ ἀνθρώπῳ, καὶ τὸ ἄψυχον ὂν Ρ οὐδενὶ ἀνθρώπῳ, καὶ τὸ ζῷον οὐδενὶ ἀψύχῳ, τοῦτ' ἔστι τὸ Π τῷ Ρ. αἴτιον δὲ τοῦ ἀσυλλόγιστον εἶναι τὴν συζυγίαν πάλιν τὸ αὐτό, ὃ καὶ ἐν τῷ πρώτῳ σχήματι ἦν τῆς μὲν μείζονος καθόλου καταφατικῆς οὔσης τῆς δ' ἐλάττονος καθόλου ἀποφατικῆς.

p. 28a33 Οὐδ' ὅταν ἄμφω κατὰ μηδενὸς τοῦ Σ λέγηται.

Δείκνυσι καὶ ταύτην τὴν συζυγίαν ἀσυλλόγιστον ἔχουσαν ἀμφοτέρας τὰς προτάσεις καθόλου ἀποφατικάς, ἥτις κατελείπετο ἐν ταῖς καθόλου τῶν προτάσεων συζυγίαις. οἱ δὲ ὅροι τοῦ μὲν τὸ Π παντὶ τῷ Ρ ὑπάρχειν ζῷον, ἵππος, ἄψυχον· οὐδενὶ γὰρ ἀψύχῳ ὄντι Σ οὔτε τὸ ζῷον οὔτε ὁ ἵππος, καὶ τὸ ζῷον παντὶ ἵππῳ, τοῦτ' ἔστι τὸ Π τῷ Ρ. τοῦ δὲ μηδενὶ ἄνθρωπος, ἵππος, ἄψυχον· πάλιν γὰρ τῷ ἀψύχῳ ὄντι Σ οὔτε ὁ ἄνθρωπος οὔτε ὁ ἵππος, ἀλλ' οὐδὲ ὁ ἄνθρωπος τῷ ἵππῳ.

---

1 καὶ (ante τοῦτον) om. a 2 ὑποτιθῇ B τῷ ρ̅ BM: τῷ σ̅ a 3 ἔκειτο. ἔκειτο a 4 post δεῖξαι add. καὶ τοῦτον aM μὴ καὶ a 5 τοῦτον M 7 ἐγκειμένῳ B pr. 8 ὑπάρχει B pr. 9 τῷ σ (post μηδενὶ) aB (i: τὸ σ C): om. Ar. τῷ σ̅ alterum om. a: post ὑπάρχῃ (10) transponit Ar. 12 ἐπ' aB: ἐν M 13. 14 τὴν δὲ μείζονα καθόλου καταφατικήν om. aM 16 π ὂν a ὄντι om. a 17 ὢν aM: ὂν B 18 πάλιν . . . τῷ ρ̅ (19) om. a ὂν om. M 19 ἔστι δ' (δὲ a) αἴτιον aM 21 μὲν om. a δ' M: δὲ a: om. B 24 τὴν om. B 27 σ̅ om. M τὸ om. a ὁ om. aM 28 δὲ om. M 29 σ om. M ὁ om. M 30 ὁ (post οὔτε) om. M

p. 28a36 Φανερὸν οὖν καὶ ἐν τούτῳ τῷ σχήματι. 32v

Ὑπομιμνήσκει ἡμᾶς τῶν εἰρημένων, ὅτι δύο μὲν ἔσονται συλλογιστικαὶ συζυγίαι ἐκ καθόλου προτάσεων ἐν τούτῳ τῷ σχήματι, καὶ τίνες, δύο δὲ ἀσυλλόγιστοι.

p. 28b5 Ἐὰν δ' ὁ μὲν ᾖ καθόλου πρὸς τὸ μέσον ὁ δ' ἐν μέρει.

Εἰπὼν περὶ τῶν συζυγιῶν τῶν ἐκ καθόλου προτάσεων ἐν τῷ τρίτῳ σχήματι μετελήλυθεν ἐπὶ τὰς τὴν ἑτέραν ἐχούσας καθόλου μόνην, καὶ δείκνυσι πάλιν καὶ ἐν ταῖς οὕτως ἐχούσαις συζυγίαις. τίνες μὲν αὐτῶν εἰσι συλλογιστικαί, τίνες δ' ἀσυλλόγιστοι. καὶ λέγει πρῶτον μέν, ὅτι, ἂν ἀμφότεραι ὦσι καταφατικαί, συλλογισμὸς ἔσται, ἂν ὁποτεραοῦν ᾖ καθόλου, ἄν τε ἡ μείζων ἄν τε ἡ ἐλάττων· ὥστε δύο συζυγίαι πάλιν αὗται συλλογιστικαὶ οὐσῶν ἀμφοτέρων μὲν καταφατικῶν τῆς ἑτέρας δὲ καθόλου. καὶ πρώτην μὲν ἐκτίθεται τὴν ἔχουσαν τὴν μὲν ἐλάττονα τὴν Ρ Σ καθόλου καταφατικὴν τὴν δὲ μείζονα τὴν Π Σ ἐπὶ μέρους καταφατικήν, ἣν ἡμεῖς συζυγίαν ἐτάξαμεν τετάρτην τῷ δεῖσθαι δύο ἀντιστροφῶν. ἀντιστραφείσης γὰρ τῆς ἐπὶ μέρους καταφατικῆς τῆς Π Σ, ἥτις ἦν ἡ μείζων, γίνεται τὸ Σ τῷ Π τινὶ ὑπάρχον· κεῖται δὲ καὶ τὸ Ρ παντὶ τῷ Σ· συνάγεται τὸ Ρ τινὶ τῷ Π κατὰ τὸν τρίτον τὸν ἐν πρώτῳ σχήματι. ἀλλ' ἐπεὶ κεῖται μείζων ὁ Π καὶ δεῖ αὐτὸν ἐν τῷ συμπεράσματι κατηγορεῖσθαι, ἀντιστραφήσεται καὶ τὸ συμπέρασμα· ἦν δὲ τὸ Ρ τινὶ τῷ Π συνηγμένον· καὶ τὸ Π ἄρα τινὶ τῷ Ρ ὑπάρξει. ἐδέησε δὴ καὶ τῆς τοῦ συμπεράσματος ἀντιστροφῆς, οὐ μόνον τῆς Π Σ προτάσεως, ὃ ἐδήλωσε καὶ αὐτὸς ἐπενεγκὼν μετὰ τὸ δεῖξαι συμπέρασμα γινόμενον διὰ τοῦ συλλογισμοῦ, ὅτι τὸ Ρ τινὶ τῷ Π, τὸ ὥστε καὶ τὸ Π τινὶ τῷ Ρ.

p. 28b12 Πάλιν εἰ τὸ μὲν Ρ τινὶ τῷ Σ, τὸ δὲ Π παντὶ ὑπάρχει τῷ Σ.

Ἀνάπαλιν νῦν ἔλαβε τὰς προτάσεις· ἀμφοτέρας μὲν γὰρ καταφατικὰς ἐτήρησεν, ἀλλὰ τὴν μείζονα καθόλου ἐποίησε· καὶ δείκνυσι καὶ ταύτην τὴν συζυγίαν συλλογιστικὴν οὖσαν ἀντιστρέψας τὴν ἐλάττονα πρότασιν οὖσαν ἐπὶ μέρους | καταφατικὴν καὶ ἀναγαγὼν τὴν συζυγίαν εἰς τὸν τρίτον ἀναπό- 33r
δεικτον ἐν πρώτῳ σχήματι τὸν ἐκ καθόλου καταφατικῆς τῆς μείζονος καὶ ἐπὶ μέρους καταφατικῆς τῆς ἐλάττονος. ταύτην ἡμεῖς τρίτην ἐτάξαμεν τὴν

---

5 τῷ μέσῳ a 9 δὲ M ὅτι om. a 10 ὁποτεραοῦν ᾖ κ.] ὧν ᾖ κ evan. M 11 ὡς a 12 μὲν ἀμφοτέρων μὲν B: μὲν ἀμφοτέρων a 16 ἡ om. M τινὶ τῷ π a ὑπάρχειν aM 17 καὶ om. aM post συνάγεται add. οὖν M 18 τὸν ἐν πρώτῳ σχήματι aB: τρόπον τοῦ πρώτου σχήματος M ἐπειδὴ a post μείζων add. ὅρος M 22 μετενεγκὼν M ante συμπέρασμα add. τὸ a 23 τὸ (ante ὥστε) om. a καὶ aB (C im, corr. B): om. Ar. 25 ὑπάρχειν B 26 τῷ σ om. Ar.

συζυγίαν, ὅτι διὰ μιᾶς ἀντιστροφῆς τὸ προκείμενον φανερὸν γίνεταί τε καὶ 33r δείκνυται, οὐ διὰ δύο ὡς ἐπὶ τῆς πρὸ αὐτῆς προκειμένης. ἐπεσημήνατο δὲ καὶ ἐπὶ ταύτης τῆς συζυγίας, ὅτι ἔνεστιν αὐτὴν δεῖξαι καὶ διὰ τῆς εἰς ἀδύνατον ἀπαγωγῆς, ἀλλὰ καὶ διὰ τῆς ἐκθέσεως. προσθεὶς δὲ τὸ καθάπερ ἐπὶ τῶν πρότερον ἐδήλωσεν, ὅτι οὐ μόνον ἡ δι' ἀδυνάτου δεῖξις κοινὴ πᾶσι τοῖς ἐν τούτῳ τῷ σχήματι συλλογισμοῖς ἀλλὰ καὶ ἡ διὰ τῆς ἐκθέσεως.

p. 28b 15 Ἐὰν δ' ὁ μὲν ᾖ κατηγορικὸς ὁ δὲ στερητικός.

Ἀπὸ τῶν ὁμοιοσχημόνων προτάσεων μεταβαίνει ἐπὶ τὰς ἀνομοιοσχήμονας προτάσεις καὶ τὰς ἐκ τούτων συζυγίας φυλάσσων πρῶτον τὸ τὴν ἑτέραν αὐτῶν τὴν καταφατικὴν εἶναι καθόλου, καὶ δείκνυσι, τίνες ἐν ταῖς τοιαύταις συμπλοκαῖς γίνονται συζυγίαι συλλογιστικαί. τῆς δὴ ἐλάττονος οὔσης καθόλου τε καὶ καταφατικῆς ἔσται μὲν ἡ μείζων δῆλον ὅτι ἐπὶ μέρους τε καὶ ἀποφατική, ἡ δὲ συζυγία συλλογιστική· εἰ γὰρ εἴη τὸ μὲν Ρ παντὶ τῷ Σ ὑπάρχον τὸ δὲ Π τινὶ τῷ Σ μὴ ὑπάρχον, συνάγεται τὸ Π τινὶ τῷ Ρ μὴ ὑπάρχειν. ἡ δὲ δεῖξις οὐκέτι δύναται γενέσθαι δι' ἀντιστροφῆς· οὔτε γὰρ ἡ ἐπὶ μέρους ἀποφατικὴ ἀντιστρέφει, ἄν τε τὴν καθόλου καταφατικὴν ἀντιστρέψωμεν, τὰς δύο ἐπὶ μέρους ποιήσομεν· ἐκ δὲ δύο ἐπὶ μέρους οὐδὲν ἀναγκαῖον ἐν οὐδενὶ σχήματι συνάγεται. διὰ δὲ τῆς εἰς ἀδύνατον ἀπαγωγῆς δείκνυσι γινόμενον ἐπὶ τῆς συζυγίας ταύτης τὸ συμπέρασμα ἐπὶ μέρους ἀποφατικόν. εἰ γὰρ τὸ Π τινὶ μὴ ὑπάρχειν τῷ Ρ μὴ συγχωροῖ τις κειμένων τῶν προτάσεων, ὡς εἰρήκαμεν, ὑποκείσθω τὸ ἀντικείμενον, καὶ παντὶ ὑπαρχέτω· ἀλλὰ κεῖται καὶ τὸ Ρ παντὶ ὑπάρχειν τῷ Σ· συναχθήσεται δὴ τὸ Π παντὶ τῷ Σ ὑπάρχειν, ὃ ἀδύνατον· ἔκειτο γὰρ τινὶ μὴ ὑπάρχειν αὐτῷ. λέγει δέ, ὅτι δείκνυται τὸ αὐτὸ τοῦτο συναγόμενον καὶ ἄνευ τῆς εἰς ἀδύνατον ἀπαγωγῆς, ἐάν, φησί, ληφθῇ τι τῶν Σ, ᾧ τὸ Π μὴ ὑπάρχει. λέγοι δ' ἂν πάλιν τὸν δι' ἐκθέσεως τρόπον. εἰκότως δὲ οὐχ, ᾧτινι ὑπάρχει τῶν Σ τὸ Ρ, ἔλαβεν, ἀλλ' ᾧτινι μὴ ὑπάρχει τὸ Π. ἐπεὶ γὰρ τὸ μὲν Ρ παντὶ τῷ Σ, τὸ δὲ Π τινὶ οὐχ ὑπάρχει, ᾧ μὲν μὴ ὑπάρχει τὸ Π τοῦ Σ, πάντως τούτῳ τὸ Ρ ὑπάρχει, ᾧ μέντοι τὸ Ρ ὑπάρχει τῶν Σ, οὐκέτι τούτῳ ἀνάγκη τὸ Π μὴ ὑπάρχειν· ἐνδέχεται γὰρ τοιοῦτον ληφθῆναι τοῦ Σ τι, ᾧ καὶ τὸ Π ὑπάρξει· οὐ γὰρ ἔκειτο αὐτῷ μηδενὶ ὑπάρχειν ἀλλὰ τινὶ μὴ ὑπάρχειν· τὸ δὲ τινὶ μὴ ὑπάρχον ἐνδέχεται

2 δεικνύεται M κειμένης aM ἐπεσημήναντο M 5 πρότερον B (u): προτέρων aM et Ar. (at cf. p. 28a 30) 10 τὸ B: τε aM 11 εἶναι B: τῆς aM 12 δὲ a: δ' M 14 τε καὶ om. M 15 ὑπάρχ (post σ̄ et post μὴ) M, item vs. 16 21 μὴ (post ρ) BM: οὐ a 22 συγχωρείη a: συγχωροῖτο omisso τις M 23 καὶ alterum om. a 24 δὴ corr. ex δὲ B[1] 26 ἂν a φησί om. aM τι om. M τοῦ σ a 27 ὑπάρχειν B λέγει aM 28 ὑπάρχει (ante τῶν) a: ὑπάρχειν B: ὑπάρχ M (etiam post μὴ et vs. sq.) τοῦ σ a 30 ὑπάρχῃ (post μὴ) B post τὸ π verba ἐπεὶ (29) . . . τὸ π repetit B 31 τοῦ σ̄ aM 33 ὑπάρχ (ante τὸ M) ὑπάρχειν (ante ἐνδ.) M

καὶ ὑπάρχειν τινί. εἰ δὲ ληφθείη τοῦτο τῶν Σ, ᾧ τὸ Π οὐχ ὑπάρχει, ὂν καὶ καθ' ἕκαστά τι, ἐπεὶ πάντως τοῦτο ἐν τῷ Ρ ἐστί (κατὰ παντὸς γὰρ ἦν τὸ Ρ τοῦ Σ), τὸ Π τινὶ τῷ Ρ οὐχ ὑπάρξει. δύναται δ' ἐπὶ τῆς συζυγίας ταύτης δεικνύναι, καὶ εἰ μὴ αἰσθητόν τι τοῦ Σ λαμβάνοιτο καὶ καθ' ἕκαστα ἀλλὰ τοιοῦτον, οὗ κατὰ μηδενὸς κατηγορηθήσεται τὸ Π· ἔσται γὰρ τὸ μὲν Π κατ' οὐδενὸς αὐτοῦ, τὸ δὲ Ρ κατὰ παντός· ἡ δ' οὕτως ἔχουσα συζυγία συλλογιστικῶς δέδεικται συνάγουσα τὸ τινὶ τῷ Ρ τὸ Π μὴ ὑπάρχειν. σημειωτέον δέ, ὅτι χρῆται τῷ δι' ἐκθέσεως τρόπῳ καὶ ἐπὶ τῶν ἀποφατικῶν. ταύτην ἡμεῖς τὴν συζυγίαν τελευταίαν τῶν συλλογιστικῶν ἐθήκαμεν, ἐπεὶ μὴ δι' ἀντιστροφῆς οἷόν τε δεῖξαι τὸ συναγόμενον δι' αὐτῆς.

p. 28b 22 Ὅταν δ' ὁ μείζων ᾖ κατηγορικός, οὐκ ἔσται συλλογισμός.

Λέγει μὲν ἔτι περὶ συζυγιῶν τῶν ἐξ ἀνομοιοσχημόνων προτάσεων τῆς καταφατικῆς τὸ καθόλου ἐχούσης. δείξας δέ, ὅτι, ἐὰν ᾖ τὸ καταφατικὸν καθόλου ὂν πρὸς τῇ ἐλάττονι προτάσει, γίνεται συλλογισμός, καὶ τοῦτο πιστωσάμενος διὰ τῆς εἰς ἀδύνατον ἀπαγωγῆς, νῦν λαβὼν ἀνάπαλιν τὸ καταφατικὸν καθόλου πρὸς τῇ μείζονι προτάσει τὸ δὲ ἐπὶ μέρους ἀποφατικὸν πρὸς τῇ ἐλάττονι δείκνυσι τὴν συζυγίαν τὴν τοιαύτην ἀσυλλόγιστον τῇ τῶν ὅρων παραθέσει ἐλέγχων αὐτῆς τὸ ἀδόκιμον, ὡς ἔθος αὐτῷ τὰς ἀδοκίμους ἐλέγχειν· τὸν γὰρ μείζονα ἄκρον τῷ ἐλάττονι καὶ παντὶ καὶ μηδενὶ ὑπάρχειν δυνάμενον δείκνυσι.

Τοῦ μὲν οὖν παντὶ τὸ Π τῷ Ρ ὑπάρχειν οὔσης τῆς συζυγίας τοιαύτης ὅρους δεικτικοὺς παρέθετο τὸ ἔμψυχον ἐπὶ τοῦ Π, ἄνθρωπον ἐπὶ τοῦ Ρ, ζῷον ἐπὶ τοῦ Σ· τὸ γὰρ ἔμψυχον παντὶ ζῴῳ, ὁ ἄνθρωπος τινὶ ζῴῳ οὐχ ὑπάρχει, καὶ τὸ ἔμψυχον παντὶ ἀνθρώπῳ. τοῦ δὲ μηδενὶ ὑπάρχειν τὸ Π τῷ Ρ οὔ φησιν οἷόν τε εἶναι ὅρους λαβεῖν, εἰ εἴη ⟨ἡ⟩ ἐπὶ μέρους ἀποφατικὴ ἡ λέγουσα τὸ Ρ τινὶ τῷ Σ μὴ ὑπάρχειν οὕτως εἰλημμένη ἀληθὴς ὡς καὶ τινὶ ὑπάρχοντος τοῦ Ρ τῷ Σ, ὥσπερ γε καὶ ἐφ' ὧν ἐξέθετο ὅρων ἔχει· ὁ γὰρ ἄνθρωπος τινὶ ζῴῳ οὐχ ὑπάρχων καὶ τινὶ αὐτῷ ὑπάρχει. ὅταν δὴ οὕτως ἀληθὴς ἡ ἐπὶ μέρους ἀποφατικὴ ὡς ἔχειν συναληθευομένην αὐτῇ τὴν ἐπὶ μέρους καταφατικήν, οὐκ ἔσται λαβεῖν ὅρους τοῦ μηδενί. τὸ δ' αἴτιον πάλιν, ὅτι κειμένης τῆς μείζονος καθόλου καταφατικῆς καὶ τῆς

---

1 post δὲ add. οὐ a τι τοιοῦτο τοῦ σ̄ a ὑπάρχ' M 2 τι om. a ἐν τῷ aB: ἓν τῶν M 3 δὲ M 5 ἔστι M 6 αὐτῷ M 7 τὸ (ante τινὶ) om. a 9 ταύτην . . . ἐθήκαμεν om. M τῶν συλλογιστικῶν B: τῷ συλλογισμῷ a 13 post περὶ add. τῶν M 14 ἂν aM 17 καθόλου καταφατικὸν a δ' M 18 τὴν τοιαύτην συζυγίαν a 20 τὸ γὰρ μεῖζον aM 22 τὸ ρ τῷ π̄ a 23 ἄνθρωπος B ἐπὶ δὲ τοῦ ρ ἄνθρωπον aM 24 post ζῷον add. δὲ a post παντὶ add. τῷ M 26 ante ὅρους add. τοὺς a ἡ a: om. BM 28 τοῦ ρ corr. ex τοῖς B post σ expunxit μὴ ὑπάρχειν B 29 δὴ aM, B pr.: δ' ᾖ B corr. 30 post οὕτως add. εἴη a αὐτῇ libri 31 ὅρους om. a μηδενός M

ἐλάττονος ἐπὶ μέρους καταφατικῆς συλλογιστικῶς συνάγεται τὸ Π τινὶ τῷ Ρ 33v ὑπάρχειν. γίνεται δὲ αὕτη ἡ συμπλοκὴ δυνάμει, ὅταν ἡ ἐπὶ μέρους ἀποφατικὴ καθ' αὑτήν καί, ὡς προειρήκαμεν, ἀληθὴς ληφθῇ. συλλογιστικῶς δὲ συναγομένου ἐν τῇ τοιαύτῃ θέσει τῶν προτάσεων τοῦ Π τινὶ τῷ Ρ ἀδύνατον ὅρων εὐπορῆσαι, δι' ὧν δείξομεν, ὅτι μηδενὶ τὸ Π τῷ Ρ· ἀναιροῖτο γὰρ ἂν οὕτως ἡ συλλογιστικὴ συζυγία· ὃ καὶ αὐτὸς δείκνυσι λέγων *εἰ γὰρ παντὶ τὸ Π τῷ Σ ὑπάρχει, τὸ δὲ Ρ τινὶ τῷ Σ, καὶ τὸ Π τινὶ τῷ Ρ ὑπάρξει.* ὃ δείξας ἐπιφέρει τὸ *ὑπέκειτο δὲ μηδενὶ ὑπάρχειν,* οὐ τοῦτο λέγων, ὅτι ἔκειτό που ἐν ταῖς προτάσεσι τὸ Π τῷ Ρ μηδενὶ ὑπάρχειν· ὃ γὰρ ἐβούλετο δεῖξαι, τοῦτ' ἦν, ὅτι μὴ δύνανται ὅροι ληφθῆναι τοῦ μηδενὶ τὸ Π τῷ Ρ· ἀλλ' ἔστιν, ὃ λέγει, τοιοῦτον· εἴ τις ὑπόθοιτο τὸ Π τῷ Ρ μηδενὶ ὑπάρχειν κειμένου τοῦ τὸ μὲν Π παντὶ τῷ Σ τὸ δὲ Ρ τινὶ τῷ Σ μὴ ὑπάρχειν ὡς καὶ τινὶ ὑπάρχειν, ἀδύνατον ὑπόθεσιν ὑποθήσεται· συλλογιστικῶς γὰρ τὸ Π τινὶ τῷ Ρ ὑπάρξει· οὕτως δ' ἔχοντος ἀδύνατον μηδενὶ ὑπάρχειν. ἔνεστι δὲ λαβόντας ὑπόθεσιν τὸ μηδενὶ τῷ Ρ τὸ Π ὑπάρχειν δεῖξαι αὐτὴν ἀδύνατον, ᾗ καὶ αὐτὸς εἴωθε δείξει χρῆσθαι. εἰ γὰρ εἴη τὸ Π τῷ Ρ μηδενί, τὸ Ρ τινὶ τῷ Σ ὑπάρχον διὰ τὸ οὕτως κεῖσθαι τὸ Ρ τινὶ τῷ Σ μὴ ὑπάρχειν ὡς καὶ τινὶ ὑπάρχειν, γίνεται τὸ Π τῷ Σ τινὶ μὴ ὑπάρχον συλλογιστικῶς, ὅπερ ἀδύνατον· ἔκειτο γὰρ ἐν τῇ συζυγίᾳ τὸ Π παντὶ τῷ Σ ὑπάρχον. οὕτως μὲν οὖν ληφθείσης τῆς ἐπὶ μέρους ἀποφατικῆς ἀληθοῦς οὔτε ὅρων ἔστιν εὐπορῆσαι τοῦ μηδενὶ τὸ Π τῷ Ρ ὑπάρχειν οὔτε ἐλέγξαι τὴν συζυγίαν ἀσυλλόγιστον οὖσαν. ἐπεὶ δὲ ἡ ἐπὶ μέρους ἀποφατικὴ οὐκ ἔστι τότε μόνον ἀληθής, ὅτε ἐστὶν ἡ ὑπεναντία αὐτῇ ἀληθής, ἀλλ' ἔστιν ἀληθής, καὶ ὅτε ἡ καθόλου ἀποφατικὴ ἀληθής ἐστιν (ἀδιόριστον γὰρ τῶν ἐπὶ μέρους προτάσεων τὸ ἀληθές, ὡς εἰρήκαμεν ἐν τοῖς ἔμπροσθεν), ὅταν οὕτως ᾖ ἀληθὴς ὡς οὔσης καὶ τῆς ὑπὲρ αὐτὴν τῆς καθόλου ἀληθοῦς, ἀσυλλόγιστος ἡ συζυγία γίνεται· γίνεται γὰρ ἐκ καθόλου καταφατικῆς τῆς μείζονος καὶ δυνάμει καθόλου ἀποφατικῆς τῆς ἐλάττονος, ἣν συζυγίαν ἔδειξεν οὖσαν ἀσυλλόγιστον τῇ τῶν ὅρων παραθέσει. δῆλον οὖν, ὡς καὶ αὕτη ἔσται ἀσυλλόγιστος τῷ ποτὲ συναληθεύεσθαι τὴν ἐπὶ μέρους ἀποφατικὴν τῇ καθόλου ἀποφατικῇ. ἂν γὰρ ὦσιν οἱ ὅροι ζῷον, ἄψυχον, ἄνθρωπος, ζῷον μὲν παντὶ ἀνθρώπῳ, ἄψυχον δὲ τινὶ ἀνθρώπῳ οὐχ ὑπάρξει, ἐπεὶ καὶ μηδενί, καὶ τὸ ζῷον οὐδενὶ ἀψύχῳ· ὥστε

1 συλλογιστικῆς M 2. 3 ἀποφατικὴ a: καταφατικὴ BM 3 ὡς προειρήκαμεν, καθ' αὑτὴν omisso καὶ a 4 post τοῦ add. τὸ a 5 ὅτι om. a τὸ π μηδενὶ a 8 δὲ om. M 12 τὸ (ante μὲν) om. a 13 τοῦ δὲ a 14 δ' M: om. aB 16 καὶ om. aM εἰώθει M 17 χρήσασθαι M τὸ ρ ... ὑπάρχον aB: τοῦ ρ ... ὑπάρχοντος M τῷ σ τινὶ aM 18 τὸ (ante οὕτως) ex τοῦτο corr. B[1] ὑπάρχον (post μὴ) M ὑπάρχον (post τινὶ) aM 19 ὑπάρχειν a 20 ὑπάρχειν aM 21 εὐπορεῖν M 22 τῷ ρ τὸ π M ἐλέγξαι scripsi: ἐλέγξει B: ἐλέγξειν aM 23 ὅτε B: ὅταν aM 24 ἀλλ' ἔστιν ἀληθὴς om. M 25 μέρους om. M 26 εἰρήκαμεν] p. 63, 24 sq., 66, 1 sq., 87, 9 sq. post ὅταν add. δ' M ἀληθὴς ᾖ M 28 καθόλου καταφατικῆς] όλου κατα evan. M δυνάμει] άμει evan. M 29 ἔδειξεν] p. 28a31 οὖσαν aB: εἶναι M 30 αὐτὴ aM ἔσται om. a 31 καθόλου ἀ.] όλου ἀ evan. M 33 ὑπάρχει a

οὕτως ἔστιν εὐπορήσαντας ὅρων καὶ τοῦ μηδενί, ὡς εὐπορήσαμεν καὶ τοῦ 33v παντί, τὴν συζυγίαν ἀσυλλόγιστον δεικνύναι.

p. 28b31 Ἐὰν δ' ὁ στερητικὸς ᾖ καθόλου τῶν ὅρων. 34r

Λέγει μὲν ἔτι περὶ τῶν ἀνομοιοσχημόνων προτάσεων καὶ συζυγιῶν τῶν τὴν ἑτέραν ἐχουσῶν καθόλου μόνην· εἰρηκὼς δὲ περὶ τῶν, ἐν αἷς ἦν καταφατικὸν τὸ καθόλου, νῦν λέγει περὶ τῶν τὸ ἀποφατικὸν ἐχουσῶν καθόλου καὶ δῆλον ὅτι τὸ ἐπὶ μέρους καταφατικόν. ἐν δὴ ταῖς τοιαύτας ἐχούσαις προτάσεις συζυγίαις λέγει, ὅτι, ἂν μὲν ἡ μείζων ᾖ καθόλου ἀποφατική, συλλογισμὸς ἔσται, οὐκέτι δὲ ἀνάπαλιν. ὅτι δὲ τῆς μείζονος οὔσης καθόλου ἀποφατικῆς τῆς δὲ ἐλάττονος ἐπὶ μέρους καταφατικῆς γίνεται συλλογισμός, δείκνυσιν ἐκθέμενος ἐπὶ τῶν στοιχείων τὴν συζυγίαν. εἰ γὰρ εἴη τὸ Π μηδενὶ τῷ Σ, τὸ δὲ Ρ τινὶ τῷ Σ, τὸ Π τινὶ τῷ Ρ οὐχ ὑπάρξει· διὰ γὰρ τῆς ἐλάττονος προτάσεως ἀντιστραφείσης τῆς Ρ Σ γίνεται τὸ πρῶτον σχῆμα καὶ ὁ τέταρτος ἐν αὐτῷ συλλογισμὸς ἐκ καθόλου ἀποφατικῆς τῆς μείζονος καὶ ἐπὶ μέρους καταφατικῆς τῆς ἐλάττονος ἐπὶ μέρους ἀποφατικὸν συνάγων. τοῦτον τὸν συλλογισμὸν ἔφαμεν ἡμεῖς πέμπτον εἶναι τῷ τοῦτον μὲν δείκνυσθαι δι' ἀντιστροφῆς, ὃν δ' αὐτὸς πέμπτον τέθεικε, μὴ δύνασθαι δειχθῆναι δι' ἀντιστροφῆς· κυριωτέρα γὰρ καὶ οἰκειοτέρα ἡ δι' ἀντιστροφῆς δεῖξις τῆς δι' ἀδυνάτου, ὡς αὐτὸς ἐρεῖ. ὅτι δὲ ἔνεστι καὶ τῇ εἰς ἀδύνατον ἀπαγωγῇ καὶ τῷ τρόπῳ τῆς ἐκθέσεως καὶ ἐπὶ τούτου χρήσασθαι ὡς γνώριμον καὶ προειρημένον παρέλιπεν.

p. 28b36 Ὅταν δὲ ὁ ἐλάττων ᾖ στερητικός.

Μετέβη ἐπὶ τὴν συζυγίαν, ἐν ᾗ ἡ ἐλάττων πρότασίς ἐστι καθόλου ἀποφατική ἡ δὲ μείζων ἐπὶ μέρους καταφατική, καὶ δείκνυσιν ἀσυλλόγιστον αὐτὴν τῇ τῶν ὅρων παραθέσει. τοῦ μὲν γὰρ παντὶ ὑπάρχειν ὅρους παρατίθεται ζῷον, ἄνθρωπον, ἄγριον· τὸ μὲν γὰρ ζῷον, ὅ ἐστι τὸ Π, τινὶ ἀγρίῳ ὑπάρχει, ὅ ἐστι τὸ Σ, ὁ δὲ ἄνθρωπος, ὅ ἐστι τὸ Ρ, οὐδενὶ ἀγρίῳ, καὶ τὸ ζῷον παντὶ ἀνθρώπῳ· τοῦ δὲ μηδενὶ ζῷον, ἐπιστήμην, ἄγριον· πάλιν γὰρ τὸ μὲν ζῷον τινὶ ἀγρίῳ, ἡ δ' ἐπιστήμη κειμένη ἐπὶ τοῦ Ρ οὐδενὶ ἀγρίῳ, καὶ τὸ ζῷον οὐδεμιᾷ ἐπιστήμῃ. αἰτία δὲ ἡ ἐλάττων οὖσα ἀποφατική.

---

1 εὐπορήσαντας] ας corr. B[1]   τοῦ μηδενὶ om. M   3 δ' ὁ στερητικὸς B et Ar.: δὴ στερητικὴ a   6 ante καθόλου add. μὴ M   λέγει νῦν aM   τὸ (post τῶν) om. a: ante καθόλου (7) transponit M   7 καταφατικὸν ἐπὶ μέρους a   10 δ' M   11 ἐπὶ τῶν στοιχείων M: ἐπὶ τῶν συζυγιῶν B: om. a   τὰς συζυγίας M   13 post ἀντιστραφείσης add. γὰρ M   14 αὐτῷ a: αὐτῇ BM   15 post ἐλάττονος add. τὸ M   16 τοιοῦτον M   17 ὃν . . . ἀντιστροφῆς (18) om. aM   18 καὶ om. M   19 ἐρεῖ] Anal. post. I 26   26 ἄνθρωπος M   27 τῷ $\overline{σ}$ aM   δὲ om. M   28 ἐπιστήμη a   29 δὲ M   30 τὸ om. aM

p. 28b38 Οὐδ' ὅταν ἀμφότεροι στερητικοὶ τεθῶσιν. 34r

Λαμβάνει ἀμφοτέρας ἀποφατικὰς οὔσης τῆς ἑτέρας καθόλου, καὶ δείκνυσιν ἀσυλλογίστους τὰς ἐκ τοιούτων προτάσεων συζυγίας, πρὸς ὁποτέραν ἂν ᾖ τὸ καθόλου. ἐὰν μὲν οὖν ᾖ ἡ ἐλάττων καθόλου ἀποφατική, ὅρους παρατίθεται τοῦ μὲν παντὶ ζῷον, ἄνθρωπον, ἄγριον· ζῷον γὰρ τινὶ ἀγρίῳ οὐχ ὑπάρχει, ἄνθρωπος οὐδενὶ ἀγρίῳ, ζῷον παντὶ ἀνθρώπῳ· τοῦ δὲ μηδενὶ ζῷον, ἐπιστήμην, ἄγριον· τὸ μὲν γὰρ ζῷον τινὶ οὐχ ὑπάρχει ἀγρίῳ, ἡ δ' ἐπιστήμη οὐδενὶ ἀγρίῳ, καὶ ζῷον οὐδεμιᾷ ἐπιστήμῃ.

p. 29a2 Ὅταν δ' ὁ μείζων.

Πειρᾶται ἐλέγξαι ἀσυλλόγιστον οὖσαν συζυγίαν, καὶ ἐν ᾗ ἡ μὲν μείζων καθόλου ἐστὶν ἀποφατικὴ ἡ δ' ἐλάττων ἐπὶ μέρους ἀποφατική. τοῦ μὲν οὖν μηδενὶ ὑπάρχειν τὸ Π τῷ Ρ ὅρους παρατίθεται κόρακα, χιόνα, λευκόν· ὁ γὰρ κόραξ οὐδενὶ λευκῷ, χιὼν τινὶ λευκῷ οὐχ ὑπάρχει, κόραξ οὐδεμιᾷ χιόνι. τοῦ δὲ παντὶ ὑπάρχειν τὸ Π τῷ Ρ πάλιν οὔ φησι δύνασθαι ὅρους ληφθῆναι, ὅτε τὸ Ρ τῷ Σ τινὶ οὐχ ὑπάρχει ὡς καὶ τινὶ ὑπάρχειν, ὡς εἶχεν, ἐφ' ὧν παρέθετο ὅρων, χιόνος καὶ λευκοῦ. τὸ δ' αἴτιον, ὅτι γίνεται πάλιν συλλογιστικὴ συζυγία ἡ ἔχουσα τὴν μὲν μείζονα καθόλου ἀποφατικὴν τὴν δὲ ἐλάττονα ἐπὶ μέρους καταφατικὴν συνάγουσα ἐπὶ μέρους ἀποφατικόν, ὡς ἐδείξαμεν, οὗ τὸ ἀντικείμενον ἀδύνατον γίνεται. ἂν δὴ τοῦ Ρ τῷ Σ τινὶ μὴ ὑπάρχοντος οὕτως ὡς καὶ τινὶ ὑπάρχειν ὑποθώμεθα τὸ Π παντὶ τῷ Ρ ὑπάρχειν, ἀδύνατος ἡμῶν ἡ ὑπόθεσις ἔσται· ἀναιρεθήσεται γὰρ συλλογιστικῶς | δειχθέντος τοῦ ὅτι τὸ Π τινὶ τῷ Ρ οὐχ ὑπάρχει. ἀλλ' ἐπεὶ 34v ἀδιόριστον τὸ τῶν ἐπὶ μέρους ἀληθές, ἂν λάβωμεν τὴν ἐπὶ μέρους ἀποφατικὴν ἀληθῆ τῷ εἶναι τὴν καθόλου ἀποφατικὴν ἀληθῆ, εὐπορήσομεν ὅρων τότε καὶ τοῦ παντὶ καὶ ἀσυλλόγιστον δείξομεν τὴν συζυγίαν· γίνεται γὰρ δυνάμει ἡ αὐτὴ ἡ ἐκ δύο καθόλου ἀποφατικῶν. ὅτι δὲ μὴ οἷόν τ' εὐπορῆσαι τοῦ παντὶ τὸ Π τῷ Ρ ὅρων τῆς Ρ Σ προτάσεως ἐπὶ μέρους ἀποφατικῆς οὔσης ἀληθοῦς καθ' αὑτήν, διὰ τῆς εἰς ἀδύνατον ἀπαγωγῆς ἔδειξεν. εἰ γὰρ εἴη ὑποκείμενον τὸ Π τῷ Ρ παντὶ ὑπάρχειν, εἴη δὲ καὶ τὸ Ρ τινὶ τῷ Σ ὑπάρχον, ἔσται καὶ τὸ Π τινὶ τῶν Σ ὑπάρχον συλλογιστικῶς, ὅ ἐστιν ἀδύνατον· ὑπόκειται γὰρ μηδενὶ ὑπάρχειν τὸ Π τῷ Σ.

4 ᾖ (ante ἡ) BM: εἴη a 7 ἐπιστήμη aM δὲ M 10 οὖσαν συζυγίαν om. aM μὲν om. M 12 οὖν om. aM 14 δύνασθαι om. a 15 ὑπάρχει (post τινὶ) M 17 μὲν bis B: om. M 18 δ' M συνάγουσαν B 19 ὥσπερ ἐδείξαμεν M: om. a γίνεται aM: δύναται B δὴ aM: δ' ᾖ B τὸ $\overline{\rho}$ a 20 ὑπάρχοντος BM: ὑπάρχειν a ὑπάρχει M 22 οὐχ om. M 24 ἀποφατικὴν ἀληθῆ (post καθόλου) a: ἀληθῆ ἀποφατικὴν BM 25 παντὸς a 26 ἡ (ante αὐτή) om. a ἡ (post αὐτή) B: om. aM: fort. τῇ ὅτι aB: ὅταν M 27 εὐπορεῖν M τοῦ τοῦ a 28 καθ' αὑτὴν ἀληθοῦς a 29 ὑπάρ M (χ' suprascr.) 30 τῶν σ B corr.: τῷ $\overline{\sigma}$ aM et, ut videtur, B pr. 31 τῷ $\overline{\sigma}$ B corr.

p. 29a6 Οὐδ' ἂν ἑκάτερος τινὶ τῷ μέσῳ ὑπάρχῃ.

Δείκνυσι καὶ τὰς ἐκ δύο ἐπὶ μέρους συζυγίας ἀσυλλογίστους πάσας, ἄν τε ἀμφότεραι καταφατικαὶ ληφθῶσιν, ἄν τε ἀμφότεραι ἀποφατικαί, ἄν τε καὶ ἀνομοιοσχήμονες, ἄν τε καὶ ἀδιόριστοι ἀμφότεραι ἢ ἡ ἑτέρα τῆς ἑτέρας κειμένης ἐπὶ μέρους. πάσας δὲ τὰς τοιαύτας συμπλοκὰς ἀσυλλογίστους οὔσας ἐλέγχει διὰ τῶν αὐτῶν ὅρων παραθέμενος καὶ δείξας, ὅτι μηδενὶ καὶ παντὶ τὸ Π τῷ Ρ ὑπάρξει τοιούτων ληφθεισῶν συζυγιῶν. τοῦ μὲν γὰρ παντὶ ὑπάρχειν ζῷον, ἄνθρωπος, λευκόν· τὸ γὰρ ζῷον καὶ ὁ ἄνθρωπος καὶ τινὶ λευκῷ ἑκάτερον αὐτῶν ὑπάρχειν ληφθῆναι δύναται καὶ τινὶ μὴ ὑπάρχειν. καὶ τὸ μὲν τινὶ ὑπάρχειν τὸ δὲ μὴ ὑπάρχειν τινί. ἀλλὰ καὶ ἀδιορίστως. καὶ τὸ ζῷον παντὶ ἀνθρώπῳ ὑπάρχει, ὅπως ἂν ληφθῶσιν αἱ προτάσεις. τοῦ ⟨δὲ⟩ μηδενὶ ὑπάρχειν ζῷον, ἄψυχον, λευκόν· πάλιν γὰρ τὸ ζῷον καὶ τὸ ἄψυχον καὶ τινὶ λευκῷ ἑκάτερον αὐτῶν ληφθῆναι δύναται καὶ τινὶ μὴ καὶ παραλλὰξ καὶ ἀδιορίστως, καὶ πασῶν τῶν συμπλοκῶν ἀληθῶν οὐσῶν τὸ ζῷον οὐδενὶ ἀψύχῳ.

p. 29a11 Φανερὸν οὖν καὶ ἐν τούτῳ τῷ σχήματι, πότε ἔσται καὶ πότε οὐκ ἔσται συλλογισμός.

Πόσαι καὶ τίνες αἱ συλλογιστικαὶ συζυγίαι καὶ διὰ τί, ἔδειξε καὶ ἐν τούτῳ τῷ σχήματι, ὥσπερ οὖν καὶ ἐν τοῖς πρὸ τούτου· ἀλλὰ καὶ τίνες αἱ ἀσυλλόγιστοι συμπλοκαί, καὶ τοῦτο δέδειχεν.

p. 29a13 Ἄν τε ᾖ συλλογισμός, ἀνάγκη τοὺς ὅρους οὕτως ἔχειν.

Δεῖ καὶ ἐνταῦθα προσυπακούειν τὸ 'ἐν τούτῳ τῷ σχήματι'. τὸ μὲν γὰρ πρῶτον εἰρημένον ἁπλῶς ἀληθὲς τὸ ὅτι ἐχόντων τῶν ὅρων, ὡς ἐλέχθη, γίνεται συλλογισμός. τὸ δὲ ἐάν τε ᾖ συλλογισμός, ἀνάγκη τοὺς ὅρους οὕτως ἔχειν οὐκέθ' ἁπλῶς ἀληθές, ἀλλὰ ἂν ἐν τούτῳ τῷ σχήματι συλλογισμὸς ᾖ, ἐπεὶ τό γε ἐπὶ μέρους καταφατικὸν καὶ τὸ ἐπὶ μέρους ἀποφατικὸν ἔστι συλλογίσασθαι καὶ μὴ οὕτως ληφθέντων τῶν ὅρων. τὸ μὲν γὰρ ἐπὶ μέρους καταφατικὸν καὶ διὰ πρώτου σχήματος ἔνεστι δεῖξαι, ἐν ᾧ ἄλλως ἔχουσιν οἱ ὅροι, τὸ δὲ ἐπὶ μέρους ἀποφατικὸν καὶ ἐν πρώτῳ καὶ ἐν δευτέρῳ. φανερὰ δὲ καί, ἃ προστίθησι, τό τε ὅτι ἀτελεῖς πάντες καὶ οἱ ἐν τούτῳ τῷ σχήματι συλλογισμοί, ὥσπερ καὶ οἱ ἐν τῷ δευτέρῳ, καὶ ὅτι οὐδὲν καθόλου συνάγεται ἐν τῷ τρίτῳ σχήματι.

6 ante μηδενὶ add. καὶ a 8 ὑπάρ^χ M 9 καὶ (ante τινὶ prius) om. M ὑπάρχον M 10 ὑπάρχον (ante καὶ) M ὑπάρ^χ (post τινὶ et post μὴ) M μὴ post τινὶ prius transponit a τινί alterum om. aM 12 δὲ a: om. BM 14 καὶ (ante παραλλὰξ) om. M 16 καὶ ἐν . . . συλλογισμός (17) om. a 19 αἱ om. aM 23 τὸ om. aM ante τῶν add. τε Ar. (sed om. d) 24 ἂν M et Ar. (sed ἐάν C) 26 συλλογισμὸς om. a 28 ante πρώτου add. τοῦ aM 31 ὥσπερ οὖν aM 32 τῷ om. a

p. 29a19 Δῆλον δὲ καὶ ὅτι ἐν ἅπασι τοῖς σχήμασιν, ὅταν μὴ γίνηται [34v] συλλογισμός, κατηγορικῶν μὲν ἢ στερητικῶν ἀμφοτέρων τῶν ὅρων ὄντων οὐδὲν ὅλως γίνεται ἀναγκαῖον.

Ἐκθέμενος πάσας τὰς συζυγίας τὰς ἐν τοῖς τρισὶ γινομένας σχήμασι καὶ δείξας καθ' ἕκαστον σχῆμα τάς τε συλλογιστικὰς συμπλοκὰς καὶ τὰς ἀσυλλογίστους λέγει περὶ τῶν ἀσυλλογίστων καὶ τοιοῦτόν τι ἐν αὐταῖς ἱστορεῖ ὑπάρχειν· ὅσαι μὲν καθ' ἕκαστον σχῆμα ὁμοιοσχήμονες οὖσαι συζυγίαι ἦσαν ἀσυλλόγιστοι, αὗται πρὸς τῷ τὸ προκείμενον δεικνύναι οὐδ' ἄλλο τι δεικνύουσιν οὐδὲ συνάγουσιν. ὅσαι δὲ ἀνομοιοσχήμονες οὖσαι ἀσυλλόγιστοί εἰσι καθ' ἕκαστον σχῆμα ἔχουσαι τὸ ἀποφατικὸν καθόλου, πρὸς [35r] μὲν τὴν τοῦ προκειμένου δεῖξίν εἰσιν ἀσυλλόγιστοι, ἄλλο μέντοι τι ἐξ αὐτῶν ἔστι συλλογίσασθαι καὶ δεῖξαι. εἰσὶ δὲ ὁμοιοσχήμονες ἐν μὲν πρώτῳ σχήματι καταφατικαὶ ἀμφότεραι ἐπὶ μέρους, καθόλου ἀποφατικαὶ καὶ ἐπὶ μέρους καὶ ἐναλλάξ. ἐν δὲ τῷ δευτέρῳ καταφατικαί τε πᾶσαι καὶ ἀποφατικαὶ πᾶσαι, ἐν δὲ τῷ τρίτῳ καταφατικαὶ μὲν αἱ ἐπὶ μέρους, ἀποφατικαὶ δὲ πᾶσαι. αἱ μὲν οὖν τοιαῦται συμπλοκαὶ τῶν προτάσεων οὐδενός εἰσιν ὅλως δεικτικαὶ συλλογιστικῶς. ἀνομοιοσχήμονες δὲ καὶ κατὰ τὸ ποιὸν διαφέρουσαι ἔχουσαι τὸ καθόλου ἀποφατικὸν ἦσαν ἀσυλλόγιστοι ἐν μὲν πρώτῳ σχήματι ἥ τε ἐκ καθόλου καταφατικῆς τῆς μείζονος καὶ καθόλου ἀποφατικῆς τῆς ἐλάττονος ⟨καὶ ἡ ἐξ ἐπὶ μέρους καταφατικῆς τῆς μείζονος καὶ καθόλου ἀποφατικῆς τῆς ἐλάττονος⟩, ἐν δὲ τῷ δευτέρῳ ἡ τὴν μὲν μείζονα ἔχουσα ἐπὶ μέρους καταφατικὴν τὴν δὲ ἐλάττονα καθόλου ἀποφατικήν. ἐν δὲ τῷ τρίτῳ αἱ τὴν μὲν μείζονα ἢ καθόλου ἢ κατὰ μέρος καταφατικὴν ἔχουσαι τὴν δὲ ἐλάττονα καθόλου ἀποφατικήν.

Αὗται δὴ αἱ συζυγίαι, ὅτι μὲν τὸ προκείμενον οὐ συλλογίζονται, ἠλέγχθησαν· ἄλλο μέντοι τι ἐξ αὐτῶν ἔστι συλλογίσασθαι ἀντιστρέφοντα ἢ τὰς δύο προτάσεις καὶ ἐναλλάσσοντα τοὺς ὅρους, ὡς ἐν πρώτῳ σχήματι, ἢ τὴν ἑτέραν μόνην, ὡς ἐν τοῖς ⟨λοιποῖς⟩ δύο σχήμασιν, ὡς γίνεσθαι τὸν ἐλάττονα τῶν ἄκρων μείζονα καὶ κατηγορούμενον ἐν τῷ συμπεράσματι. εἰλήφθω γὰρ πρῶτον ἐν πρώτῳ σχήματι ἀσυλλόγιστος οὖσα συζυγία ἡ ἔχουσα τὸ μὲν Α παντὶ τῷ Β τὸ δὲ Β οὐδενὶ τῷ Γ· ἐν γὰρ ταύτῃ τοῦ μὲν Α πρὸς τὸ Γ οὐδεμία συναγωγὴ γίνεται, διὸ καὶ ἀσυλλόγιστος ἡ συζυγία ἄχρηστος οὖσα πρὸς τὸ προκείμενον· συνάγεται μέντοι τι συλλογιστικῶς ἀπὸ τοῦ ἐλάττονος

2 γίνεται a κατηγορικῶν ... ἀναγκαῖον (3) om. a 4 τοῖς om. aM 7 ὑπάρχειν ἱστορεῖ aM 11 ὑποκειμένου B μέντοι BM: μέν a 12 μὲν ante ἐν transponit a: om. M 13 ἀποφατικαὶ καθόλου aM 14 καταφατικαί τε om. a τε πᾶσαι om. M 16 οὖν om. a 18 post διαφέρουσαι add. αἱ M μὲν om. M 20 καὶ ἡ ... ἐλάττονος (21) a: om. BM 21 μὲν om. aM 22 δ' M 23 μὲν om. M ἢ καθόλου ἢ om. M 24 δ' M 25 αἱ M: om. aB τὸ μὲν aM 26 ἐλέγχθησαν a αὐτῶν] αὐτ periit in B ἔστι periit in B συλλογίσθαι M ἀντιστρέφοντας a 27 ἐναλλάσσοντας a ὡς om. M 28 λοιποῖς addidi γενέσθαι M 30 ante συζυγία add. ἡ a: ?M, in quo α et ς evanuerunt μὲν om. aM 31 δὲ M: om. aB γὰρ om. M 33 μέντοι] μέν evan. M τι om. aM

ὅρου πρὸς τὸν μείζονα· ἀντιστραφεισῶν γὰρ ἀμφοτέρων τῶν προτάσεων 35r γίνεται τὸ Γ τῷ Β οὐδενί, τὸ Β τῷ Α τινί, ἐπεὶ ἡ καθόλου καταφατικὴ πρὸς τὴν ἐπὶ μέρους ἀντιστρέφει· ἐξ ὧν συνάγεται τὸ Γ τινὶ τῷ Α μὴ ὑπάρχον τὴν μὲν μείζονα χώραν τοῦ Γ λαβόντος ἐν τῷ συμπεράσματι τὴν δὲ ἐλάττονα τοῦ Α ἀνάπαλιν ἢ ἔκειτο. οὐκέτι γὰρ ἀντιστρέφει ἡ ἐπὶ μέρους ἀποφατική, ἵνα ἀντιστρέψαντες τὸ συμπέρασμα ἔχωμεν, ὃ προεθέμεθα· ἐπεὶ ἦν μὲν ἂν τὸ προκείμενον συνάγουσα ἡ συμπλοκή, οὐκ ἀναποδείκτως δέ. ἐκ μὲν οὖν τῆς συζυγίας ταύτης τοῦτό τε τὸ δεικνύμενον καὶ οὕτως δείκνυται. καὶ ἡ ἑτέρα δὲ ἡ τὴν μὲν μείζονα ἐπὶ μέρους ἔχουσα καταφατικὴν τὴν δὲ ἐλάττονα καθόλου ἀποφατικὴν κατὰ ἀντιστροφὴν ἀμφοτέρων τῶν προτάσεων δείκνυσι καὶ αὐτὴ τὸ Γ τινὶ τῷ Α μὴ ὑπάρχον ἀνάπαλιν ἢ ἦσαν οἱ ὅροι κείμενοι ληφθέντων αὐτῶν. οὗτοί εἰσιν οἱ δύο συλλογισμοὶ τελευταῖοι τῶν πέντε, οὓς Θεόφραστος προστιθεὶς τοῖς ἐν πρώτῳ σχήματι κειμένοις τέσσαρσιν ἐννέα λέγει γίνεσθαι συλλογισμοὺς ἐν πρώτῳ σχήματι, ὄντες τελευταῖοι. διότι οὐδ' ὅλως οὗτοι τὸ προκείμενον δεικνύουσιν, ὡς οἱ πρὸ τούτων τρεῖς ἀντιστρεφομένου τοῦ συμπεράσματος. τῶν δὲ καταλειπομένων τριῶν τῶν κατ' ἀντιστροφὴν τῶν συμπερασμάτων γινομένων, τοῦ τε πρώτου καὶ τοῦ δευτέρου καὶ τοῦ τρίτου τῶν ἐν πρώτῳ σχήματι, μνημονεύει καὶ αὐτῶν Ἀριστοτέλης ἀρχόμενος τοῦ δευτέρου τῶν Προτέρων ἀναλυτικῶν, ὡς φθάσαντές τε εἰρήκαμεν κἀκεῖ πάλιν ἐπισημανούμεθα, οἳ πρὸ τούτων τῶν δύο ἔχουσι τὴν τάξιν παρὰ Θεοφράστῳ. καὶ ἡ ἐν τῷ δευτέρῳ δὲ σχήματι ἀσυλλόγιστος συμπλοκὴ οὖσα ἐξ ἐπὶ μέρους καταφατικῆς τῆς μείζονος καὶ καθόλου ἀποφατικῆς τῆς ἐλάττονος πρὸς μὲν τὸ ἀπὸ τοῦ μείζονος πρὸς τὸν ἐλάττονα ὅρον δεῖξαί τι συναγόμενον ἀσυλλόγιστός ἐστιν, ἀπὸ δὲ τοῦ ἐλάττονος πρὸς τὸν μείζονα συνάγει ἀντιστραφείσης τῆς καθόλου ἀποφατικῆς τῆς ἐλάττονος καὶ τὴν μείζονα χώραν μεταλαβόντος τοῦ ἐλάττονος ὅρου. γίνεται γὰρ ὑπαλλαγείσης τῆς τάξεως καὶ ἀντιστραφείσης τῆς ἐλάττονος ἡ μὲν τέως | ἐλάττων οὖσα μείζων καὶ καθόλου ἀποφατική, 35v ἡ δὲ τέως μείζων ἐλάττων τε καὶ ἐπὶ μέρους καταφατική, οὖσα ἐν τῇ αὐτῇ τάξει· ἐξ ὧν συνάγεται ὁ τὴν ἀρχὴν ὑποτεθεὶς ἐλάττων τινὶ μὴ ὑπάρχων τῷ τὴν ἀρχὴν τεθέντι μείζονι. ἀλλὰ καὶ ⟨αἱ⟩ ἐν τῷ τρίτῳ σχήματι συζυγίαι δύο, ἥ τε ἐκ καθόλου καταφατικῆς τῆς μείζονος καὶ καθόλου ἀπο-

---

2 post τὸ alterum add. δὲ M 4 ὑπάρχειν a: ὑπάρχ' M 5 δ' M ἔκειντο a 8 δεικνύμενον B: προκείμενον aM 9 ἄλλο τι ante οὕτως addere voluit Prantl I p. 366, 46 δέδεικται a καὶ om. aM 10 δ' M ante κατὰ expunxit τὴν δὲ B

11 αὕτη B ὑπάρχειν a: ὑπάρχ' M 12 ἢ om. B ἦσαν corr. ex οὖσαν, ut videtur, B[1] 13 Θεόφραστος] cf. p. 69, 27 14 τέτταρσιν M γίνεσθαι aB: τίθεσθαι M 15 ὄντες aB: εἰσὶ δὲ M 16 τούτων BM: αὐτῶν a ἀντιστρεφόμενοι B 18 ante πρώτῳ add. τῷ M 19 αὐτὸς a δευτέρου τῶν προτέρων aB: προτέρου τῶν δευτέρων M 19. 20 δευτέρου τῶν Προτέρων ἀναλ.] c. 1 p. 53a 10—14 (cf. p. 70, 1 sq.) 21 Θεοφράστου a 22 οὖσα συμπλοκὴ aM 24 post μείζονος add. ὅρου a 29 post μείζων add. καὶ M 31 ὑπάρχειν a: ὑπάρχ' M τιθέντι M: ὑποτεθέντι a αἱ a: om. BM 32 καὶ ... ἐλάττονος (111, 1) om. M

φατικῆς τῆς ἐλάττονος καὶ ἡ ἐξ ἐπὶ μέρους μὲν καταφατικῆς τῆς μείζονος 35v καθόλου δὲ ἀποφατικῆς τῆς ἐλάττονος, πρὸς τὸ προκείμενον ἀσυλλόγιστοι οὖσαι ἀνάπαλιν καὶ αὐταὶ συλλογίζονται ἐπὶ μέρους ἀποφατικὸν ἀμφότεραι ἀπὸ τοῦ ἐλάττονος ὅρου πρὸς τὸν μείζονα κατ' ἀντιστροφὴν καὶ αὗται τῆς μείζονος προτάσεως τῆς καταφατικῆς. καὶ αὗται μὲν καὶ τοσαῦται αἱ τῶν ἀσυλλογίστων τοῦ προκειμένου συζυγιῶν συλλογιστικῶν δὲ ἄλλου τινὸς συμπλοκαί, πᾶσαι κατὰ τὸ πρῶτον σχῆμα, ὃ συνάγουσι, συνάγουσαι. αὐτὸς δὲ ἐπὶ μιᾶς δείξας συζυγίας τῶν ἐν πρώτῳ σχήματι, πῶς ἡ συναγωγὴ γίνεται καὶ τίνος, τὰς ἄλλας συζυγίας ὁμοίως τῇ ῥηθείσῃ γινομένας τινὸς συλλογιστικὰς παρείασε μόνον αὐτὸ τοῦτο δηλώσας, ὅτι ὁμοίως γίνονταί τε καὶ δείκνυνται ἐν πᾶσι τοῖς σχήμασιν· τοῦτο δέ, ἐπεὶ πᾶσαι τὸν τέταρτον ἀναπόδεικτον ποιοῦσιν.

Ἐπιζητήσαι δ' ἄν τις, διὰ τί τὸ ἀδιόριστον εἶπεν ἀντὶ τοῦ κατηγορικοῦ τοῦ ἐν μέρει, ἀλλ' 'οὐχὶ καὶ τοῦ ἀποφατικοῦ'. ἤτοι οὖν διὰ τούτου καὶ περὶ ἐκείνου ἂν λέγοι, ἢ ὅτι πλέον τι ἔχει ἐν ταῖς συλλογιστικαῖς συμπλοκαῖς τὸ ἐπὶ μέρους καταφατικὸν τοῦ ἐπὶ μέρους ἀποφατικοῦ. ἐν αἷς μὲν γάρ ἐστι συζυγίαις συλλογιστικαῖς οὔσαις ἐπὶ μέρους πρότασις καταφατική, ἐν ταύταις δεικτικῶς τὸ προκείμενον δείκνυται ἢ ἀναποδείκτως, ὡς ἐν πρώτῳ σχήματι, ἢ δι' ἀντιστροφῆς προτάσεως, ὡς ἐν δευτέρῳ τε καὶ τρίτῳ σχήματι· ἐν αἷς δὲ ἐπὶ μέρους ἀποφατική, αὗται διὰ τῆς εἰς ἀδύνατον ἀπαγωγῆς μόνης δεικνύουσι τὸ προκείμενον, ὡς ἔχει ἐπὶ τοῦ ἐν δευτέρῳ σχήματι τετάρτου συλλογισμοῦ καὶ ἐπὶ τοῦ ἕκτου τοῦ ἐν τρίτῳ· ἐν τούτοις γὰρ μόνοις ἡ ἐπὶ μέρους ἀποφατικὴ τῶν συλλογιστικῶν. ἴσως οὖν διὰ τοῦτο τῆς καταφατικῆς ἐμνημόνευσεν ὡς ἐχούσης τι πλέον· οὐδὲ γὰρ χρώμεθα ἐν ταῖς εἰς ἀδύνατον ἀπαγωγαῖς πρὸς τὸν γινόμενον τοῦ ψεύδους συλλογισμὸν τῇ ἐπὶ μέρους ἀποφατικῇ, ἀλλὰ πρὸς τὸν ἔλεγχον τοῦ ἀδύνατον εἶναι τὸ συμπέρασμα ἡ ταύτης χρεία.

p. 29a27 Δῆλον δὲ καὶ ὅτι τὸ ἀδιόριστον ἀντὶ τοῦ κατηγορικοῦ τοῦ ἐν μέρει τιθέμενον.

Εἴρηται ἡμῖν περὶ τῆς ἀδιορίστου προτάσεως, ὅτι ἴσον τῇ ἐπὶ μέρους δύναται· καὶ γὰρ εἰ ἐφαρμόζει ποτὲ καὶ τῇ καθόλου, ἀλλὰ ταύτῃ μὲν οὐκ ἔστιν ἴση· οὐ γὰρ εἰ ἡ ἀδιόριστος ἀληθής, πάντως καὶ ἡ καθόλου, ἡ δὲ ἐπὶ μέρους πάντως. ὥσπεροῦν καὶ ἐφ' ὧν πάλιν ἡ ἐπὶ μέρους ἀληθής.

---

3 αὐταὶ scripsi: αὗται aB ἀποφατικαὶ M 5 τῆς alterum om. a 6 συλλογιστικαὶ a δὲ ἄλλου τινὸς om. aM 7 πρῶτον B: προκείμενον aM 13 ἐπὶ ζητήσειε a 13. 14 κατ. τοῦ ἐν] γορικοῦ τοῦ ἐν evan. B 13 post κατηγορικοῦ add. καὶ M 14 καὶ (post οὐχὶ) om. M καὶ alterum evan. B 15 συμπλοκαῖς om. a 17. 18 ἐν ταύταις δεικτικῶς BM: δεικτικαῖς τοῦ ἐπὶ μέρους a 20 ἀποφατικαὶ M: ἀποφατικὸν a 21 μόνως a 22 καὶ om. a ante τρίτῳ add. τῷ aM 27 ἡ evan. B 28 καὶ om. a 30 εἴρηται] p. 49,15. 62,10 sq., 81,6 sq. 31 γὰρ om. M ἐφαρμόζοι a

καὶ ἡ ἀδιόριστος· ὥστε ὡς ἴσον τῇ ἐπὶ μέρους δυναμένη, ὅταν ληφθῇ, 35v τὸν αὐτὸν συλλογισμὸν ποιήσει, ὃν ἐποίει κἀκείνη τιθεμένη.

p. 29a30 Φανερὸν δὲ καὶ ὅτι πάντες οἱ ἀτελεῖς συλλογισμοὶ τελειοῦνται διὰ τοῦ πρώτου σχήματος.

Ὅτι καὶ οἱ ἐν τῷ δευτέρῳ σχήματι καὶ οἱ ἐν τῷ τρίτῳ συλλογισμοὶ πάντες ἀτελεῖς ὄντες διὰ τοῦ πρώτου τελειοῦνται σχήματος, δείξας ἐν τοῖς ἐπάνω νῦν ἡμᾶς ὑπομιμνήσκει αὐτοῦ· ἢ γὰρ δι' ἀντιστροφῆς ἐτελειοῦντο, οἱ μὲν ἐν τῷ δευτέρῳ τῆς μείζονος ἀντιστρεφομένης προτάσεως οἱ δ' ἐν τῷ τρίτῳ τῆς ἐλάττονος, ἢ διὰ τῆς εἰς ἀδύνατον ἀπαγωγῆς. ἀλλὰ καὶ οἱ δι' ἀντιστροφῆς προτάσεως τελειούμενοι εἰς τὸ πρῶτον ἀνήγοντο σχῆμα καὶ οἱ διὰ τῆς εἰς ἀδύνατον ἀπαγωγῆς ἐδείκνυντο συνάγοντες τὸ προκείμενον τοῦ τῇ ὑποτεθείσῃ προτάσει ἀκολουθοῦντος ἀδυνάτου ἐν τῷ πρώτῳ δεικνυμένου σχήματι. δεικτικῶς δὲ εἶπε δείκνυσθαι τοὺς δι' ἀντιστροφῆς, ὅτι προηγουμένως τοῦ κειμένου ἡ δεῖξις ἐν τούτοις γίνεται ἀντιστροφῆς γινομένης. τῷ δ' ὅτι διὰ τῆς ἀντιστροφῆς ἐπεραίνοντο πάντες δεῖ προσυπακούειν τὸ 'ὅσοι δεικτικῶς'· οὐ γὰρ | πάντες δι' ἀντιστροφῆς. οἱ δὲ δι' 36r ἀδυνάτου ὑπόθεσιν λαβόντες ἄλλου τινὸς συλλογισμὸν καὶ δεῖξιν ποιοῦνται, ἀλλ' οὐ τοῦ προκειμένου προηγουμένως. ἀλλὰ γίνεται τὸ προκείμενον ἐν αὐτοῖς δεικνύμενον κατὰ συμβεβηκός. ὅτι δὲ διὰ τοῦ πρώτου σχήματος καὶ ἡ εἰς ἀδύνατον ἀπαγωγὴ γίνεται, ἐπί τε τῶν ἐν δευτέρῳ σχήματι συλλογισμῶν καὶ ἐπὶ τῶν ἐν τρίτῳ ἔδειξεν, ἐπὶ μιᾶς συζυγίας τῶν ἐν τῷ τρίτῳ σχήματι τῆς δεικνυμένης καὶ δι' ἀντιστροφῆς· ἔστι δ' αὕτη ἡ ἐκ δύο καθόλου καταφατικῶν ἐπὶ μέρους καταφατικὸν συνάγουσα, ἣ δείκνυται μὲν οὖσα συλλογιστική, ὡς εἴπομεν, καὶ δι' ἀντιστροφῆς, οὐ μὴν ἀλλὰ καὶ διὰ τῆς εἰς ἀδύνατον ἀπαγωγῆς. κειμένου γὰρ τοῦ Α καὶ τοῦ Β παντὶ τῷ Γ, τὸ Α γίνεται τινὶ τῷ Β· εἰ γὰρ μή, ὑποκείσθω τὸ ἀντικείμενον· ἔστι δὲ τὸ Α οὐδενὶ τῷ Β· κεῖται δὲ καὶ τὸ Β παντὶ τῷ Γ· γέγονε συζυγία ἐν πρώτῳ σχήματι ἡ δευτέρα καθόλου ἀποφατικὸν συνάγουσα ⟨τὸ Α⟩ μηδενὶ τῷ Γ. ὃ ἐπεὶ ἀδύνατόν ἐστι (κεῖται γὰρ τὸ Α παντὶ τῷ Γ), ἀναιρεῖται μὲν ἡ ὑπόθεσις, ᾗ τοῦτο ἠκολούθησεν, ἡ θεῖσα τὸ Α μηδενὶ τῷ Β, κατασκευάζεται δὲ τὸ 'τινὶ ἄρα'. ὡς δὲ ἐπὶ τοῦ προκειμένου ἡ εἰς ἀδύνατον ἀπαγωγὴ διὰ τοῦ πρώτου γέγονε σχήματος, οὕτω καὶ ἐπὶ τῶν ἄλλων πάντων γίνεται τῶν τε ἐν τῷ δευτέρῳ καὶ τῶν ἐν τῷ τρίτῳ. ὅτι δὲ ἡ δι'

1 δυναμένῃ libri 3 ὅτι καὶ a (C) 5 ὅτι . . . σχήματος (6) om. a σχήματι post τρίτῳ transponit M 8 οἱ μὲν . . . οὐ γὰρ ἐξ ὁμοίων προτάσεών τε (p. 120,4) om. B, in quo folia quinque videntur deesse 10 post προτάσεως add. ἢ προτάσεων a 12 ἀδυνάτου om. a διὰ τοῦ πρώτου . . . σχήματος (13) a 15 δὲ aK δι' omisso τῆς a 16 post ὅσοι add. οὐ K οὐ aK: οἱ M 19 αὐτοῖς a: αὐταῖς KM 20 post ἐν add. τῷ K 21 ἐπὶ (post καὶ) om. M τῷ om. a 22 τῆς om. K αὐτὴ aK 27 ἔστω M 28 ἀποφατικὴ M τὸ α a: om. KM 32 οὕτως a 32. 33 ἁπάντων a 33 τῷ (ante δευτέρῳ) om. M τῷ alterum om. a

ἐκθέσεως δεῖξις ἦν αἰσθητικὴ καὶ οὐ συλλογιστική, δῆλον καὶ ἐκ τοῦ νῦν 36r αὐτὸν μηκέτι μνημονεύειν αὐτῆς ὡς διὰ συλλογισμοῦ τινος γινομένης.

p. 29b1 Ἔστι δὲ καὶ ἀνάγειν πάντας τοὺς συλλογισμοὺς εἰς τοὺς ἐν πρώτῳ σχήματι καθόλου συλλογισμούς.

Πρῶτον μὲν ἔδειξεν ἅπαντας τοὺς ἐν τῷ δευτέρῳ καὶ τρίτῳ σχήματι ἀναγομένους εἰς τὸ πρῶτον σχῆμα καὶ διὰ τούτου τελειουμένους· τέλειοι γὰρ οὕτω καὶ ἀναπόδεικτοι οὗτοι. νῦν δ' ἐπεὶ καὶ τῶν ἐν τῷ πρώτῳ σχήματι τελειότεροι οἱ δύο οἱ πρῶτοι ὄντες ἐκ δύο καθόλου προτάσεων, δείκνυσι πάντας τοὺς συλλογισμοὺς εἰς τούτους δυναμένους ἀνάγεσθαι. ἅμα μὲν γυμνάσιόν τι ἡμῖν ὑποτιθέμενος, ἅμα δὲ δεικνύς, ὅτι ἔνεστι τὴν πίστιν τοῦ εἶναι καὶ τοὺς ἄλλους συλλογισμοὺς ποιεῖσθαι ἀπὸ τῶν μάλιστά τε καὶ ὁμολογουμένων συζυγιῶν. εἰσὶ δὲ δύο μὲν ὑπολειπόμενοι τῶν ἐν τῷ πρώτῳ σχήματι οἱ τὴν ἐλάττονα ἐπὶ μέρους καταφατικὴν ἔχοντες, τέσσαρες δὲ οἱ ἐν δευτέρῳ σχήματι καὶ ἓξ οἱ ἐν τρίτῳ. τούσδε δὴ δώδεκα πάντας ἀνάγει εἰς τοὺς πρώτους τοὺς ἐν πρώτῳ σχήματι δύο.

Οἱ μὲν οὖν δύο πρῶτοι τῶν ἐν δευτέρῳ σχήματι φανερὰν τὴν ἀναγωγὴν ἔχουσιν· ἐδείκνυντο γὰρ ἀντιστρεφομένης ἐν αὐτοῖς τῆς καθόλου ἀποφατικῆς, ἧς ἀντιστραφείσης ἐγίνετο ὁ δεύτερος ἐν πρώτῳ σχήματι ὁ ἐκ καθόλου ἀποφατικῆς τῆς μείζονος καὶ καθόλου καταφατικῆς τῆς ἐλάττονος. οἱ δὲ δύο οἱ τὸ ἐπὶ μέρους ἀποφατικὸν συνάγοντες διὰ τῆς εἰς ἀδύνατον ἀπαγωγῆς ἀνάγονται εἰς ἐκείνους. ὁ μὲν ἐκ καθόλου ἀποφατικῆς τῆς μείζονος καὶ ἐπὶ μέρους καταφατικῆς τῆς ἐλάττονος ἐπὶ μέρους ἀποφατικὸν συνάγων ὑποθεμένων ἡμῶν τὸ ἀντικείμενον τοῦ συναγομένου ὄντος ἐπὶ μέρους ἀποφατικοῦ (ἔστι δὲ τὸ καθόλου καταφατικόν) καὶ προσλαβόντων τὴν μείζονα οὖσαν καθόλου ἀποφατικήν. οὕτως γὰρ γίνεται ἐν τῷ πρώτῳ σχήματι ἡ μὲν μείζων καθόλου ἀποφατικὴ ἡ δ' ἐλάττων καθόλου καταφατική, ἣν ὑπεθέμεθα, καὶ τὸ συμπέρασμα καθόλου ἀποφατικόν, ὅ ἐστιν ἀδύνατον· ὁ γὰρ μέσος, ὃς συνήχθη μηδενὶ τῷ ἐσχάτῳ, τινὶ αὐτῷ ὑπάρχει. καὶ ὁ μὲν τρίτος τῶν ἐν δευτέρῳ σχήματι οὕτως ἀνήχθη εἰς τὸν δεύτερον τὸν ἐν τῷ πρώτῳ· ὁ δὲ τέταρτος ὁ ἔχων τὴν μὲν μείζονα καθόλου καταφατικὴν τὴν δ' ἐλάττονα ἐπὶ μέρους ἀποφατικὴν εἰς τὸν πρῶτον ἀνάγεται τῶν ἐν τῷ πρώτῳ τὸν ἐκ δύο καθόλου καταφατικῶν, ὡς ἐδείχθη. εἰ γὰρ μὴ ἀληθὲς τὸ τινὶ μὴ ὑπάρχειν τὸν μείζονα τῷ ἐλάττονι, παντὶ κείσθω· κεῖται δὲ καὶ ὁ μέσος | παντὶ τῷ μείζονι· δύο δὴ καθόλου καταφατικαὶ ἐν πρώτῳ 36v σχήματι, καὶ συναχθήσεται ἐξ αὐτῶν τὸ τὸν μέσον παντὶ τῷ ἐλάττονι· ἀλλ' ἔκειτο τινὶ αὐτῷ μὴ ὑπάρχειν.

---

3 ἀναγαγεῖν Ar. 4 ἐν τῷ Ar. 7 δὲ aK τῶν evan. M τῷ om. aK 12 τῷ om. a 14 τοὺς δὲ KM: τοὺς a δώδεκα M: δεκαδύο aK 16 ἀγωγὴν K 26 δὲ aK 27 ὑποθέμεθα a καὶ om. M 28 ὃς om. a ὑπάρχων aK 29 τὸν (post δεύτερον) a et M corr.: τῶν K 30 τῷ om. a 31 δὲ aK 32 τὸν aM: τῶν K 34 καὶ om. a δὴ a: δὲ KM

Δείξας δὲ τοὺς ἐν τῷ δευτέρῳ πάντας ἀναγομένους εἰς τοὺς δύο τοὺς 36v ἐν τῷ πρώτῳ σχήματι τοὺς ἐκ δύο καθόλου προτάσεων μετὰ ταῦτα λέγει περὶ τῶν δύο τῶν ἐν τῷ πρώτῳ σχήματι τῶν ἐχόντων τὴν ἐλάττονα ἐπὶ μέρους καταφατικὴν τὴν δὲ μείζονα καθόλου ποτὲ μὲν καταφατικὴν ποτὲ δὲ ἀποφατικήν. φησὶ δὲ τούτους πρὸς μὲν τὸ δεικνύναι τὸ ἀναγκαῖον αὐτοῖς ἀρκεῖν καὶ μηδενὸς προσδεῖσθαι ὄντας τελείους, δύνασθαι μέντοι αὐτοὺς ἀνάγεσθαι εἰς τοὺς ἐκ δύο καθόλου ἐν πρώτῳ διὰ τῆς εἰς ἀδύνατον ἀπαγωγῆς ἀναχθέντας πρῶτον εἰς τοὺς ἐν τῷ δευτέρῳ δύο πρώτους. καὶ τὸν μὲν τρίτον ἐπὶ μέρους καταφατικὸν συνάγοντα ἀνάγει εἰς τὸν δεύτερον τῶν ἐν τῷ δευτέρῳ τὸν ἐκ καθόλου καταφατικῆς τῆς μείζονος καὶ καθόλου ἀποφατικῆς τῆς ἐλάττονος. κεῖται γὰρ τὸ Α παντὶ τῷ Β, τὸ Β τινὶ τῷ Γ· συμπέρασμα τὸ Α τινὶ τῷ Γ. εἰ γὰρ μὴ τοῦτο, τὸ ἀντικείμενον τὸ Α οὐδενὶ τῷ Γ· ὑπέκειτο δὲ καὶ τὸ Α τῷ Β παντί· αὕτη δέ ἐστιν ἡ συζυγία τοῦ δευτέρου ἐν τῷ δευτέρῳ σχήματι συλλογισμοῦ, ὃς κατ' ἀντιστροφὴν τῆς ἀποφατικῆς προτάσεως ἀνήγετο εἰς τὸν δεύτερον τῶν ἐν τῷ πρώτῳ. τούτου καὶ τὸ συμπέρασμα ἀντεστρέφετο. εἰ δὴ ὁ μὲν τρίτος ὁ ἐν πρώτῳ εἰς τὸν δεύτερον τῶν ἐν τῷ δευτέρῳ ἀνῆκται, ὁ ⟨δὲ⟩ δεύτερος τοῦ δευτέρου εἰς τὸν δεύτερον τοῦ πρώτου, καὶ ὁ τρίτος τοῦ πρώτου εἰς τὸν δεύτερον ⟨ἂν⟩ ἀνάγοιτο τοῦ πρώτου. τὸν δὲ τέταρτον τὸν ἔχοντα ἐπὶ μέρους ἀποφατικὸν τὸ συμπέρασμα ἀνάγει διὰ τῆς εἰς ἀδύνατον ἀπαγωγῆς εἰς τὸν πρῶτον τῶν ἐν δευτέρῳ τὸν ἔχοντα τὴν μείζονα καθόλου ἀποφατικήν. εἰ γὰρ μὴ ἀληθὲς τὸ Α τινὶ τῷ Γ μὴ ὑπάρχειν, παντὶ ὑπάρξει· κεῖται δὲ καὶ τῷ Β μηδενί· αὕτη δέ ἐστιν ἡ συζυγία τοῦ πρώτου τοῦ ἐν δευτέρῳ σχήματι συλλογισμοῦ, ὃς καὶ αὐτὸς δι' ἀντιστροφῆς τῆς καθόλου ἀποφατικῆς ἀνάγεται εἰς τὸν ἐν πρώτῳ δεύτερον. καὶ ὁ τέταρτος ἄρα ὁ ἐν πρώτῳ ἀναχθήσεται εἰς τὸν ἐν πρώτῳ δεύτερον. ἀναγαγὼν δὲ καὶ τοὺς ἐν τῷ πρώτῳ σχήματι τὸ ἐπὶ μέρους συνάγοντας δύο εἰς τοὺς δύο τούτου τοὺς τὸ καθόλου συνάγοντας διὰ τοῦ εἰς τοὺς ἐν τῷ δευτέρῳ δύο πρώτους ἀναγαγεῖν αὐτούς, οἳ ἀνήγοντο εἰς ἐκείνους, ἑξῆς πειρᾶται καὶ τοὺς ἐν τῷ τρίτῳ ἐξ ἀναγαγεῖν εἰς τοὺς αὐτοὺς δύο καὶ λέγει·

p. 29b19 Οἱ δ' ἐν τῷ τρίτῳ καθόλου μὲν ὄντων τῶν ὅρων εὐθὺς ἐπιτελοῦνται δι' ἐκείνων.

Ὃ δὲ λέγει, τοιοῦτον ἂν εἴη· ἐν τῷ τρίτῳ σχήματι οἱ δύο συλλογισμοὶ

1 ἀναγομένους post προτάσεων (2) transponunt aK 2 τῷ om. aK post καθόλου add. ἀποφατικῶν καὶ ἐκ δύο καθόλου καταφατικῶν M, καταφατικῶν K: om. a 6 αὐτοῖς libri 7 αὐτὰς K 10 τῶν KM: τὸν a 12 ante συμπέρασμα add. τὸ aK 13 τὸ a καὶ K δὲ (post αὕτη) KM: δὴ a ἐστιν om. a 14 κατὰ aK 15 τῷ om. a 17 τὸν ἐν K δὲ a: om. KM 19 ἂν addidi 21 ante δευτέρῳ add. τῷ a 23 τοῦ (superscr. K) ἐν ... συλλογισμοῦ (24) KM: τῶν ἐν ... συλλογισμῶν a 26 [ἀναχθή]σεται ... [πρώτῳ] ... [δὲ καὶ] ... πρώτῳ (27) in mg. K: litterae uncinis inclusae perierunt 27 post σχήματι add. καὶ K τὸ aK: τοὺς M τούτου τοὺς scripsi: τούτους KM: τοὺς a 28 διὰ τὸ a 29 post τρίτῳ add. σχήματι a 31 post μὲν add. οὖν K

οἱ πρῶτοι ἐκ δύο καθόλου προτάσεών εἰσιν, ὁ μὲν τῶν δύο καταφατικῶν ὁ δὲ τῆς μείζονος καθόλου ἀποφατικῆς. τούτους δὴ λέγει ἐξ εὐθείας εἰς ἐκείνους τε ἀνάγεσθαι καὶ δι' ἐκείνων ἐπιτελεῖσθαι, τοῦτο δέ, ἐπεὶ διὰ τῆς εἰς ἀδύνατον ἀπαγωγῆς ἑκάτερος αὐτῶν εἰς ἐκείνους εὐθὺς ἀνάγεται, ὁ μὲν ἐκ δύο καθόλου καταφατικῶν εἰς τὸν δεύτερον, ὁ δὲ ἐκ τῆς μείζονος καθόλου ἀποφατικῆς τῆς δ' ἐλάττονος καθόλου καταφατικῆς εἰς τὸν πρῶτον. τὸ γὰρ ἀντικείμενον τοῦ συναγομένου ἢ ἐπὶ μέρους καταφατικοῦ ἢ ἐπὶ μέρους ἀποφατικοῦ ὑποθέμενοι ἢ καθόλου ἀποφατικὸν ἢ καθόλου καταφατικὸν ἕξομεν καὶ τὴν προσλαμβανομένην πρότασιν καθόλου τε καὶ καταφατικήν (ἦσαν γὰρ ἀμφότεραι καθόλου). καὶ γίνεται ὁ συλλογισμὸς ἐν πρώτῳ σχήματι ἐκ δύο καθόλου προτάσεων· ἀλλ' ἢ καταφατικὴ ἢ ἀποφατικὴ καθόλου ἡ συναγωγή. οὐ γὰρ δὴ δι' ἀντιστροφῆς λέγοι ἄν· ἡ γὰρ ἀντιστροφὴ τὴν ἑτέραν ἐπὶ μέρους ποιεῖ. ἀλλ' οὐδὲ τὸ ἀμφοτέρας ἔχειν καθόλου τὰς προτάσεις αὔταρκες πρὸς τὴν εἰς ἐκείνους ἀναγωγήν· δεῖ γὰρ δι' ἀντιστροφῆς· ταύτης δὲ γινομένης οὐκέτι μένουσι | καθόλου. ἐπὶ γοῦν τῶν ἐν δευτέρῳ σχήματι ἐκ δύο καθόλου τῇ ἀντιστροφῇ χρησάμενος διὰ ταύτης τὴν ἀναγωγὴν ἔδειξεν αὐτῶν τὴν εἰς ἐκείνους γινομένην. οὐκέτι δὲ δοκοῦσιν οἱ λοιποὶ τρεῖς, οἵ τε δύο οἱ ἐκ τῆς μείζονος καθόλου ἢ καταφατικῆς ἢ ἀποφατικῆς καὶ ⟨τῆς⟩ ἐλάττονος ἐπὶ μέρους καταφατικῆς καὶ ὁ ἐξ ἐπὶ μέρους καταφατικῆς τῆς μείζονος καὶ καθόλου καταφατικῆς τῆς ἐλάττονος, διὰ τῆς εἰς ἀδύνατον ἀπαγωγῆς ἐκ δύο καθόλου γίνεσθαι· ἡ μὲν γὰρ ὑποτιθεμένη ἐν αὐτοῖς καθόλου πάντως ἐστίν, ἐπεὶ ἀντικειμένη λαμβάνεται τῷ συμπεράσματι ἐπὶ μέρους ὄντι, ἡ δὲ προσλαμβανομένη ἐπὶ μέρους. ἢ τοῦτο ἐπὶ δύο μόνων γίνεται, ἐν οἷς ἐστιν ἡ ἐλάττων ἐπὶ μέρους καταφατική· αὕτη γάρ ἐστιν ἡ τῷ ὑποτεθέντι καθόλου ὄντι προσλαμβανομένη, ἥτις προσληφθεῖσα ποιεῖ μὲν τὸ πρῶτον σχῆμα, ἀλλ' οὐ τῶν ἐκ δύο καθόλου τινὰ ἀλλὰ τῶν τὴν ἑτέραν ἐπὶ μέρους ἐχόντων. ὥστε ἐπεὶ εἰς ἐκείνους ἀνάγονται καὶ διὰ τῆς εἰς ἀδύνατον ἀπαγωγῆς, εἰς οὓς καὶ διὰ τῆς ἀντιστροφῆς. εἰκότως ἐπ' αὐτῶν τῇ δι' ἀντιστροφῆς δείξει ἐχρήσατο. ἔνεστι μέντοι αὐτοὺς διὰ τῆς εἰς ἀδύνατον ἀπαγωγῆς ἀνάγειν εἰς τοὺς ἐν τῷ δευτέρῳ σχήματι ἐκ δύο καθόλου προτάσεων, οἳ δι' ἀντιστροφῆς τῆς ἀποφατικῆς προτάσεως εἰς τὸν δεύτερον ἀνάγονται τῶν ἐν τῷ πρώτῳ. κειμένου γὰρ τοῦ Α μὲν παντὶ τῷ Γ τοῦ δὲ Β τινὶ τῷ Γ λέγω, ὅτι τὸ Α τινὶ τῷ Β· εἰ γὰρ μή, οὐδενὶ τὸ Α τῷ Β· κεῖται δὲ καὶ τῷ Γ παντί. ὁμοία ἡ δεῖξις, κἂν καθόλου ἀποφατικὴ ἡ Α Γ. καὶ δόξει ῥᾴων εἶναι ἡ διὰ τοῦ δευτέρου σχήματος ἀναγωγὴ εἰς τοὺς ἐν τῷ πρώτῳ σχήματι πρώτους τῆς δι' ἀντιστροφῆς

1 ante καταφατικῶν add. καθόλου a 3 ἐπιτελειοῦσθαι M; at cf. p. 116,27, 117,20 5 τῆς om. K 6 δὲ aK 8 ἀποφατικὸν ἢ κ. καταφατικὸν a: καταφατικὸν ἢ κ. ἀποφατικὸν M: καταφατικὸν ἀποφατικὸν K 9 ἔχοιμεν M: εἴχομεν a τὴν om. M πρὸς τὴν λαμβανομένην K τε καὶ om. M καταφατικὸν K 10 ἀμφότεροι M ὁ om. M 11 καταφατικῶν ἢ ἀποφατικῶν a: καταφατικῶν K 13 ἀμφότερον K 14 εἰς om. K 15 γενομένης K 16 ταύτης correxi: ταύτην libri 19 τῆς a: om. KM 32 τὸν ἐν πρώτῳ a 36 τῷ om. aK

ἀναγούσης αὐτοὺς εἰς τοὺς ἐν τῷ πρώτῳ δύο τοὺς ἔχοντας τὴν ἐλάττονα 37r πρότασιν ἐν μέρει τῷ τούτους πάλιν πρῶτον διὰ τῆς εἰς ἀδύνατον ἀπαγωγῆς εἰς τοὺς ἐν τῷ δευτέρῳ τοὺς ἐκ καθόλου τῶν προτάσεων ἀμφοτέρων ἀνάγεσθαι. ἔτι δὲ καὶ τούτους εἰς τοὺς ἐν τῷ πρώτῳ πρώτους δι' ἀντιστροφῆς ἀνάγεσθαι [ἢ] ἔνεστι λέγειν. ἂν τοῦ μὲν ἔχοντος τὴν μείζονα καθόλου καταφατικὴν ὑποθώμεθα μὴ τὸ ἀντικείμενον τῷ συναγομένῳ ἀλλὰ τὸ ἀντιστρέφον αὐτῷ. κειμένου γὰρ τοῦ μὲν Α παντὶ τῷ Γ τοῦ δὲ Β τινὶ τῷ Γ συνάγεται μὲν τὸ Α τινὶ τῷ Β· εἰ γὰρ μή, τὸ ἀντικείμενον αὐτῷ· τοῦτο δέ ἐστι τὸ μηδενὶ τῷ Β τὸ Α· ὃ ἐπεὶ ἀντιστρέφει, εἴη ἂν καὶ τὸ Β τῷ Α μηδενί· ἔκειτο δὲ καὶ τὸ Α παντὶ τῷ Γ· ἐξ ὧν συνάγεται τὸ Β τῷ Γ μηδενί, ὃν ἀδύνατον. εἰ δέ γε εἴη ἡ Α Γ καθόλου ἀποφατική, τὸ μὲν συναγόμενον τὸ Α τινὶ τῷ Β οὐχ ὑπάρχει· εἰ γὰρ μὴ τοῦτο, ἔστω τὸ ἀντικείμενον αὐτῷ τὸ παντὶ τῷ Β τὸ Α ὑπάρχειν· ὃ εἰ προσληφθείη ἀντιστραφείσης τῆς Α Γ καθόλου ἀποφατικῆς ὡς ληφθῆναι τὸ Γ μηδενὶ τῷ Α, γίνεται πάλιν ὁ δεύτερος τῶν ἐν τῷ πρώτῳ σχήματι. ἢ εἰ δεῖ τὸν εἰς ἀδύνατον ἀπάγοντα τὸ ἀντικείμενον τοῦ δεικνυμένου ὑποτίθεσθαι καὶ προσλαμβάνειν τὸ ἕτερον τῶν κειμένων, ὁ μὲν πρῶτος εἰρημένος οὐ δόξει τοῖς κειμένοις ἐμμένειν, ὅτι μὴ τὸ ἀντικείμενον τῷ δεικνυμένῳ ἀλλὰ τὸ ἀντιστρέφον τῷ ἀντικειμένῳ ὑποτίθεται, ὁ δὲ δεύτερος, ὅτι μὴ τῶν κειμένων τι προσείληφεν, ἀλλὰ τὸ ἀντιστρέφον τῷ κειμένῳ. ὁ μέντοι ἔχων τὴν μὲν μείζονα ἐπὶ μέρους καταφατικὴν τὴν δ' ἐλάττονα καθόλου καταφατικὴν διὰ μὲν ἀντιστροφῆς ἀνάγεται εἰς τὸν τρίτον τῶν ἐν τῷ πρώτῳ σχήματι οὐκ ὄντα ἐκ δύο καθόλου, διὰ δὲ τῆς εἰς ἀδύνατον ἀπαγωγῆς καὶ αὐτὸς εἰς τὸν δεύτερον τῶν ἐν τῷ πρώτῳ σχήματι τὸν ἐκ καθόλου ἀποφατικῆς τῆς μείζονος καὶ καθόλου καταφατικῆς τῆς ἐλάττονος, εἰς ὃν ἀνήγετο καὶ ὁ πρῶτος ὁ ἐκ δύο καθόλου καταφατικῶν. ὥστε καὶ οὗτος ὁμοίως τοῖς πρώτοις δύο τοῖς ἐκ καθόλου τῶν δύο προτάσεων εὐθὺς ἐπιτελεῖται διὰ τῶν καθόλου τῶν ἐν πρώτῳ σχήματι, ἐπεὶ καὶ ἐκεῖνοί γε δι' ἀντιστροφῆς εἰς τὸν τρίτον καὶ τέταρτον ἀνάγονται, ὡς καὶ οὗτος εἰς τὸν τρίτον. τοῦτό τε οὖν παρέωραται ἐν τοῖς εἰρημένοις καὶ ἔτι μᾶλλον τὸ ἐπὶ τῆς ἐπὶ μέρους 37v μὲν ἀποφατικὴν τὴν μείζονα ἐχούσης καθόλου δὲ καταφατικὴν τὴν ἐλάττονα· οὗτος γὰρ οὐδ' ὅλως εἰς τοὺς ἐπὶ μέρους ἐν πρώτῳ σχήματι ἀνάγεται· οὐδὲ γὰρ δι' ἀντιστροφῆς δείκνυται τὴν ἀρχήν, ὡς εἶπεν ἐν τῷ περὶ αὐτοῦ λόγῳ, ἀλλὰ μόνον διὰ τῆς εἰς ἀδύνατον ἀπαγωγῆς, δι' ἧς εἰς τὸν πρῶτον ἀνάγεται τοῦ πρώτου σχήματος.

Οἱ μὲν οὖν ἐκ δύο καθόλου προτάσεων διὰ τοῦτο αὐτόθεν εἰς ἐκείνους ἀνάγονται κατ' αὐτόν. οἱ δὲ ἄλλοι τέσσαρες, φησίν, οἱ ἐπὶ μέρους ἔχοντες

---

2 τούτου K 4 ἔτι aK: ἔστι M διὰ τῆς aK 5 ἢ delevi 5. 6 καθόλου καταφατικὴν τὴν μείζονα a 7 δὲ om. K 9 δ' ἔστι a 11 δέ om. a 13 ὑπάρχει M προληφθείη K 13. 14 ἀντιστραφεῖσα K: ἀντιστραφῇ δὲ καὶ a 14 ἡ . . . ἀποφατική aK 20 μέντοι aM: μέν τι K 21 μὲν om. aM δὲ aK 22 ante ἀντιστροφῆς add. τῆς a 24 τὸν (ante ἐν) K 28 τοῦ καθόλου a ἀντιστροφῶν a 30 τε om. a 31 μὲν om. a ἀποφατικὸν K 33 εἶπεν] p. 28b15—20 36 αὐτόθι K

πρότασιν ἀνάγονται μὲν δι' ἀντιστροφῶν εἰς τοὺς ἐν τῷ πρώτῳ δύο ἐν 37v μέρει, ἐκεῖνοι δὲ εἰς τοὺς δύο πρώτους ἐδείχθησαν ἀναγόμενοι διὰ τῶν δύο τῶν ἐν δευτέρῳ σχήματι πρώτων, ὥστε καὶ οἱ ἐν τῷ τρίτῳ διὰ τῶν αὐτῶν τούτων ἀναχθήσονται εἰς ἐκείνους. οἱ μὲν γὰρ ἐν τῷ τρίτῳ δι' ἀντιστροφῆς εἰς τοὺς ἐν τῷ πρώτῳ ἐπὶ μέρους. οἱ δ' ἐν τῷ πρώτῳ ἐπὶ μέρους εἰς τοὺς ἐν τῷ δευτέρῳ δύο πρώτους διὰ τῆς εἰς ἀδύνατον ἀπαγωγῆς, οἱ δ' ἐν τῷ δευτέρῳ δύο πρῶτοι εἰς τὸν δεύτερον τοῦ πρώτου δι' ἀντιστροφῆς, ὥστε καὶ οἱ ἐν τῷ τρίτῳ τὴν ἑτέραν ἐπὶ μέρους ἔχοντες εἰς τὸν αὐτὸν ἀναχθήσονται. μήποτε δέ, ὡς εἰρήκαμεν, οὐχ οἱ τέσσαρες, ἀλλ' οἱ τρεῖς οἱ δι' ἀντιστροφῆς δεικνύμενοι· ὁ δὲ ἔχων τὴν μείζονα ἐπὶ μέρους ἀποφατικὴν τὴν δ' ἐλάττονα καθόλου καταφατικὴν οὔτε δι' ἀντιστροφῆς ἐδείκνυτο οὔτε ἀνήγετο εἴς τινα τῶν ἐπὶ μέρους ἐν πρώτῳ, ἀλλ' αὐτόθεν καὶ αὐτὸς διὰ τῆς εἰς ἀδύνατον ἀπαγωγῆς ἀνάγεται εἰς τὸν πρῶτον τὸν ἐν τῷ πρώτῳ, ὡς ἐδείχθη. ἀλλὰ καὶ τῶν τριῶν ὁ τὴν ἐλάττονα καθόλου καταφατικὴν ἔχων τῆς μείζονος οὔσης ἐπὶ μέρους καταφατικῆς, ὃς διὰ μὲν ἀντιστροφῆς εἰς τὸν τρίτον ἀνάγεται τὸν ἐν πρώτῳ, διὰ δὲ τῆς εἰς ἀδύνατον ἀπαγωγῆς αὐτόθεν καὶ αὐτὸς εἰς τὸν δεύτερον. εἰ γὰρ διότι κυριωτέρα ἡ δι' ἀντιστροφῆς δεῖξις, ταύτῃ δεῖ χρῆσθαι ἐπ' αὐτοῦ, καὶ ἐπὶ τῶν ἐκ δύο καθόλου προτάσεων τὸ αὐτὸ ποιητέον· οὕτως δὲ καὶ οὗτοι οὐκέτ' ἂν εὐθὺς ἐπιτελοῖντο διὰ τῶν δύο τῶν πρώτων ἐν τῷ πρώτῳ σχήματι, ἀλλ' ἀνάγοιντο καὶ αὐτοὶ εἰς τοὺς ἐπὶ μέρους, ὁ μὲν εἰς τὸν τρίτον ὁ δ' εἰς τὸν τέταρτον. μήποτε οὖν δεῖ προσυπακούειν τῷ ὅταν δὲ ἐπὶ μέρους ληφθῶσι τὸ 'ὅσοι αὐτῶν μὴ αὐτόθεν δύνανται ἐπιτελεῖσθαι δι' ἐκείνων τῶν συλλογισμῶν' τῷ ἀνάγεσθαι τούτους εἰς τοὺς ἐν μέρει τῶν ἐν τῷ πρώτῳ σχήματι· ἄντικρυς γὰρ τοῦτο ἐνδεῖ, καὶ προστεθέντος τούτου οὐδὲν ἔτι ἐπιζητεῖται.

p. 29b26 Οἱ μὲν οὖν τῶν συλλογισμῶν ὑπάρχειν ἢ μὴ ὑπάρχειν 38r δεικνύντες.

Τριττῆς οὔσης ἐν ταῖς προτάσεσι κατὰ τοὺς τρόπους διαφορᾶς (αἱ μὲν ⟨γὰρ⟩ ὑπάρχουσαι ἦσαν αὐτῶν αἱ δὲ ἀναγκαῖαι αἱ δὲ ἐνδεχόμεναι) περὶ τῶν ἐξ ὑπαρχουσῶν προτάσεων γινομένων συζυγιῶν καὶ τῶν ἐκ τῶν κατὰ ταύτας συλλογισμῶν καθ' ἕκαστον σχῆμα εἰρηκὼς ὑπομιμνήσκει ἡμᾶς μέλλων ἐπὶ τὰς ἐξ ἀναγκαίων πάλιν προτάσεων συγκειμένας συζυγίας μεταβαίνειν καὶ περὶ ἐκείνων ποιεῖσθαι τὸν λόγον, ὅτι ὁ περὶ τῶν ἐξ ὑπαρχουσῶν

1 ante πρότασιν add. τὴν a 5 δὲ aK 6 τὸν ἐν a ἀδυνάτου omisso εἰς K δὲ aK 7 ἀντιστροφῶν a 11 δὲ aK 12 αὐτόθι K 13 τῶν ἐν a 16 ἀντιστροφῶν a τῶν ἐν a 17 αὐτόθι K 18 ἐκ om. aK 20 ἐπιτελοῦνται K: ἐπιτελῶνται a τῷ om. aK ἀλλὰ aK ἀνάγονται a 21 post τρίτον add. τόπον M 23 αὐτόθι K 24 τὸ (ante ἀνάγεσθαι) K τῷ alterum om. K 26 hoc lemma eiusque interpretationem post lemmatis ἢ τῷ ἀνάγεσθαι εἰς τὸ πρῶτον interpretationem (p. 119, 6) transponunt aK 29 γὰρ addidi post περὶ add. γοῦν a 33 ὁ MK: οἱ a

προτάσεων αὐτῷ πεπλήρωται λόγος. τὸ δὲ καθ' ἑαυτοὺς οἱ ἐκ τοῦ 38r αὐτοῦ σχήματος καὶ πρὸς ἀλλήλους οἱ ἐκ τῶν ἑτέρων σχημάτων εἴρηται περὶ τῶν διαφορῶν αὐτῶν. φανερὰ γὰρ ἡ διαφορὰ τῶν καθ' ἕκαστον σχῆμα συλλογισμῶν πρὸς ἀλλήλους· ὁ μὲν γὰρ ἐκ δύο καθόλου καταφατικῶν ἔνεστιν ἐν τῷ πρώτῳ σχήματι, ὁ δὲ ἐκ καθόλου ἀποφατικῆς τῆς μείζονος, καὶ ἄλλος ἄλλως καθ' ἕκαστον σχῆμα. ἀλλὰ καὶ ἡ τῶν ἐν διαφόροις σχήμασι συλλογισμῶν πρὸς ἀλλήλους διαφορὰ γνώριμος· οὐ γὰρ ὁμοία ἡ τοῦ μέσου θέσις ἐν ἅπασιν. |

37v

p. 29b27 Καὶ καθ' ἑαυτοὺς μὲν οἱ ἐκ τοῦ αὐτοῦ σχήματος.

Τοῦτο ἀπὸ κοινοῦ τοῦ φανερὸν οὖν εἴρηται. φανερὸν οὖν γέγονεν ἐκ τῶν εἰρημένων τό τε πάντας ἀναχθήσεσθαι εἰς τοὺς δύο τοὺς ἐν πρώτῳ σχήματι πρώτους, καὶ ὅπως ἕκαστος ἐν τῷ ἰδίῳ σχήματι τὸ συλλογιστικὸν ἔχει. καὶ διὰ τί ἐστι συλλογιστικὸς αὐτῶν ἕκαστος· ταῦτα γὰρ δέδεικται.

p. 29b28 Καὶ πρὸς ἀλλήλους οἱ ἐκ τῶν ἑτέρων.

Καὶ τοῦτο ἔτι ἀπὸ κοινοῦ τοῦ φανερὸν εἴρηται. καὶ γὰρ τοῦτο φανερὸν ἐκ τῶν εἰρημένων. τίς ἡ τῶν σχημάτων διαφορὰ καὶ τῶν συλλογισμῶν τῶν ἐν διαφόροις σχήμασι πρὸς ἀλλήλους. ὅτι τε παρὰ τὴν τοῦ μέσου ποιὰν θέσιν καὶ παρὰ τὸ διαφόρως ἀνάγεσθαι εἰς τοὺς ἐν πρώτῳ σχήματι δύο πρώτους. οἱ μὲν γὰρ αὐτόθεν ἀνάγονται, οἱ δὲ διὰ τῆς εἰς ἀλλήλους ἀναγωγῆς. ὡς οἱ ἐν τῷ πρώτῳ δύο οἱ τὸ ἐπὶ μέρους ἔχοντες καὶ οἱ ἐν τῷ τρίτῳ τρεῖς, καὶ πάλιν τούτων οἱ μὲν τῷ εἰς τοὺς ἐν τῷ δευτέρῳ πρώτους ἀνάγεσθαι, ὡς οἱ δύο οἱ ἐν τῷ πρώτῳ, οἱ δὲ τῷ εἰς τούτους αὐτοὺς τοὺς ἐν τῷ πρώτῳ τὸ ἐπὶ μέρους δεικνύντας, ὡς οἱ ἐν τῷ τρίτῳ τρεῖς οἱ δι' ἀντιστροφῆς εἰς τούτους ἀναγόμενοι· ἡ γὰρ διαφορὰ τῆς ἀναγωγῆς αὐτῶν τὴν τῶν συλλογισμῶν δείκνυσι διαφοράν.

Ἢ τῷ ἀνάγεσθαι εἰς τὸ πρῶτον. 38r

Εἰπὼν ἢ τῷ μέσῳ προσέθηκεν ἢ τῷ ἀνάγεσθαι εἰς τὸ πρῶτον· ἔστι γὰρ καὶ κατὰ τοῦτο αὐτοῖς ἡ διαφορά· διάφορος γὰρ ἡ ἀναγωγὴ αὐτῶν.

1 πεπλήρωνται λόγοι a ἑαυτοὺς M (im): αὐτοὺς a et Ar.: αὐτὰς K οἱ om. K 1. 2 ταυτοῦ K 2 σχημάτων om. aK (d) 5 τῷ om. aK καταφατικῆς M 6 τῶν M: πρὸς τοὺς aK διαφέρουσι aK 7 ante συλλογισμῶν add. τῶν aK 8 Τέλος τῶν ἐξ ὑπαρχουσῶν προτάσεων συγκειμένων συζυγιῶν ἐν τοῖς τρισὶ σχήμασιν subscr. K 9 textus verba in M αὐτοὺς K (cf. vs. 1) post σχήματος add. ἐν τῷ αὐτῷ σχήματι πῶς ἕκαστος γίνεται, quae Aristotelis non sunt, ut lemma aK 10 τοῦ . . . εἴρηται om. M γέγονεν om. a 15 post φανερὸν add. οὖν a 17 post ἐν add. τοῖς aK 18 παρὰ aM: περὶ K 19 αὐτόθι K 20 οἱ (ante ἐν) om. aK οἱ δύο a 23 post τούτους lac., ut videtur, rasura orta in M 26 ἢ . . . πρῶτον sunt textus verba in M; apud Arist. haec verba non reperiuntur τῷ a: τὸ KM: item vs. sq. K 27 τῷ μέσῳ evan. M; ne haec quidem verba Arist. sunt post πρῶτον expunxit εἰπὼν ἢ τῷ K 28 post ἡ alterum rasura in M

ἄλλως μὲν γὰρ οἱ ἐπὶ μέρους ἐν τῷ πρώτῳ σχήματι (διὰ γὰρ τῶν ἐν τῷ δευτέρῳ) καὶ ἄλλως οἱ ἐν τῷ δευτέρῳ, καὶ αὐτῶν τούτων ἄλλοι ἄλλως· οἱ μὲν γὰρ δι' ἀντιστροφῆς, οἱ δὲ διὰ τῆς εἰς ἀδύνατον ἀπαγωγῆς. ὁμοίως δὲ καὶ οἱ ἐν τῷ τρίτῳ· καὶ γὰρ τούτων οἱ μὲν διὰ τῆς εἰς ἀδύνατον ἀπαγωγῆς, οἱ δὲ δι' ἀντιστροφῆς πρῶτον εἰς τοὺς ἐπὶ μέρους τοὺς ἐν τῷ πρώτῳ. 38r

p. 29b29 Ἐπεὶ δ' ἕτερόν ἐστιν ὑπάρχειν τε καὶ ἐξ ἀνάγκης ὑπάρχειν καὶ ἐνδέχεσθαι ὑπάρχειν. 38v

Εὐλόγως ἑξῆς τὸν περὶ τῶν ἀναγκαίων συλλογισμῶν ποιεῖται λόγον, οἳ γίνονται ἐξ ἀναγκαίων προτάσεων, καὶ ἐπὶ τούτοις τὸν περὶ τῶν ἐνδεχομένων, διότι ἕτερόν ἐστι τό τε ὑπάρχειν καὶ τὸ ἐξ ἀνάγκης ὑπάρχειν καὶ τὸ ἐνδέχεσθαι ὑπάρχειν. ἑτέρων γὰρ ὄντων τούτων δῆλον, ὡς καὶ αἱ προτάσεις ἀλλήλων διοίσουσι κατὰ τὰς διαφορὰς ταύτας καὶ οἱ συλλογισμοί· ὥστ' εἰ διαφέρουσιν, ἀναγκαῖον τῷ λέγοντι περὶ συλλογισμῶν καὶ τῆς συστάσεως καὶ γενέσεως αὐτῶν καὶ περὶ τούτων εἰπεῖν. οὕτω γὰρ ἔσται περὶ τῆς πάντων τῶν κατηγορικῶν συλλογισμῶν συστάσεώς τε καὶ γενέσεως εἰρηκώς, ἂν πάντας ἐπεξέλθῃ τοὺς τρόπους, καθ' οὓς αἱ τῶν τοιούτων συλλογισμῶν διαφοραί. σαφέστατα δὲ ἡμῖν τὴν διαφορὰν ἐδήλωσε τῆς ὑπαρχούσης προτάσεως πρός τε τὴν ἀναγκαίαν καὶ τὴν ἐνδεχομένην εἰπών·

p. 29b30 Πολλὰ γὰρ ὑπάρχει μέν, οὐ μέντοι ἐξ ἀνάγκης· τὰ δὲ οὔτ' ἐξ ἀνάγκης οὔθ' ὑπάρχει ὅλως, ἐνδέχεται δὲ ὑπάρχειν.

Οὕτως γὰρ ἔσονται αἱ μὲν ὑπάρχουσαι τὸ ὑπάρχον μὲν οὐκ ἀναγκαίως δὲ ὑπάρχον δηλοῦσαι, αἱ δὲ ἀναγκαῖαι τὸ ἀναγκαίως ὑπάρχον, αἱ δὲ ἐνδεχόμεναι τὸ οὐχ ὑπάρχον μὲν ἤδη οἷόν τε δὲ ὑπάρξαι, ἀληθῶς μέν. εἰ ἀληθεῖς εἶεν, ψευδῶς δέ, εἰ ψεύδοιντο. δῆλον δέ, ὅτι ἡ διαφορὰ τῶν προτάσεων καὶ τῶν συλλογισμῶν ἡ κατὰ τοὺς τρόπους τῇ τῶν τρόπων προσθήκῃ γνωρισθήσεται· ἑκάστῃ γὰρ προτάσει καὶ ἑκάστῳ συλλογισμῷ ὁ οἰκεῖος τρόπος προσκατηγορηθήσεται.

1 οἱ M: ἡ aK 3 ὁμοίως . . . ἀπαγωγῆς (5) om. M 6 τῷ om. aK 7 Περὶ τῶν ἐξ ἀναγκαίων προτάσεων γινομένων συλλογισμῶν. ἑξῆς δὲ καὶ περὶ τῆς τοῦ ὑπάρχοντος καὶ τοῦ ἀναγκαίου ἐν πρώτῳ σχήματι μίξεως superscr. a τε om. K 8 sequentia quoque Ar. verba πολλὰ γὰρ ὑπάρχει (μὲν add. Ar.), οὐ μέν τι (μέντοι Ar.) ἐξ ἀνάγκης· τὰ δ' οὔτε ἐξ ἀνάγκης οὔθ' ὑπάρχει ὅλως. ἐνδέχεται δ' ὑπάρχειν, δῆλον ὅτι (καὶ add. Ar.) συλλογισμὸς ἑκάστου τούτων ἕτερος ἔσται add. K 9 ante εὐλόγως add. ὅτι aM: om. K 10 τούτῳ K τῶν om. M 11 post διότι add. γὰρ aM: om. K 11. 12 καὶ τὸ ἐνδέχεσθαι ὑπάρχειν om. K 12 ἐνδέχεται a 13 ταύτας aK: τάσδε M 15 ante γενέσεως add. τῆς M οὕτως aK 17 ἐπεξέλθῃ (ἐπ superscr. K) KM: ὑπεξέλθῃ a 17. 18 διαφοραὶ συλλογισμῶν K 18 τὴν διαφορὰν ἡμῖν aK 20 πολλὰ . . . ὑπάρχειν (21) textus verba in M 21 οὔτε (ante ἐξ) aK οὔτε (post ἀν.) K 24 οὐχ KM: μὴ a οἷόν τε aM: οἴονται K 25 post τῶν add. τε K

p. 29b33 Καὶ οὐχ ὁμοίως ἐχόντων τῶν ὅρων. 38v

Εἰπών, ὅτι ὁ συλλογισμὸς ἑκάστου τούτων ἕτερος ἔσται, τοῦ τε ἀναγκαίου καὶ τοῦ ὑπάρχοντος καὶ τοῦ ἐνδεχομένου, πῶς ἕτερος, ἐδήλωσεν· οὐ γὰρ ἐξ ὁμοίων προτάσεών τε καὶ ὅρων, ἀλλ' οἱ μὲν ἐξ ἀναγκαίων, οἱ δὲ ἐξ ὑπαρχουσῶν, οἱ δὲ ἐξ ἐνδεχομένων.

p. 29b36 Ἐπὶ μὲν οὖν τῶν ἀναγκαίων σχεδὸν ὁμοίως ἔχει καὶ ἐπὶ τῶν ὑπαρχόντων.

Φησὶν ὁμοίως ἔσεσθαι καθ' ἕκαστον σχῆμα τοὺς τοῦ ἀναγκαίου συλλογισμούς, ὡς καὶ ἐπὶ τοῦ ὑπάρχοντος ἐδείχθησαν γινόμενοι. ἡ γὰρ ὁμοία τῶν προτάσεων συμπλοκὴ καθ' ἕκαστον σχῆμα μετὰ τῆς τοῦ ἀναγκαίου προσθήκης καὶ τοὺς ἀναγκαίους ποιήσει συλλογισμούς· καὶ ἔσονται τέσσαρες μὲν συζυγίαι συλλογιστικαὶ ἐν πρώτῳ σχήματι, τέσσαρες δὲ ἐν δευτέρῳ, ἓξ δὲ ἐν τρίτῳ. αἴτιον δὲ τούτου, ὅτι τό τε κατὰ παντὸς καὶ τὸ κατὰ μηδενὸς ὁμοίως καὶ ἐπὶ τοῦ ἀναγκαίου λαμβάνεται, ὡς καὶ ἐπὶ τοῦ ὑπάρχοντος, δι' οὗ οἱ ἐν τῷ πρώτῳ σχήματι δείκνυνται συλλογισμοί, καὶ αἱ τῶν ἀναγκαίων προτάσεων ἀντιστροφαὶ ὅμοιαι ἐδείχθησαν οὖσαι ἐπί τε τῶν ὑπαρχουσῶν καὶ ἐπὶ τῶν ἀναγκαίων, δι' ὧν οἵ τε τρεῖς οἱ ἐν τῷ δευτέρῳ σχήματι καὶ οἱ πέντε οἱ ἐν τῷ τρίτῳ συνάγοντες δείκνυνται.

p. 30a2 Τό τε γὰρ στερητικὸν ὡσαύτως ἀντιστρέφει. 39r

Οὐχ ὡς μόνου τούτου ὁμοίως ἀντιστρέφοντος ἀκουστέον· καὶ γὰρ καὶ τὰ καταφατικὰ ὁμοίως· ἀλλ' ἐπεὶ τὰ μὲν καταφατικὰ ἐν πᾶσι τοῖς τρόποις ὁμοίως ἀντιστρέφει, τὰ δὲ ἀποφατικὰ οὔ (ἐπὶ γὰρ τῶν ἐνδεχομένων ἄλλως), τούτων ἐμνημόνευσε μόνων, καθ' ὃ δοκεῖ μὴ ὁμοία ἐπὶ πάντων ἡ ἀντιστροφὴ γίνεσθαι, ὑπομιμνήσκων ἡμᾶς, ὅτι καὶ ταῦτα ἐν τοῖς τρόποις τούτοις ὁμοίως ἔχει. ἐπεὶ δὲ οὐκέτι δι' ἀντιστροφῆς ἐδείκνυτο οὔτε ὁ τέταρτος ἐν δευτέρῳ σχήματι ὁ ἔχων τὴν ἐλάττονα ἐπὶ μέρους ἀποφατικὴν οὔτε ὁ ἕκτος ἐν τῷ τρίτῳ ὁ ἔχων τὴν μείζονα ἐπὶ μέρους ἀποφατικὴν ἐν τοῖς ἐξ ὑπαρχουσῶν προτάσεων συλλογισμοῖς ἀλλὰ διὰ τῆς εἰς ἀδύνατον ἀπαγωγῆς, οὐκέτι ἐπὶ τούτων ὁμοίᾳ τῇ δείξει χρώμενος ἐπὶ τῶν ἀναγκαίων προτάσεων, ὡς ἔσται δῆλον, προσέθηκε τὸ "σχεδὸν ὁμοίως". τὰ μὲν γὰρ ἄλλα ὁμοίως δείκνυται· διὸ οὐδ' ἐμνημόνευσεν αὐτῶν ἔτι ἱκανὴν τὴν ἐπ' ἐκείνων αὑτῷ διδασκαλίαν ἡγούμενος εἶναι καὶ πρὸς τὴν τούτων γνῶσιν. τούτων δὲ οὐχ ὁμοίως ἔτι

1 om. K 2 post εἰπὼν add. δὲ K 4 post ὁμοίων add. γε K προτάσεών τε] hinc iterum B μὲν evan. M 8. 9 τοὺς ἀναγκαίου συλλογισμοὺς καθ' ἕκαστον σχῆμα a 12. 13 ἓξ δὲ BM: καὶ ἓξ a 13 τε om. aM 15 ἐν evan. M 17 ἐπὶ om. M καὶ alterum om. M 18 οἱ (ante πέντε) om. aM 20 ἀντιστραφέντος a 21 τὰ prius superscr. M 24 τούτοις τοῖς τρόποις M 26 τῷ om. a 30 σχεδὸν] χεδὸν periit in B 31 αὐτῶν ἔτι] ὧν ἔτι B corr. αὐτῷ libri 32 ἡγούμενος εἶναι perierat in B

δεικνυμένων μνημονεύει διδάσκων ἡμᾶς, πῶς ἐπὶ τούτων χρὴ τὴν δεῖξιν 39r ποιουμένους συλλογιστικοὺς αὐτοὺς δεικνύναι. οὐ χρῆται δὲ ἐπ' αὐτῶν τῇ εἰς ἀδύνατον ἀπαγωγῇ, ὡς ὅτε ἦσαν αἱ προτάσεις ὑπάρχουσαι, ὅτι τὸ ἀντικείμενον τῷ ἀναγκαίῳ ἐνδεχόμενόν ἐστιν. ἔστι δὲ ἐν ἀμφοτέροις τὸ δεικνύμενον συμπέρασμα ἐπὶ μέρους ἀποφατικὸν ἀναγκαῖον, ᾧ ἀντίκειται τὸ 'ἐνδέχεται παντί'· οὗ ὑποτεθέντος καὶ τῆς ἑτέρας προτάσεως προσληφθείσης οὔσης ἀναγκαίας καθόλου καταφατικῆς γίνεται ἡ συμπλοκὴ αὕτη μικτὴ ἐξ ἐνδεχομένης καθόλου καταφατικῆς καὶ ἀναγκαίας καθόλου καταφατικῆς. οὐδέπω δὲ γνώριμόν τι τὸ συναγόμενον ἐν ταῖς τοιαύταις μίξεσιν. ἔτι δὲ ἀναγκαῖον πρῶτον εἰδέναι περὶ τῶν ἁπλῶν, εἶθ' οὕτως περὶ τῶν συνθέτων. διὸ ἐκεῖνον μὲν τὸν τρόπον τῆς δείξεως ὡς ἀσαφῆ τε καὶ διὰ τῶν ὑστέρων γινόμενον παραιτεῖται. φησὶ δὲ ἐπ' ἀμφοτέρων αὐτῶν.

p. 30a9 Ἀλλ' ἀνάγκη ἐκθεμένους. ᾧ τινὶ ἑκάτερον μὴ ὑπάρχει, κατὰ τούτου ποιεῖν τὸν συλλογισμόν.

Λέγει μὲν περὶ τῶν ἐπὶ μέρους ἀποφατικῶν προτάσεων ἅμα τῶν ἐν τοῖς δυσὶ σχήμασιν· οὐ γὰρ καθ' ἕκαστον αὐτῶν λέγει δεῖν ἐκτίθεσθαι, ᾧ ἑκάτερον μὴ ὑπάρχει· οὕτως γὰρ ἂν δύο ἀποφατικὰς εἴποι προτάσεις καὶ οὐδὲ συνισταμένας ἂν εἴη λέγων ταῖς ἐκκειμέναις συζυγίαις· ἀλλ' ἀξιοῖ ἐν ἀμφοτέραις ταῖς συζυγίαις, τῇ τε ἐν δευτέρῳ σχήματι καὶ τῇ ἐν τρίτῳ, ἐπεὶ ἐπὶ μέρους ἐστὶν ἀποφατική τις πρότασις, ᾧτινι μὴ ὑπάρχει, λαβόντας καθ' ἑκατέραν συζυγίαν πρὸς ἐκεῖνο ποιεῖν τὸν συλλογισμὸν εἰς τὸ καθόλου μεταλαβόντας ἀποφατικὸν τὸ ἐπὶ μέρους ἀποφατικὸν καὶ δείξαντας ἐπὶ τῆς καθόλου ἀποφατικῆς δι' ἀντιστροφῆς, ὥσπερ καὶ ἐπὶ τῶν ἄλλων συζυγιῶν, ἐν αἷς ἦν τὸ καθόλου ἀποφατικόν, συλλογιστικὴν οὖσαν τὴν συμπλοκὴν οὕτως ἔχειν τὸ δεδειγμένον ἐξ ἀνάγκης ἐκείνῳ τινὶ μὴ ὑπάρχον, οὗ ἦν τὸ ἕτερον μόριον. οἷον εἰ τὸ Α τῷ Β παντὶ ἐξ ἀνάγκης καὶ τὸ Α τῷ Γ τινὶ μὴ ὑπάρχει [ἢ] ἐξ ἀνάγκης (αὕτη γάρ ἐστιν ἡ ἐν δευτέρῳ σχήματι συμπλοκή, περὶ ἧς ποιεῖται τὸν λόγον), χρῆναί φησι λαβεῖν ἀπὸ τοῦ Γ τοῦτο, ᾧ τὸ Α ἐξ ἀνάγκης μὴ ὑπάρχον ἐλέγετο τινὶ τῷ Γ ἐξ ἀνάγκης μὴ ὑπάρχειν, καὶ λαβόντας πρὸς ἐκεῖνο ποιεῖν καθόλου ἀποφατικὴν τὴν πρότασιν ἀναγκαίαν. ἔστω τι τοῦ Γ, ᾧ ἐξ ἀνάγκης οὐχ ὑπάρχει τὸ Α, μόριον τὸ Δ· ἔσται δὴ ἡ ὅλη συζυγία τὸ Α τῷ Β ἐξ ἀνάγκης παντί, τὸ Α τῷ Δ, ὅ ἐστί τι τοῦ Γ, ἐξ ἀνάγκης οὐδενί, ἥτις δείκνυται συζυγία συλλογιστικὴ οὖσα δι'

3 ὅταν M 6 ληφθείσης M 7 αὕτη om. aM 8 ἐνδεχομένου a 9 ἐν BM: ἐπὶ a 11 δείξεως M: μίξεως aB διὰ τῶν BM: δι' αὐτῶν a 12 δ' M 13 ὑπάρχῃ B (d, corr. A) 15 ἐν μέρει a 16 δύο M 17 ὑπάρχῃ a 18 συνισταμένας a: νισταμένας om. in lac. B: συλλογισμοὺς M τὰς ἐκκειμένας συζυγίας a 20 τις ἀποφατικὴ aM ὑπάρχῃ B 21 ἐκεῖνον a ποιεῖ B 25 post οὕτως add. γὰρ a ἔχειν scripsi: ἔχει libri (cf. vs. 21 ποιεῖ B) ἐξ periit in B 26 οἷον periit in B β παντὶ evan. B καὶ τὸ α . . . ἐξ ἀνάγκης (27) om. aM 27 ἢ delevi δευτέρῳ evan. B 28 post λόγον add. τῷ δὲ γ οὐ παντὶ a λαβεῖν evan. B 29. 30 ὑπάρχον M

ἀντιστροφῆς τῆς καθόλου ἀποφατικῆς προτάσεως. εἰ γὰρ τὸ Α τῷ Δ οὐδενὶ 39r ἐξ ἀνάγκης, καὶ τὸ Δ τῷ Α οὐδενὶ ἐξ ἀνάγκης· ἀλλὰ καὶ τὸ Α τῷ Β παντὶ ἐξ ἀνάγκης· τὸ Δ ἄρα τῷ Β οὐδενὶ ἐξ ἀνάγκης, ὥστε καὶ τὸ Β τῷ Δ οὐδενὶ ἐξ ἀνάγκης· δεῖται γὰρ πρὸς τὸ τὸ προκείμενον δεῖξαι ἡ 39v τοιαύτη ἐν δευτέρῳ σχήματι συζυγία καὶ τῆς τοῦ συμπεράσματος ἀντιστροφῆς. εἰ δὴ τὸ Β οὐδενὶ τῷ Δ ἐξ ἀνάγκης, τὸ δὲ Δ τί τοῦ Γ ἐστί, καὶ τὸ Β τινὶ τῷ Γ ἐξ ἀνάγκης οὐχ ὑπάρχει. ὁμοία δὲ ἡ δεῖξις καὶ ἐπὶ τοῦ ἕκτου τοῦ ἐν τῷ τρίτῳ σχήματι. ἔστω γὰρ τὸ μὲν Α τινὶ τῷ Γ μὴ ὑπάρχον ἐξ ἀνάγκης, τὸ δὲ Β παντὶ τῷ Γ ἐξ ἀνάγκης· εἰλήφθω πάλιν τι τοῦ Γ, ᾧ μέρει αὐτοῦ μὴ ὑπάρχον τὸ Α ἐξ ἀνάγκης ἔκειτο τινὶ τῷ Γ ἐξ ἀνάγκης μὴ ὑπάρχειν, καὶ ἔστω τὸ Δ· τὸ δὴ Α τῷ Δ ἐξ ἀνάγκης οὐδενί, τὸ δὲ Β παντί· εἰ γὰρ τῷ Γ παντὶ ἐξ ἀνάγκης, καὶ τῷ μέρει αὐτοῦ. ἂν δὴ ἀντιστρέψωμεν τὴν Β Δ καθόλου καταφατικὴν οὖσαν ἀναγκαίαν, ἔσται τὸ Δ τῷ Β τινὶ ἐξ ἀνάγκης· ἀλλὰ καὶ τὸ Α οὐδενὶ τῷ Δ ἐξ ἀνάγκης· τὸ Α ἄρα τινὶ τῷ Β ἐξ ἀνάγκης οὐχ ὑπάρχει. ὥστ' εἰ ἐπὶ μορίου τοῦ Γ ἡ δεῖξις ὑγιής, καὶ ἐπὶ τινὸς τοῦ Γ ὑγιὴς δεῖξις ἔσται.

Σημειωτέον δέ, ὅτι οὐχ ὅμοιος οὗτος ὁ τρόπος τῆς ἐκθέσεως καί, ὃν ἔλεγεν ἐν τῷ τρίτῳ σχήματι, ὅτε περὶ τῶν ὑπαρχόντων ἦν ὁ λόγος αὐτῷ. ἐκεῖ μὲν γὰρ ἁπλῶς τι τῶν αἰσθητῶν καὶ μὴ δεομένων δείξεως τὸ ἐκτιθέμενον καὶ λαμβανόμενον ἦν, διὸ καὶ αὔταρκες ἦν μόνον ληφθὲν πρὸς τὸ φανερὰν τὴν συναγωγὴν ποιῆσαι· ἐνταῦθα δὲ τὸ λαμβανόμενον οὐ τοιοῦτον ἔτι λαμβάνεται οὐδὲ ἀρκεῖται τῇ αἰσθήσει, ἀλλὰ πρὸς αὐτὸ συλλογισμὸν ποιεῖ. διὸ καὶ ἐνταῦθα μὲν προσέθηκε τὸ κατὰ τούτου ποιεῖν τὸν συλλογισμόν, ἐκεῖ δὲ οὐκέτι δείξει τινὶ μετὰ τὸ λαβεῖν τὴν ἔκθεσιν προσεχρήσατο· εἰκότως· ἦν γὰρ ἂν ταὐτὸν ποιῶν ἐπ' ἄλλου τινὸς ὑποκειμένου, ὃ ἴσον καὶ ταὐτὸν ὂν ⟨τῷ⟩ πρώτῳ οὐδαμῶς ἦν ἐκείνου δεικτικόν. ἐδήλωσε δὲ καὶ διὰ τοῦ εἰπεῖν τὸ γὰρ ἐκτεθέν, ὅπερ ἐκεῖνο, τί ἐστι τὴν φύσιν τοῦ λαμβανομένου δι' ἐκθέσεως· μέρος γάρ τι ἢ εἶδος αὐτοῦ ἔσται. διὸ εἰ ἐξ ἀνάγκης μηδενὶ τῷ ἐκτεθέντι, ἐξ ἀνάγκης καὶ ἐκείνου, ἀφ' οὗ τοῦτο ἐλήφθη, τινὶ οὔ· τοιοῦτον γάρ ἐστιν αὐτοῦ ὡς εἶναι, ὅπερ ἐκεῖνο. καὶ εἰ ἡ ἔκθεσις δὲ αἰσθητικὴ γένοιτο, καὶ οὕτως τὸ αὐτὸ δειχθήσεται. οἷον ἐν τῷ δευτέρῳ σχήματι εἰ τὸ Δ τι τοῦ Γ ὂν ἄτομον εἴη, οὐδὲν τοῦ Α κατ' αὐτοῦ ῥηθήσεται, ὥστε οὐδὲ τὸ Β· τὸ γὰρ Β τί τοῦ Α ἐστί· κατὰ παντὸς γὰρ αὐτοῦ τὸ Α. ἡ αὐτὴ δεῖξις καὶ ἐπὶ τοῦ τρίτου σχήματος. εἰ γὰρ τὸ μὲν Α τινὶ τῷ Γ ἐξ ἀνάγκης οὐχ ὑπάρχει, τὸ δὲ Β παντὶ τῷ Γ ἐξ ἀνάγκης, ἂν ληφθῇ τοῦ Γ ἄτομόν τι, ᾧ τὸ Α οὐχ ὑπάρχει,

7 καί (ante τό) om. M ὑπάρξει a 9 ante τι add. καί a 10 post ᾧ superscr. μὲν M ἐξ ἀνάγκης om. M 10. 11 μὴ ὑπάρχειν ἐξ ἀνάγκης a 11 δὴ corr. ex δὲ B 14 τῷ β τοῦ δ a 15 ἄρα α a 16 ὑγιὴς δεῖξις B: ἡ δεῖξις ὑγιὴς M: ὑγιὴς a 18 ἔλεγεν] p. 28a23. b14. 21 19 γὰρ periit in B δείξεως] ως periit in B 25 προσεκτήσατο M 26 καὶ ταὐτὸν a: κατ' αὐτὸν BM τῷ a: om. BM 29 ἐκείνῳ a 31 οὕτω a 33 τοῦ β M α aB: γ M 36 παντι om. a

οὐδὲν τοῦ Α κατ' ἐκείνου ῥηθήσεται· ἔστι δὲ ἐκεῖνο καὶ αὐτό τι τοῦ Β· 39v πᾶν γὰρ τὸ Γ ὑπὸ τὸ Β· τινὶ ἄρα τοῦ Β τὸ Α οὐχ ὑπάρξει ἐξ ἀνάγκης. εἰκότως δὲ ἐν ἀμφοτέραις ταῖς συζυγίαις, ᾧ τινὶ οὐχ ὑπάρχει, λαμβάνει ἐν τῇ ἐκθέσει. τὸ μὲν γὰρ παντὶ ὑπάρχον τινὶ κἀκείνῳ ἐξ ἀνάγκης ὑπάρχει, ᾧ μορίῳ αὐτοῦ κεῖταί τι μὴ ὑπάρχον· οὐκέτι δὲ τῷ τυχόντι μέρει τοῦ, ᾧ παντὶ ὑπάρχειν τι κεῖται, ληφθέντι ἐξ ἀνάγκης οὐχ ὑπάρξει τὸ τινὶ κείμενον ἐκείνῳ μὴ ὑπάρχειν· δύναται γὰρ τούτῳ μὲν ὑπάρχειν αὐτοῦ τῷ μέρει, ἄλλῳ δέ τινι μή. ἐχρήσατο τούτῳ τῷ τρόπῳ καὶ πρὸ ὀλίγου τὴν ἔκθεσιν ἐπὶ τοῦ ἐπὶ μέρους ἀποφατικοῦ ποιησάμενος.

Εἰπὼν δέ, πῶς χρὴ τὴν δεῖξιν ἐπὶ τῶν συζυγιῶν τούτων ποιεῖσθαι, προσέθηκε τὸ γίνεται δὲ τῶν συλλογισμῶν ἑκάτερος ἐν τῷ οἰκείῳ σχήματι, λέγων, ὅτι οἱ πρὸς τὸ ἐκτεθὲν γινόμενοι συλλογισμοὶ ὁ μὲν ἐπὶ τοῦ δευτέρου σχήματος ἐν τῷ δευτέρῳ σχήματι ἔσται, ὁ δ' ἐπὶ τοῦ τρίτου ἐν τῷ τρίτῳ. ἡ γὰρ πρὸς τὸ ἐκτεθὲν καθόλου ἀποφατικὴ γινομένη καθ' ἑκατέραν συζυγίαν οὐκ ἀλλάσσει τὸ σχῆμα. ἀλλ' ἡ μὲν ἐν δευτέρῳ σχήματι γίνεται, ἡ δὲ ἐν τρίτῳ, ὡς ἐξεθέμεθα· δείκνυται μὲν γὰρ διὰ τῆς εἰς τὸ πρῶτον ἀναγωγῆς τῆς γινομένης διὰ ἀντιστροφῆς. οἱ δὲ δεικνύμενοί εἰσιν ὁ μὲν ἐν δευτέρῳ ὁ δὲ ἐν τρίτῳ σχήματι. ὁ μέντοι Θεόφραστος ἐν τῷ πρώτῳ τῶν αὐτοῦ Προτέρων ἀναλυτικῶν περὶ τούτων λέγων οὐ χρῆται τῷ δι' ἐκθέσεως τρόπῳ πρὸς τὴν δεῖξιν τοῦ συλλογιστικὰς εἶναι τὰς προκειμένας συμπλοκάς, ἀλλ' ὑπερέθετο τὸν περὶ αὐ|τῶν λόγον ὡς δεόμενον μὲν τῆς 40r εἰς ἀδύνατον ἀπαγωγῆς μηδέπω δὲ ὄντος προδήλου τοῦ συμβαίνοντος διὰ τὸ μῖξιν γίνεσθαι προτάσεων μηδέπω δ' εἶναι γνώριμον τὸ ἐκ τῶν μίξεων συναγόμενον.

p. 30a15 Συμβαίνει δέ ποτε καὶ τῆς ἑτέρας προτάσεως ἀναγκαίας οὔσης ἀναγκαῖον γίνεσθαι τὸν συλλογισμόν, πλὴν οὐχ ὁποτέρας ἔτυχεν, ἀλλὰ τῆς πρὸς τὸ μεῖζον ἄκρον.

Εἰπὼν πρῶτον μὲν περὶ τῶν ἐξ ὑπαρχουσῶν ἀμφοτέρων τῶν προτάσεων γινομένων καθ' ἕκαστον σχῆμα συλλογισμῶν καὶ μετ' ἐκείνους περὶ τῶν ἐξ ἀναγκαίων ἑξῆς λέγει περὶ τῶν ἐκ μίξεως ἀναγκαίας τε καὶ ὑπαρχούσης προτάσεως γινομένων καθ' ἕκαστον σχῆμα συλλογισμῶν, τίνες τέ εἰσι, καὶ ποῖόν τι ἐν ταῖς μίξεσιν αὐτῶν γίνεται τὸ συμπέρασμα, καὶ τίνες αἱ κατὰ

2 ὑπάρχει B pr. ἐξ ἀνάγκης οὐχ ὑπάρξει a 3 ὑπάρχει a: ὑπάρξει BM 7 μὲν BM: μὴ a 9 ἐπὶ prius periit in B ἀποφατικὴν M 10 χρὴ] χρ periit in B 11 τὸ γίνεται . . . διὰ γὰρ τούτου ἐπιφέρεται (p. 124, 33) om. B, cuius folium unum deest 13 δὲ aK 14 γινομένη ἀποφατικὴ K 15 ἑτέραν M post ἐν add. τῷ K 17 διὰ ante ἀντ. transposui: ante τῆς collocant libri 18 μέντοι aM: μὲν γὰρ K 19 αὐτοῦ aM: ἀπὸ τοῦ K 21 μὲν om. M 23 γενέσθαι M μηδέπω δ' KM: μηδ' a 26 πλὴν . . . ἄκρον (27) om. a 27 τῆς Ar.: τὴν K 28 τῶν alterum om. M 29 ante καθ' add. καὶ K συλλογισμῶν καθ' ἕκαστον σχῆμα aM μετ' KM: ἐπ' a ἐξ om. a 30 ἀναγκαίων aM: ἀνάγκης K

τὰς μίξεις τῶν τρόπων τούτων ἐν τοῖς γινομένοις συλλογισμοῖς διαφοραί. περὶ γὰρ τῶν κατὰ τὸ ἐνδέχεσθαι ἐπὶ τούτοις ἐρεῖ. φησὶ δή, ὅτι γίνεταί ποτε ἐκ μίξεως ἀναγκαίας καὶ ὑπαρχούσης προτάσεως ἀναγκαῖον συμπέρασμα. καὶ πότε γίνεται τὸ συμπέρασμα τοιοῦτον, προστίθησιν. ἐν γὰρ πρώτῳ σχήματι ἀμφοτέρων οὐσῶν καθόλου εἰ ἡ μείζων εἴη ἀναγκαία ἄν τε καταφατική, ὡς ἐν τῷ πρώτῳ ἀναποδείκτῳ, ἄν τε ἀποφατική, ὡς ἐν τῷ δευτέρῳ, ἀναγκαῖόν φησι γίνεσθαι τὸ συμπέρασμα.

Οὗτος μὲν οὖν οὕτως λέγει. οἱ δέ γε ἑταῖροι αὐτοῦ οἱ περὶ Εὔδημόν τε καὶ Θεόφραστον οὐχ οὕτως λέγουσι. ἀλλά φασιν ἐν πάσαις ταῖς ἐξ ἀναγκαίας τε καὶ ὑπαρχούσης συζυγίαις, ἐὰν ὦσι συγκείμεναι συλλογιστικῶς, ὑπάρχον γίνεσθαι τὸ συμπέρασμα, τοῦτο λαμβάνοντες ἔκ τε τοῦ ἐν πάσαις ταῖς συμπλοκαῖς τὸ συμπέρασμα αἰεὶ τῷ ἐλάττονι καὶ χείρονι τῶν κειμένων ἐξομοιοῦσθαι· ἄν τε γὰρ ἐκ καταφατικῆς καὶ ἀποφατικῆς προτάσεως, συνάγεται ἀποφατικὸν τὸ συμπέρασμα, ἄν τ' ἐκ καθόλου καὶ ἐπὶ μέρους, ἐπὶ μέρους καὶ τὸ συμπέρασμα. τὸν αὐτὸν δὴ τρόπον καὶ ἐν ταῖς μίξεσιν ἔχειν· ὑπάρχον γὰρ γίνεσθαι ἐν ταῖς ἐξ ἀναγκαίας καὶ ὑπαρχούσης συμπλοκαῖς τῷ ἔλαττον εἶναι τὸ ὑπάρχον τοῦ ἀναγκαίου. ἀλλὰ καὶ τῷ λόγῳ τοῦτο δεικνύουσιν. εἰ γὰρ τὸ B τῷ Γ ὑπάρχει μὲν παντί, οὐ μὴν ἐξ ἀνάγκης, ἐνδέχεταί ποτε αὐτὸ καὶ ἀποζευχθῆναι αὐτοῦ· ὅτε δὴ τὸ B τοῦ Γ ἀπέζευκται, τότε καὶ τὸ A αὐτοῦ ἀποζευχθήσεται· εἰ δὲ τοῦτο, οὐκ ἐξ ἀνάγκης αὐτῷ ὑπάρξει. ἀλλὰ καὶ ἐπὶ τῆς ὕλης δεικνύουσι τοῦτο ἔχον οὕτως. λαβόντες γὰρ τὴν μείζονα καθόλου ἀναγκαίαν ἀποφατικὴν ἢ καταφατικὴν καὶ τὴν ἐλάττονα καθόλου καταφατικὴν ὑπάρχουσαν δεικνύουσιν ὑπάρχον γινόμενον τὸ συμπέρασμα. τὸ γὰρ ζῷον παντὶ ἀνθρώπῳ ἐξ ἀνάγκης, ὁ ἄνθρωπος παντὶ κινουμένῳ ὑπαρχέτω· οὐκέτι τὸ ζῷον παντὶ κινουμένῳ ἐξ ἀνάγκης. ἔτι εἰ τὸ μὲν ἐπιστήμην ἔχειν κατὰ παντὸς γραμματικοῦ ἐξ ἀνάγκης, τὸ δὲ γραμματικὸν κατὰ παντὸς ἀνθρώπου ὑπαρχόντως, οὐκέτι τὸ ἐπιστήμην ἔχειν κατὰ παντὸς ἀνθρώπου ἐξ ἀνάγκης. καὶ τὸ μὲν κινεῖσθαι διὰ σκελῶν κατὰ παντὸς περιπατοῦντος ἐξ ἀνάγκης, τὸ δὲ περιπατεῖν παντὶ ἀνθρώπῳ ὑπαρχέτω· οὐκέτι γὰρ τὸ κινεῖσθαι παντὶ ἀνθρώπῳ ἐξ ἀνάγκης. καὶ τοῦτο εἰκότως γίνεσθαι δοκεῖ. εἰ γὰρ ὁ μείζων ἄκρος τῷ ἐλάττονι διὰ τοῦ μέσου ὅρου ἐπιφέρεται, ὅπως ἂν ὁ μέσος ἔχῃ πρὸς τὸν ἐλάττονα, οὕτως ἔχει καὶ ὁ μείζων πρὸς τὸν ἔσχατον· διὰ γὰρ τούτου ἐπιφέρεται ὁ μείζων

2 ἐπὶ τούτοις aM: μετὰ τοῦτο K (cf. p. 119, 10) δὲ M 5 καθόλου ἀμφοτέρων οὐσῶν K 6 ὡς prius om. M τῷ prius om. M 8 λέγει. οἱ evan. M γε om. K 8. 9 Θεόφραστόν τε καὶ Εὔδημον K 10 τε om. K συζυγίαις a: συζυγίας KM κείμεναι συλλογιστικαῖς a 12 τῶν κειμένων om. K 13 ἐξομοιοῦσθαι] ἐξ evan. M 14 συνάγηται M τε aK ἐκ om. a 15 ἐν om. M 16 post γίνεσθαι add. ἐκ τῆς a 17 τῷ (ante ἔλ.) aM: τὸ K 18 δεικνύειν K παντί, οὐ] τί, οὐ evan. M 19 δὴ aM: δὲ K 20 οὐκ om. K 21 τοῦθ' οὕτως ἔχον K 26 εἰ om. aM 27 ὑπαρχέτω K 30 ὑπαρχέτω . . . ἀνθρώπῳ om. M post ὑπαρχέτω add. ὄντως K γὰρ K: δὴ a 31 ἄκρος aM: ὅρος K 32 ἐλάσσονα K 33 διὰ . . . ἐσχάτῳ (p. 125, 1) om. M ἐπιφέρεται] hinc iterum B

τῷ ἐσχάτῳ· ὥστε ὡς ἂν οὗτος ἔχῃ πρὸς τὸν ἔσχατον, δι' ὃν ὁ μείζων συνάπτεται τῷ ἐσχάτῳ, οὕτως ἕξει καὶ ὁ μείζων πρὸς τὸν ἔσχατον.

Τὸ μὲν οὖν λέγειν μηδὲ Ἀριστοτέλην ἐνταῦθα εἰρηκέναι ἐν ταῖς τοιαύταις μίξεσιν ἀναγκαῖον γίνεσθαι τὸ συμπέρασμα, ἀλλ' ἐφ' ὕλης τινός, καὶ τοῦτο πιστοῦσθαι ἐκ τοῦ οὕτως εἰρηκέναι αὐτὸν συμβαίνει δέ ποτε καὶ τῆς ἑτέρας προτάσεως ἀναγκαίας οὔσης ***· τὸ γὰρ ποτὲ οὐκ ἐπὶ τῆς μίξεως τῆς τοιαύτης κεῖται ὡς ποτὲ μὲν ἐν τῇ τοιαύτῃ μίξει ἀναγκαίου γινομένου τοῦ συμπεράσματος ποτὲ δὲ οὔ, ἀλλ' ἐπὶ τῆς μίξεως ὅλως· ποτὲ γὰρ ἐν τῇ μίξει τῇ ἐξ ἀναγκαίας καὶ ὑπαρχούσης ἀναγκαῖον γίνεται τὸ συμπέρασμα· οὐ γὰρ ἀεί, ἐπεὶ μὴ καὶ τῆς ἐλάττονος ἀναγκαίας ληφθείσης ἀναγκαῖόν λέγει τι συνάγεσθαι. τὸ οὖν ποτὲ τοῦ τρόπου τῆς μίξεως δηλωτικόν ἐστιν, οὐ τοῦ ἐν τῷ αὐτῷ τρόπῳ καὶ τῇ αὐτῇ συμπλοκῇ ποτὲ μὲν ἀναγκαῖον γίνεσθαι ποτὲ δὲ ὑπάρχον τὸ συμπέρασμα. καὶ τοῦτο αὐτὸς σαφῶς ἐδήλωσε, δι' ὧν ἐπιφέρει, λέγων πλὴν οὐχ ὁποτέρας ἔτυχεν, ἀλλὰ τῆς πρὸς τὸ μεῖζον ἄκρον, ὡς τούτου χάριν τὸ ποτὲ προσθείς. καὶ γὰρ γελοῖον τὸ ἡγεῖσθαι αὐτὸν διὰ τοῦτο τὸ ποτὲ λέγειν, ὅτι ἐπὶ ὕλης τινὸς ἐν τῇ τοιαύτῃ συμπλοκῇ ἀναγκαῖον γίνεται τὸ συμπέρασμα. οὕτως μὲν γὰρ οὐδὲν ἂν κωλύοι καὶ τὰς ἀσυλλογίστους συζυγίας συλλογιστικὰς λέγειν ποτέ· εὑρεθήσονται γὰρ ἐπὶ ὕλης τινὸς συνάγουσαι. ἐν γοῦν τῷ δευτέρῳ σχήματι ἡ ἐκ δύο καθόλου καταφατικῶν, εἰ εἶεν οἱ ἄκροι ἐπ' ἴσης ἀλλήλοις, τοιούτων ὅρων εἰλημμένων καθόλου καταφατικὸν συνάξει· ἂν γὰρ ᾖ πᾶς ἄνθρωπος ζῷον, ἀλλὰ καὶ πᾶν γελαστικὸν ζῷον, καὶ πᾶς ἄνθρωπος γελαστικὸν συνάγεται. ἀλλ' οὐ διότι ποτὲ συνάγεταί τι ἐπὶ ὕλης τινός, ἤδη συλλογιστικὴ ἡ συμπλοκή. ἔτι δὲ εἰ τοῦτο ἐβούλετο δηλοῦν, ὡς ἔδειξεν, ἔδειξεν ἄν, ἐφ' ἧς ὕλης τοῦτο οὕτως ἔχει· τοῦτο γὰρ ἦν τοῦ διὰ τοῦτο τὸ ποτὲ προστεθεικότος. ὁ δὲ τοῦτο μὲν οὐ ποιεῖ, ἐπὶ δὲ τῶν στοιχείων προάγει τὸν λόγον, ἐφ' ὧν τὰς καθολικὰς δείξεις ποιεῖται τῷ μηδὲν μᾶλλον τῇδε ἢ τῇδε τῇ ὕλῃ δύνασθαι ἐφαρμόζειν. διὸ τοῦτο μὲν παραιτητέον ὡς κενὸν παντάπασι. παραιτητέον δὲ καὶ τὴν ἐπὶ πλέον ἐξέτασιν τοῦ λεγομένου· εἴρηται γὰρ ἡμῖν ἐν τοῖς Περὶ τῆς κατὰ τὰς μίξεις διαφορᾶς Ἀριστοτέλους τε καὶ τῶν ἑταίρων αὐτοῦ γεγραμμένοις. οἷς δὲ Ἀριστοτέλης τε ἐχρήσατο πρὸς τὴν τοῦ λεγομένου πίστιν καὶ οἷς χρήσαιτο ἄν τις παριστάμενος τῷ τὸ λεγόμενον ὑπ' αὐτοῦ ὑγιὲς εἶναι, ταῦτα παραθησόμεθα. αὐτὸς μὲν οὖν

---

1 ἔσχατον periit in B post ἔσχατον add. ὁ M 2 ἅπτεται a ὁ μείζων periit in B 3 ἐνταῦθα periit in B 4 γίνεσθαι] εσθαι periit in B 5 ἐκ τοῦ periit in B οὕτως om. a 6 προτάσεως] ροτά periit in B post οὔσης excidisse videtur velut ἄτοπον; an pro τὸ μὲν vs. 3 scribendum est ἄτοπον? 7 τῆς τοιαύτης μίξεως M: μίξεως τοιαύτης a ἐν aB: ἐπὶ M ἀναγκαίου] ίου periit in B 8 ὅλης a 9 γίνεται ἀναγκαῖον aM 11 τῆς μίξεως τοῦ τρόπου a 12 ἐν τῷ superscr. M συμπλοκῇ] πλοκ corr. B¹ 13 αὐτὸ B 15 προστιθεὶς M 16 εἰπεῖν τὸ ποτέ M 17 γίνεσθαι M 18 μὲν om. a κωλύει omisso ἂν aM 20 ἡ ex ἢ corr. B¹: εἰ aM εἰ om. aM 21 συνάξεις a 25 ἧς om. a ἔχειν B 28 διὸ τοῦτο evan. B 29 παραιτητέον] έον periit in B 30 γὰρ periit in B Ἀριστοτέλους] λους periit in B 32 τὴν τοῦ periit in B post χρήσαιτο add. τε B 33 τὸ BM: τόδε a

ἐχρήσατο τῷ κατὰ παντός. ἐπεὶ γὰρ τὸ Α κατὰ παντὸς τοῦ Β ἐξ ἀνάγκης, 40v τὸ δὲ Γ ὑπὸ τὸ Β ἐστὶ καὶ τὶ τοῦ Β, εἴη ἂν καὶ κατὰ τοῦ Γ ἐξ ἀνάγκης· ὃ γὰρ κατὰ παντὸς τοῦ Β ἐξ ἀνάγκης, κἂν κατὰ τῶν ὑπὸ τὸ Β ἐξ ἀνάγκης κατηγοροῖτο, εἴ γε τὸ κατὰ παντός ἐστιν, "ὅταν μηδὲν ᾖ λαβεῖν τοῦ ὑποκειμένου, καθ' οὗ τὸ κατηγορούμενον οὐ ῥηθήσεται"· τὸ δὲ Γ τὶ τῶν Β ἐστί. καὶ γὰρ τὸ κατὰ παντὸς ἐξ ἀνάγκης ὁμοίως λαμβάνεται, ὡς προεῖπεν ἐπὶ τῶν ἀναγκαίων εἰπὼν "τό τε γὰρ στερητικὸν ὡσαύτως ἀντιστρέφει, καὶ τὸ ἐν ὅλῳ εἶναι καὶ τὸ κατὰ παντὸς ὁμοίως ἀποδώσομεν".

Οἱ δὲ παριστάμενοι τῇ δόξῃ αὐτοῦ οἱ μὲν τὴν ὑπάρχουσαν καθόλου καταφατικὴν ἐν τῇ τοιαύτῃ μίξει ἀληθῆ λαμβάνειν ἀξιοῦσι, μὴ πρὸς ὑπόθεσιν ἀλλὰ ἀληθῶς ὑπάρχουσαν· αἴτημα γὰρ ἐκείνως γίνεται καὶ οὐκέτ' ἀληθὴς ἡ πρότασις. ληφθείσης δὲ ἀληθοῦς ἐν τῷ ὑπάρχειν καὶ καθόλου οὐδ' ἐπὶ ὕλης τινὸς ἐλεγχθήσεται ψεῦδος τὸ λεγόμενον. τὸ γὰρ ἄνθρωπον παντὶ κινουμένῳ ὑπάρχειν οὐκ ἀληθὲς ὡς ὑπάρχον καθόλου· ἀλλ' οὐδὲ τὸ γραμματικὸν παντὶ ἀνθρώπῳ· ἀλλ' οὐδὲ τὸ περιπατεῖν παντὶ ἀνθρώπῳ. ἐπὶ δὲ τῶν οὕτως λαμβανομένων ὑπαρχουσῶν τῷ μὴ εἶναι αὐτὰς ὡς καθόλου λαμβανομένας ἀληθεῖς ὑπαρχούσας οὐκ ἀναγκαῖον τὸ συμπέρασμα. καίτοι τί ἐροῦσιν, ὅταν ἡ ἐλάττων μηκέτι καθόλου ᾖ ὑπάρχουσα, ἀλλ' ἐπὶ μέρους λαμβάνηται; καὶ γὰρ οὕτως, εἰ ἡ μείζων ἀναγκαία εἴη, ἀναγκαῖόν φησι γίνεσθαι τὸ συμπέρασμα, καὶ οὐκέθ' οἷόν τε λέγειν μὴ εἶναι ἀληθῆ τὴν ἐπὶ μέρους ὑπάρχουσαν τὸν ἄνθρωπον τινὶ κινουμένῳ ἢ γραμματικὸν τινὶ ἀνθρώπῳ.

Οἱ δέ γέ φασιν, ὅτι, εἰ ἡ λέγουσα τὸ Α κατὰ παντὸς τοῦ Β ἡ αὐτή ἐστι τῇ λεγούσῃ, | καθ' οὗ παντὸς τὸ Β, κατ' ἐκείνου παντὸς τὸ Α, ὡς καὶ 41r αὐτὸς λέγει πολλάκις, ἔσται καὶ ἡ λέγουσα τὸ Α κατὰ παντὸς τοῦ Β ἐξ ἀνάγκης ἡ αὐτὴ τῇ λεγούσῃ, καθ' οὗ παντὸς τὸ Β, κατὰ τούτου παντὸς ἐξ ἀνάγκης τὸ Α. τοῦτο δὲ σημαινούσης τῆς ἀναγκαίας καθόλου πάντως ἀναγκαῖον γίνεται τὸ συμπέρασμα, κἂν ὑπάρχουσα ληφθῇ ἡ ἐλάττων.

Ἀλλὰ καὶ διὰ τῆς εἰς ἀδύνατον ἀπαγωγῆς εἰσί τινες οἱ τὸ λεγόμενον ὑπ' Ἀριστοτέλους, ὅτι καλῶς εἴρηται, δεικνύναι πειρώμενοι. ἔστω γὰρ ἡ μῖξις ἐκκειμένη, καὶ τὸ μὲν Α τῷ Β παντὶ ἐξ ἀνάγκης ὑπαρχέτω, τὸ δὲ Β παντὶ τῷ Γ ὑπαρχέτω μόνον· λέγω, ὅτι τὸ Α τῷ Γ ἐξ ἀνάγκης παντί. εἰ γὰρ μή, τὸ ἀντικείμενον ἐνδέχεται τὸ Α τῷ Γ τινὶ μὴ ὑπάρχειν· κεῖται δὲ καὶ τὸ Α παντὶ τῷ Β ἐξ ἀνάγκης· γίνεται δὴ ἐν δευτέρῳ σχήματι συζυγία ἐκ καθόλου καταφατικῆς τῆς μείζονος ἀναγκαίας καὶ ἐπὶ μέρους ἀποφατικῆς ἐνδεχομένης τῆς ἐλάττονος ἐπὶ μέρους ἀποφατικὸν ἐνδεχόμενον

---

2 καὶ (post ἂν) om. M 3 κἂν correxi: καὶ libri 4 "ὅταν . . . ῥηθήσεται" (5)] I 1 p. 24b29 (cf. p. 24, 29—30) 5 λεχθήσεται M et Ar. τοῦ β a 7 εἰπὼν] p. 30a2 γὰρ B[1] corr. ὡσαύτως aB et Ar.: ὁμοίως M 9 τῇ δόξῃ αὐτοῦ παριστάμενοι a 10 τοιαύτῃ aB: αὐτῇ M 11 ἐκείνη a 12 δὲ BM: γὰρ a οὐδὲ M 16 οὕτω a 17 ἀληθεῖς B: ἀληθὲς aM 18 τί om. a ᾖ καθόλου M 19 εἰ om. a 21 ἢ γραμματικὸν . . . γενομένης ἐν δευτέρῳ (p. 136, 14) om. B 21 καὶ om. K 25 ἔλεγε K 26 κατ' ἐκείνου a 30 κακῶς K

συνάγουσα, καθ' ἃ καὶ Θεοφράστῳ τε καὶ Εὐδήμῳ δοκεῖ. τὸ ἄρα Β τῷ Γ 41r ἐνδέχεται τινὶ μὴ ὑπάρχειν· ἀλλ' ὑπέκειτο παντὶ ὑπάρχειν.

Ἔστι δὲ πιστώσασθαι, ὅτι τὸ λεγόμενον ὑπὸ Ἀριστοτέλους ὑγιές ἐστι, μάλιστα διὰ τῆς εἰς ἀδύνατον ἀπαγωγῆς τῆς γινομένης ἐν τρίτῳ σχήματι. κείσθω γὰρ τὸ μὲν Α παντὶ τῷ Β ἐξ ἀνάγκης, τὸ δὲ Β παντὶ τῷ Γ ὑπάρχειν· λέγω, ὅτι τὸ Α παντὶ τῷ Γ ἐξ ἀνάγκης. εἰ γὰρ μή, τὸ ἀντικείμενον τὸ Α τῷ Γ ἐνδέχεται τινὶ μὴ ὑπάρχειν· κεῖται δὲ καὶ τὸ Β παντὶ τῷ Γ ὑπάρχειν· γίνεται ἐν τρίτῳ σχήματι συζυγία ἐξ ὑπαρχούσης καθόλου καταφατικῆς τῆς ἐλάττονος καὶ ἐνδεχομένης ἐπὶ μέρους ἀποφατικῆς τῆς μείζονος ἐπὶ μέρους ἀποφατικὸν ἐνδεχόμενον συνάγουσα. τὸ ἄρα Α τῷ Β ἐνδέχεται τινὶ μή, ὅπερ ἀδύνατον· κεῖται γὰρ παντὶ ἐξ ἀνάγκης. ἐν γὰρ τῇ τοιαύτῃ συζυγίᾳ τῇ ἐν τρίτῳ σχήματι καὶ Ἀριστοτέλει δοκεῖ καὶ τοῖς ἑταίροις αὐτοῦ ἐπὶ μέρους ἐνδεχόμενον ἀποφατικὸν γίνεσθαι τὸ συμπέρασμα. τοσούτοις καὶ τοιούτοις ἄν τις χρήσαιτο παριστάμενος τῇ περὶ τούτων Ἀριστοτέλους δόξῃ. τί δὲ τούτων ὑγιῶς ἢ μὴ ὑγιῶς λέγεσθαι δοκεῖ, ἐν ἄλλοις ἡμῖν, ὡς ἔφην, μετὰ ἀκριβείας εἴρηται.

p. 30a17 Οἷον εἰ τὸ μὲν Α τῷ Β ἐξ ἀνάγκης εἴληπται ὑπάρχον ἢ μὴ ὑπάρχον.

Περὶ τῶν δύο συζυγιῶν λέγει τῶν ἐν τῷ πρώτῳ σχήματι πρώτων· καὶ γὰρ καταφατικῆς καὶ καθόλου ἀναγκαίας οὔσης τῆς μείζονος ὑπαρχούσης δὲ καθόλου καταφατικῆς τῆς ἐλάττονος καὶ ἀποφατικῆς ὁμοίως ἀναγκαίας πάλιν τῆς μείζονος ὑπαρχούσης δὲ καθόλου καταφατικῆς τῆς ἐλάττονος ἀναγκαῖόν φησι τὸ συμπέρασμα γίνεσθαι, ἐν ᾗ μὲν καταφατικόν, ἐν ᾗ δὲ ἀποφατικόν.

p. 30a21 Ἐπεὶ γὰρ παντὶ τῷ Β ἐξ ἀνάγκης ὑπάρχειν ἢ μὴ ὑπάρχειν τὸ Α κεῖται, τὸ δὲ Γ τὶ τῶν Β ἐστί, φανερόν, ὅτι καὶ τῷ Γ ἐξ ἀνάγκης ἔσται θάτερον τούτων.

Τὸ μὲν θάτερον τούτων εἴρηκεν ἀντὶ τοῦ 'καταφατικὸν ἢ ἀποφατικόν'. δι' ὃ δὲ ἡγεῖται ἀναγκαῖον ἔσεσθαι τὸ συμπέρασμα οὕτως ἐχόντων τῶν ὅρων, εἴρηκεν, ὅτι τὸ μὲν Γ τὶ τῶν Β ἐστί, τὸ δὲ Α παντὶ τῷ Β ἐξ ἀνάγκης κεῖται ὑπάρχειν ἢ μὴ ὑπάρχειν.

1 καὶ prius om. K ante β add. τὸ a 3 δὲ om. aM ὑπ' aK 5 δὲ om. M 11 μὴ aK: ὑπάρχειν M 13 ἀποφατικὸν ἐνδεχόμενον aK 14 τοσούτοις aK: τούτοις M 15 τούτου (post περὶ) K δόξῃ Ἀριστοτέλους K 16 ἔφην] p. 125,30 17 ὑπάρχειν . . . ὑπάρχειν (18) K 19 τῷ om. aK 20 post γὰρ add. καὶ K 21 καταφατικῆς καθόλου K 23 καταφατικῇ K 25. 26 ὑπάρχει ἢ οὐχ ὑπάρχει omisso κεῖται Ar. 26 τι τῶν a et Ar.: τινὶ τῷ K 27 τὸ K (diu, corr. B) ἔσται om. K 28 εἴρηται K καταφατικοῦ ἢ ἀποφατικοῦ K

p. 30a23 **Εἰ δὲ τὸ μὲν Α Β μή ἐστιν ἀναγκαῖον, τὸ δὲ Β Γ** 41r **ἀναγκαῖον, οὐκ ἔσται τὸ συμπέρασμα ἀναγκαῖον.**

Εἰ ἡ ἐλάττων, φησί, ληφθείη ἀναγκαία καθόλου ἡ δὲ μείζων ὑπάρχουσα καθόλου, οὐκ ἀναγκαῖόν φησιν ἔσεσθαι τὸ συμπέρασμα. καὶ διὰ τούτου δεικνὺς ἡμῖν, οὗ χάριν ἐν τοῖς ἔμπροσθεν εἶπε τὸ "συμβαίνει δέ ποτε καὶ τῆς ἑτέρας προτάσεως ἀναγκαίας οὔσης ἀναγκαῖον γίνεσθαι τὸ συμπέρασμα". ὅτι δὲ μὴ ἀναγκαῖον γίνεται τὸ συμπέρασμα ἐν τῇ τοιαύτῃ συζυγίᾳ, δεικνὺς φησὶν **εἰ γὰρ ἀναγκαῖον ἔσται τὸ συμπέρασμα, συμβήσεται τὸ Α τινὶ τῷ Β ἐξ ἀνάγκης ὑπάρχειν διά τε τοῦ πρώτου καὶ τοῦ τρίτου σχήματος. ὃ ψεῦδος· ἔσται** τῷ κεῖσθαι τὸ Α παντὶ τῷ Β ὑπάρχειν, **ἀλλ' οὐκ ἐξ ἀνάγκης.** ἐν μὲν 41v οὖν τῷ πρώτῳ σχήματι οὕτως δειχθήσεται τὸ Α τινὶ τῷ Β ἐξ ἀνάγκης ὑπάρχον· κείσθω ἡ συζυγία τὸ Α τῷ Β ὑπάρχειν παντί, τὸ Β τῷ Γ παντὶ ἐξ ἀνάγκης· εἰλήφθω ἀναγκαῖον τὸ συμπέρασμα τὸ τὸ Α παντὶ τῷ Γ ἐξ ἀνάγκης· ἀλλὰ μὴν καὶ τὸ Γ τινὶ τῷ Β ἐξ ἀνάγκης· ἐπεὶ γὰρ τὸ Β παντὶ τῷ Γ ἐξ ἀνάγκης, ἀντιστρέφει δὲ πρὸς τὴν καθόλου καταφατικὴν ἀναγκαίαν ἡ ἐπὶ μέρους καταφατικὴ ἀναγκαία, ὑπάρξει καὶ τὸ Γ τινὶ τῷ Β ἐξ ἀνάγκης· κεῖται δὲ καὶ τὸ Α παντὶ τῷ Γ ἐξ ἀνάγκης· τὸ ἄρα Α τινὶ τῷ Β ἐξ ἀνάγκης ὑπάρχει· δύο γὰρ ἀναγκαῖαι, ἡ μὲν καθόλου ἡ δὲ ἐπὶ μέρους· ὅ φησι ψεῦδος εἶναι, ὅτι ἔκειτο ἁπλῶς ὑπάρχειν αὐτῷ παντί, ὃ δ' ὑπάρχει παντί, ἐνδέχεται καὶ μηδενί ποτε ὑπάρχειν. διὰ δὲ τοῦ τρίτου σχήματος οὕτως ἂν δειχθείη ταὐτόν· εἰλήφθω ἐπὶ τῆς ἐκκειμένης συζυγίας συμπέρασμα τὸ Α τῷ Γ παντὶ ἐξ ἀνάγκης, καὶ προσειλήφθω ἡ ἐλάττων πρότασις ἀναγκαία ἡ 'τὸ Β παντὶ τῷ Γ ἐξ ἀνάγκης'· γίνεται ἐν τρίτῳ σχήματι συζυγία ἐκ δύο καθόλου καταφατικῶν ἀναγκαίων, ἥτις ἐπὶ μέρους καταφατικὸν ἀναγκαῖον συνάγει· τὸ Α ἄρα τῷ Β τινὶ ἐξ ἀνάγκης· ὃ ψεῦδός ἐστιν· ἔκειτο γὰρ ἁπλῶς αὐτῷ παντὶ ὑπάρχειν, τὸ δὲ παντὶ ἁπλῶς ὑπάρχον ἐνδέχεται καὶ μηδενὶ αὐτῷ ὑπάρχειν. ὃ ἐδήλωσεν εἰπὼν **ἐνδέχεται δὲ τοιοῦτον εἶναι τὸ Β, ᾧ ἐγχωρεῖ τὸ Α μηδενὶ ὑπάρχειν**, ἐνδεικνύμενος ἡμῖν καὶ διὰ τούτου πάλιν, ὁποίαν τὴν ὑπάρχουσαν πρότασιν εἶναι βούλεται. σημειωτέον δέ, ὅτι οὐκ εἶπεν ἀδύνατον εἶναι

1 οὐκ a 3 ληφθῇ M ἡ δὲ . . . καθόλου (4) om. K 5 πρόσθεν M εἶπε] p. 30a15 6 καὶ τῆς ἑτέρας . . . γίνεσθαι τὸ συμπέρασμα (7) om. a 8 εἰ γὰρ . . . ἀλλ' οὐκ ἐξ ἀνάγκης (11) lemma in aK ἔσται aK (Cfi): ἐστὶ M et Ar., sed hic omisso ἀναγκαῖον et τὸ συμπέρασμα 10 τοῦ alterum om. aK ὃ aK: ὅτι M τῷ aK: τὸ M 11 τῷ β̄ παντὶ aK 13 ὑπάρχειν (ante κείσθω) M 14 ἐξ ἀνάγκης παντί aM εἰλήφθω . . . γ̄ ἐξ ἀνάγκης (15) om. aM 15 ἀλλὰ μὴν . . . γ̄ ἐξ ἀνάγκης (16) om. K 16 γὰρ M: γοῦν aK καθόλου aK: μερικὴν M 17 ἐπὶ μέρους aK: καθόλου M καὶ om. M 18 τὸ β̄ K 19 ἀναγκαῖαι aM: ἀναγκαῖον K 20 ὅτε K 22 ταὐτό K 22. 23 κειμένης a 26 ἥτις ἐπὶ μέρους om. M καταφατικὸν M: ἀποφατικὸν aK συνάγει ἀναγκαῖον a 27 αὐτῷ παντὶ ἁπλῶς K 28 αὐτῷ] τῷ evan. M 29 ἐνδέχεται . . . ὑπάρχειν (30) lemma in aK δὲ aKM: γὰρ Ar.

τὸ Α τινὶ τῷ Β ἐξ ἀνάγκης ὑπάρχειν· οὐδὲν γὰρ κωλύει τὸ παντὶ ὑπάρχον 41v τινὶ αὐτῷ καὶ ἐξ ἀνάγκης ὑπάρχειν. ἀλλ' ἐπεὶ μὴ ἀναγκαῖόν ἐστι τὸ παντὶ ὑπάρχον εὐθὺς ἐν τῷ παντὶ ὑπάρχειν καὶ τὸ ἐξ ἀνάγκης τινὶ αὐτοῦ ὑπάρχειν περιέχειν· ἐνδέχεται γὰρ καὶ παντὶ αὐτῷ οὕτως ὑπάρχειν ὡς ἐνδέχεσθαι καὶ μηδενί· οὐ γὰρ κεκώλυται ἡ καθόλου καταφατικὴ ὑπάρχουσα οὕτως ἀληθὴς εἶναι· διὸ ψεῦδος γίνεται ἐπὶ τῆς οὕτως ὑπαρχούσης καθόλου ἀληθοῦς τὸ παντὶ ὑπάρχον τινὶ ἐκείνῳ ἐξ ἀνάγκης ὑπάρχειν.

p. 30a27 Ἐνδέχεται δὲ τοιοῦτόν τι εἶναι.

Ἀντὶ τοῦ 'ἐνδέχεται γάρ'· τὸ γὰρ κατάλληλον ἐν τῇ λέξει τοῦτο. οὐκέτι δέ, εἰ τῆς μείζονος ἀναγκαίας οὔσης ὑπαρχούσης δὲ τῆς ἐλάττονος ἀναγκαῖόν τις λέγοι τὸ συμπέρασμα γίνεσθαι, τοιοῦτό τι ψεῦδος ἕπεται. ἂν γὰρ τὸ μὲν Α παντὶ τῷ Β ἐξ ἀνάγκης ὑπάρχῃ, τὸ δὲ Β παντὶ τῷ Γ ὑπάρχῃ μόνον, καὶ ληφθῇ τὸ Α παντὶ τῷ Γ ἐξ ἀνάγκης, οὔτε ἐν πρώτῳ σχήματι οὔτε ἐν τρίτῳ ὅμοιον τῷ προειρημένῳ ψεῦδος συνάγεται· συνάγεται γὰρ τὸ Α τινὶ τῷ Β ἐξ ἀνάγκης ὑπάρχον, ἂν ᾖ συγκεχωρημένον τὸ ἀναγκαίας οὔσης τῆς μείζονος ἀναγκαῖον γίνεσθαι τὸ συμπέρασμα, ἢ τινὶ ὑπάρχειν μόνον, εἰ λέγοι τις ὑπάρχον γίνεσθαι καὶ ἐν τῇ τοιαύτῃ μίξει τὸ συμπέρασμα, ὧν οὐδέτερον ψεῦδος κειμένου τοῦ Α παντὶ τῷ Β ὑπάρχειν ἐξ ἀνάγκης. ὥστε εἰκὸς αὐτὸν καὶ ὑπὸ ταύτης κινηθέντα τῆς διαφορᾶς, ἐν ᾗ μὲν μίξει ἡ μείζων ἀναγκαία, ἀναγκαῖον θέσθαι τὸ συμπέρασμα, ἐν ᾗ δὲ ἡ ἐλάττων, ὑπάρχον.

p. 30a28 Ἔτι καὶ ἐκ τῶν ὅρων φανερόν, ὅτι οὐκ ἔσται τὸ συμπέρασμα ἀναγκαῖον.

Καὶ ἐπὶ τῶν ὅρων ἐλέγχει τε καὶ δείκνυσιν· εἰ γὰρ εἴη τὸ μὲν Α κίνησις τὸ δὲ Β ζῷον τὸ δὲ Γ ἄνθρωπος, ἔσται κίνησις μὲν παντὶ ζῴῳ ὑπαρχόντως, τὸ δὲ ζῷον παντὶ ἀνθρώπῳ ἐξ ἀνάγκης, καὶ κίνησις παντὶ μὲν ὑπάρξει ἀνθρώπῳ, οὐ μὴν ἐξ ἀνάγκης. ἄξιον δὲ ἐνταῦθα ἐπιστῆσαι, πῶς ἐπὶ ταύτης τῆς συμπλοκῆς διὰ τῶν ὅρων ἐλέγξας μὴ συναγόμενον ἀναγκαῖόν τι συμπέρασμα οὐκέτι τὸ αὐτὸ τοῦτο συνεῖδε δυνάμενον δείκνυσθαι καὶ ἐπὶ τῶν τὴν μείζονα καθόλου τε καὶ ἀναγκαίαν ἐχουσῶν συζυγιῶν· καὶ γὰρ ἐπ' ἐκείνων ὁμοίως ἡ τῶν αὐτῶν ὅρων παράθεσις δείκνυσι μὴ γινόμενον ἀναγκαῖον τὸ συμπέρασμα· ἂν γὰρ λάβωμεν ζῷον παντὶ ἀνθρώπῳ καὶ ἄνθρωπον παντὶ κι|νουμένῳ, συναχθήσεται τὸ ζῷον παντὶ κινουμένῳ· 42r ἀλλ' ἔοικεν ἐπακολουθῆσαι μόνῳ τῷ κατὰ παντὸς ἐξ ἀνάγκης ὡς σημαίνοντι "ὅταν μηδὲν ᾖ λαβεῖν τοῦ ὑποκειμένου, καθ' οὗ τὸ κατηγορούμενον οὐ ῥη-

---

1 τὸ τὸ ā a   3 αὐτοῦ K: αὐτῷ a: αὐ.. M   τινὶ αὐτῷ ἐξ ἀνάγκης a   4 περιέχει aM   6 post καθόλου add. καταφατικῆς a   8 textus verba in M   δὲ aKM: γὰρ Ar.   τι post εἶναι transponit K: om. Ar. (cf. p. 128,29)   10 οὔσης ἀναγκαίας aK   11 λέγοι? K   τοιοῦτόν a   15 ὑπάρχειν a: ὑπάρ^χ K   16 τὸ om. K   19 μὲν μίξει ἡ a: μίξει ἡ μὲν KM   20 τὸ om. K   21 post ἔτι add. δὲ K   ἔσται Ar.: ἔστι aK   25 ὑπαρχέτω K   δὲ om. a   25. 26 μὲν παντὶ ζῴῳ ὑπάρξει K   26 ἐνταῦθα post πῶς (27) transponit K   27 ante ἐπὶ add. καὶ K   28 τι M: om. aK   33 τῷ bis a   σημαίνοντα K   34 "ὅταν . . . ῥηθήσεται"] I 1 p. 24b29 (cf. p. 126,4)

θήσεται” ἐξ ἀνάγκης. εἰ μὲν οὖν οὕτως ἔχοντα λαμβάνει τὰ ὑπὸ τὸ Β ὡς 42r τοῦ Β τινὰ ὄντα, ἐξ ἀνάγκης αὐτῶν ἔλαβε τὸ Α κατηγορεῖσθαι. τοῦτο δὲ ἦν ἀληθές, εἰ πάντα τὰ ὑπὸ τὸ Β μέρη τοῦ Β ἦν καὶ οὕτως αὐτοῦ τινα ὡς ἐν τῇ οὐσίᾳ αὐτοῦ εἶναι. εἰ δὲ δύναταί τινα τῶν ὑπὸ τὸ Β καὶ χωρίζεσθαι αὐτοῦ, οὐκέτι τοῖς οὕτως οὖσιν ὑπὸ τὸ Β ἐξ ἀνάγκης τὸ Α ὑπάρξει. ἦν δὲ ἐπὶ τῆς καθόλου ὑπαρχούσης τῆς παραγωγῆς ταύτης αἰτία· ἐπεὶ γὰρ ἐν ἐκείνῃ πάντως ὑπάρχειν δεῖ τὸ Α τοῖς ὑπὸ τὸ Β, ἂν παντὶ τῷ Β ὑπάρχῃ, ἀκολουθεῖν δοκεῖ καὶ τὸ Α ἀναγκαίως αὐτοῖς ὑπάρξειν, ἐὰν ἀναγκαίως ὑπάρχῃ παντὶ τῷ Β· τοῦτο δέ, ἐπεὶ τὰ ὑπὸ τὸ Β τινὰ τοῦ Β ἐστίν. ἀλλὰ τὸ τινὰ τοῦ Β εἶναι κοινότερον λεγόμενον φαντασίαν ἀποστέλλει ὡς ἐν τῇ οὐσίᾳ αὐτοῦ ὄντων· οὐχ οὕτω ⟨δ'⟩ ἐχόντων αὐτῶν, οὐδ' ἂν τὸ Α αὐτοῖς ἐξ ἀνάγκης ὑπάρχοι· τὸ γὰρ ἐξ ἀνάγκης ὑπάρχον οὐ νῦν μόνον ἀλλὰ καὶ ὕστερον ὑπάρχει. διὸ ὑπάρχουσαν οὐ τίθησιν· ἐν τούτοις γὰρ τὸ κατὰ παντὸς τοῦ Β ἐξ ἀνάγκης κατηγορούμενον ἐξ ἀνάγκης ὑπάρξει καὶ τοῖς ὑπὸ τὸ Β, ἐν οἷς ἐστιν ἐξ ἀνάγκης. ἐπὶ μέντοι τοῦ κατὰ παντὸς τοῦ Β ὑπαρχόντως κατηγορουμένου ἀληθές ἐστι τὸ μηδὲν εἶναι κατηγορούμενον τῶν ὑπὸ τὸ Β, καθ' ὧν οὐ κατηγορηθήσεται τὸ κατὰ παντὸς τοῦ Β λεγόμενον, ὅτι, καὶ ὧν ἀναγκαίως τὸ Β κατηγορεῖται καὶ ὧν ὑπαρχόντως, τούτοις εἰπεῖν ὑπάρχειν τὸ κατὰ παντὸς αὐτοῦ κατηγορούμενον ἀληθές. οὐκέτι μέντοι ἀληθὲς τὸ ὧν τὸ Β ὑπαρχόντως κατηγορεῖται, τούτων τὸ κατὰ τοῦ Β ἐξ ἀνάγκης παντὸς κατηγορούμενον κατηγορηθήσεσθαι ἐξ ἀνάγκης· τὸ μὲν γὰρ ἐξ ἀνάγκης ὑπάρχον ὑπάρχειν εἰπεῖν ἀληθές, τὸ δ' ὑπάρχον ἁπλῶς ἐξ ἀνάγκης εἰπεῖν ὑπάρχειν οὐκ ἀληθές. ὅτι δὲ ἡ ὑπάρχουσα καθόλου ὑπόθεσίς ἐστιν, ἐδήλωσε καὶ ἄρτι, δι' ὧν παρέθετο ὅρων.

p. 30a32 Ὁμοίως δὲ καὶ εἰ στερητικὸν εἴη τὸ Α Β· ἡ γὰρ αὐτὴ ἀπόδειξις.

Ὁμοίως, φησί, δειχθήσεται μὴ γινόμενον ἀναγκαῖον τὸ συμπέρασμα, μηδ' ἂν ἡ μείζων ᾖ καθόλου ἀποφατικὴ ὑπάρχουσα· πάλιν γὰρ ἐκθησόμεθα τὸ συμπέρασμα καθόλου ἀποφατικὸν ἀναγκαῖον. καὶ ἐν μὲν τῷ πρώτῳ σχήματι τὴν δεῖξιν ποιούμενοι ἀντιστρέψομεν τὴν καθόλου καταφατικὴν ἀναγκαίαν τὴν Β Γ, καὶ ἔσται τὸ Α τῷ Γ οὐδενὶ ἐξ ἀνάγκης, τὸ Γ τῷ Β τινὶ ἐξ ἀνάγκης· ἐξ ὧν συναχθήσεται τὸ Α τινὶ τῷ Β μὴ ὑπάρχειν ἐξ

---

1 εἰ μὲν οὖν KM: τούτου γοῦν a ἔχοντος aK λαμβάνει K: λαμβάνων aM 5 οὕτως om. a τὸ a ἐξ ἀνάγκης a 6 ἦν scripsi: ἡ libri 7 ἂν παντὶ . . . τὸ a (8) om. K 8 ἀναγκαῖον K ὑπάρξει K 9 ἀναγκαῖον ὑπάρχ' K 10 post ἀλλὰ add. καὶ a λέγομεν K 11 οὕτω δ' scripsi: οὕτως aM: ὡς K 12 ἐξ ἀνάγκης αὐτοῖς a ὑπάρχοι scripsi: ὑπάρχῃ libri 13 post διὸ add. η (sic) K 16 κατηγορουμένου ὑπαρχόντως a 16. 17 κατηγορούμενον om. a 18 κατηγορεῖται τὸ β a 20 οὐκέτι . . . ἀληθές (22) om. M κατηγορῆται K 21 κατηγορηθήσεται K 23 ἡ om. K 24 post ὧν add. καὶ K 27 ὁμοία K μὴ om. a 28 ᾖ K: om. aM γὰρ om. a ὑποθησόμεθα conicio 29 ἐν aM: εἰ K 30 ἀντιστρεψῶμεν (sic) K 32 ὑπάρχον aK

ἀνάγκης, ὃ ψεῦδός ἐστιν· ὑπέκειτο γὰρ μηδενὶ ὑπάρχον ἁπλῶς. εἰ δὲ ἐν 42r τῷ τρίτῳ ποιούμεθα τὴν δεῖξιν, ἕξομεν καὶ τὸ Α οὐδενὶ τῷ Γ ἐξ ἀνάγκης καὶ τὸ Β παντὶ τῷ Γ ἐξ ἀνάγκης· ἔκειτο γὰρ αὕτη· ἐξ ὧν πάλιν συναχθήσεται τὸ Α τινὶ τῷ Β ἐξ ἀνάγκης μὴ ὑπάρχον. ἀλλὰ καὶ διὰ τῶν αὐτῶν ὅρων δειχθήσεται πάλιν μὴ ἀναγκαῖον γινόμενον τὸ συμπέρασμα· κίνησις γὰρ οὐδενὶ ζῴῳ ὑπαρχέτω, ζῷον δὲ παντὶ ἀνθρώπῳ ἐξ ἀνάγκης, καὶ κίνησις οὐδενὶ ἀνθρώπῳ, ἀλλ' οὐκ ἐξ ἀνάγκης.

Δεῖ μέντοι εἰδέναι, ὅτι, ἣν πεποίηται δεῖξιν, ἔοικε μὲν τῇ εἰς ἀδύνατον ἀπαγωγῇ, οὐ μὴν ἡ αὐτή ἐστιν ἐκείνῃ. οὔτε γὰρ τὸ ἀντικείμενον τοῦ συναγομένου ὑπέθετο· οὐ γὰρ ἀντίκειται τῷ παντὶ ὑπάρχειν τὸ Α τῷ Γ τὸ παντὶ ἐξ ἀνάγκης ὑπάρχειν οὔτε τῷ μηδενὶ ὑπάρχειν τὸ μηδενὶ ἐξ ἀνάγκης· ταῦτα δὲ ὑπέθετο. ἀλλ' οὐδὲ τὸ δειχθὲν ἐκ τῶν ὑποθέσεων ἀδύνατον ἦν, ὥσπερ καὶ αὐτὸς ἐπεσημήνατο, ἀλλὰ ψεῦδος· ψεῦδος γὰρ καὶ τὸ ὑποτεθέν. ἀδύνατον γὰρ οὐκ ἔστιν· οὔτε γὰρ τὸ παντὶ ὑπάρχον ἀδύνατον καὶ ἐξ ἀνάγκης τινὶ αὐτῷ ὑπάρχειν, οὔτε τὸ μηδενὶ ὑπάρχον κεκώλυται καὶ ἐξ ἀνάγκης τινὶ αὐτῷ μὴ ὑπάρχειν. ψευδεῖ οὖν ὑποθέσει τὸ ψεῦδος ἠκολούθησεν. ἀδυνάτῳ μὲν γὰρ | ἀδύνατον ἕπεται, ψεῦδος δὲ ψευδεῖ. ἔτι 42v ὅσον ἐπὶ τῇ δείξει, οὐ κατεσκεύασται τὸ προκείμενον· οὔτε γὰρ τῷ ἀναιρεθῆναι τὸ παντὶ ἐξ ἀνάγκης ὡς ψεῦδος ὂν ἤδη τὸ παντὶ ὑπάρχειν ἀνάγκη ἀληθὲς εἶναι· μόνον γὰρ ἐξ ἀνάγκης τίθεται τῇ ἄρσει τινὸς καὶ ἀνασκευῇ τὸ ἀντικείμενον· ταῦτα δὲ οὐκ ἀντίκειται. οὐδ' αὐτὸς οὖν ἔοικε τῷ τρόπῳ τῆς δείξεως τούτῳ πάνυ τι θαρρεῖν, ἀλλὰ προσχρῆται αὐτῷ δεικνύς, ὅτι, εἰ ἀναγκαίου ληφθέντος τοῦ συμπεράσματος ψεῦδός τι ἕπεται, ὑπάρχοντος δὲ μή, δεῖ δὲ τοιοῦτον αὐτὸ εἶναι, ἐπεὶ καὶ αἱ προτάσεις τοιαῦται, ὑπάρχον δεικνύοιτο ἄν. οὐ γὰρ τῇ εἰς ἀδύνατον ἀπαγωγῇ πρὸς τὸ δεικνύμενον κέχρηται, ἀλλὰ μεταλαβὼν ἄλλην πρότασιν, ἀντὶ τῆς ὑπαρχούσης ἀναγκαίαν, καὶ ποιήσας τινὰ ἐκ ταύτης τε καὶ τῆς ἑτέρας τῶν κειμένων τῆς ἐλάττονος συλλογιστικὴν συζυγίαν εὑρὼν τὸ συναγόμενον ψεῦδος ὂν τούτῳ προσχρῆται εἰς τὸ μὴ ἀναγκαῖον γίνεσθαι τὸ συμπέρασμα. ἐπιζητήσαι δ' ἄν τις καὶ οὕτω, τίς ἡ ἀνάγκη τοῦ εἰ μεταληφθέντος τοῦ ὑπάρχοντος εἰς τὸ ἀναγκαῖον

1 post ψεῦδος add. ἐξ ἀνάγκης K γὰρ bis K 2 καὶ om. K 3 καὶ . . . ἀνάγκης om. K αὕτη M: αὐτὴ a: αὐτῇ K πάλιν om. M 4 ante τὸ α add. ὅτι K τινὶ aM: οὐ παντὶ K μὴ om. K ὑπάρχειν a: ὑπάρ^χ K 5 πάλιν δειχθήσεται K τὸ συμπέρασμα om. M 6 ζῴῳ . . . οὐδενὶ (7) om. K καὶ om. M 9 ἐκείνῃ libri 10 α aK: β M τῷ (ante γ) om. K 11 post οὔτε add. δὲ K 14 οὐ γὰρ ἀδύνατον omisso ἐστι aK γὰρ (post οὔτε) om. K 15 αὐτῶν M post οὔτε add. μὴν a 16 αὐτῷ a: αὐτῶν KM μὴ om. M τὸ om. aK 17 ἀδύνατον . . . ἀδυνάτῳ K ψευδεῖ δὲ ψεῦδος a 18 κατασκεύασται M 18. 19 τῷ ἀναιρεθῆναι K: εἰ ἀναιρεθῇ aM 19 ὡς om. K τὸ παντὶ ὑπάρχειν (ὑπάρχον K) post εἶναι (20) transponunt aK 19. 20 ἀληθὲς ἀνάγκη K 20 τίθενται aK 22 τούτου K προχρῆται M 24. 25 ὑπάρχον δεικνύοιτο ἂν om. M 25 ἂν δεικνύοιτο a 26 χρῆται M 27 τὴν ἑτέρας a ἀντικειμένων K 29 μὴ om. a ἐπιζητήσει K: ἐπιζητήσειε a καὶ om. K 30 ante ἀναγκαῖον add. μὴ K

ψεῦδός τι συνήχθη, μὴ εἶναι τὸ ἀναγκαῖον συναγόμενον. ἢ ὅτι ἐξ ἀληθῶν 42v οὐσῶν οὐ συνάγεται ψεῦδος. τοῦτο μὲν οὖν ἔξωθεν προστέθεικε τὸ εἰ ἀναγκαῖον ὑποτεθείη τὸ συμπέρασμα, ψεῦδός τι συνάγεσθαι προσληφθείσης αὐτῷ τῆς ἐλάττονος προτάσεως, ἥτις ἦν καὶ ⟨αὐτὴ⟩ ἀναγκαία.

Δεικνύοιτο δ' ἂν μὴ ἀναγκαῖον ἀλλὰ ὑπάρχον συναγόμενον καὶ διὰ τοῦ ὑπάρχοντος μὲν τιθεμένου τῇ εἰς ἀδύνατον ἀπαγωγῇ χρωμένοις, εἰ μὴ συγχωροῖτο τοιοῦτον γίνεσθαι, ἀδύνατόν τι ἀπαντᾶν, ἀναγκαίου δὲ μή. κείσθω γὰρ τὸ μὲν Α παντὶ τῷ Β ὑπαρχόντως, τὸ δὲ Β παντὶ τῷ Γ ἐξ ἀνάγκης· λέγω, ὅτι τὸ Α τῷ Γ παντὶ ὑπάρχει. εἰ γὰρ μή, τὸ ἀντικείμενον οὐ παντὶ τὸ Α τῷ Γ· καὶ προσειλήφθω ἡ 'τὸ Β παντὶ τῷ Γ ἐξ ἀνάγκης'· ἐξ ὧν συνάγεται τὸ Α τινὶ τῷ Β μὴ ὑπάρχειν, ὅ ἐστιν ἀδύνατον· ἔκειτο γὰρ αὐτῷ παντὶ ὑπάρχειν. εἰ δέ γε ληφθείη τὸ Α τῷ Γ παντὶ ἐξ ἀνάγκης ἐπὶ τῇ κειμένῃ συζυγίᾳ, ἂν ληφθῇ τὸ ἀντικείμενον τῷ παντὶ ἐξ ἀνάγκης τὸ 'ἐνδέχεται τὸ Α τῷ Γ τινὶ μὴ ὑπάρχειν' καὶ προσληφθῇ τὸ Β τῷ Γ παντὶ ἐξ ἀνάγκης, συνάγεται τὸ Α τινὶ τῷ Β ἐνδέχεσθαι μὴ ὑπάρχειν, ὃ οὐκ ἔστιν ἀδύνατον· τὸ γὰρ παντὶ ὑπάρχον οὐκ ἀδύνατον ἐνδέχεσθαι τινὶ αὐτῷ μὴ ὑπάρχειν. ἡ αὐτὴ δὲ δεῖξις πάλιν, κἂν ἡ μείζων καθόλου ἀποφατικὴ ὑπάρχουσα ἡ δὲ ἐλάττων καθόλου καταφατικὴ ἀναγκαία. καὶ γὰρ ἐπὶ τούτων ἂν μὲν ὑπάρχον ἀποφατικὸν γίνεσθαι τὸ συμπέρασμα τιθῇ τις διὰ τῆς εἰς ἀδύνατον ἀπαγωγῆς διὰ τοῦ τρίτου σχήματος δείξας, ἀδύνατόν τι συναχθήσεται, ἂν δ' ἀναγκαῖον, οὐκέτι· ὥστε εἰ ὑπάρχον μὲν τὸ συναγόμενον οἷόν τε δεικνύναι διὰ τῆς εἰς ἀδύνατον ἀπαγωγῆς ἀναγκαῖον δὲ μή, ὑπάρχον ἂν εἴη τὸ συναγόμενον. Θεόφραστος δέ, ὅτι μὴ ἀναγκαῖον γίνεται τὸ συμπέρασμα ἐν τῇ τοιαύτῃ συμπλοκῇ, οὕτω λέγει· "εἰ γὰρ τὸ μὲν Β τῷ Γ ἐξ ἀνάγκης, τὸ δὲ Α τῷ Β μὴ ἐξ ἀνάγκης, τὸ δὲ μὴ ἐξ ἀνάγκης κἂν χωρισθείη, φανερόν, ὡς τοῦ Β χωριζόμενον καὶ τοῦ Γ χωρισθήσεται τὸ Α, ὥστ' οὐκ ἐξ ἀνάγκης διὰ τῶν κειμένων". ᾧ δειχθέντι προστίθησιν "ὡσαύτως δέ, καὶ εἰ ἀναγκαία ἡ μείζων· ἐπεὶ γὰρ τὸ μέσον οὐκ ἐξ ἀνάγκης, κἂν χωρισθείη· τούτου δὲ χωριζομένου καὶ τὸ μεῖζον. ἐὰν γάρ τις οὕτως λάβῃ 'καθ' οὗ τὸ Β, καὶ τὸ Α ἐξ ἀνάγκης' ὥσπερ ἀναγκαίας ἀμφοτέρας λαμβάνει· μὴ γὰρ οὕτως λαβόντος ψεῦδος". διὰ γὰρ τούτων δείκνυσι Θεόφραστος, ὅτι, ἐν αἷς μίξεσιν ὑπάρχουσα καὶ ἀναγκαία ἐστίν, ὁποτέρα ἂν αὐτῶν ἀναγκαία ᾖ, ὑπάρχον τὸ συμπέρασμα.

1 ante μὴ add. τῷ M   2 εἰ aM: ἢ K   3 ὑποτεθῇ K   4 ἐλάσσονος K   αὐτὴ addidi   6 ὑπάρχον K   post τῇ add. δ' a   χρωμένων a   7 συγχωρεῖτο a   ἀπατᾶν K   8 ὑπάρχοντος K   9 παντὶ τῷ γ̄ a   ὑπάρχειν M   γὰρ aK: δὲ M   10 παντὶ τὸ β̄ collocat a   13 ληφθῇ scripsi: ληφθείη libri   14 προσληφθείη a   17 δεῖξις δὲ ἡ αὐτὴ πάλιν M   ante μείζων add. μὲν a   18 ἐλάττον K   22 δεικνύναι om. a   23 Θεόφραστος] desunt seq. fr. apud Wimmerum   24 γίνεσθαι K   οὕτως K   26 χωρισθῇ K   χωριζομένου K   28 εἰ M: ἡ aK   ἀνάγκη M   29 τοῦτο K   30 λάβοι K   31 ὥσπερ om. M   ἀναγκαία K   32 γὰρ KM: γοῦν a   ante Θεόφραστος add. ὁ a

p. 30a33 Ἐπὶ δὲ τῶν ἐν μέρει συλλογισμῶν, εἰ μὲν τὸ καθόλου 42v ἐστὶν ἀναγκαῖον, καὶ τὸ συμπέρασμα ἔσται ἀναγκαῖον.

Εἰπὼν περὶ τῶν δύο συζυγιῶν τῶν ἐν πρώτῳ σχήματι, ἐν αἷς ἐξ ἀμφοτέρων καθ|όλου τῶν προτάσεων καθόλου συνάγεται, εἰ εἶεν μικταὶ ἐξ 43r ὑπαρχούσης καὶ ἀναγκαίας προτάσεως, ὡς ποτὲ μὲν ἀναγκαῖον ἔσται τὸ συμπέρασμα, καὶ ποίας ληφθείσης ἀναγκαίας, ποτὲ δὲ ὑπάρχον, λέγει καὶ περὶ τῶν δύο συζυγιῶν, ἐν αἷς ἡ ἐλάττων ἐπὶ μέρους καταφατική πρότασίς ἐστιν ἡ δὲ μείζων καθόλου ἢ καταφατικὴ ἢ ἀποφατική, καὶ φησίν, ὅτι καὶ ἐν ταύταις ταῖς συμπλοκαῖς, ἂν μὲν ἡ μείζων ἀναγκαία ᾖ καταφατικὴ οὖσα ἢ ἀποφατική, ἀναγκαῖον ἔσται τὸ συμπέρασμα, καθάπερ ἐπὶ τῶν πρώτων συζυγιῶν, ἂν δὲ ἡ ἐλάττων, ὑπάρχον. τῷ αὐτῷ δὲ προσχρώμενος καὶ ἐπὶ τούτων ἀναγκαῖον ἡγεῖται δεικνύναι τὸ συμπέρασμα οὔσης τῆς μείζονος ἀναγκαίας καθόλου· τῷ γὰρ τὸ μὲν Α παντὶ τῷ Β ἐξ ἀνάγκης τὶ δὲ τοῦ Γ ὑπὸ τὸ Β εἶναι ἀκολουθήσειν ἡγεῖται τὸ καὶ ἐκείνῳ τοῦ Γ τῷ ὄντι ὑπὸ τὸ Β τὸ Α ἐξ ἀνάγκης ὑπάρχειν. ὅμοιος δὲ ὁ λόγος, καὶ εἰ ἡ μείζων καθόλου ἀποφατικὴ ἀναγκαία εἴη.

Τοῦ μέντοι ἐπὶ μέρους ἀναγκαίου ὄντος οὐκέτι ἔσεσθαί φησιν ἀναγκαῖον τὸ συμπέρασμα, καὶ τὴν αἰτίαν προστιθεὶς φησὶν οὐδὲν γὰρ ἀδύνατον συμπίπτει, καθάπερ οὐδ' ἐν τοῖς καθόλου συλλογισμοῖς, λέγων ἤτοι, ὅτι ὑπάρχοντος τοῦ συμπεράσματος ὑποτεθέντος γίνεσθαι οὐδὲν ἕπεται ἀδύνατον, τοῦτ' ἔστι ψεῦδος, ὥσπερ οὐδ' ὅτε ἀμφότεραι μὲν ἦσαν καθόλου, ἦν δὲ ἐλάττων ἡ ἀναγκαία· ἐπ' ἐκείνων γὰρ ἀναγκαίου μὲν ὑποτεθέντος τοῦ συμπεράσματος ψεῦδός τι εἵπετο, ὑπάρχοντος δὲ οὐδέν· εἰ γὰρ ὑποθοίμεθα ἐπὶ τῶν καθόλου τῷ Γ παντὶ τὸ Α ὑπαρχόντως, λαμβάνοιμεν δὲ καὶ τὸ Β παντὶ τῷ Γ ἐξ ἀνάγκης, συνάγεται ἐν τρίτῳ σχήματι τὸ Α τινὶ τῷ Β ὑπάρχειν, ὅπερ ἀληθές ἐστιν· ὑπέκειτο γὰρ παντὶ ὑπάρχειν· ὡς οὖν ἐπ' ἐκείνων ἀναγκαίου μὲν ὑποτεθέντος τοῦ συμπεράσματος ψεῦδός τι συνήγετο, ὑπάρχοντος δὲ οὐκέτι, οὕτω, φησί, καὶ ἐπὶ τῶν ἐν μέρει ἕξει, εἰ εἴη ἡ ἐλάττων ἐπὶ μέρους καταφατικὴ ἀναγκαία· ἢ τὸ οὐδὲν γὰρ ἀδύνατον συμπίπτει, καθάπερ οὐδ' ἐν τοῖς καθόλου συλλογισμοῖς εἶπεν, ὅτι, ὡς ἐπ' ἐκείνων ἀναγκαίου τιθεμένου τοῦ συμπεράσματος τῇ εἰς ἀδύνατον ἀπαγωγῇ χρωμένων ἡμῶν εἰς ἔνδειξιν αὐτοῦ οὐδὲν ἀδύνατον εἵπετο ἀλλὰ ψεῦδος μόνον, ὡς ἐδείχθη διὰ τῶν προειρημένων, δι' οὗ ⟨οὐ⟩

---

2 ἐστὶν om. K ἔσται om. K 3 ἐξ om. K 4 τῶν om a 5 ἀναγκαίας καὶ ὑπαρχούσης a 6 καὶ alterum om. K 7 πρότασις post ἐλάττων transponit a 10 post καθάπερ add. καὶ a 11 ἐλάσσων K ὑπάρχον] ον periit in K αὐτῷ evan. M 12 τούτῳ K 14 ἡγεῖται ἀκολουθήσειν aK καὶ K: κατ' aM 15 ὄντι evan. M ὁμοίως aK 17 ὄντος ἀναγκαίου a post οὐκέτι add. δὲ a φησὶν ἔσεσθαι K 18 τὸ om. K 20 ἤτοι, ὅτι transposui: ὅτι ἤτοι libri 21 ὅταν a 22 ἡ ἐλάττων (ἐλάσσων K) aK 24 τὸ α παντὶ τῷ γ aK λαμβάνοιμεν scripsi: λαμβάνομεν KM: λάβοιμεν a 25 καὶ om. K 26 ὅπερ a et M, in quo ειν ὅπε evanuit: ὃ K 29 ἡ om. K 31 ὡς om. K 33 οὐ addidi

κατασκευάζεται τὸ ἀναγκαῖον. οὕτως οὐδ' ὅταν ἡ ἐλάττων ἐπὶ μέρους 43r ἀναγκαία καταφατικὴ τιθῆται. εἰ γὰρ εἴη τὸ Α τῷ Β παντὶ ὑπάρχον, τὸ δὲ Β τῷ Γ τινὶ ἐξ ἀνάγκης, καὶ βούλοιτό τις διὰ τῆς εἰς ἀδύνατον ἀπαγωγῆς δεῖξαι τὸ Α τινὶ τῷ Γ ὑπάρχον ἐξ ἀνάγκης, λήψεται μὲν τὸ ἀντικείμενον αὐτοῦ τὸ ἐνδέχεσθαι τὸ Α τῷ Γ μηδενί· ᾧ προσληφθέντος τοῦ τὸ Β τινὶ τῷ Γ ἐξ ἀνάγκης συνάγοιτο ἂν ἐν τρίτῳ σχήματι τὸ Α τινὶ τῷ Β ἐνδέχεσθαι μὴ ὑπάρχειν. ὃ οὐκ ἀδύνατον· ἔκειτο γὰρ αὐτῷ παντὶ ὑπάρχειν· ὥστ' οὐ κατεσκεύασται. ἂν μέντοι μὴ ἀναγκαῖον ἐπὶ μέρους καταφατικὸν ἀλλ' ὑπάρχον βουληθῶμεν δεῖξαι τὸ συμπέρασμα διὰ τῆς εἰς ἀδύνατον ἀπαγωγῆς, προελεύσεταί τε ὁ λόγος καὶ ἀδύνατόν τι συναχθήσεται παρὰ τὴν ὑπόθεσιν. τὸ μὲν γὰρ ἀντικείμενον τῷ τὸ Α τινὶ τῷ Γ ἐστὶ τὸ τὸ Α μηδενὶ τῷ Γ· ᾧ δὴ ἂν προσληφθῇ τὸ Β τινὶ τῷ Γ ἐξ ἀνάγκης, συναχθήσεται τὸ Α τινὶ τῷ Β μὴ ὑπάρχειν, ὃν ἀδύνατον· παντὶ γὰρ ὑπῆρχεν αὐτῷ· ὥστε ἀδύνατος ἡ ὑπόθεσις ἡ μηδενὶ τῷ Γ τὸ Α λέγουσα· τινὶ ἄρα. ὡς οὖν ἐπὶ τῶν καθόλου οὐκ ἦν ἀναγκαῖον τὸ συμπέρασμα, ὅτι οὐδὲν ἀδύνατον εἵπετο χρωμένων ἡμῶν τῇ εἰς ἀδύνατον ἀπαγωγῇ ἐπ' αὐτῶν, οὕτω καὶ ἐπὶ τῶν ἐπὶ μέρους. οὐκ ἐξέθετο δὲ τὴν δεῖξιν οὔτε ἐπὶ τῶν καθόλου οὔτε ἐπὶ τῶν ἐπὶ μέρους τὴν δι' ἀδυνάτου, ἧς ἐμνημονεύκαμεν, ἀλλὰ μόνον ἐμνημόνευσεν αὐτῆς, ὅτι ἐγίνετο ἐν αὐτῇ μῖξις ἐνδεχομένης καὶ ἀναγκαίας, περὶ ἧς μίξεως οὐδέπω τὸν λόγον πεποίηται.

Δύναται καὶ τὸ οὐδὲν γὰρ ἀδύνατον συμπίπτει οὐκ ἐπὶ τὴν δεῖξιν, ἣν ἐποιήσατο δεικνύς τι ψεῦδος ἕπεσθαι ὑποτεθέντι τῷ ἀναγκαίῳ, 43v ἐπανάγων ἡμᾶς εἰρηκέναι, ἀλλ' οὐδ' ἐπὶ τὴν εἰς ἀδύνατον ἀπαγωγήν, περὶ ἧς εἶπον ἀρτίως, ἀλλ' ἐπὶ τὴν ἐκ τῶν ὅρων μαρτυρίαν. τοῖς γὰρ εἰρημένοις καὶ ἡ ἐκ τῶν ὅρων δεῖξις συνᾴδει· ληφθεισῶν γὰρ προτάσεων ἐν συζυγίᾳ τε καὶ μίξει ταύτῃ τὸ συμπέρασμα ὑπάρχον γίνεται. ἦν δ' ἂν ἀδύνατον τὸ λεγόμενον ὑφ' ἡμῶν, εἰ ἐπὶ τῶν ὅρων ἠλέγχετο. καὶ τοῦ τοῦτ' εἶναι τὸ εἰρημένον σημεῖον ἂν εἴη τὸ τοὺς ὅρους αὐτὸν εὐθέως παραθέσθαι· κίνησις μὲν γὰρ παντὶ ζῴῳ ὑπαρχόντως ἢ οὐδενί, ζῷον δὲ τινὶ λευκῷ ἐξ ἀνάγκης (κύκνῳ γάρ), καὶ κινησις τινὶ λευκῷ ὑπάρχει, οὐ μὴν ἐξ ἀνάγκης, ἢ τινὶ λευκῷ οὐχ ὑπάρχει ὑπαρχόντως.

Δεῖ μέντοι εἰδέναι, ὅτι τῇ ἐπὶ ψεῦδος ἀγούσῃ δείξει οὐχ οἷόν τε ἐπὶ τούτων χρήσασθαι, ᾗ ἐπὶ τῶν καθόλου ἐχρήσατο. κειμένου γὰρ τοῦ τὸ Α

1 ἀναγκαῖον KM: interstitium in a οὐδὲ ἡ ἐλάσσων ὅταν K 2 τιθῆται correxi: τίθεται libri εἴη om. M 4 τὸ a om. K ἐξ ἀνάγκης ὑπάρχον aK 5 τὸ tertium om. K 7 ἔκοιτο K ante αὐτῷ add. ἐν M ὑπάρχον aK 8 κατεσκευάσθαι aK 9 βουληθῶμεν correxi: βουληθείημεν libri 10 τε om. M τι superscr. M

11 τὸ (post τῷ) om. K 13 ὑπάρχειν M: ὑπάρχ K: ὑπάρχον a 16 αὐτῶν a: αὐτοῦ KM 17 οὕτως K ἐπὶ τῶν bis K 18 μεμνημονεύκαμεν aK 19 αὐτῆς aM: αὐτῶν K ἐγένετο K 19. 20 ἀναγκαίας καὶ ἐνδεχομένης K 21 συμπίπτει M et Ar.: συμβαίνει aK 22 ψεῦδός τι aK 24 μαρτυρίαν aM: πρακτείαν K 25 ἐκ M: ἐπὶ a: om. K 26 τοιαύτῃ a 27 τὸ λεγόμενον om. a 28 τοῦ τοῦτ' a: τοῦτ' K: τούτου τότ' M (fort. τοῦ τοῦτό γ') τὸ alterum om. a 29 ὡς κίνησιν μὲν omisso γὰρ K 33 ἡ K

τινὶ τῷ Γ ὑπάρχειν ἐξ ἀνάγκης. ὁποτέραν ἂν προσλάβωμεν τῷ συμπε- 43v ράσματι τούτων κειμένων, ἀσυλλόγιστος ἡ συμπλοκὴ γίνεται. ἂν μὲν γὰρ τὸ Β τινὶ τῷ Γ ἐξ ἀνάγκης, ἐν τρίτῳ σχήματι ἕξομεν δύο τὰς ἐπὶ μέρους καταφατικάς. ὁμοίως δὲ καὶ ἐν πρώτῳ, ἂν τὴν Β Γ ἀντιστρέψωμεν. ἂν δὲ τὸ Α παντὶ τῷ Β καὶ τινὶ τῷ Γ ἐξ ἀνάγκης, δύο πάλιν καταφατικὰς ἕξομεν ἐν δευτέρῳ σχήματι, καὶ οὐκ ἔστι δεῖξαι. δύναται ἀξιοῦν ἡμᾶς τὴν πίστιν ἐκ τῶν καθόλου καὶ περὶ τῶν ἐπὶ μέρους ποιεῖσθαι· ἐπεὶ γὰρ αὗται ἐκείνων μόνον τῷ ἐπὶ μέρους τι συνάγειν διαφέρουσιν, ἐπὶ δὲ τῶν καθόλου ὑπάρχοντος τιθεμένου τοῦ συμπεράσματος οὐδὲν ἀδύνατον, τοῦτ' ἔστιν οὐδὲν ψεῦδος, εἵπετο, καὶ ἐπὶ τούτων ὑπάρχον μὲν ἔσται τὸ συμπέρασμα, ὥσπερ καὶ ἐπ' ἐκείνων, ἐπὶ μέρους δέ· αὕτη γὰρ μόνη ἦν ἐν ταῖς προτάσεσι διαφορὰ κειμένη. ἔτι οὐδὲν ἀδύνατον συμπίπτει ὑπάρχοντος ὑποτεθέντος τοῦ συμπεράσματος, ὅτι μηδὲ συλλογιστική τις γίνεται συζυγία, δι' ἧς τὸ ἀδύνατον ἐδείχθη. ⟨ἢ⟩ τοῦτο. καὶ εἰ ἀναγκαῖον ὑποτεθείη τὸ συμπέρασμα γίνεσθαι. οὐδ' ἂν ἀποφατικὴ δὲ ἡ μείζων καθόλου ὑπάρχουσα ληφθῇ, οὐδ' οὕτως ἡ δεῖξις προχωρεῖ· γίνονται γὰρ πάλιν ἐν πρώτῳ καὶ τρίτῳ σχήματι ἐπὶ μέρους ἀμφότεραι, ἡ μὲν ἀποφατικὴ ἡ δὲ καταφατική, ἢ ἐν δευτέρῳ σχήματι ἀμφότεραι ἀποφατικαί. οὓς δὲ παρέθετο ὅρους, ἁρμόζουσι καὶ ἐπὶ τῆς συζυγίας ταύτης. |

p. 30b7 Ἐπὶ δὲ δευτέρου σχήματος, εἰ μὲν ἡ στερητικὴ πρότασίς ἐστιν ἀναγκαία, καὶ τὸ συμπέρασμα ἔσται ἀναγκαῖον, εἰ δ' ἡ κατηγορική, οὐκ ἀναγκαῖον. 44r

Δεῖ μὲν τῷ εἰ μὲν ἡ στερητικὴ πρότασις ⟨τὸ⟩ 'καθόλου' προσυπακούειν· περὶ γὰρ πρώτων λέγει τῶν ἐκ καθόλου προτάσεων· ἐν ᾗ γὰρ συμπλοκῇ ἡ ἐπὶ μέρους ἐστὶ στερητική (ἔστι δὲ ἐν τῇ τετάρτῃ συζυγίᾳ τὸ ἀποφατικὸν τοιοῦτον), ὅταν ᾖ ἀναγκαία, οὐ γίνεται ἀναγκαῖον τὸ συμπέρασμα. τὸ οὖν εἰ μὲν ἡ στερητικὴ πρότασίς ἐστιν ἀναγκαία ἐν τοῖς καθόλου συλλογισμοῖς ἀκουστέον· περὶ γὰρ τούτων πρώτως ποιεῖται τὸν λόγον· προελθὼν γοῦν λέγει "ὁμοίως δὲ ἕξει καὶ ἐπὶ τῶν ἐν μέρει συλλογισμῶν". ἀκόλουθα δέ ἐστιν, ἃ ἐπὶ τοῦ δευτέρου σχήματος λέγει, τοῖς ἐπὶ τοῦ πρώτου δεδειγμένοις αὐτῷ. ἐπεὶ γὰρ ἐν ἐκείνῳ τῆς μείζονος προτάσεως ἀναγκαίας οὔσης ἐν ταῖς μίξεσιν ἀναγκαῖον ἐγίνετο τὸ συμπέρασμα,

1 προσλάβωμεν a: προσλαβὼν ἐν KM 2 post τούτων add. τῶν aK 3 ἐν τρίτῳ σχήματι ἐξ ἀνάγκης KM 4 post καταφατικάς add. ἀναγκαίας aK Γ om. KM 5 δύο om. M 6 post δύναται add. δ' a 8 μόνον a: μόνων KM 12 κειμένη διαφορὰ K τεθέντος K 14 post ἀδύνατον add. ἂν a ἢ addidi 15 γίνεται a δὲ K: om. aM 17 post μὲν add. γὰρ a post καταφατική add. ἐστιν a 18 σχήματι om. aK 20 Μίξις ὑπάρχοντος καὶ ἀναγκαίου ἐν δευτέρῳ σχήματι superscr. a εἰ a et Ar.: ἢ K ἡ om. K 21 ἐστιν om. K 23 ἡ om. M τὸ a: om. KM 25 συμπλοκὴ aM ἔστη (post μέρους) K post δὲ add. καὶ K 26 ἀναγκαία a: ἀναγκαῖον KM 27 ἡ om. K 28. 29 ποιεῖται τὸν λόγον πρῶτον a 29 λέγει] p. 31a1 δ' aK 30 λέγει om. M 31 γὰρ om. K

τὸ δὲ δεύτερον σχῆμα τήν τε γένεσιν ἔχει ἀπὸ τοῦ πρώτου (τῆς γὰρ ἐν 44r ἐκείνῳ μείζονος ἀντιστραφείσης προτάσεως γέγονε τοῦτο), καὶ δι' ἀντιστροφῆς οἱ πλεῖστοι τῶν ἐν τούτῳ συλλογισμῶν εἰς τὸ πρῶτον ἀνάγονται σχῆμα (ἀντιστραφεῖσα γὰρ ἡ στερητικὴ καθόλου ἐν τῷ δευτέρῳ σχήματι γίνεται μείζων ἐν τῷ πρώτῳ), ὅταν δὴ αὕτη ἀναγκαία ᾖ, ἀναγκαῖον ἔσται καὶ τὸ συμπέρασμα. ἐπεὶ γὰρ δεῖ μὲν ἐν τῷ πρώτῳ σχήματι τὴν μείζονα εἶναι καθόλου, εἰ συλλογισμὸς γίνοιτο, δεῖ δὲ ἀντιστραφείσης τινὸς ἐκ τοῦ δευτέρου σχήματος γίνεσθαι τὴν μείζονα. ἐπειδὴ οὕτως ἐγίνετο τὸ δεύτερον σχῆμα, αὕτη ἔσται πρότασις ἀντιστρεφομένη, ἥτις καθόλου τέ ἐστι καὶ ἀντιστραφεῖσα καθόλου μένει· τοιαύτη δέ ἐστι μόνη ἡ καθόλου ἀποφατική. ταύτης ἄρα ἀντιστρεφομένης ἡ εἰς τὸ πρῶτον σχῆμα τοῦ δευτέρου ἀναγωγή. ὅταν δὴ αὕτη ᾖ ἀναγκαία, ἀναγκαῖον ἔσται τὸ συμπέρασμα, ἐπεὶ καὶ ἀντιστραφεῖσα ἀναγκαία μένει καὶ γίνεται ἡ μείζων ἐν πρώτῳ σχήματι. οὐκέτι μέντοι γε τῆς κατηγορικῆς προτάσεως ἀναγκαίας γενομένης ἐν δευτέρῳ σχήματι, ἀναγκαῖον τὸ συμπέρασμα· αὕτη γάρ ἐστιν ἡ γινομένη ἐλάττων ἐν τῇ εἰς τὸ πρῶτον σχῆμα ἀναγωγῇ τῶν τοῦ δευτέρου σχήματος συζυγιῶν· οὔσης δὲ τῆς ἐλάττονος ἐν αὐτῷ ἀναγκαίας ὑπάρχον ἐγίνετο τὸ συμπέρασμα.

p. 30b9 Ἔστω γὰρ πρῶτον ἡ στερητικὴ ἀναγκαία.

Σαφὴς ἡ δεῖξις· ἀντιστρέψας γὰρ τὴν καθόλου ἀποφατικὴν οὖσαν ἀναγκαίαν καὶ ποιήσας τὸ πρῶτον σχῆμα, ἐπεὶ ἐν ἐκείνῳ οὔσης τῆς μείζονος ἀναγκαίας τὸ συμπέρασμα ἀναγκαῖον ἦν, ὁμοίως φησὶν ἔσεσθαι καὶ ἐπὶ τούτου τοῦ σχήματος. ὅτι δὲ τὸ μηδενὶ ἐνδέχεσθαι ἐπὶ τῆς Α Β προτάσεως εἰρημένον ἀπόφασις ὂν ἐνδεχομένου τὸ ἀναγκαῖον δηλοῖ, γνώριμον· τὸ γὰρ μηδενὶ ἐνδεχόμενον ἐξ ἀνάγκης οὐδενὶ αὐτῶν ὑπάρχει· οὐ γὰρ ὡς ἐνδεχομένη ἀλλ' ὡς ἐνδεχομένης ἀπόφασις εἴληπται καὶ ἴσον δυναμένη τῇ 'ἐξ ἀνάγκης οὐδενί'. καὶ τὸ ὥστε οὐδενὶ τῷ Γ τὸ Β ἐνδέχεται ὅμοιον ἐκείνῳ· ἔστι γὰρ τὸ λεγόμενον 'οὐκ ἐνδέχεται τινί', ὃ ἴσον ἐστὶ τῷ 'ἐξ ἀνάγκης οὐδενί'. πάλιν δὲ τῷ αὐτῷ προσεχρήσατο εἰπὼν τὸ γὰρ Γ ὑπὸ τὸ Α ἐστίν· ἐπεὶ γὰρ ἔκειτο τὸ Α παντὶ τῷ Γ ὑπάρχειν, οὐδενὶ δὲ τῷ Α τὸ Β ἐξ ἀνάγκης, οὐδὲ τῷ Γ | οὐδενὶ ὑπάρξει τὸ Β τινὶ 44v ὄντι τοῦ Α, ᾧ ἐξ ἀνάγκης οὐδενὶ ὑπῆρχε τὸ Β.

3 τῶν συλλογισμῶν τῶν ἐν τούτῳ K   σχῆμα ἀνάγονται K   4 στερητικὴ καθόλου M: καθόλου ἀποφατικὴ aK   τῷ om. K   5 δ' ἡ M   αὐτὴ libri   6 τὴν om. M   ante μείζονα add. μὲν K   9 ἔσται K: ἐστὶ aM   11. 12 δὴ αὕτη scripsi (cf. vs. 5): δ' ἡ αὐτὴ M: δὲ αὐτὴ aK   12 ἔσται bis K   καὶ om. K   14 δευτέρῳ] hinc iterum B   15 ἐστιν ἡ γινομένη evan. B   17 δὲ aM: δὴ B   ἀναγκαίας] αίας evan. B   21 τὸ om. M   22 ἀναγκαῖον ἦν τὸ συμπέρασμα a   24 ἐνδεχομένη aM   25 ὑπάρχει om. M   27 τῆς a   καὶ τὸ scripsi: καίτοι BM: om. a, in quo ὥστε . . . τὸ β ἐνδέχεται sunt lemmatis verba   28 γὰρ om. a   30 γὰρ a et Ar.: om. BM   31 τῷ α τὸ β a: τὸ α β B: τῷ β M

p. 30b14 Ὡσαύτως δὲ καὶ εἰ πρὸς τῷ Γ τεθείη τὸ στερητικόν. 44v

Δύο ἦσαν ἐν τῷ δευτέρῳ σχήματι ἐκ τῶν καθόλου προτάσεων γινόμενοι συλλογισμοὶ ποτὲ μὲν τῆς μείζονος οὔσης καθόλου ἀποφατικῆς ποτὲ δὲ τῆς ἐλάττονος, οἵτινες ἀμφότεροι εἰς τὸ πρῶτον ἀνήγοντο σχῆμα τῆς καθόλου ἀποφατικῆς ἀντιστρεφομένης καὶ γινομένης ἐν τῷ πρώτῳ σχήματι μείζονος προτάσεως. ἦν δὲ αὐτοῖς πρὸς ἀλλήλους ἡ διαφορά, ὅτι ὁ μὲν τὴν μείζονα ἔχων καθόλου ἀποφατικὴν διὰ μιᾶς ἀντιστροφῆς τὸ προκείμενον συνάγων ἐδείκνυτο, ὁ δὲ τὴν ἐλάττονα διὰ δύο ἀντιστροφῶν· οὐ γὰρ μόνον ἡ πρότασις ἡ ἀποφατικὴ ἀντεστρέφετο ἀλλὰ καὶ τὸ συμπέρασμα ὂν καθόλου ἀποφατικόν. ἐπεὶ τοίνυν καὶ τῆς ἐλάττονος οὔσης καθόλου ἀποφατικῆς ἐν τῷ δευτέρῳ σχήματι κατὰ τὴν ταύτης ἀντιστροφὴν ἐγίνετο τὸ πρῶτον σχῆμα μείζονος γινομένης ταύτης, ἀκολούθως λέγει, ὅτι, κἂν ἡ ἐλάττων πρότασις ἐν δευτέρῳ σχήματι καθόλου ἀποφατικὴ ἀναγκαία ᾖ, ἀναγκαῖον ἔσται τὸ συμπέρασμα· ὅσα γὰρ ἐπὶ τῆς πρὸ ταύτης συζυγίας εἴρηται, καὶ ἐπὶ ταύτης ἁρμόσει. πλὴν δεήσει ἐπὶ ταύτης ἀντιστρέψαι καὶ τὸ συμπέρασμα, ὃ ἐδήλωσεν ἐπενεγκών·

p. 30b17 Οὐκ ἄρα οὐδὲ τὸ Β τῷ Γ· ἀντιστρέφει γὰρ ὁμοίως.

Τὸ ὁμοίως προστεθὲν δηλωτικόν ἐστι τοῦ ἂν ᾖ ἀναγκαία ἡ ἀντιστρεφομένη, ἀναγκαίαν καὶ τὴν ἀντιστρέφουσαν αὐτῇ γίνεσθαι, ἂν ὑπάρχουσα, ὑπάρχουσαν. ἢ ὁμοίως ἐπὶ τῶν ἀναγκαίων ὡς καὶ ἐπὶ τῶν ὑπαρχουσῶν.

p. 30b18 Εἰ δ' ἡ κατηγορικὴ πρότασίς ἐστιν ἀναγκαία, τὸ συμπέρασμα οὐκ ἔσται ἀναγκαῖον.

Ὅτι μὴ γίνεται ἀναγκαῖον τὸ συμπέρασμα ἐν δευτέρῳ σχήματι τῆς καταφατικῆς καθόλου τε καὶ ἀναγκαίας οὔσης τῆς δὲ ἑτέρας καθόλου ἀποφατικῆς ὑπαρχούσης δείκνυσιν ἀναγαγὼν διὰ τῆς ἀντιστροφῆς τὴν συμπλοκὴν τὴν ἐκκειμένην εἰς τὸ πρῶτον σχῆμα καὶ δείξας τὴν ἐλάττονα γινομένην ἀναγκαίαν ἐν αὐτῷ. μείζων γὰρ ἐν πρώτῳ σχήματι ἡ ἀποφατικὴ ἐν ταῖς

---

1 καὶ εἰ . . . τεθῇ Arist. codices τὸ γ̄ a 2 ἐκ τῶν καθόλου προτάσεων ἐν τῷ δευτέρῳ σχήματι a 4 ἀνάγονται M 6 αὐτῷ a διαφοραί M (sed ἡ) 7 σ[υνάγων] unc. incl. perierunt in B 8 οὐ γὰρ μόνον periit in B 9 κ[αὶ τὸ συμπέρ]ασμα] unc. incl. perierunt in B ὂν aB: τὸ M 10 ἐλάττονος periit in B 11 σχήματι κατὰ periit in B ταύτης aB: τοιαύτην M 13 ante δευτέρῳ add. τῷ a 16 εἰπὼν ἐνέγκων B pr.; εἰπὼν delevit B[1], ut videtur; ἐπ add. B[2] 17 textus verba in M 18 ἐστι B: ἂν εἴη aM τοῦ ἂν ᾖ om. M 19 post ἂν add. δ' ᾖ a 20 καὶ om. M 22. 23 οὐκ ἔσται τὸ συμπέρασμα a et Ar. 25 οὔσης ἀναγκαίας omisso τε καὶ M 27 ἐγκειμένην BM: κειμένην a 27. 28 ἀναγκαίαν γινομένην a

συλλογιστικαῖς συζυγίαις τῷ τὴν ἐλάττονα δεῖν αἰεὶ καταφατικὴν εἶναι· μὴ 44v οὔσης δὲ τῆς ἀποφατικῆς ἀναγκαίας οὐκ ἐγίνετο τὸ συμπέρασμα ἀναγκαῖον.

p. 30b24 Ἔτι εἰ τὸ συμπέρασμά ἐστιν ἀναγκαῖον, συμβαίνει τὸ Γ τινὶ τῷ Α μὴ ὑπάρχειν ἐξ ἀνάγκης.

Οὐ μόνον τῇ εἰς τὸ πρῶτον σχῆμα ἀναγωγῇ τὴν συμπλοκὴν τὴν ἐν δευτέρῳ σχήματι τὴν ἔχουσαν τὴν καθόλου καταφατικὴν ἀναγκαίαν ὑπάρχουσαν δὲ τὴν καθόλου ἀποφατικὴν δείκνυσι μὴ ἀναγκαῖον συνάγουσαν ἀλλὰ καὶ τῷ εἰ ὑποτεθείη ἀναγκαῖον εἶναι τὸ συμπέρασμα, ψεῦδός τι συνάγεσθαι, ὡς ἔδειξε καὶ ἐν τῷ πρώτῳ σχήματι, ὅτε ἡ ἐλάττων ἦν καθόλου καταφατικὴ ἀναγκαία. κείσθω γὰρ ἡ συζυγία, καὶ τὸ Α παντὶ μὲν τῷ Β ἐξ ἀνάγκης ὑπαρχέτω, τῷ δὲ Γ μηδενὶ ὑπαρχέτω μόνον. ἂν δὴ συνάγεσθαί τις λέγῃ τὸ Β ἐξ ἀνάγκης μηδενὶ τῷ Γ, ἔσται καὶ τὸ Γ ἐξ ἀνάγκης οὐδενὶ τῷ Β· ἀντιστρέφει γάρ· ἀλλ' ἐπεὶ ἔκειτο καὶ τὸ Α παντὶ τῷ Β ἐξ ἀνάγκης, καὶ τὸ Β τινὶ τῶν Α ἐξ ἀνάγκης ὑπάρξει· ἐξ ὧν ἐν τῷ πρώτῳ σχήματι ἐκ δύο ἀναγκαίων, τῆς μείζονος καθόλου ἀποφατικῆς καὶ τῆς ἐλάττονος ἐπὶ μέρους καταφατικῆς, ἐπὶ μέρους ἀποφατικὸν ἀναγκαῖον συναχθήσεται τὸ τὸ Γ τινὶ τῷ Α ἐξ ἀνάγκης μὴ ὑπάρχειν. ὃ ψεῦδος εἶναί φησι διὰ τὸ μηδὲν κωλύειν, ὅτε τὸ Α κεῖται μηδενὶ τῷ Γ ὑπάρχειν, τότε τοιοῦτον εἶναι τὸ Α, ὡς εἰ καὶ μηδενὶ αὐτῷ ὑπάρχει τὸ Γ, διὰ τὸ κεῖσθαι μὲν τὸ Α τῷ Γ μηδενὶ ὑπάρχειν ἀντιστρέφειν δὲ τὴν καθόλου ἀποφατικὴν ἑαυτῇ, ἀλλ' οὖν δύνασθαι | αὐτῷ καὶ παντὶ ὑπάρχειν· οὐ γὰρ 45r κεκώλυται ἀληθὴς εἶναι ἡ ἀπόφασις ἡ λέγουσα τὸ Γ οὐδενὶ τῷ Α ὑπάρχειν, εἰ ἐνδέχοιτο αὐτῷ παντὶ ὑπάρξαι. ὅταν δὴ οὕτως εἰλημμένης τῆς ἀποφατικῆς τῆς 'τὸ Α μηδενὶ ὑπάρχει τῷ Γ' ὡς καὶ τοῦ Α παντὶ αὐτῷ ἐνδεχομένου τῷ Γ καὶ τοῦ Γ παντὶ τῷ Α ὑπάρχειν συναχθῇ τὸ Γ τινὶ ἐξ ἀνάγκης μὴ ὑπάρχειν τῷ Α, ψεῦδος ἔσται τὸ συναγόμενον· ὥστε ὑποτεθέντος τοῦ συμπεράσματος ἀναγκαίου γίνεσθαι ἐν τῇ ἐκκειμένῃ συζυγίᾳ ψεῦδός τι ἠκολούθησε. ψευδὴς ἄρα καὶ ἡ ὑπόθεσις· οὐ γὰρ οἷόν τε ἐξ ἀληθῶν ψεῦδός τι συνάγεσθαι.

Παρέθετο δὲ καὶ ὅρους, ἐφ' ὧν ἐνδέχεται τὴν καθόλου ἀποφατικὴν ἀληθῆ εἶναι ἐνδεχομένου καὶ παντὶ ὑπάρχειν τῷ ὑποκειμένῳ τοῦ ἀποφασκομένου ἀληθῶς. ἂν γὰρ ᾖ τὸ μὲν Α ζῷον τὸ δὲ Γ κινούμενον, ἐγχωρεῖ τὸ Α, τοῦτ' ἔστι τὸ ζῷον, μηδενὶ κινουμένῳ ὑπάρχειν· οὐ μὴν διὰ τοῦτο

1 ἀεὶ M 2 τὸ συμπέρασμα οὐκ ἐγίνετο a 3 ἔτι δ' Ar. 9 ἔδειξε] c. 9 p. 30a25 10 κείσθω] κεί periit in B γὰρ periit in M 11 ὑπαρχέτω (post ἀνάγκης) om. M: ὑπαρχ periit in B 13 μηδενὶ a ἐπειδὴ a 14 καὶ . . . ἐξ ἀνάγκης om. M τῷ α a 16 μέρους prius periit in M ἀναγκαῖον ἀποφατικὸν a 19 αὐτῶν B pr. ὑπάρχειν B 20 ὑπάρχειν μηδενί M 23. 24 τῆς ἀποφατικῆς om. M 24 ὑπάρχει scripsi: ὑπάρχειν libri παντὸς M 25 τῷ γ̄ B: τοῦ γ̄ a τῷ α M: τοῦ α B: αὐτῷ a ὑπάρχοντος M post ὑπάρχειν add. τῷ α a συνήχθη M 26 α aM: γ B ὥστε aB: οὕτως M 27 ἐκκειμένῃ] ἐκ B corr. 31 τοῦ ὑποκειμένου M 31. 32 ἀποφατικοῦ a 33 οὐδενὶ M μὴν aB: μόνον M

κεκώλυται αὐτῷ ἐνδέχεσθαι καὶ παντὶ ὑπάρξαι. ὁμοίως καὶ τὸ κινούμενον 45r κἂν μηδενὶ ζῴῳ ὑπάρχῃ, ἀλλὰ καὶ παντὶ αὐτῷ ἐνδέχεται ὑπάρχειν· τὸ κινεῖσθαι γὰρ οὐδενὶ ζῴῳ δυνατόν, τοῦτ' ἔστι τὸ Γ τῷ Α, διὰ τὸ ἀντιστρέφειν τὸ καθόλου ἀποφατικόν· οὐ μὴν ἀλλὰ καὶ παντὶ αὐτῷ ἐνδέχεται. καὶ γὰρ εἰ μὴ τὸ ζῷον συγχωροῖ τις παντὶ κινουμένῳ δύνασθαι ὑπάρχειν, ἀλλὰ κἂν τὸ κινεῖσθαί γε παντὶ ζῴῳ συγχωρήσειεν ἐνδέχεσθαι ὑπάρχειν. ὥστε εἰ ἐνδέχεται ἐπὶ τινῶν οὕτως, ὁ δὲ ἀποφατικὸν ἐπὶ μέρους ἀναγκαῖον ποιήσας τὸ συμπέρασμα ἀναιρεῖ τοῦτο (ἐξ ἀνάγκης γὰρ δείκνυσι τινὶ μὴ ὑπάρχον, ὃ ἔκειτο ἁπλῶς μηδενὶ ὑπάρχον), ἐλέγχοιτ' ἂν ὡς οὐχ ὑγιῶς λαμβάνων ἀναγκαῖον γίνεσθαι τὸ συμπέρασμα ἐπὶ τῇ τοιαύτῃ τῶν προτάσεων μίξει τε καὶ συμπλοκῇ.

Ὅτι τῆς τοιαύτης οὔσης συμπλοκῆς οὐκ ἀναγκαῖον γίνεται τὸ συμπέρασμα, δείκνυται καὶ διὰ τῆς εἰς ἀδύνατον ἀπαγωγῆς. εἰ γὰρ ὑπάρχοντος μὲν τιθεμένου γίνεσθαι τοῦ συμπεράσματος καὶ τοῦ ἀντικειμένου τῷ ὑπάρχοντι ὑποτιθεμένου ἀδύνατον ἕπεται, εἰ δ' ἀναγκαῖον ὑποτεθείη γίνεσθαι, οὐδὲν δείκνυται διὰ τῆς εἰς ἀδύνατον ἀπαγωγῆς ἀδύνατον, δῆλον, ὡς ὑπάρχον ἂν δεικνύοιτο ἀλλ' οὐκ ἀναγκαῖον γινόμενον τὸ συμπέρασμα. κείσθω γὰρ τὸ Α τῷ μὲν Β παντὶ ἐξ ἀνάγκης, τῷ δὲ Γ μηδενί· λέγω, ὅτι τὸ Β τῷ Γ οὐδενὶ ὑπάρξει. εἰ γὰρ μή, τινὶ ὑπάρχει· ἀλλὰ καὶ τὸ Α τῷ Β παντὶ ἐξ ἀνάγκης· τὸ Α ἄρα τινὶ τῷ Γ ἐξ ἀνάγκης, ὃ ἀδύνατον· ἔκειτο γὰρ μηδενὶ αὐτῷ ὑπάρχειν. εἰ δὲ λέγοι τις ἐπὶ τῇ κειμένῃ συζυγίᾳ ἀναγκαῖον ἀποφατικὸν καθόλου συνάγεσθαι καὶ τὸ Β οὐδενὶ τῷ Γ ἐξ ἀνάγκης, ἂν λάβωμεν τὸ ἀντικείμενον τούτου, ὅ ἐστιν ἐνδέχεσθαι τὸ Β τινὶ τῷ Γ, καὶ προσλάβωμεν τὸ Α παντὶ τῷ Β ἐξ ἀνάγκης, ἔσται τὸ συμπέρασμα τὸ Α τινὶ τῷ Γ ἐνδέχεσθαι, ὃ οὐκ ἔστιν ἀδύνατον· οὐ γὰρ ἀδύνατον τὸ μηδενὶ ὑπάρχον τινὶ αὐτῷ ἐνδέχεσθαι ὑπάρχειν.

p. 30b31 Ἔτι κἂν ὅρους ἐκθέμενον εἴη δεῖξαι, ὅτι τὸ συμπέρασμα οὐκ ἔστιν ἀναγκαῖον ἁπλῶς ἀλλὰ τούτων ὄντων ἀναγκαῖον.

Ὅτι τῆς τοιαύτης οὔσης συμπλοκῆς οὐκ ἀναγκαῖον γίνεται τὸ συμπάρασμα, καὶ τῇ τῶν ὅρων παραθέσει δείκνυσιν. ἂν γὰρ ᾖ τὸ μὲν Α ζῷον

2 κἂν aB: καὶ M ὑπάρχῃ aB: ὑπάρχ' M 3 οὐδενὶ a: παντὶ BM α διὰ periit in B 4 μ[ὴν ἀλλὰ καὶ] uncinis inclusa perierunt in B μὴν a: μόνον M 5 συγχωρεῖ a: ἐγχωροίη M 6 [ἀλλὰ κἂν τὸ] κινεῖσθαί [γε παντ]ὶ ζῴῳ [συγχωρήσ]ῃ ἐνδέ[χεσθαι ὑπάρ]χειν om. B pr., in mg. add. man. posterior: literae unc. incl. perierunt γε om. M συγχωρήσειεν scripsi: συγχωρήσῃ libri 7 ὥστ' M ἐνδέχεται om. M: post οὕτως transponit a δ' M ἀποφατικὸς M 7. 8 ποιήσας ἀναγκαῖον M 8 ἀναιρεῖται τοῦτον a 12 post ὅτι add. δὲ a οὔσης om. a 13 post δείκνυται add. δὲ M 15 post ἀδύνατον add. τι M 17 οὐκ om. M 20 ἄρα α aM post ἀνάγκης alterum add. παντὶ τῷ γ̄ B 21 λέγει a 22 καὶ om. a 24 καὶ προσλάβωμεν . . . τῷ γ̄ (25) om. M 25 ἐνδέχεται M 26 post τινὶ add. δὲ M αὐτῶν a 29 οὔσης periit in B 29. 30 post συμπέρασμα add. ἀλλὰ καὶ εἰ (ἀλλὰ καὶ εἰ evan. B) ἀληθὴς εἴη ἡ λέγουσα οὐδεὶς ἄνθρωπος λευκός, quae sunt verba p. 140, 10, BM: om. a 30 ὅρων BM: ὄντων a

τὸ δὲ Β ἄνθρωπος τὸ δὲ Γ λευκόν. τὸ Α, ὅ ἐστι ζῷον, παντὶ μὲν ἐξ 45r ἀνάγκης τῷ Β, ὅ ἐστιν ἄνθρωπος, οὐδενὶ δὲ τῷ Γ, ὅ ἐστι λευκόν, ὑπάρξει ἁπλῶς· ὃ μετὰ παραμυθίας ἔθηκεν εἰπὼν ἐνδέχεται γὰρ τὸ ζῷον μηδενὶ λευκῷ ὑπάρχειν· κἂν γὰρ τοῦτο μὴ τοιοῦτον ᾖ, ἀλλὰ ἄλλο τι τοιοῦτον ληφθήσεται· ὁ δὴ ἄνθρωπος οὐδενὶ μὲν λευκῷ ὑπάρξει, οὐ μὴν ἐξ ἀνάγκης. δηλῶν δὲ τό τε οὐκ ἐξ ἀνάγκης, καὶ τί σημαίνει ἡ πρότασις ἡ λέγουσα ἄνθρωπον οὐδενὶ λευκῷ, ἐπήνεγκεν ἐνδέχεται γὰρ ἄνθρωπον γενέσθαι λευκόν. ὁ γὰρ λέγων ἄνθρωπον μηδενὶ λευκῷ λέγει 'οὐδὲν λευκὸν ἄνθρωπος', ὃ ἴσον δύναται τῷ 'οὐδεὶς ἄνθρωπος λευκός'. ἀλλὰ καὶ εἰ ἀληθὴς εἴη ἡ λέγουσα 'οὐδεὶς ἄνθρωπος λευκός', οὐκ ἤδη καὶ ἐξ ἀνάγκης ἔσται τὶς ἄνθρωπος οὐ λευκός· μέχρι | γὰρ οὗ τὸ ζῷον μὴ 45v ὑπάρχει τῷ λευκῷ, μέχρι τότε οὐδὲ ἄνθρωπος ἔσται λευκός, οὐ μὴν ἀεὶ οὐδὲ ἐξ ἀνάγκης.

Διὰ δὲ τοῦ εἰπεῖν οὐ μέντοι ἕως ἂν ζῷον μηδενὶ λευκῷ ὑπάρχῃ, ὥστε τούτων μὲν ὄντων ἀναγκαῖον ἔσται τὸ συμπέρασμα, ἁπλῶς δ' οὐκ ἀναγκαῖον, διὰ δὴ ταύτης τῆς προσθήκης ἐδήλωσεν, ὅτι ἐν ταῖς μίξεσιν, ὅταν ἀναγκαῖον λέγῃ γίνεσθαι τὸ συμπέρασμα, τὸ ἁπλῶς ἀναγκαῖον λέγει καὶ οὐ τὸ μετὰ διορισμοῦ, ὅ τινες τῶν ἐξηγουμένων τὸν περὶ τῆς μίξεως τῶν προτάσεων τόπον βοηθεῖν οἰόμενοι τῇ δόξῃ αὐτοῦ λέγουσι φάσκοντες οὐ τὸ ἁπλῶς ἀναγκαῖον συνάγεσθαι λέγειν αὐτὸν ἀλλὰ τὸ μετὰ διορισμοῦ. λέγουσι γάρ, ὅταν τὸ ζῷον παντὶ ἀνθρώπῳ ἐξ ἀνάγκης καὶ ἄνθρωπος, ὡς ἐν πρώτῳ σχήματι, παντὶ κινουμένῳ ἢ περιπατοῦντι, γίνεσθαι τὸ συμπέρασμα τὸ μετὰ διορισμοῦ ἀναγκαῖον· ζῷον γὰρ παντὶ περιπατοῦντι ἢ κινουμένῳ, ἔστ' ἂν ὁ μέσος ὑπάρχῃ αὐτῷ, τουτ' ἔστιν ἄνθρωπος. οὐκέτι γὰρ τῆς ἐλάττονος ἀναγκαίας οὔσης γίνεσθαι τοιοῦτον τὸ συμπέρασμα· οὐ γὰρ εἰ τὸ κινεῖσθαι παντὶ ζῴῳ, καὶ ζῷον παντὶ ἀνθρώπῳ ἐξ ἀνάγκης, καὶ τὸ κινεῖσθαι ἐξ ἀνάγκης παντὶ ἀνθρώπῳ, ἕως ἂν αὐτῷ τὸ ζῷον ὑπάρχῃ (ψεῦδος γὰρ τοῦτο), ἀλλ' ἕως δὴ παντὶ ζῴῳ τὸ κινεῖσθαι. ὅτι δὲ τὸ συμπέρασμα μηδὲ οὕτως ἀναγκαῖον εἶναι βούλεται, δεδήλωκεν αὐτὸς δείξας τοιοῦτον μὲν καὶ οὕτως ἀναγκαῖον συμπέρασμα γινόμενον ἐν δευτέρῳ σχήματι, ⟨εἰ⟩ ἡ καταφατική, εἴτε ἡ ⟨μείζων εἴτε ἡ⟩ ἐλάττων, ἐστὶν ἀναγκαία, μὴ λέγων δὲ ἐν τῇ τοιαύτῃ μίξει ἀναγκαῖον ἁπλῶς γίνεσθαι τὸ συμπέρασμα. ἢ εἰ καὶ τοῦτο ἔλεγεν ἀναγκαῖον ὅμοιον ἐκείνῳ, κἀκείνῳ ἂν προσετίθει τὸ μὴ ἁπλῶς αὐτὸ ἀναγκαῖον γίνεσθαι ἀλλὰ τὸ μετὰ διορισμοῦ, ὡς καὶ ἐπὶ τούτου.

2 ὑπάρξοι M 3 τέθεικεν M 4 εἴη a post ἀλλὰ add. καὶ M 5 post τοιοῦτον repetit ᾖ B δὲ M 7 ἐνδέχεται ... λευκόν (8) lemma in M 9 λευκός aB: λευκὸν M 11 ἄνθρωπος om. M 13 οὐδ' M 14 post ἂν add. ᾖ M 15 ὑπάρχῃ aB: ἐδήλωσεν M post ἀναγκαῖον add. μὲν a 16 δὲ pro δ' M 18 ante τὸ ἁπλῶς add. οὐ B[2] καὶ οὐ aM, B pr.: ἀλλὰ τὸ B[2] προσδιορισμοῦ M 19 τρόπον M 21 προσδιορισμοῦ M 22 καὶ aM: om. B 23 προσδιορισμοῦ M 24 ante ἄνθρωπος add. ὁ M 25 γὰρ aB: δὲ M 27 παντὶ ἀνθρώπῳ ἐξ ἀνάγκης aM 29 ὅτι δὲ a: ᾧ τὸ (ὁ?) B pr.: ᾧ B[1] corr., M ἐδήλωσεν a 30 μὲν τοιοῦτον a ante συμπέρασμα add. τὸ a γινόμενον συμπέρασμα M 31 εἰ addidi ἡ (post εἰ) aB: ἢ M εἴτε scripsi: ὅτε libri μείζων εἴτε ἡ addidi 33 τοῦτ' M 34 αὐτὸ B: αὐτοῖς M: om. a

ἅμα δὲ καὶ τὴν τοῦ ἀναγκαίου διαίρεσιν ὅτι καὶ αὐτὸς οἶδεν, ἣν οἱ ἑταῖροι 45v αὐτοῦ πεποίηνται, δεδήλωκε διὰ τῆς προσθήκης, ἣν φθάσας ἤδη καὶ ἐν τῷ Περὶ ἑρμηνείας δέδειχεν, ἐν οἷς περὶ τῆς εἰς τὸν μέλλοντα χρόνον λεγομένης ἀντιφάσεως περὶ τῶν καθ' ἕκαστον εἰρημένων λέγει "τὸ μὲν οὖν εἶναι τὸ ὄν, ὅταν ᾖ, καὶ τὸ μὴ ὂν μὴ εἶναι, ὅταν μὴ ᾖ, ἀνάγκη". τὸ γὰρ ἐξ ὑποθέσεως ἀναγκαῖον τοιοῦτόν ἐστι. μᾶλλον δ' ἂν εἴη τὸ εἰρημένον ὑπ' αὐτοῦ φανερόν, εἰ μεταλάβοιμεν ὅρους ἀληθεστέρους· ἐφ' ὧν γὰρ αὐτὸς ἐπειράθη δεῖξαι, οὐκ ἦσαν προτάσεις ἀληθεῖς· οὐ γὰρ ἀληθὴς ἡ 'ζῷον μηδενὶ λευκῷ'· κύκνῳ γὰρ ἐξ ἀνάγκης. ἢ οὖν κινούμενον ἀντὶ τοῦ λευκοῦ θῶμεν ἢ λάβωμεν ἄλλους. ἔστω τοίνυν ἐπὶ μὲν τοῦ Α τὸ ἐγρηγορέναι ἢ τὸ κινεῖσθαι, ἐπὶ δὲ τοῦ Β τὸ βαδίζειν, ἐπὶ δὲ τοῦ Γ ἄνθρωπος. τὸ δὴ ἐγρηγορέναι παντὶ μὲν τῷ βαδίζοντι ἐξ ἀνάγκης ὑπάρχει· ὁμοίως δὲ καὶ τὸ κινεῖσθαι· ἀνθρώπῳ δὲ μηδενὶ ὑπαρχέτω. τὸ δὴ βαδίζειν οὐδενὶ μὲν ἀνθρώπῳ ὑπάρξει, οὐ μὴν ἐξ ἀνάγκης ἢ οὐδενὶ ἢ τινί· ἐνδέχεται γὰρ ἄνθρωπον βαδίζειν, ἀλλ' οὐκ ἐν ᾧ γε ἀληθές ἐστι τὸ ἐγρηγορέναι ἢ τὸ κινεῖσθαι μηδενὶ ἀνθρώπῳ ὑπάρχειν.

Εἰ δ' ἡ ἐλάττων πρότασις εἴη καθόλου καταφατικὴ ἀναγκαία ἡ δὲ μείζων ἀποφατικὴ καθόλου ὑπάρχουσα, ὑποτεθέντος τοῦ συμπεράσματος τοῦ Β Γ ἀναγκαίου εἶναι οὐκέτι δόξει δείκνυσθαι γινόμενον τὸ συμπέρασμα ψεῦδος οὔτε ἐν τῷ πρώτῳ σχήματι οὔτε ἐν τῷ τρίτῳ. ἐν μὲν γὰρ τῷ πρώτῳ, ὅτι δύο ἀποφατικαὶ γίνονται. κεῖται γὰρ τὸ Α μηδενὶ τῷ Β καὶ παντὶ τῷ Γ ἐξ ἀνάγκης· ἂν δὴ ληφθῇ ἐπὶ τούτοις συμπέρασμα τὸ Β ἐξ ἀνάγκης οὐδενὶ τῷ Γ καὶ ἀντιστραφῇ, ἔσται καὶ τὸ Γ οὐδενὶ τῷ Β ἐξ ἀνάγκης· ἔστι δὲ καὶ τὸ Β οὐδενὶ τῷ Α· ἔκειτο γὰρ τὸ Α μηδενὶ τῷ Β· γίνονται δύο ἀποφατικαί, καὶ ἀσυλλόγιστος ἡ συζυγία. ἀλλ' οὐδ' ἐν τρίτῳ· γίνεται γὰρ ἡ ἐλάττων ἀποφατικὴ ⟨ἡ⟩ 'τὸ Β οὐδενὶ τῷ Γ ἐξ ἀνάγκης', καὶ τὸ Α παντὶ τῷ Γ ἐξ ἀνάγκης. ἡ πρὸς μὲν τὸ προκείμενον ἀσυλλόγιστος ἡ τοιαύτη συμπλοκή, ὥσπερ καὶ ἡ πρὸ ὀλίγου ῥηθεῖσα, ὅτε ἦν ἡ μείζων τὸ ἀναγκαῖον καταφατικὸν ἔχουσα· συνάγεται μέντοι δι' αὐτῆς συλλογιστικῶς | κατὰ ἀντιστροφὴν τῆς καταφατικῆς προτάσεως τὸ τὸ Β τινὶ τῷ Α ἐξ 46r ἀνάγκης μὴ ὑπάρχειν συμπέρασμα, ὥσπερ καὶ ἐπ' ἐκείνης συνήγετο τὸ

---

2 ποιοῦνται a   post δεδήλωκε add. δὲ M   ἣν aB: ὃν M   καὶ om. M   3 Περὶ ἑρμ.] c. 9 p. 19a23   ἐν om. M   4 γινομένης M   ἕκαστα omisso εἰρημένων a   λέγων B   4. 5 "τὸ μὲν οὖν . . . ἀνάγκη" lemma in a   5 μὴ εἶναι om. M   6 ἐστι om. M   εἴη om. a   7 post φανερόν add. γένοιτο a   8 ante προτάσεις add. αἱ a   ἀληθὴς M: ἀληθὲς aB   9 ἡ M: τὸ a: om. B   ἢ aM: εἰ B   11 τὸ alterum om. aB   13 δὲ (post ἀνθρώπῳ) om. a   μηδενὶ aB: οὐδενὶ M   15 τὸ alterum om. M   17 δὲ pro δ' M   καθόλου om. M   19 τοῦ β̄ γ̄ om. a   ἀνάγκη M   20 post ψεῦδος repetit γινόμενον M   γὰρ om. a   22 τούτους B pr.   ἐπὶ τούτων ληφθῇ M   23 ἀντιστραφῇ, ἔσται scripsi: ἀντιστραφήσεται libri   καὶ (ante τὸ γ̄) om. M   24 μηδενὶ aB: οὐδενὶ M   25 γίνονται M: om. aB   ante τρίτῳ add. τῷ a   26 ἡ addidi   27 ἡ om. M   ὑποκείμενον a   28 συμπλοκή aB: συζυγία M   30 τὸ alterum om. a   31 τὸ om. a

τὸ Γ τινὶ τῷ Α ἐξ ἀνάγκης μὴ ὑπάρχειν, ὃ ἐδόκει ἀδύνατον εἶναι διὰ τὸ 40r ἐνδέχεσθαι ποτὲ τὸ Γ τῷ Α ὑπάρχειν. τὸ γὰρ Β οὐδενὶ τῷ Γ ἐξ ἀνάγκης, καὶ τὸ Γ τῷ Α τινὶ ἐξ ἀνάγκης· ἐξ ὧν συνάγεται τὸ Β τινὶ τῷ Α μὴ ὑπάρχειν ἐξ ἀνάγκης. ἀλλὰ μὴν ψεῦδος πάλιν τὸ λέγειν τὸ Β τινὶ τῷ Α ἐξ ἀνάγκης μὴ ὑπάρχειν κειμένου τοῦ Α μηδενὶ τῷ Β ὑπάρχειν ἁπλῶς, ὡς ἐδείχθη πρὸ ὀλίγου· ἐνδέχεται γὰρ τὸ μηδενὶ τῷ Α ὑπάρχον διὰ τὸ ἀντιστρέφειν μὴ ὑπάρχειν οὕτως ὡς ἐνδέχεσθαι αὐτῷ καὶ παντὶ ὑπάρχειν· ὥστε ὑπάρχον τὸ συμπέρασμα ἀλλ' οὐκ ἀναγκαῖον ἂν εἴη ἔτι. δεικνύοιτο δ' ἂν τὸ αὐτὸ ψεῦδος καὶ ἐν τῷ δευτέρῳ σχήματι ἀντιστραφεισῶν ἀμφοτέρων τῶν προτάσεων. ἂν γὰρ ληφθῇ τὸ Γ μηδενὶ τῷ Β ἐξ ἀνάγκης καὶ τὸ Γ τινὶ τῷ Α ἐξ ἀνάγκης κατὰ ἀντιστροφὴν τοῦ τε συμπεράσματος καὶ τῆς καταφατικῆς ἀναγκαίας κειμένης προτάσεως, συνάγεται τὸ Β τινὶ τῷ Α μὴ ὑπάρχειν ἐξ ἀνάγκης, ὃν ψεῦδος· ἔκειτο γὰρ ἁπλῶς μὴ ὑπάρχειν ὡς καὶ ὑπάρχειν δύνασθαι. καὶ ἐπὶ τῶν ὅρων δὲ πρόδηλον, ὅτι μηδ' ἐπὶ ταύτης τῆς συζυγίας ἀναγκαῖον τὸ συμπέρασμα· ζῷον γὰρ οὐδενὶ κινουμένῳ, καὶ παντὶ ἀνθρώπῳ ἐξ ἀνάγκης, καὶ τὸ κινεῖσθαι οὐδενὶ μὲν ἀνθρώπῳ, οὐ μὴν ἐξ ἀνάγκης.

p. 31a1 Ὁμοίως δ' ἕξει καὶ ἐπὶ τῶν ἐν μέρει συλλογισμῶν.

Λέγει, ὅτι καὶ ἐπὶ τῶν τὸ ἐν μέρει συναγουσῶν συζυγιῶν ὁμοίως ἕξει. ἂν μὲν γὰρ ἡ καθόλου ἀποφατικὴ ἀναγκαία ᾖ, ἀναγκαῖον ἔσται τὸ συμπέρασμα· ἐὰν δ' ἡ καταφατικὴ ᾖ ἀναγκαία, ἄν τε ἐπὶ μέρους οὖσα, ὡς ἐν τῷ τρίτῳ συλλογισμῷ τῷ ἐκ καθόλου ἀποφατικῆς τῆς μείζονος καὶ ἐπὶ μέρους καταφατικῆς τῆς ἐλάττονος, ἄν τε καθόλου, ὡς ἐν τῷ τετάρτῳ τῷ ἐκ καθόλου καταφατικῆς τῆς μείζονος καὶ ἐπὶ μέρους ἀποφατικῆς τῆς ἐλάττονος, οὐκ ἔσται τὸ συμπέρασμα ἀναγκαῖον.

p. 31a5 Ἔστω δὴ πρῶτον ἡ στερητικὴ καθόλου τε καὶ ἀναγκαία.

Δείκνυσιν ἐν τῇ τρίτῃ συζυγίᾳ τῶν ἐν δευτέρῳ σχήματι συλλογισμῶν, πῶς οὔσης τῆς καθόλου ἀποφατικῆς ἀναγκαίας ἀναγκαῖον τὸ συμπέρασμα γίνεται. ἐπεὶ γὰρ ἀντιστραφείσης τῆς καθόλου ἀποφατικῆς τὸ πρῶτον γίνεται σχῆμα καὶ ἐν αὐτῷ ὁ τέταρτος συλλογισμὸς ⟨ὁ⟩ ἔχων τὴν μείζονα καθόλου ἀποφατικὴν ἀναγκαίαν, ἐν ᾗ συζυγίᾳ οὕτως ἐχούσῃ ἀναγκαῖον τὸ

1 μὴ om. M εἶναι ἀδύνατον M 2 α aB: $\bar{\beta}$ M 3 post α prius add. τὸ B post τὸ alterum add. τε M μὴ om. M 4 τὸ τὸ $\bar{\beta}$ M 5 μὴ om. M τοῦ a et, ut videtur, B pr: τὸ B corr., M 6 πρὸ ὀλίγου] ὁ ὀλίγου periit in M ὑπάρ M (χ superscr.) 7 οὕτως ... ὑπάρχειν om. M 8. 9 δεικνύοιτ' ἂν a 10 post τὸ add. μὲν M 11 κατ' M 19 τὸ om. a 21 ἂν pro ἐὰν a δὲ M 22. 23 καταφατικῆς μερικῆς M 23 κἄν τε M 28 τῆς periit in M 30 ὁ ἐν αὐτῷ a ὁ a: om. BM

συμπέρασμα, δῆλον, ὡς καὶ ἐν τῷ δευτέρῳ σχήματι ἀναγκαῖον ἐπὶ μέρους 40r ἀποφατικὸν ἔσται τὸ συμπέρασμα οὕτως ἐχουσῶν τῶν προτάσεων.

p. 31a10 Πάλιν ἔστω ἡ κατηγορικὴ καθόλου καὶ ἀναγκαία.

Ὅπως μὲν τῆς ἐπὶ μέρους καταφατικῆς ἀναγκαίας οὔσης ἐν τῇ προειρημένῃ συμπλοκῇ οὐ γίνεται τὸ συμπέρασμα ἀναγκαῖον, ὡς γνώριμον παρέλιπε· διὰ γὰρ τῆς ὁμοίας ἀντιστροφῆς γίνεται ἐν τῷ πρώτῳ σχήματι ἡ ἐλάττων ἀναγκαία ἐπὶ μέρους καταφατικὴ ⟨ἡ⟩ τοῦ τρίτου συλλογισμοῦ τοῦ ἐν δευτέρῳ σχήματι. καὶ διὰ τῶν ὅρων δὲ δεικνύοιτο ἄν, εἰ ληφθείη τὸ ζῷον μηδενὶ κινουμένῳ καὶ τινὶ λευκῷ ἐξ ἀνάγκης· κύκνῳ γάρ· τὸ γὰρ κινεῖσθαι τινὶ λευκῷ οὐχ ὑπάρξει, οὐ μὴν ἐξ ἀνάγκης. ἐπὶ δὲ τὴν τετάρτην συζυγίαν μετελήλυθεν, ἐν ᾗ ἐστιν ἡ μὲν μείζων πρότασις καθόλου καταφατικὴ ἡ δὲ ἐλάττων ἐπὶ μέρους ἀποφατική. ἡ δὲ δεῖξις οὐ δι' ἀντιστροφῆς ἀλλὰ διὰ τῆς εἰς ἀδύνατον ἀπαγωγῆς ἦν ἐπὶ τῶν ὑπαρχουσῶν· ἐπὶ δὲ τῶν ἀναγκαίων διὰ τῆς ἐκθέσεως καὶ τοῦ λαβεῖν, ᾧτινι μὴ ὑπάρχει. δείκνυσι δὴ ἐπὶ τῆς συζυγίας ταύτης, κἂν ὁποτέρα ἀναγκαία ληφθῇ, μὴ γινόμενον ἀναγκαῖον συμπέρασμα, καὶ πρῶτόν γε, πῶς τῆς καθόλου καταφατικῆς οὔσης ἀναγκαίας οὐ γίνεται τὸ συμπέρασμα ἀναγκαῖον. δείκνυσι δὲ τοῦτο τῇ τῶν ὅρων παραθέσει. αὐτὸς μὲν οὖν φησι διὰ τῶν αὐτῶν ὅρων δειχθήσεσθαι μὴ ἀναγκαῖον | εἶναι τὸ συμπέρασμα τῆς καθόλου κατα- 46v φατικῆς ἀναγκαίας οὔσης, δι' ὧν καὶ ἐν τῇ ἐκ δύο καθόλου τῶν προτάσεων οὔσῃ καὶ τῆς καταφατικῆς ἀναγκαίας οὔσης. ἦσαν δὲ ζῷον καὶ ἄνθρωπος καὶ λευκόν· τὸ γὰρ ζῷον παντὶ μὲν ἀνθρώπῳ ἐξ ἀνάγκης ὑπάρχει, τινὶ δὲ λευκῷ οὐχ ὑπάρχει ἁπλῶς, καὶ ἄνθρωπος τινὶ λευκῷ ἁπλῶς οὐχ ὑπάρξει. ἀλλ' ἐπεὶ μὴ αἱ προτάσεις ἀληθεῖς, ὡς οὐδὲ ἐπὶ τῶν καθόλου (οὐ γὰρ ὑπάρχουσα ἀλλ' ἀναγκαία ἡ 'ζῷον τινὶ λευκῷ οὐχ ὑπάρχει'), ἐπ' ἄλλων ὅρων δείξομεν. τὸ κινεῖσθαι δὴ παντὶ μὲν περιπατοῦντι ἐξ ἀνάγκης, τινὶ δὲ ἀνθρώπῳ μὴ ὑπαρχέτω μόνον· καὶ ἄνθρωπος δή τις οὐ περιπατήσει μέν, οὐ μὴν ἐξ ἀνάγκης. ἀλλ' οὐδ' ἂν ἡ στερητικὴ ἐπὶ μέρους οὖσα ἀναγκαία ληφθῇ, οὐδ' οὕτως ἀναγκαῖον ἔσται τὸ συμπέρασμα. ὅροι τὸ ἐγρηγορέναι παντὶ γραμματικῷ ὑπαρχόντως, τινὶ δὲ ἀνθρώπῳ ἀναγκαίως μὴ ὑπαρχέτω, ὡς τῷ κοιμωμένῳ· οὐ μὴν ἐξ ἀνάγκης τὶς ἄνθρωπος οὐκ ἔσται γραμματικός. πάλιν ζῷον παντὶ κινουμένῳ, ζῷον τινὶ λευκῷ ἐξ

3 ante καὶ add. τε Ar. 6 τῷ om. a 7 ἐπὶ μέρους ἀναγκαία a ἡ addidi τοῦ alterum om. M 8 δεικνύοιτο (δεικνύοιτ' a) ἄν, εἰ aB: δείκνυσι τὸ ἂν M 10 ὑπάρχει aM 11 μὲν om. M 12 διὰ τῆς M 15 δὴ B: δὲ aM κἂν M: om. aB ἀναγκαία BM: ἂν αὐτῶν a 16 ante συμπέρασμα add. τὸ a πῶς aB: ἐπὶ M 18 παραθέσει τῶν ὅρων M 19 δειχθήσεσθαι scripsi: δειχθήσεται libri 20 δι' ὧν . . . οὔσης (21) om. M δι' ὧν B: διὸ a τῶν om. a 21 οὔσῃ a: οὐσῶν B καὶ om. M 22 καὶ om. M 23 ὑπάρ^χ' pro ὑπάρχει et pro ὑπάρξει M 24 οὐδ' M 25 ὑπάρ^χ' pro ὑπάρχουσα et pro ὑπάρχει M οὐκ a 27 δ' M 30 ἀναγκαίως M: ἀνάγκῃ aB

ἀνάγκης οὐχ ὑπάρχει· τὸ δὴ κινεῖσθαι τινὶ λευκῷ οὐχ ὑπάρξει, οὐ μὴν 46v ἐξ ἀνάγκης. ἔτι δίπουν παντὶ ἐγρηγορότι, τινὶ δὲ ζῴῳ ἐξ ἀνάγκης οὐχ ὑπάρχει, καὶ τὸ ἐγρηγορέναι οὐ παντὶ μὲν ζῴῳ, οὐ μὴν ἐξ ἀνάγκης.

Εἶπε δὲ αὐτὸς διὰ γὰρ τῶν αὐτῶν ὅρων ἡ ἀπόδειξις ἑνὸς μόνου μεταλαμβανομένου· ἐν γὰρ ἀντιγράφοις τισὶ καὶ τοῦτο πρόσκειται, ὅπερ οὐχ ὑγιὲς εἶναι δόξει. ἦσαν γὰρ ἐπὶ τῶν καθόλου ὅροι ζῷον, ἄνθρωπος, λευκόν· οὕτως δὲ ἐχουσῶν ἦν ἡ καθόλου καταφατικὴ ἀναγκαία ἀλλ' οὐχ ἡ ἀποφατικὴ ἐπὶ μέρους, ὃ νῦν πρόκειται. ἀλλ' οὐδ' ἄν, ἔνθα ὁ ἄνθρωπος, μεταθῶμεν τὸ λευκόν, ὡς εἶναι τὸ ζῷον παντὶ λευκῷ ὑπαρχόντως· ψευδὴς γὰρ καὶ αὕτη. ἀλλ' οὐδ' ἂν ἐπὶ μὲν τοῦ Α μεταθῶμεν τὸ λευκόν, ἐπὶ δὲ τοῦ Β ἄνθρωπον, ζῷον δὲ ἐπὶ τοῦ Γ, ὡς εἶναι τὸ λευκὸν παντὶ ἀνθρώπῳ τινὶ δὲ ζῴῳ ἐξ ἀνάγκης οὐχ ὑπάρχειν· καὶ γὰρ ἡ πρώτη πρότασις ψευδὴς καὶ τὸ συμπέρασμα ἀναγκαῖον. τούτου δὲ τὸ αἴτιον, ὅτι μηδὲ ἐπὶ τῶν καθόλου προτάσεων ἀληθεῖς ἦσαν οἱ ὅροι οὗτοι, ὡς ἐπεσημηνάμεθα λαβόντες ἀντὶ τοῦ λευκοῦ τὸ κινεῖσθαι. ὡς οὖν ἐκεῖ ἀντὶ τοῦ λευκοῦ τὸ κινεῖσθαι ἐλάβομεν, οὕτως καὶ ἐνταῦθα εἰ ληφθείη ἀντὶ τοῦ ἀνθρώπου τὸ κινεῖσθαι, τὸ δὲ λευκὸν μείνῃ, ὑγιὲς τὸ εἰρημένον· γίνεται γὰρ ζῷον παντὶ κινουμένῳ ὑπαρχόντως, ζῷον τινὶ λευκῷ ἐξ ἀνάγκης οὐχ ὑπάρχει (χιόνι γάρ), καὶ τὸ κινεῖσθαι τινὶ λευκῷ, οὐ μὴν ἐξ ἀνάγκης, οὐχ ὑπάρξει. ἑνὸς ἄρα μεταληφθέντος ἐδείχθη. δύναται καὶ τὸ διὰ γὰρ τῶν αὐτῶν ὅρων ἡ ἀπόδειξις εἰρῆσθαι ἀντὶ τοῦ 'διὰ γὰρ τῶν αὐτῶν ἡ ἀπόδειξις'· πῶς δὲ διὰ τῶν αὐτῶν; διὰ γὰρ ὅρων καὶ τῆς τούτων παραθέσεως.

Ἐπιζητήσειε δ' ἄν τις εὐλόγως ἐν τῇ συζυγίᾳ ταύτῃ, διὰ τί μὴ γίνεται κατ' αὐτὴν ἀναγκαῖον τὸ συμπέρασμα οὔσης ἀναγκαίας τῆς ἐπὶ μέρους ἀποφατικῆς. εἰ γὰρ διὰ τῆς ἐκθέσεως ἐδείκνυτο γινομένη καθόλου ἀποφατική, ὅτε ἦσαν ἀναγκαῖαι ἀμφότεραι (ὅτε γὰρ ἦν τὸ Α τῷ μὲν Β παντὶ ἐξ ἀνάγκης, τῷ δὲ Γ τινὶ οὐκ ἐξ ἀνάγκης, λαμβάνων τι τοῦ Γ, ᾧ οὐχ ὑπῆρχε τὸ Α ἐξ ἀνάγκης, ὃ ἦν τὸ Δ, καθόλου ἀποφατικὴν ἀναγκαίαν ἐποίει τὴν Α Δ, εἶτα ἀντιστρέφων αὐτὴν ἐλάμβανε τὸ Δ οὐδενὶ τῷ Α ἐξ ἀνάγκης· ἔκειτο δὲ καὶ τὸ Α παντὶ τῷ Β ἐξ ἀνάγκης· καὶ τὸ Δ ἄρα τῷ Β οὐδενὶ ἐξ ἀνάγκης· καὶ τὸ Β ἄρα τῷ Δ ὁμοίως. ἀλλ' ἐπεὶ τὸ Δ τί ἦν τοῦ Γ, τὸ Β ἐδείκνυτο τινὶ τῷ Γ ἐξ ἀνάγκης οὐχ ὑπάρχον), εἰ οὖν γίνεται τῇ ἐκθέσει ἡ ἐπὶ μέρους ἀναγκαία ἀποφατικὴ καθόλου ἀναγκαία ἀποφατική, ἀντιστραφεισῶν ἀμφοτέρων τῶν προτάσεων γίνεται συζυγία ἐν πρώτῳ σχήματι ἐκ καθόλου ἀποφατικῆς ἀναγκαίας καὶ καθόλου καταφατικῆς ὑπαρχούσης,

2 post ἀνάγκης add. εἶπεν BM (librarii errore ortum aberrantis ad eadem verba vs. 3): om. a 3 μὴν aB: μέντοι M 4 γὰρ a et Ar.: om. BM ἑνὸς μόνου μεταλαμβανομένου] Ar. codicum nullus haec addit 5 ἀντιστρόφοις M 6 δοκεῖ M post τῶν add. ἐκ aM 7 ἀλλ' οὐχ aB: οὐχὶ δὲ M 11 post παντὶ add. μὲν a 12 οὐχ aB: μὴ M ὑπάρχειν a: ὑπάρχει B: ὑπάρχ' M 13 τοῦτο δ' αἴτιον M μηδ' M 14. 15 ἀντὶ τοῦ λευκοῦ λαβόντες a 16 οὕτω a καὶ om. M 18 ἐξ ἀνάγκης om. M 20 post δύναται add. δὲ M γὰρ om. M (cf. vs. 4) 21 τῶν αὐτῶν γὰρ M 22 ὅρων γὰρ a 26 ὅταν (ante ἦσαν et ante γὰρ) M 31 τοῦ γ τι ἦν M 32 οὖν BM: νῦν a γένοιτο a 33 καθόλου . . . ἀποφατική om. M

ἐξ ὧν ἔκειτο ἀναγκαῖον γίνεσθαι τὸ συμπέρασμα. τὸ γὰρ Δ οὐδενὶ τῷ Α 46v ἐξ ἀνάγκης, τὸ Α παντὶ τῷ Β ὑπαρχόντως· τὸ Δ ἄρα οὐδενὶ τῷ Β ἐξ ἀνάγκης· εἰ δὲ τοῦτο, καὶ τὸ Β | τῷ Δ οὐδενὶ ἐξ ἀνάγκης· τὸ δὲ Δ ἐπεί 47r τι τοῦ Γ ἐστί, καὶ τῷ Γ τινὶ ἐξ ἀνάγκης οὐχ ὑπάρχει τὸ Β. ἀλλ' ἐπὶ τῶν ὅρων ἔδειξε μὴ γινόμενον ἀναγκαῖον τὸ συμπέρασμα· τὸ γὰρ ζῷον παντὶ μὲν κινουμένῳ, τινὶ δὲ λευκῷ ἐξ ἀνάγκης οὐχ ὑπάρχει, καὶ τὸ κινεῖσθαι οὐχ ὑπάρχει μὲν τινὶ λευκῷ, οὐ μὴν ἐξ ἀνάγκης. ὃ καὶ αὐτὸ σημεῖον χρὴ λαμβάνειν τοῦ μὴ γίνεσθαι ἐν τῇ ἐξ ἀναγκαίας καὶ ὑπαρχούσης μίξει ἀναγκαῖον τὸ συμπέρασμα κατ' αὐτόν, ὅπου ἐπὶ ὕλης τὴν ἐξέτασιν ποιεῖται καὶ οὐ προσχρῆται τῷ κατὰ μηδενὸς ἐξ ἀνάγκης, καθ' ὃ ἡ παραγωγὴ γίνεται· εὑρίσκεται γὰρ ὑπάρχον ἀλλ' οὐκ ἀναγκαῖον γινόμενον τὸ συμπέρασμα. καίτοι εἰ ἦν ἀληθῆ τὰ προειρημένα, πάντως καὶ ἐν ταύτῃ τῇ συμπλοκῇ ἀναγκαῖον ἔδει γενέσθαι τὸ συμπέρασμα, καθὼς ἔδειξα. ὅτι γὰρ παρὰ τὸ τὴν ἑτέραν πρότασιν ὑπάρχουσαν εἶναι ὑπάρχον τὸ συμπέρασμα ἐπὶ τῆς ὕλης εὑρίσκεται, δῆλον ἐκ τοῦ ἂν αἱ δύο ἀναγκαῖαι ληφθῶσιν ἐν τῇ συμπλοκῇ ταύτῃ, μηκέθ' ἡμᾶς δύνασθαι ἐπὶ τῆς ὕλης εὑρεῖν ὑπάρχον τὸ συμπέρασμα. κείσθω γὰρ τὸ ζῷον παντὶ μὲν ἀνθρώπῳ ἐξ ἀνάγκης, τινὶ δὲ λευκῷ ἐξ ἀνάγκης μὴ ὑπαρχέτω, ὡς τῇ χιόνι· καὶ ὁ ἄνθρωπος ἐξ ἀνάγκης τινὶ λευκῷ οὐχ ὑπάρξει, ὡς οὐδὲ τὸ ζῷον· τοῦτο γὰρ ἦν ἐπὶ τοῖς κειμένοις τὸ συμπέρασμα. |

p. 31a18 Ἐν δὲ τῷ τελευταίῳ σχήματι καθόλου μὲν ὄντων τῶν 47v ὅρων πρὸς τὸ μέσον καὶ κατηγορικῶν ἀμφοτέρων.

Μεταβέβηκεν ἐπὶ τὸ τρίτον σχῆμα καὶ δείκνυσι καὶ ἐν τούτῳ, πότε μὲν ἀναγκαῖον γίνεται τὸ συμπέρασμα τῆς μὲν ἑτέρας ἀναγκαίας οὔσης προτάσεως τῆς δ' ἑτέρας ὑπαρχούσης, πότε δὲ ὑπάρχον. καὶ ἐν τούτῳ δὴ κατὰ τὴν ἐπὶ τὸ πρῶτον σχῆμα ἀναγωγὴν διὰ τῆς ἀντιστροφῆς τό τε ἀναγκαῖον καὶ ὑπάρχον δείκνυται συμπέρασμα· ἂν μὲν γὰρ ᾖ κειμένη ἀναγκαία ἐν τῷ τρίτῳ σχήματι αὕτη, ἥτις ἀναχθείσης τῆς συζυγίας διὰ τῆς ἀντιστροφῆς εἰς τὸ πρῶτον σχῆμα μείζων ἐστὶν ἐν ἐκείνῳ, ἔσται ἀναγκαῖον τὸ συμπέρασμα, ἂν δὲ ἐλάττων, ὑπάρχον. καταφατικῶν μὲν οὖν ἀμφοτέρων οὐσῶν καθόλου, ὁποτέρα ἀναγκαία ἂν ληφθῇ, ἀναγκαῖον ἔσται

---

3 οὐδενὶ τῷ δ̄ a   ἐπεί aM: ἐπί B   4 ὑπάρξει a   5 ἀναγκαῖον μὴ γινόμενον M   8 ἀναγκαίας aB: ἂν (a superscr.) M   ὑπάρχοντος M   9 κατ' a: τὸν B: ὁρατὸν M   post ὕλης add. τινὸς a   12 εἰρημένα a   13 γίνεσθαι a   τὸ om. M   14 ὑπάρχον ante εἶναι transponit B   15 εὑρίσκεται ἐπὶ τῆς ὕλης M   ἂν aB: εἰ M   αἱ δύο om. M   19 τινὶ λευκῷ ἐξ ἀνάγκης a   ὑπάρ (χ superscr.) M   21 Μίξις ὑπάρχοντός τε καὶ ἀναγκαίου ἐν τρίτῳ σχήματι superscr. a: σχῆμα in mg. B   23 ποτὲ aB; item vs. 25   24 οὔσης ἀναγκαίας M   27 ante συμπέρασμα add. τὸ M   μὲν om. M   28 τῷ om. a   αὐτὴ a   29 τὸ om. M   ἐστὶν aB: γίνεται M   29. 30 ἀναγκαῖον ἔσται M   30 ἐλάσσων M   οὖν om. a   31 ante καθόλου add. τῶν a   καθόλου om. M   ἂν ἀναγκαία a

τὸ συμπέρασμα. τηρήσαντες γὰρ τὴν καθόλου καταφατικὴν ἀναγκαίαν καὶ 47v ἀντιστρέψαντες τὴν ἑτέραν τὴν ὑπάρχουσαν καὶ ποιήσαντες ἐπὶ μέρους ὑπάρχουσαν ἐν πρώτῳ σχήματι ἕξομεν τὴν μείζονα καθόλου καταφατικὴν ἀναγκαίαν τὴν δὲ ἐλάττονα ἐπὶ μέρους καταφατικὴν ὑπάρχουσαν· οὔσης δὲ τοιαύτης συζυγίας ἀναγκαῖον τὸ συμπέρασμα. εἰ γὰρ εἴη τὸ μὲν Α παντὶ τῷ Γ ἐξ ἀνάγκης ὑπάρχον, τὸ δὲ Β παντὶ τῷ Γ ὑπαρχόντως, ἂν ἀντιστρέψωμεν τὴν Β Γ, ἔσται τὸ Γ τινὶ τῷ Β ὑπάρχον· κεῖται δὲ καὶ τὸ Α παντὶ τῷ Γ ἐξ ἀνάγκης· ἐξ ὧν συναχθήσεται τὸ τὸ Α τινὶ τῷ Β ἐξ ἀνάγκης. τὸ δὲ τὸ γὰρ Β ὑπὸ τὸ Γ ἐστὶ δεικτικὸν προσέθηκε τοῦ τὸ πρῶτον γίνεσθαι σχῆμα καὶ ἐλάττονα εἶναι ἐν αὐτῷ τὴν Γ Β διὰ τὸ παντὶ τῷ Γ ἐξ ἀνάγκης τὸ Α ὑπάρχον ὑπάρξειν καὶ τῷ Β. ἀλλὰ κἂν ἀνάπαλιν τὸ μὲν Β ληφθῇ παντὶ τῷ Γ ἐξ ἀνάγκης, τὸ δὲ Α παντὶ τῷ Γ ὑπάρχῃ, ἀναγκαῖον ἔσται τὸ συμπέρασμα. ἀντιστρέψομεν γὰρ τὴν Α Γ τὴν ὑπάρχουσαν, καὶ ἔσται τὸ Γ τινὶ τῷ Α ὑπάρχον· ἔκειτο δὲ καὶ τὸ Β παντὶ τῷ Γ ἐξ ἀνάγκης· ἐξ ὧν συναχθήσεται τὸ Β τινὶ τῷ Α ἐξ ἀνάγκης. καὶ ἐπεὶ ἀντιστρέφει τὸ ἐπὶ μέρους καταφατικὸν ἀναγκαῖον, καὶ τὸ Α τινὶ τῷ Β ἐξ ἀνάγκης ὑπάρξει· ἔδει γὰρ τοῦτον εἶναι κατηγορούμενον ἐν τῷ συμπεράσματι, ἐπεὶ ἔκειτο αὐτὸς ὁ μείζων εἶναι· διὸ ἐδεήθημεν ἐπὶ τῆς συμπλοκῆς τῆς τοιαύτης ἀντιστρέψαι καὶ τὸ συμπέρασμα. αὐτὸς μέντοι τὸ ἀντιστρέψαι τὸ συμπέρασμα παρέλιπεν ἴσως ὡς ὂν σαφές· μόνον δὲ ἔδειξεν, ὅτι τὸ Β καὶ τῷ Α τινὶ ἐξ ἀνάγκης ὑπάρξει, ἐπεὶ παντὶ τῷ Γ ἔκειτο ἐξ ἀνάγκης ὑπάρχειν. δεῖ δὲ πάλιν, ὡς εἶπον, καὶ τὸ Β Α ἀντιστρέψαι, ἵνα ἡ δεῖξις μὴ ἄλλου τινὸς ἀλλὰ τοῦ προκειμένου ᾖ· τὸ γὰρ Α μείζων ὅρος κεῖται· τοῦτον οὖν ἐν τῷ συμπεράσματι δεῖ κατηγορούμενον εἶναι.

p. 31a34 Πάλιν ἔστω τὸ μὲν Α Γ στερητικόν, τὸ δὲ Β Γ καταφατικόν, ἀναγκαῖον δὲ τὸ στερητικόν.

Δείκνυσιν, ὅτι καὶ ἐν τῇ συζυγίᾳ τῇ ἐκ καθόλου ἀποφατικῆς τῆς μείζονος ἀναγκαίας καὶ καθόλου καταφατικῆς ὑπαρχούσης τῆς ἐλάττονος γίνεται ἀναγκαῖον τὸ συμπέρασμα τῷ ἀντιστραφείσης τῆς καταφατικῆς τὸ πρῶτον γίνεσθαι σχῆμα ἔχον τὴν μείζονα καθόλου ἀποφατικὴν ἀναγκαίαν.

---

1 τὴν aut om. aut evan. M 2 ποιήσαντες] α corr. ex ο, ut videtur, B 4 δὲ ἐλάττονα evan. M 5 ante τοιαύτης add. τῆς a 6 ὑπάρχον ἐξ ἀνάγκης M β̄ τῷ γ̄ παντὶ a 7 τὴν aB: τὸ M ὑπάρχον aB: ὑπαρχόντως M 8 τὸ alterum (post συναχθήσεται) om. a 9 ἐστὶ om. M προσέθηκε . . . σχῆμα (10) vix legi possunt in M 10 ἐλάττονα aB: ἐλάβομεν M γ̄ β̄ a: β̄ γ̄ BM τὸ BM: τοῦτο a 11 ὑπάρχειν τὸ ᾱ M ὑπάρξειν scripsi: ὑπάρξει aB: ὑπάρξαι M τὸ β̄ M 12 ἀν[άγκης τὸ] unc. incl. perierunt in M 13 ὑπαρχόντως M ἀντιστρέψωμεν a 16 ἀντιστρέφει post ἀναγκαῖον transponit a 17 ὑπάρξαι M 18 εἶναι om. a ἐδεήθη μὲν libri ἐπὶ om. M 20 παρέλειψεν M 21 ὑπάρ^χ M γ̄ in ras. B[1] 22 ὑπάρχον M ᾱ M: om. aB 28 ἀναγκαίας om. a καθόλου periit in M καταφατικῆς corr. ex ἀποφατικῆς B[1] 29 ἀναγκαῖον γίνεται aM τῷ aM: τὸ B 30 γίνεσθαι M: γίνεται aB

τὸ γὰρ Α μηδενὶ ἐξ ἀνάγκης τῷ Γ ὑπαρχέτω, τὸ Β παντὶ ὑπαρχέτω 47v τῷ Γ· ἀντιστραφείσης δὴ τῆς Β Γ γίνεται | τὸ Γ τινὶ τῷ Β ὑπάρχον· 48r ἔκειτο δὲ καὶ τὸ Α μηδενὶ τῷ Γ ἐξ ἀνάγκης· τὸ ἄρα Α τινὶ τῷ Β ἐξ ἀνάγκης οὐχ ὑπάρξει. εἰ δὲ τὸ Α Γ τὸ στερητικὸν οὐκ ἀναγκαῖον τὸ δὲ Β Γ τὸ καταφατικὸν καθόλου τε καὶ ἀναγκαῖον, οὐκ ἔσται τὸ συμπέρασμα ἀναγκαῖον τῷ ἀντιστρέφεσθαι μὲν τὴν Β Γ τὴν ἀναγκαίαν καταφατικὴν ἀντιστραφείσης δ' αὐτῆς καὶ γινομένης ἐπὶ μέρους καταφατικῆς ἀναγκαίας γίνεσθαι ἐν πρώτῳ σχήματι συζυγίαν ἔχουσαν τὴν ἐλάττονα μὲν ἀναγκαίαν τὴν μείζονα δὲ ὑπάρχουσαν. ἕξει γὰρ οὕτως· τὸ Α οὐδενὶ τῷ Γ ὑπάρχει, τὸ Γ τινὶ τῷ Β ⟨ὑπάρχει ἐξ ἀνάγκης, καὶ τὸ Α τινὶ τῷ Β οὐχ⟩ ὑπάρξει ἐξ ἀνάγκης.

Δείξας δὲ διὰ τῆς ἀντιστροφῆς, ὅτι μὴ γίνεται ἀναγκαῖον τὸ συμπέρασμα τῷ ἐν πρώτῳ σχήματι τὴν ἐλάττονα γίνεσθαι ἀναγκαίαν παρατίθεται καὶ ὅρους, δι' ὧν καὶ αὐτῶν δείκνυσι μὴ γινόμενον ἀναγκαῖον τὸ συμπέρασμα. οἱ δὲ ὅροι, οὓς λαμβάνει, ἐπὶ μὲν τοῦ Α ἀγαθόν, ἐπὶ δὲ τοῦ Β ζῷον, ἐπὶ δὲ τοῦ Γ ἵππος. τὸ δὴ ἀγαθὸν οὐδενὶ ἵππῳ, τὸ ζῷον παντὶ ἵππῳ ἐξ ἀνάγκης· τὸ ἀγαθὸν ἄρα τινὶ μὲν ζῴῳ οὐχ ὑπάρξει, οὐ μὴν ἐξ ἀνάγκης. βουλόμενος δὲ δεῖξαι, ὅτι τὴν ἀποφατικὴν ὑπάρχουσαν εἴληφε καὶ οὐκ ἀναγκαίαν, εἶπε τὸ μὲν οὖν ἀγαθὸν ἐνδέχεται μηδενὶ ἵππῳ ὑπάρχειν, δεικνύς, ὅτι ἐνδεχομένως αὐτῷ οὐχ ὑπάρχει, ἀλλ' οὐκ ἐξ ἀνάγκης· οὐ γὰρ ἐνδεχομένην λαμβάνει, ἀλλ' ἔστιν αὐτῷ τοῦ μὴ ἀναγκαίου δεικτικὸν τὸ ἐνδέχεσθαι τὸ ἀγαθὸν μηδενὶ ἵππῳ καὶ τὸ ἀλλ' οὐκ ἀνάγκη ζῷόν τι μὴ εἶναι ἀγαθόν, ὃ ἴσον ἐστὶ τῷ 'τὸ ἀγαθὸν τινὶ ζῴῳ οὐχ ὑπάρξει, οὐ μὴν ἐξ ἀνάγκης οὐχ ὑπάρξει'. ὃ ὅπως ἂν εἴη ὑγιές, δεικνὺς προσέθηκε τὸ εἴπερ ἐνδέχεται πᾶν εἶναι ἀγαθόν· τότε γὰρ ὑπαρχόντως τινὶ οὐχ ὑπάρξει ζῴῳ τὸ ἀγαθόν, ὅταν καὶ παντὶ αὐτῷ ἐνδέχηται ὑπάρχειν. ἐπεὶ δὲ δοκεῖ μὴ πᾶν ζῷον ἐπιδεκτικὸν εἶναι τοῦ ἀγαθοῦ, μεταληπτέον φησὶ τὸν ὅρον καὶ θετέον ἀντὶ τοῦ ἀγαθοῦ ἢ τὸ ἐγρηγορέναι ἢ τὸ καθεύδειν μηδενὶ ἵππῳ ὑπαρχόντως· ζῷον δὲ ἐξ ἀνάγκης παντὶ ἵππῳ· γίνεται γὰρ ἢ τὸ ἐγρηγορέναι ἢ τὸ καθεύδειν τινὶ μὴ ὑπάρχον ζῴῳ, οὐ μὴν ἐξ ἀνάγκης. ὃ δεικνὺς προσέθηκε τὸ ἅπαν γὰρ ζῷον δεκτικὸν τούτων. εἰ γὰρ δεκτικὸν ἅπαν, οὐδὲν ἔσται ζῷον, ᾧ ἐξ ἀνάγκης οὐχ ὑπάρχει τὸ ἐγρηγορέναι ἢ τὸ κοιμᾶσθαι.

Εἰπὼν δὲ περὶ τῶν μίξεων τῶν ἐξ ἀμφοτέρων τῶν προτάσεων καθόλου

---

1 τῷ γ̄ μηδενὶ ἐξ ἀνάγκης a ὑπάρχει (post γ̄) M ante β̄ add. δὲ M ὑπαρχόντως (post παντὶ) M 2 τῷ β̄ τινὶ τὸ γ̄ a ὑπάρ^{χ'} M 4 α γ̄ . . . τὸ δὲ om. a: τὸ στερητικὸν οὐκ ἀναγκαῖον om. B 6 καταφατικὴν ἀναγκαίαν a 7 γενομένης a 9 ὑπάρχει aB: ὑπάρχον M 10 ὑπάρχει . . . . οὐχ a: om. BM ὑπάρξει BM: ὑπάρχει a 12 γίνεσθαι aB: εἶναι M 13 καὶ (ante ὅρους) om. a τὸ συμπέρασμα ἀναγκαῖον a 15 ἵππος a: ἵππον BM ante ζῷον addidi τό, quod ante ζῷον vs. 14 habent BM post ζῷον add. δὲ a 16 ἄρα M: δὴ aB οὐχ ὑπάρξει om. M 17 ὅτι om. a 19 ἐνδεχομένης a 20 δεικτικοῦ a 23 προστέθεικε M 24. 25 οὐχ ὑπάρξει om. M 26 μὲν pro μὴ M. B pr. 28 μηδενὶ . . . καθεύδειν (29) om. M 31 ἐστι M

ἑξῆς λέγει καὶ περὶ τῶν τὴν ἑτέραν ἐχουσῶν ἐπὶ μέρους. ὅταν δὲ ἡ μὲν 48r καθόλου τῶν προτάσεων ᾖ ἡ δὲ ἐν μέρει, ἀμφοτέρων οὐσῶν καταφατικῶν, εἰ ἡ καθόλου ἡ ἀναγκαία, ἀναγκαῖον ἔσται τὸ συμπέρασμα· ἀντιστραφείσης γὰρ τῆς ἐπὶ μέρους καταφατικῆς ὑπαρχούσης γίνεται πάλιν τὸ πρῶτον σχῆμα ἔχον τὴν μείζονα ἀναγκαίαν. καὶ πρῶτον μὲν τοῦτο δείκνυσι τὴν ἐλάττονα καθόλου καταφατικὴν ἀναγκαίαν λαβὼν τὴν δὲ μείζονα ἐπὶ μέρους καταφατικὴν ὑπάρχουσαν. λαμβάνει γὰρ τὸ μὲν Α τινὶ τῷ Γ ὑπάρχον τὸ δὲ Β παντὶ τῷ Γ ἐξ ἀνάγκης ὑπάρχον· ἣν τηρήσας ἀντιστρέφει τὴν Α Γ, καὶ λαμβάνει τὸ Γ τινὶ τῷ Α ὑπάρχειν· τοῦτο γάρ ἐστι τὸ τὸ δὲ Α ὑπὸ τὸ Γ ἐστί· διὰ γὰρ τὴν ἀντιστροφήν· ἐξ ὧν ἐν τῇ τοῦ πρώτου σχήματος συμπλοκῇ τρίτῃ συνάγεται τὸ Β τινὶ τῷ Α ἐξ ἀνάγκης ὑπάρχειν. εἰ δὲ τὸ Β τῷ Α, καὶ τὸ Α τῷ Β· τοῦτο γὰρ ἔδει δειχθῆναι μείζονος ἄκρου τοῦ Α ὄντος. ἐδείχθη οὖν τὸ προκείμενον τῆς τε ἐπὶ μέρους καταφατικῆς ὑπαρχούσης ἀντιστραφείσης, ἥτις ἦν ἡ Α Γ, καὶ τοῦ Β Α συμπεράσματος ὄντος ἐπὶ μέρους ἀναγκαίου καταφατικοῦ.

Ὁμοίως δέ φησιν ἀναγκαῖον ἔσεσθαι τὸ συμπέρασμα, κἂν ἡ μὲν μείζων καταφατικὴ καθόλου ἀναγκαία ληφθῇ ἡ δὲ ἐλάττων ἐπὶ μέρους καταφατικὴ ὑπάρχουσα· πάλιν γὰρ ταύτης ἀντιστραφείσης γίνεται ἐν πρώτῳ σχήματι ἡ μείζων καθόλου καταφατικὴ ἀναγκαία, διὸ καὶ ἐπὶ μέρους καταφατικὸν ἀναγκαῖον γίνεται πάλιν τὸ συμπέρασμα. πλὴν ἐπὶ μὲν τῆς πρὸ ταύτης συμπλοκῆς καὶ τὸ συμπέρασμα ἐδέησεν ἀντιστρέψαι, | ἐπὶ δὲ ταύτης ἐχούσης 48v τὴν μείζονα καθόλου καταφατικὴν ἀναγκαίαν τὴν ἐλάττονα πρότασιν μόνην ἀντιστρέφομεν. ταχέως δὲ ἐδήλωσε τὴν αἰτίαν τοῦ γίνεσθαι ἀναγκαῖον τὸ συμπέρασμα εἰπὼν τὸ γὰρ Β ὑπὸ τὸ Γ ἐστί, δι' οὗ καὶ τὴν ἀντιστροφὴν ἔδειξε τῆς ἐλάττονος προτάσεως τῆς Β Γ οὔσης καταφατικῆς ἐν μέρει.

Ἂν δὲ ἡ ἐπὶ μέρους πρότασις ἀναγκαία ληφθῇ, οὐκέτι γίνεται τὸ συμπέρασμα ἀναγκαῖον τῷ γίνεσθαι οὕτως τὴν ἐλάττονα πρότασιν ἐν τῷ πρώτῳ σχήματι ἀναγκαίαν, ἧς οὔσης τοιαύτης τῆς δὲ μείζονος ὑπαρχούσης ὑπάρχον ἐγίνετο τὸ συμπέρασμα. ἔστω γὰρ τὸ μὲν Β τινὶ τῷ Γ ὑπάρχον ἐξ ἀνάγκης, τὸ δὲ Α παντὶ τῷ Γ ὑπάρχον· ἂν δὴ ἀντιστρέψωμεν τὴν Β Γ τηρήσαντες τὴν Α Γ τὴν καθόλου ὑπάρχουσαν (οὐ γὰρ οἷόν τε ἄλλως), γίνεται τὸ Α τῷ Γ παντί, τὸ δὲ Γ τινὶ τῷ Β ἐξ ἀνάγκης· οὕτως δὲ ἐχουσῶν οὐκ ἐγίνετο ἐν τῷ πρώτῳ σχήματι ἀναγκαῖον τὸ συμπέρασμα. ὅτι δὲ μὴ ἀναγκαῖον γίνεται τὸ συμπέρασμα, δείκνυσι καὶ τῇ τῶν ὅρων

---

1 ἐπὶ μέρους ἐχουσῶν a 2 ἡ δὲ ... συμπέρασμα (3) om. M 3 εἰ ἡ B² corr.: ᾗ B pr.: ἂν ἡ a ἡ (post καθόλου) correxi: ἡ libri 4 ἐπὶ μέρους aB: μερικῆς M 5 ἀναγκαίαν τὴν μείζονα M 7 ὑπάρχον aB: ὑπάρχ M; item vs. sq. 9 ὑπάρχον a: ὑπάρχ M ᾱ δὲ M 10 τὴν ἀντιστροφὴν aB: ἀντιστροφῆς M 11 τρίτῃ συμπλοκῇ a 11 et 12 pro ᾱ, quod habet a, γ̄ BM ὑπάρχει M 12 τῷ β̄ aB: τῷ ᾱ M 14 ἡ om. M β̄ ᾱ scripsi: β̄ γ̄ libri συμπέρασμα a 15 ὄντος om. M 16 μείζων μὲν a 17 ἀναγκαία ex ἀναγκαῖαν corr. B¹ 19 καθόλου om. M post καθόλου add. τε B 21 ἐπὶ aM: ἐπεὶ B 22 μόνην πρότασιν M 25 β̄ γ̄ scripsi: ᾱ γ̄ libri ἐπὶ μέρους M 29. 30 ἐξ ἀνάγκης ὑπάρχον M 30 ὑπάρχ M 31 ᾱ γ aB: ᾱ β̄ M 32 δὲ prius om. a

παραθέσει. λαμβάνει γὰρ ἐπὶ μὲν τοῦ Α ἐγρήγορσιν, ἐπὶ δὲ τοῦ Β δίπουν, ἐπὶ δὲ τοῦ Γ ζῷον· τὸ μὲν δίπουν τινὶ ζῴῳ ἐξ ἀνάγκης ὡς ἀνθρώπῳ, ἡ δὲ ἐγρήγορσις παντὶ ζῴῳ ὑπαρχόντως, καὶ ἐγρήγορσις τινὶ δίποδι, ἀλλ' οὐκ ἐξ ἀνάγκης. πάλιν δὲ τὸ Α τῷ Γ ἐνδέχεται ⟨εἶπε⟩ δηλῶν τὸ παντὶ μὲν ὑπάρχειν, οὐ μὴν ἀναγκαίως. σημειωτέον δέ, ὅτι καὶ ἐνταῦθα χρῆται τῷ ἐνδέχεσθαι ἀντὶ τοῦ ὑπάρχειν, ὡς καὶ ἐπὶ τῆς τῶν ἀναγκαίων προτάσεων ἀντιστροφῆς. τὸ δὲ οὐ γὰρ ἀνάγκη δίπουν τι μὴ καθεύδειν δεικτικὸν ἂν εἴη τοῦ τὴν ἐγρήγορσιν ἐνδέχεσθαι τινὶ ζῴῳ ὡς καὶ ἐνδέχεσθαι μηδενί· εἰ γὰρ ἐξ ἀνάγκης τι ζῷον ἐκάθευδεν, οὐκ ἂν ἐγρήγορσις τῷ ζῴῳ παντὶ ἐνδεχομένως ὑπῆρχεν. δύναται τὸ οὐ γὰρ ἀνάγκη δίπουν τι μὴ καθεύδειν δεικτικὸν εἶναι τοῦ τὴν ἐγρήγορσιν ἐνδέχεσθαι τινὶ ζῴῳ ὡς καὶ ἐνδέχεσθαι μή.

Διὰ δὲ τῶν αὐτῶν ὅρων φησὶ δειχθήσεσθαι μὴ γινόμενον ἀναγκαῖον τὸ συμπέρασμα, κἂν ἡ μὲν μείζων ἡ Α Γ ἐπὶ μέρους ἀναγκαία καταφατικὴ ληφθῇ ἡ δὲ Β Γ καθόλου καταφατικὴ ὑπάρχουσα. πλὴν δεήσει μεταθεῖναι τοὺς ὅρους καὶ ἀλλάξαι τὴν τάξιν αὐτῶν· ὁμοίως γὰρ αὐτῶν κειμένων οὐκ ἀληθεῖς αἱ προτάσεις. δεῖ οὖν θεῖναι ἐπὶ μὲν τοῦ Α δίπουν ἐπὶ δὲ τοῦ Β ἐγρήγορσιν· ἔσται γὰρ οὕτως τὸ δίπουν πάλιν τινὶ ζῴῳ ἐξ ἀνάγκης, ἐγρήγορσις παντὶ ζῴῳ ὑπαρχόντως, τὸ δίπουν τινὶ ἐγρηγορότι, οὐ μὴν ἐξ ἀνάγκης. οὐδὲν δὲ ἔλαττον ἔστι καὶ τοῦτο διὰ τῆς ἀντιστροφῆς τῆς ἐπὶ μέρους καταφατικῆς ἀναγκαίας ἀνάγοντας εἰς τὸ πρῶτον σχῆμα δεῖξαι τὴν ἐλάττονα πάλιν ἐν αὐτῷ γινομένην ἀναγκαίαν ἀντιστρεφομένου καὶ τοῦ συμπεράσματος.

p. 31b33 Εἰ δ' ὁ μὲν κατηγορικὸς ὁ δὲ στερητικὸς τῶν ὅρων, ὅταν μὲν ᾖ τὸ καθόλου στερητικόν.

Λέγει, ὅτι καὶ τῆς ἑτέρας στερητικῆς οὔσης τῆς δ' ἑτέρας καταφατικῆς, ἂν μὲν ἡ στερητικὴ καθόλου ᾖ καὶ ἀναγκαία, ἀναγκαῖον καὶ τὸ συμπέρασμα· περὶ γὰρ τῶν τὴν ἑτέραν ἐχουσῶν ἐν μέρει ὁ λόγος αὐτῷ νῦν· ἂν δ' ἡ καταφατικὴ ἀναγκαία, ὑπάρχον καὶ οὐκ ἀναγκαῖον. αἴτιον δὲ καὶ ἐν τούτοις, ὅτι ἡ στερητικὴ ὅταν ᾖ καθόλου, ἀντιστραφείσης τῆς καταφατικῆς αὕτη γίνεται ἡ μείζων πρότασις ἐν πρώτῳ σχήματι, ὥστε, ἂν ᾖ ἀναγκαία, ἀναγκαῖον καὶ τὸ συμπέρασμα. διὰ βραχέων δὲ εἶπε καὶ περὶ τῆς συμπλοκῆς ταύτης ὡς οὔσης τῆς μίξεως ἤδη γνωρίμου. μὴ οὔσης δὲ ταύτης ἀναγκαίας ἀλλὰ τῆς καταφατικῆς, ἥτις γίνεται ἐλάττων ἐν τῷ πρώτῳ σχήματι ἀναγκαία, ⟨ὑπάρχον ἔσται⟩. εἰ γὰρ τὸ Α τῷ Γ μηδενὶ ἐνδέχεται, τουτ' ἔστιν ἐξ ἀνάγκης μηδενί, τὸ δὲ Β τῷ Γ τινὶ ὑπάρχει,

4 εἶπε a: om. BM   τὸ δὲ a Ar.   5 ἀναγκαῖον M   7 οὐ BM et Ar.: οὐδὲ a   μὴ om. Ar.; cf. vs. 10   9 εἰ add. B²   10 οὐ Ar.: οὐδὲν B: οὐδὲ aM; cf. vs. 7   11 τοῦ aM: τῷ B   τὴν om. M   16 τάξιν BM: πρότασιν a   18 οὔτω a   19 ante τὸ add. καὶ M   20 κα[ὶ τοῦτο] unc. incl. perierunt in M   23 τῶν ὅρων ... στερητικόν (24) om. a   26 post καθόλου add. τε a   27 ἐν μέρει aB: ἀποφατικὴν ἐν μίξει M   30 αὐτὴ a   32 post μίξεως add. ταύτης a   33 ἐλάττων γίνεται a   34 ὑπάρχον ἔσται a: om. BM   τὸ δὲ] ὁ δὲ periit in M

ἀντιστραφήσεται μὲν ἡ ΒΓ, καὶ ἔσται τὸ Γ τινὶ τῷ Β· μένει δὲ ἡ ΑΓ 48v μείζων οὖσα καθόλου ἀναγκαία ἀποφατική· διὸ συναχθήσεται τὸ Α τινὶ τῷ Β ἐξ ἀνάγκης μὴ ὑπάρχειν. ἂν δὲ γένηται τὸ καταφατικὸν ἀναγκαῖον ἢ καθόλου ὂν ἢ ἐν μέρει, ὡς εἶναι τὴν μὲν μείζονα ἢ καθόλου ἀποφατικὴν 49r ὑπάρχουσαν ⟨ἢ ἐπὶ μέρους ἀποφατικὴν ὑπάρχουσαν⟩ τὴν δὲ ἐλάττονα ἢ καθόλου καταφατικὴν ἀναγκαίαν ἢ ἐπὶ μέρους καταφατικὴν ὁμοίως ἀναγκαίαν, ὅταν μὲν ᾖ καθόλου ἀποφατικὴ ἡ μείζων ὑπάρχουσα, αὕτη γινομένη ἐπὶ μέρους καταφατικὴ ἀναγκαία, ὅταν δὲ ᾖ ἐπὶ μέρους ἀποφατικὴ ὑπάρχουσα, αὕτη καθόλου καταφατικὴ ἀναγκαία, οὐδὲν ἀναγκαῖον συναχθήσεται, διότι ἀντιστραφείσης τῆς ἐλάττονος, ὅταν ἐπὶ μέρους ᾖ, γίνεται τὸ πρῶτον σχῆμα ἔχον τὴν ἐλάττονα ἀναγκαίαν. τοῦτο γὰρ δεικνὺς τὸ ἐκ τῆς ἀντιστροφῆς σημαῖνον εἶπε τὸ τὰ μὲν γὰρ ἄλλα τὰ αὐτά, ἃ καὶ ἐπὶ τῶν προτέρων, ἐροῦμεν.

Οὐ μὴν ἀλλὰ καὶ τῇ τῶν ὅρων παραθέσει δείκνυσι μὴ γινόμενον ἀναγκαῖον τὸ συμπέρασμα. τίθησι δὲ ἐπὶ μὲν τοῦ Α ἐγρήγορσιν, ἐπὶ δὲ τοῦ Β ζῷον, λευκὸν δὲ ἐπὶ τοῦ Γ· ἐγρήγορσις μὲν γὰρ οὐδενὶ λευκῷ ἐνδέχεται, ζῷον δὲ τινὶ λευκῷ ἐξ ἀνάγκης, καὶ ἐγρήγορσις τινὶ ζῴῳ οὐχ ὑπάρχει, οὐ μὴν ἐξ ἀνάγκης· τοῦτο γὰρ σημαίνει τὸ καὶ οὐκ ἀνάγκη τινὶ ζῴῳ μὴ ὑπάρχειν ἐγρήγορσιν. κἂν τὸ καθόλου δὲ καταφατικὸν ἀναγκαῖον ᾖ τῆς ἑτέρας τῆς μείζονος προτάσεως ἐπὶ μέρους ἀποφατικῆς ὑπαρχούσης οὔσης, δείκνυσιν ὅρους παραθέμενος μὴ γινόμενον ἀναγκαῖον τὸ συμπέρασμα. ἐπὶ μὲν τοῦ Α ἐγρήγορσιν, ζῷον δὲ ἐπὶ τοῦ Β, ἄνθρωπον δὲ ἐπὶ τοῦ Γ· ζῷον μὲν γὰρ παντὶ ἀνθρώπῳ ἐξ ἀνάγκης, ἐγρήγορσις δὲ τινὶ ἀνθρώπῳ οὐχ ὑπάρχει· συνάγεται ἐγρήγορσιν τινὶ ζῴῳ μὴ ὑπάρχειν ἁπλῶς, ἀλλ' οὐκ ἐξ ἀνάγκης. αὐτὸς μέντοι ἐν τῇ δείξει πρῶτον περὶ τῆς συζυγίας τῆς τὸ καθόλου καταφατικὸν ἀναγκαῖον ἐχούσης τὸ δὲ ἐπὶ μέρους ἀποφατικὸν ὑπάρχον εἴρηκεν, ἥτις ἐστὶ τοῦ ἕκτου συλλογισμοῦ, εἶθ' οὕτως περὶ τῆς τὸ ἐπὶ μέρους καταφατικὸν ἀναγκαῖον τὸ δὲ καθόλου ἀποφατικὸν ὑπάρχον, ἐφ' ἧς μόνης συμπλοκῆς ἁρμόζει καὶ ἡ δι' ἀντιστροφῆς δεῖξις, ἣν βουλόμενος δηλῶσαι εἶπε τὰ μὲν γὰρ ἄλλα ταὐτὰ ἐροῦμεν. οὐκέτι γὰρ δι' ἀντιστροφῆς δείκνυται, ὅταν ἡ ἐλάττων ᾖ καθόλου καταφατική, οὔτ' ἂν ἀναγκαία ᾖ, οὔτ' ἂν ὑπάρχουσα. ἀλλ' οὐδ' ἂν ⟨ἡ⟩ ἐπὶ μέρους απο-

1 ἡ β γ M: ὁ β γ aB 2 ἀποφατικὴ ἀναγκαία a 2. 3 τινὶ τῷ β τὸ α aM 3 γένη[ται τὸ] unc. incl. perierunt in M 4 ἢ (ante καθόλου utrumque) in ras. B μὲν om. M 5 ἢ ἐπὶ μέρους ἀποφατικὴν ὑπάρχουσαν a: om. BM δ' M ἢ alterum om. M 6 ὁμοίως om. M 7 ante καθόλου add. ἡ aB μείζων ante καθόλου transponit M ἀποφα[τικὴ ἡ] unc. incl. perierunt in M μείζων om. M 9 ἀποφατικὴ a 10 ἦν a 11 τὸν . . . ἀναγκαῖον M ἀντιστραφείσης a 12 post ἄλλα add. κατὰ M τὰ αὐτά aBM (n): ταὐτά Ar. (cf. vs. 30) 12. 13 προτέρων aBM (Ci): πρότερον Ar. 16 ἐπὶ δὲ τοῦ γ λευκόν M 17 post ζῴῳ ras. 7—9 lit. in B 20 ἀποφατικῆς προτάσεως ἐπὶ μέρους M 21 οὔσης expunxit B²: om. M 22 post μὲν add. γὰρ a

23 ἐγρήγορσιν a 24 ἐγρήγορσις M 26 δ' M 27 ὑπάρ$^{χ'}$ M συλλογιστικοῦ M 29 συζυγίας M 30 ταὐτὰ a et Ar.: πάντα BM 31 ᾖ BM: ἡ a 32 ἂν (ante ἀναγκαία) M: om. aB οὔτ' ἂν (ante ὑπάρχουσα) BM: οὔθ' a ἡ a: om. BM

φατικὴ ἀναγκαία γένηται, οὐκ ἔσται τὸ συμπέρασμα ἀναγκαῖον. ὡς γὰρ ἐν 49r δευτέρῳ σχήματι ἐν τῇ τοῦ τετάρτου συλλογισμοῦ συζυγίᾳ οὐδετέρας οὔσης ἀναγκαίας ἀναγκαῖον ἐγίνετο τὸ συμπέρασμα τῷ μὴ ἀνάγεσθαι δι' ἀντιστροφῆς τὴν τοιαύτην συμπλοκὴν εἰς τὸ πρῶτον σχῆμα, οὕτως καὶ ἐν τῷ τρίτῳ ἐν τῇ τοῦ ἕκτου συλλογισμοῦ συζυγίᾳ οὐδετέρας οὔσης ἀναγκαίας γίνεται ἀναγκαῖον τὸ συμπέρασμα.

Ὅτι μὲν οὖν τῆς καταφατικῆς καθόλου τε οὔσης καὶ ἀναγκαίας οὐ γίνεται ἀναγκαῖον τὸ συμπέρασμα, ἐδείχθη διὰ τῶν αὐτῶν ὅρων μικρῷ πρόσθεν. ὅταν δὲ ἡ ἐπὶ μέρους ἀποφατικὴ ⟨ᾖ⟩ ἀναγκαία, ὅροι δίπουν ἐπὶ τοῦ Α, κινούμενον ἐπὶ τοῦ Β, ζῷον ἐπὶ τοῦ Γ. δίπουν γὰρ τινὶ ζῴῳ ἐξ ἀνάγκης οὐχ ὑπάρχει, τὸ κινεῖσθαι παντὶ ζῴῳ ὑπάρχει, δίπουν τινὶ κινουμένῳ οὐχ ὑπάρξει, οὐ μὴν ἐξ ἀνάγκης· εἰ γὰρ σημαίνει τὸ 'δίπουν τινὶ κινουμένῳ οὐχ ὑπάρχει' ἴσον τῷ 'τὶ δίπουν οὐ κινεῖται', τῷ μηδὲν δίπουν ἐξ ἀνάγκης μὴ κινεῖσθαι οὐκ ἔσται ἀληθὲς τὸ 'δίπουν τινὶ κινουμένῳ ἐξ ἀνάγκης οὐχ ὑπάρξει'. πρόσκειται δὲ τῷ ἀντιγράφῳ τὸ δ ί π ο υ ν μ έ σ ο ν κατὰ τὴν τοῦ γράφοντος κατ' ἀρχὰς τὸ βιβλίον διαμαρτίαν· οὐ γὰρ τὸ δίπουν δεῖ μέσον ὅρον ἀλλὰ τὸ ζῷον εἶναι. καὶ τοῦτο καὶ ἐν τῇ τῶν ὅρων παραθέσει δηλοῦται· πρῶτον γὰρ τοῦ δίποδος ἐμνημόνευσεν ἔθος ἔχων αἰεὶ ἐπὶ τούτου τοῦ σχήματος ὕστερον τιθέναι τὸν μέσον ὅρον. δεῖ οὖν ἡγεῖσθαι λέγεσθαι ἐπ' αὐτοῦ οὐ δ ί π ο υ ν μ έ σ ο ν ἀλλὰ ζ ῷ ο ν μ έ σ ο ν· εἰ γὰρ τὸ δίπουν εἴη μέσον, οὐδέτερος τῶν εἰρημένων ὅρων, οὔτε τὸ κινούμενον οὔτε τὸ ζῷον, τινὶ αὐτῷ ἐξ ἀνάγκης οὐχ ὑπάρξει. ⟨ἢ⟩ ταὐτὰ ἔνεστι λέγοντας, ὅσα καὶ ἐπὶ τοῦ δευτέρου σχήματος ἐπὶ τῆς τετάρτης συμπλοκῆς εἰρήκαμεν τῆς ἐχούσης ἐπὶ μέρους 49v τὴν ἀποφατικὴν ἀναγκαίαν, ἀναγκαῖον δεικνύναι, ὅτι, ὅσον ἐπὶ τοῖς προειρημένοις, ἀναγκαῖον ἔδει γενέσθαι τὸ συμπέρασμα καὶ ἐν ταύτῃ τῇ συμπλοκῇ· τῇ γὰρ ἐκθέσει χρησάμενοι ἕξομεν τὴν ἐπὶ μέρους ἀναγκαίαν ἀποφατικὴν καθόλου ἀποφατικὴν ἀναγκαίαν, ἧς οὔσης ἀναγκαίας κατ' ἀντιστροφὴν τῆς ἐλάττονος ἐγίνετο ἐν πρώτῳ σχήματι ἡ μείζων καθόλου ἀποφατικὴ ἀναγκαία. ἀλλ' ὅτι μὴ ἀναγκαῖον τὸ συμπέρασμα ἐπὶ τῇ τοιαύτῃ συμπλοκῇ, ἡ παράθεσις τῶν ὅρων δείκνυσιν, ᾗ καὶ αὐτὸς ἐχρήσατο.

p. 32a6 Φανερὸν οὖν, ὅτι τοῦ μὲν ὑπάρχειν οὐκ ἔστι συλλογισμός, ἂν μὴ ἀμφότεραι ὦσιν αἱ προτάσεις ἐν τῷ ὑπάρχειν. τοῦ δ' ἀναγκαίου ἔστι καὶ τῆς ἑτέρας μόνον ἀναγκαίας οὔσης.

Τοῦτο ἁπλῶς μὲν καὶ καθόλου λεγόμενον ψεῦδος ἂν εἴη καὶ τοῖς

3 μὴ om. a 4 οὕτω a 5 ante ἐν add. καὶ aB: om. M 6 ἀναγκαῖον γίνεται a 8 αὐτῶν om. a 9 ᾖ addidi ἀναγκαῖον M 11 τὸ κινεῖσθαι ... ὑπάρχει om. M ὑπάρχει om. a ante δίπουν add. καὶ a ὑπάρξει BM: ὑπάρχει a 13 οὐ om. M 14 οὐχ om. M ὑπάρχει a 15 δίπουν μέσον] hanc antiquam esse scripturam Arist. codices fere omnes probant (δίπουν, μέσον ζῷον A d, ζῷον rc. supra d, δίπουν μέσον n et, ut videtur, B pr., in quo ζῷον in ras.) 17 καὶ alterum om. a 18 ἔχων ἔθος a ἀεὶ M 19 τὸν μέσον ὅρον τιθέναι M ἐπ'] fort. ὑπ' 22 ἢ addidi ταῦτα M post ταὐτὰ add. δ' a 23 εἰρήκαμεν] p. 144,23 sq. τῆς alterum om. M 25 γίνεσθαι a καὶ ἐν ταύτῃ τῇ συμπλοκῇ om. a 32 ἐὰν Ar. (cf. p. 153,4) 33 μόνον a et Ar.: μόνης B (u): cf. p. 152,26 et p. 153,2,16 ἀναγκαίας οὔσης om. a 34 post ψεῦδος eras. δ' B

προειρημένοις μαχόμενον. δέδειχε γὰρ ὑπάρχον γινόμενον τὸ συμπέρασμα 49v καὶ τῆς ἑτέρας οὔσης ἀναγκαίας. ὡς τῆς ἐλάττονος ἐν πρώτῳ σχήματι· ἀλλὰ καὶ ἐν δευτέρῳ καὶ ἐν τρίτῳ σχήματι δέδεικται ὑπάρχον γινόμενον τὸ συμπέρασμα τῆς ἑτέρας τῶν προτάσεων ἀναγκαίας οὔσης. εἰ δέ τις ἀκούοι τοῦ εἰρημένου ὡς ἐπὶ τοῦ τρίτου σχήματος εἰρημένου ἐλλιπέστερον ἀληθὲς ἂν εἴη· τοῦ γὰρ ὑπάρχειν ἐν τρίτῳ σχήματι ἀμφοτέρων οὐσῶν καθόλου καταφατικῶν τῶν προτάσεων οὐ γίνεται συμπέρασμα [ὑπάρχον], ἂν μὴ ἀμφότεραι ὦσιν ἐν τῷ ὑπάρχειν. τῷ ὁποτέρα ἂν αὐτῶν ἀναγκαία ληφθῇ, ἀναγκαῖον γίνεσθαι τὸ συμπέρασμα. ὃ οὐκ ἐπὶ τοῦ πρώτου σχήματος εἶχεν οὕτως οὐσῶν ἀμφοτέρων τῶν προτάσεων καθόλου καταφατικῶν· καὶ γὰρ τῆς ἑτέρας τῆς ἐλάττονος ἀναγκαίας οὔσης ὑπάρχον ἐγίνετο τὸ συμπέρασμα. ἐν δὲ τῷ δευτέρῳ σχήματι οὐδὲ τὴν ἀρχὴν συνήγετό τι ἐκ δύο καταφατικῶν. εἴη ἂν οὖν τὸ ἴδιον τῶν ἐν τῷ τρίτῳ σχήματι συμπλοκῶν τῶν ἐκ δύο καθόλου καταφατικῶν δεδηλωκὼς διὰ τούτων· καὶ γὰρ ἦν περὶ τούτου τοῦ σχήματος λέγων· ἐν γὰρ τούτῳ τῶν δύο καθόλου καταφατικῶν οὐσῶν ὑπάρχον μὲν οὐ συναχθήσεται, εἰ μὴ εἶεν ἀμφότεραι ὑπάρχουσαι. ἀναγκαῖον δὲ καὶ τῆς ἑτέρας μόνης καὶ ὁποτερασοῦν. ἐπεὶ ⟨δὲ⟩ ἐδείχθησαν ἤδη τινὲς συμπλοκαί, ἐν αἷς πάλιν μὴ οὐσῶν ἀμφοτέρων ἀναγκαίων οὐδὲ τὸ συμπέρασμα ἀναγκαῖον. ὡς ἐπὶ τῆς ἕκτης. ἔνεστι καὶ τοῦ ὑπάρχειν ἀκοῦσαι ἀντὶ τοῦ καταφατικοῦ. ἵν' ᾖ λέγων καταφατικὸν μὲν μὴ γίνεσθαι τὸ συμπέρασμα. ἂν μὴ ὦσιν ἀμφότεραι καταφατικαί, ἀναγκαῖον δὲ γίνεσθαι καὶ τῆς ἑτέρας ἀναγκαίας οὔσης μόνης. ἴσως δὲ δόξει βίαιον τὸ οὕτως ἀκοῦσαι τοῦ εἰρημένου· δόξει γὰρ μὴ ἀντὶ τοῦ καταφατικοῦ νῦν εἰλῆφθαι τὸ ὑπάρχον ἀλλ' ὡς τῷ ἀναγκαίῳ ἀντιδιαστελλόμενον, ὡς δῆλον ἐκ τοῦ ἐπιφερομένου. λέγει γὰρ τοῦ δ' ἀναγκαίου ἔστι καὶ τῆς ἑτέρας μόνον ἀναγκαίας οὔσης. εἴη δ' ἂν τὸ λεγόμενον, εἰ μὴ ἐπὶ τοῦ τρίτου σχήματος ἰδίως λέγοιτο ἀλλὰ καθόλου τε καὶ κοινῶς, ὅτι τοῦ ὑπάρχειν ἁπλῶς συμπέρασμα οὐ γίνεται· τὸ γὰρ 'συλλογισμὸς οὐ γίνεται' τὸ μὴ γίνεσθαι συμπέρασμα σημαίνει, ἐὰν μὴ ἀμφότεραι ὦσιν αἱ προτάσεις ὑπάρχουσαι. καὶ γὰρ ἐν αἷς συζυγίαις ἀναγκαίας οὔσης τῆς ἑτέρας ὑπάρχον γίνεται τὸ συμπέρασμα, καὶ τότε ἐξ ὑπαρχουσῶν τῶν δύο γίνεται τῷ τὸ ἀναγκαῖον καὶ ὑπάρχον εἶναι· τὸ γὰρ ἀναγκαῖον καὶ ὑπάρχον, οὐκέτι δὲ τὸ ὑπάρχον ἀναγκαῖον. διὸ ὅταν μὲν ⟨ᾖ⟩ ἡ ἑτέρα ἀναγκαία, ἔστιν ἀμφοτέρας ὑπαρχούσας εἰπεῖν, εἰ δὲ ὑπάρχουσα εἴη ἡ ἑτέρα, οὐκέτ' ἀμφοτέρας οἷόν τε

2 καὶ τῆς . . . συμπέρασμα (4) om. a 3 ante δευτέρῳ add. τῷ M ἐν (ante τρίτῳ) om. M σχήματι om. M 5 ἀκούει a 6 ὑπάρχοντος M 7 ante συμπέρασμα add. τὸ M ὑπάρχον add. BM: om. a 10 καὶ aB: εἰ M 11. 12 συμπέρασμα om. M 12 ante δύο add. τῶν M 13 καταφατικῶν . . . δύο (14) om. M τῷ om. a 17 δὲ a: om. BM 20 ἵνα M 21 ἐὰν M 22 οὔσης ἀναγκαίας M δόξει aB: δείξει M; item vs. sq. 24 τοῦ ἀναγκαίου διαστελλόμενον M 25 λέγει γὰρ om. a δὲ M 26 μόνης M 29 ὦσιν ἀμφότεραι M 30 οὔσης ἀναγκαίας a 31 τὸ ex τὸν corr., ut videtur, B¹ 33 post μὲν addidi ᾖ: post ἀναγκαία add. a: om. BM 34 δ' M τ' M

εἰπεῖν ἀναγκαίας. διὰ τοῦτο τὸ μὲν ὑπάρχον ἐξ ἀμφοτέρων ὑπαρχουσῶν, τὸ δ' 49r ἀναγκαῖον καὶ τῆς ἑτέρας μόνης ἀναγκαίας οὔσης. μήποτε δὲ ἄμεινον ἀκούειν τοῦ φανερὸν οὖν ὅτι τοῦ μὲν ὑπάρχειν οὐκ ἔστι συλλογισμός, ἐὰν μὴ ἀμφότεραι ὦσιν αἱ προτάσεις ἐν τῷ ὑπάρχειν, ὡς λέγοντος αὐτοῦ φανερὸν γεγονέναι ἐκ τῶν εἰρημένων, ὅτι ἔστι ποτὲ ἐν συμπλοκῇ τινι συλλογιστικῇ, ἐν ᾗ ἀδύνατον τὸ συμπέρασμα τοῦ ὑπάρχειν γίνεσθαι, εἰ μὴ εἶεν ἀμφότεραι αἱ προτάσεις ὑπάρχουσαι· οὐ γὰρ ὡς καθόλου λεγομένου αὐτοῦ ἀκουστέον, ὅτι μηδὲ ἀληθές ἐστιν οὕτω λεγόμενον. | 50r ἀληθὲς δὲ ἐπὶ τῆς ἐν τρίτῳ σχήματι ἐκ δύο καθόλου καταφατικῶν, ὃ δεδεῖχθαι δοκεῖ. τοῦ μέντοι ἀναγκαίου ἔστιν ἐν πάσαις ταῖς συλλογιστικαῖς συζυγίαις συμπέρασμα γενέσθαι, καὶ εἰ ⟨ἡ⟩ ἑτέρα μόνη εἴη τῶν προτάσεων ἀναγκαία, ὡς καὶ αὐτὸς λέγει. ⟨ἢ⟩ κἀπὶ τοῦ ἀναγκαίου ταὐτὸν ἔνεστι λέγειν· εἰσὶ γάρ τινες συμπλοκαί, ἐν αἷς, ἂν μὴ ἀμφότεραι ὦσιν ἀναγκαῖαι, οὐ συνάγεται ἀναγκαῖον, ὡς ἡ τοῦ τετάρτου ἐν δευτέρῳ σχήματι δέδεικται ἔχουσα καὶ ἡ τοῦ ἕκτου ἐν τῷ τρίτῳ.

p. 32a8 Τοῦ δ' ἀναγκαίου ἔστι καὶ τῆς ἑτέρας μόνον ἀναγκαίας οὔσης.

Δέδειχεν ἐπὶ τοῦ τρίτου σχήματος οὐσῶν τῶν δύο καθόλου καταφατικῶν προτάσεων, ὅτι, ὁποτέρα ἂν αὐτῶν ἀναγκαία ληφθῇ, ἀναγκαῖον τὸ συμπέρασμα, ὥστε καὶ τῆς ἑτέρας μόνης ἀναγκαίας οὔσης ἀναγκαῖον τὸ συμπέρασμα. δέδεικται δὲ τοῦτο καὶ ἐν τοῖς ἄλλοις σχήμασιν, ὅτι τῆς ἑτέρας οὔσης ἀναγκαίας γίνεται καὶ τὸ συμπέρασμα ἀναγκαῖον. οὐ γὰρ οἷόν τε ἀμφοτέρας λέγειν ἀναγκαίας τῆς ἑτέρας ὑπαρχούσης ⟨οὔσης⟩· τὸ γὰρ ὑπάρχον οὐκ ἀναγκαῖον, ὥσπερ τὸ ἀναγκαῖον καὶ ὑπάρχον.

p. 32a9 Ἐν ἀμφοτέροις δὲ καὶ καταφατικῶν καὶ στερητικῶν ὄντων.

Εἰπὼν ἐν ἀμφοτέροις, τίσιν ἀμφοτέροις λέγει, ἐδήλωσε διὰ τοῦ καὶ καταφατικῶν καὶ ἀποφατικῶν ὄντων. ⟨ἢ⟩ ἐν ἀμφοτέροις λέγει περὶ τῶν προειρημένων, τοῦ τε ἀναγκαίου καὶ τοῦ ὑπάρχοντος, ὡς δι' ὧν ἐπιφέρει δηλοῖ· ἐν γὰρ τούτοις ἄν τε καταφατικὸν συμπέρασμα ᾖ ἄν τε ἀποφατικόν, ἐν ἑκατέρῳ αὐτῶν ἀνάγκη τὴν ἑτέραν πρότασιν ὁμοίαν εἶναι τῷ συμπεράσματι ἐν πᾶσι τοῖς σχήμασιν. καθ' ὃ δὲ δεῖ ὁμοίαν εἶναι

1 τοῦτο a: τὸ BM post ἀμφοτέρων add. οὐσῶν M δὲ pro δ' M 3 ἔσται M 4 ἂν a 5 ante αὐτοῦ add. καὶ M ἔσται M 6 τινι om. M τοῦ ὑπάρχειν BM: ὑπάρχον a 7 γενέσθαι a 9 ante ἐκ add. τῆς a 11 γενέσθαι συμπέρασμα a ἡ addidi εἴη post ἀναγκαία (12) transponit a 12 ἢ addidi καὶ ἐπὶ a 15 τῷ B[1] corr.: om. aM 19 ἂν M: om. aB 20 ὥστε . . . συμπέρασμα (21) om. a 21 post δὲ expunxit καὶ B 22 καὶ τὸ . . . τὸ γὰρ (23) om. M 23 οὔσης a: om. B; cf. p. 150,21 24 καὶ om. a 28 ἢ addidi post ἀμφοτέροις add. γὰρ a 31 ἑκατέροις M 32 post εἶναι prius add. ἐν a

καὶ τὴν ἑτέραν τῶν κειμένων προτάσεων τῷ συμπεράσματι, λέγει καὶ προσ- 50r τίθησιν, ἐπεὶ ἐγχωρεῖ γε καὶ ἀμφοτέρας ὁμοίας εἶναι τῷ συμπεράσματι. ἢ ἐπὶ τῶν μίξεων. περὶ ὧν νῦν λέγει. οὐχ οἷόν τε τοῦτο. πῶς οὖν ὅμοιον ἐν ταῖς προειρημέναις μίξεσι, λέγει· εἰ μὲν γὰρ ὑπάρχον, φησίν, ὑπάρχουσαν, εἰ δ' ἀναγκαῖον, ἀναγκαίαν. οὐκέτι γάρ, εἰ ἐπὶ μέρους τὸ συμπέρασμα, καὶ τῶν προτάσεων δεῖ τὴν ἑτέραν ἐπὶ μέρους εἶναι πάντως διὰ τὸ ἐν τῷ τρίτῳ σχήματι καὶ τῶν δύο καθόλου οὐσῶν ἐπὶ μέρους γίνεσθαι τὸ συμπέρασμα. ἢ καὶ τότε δυνάμει ἐπὶ μέρους εἴληπται· δηλοῖ δὲ ἡ εἰς τὸ πρῶτον σχῆμα ἀναγωγὴ τῆς συζυγίας δι' ἀντιστροφῆς γινομένη, δι' ἧς ἡ ἑτέρα τῶν καθόλου ἐπὶ μέρους γίνεται. δύναιτο δ' ἂν τὸ ἐν ἀμφοτέροις τῆς μίξεως εἶναι δηλωτικόν· ὅταν γὰρ ἐν ταῖς συζυγίαις ἀμφότερα ᾖ, καὶ τὸ ὑπάρχον καὶ τὸ ἀναγκαῖον, δεῖν φησι τὴν ἑτέραν πρότασιν ὁμοίαν εἶναι τῷ συμπεράσματι κατὰ τὸν τρόπον. δῆλον δὲ καὶ ὅτι ἀποφατικοῦ τοῦ συμπεράσματος ὄντος ἀποφατικὴν δεῖ πρότασιν κεῖσθαι, ὃ οὐδὲ αὐτὸ πρόσκειται διὰ τὸ περὶ τοῦ ἀναγκαίου καὶ ὑπάρχοντος μόνων αὐτὸν λέγειν νῦν, ἐπεὶ χρήσιμον ἔσται τοῦτο αὐτῷ τετηρημένον πρὸς τὰ μέλλοντα. ὅτι δὲ τὸ πρὸ ὀλίγου ῥηθὲν ἐπὶ τῆς ἐν τρίτῳ σχήματι ἐκ δύο καθόλου καταφατικῶν συζυγίας εἶπε τὸ μὴ ἔσεσθαι τοῦ ὑπάρχειν συλλογισμόν, ἂν μὴ ὦσιν αἱ προτάσεις ἀμφότεραι ἐν τῷ ὑπάρχειν, νῦν ἐδήλωσε· λέγων [εἰ] γὰρ καθόλου νῦν εἶπεν ἀνάγκη τὴν ἑτέραν πρότασιν ὁμοίαν εἶναι τῷ συμπεράσματι, εἰ μὲν ὑπάρχον, ὑπάρχουσαν, ὡς δυναμένου καὶ ἐκ μιᾶς ὑπαρχούσης τοῦ ὑπάρχειν συμπεράσματος γίνεσθαι.

p. 32a 12 Ὥστε καὶ τοῦτο δῆλον, ὅτι οὐκ ἔσται τὸ συμπέρασμα οὔτ' ἀναγκαῖον οὔθ' ὑπάρχον εἶναι μὴ ληφθείσης ἀναγκαίας ἢ ὑπαρχούσης προτάσεως.

Τούτῳ κέχρηται μὲν ἤδη ποτέ, ⟨ὅτε⟩ δείξας ψεῦδος συναγόμενόν τι ἐπὶ τῇ ὑποθέσει τῇ τὸ συμπέρασμα ἀναγκαῖον εἶναι ἐν τῇ μίξει τῇ ἐξ ὑπαρχούσης τῆς μείζονος καὶ [τῇ ἐξ] ἀναγκαίας τῆς ἐλάττονος ἀνῄρει μὲν τὴν ὑπόθεσιν, ἐλάμβανε δὲ ὑπάρχον γίνεσθαι τὸ συμπέρασμα· ἐλάμβανε γὰρ τοῦτο οὐ δι' ἄλλο τι, ἢ ὅτι ἔδει ἐπὶ τῇ τοιαύτης συζυγίας μίξει ἢ ἀναγκαῖον ἢ ὑπάρχον γίνεσθαι συμπέρασμα. ὡς | χρήσιμον ὂν δὲ αὐτῷ καὶ πρὸς τὰ μέλλοντα 50v

---

2 γε om. M 4 λέγειν a 5 δὲ M 7 σχήματι καὶ periit in M 8 τότε aB: τὸ M 10 τῶν periit in M 12 ἀμφοτέραις M 14 δεῖ om. M 15 αὐτῷ a ante ὑπάρχοντος add. τοῦ aM 16 αὐτὸν aB: αὐτῶν M τοῦτ' M πρὸς aB: εἰς M 17 τῆς BM: τοῖς a 19 ἀμφότεραι ὦσιν αἱ προτάσεις M 20 λέγων aB: εἰπὼν M εἰ delevi 21 ὡς om. a 22 ὑπάρχειν aB: ὑπάρχοντος M συμπέρ[ασμα] a: unc. incl. perierunt in M γενέσθαι M 26 τούτῳ M: τούτων aB κέχρηται a: χρῆται BM ὅτε addidi τι συναγόμενον M 27 εἶναι aB: συναγούσῃ M ἐν aB: ἐπὶ M 28 τῇ ἐξ repetit BM: om. a ἀνῄρει ... συμπέρασμα (29) om. a 29 γὰρ aB: δὲ M 30 ante τοιαύτης add. τῆς M τοιαύτῃ συζυγίᾳ omisso μίξει a ἢ ὑπάρχον ἢ ἀναγκαῖον M 31 γενέσθαι a ante συμπέρασμα add. τὸ M δὲ ante ὂν transponit a: om. M

τὸ μὴ δύνασθαι μήτε ἀναγκαίας μήτε ὑπαρχούσης εἰλημμένης προτάσεως 50v ἐν τῇ συμπλοκῇ ἀναγκαῖον ἢ ὑπάρχον γίνεσθαι τὸ συμπέρασμα ἐπισημαίνεται. ἐπιζητήσειε δ' ἄν τις πρὸς αὐτόν, πῶς τοῦτο ὑγιὲς ἂν εἴη ἐπὶ τῆς ἀναγκαίας· ἐπὶ μὲν γὰρ τοῦ ὑπάρχοντος ὑγιὲς εἶναι φαίνεται· δοκεῖ γὰρ ἀναγκαῖον γίνεσθαι τὸ συμπέρασμα καὶ μηδετέρας τῶν προτάσεων οὔσης ἀναγκαίας. ἰδοὺ γοῦν τὸ κινεῖσθαι παντὶ ἀνθρώπῳ καὶ ἄνθρωπος παντὶ περιπατοῦντι ὑπαρχόντως, καὶ τὸ κινεῖσθαι παντὶ περιπατοῦντι ἀναγκαίως. ἢ ἐπειδὴ μὴ τοιοῦτον ἀεί, ⟨ἀεὶ⟩ δέ, ὅταν ἡ ἀναγκαία καὶ ὑπάρχουσα, ὡς εἴρηκε, λαμβάνωνται, ὅμοιον τὸ συμπέρασμα, διὰ τοῦτο εἶπε μὴ γίνεσθαι ἀναγκαῖον, εἰ μὴ κἂν ἡ ἑτέρα τῶν προτάσεων ἀναγκαία εἴη. ἢ ὅτι τὸ ἀναγκαῖον τῇ τοῦ τρόπου προσθήκῃ σημαίνεται, ὃς οὐ προστεθήσεται, εἰ μὴ εἴη καὶ μιᾷ προτάσει προσκείμενος. ἢ εἴ τις μὴ τῇ προσθήκῃ τὸ ἀναγκαῖον κρίνοι ἀλλὰ τῇ φύσει τοῦ πράγματος, καὶ τὸ κινεῖσθαι παντὶ ἀνθρώπῳ ⟨ἂν⟩ ἀναγκαῖον εἴη, εἰ καὶ αὐτὸς αὐτῇ συνήθως ὡς ὑπαρχούσῃς χρῆται· οὐδέποτε γὰρ ἔστιν, ὅτε μὴ κινεῖται ἄνθρωπός τις ἢ ζῷον ὅλως. ἢ δεῖ καὶ τὸ πῶς τῷ ἀνθρώπῳ ὑπάρχειν τὸ κινεῖσθαι λαμβάνεται προσδιορίζεσθαι· οὕτως γὰρ ὑπάρχουσά τε ἔσται, καὶ εὑρεθήσεται καὶ ὁ τρόπος τοῦ συμπεράσματος· οὐ γὰρ ἐξ ἀνάγκης τὸ κατ' ἀλλοίωσιν κινεῖσθαι παντὶ περιπατοῦντι, ὅ ἐστι συμπέρασμα, εἰ εἴη τῷ ἀνθρώπῳ παντὶ τὸ κινεῖσθαι κατ' ἀλλοίωσιν ὑπάρχον. ἢ οὐδὲ ἂν ληφθῇ πᾶν τὸ περιπατοῦν ἄνθρωπον εἶναι, πάντα δὲ ἄνθρωπον κινεῖσθαι, οὐδὲ οὕτως τὸ συμπέρασμα τὸ 'πᾶν τὸ περιπατοῦν κινεῖται' ἀναγκαῖον ἁπλῶς, ἀλλὰ μετὰ προσδιορισμοῦ ⟨τοῦ⟩ 'ἔστ' ἂν περιπατῇ'· οὐ γὰρ πᾶν τὸ περιπατοῦν ἐξ ἀνάγκης κινεῖται, εἴ γε μηδὲ περιπατεῖν ἀναγκαίως τὸ περιπατοῦν ἀληθές, ἀλλ' ὡς εἶπον, μετὰ διορισμοῦ τοῦ 'ἔστ' ἂν περιπατῇ'.

p. 32a 15 Περὶ μὲν οὖν τοῦ ἀναγκαίου, πῶς γίνεται.

Τοῦτ' ἔστι, πῶς ἀναγκαῖον γίνεται τὸ συμπέρασμα (γίνεται δέ ποτε καὶ ⟨ἐκ⟩ τῆς ἑτέρας, ὅταν ἡ μείζων ἀναγκαία ᾖ), καὶ ὅτι ταῖς ὑπαρχούσαις ὁμοίως αἱ ἀναγκαῖαι συμπλεκόμεναι γίνονται συλλογιστικαί, καὶ ὅτι διαφέρει τοῦ ὑπάρχοντος τὸ ἀναγκαῖον τῇ ἀϊδίῳ ὑπάρξει. λέγεται δὲ περὶ τοῦ ὡς συμπεράσματος ἀναγκαίου.

---

2 γίνεσθαι τὸ συμπέρασμα ... τὸ γὰρ ὑπάρχον τινὶ ἀναγκαῖον (p. 156, 28) om. B, in quo deest folium unum 3 ἐπιζητήσαι M 4 ὑγιὲς a: ἀναγκαῖον KM γὰρ (post δοκεῖ) KM: δ' a 6 καὶ ἄνθρωπος παντὶ περιπατοῦντι (7) om. M: καὶ ἄνθρωπος ... ὑπαρχόντως (7) om. K 7 ἐξ ἀνάγκης a 8 ἀεὶ alterum addidi post καὶ repetit ἡ a 9 εἴρηκε a et M, ut videtur, corr.: εἴρηται K λαμβάνονται K 10 τῶν προτάσεων KM: πρότασις a 12 προσκείμενον aK 14 ἂν addidi συνήθως] συνήθ periit in K ὡς om. a 16 ἢ δεῖ a: ἤδη KM. 16. 17 προσδιορίζεσθαι a: προσδιορίζεται KM 20 ὑπάρχον a: ὑπάρχ' K: ὑπάρχει M 22 τὸ om. M διορισμοῦ a τοῦ addidi (cf. vs. 25) 23 post ἂν add. γὰρ a 24 μὴ K περιπατεῖν a: περιπατεῖ KM ante τὸ add. καὶ M 25 ἂν γὰρ omisso τοῦ, ut vs. 23, a 26 οὖν a et Ar.: om. K πῶς a et Ar.: οὕτως K 28 ἐκ a: om. KM

p. 32a16 Περὶ δὲ τοῦ ἐνδεχομένου μετὰ ταῦτα λέγομεν, πότε 50v καὶ πῶς καὶ διὰ τίνων ἔσται συλλογισμός.

Ἐπὶ τὸν τρίτον διορισμὸν τῶν προτάσεων μέτεισιν· οὗτος δ' ἐστὶν ὁ κατὰ τὸ ἐνδεχόμενον. καὶ δείκνυσι πρῶτον, πότε ἐξ ἐνδεχομένων ἀμφοτέρων προτάσεων γίνεται συλλογισμός, καὶ πῶς συμπλεκομένων πρὸς ἀλλήλας, καὶ τίνων· οὔτε γὰρ αἱ τυχοῦσαι συμπλακεῖσαι ποιοῦσι συλλογισμὸν οὔτε, ὡς ἔτυχεν, ὥσπερ οὐδὲ ἐπὶ τῶν ὑπαρχουσῶν καὶ ἀναγκαίων.

p. 32a18 Λέγω δὲ ἐνδέχεσθαι καὶ τὸ ἐνδεχόμενον, οὗ μὴ ὄντος ἀναγκαίου τεθέντος δὲ ὑπάρχειν οὐδὲν ἔσται διὰ τοῦτ' ἀδύνατον· τὸ γὰρ ἀναγκαῖον ὁμωνύμως ἐνδέχεσθαι λέγομεν.

Μέλλων περὶ τῶν ἐξ ἐνδεχομένων προτάσεων γινομένων συλλογισμῶν εἰπεῖν πρῶτον ὁρίζεται τὸ ἐνδεχόμενον. ὁρίζεται δὲ οὐ τὸ ὁμωνύμως λεγόμενον (οὐ γὰρ οἷόν τέ τι ὁμωνύμως λεγόμενον ὁρίσασθαι), ἀλλ' ἀποτεμόμενος τοῦ ἐνδεχομένου τὸ παρὰ τὸ ἀναγκαῖόν τε καὶ ὑπάρχον· ἔδειξε γάρ, ὅτι τὸ ἐνδεχόμενον καὶ κατὰ τούτων κατηγορεῖται. διὰ δὲ τοῦ εἰπεῖν τεθέντος δ' ὑπάρχειν ἐδήλωσεν, ὅτι πρὸς τῷ μὴ εἶναι ἀναγκαῖον οὐδὲ ὑπάρχον ἐστίν· τοιοῦτον γὰρ τὸ κατὰ τὴν τρίτην πρόσρησίν ἐστιν ἐνδεχόμενον διαφέρον τοῦ τε ἀναγκαίου καὶ τοῦ ὑπάρχοντος τῷ μηδέπω εἶναι τοῦτο, ὃ λέγεται δύνασθαι εἶναι. εἴη ἂν οὖν κυρίως ἐνδεχόμενον, ὃ μὴ ἔστι μέν, τεθὲν δὲ εἶναι οὐδὲν ἀδύνατον ἑπόμενον ἔχει. καὶ εἴη ἂν | τοῦτο 51r ὡς κυριώτερον εἰρηκὼς περὶ αὐτοῦ 'οὗ μὴ ὄντος τεθέντος δ' ὑπάρχειν'· τὸ γὰρ μὴ ὂν οὐδ' ἀναγκαῖον, οὐ μὴν τὸ μὴ ἀναγκαῖον ἤδη καὶ μὴ ὄν. ἢ ἀμφότερα ἀπέφησε τοῦ ἐνδεχομένου, καὶ τὸ ἀναγκαῖον καὶ τὸ ὑπάρχον, τὸ μὲν ἀναγκαῖον διὰ τοῦ εἰπεῖν οὗ μὴ ὄντος ἀναγκαίου, τὸ δ' ὑπάρχον διὰ τοῦ τεθέντος δ' ὑπάρχειν· τὸ γὰρ τεθέντος ἀπέφησεν αὐτοῦ καὶ τὸ ὑπάρχον. ἢ διὰ τοῦ εἰπεῖν οὗ μὴ ὄντος ἀναγκαίου ἀπέφησεν αὐτοῦ καὶ τὸ ὑπάρχον· κατηγορεῖται γὰρ κατ' αὐτὸν καὶ κατὰ τοῦ ὑπάρχοντος τὸ ἀναγκαῖον· τὸ γὰρ ὑπάρχον τινὶ ἀναγκαῖον ὑπάρχειν αὐτῷ, ἔστ' ἂν ὑπάρχῃ. ὁ γοῦν Θεόφραστος ἐν τῷ πρώτῳ τῶν Προτέρων ἀναλυτικῶν λέγων

1 Περὶ τοῦ ἐνδεχομένου superscr. a λέγωμεν a (BCIfn) 3 προσδιορισμὸν a οὗτος a: αὐτὸς KM δὲ aK 4. 5 ἐνδεχομένου ἀμφοτέρας προτάσεως K προτάσεων ἀμφοτέρων a 6 τίνων KM: τούτων a 11 θέλλων K ἐξ superscr. M γινομένων aK: τῶν M 12 εἰπεῖν M: λέγειν aK ὁρίζεται . . . ἐνδεχομένου (14) om. M 13 οὐ γάρ . . . ὁρίσασθαι om. K 14 post καὶ repetit τὸ a 15 post εἰπεῖν add. ὅτι a 16 δὲ aK οὐδ' aK 17 ἐστιν alterum om. a 18 καὶ τοῦ ὑπάρχοντος om. M 19 εἶναι om. M post εἴη add. δ' aK 20 μὲν τεθὲν δὲ KM (θεν δὲ periit in K): μετεθὲν δ' a 21 κυριώτερον a: κυριώτατον KM 23 ἀναγκαῖον] γκαῖον periit in K 23. 24 τὸ μὲν ἀναγκαῖον aK: ἢ M 24 τὸ δ' . . . γὰρ τεθέντος (25) om. M 26 ἢ διὰ . . . ὑπάρχον (27) om. aM 27 αὐτὸν correxi: αὐτοῦ KM: αὐτοὺς a 28 ὑπάρχειν] hinc iterum B 29 ὑπάρχῃ BM: ᾖ a

περὶ τῶν ὑπὸ τοῦ ἀναγκαίου σημαινομένων οὕτως γράφει· ʽ τρίτον τὸ 51r ὑπάρχον· ὅτε γὰρ ὑπάρχει, τότε οὐχ οἷόν τε μὴ ὑπάρχειν". ἴδιον δὲ τοῦ ἐνδεχομένου τὸ τὸ μὴ ὂν ὑποτίθεσθαι εἶναι· ἐπεὶ καὶ τὸ ὑπάρχον καὶ τὸ ἀναγκαῖον ἂν λάβῃ τις εἶναι, οὔτε ἀδύνατόν τι ἀκολουθήσει, καὶ ἔσται ἐφαρμόζων ὁ λόγος καὶ τῷ ἀναγκαίῳ καὶ τῷ ὑπάρχοντι. διὸ ἴδιον τοῦ ἐνδεχομένου τὸ μὴ ὑπάρχον αὐτὸ ὡς ὑπάρχον ὑποτεθὲν μηδὲν ἀδύνατον ἔχειν ἑπόμενον. ᾧ γὰρ ἀδύνατόν τι ὑποτεθέντι ἕπεται, ἀδύνατον τοῦτο· δυνατῷ δὲ ὑποτεθέντι οὐκέτι ἀδύνατον, ὡς δείξει. ὡς εἶναι ἴδιον αὐτοῦ οὐ τὸ μὴ ὑπάρχειν, ἀλλ' ὅταν μὴ ὑπάρχον ὑποτεθῇ ὑπάρχειν, μηδὲν συμβαίνειν ἀδύνατον.

p. 32a21 Ὅτι δὲ τοῦτ' ἔστι τὸ ἐνδεχόμενον, φανερὸν ἔκ τε τῶν καταφάσεων καὶ τῶν ἀποφάσεων τῶν ἀντικειμένων.

Ὅτι τὸ ἐνδεχόμενον τοιοῦτόν ἐστιν, ὁποῖον αὐτὸς ὡρίσατο, δείκνυσι. γνωριμώτερον δ' ἔσται τὸ λεγόμενον, ἂν τὸ ὑπ' αὐτοῦ μετ' ὀλίγον λεγόμενόν τε καὶ δεικνύμενον προλάβωμεν ἤδη· φανερώτερον γὰρ ἡμῖν τὸ λεγόμενον ἔσται δι' αὐτοῦ. ἔστι δέ, ὃ δείξει, τοῦτο· ὧν ἀντιφάσεων τὰ ἕτερα μόρια ἀλλήλοις ἕπεται, τούτων τῶν ἀντιφάσεων καὶ τὰ λοιπὰ μόρια ἀνάγκη ἕπεσθαι ἀλλήλοις, ἐπεὶ κατὰ παντὸς τὸ ἕτερον μόριον τῆς ἀντιφάσεως, ὡς καὶ ἐνταῦθα προσέθηκεν. ἔστωσαν γὰρ λόγου χάριν δύο τινὲς καταφάσεις, ἥ τε Α καὶ ἡ Β, καὶ ἔστωσαν ἀντιφατικαὶ ἀποφάσεις αὐτῶν τῆς μὲν Α ἡ Γ τῆς δὲ Β ἡ Δ, καὶ ἑπέσθω τῇ Α καταφάσει ἡ Β κατάφασις ἅμα οὖσα αὐτῇ ἀληθής· ἀκολουθήσει δὴ καὶ τῇ Γ ἀποφάσει ἡ Δ ἀπόφασις καὶ ἅμα αὐτῇ ἀληθὴς ἔσται. εἰλήφθω γάρ τι, ἐφ' οὗ ἀληθής ἐστι ἡ Γ ἀπόφασις· ἔστω τοῦτο τὸ Ε· λέγω, ὅτι ἐπὶ τούτου ἀληθής ἐστι καὶ ἡ Δ ἀπόφασις. εἰ γὰρ μὴ εἴη αὐτή, ἡ κατάφασις αὐτῆς ἀληθὴς ἔσται ἡ Β· εἰ δὲ αὕτη, καὶ ἡ Α κατάφασις· ἔκειντο γὰρ ἀκολουθεῖν ἀλλήλαις καὶ ἅμα εἶναι ἀληθεῖς. ἐφ' οὗ ἄρα ἡ Γ ἀπόφασις ἀληθής, ἔσται ἐπὶ τούτου καὶ ἡ κατάφασις αὐτῆς ἡ Α ἀληθής· καὶ ἅμα ἄρα ἐπὶ τοῦ αὐτοῦ ἡ ἀντίφασις ἀληθής. ὅπερ ἀδύνατον. ἀκολουθήσει ἄρα τῷ Ε ἡ Δ ἀπόφασις· ἠκολούθει δὲ καὶ ἡ Γ ἀπόφασις. καθόλου ἄρα ὑγιὲς τὸ ὧν ἀντιφάσεων θάτερα μέρη συναληθεύεται ἀλλήλοις, [τὸ] τούτων καὶ τὰ ἕτερα πάλιν ἀλλήλοις συναληθεύεσθαί τε καὶ ἀκολουθεῖν. τούτου δεικνυμένου γνώριμον τὸ λεγόμενον ὑπ'

1 οὕτω φησί M sequentia quoque usque ad ἔχειν ἑπόμενον (7) Theophrasto tribuunt Brandis schol. p. 161b11—17, Prantl p. 362, 41, Wimmer fr. 58 3. 4 ἀναγκαῖον καὶ τὸ ὑπάρχον a 4 οὐκ a 8 δυνατῷ aM: δυνατῶν B (ῷ corr.) ante οὐκέτι add. ἀλλ' B δείξει] c. 15 p. 34a5 sq. 9. 10 συμβαίνῃ M 12 τῶν ἀποφάσεων καὶ τῶν καταφάσεων Ar. 13 post ὅτι add. δὲ M 14 μετ' ὀλίγον] c. 46 15 προσλάβωμεν M 17 τῶν om. a 18 post καὶ add. αὐτὸς a 21 ἕπεσθαι a καταφάσει aB: καταφατικῇ M ἡ alterum om. a αὐτὴ a 22 δὴ a: δὲ BM αὐτῇ a: αὕτη BM 24 καὶ om. M 25 αὕτη BM: αὐτὴ a 26 ᾱ aB: πρώτη M ἀκολουθῆσαι M εἶναι aB: οὖσαι M 28 post ἅμα repetit καὶ a 29 δ a: γ̄ BM γ̄ a: δ BM 30 μόρια a 31 τούτων καὶ a: τὸ καὶ τούτων BM 32 post τούτου add. δὲ a

αὐτοῦ· εἰ γὰρ τὸ οὐκ ἐνδέχεται ὑπάρχειν καὶ ἀδύνατον ὑπάρχειν 51r καὶ ἀνάγκη μὴ ὑπάρχειν ἤτοι ταὐτά ἐστιν ἢ ἀκολουθεῖ ἀλλήλοις, ὡς πάντες ἂν φαῖεν καὶ ἐν τῷ Περὶ ἑρμηνείας δέδεικται (καὶ γὰρ εἰ μὴ ταὐτὰ πάντῃ, ὅτι τὸ μὲν ἀπόφασις τὰ δὲ καταφάσεις, ἀλλ' ἐφ' οὗ τὸ ἓν ἐξ αὐτῶν ἀληθές, καὶ τὰ ἄλλα), δῆλον τοίνυν, ὡς καὶ αἱ τούτων ἀντιφάσεις ἀκολουθοῦσιν ἀλλήλαις. ἔστι δὲ τοῦ μὲν οὐκ ἐνδέχεται ὑπάρχειν ὄντος ἀποφατικοῦ κατάφασις τὸ ἐνδέχεται ὑπάρχειν, τῶν δὲ ἀδύνατον ὑπάρχειν καὶ ἀνάγκη μὴ ὑπάρχειν καταφάσεων, αἳ εἵποντο τῇ οὐκ ἐνδέχεται ὑπάρχειν ἀποφάσει, ⟨ἀποφάσεις⟩ τό τε οὐκ ἀδύνατον ὑπάρχειν καὶ οὐκ ἀνάγκη μὴ ὑπάρχειν. ἀκολουθήσουσιν ἄρα καὶ ταῦτα ἀλλήλοις, καὶ ἔσται τὸ 'ἐνδέχεται εἶναι' καὶ 'οὐκ ἀδύνατον εἶναι' καὶ 'οὐκ ἀνάγκη μὴ εἶναι' ἅμα ἀληθῆ. τὸ ἄρα ἐνδεχόμενον εἶναι οὐκ ἀδύνατον ἔσται εἶναι οὐδ' ἀναγκαῖον 51v μὴ εἶναι. οὐκ ὄντι ἄρα αὐτῷ ἀναγκαίῳ, ἀλλὰ μηδὲ ὑπάρχοντι, ὑποτεθέντι [δὲ] ὑπάρχειν, ἐπεὶ οὐκ ἀδύνατόν ἐστιν, οὐδὲν ἀδύνατον ἀκολουθήσει· τοῦτο γὰρ ἀληθές, διότι ἀδυνάτῳ ἀδύνατον ἀκολουθεῖ, ὡς προελθὼν ὀλίγον ἐρεῖ τε καὶ δείξει.

p. 32a28 Ἔσται ἄρα τὸ ἐνδεχόμενον οὐκ ἀναγκαῖον.

Ἔδειξε, τίνος χάριν τὴν ἀκολουθίαν ἔλαβε τῶν προτάσεων, ὅτι τοῦ δεῖξαι εὐλόγως ἐν τῷ τοῦ ἐνδεχομένου ὁρισμῷ κείμενον τὸ οὗ μὴ ὄντος ἀναγκαίου ὑποτεθέντος δὲ εἶναι οὐδὲν ἀδύνατον ἕπεται· οὔτε γὰρ ἀναγκαῖον οὔτε ἀδύνατον τὸ ἐνδεχόμενον.

p. 32a29 Συμβαίνει δὲ πάσας τὰς κατὰ τὸ ἐνδέχεσθαι προτάσεις ἀντιστρέφειν ἀλλήλαις.

Ἴδιον τοῦ ἐνδεχομένου τὸ ἀντιστρέφειν, τοῦτ' ἔστι τὸ ἀντακολουθεῖν ἀλλήλαις τὰς κατ' αὐτὸ γινομένας καταφάσεις τε καὶ ἀποφάσεις. ἀποφάσεις δὲ λέγω κατὰ τὸ ἐνδέχεσθαι οὐ τὰς τοῦ ἐνδέχεσθαι ἀποφάσεις, ἀλλὰ τὰς ἐνδεχομένας ἀποφατικάς· διαφέρει γὰρ ἐνδεχομένη ἀποφατικὴ καὶ ἐνδεχομένης ἀπόφασις, ὥσπερ καὶ ἀναγκαία ἀποφατικὴ καὶ ἀναγκαίας ἀπόφασις. ἡ μὲν γὰρ 'ἀνάγκη μὴ ὑπάρχειν' λέγουσα ἀναγκαία ἐστὶν ἀποφατικὴ οὐκ οὖσα ἀπόφασις τῆς 'ἀνάγκη ὑπάρχειν'· ἡ δὲ 'οὐκ ἀνάγκη ὑπάρχειν' ἀναγκαίας τῆς 'ἀνάγκη ὑπάρχειν' ἐστὶν ἀποφατική, ἥτις κυρίως ἐστὶν ἀποφατική· ἡ δ' ἑτέρα ἁπλῶς μέν ἐστι καταφατική, τὸ δ' ὅλον ἀναγκαία ἀποφατική. τὸν

2 ἤτοι BM: ἢ a 3 ὥσπερ M ἂν om. a Περὶ ἑρμ.] c. 13 4 πάντα M τὸ δὲ κατάφασις M οὗ τὸ M: οὗ τε aB 5 ἀληθές om. M τἆλλα M τοίνυν om. a 6 ἐνδέχεσθαι M 7 ἐνδέχεσθαι M ἀδυνάτων B pr. 8 ἐνδέχεται] ετ in ras. B 9 ὑπάρχειν (post ἀδύνατον) a et Ar.: om. BM ἀποφάσεις addidi post καὶ add. τὸ M 11 ἅμα om. a 12 οὐδὲ M 14 δὲ add. BM: om. a ante οὐδὲν add. δ B 15 ἐρεῖ] cf. p. 157,8 19 τὸ om. M 20 γὰρ om. a 28 ἀναγκαίας aB: ἀναγκαία M 30 ἡ δὲ ... ὑπάρχειν ἐστὶν ἀποφατική (31) om. M 31 ἀποφατική (ante ἥτις) B: ἀπόφασις a ἐστὶ κυρίως M 32 δὲ (post ἡ) M

αὐτὸν δὴ τρόπον καὶ ἐπὶ τοῦ ἐνδεχομένου ἀπόφασις μὲν τοῦ ἐνδεχομένου ἡ κυρίως ἀπόφασις ἡ ‘οὐκ ἐνδέχεται εἶναι’, ἐνδεχομένη δὲ οὖσα ἁπλῶς κατάφασις ἡ ‘ἐνδέχεται μὴ εἶναι’. τὰς δὴ ἐνδεχομένας ἀποφατικὰς καὶ τὰς ἐνδεχομένας καταφατικὰς ἀντακολουθεῖν συμβέβηκεν ἀλλήλαις κατὰ τὸ σημαινόμενον τὸ κείμενον νῦν λαμβανομένου τοῦ ἐνδεχομένου· πᾶν γάρ, ὃ οὕτως ἐνδέχεται εἶναι, ἐνδέχεται καὶ μὴ εἶναι. μέλλων δὲ χρῆσθαι πρὸς τοὺς ἐξ ἐνδεχομένων προτάσεων συλλογισμοὺς γινομένους τῇ τοιαύτῃ τοῦ ἐνδεχομένου ἀντιστροφῇ διὰ τοῦτο πρῶτον αὐτὴν δείκνυσιν οὕτως ἔχουσαν. δεῖ μέντοι εἰδέναι, ὅτι ἡ τοιαύτη τῶν προτάσεων ἀντιστροφὴ οὐκ ἔστιν ὑγιὴς κατὰ τοὺς περὶ Θεόφραστον, οὐδὲ χρῶνται αὐτῇ· τὸ γὰρ αὐτὸ αἴτιον τοῦ τήν τε καθόλου ἀποφατικὴν ἐνδεχομένην ἀντιστρέφειν αὑτῇ λέγειν παραπλησίως τῇ τε ὑπαρχούσῃ καὶ τῇ ἀναγκαίᾳ καὶ μὴ ἀντιστρέφειν τὰς καταφατικὰς ἐνδεχομένας ταῖς ἀποφατικαῖς ἐνδεχομέναις, ὃ ἀξιοῖ ὁ Ἀριστοτέλης. ἐπισημανούμεθα δὲ περὶ τούτου, ὅταν περὶ τῆς κατὰ τὴν ἐνδεχομένην ἀντιστροφῆς τῆς κατὰ τοὺς ὅρους λέγῃ. τὸ δὲ λέγω οὐ τὰς καταφατικὰς ταῖς ἀποφατικαῖς, ἀλλ᾽ ὅσαι καταφατικὸν ἔχουσι τὸ σχῆμα κατὰ τὴν ἀντίθεσιν τοῦ προειρημένου δηλωτικόν ἐστιν· ἀντικεῖσθαι μὲν γὰρ δοκεῖ ἡ ἐνδέχεσθαι εἶναι τῇ ἐνδέχεσθαι μὴ εἶναι λεγούσῃ διὰ τὸ ἐν μὲν τῇ τὸ εἶναι ἐν δὲ τῇ τὸ μὴ εἶναι συντετάχθαι, ἃ δοκεῖ ἀλλήλοις ἀντικεῖσθαι. οὐ μὴν ἀλλὰ καὶ ἀμφότεραι καταφατικὸν ἔχουσι τὸ σχῆμα τῷ καταφάσεις εἶναι, ἐν αἷς μὴ πρόσκειται τῷ τρόπῳ τὸ ἀποφατικόν.

Εἰπὼν δὲ ἐπὶ ἀδιορίστων, τίνες καὶ πῶς λαμβανόμεναι ⟨αἱ⟩ ἀποφατικαὶ ἐνδεχόμεναι ἀντακολουθοῦσι ταῖς καταφατικαῖς ἐνδεχομέναις, ἑξῆς καὶ τὰς διωρισμένας ἔλαβε τὴν παντὶ ἐνδέχεσθαι ὑπάρχειν τῇ ἐνδέχεσθαι μηδενὶ ὑπάρχειν λέγων ἀντακολουθεῖν, ὁμοίως δὲ καὶ τῇ ἐνδέχεσθαι μὴ παντὶ ὑπάρχειν, ὧν ἡ μὲν ἦν καθόλου ἐνδεχομένη ἀποφατικὴ ἡ ‘ἐνδέχεται μηδενί’, ἡ δὲ ἐπὶ μέρους ἡ δευτέρα ληφθεῖσα ἐνδέχεσθαι μὴ παντί, δεικνύς, ὅτι τῇ καταφάσει τῇ ἐνδεχομένῃ καθόλου πᾶσαι αἱ ἀποφάσεις αἱ ἐνδεχόμεναι συναληθεύονται· καὶ γὰρ ἡ ὡς ἐναντία καὶ ἡ ὡς ἀντίφασις, οὐδετέρα αὐτῶν πρὸς ἀλήθειαν οὔτε ἐναντία οὖσα οὔτε ἀντίφασις· οὐδὲ γὰρ ἂν ἅμα ἦσαν ἀληθεῖς. ὅτι δὲ αἱ οὕτως | λαμβανόμεναι ἀντακολουθοῦσιν, ἐκ τῆς ἐπαγωγῆς δῆλον. καὶ τὸ τινὶ δὲ καὶ μὴ τινὶ ἀντιστρέφει ἐπὶ τῶν ἐνδεχομένων τοῦ τινὸς ἐπὶ τοῦ αὐτοῦ λαμβανομένου· ἴδιον γὰρ τοῦ ἐνδεχομένου τὸ τὰς ἐπὶ τοῦ αὐτοῦ λεγομένας οὕτως ἅμα ἀληθεῖς εἶναι· ἐπεί τό γε τινὶ καὶ τὸ

1 μὲν aB: δὲ M 2 ἐνδεχομένη . . . εἶναι (3) om. M 3 δὲ M 4 post καταφατικὰς expunxit ον B 4. 5 τὸ κείμενον σημαινόμενον a 5 λαμβάνον M 7 post ἐνδεχομένων add. τρόπων καὶ M 10 τοῦ om. M 11 αὑτῇ a: αὐτῇ M, B pr.: αὐτὴν B corr. 12 ἀναγκαίᾳ καὶ τῇ ὑπαρχούσῃ M μὴ BM: τοῦ a 13 ὁ om. aM 14 δὲ om. M τούτου, ὅταν περὶ om. M 15 τῆς om. a λέγει B pr. 17 μὲν om. M 18 δοκεῖ a: δοκοῦσιν BM ἐνδέχεται (post ἡ et post τῇ) M 19 ἃ δοκεῖ ἀλλήλοις ἀντικεῖσθαι om. M 20 ἔχουσαι B 22 αἱ a: om. BM 23 ἀκολουθοῦσι a 25 τῇ a: τὴν BM 26 ἐνδέχεσθαι M 27 ἐνδέχεσθαι a: ἐνδέχεται BM 28 αἱ alterum om. B 29 συναληθεύουσι M 31 δὲ aB: οὐδὲ M 32 καὶ τὸ τινὶ δὲ a: τὸ δὲ καὶ τινὶ BM 34 τὸ (post καὶ) om. M

τινὶ μὴ ὅταν ἐπ' ἄλλου καὶ ἄλλου λαμβάνηται, οὐχ αἱ ἐνδεχόμεναι μόνον 52r ἐπὶ μέρους συναληθεύουσιν, ἀλλὰ δύνανταί ποτε καὶ ὑπάρχουσαι καὶ ἀναγκαῖαι, καὶ ἴσον ἐστὶ τὸ τινὶ ἐνδέχεσθαι καὶ τὸ ἐνδέχεσθαι τινὶ μὴ ἐπὶ τούτων τῷ Σωκράτη λαβεῖν ἢ Πλάτωνα ἤ τινα τῶν καθ' ἕκαστα καὶ ἐπ' αὐτοῦ τὴν κατὰ τὸ ἐνδέχεσθαι ἀντίθεσιν ποιήσασθαι κατὰ τὸν εἰρημένον τρόπον. τὸ δὲ τὸν αὐτὸν δὲ τρόπον καὶ ἐπὶ τῶν ἄλλων εἶπεν ἀναπέμπων ἡμᾶς καὶ ἐπὶ τὰς ἄλλας τὰς ἰσοδυναμούσας τῇ ἐνδεχομένῃ. αὗται δέ εἰσι, κατάφασις μὲν ἡ 'δυνατὸν εἶναι', ᾗ ἀντιστρέφει ἡ 'δυνατὸν μὴ εἶναι' κατὰ πάντας τοὺς διορισμούς, οὓς ἔδειξε, καὶ παντὶ καὶ μηδενὶ καὶ τινὶ καὶ τινὶ μή, ἐπὶ τῆς ἐνδεχομένης. ἀποφάσεις δὲ ἥ τε [τοῦ] 'οὐκ ἀνάγκη μὴ εἶναι' (αὕτη γὰρ εἵπετο τῇ 'ἐνδέχεται εἶναι'), ᾗ ἀκολουθεῖ τε καὶ ἀντιστρέφει ἡ 'οὐκ ἀνάγκη εἶναι', καὶ ἡ 'οὐκ ἀδύνατον εἶναι' (καὶ γὰρ αὕτη εἵπετο τῇ 'ἐνδέχεται εἶναι'), πρὸς ἣν ἀντιστρέφει ἡ λέγουσα 'οὐκ ἀδύνατον μὴ εἶναι'.

p. 32a36 Ἐπεὶ γὰρ τὸ ἐνδεχόμενον οὐκ ἔστιν ἀναγκαῖον.

Εἰπών, ὅτι ἀντακολουθοῦσιν αἱ ἐνδεχόμεναι ἀποφατικαὶ ταῖς ἐνδεχομέναις καταφατικαῖς καί, τίνες εἰσὶν αὗται, παραθέμενος νῦν καὶ τὴν αἰτίαν ἀποδίδωσι τοῦ ἀντακολουθεῖν αὐτὰς καὶ ἀντιστρέφειν ἀλλήλαις. ἐπεὶ γὰρ τὸ ἐνδέχεσθαι ὑπάρχειν οὐκ ἐξ ἀνάγκης τίθησι τὸ ὑπάρχειν (ἦν γὰρ τὸ ἐνδεχόμενον, ὡς ἐν τῷ λόγῳ αὐτοῦ ἐδηλώθη, "οὗ μὴ ὄντος ἀναγκαίου"), τὸ δὲ μὴ ἀναγκαῖον ἐγχωρεῖ καὶ μὴ ὑπάρχειν, εἰκότως τῷ 'ἐνδέχεται ὑπάρχειν' συναληθεύει τὸ 'ἐνδέχεται μὴ ὑπάρχειν'. ὁμοίως ἐπὶ πάντων τῶν διορισμῶν. διὰ τὸ αὐτὸ δέ, φησίν, αἵ τε ἀδιορίστως λεγόμεναι καὶ αἱ διωρισμένως ἐπὶ τοῦ καθόλου ἀντηκολούθουν καταφάσεις τε καὶ ἀποφάσεις ἀλλήλαις, καὶ ⟨αἱ⟩ ἐπὶ μέρους τε καὶ καθ' ἕκαστα ἐπὶ τοῦ αὐτοῦ λεγόμεναι ἀντακολουθοῦσι. διὰ γὰρ τὸ τὴν λεγομένην κατάφασιν μὴ τὸ ἐξ ἀνάγκης ἔσεσθαι τὸ κατηγορούμενον δηλοῦν. εἰ δέ ἐστι τοιοῦτον τὸ ἐνδεχόμενον, οἱ μὴ ἡγούμενοι ἀντιστρέφειν ταῖς ἐνδεχομέναις ἀποφάσεσι τὰς καταφάσεις οὐκ ἀληθεύουσιν. ὅτι δέ εἰσιν αἱ ἐνδεχόμεναι ἀποφατικαὶ καταφάσεις ἀλλ' οὐκ ἀποφάσεις, ὑπομιμνήσκει ἡμᾶς. ἐν γὰρ τῷ Περὶ ἑρμηνείας ἔδειξε τὰς τὸν τρόπον ἐχούσας ἄνευ τοῦ ἀποφατικοῦ κατηγορούμενον πάσας καταφάσεις εἶναι· διὰ τοῦτο προσέθηκε τὸ καθάπερ ἐλέχθη πρότερον. ἐξ ὧν καὶ αὐτῶν ἔνεστι δεικνύναι, ὅτι τὸ Περὶ ἑρμηνείας Ἀριστοτέλους ἐστιν, ἀλλ' οὐχ

2 δύνασθαι M 3 ἐνδέχεσθαί τινι M μὴ ἐνδέχεσθαί τινι M τῷ a: τὸ BM 4 Σωκράτην M καθέκαστον M 6 καὶ (post ἡμᾶς) om. M 7 εἰσι BM: φησι a κατάφασις a: καταφάσεις BM 9 ὁρισμοὺς M: προσδιορισμοὺς a 10 τοῦ delevi οὐκ om. M 11 ἐνδέχεται εἶναι aB: ἐνδεχομένῃ δὲ εἶναι M 12 καὶ ἡ οὐκ ἀδύνατον εἶναι om. M 18 οὐχ B 19 ἐδηλώθη] p. 32a19 20 et 21 ἐνδέχεσθαι a 21 τὸ aB: τῷ M post ὁμοίως add. καὶ aM 22 διορισμῶν] δι post add. B[1] ἀδιόριστοι a 23 διωρισμέναι a ἀντηκολούθησαν M τε om. M 24 αἱ addidi 25 τὸ τὴν λεγομένην a: τῶν λεγομένων BM ante κατάφασιν add. τὴν M τὸ alterum om. a 26 δὲ BM: γὰρ a 27 ante οὐκ add. ἀλλ' M 28 ἀληθεύουσιν a: ἀληθεύειν BM 29 Περὶ ἑρμ.] p. 21a34 sq. 30 προσκατηγορούμενον a

ὡς Ἀνδρόνικός φησιν. ἢ καὶ ἐν τούτῳ προείρηκεν ἤδη περὶ τούτου, ὅτε 52r ἔλεγε μὴ ἀντιστρέφειν τὴν καθόλου ἀποφατικήν.

Ἐζήτησα, εἰ τὸ ἐνδεχόμενον τοιοῦτόν ἐστιν, ὁποῖον ὡρίσατο. μήτε ἀναγκαῖον μήτε ὑπάρχον, πῶς ἔτι ταῖς καταφατικαῖς ἐνδεχομέναις αἱ ἀποφατικαὶ ἐνδεχόμεναι ἀντιστρέφουσι φυλασσομένου τοῦ κατὰ τὸν διορισμὸν ἐνδεχομένου ἐν ἀμφοτέραις. εἰ γάρ, ὃ ἐνδέχεται εἶναι, τοῦ μήπω εἶναι τοῦτο, ὃ λέγεται, ἐστί (τοῦτο γὰρ ἴδιον εἶναι δοκεῖ τοῦ ἐνδεχομένου τὸ μήπω εἶναι τοῦτο, ὃ λέγεται), ἔσται ἄρα οὐχ ὑπάρχον· καὶ ὃ ἐνδέχεται μὴ εἶναι, οὔπω ἐστὶ μὴ ὑπάρχον· ὑπάρχον ἄρα· ὥστε τὸ μὲν καταφατικὸν ἀληθὲς κατὰ τοῦ μὴ ὑπάρχοντος, τὸ δὲ ἀποφατικὸν ἐπὶ τοῦ ὑπάρχοντος· ἀδύνατα δὲ ἅμα ἄμφω· οὐκ ἄρα τὸ κατὰ τὸν διορισμὸν ἐνδεχόμενον ἐν τῇ ἀποφάσει ληφθήσεται. ἢ διὰ τοῦτο οὕτως ὡρίσατο τὸ ἐνδεχόμενον εἰπὼν 'ὃ μὴ ὂν ἀναγκαῖον', οὐκέτι δὲ προσθεὶς τὸ 'καὶ μὴ ὑπάρχον πάντως'· οὐ γὰρ τὸ μὴ ὑπάρχειν ἴδιον αὐτοῦ, ἀλλ' ὅταν μὴ ὑπάρχον ὑποτεθῇ ὑπάρχειν, μηδὲν ἀδύνατον αὐτῷ ἕπεσθαι. ὅτι γὰρ τοῦτο βούλεται, ἐδήλωσε καὶ διὰ τοῦ εἰπεῖν "τὸ γὰρ ἀναγκαῖον ὁμωνύμως ἐνδέχεσθαι λέ- 52v γομεν" μηκέτι δὲ προσθεῖναι, ὅτι 'καὶ τὸ ὑπάρχον', ὃ τῆς ἀναγκαίας ἀκολουθίας ἦν· οὐχ ὡς ὁμώνυμον γὰρ ἐπ' αὐτοῦ. οὐκ ἐπειδὴ οὖν, ἐφ' οὗ τὸ ἐνδέχεσθαι εἶναι ἀληθές, ἐπὶ τούτου ἀληθὲς καὶ τὸ ἐνδέχεσθαι μὴ εἶναι, ἤδη καί, ὅτε τὸ ἕτερον ἀληθὲς εἶναι, τότε καὶ τὸ ἕτερον, ἀλλὰ καὶ παρὰ μέρος. οὐ γάρ, ὅτε μὴ ὑπάρχει, τότε, ἀλλ' ὅταν ὑπάρχῃ, ἐνδέχεται μὴ ὑπάρχειν· ὃ γὰρ ἐνδέχεται ὑπάρχειν μὴ ὑπάρχον, τοῦτο ἐνδέχεται καὶ μὴ ὑπάρχειν, ὅταν ὑπάρξῃ. ἢ εἰ τὸ ἐνδέχεσθαι ἐπὶ τοῦ μήπω ὄντος λέγεται, τὸ ἐνδέχεσθαι εἶναι ἀντὶ τοῦ 'ἐνδέχεται γενέσθαι' λέγοιτ' ἄν. πᾶν δέ, ὃ μήπω ὂν ἐνδέχεται γενέσθαι, τοῦτο ἐνδέχεται καὶ μὴ γενέσθαι, ὥστε ἄμφω ἐπὶ τοῦ μηδέπω ὄντος.

p. 32b4 Διωρισμένων δὴ τούτων πάλιν λέγωμεν, ὅτι τὸ ἐνδέχεσθαι κατὰ δύο λέγεται τρόπους.

Εἰπών, τί τέ ἐστι τὸ ἐνδεχόμενον, καὶ ὅτι αἱ κατὰ τοῦτο καταφάσεις τε καὶ ἀποφάσεις ἀντιστρέφουσιν ἀλλήλαις, φησὶ διχῶς λέγεσθαι τὸ ἐνδεχόμενον ὁμωνύμως λέγων· οὐ γὰρ ὡρίσατο, ⟨ποτέρου⟩ ἐνδεχομένου ποιεῖται τὴν διαίρεσιν ταύτην· ἀμφοτέροις γὰρ ὁ εἰρημένος ἐφαρμόζει τοῦ ἐνδεχομένου λόγος. ποιεῖται οὖν τὴν διαίρεσιν ἢ ὡς γένους τοῦ ἐνδεχομένου

---

1 προείρηκεν p. 25b20 2 τὸν ... ἀποφατικόν M 5 φυλαττομένου M 7 δοκεῖ ἴδιον εἶναι a 8 οὐχ om. M 11 ἀδύνατον a δ' omisso ἅμα M 13 ὃ μὴ ὂν ἀναγκαῖον] οὗ μὴ ὄντος ἀναγκαίου Ar. p. 32a19 14 ἀλλ' ὅταν scripsi (cf. p. 157, 9): ἀλλὰ τὸ libri post ὑπάρχον add. εἰ a ὑποτεθὲν M 16 εἰπεῖν] p. 32a20 18 γὰρ om. M ἐπ' aB: ἐπὶ τοῦ M ἐπειδὴ a: ἔλαβε δὴ BM 19 ἐπὶ τούτου ἀληθὲς om. M ἐνδέχεται (ante μὴ) B 21 ὑπάρχει a: ὑπάρχειν BM post τότε add. ἐνδέχεται ὑπάρχειν M ante ὑπάρχῃ add. μὴ a ὑπάρχῃ aB: ὑπάρ[χ'] M 23 ἐνδέχεται a 24 ἐνδέχεσθαι (post τοῦ) M 27 λέγωμεν B (Bif, corr. n): λέγομεν a et Ar. 31 ποτέρου scripsi: ποίου a: om. BM ἐνδεχόμενον M 32 γὰρ B: γοῦν a: om. M ἐφαρμόττει M

εἰς εἴδη, ἃ ἐκτίθεται, ἢ ὡς ὅλου εἰς μέρη. φησὶ δὴ τοῦ ἐνδεχομένου ἓν 52v μὲν εἶναι σημαινόμενον τὸ ἐπὶ τῶν ὡς ἐπὶ τὸ πολὺ λεγομένων, ἃ τῷ μὴ ἀεὶ οὕτω γίνεσθαι ἀλλὰ καὶ διακόπτεσθαι τὸ αἰεὶ καὶ τὸ ἐξ ἀνάγκης ὑπὸ τινῶν μὴ οὕτως ἀπαντώντων ποτὲ τῶν ἐνδεχομένων ἐστὶ καὶ αὐτά. τοιαῦτά ἐστι τὰ φύσει γινόμενα. ἃ οὐκ ἐξ ἀνάγκης μὲν γίνεται τῷ ἐπὶ τινῶν συμπίπτειν ποτὲ καὶ μὴ οὕτως, οὐ μὴν ἀλλ' ὡς ἐπὶ τὸ πολὺ γίνεται· καὶ γὰρ πολιοῦνται γηρῶντες οἱ ἄνθρωποι κατὰ φύσιν, καὶ ὡς ἐπὶ τὸ πολὺ οὕτως ἀπαντᾷ (ἤδη γάρ τινες καὶ οὐκ ἐπολιώθησαν), καὶ αὔξονται μέχρι τοσοῦδε χρόνου καὶ φύσει καὶ ὡς ἐπὶ τὸ πλεῖστον.

p. 32b8 Τοῦτο γὰρ οὐ συνεχὲς μὲν ἔχει τὸ ἀναγκαῖον διὰ τὸ μὴ ἀεὶ εἶναι ἄνθρωπον. ὄντος μέντοι ἀνθρώπου ἢ ἐξ ἀνάγκης ἢ ὡς ἐπὶ τὸ πολύ ἐστι.

Ταῦτα τὰ ὡς ἐπὶ τὸ πλεῖστον γινόμενα τοῦ μὴ εἶναι ἀναγκαῖα διττὴν αἰτίαν φέρει, μίαν μέν, ὅτι μὴ αἰεί εἰσιν, οἷς ταῦτα ὑπάρχει· τὰ γὰρ κατὰ φύσιν γινόμενα οὐκ ἀίδια. τῷ οὖν μὴ αἰεὶ ταῦτα εἶναι, οἷς ἐνδέχεσθαί φαμεν τὰ κατὰ φύσιν ὑπάρχειν (τοῖς γὰρ καθ' ἕκαστα ταῦτα ὑπάρχει), οὐκ ἐξ ἀνάγκης τὰ κατὰ φύσιν· τὸ γὰρ ἀναγκαῖον ἀίδιόν τε καὶ αἰεὶ ὁμοίως ἐπὶ τῶν ὁμοίως ἐχόντων. λέγοιτ' ἂν οὖν ἐνδέχεσθαι καὶ τὸ ἐξ ἀνάγκης ὑπάρχον τῷ οὐκ ἀιδίῳ, ἂν μὴ προαπόληται, διότι ἐνδέχεται προαπολομένου αὐτοῦ μὴ γενέσθαι τοῦτο, ὃ ἐξ ἀνάγκης ἂν ἐγένετο, εἰ ἦν ἀεὶ ἄνθρωπος· οἷον εἰ πᾶς ἄνθρωπος ἑξηκονταετὴς γενόμενος ἐξ ἀνάγκης ἐπολιοῦτο, ὅμως οὐδὲν ἧττον ἐνδεχόμενον ἦν τὸ πολιωθήσεσθαι τόνδε τινά, ὅτι ἐνεδέχετο αὐτὸν καὶ μὴ προσελθεῖν ἐπὶ τὰ τοσαῦτα ἔτη. τὸ παρὰ ταύτην τὴν αἰτίαν γινόμενον ἐνδεχόμενον ἐδήλωσεν εἰπὼν τοῦτο γὰρ οὐ συνεχὲς μὲν ἔχει τὸ ἀναγκαῖον διὰ τὸ μὴ ἀεὶ εἶναι ἄνθρωπον, λέγων οὐ συνεχὲς τὸ τοιοῦτον εἶναι, διὸ μηδὲ ἀναγκαῖον. δεύτερον δὲ τὰ κατὰ φύσιν γινόμενα οὐκ ἐξ ἀνάγκης ἐστίν, ὅτι, κἂν ᾖ οὗτος, ᾧ ὑπάρχει τὸ κατὰ φύσιν, εἰς ἑξήκοντα ἔτη προσεληλυθώς, ὡς ἐπὶ τὸ πλεῖστον μὲν πολιωθήσεται, οὐ μὴν ἐξ ἀνάγκης. ὃ ἐδήλωσεν εἰπὼν ὄντος μέντοι ἀνθρώπου ἢ ἐξ ἀνάγκης ἢ ὡς ἐπὶ τὸ πολύ ἐστιν· εἰ γὰρ ὡς ἐπὶ τὸ πολύ, δῆλον ὅτι οὐκ ἐξ ἀνάγκης.

Τὸ μὲν οὖν ἕτερον τῶν τοῦ ἐνδεχομένου σημαινομένων τοῦτο. εἴη δ' ἂν ὑπὸ τοῦτο καὶ τὰ κατὰ προαίρεσιν γινόμενα τεταγμένα· καὶ γὰρ ἐπὶ

---

1 εἰς εἴδη BM: ὡς ἤδη a ὅλως M 3 ἀεὶ BM: αἰεὶ a ὑπὸ aB: ἐπὶ M 4 τῶν ἐνδεχομένων M: τὸ ἐνδεχόμενον B: ἐνδεχόμενον a αὐτά B (α corr.): αὐτό aM 5 ἐστι aB: δὲ M 8 ἅπαντα a, B pr. 9 ante χρόνου add. τοῦ a 11 ἀεὶ εἶναι Ar.: εἶναι αἰεὶ B: εἶναι a; cf. vs. 25 13 ταῦτα τὰ aB: τοῦ τὰ M τοῦ aB: τῷ M 15 οἷς om. M 16 ὑπάρχ' pro ὑπάρχειν et pro ὑπάρχει M ὑπάρχει] άρχει evan. B 17 τά om. M ἀεὶ aM 18 ἐπὶ τῶν ὁμοίως om. a 19 ὑπάρχ' M προαπολουμένου a 20 ἐγίνετο M 21 γινόμενος M πολιοῦται M 22 πολιοῦσθαι M 24 ἐνδεχόμενον γινόμενον a 25 post συνεχὲς add. μὲν a τὸ tertium om. M 26 δεύτερα M: δευτέραν a δὲ BM: δ' ὅτι a 27 διότι M ᾖ om. a

τούτων τὸ ὡς ἐπὶ τὸ πλεῖστον. τὸ δὲ ἕτερόν φησι τὸ ἀόριστον, | ἀόριστον 53r λέγων τό τε ἐπ' ἴσης ἔχον τὸ οὐδὲν μᾶλλον οὕτως ἐσόμενον ἢ μή, οἷον τὸ περιπατήσειν δείλης Σωκράτη ἢ τὸ διαλεχθήσεσθαι τῷδε, ἔτι δὲ καὶ τὸ τῷ ὡς ἐπὶ τὸ πλεῖστον γινομένῳ τοῦ ἐνδεχομένου ἀντικείμενον, ὅ ἐστι τὸ ἐπ' ἔλαττον γινόμενον, δι' ὃ παρεμπῖπτον κεκώλυται τὸ ἐπὶ πλεῖστον γινόμενον ἀεί τε γίνεσθαι καὶ εἶναι ἀναγκαῖον· τοιοῦτον δ' ἂν εἴη τὸ μὴ πολιωθῆναι τὸν ἑξηκονταετῆ. ἐν τῷ τοῦ ἐνδεχομένου σημαινομένῳ τῷ ἐπ' ἔλαττον ἔστι καὶ τὸ ἀπὸ τύχης. διὰ μὲν ⟨οὖν⟩ τοῦ βαδίζειν ἐδήλωσε τοῦ ἐνδεχομένου τὸ πρὸς τὰ ἀντικείμενα ἐπ' ἴσης ἔχον, διὰ δὲ τοῦ βαδίζοντος γενέσθαι σεισμὸν ἢ ὅλως τὸ ἀπὸ τύχης γινόμενον τὸ ἐπ' ἔλαττον, ὃ τῷ ὡς ἐπὶ τὸ πλεῖστον γινομένῳ ἀντίκειται. ἀόριστα δὲ ἀμφότερα, καὶ τὸ μὲν διὰ τὸ ἐφ' ἑκατέρῳ ἴσον· ἀόριστον γὰρ τὸ οὐδὲν μᾶλλον οὕτως ἢ ἐκείνως· τὸ δὲ ἐπ' ἔλαττον ἀόριστόν ἐστιν, ὅτι σχεδὸν ἀναιτίως γίνεται· τοιοῦτον γὰρ καὶ οὕτω γίνεται τὸ ἀπὸ τύχης· ἡ γὰρ τύχη κατὰ συμβεβηκὸς αἴτιον, οὐ καθ' αὑτό, καὶ τὸ ἔσεσθαι αὐτὸ ὅλως ἀόριστόν τε καὶ ἄδηλον. μάλιστα μὲν γὰρ ὥρισται τὸ ἀναγκαῖον, δευτέρως δὲ τὸ ἐγγὺς τῷ ἀναγκαίῳ· τοῦτο δέ ἐστι τὸ ἐπὶ πλέον. ὃ δὲ ἐπὶ πλεῖστον ἀφέστηκε τοῦ ὡρισμένου, τοῦτο εὐλόγως ἀόριστον· τοιοῦτον δὲ τὸ ἐπ' ἴσης καὶ ἔτι μᾶλλον τὸ ἐπ' ἔλαττον. ὥσπερ γὰρ γραμμῆς τεταμένης ἀπὸ παντὸς εἰς πάντα τὸν χρόνον τοῦ ἀναγκαίου τὸ ἐνδεχόμενον ἀπὸ ταύτης τὴν γένεσιν τεμνομένης λαμβάνει· εἰ μὲν γὰρ εἰς ἄνισα τμηθείη, γίνεται τό τε κατὰ φύσιν καὶ τὸ ὡς ἐπὶ τὸ πολὺ ἐνδεχόμενον καὶ τὸ ἐπ' ἔλαττον, ἐν ᾧ καὶ ἡ τύχη καὶ τὸ αὐτόματον, εἰ δὲ εἰς ἴσα, ⟨τὸ⟩ ὁπότερ' ἔτυχεν. ὧν τὸ μὲν ὡς ἐπὶ τὸ πολὺ ἐνδεχόμενον ἀντιστρέφει τῷ 'οὐκ ἀνάγκη ὑπάρχειν'· διὰ τοῦτο γὰρ ἐπὶ τοῦ ὡς ἐπὶ τὸ πλεῖστον ἐνδεχομένου γενέσθαι ἀληθὲς καὶ τὸ ἐνδέχεσθαι μὴ ὑπάρχειν, ὅτι ἀληθὲς τὸ 'οὐκ ἀνάγκη ὑπάρχειν' ἐπ' αὐτοῦ· ἀκολουθεῖ γὰρ τῷ ἐνδέχεσθαι εἶναι καὶ τὸ 'οὐκ ἀνάγκη εἶναι', ὥσπερ καὶ τὸ 'οὐκ ἀνάγκη μὴ εἶναι'. τὸ δὲ οὕτως ἐνδεχόμενον, τὸ ὡς ὁπότερ' ἔτυχε, τῷ 'ἐνδέχεται μὴ ὑπάρχειν'· ἐπ' ἴσης γὰρ καὶ οὐδὲν μᾶλλον τοῦτο ἢ θάτερον. ταῦτα καὶ αὐτὸς δηλοῖ δι' ὧν ἐπήνεγκε λόγων· ἀντιστρέφει μὲν οὖν καὶ κατὰ τὰς ἀντικειμένας προτάσεις ἑκάτερον τῶν ἐνδεχομένων, οὐ μὴν τὸν αὐτόν γε τρόπον, ἑκάτερον λέγων τῶν ἐνδεχομένων τό τε ὡς ἐπὶ τὸ πλεῖστον καὶ τὸ ἀόριστον. ἀλλ' ἐπὶ μὲν τοῦ ὡς ἐπὶ τὸ πλεῖστον ἀληθῆ

---

2 ἔχον ἐπ' ἴσης M 3 Σωκράτην aM τὸ (post ἢ) BM: τῷ a 6 δ' M: om. aB 7 ante τοῦ add. τοιούτῳ a τὸ ἐπ' a 8 οὖν a: om. BM 10 ἢ ante τὸ alterum transponit a 11 πλεῖστον BM: πολὺ a 12 ἐφ'] ἐ in ras. B ἑκάτερον a 13 ἐστιν om. M 15 τε superscr. M 17 δ' (ante ἐστι) M 19 τὸν om. a 21 κατὰ φύσιν τε M 21. 22 τὸ ἐπὶ πολὺ M 22 ἐν ᾧ . . . αὐτόματον om. M αὐτόματον a: ἐπ' ἔλαττον B 23 τὸ (ante ὁπότερ') a: om. BM 24 ἀναγκαίῳ M ὑπάρχον a post γὰρ add. καὶ a 25 τὸ BM: τῷ a 26 ἀληθ[ὲς τὸ] unc. incl. perierunt in M τῷ BM: τὸ a 28 post ἐνδεχόμενον add. καὶ a 29 ante γὰρ expunxit μὲν B 30 ἐπήνεγκε aB: ἐπήγαγε M 31 προτάσεις . . . τρόπον (32) om. M 33 ἀληθὴς a

εἶναι τὴν 'ἐνδέχεται μὴ γενέσθαι' φησίν. οὐχ ὅτι ἐπ' ἴσης τῇ 'ἐνδέχεται 53r γενέσθαι' ἀληθής ἐστιν, ἀλλὰ διότι ἀληθές ἐστιν ἐπὶ τοῦ ὡς ἐπὶ τὸ πλεῖστον ἐνδεχομένου τὸ 'οὐκ ἀνάγκη εἶναι'· οὐ γὰρ ἀναγκαῖον τὸ ἐνδεχόμενον· τῷ οὖν διακόπτεσθαι τὴν συνέχειαν αὐτοῦ τούτῳ ἀληθὴς καὶ ἡ λέγουσα 'ἐνδέχεται μὴ γενέσθαι'. τὸ δέ γε ἀόριστον ἐνδεχόμενον κατὰ τοῦτο ἀντιστρέφει, καθ' ὅσον οὐδὲν μᾶλλον οὕτως ἢ οὕτως· τῇ γὰρ ἐπὶ τῶν οὕτως ἐνδεχομένων καταφάσει τῇ 'ἐνδέχεται εἶναι' ἡ 'ἐνδέχεται μὴ εἶναι' συναληθεύει τε καὶ ἀντιστρέφει ὡς μηδὲν μᾶλλον ταύτην ἢ ἐκείνην ἀληθῆ εἶναι. τὸ δὲ ἀντιστρέφει μὲν οὖν καὶ κατὰ τὰς ἀντικειμένας προτάσεις ἑκάτερον τῶν ἐνδεχομένων ἴσον ἐστὶ τῷ 'ἀντιστρέφει μὲν οὖν κατὰ τὰς ἀντικειμένας προτάσεις καὶ ἑκάτερον τῶν ἐνδεχομένων'. δοκεῖ δὲ ὁ καὶ σύνδεσμος περισσῶς κεῖσθαι. ἢ καὶ κατὰ τὰς ἀντικειμένας προτάσεις εἶπεν ὡς καὶ ἄλλως ἀντιστρεφουσῶν αὐτῶν· καὶ γὰρ καὶ κατὰ τὴν τῶν ὅρων ὑπαλλαγήν.

p. 32b18 Ἐπιστήμη δὲ καὶ συλλογισμὸς ἀποδεικτικὸς τῶν μὲν ἀορίστων οὐκ ἔστιν.

Εἰπὼν τὸ ἕτερον τῶν τοῦ ἐνδεχομένου σημαινομένων ἀόριστον εἶναι φησίν, ὅτι μηδεμία ἐπιστήμη περὶ τὸ οὕτως ἐνδεχόμενόν ἐστιν. οὐδὲ γὰρ ἀπόδειξίς τινος γένοιτ' ἂν ἐκ τῶν οὕτως ἐνδεχομένων τῷ μηδὲν μᾶλλον εἶναι τὸ δεικνύμενον διὰ τοῦ συλλογισμοῦ τοῦ ἀντικειμένου αὐτῷ· ἡ γὰρ 53v τοῦ μέσου ὅρου ἀοριστία καὶ τὸ μηδὲν μᾶλλον οὕτως, ὡς λαμβάνεται ἔχειν πρὸς τοὺς ἄκρους, ἔχειν αὐτὸν ἢ ἀντικειμένως πρὸς αὐτοὺς αἰτία τούτου. διὸ καὶ παραιτεῖται τὴν ἐπὶ τοῦ τοιούτου ἐνδεχομένου δεῖξιν τῶν κατὰ τὰ σχήματα συλλογισμῶν, οὐχ ὡς οὐ δυναμένην γενέσθαι, ἀλλ' ὡς ἄχρηστον, ἐνδεικνύμενος ἡμῖν, ὅτι δεῖ τὸ εὔχρηστον ἐν τῇδε τῇ πραγματείᾳ πρὸς τὰ δειχθησόμενα μόνον λαμβάνειν τε καὶ ἐξεργάζεσθαι, τὸ δ' ἄχρηστον, εἰ καὶ ἔχοι τινὰ συμπλοκήν, παραιτεῖσθαι. ὅθεν δῆλον, ὅτι καὶ ταῦτα, περὶ ὧν αὐτὸς μὲν οὐκ εἴρηκε, λέγουσι δὲ οἱ νεώτεροι ἀχρήστων ὄντων πρὸς ἀπόδειξιν, δι' ἀχρηστίαν οὐ δι' ἄγνοιαν παρέλιπεν, οἷοί εἰσιν διφορούμενοι ⟨οἱ⟩ λόγοι ἢ ἀδιαφόρως περαίνοντες ἢ ἡ ἄπειρος ὕλη λεγομένη καὶ καθόλου τὸ θέμα τὸ δεύτερον καλούμενον παρὰ τοῖς νεωτέροις. παντὸς γὰρ ὀργάνου μέτρον ἡ χρεία πρὸς τὸ ὑπ' αὐτοῦ δεικνύμενόν τε καὶ γινόμενον· τὸ δὲ

1 ἐνδέχεσθαι (post τῇ) a   2 ἀληθές B: ἀληθής aM   πλεῖστον BM: πολὺ a   3 ἀνάγκη aB: ἀναγκαῖον M   6 [τῇ γ]άρ] unc. incl. perierunt in M   7 ἡ a: ἢ BM   10 post οὖν add. καὶ M   11. 12 καὶ ὁ a   12 περισσὸς a   καὶ (post ἢ) om. M   20 τὸ δεικνύμενον . . . τοῦ ἀντικειμένου scripsi: τοῦ δεικνυμένου . . . τὸ ἀντικείμενον libri   21 οὕτως superscr. B²: τοῦ aB¹: ἐναντίως M   λαμβάνεται aM, B pr.: λαμβάνεσθαι B corr.   22 ἔχειν a: expunxit B: om. M   αὐτὸν correxi: αὐτὸ libri   τοῦτο M   24 οὐ superscr. B: μὴ aM   γίνεσθαι aM   27 ἔχει a   παρατίθεσθαι a   28 ὄντων om. M   29 οἷοι a: οἳ BM   οἱ, quod ante διφ. habet a, post διφ. addidi: om. BM   διφορούμενοι scripsi: διαφορούμενοι libri; cf. p. 18, 17   30 ἀδιαφόρως a: διαφόρως BM; cf. p. 18, 17   ἄπειρος ἡ M   καθόλου . . . δεύτερον (31) om. M   31 καλουμένη M   τῶν νεωτέρων M

μηκέτι χρήσιμον οὐδ᾽ ἂν ὄργανον εἴη· τὸ γὰρ ἄχρηστον σκέπαρνον τῷ 53v τέκτονι οὐκέτι σκέπαρνον ἀλλ᾽ ἢ ὁμωνύμως. καὶ τοῦτο μάλιστα ἐνεδείξατο διὰ τοῦ παραιτήσασθαι τὸν περὶ τοῦ οὕτως ἐνδεχομένου λόγον εἰπὼν ἐκείνως δὲ ἐγχωρεῖ γίγνεσθαι συλλογισμόν, οὐ μὴν εἴωθέ γε ζητεῖσθαι, ὡς τῶν συλλογισμῶν τὴν ἀναφορὰν ὀφειλόντων ἔχειν, περὶ ὧν δεῖ λόγον ποιεῖσθαι, πρὸς τὰ ζητούμενα καὶ δείξεως δεόμενα. περὶ μὲν οὖν τοῦ τοιούτου ἐνδεχομένου ὡς ἀχρήστου πρὸς τὰς ζητήσεις λέγειν παρῃτήσατο· περὶ δὲ τοῦ ἑτέρου ἐρεῖν ἐπαγγέλλεται, ὅτι πολλαὶ τέχναι στοχαστικαὶ οὖσαι ἐκ τοῦ οὕτως ἐνδεχομένου τὸ προκείμενον συλλογίζονται, ὡς ἰατρική, κυβερνητική, γυμναστική. ἀλλὰ καὶ ὅλως τὰ ἐκ τοῦ βουλεύεσθαι λαμβανόμενα διὰ τοιούτου ἐνδεχομένου δείκνυται· οἷον εἰ ζητοίη τις, εἰ νῦν δεῖ πλεῦσαι, καὶ λάβοι, ὅτι, ὅτε κεκριμένα τὰ πνεύματά ἐστιν, οἱ πλέοντες ὡς ἐπὶ τὸ πολὺ σῴζονται· νῦν δὲ κεκριμένα τὰ πνεύματα· οἱ νῦν ἄρα πλέοντες ὡς ἐπὶ τὸ πολὺ σωθήσονται. συλλογισμὸν δὲ ἀποδεικτικὸν εἶπεν, ᾧ ἄν τις δεῖξαι βουλόμενος χρήσαιτο.

p. 32b23 Ταῦτα μὲν οὖν διορισθήσεται μᾶλλον ἐν τοῖς ἑπομένοις.

Ὅτι ἐπὶ τῶν ἐνδεχομένων ἀντιστρέφει τὸ καταφατικὸν τῷ ἀποφατικῷ, καὶ πῶς, καὶ ὅτι τὸ ἐνδεχόμενον διττόν, καὶ ὅτι τὸ ἀόριστον ἄχρηστον πρὸς τὰς νῦν ζητήσεις, ἔτι μᾶλλον, φησίν, ἐν τοῖς ἑξῆς διορισμοῦ τεύξεται. προστίθεται δὲ τὰ νῦν λεγόμενα περὶ τῶν συζυγιῶν τῶν ἐξ ἐνδεχομένων προτάσεων καθ᾽ ἕκαστον σχῆμα γινομένων συλλογιστικῶν τε καὶ ἀσυλλογίστων.

p. 32b25 Ἐπεὶ δὲ τὸ ἐνδέχεσθαι τόδε τῷδε ὑπάρχειν διχῶς ἔστιν ἐκλαβεῖν.

Ἐπεὶ διχῶς, φησίν, ἔστιν ἐξακοῦσαι τῆς προτάσεως τῆς λεγούσης ἐνδέχεσθαι τὸ Α τῷ Β ὑπάρχειν παντί· ὁτὲ μὲν γὰρ ἔστιν ἀκοῦσαι ὡς τοῦ λέγοντος τοῦτο λέγοντος 'ᾧ ὑπάρχει τὸ Β, τούτῳ ἐνδέχεται τὸ Α παντί', ὁτὲ δὲ 'ᾧ ἐνδέχεται τὸ Β, τούτῳ ἐνδέχεται τὸ Α παντί'. ὅτι δὲ ἡ λέγουσα τὸ Α τῷ Β ἐνδέχεσθαι παντὶ δύναται ἑκάτερον τούτων σημαίνειν, ἔδειξε μεταλαβὼν μὲν αὐτὴν εἰς τὴν καθ᾽ οὗ τὸ Β, τὸ Α ἐνδέχεσθαι λέγουσαν·

1 χρήσιμον B²: χρὴ οὖν B¹M: χρεία a ἂν om. a 3 οὕτως aB: ὄντως M 4 ἐκείνως BM (Buif, corr. d): ἐκείνων a et Ar. γίνεσθαι M: γενέσθαι a et Ar. 8 παρῃτήσατο a ἐρεῖν aB: λέγειν M 9 οὕτως aB: ὄντως M 10 γυμναστική om. M 11 ante τοιούτου add. τοῦ aM 12 ὅτι om. M κεκρυμμένα a; item vs. sq. 13 πολὺ BM: πλεῖστον a 16 textus verba in M 18 τὸ (ante ἀόριστον) om. M 20 προτίθεται fortasse recte a 21 γινόμενον a 25 ἐστί φησιν aM ἀκοῦσαι a τῆς προτάσεως ... ἀκοῦσαι ὡς (26) om. M 27 τοῦτο λέγοντος om. M 28 ἐνδέχεται (post τούτῳ) aB: ὑπάρχει M 29 ἐνδέχεται aM 29. 30 ἐδήλωσε μεταλαβεῖν M 30 λέγουσαν ... ἐνδέχεται (166,2) om. M τὸ β̄ in ras. B

ἐφ' οὗ δείξας ἑκάτερον ἐξακούεσθαι δυνάμενον, καὶ τὸ 'καθ' οὗ ἤδη λέγεται 53v τὸ Β', καὶ τὸ 'καθ' οὗ ἐνδέχεται λέγεσθαι', μετὰ ταῦτα ἐπήνεγκεν, ὅτι

p. 32b29 Τὸ δὲ καθ' οὗ τὸ Β, τὸ Α ἐνδέχεσθαι ἢ παντὶ τῷ Β τὸ Α ἐνδέχεσθαι οὐδὲν διαφέρει.

Ὥστε διττὸν καὶ τοῦτο. ἀλλ' ὅταν μὲν τὸ πρῶτον ῥηθὲν ἡ πρότασις σημαίνῃ, οὐ γίνονται αἱ προτάσεις ἀμφότεραι ἐνδεχόμεναι, ἀλλ' ἡ μὲν ἐλάττων ὑπάρχουσα ἡ δὲ μείζων ἐνδεχομένη (ἡ δὲ τοιαύτη συζυγία μικτή), 54r ὅταν δὲ τὸ δεύτερον, ἀμφότεραι γίνονται ἐνδεχόμεναι. ἐπεὶ τοίνυν ἀεὶ πρὸ τῶν μικτῶν συζυγιῶν περὶ τῶν ὁμοιοσχημόνων λέγει, πρῶτόν φησι δεῖν τὸν λόγον ποιεῖσθαι περὶ τῶν ἐξ ἀμφοτέρων τῶν προτάσεων τῶν ἐνδεχομένων. χρησάμενος δὲ τῷ καθ' οὗ τὸ Β, τὸ Α ἐνδέχεσθαι ἐν τῇ δείξει τοῦ ὅτι δύο ἐστὶ σημαινόμενα ὑπὸ τοῦ 'τὸ Α παντὶ τῷ Β ἐνδέχεται', ὅτι μὴ ἄλλο τι ἔδειξεν ἤ. ὃ προέθετο, ἐδήλωσε. τὸ γὰρ καθ' οὗ τὸ Β, τὸ Α ἐνδέχεσθαι τῷ τὸ Α παντὶ τῷ Β ἐνδέχεσθαι ταὐτὸν σημαίνει, ὡς εἰρήκαμεν· τὸ γὰρ 'καθ' οὗ' τοῦ καθόλου καὶ κατὰ παντός ἐστι δηλωτικόν· ὥστ' εἰ δύο σημαίνεται ὑπὸ τῆς 'καθ' οὗ τὸ Β, κατ' ἐκείνου παντὸς τὸ Α ἐνδέχεται', ταὐτὰ ἂν δύο εἴη σημαινόμενα καὶ ὑπὸ τοῦ 'τὸ Α παντὶ τῷ Β ἐνδέχεται'. διὰ δὲ τούτων, ὅτι ἡ κατὰ πρόσληψιν λεγομένη πρότασις τὸ αὐτὸ δύναται τῇ κατηγορικῇ, δείκνυσιν. ἀλλ' εἰ τὸ 'καθ' οὗ τὸ Β, τὸ Α ἐνδέχεται' διττόν ἐστιν, καὶ τὸ 'καθ' οὗ τὸ Β, τὸ Α ἐξ ἀνάγκης' διττὸν ἔσται· ἢ γὰρ 'καθ' οὗ ὑπαρχόντως' ἢ 'καθ' οὗ ἐξ ἀνάγκης'. εἰ δὲ τοῦτο, οὐκέτι ἔσται ἡ 'τὸ Α κατὰ παντὸς τοῦ Β ἐξ ἀνάγκης' ἴση τῇ 'καθ' οὗ παντὸς τὸ Β, κατ' ἐκείνου παντὸς τὸ Α ἐξ ἀνάγκης'. ὥς τινες λέγουσι τῶν δεικνύντων, ὅτι ἀληθὲς τὸ ἐξ ἀναγκαίας τῆς μείζονος καὶ ὑπαρχούσης τῆς ἐλάττονος ἀναγκαῖον γίνεσθαι συμπέρασμα.

p. 32b32 Πρῶτον οὖν εἴπωμεν, εἰ καθ' οὗ τὸ Γ, τὸ Β ἐνδέχεται, καὶ καθ' οὗ τὸ Β, τὸ Α.

Πρῶτον μέν, φησί, δεῖ λέγειν περὶ τῆς συζυγίας τῆς ἐξ ἀμφοτέρων ἐνδεχομένων. ἐπεὶ δὲ κεῖται αὐτῷ ἴσον εἶναι τὸ 'καθ' οὗ τόδε, τόδε' τῷ 'κατὰ παντὸς τούτου τοῦτο', τὴν πρότασιν τὴν 'τὸ Β παντὶ τῷ Γ ἐνδέχεται' διὰ τοῦ ἴσον καὶ ταὐτὸν τούτῳ σημαίνοντος ἔλαβε· τοῦτο δ' ἐστὶ τὸ καθ'

1 δυνάμενον ἐξακούεσθαι a ἤδη M: ἤδε (η corr. B²) B: om. a 3 et 4 sunt textus verba in M 4 ἐνδέχεσθαι aBM (pr. u): ἐγχωρεῖν Ar. 10 τὸν om. M τῶν (post προτάσεων) om. a 11 ἐνδέχεται M 14 ἐνδέχεται a 15 καθ' οὗ om. M τοῦ BM: τὸ a κατὰ om. a 16 τῆς BM: τοῦ a πάντως a 17 ταὐτὰ scripsi: αὐτὰ libri εἴη δύο M 18 λεγομένη BM: γενομένη a 20 ἐστιν aB: ἔσται M 20 et 21 ἡ pro ἢ a 23 α aB: β̄ M ὥς τινες λέγουσι] cf. p. 126, 22—28 25 ante συμπέρασμα add. τὸ aM 28 post ἀμφοτέρων add. τῶν B 29 τόδε (ante τῷ) a: τῶδε M, itemque, sed expunctum, B 30 τοῦτο expunxit B ἐνδέχεσθαι a 31 τοῦ B corr.: τοῦτο M, B pr.: τοῦ τὸ a τούτῳ B: τούτου M: om. a σημαινόμενον M

οὗ τὸ Γ, τὸ Β ἐνδέχεται. ὁμοίως καὶ τὸ καθ' οὗ τὸ Β, τὸ Α· καὶ γὰρ [54r] τοῦτο ἴσον ἐστὶ τῷ 'κατὰ παντὸς τὸ Α τοῦ Β'. εἰπὼν δὲ δεῖν ἀπὸ τῶν ὁμοιοσχημόνων ἄρχεσθαι πρῶτον προσέθηκε τὸ καθάπερ ἐπὶ τῶν ἄλλων· καὶ γὰρ ἐπὶ τοῦ ὑπάρχοντος καὶ τοῦ ἀναγκαίου πρῶτον ἰδίᾳ περὶ ἑκατέρου εἶπε καὶ περὶ τῶν ὁμοιοσχημόνων κατ' ἐκεῖνα προτάσεων, εἶθ' οὕτως περὶ τῶν μίξεων, ὃ καὶ περὶ τοῦ ἐνδεχομένου προτίθεται καὶ ποιήσει.

p. 32b38 Ὅταν οὖν τὸ Α παντὶ τῷ Β ἐνδέχηται καὶ τὸ Β παντὶ τῷ Γ.

Δῆλον ὅτι 'ἐνδέχηται'· τοῦτο γὰρ προείρηκε. φησὶ δὲ οὕτως ληφθεισῶν τῶν προτάσεων καθόλου καταφατικῶν ἐνδεχομένων ἐν πρώτῳ σχήματι (περὶ γὰρ τούτου τοῦ σχήματος καὶ τῶν ἐν τούτῳ συζυγιῶν πρῶτον ἀνάγκη λέγειν, ὅτι καὶ οἱ ἐν τοῖς ἄλλοις διὰ τούτων δείκνυνται). φησὶ δὴ καθόλου καταφατικὸν ἔσεσθαι ἐνδεχόμενον τὸ συμπέρασμα. τὸ δὲ τοῦτο δὲ φανερὸν ἐκ τοῦ ὁρισμοῦ δηλωτικόν ἐστιν, ὅτι τὸ συνάγεσθαι ἐν τῇ προκειμένῃ συζυγίᾳ καθόλου ἐνδεχόμενον καταφατικὸν συμπέρασμα δῆλόν ἐστιν ἐκ τοῦ ὁρισμοῦ τοῦ κατὰ παντός· ἦν γὰρ κατὰ παντός, "ἐν ᾧ μηδὲν ἦν λαβεῖν, καθ' οὗ θάτερον οὐ ῥηθήσεται". ὅταν δὴ τὸ Α κατὰ παντὸς τοῦ Β ληφθῇ ἐνδεχομένως, οὐδὲν ἔσται τοῦ Β, καθ' οὗ τὸ Α οὐκ ἐνδέξεται· τὸ δὲ Γ ὑπὸ τὸ Β ἐστίν, ὥστε καὶ κατὰ τούτου τὸ Α παντὸς ἐνδέχεται. ἡ αὐτὴ δεῖξις, κἂν τὸ μὲν Α ἐνδέχηται μηδενὶ τῷ Β, τὸ δὲ Β παντὶ ἐνδέχηται τῷ Γ· συνάγεται γὰρ πάλιν τὸ Α ἐνδεχομένως μηδενὶ τῷ Γ. καὶ τοῦτο δῆλον πάλιν διὰ τοῦ ὁρισμοῦ τοῦ κατὰ μηδενός· οὐδὲν γὰρ ἔστι τοῦ Β λαβεῖν, ᾧ τὸ Α οὐκ ἐνδέχεται μὴ ὑπάρχειν. αἱ γὰρ ἐν τῷ πρώτῳ σχήματι συναγωγαὶ διὰ τούτων γίνονται. εἰπὼν δὲ ἐπὶ τῆς ἐκ δύο καθόλου καταφατικῶν ἐνδεχομένων συζυγίας ἐν τῷ πρώτῳ σχήματι φανερὸν τὸ συναγόμενον εἶναι ἐκ τοῦ ὁρισμοῦ (τὸ γὰρ ἐνδέχεσθαι παντὶ ὑπάρχειν οὕτως λέγομεν) πρῶτον ἔθηκε τὴν ἐφεξῆς συζυγίαν τὴν ἔχουσαν τὴν μείζονα καθόλου ἀπο-|φατικὴν ἐνδεχομένην τὴν δὲ ἐλάττονα καθόλου καταφατικὴν ἐνδεχομένην, [54v] εἶθ' οὕτως τὸν ὁρισμὸν ἀποδέδωκε τοῦ κατὰ παντός, δι' οὗ ἔφη δῆλον εἶναι τὸ συναγόμενον ἐν τῇ πρὸ ταύτης συζυγίᾳ. διὸ καὶ ἀσαφέστερον ἡ λέξις ἔχειν δοκεῖ. ἢ προσεξακούειν δεῖ, ὅτι καὶ τὸ κατὰ μηδενὸς ὁμοίως· εἰ γὰρ τὸ Α τῷ Β ἐνδέχεται μηδενί, οὐδὲν ἔσται λαβεῖν τοῦ Β, ᾧ τὸ Α οὐκ

---

2 τοῦ β τὸ α a 3. 4 καθάπερ καὶ ἐν τοῖς ἄλλοις Ar. 4 post καὶ alterum repetit ἐπὶ M 6 post προτίθεται add. τε a 8 ἐνδέχεται a 11 ἐνδεχομένων καταφατικῶν a 12 περὶ . . . σχήματος om. M 14 ἐνδεχόμενον aB: ἀναγκαῖον M δὲ alterum om. M 15 δηλότερον M ἐν om. M 16 καταφατικὸν ἐνδεχόμενον a 17 "ἐν ᾧ . . . ῥηθήσεται"] I 1 p. 24b29 memoriter citat 18 οὐ ῥηθήσεται aB: ἐλεγχθήσεται M: οὐ λεχθήσεται Ar. (et M p. 126,5) δὴ aB: δὲ M κατὰ παντὸς om. M 19 τῷ β̄ M α in ras. M ἐνδέχεται M 20 παντὸς τὸ α aM 22 συνάγεται . . . τῷ γ̄ in mg. infer. post add. M ἐνδεχόμενον M: ἐνδέχεσθαι a καὶ τοῦτο . . . μηδενός (23) om. M 25 δὲ om. M δύο om. M 26 εἶναι τὸ συναγόμενον a 27 γὰρ om. M λέγομεν aBM (u): ἐλέγομεν Ar. 29 δ' M 32 προσυπακούειν M 33 τῷ β̄ τὸ α a

ἐνδέχεται μὴ ὑπάρχειν. δύναται καὶ ἀμφοτέρων ἐμνημονευκέναι, τοῦ τε 54v καταφατικοῦ καὶ τοῦ ἀποφατικοῦ, διὰ τοῦ τὸ γὰρ καθ' οὗ τὸ B ἐνδέχεται, τὸ A ἐνδέχεσθαι ὑπάρχειν, καὶ δεῖ προσυπακούειν 'ἢ ἐνδέχεσθαι μὴ ὑπάρχειν'.

p. 33a5 Ὅταν δὲ τὸ A παντὶ τῷ B ἐνδέχηται, τὸ δὲ B ἐνδέχηται μηδενὶ τῷ Γ.

Συζυγίας λαμβάνει ἐν πρώτῳ σχήματι τήν τε τὴν μείζονα ἔχουσαν καθόλου καταφατικὴν τὴν δ' ἐλάττονα καθόλου ἀποφατικήν, ἀμφοτέρας ἐνδεχομένας, καὶ τὴν τὰς δύο καθόλου ἀποφατικὰς ἐνδεχομένας, αἵτινες συζυγίαι ἀσυλλόγιστοι ἦσαν ἐπί τε τῶν ὑπαρχουσῶν καὶ ἐπὶ τῶν ἀναγκαίων προτάσεων. φησὶ δὴ καὶ ἐπὶ τῶν ἐνδεχομένων, εἰ μὲν οὕτως ἔχουσαι φυλάττοιντο αἱ προτάσεις, μηδὲν μηδ' ἐπὶ τούτων συναχθήσεσθαι συλλογιστικῶς. εἰ μέντοι μεταληφθείη τὰ ἀποφατικὰ εἰς τὰ καταφατικά (δυνατὸν δὲ τοῦτο τῷ δεδεῖχθαι, ὅτι ἀντιστρέφει ἀλλήλοις· τῷ γὰρ 'ἐνδέχεται μηδενί' ἀντιστρέφει τὸ 'ἐνδέχεται παντί', ὡς ἐδείχθη), μεταληφθεισῶν δὴ τῶν ἀποφατικῶν ἐνδεχομένων εἰς τὰς καταφατικὰς ἐνδεχομένας ἔσεσθαί φησι τὰς συζυγίας συλλογιστικάς. ἔσεσθαι γὰρ ἐξ ἀμφοτέρων ἐνδεχομένων καθόλου καταφατικῶν, ἐπὶ μὲν τῆς πρώτης ῥηθείσης συζυγίας, εἰ ἡ ἐλάττων μεταληφθείη (αὕτη γὰρ ἦν ἀποφατική), ἐπὶ δὲ τῆς δευτέρας, εἰ ἀμφότεραι εἰς τὰ καταφατικὰ μεταληφθεῖεν· κεῖνται γὰρ ἀμφότεραι ἀποφατικαί. οὐ μὴν ἀλλὰ καὶ τῆς ἑτέρας μόνης τῆς ἐλάττονος μεταληφθείσης ἔσται συλλογισμὸς ἔχων τὴν μὲν μείζονα καθόλου ἀποφατικὴν ἐνδεχομένην τὴν δὲ ἐλάττονα καθόλου καταφατικὴν ἐνδεχομένην, ἔχων τὸ συμπέρασμα καθόλου ἀποφατικὸν ἐνδεχόμενον. ὅτι μὲν οὖν ἐκ τῶν κειμένων οὐδὲν συνάγουσιν αἱ προειρημέναι συζυγίαι, δῆλον. ἀντιστρεφομένων μέντοι τῶν ἀποφατικῶν εἰς τὰ καταφατικὰ τῷ συναληθεύεσθαι τοῖς κειμένοις γίνονται αἱ συζυγίαι συλλογιστικαί. ἴδιον δὲ τοῦτο ἐπὶ τῶν ἐνδεχομένων. ἐπεὶ καὶ ἐπὶ τούτων μόνον ταῖς καταφάσεσιν αἱ ἀποφατικῶς λεγόμεναι συναληθεύουσιν. σημειωτέον δέ, ὅτι παρέλιπε τὴν ἐκ δύο καθόλου ἀποφατικῶν ἐνδεχομένων συζυγίαν δεῖξαι συλλογιστικήν, εἰ καὶ ἡ ἑτέρα μόνον ἡ ἐλάττων εἰς τὸ καταφατικὸν μεταληφθείη.

Δεῖ μέντοι εἰδέναι, ὅτι μεταλαμβανομένων τῶν ἀποφατικῶν εἰς τὰς καταφατικὰς οἱ γινόμενοι συλλογισμοὶ οὐκέτι φυλάττουσι τὸ ὡς ἐπὶ τὸ πλεῖστον λεγόμενον ἐνδεχόμενον, εἴ γε τὴν ἀρχὴν ἐλήφθησαν αἱ ἀποφα-

---

1 δύναται om. aM ἐμνημόνευσε aM 2 τοῦ (post καὶ) om. M τοῦ τὸ a: τοῦτο BM ἐνδέχεσθαι ὑπάρχειν aBM: μὴ ἐνδέχεσθαι Ar. (μὴ om. n) 5. 6 textus verba in M ἐνδέχηται alterum om. B: ἐνδέχεται M 7 συζυγίαν M 8 τε BM: δὲ a τὴν (post τε) aM: om. B 9 ἀποφατικὰς corr. ex καταφατικὰς B[1] 10 καὶ periit in M 13 τὰ alterum periit in M 14 ἀντιστρέφειν omisso ὅτι M 14 et 15 ἐνδέχεσθαι a 15 ἀντιστρέφει aM: ἀντιστρέφειν B 16 post ἐνδεχομένων add. προτάσεων M 17 ἐνδεχομένως a post ἐνδεχομένων add. προτάσεων M 20 μεταληφθῶσι M 22 ante ἔχων add. ὁ M μείζονα μὲν aM δ' M 27 μόνων aM 29 καθόλου om. M συζυγίαν aM: συζυγιῶν B 30 ἡ (post καὶ) om. M

τικοῦ τοῦ ὡς ἐπὶ τὸ πλεῖστον ἐνδεχομένου. τῷ γὰρ ὡς ἐπὶ τὸ πλεῖστον 54v ἀποφατικῷ ἐνδεχομένῳ τὸ ἐπ' ἔλαττον καταφατικὸν ἀντιστρέφει, ὥσθ', ὅταν ἡ μετάληψις τῶν ἀποφατικῶν τῶν κειμένων ἐν ταῖς συζυγίαις εἰς τὰς ἐνδεχομένας καταφατικὰς γένηται, τὸ ἐπ' ἔλαττον ἐνδεχόμενον καὶ τὸ ἀόριστον τεθήσεται. τούτου δὲ κειμένου συλλογισμὸς μὲν ἔσται, οὐ μὴν χρήσιμόν τι ἔχων, ὡς αὐτὸς προεῖπε. διὸ καὶ ἐροῦμεν ταύτας τὰς συζυγίας ὡς μὲν πρὸς τὸ ὡς ἐπὶ τὸ πλεῖστον λεγόμενον ἐνδεχόμενον, καθ' ὃ γίνονταί τινες καὶ κατὰ [τὰς] τέχνας τινὰς καὶ κατὰ τὰς βουλάς τε καὶ προαιρέσεις καὶ πράξεις συλλογισμοί, ἀχρήστους τε καὶ ἀσυλλογίστους εἶναι, ἁπλῶς μέντοι ὡς πρὸς τὰς συμπλοκὰς συλλογιστικάς. ἴσως δὲ καὶ αὐτὸς τοῦτο ὑφορώμενος εἶπε τὸ ἢ οὐ γίνεται συλλογισμός· ὡς γὰρ πρὸς τὸ χρήσιμον ἀφορῶντι οὐ γίνεται, ἢ εἰ μόνον τις εἰς τὰς προτάσεις ἐμβλέποι. ἢ γίνεται μέν, ἀλλ' οὐ τέλειος τῷ μὴ διὰ τῶν κειμένων γίνεσθαι ἀλλὰ διὰ μεταλήψεως καὶ ἀντιστροφῆς ἢ μετ' ἀντιστροφῶν. |

p. 33a21 Ἂν δ' ἡ μὲν καθόλου τῶν προτάσεων ἡ δ' ἐν μέρει ληφθῇ. 55r

Εἰπὼν περὶ τῶν συζυγιῶν τῶν ἐξ ἀμφοτέρων καθόλου τε καὶ ἐνδεχομένων προτάσεων μετελήλυθεν ἐπὶ τὰς τὴν ἑτέραν ἐχούσας μόνην καθόλου, καί φησιν, ὅτι, εἰ εἴη ἡ μείζων καθόλου ἡ δ' ἐλάττων ἐπὶ μέρους, ὡς ἂν ἔχουσαι ληφθῶσι κατὰ τὸ καταφατικὸν ἢ ἀποφατικόν, ἔσεσθαι συλλογισμόν· ἀλλὰ τῆς μὲν μείζονος καθόλου τε οὔσης καὶ καταφατικῆς καὶ ἀποφατικῆς τῆς δὲ ἐλάττονος ἐπὶ μέρους μὲν καταφατικῆς δὲ αὐτόθεν ἐκ τῶν κειμένων καὶ διὰ τῶν κειμένων ἔσεσθαι τὰ συμπεράσματα. καὶ τοῦτο φανερόν φησιν εἶναι ἐκ τοῦ ὁρισμοῦ τοῦ ἐνδέχεσθαι ἤτοι λέγων 'τοῦ παντὶ ἐνδέχεσθαι', ἐπεὶ τὸ παντὶ ἦν, "οὗ μηδὲν ἦν λαβεῖν, καθ' οὗ θάτερον οὐ ῥηθήσεται" (καὶ εἰ οὕτως λέγοι, ἐνδέοι ἂν ἐν τῇ λέξει τὸ 'παντί'· εἴη γὰρ ἂν λέγων 'τοῦτο δὲ φανερὸν ἐκ τοῦ ὁρισμοῦ τοῦ ἐνδέχεσθαι παντί'· εἰ γὰρ τὸ Α παντὶ τῷ Β ἐνδέχεται, οὐδὲν ἔσται τοῦ Β, καθ' οὗ οὐκ ἐνδέχεται τὸ Α· τὶ δὲ τοῦ Γ ὑπὸ τὸ Β ἐστίν· ὥστε καὶ τινὶ τῷ Γ ἐνδέχεται), ἢ 'τοῦ ὁρισμοῦ αὐτοῦ τοῦ ἐνδεχομένου' λέγει. ἦν δὲ ὁρισμὸς τοῦ ἐνδεχομένου "οὗ μὴ ὄντος μὲν ἀναγκαίου τεθέντος δὲ ὑπάρχειν οὐδὲν ἀδύνατον ἕπεται". καὶ γὰρ ἐπὶ ταύτης τῆς συζυγίας τεθέντος τοῦ Α τινὶ τῷ Γ ἐνδέχεσθαι ὑπάρχειν οὐδὲν ἀδύνατον ἕπεται· τοῦτο δὲ τῷ τὴν ἀρχὴν μηδὲ

6 προεῖπε] p. 32b18 καὶ om. a 7 συζίας M 8 τὰς delevi (cf. p. 165,8—10) τινὰς om. a 9 καὶ πράξεις καὶ προαιρέσεις a τε om. a 10 συλλογιστικούς M 13 ἐκβλέποι B μὲν] ἐν evan. B 16 ληφθείη a 17 συζυγιῶν τῶν om. M 21 μὲν om. a 22 δ' (post τῆς) M 23. 24 φησι φανερὸν a 24 τῶν ὁρισμῶν M post ἐνδέχεσθαι meliores Arist. codices omnes addunt α β γ', quo expuncto superscr. παντί B 25 "οὗ . . . ῥηθήσεται" (26)] cf. p. 167,17 26 λέγοιεν δὲ οἷαν M: λέγοιεν οἷον a ἐν om. M 27. 28 εἰ γὰρ evan. B 28 τοῦ BM: τὸ a β om. M 29 καὶ aM: evan. B τινὶ BM: τί α a 30 post ὁρισμὸς add. αὐτοῦ M 31 "οὗ . . . ἕπεται" (32)] c. 13 p. 32a19 memoriter citat; cf. p. 147,5 μὲν om. a et Ar. ὑπάρχειν aM et Ar.: om. B 32 καὶ γὰρ . . . ἕπεται (33) om. aM καὶ corr. ex ὁ B 33 ἐνδέχεσθαι scripsi: ἐνδέχεται B

55r συλλογιστικὴν γίνεσθαί τινα συμπλοκὴν κειμένου τοῦ Α τινὶ τῷ Γ ἐνδέχεσθαι ὑπάρχειν. ἢ γὰρ ἐν τῷ πρώτῳ σχήματι δύο ἐπὶ μέρους γίνονται ἐνδεχόμεναι ἀντιστραφείσης τῆς ΒΓ οὔσης ἐνδεχομένης ἐν μέρει καταφατικῆς. ἢ ἐν τρίτῳ δύο ἐπὶ μέρους προσληφθείσης τῷ συμπεράσματι ὄντι ἐπὶ μέρους ἐνδεχομένῳ τῆς ΒΓ οὔσης καὶ αὐτῆς ἐνδεχομένης καταφατικῆς ἐν μέρει, ἢ ἐν δευτέρῳ δύο καταφατικαὶ προσληφθείσης τῷ συμπεράσματι τῆς 'τὸ Α παντὶ τῷ Β ἐνδέχεται'. ἀλλ' οὐδ' ἂν ὑποθέμενοι τὸ ἀντικείμενον τοῦ τὸ Α τινὶ τῷ Γ ἐνδέχεσθαι ὑπάρχειν τῇ εἰς ἀδύνατον ἀπαγωγῇ χρησώμεθα, οὐδ' οὕτως οὐδὲν ἀδύνατον ἀπαντᾷ. εἰλήφθω γὰρ τὸ ἀντικείμενον τοῦ τὸ Α τινὶ τῷ Γ ἐνδέχεσθαι, ὅπερ ἐστὶ τὸ μηδενὶ ἐξ ἀνάγκης, καὶ προσειλήφθω τὸ Α παντὶ τῷ Β ἐνδέχεσθαι· συνάγεται ἐν δευτέρῳ σχήματι τὸ Β τῷ Γ ἐνδέχεσθαι μηδενί, ὃ οὐκ ἔστιν ἀδύνατον κειμένου τοῦ τὸ Β τινὶ τῷ Γ ἐνδέχεσθαι· τὸ γὰρ ἐνδεχόμενον τινὶ δύναται καὶ μηδενὶ αὐτῷ ὑπάρχειν, δύναται καὶ ἐνδέχεσθαι αὐτῷ μηδενί. βελτίων δὲ ἡ πρώτη ἐξήγησις τῆς λέξεως· ἡ γὰρ δεῖξις αὕτη μᾶλλον ἂν τὸ μὴ συνάγεσθαι τὸ κείμενον δεικνύοι διὰ τὸ μηδὲν ἀδύνατον ἠκολουθηκέναι.

Ὁμοίως δέ, κἂν ἡ μείζων καθόλου ἀποφατικὴ ἐνδεχομένη ⟨ᾖ⟩ ἡ δὲ ἐλάττων ἐπὶ μέρους καταφατική, ἐκ τῶν κειμένων συνάγεται ἐπὶ μέρους ἀποφατικὸν τὸ συμπέρασμα ἐνδεχόμενον. ὁ γὰρ ὁρισμὸς τοῦ ἐνδέχεσθαι μηδενὶ γνώριμον· καὶ γὰρ ἐπὶ ταύτης τῆς συζυγίας ποιεῖ τὸ συμπέρασμα. ἂν μέντοι τῆς μείζονος καθόλου οὔσης ἀποφατικῆς ἢ καταφατικῆς ἡ ἐλάττων ἡ ἐπὶ μέρους στερητικὴ ἐνδεχομένη ληφθῇ, γενήσεται μὲν ὁ συλλογισμός, ἀλλ' οὐκ ἐκ τῶν κειμένων ἀλλὰ μεταληφθέντος τοῦ ἐπὶ μέρους ἀποφατικοῦ εἰς τὸ ἐπὶ μέρους καταφατικὸν τῷ ἀντιστρέφειν τὰ ἐνδεχόμενα. ὅταν μέντοι μηκέτι μείζων ᾖ ἡ καθόλου, ἀλλ' αὕτη μὲν ἐπὶ μέρους ἐνδεχομένη ἡ δὲ ἐλάττων καθόλου ἐνδεχομένη, οὐδένα φησὶν ἔσεσθαι συλλογισμόν, οὔτ' ἂν ὁμοιοσχήμονες ληφθῶσιν αἱ προτάσεις [οὔτ' εἰ] ἀμφότεραι ⟨καὶ⟩ κατὰ τὸ ποιὸν ὅμοιαι, οὔτ' ἂν ἀνομοιοσχήμονες καὶ διάφοροι κατὰ τὸ ποιόν· ἀλλ' οὐδ' ἂν ἀμφότεραι ἀδιόριστοι ἢ ἐπὶ μέρους ληφθῶσιν, οὐδ' οὕτως ἔσται συλλογισμός. τοῦ δὲ ἀσυλλογίστους τὰς τοιαύτας πάσας γίνεσθαι, ἐν αἷς ἡ μείζων ἐπὶ μέρους ἐστὶν ἐνδεχομένη, αἰτίαν ἀποδίδωσιν, ὅτι κειμένου τοῦ Α τῷ Β ἐνδέχεσθαι τινὶ ὑπάρχειν οὐδὲν κωλύει τὸ Β ὑπερτείνειν καὶ ἐπὶ πλειόνων λέγεσθαι ἢ τὸ Α, οἷον εἰ τὸ γραμματικὸν εἴη κείμενον ἐνδέχεσθαι τινὶ κοιμωμένῳ· τὸ γὰρ κοιμώμενον ἐπὶ πλειόνων κατηγορεῖται ἢ τὸ γραμματικόν. ἂν δὴ τούτων τι ληφθῇ τῶν ὑπὸ τὸ κοιμώμενον, καθ' ὃ ὑπερτείνει

1 post τοῦ add. τὸ M 4 τρίτῳ δύο BM: τῷ γ̅ β̅ a 7 ὑποθεμένου B 9 οὐδ' aB: οὐδὲ M 10 ἐνδέχεσθαι om. M 11 β̅ aB: γ̅ M 15 αὐτὴ aM 16 ἀντικείμενον M 17 ᾖ addidi δ' (post ἡ) M 20 post μηδενὶ add. δὲ a γνώριμος aM 22 ἡ evan. B 25 ante μείζων add. ἡ a ᾖ ἡ BM: εἴη a αὐτὴ aM 27 ληφθῶσιν aB: ῶσιν M οὔτ' εἰ delevi ἀμφότεραι om. M καὶ addidi 28 ἂν (post οὔτ') om. a 29 ἀμφότεροι B οὐδὲ M 30 ἀσυλλογίστου B πάσας τὰς τοιαύτας aM 31 τοῦ BM: τὸ a 32 τινὶ ἐνδέχεσθαι a 34 τὸ (ante γραμματικὸν) om. a

τοῦ Α τοῦ γραμματικοῦ τὸ Β τὸ κοιμώμενον, οἷον ἵππος, τῷ ἵππῳ | οὔτε 55v παντὶ τὸ Α ἐνδέχεται οὔτε ἐνδέχεται μηδενί· ὃ γὰρ ἐνδέχεται μηδενί, τοῦτο καὶ παντὶ ἐνδέχεται· τὸ δὲ γραμματικὸν πῶς ἂν ἐνδέχοιτο παντὶ ἵππῳ; οὐδενὶ γὰρ αὐτῷ ἐξ ἀνάγκης. ἀλλ' οὐδὲ τινὶ ἵππῳ ἐνδέχεται γραμματικόν. ἀλλ' οὐδὲ ἐνδέχεται τινὶ μή· ᾧ γὰρ ἐνδέχεται τινὶ μή, τούτῳ καὶ ἐνδέχεται τινὶ διὰ τὴν τοῦ ἐνδεχομένου ἀντιστροφήν, ὃ καὶ αὐτὸς ἐδήλωσε προσθεὶς εἴπερ ἀντιστρέφουσιν αἱ κατὰ τὸ ἐνδέχεσθαι προτάσεις. εἰ δὴ δεῖ μὲν τὸ συμπέρασμα ἢ καθόλου εἶναι καταφατικὸν ἐνδεχόμενον ἢ καθόλου ἀποφατικὸν ἢ ἐπὶ μέρους θάτερον, οὐδὲν δὲ τούτων δύναται ἐπὶ τῶν ἐνδεχομένων οὔσης τῆς μείζονος ἐπὶ μέρους ἐνδεχομένης τῆς δὲ ἐλάττονος καθόλου ἐνδεχομένης ἐν τῷ πρώτῳ σχήματι, οὐδ' ἂν ὅλως γίνοιτο συλλογισμὸς τοιαύτης οὔσης τῆς μείζονος, ὡς ἐπὶ τῶν ὅρων ἐδείχθη.

p. 33b3 Ἔτι δὲ καὶ ἐκ τῶν ὅρων φανερόν· οὕτως γὰρ ἐχουσῶν τῶν προτάσεων τὸ πρῶτον τῷ ἐσχάτῳ καὶ οὐδενὶ ἐνδέχεται καὶ παντὶ ὑπάρχειν ἀναγκαῖον.

Εἰπὼν ἀσυλλογίστους ἔσεσθαι πάσας τὰς ἐξ ἐνδεχομένων ἐν πρώτῳ σχήματι συζυγίας, ἐν αἷς ἡ μείζων ἐστὶν ἐπὶ μέρους, καὶ προσθεὶς καὶ τὴν αἰτίαν (ὅτι γὰρ ἐνδέχεται τὸν μέσον ὅρον ὑπερτείνειν τοῦ ἄκρου) οὐδὲν ἧττον δείκνυσιν ἀσυλλογίστον τὴν συμπλοκὴν καὶ διὰ τῆς παραθέσεως τῶν ὅρων ἐναργεστέραν καὶ πληκτικωτέραν τὴν τοιαύτην δεῖξιν καὶ τὸν τοιοῦτον ἔλεγχον ποιούμενος. δείξας δὲ δι' ὧν παρατίθεται ὅρων καὶ παντὶ ἐξ ἀνάγκης τὸ πρῶτον ἄκρον τῷ ἐσχάτῳ καὶ ἐξ ἀνάγκης μηδενὶ πάντα ἂν εἴη τὰ ἐνδεχόμενα ὥσπεροῦν καὶ τὰ ὑπάρχοντα καὶ τὰ ἀναγκαῖα ἀνῃρηκώς, καὶ τὸ παντὶ καὶ τὸ τινὶ καὶ τὸ μηδενὶ καὶ τὸ τινὶ μή· ἑκάτερον γὰρ τῶν καθόλου ἀναγκαίων, καὶ τὸ καταφατικὸν καὶ τὸ ἀποφατικόν, πάντα ἀναιρεῖ τὰ ἐνδεχόμενα συμπεράσματα. τοῦ μὲν οὖν παντὶ ἐξ ἀνάγκης ὑπάρχειν ὅρους λαμβάνει ζῷον, λευκόν, ἄνθρωπον· ζῷον γὰρ τινὶ λευκῷ ἐνδεχέσθω, λευκὸν παντὶ ἀνθρώπῳ ἐνδεχέσθω, καὶ τὸ ζῷον παντὶ ἀνθρώπῳ ἐξ ἀνάγκης. εἶεν δ' ἂν ἀληθέστεροι ὅροι λευκόν, περιπατοῦν, κύκνος· τὸ γὰρ λευκὸν ἐνδέχεται τινὶ περιπατοῦντι καὶ ὑπάρχειν καὶ μὴ ὑπάρχειν, καὶ τὸ περιπατοῦν παντὶ κύκνῳ ἐνδέχεται καὶ ὑπάρχειν καὶ μὴ ὑπάρχειν, ἀλλὰ καὶ τινί, καὶ τὸ λευκὸν ἐξ ἀνάγκης παντὶ κύκνῳ. τοῦ δὲ ἐξ ἀνάγκης μηδενὶ ὅρους παρέθετο ζῷον, λευκόν, ἱμάτιον· τὸ γὰρ ζῷον τινὶ λευκῷ ἐνδέχεται

1 τοῦ (ante α) B corr., M: τὸ a, B pr. 3 post παντὶ alterum add. τῷ M 6 καὶ prius periit in M ἐνδέχεται καὶ a 8 δὴ δεῖ scripsi: δ' ᾔδει B: δὲ δεῖ a: δ' ἐδείχθη M ἢ periit in M 11 δ' M τῷ periit in M 20 τὴν συμπλοκὴν ἀσυλλόγιστον M 20. 21 τῆς τῶν ὅρων παραθέσεως M 23 ἄκρον BM: τῷ ἄκρῳ a 26 τὸ alterum add. aM: om. B 27 ὑπάρχειν ἐξ ἀνάγκης M 28 ἄνθρωπος a 30 ἀληθέστερον a ante ὅροι add. οἱ B; at cf. p. 172,3 31 καὶ (ante ὑπάρχειν) om. a καὶ τὸ περιπατοῦν . . . μὴ ὑπάρχειν (32) om. M: καὶ τὸ περιπατοῦν . . . καὶ τινί (33) om. a

καὶ ὑπάρχειν καὶ μὴ ὑπάρχειν. καὶ τὸ λευκὸν ἐνδέχεται καὶ ὑπάρχειν καὶ 55v μὴ ὑπάρχειν παντὶ ἱματίῳ καὶ μηδενὶ καὶ τινὶ ⟨καὶ τινὶ⟩ μή, καὶ τὸ ζῷον ἐξ ἀνάγκης οὐδενὶ ἱματίῳ. εἶεν δ' ἂν πάλιν ἀληθέστεροι ὅροι λευκόν, περιπατοῦν, κόραξ· λευκὸν γὰρ ἐξ ἀνάγκης οὐδενὶ κόρακι συμπέρασμα τῶν προτάσεων κατὰ τοὺς εἰρημένους τρόπους πάντας δυναμένων λαμβάνεσθαι.

p. 33b8 Φανερὸν οὖν, ὅτι τοῦτον τὸν τρόπον ἐχόντων τῶν ὅρων οὐδεὶς γίνεται συλλογισμός.

Δείξας διὰ τῆς παραθέσεως τῶν ὅρων ἐν ταῖς προκειμέναις συμπλοκαῖς τὸ συμπέρασμα καὶ παντὶ ἐξ ἀνάγκης καὶ μηδενί, φησίν, ὅτι οὐ μόνον οὐκ ἐνδεχόμενόν τι συνάγεται, ἀλλ' οὐδ' ἄλλο τι, οἷον ὑπάρχον ἢ ἀναγκαῖον. τὸ μὲν γὰρ παντὶ ἐξ ἀνάγκης ἀναιρετικὸν ἡμῖν δέδεικται ὂν τοῦ μηδενὶ ἐξ ἀνάγκης καὶ τοῦ μηδενὶ ὑπάρχειν, τὸ δὲ μηδενὶ ἐξ ἀνάγκης τοῦ τε παντὶ ἐξ ἀνάγκης καὶ τοῦ παντὶ ὑπάρχειν· τούτοις γὰρ χρώμενοι ἐδείξαμεν τὰς ἀσυλλογίστους συμπλοκὰς ἔν τε ταῖς ἀναγκαίαις καὶ ἐν ταῖς ὑπαρχούσαις προτάσεσιν. ἔτι ἔδει μέν, ὥσπερ εἰρήκαμεν, ὅταν ἀναγκαῖον ἢ ὑπάρχον ᾖ συμπέρασμα, ἢ τὴν ἑτέραν τῶν προτάσεων ἢ ἀμφοτέρας τοιαύτας εἶναι· ἀμφότεραι δέ εἰσιν ἐπὶ τῆς προκειμένης συζυγίας ἐνδεχόμεναι. καὶ διὰ τούτου ἂν δεικνύοιτο μήτε ἀναγκαῖον μήτε ὑπάρχον γινόμενον τὸ συμπέρασμα. εἰπὼν δὲ μηδὲν ἐκείνων συνάγεσθαι | δύνασθαι ἑξῆς δείκνυσιν, 56r ὅτι μηδὲ ἐνδεχόμενόν τι οἷόν τε συναχθῆναι συναγομένου γε ἐν τῇ τοιαύτῃ συμπλοκῇ καὶ τοῦ παντὶ ἐξ ἀνάγκης καὶ τοῦ μηδενὶ ἐξ ἀνάγκης· τοῦτο γὰρ ἐδήλωσε διὰ τοῦ καὶ οὐδενὶ ἐνδέχεται ὑπάρχειν. τό τε γὰρ ἐξ ἀνάγκης παντὶ ὁμοίως τοῦ τε ἐνδεχομένου παντός ἐστιν ἀναιρετικὸν καὶ τοῦ μηδενὶ ὑπάρχειν καὶ τοῦ τινὶ μὴ ὑπάρχειν, ἔτι τοῦ τε ἐξ ἀνάγκης μηδενὶ καὶ ἐξ ἀνάγκης τινὶ μή. πάλιν δ' αὐτὸ τὸ μηδενὶ ἐξ ἀνάγκης, ὡς τοῦ ἐνδεχομένου παντὸς ἀναιρετικόν ἐστιν, οὕτως καὶ τοῦ παντὶ ἢ τινὶ ὑπάρχειν καὶ τοῦ ἐξ ἀνάγκης παντὶ ἢ τινί. τοῦ δὲ ἀναιρεῖσθαι τὸ ἐνδεχόμενον ὑπόμνησιν φέρει, ὅτι τὸ ἐνδεχόμενον ὡρισάμεθα τὸ μὴ ὂν ἀναγκαῖον· ὃ γὰρ παντὶ ἐξ ἀνάγκης καὶ οὐδενὶ ἐξ ἀνάγκης, τοῦτο οὔτε παντὶ ἢ τινὶ ἐνδέχεται οὔτε οὐδενὶ ἢ οὐ παντί.

Εἰπὼν δὲ ταῦτα ὑπομιμνήσκει ἡμᾶς τῶν δεδειγμένων· ἔστι δὲ ταῦτα, ὅτι ἐν τῷ πρώτῳ σχήματι, ἂν ὦσιν ἀμφότεραι αἱ προτάσεις καθόλου, συλλογισμὸς γίνεται, ὁποῖαι ἂν ὦσιν αἱ προτάσεις κατὰ τὸ ποιόν, πλὴν εἰ μὲν εἶεν

1 καὶ μὴ ὑπάρχειν καὶ ὑπάρχειν M 1. 2 ἐνδέχεται παντὶ ὑπάρχειν ἱματίῳ καὶ μὴ ὑπάρχειν M 2 καὶ τινὶ addidi μὴ alterum om. a 3 μηδενὶ a ante ὅροι add. οἱ a 5 τοὺς aM: το τὸ.. (evanuisse aliquid videtur) B λαμβάνεσθαι δυναμένων aM 6 ὅτι post ὅρων transponit Ar. 8 συμπλοκαῖς BM: συζυγίαις a 13 ὑπάρχειν καὶ τοῦ παντὶ ἐξ ἀνάγκης M προσχρώμενοι a 15 εἰρήκαμεν] p. 154,2 et 11—13 ᾖ aM: om. B 19 εἰπὼν aM: εἶπε B 20 γε BM: τε a 22 ἐνδέχεσθαι a 24 ἔτι τοῦ τε a: ἔτι. τοῦ δὲ BM 25 post καὶ add. τοῦ a αὐτὸ a: αὐτοῦ BM 26 ἐστιν ἀναιρετικόν aM οὕτω aM 30 ἢ (ante τινὶ) aB: οὔτε M 31 δεδειγμένων B 32 αἱ προτάσεις ἀμφότεραι a

ἀμφότεραι κατηγορικαί, τέλειος. ὁμοίως δέ, ἂν ἡ μείζων ἀποφατικὴ μόνη ⟨ᾖ⟩. 56r ἀτελεῖς δέ εἰσιν αἱ διὰ τῆς τοῦ ἐνδεχομένου ἀντιστροφῆς, ἥ τε ἐκ δύο ἀποφατικῶν καὶ ἡ ἐκ τῆς ἐλάττονος ἀποφατικῆς, ὡς ἔδειξεν. ὑπομιμνήσκει δὲ ἡμᾶς καὶ τοῦ δεῖν τὸ ἐνδεχόμενον ἐν ταῖς προτάσεσι λαμβάνειν τὸ μὴ ἀναγκαῖον· τὸ γὰρ κατὰ τοῦ ἀναγκαίου κατηγορούμενον ὁμώνυμόν τε καὶ οὐκ ἀντιστρέφει. φησὶ δὲ πολλάκις τὸ τοιοῦτον διαλανθάνειν· τὸ γὰρ μηδενὶ ἐξ ἀνάγκης ὑπάρχον λέγομεν ἐνδέχεσθαι μηδενί, ἐφ' οὗ οὐκ ἔστι λέγειν, ὅτι καὶ παντὶ ἐνδέχεται. ἀλλὰ καὶ αὐτὸς ἐν τῇ τῶν προειρημένων ὅρων ἐκθέσει τὸ ζῷον ἔλαβεν ἐνδέχεσθαι τινὶ λευκῷ· καίτοι ἐξ ἀνάγκης τινὶ αὐτῷ ὑπάρχει. καὶ ἴσως τούτου χάριν καὶ προσέθηκε τοῦτο, ὥσπερ καὶ ἀλλαχοῦ πάλιν λέγει, "ληπτέον δὲ βέλτιον τοὺς ὅρους". ἔδειξε δὲ γινομένους ἐν πρώτῳ σχήματι ἐξ ἐνδεχομένων ἀμφοτέρων τῶν προτάσεων τέσσαρας μὲν ἀμφοτέρων οὐσῶν καθόλου τῶν προτάσεων, τελείους μὲν δύο, τόν τε ἐκ τῶν δύο καταφατικῶν καὶ τὸν ἐκ τῆς μείζονος μόνης ἀποφατικῆς, ἀτελεῖς δὲ τὸν ἐκ τῆς ἐλάττονος μόνης ἀποφατικῆς καὶ τὸν ἐξ ἀμφοτέρων ἀποφατικῶν, ὁμοίως πάλιν τέσσαρας τῆς [τε] ἑτέρας προτάσεως ἐπὶ μέρους οὔσης, ἂν ἡ ἐλάττων ἐπὶ μέρους ᾖ. ἀλλὰ τέλειοι μὲν καὶ τούτων δύο, ἐν οἷς ἢ ἀμφότεραι καταφατικαὶ ἢ ἡ ἐλάττων καταφατικὴ μόνη, ἀτελεῖς δέ, ἂν ἡ ἐλάττων ἀποφατικὴ μόνη ⟨ᾖ⟩ ἢ καὶ ἀμφότεραι. |

p. 33b25 Ἐὰν δ' ἡ μὲν ὑπάρχειν ἡ δ' ἐνδέχεσθαι λαμβάνηται 56v τῶν προτάσεων.

Ἦν μὲν ἀκόλουθον περὶ τοῦ δευτέρου καὶ τρίτου σχήματος πρῶτον εἰπεῖν, εἶθ' οὕτως περὶ τῶν μίξεων. ἀλλ' ἐπεὶ δι' ἀντιστροφῶν τῶν κατὰ τοὺς ὅρους οἱ ἐν ἐκείνοις συλλογισμοί, οὐδέπω δὲ εἴρηκε περὶ τῆς κατὰ τὰς ἐνδεχομένας προτάσεις τοιαύτης ἀντιστροφῆς, πρῶτον λέγει περὶ τῶν μίξεων τῶν ἐν τῷ πρώτῳ σχήματι ἐξ ἐνδεχομένης τε καὶ ὑπαρχούσης καὶ ἐνδεχομένης καὶ ἀναγκαίας, ἐπειδὴ οὐδὲν δεῖται ⟨τὰ⟩ ἐν τούτῳ τῷ σχήματι δεικνύμενα ἀντιστροφῆς. ἔτι καὶ δείξει, ὅτι ἐν δευτέρῳ σχήματι ἐκ δύο ἐνδεχομένων οὐδὲν συνάγεται, ὅτι μηδὲ ἐκ δύο καταφατικῶν, ἐκ δὲ μίξεως ἐνδεχομένης τε καὶ ὑπαρχούσης συνάγεται. ἀλλὰ πρῶτον ἔδει περὶ τῶν ἐξ ἀναγκαίας καὶ ἐνδεχομένης ἐν πρώτῳ σχήματι μίξεων εἰπεῖν· πεποίηται δὲ τὴν μῖξιν πρῶτον ἐξ ὑπαρχούσης καὶ ἐνδεχομένης. Θεόφραστος μὲν οὖν καὶ Εὔδημος οἱ ἑταῖροι αὐτοῦ καὶ ἐν τῇ ἐξ ἐνδεχομένης καὶ ὑπαρ-

1 ᾖ addidi 4 τὸ corr. ex τοῦ B¹ λαμβάνειν ante ἐν transponit a 6 ἀντιστρέφον M τοιοῦτο a 9 ὑπάρχειν a 10 καὶ (post χάριν) om. a πάλιν om. M ἀλλαχοῦ πάλιν λέγει] c. 15 p. 35a2; cf. etiam c. 11 p. 31b8 12 τῶν om. a 13 καθόλον a 14 ἀτελεῖς ... τέσσαρας τῆς τε (16) om. a post τὸν alterum add. τε M; cf. vs. 13 16 τε delevi 18 ἡ om. a 19 ᾖ addidi 20 Περὶ τῶν ἐξ ἐνδεχομένων καὶ ὑπαρχουσῶν γινομένων συλλογισμῶν ἐν πρώτῳ σχήματι in mg. add. B: superscr. a: om. M ὑπάρχει a ἡ δ'] μὴ δ' a 25 τοιαύτης om. M 26 τῷ om. a 27 τὰ a: om. BM 28 ἀντιστροφῆς] ἀντι evan. B 31 ἀναγκαίας BM: ὑπαρχούσης τε a 32 μῖξιν BM: δεῖξιν a ante καὶ add. τε a

χούσης μίξει φασὶν ἔσεσθαι τὸ συμπέρασμα ἐνδεχόμενον. ὁποτέρα ἂν τῶν 56v προτάσεων ἐνδεχομένη ληφθῇ· χεῖρον γὰρ πάλιν τὸ ἐνδεχόμενον τοῦ ὑπάρχοντος. ὁ δὲ Ἀριστοτέλης οὐχ οὕτως, ἀλλὰ τῆς μείζονος ἐνδεχομένης οὔσης ὑπαρχούσης δὲ τῆς ἐλάττονος καὶ τὸ συμπέρασμά φησιν ἐνδεχόμενον ἔσεσθαι τὸ κατὰ τὸν διορισμόν. ὅ ἐστιν "οὗ μὴ ὄντος ἀναγκαίου τεθέντος δὲ εἶναι οὐδὲν ἀδύνατον ἕπεται". καὶ τελείους τοὺς ἐν τῇ τοιαύτῃ συζυγίᾳ συλλογισμούς, τοῦτ' ἔστιν αὐτόθεν δεικνύντας τὸ προκείμενον· διὰ γὰρ τοῦ κατὰ παντὸς ἡ δεῖξις αὐτῷ καὶ διὰ τοῦ κατὰ μηδενός· οἱ δὲ διὰ τούτων ἔχοντες γνώριμον τὸ συμπέρασμα τέλειοι. ἂν δ' ἡ ἐλάττων ἐνδεχομένη γένηται τῆς μείζονος ὑπαρχούσης οὔσης ἀτελεῖς τέ φησιν ἔσεσθαι πάντας τοὺς τοιούτους συλλογισμοὺς καὶ προσέτι τοὺς τὸ ἀποφατικὸν συνάγοντας οὐ τὸ κατὰ τὸν διορισμὸν ἐνδεχόμενον συνάξειν ἀλλὰ τὸ κατὰ ψιλὴν ἀπόφασιν τοῦ ἀναγκαίου λεγόμενον. ἢ γὰρ τὸ οὐδενὶ ἐξ ἀνάγκης ἢ τὸ οὐ παντὶ ἐξ ἀνάγκης συναχθήσεσθαι. καθ' ὧν καὶ αὐτῶν ἀληθεύεται μὲν τὸ ἐνδεχόμενον, οὐ μὴν ἐκεῖνο, οὗ τὸν ὁρισμὸν ἀποδεδώκαμεν· οὐδέπω γὰρ ὑπάρχον ἐκεῖνό ἐστιν· ταῦτα γὰρ τὸ μὴ ἐξ ἀνάγκης ὑπάρχειν σημαίνει οὐκ ἀναιροῦντα τὸ ὑπάρχειν. ὃ δὲ λέγει, προϊὼν φανερὸν ποιήσει. οἱ μέντοι περὶ Θεόφραστον καὶ ταύτας ἐνδεχομένας λέγοντες εἰκότως ἐνδεχόμενόν φασι τὸ συμπέρασμα καὶ ἐν ταῖς τοιαύταις γίνεσθαι συμπλοκαῖς. οὐ γίνονται δὲ τέλειοι, ἐν οἷς ἡ ἐλάττων ἐστὶν ἐνδεχομένη, ὅτι οὐχ οἷόν τέ ἐστιν ἐπὶ τούτων τῷ κατὰ παντὸς χρησαμένους δεῖξαι τὸ συμπέρασμα. εἰ γὰρ εἴη τὸ Α παντὶ τῷ Β ὑπάρχον, τὸ δὲ Β τῷ Γ παντὶ ἐνδεχόμενον, ἐπεὶ τὸ Γ μηδέπω ἐστί τι τοῦ Β (τὸ γὰρ ἐνδεχόμενον οὐδέπω ὑπάρχει), οὐκ, εἰ τὸ Α κατὰ παντὸς τοῦ Β καὶ μηδὲν ἔστι λαβεῖν τοῦ Β, καθ' οὗ τὸ Α οὐ ῥηθήσεται, ἤδη ἔχομεν καὶ διὰ τοῦτο τὸ καὶ τῷ Γ ἐπενεγκεῖν· οὐ γάρ ἐστι τὸ Γ τί τοῦ Β, εἰ ἐνδέχεται αὐτῷ ὑπάρξαι τὸ Β καὶ μὴ ἤδη ὑπάρχει. διὸ δεόμενοι πρὸς τὴν δεῖξιν ἔξωθέν τινος οὐ τέλειοι· δείκνυνται γὰρ διὰ τῆς εἰς ἀδύνατον ἀπαγωγῆς. ταῦτα προειπὼν πρῶτον δείκνυσι τοὺς ἔχοντας τὴν μείζονα ἐνδεχομένην τελείους τε ὄντας καὶ τὸ συμπέρασμα ἔχοντας τοῦ κατὰ τὸν διορισμὸν ἐνδεχομένου.

p. 33b33 Ἐνδεχέσθω γὰρ τὸ Α παντὶ τῷ Β, τὸ δὲ Β παντὶ τῷ Γ κείσθω ὑπάρχον. |

Τῷ κατὰ παντὸς προσχρώμενος καὶ τῷ τούτου ὁρισμῷ δείκνυσιν ἐνδε- 57r χόμενόν τε γινόμενον τὸ συμπέρασμα καὶ τέλειον τὸν συλλογισμόν. ἐπεὶ

1 τὸ scripsi: τε BM: τι a 2 χεῖρον . . . ὑπάρχοντος] cf. p. 124, 11—17 γὰρ aM: δὲ B 4 φησιν om. a 5 "οὗ . . . ἕπεται" (6)] cf. p. 169, 31 9 τὸ συμπέρασμα γνώριμον M 9. 10 γένηται ἐνδεχομένη aM 10 οὔσης M: om. aB 12 συνάξει M: συνάγειν a 13 γὰρ om. a οὐ om. M 14 συναχθήσεται M 16. 17 ἀναιροῦνται a 17 λέγοι a προϊὼν] cf. p. 34b27—35a2 18 τὸ om. aM 19 δὲ om. M 22 ἐπεὶ . . . ἐνδεχόμενον (23) om. aM post ἐπεὶ expunxit καὶ B 23 οὐκ BM: οὐ γοῦν a 25 καὶ (ante διὰ) om. M τὸ (post τοῦτο) om. a 26 ὑπάρξαι αὐτῷ a ὑπάρχει aB: ὑπάρξει M 28 post ταῦτα add. δὲ a 32 ὑπάρχειν Ar.

γὰρ τὸ Α παντὶ τῷ Β ἐνδέχεται, οὐδὲν ἔσται λαβεῖν τοῦ Β, ᾧ τὸ Α οὐκ 57r ἐνδέξεται· τὶ δὲ τοῦ Β τὸ Γ ἐστίν, εἴ γε τὸ Β παντὶ τῷ Γ ὑπάρχει· καὶ τῷ Γ ἄρα παντὶ ἐνδέξεται τὸ Α. κἂν ἡ μείζων δὲ στερητικὴ ἐνδεχομένη τεθῇ ἡ δὲ ἐλάττων ὑπάρχουσα καθόλου καταφατική, ὁμοία ἡ δεῖξις τοῦ ἐνδεχόμενον ἀποφατικὸν καθόλου τὸ συμπέρασμα ἔσεσθαι· διὰ γὰρ τοῦ ὁρισμοῦ τοῦ ἐνδέχεσθαι μηδενί.

p. 34a2 Ὅτι δὲ ἐναντίως ἔχοντος ἔσονται συλλογισμοί.

Δείξας τῆς μείζονος οὔσης ἐνδεχομένης ἐνδεχόμενον τὸ συμπέρασμα καὶ τελείους τοὺς συλλογισμοὺς ἐπὶ τῶν ἐκ καθόλου ἀμφοτέρων τῶν προτάσεων (ἡ γὰρ αὐτὴ δεῖξις καὶ ἐπὶ τῶν ἐπὶ μέρους τοῦ τε καταφατικοῦ καὶ τοῦ ἀποφατικοῦ συμπεράσματος) μέτεισιν ἐπὶ τὰς συζυγίας, ἐν αἷς ἡ μὲν μείζων ὑπάρχουσα εἴληπται ἡ δὲ ἐλάττων ἐνδεχομένη· τὸ γὰρ ἐναντίως ἔχειν τὴν ὑπαλλαγὴν αὐτῷ τῶν προτάσεων σημαίνει. ὅτι οὖν αἱ οὕτως ἔχουσαι συζυγίαι συλλογιστικαί εἰσι, διὰ τοῦ ἀδυνάτου, φησί, δειχθήσεται. εἰ δὲ διὰ τοῦ ἀδυνάτου, δῆλον ὡς οὐ τέλειοι. διὸ προσέθηκε τὸ ἅμα δὲ ἔσται δῆλον, ὅτι καὶ ἀτελεῖς. τέλειοι γὰρ οἱ ἐκ τῶν κειμένων καὶ μηδενὸς ἔξωθεν προσδεόμενοι· ἡ δὲ διὰ τοῦ ἀδυνάτου γινομένη δεῖξις οὐ διὰ τῶν εἰλημμένων καὶ κειμένων γίνεται προτάσεων.

p. 34a5 Πρῶτον δὲ λεκτέον, ὅτι, εἰ τοῦ Α ὄντος ἀνάγκη τὸ Β εἶναι, καὶ δυνατοῦ ὄντος τοῦ Α δυνατὸν καὶ τὸ Β ἔσται ἐξ ἀνάγκης.

Ἐπεὶ μέλλει τῇ εἰς ἀδύνατον ἀπαγωγῇ προσχρώμενος δεικνύναι συλλογιστικὴν οὖσαν συζυγίαν τὴν ἐξ ὑπαρχούσης τῆς μείζονος καὶ ἐνδεχομένης τῆς ἐλάττονος, ἐν δὲ τῇ δείξει τῇ εἰς ἀδύνατον ἐπὶ τῶν προκειμένων οὐ μόνον τὸ ἀντικείμενον τοῦ, οὗ βούλεται δεῖξαι συναγόμενον, ὑποτίθεταί τε καὶ λαμβάνει, ἀλλὰ καὶ τὴν ἐνδεχομένην πρότασιν εἰς ὑπάρχουσαν μεταλαμβάνει. ὃ οὐκ ἔστιν ἀδύνατον (ὃ γὰρ ἐνδέχεται γενέσθαι, οὐκ ἀδύνατον ὑποθέσθαι εἶναι, ὡς ὁ ἀποδεδομένος αὐτοῦ ὁρισμὸς δηλοῖ), ψεῦδος μέντοι, ἵνα οὖν τὸ συναγόμενον ἀδύνατον ἐκ τοῦ λαβεῖν τὸ ἀντικείμενον, οὗ βούλεται δεῖξαι ἐν τῇ ἐκκειμένῃ συζυγίᾳ, καὶ ἐκ τοῦ μεταλαβεῖν τὸ ἐνδεχόμενον εἰς ὑπάρχον, ὃ ψεῦδος μέν ἐστιν, οὐ μὴν ἀδύνατον, μὴ ἡγῆταί τις συνάγεσθαι παρὰ τὴν τοῦ ἐνδεχομένου εἰς τὸ ὑπάρχον μετάληψιν, ἀλλὰ παρὰ τὸ ὑποτιθέμενον ἀδύνατον, ὅ ἐστιν ἀντικείμενον, ᾧ βούλεται δεῖξαι γινομένῳ συμπεράσματι, πρῶτον δείκνυσιν, ὅτι μὴ οἷόν τε δυνατῷ τι ἀδύνατον ἀκο-

2 τῷ $\bar{\gamma}$ παντὶ τὸ $\bar{\beta}$ M 4 δ' M ὁμοίως a 5 καταφατικὸν M 6 τοῦ aM: τὸ B 8 ἐνδεχομένης om. M 12 δ' M 13 αὐτῷ post προτάσεων transponit M: om. a 14 δειχθέντας a 16 ὅτι καὶ aB (d): ὅτι M: καὶ ὅτι Ar. 17 γινομένη om. M 20 ἔσται καὶ τὸ $\bar{\beta}$ a (dn): καὶ om. Ar. 25 οὗ aB: ὃ M 27 γὰρ superscr. B 28 ὁ aM: om. B 31 ἡγεῖται a

λουθεῖν, ἀλλ' ἀνάγκη ἀδύνατον εἶναι. ᾧ τὸ ἀδύνατον ἀκολουθεῖ, ἐπὶ πάσης 57r
ἀναγκαίας ἀκολουθίας. ἔστι δὲ ἀναγκαία ἀκολουθία οὐχ ἡ πρόσκαιρος, ἀλλὰ ἐν ᾗ ἀεὶ τὸ εἰλημμένον ἕπεσθαι ἔστι τῷ τὸ εἰλημμένον ὡς ἡγούμενον εἶναι. οὐ γὰρ ἀληθὲς συνημμένον τὸ 'εἰ Ἀλέξανδρος ἔστιν, Ἀλέξανδρος διαλέγεται', ἢ 'εἰ Ἀλέξανδρος ἔστι, τοσῶνδε ἐτῶν ἐστι', καὶ ⟨εἰ⟩ εἴη, ὅτε λέγεται ἡ πρότασις, τοσούτων ἐτῶν. τούτου γὰρ δειχθέντος τὸ γινόμενον συμπέρασμα ἐκ τῶν κειμένων ἐπὶ τῇ ἐκτεθείσῃ συζυγίᾳ, εἰ ἀδύνατον εἴη, οὐ παρὰ τὸ τὴν ἐνδεχομένην εἰς ὑπάρχουσαν μετειλῆφθαι γίνεται (τοῦτο γὰρ ψεῦδος μέν, οὐ μὴν ἀδύνατον), ἀλλὰ παρὰ τὸ τὸ ἀντικείμενον ληφθῆναι τοῦ συναγομένου ὂν ἀδύνατον. ἅμα δὲ καὶ διὰ τοῦ νῦν δεικνυμένου καὶ τὴν δεῖξιν τὴν διὰ τῆς εἰς ἀδύνατον ἀπαγωγῆς, ὅτι ἐστὶν ὑγιής, κατασκευάζειν δόξει. μὴ γὰρ ὄντος ὁμολογουμένου τοῦ τὸ ἀδύνατον ἀδυνάτῳ ἕπεσθαι οὐδ' ἂν ἡ εἰς ἀδύνατον ἀπαγωγὴ ἰσχὺν ἔχειν φαίνοιτο τῷ μὴ πάντως ἀναιρεθήσεσθαι τὴν ὑπόθεσιν ἀδυνάτου τινὸς συναχθέντος ὡς ἀδύνατον καὶ αὐτήν. ἢ δύναταί τις μὴ τῷ ἀδυνάτῳ προσχρώμενος ἀλλὰ τῷ ψεύδει τοῦ συμπεράσματος, ⟨ὃ⟩ ἠκολούθησε | τῇ ὑποθέσει, ἀναιρεῖν τὴν ὑπόθεσιν ὡς 57v
ψευδῆ τῷ μὴ δύνασθαι ἐξ ἀληθῶν ψεῦδός τι συνάγεσθαι. ἢ οὕτως οὐ μᾶλλον παρὰ τὴν ὑπόθεσιν ἢ καὶ παρὰ τὴν τοῦ ἐνδεχομένου εἰς τὸ ὑπάρχον μετάληψιν γίνοιτ' ἂν τοιοῦτο συμπέρασμα. ὅτι δὴ δυνατῷ δυνατὸν ἀκολουθεῖ ἀεὶ καὶ οὐχ οἷόν τε ἀδύνατον ἕπεσθαι δυνατῷ, δείκνυσιν οὕτως·

p. 34a7 Ἔστω γὰρ οὕτως ἐχόντων τὸ μὲν ἐφ' ᾧ τὸ Α δυνατόν, τὸ δὲ ἐφ' ᾧ τὸ Β ἀδύνατον.

Οὕτως ἐχόντων, ὡς προειρήκαμεν, εἰ τοῦ Α ὄντος ἀνάγκη τὸ Β εἶναι, οὔσης δὲ ταύτης ⟨τῆς⟩ ἀκολουθίας καὶ ἐξ ἀνάγκης ἑπομένου τοῦ Β τῷ Α ὑποκείσθω τὸ μὲν Α δυνατὸν εἶναι τὸ δὲ Β ἀδύνατον. τὸ δὴ Α ἐπειδὴ δυνατόν ἐστι, κἂν γένοιτο, ὅτε δυνατόν ἐστι γενέσθαι [τοῦ ἐνδέχεσθαι μή]· ὁμοίως καὶ τὸ Β, εἰ ἀδύνατον εἴη, ὅτε ἀδύνατόν ἐστι γενέσθαι, οὐκ ἂν γένοιτο. εἰ δὴ ἅμα εἴη τὸ μὲν δυνατὸν τὸ δὲ ἀδύνατον, ὅτε τὸ Α ἐστί, τὸ Β, καθ' ὃ μέν ἐστιν ἀδύνατον, οὐκ ἂν εἴη, καθ' ὃ δὲ ἀνάγκη τοῦ Α ὄντος εἶναι αὐτό, εἴη ἄν. ἅμα τε οὖν εἴη ἂν καὶ οὐκ εἴη τὸ Β, ὅπερ ἀδύνατον. δυνατοῦ ἄρα ὄντος τοῦ ἡγουμένου δυνατὸν ἔσται καὶ τὸ ἑπόμενον ἐξ ἀνάγκης αὐτῷ· τοῦτο δὲ ἦν τὸ Β.

---

1 ᾧ a: οἷς BM ἀκολουθεῖ om. M 4 συνημμένον aM: συνειλημμένον B, γρ. καὶ συνημμένον superscr. B² 5 εἰ a: om. BM εἴη post τοσούτων (6) transponit a 7 ἐκ τῶν κειμένων om. M 8 μεταληφθῆναι a 10 καὶ (ante διά) om. aM 11 τὴν διὰ om. a ἀπαγωγῆς om. M 12 τοῦ τὸ BM: τοῦτο a 16 ὃ a: om. BM 18 καὶ παρὰ om. a 19 γέννοιτ' (sic) a τοιοῦτο τὸ M: τὸ τοιοῦτο a δὴ om. a δυνατὸν δυνατῷ M 20 οὕτω M 21 ἐφ' οὗ B 23 εἰ] ὅτι a 24 τῆς a: om. BM 25 μὲν om. a 26. 27 τοῦ ἐνδέχεσθαι μὴ add. BM: om. a 27 δυνατόν (post ὅτε) M 28 ὅτε . . . ἀδύνατον (29) bis, semel expunctum, B 29 ἀναγκαίου a 30 ἂν εἴη aM 31 ὄντος ἄρα a

57v

p. 34a10 Ἅμα δ' εἰ τὸ Α δυνατὸν καὶ τὸ Β ἀδύνατον, ἐνδέχοιτ' ἂν γενέσθαι τὸ Α ἄνευ τοῦ Β.

Ὑποθέμενος τὸ μὲν Α δυνατὸν εἶναι τὸ δὲ Β ἀδύνατον κειμένου τούτῳ τὸ Α ἕπεσθαι λαβὼν καθόλου, ὅτι τὸ μὲν [Α] δυνατόν, ὅτε δυνατόν, γένοιτ' ἄν, τὸ δὲ [Β] ἀδύνατον, ὅτε ἀδύνατον, οὐκ ἂν γένοιτο, προσάγει τῇ τοῦ Α καὶ Β ἀκολουθίᾳ καὶ δείκνυσι τὸ ἄτοπον· εἰ γάρ, ὅτε τὸ Α δυνατόν, τότε τὸ Β ἀδύνατον· τοῦτο γὰρ σημαίνει τὸ ἅμα δὲ ἐνδέχοιτ' ἂν γενέσθαι τὸ Α ἄνευ τοῦ Β. τὸ γὰρ δυνατὸν γενέσθαι κἂν γένοιτ' ἄν ποτε, τὸ δὲ ἀδύνατον οὐκ ἂν γένοιτο, ὅπερ ἦν τὸ Β· ὥστε τοῦ Α ὄντος (εἰ γὰρ γέγονε, καὶ ἔστιν) οὐκ ἔσται τὸ Β· ἔκειτο δὲ τοῦ Α ὄντος εἶναι τὸ Β. δεικνύοιτο δ' ἄν, ὅτι μὴ οἷόν τε δυνατῷ ὄντι τῷ Α ἀδύνατον ἕπεσθαι τὸ Β, καὶ ἐκ τοῦ ὁρισμοῦ τοῦ δυνατοῦ. εἰ γὰρ δυνατόν ἐστιν, οὗ ὑποτεθέντος εἶναι οὐδὲν ἀδύνατον συμβαίνει διὰ τοῦτο, ὑποτεθέντος δὲ τοῦ Α εἶναι συμβαίνει διὰ τὴν ὑπόθεσιν ἀδύνατον τὸ τὸ Β εἶναί τε καὶ μὴ εἶναι, εἶναι μέν, ἐπεὶ ἔκειτο ἕπεσθαι αὐτὸ τῷ Α, μὴ εἶναι δὲ τῷ ἀδύνατον αὐτὸ εἶναι, οὐκοῦν, εἰ εἴη δυνατόν τι, ᾧ ἀδύνατον ἕπεται, ἢ οὐ δυνατὸν ἢ οὐ καλῶς ἐλήφθη τῷ Α ἀκολουθεῖν δυνατῷ ὄντι αὐτῷ ἀδύνατον τὸ Β.

Ἀριστοτέλης μὲν οὖν, ὅτι μὴ οἷόν τέ ἐστι δυνατῷ ἀδύνατον ἕπεσθαι, δείκνυσι διὰ τοῦ δεῖν μὲν ἐν τῷ ἀληθεῖ συνημμένῳ ἐξ ἀνάγκης ἕπεσθαι τὸ λῆγον τῷ ἡγουμένῳ· τὸ δὲ ἐξ ἀνάγκης τινὶ ἑπόμενον ἀεὶ αὐτῷ ἕπεται· καὶ τὸ ἀδύνατον δὴ ἀεὶ ἀκολουθήσει τῷ ἡγουμένῳ αὐτοῦ, ὥστε, εἰ δυνατόν ἐστι γενέσθαι, καὶ γενομένῳ αὐτῷ ἀκολουθήσει· ἀκολουθοῦν δὲ αὐτῷ τότε καὶ ἔσται· ἔσται ἄρα τὸ ἀδύνατον γενέσθαι· τοῦτο δὲ ἀδύνατον. Χρύσιππος δὲ λέγων μηδὲν κωλύειν καὶ δυνατῷ ἀδύνατον ἕπεσθαι πρὸς μὲν τὴν ὑπ' Ἀριστοτέλους εἰρημένην δεῖξιν οὐδὲν λέγει, πειρᾶται δὲ διὰ παραδειγμάτων τινῶν οὐχ ὑγιῶς συγκειμένων δεικνύναι τοῦτο μὴ οὕτως ἔχον. φησὶ γὰρ ἐν τῷ συνημμένῳ τῷ 'εἰ τέθνηκε Δίων, τέθνηκεν οὗτος' δεικνυμένου τοῦ Δίωνος ἀληθεῖ ὄντι τὸ μὲν ἡγούμενον ⟨τὸ⟩ 'τέθνηκε Δίων' δυνατὸν εἶναι τῷ δύνασθαί ποτε ἀληθὲς γενέσθαι τὸ τεθνηκέναι Δίωνα, τὸ δὲ 'τέθνηκεν οὗτος' ἀδύνατον· ἀποθανόντος γὰρ Δίωνος φθείρεσθαι τὸ ἀξίωμα τὸ 'οὗτος τέθνηκε' μηκέτ' ὄντος τοῦ τὴν δεῖξιν ἀναδεχομένου· ἐπὶ γὰρ ζῶντος καὶ κατὰ ζῶντος ἡ δεῖξις. εἰ οὖν μή⟨τε⟩ τεθνεῶτος αὐτοῦ ἔτι τὸ 'οὗτος' οἷόν τε, μήτε πάλιν [ἢ] ὑφίσταται ὁ Δίων ὡς δύνασθαι ἐπ' αὐτοῦ

---

2 τὸ α δύνασθαι omisso ἄνευ τοῦ β a 3 μὲν τὸ M 4 τούτω τὸ B: τοῦ τῷ aM post ἕπεσθαι add. τὸ β aM post ὅτι add. εἰ ex Arist. a; cf. p. 182, 30 δυνατόν add. B^2 4 et 5 α et β (librarii errore orta ad vs. 3 aberrantis) delevi 5 τὸ δὲ ἀδύνατον bis exhibent aM, alterum superscr. B^2 9 κἂν BM: καὶ a δ' M γένοιτο aB: γένοιτ' ἂν ποτε M 14 δὲ om. M 15 αὐτὸ τῷ corr. ex αὐτῷ B 16 δυνατόν B corr.: ἀδύνατόν aM et, ut videtur, B pr. 21 δ' M 22 δυνατὸν a δὴ B: δὲ aM 26 ὑπὸ M 29 τὸ alterum add. a: om. BM 31 οὗτος evan. B (sed ᾿ et τ restant) 33 μήτε scripsi: μὴ libri τεθνηκότος a 34 μήτε superscr. B^1 ἢ delevi ὡς scripsi: ᾧ libri ὑπ' M αὐτῷ a

ῥηθῆναι τὸ 'τέθνηκεν οὗτος'. ἀδύνατον τὸ 'τέθνηκεν οὗτος'. ἦν γὰρ ἂν 57v οὐκ ἀδύνατον, εἰ ὕστερόν ποτε ἐδύνατο μετὰ τὸν θάνατον τὸν Δίωνος, ἐφ' οὗ τὸ πρότερον ἐν τῷ συνημμένῳ, ὅτε ἔζη ὁ Δίων, κατηγορεῖτο τὸ 'τέθνηκεν 58r οὗτος', κατηγορηθῆναι πάλιν τὸ 'οὗτος'. ἐπεὶ δὲ μὴ οἷόν τε τοῦτο, ἀδύνατον ἂν εἴη τὸ 'τέθνηκεν οὗτος' [κατηγορηθῆναι πάλιν τὸ οὗτος. ἐπεὶ]. ὅμοιον τούτῳ παρατίθεται καὶ τὸ 'εἰ νύξ ἐστιν, οὐκ ἔστιν αὕτη ἡμέρα' δεικνυμένης τῆς ἡμέρας· καὶ γὰρ ἐν τούτῳ τῷ συνημμένῳ ἀληθεῖ ὄντι, ὡς οἴεται, δυνατῷ ὄντι τῷ ἡγουμένῳ ἀδύνατον τὸ ἑπόμενον. ὅτι δὲ μὴ ὑγιὲς τὸ ὑπ' αὐτοῦ λεγόμενον ἡ τῶν συνημμένων δείκνυσι διαβολή. οὐ γάρ ἐστιν ἀληθὲς συνημμένον τὸ 'εἰ τέθνηκε Δίων, τέθνηκεν οὗτος'. εἰ γὰρ ἐπὶ πλέον τὸ 'τέθνηκε Δίων' τοῦ 'τέθνηκεν οὗτος' λέγεται καὶ ἔστιν, ἐφ' οὗ τὸ μὲν Δίων λέγεται, τὸ δὲ 'οὗτος' οὐ λέγεται, οὐκ ἂν ἕποιτο τῷ ἡγουμένῳ τῷ 'εἰ τέθνηκε Δίων' τὸ 'τέθνηκεν οὗτος'. οὐ γὰρ ὑγιὴς ἀκολουθία, ἐν ᾗ δύναται τὸ ἡγούμενον εἶναί ποτε μὴ ὄντος τοῦ ἑπομένου. ὡς γὰρ εἰ ἦν ὁμώνυμος ὁ Δίων, οὐκ ἂν ἦν ἀληθὲς τὸ 'εἰ τέθνηκε Δίων, τέθνηκεν οὗτος' τῷ δύνασθαι καὶ ἐπ' ἄλλου τινὸς τὸ 'τέθνηκε Δίων' λέγεσθαι καὶ μὴ ἐπὶ τοῦ δεικνυμένου, οὕτως καὶ εἰ τοῦ δεικνυμένου Δίωνος τὸ ὄνομα ἐπὶ πλεῖον εἴη τῆς δείξεως καὶ μὴ οἷόν τε ἐπὶ πάντων, ἐφ' ὧν τὸ ὄνομα, καὶ τὴν δεῖξιν, οὐκ ἀληθὲς ἔσται τὸ 'εἰ τέθνηκεν Δίων, τέθνηκεν οὗτος'· δυνήσεται γὰρ τὸ 'τέθνηκε Δίων' ἐπὶ τούτου λέγεσθαι, ἐφ' οὗ οὐκέτι καὶ τὸ 'τέθνηκεν οὗτος'. ἐπὶ πλέον δέ γε τὸ Δίων, εἴ γε καὶ καὶ κατὰ θανόντος λέγεται, τὸ δὲ 'οὗτος' ἐπὶ ζῶντος μόνον. οὐ γὰρ ὑγιής, ὡς εἶπον, ἀκολουθία, ἐν ᾗ τὸ ἡγούμενον δύναταί ποτε εἶναι ἄνευ τοῦ ἕπεσθαι αὐτῷ λαμβανομένου. τὸ μὲν γὰρ ἑπόμενον εἶναι μὴ ὄντος τοῦ ἡγουμένου ἐν ἀληθεῖ συνημμένῳ οὐδὲν ἄτοπον· οὐ γὰρ ἕπεσθαι δεῖ τῇ τοῦ ἑπομένου θέσει τὸ ἡγούμενον· διὸ εἶναι δύναται τὸ ἑπόμενον μὴ ὄντος τοῦ ἡγουμένου. τὸ δὲ ἡγούμενον ἀδύνατόν ἐστιν εἶναι μὴ ὄντος τοῦ ἑπομένου ἐν ἀληθεῖ συνημμένῳ. οὐ γὰρ εἰ διὰ τὸ ἐφθάρθαι μὴ ἀκολουθεῖ τῷ ἡγουμένῳ τὸ λῆγον, διὰ τοῦτο ὑγιὲς γίνεται τὸ συνημμένον· διότι γὰρ οὐκ ἀκολουθεῖ, ψεῦδος, ἀλλ' οὐ διὰ τὸν τοῦ μὴ ἀκολουθεῖν τρόπον. ἔτι δὲ καὶ τοῦ φθείρεσθαι αὐτὸ οὐκ ἄλλο αἴτιον ἢ τὸ ἡγούμενον γενόμενον. ὃ δὲ φθείρεται τῷ τὸ ἡγεῖσθαι αὐτοῦ ὑποτεθὲν γεγονέναι, πῶς ἂν ἕποιτο ἐκείνῳ; οὐ γὰρ οὕτως ἐπὶ πλέον ἦν ὁ Δίων τοῦ 'οὗτος'. ὁ μὲν γὰρ τὸ δυσὶν ὀρθαῖς ἴσας ἔχειν τὰς τρεῖς γωνίας πᾶν τρίγωνον λαβὼν εἴληφε καὶ τὸ σκαληνόν· ἀδύνατον γὰρ πᾶν τρίγωνον δυσὶν ὀρθαῖς ἴσας ἔχειν τὰς τρεῖς γωνίας, εἰ μὴ καὶ τὸ σκαληνὸν

1 ἂν om. a 2 τὸν Δίωνος B: τοῦ Δίωνος aM 5 κατηγορηθῆναι πάλιν τὸ (τοῦ a) οὗτος. ἐπεὶ (ἔτι a), quae verba errore librarii ad vs. 4 aberrantis orta sunt, delevi 6 post αὕτη add. ἡ B: om. aM: at cf. p. 180, 9, 21—25, p. 181, 35 sq. 9 δείκνυσισι (sic) a 10 τὸ συνημμένον ἀληθὲς τὸ M 11 ἔσται M 16 Δίων aB: οὗτος M 17 εἰ corr. ex ὁ (?) B: ἐπὶ aM post ὄνομα add. εἰ a πλέον a 18 πάντων aB: πλεῖον M 20 οὐκ ἔστι M 24 ἐν om. M 25 ἡγουμένου . . . ἑπομένου a 26 εἶναι aB: οὐ M 28 ἀκολουθῇ B 31 ante αἴτιον add. τὸ M post δὲ add. τότε aM, eras. B 33 ὁ Δίων ἦν aM τοῦ οὗτος aB: τοιοῦτος M 34 πᾶν τρίγωνον aB: τοῦ τριγώνου M

ἔχοι. ὁ δὲ ἀδύνατον λέγων εἶναι τὸ 'τέθνηκεν οὗτος' δυνατοῦ ὄντος τοῦ 58r 'τέθνηκε Δίων' οὐ καθόλου ποιεῖ τὸν Δίωνα τοῦ 'οὗτος'· οὐ γὰρ ⟨ἂν⟩ ἦν ἔτι δυνατὸν τὸ 'τέθνηκε Δίων' περιλαμβάνον καὶ τὸ 'τέθνηκεν οὗτος' ἀδύνατον ὂν καθόλου τοῦ 'οὗτος', εἰ ἦν ἀδύνατον τὸ 'τέθνηκεν οὗτος'. ἔτι δὲ πῶς ἂν εἴη τὸ ἑπόμενον τῷ τὸ ἡγούμενον εἶναι, ᾧ κρίνεται τὸ ἀληθὲς συνημμένον, εἰ τοῦ ἡγουμένου ὄντος φθείροιτο τὸ ἕπεσθαι αὐτῷ λαμβανόμενον; εἰ μὲν οὖν ἐπὶ πλέον εἴη τὸ 'τέθνηκε Δίων' τοῦ 'τέθνηκεν οὗτος' καὶ μὴ ἀεὶ αὐτῷ ἕπεται, οὐκ ἀληθὲς τὸ συνημμένον, ὡς δέδεικται. εἰ δ' ἐφ' ὧν τὸ Δίων, καὶ τὸ 'οὗτος', ἀληθὲς μὲν ἔσται τὸ συνημμένον, οὐ μὴν ἔτι δυνατῷ ἀδύνατον ἀκολουθήσει. ἀλλ' ἔσται ὁμοίως τῷ ἑπομένῳ καὶ τὸ ἡγούμενον καὶ δυνατὸν καὶ ἀδύνατον. εἰ γὰρ τὸ Δίων ὄνομά ἐστι τοῦ ἰδίως ποιοῦ, ὁ δ' ἰδίως ποιὸς ζῶν ἐστιν, ὁ Δίωνα λέγων τὸν ζῶντα ἂν λέγοι, εἰ δεῖ περὶ τὰ ὀνόματα ἀκριβολογεῖσθαι· ὡς γὰρ τὸ 'οὗτος', οὕτως καὶ τὸ ὄνομα δείκνυσι τὸν ὠνομασμένον. εἰ δὲ τοῦτο, καὶ ἐν τῷ 'εἰ τέθνηκε Δίων, τέθνηκεν οὗτος' ⟨τὸ 'τέθνηκεν οὗτος'⟩ εἴη ἂν περιεχόμενον δυνάμει ἐν τῷ 'εἰ τέθνηκε Δίων', εἴ γε τὸ Δίων ὄνομα καὶ σημεῖον ζῶντός ἐστιν. οὕτως δὲ ἀληθὲς μὲν ἔσται τὸ συνημμένον, οὐ μὴν ἔτι τὸ ἡγούμενον δυνατόν· τὸ γὰρ τεθνάναι τὸν ζῶντα ὁμοίως τῷ τεθνάναι τοῦτον ἀδύνατον.

Εἰ δὲ λέγοιεν τὸ 'τέθνηκε Δίων' ἀληθὲς εἶναι δύνασθαι, διότι πρὸς ἀναφορὰν λέγεται τοῦ ζῶντος (οὐ γὰρ ⟨ὅτι⟩ ἔτι ζῶν Δίων τέθνηκε, λέγει ὁ λέγων δυνατὸν εἶναι τὸ 'τέθνηκε Δίων', ἀλλ' ὅτι ὃς ἦν Δίων), οὕτως 58v ἔσται καὶ τὸ 'τέθνηκεν οὗτος' δυνατόν· οὐ γὰρ ὅτι, ὃς ἔστιν οὗτος, τέθνηκε, σημαίνει, ἀλλ' ὅτι, ὃς ἦν οὗτος. πλήρης δὲ καὶ ἡ συνήθεια τῆς πρὸς ἀναφορὰν χρήσεως τοῦ 'οὗτος'· δεικνύντες γὰρ τὸν νεκρὸν λέγομεν 'τέθνηκεν οὗτος'. καὶ λέγει τις νεκρὸν βλέπων 'οὗτός ἐστιν ὁ πατὴρ τοῦδε ἢ ἀδελφός'. οὐ μόνον δὲ κατὰ τὴν ἐπὶ παρεληλυθότα ἀναφορὰν τῇ δείξει χρώμεθα, ἀλλὰ καὶ κατὰ τὴν ἐπὶ τὰ μέλλοντα· ἐπὶ γοῦν τῆς οἰκοδομουμένης ἔτι οἰκίας ἢ ὑφαινομένης χλαμύδος λέγομεν 'αὕτη τούτου ἐστί' κατὰ τὴν ἐπὶ τὴν ἐσομένην οἰκίαν ἢ χλαμύδα ἀναφοράν. ἀλλὰ καὶ ἐπὶ νοσοῦντός τινος ἐπιθανάτως λέγομεν 'οὗτος ἀποθνήσκει'· εἰ δέ, ὃς ἦν ἀποθνήσκων, οὗτος ἀπέθανεν, οὗτος δὲ ἦν ἀποθνήσκων, οὗτος ἂν καὶ τεθνηκὼς εἴη. καθόλου δὲ εἰ μὲν ἁπλῶς ἀληθὲς ἀξίωμα λέγοιεν καὶ ἀδιορίστως τὸ 'εἰ τέθνηκε Δίων, τέθνηκεν οὗτος', οὐκ ἀληθὲς ἔσται· ἁπλῶς γὰρ ἂν ἕποιτο τῷ ἡγουμένῳ τὸ λῆγον. εἰ δὲ ἁπλῶς, ἐξ ἀνάγκης καὶ ἀεί. τοιοῦτον γὰρ τὸ ἁπλῶς

1 ἔχει a: evan. B (sed ʺ restat) 2 ἂν a: om. BM 3 περιλαμβάνων aM 4 ὂν superscr. B²: om. aM οὗτος (post τοῦ) aB: ? M ante εἰ superscr. ὧν B² 8 δὲ M 11 καὶ δυνατὸν καὶ in ras. B ἐστι BM: ἔτι a 12 δὲ M 14 τὸν BM: τὸ a 15 τὸ τέθνηκεν οὗτος addidi 16 εἴ γε τὸ scripsi: τὸ εἴ γε BM: εἰ τὸ a καὶ om. a: ? M, in quo σημ periit 17 ἔσται] αι corr. B 18 τῷ M: τὸ aB 20 ὅτι addidi: cf. p. 183, 26 21 Δίων (ante ἀλλ') om. M ὃς aB: ὡς M 22 [οὐ γὰ]ρ unc. incl. periit in M ὅτι aM: τι B: τὸ superscr. B² 24 γὰρ om. a 27 ἐπὶ γοῦν a: ἐπὶ οὖν M: ἐπεὶ οὖν B 28 χλανίδος aM 29 χλανίδα aM 30 ἐπιθανατίως aM 31 εἴη ante καὶ transponunt aM

ἀναγκαῖον. εἰ δὲ μὴ ἁπλῶς ἀλλὰ μετὰ διορισμοῦ τοῦ 'ὅτε ζῇ ὁ ζῶν', 58v ἔσται μὲν ἀληθὲς τὸ ἀξίωμα. ὁμοίως μέντοι τῷ ἑπομένῳ καὶ τὸ ἡγούμενον ἀδύνατον· τὸ γὰρ τεθνάναι Δίωνα, ὅτε ζῇ, ἀδύνατον. καθόλου δὲ εἰ διὰ τοῦτο ὑποτιθεμένῳ τινὶ εἶναι ἕπεταί τι, διότι ὄντι αὐτῷ ἕπεται· τῷ γὰρ ἡμέρας οὔσης φῶς εἶναι καὶ ὑποτιθεμένῳ ἡμέραν εἶναι ἕπεται τὸ φῶς εἶναι· ᾧ δ' ὄντι μὴ ἕπεταί τι, τούτῳ δῆλον ὅτι οὐδ' ὑποτιθεμένῳ εἶναι ἀκολουθήσει τοῦτο· τεθνεῶτι δὲ Δίωνι οὐχ ἕπεται τὸ 'τέθνηκεν οὗτος'· οὐδ' ὑποτιθεμένῳ ἄρα τῷ τεθνάναι ἀκολουθήσει. ὁ δ' αὐτὸς λόγος καὶ ἐπὶ τοῦ 'εἰ νύξ ἐστιν, οὐκ ἔστιν αὕτη ἡμέρα'. ἡ δ' ἐπιχείρησις αὕτη ἐστίν, ᾗ καὶ Ἀριστοτέλης κέχρηται· δείξας γάρ, ὅτι ὑπάρχοντι τῷ Α οὐχ ἕπεται τὸ Β, ἔδειξεν, ὅτι μηδὲ ὑποτιθεμένῳ αὐτῷ ὑπάρχειν ἀκολουθήσει.

Λογικώτερον δέ ἐστιν ἐπιχειροῦντα δεῖξαι μηδὲ ἀδύνατον ὂν τὸ 'οὗτος τέθνηκεν'. εἰ γὰρ τὸ ἀδύνατον ἀξίωμα ἀεὶ ψεῦδος, ὥσπερ καὶ τὸ ἀναγκαῖον ἀεὶ ἀληθές, ὃ μὴ ἀεί ἐστι ψεῦδος, τοῦτο οὐκ ἀδύνατον· οὐκ ἔστι δὲ ἀεὶ ψεῦδος τὸ 'οὗτος τέθνηκεν', ἀλλὰ μόνον, ὅτε ζῇ Δίων· ἀποθανόντος γὰρ αὐτοῦ οὐδὲ ἔστιν ἔτι. εἰ δὲ μὴ ἔστιν, οὐδ' ἂν ψεῦδος εἴη· οὐκ ἂν εἴη ἀδύνατον τὸ 'οὗτος τέθνηκεν'. ἔτι τὸ 'τέθνηκεν οὗτος' εἰ μὲν ὡς σημαῖνον λαμβάνουσι τὸ 'οὐκ ἔστιν οὗτος', ὅ ἐστιν ἴσον τῷ 'οὐκ ἔστιν ὁ ὤν', ἀδύνατον μὲν ἂν εἴη τὸ 'τέθνηκεν οὗτος', οὐ μὴν ἕποιτ' ἂν τῷ 'εἰ τέθνηκε Δίων'. οὐ γὰρ ἕπεται τῷ τεθνηκέναι Δίωνα τὸ μὴ εἶναι τὸν ὄντα, ὥσπερ οὐδὲ τῷ 'εἰ νύξ ἐστι' τὸ μὴ εἶναι ταύτην ἡμέραν· τὸ γὰρ μὴ εἶναι ταύτην ἡμέραν ἴσον ἐστὶ τῷ μὴ εἶναι ἡμέραν τὴν οὖσαν ἡμέραν, ὃ οὐχ ἕπεται τῷ νύκτα εἶναι. ἀλλὰ τῷ μὲν 'εἰ νύξ ἐστιν' ἕπεται τὸ 'οὐκ ἔστιν ἡμέρα', τὸ δὲ 'οὐκ ἔστιν αὕτη ἡμέρα' ἕποιτο ἂν τῷ 'εἰ νύξ ἐστιν οὔσης ταύτης τῆς ἡμέρας', ὃ οὐδὲν ἔλαττον τοῦ ἑπομένου ἐστὶν ἀδύνατον. ὁμοίως δὴ [εἰ] καὶ τὸ 'τέθνηκεν οὗτος' ἕποιτο ἂν τῷ 'εἰ τέθνηκεν ὁ ζῶν Δίων', ὃ καὶ αὐτὸ ὁμοίως ἐστὶν ἀδύνατον τῷ 'τέθνηκεν οὗτος'· ἀδύνατον γὰρ τὸ τεθνάναι Δίωνα τὸν ζῶντα. εἰ δὲ τὸ 'τέθνηκεν οὗτος' λαμβάνουσιν ἀντὶ τοῦ 'κεχώρισται τούτου ἡ ψυχὴ καὶ τὸ σῶμα', κατ' αὐτοὺς οὐκ ἀδύνατον ἂν εἴη τὸ 'τέθνηκεν οὗτος'· ὃ γὰρ δύναταί ποτε ἀληθὲς γενέσθαι κατηγόρημα, τοῦτο οὐκ ἔστιν ἀδύνατον. ἀληθὲς δὲ δύναταί ποτε γενέσθαι κατ' αὐτοὺς μετὰ τὸν θάνατον τὸν Δίωνος τὸ 'τούτου κεχώρισται ἡ ψυχὴ καὶ τὸ σῶμα' δεικνυμένου Δίωνος· ἀρέσκει γὰρ αὐτοῖς τὸ μετὰ τὴν ἐκπύρωσιν πάλιν πάντα ταὐτὰ ἐν τῷ κόσμῳ γίνεσθαι κατ' ἀριθμόν, ὡς καὶ τὸν ἰδίως ποιὸν πάλιν τὸν αὐτὸν τῷ πρόσθεν εἶναί τε καὶ γίνεσθαι ἐν ἐκείνῳ τῷ κόσμῳ, ὡς ἐν τοῖς Περὶ κόσμου Χρύσιππος λέγει. εἰ δὲ τοῦτο, καὶ ὁ Δίων πάλιν

1 ὅτι M 4 εἶναι om. M 7 οὐδὲ M 8 τῷ a: τὸ BM 9 εἰ om. M οὐκ ἔστιν om. M 10 οὐκ a 11 ὑποτιθεμένου a 12 ἐπιχείρημα a οὗτος corr. ex οὕτως B 19 ἕποιτο M 21 τὸ prius om. M 24 ἡμέρα αὕτη M 25 τῆς om. aM δὲ a εἰ BM: om. a 27 αὐτὸ om. a 29 αὐτοὺς a: αὐτοῦ BM ἂν om. a 32 τὸν Δίωνος B: τοῦ Δίωνος aM 33. 34 πάντα πάλιν M 34 γίνεσθαι BM (γίνεσθαι sive γενήσεσθαι iam coniecerat Zeller III[3]a155): γενέσθαι a 35 ἐν om. a 36 τοῖς BM: τῷ a καὶ ὁ Δίων πάλιν aB[2]M: πάλιν καὶ ὁ Δίων B pr.

εἴη ἄν ποτε. ὥστε ἀληθὲς ἂν γένοιτο ἐπ' αὐτοῦ τότε τὸ 'οὗτος τέθνηκεν'· 58v ἐχωρίσθη γὰρ τούτου ἡ ψυχὴ καὶ τὸ σῶμα καὶ πάλιν συνετέθη. εἰ δὲ τοῦτο, οὐκ ἀδύνατον κατ' αὐτοὺς τὸ 'οὗτος τέθνηκεν'. ὡς γὰρ οὐκ ἀδύ- 59r νατόν φασιν εἶναι ἀξίωμα ἐπὶ τῶν συγκειμένων δακτύλων καὶ δεικνυμένων τὸ ἐφθάρθαι τοῦτο καίτοι ψευδὲς ὂν τότε, ὅτι διαστάντων τῶν δακτύλων δύναται, ὅπερ ἦν τῆς συνθέσεως φθορά, καὶ πάλιν συντεθέντων τὸ ἐφθάρθαι τοῦτο δεικνυμένων ἀληθὲς εἶναι (ἐφθάρη γὰρ πρότερον, ὅτε διέστησαν οἱ δάκτυλοι), οὕτως ἀληθὲς ἔσται καὶ ἐπὶ τοῦ πάλιν γενομένου Δίωνος τὸ 'τέθνηκεν οὗτος', διότι πρότερον αὐτοῦ ἐχωρίσθη ἡ ψυχὴ καὶ τὸ σῶμα, ὡς ἔχει ἡ τῶν δακτύλων σύνθεσις. ὡς γὰρ ἐπὶ τῶν δακτύλων τὸ κατ' ἀριθμὸν ἐνήλλακται μόνον καὶ ἄλλο τῷ ἀριθμῷ μόνον τὸ ὕστερον δεικνύμενον τοῦ πρότερον δεικνυμένου, οὕτως καὶ ἐπὶ τοῦ Δίωνος, εἴ γε ὁ αὐτὸς ⟨ὁ⟩ ὕστερος τῷ πρόσθεν. εἰ δὲ λέγοιεν ἐπὶ μὲν τῶν δακτύλων τοὺς αὐτοὺς κατ' ἀριθμὸν εἶναι τοὺς διισταμένους τε καὶ πάλιν συντιθεμένους, ἐπὶ δὲ τοῦ Δίωνος μηκέτι τὴν αὐτὴν ψυχήν τε καὶ σῶμα κατ' ἀριθμὸν εἶναι τὰ συντιθέμενα, οὐδὲν τοῦτο πρὸς τὸν λόγον ἐστίν. ἔστ' ἂν ᾖ κείμενον τὸν ἰδίως ποιὸν τὸν αὐτὸν εἶναι τὸν ὕστερον τῷ πρόσθεν (τοῖς γὰρ λέγουσι τὸν αὐτὸν γίγνεσθαι τὸν ἰδίως ποιὸν ἴσως ἄπορον τὸ πῶς μὴ τῶν αὐτῶν κατ' ἀριθμὸν συνιόντων ψυχῆς τε καὶ σώματος τὸν αὐτὸν οἷόν τε γίνεσθαι), ὁ γὰρ αὐτὸς καὶ τὴν αὐτὴν ταύτην δεῖξιν ἀναδέχεται· οὐ γὰρ ὁ αὐτὸς μὲν ⟨ὁ⟩ ὕστερος τῷ πρόσθεν Δίωνι, οὐκ ἐπὶ ταὐτοῦ δὲ τὸ 'οὗτος' κατηγορηθήσεται. ἀλλ' εἰ τοῦτο, ἀληθὲς ἔσται ἐπ' αὐτοῦ τὸ 'τέθνηκεν οὗτος' καὶ τὸ 'τούτου κεχώρισται ἡ ψυχὴ καὶ τὸ σῶμα'. εἰ δὲ δύναταί ποτε ἀληθὲς γενέσθαι τὸ 'τέθνηκεν οὗτος', οὐκ ἀδύνατον· διὰ τοῦτο γὰρ δυνατόν φασιν εἶναι καὶ τὸ 'τέθνηκε Δίων', ὅτι ποτέ ἐστιν ἀληθές. καὶ λέγουσι δὲ καὶ τοῖς ἰδίως ποιοῖς τοῖς ὕστερον γινομένοις πρὸς τοὺς πρόσθεν παραλλαγὰς μόνον γίνεσθαι κατά τινα τῶν ἔξωθεν συμβεβηκότων, οἷαι παραλλαγαὶ καὶ ἐπὶ τοῦ αὐτοῦ μένοντός τε καὶ ζῶντος Δίωνος οὐκ ἀλλάσσουσιν αὐτόν. οὐ γὰρ ἄλλος γίνεται, εἰ πρότερον ἔχων ἐπὶ τῆς ὄψεως φακοὺς ὕστερον μηκέτ' ἔχοι· τοιαύτας δέ φασι τὰς ἐν τοῖς ἰδίως ποιοῖς τοῖς ἐν ἄλλῳ κόσμῳ παρὰ τοὺς ἐν ἄλλῳ γίνεσθαι. ἀλλ' εἰ μὴ ἀδύνατον τὸ 'οὗτος τέθνηκε' μηδὲ φθαρτὸν ἀξίωμα, ὁμολογοῖτ' ἂν καὶ ὑπ' αὐτῶν τὸ μὴ εἶναι συνημμένον ἀληθὲς τὸ 'εἰ τέθνηκεν ὁ Δίων, τέθνηκεν οὗτος'· οὐ γάρ, ὅτε τὸ 'τέθνηκε Δίων' ἀληθές, τότε καὶ τὸ 'τέθνηκεν οὗτος' καίτοι μὴ ἐφθαρμένον. ὅμοιον τούτῳ καὶ τὸ 'εἰ νύξ ἐστιν, οὐκ ἔστιν αὕτη ἡμέρα'· δυνατὸν γὰρ

1 ἂν εἴη M 2 ἐχωρίσθη corr. B² (fuisse videtur ἐχώρισε) 5 τὸ BM: τῷ a ψεῦδος aM διὰ πάντων M 7 δεικνυμένων a: δεικνύμενον BM post ὅτε add. δὴ πρῶτοι M 8 γινομένου M 10 γὰρ om. M 12 προτέρου M 13 ὁ addidi ὕστερον B pr. μὲν om. a 14 συντεθειμένους B pr. 16 ἔστ' M 18 γίνεσθαι M: γενέσθαι a μὴ, quod ante λέγουσι (17) habent libri, huc transposui 19 γενέσθαι M 20 post γὰρ alterum add. δὴ aM μὲν om. a 21 ὁ addidi Δίωνι B: ἰδίω M: ἰδίων a 24. 25 φασι δυνατὸν εἶναι a 26 ἰδίοις M ἔμπροσθεν a παραλλαγὰς aM: παραλλαγὴν B 27 συμβαινόντων a 29 μηκέτι M 31 παρὰ corr. B² ἐν om. M 32 μηδὲ aB², in quo ὲ in ras. 2—3 lit.: μηδὲν M ὑπ' BM: παρ' a

ἐπὶ τούτων ὥσπερ τὸ νύκτα εἶναι καὶ τὸ μὴ εἶναι ταύτην [τὴν] ἡμέραν· 59r μεταβάλλουσα γὰρ οὐκ ἔσται. εἰ μὲν γὰρ ὁ λέγων 'οὐκ ἔστιν αὕτη ἡμέρα' τοῦτο λέγει, ὅτι ἡ οὖσα ἡμέρα, ὅτε ἐστίν, οὐκ ἔστιν, οὐκ ἀληθὲς τὸ συνημμένον· οὐ γὰρ ἕπεται τῷ νύκτα εἶναι τὸ μὴ εἶναι τὴν οὖσαν ἡμέραν, ὅτε ἐστίν, ἀλλὰ τὸ μὴ εἶναι ἡμέραν. εἰ δὲ λέγει, ὅτι ἡ νῦν οὖσα καὶ δεικνυμένη οὐκ ἔστι, τότε τὸ συνημμένον ἀληθές, καὶ ὁμοίως τῷ ἡγουμένῳ τὸ ἑπόμενον δυνατόν. καὶ τἄλλα δέ, ὅσα προείρηται, καὶ ἐπὶ ταύτης ἂν τῆς δείξεως λέγοιτο.

Εἰδέναι δὲ δεῖ τὰς ἀκολουθίας. ὅτι δυνατοῦ μὲν ὄντος τοῦ ἡγουμένου ἐν τῇ ἀναγκαίᾳ ἀκολουθίᾳ δεῖ καὶ τὸ ἑπόμενον αὐτῷ δυνατὸν εἶναι, ὡς δέδεικται. ἀδυνάτου δὲ ὄντος πάλιν τοῦ ἑπομένου ἀδύνατον δεῖ καὶ τὸ ἡγούμενον εἶναι. οὐκέτι δὲ οὔτ' εἰ δυνατὸν τὸ ἑπόμενον, ἀνάγκη καὶ τὸ ἡγούμενον εἶναι δυνατόν (οὐ γὰρ τῇ θέσει τοῦ ἑπομένου κατασκευάζεται τὸ ἡγούμενον. ἀλλ' ἀνάπαλιν), οὔτ' εἰ ἀδύνατον τὸ ἡγούμενον, ἀνάγκη καὶ τὸ ἑπόμενον ἀδύνατον εἶναι τῷ μὴ συναναιρεῖσθαι τῇ τοῦ ἡγουμένου ἀναιρέσει τὸ ἑπόμενον. ἀλλὰ τοὐναντίον. διὰ τοῦτο καὶ αὐτὸς εἶπε καὶ δυνατοῦ ὄντος τοῦ Α δυνατὸν ἔσται καὶ τὸ Β· τὸ γὰρ 'εἰ ὄρνεον εἰ. ζῷον εἰ' ἀληθὲς συνημμένον τοῦ μὲν ἡγουμένου ἀδυνάτου ὄντος δυνατοῦ δὲ τοῦ ἑπομένου.

p. 34a12 Δεῖ δὲ λαμβάνειν μὴ μόνον ἐν τῇ γενέσει τὸ δυνατὸν καὶ ἀδύνατον. ἀλλὰ καὶ ἐν τῷ ἀληθεύεσθαι καὶ ἐν τῷ ὑπάρχειν. |

Εἰπὼν καὶ δείξας ἐν ταῖς ἀκολουθίαις, ὅτι δυνατοῦ ὄντος τοῦ ἡγουμένου 59v δυνατόν ἐστι καὶ τὸ ἑπόμενον, προστίθησιν. ὅτι, κἂν ὑπάρχον ᾖ τὸ ἡγούμενον, ὑπάρχον ἔσται καὶ τὸ ἑπόμενον. κἂν ἀναγκαῖον, ἀναγκαῖον ὁμοίως. τοῦτο δὲ ἐδήλωσε διὰ τοῦ εἰπεῖν δεῖν λαμβάνειν τὰ εἰρημένα μὴ ὡς μόνον εἰρημένα ἐπὶ τοῦ δυνατοῦ τοῦ ἐν γενέσει. ἔστι δὲ τὸ ἐν γενέσει δυνατὸν καὶ ἐνδεχόμενον, ὃ μήπω μὲν ἔστι, οἷόν τε δὲ γενέσθαι, οὗ τὸν ὅρον ἀποδέδωκεν. ἐφ' οὗ αὐτῷ καὶ ἡ δεῖξις ἡ κατὰ τὴν ἀκολουθίαν γέγονε· λαβὼν γὰρ τὸ μὲν Α δυνατὸν τὸ δὲ Β ἀδύνατον εἶπεν "εἰ οὖν τὸ μὲν δυνατόν, ὅτε δυνατὸν εἶναι. γένοιτ' ἄν"· διὰ γὰρ τοῦ "γένοιτ' ἂν" τὸ ἐν γενέσει δυνατὸν ἐδήλωσεν. οὐ μόνον οὖν τῷ ἐν γενέσει δυνατῷ, τοῦτ' ἔστι τῷ γενέσθαι δυνατῷ. τὸ γενέσθαι δυνατὸν ἕπεται (οὐ γὰρ ἕπεται τῷ γενέσθαι δυνατῷ τὸ γενέσθαι ἀδύνατον), ἀλλὰ καὶ εἰ τὸ δυνατὸν ὡς ὑπάρχον λαμβάνοιτο ἐπὶ τοῦ ἡγουμένου, ἐπεὶ καὶ κατὰ τούτου τὸ δυνατόν, οὐκ ἔσται

1 τὸ (post ὥσπερ) aB: τὴν M ante καὶ add. οὕτως aM τὴν BM: om. a; at cf. p. 178,6 2 μεταβαλοῦσα aM post αὕτη eras. ἡ, ut videtur, B 3 ὅτι om. a 4 τὸ μὴ εἶναι om. M 7 τὸ τὸ aB δυνατόν BM: ἀληθές a τὰ ἄλλα M 12 τὸ alterum om. M 14 ἀλλὰ M οὔτ' a, superscr. B²: om. M 16 ante τὸ add. καὶ a 20. 21 τὸ ἀδύνατον καὶ δυνατόν Ar. 27 τοῦ ἐν BM: τῇ a 28 καὶ BM: τὸ a οἷόν τε BM: δυνατὸν a δὴ, ut videtur, M 31 εἶναι om. a τοῦ aB: τοῦτο M

ἑπόμενον αὐτῷ τὸ ἀδύνατον ὑπάρχειν ἀλλὰ τὸ δυνατὸν ὑπάρχειν τὸ ὡς 59r ὑπάρχον. ἀλλὰ κἂν κατὰ τὸ ἀληθεύεσθαι λαμβάνηται τὸ ἡγούμενον δυνατόν, δεῖ καὶ τὸ ἑπόμενον ἀληθὲς εἶναι· ἀληθεῖ γὰρ ἀληθὲς ἕπεται. εἴη δ' ἂν τὸ ἐν τῷ ἀληθεύεσθαι δυνατὸν καὶ τὸ ἀναγκαῖον λεγόμενον, ἐπεὶ τὸ ἀναγκαῖον ἀεὶ ὁ λέγων εἶναι ἀληθεύει. καὶ τῷ οὕτως δὴ δυνατῷ φησι τὸ ἑπόμενον ἔσεσθαι ἀναγκαῖον καὶ ἀεὶ ἀληθὲς καὶ ὁμοίως τῷ ἡγουμένῳ δυνατόν. τὸ δὲ ἀδύνατον δύναται μὲν καὶ ἐπὶ τῆς ἀπὸ τοῦ ἑπομένου πάλιν ἀκολουθίας εἰρῆσθαι. εἰ γὰρ ἀδύνατον τὸ ἑπόμενον, ἀδύνατον καὶ τὸ ἡγούμενον, καθ' ὃν ἂν τρόπον ληφθῇ τὸ ἀδύνατον. ὡσαύτως γινομένου καὶ τοῦ ἡγουμένου ἀδυνάτου· εἴτε γὰρ γενέσθαι ἀδύνατον εἴη τοῦτο, καὶ τὸ ἡγούμενον, εἴτε ὑπάρχειν ἀδύνατον, ὁμοίως δὲ καὶ τὸ ἡγούμενον, εἴτε ἀδύνατον ἀληθεύεσθαί ποτε, ὁμοίως καὶ τὸ ἡγούμενον. ἔμπαλιν γάρ, ὡς προειρήκαμεν, ἡ ἀκολουθία ἔχει· τὸ μὲν γὰρ δυνατὸν ἀπὸ τοῦ ἡγουμένου τὴν ἀκολουθίαν ἔχει κατὰ πάντα τὰ τοῦ δυνατοῦ σημαινόμενα, τὸ δὲ ἀδύνατον ἀπὸ τοῦ ἑπομένου. ἀδυνάτου μὲν γὰρ ὄντος τοῦ ἡγουμένου οὐ κεκώλυται τὸ ἑπόμενον δυνατὸν εἶναι, ὡς ἐν τῷ 'εἰ ἱπποκένταυρος εἰ, ζῷον εἰ'· εἰ δὲ ἀδύνατον τὸ ἑπόμενον, δεῖ καὶ τὸ ἡγούμενον ἀδύνατον εἶναι, καθ' ὃ ἂν σημαινόμενον τὸ ἀδύνατον ληφθῇ. λέγεται γὰρ τὸ ἀδύνατον καὶ ἐπὶ τοῦ ψεύδους· διὸ καὶ εἰ ψεῦδος τὸ ἑπόμενον, ψεῦδος καὶ τὸ ἡγούμενον. οὐ μὴν εἰ τὸ ἡγούμενον ψεῦδος, καὶ τὸ ἑπόμενον· ὡς γὰρ δυνατὸν τὸ ἀληθές, οὕτω δὴ καὶ τὸ ψεῦδος ⟨ἀδύνατον⟩. δύναται τὸ ἀδύνατον τῷ δυνατῷ προστεθεικέναι ὑπὲρ τοῦ δεῖξαι, ὅτι, καθ' ὃ ἂν σημαινόμενον τοῦ δυνατοῦ τὸ ἡγούμενον δυνατὸν ληφθῇ, κατὰ τοῦτο τῷ δυνατῷ ἀντικείμενον τὸ ἀδύνατον οὐχ οἷόν τε τὸ τῷ δυνατῷ ἑπόμενον εἶναι, ὡς προειρήκαμεν. παράδειγμα τοῦ μὲν ἐν γενέσει δυνατοῦ 'εἰ τέθνηκε Δίων, τό⟨τε⟩ τέθνηκεν ἄνθρωπος', ἐπὶ ζῶντος ἔτι Δίωνος εἰ λέγοιτο. τοῦ δὲ κατὰ τὸ ὑπάρχειν 'εἰ ἡμέρα ἐστί, φῶς ἐστιν', εἰ λέγοιτο οὔσης ἡμέρας· ὁμοίως γὰρ τῷ ἡγουμένῳ καὶ τὸ ἑπόμενον ὑπάρχον· τοῦ δ' ἀναγκαίου 'εἰ θεοί εἰσι, κόσμος ἐστίν'.

Τὸ δὲ καὶ ὁσαχῶς ἄλλως λέγεται τὸ δυνατόν· ἐν ἅπασι γὰρ ὁμοίως ἕξει δύναται μὲν λέγεσθαι καὶ ἐπὶ τοῦ ὡς ἐπὶ τὸ πλεῖστον καὶ τοῦ ἀορίστου καὶ τοῦ ἐπ' ἔλαττον, ὃ ἦν ὑπὸ τὸ ἐν γενέσει δυνατόν. ἢ καὶ ἐπὶ τοῦ ἀναγκαίου, εἰ εἴη πρότερον τὸ δυνατὸν τὸ ὡς ἀληθὲς εἰληφώς· ἢ εἰ τότε τὸ ἀναγκαῖον ἔλαβε, νῦν ἂν τὸ ἀληθὲς λέγοι· καὶ γὰρ τοῦτο δυνατόν. δύναται λέγειν καὶ περὶ τῶν Δυνατῶν, τοῦ τε, ὃ Διοδώρειον λέγεται,

2 ἀλλ' ἐὰν M 5 δὲ aM 7 ἀπὸ om. M 8 ἀκολουθίας] ἀ expunxit B[2] 9 τὸ om. M ληφθῇ post ἀδύνατον transponunt aM 15. 16 οὐκ ἐκώλυται a: οὐ κωλύεται M 16 εἰ om. aM 21 οὕτω δὴ καὶ corr. B: οὕτως καὶ B pr.: οὕτω δὲ καὶ aM ἀδύνατον. δύναται scripsi: δυνατὸν corr. B: δύναται B pr., aM 22 προστεθεικέναι B pr., aM: προστέθεικεν corr. B 24 τὸ (post τε) a, superscr. B: om. M τῷ om. a ἑπόμενον scripsi: ἀντικείμενον M: ἀντικείμενον ἀδύνατον aB 25 δυνατοῦ BM: δύναται a ante εἰ add. τὸ a τότε scripsi (cf. p. 177,33): τὸ BM: om. a 26 ante Δίωνος add. τοῦ M 28 καὶ om. M 30 τὸ corr. ex τοῦ B 32 τὸ alterum om. aM ἀληθῶς M 34 Διοδώρειον M: Διοδώριον B: Διοδώρῳ a (cf. Prantl I p. 39,35 — p. 40,37)

ὃ ἢ ἔστιν ἢ ἔσται· τὸ γὰρ ἢ ὂν ἢ ἐσόμενον πάντως δυνατὸν μόνον 59v ἐκεῖνος ἐτίθετο. τὸ γὰρ ἐμὲ ἐν Κορίνθῳ γενέσθαι δυνατὸν κατ' αὐτόν, εἰ εἴην ἐν Κορίνθῳ, ἢ εἰ πάντως μέλλοιμι ἔσεσθαι· εἰ δὲ μὴ γενοίμην, οὐδὲ δυνατὸν ἦν· καὶ τὸ τὸ παιδίον γενέσθαι γραμματικὸν δυνατόν, εἰ πάντως ἔσοιτο. οὗ εἰς κατασκευὴν καὶ ὁ Κυριεύων ἠρώτηται λόγος [ὁ] ὑπὸ τοῦ Διοδώρου. ὁμοίως καὶ | περὶ τοῦ κατὰ Φίλωνα· ἦν δὲ τοῦτο τὸ 60r κατὰ ψιλὴν λεγόμενον τὴν ἐπιτηδειότητα τοῦ ὑποκειμένου, κἂν ὑπό τινος ἔξωθεν ἀναγκαίου ᾖ γενέσθαι κεκωλυμένον. οὕτως τὸ ἄχυρον τὸ ἐν τῇ ἀτόμῳ ἢ τὸ ἐν τῷ βυθῷ δυνατὸν ἔλεγε καυθῆναι ὂν ἐκεῖ, καίτοι κωλυόμενον ὑπὸ τῶν περιεχόντων αὐτὸ ἐξ ἀνάγκης. ὧν ἐστι μεταξὺ τὸ ὑπ' Ἀριστοτέλους λεγόμενον· δυνατὸν γὰρ καὶ τὸ οἷόν τε γενέσθαι ἀκώλυτον ὄν, κἂν μὴ γένηται. τὸ γὰρ ἄχυρον τὸ μὲν μὴ ὂν ἐν τῇ ἀτόμῳ μηδ' ὅλως ὑπό τινος κωλυόμενον δυνατὸν καυθῆναι, κἂν μηδέποτε καυθῇ, ὅτι μὴ κεκώλυται. τὸ δὲ ὂν ἐν τῇ ἀτόμῳ καυθῆναι οὐκέτι δυνατὸν τῷ ὑπό τινος κωλύεσθαι τὴν καῦσιν αὐτοῦ. διὸ ἐκείνῳ μὲν ὑποτεθέντι καίεσθαι οὐδὲν ἀδύνατον ἕπεται· εἰ δὲ τὸ ἐν τῇ ἀτόμῳ ὂν ὑποθοῖτό τις καίεσθαι, ἀδύνατον ἀκολουθήσει αὐτῷ τὸ πάσχειν τὸ ἀπαθές, εἴ γε ἡ ἄτομος ἀπαθὴς εἶναι ὑπόκειται.

p. 34a16 Ἔτι τὸ ὄντος τοῦ Α τὸ Β εἶναι οὐχ ὡς ἑνός τινος ὄντος τοῦ Α τὸ Β ἔσται δεῖ ὑπολαβεῖν· οὐ γάρ ἐστιν οὐδὲν ἐξ ἀνάγκης ἑνός τινος ὄντος, ἀλλὰ δυοῖν ἐλαχίστοιν.

Δείξας πᾶσαν ἀκολουθίαν ἀναγκαίαν οὕτως ἔχουσαν ὡς τῷ τρόπῳ τῆς κατὰ τὸ δυνατὸν ὑπάρξεως τῷ ἡγουμένῳ ἀκολουθεῖν καὶ τὴν τοῦ ἑπομένου αὐτοῦ ὕπαρξιν ὁμοίαν μεταφέρει τὸ καθόλου δεδειγμένον ἐπὶ τὴν συλλογιστικὴν ἀκολουθίαν, οὗ χάριν καὶ τὴν δεῖξιν ἐποιήσατο. καὶ εἴη ἂν δυνάμει τὸ λεγόμενον τοιοῦτο· δεῖ μὴ μόνον ὡς ἐπὶ τῶν ἁπλῶν ἀκολουθήσεων εἰρημένον λαμβάνειν τοῦτο, ἀλλὰ καὶ ἐπὶ τῶν κατὰ συλλογισμὸν γινομένων· καὶ γὰρ ἐν τούτοις ἀκολουθεῖ τὸ συμπέρασμα ταῖς προτάσεσιν· εἰ γὰρ αἱ προτάσεις, καὶ τὸ συμπέρασμα, ὥστε καὶ δυνατῶν οὐσῶν καὶ δυνατὸν ἔσται, καθ' ὃ ἂν σημαινόμενον τοῦ δυνατοῦ λαμβάνωνται. ἂν δὴ ἀντὶ μὲν τῶν προτάσεων ληφθῇ τὸ Α ἀντὶ δὲ τοῦ συμπεράσματος τὸ Β,

1 ὃ ἢ transposui (cf. Plut. de Stoic. rep. 46 δυνατόν, ὅπερ ἢ ἔστιν ἀληθὲς ἢ ἔσται κατὰ Διόδωρον): ἢ ὃ BM: ἤγουν ὃ a ante ἔσται repetit ὃ M 3 εἰ (post ἢ) om. a 4 τὸ alterum om. aM 5 πάντως om. a Κυριεύων] cf. Zeller Rel. Acad. Berol. 1882 p. 151 sqq. Ueber den Κυριεύων des Diodorus ὁ (post λόγος) BM: om. a 6 τοῦ (ante Διοδ.) om. aM Φίλωνα a 7 τινων a 8 ἀναγκαίου scripsi: ἀναγκαῖον libri ἀναγκαῖον ἔξωθεν ἦν M 9 ἀτόμῳ] ἀρούρᾳ temptabat Prantl I 464, 163; at cf. vs. 17 τὸ ἐν om. M 9. 10 κωλυόμενοι a 13 δύναται M 14 post κεκώλυται add. ὃ a τὸ δὲ ὂν ἐν τῇ ἀτόμῳ (μὴ add. a) καυθῆναι. quae verba post τὴν καῦσιν αὐτοῦ (15) collocant libri, huc transposui οὐκέτι aB: οὐκ ἔστι δὲ M 15 post διὸ add. καὶ M 19 τὸ (ante ὄντος) a et Ar.: om. B 22 οὕτως ἔχουσαν om. a 23 καὶ τὴν ... ἀκολουθίαν (25) om. aM 24 ὕπαρξιν scripsi: ὑπάρξειν B 26 τοιοῦτον aM 27 συλλογισμῶν a 29 καὶ (post οὐσῶν) om. aM 30 λαμβάνωνται M: λαμβάνονται aB

εἴη ἂν ἡ προειρημένη δεῖξις ἁρμόζουσα καὶ ταῖς τοιαύταις ἀκολουθίαις. 60r τὸ δὲ οὐ γάρ ἐστιν οὐδὲν ἐξ ἀνάγκης ἑνός τινος ὄντος δεῖ καὶ αὐτὸ ἀκοῦσαι, ὅτι συλλογιστικῶς· οὕτως γὰρ οὐκ ἔστιν ἐξ ἀνάγκης. τὸ δὲ ὥσπερ οὖν εἴ τις θείη τὸ μὲν Α τὰς προτάσεις τὸ δὲ Β τὸ συμπέρασμα ἴσον ἐστὶ τῷ 'καὶ εἴ τις τὸ μὲν Α ἀντὶ τῶν προτάσεων λάβοι τὸ δὲ Β συμπέρασμα'.

p. 34a25 Τούτου δὲ δειχθέντος φανερόν, ὅτι ψεύδους ὑποτεθέντος καὶ μὴ ἀδυνάτου καὶ τὸ συμβαῖνον διὰ τὴν ὑπόθεσιν ψεῦδος ἔσται καὶ οὐκ ἀδύνατον.

Ἔτι τὸ οὗ χάριν ἔδειξε τῷ δυνατῷ τὸ δυνατὸν ἀκολουθεῖν, τοῦτο φανερὸν ποιεῖ. ἐπεὶ γὰρ ὁποῖον ἂν ᾖ τὸ ἡγούμενον πρὸς ὕπαρξιν, τοιοῦτον ἐδείχθη καὶ τὸ ἑπόμενον ἐν ταῖς ἀναγκαίαις ἀκολουθίαις, δῆλον ὅτι μὴ ταὐτόν ἐστι τὸ ψεῦδός τε καὶ τὸ ἀδύνατον, ἀλλ' ἔστιν αὐτῶν διαφορά. οὐ γάρ, εἴ τι ψεῦδός ἐστι, τοῦτο ἤδη καὶ ἀδύνατον· ἔστι γὰρ ψεῦδος δυνατόν· ὁ γὰρ τὸ ἐνδεχόμενον εἶναι μηδέπω δὲ ὂν ὑποθέμενος εἶναι ψεῦδος μὲν τίθησιν, οὐ μὴν ἀδύνατον. ψεύδους δ' ὄντος τοῦ ἡγουμένου δυνατοῦ δὲ ψεῦδος ἔσται ὅλως καὶ τὸ ἑπόμενον, οὐ μὴν ἀδύνατον. ἐγχωρεῖ μὲν γὰρ καὶ ἀληθὲς εἶναι τὸ συμπέρασμα ψευδῶν οὐσῶν τῶν προτάσεων, ὡς τῷ δευτέρῳ δείξει. ἀλλ' εἰ καὶ ψεῦδος εἴη, οὕτως ἔσται ψεῦδος, ὡς μὴ ἀδύνατον εἶναι· εἰ γὰρ εἴη ἀδύνατον ἐπὶ προτάσεσιν ἢ προτάσει ψευδεῖ μὲν μὴ ἀδυνάτῳ δέ, ἕποιτο ἂν πάλιν δυνατῷ ἀδύνατον. εἰ δὲ ἐν συλλογισμῷ τινι ὑποτεθείσης μιᾶς προτάσεως ψευδοῦς μὲν οὐκ ἀδυνάτου δὲ ἀδύνατον τὸ ἑπόμενον εἴη, οὐ παρὰ τὸ ψεῦδος μὲν οὐ μὴν ἀδύνατον εἴη ἂν τοῦτο τὸ ἀκολουθῆσαν ἀδύνατον, ἀλλὰ παρὰ τὸ θάτερον τῶν, οἷς ἠκολούθησεν, ἀδύνατον εἶναι καὶ αὐτό· οὐ γὰρ ἑνί τινι κειμένῳ ἐν ταῖς συλλογιστικαῖς ἀκολουθίαις ἕπεταί τι ἐξ ἀνάγκης, ὡς εἶπε. τὸ δὲ εἰ γὰρ ἀδύνατον. ἅμα τὸ αὐτὸ ἔσται δυνατὸν καὶ ἀδύνατον εἶπε διὰ τὸ ἂν ᾖ τοῦ ἡγουμένου δυνατοῦ ὄντος τὸ ἑπόμενον ἀδύνατον, γίνεσθαι αὐτό. καθ' ὅσον μὲν ἕπεται τῷ ἡγουμένῳ δυνατῷ ὄντι καί, ὅτε ἐκεῖνό ἐστι, καὶ αὐτὸ εἶναι ὀφείλει, δυνατόν, καθ' ὅσον δὲ ὑπόκειται ἀδύνατον εἶναι, ἀδύνατον· τὸ γὰρ ἁπλῶς ἀδύνατον καὶ τότε ἐστὶν ἀδύνατον, ὅτε αὐτοῦ τὸ ἡγούμενον δυνατόν ἐστιν. |

p. 34a34 Διωρισμένων δὲ τούτων ὑπαρχέτω τὸ Α παντὶ τῷ Β. 60v

Εἰπὼν καὶ προδιομολογησάμενος περὶ τῆς ἀκολουθίας τοῦ συμπερά-

1 ἡ periit in M 2 οὐδὲν a et Ar.: οὐδὲν ἢ BM (at cf. p. 184, 20) 3 ἀκούειν M 4 οὖν periit in M 10 τὸ ἀδύνατον M 13 τὸ utrumque om. a 15 εἶναι (post ὑποθ.) aB: γενέσθαι M 17 ante ὅλως add. ἢ B 18 προτ[άσεων, ὡς] unc. incl. perierunt in M 19. 20 ἀδύνατον BM: δυνάμενον a 25 ἑνί a: ἐπί BM 27 τὸ (ante αὐτὸ) aM et Ar.: om. B δυνατὸν ἔσται τὸ αὐτὸ Ar. ᾖ aM: om. B 28 αὐτῷ a 29 καὶ prius om. a ἐκεῖνο a: ἐκεῖνος BM αὐτὸ a 30 ἀδύνατον (post εἶναι) a: δυνατόν BM 31 τότε BM: πότε a 32 δὴ Ar.

σματος πρὸς τὰς προτάσεις, ᾗ προσχρῆσθαι μέλλει. ἐπανῆλθεν ἐπὶ τὰ 60v προκείμενα, καὶ λέγει περὶ τῶν συζυγιῶν τῶν μικτῶν ἐξ ὑπαρχούσης καὶ ἐνδεχομένης ἐν πρώτῳ σχήματι τῆς μείζονος οὔσης ὑπαρχούσης τῆς δὲ ἐλάττονος ἐνδεχομένης. ἡ δὲ δεῖξις αὐτῷ τοῦ συλλογιστικὰς εἶναι τὰς τοιαύτας συζυγίας, ἐν αἷς ἡ μείζων ἐστὶν ὑπάρχουσα, διὰ τῆς εἰς ἀδύνατον ἀπαγωγῆς γίνεται· διὸ καὶ εἶπε μὴ εἶναι τοὺς ἐν ταῖς τοιαύταις μίξεσι γινομένους συλλογισμοὺς τελείους. λαμβάνει δὲ τὸ μὲν Α τῷ Β παντὶ ὑπάρχειν, τὸ δὲ Β τῷ Γ ἐνδέχεσθαι παντί, καί φησι τὸ Α τῷ Γ παντὶ ἐνδέχεσθαι. εἰ γὰρ μὴ τοῦτο, τὸ ἀντικείμενον· ἀντίκειται δὲ τῷ 'ἐνδέχεται παντί' τὸ 'οὐκ ἐνδέχεται παντί', ὃ ἴσον ἐστὶ τῷ 'ἐξ ἀνάγκης τινὶ οὐχ ὑπάρχει'. θεὶς δὲ τοῦτο μεταλαμβάνει τὴν ΒΓ τὴν ἐνδεχομένην καθόλου καταφατικὴν εἰς ὑπάρχουσαν καθόλου καταφατικήν, ὃ ψεῦδος μέν ἐστιν, οὐ μὴν ἀδύνατον τῷ κεῖσθαι τὸ Β τῷ Γ ἐνδέχεσθαι παντὶ τὸ δὲ ἐνδεχόμενον ὑπάρχειν τινὶ μὴ εἶναι ἀδύνατον καὶ ὑπάρχειν λαβεῖν. ἐκ δὴ τῶν 'τὸ Α τῷ Γ ἐξ ἀνάγκης τινὶ οὐχ ὑπάρχει' καὶ 'τὸ Β τῷ Γ παντὶ ὑπάρχει' συνάγεται ἐν τρίτῳ σχήματι τὸ Α μὴ ἐνδέχεσθαι παντὶ ὑπάρχειν τῷ Β, ὅ ἐστιν ἀδύνατον· ἔκειτο γὰρ αὐτῷ παντὶ ὑπάρχειν. εἶπε δὲ τὸ εἰ οὖν τὸ μὲν Α μὴ ἐνδέχεται τῷ Γ ἐνδεέστερον· λείπει γὰρ τὸ 'παντί'· τοῦτο γὰρ τὸ ἀντικείμενον τῷ ἐνδέχεσθαι παντί. τὸ δὲ Α οὐ παντὶ τῷ Β ἐνδέχεται εἶπεν ὡς ἴσον τῷ οὐ παντὶ ὑπάρχειν· τοῦτο γὰρ ἐδείχθη συναγόμενον ἐν τρίτῳ σχήματι ἐν ταῖς μίξεσι ταῖς ἐξ ἀναγκαίας καὶ ὑπαρχούσης, ἐν αἷς ἦν ἡ μὲν ἐλάττων καθόλου καταφατικὴ ὑπάρχουσα ἡ δὲ μείζων ἐπὶ μέρους ἀποφατικὴ ἀναγκαία· ἐπὶ μέρους γὰρ ἀποφατικὸν ὑπάρχον τὸ συμπέρασμα. ἀλλὰ καὶ τὸ ἀλλ' ὑπέκειτο παντὶ ἐνδέχεσθαι ὑπάρχειν εἶπεν ἀντὶ τοῦ 'ὑπέκειτο παντὶ ὑπάρχειν'· ὑπάρχουσα γὰρ ἡ καθόλου καταφατικὴ ἡ ΑΒ. ἐξ οὗ δῆλον, ὅτι καὶ ἐπὶ τοῦ συμπεράσματος τὸ ⟨Α⟩ οὐ παντὶ τῷ Β ἐνδέχεται εἶπεν ὡς ἴσον τῷ οὐ παντὶ ὑπάρχειν τὸ Α τῷ Β. οὕτως δὲ γίνεται καὶ τὸ συναγόμενον ἀδύνατον, εἰ κειμένου τοῦ Α παντὶ τῷ Β ὑπάρχειν συνάγοιτο τινὶ μὴ ὑπάρχειν· ἀδύνατον γὰρ τὸ παντὶ ὑπάρχον τινὶ μὴ ὑπάρχειν. οὐκέτι δὲ ἀδύνατον, ὃ αὐτὸς δοκεῖ διὰ τῶν λέξεων λαμβάνειν· οὐ γὰρ ἀδύνατον κειμένου τοῦ Α τῷ Β ἐνδέχεσθαι παντί, ὃ εἶπε, καὶ τὸ ἐνδέχεσθαι καὶ μὴ παντί, ὃ καὶ αὐτὸ εἰρηκέναι δοκεῖ, ἐπεὶ τὸ αὐτὸ οἷόν τε καὶ παντὶ ἐνδέχεσθαι καὶ μηδενί. ἀλλ', ὥσπερ εἶπον, τῷ ἐνδέχεσθαι ἐπ' ἀμφοτέρων ἀντὶ τοῦ ὑπάρχειν ἐχρήσατο, ἐπεὶ καὶ κατὰ τούτου κατηγορεῖται. ἀδύνατον δὴ τὸ συναγόμενον εὑρὼν καὶ δείξας ἐπὶ ταῖς προκειμέναις προτάσεσι,

1 πρὸς BM: παρὰ a μέλλει προσχρῆσθαι aM 3 δ' M 4 post ἐλάττονος add. οὔσης a 5 ἐστὶν om. M 6 εἶπε] p. 34a4 8 δὲ aM: om. B 9 τῷ corr. ex τὸ B ἐνδέχεσθαι M 10 οὐχ ὑπάρχει superscr. expuncto οὐ B: μὴ aM δὲ B corr.: δὴ B pr., aM 12 ὃ aB: καὶ M 14 ἀδύνατον εἶναι a 15 ὑπάρχειν (ante καὶ) M ὑπάρχει (ante συνάγεται) scripsi: ὑπάρχειν libri 16 ἐστιν om. a 17 ὑπάρχειν] ειν B² corr. ἐνδέχεσθαι a 18 παντί, quod Alex. requirit, ante τῷ γ add. a 19 post ἐνδέχεσθαι add. τῷ M 21 ἦν superscr. M 22. 23 ἀποφατικὴ ἀναγκαία ἐπὶ μέρους a 26 α ex Arist. addidi; cf. vs. 19 28 εἰ κειμένου aB: ἐκκειμένου M 31 ante ὃ add. τὸ a 32 καὶ (ante μὴ) om. a αὐτὸ correxi: αὐτὸς libri 34 ὑπάρχειν M: ὑπάρχοντος aB 35 προτάσεσι om. M

τῇ τε ὑποθέσει τῆς ἀντικειμένης τῷ συμπεράσματι καὶ τῇ μεταληφθείσῃ 60r εἰς ψεῦδος μὲν οὐ μὴν ἀδύνατον, τοῖς δεδειγμένοις προσχρῆται καί φησι τὸ ἀδύνατον ἠκολουθηκέναι μὴ τῇ ψευδεῖ· αὕτη γὰρ ἦν ψευδὴς μὲν δυνατὴ δέ. δυνατῷ δὲ τὸ ἀκολουθοῦν δυνατὸν ἀλλ' οὐκ ἀδύνατον, ὡς ἐδείχθη· τῇ ἑτέρᾳ ἄρα. τῇ ὑποθέσει. ἀδύνατος ἄρα ἐκείνη. ἐπεὶ δεῖ τι τῶν κειμένων ἀδύνατον εἶναι. οὐκ ἔστι δὲ ἡ ἑτέρα ἀδύνατος. τὸ ἀντικείμενον ἄρα τῆς ὑποθέσεως ἀληθές· ἔστι δὲ τοῦτο τὸ Α τῷ Γ ἐνδέχεσθαι παντί· τῷ γὰρ οὐκ ἐνδέχεσθαι παντὶ ἀντιφατικῶς ἀντίκειται τὸ 'ἐνδέχεται παντί'.

p. 34b2 Ἐγχωρεῖ δὲ καὶ διὰ τοῦ πρώτου σχήματος ποιῆσαι τὸ ἀδύνατον θέντα τῷ Γ τὸ Β ὑπάρχειν.

Ὃ λέγει καὶ δείκνυσι τοιοῦτόν ἐστιν· ὅτι ἀδύνατον τὸ ὑποτεθὲν ἐπὶ ταῖς κειμέναις προτάσεσι ταῖς 'τὸ Α παντὶ τῷ Β ὑπάρχει, τὸ Β τῷ Γ παντὶ ἐνδέχεται', ⟨τὸ⟩ 'τὸ Α οὐκ ἐνδέχεται παντὶ τῷ Γ' (τοῦτο γὰρ ὑπετέθη τὸ συμπέρασμα), ὅτι οὖν τοῦτο ἀδύνατον, ἔστι, φησί, | καὶ διὰ τοῦ πρώτου 61r σχήματος δεῖξαι· νῦν γὰρ ἐδείχθη διὰ τοῦ τρίτου. δείκνυσι δὴ τοῦτο λαβὼν ἀμφοτέρας τὰς προτάσεις ἀνάπαλιν, τὴν μὲν ὑπάρχουσαν ἐνδεχομένην τὴν δὲ ἐνδεχομένην ὑπάρχουσαν· λαμβάνει γὰρ τὸ μὲν Α τῷ Β ἐνδέχεσθαι παντί (ἦν δὲ ὑπάρχουσα αὕτη καθόλου καταφατική). τὸ δὲ Β παντὶ τῷ Γ ὑπάρχειν· ἦν δὲ ἐνδεχόμενον παντί. οὕτως δὴ ληφθεισῶν τῶν προτάσεων οὐδὲν μὲν ἀδύνατον ἔσται κείμενον· οὔτε γὰρ τὸ ὑπάρχον ἐνδέχεσθαι ὑπάρχειν ἀδύνατον, οὔτε τὸ ἐνδεχόμενον ὑπάρχειν. τὸ μέντοι συμπέρασμα ἀδύνατον τὸ ὑποτεθὲν ἐπὶ τούτοις κειμένοις, ὅπερ ἔξωθεν εἴασε, τὸ τὸ Α μὴ παντὶ ἐνδέχεσθαι τῷ Γ. συνάγεται γὰρ ἐν τῇ ἐκκειμένῃ συζυγίᾳ οὔσῃ ἐκ καθόλου καταφατικῆς ἐνδεχομένης τῆς μείζονος καὶ καθόλου καταφατικῆς ὑπαρχούσης τῆς ἐλάττονος καθόλου καταφατικὸν ἐνδεχόμενον συμπέρασμα, ὡς ἐδείχθη πρὸ ὀλίγου· τῆς γὰρ μείζονος οὔσης ἐνδεχομένης ὑπαρχούσης δὲ τῆς ἐλάττονος ἐνδεχόμενον ἐδείχθη γινόμενον συμπέρασμα. ἀδύνατον δέ, ὃ ἐνδέχεται παντί, τοῦτο μὴ ἐνδέχεσθαι παντί· ἀντίφασις γάρ. τὸ ἄρα ἀντικείμενον τοῦ ὑποτεθέντος ἔσται συμπέρασμα, ὅ [οὐ παντὶ] ἐστι τὸ ἐνδέχεσθαι τὸ Α παντὶ τῷ Γ. μετέλαβε δὲ τὴν μείζονα ὑπάρχουσαν οὖσαν εἰς τὴν ἐνδεχομένην οὐχ ὡς μὴ γινομένου τοῦ συμπεράσματος ἀδυνάτου, εἰ καὶ ὑπάρχουσαι ἦσαν ἄμφω (παντὶ μὲν γὰρ ὑπάρχειν συνήγετο τὸ Α τῷ Γ ἀμφοτέρων οὐσῶν ὑπαρχουσῶν, οὗ ὄντος ἀληθοῦς ⟨ἀδύνατον⟩ ἐδείκνυτο τὸ ὑποτεθὲν συμπέρασμα τὸ τὸ Α μὴ ἐνδέχεσθαι παντὶ τῷ Γ), ἀλλὰ βουλη-

1 τὴν ἀντικειμένην B: τῇ ἀντικειμένῃ a 3 αὐτὴ a ἦν om. M 5 ἄρα (ante τῇ) om. M δεῖ a: δ' εἰ BM 6 ἔστι BM: ἔτι a 6. 7 τῇ ὑποθέσει aM 8 ἐνδέχεσθαι B: ἐνδέχεται aM 10 θέντας Ar. τῷ γ̄ τὸ β Ar.: τὸ γ̄ τῷ β aB 11 ἐστιν aB: ὑπάρχει M 12 τῷ β̄ ante παντὶ transpouit a ὑπάρχει scripsi: ὑπάρχειν libri 13 τὸ addidi; cf. vs. 22 15 post ἐδείχθη expunxit καὶ B 17 δὲ om. M 18 αὐτὴ aM 20 ὑπάρχον corr. ex ὑπάρχειν B 23 ἐνδέχεσθαι παντὶ a κειμένη M οὔσῃ aM: οὔσης B 26 πρὸ ὀλίγου] p. 33b25 sq. 27 ante συμπέρασμα add. τὸ M 29 οὐ παντὶ BM: om. a 33 ἀδύνατον a: om. BM

θεὶς ἀντίφασιν δεῖξαι ποιοῦν τὸ ὑποκείμενον τῷ συναγομένῳ, ὅπερ πρόδηλόν 61r ἐστι καὶ ἀναμφιλέκτως ἀδύνατον. ἔτι τε τοῦτ' ἔστι καὶ τὸ ὀφειλόμενον δειχθῆναι τῇ τοῦ ὑποτεθέντος ὡς ἀδυνάτου ὑποθέσει. τὸ γὰρ 'ἐνδέχεται παντί' τῷ 'μὴ ἐνδέχεται παντί' ἀντιφατικῶς ἀντίκειται· συνάγεται δὲ τὸ ἐνδέχεσθαι παντὶ τῆς μείζονος τῆς Α Β ἐνδεχομένης καταφατικῆς τεθείσης. δύναται δὲ τῷ ἐνδέχεσθαι ἀντὶ τοῦ ὑπάρχειν κεχρῆσθαι πάλιν ἐπὶ τῆς Α Β προτάσεως καὶ ἐπὶ τοῦ συμπεράσματος, ὡς καὶ πρὸ ὀλίγου. οὐ μὴν τοιαύτη ἡ δεῖξις κατὰ τὴν εἰς ἀδύνατον ἀπαγωγὴν γέγονεν· οὐ γὰρ τῷ ὑποτεθέντι, ὃ ἦν ἀντικείμενον τῷ δειχθῆναι προκειμένῳ, προσελήφθη πρότασίς τις τῶν κειμένων καὶ συνήγαγεν ἀδύνατον. οὐ τῇ ἀναιρέσει ἀναιρούμενον τὸ ὑποτεθὲν κατεσκεύαζε τὸ ἀντικείμενον αὐτοῦ. ἀλλὰ δύο προτάσεις ληφθεῖσαι, ἡ μὲν μία ἀληθὴς καὶ κειμένη ἡ δὲ μεταληφθεῖσα εἰς ψεῦδος μὲν οὐ μὴν ἀδύνατον ὂν ἐπὶ ταύταις ταῖς προτάσεσιν. οὐ μὴν εἰ ἀδύνατον τοῦτο, διὰ τοῦτο τὸ ἀντικείμενον τοῦ ὑποτεθέντος εἰσάγεται· ἀδύνατον γὰρ τοῦτο. ὥστε ἄλλο τι ἐκ τῶν ληφθέντων συνάγεται καὶ τῷ μὴ πάντως γίνεσθαι ἐν τοῖς οὕτως λαμβανομένοις τὸ ἀδύνατον παρὰ τὴν ὑπόθεσιν, ὡς ἐν ἄλλοις ἐζητήκαμεν ἐπὶ πλέον.

p. 34b7 Δεῖ δὲ λαμβάνειν τὸ παντὶ ὑπάρχειν μὴ κατὰ χρόνον ὁρίσαντας, οἷον νῦν ἢ ἐν τῷδε τῷ χρόνῳ, ἀλλ' ἁπλῶς.

Δεῖ, φησίν, ἐν τῇ προκειμένῃ μίξει τὸ παντὶ ὑπάρχειν τὸν πρῶτον ἄκρον τῷ μέσῳ λαμβάνειν μὴ πρὸς χρόνον ὡρισμένον ὑπάρχον. τὸ δὲ λεγόμενον τοιοῦτον ἂν εἴη· αὗται τῶν ὑπαρχουσῶν προτάσεων καθόλου κατὰ χρόνον ὁρίζονται, ὅσαι μὴ ἀεὶ δύνανται λαμβάνεσθαι ὑπάρχουσαι καθόλου ἀλλὰ πρὸς καιρόν, ὡς ἡ τὸ ζῷον παντὶ κινουμένῳ ὑπάρχειν τιθεῖσα ἢ τὸν ἄνθρωπον παντὶ κινουμένῳ. τὸ δ' αἴτιον, ὅτι ἐπὶ πλέον ὑποκείμενος ὁ μέσος ἐν ταῖς τοιαύταις ὑπαρχούσαις ἐν τῷ δύνασθαι καὶ ἄλλοις ὑπάρχειν, οἷς ὁ κατηγορούμενος αὐτοῦ καθόλου μὴ δύναται ὑπάρχειν, πρὸς χρόνον ὁρίζει τὴν ὑπάρχουσαν. ὅταν γάρ, ᾧ ἐνδέχεται ὑπάρχειν αὐτὸν ἄλλῳ ὄντι καὶ μὴ ὑπὸ τὸν μείζονά τε καὶ κατηγορούμενον αὐτοῦ, ληφθῇ ὑπάρχειν, οὐκέτι δύναται ἡ καθόλου ὑπάρχουσα ἀληθὴς εἶναι, ἥτις ἦν ἡ μείζων πρότασις. ἂν γὰρ τὸ ζῷον ὑποθώμεθα παντὶ κινουμένῳ, τῷ τὸ κινούμενον δύνασθαι καὶ μὴ ζῴοις ὑπάρχειν, ὅταν ὑπάρχῃ κἀκείνων τινί, οὐκ ἔσται τότε ἔτι ἀληθὴς ὑπάρχουσα καθόλου ἡ τὸ ζῷον | παντὶ κινου- 61v

1 ἀντικείμενον M 2 ἀμφίλεκτον M 3 ἐνδέχεται] ται in ras. B 5 ἐνδέχεσθαι B: ἐνδέχεται aM 6 τῷ ex τὸ corr. B ἀντὶ τοῦ ὑπάρχειν post προτάσεως (7) transponit a 7 πρὸ ὀλίγου] cf. p. 186, 19—27 7. 8 ἡ τοιαύτη aM 8 γεγονέναι M οὐ in ras. B 9 ὑποκείμενον a τις M: τῆς aB 10 post ἀδύνατον add. τι M 11 κατασκευάζει M: κατασκευάζεται a 12. 13 οὐ μὴν ἀδύνατον ὂν aB: οὐκ ἀδύνατον δὲ M 13 εἰ aB: εἰς M 14 τὸ aM: om. B 15 ἀλλ' ὅτι B pr. 16 οὕτω aM ante παρὰ superscr. ἀλλὰ B[2] ὡς periit in M 18 τῷ a ὑπάρχειν aB (n): ὑπάρχον Ar. 19 ἀλλ' ἁπλῶς om. a 20 προκειμένῃ aB: παρούσῃ M 21 πρὸς BM: κατὰ a 25 δ' om. M 26. 27 ὑπάρχειν om. a 28 αὐτὸ M 32 κἀκείνῳ a 33 ὑπάρχουσα periit in M

μένῳ ὑπάρχειν λέγουσα. γίνεται οὖν πρὸς χρόνον ὡρισμένον ὑπάρχουσα· 61v ἔστ' ἂν γὰρ μηδενὶ ἄλλῳ ὑπάρχῃ τὸ κινεῖσθαι, δυνατὸν ἔσται τὸ ζῷον παντὶ κινουμένῳ ὑπάρχειν ὑποτίθεσθαι. ἀλλὰ μὴν ἐν ᾗ συμπλοκῇ τοιαύτη πρότασις ἡ μείζων ἐστίν, ἀδύνατον ἐκείνην εἶναι συλλογιστικήν, ἐπειδήπερ δεῖ τὴν ἐλάττονα καταφατικὴν εἶναι ἢ ἐνδεχομένην ἢ ὑπάρχουσαν ἢ ἀναγκαίαν. καὶ ᾧ ἂν τούτων, οἷς οὐχ οἷόν τε τὸν μείζονα ἄκρον ὑπάρχειν, ὁ μέσος ἐνδέχεσθαι ὑπάρχειν ληφθῇ, οὐκ ἔσται συλλογιστικὴ ἡ συζυγία τῷ, ὅτε ὑπάρχει τούτῳ ὁ μέσος, ᾧ ἐνδέχεσθαι ὑπάρχειν εἴληπται, μηκέτι τηρεῖσθαι καθόλου ὑπάρχουσαν τὴν μείζονα. ἀληθεῖς μὲν οὖν ἀμφοτέρας ἐνδέχεται ἅμα εἶναι, καὶ τὴν ὑπάρχουσαν καὶ τὴν ἐνδεχομένην, οὐ μὴν καὶ συλλογιστικὴν αὐτῶν τὴν συμπλοκήν. οὐδὲ γὰρ ἄλλως δείκνυται συλλογιστικὴ ἡ ἐκ τοιούτων προτάσεων συμπλοκὴ ἢ διὰ μόνης τῆς εἰς ἀδύνατον ἀπαγωγῆς, ἐν ᾗ μεταλαμβάνεται τὸ ἐνδεχόμενον εἰς τὸ ὑπάρχον· οὐκέτι δὲ οὐδὲ ἀληθεῖς οἷόν τε ἅμα εἶναι, ἂν ὁ μέσος τῷ ἐσχάτῳ τῷ ἐκτὸς πίπτοντι τοῦ μείζονος ἄκρου ὑπάρχειν παντὶ ληφθῇ· οὐ γὰρ ἔτι οἷόν τε τὴν μείζονα καθόλου καταφατικὴν ὑπάρχουσαν εἶναι, ἀλλ' ἐπὶ μέρους γίνεσθαι. ὥστ' οὐ χρήσιμος πρὸς συλλογισμὸν ἡ τοιαύτη καθόλου ὑπάρχουσα, ἧς ἡ μετὰ ταύτην ἐνδεχομένη λαμβανομένη ὁρίζει τὸ ἀληθές· ἕως γὰρ ἂν ἐκείνη ἐνδεχομένη μένῃ, μέχρι τότε αὕτη ἀληθής, γινομένης δὲ ἐκείνης ὑπαρχούσης οὐκέθ' αὕτη ἀληθής. ὅταν γὰρ τὸ κινεῖσθαι ἐνδεχόμενον ὑπάρχειν λίθῳ καὶ ὑπάρχῃ, τότε οὐκέτι τὸ ζῷον παντὶ κινουμένῳ ὑπάρχειν δύναται λαμβάνεσθαι, ἀλλὰ γίνεται ἡ ἀπόφασις ἀληθὴς τότε ἡ 'τὸ ζῷον οὐ παντὶ κινουμένῳ', ἥτις ἐστὶν ἐπὶ μέρους ἀποφατική. διὸ οὔτε ὑπάρχειν δύναται ληφθῆναι τὸ ζῷον τῷ λίθῳ οὔτε ἐνδέχεσθαι ὑπάρχειν· ἐξ ἀνάγκης γὰρ αὐτῷ οὐδενὶ ὑπάρχει. οὐ γὰρ οἷόν τε ἐπὶ μέρους οὔσης τῆς μείζονος προτάσεως ἐν πρώτῳ σχήματι συλλογισμὸν γίνεσθαι, ὃ γίνεται περὶ αὐτὴν τότε. δεῖ οὖν, φησί, τὴν ὑπάρχουσαν τοιαύτην λαμβάνεσθαι, ἧς οὐχ ὥρισται τὸ ἀληθὲς ὑπὸ τῆς προστιθεμένης αὐτῇ ἐνδεχομένης, ἀλλὰ τοιαύτην εἶναι ὡς μένειν καθόλου καταφατικὴν ὑπάρχουσαν καὶ τῆς ἐνδεχομένης καθόλου μεταλαμβανομένης εἰς τὴν ὑπάρχουσαν. οὐδὲν γὰρ διαφέρει ἢ προσθεῖναί τινα διορισμὸν τῇ ὑπαρχούσῃ ὡς κατὰ χρόνον ὁρίζειν αὐτὴν ἢ ἐνδεχομένην τοιαύτην αὐτῇ συντάξαι, ἥτις ἀναιρεῖ αὐτὴν εἰς τὸ ὑπάρχειν μεταβάλλουσα. οὐ γὰρ τὴν ἀεὶ ὑπάρχουσαν λέγει (αὕτη γὰρ ἀναγκαία ἤδη), ἀλλὰ τὴν μένειν δυναμένην ὑπάρχουσαν καθόλου καταφατικὴν ἀληθῆ, καὶ ὅτε ἡ ἐνδεχομένη καταφατικὴ καθόλου εἰλημμένη μετὰ ταύτης εἰς τὴν ὑπάρχουσαν μεταλαμβάνεται. οὕτως γὰρ καὶ ἡ δι' ἀδυνάτου δεῖξις σώζεται ἐπὶ τῆς

1 λέγουσα ὑπάρχειν M 5 δεῖ aB: δὴ M 6 ἂν a: μίαν BM 8 τούτῳ] τῷ in spat. vac. add. B² 10 ἅμα ἐνδέγεται a 12 ἡ expunxit B συμπλοκῇ B pr. 13 τὸ alterum om. a 14 ἅμα ante οἷόν τε transponit a: om. M ἐκτὸς πίπτοντι B: ἐκπίπτοντι aM 15 ὑπάρχειν om. a 18 ἂν om. aM 19 μένει aM 20 ὑπάρχῃ aM 21 post παντὶ add. τῷ M 27 τοιαύτην aM: τοιαύτην τὴν B 28 προτιθεμένης aM 30 ἢ om. a 32 αὐτῇ συντάξαι τοιαύτην M ὑπάρχον a 33 ἀεὶ τὴν M αὐτὴ a 36 μεταβάλλεται a

συζυγίας. ᾗ χρώμενος δείκνυσιν αὐτὴν συλλογιστικήν. λέγοι δ' ἂν ἤτοι 61v μὴ δεῖν τὴν ὑπάρχουσαν καθόλου τοιαύτην λαμβάνεσθαι ὡς δύνασθαι αὐτῆς κατὰ χρόνον τὸ ἀληθὲς ὁρίζεσθαι ὑπὸ τῆς προστιθεμένης ἐνδεχομένης προτάσεως. ἢ μᾶλλον, ὅτι μὴ δεῖ τὴν προστιθεμένην αὐτῇ ἐνδεχομένην τοιαύτην εἶναι ὡς ὁρίζειν τῆς ὑπαρχούσης τῆς πρὸ αὐτῆς εἰλημμένης τὸ ἀληθὲς κατὰ χρόνον.

Ὁ δὲ λέγων μὴ δεῖν κατὰ χρόνον ὡρίσθαι τῆς ὑπαρχούσης τὸ ἀληθὲς οὐ παρὰ τὴν ὕλην δόξαι ἂν ποιεῖν τὸ συλλογιστικὸν ἢ ἀσυλλόγιστον τῆς συμπλοκῆς, ὡς ἂν δόξαι τινί, ἀλλὰ παρὰ τὸ σχῆμα ἴσως μᾶλλον. κατὰ χρόνον γὰρ ὁρισθεῖσα μεταπίπτουσα ποιεῖ ἐν πρώτῳ σχήματι τὴν μείζονα ἐπὶ μέρους ἀποφατικήν· τούτου δὲ γινομένου ἀσυλλόγιστος ἡ συμπλοκή. τοῦ γὰρ ἀσυλλόγιστον γίνεσθαι τὴν συζυγίαν, ἐν ᾗ ἡ μείζων πρότασις οὖσα καθόλου καταφατικὴ ὑπάρχουσα ὥρισται κατὰ χρόνον, σημεῖον φέρει τὸ τοιαύτης οὔσης τῆς συζυγίας ἐν πρώτῳ σχήματι ὡς εἶναι τὴν μείζονα καθόλου καταφατικὴν ὑπάρχουσαν ὡρισμένην ἐν χρόνῳ ὑπὸ τῆς ἐλάττονος προτάσεως οὔσης ἐνδεχομένης τὸ καὶ τοῦ παντὶ καὶ μηδενὶ ἐξ ἀνάγκης ὅρους λαμβάνεσθαι ὁμοίως ἀληθῶν οὐσῶν | ἀμφοτέρων τῶν προτάσεων. 62r δείκνυσι γάρ, ὅτι ἀσυλλόγιστοι αἱ οὕτως ἔχουσαι, τῇ τῶν ὅρων παραθέσει καὶ μηδενὶ ἐξ ἀνάγκης δείξας καὶ παντὶ ἐξ ἀνάγκης. τοῦ μὲν μηδενὶ 'ἄνθρωπος παντὶ κινουμένῳ, τὸ κινεῖσθαι ἐνδέχεται παντὶ ἵππῳ', καὶ 'ἄνθρωπος ἐξ ἀνάγκης οὐδενὶ ἵππῳ'· τὸ γὰρ κινεῖσθαι τῷ ἐπὶ πλέον εἶναι τοῦ ἀνθρώπου, εἰ ληφθείη ἐνδέχεσθαι παντὶ ἵππῳ, ὁρίζει κατὰ χρόνον τὴν ὑπάρχουσαν· ὅτε γὰρ τὸ κινεῖσθαι παντὶ ἵππῳ ὑπάρχει, τότε οὐχ οἷόν τε ἔτι παντὶ κινουμένῳ τὸν ἄνθρωπον ὑπάρχειν. τοῦ δὲ παντὶ 'ζῷον παντὶ κινουμένῳ, τὸ κινεῖσθαι παντὶ ἐνδέχεται ἀνθρώπῳ', καὶ 'ζῷον παντὶ ἐξ ἀνάγκης ἀνθρώπῳ'. ἔστι δὲ τὸ δεικνύον καὶ ποιοῦν ἀσυλλόγιστον τὴν συζυγίαν οὐ τὸ παντὶ ἐξ ἀνάγκης δείκνυσθαί τι ἐν αὐτῇ προηγουμένως (ἀληθὴς γὰρ ἡ 'ἐνδέχεται παντί' καὶ ἐπὶ τῆς 'ἐξ ἀνάγκης παντί', εἰ καὶ μὴ εἴη τοῦ κατὰ τὸν διορισμὸν ἐνδεχομένου), ἀλλὰ ⟨τὸ⟩ τοῦ ἐξ ἀνάγκης μηδενὶ ὅρους εὑρίσκεσθαι ἐν αὐτῇ, ὃ γίνεται τῷ ὑπερτείνοντος τοῦ μέσου τὸν κατηγορούμενον τὴν προστιθεμένην ἐνδεχομένην τοιαύτην λαμβάνεσθαι ὡς κατὰ χρόνον αὐτῆς τὸ ἀληθὲς ὁρίζειν. μὴ γὰρ ὑπερτείνοντος τοῦ μέσου μηδὲ τοιαύτης λαμβανομένης τῆς ἐνδεχομένης τοῦ μηδενὶ οὐχ οἷόν τε λαβεῖν ὅρους· οἷον τὸ περιπατεῖν παντὶ γραμματικῷ ὑπαρχέτω, τὸ γραμματικὸν παντὶ ἀνθρώπῳ ἐνδέχεται· οὐ γὰρ γίνεται κατὰ χρόνον ὁριζομένη ἡ τὸ περιπατεῖν παντὶ γραμματικῷ τιθεῖσα· οὐ γὰρ ἀναιρεῖται ὑπὸ τῆς συντασσο-

3 ὁρίζεσθαι τἀληθὲς M προστιθεμένης M: προτιθεμένης aB; at cf. p. 189,28 4 δεῖν a προτιθεμένην a 11 ἀποφατικὴν ἐπὶ μέρους aM 12 μείζονος M 14 μείζονα om. a 16 τό om. a ante μηδενὶ expunxit τοῦ B 17 τῶν προτάσεων om. a 19 δείξας post παραθέσει (18) transponit a 20 ἐνδέχεσθαι a ἵππῳ παντὶ aM καὶ om. a 21 μηδενὶ a 23 ὑπάρχει παντὶ ἵππῳ aM 24 ἔτι B: ἐστὶ aM 25 ζῴῳ a 26 δεικνύμενον aM 29 τὸ a: καὶ M: om. B 33 λαβεῖν οὐχ οἷόν τε M 34 ὑπαρχέτω γραμματικῷ a γραμματικὸν BM: περιπατεῖν a

μένης αὐτῇ καθόλου καταφατικῆς ἐνδεχομένης, εἰ ἀληθὴς λαμβάνοιτο. καὶ 62r ἐπὶ τῶν ὅρων δέ, ἐφ' ὧν τὸ ἐξ ἀνάγκης παντὶ συνάγεται, οὐ διότι ὑπερτείνει ὁ μέσος τὸν μείζονα, διὰ τοῦτο τὸ ἐξ ἀνάγκης συνάγεται (οὐ γὰρ ἐλήφθη τοιαύτη ἡ ἐνδεχομένη ὡς ὁρίζειν κατὰ χρόνον τὸ ἀληθὲς τῆς ὑπαρχούσης· οὐ γάρ τι τῶν μὴ ζῴων ἐλήφθη ὥστε ἐπὶ μέρους ποιεῖν τὴν μείζονα καὶ ὁρίζειν κατὰ χρόνον αὐτήν), ἀλλ' ὅτι ἐλήφθη ὁ ἔσχατος ὅρος περιεχόμενος ὑπὸ τοῦ πρώτου καὶ ἐν ἐκείνῳ ὤν. οὕτως γὰρ ἔχει ὁ ἄνθρωπος πρὸς τὸ ζῷον· τοιαύτης γὰρ πάλιν λαμβανομένης τῆς ἐνδεχομένης ἀναγκαῖον γίνεται τὸ συμπέρασμα, ἀλλ' οὐ κατὰ τὸν διορισμὸν ἐνδεχόμενον. ἂν μέντοι μήτε κατὰ τὸν χρόνον ὁρίζηται ὑπὸ τῆς ἐνδεχομένης ἡ ὑπάρχουσα μήτε τοιοῦτος ὁ ἔσχατος ὅρος λαμβάνηται ὡς εἶναι ὑπὸ τὸν πρῶτον, ἐνδεχόμενον δόξει γίνεσθαι τὸ συμπέρασμα· ἔστω γὰρ τὸ κοιμᾶσθαι παντὶ ζῴῳ ὑπάρχον, ζῷον ἐνδεχέσθω παντὶ κινουμένῳ, καὶ τὸ κοιμᾶσθαι ἐνδέξεται παντὶ κινουμένῳ. ἐπισκεπτέον δέ, μήποτε μᾶλλον ἡ τῶν ὅρων παράθεσις καὶ δεῖξις ἐπὶ ἀληθέσι ταῖς προτάσεσι καὶ τοῦ παντὶ ἐξ ἀνάγκης καὶ τοῦ μηδενὶ ἐξ ἀνάγκης τὸν πρῶτον ὅρον τῷ ἐσχάτῳ ὑπάρχειν μᾶλλον τοῦ ἀσυλλόγιστον εἶναι τὴν συζυγίαν ἐστὶ δεικτική, ὡς καὶ ἐν ἄλλοις εἴρηταί μοι.

p. 34b17 Φανερὸν οὖν, ὅτι τὸ καθόλου ληπτέον ἁπλῶς καὶ οὐ χρόνῳ διορίζοντας.

Τὸ καθόλου καταφατικὸν ὑπάρχον· περὶ γὰρ τούτου τὸν λόγον πεποίηται· ἔδειξε γάρ, εἰ μὴ εἴη αὕτη ἁπλῶς λαμβανομένη ἀληθὴς ἀλλ' ὁριζομένη χρόνῳ, ἀσυλλόγιστον τὴν συζυγίαν τῷ καὶ μηδενὶ ἐξ ἀνάγκης καὶ παντὶ ἐξ ἀνάγκης δύνασθαί τινα συναχθῆναι ἐπ' αὐτῆς. ἐλέγετο οὖν τινα ὑπό τινων πρὸς τὴν δι' ἀδυνάτου δεῖξιν καὶ τὴν τοῦ ἐνδεχομένου εἰς τὸ ὑπάρχον μετάληψιν, ὅτι οὐδὲ τὸ συμπέρασμα ἀδύνατον γίνεται, ἀλλὰ καὶ αὐτὸ ψεῦδος μὲν οὐ μὴν ἀδύνατον, ὥστ', εἰ τοιοῦτον καὶ τὸ συμπέρασμα, παρὰ τὴν μετάληψιν γινόμενον ἂν εἴη τῆς ἐνδεχομένης εἰς τὴν ὑπάρχουσαν, ἀλλ' οὐ παρὰ τὴν ὑπόθεσιν τὴν ἐξ ἀνάγκης τινὶ τὸ Α τῷ Γ λέγουσαν μὴ ὑπάρχειν. τὸ δὲ λεγόμενον ἦν τοιοῦτον· ἦν μὲν ἡ κειμένη πρότασις τὸ Α τῷ Β παντὶ ὑπάρχειν· συνήγετο δὲ ἐν τῷ τρίτῳ σχήματι, δι' οὗ ⟨ἡ⟩ εἰς ἀδύνατον ἀπαγωγή, τὸ Α τινὶ τῷ Β μὴ ὑπάρχειν. ὅτι δὴ τοῦτο ψεῦδος μὲν οὐ μὴν ἀδύνατον, οὕτως ἐδείκνυτο· εἰ ἡ ὑπάρχουσα πρότασις ἄλλη τῆς ἀναγκαίας, τὸ Α τῷ Β παντὶ ὑπάρχει ὡς ἐνδέχεσθαι αὐτῷ καὶ μὴ ὑπάρχειν τινί· ἀληθὲς ἄρα ἐστίν, ὅτε τὸ Α τῷ Β παντὶ ὑπάρχει, τὸ ἐν-

2 οὐδ' ὅτι M: οὐχ ὅτι a 3 ante διὰ add. οὐ aM 4 τῆς superscr. B² 6 ἀλλὰ M 7 post ὅρος add. ὁ a 9 γίνεται correxi: γίνεσθαι libri 10 τὸν om. aM 22 αὐτὴ aM 28 γινόμενον om. a 30 τοιοῦτο a 31 συνήγετο ... ὑπάρχειν (32) om. M δι' οὗ ἡ (ἡ om. B) ... ἀπαγωγὴ (32) a, B pr.: διὰ τῆς ... ἀπαγωγῆς corr. B² 32 δὲ M 34 ante ὑπάρχει add. οὕτως M ὑπάρχει in ὑπάρχειν corr. B² ὑπάρχει ... παντὶ (35) om. a 35 ὅταν M ὑπάρχειν (post παντὶ) M

δέχεσθαι τὸ Α τῷ Β τινὶ μὴ ὑπάρχειν· ἀλλ' εἰ ἀληθὲς τὸ ἐνδεχόμενον εἰς [62r] τὸ ὑπάρχον μεταλαμβάνειν, ψεῦδος μὲν οὐ μὴν ἀδύνατον ἔσται τὸ Α τῷ Β τινὶ μὴ ὑπάρχειν. ἀλλ' ὅτι μὲν τὸ ὑπάρχον παντὶ | λαμβάνεται τινὶ μὴ [62v] ὑπάρχειν, ψεῦδος, ὅτι δὲ ἐνδεχόμενον μὴ ὑπάρχειν, οὐκ ἀδύνατον. πρὸς ὃ λέγομεν, ὅτι καὶ πᾶν τὸ ἐνδεχόμενον ἐπὶ μέρους ἀποφατικὸν μεταλαμβάνειν εἰς τὸ ἐπὶ μέρους ἀποφατικὸν ὑπάρχον οὐκ ἀδύνατον καὶ τὸ παντὶ ὑπάρχον ἐνδέχεσθαι τινὶ αὐτῷ μὴ ὑπάρχειν ἀληθές. ἀλλ' ὅτε γε παντὶ ὑπάρχει, τότε ἀδύνατος ἡ μετάληψις· κειμένου γὰρ τοῦ τὸ Α τῷ Β παντὶ ὑπάρχειν ἀδύνατος ἡ μετάληψις. δεῖ δὲ αὐτῷ μένειν τοιοῦτον, εἴ γε δι' αὐτοῦ ὁ συλλογισμός. κεῖται γὰρ τοιοῦτον εἶναι ὡς μὴ κατὰ χρόνον ὁρίζεσθαι τὸ τοιοῦτον μηδὲ ἐν τῇ τῆς ἐνδεχομένης εἰς τὴν ὑπάρχουσαν μεταλήψει ἀναιρεῖσθαι· ἀδύνατον δέ ἐστι τὸ ὑπάρχειν παντὶ μένειν μεταληφθέντος τοῦ ἐνδεχομένου ἐπὶ μέρους ἀποφατικοῦ εἰς τὸ ὑπάρχον. πρὸς τοῦτο ἐλέγετο πάλιν, ὅτι καὶ ἡ τοῦ 'τὸ Β τῷ Γ ἐνδέχεται παντί' μετάληψις εἰς τὸ παντὶ ὑπάρχειν τὸ Β τῷ Γ μηδενὶ ὑπάρχοντος ἀδύνατος. καὶ γὰρ ὅτε τὸ Β μηδενὶ ὑπάρχει τῷ Γ, τότε αὐτῷ ἐνδέχεται ὑπάρχειν· εἰ γὰρ ἤδη ὑπῆρχεν αὐτῷ, οὐκέτ' ἂν ἦν ἡ πρότασις ἐνδεχομένη· ὅτε δὲ ἐνδέχεται ὑπάρχειν αὐτῷ παντί, τότε μετείληπται εἰς τὴν ὑπάρχουσαν. ὅτε ⟨δὴ⟩ μηδενὶ ὑπάρχει αὐτῷ, τότε ἂν εἴη λαμβανόμενον παντὶ ὑπάρχειν αὐτῷ· ὃ εἰ ἀδύνατον, ἀδύνατος ἂν εἴη καὶ ἡ τοῦ ἐνδεχομένου εἰς τὸ ὑπάρχον μετάληψις. λύοιτο δ' ἂν τοῦτο τῷ ὅτι ὁ τὴν ἐνδεχομένην εἰς τὴν ὑπάρχουσαν μεταλαμβάνων οὐ τηρῶν ἐκείνην, ἧς οὔσης ὑπαρχούσης ἀποφατικῆς ἐνδεχομένη ἦν αὕτη, τὴν μετάληψιν αὐτῆς ποιεῖται εἰς τὴν ὑπάρχουσαν· ἀδύνατος γὰρ ἡ τοιαύτη μετάληψις. εἰ γὰρ τὸ Β τῷ Γ ἐνδέχεται παντί, ὅτι οὐδενὶ αὐτῷ ὑπάρχει, ὁ μεταλαμβάνων τὸ 'ἐνδέχεται παντί' εἰς τὸ παντὶ ὑπάρχειν οὐ τηρῶν αὐτὸ μηδενὶ ὑπάρχειν ἅμα αὐτὸ καὶ εἰς τὸ παντὶ ὑπάρχειν μεταλαμβάνει· τοῦτο γὰρ ἀδύνατον τὸ μηδενὶ ὑπάρχον, ὅτε μηδενὶ ὑπάρχει, παντὶ ὑπάρχειν λαβεῖν. ὡς γὰρ δύναται ὑπάρχουσα ἀληθὴς ἡ ἐνδεχομένη γενέσθαι, οὕτως αὐτὴν ὑποτίθεται προλαμβάνων τὸ μέλλον αὐτῆς. οὐ δύναται δὲ μενούσης τῆς καθόλου ἀποφατικῆς ὑπαρχούσης ἡ 'ἐνδέχεται παντί' εἰς τὸ παντὶ ὑπάρχειν μεταπεσεῖν ποτε, ἀλλ' ἔστιν ἡ ταύτης εἰς τὸ ὑπάρχειν μετάληψις ἀναίρεσις τῆς ἀντικειμένης ὑπαρχούσης ἀποφάσεως. οὐ γὰρ διὰ τοῦτο ψευδὴς ἡ ὑπόθεσις λέγεται, ὅτι, ὅτε μηδενὶ ὑπάρχει, τότε ὑποτίθεται παντὶ ὑπάρχειν. ἀλλ' ἐπεὶ τὸ μηδενὶ ὑπάρχειν τοιοῦτόν ἐστιν ὡς ἐνδεχομένως μὴ ὑπάρχειν, τούτου δηλωτικόν ἐστι τὸ παντὶ ἐνδέχεσθαι [μὴ] ὑπάρχειν,

---

1 εἰ BM: ἡ a post τὸ alterum superscr. δὲ B² 2. 3 τινὶ τῷ β̄ M 3 τὸ superscr. B 7 μὴ ὑπάρχειν αὐτῷ a 8 κειμένου . . . μετάληψις (9) om. M 11 μετάληψιν B pr. 12 post ὑπάρχειν superscr. τῆς μείζονος B² 14 ἐνδέχεσθαι aM 18 δὴ addidi: μὴ add. a: om. BM 20 λύοιτο aB: λέγοιτο M 22 ἐνδεχομένη] ἐν corr. B αὐτὴ aM 24 ἐνδέχεσθαι a 27 ὑπάρχει aM: ὑπάρχη B 28 ἡ ante ὑπάρχουσα transponit M γίνεσθαι M 29 προσλαμβάνων M 30 ἡ] ' in ras. B² τὸ corr. ex τι B 31 τὸ ὑπάρχον a 35 post τούτου add. γὰρ aM, superscr. B² μὴ delevi

ὃ μηδενὶ ὑπάρχει. ὅτι δὲ μεταπέσοι ἂν τὸ μηδενὶ ὑπάρχειν εἰς τὸ παντὶ 62v ὑπάρχειν, ἤδη αὐτὸ μεταπεπτωκέναι ὑποτίθεται. οἷον. ὃ αὔριον ἔσται. τοῦτο σήμερον εἶναι. τοῦτ' ἔστι σήμερον αὐτὸ πεπαῦσθαι τοῦ μηδενὶ ὑπάρχειν. ὃ τῷ προλαμβάνεσθαι ψεῦδος γίνεται. οὐκ ὂν ἀδύνατον· τὸ γὰρ μέλλον ὑπάρχειν ἤδη ὑπάρχον λαμβάνεται. οὐ γὰρ ἅμα καὶ ἐνδεχομένην αὐτὴν τηρεῖ καὶ ὑπάρχουσαν αὐτὴν λαμβάνει· οὕτως δ' ἂν ἦν. ⟨εἰ⟩. ὅτε τὸ Β μηδενὶ τῷ Γ ὑπάρχει, τότε παντὶ ὑπάρχειν λαμβανόμενόν ἐστι. καὶ σχεδὸν τὸ γινόμενόν ἐστι τοῦ μὴ ὑπάρχοντος μετάληψις εἰς τὸ ὑπάρχειν διὰ μέσου τοῦ ἐνδέχεσθαι. τὸ δὲ μεταλαμβανόμενον πῶς ἂν ἔτι ταὐτὸ φυλάσσοιτο. καὶ ὅτι μὲν ἡ μετάληψις οὐκ ἀδύνατον. δῆλον. τοιαύτης δὴ τῆς μεταλήψεως καὶ τῆς ὑποθέσεως γινομένης τὸ συναγόμενον τὸ τὸ Α τινὶ τῷ Β μὴ ὑπάρχειν παντὶ ὑπάρχοντος ἀδύνατον. οὐ γὰρ ἐν τῇ μεταλήψει τῆς ἐνδεχομένης προτάσεως τῆς ΒΓ εἰς τὴν ὑπάρχουσαν καὶ τὸ Α γίνεται τῷ Β παντὶ ὑπάρχον· οὕτως γὰρ ἂν ὅμοιον ἐγίνετο. νῦν δὲ κεῖται οὕτως τὸ Α τῷ Β παντὶ ὑπάρχον ὡς μὴ κατὰ χρόνον ὡρισμένως ὑπάρχειν μηδὲ μεταπίπτειν, ὥστε τῇ μεταπτώσει καὶ διὰ τὴν μετάπτωσιν δοκεῖν τὸ ἀδύνατον πεφηνέναι ἐν τῇ τοῦ ἐνδεχομένου εἰς τὸ ὑπάρχον μεταβολῇ· ὥστε, καὶ ὅταν ἀληθῶς μεταπέσῃ καὶ ὑπάρχον τὸ ἐνδεχόμενον γένηται. καὶ τότε ἔσται τὸ μὲν Α τῷ Β παντὶ ὑπάρχον. συναγόμενον δὲ τινὶ μὴ ὑπάρχειν. εἰ οὖν τότε ἀδύνατόν ἐστι. δῆλον ὅτι καὶ νῦν· ὅμοιον γὰρ καὶ ταὐτόν. ἐπισκεπτέον δὲ περὶ τούτων βέλτιον.

p. 34b19 Πάλιν ἔστω στερητικὴ πρότασις καθόλου ἡ ΑΒ. 63r

Δείκνυσι καὶ τὴν ἐξ ὑπαρχούσης καθόλου ἀποφατικῆς τῆς μείζονος καὶ ἐνδεχομένης καθόλου καταφατικῆς τῆς ἐλάττονος συζυγίαν ἐν πρώτῳ σχήματι συλλογιστικὴν διὰ τῆς εἰς ἀδύνατον πάλιν ἀπαγωγῆς. εἰ γὰρ τὸ Α τῷ Β μηδενὶ ὑπάρχει. τὸ δὲ Β τῷ Γ παντὶ ἐνδέχεται. τὸ Α τῷ Γ ἐνδέχεται μηδενί. εἰ γὰρ μή. τὸ ἀντικείμενον οὐκ ἐνδέξεται μηδενὶ τὸ Α τῷ Γ. ὃ μεταλαμβάνει εἰς τὸ ἐξ ἀνάγκης τινί· τοῦτο γὰρ αὐτῷ σημαίνει τὸ μὴ γὰρ ἐνδεχέσθω. ἀλλὰ καὶ τὸ Β παντὶ τῷ Γ ὑπαρχέτω· μετειλήφθω γὰρ πάλιν τὸ ἐνδεχόμενον εἰς τὸ ὑπάρχον· ἐν τρίτῳ σχήματι πάλιν γίνεται καὶ τὸ Α ὑπάρχον τινὶ τῷ Β. ἐν γὰρ τρίτῳ σχήματι ἐξ ἀναγκαίας ἐπὶ μέρους καταφατικῆς τῆς μείζονος καὶ ὑπαρχούσης καθόλου καταφατικῆς τῆς ἐλάττονος ἐπὶ μέρους καταφατικὸν ὑπάρχον ἐδείχθη συνάγεσθαι. ἀλλὰ μὴν ἀδύνατον τὸ τὸ Α τῷ Β τινὶ ὑπάρχειν· ἔκειτο γὰρ μηδενὶ ὑπάρχειν.

1 ὑπάρχει a: ὑπάρχειν BM 2 μεταπέπτωκεν a 5 ὑπάρχον BM: ὑπάρχειν a 6 τ[ηρεῖ καὶ ὑ]πάρχουσαν] unc. incl. perierunt in M λαμβάνει αὐτὴν aM εἰ a: om. BM τὸ bis a 8 ὑπάρχειν BM: ὑπάρχον a 10. 11 τῆς ὑποθέσεως καὶ τῆς μεταλήψεως a 14 ὑπάρχον scripsi: ὑπάρχειν libri 15 παντὶ periit in M ὡρισμένον a ὑπάρχειν aB: ὑπάρχον M 21 περὶ τούτων om. M 22 ἡ a et Ar.: τῇ B 25 πάλιν om. M 26 παντὶ τῷ γ̄ M 27 ἐνδέχεται M 29 τῷ γ̄ παντὶ aM 31 τινὶ τῷ β̄ ὑπάρχον aM ante τρίτῳ add. τῷ M ἀνάγκη B pr. M 31. 32 ἐπὶ μέρους καταφατικῆς ἀναγκαίας a 31 τινὶ τῷ β̄ a

τὸ δὴ ἀδύνατον τοῦτο πάλιν οὐ παρὰ τὸ μεταλαμβάνειν ἡμᾶς τὴν καθόλου 63r ἐνδεχομένην καταφατικὴν εἰς τὴν καθόλου καταφατικὴν ὑπάρχουσαν συνήχθη· τοῦτο γάρ, εἰ καὶ ψεῦδος, ἀλλ' οὐκ ἀδύνατον. τὸ δ' ἀδύνατον ἀδυνάτῳ ἐδείχθη ἑπόμενον· παρὰ τὴν ὑπόθεσιν ἄρα. τὸ ἄρα ἀντικείμενον ταύτῃ τῇ 'οὐκ ἐνδέχεται μηδενί' συναχθήσεται· τοῦτο δέ ἐστι τὸ ἐνδέχεσθαι μηδενί.

p. 34b27 Οὗτος οὖν ὁ συλλογισμὸς οὐκ ἔστι τοῦ κατὰ τὸν διορισμὸν ἐνδεχομένου, ἀλλὰ τοῦ μηδενὶ ἐξ ἀνάγκης.

Ὃ λέγει, τοιοῦτόν ἐστιν· οὔ φησι τὸ συμπέρασμα τὸ ἐπὶ τῆς συζυγίας τῆς ἐξ ἀποφατικῆς ὑπαρχούσης καθόλου τῆς μείζονος καὶ καταφατικῆς ἐνδεχομένης καθόλου τὸ μικρῷ πρόσθεν δειχθὲν διὰ τῆς εἰς ἀδύνατον ἀπαγωγῆς τὸ ἐνδέχεσθαι μηδενὶ τὸ Α τῷ Γ τοῦ κατὰ τὸν διορισμὸν ἐνδεχομένου γίνεσθαι, ἀλλὰ τοῦ μηδενὶ ἐξ ἀνάγκης τὸ Α τῷ Γ ὑπάρχειν. οὐκ ἔστι δὲ ἴσον τὸ ἐξ ἀνάγκης μηδενὶ τῷ μηδενὶ ἐξ ἀνάγκης, ὅ φησι συνάγεσθαι· ἄλλο γὰρ τούτου τὸ μηδενὶ ἐξ ἀνάγκης, οἷον οὐδενὶ ζῴῳ τὸ περιπατεῖν ἐξ ἀνάγκης· οὐ γὰρ ταὐτὸν τοῦτο τῷ ἐξ ἀνάγκης οὐδὲν ζῷον περιπατεῖν· τινὰ γὰρ περιπατεῖ καὶ ἐνδεχομένως περιπατεῖ, τινὰ δὲ καὶ ἐξ ἀνάγκης οὐ περιπατεῖ, ἐφ' ὧν πάντων ἀληθὲς τὸ 'οὐδενὶ ἐξ ἀνάγκης ὑπάρχει τὸ περιπατεῖν'. αἴτιον δὲ τοῦ τοῦτο συνάγεσθαί φησιν εἶναι, ὅτι ἦν μὲν ὑποκείμενον τὸ Α τῷ Γ ἐξ ἀνάγκης τινὶ ὑπάρχειν, ἐπεὶ εἰς τοῦτο μετελήφθη τὸ 'οὐκ ἐνδέχεται μηδενὶ τὸ Α τῷ Γ'. ἔστι δὲ ἀντικείμενον τῷ ἐξ ἀνάγκης τινὶ τὸ Α τῷ Γ τὸ οὐδενὶ ἐξ ἀνάγκης ἴσον ὂν καὶ ταὐτὸν τῷ οὐκ ἐξ ἀνάγκης τινί· ὥστε διὰ τὸ τὸ ἀντικείμενον ἐν ταῖς εἰς τὸ ἀδύνατον ἀπαγωγαῖς συνάγεσθαι τοῦ φανέντος ἀδυνάτου τοῦτ' ἂν εἴη συναγόμενον τὸ οὐδενὶ ἐξ ἀνάγκης, ὃ οὐκ ἔστιν ἴσον τῷ ἐνδέχεσθαι μηδενὶ τὸ Α τῷ Γ, ὅτι μηδὲ τὸ ἐξ ἀνάγκης τινὶ ἴσον ἐστὶ τῷ 'οὐκ ἐνδέχεται μηδενί', ἐξ οὗ μετελήφθη. τὸ μὲν γὰρ 'οὐκ ἐνδέχεται μηδενί' ἀληθὲς καὶ κατὰ τοῦ ἐξ ἀνάγκης τινὶ μή· ἀληθὲς γὰρ τὸ 'οὐκ ἐνδέχεται μηδενὶ ζῴῳ τὸ περιπατεῖν', οὐχ ὅτι ἐξ ἀνάγκης τινὶ αὐτῷ ὑπάρχει, ἀλλ' ὅτι τινὶ οὐχ ὑπάρχει ἐξ ἀνάγκης. ὅτι γὰρ τοῦτο ἀληθές, δῆλον ἐκ τοῦ μὴ εἶναι ἀληθὲς τὸ 'ἐνδέχεται μηδὲν ζῷον περιπατεῖν'. οὐκέτι δὲ κατὰ τοῦ ἐξ ἀνάγκης τινὶ μὴ ἀληθὲς τὸ ἐξ ἀνάγκης τινί. καὶ τῆς 'οὐδενὶ ἐξ ἀνάγκης' οὖν πρὸς τὴν 'ἐνδέχεται μηδενί' ἔστι τις διαφορά. ὁ μὲν γὰρ λέγων 'τὸ Α τῷ Γ ἐνδέχεται μηδενί' ἀναιρεῖ πάσας τὰς ἀναγκαίας τάς τε καταφατικὰς καὶ ἀποφατικάς, εἴ γε ἀντιστρέφει

1 λαμβάνειν M 4 ἄρα (post τὸ) scripsi: γὰρ BM: γοῦν a 5 συναχθήσεται a: συναχθῆναι BM ἐνδέχεται a 8 post ἀλλὰ expunxit καὶ B 10 καθόλου τῆς μείζονος om. M 11 δειχθὲν BM: ῥηθὲν a 13 μηδενὸς B pr. τὸ α τῷ γ ἐξ ἀνάγκης a 14 τὸ corr. B²: τῷ aM, et, ut videtur, B¹ τῷ B² corr.: τὸ aM 15 τούτου τὸ μηδενὶ B¹, ut videtur, corr.: τοῦτο τοῦ οὐδενὶ M et B pr., ut videtur: τοῦτο τοῦ μηδενὶ a 16 περιπατεῖ aM 17 γὰρ . . . περιπατεῖ, τινὰ om. M 23 τὸ alterum a, superscr. B²: om. M ἐν ταῖς superscr. B¹ τὸ (post εἰς) om. aM 25 ἐνδέχεται a 29 ἐξ ἀνάγκης οὐχ ὑπάρχει collocat M 32 οὖν ἐξ ἀνάγκης M ἐνδεχομένην a

ἡ 'ἐνδέχεται μηδενί' τῇ 'ἐνδέχεται παντί'. ἡ δὲ 'μηδενὶ ἐξ ἀνάγκης' τῶν 63r μὲν καταφατικῶν ἀναγκαίων ἐστὶν ἀναιρετική, οὐκέτι δὲ καὶ τῶν ἀποφατικῶν. ἡ γὰρ 'οὐδενὶ ἐξ ἀνάγκης' ἀληθὴς εἶναι δύναται οὔσης ἀληθοῦς τῆς 'τινὶ ἐξ ἀνάγκης οὐχ ὑπάρχει', ὡς ἡ 'οὐδὲν ζῷον ἐξ ἀνάγκης περιπατεῖ' | καὶ 'ἔστι τι ζῷον ἐξ ἀνάγκης οὐ περιπατοῦν'. ὁμοίως δὲ καὶ 63v 'οὐδὲν ζῷον ἐξ ἀνάγκης γελᾷ ἢ λαλεῖ' ἤ τι τῶν τοιούτων. αὐτὸς δὲ ἐδήλωσε διὰ τῆς λέξεως, ὅτι δεῖ τὴν 'οὐκ ἐνδέχεται μηδενί' ἐπὶ τῆς συζυγίας ταύτης εἰς τὴν ἐπὶ μέρους καταφατικὴν ἀναγκαίαν μεταλαμβάνειν· ἀληθὴς μὲν γάρ ἐστι καὶ ἐπὶ τῆς ἐπὶ μέρους ἀποφατικῆς ἀναγκαίας οὐδὲν ἧττον, ἀλλ' ἡ δεῖξις ἐπὶ ταύτης προχωρεῖ. τῆς οὖν, εἰς ἣν μεταλαμβανομένη δείκνυσι τὴν συζυγίαν συλλογιστικήν, ταύτης τὸ ἀντικείμενον κατασκευάζεται, ὅπερ ἐστὶ τὸ οὐδενὶ ἐξ ἀνάγκης. ἐπεὶ καὶ ἡ μετάληψις τῆς 'οὐκ ἐνδέχεται μηδενί' αὐτῆς οὐκ εἰς ἴσην τε καὶ τὴν αὐτὴν ἀλλ' εἴς τι τοιοῦτον, ὡς εἰ τὴν ἀρχὴν τῷ 'ἐνδέχεται μηδενί' μὴ προσεχρήσατο, ἀλλ' ἔλαβε συνάγεσθαι ἐκ τῆς προκειμένης συζυγίας τὸ οὐδενὶ ἐξ ἀνάγκης. εἰ γὰρ μὴ τοῦτο, τὸ ἀντικείμενον αὐτῷ τινὶ ἐξ ἀνάγκης· ἀλλ' ὑποτεθέντι τούτῳ ἀδύνατον ἕπεται· οὐκ ἄρα τοῦτο· τὸ ἀντικείμενον ἄρα αὐτῷ.

Ἀσαφὲς δὲ τὸ λεγόμενον ἡ τῶν ὅρων παράθεσις ποιεῖ. δι' ὧν γὰρ παρατίθεται ὅρων οὐ τὸ οὐδενὶ ἐξ ἀνάγκης τὸ Α τῷ Γ δείκνυσιν ἀλλὰ τὸ ἐξ ἀνάγκης οὐδενί, ὃ οὐδαμῶς ἀντίφασιν ποιεῖ πρὸς τὴν 'ἐξ ἀνάγκης τινί'· ἀμφότεραι γάρ εἰσιν ἀναγκαῖαι καταφατικαί· δεῖ δὲ τὴν ἀντιφατικῶς ἀντικειμένην τῇ 'ἐξ ἀνάγκης τινί' ἀποφάσκειν τὸ ἀναγκαῖον. οἱ δὲ ὅροι, οὓς παρατίθεται, εἰσὶ κόραξ μὲν ἐπὶ τοῦ Α, διανοούμενον δὲ ἐπὶ τοῦ Β, ἄνθρωπος δὲ ἐπὶ τοῦ Γ· ἐπὶ γὰρ τούτων τῶν ὅρων κόραξ μὲν οὐδενὶ διανοουμένῳ, τὸ δὲ διανοούμενον παντὶ ἀνθρώπῳ ἐνδέχεται, καὶ κόραξ ἐξ ἀνάγκης οὐδενὶ ἀνθρώπῳ, ἀλλ' οὐχὶ οὐδενὶ ἐξ ἀνάγκης, ὃ ἐβούλετο δεῖξαι συναγόμενον. ἀπήντησε δὲ τοῦτο παρὰ τὸ λαβεῖν τὴν μείζονα οὐχ ὑπάρχουσαν ἀποφατικὴν ἀλλ' ἀναγκαίαν τὴν Α Β· κόραξ γὰρ ἐξ ἀνάγκης οὐδενὶ διανοουμένῳ. οὗ καὶ αὐτὸς αἰσθανόμενος πάλιν ἄλλους ὅρους παρέθετο, δι' ὧν οὐκέτ' ἀναγκαῖον ἀποφατικόν φησι γίνεσθαι τὸ συμπέρασμα. ἔστι δέ, ἃ παρέθετο, κινούμενον ἐπὶ τοῦ Α, ἐπιστήμη ἐπὶ τοῦ Β, ἄνθρωπος ἐπὶ τοῦ Γ· τὸ μὲν γὰρ κινούμενον οὐδεμιᾷ ἐπιστήμῃ ὑπάρχει, ἐπιστήμη δὲ παντὶ ἀνθρώπῳ ἐνδέχεται, καὶ τὸ κινεῖσθαι ἐνδέχεται μηδενὶ ἀνθρώπῳ, τοῦτ' ἔστιν οὐδενὶ ἐξ ἀνάγκης ὑπάρχει ἀνθρώπῳ τὸ κινεῖσθαι. εἰ καὶ

1 παντὶ ἐνδέχεται aM τῶν bis a 3 δύναται εἶναι ἀληθὴς a 7 ante διὰ add. καὶ a δεῖ post μηδενί transponit a 9 ἀληθὲς a τὴν om. a 12 ἐστὶ M, superscr. B³: om. a ἐπεὶ καὶ scripsi: καὶ ἐπεὶ BM: καὶ ἐπειδὴ a: intercidisse videtur verbum velut ἐγένετο 13 οὐδενὶ M εἴς τι correxi: ἔστι libri post εἰ add. καὶ aM 14 ἐνδέχεσθαι a ἀλλὰ M 16 ὑποτιθέντι M τοῦτο B pr. post ἀδύνατον add. τι M 23. 24 ἄνθρωπος δὲ ἐπὶ in vestigiis manus primae evanidae B³: καὶ (om. M) ἄνθρωπος ἐπὶ aM 24 ἐπὶ alterum in ras. B² 27 post δὲ add. καὶ a 28 ἀποφατικὴν] sequentia alia manu neglegentius scripta sunt in M 29 ὅρους ἄλλους a ἄλλους . . . δι' ὧν (30) periit in M 30 τὸ om. M 31 ἐπὶ τοῦ . . . ἐπὶ periit in M 33 παντὶ ἀνθρώπῳ ἐνδέχεται periit in M 34 (κινεῖ)σθαι, εἰ καὶ periit in M

ὑπάρχει. ὅτι δὲ μήτε ἐπὶ τῶν πρώτων ὅρων μήτε ἐφ' ὧν δεύτερον 63v παρέθετο ὑπάρχουσαν ἔλαβεν ἀποφατικὴν ἀλλ' ἀναγκαίαν, αἰσθανόμενος ἐπεῖπε ληπτέον δὲ βέλτιον τοὺς ὅρους. εἰλήφθωσαν οὖν ὅροι ὀργίζεσθαι, γελᾶν, ἄνθρωπος· τὸ ὀργίζεσθαι μηδενὶ γελῶντι ὑπαρχέτω. τὸ γελᾶν παντὶ ἀνθρώπῳ ἐνδέχεται. τὸ ὀργίζεσθαι ἐνδέχεται μηδενὶ ἀνθρώπῳ ὑπάρχειν, οὐ τῷ μὴ ὑπάρχειν ἐνδέχεσθαι δὲ ὑπάρχειν (ὑπάρχει γὰρ πολλοῖς· ἐπεὶ ἦν ἂν τοῦ κατὰ τὸν διορισμὸν ἐνδεχομένου), ἀλλὰ τῷ μηδενὶ ἐξ ἀνάγκης ὑπάρχειν. ἔτι δὲ φανερώτερον, ἂν τὸ περιπατεῖν ληφθῇ μηδενὶ ἠρεμοῦντι, τὸ δὲ ἠρεμεῖν ἐνδεχόμενον παντὶ ζῴῳ· τὸ γὰρ περιπατεῖν οὐδενὶ ἐξ ἀνάγκης ζῴῳ. καίτοι τισὶν ἐξ ἀνάγκης οὐχ ὑπάρχει· ὥστ' οὐκ ἀληθὲς τὸ 'ἐνδέχεται μηδενί', ὅτι μὴ καὶ παντί.

Ζητήσεις δ' ἄν τις, πῶς ὑγιὲς τὸ λεγόμενον ὑπ' αὐτοῦ τὸ μὴ τοῦ κατὰ τὸν διορισμὸν ἐνδεχομένου γίνεσθαι τὸ συμπέρασμα· ὑπέθετο γὰρ τὸ ἀντικείμενον τοῦ ἐνδέχεσθαι μηδενί, ὅ ἐστιν 'οὐκ ἐνδέχεται οὐδενί', ὃ μετέλαβεν εἰς τὸ 'ἀνάγκη τινί' ὡς ἴσον ἐκείνῳ δυνάμενον. εἰ δὲ ἀντίφασις μὲν ἦν τοῦ 'ἐνδέχεται μηδενί' τὸ 'οὐκ ἐνδέχεται μηδενί', τοῦτο δ' ἴσον τῷ ἐξ ἀνάγκης τινί, ἀδύνατον δὲ ἐπηκολούθησε τοῦ ἐξ ἀνάγκης τινὶ ὑποτεθέντος, δῆλον ὡς τὸ ἀντικείμενον τούτῳ ἀληθές· ἴσον δὲ ἦν τοῦτο τῷ 'οὐκ ἐνδέχεται μηδενί', ᾧ ἀντίκειται τὸ ἐνδέχεσθαι μηδενί. πῶς οὖν οὐ γίνεται τοῦ κατὰ τὸν διορισμὸν ἐνδεχομένου τὸ συμπέρασμα; ἢ γὰρ οὐχ ὑγιῶς μετέλαβε τὸ 'οὐκ ἐνδέχεται μηδενί' εἰς τὸ 'ἀνάγκη τινί', καὶ ὅλη ἡ δεῖξις ψευδής· οὐκέτι | γὰρ γίνεται τὸ ἀντικείμενον τοῦ ἐνδεχομένου λαμβανόμενον, 64r ὃ ἔδει ὑποτίθεσθαι ἐν τῇ εἰς ἀδύνατον ἀπαγωγῇ· ἢ εἰ τοῦτ' ἔστι τὸ ὑποτεθέν, ὃ τὸ ἀντικείμενον, ἀδύνατον δὲ τοῦτο, πῶς οὐχὶ τοῦ κατὰ τὸν διορισμὸν ἐνδεχομένου τὸ συμπέρασμα; πῶς δὲ καὶ ἀντίφασίς ἐστι τὸ οὐδενὶ ἐξ ἀνάγκης τοῦ ἐξ ἀνάγκης τινὶ ὑπάρχειν, ὃ μετελήφθη ἐκ τῆς ἀποφάσεως τῆς 'οὐκ ἐνδέχεται μηδενί' ὡς ἴσον αὐτῇ δυνάμενον, ἰδεῖν ἄξιον· ἡ γὰρ λέγουσα οὐδενὶ ἐξ ἀνάγκης ἤτοι ὡς ἐξ ἀνάγκης ἀναιροῦσα τὸ κείμενον λαμβάνεται ἢ ὡς τὸ ἀναγκαῖον ἀναιροῦσα. ἡ μὲν οὖν ἐξ ἀνάγκης ἀναιροῦσα τὸ κείμενον οὐκ ἀπόφασις ἀλλ' ἀναγκαία κατάφασις, ἥτις οὐκ ἂν εἴη ἀντικειμένη τῇ 'ἐξ ἀνάγκης τινί' οὔσῃ καὶ αὐτῇ καταφάσει. ἡ δὲ τὸ ἀναγκαῖον ἀναιροῦσα ἀπόφασις μέν ἐστι καὶ ἀντικειμένη τῇ ἐξ ἀνάγκης τινὶ λεγούσῃ καταφάσει· πῶς δὲ ἔτι ἡ τοῦτο λέγουσα οὐ γίνεται ἐνδεχομένη; ἡ γὰρ τοῦ ἀναγκαίου ἀπόφασις ἐνδεχομένη. ἢ διὰ τοῦτο οὐκ ἔστιν ἐνδεχομένη ἡ οὐδενὶ ἐξ ἀνάγκης λέγουσα ὡς ἀναιροῦσα τὸ καταφατικὸν ἀναγκαῖον.

3 εἶπε a   ληπτέον ... ὅρους] cf. p. 173, 10   post οὖν add. οἱ M   6 οὐ τῷ correxi: οὕτω libri   7 διωρισμὸν M, ut semper   9 post ἀνάγκης add. ὑπάρχει a   11 μηδενὶ] μη in ras. B[3]   12 τοῦ μὴ omisso τὸ M   14 τοῦ BM: τῷ a   οὐδενί BM: μηδενί a   16 ἐνδέχεσθαι (post τοῦ et post οὐκ) a   μηδὲν (ante τὸ) M   post τὸ 2–3 lit. evan. B   23 post εἰ add. δὲ M   24 ὃ superscr. B[3]: om. aM   τοῦ om. M   26 ἐξ ἀνάγκης οὐδενὶ a   τοῦ corr. ex τῆς B[2]: τῷ aM   27 post δυνάμενον expunxit τὸ οὐδὲν ἐξ ἀνάγκης B   28 ἤ σοι a   32 ἐστι καὶ evan. M   τῇ ἐξ ἀνάγκης superscr. B   33 καταφάσει evan. M   ἔτι om. a   34 ἐνδεχομένη. ἢ evan. M   35 ante ὡς add. ἡ a

ἐπεί, κἂν παντὶ ὑπάρχῃ, μὴ ἀναγκαίως δέ. ἀληθής, κἂν τινὶ ἐξ ἀνάγκης 64r μὴ ὑπάρχῃ· τὸν γὰρ τρόπον τῆς ὑπάρξεως οὐ τὴν ὕπαρξιν ἀναιρεῖν ἐπαγγέλλεται. ἡ δὲ κατὰ τὸν διορισμὸν ἐνδεχομένη ἡ 'ἐνδέχεται μηδενί' οὐκ ἐν τῷ ἤδη ὑπάρχειν ἐτίθετο. ἀλλ' οὐδ' ἀληθὴς εἶναι δύναται, ἐφ' ὧν ἡ ἐπὶ μέρους ἀποφατικὴ ἀναγκαία ἀληθής, τῷ ἀντιστρέφειν τῇ 'ἐνδέχεται παντί'· ὡς γὰρ ἔφην, ἡ καθόλου ἐνδεχομένη πάσας τὰς ἀναγκαίας ἀναιρεῖ. ἀλλὰ καὶ ἡ μετάληψις τῆς 'οὐκ ἐνδέχεται μηδενί' εἰς τὴν 'ἐξ ἀνάγκης τινί' ἐγένετο ὡς εἰς συναληθευομένην μὲν οὐ μὴν ἄντικρυς ἴσον δυναμένην· τὸ γὰρ 'οὐκ ἐνδέχεται μηδενί', ὥσπερ ἀληθές ἐστι κατὰ τῆς ἐξ ἀνάγκης τινὶ ὑπάρχειν λεγούσης, οὕτως ἀληθές ἐστι καὶ κατὰ τῆς ἐξ ἀνάγκης τινὶ μὴ ὑπάρχειν λεγούσης, ὡς μετ' ὀλίγον δείξει καὶ αὐτός· εἰ γὰρ ἐξ ἀνάγκης τινὶ μή, οὐκ ἐνδέχεται οὔτε παντὶ οὔτε οὐδενί. ἀληθοῦς οὖν οὔσης τῆς 'οὐκ ἐνδέχεται μηδενί' καὶ κατὰ τῆς 'ἐξ ἀνάγκης τινὶ μή' μετέλαβεν αὐτήν, ὡς εἶπον ἤδη, εἰς τὴν 'ἐξ ἀνάγκης τινί', οὐχ ὡς εἰς τὴν αὐτὴν καὶ ἴσην, ἀλλ' ὅτι ἐπὶ ταύτης ἐδείκνυτο τὸ ἀδύνατον. τῆς δὲ ἀποφατικῆς ληφθείσης οὐκέτι. τοῦ γὰρ τὸ Α ἐξ ἀνάγκης τινὶ μὴ τῷ Γ ληφθέντος καὶ προσληφθέντος τοῦ Β παντὶ τῷ Γ ὑπάρχειν ἐγίνετο τὸ συμπέρασμα ἐν τρίτῳ σχήματι τὸ Α τινὶ τῷ Β μὴ ὑπάρχειν, ὃ οὐδὲν ἀδύνατον ἦν· ἔκειτο γὰρ μηδενὶ ὑπάρχειν. ἐπεὶ τοίνυν τούτου μὲν ληφθέντος οὐδὲν ἐδείκνυτο, τοῦ δὲ ἀναγκαίου καταφατικοῦ ἐπὶ μέρους λαμβανομένου εἱπετό τι ἀδύνατον, εἰς τοῦτο τῆς 'οὐκ ἐνδέχεται μηδενί' τὴν μετάληψιν ποιησάμενος οὐδὲν ἔλαττον οὔσης ἀληθοῦς καὶ κατὰ τούτου, εὑρὼν τι ἀδύνατον τῇ εἰς τοῦτο τῆς 'οὐκ ἐνδέχεται μηδενί' μεταλήψει ἀκολουθῆσαν, εἰκότως τὸ ἰδίως τούτῳ ἀντικείμενον, εἰς ὃ ἡ μετάληψις ἐγίνετο, φησὶ συναχθήσεσθαι, ἀλλ' οὐ τοῦτο, ἐξ οὗ ἡ εἰς τοῦτο μετάληψις. τῷ δὲ ἐξ ἀνάγκης τινὶ ἀντίκειται ἰδίως τὸ οὐδενὶ ἐξ ἀνάγκης ἴσον ὂν τῷ οὐκ ἐξ ἀνάγκης τινί· τοῦτο ἄρα διὰ τοῦ λόγου κατεσκεύασται, οὐ τὸ 'ἐνδέχεται οὐδενί', ἐπεὶ τὸ τούτῳ ἀντικείμενον τὸ 'οὐκ ἐνδέχεται μηδενί' οὐδὲν μᾶλλον ἦν ἀληθὲς κατὰ τοῦ 'ἀνάγκη τινί' ἢ κατὰ τοῦ 'ἀνάγκη τινὶ μή', ὧν τοῦ ἑτέρου ληφθέντος οὐδὲν ἀδύνατον συνήγετο. διὸ καὶ τὸ 'ἐνδέχεται μηδενί' ἀμφοτέρων ἐστὶν ἀναιρετικόν, τοῦ τ' ἐξ ἀνάγκης τινὶ καὶ τοῦ ἐξ ἀνάγκης τινὶ οὔ, καθ' ὧν ἐστιν ἀληθὴς ἡ ἀπόφασις ἡ 'οὐκ ἐνδέχεται μηδενί'. τοῦ δὲ μὴ ὡς ⟨εἰς⟩ ἴσον δυναμένην μετειλῆφθαι τὴν 'οὐκ ἐνδέχεται μηδενί' εἰς τὴν 'ἐξ ἀνάγκης

1 ἐπεὶ κἂν παντὶ evan. M   ὑπάρχει M   2 οὐ τὴν ὕπαρξιν ἀναιρεῖν evan. M   4 ἐτίθετο, ἀλλ' οὐδ' ἀληθὴς evan. M   5 ἀληθὲς a   ἐνδέχεται periit in M   6 ἔφην] p. 194,33   7 τῆς aB: τοῦ M   εἰς τὴν . . . ἐγένετο (8) evan. M   9 μηδενὶ ὥσπερ ἀληθές evan. M   ἐξ ἀνάγκης B et in ras. M: ἀναγκαίας a   10 οὕτως . . . λεγούσης (11) om. M   11 μετ' ὀλίγον δείξει] c. 17 p. 37a14 sqq.   ἐξ . . . μὴ (12) evan. M   13 καὶ om. M   [ἐξ ἀνάγ]κης] unc. incl. perierunt in M   μετέλαβον M   15 post ὅτι add. καὶ M: eras. B   16 τὸ aB: τοῦ M   ληφθέντος BM: ληφθέντι a   17 post τοῦ add. τὸ a   β παντὶ τῷ γ aB: γ παντὶ M   19 post ὑπάρχειν add. ἔσται δὲ συλλογισμὸς διὰ τῆς ἀντιστροφῆς M   22 οὔσης a: ὄντος BM   τούτου correxi: τοῦθ' libri: cf. vs. 9, 10, 13, 31   23. 24 τὸ ἰδίως τούτῳ om. M   24 τούτῳ a: τοῦτο B   25 τούτω (post οὐ) M   28 ante οὐδὲν add. καὶ M   31 οὔ τινι M: τινὶ μή a   32 εἰς a: om. BM

τινί' σημεῖον τὸ μὴ τῇ αὐτῆς ἀναιρέσει τὴν ἀντικειμένην τῇ. ἐξ ἧς μετελήφθη, τίθεσθαι λέγειν αὐτὸν ἀλλὰ τὴν ἀντικειμένην ταύτῃ ὡς ἄλλην οὖσαν τῆς τῇ 'οὐκ ἐνδέχεται μηδενί' ἀντικειμένης, ἥτις ἦν ἡ 'ἐνδέχεται μηδενί'.

Ἢ τούτοις χρώμενον οἷόν τέ ἐστιν λέγειν μηδὲ ἐπὶ τῆς προειρημένης συζυγίας τῆς ἐκ καταφατικῶν τοῦ κατὰ τὸν διορισμὸν ἐνδεχομένου τὸ συμπέρασμα γίνεσθαι. καὶ γὰρ ἐπ' ἐκείνης ἡ μετάληψις τῆς 'οὐκ ἐνδέχεται παντί' εἰς τὴν 'ἐξ ἀνάγκης τινὶ οὔ' ἐγένετο· τῇ γὰρ εἰς ταύτην μεταλήψει τὸ ἀδύνατον δείκνυται. ἂν γὰρ εἰς τὴν 'ἐξ ἀνάγκης τινί' μεταληφθῇ ἡ 'οὐκ ἐνδέχεται παντί', οὐδὲν ἀδύνατον συμβαίνει, ὥσπερ οὐδ' ἐπὶ ταύτης, ἂν εἰς τὸ 'ἀνάγκη τινὶ μή'. εἰ δὲ τοῦτο, τὸ ἰδίως ἀντικείμενον τῷ ἐξ ἀνάγκης τινὶ μὴ ὑπάρχειν εἴη ἂν κατασκευαζόμενον, ὃ εἴη ἂν τὸ οὐδενὶ ἐξ ἀνάγκης οὐχ ὑπάρχειν ἴσον ὂν τῷ 'οὐκ ἐξ ἀνάγκης τινὶ οὐχ ὑπάρχει'. ὃ εἰ μὲν μόνον τῇ φωνῇ διαφέρει τοῦ 'ἐνδέχεται παντί', εἴη ἂν τοῦ κατὰ τὸν διορισμὸν ἐνδεχομένου τὸ συμπέρασμα. εἰ δὲ δύναται εὑρεθῆναι ἐπί τινος ὕλης ἐξ ἀνάγκης μὲν τινὶ ὑπάρχον, μὴ ἐξ ἀνάγκης δὲ τινὶ οὐχ ὑπάρχον, εἴη ἂν ἐπ' ἐκείνου τὸ μὲν 'οὐδενὶ ἐξ ἀνάγκης οὐχ ὑπάρχει' ἀληθές, τὸ δὲ 'ἐνδέχεται παντί' οὐκέτι. εἴ γε. ὃ ἐνδέχεται παντί, ἐνδέχεται καὶ μηδενί. τὸ δὲ ἐξ ἀνάγκης τινὶ ὑπάρχον ἐνδέχεσθαι μηδενὶ λέγειν ψεῦδος. οὕτως τε οὐδὲ ἐπ' ἐκείνης ἂν τῆς συμπλοκῆς τὸ κατὰ τὸν διορισμὸν ἐνδεχόμενον συνάγοιτο. ἡ μὲν οὖν λέγουσα πρότασις 'οὐδὲν ζῷον ἐξ ἀνάγκης οὐκ ἔστιν ἀναπνευστικόν' οὐκ ἂν εἴη τοιαύτη· ἀληθὴς γὰρ αὕτη τῷ τὶ μὲν ἐξ ἀνάγκης ζῷον ἀναπνευστικὸν εἶναι τὶ δὲ ἐξ ἀνάγκης μὴ εἶναι ἀναπνευστικόν. καὶ εἴη ἂν αὕτη ἡ κυρίως ἀντικειμένη τῇ 'ἐνδέχεται μηδενί'. τοιαύτη δὲ ἡ 'οὐκ ἐνδέχεται μηδενί'· καὶ γὰρ ἀεὶ κατὰ τῆς 'τινὶ ἐξ ἀνάγκης οὐχ ὑπάρχει' καὶ κατὰ τῆς 'τινὶ ἐξ ἀνάγκης ὑπάρχει' ὁμοίως ἡ τοιαύτη ἀληθὴς ἡ 'οὐκ ἐνδέχεται μηδενὶ ζῴῳ τὸ ἀναπνευστικόν'. εἴη δ' ἂν καὶ ἡ τῆς 'ἐνδέχεται παντί' ἀπόφασις ἡ 'οὐκ ἐνδέχεται παντί' ἐπὶ τῆς κειμένης ὕλης ἀληθὴς ὁλοκλήρως· ἀληθὲς γὰρ ὁμοίως καὶ τὸ 'οὐκ ἐνδέχεται μηδενί'. ἑκατέρα γὰρ αὐτῶν ἀληθεύεται κατ' ἀμφοτέρων· καὶ γὰρ καὶ κατὰ τοῦ ἐξ ἀνάγκης τινὶ καὶ κατὰ τοῦ ἐξ ἀνάγκης τινὶ μή. ἐπισκεπτέον δέ, μὴ δύναται εἶναι τοιαύτη ἡ λέγουσα 'οὐδὲν λογικὸν ἐξ ἀνάγκης οὐ νοεῖ' ἢ 'οὐδὲν νοῦν ἔχον ἐξ ἀνάγκης οὐ νοεῖ'· εἰ γὰρ παρεδέξατό τις καὶ τὸ θεῖον λογικὸν εἶναι, τούτῳ μὲν ἐξ ἀνάγκης ὑπάρχει τὸ νοεῖν, οὐδενὶ δὲ ἐξ ἀνάγκης λο-

1 αὐτῇ M ἐξῆς libri 3 τῇ BM: τοῦ a 6. 7 γίνεσθαι τὸ συμπέρασμα a 8 τινὶ corr. B[2] μεταλήψει] ει in ras. B[2] 10 παντὶ aB: μηδενὶ (superscripto παντὶ) M 11 τοῦτο τὸ evan. M 12 ὑπάρχειν a: ὑπάρχον BM ἐξ ἀνάγκης οὐδενὶ M 13 οὐχ BM: μὴ a ὑπάρχειν ἴσον evan. M οὐχ alterum om. a 14 ἐνδέχεσθαι a 14. 15 τοῦ κατὰ τὸν διορισμὸν evan. M 17 (ἀν)άγκης . . . δὲ ἐνδέχεται (18) evan. M 18 ὃ scripsi: τὸ libri 19 ante ὑπάρχον add. οὐχ a: expunxit B: om. M (ἐν)δέχεσθαι . . . ψεῦδος evan. M 20 οὕτω M 21 λέγουσα . . . ζῷον evan. M 24 αὕτη ἂν a 26 οὐχ om. a ὑπάρχει prius corr. ex ὑπάρχειν B[2] post ἀνάγκης add. οὐχ a: ras. in B: om. M ὑπάρχει (post ἀνάγκης) B corr., M: ὑπάρξει B pr.: ὑπάρχειν a 29 ὁμοίου M καὶ τὸ aB: τὶ M 30 αὐτῶν om. M 33 οὐ νοεῖ ἐξ ἀνάγκης M 34 μὲν M: μὴ aB

γικῷ τὸ μὴ νοεῖν. δόξει τοιαύτη εἶναι καὶ ἡ ʻοὐδὲν σῶμα φυσικὸν ἐξ 64v
ἀνάγκης οὐ κινεῖται κατὰ φοράν᾿· εἰ γὰρ καὶ ἡ κυκλοφορία φορά, τῷ μὲν
κυκλοφορητικῷ ἐξ ἀνάγκης ὑπάρξει ἡ φορά. οὐδὲν δὲ ἔσται σῶμα. ᾧ ἐξ
ἀνάγκης οὐχ ὑπάρχει ἡ φορά. εἰ δὲ ἀληθῆ ταῦτα. καὶ ἐν ἐκείνῃ τῇ
συμπλοκῇ ἂν εἴη οὐχ ἡ κατὰ τὸν διορισμὸν ἐνδεχομένη συναγομένη ἀλλ᾿ 30
ἡ προειρημένη ἀντικειμένη τῇ ʻἐξ ἀνάγκης τινὶ μή᾿, εἰς ἣν μετελήφθη ἡ
ἀπόφασις τῆς ἐνδεχομένης. εἰ γάρ τις καὶ ταύτας ἐνδεχομένας τὰς κατὰ
τὸν διορισμὸν λέγοι, ὥσπερ οἱ περὶ Θεόφραστον λέγουσιν. οὐκέτ᾿ ⟨ἂν⟩
ἀληθὲς εἴη τὸ τὰς ἐνδεχομένας καταφατικάς τε καὶ ἀποφατικὰς ἀντιστρέφειν
ἀλλήλαις. ἔσται οὖν καί, ἐν ᾗ ἡ μείζων καταφατικὴ ὑπάρχουσα. ὁμοίως 35
τῇ, ἐν ᾗ ἡ μείζων ἀποφατική, ἔχουσα συμπέρασμα οὐ τοῦ κατὰ τὸν διορισμὸν ἐνδεχομένου. ἥτις γὰρ ἂν ᾖ τῇ, εἰς ἣν ἡ μετάληψις γέγονεν, ἰδίως
καὶ οἰκείως ἀντικειμένη. αὕτη συναγομένη δείκνυται τῷ τὴν εἰς ἀδύνατον
ἀπαγωγὴν μηδὲν ἄλλο τιθέναι ἢ τὸ ἀντικείμενον τοῦ ὑποτεθέντος, ᾧ τὸ
ἀδύνατον ἠκολούθησεν.

p. 34b39 Τὸ μὲν οὖν Α οὐδενὶ τῷ Β ὑπάρξει. τὸ δὲ Β παντὶ τῷ 40
Γ ἐνδέχεται[. καὶ οὐκ ἔσται τὸ συμπέρασμα ἀναγκαῖον]· οὐ γὰρ
ἀνάγκη μηδένα κινεῖσθαι ἄνθρωπον, ἀλλ᾿ οὐκ ἀνάγκη τινά.

Βουληθεὶς δεῖξαι ἐπὶ τῶν ὅρων. ὅτι ἐπὶ τῆς ἐκκειμένης συζυγίας συμπέρασμα γίνεται οὐ τὸ ἐξ ἀνάγκης οὐδενὶ ἀλλὰ τὸ οὐδενὶ ἐξ ἀνάγκης. ἐπεὶ
ἐπὶ τῶν πρώτων. ὧν παρέθετο, ὅρων ἦν συναγόμενον τὸ ἐξ ἀνάγκης οὐδενί 45
(καὶ γὰρ ἡ μείζων πρότασις ἀντὶ ὑπαρχούσης ἦν ἀναγκαία ἀποφατικὴ ἀλλ᾿
οὐχ ὑπάρχουσα), | ἄλλους πάλιν ὅρους παραθέμενος δεικνύναι πειρᾶται. ὃ 65r
προέθετο. οἱ δὲ ὅροι κινούμενον, ἐπιστήμη. ἄνθρωπος· τὸ κινεῖσθαι οὐδεμιᾷ ἐπιστήμῃ, ἡ ἐπιστήμη ἐνδέχεται παντὶ ἀνθρώπῳ· συμπέρασμα τὸ
κινεῖσθαι οὐδενὶ ἀνθρώπῳ ἐξ ἀνάγκης. ὃ ὅτι ἄλλο ἐστὶ τοῦ ἐξ ἀνάγκης
μηδενὶ ἀνθρώπῳ τὸ κινεῖσθαι, καὶ πῶς ἄλλο. ἐξηγούμενός φησιν οὐ γὰρ 5
ἀνάγκη μηδένα κινεῖσθαι ἄνθρωπον. ἀλλ᾿ οὐκ ἀνάγκη τινά. ὃ
δηλοῦται. ἵνα διὰ μὲν τῆς οὐ γὰρ ἀνάγκη μηδένα κινεῖσθαι ἀνέλῃ
τὸ ἀναγκαῖον ἀποφατικὸν γίνεσθαι τὸ συμπέρασμα. τοῦτ᾿ ἔστιν δείξῃ μὴ
ὂν μὲν τοῦ ἐξ ἀνάγκης μηδενί, δείξῃ δέ. ὅτι τοῦ ʻοὐκ ἀνάγκη᾿ γίνεται τὸ
συμπέρασμα. τοῦτο γάρ ἐστι τὸ ἀλλ᾿ οὐκ ἀνάγκη τινά, ὡς εἰ ἔλεγεν

1 τὸ aB: τί M 1. 2 ἐξ ἀνάγκης σῶμα φυσικὸν a 2 οὐ κινεῖται corr. ex οὐκ εἶναι τὸ B κατὰ φορὰν a: καταφοράν BM 3 κυκλοφορικῷ M δὲ om. M ᾧ M: superscr. B: post ἀνάγκης (4) transponit a 4 οὐχ om. a 6 ἀντικειμένης M μή M, supra ras. B: οὔ a 8 λέγει a ἂν addidi 11 καταφατική a ante συμπέρασμα add. τὸ aM 12 ᾖ aB: ἡ M 13 αὕτη scripsi: αὐτῇ BM: αὐτή a 15 δυνατὸν a 16—18 non lemma, sed textus verba in M 17 καὶ . . . ἀναγκαῖον non novit Alexander: cf. p. 200, 5—9 18 τινάς M 24 παρέθετο M (ἀγο superscr.) 25 ἀνθρώπῳ παντὶ a 26 ἐξ ἀνάγκης ἀνθρώπῳ a ἀνάγκης prius evan. M ὃ . . . ἐστὶ evan. M 28 μηδένα] huc usque M 30 δείξει a 31 δείξῃ a: δεῖξαι B τοῦ alterum om. a

'οὐ τόδε, ἀλλὰ τόδε γε τὸ συμπέρασμα'. τοῦτ' ἔστιν οὐ τοῦ 'ἀνάγκη μηδένα' 65r ἀλλὰ τοῦ 'οὐκ ἀνάγκη μηδένα'. ἀντὶ δὲ τοῦ 'οὐκ ἀνάγκη μηδένα' εἶπεν ἀλλ' οὐκ ἀνάγκη τινά, ὡς ἴσον ἐκείνῳ δυνάμενον τῷ οὐδενὶ ἐξ ἀνάγκης, ὃ δηλοῦται ὑπὸ τῆς 'τὸ κινεῖσθαι οὐδενὶ ἐξ ἀνάγκης ἀνθρώπῳ' ἀναιρετικὸν ὂν τοῦ ἐξ ἀνάγκης ὑπάρχειν ἀνθρώπῳ τὸ κινεῖσθαι. εἰπὼν δὲ μετὰ τοῦτο τὸ δὲ Β παντὶ τῷ Γ ἐνδέχεται· οὐ γὰρ ἀνάγκη μηδένα κινεῖσθαι ἄνθρωπον ἀσαφεστέραν τὴν δεῖξιν ἐποίησε· δοκεῖ γάρ, ὅσον ἐπὶ τῇ λέξει, οὐ περὶ τοῦ συμπεράσματος ταῦτα λέγειν ἀλλὰ περὶ τῆς ΒΓ προτάσεως, ἧς ἐμνημονεύκει.

p. 35a3 Ἐὰν δὲ τὸ στερητικὸν τεθῇ πρὸς τὸ ἔλαττον ἄκρον ἐνδέχεσθαι σημαῖνον.

Δείξας τὸ συναγόμενον οὔσης τῆς μείζονος καθόλου ἀποφατικῆς ὑπαρχούσης τῆς δὲ ἐλάττονος ἐνδεχομένης καταφατικῆς νῦν λέγει περὶ συζυγίας, ἐν ᾗ ἡ μὲν μείζων καθόλου καταφατικὴ ὑπάρχουσά ἐστιν ἡ δὲ ἐλάττων ἐνδεχομένη ἀποφατική. φησὶ δή, ὅτι μενούσης τῆς ἐλάττονος τῆς ἐνδεχομένης ἀποφατικῆς οὐδὲν συναχθήσεται, μεταληφθείσης δὲ αὐτῆς εἰς τὸ καταφατικόν, ἐπεί, ὃ ἐνδέχεται μηδενί, καὶ παντὶ ἐνδέχεται (ἀντιστρέφει γὰρ ἀλλήλοις), ἔσται συλλογισμός, ὥσπερ καὶ ἐν τοῖς ἔμπροσθεν ἐδείχθη, ἐν οἷς ἐκ μὲν τῶν κειμένων οὐδὲν συνήγετο, μεταληφθέντος δὲ τοῦ ἐνδεχομένου ἀποφατικοῦ εἰς τὸ ἐνδεχόμενον καταφατικὸν ἐγίνετο. ἔσται γὰρ συμπέρασμα καθόλου καταφατικὸν ἐνδεχόμενον οὔσης συζυγίας ἐκ καθόλου καταφατικῆς ὑπαρχούσης τῆς μείζονος καὶ καθόλου καταφατικῆς ἐνδεχομένης τῆς ἐλάττονος, καθ' ἃ δεδεῖχθαι δοκεῖ. δύναται διὰ τοῦ εἰπεῖν ἐὰν δὲ ἀντιστραφῇ τὸ ΒΓ καὶ ληφθῇ τὸ Β παντὶ τῷ Γ οὐ μόνον τὴν ἀντιστροφὴν εἰρηκέναι τῆς ἀποφατικῆς ἐνδεχομένης εἰς τὴν καταφατικὴν ἀλλὰ καὶ τὴν μετάληψιν τῆς ἐνδεχομένης εἰς τὴν ὑπάρχουσαν, δι' ἧς ἐγίνετο ἡ εἰς ἀδύνατον ἀπαγωγή· τοιοῦτο γὰρ τὸ καὶ ληφθῇ τὸ Β παντὶ τῷ Γ. ἀλλὰ καὶ εἰ τῆς μείζονος οὔσης καθόλου ἀποφατικῆς ὑπαρχούσης ἡ ἐλάττων εἴη καθόλου ἀποφατικὴ ἐνδεχομένη, ἐκ μὲν τῶν κειμένων οὐδὲν συναχθήσεται, μεταληφθείσης δὲ τῆς ἀποφατικῆς ἐνδεχομένης εἰς τὴν καταφατικὴν ὁ αὐτὸς ἔσται συλλογισμός, ὃς ἐγίνετο, καὶ ὅτε τὴν ἀρχὴν ἐνδεχομένη ἔκειτο ἡ ἐλάττων καθόλου καταφατικὴ τῆς μείζονος οὔσης καθόλου ἀποφατικῆς ὑπαρχούσης. ὁ δὲ αὐτὸς ἔσται συλλογισμὸς προσέθηκεν ἴσως εἰς δήλωσιν, ὅτι τὸ συμπέρασμα μηδ' ἐπὶ ταύτης τῆς συζυγίας τοῦ κατὰ τὸν διορισμὸν ἔσται ἐνδεχομένου, ὥσπερ ἐδείχθη μηδ' ἐπ' ἐκείνης γινόμενον.

1 γε om. a 4 οὐδενὶ om. a 6 post ἐνδέχεται add. τὸ Β 10 ἔλασσον a 15 τῆς alterum om. a 17 ὃ scripsi: τὸ aB: cf. p. 198, 18 ἐν τοῖς ἔμπροσθεν] c. 14 p. 33a5 sqq. 24 ante ῇ καὶ eras. τὸ B post τῷ ῇ add. ἐνδέχεσθαι Ar. (om. a): cf. vs. 28 25 καταφατικὴν B: ἀποφατικὴν a 28 εἰ B: ἡ a 30 ἐνδεχομένης ἀποφατικῆς a 34 ante ὅτι add. τοῦ a

p. 35a20 Ἐὰν δὲ μὴ ὑπάρχειν τεθῇ τὸ Β τῷ Γ καὶ μὴ ἐνδέχεσθαι μὴ ὑπάρχειν. 65r

Μεταλαβὼν τὴν ἐλάττονα πρότασιν εἰς ὑπάρχουσαν ἀποφατικήν. φησὶ μηδένα ἔσεσθαι συλλογισμὸν μήτε ἐνδεχομένης καταφατικῆς τῆς μείζονος οὔσης μήτε ἐνδεχομένης ἀποφατικῆς. καὶ τοῦτο οὕτως ἔχον δείκνυσι πάλιν, ὡς ἔθος αὐτῷ, τῇ τῶν ὅρων παραθέσει δείξας καὶ παντὶ ἐξ ἀνάγκης καὶ μηδενί. τοῦ μὲν οὖν ἐξ ἀνάγκης ὑπάρχειν τὸ Α τῷ Γ ὅρους παρέθετο λευκὸν ἐπὶ τοῦ Α, ζῷον ἐπὶ τοῦ Β, | χιόνα ἐπὶ τοῦ Γ· τὸ γὰρ λευκὸν καὶ 65v παντὶ ζῴῳ ἐνδέχεται καὶ ἐνδέχεται μηδενί. καὶ τὸ ζῷον χιόνι οὐχ ὑπάρχει, καὶ τὸ λευκὸν χιόνι ἐξ ἀνάγκης. τοῦ δὲ μηδενὶ λευκόν. ζῷον, πίτταν· πάλιν γὰρ τὸ μὲν λευκὸν ζῴῳ ἐνδέχεται καὶ παντὶ καὶ μηδενί, ζῷον ⟨δὲ⟩ πίττῃ οὐχ ὑπάρχει. καὶ τὸ λευκὸν ἐξ ἀνάγκης οὐδεμιᾷ πίττῃ. ἀληθέστερον δ' ἂν αἱ προτάσεις κατὰ τὴν ἐκκειμένην συζυγίαν ἔχοιεν, εἰ λάβοιμεν ὅρους ἐπὶ μὲν τοῦ παντὶ ὑπάρχειν κινεῖσθαι, λευκόν, περιπατοῦν· τὸ γὰρ κινεῖσθαι ἐνδέχεται καὶ παντὶ λευκῷ καὶ οὐδενί, καὶ τὸ λευκὸν μηδενὶ ὑπαρχέτω περιπατοῦντι, καὶ τὸ κινεῖσθαι ἐξ ἀνάγκης παντὶ περιπατοῦντι. τοῦ δὲ μηδενὶ κινεῖσθαι, λευκόν, ἑστώς· πάλιν γὰρ τὸ μὲν κινεῖσθαι ἐνδέχεται καὶ παντὶ λευκῷ καὶ οὐδενί. καὶ τὸ λευκὸν μηδενὶ ἑστῶτι ὑπαρχέτω. καὶ τὸ κινεῖσθαι ἐξ ἀνάγκης οὐδενὶ ἑστῶτι. οὐδὲν δὲ κωλύει ὑπὲρ σαφεστέρας διδασκαλίας τοὺς ὅρους μεταλαμβάνειν αὐτοῦ προειρηκότος, ὅτι "ληπτέον βέλτιον τοὺς ὅρους". ἢ οὐ γίνεται ἐπὶ τούτων τῶν ὅρων ἁπλῶς ἀναγκαῖα τὰ συμπεράσματα, ἀλλὰ μετὰ διορισμοῦ· τὸ γὰρ κινεῖσθαι ἐξ ἀνάγκης παντὶ περιπατοῦντι, ἔστ' ἂν περιπατῇ, καὶ πάλιν οὐδενὶ ἑστῶτι, ἔστ' ἂν ᾖ ἑστώς. ἀλλὰ καὶ ὣς ἀσυλλόγιστος ἡ συζυγία.

p. 35a25 Φανερὸν οὖν, ὅτι καθόλου τῶν ὅρων ὄντων.

Ὡς εἶπεν ἐν ταῖς ἐξ ὑπαρχούσης καὶ ἐνδεχομένης μεμιγμέναις συζυγίαις ἐν πρώτῳ σχήματι ἀμφοτέρων οὐσῶν καθόλου τῶν προτάσεων γίνεσθαι συλλογισμόν, ὑπομνήσας ἡμᾶς ἑξῆς μέτεισιν ἐπὶ τὸ λέγειν περὶ τῶν τὴν μὲν ἑτέραν ἐχουσῶν καθόλου τὴν δὲ ἑτέραν ἐπὶ μέρους τῶν προτάσεων· διαστήματα γὰρ τὰς προτάσεις λέγει. ἐξ αὐτῶν δὲ εἶπε τῆς ἐλάττονος ἐνδεχομένης οὔσης οὐχ ὡς δι' αὐτῶν τῆς δείξεως μόνον γινομένης (πᾶσαι γὰρ αἱ τοιαῦται συμπλοκαὶ δείκνυνται διὰ τῆς εἰς ἀδύνατον ἀπαγωγῆς), ἀλλ' ὅτι ἡ καταφατικὴ χωρὶς ἀντιστροφῆς δείκνυται· ὅταν γὰρ ἀποφατικὴ τεθῇ, δεῖ πρῶτον αὐτὴν εἰς τὴν καταφατικὴν ἀντιστραφῆναι. τῆς μὲν οὖν μεί-

---

1 post β add. παντὶ Ar. (om. a) 7 οὖν a: ὂν B 8 ἐπὶ τοῦ α λευκόν, ἐπὶ τοῦ β ζῷον, ἐπὶ τοῦ γ̄ χιόνα a 9 ἐνδέχεται alterum om. a 10 πίτταν a: πίττα B 11 δὲ a: om. B 13 ἐκκειμένην] ἐκ in ras. B 17 ἑστώς in mg. add. B[3] 18 καὶ τὸ (post ὑπαρχέτω) B: τὸ δὲ a 20 προειρηκότος] p. 35a2 post ληπτέον add. δὲ ex Arist. a 23 οὐδενὶ bis a ἑστώς corr. ex ἔστω B[3] 25 ὄντων om. a 26 μεμιγμέναις om. a 34 δεῖ a: ἤδη B ἀποφατικὴν a

ζονος καθόλου οὔσης ἐνδεχομένης εἴτε καταφατικῆς εἴτε ἀποφατικῆς τῆς 65v δὲ ἐλάττονος ἐπὶ μέρους καταφατικῆς ὑπαρχούσης ἔσεσθαί φησι συλλογισμοὺς τελείους τοῦ ἐνδέχεσθαι τὸ πρῶτον τῷ ἐσχάτῳ τινὶ ᾖ ἐνδέχεσθαι τινὶ μή· τελείους δέ, ὅτι διὰ τοῦ κατὰ παντὸς πάλιν καὶ τοῦ κατὰ μηδενὸς καὶ ἡ τούτων συναγωγὴ φανερὰ καὶ οὐδενὸς ἔξωθεν πρὸς τὸ δειχθῆναι δεόμενοι. ἐὰν δὲ μετατεθῶσιν οἱ κατὰ τὰς προτάσεις τρόποι καὶ γένηται ἡ μὲν μείζων ὑπάρχουσα καθόλου ἡ δὲ ἐλάττων ἐπὶ μέρους ἐνδεχομένη, καταφατικαὶ δὲ ἀμφότεραι ᾖ ἀμφότεραι ἀποφατικαί, ᾖ ἡ μὲν καταφατικὴ ἡ δὲ ἀποφατικὴ ᾗ ὁποτέρα, ἔσεσθαί φησι συλλογισμόν, πλὴν ἀτελῆ. καὶ προστίθησι τὴν αἰτίαν τοῦ πάντας ἀτελεῖς γίνεσθαι λέγων πλὴν οἱ μὲν διὰ τοῦ ἀδυνάτου δειχθήσονται. οἱ δὲ δι' ἀντιστροφῆς, ὃ ἴσον ἐστὶ τῷ ὅτι πάντες μὲν διὰ τοῦ ἀδυνάτου δειχθήσονται, οἱ δὲ τὴν ἐλάττονα ἐνδεχομένην ἐπὶ μέρους ἀποφατικὴν ἔχοντες καὶ διὰ τῆς ἀντιστροφῆς· μεταληφθέντος γὰρ τοῦ ἀποφατικοῦ ἐνδεχομένου εἰς τὸ καταφατικὸν ἐνδεχόμενον. ἔτι καὶ οὗτοι τῆς εἰς ἀδύνατον ἀπαγωγῆς δέονται τῷ. ἐν αἷς συζυγίαις ἐστὶν ἡ μείζων ὑπάρχουσα, ταύτας δείκνυσθαι συλλογιστικὰς διὰ τῆς εἰς ἀδύνατον ἀπαγωγῆς. ὁ δὲ τρόπος τῆς δείξεως καὶ τῆς εἰς ἀδύνατον ἀπαγωγῆς ὁ αὐτός, ὅσπερ καὶ ὅτε ἦσαν ἀμφότεραι αἱ προτάσεις καθόλου τῆς μείζονος ὑπαρχούσης οὔσης. εἰ γὰρ τὸ Α παντὶ τῷ Β ὑπάρχει, τὸ δὲ Β τινὶ τῷ Γ ἐνδέχεται, καὶ τὸ Α τινὶ τῷ Γ ἐνδέξεται. εἰ γὰρ μή, τὸ ἀντικείμενον· ἀντίκειται δὲ τῷ 'ἐνδέχεται τινί' τὸ 'οὐκ ἐνδέχεται τινί', ὃ ἴσον ἐστὶ τῷ ἐξ ἀνάγκης οὐδενί. τὸ δὴ Α τῷ Γ οὐδενὶ ἐξ ἀνάγκης· εἰλήφθω καὶ τὸ Β τινὶ τῷ Γ ὑπάρχον· καὶ γὰρ ἐν ἐκείναις μετελαμβάνετο τὸ ἐνδεχόμενον εἰς τὸ ὑπάρχον. ψεῦδος μὲν οὐ μὴν ἀδύνατον ⟨ὄν⟩. γίνεται δὴ ἐν τρίτῳ σχήματι ἀναγκαία ἡ μείζων καθόλου ἀποφατική, ἐπὶ μέρους δὲ 66r καταφατικὴ ἡ ἐλάττων ὑπάρχουσα· συμπέρασμα ἐπὶ μέρους ἀποφατικὸν ἀναγκαῖον. τὸ Α ἄρα τινὶ τῷ Β ἐξ ἀνάγκης οὐχ ὑπάρχει, ὅπερ ἀδύνατον· ὑπέκειτο γὰρ παντὶ ὑπάρχειν. κἂν μὴ ἀναγκαῖον δὲ γένηται τὸ συμπέρασμα ἀλλ' ὑπάρχον ἐπὶ μέρους ἀποφατικόν, καὶ οὕτως ἀδύνατον τὸ συναγόμενον· ἀδύνατον γὰρ τὸ παντὶ ὑπάρχον τινὶ μὴ ὑπάρχειν. ὁμοία ἡ δεῖξις, κἂν ᾖ τὸ Α μηδενὶ τῷ Β ὑπάρχον, τὸ δὲ Β ἐνδεχόμενον τινὶ τῷ Γ· τὸ γὰρ Α τινὶ τῷ Γ ἐνδέχεται μὴ ὑπάρχειν. εἰ γὰρ μὴ τοῦτο, τὸ ἀντικείμενον τὸ 'οὐκ ἐνδέχεται τινὶ μὴ ὑπάρχειν', ὃ ἴσον ἐστὶ τῷ ἐξ ἀνάγκης παντί· ἀλλὰ καὶ τὸ Β τινὶ τῷ Γ ὑπάρχει· τὸ ἄρα Α τινὶ τῷ Β ἐξ ἀνάγκης ὑπάρξει· τοῦτο γὰρ ἐν τρίτῳ σχήματι ἐπὶ τῇ κειμένῃ συζυγίᾳ τὸ συμπέρασμα γινόμενον ἐδείχθη. τοῦτο δὲ ἀδύνατον· ὑπέκειτο γὰρ τὸ Α μηδενὶ ὑπάρχειν τῷ Β. ὁμοίως δὲ καὶ ἐπὶ ταύτης τῆς συμπλοκῆς, κἂν μὴ ἀναγκαῖον ᾖ

2 δὲ om. a   ἔσται a   3 πρώτῳ a: α B   5. 6 δεόμενοι B: γινόμενοι δέονται a   6 τρόποι B: ὅροι a   8 post μὲν expunxit αὐτ, ut videtur, B   9 ᾖ scripsi: ἢ libri   ἔσται a   11 διὰ τῆς Ar.   13 ἀποφατικὴν ἐπὶ μέρους a   διὰ τῆς B: δι' a   17 δὲ om. a   καὶ om. a   18 ὅσπερ a: ὥσπερ B   αἱ προτάσεις om. a   22 ἐξ ἀνάγκης οὐδενί (post γ) a   23 ἐκείνοις a   24 ante ψεῦδος add. ὃ a   ὂν addidi; cf. p. 217,18   28 δὲ om. a   30 ὁμοίως a   33 τῷ B: τὸ a   34 α ἄρα a   35 ἐκκειμένῃ a   37 κἀπὶ a

τὸ συμπέρασμα. ὑπάρχον δέ. καὶ οὕτως ἀδύνατον γίνεται. δῆλον δὲ καὶ 66r τὸ τῶν ἀντιστροφῶν, πῶς ἔσονται, ἂν ἡ ἐλάττων πρότασις ἐπὶ μέρους ἀποφατικὴ ἐνδεχομένη ληφθῇ. τὸ δὲ ἔσται δὲ συλλογισμὸς διὰ τῆς ἀντιστροφῆς εἴρηκεν ἀντὶ τοῦ 'ἔσται γὰρ συλλογισμὸς διὰ τῆς ἀντιστροφῆς'. οὐ γὰρ περὶ ἄλλου τινὸς ἦ. περὶ ὧν προείρηκε, λέγει· ἐν αἷς γὰρ συζυγίαις ἡ μὲν μείζων καθόλου ὑπάρχουσά ἐστιν ἡ δὲ ἐλάττων ἐπὶ μέρους ἀποφατικὴ ἐνδεχομένη. περὶ τούτων λέγει, ὅτι τῆς ἐνδεχομένης ἀποφατικῆς ἀντιστραφείσης εἰς τὴν ἐπὶ μέρους καταφατικὴν ἐνδεχομένην.

p. 35b8 Ὅταν δὲ τὸ μὴ ὑπάρχειν τινὶ λαμβάνῃ.

Ὅταν δὲ ἡ ἐλάττων πρότασις, οὖσα ἐν μέρει ἀποφατική, ὑπάρχουσα ληφθῇ, οὔ φησιν ἔσεσθαι συλλογισμόν· εἰκότως· καὶ γὰρ οὔσης ἀποφατικῆς τῆς ἐλάττονος ἐν πρώτῳ σχήματι οὐδεὶς ἐγίνετο συλλογισμός. μένει γὰρ ἡ ὑπάρχουσα ἀποφατική· οὐ γὰρ ὡς ἡ ἐνδεχομένη εἰς τὴν καταφατικὴν μεταληφθῆναι δύναται. δείξας δὲ διὰ τῶν ὅρων καὶ τοῦ παντὶ καὶ τοῦ μηδενὶ γινόμενον τὸ συμπέρασμα προσέθηκε τὸ διὰ γὰρ τοῦ ἀορίστου ληπτέον τὴν ἀπόδειξιν. τοῦτο δὲ εἶπεν, ἐπεὶ ἔλαβεν ἐπὶ τῶν ὅρων τὴν ἐλάττονα ἐπὶ μέρους ἀποφατικὴν ὑπάρχουσαν τοιαύτην εἶναι ὡς καὶ καθόλου εἶναι ἀληθῆ, οὐκ ἐν μέρει μόνον· τὸ γὰρ ζῷον οὐδεμιᾷ χιόνι καὶ οὐδεμιᾷ πίττῃ· ἔκειτο δὲ τινὶ μή. ἐπεὶ οὖν τὸ τινὶ μὴ ἀληθεύεται, καὶ ὅταν μηδενί, καὶ ὅταν τινὶ μὲν μὴ ὑπάρχῃ, τινὶ δὲ ὑπάρχῃ, τῷ ἀορίστῳ τῆς ἐπὶ μέρους ἀποφατικῆς προσχρωμένους φησὶ καὶ λαμβάνοντας ἀντ' αὐτῆς τὴν καθόλου ἀποφατικήν, ἐπεὶ κἀκείνης οὔσης ἀληθοῦς καὶ αὕτη ἀληθής ἐστι, χρὴ δεικνύναι τὴν τοιαύτην συζυγίαν ἀσυλλόγιστον, ὡς καὶ πρότερον ἐπὶ πλειόνων ἐδείχθη. τοῖς γὰρ αὐτοῖς ὅροις καὶ πρὸ ὀλίγου κέχρηται, ὅτε ἐδείκνυεν ἀσυλλόγιστον συζυγίαν οὖσαν τὴν ἐκ τῆς μείζονος καθόλου καταφατικῆς ἐνδεχομένης καὶ τῆς ἐλάττονος καθόλου ἀποφατικῆς ὑπαρχούσης. τοῦτο δὲ οὕτως εἶπε δεῖν δείκνυσθαι, ἐπεὶ οὔσης τῆς ἐλάττονος ἐπὶ μέρους ἀποφατικῆς ἀληθοῦς καθ' αὑτὴν καὶ μὴ διὰ τὴν καθόλου ἐγίνετο τὸ Β τινὶ τῷ Γ ὑπάρχον, οὔσης δὲ τοιαύτης τῆς ἐπὶ μέρους καταφατικῆς ὑπαρχούσης τῆς δὲ μείζονος ἐνδεχομένης καθόλου ἢ καταφατικῆς ἢ ἀποφατικῆς τέλειοι ἐγίνοντο συλλογισμοί, ὁ μὲν τοῦ 'ἐνδέχεται τὸ Α τινὶ τῷ Γ ὑπάρχειν' ὁ δὲ τοῦ 'ἐνδέχεται τινὶ μὴ ὑπάρχειν'· ὧν δεικνυμένων συλλογιστικῶς ἀδύνατον ἦν λαβεῖν ὅρους ἐπὶ τῆς τοιαύτης ὕλης τοῦ παντὶ ἐξ ἀνάγκης καὶ τοῦ μηδενί.

---

3 δέ (post ἔσται) a et Ar. (γάρ i): om. B   6 γὰρ om. a   7 post τούτων add. γὰρ a   10 τινὶ om. Ar.   12 καὶ om. a   16 γὰρ διὰ a   ἀορίστου aB (Ald): ἀδιορίστου Ar.   24 ἀσυλλόγιστον συζυγίαν a   πρότερον] p. 35a20—24   28 ἐπεὶ B: ἐπὶ a   29 μὴ superscr. B[1]   31 τῆς om. a   32 ἐνδέχεσθαι a   33 ἐνδέχεσθαι a   34 ὕλης τῆς B: τοῦ a

p. 35b11 Ἐὰν δὲ τὸ καθόλου τεθῇ πρὸς τὸν ἐλάττονα ἄκρον. 66r

Εἰπὼν περὶ τῶν συζυγιῶν τῶν ἐν ταῖς μίξεσι γινομένων ταῖς ἐξ ὑπαρχούσης καὶ ἐνδεχομένης ἐν πρώτῳ σχήματι, ἐν αἷς ἦσαν συλλογιστικαί τινες, νῦν λέγει περὶ τῶν ἀσυλλογίστων. καί φησιν, ὅτι 'ἂν δὲ ἡ μὲν 66v ἐλάττων πρότασις καθόλου γένηται ἡ δὲ μείζων ἐπὶ μέρους, ὅπως ἂν ληφθῶσι κατά τε τὸ ὑπάρχειν καὶ ἐνδέχεσθαι καὶ τὸ καταφατικόν τε καὶ ἀποφατικόν, οὐδεὶς ἔσται συλλογισμός'. ὁμοίως δέ, κἂν ὦσιν ἐπὶ μέρους ἀμφότεραι, οὐ μόνον ἂν ἡ μὲν ἐνδεχομένη ἡ δὲ ὑπάρχουσα (τοῦτο γὰρ σημαίνει τὸ ἐναλλάξ), ἀλλὰ κἂν ἀμφότεραι ἐνδεχόμεναι ἢ ἀμφότεραι ὑπάρχουσαι. τοῦτο δὲ προσέθηκεν, ἐπεὶ οἱ αὐτοὶ ὅροι πρός τὸ ἐκείνως καὶ πρὸς τὸ οὕτως ληφθῆναι χρήσιμοι. πάλιν γὰρ ταῦθ' οὕτως ἔχοντα ἐλέγχει τῇ τῶν ὅρων παραθέσει, ᾗ ἀποδείξει χρῆται τῶν ἀσυλλογίστων συζυγιῶν, δεικνὺς καὶ ἐξ ἀνάγκης παντὶ συνάγεσθαί ποτε δυνάμενον καὶ ἐξ ἀνάγκης μηδενί. ἐξ ἀνάγκης μὲν παντὶ ἐπὶ ζῴου, λευκοῦ, ἀνθρώπου· τὸ γὰρ ζῷον τινὶ λευκῷ ὑπαρχέτω ἢ μὴ ὑπαρχέτω ἢ ἐνδεχέσθω τινὶ ἢ τινὶ ἐνδεχέσθω μὴ ὑπάρχειν, τὸ δὲ λευκὸν παντὶ ἀνθρώπῳ ὑπαρχέτω ἢ ἐνδεχέσθω ὑπάρχειν ἢ τινὶ ὑπαρχέτω ἢ ἐνδεχέσθω τινὶ μὴ ὑπάρχειν· δύνανται γὰρ οἱ ὅροι, ὅπως ἄν τις βούληται, ἔχοντες ληφθῆναι πρὸς ἀλλήλους· καὶ τὸ ζῷον ἐξ ἀνάγκης παντὶ ἀνθρώπῳ. τοῦ δὲ μηδενὶ ἐξ ἀνάγκης ζῷον, λευκόν, ἱμάτιον· πάλιν γὰρ αἱ μὲν προτάσεις οὕτως ἕξουσιν, ὡς καὶ αἱ πρὸ αὐτῶν, τὸ δὲ ζῷον ἐξ ἀνάγκης οὐδενὶ ἱματίῳ. τὸ δὲ ἀπόδειξις δὲ ἡ αὐτή, ἣ καὶ ἐπὶ τῶν προτέρων οὐκ ἄλλου ἐστὶ δηλωτικὸν ἢ τοῦ ἐπὶ τῆς ὕλης τὸν ἔλεγχον τοῦ ἀσυλλογίστους εἶναι τὰς εἰρημένας συμπλοκὰς γίνεσθαι, ὃ προειπὼν ἑξῆς αὐτὸν ποιεῖ· λέγει γὰρ ὅροι δὲ κοινοί.

p. 35b20 Φανερὸν οὖν, ὅτι τοῦ μὲν πρὸς τὸ μεῖζον ἄκρον καθόλου τεθέντος ἀεὶ γίνεται συλλογισμός.

Προσυπακούειν δεῖ τῇ λέξει τὸ 'ἂν ὦσιν ἀμφότεραι καταφατικαί, ἡ δὲ ἐλάττων ἐπὶ μέρους ἐνδεχομένη ᾖ', ἐπεὶ ὑπαρχούσης αὐτῆς, τῆς ἐλάττονος δηλαδή, ἐπὶ μέρους ἀποφατικῆς ληφθείσης ἀσυλλόγιστος ἡ συζυγία. |

p. 35b23 Ὅταν δὲ ἡ μὲν ἐξ ἀνάγκης ὑπάρχειν ἢ μὴ ὑπάρχειν ἡ δὲ 67r ἐνδέχεσθαι σημαίνῃ τῶν προτάσεων, ὁ μὲν συλλογισμὸς ἔσται.

Ἐπὶ τὴν ἐξ ἐνδεχομένης καὶ ἀναγκαίας μετῆλθε μῖξιν τὴν ἐν πρώτῳ

1 τὸν ἐλάττονα ἄκρον B: τὸ ἔλαττον ἄκρον a et Ar. 4 post λέγει add. καὶ a 6 ὑπάρχον a 9 σημαίνει om. a 12 ᾗ a: ἡ B ἀσυλλογίστων scripsi: συλλογιστικῶν B: οὐ συλλογιστικῶν a: at cf. vs. 4,23 15 τινὶ (ante λευκῷ) om. a 19 παντὶ ἀνθρώπῳ ἐξ ἀνάγκης a 21 δὲ (ante ζῷον) B: γὰρ a 22 καὶ ἐπὶ aB (d): κἀπὶ Ar. προτέρων B: πρότερον a et Ar. post ἄλλου add. τινός a 23 εἰρημένας om. a 24 αὐτὸν scripsi: αὐτὸ B: αὐτός a 25 post φανερὸν superscr. μὲν B 28 ᾖ, ἐπεὶ scripsi: ἢ ἐπὶ aB 30 Μῖξις ἀναγκαίας τε καὶ ἐνδεχομένης superscr. a: [περ]ὶ μίξεως τῆς [ἐ]ξ ἀναγκαίας τε [καὶ] ὑπαρχούσης ἐν πρώτῳ σχήματι (cf. p. 217 ad vs. 29) in mg. B: lit. unc. incl. perierunt ἢ μὴ ὑπάρχειν aB (dn, rec. u): om. Ar. ἡ δὲ] ἢ a

σχήματι καὶ δείκνυσι, τίνες συζυγίαι ἐν πρώτῳ σχήματι ἐκ τοιούτων 67r προτάσεων συλλογιστικαὶ καὶ τίνες ἀσυλλόγιστοι. φησὶ δή, ὅτι συλλογιστικαὶ μὲν ἔσονται ὁμοίως καὶ ἐν τῇ τοιαύτῃ μίξει αἱ ἔχουσαι τὸ ἀναγκαῖον οὕτως κείμενον, ὡς ἐν ἐκείναις ἔκειτο τὸ ὑπάρχον. ἀλλὰ καὶ τέλειοι, ἐν αἷς συζυγίαις πάλιν ἡ μὲν μείζων ἐστὶν ἐνδεχομένη ἡ δὲ ἐλάττων ἀναγκαία. ἔτι δὲ καὶ τὸ συμπέρασμα, ὥσπερ ἐν ἐκείναις, ἀμφοτέρων μὲν οὐσῶν καταφατικῶν τε καὶ καθόλου ἢ τῆς ἑτέρας μόνης οὔσης καθόλου τοῦ κατὰ τὸν διορισμὸν ἐνδεχομένου ἔσται, ἀλλ' οὐ τοῦ ὑπάρχειν. ἂν δ' ἡ ἑτέρα ἀποφατικὴ ᾖ, τῆς μὲν ἀναγκαίας καταφατικῆς οὔσης τὸ συμπέρασμά φησιν ἔσεσθαι τοῦ ἐνδέχεσθαι μὴ ὑπάρχειν, ἀλλ' οὐ τοῦ μὴ ὑπάρχειν. ὅταν δὲ τὸ ἀποφατικὸν ἀναγκαῖον ᾖ, ἄν τε ἀμφότεραι καθόλου ὦσιν ἄν τε ἡ ἑτέρα, καὶ τοῦ ἐνδέχεσθαι μὴ ὑπάρχειν καὶ τοῦ μὴ ὑπάρχειν ἔσεσθαί φησι τὸ συμπέρασμα. τὸ δὲ ὅταν μὲν ᾖ τὸ καταφατικὸν ἀναγκαῖον προσκείμενον σημαντικόν ἐστι τῆς συμπλοκῆς τῆς τὴν μείζονα ἐνδεχομένην ἀποφατικὴν ἐχούσης· προείρηκε γὰρ περὶ τῶν, ἐν αἷς ἀμφότεραι καταφατικαί. εἰπὼν δὲ καὶ τοῦ ἐνδέχεσθαι μὴ ὑπάρχειν ἔσεσθαι τὸ συμπέρασμα καὶ τοῦ μὴ ὑπάρχειν, ἐν αἷς ἡ μείζων καθόλου ἀποφατικὴ ἀναγκαία, πῶς * ἐνδέχεσθαι μὴ ὑπάρχειν, ἐξηγήσατο· οὐ γὰρ ὡς ἄλλο μὲν σημαίνοντος τοῦ ἐνδέχεσθαι μὴ ὑπάρχειν ἄλλο δὲ τοῦ μὴ ὑπάρχειν, ἀλλὰ λαμβανομένου τοῦ ἐνδέχεσθαι μὴ ὑπάρχειν οὐ τοῦ κατὰ τὸν διορισμὸν ἀλλὰ τοῦ κατηγορουμένου κατὰ τοῦ μὴ ὑπάρχοντος. τοῦτο γὰρ ἐδήλωσεν εἰπὼν τὸ δὲ ἐνδέχεσθαι μὴ ὑπάρχειν ἐν τῷ συμπεράσματι τὸν αὐτὸν τρόπον ληπτέον, ὅνπερ καὶ ἐν τοῖς πρότερον. λέγει δ' ἐν τοῖς πρότερον, ἐν οἷς ἦν ἡ μείζων ὑπάρχουσα ἀποφατική· ἔδειξε γὰρ καὶ ἐν ἐκείνοις τὸ ἐνδέχεσθαι μηδενὶ ἢ τινὶ μὴ ἴσον δυνάμενον τότε λαμβάνεσθαι τὸ μὲν τῷ οὐδενὶ ἐξ ἀνάγκης τὸ δὲ τῷ οὐ παντὶ ἐξ ἀνάγκης. τῆς γὰρ ἐλάττονος ἐνδεχομένης οὔσης ἐπὶ μέρους ἐν τῇ εἰς ἀδύνατον ἀπαγωγῇ ὑποτίθεται μὲν ἡ 'ἐξ ἀνάγκης παντί'· τῆς γὰρ 'ἐνδέχεται τινὶ μή' ἀπόφασις ἡ 'οὐκ ἐνδέχεται τινὶ μὴ ὑπάρχειν', ἥτις μεταλαμβάνεται εἰς τὴν 'ἐξ ἀνάγκης παντί'· ἂν γὰρ εἰς τὴν 'ἐξ ἀνάγκης οὐδενί' μεταληφθῇ, οὐδὲν ἀδύνατον ἀπαντᾷ, ἧς εὑρεθείσης ἀδυνάτου ἡ ἀπόφασις ἂν αὐτῆς δεικνύοιτο, ἥτις ἐστὶν 'οὐ παντὶ ἐξ ἀνάγκης'. ἥτις εἰ μὲν ἴσον δύναται τῇ 'ἐνδέχεται τινὶ μή', καὶ ἡ 'ἐξ ἀνάγκης παντί' εἴη ἂν ἡ αὐτὴ τῇ 'οὐκ ἐνδέχεται τινὶ μή'. εἰ δὲ τὸ 'οὐκ ἐνδέχεται τινὶ μή' ἀληθές ἐστιν οὐ μόνον κατὰ τῆς 'ἐξ ἀνάγκης παντί' ἀλλὰ καὶ κατὰ τῆς 'ἐξ ἀνάγκης οὐδενί', οὐκέτ' ἂν ἴση εἴη ἡ 'οὐ παντὶ ἐξ ἀνάγκης' τῇ 'ἐνδέχεται τινὶ μή' τῷ τὴν ἀπόφασιν αὐτῆς μετειλῆφθαι οὐκ ⟨εἰς⟩ ἰσοδυναμοῦσαν ἑαυτῇ ἀλλ' εἴς τινα τῶν ὑπ' αὐτήν, καθ' ὧν ἀληθεύεται. οὐ γὰρ μόνον κατὰ τοῦ παντὶ ἐξ ἀνάγκης ἀλλὰ καὶ κατὰ τοῦ ἐξ ἀνάγκης οὐδενὶ ἀληθὴς ἐκείνη.

1 ante τοιούτων add. τῶν a 7 οὔσης scripsi: τῆς aB 8 οὐ evan. B 14 προκείμενον a 14. 15 ἐχούσης ἐνδεχομένην ἀποφατικὴν a 17 καταφατικὴ B pr. post πῶς intercidit velut τοῦ: an ἐνδέχεται scribendum est? 21. 22 μὴ ὑπάρχειν om. Ar. 23 καὶ aB (Cn): om. Ar. 24 ἔδειξε] p. 34b19 sqq. 30 μηδενὶ a 31 ante οὐ add. ἡ a 32 τῇ B: τῷ a 34 τῆς (post utrumque κατὰ) B: τὴν a 36 αὐτῆς corr. ex αὐτὴν B^1 εἰς a: om. B

ὅτι μὴ ἡ καταφατικὴ ἐπ' αὐτῆς ἀληθὴς ἡ 'ἐνδέχεται τινὶ μὴ ὑπάρχειν' 67r λέγουσα. ὥστε καὶ ἡ κατάφασις αὐτῆς ἡ 'ἐνδέχεται τινὶ μή' οὐ κατὰ τῆς 'οὐ παντὶ ἐξ ἀνάγκης' μόνον ἀληθὴς ἀλλὰ καὶ κατὰ τῆς 'οὐκ ἐξ ἀνάγκης τινί'. ὧν ἡ μὲν 'οὐ παντὶ ἐξ ἀνάγκης' τὸ καθόλου καταφατικὸν ἀναγκαῖον ἀναιρεῖ. ἀληθεύεται δὲ καὶ κατὰ τῆς 'οὐδενὶ ἐξ ἀνάγκης', ὅτι ψευδὴς ἐπ' αὐτῆς ἡ 'παντὶ ἐξ ἀνάγκης'. ἐφ' ἧς οὐκέτ' ἀληθὴς ἡ 'οὐκ ἐνδέχεται 67v τινὶ μή'· ἦν γὰρ ἀληθὴς ἐπ' αὐτῆς καὶ ἡ 'ἐνδέχεται τινί'. ἀναιρεῖ δὲ καὶ ἡ 'οὐκ ἐξ ἀνάγκης τινί' τὸ ἐπὶ μέρους ἀναγκαῖον. ἀμφότεραι δὲ ἅμα πᾶν τὸ ἀναγκαῖον. ὃ καὶ ἡ 'ἐνδέχεται τινὶ μή'· διὸ ἀμφοτέραις ἅμα ἐστὶν ἴση. τὸ ⟨δ'⟩ οὐδενὶ ἐξ ἀνάγκης καὶ οὐ παντὶ ἐξ ἀνάγκης ἀληθῆ καὶ κατὰ τῶν ὑπαρχόντων μὲν οὐκ ἐξ ἀνάγκης δέ. ἅμα δὲ καὶ ἔδειξεν ἡμῖν, ποταπαὶ αἱ τοιαῦται προτάσεις, ἐπεὶ μὴ ἐνδεχόμεναι· ἦν γὰρ ζητούμενον τοῦτο. ἔδει γὰρ ἢ ἀναγκαίας ἢ ὑπαρχούσας ἢ ἐνδεχομένας. λέγει γάρ, ὅτι ὑπάρχουσαι, εἰπὼν καὶ τοῦ μὴ ὑπάρχειν [τινὶ δὲ μὴ ὑπάρχειν]. τίνι δὲ διαφέρει τὸ οὐδενὶ ἐξ ἀνάγκης τοῦ ἐξ ἀνάγκης οὐδενί, ἐδήλωσεν εἰπὼν τοῦ δὲ ἐξ ἀνάγκης μὴ ὑπάρχειν οὐκ ἔσται συλλογισμός· ἕτερον γάρ ἐστι τὸ μὴ ὑπάρχειν ἐξ ἀνάγκης. ὃ ἔδειξε συναγόμενον καὶ ἐν τῇ μίξει τῇ ἐξ ὑπαρχούσης ἀποφατικῆς τῆς μείζονος καὶ ἐνδεχομένης καταφατικῆς τῆς ἐλάττονος, καὶ τὸ ἐξ ἀνάγκης μὴ ὑπάρχειν· ἡ μὲν γὰρ ὑπάρχουσά ἐστιν, ἡ δὲ ἀναγκαία.

p. 35b37 Ὅτι μὲν οὖν καταφατικῶν ὄντων.

Ὅτι ἐν ταῖς μίξεσι ταῖς ἐξ ἀναγκαίας καὶ ἐνδεχομένης οὐ γίνεται τὸ συμπέρασμα ἀναγκαῖον, δείκνυσι πρῶτον ἐπὶ καταφατικῶν ἀμφοτέρων, τῆς δὲ μείζονος ἀναγκαίας. ὑπαρχέτω γὰρ τὸ μὲν Α παντὶ τῷ Β ἐξ ἀνάγκης, τὸ δὲ Β παντὶ τῷ Γ ἐνδεχέσθω. ὁ μὲν δὴ συλλογισμὸς ἀτελής· ἦσαν γάρ, ὡς ἔφαμεν, οἱ τέλειοι, ἐν οἷς ἦν ἡ μείζων ἐνδεχομένη· ἐν οἷς δὲ ἡ μείζων ἐστὶν ἀναγκαία, καὶ οὗτοι δείκνυνται διὰ τῆς εἰς ἀδύνατον ἀπαγωγῆς, ὥσπερ ἐδείκνυτο καὶ ἐν οἷς ἡ μείζων ὑπάρχουσα ἦν. διὸ οὐδὲ οὗτοι τέλειοι. εἰ γὰρ τὸ Α παντὶ τῷ Β ἐξ ἀνάγκης, τὸ δὲ Β παντὶ τῷ Γ ἐνδέχεται, τὸ Α παντὶ τῷ Γ ἐνδέξεται. εἰ γὰρ μή, τὸ ἀντικείμενον οὐ παντὶ ἐνδέχεται. ὃ μετελήφθη καὶ ἐν ἐκείναις ταῖς συζυγίαις εἰς τὸ ἐξ ἀνάγκης τινὶ μή· ᾧ κειμένῳ ἂν προσληφθῇ τὸ Β παντὶ τῷ Γ ὑπάρχειν, μεταληφθείσης πάλιν τῆς ἐνδεχομένης εἰς τὴν ὑπάρχουσαν, ἔσται ἐν τρίτῳ σχήματι ἀποφατικὸν ὑπάρχον ἐπὶ μέρους τὸ συμπέρασμα· τὸ γὰρ Α τινὶ τῷ Β οὐχ ὑπάρξει, ὃ ἀδύνατον· ὑπέκειτο γὰρ παντὶ ἐξ ἀνάγκης ὑπάρχειν. ἀδύνατος ἄρα ἡ ὑπόθεσις, ᾗ τοῦτο ἠκολούθησεν, ἡ 'οὐκ ἐνδέχεται παντί'·

———

1 ἀληθὴς ἐπ' αὐτῆς a   noli conicere ἐνδέχεσθαι: nam cf. velut p. 198, 32, p. 223, 25, p. 225, 28   2 ante ἐνδέχεται expunxit οὐκ B   10 δ' addidi   12 ἢ a   14 τινὶ δὲ μὴ ὑπάρχειν B: om. a   16 ἔστι om. Ar.   17 καὶ add. B²   18 ἐκδεχομένης a   23 post ἐπὶ add. τῶν a   26 ἔφαμεν] p. 205, 4   31 ἐνδέξεται a   35 post παντὶ add. δὲ a

ἀληθὴς ἄρα ἡ κατάφασις ἡ 'ἐνδέχεται παντί'. τοῦ ἄρα ἐνδέχεσθαι τὸ 67v συμπέρασμα· οὐ γὰρ δὴ παντὶ ἐξ ἀνάγκης ἔσται ὑπάρχον τὸ Α τῷ Γ ἐνδεχομένης οὔσης τῆς ἐλάττονος. ἢ καὶ ἐν ταύτῃ τῇ μίξει πάλιν εἴη ἂν δεικνύμενον οὐ τὸ 'ἐνδέχεται παντί' ἀλλὰ τὸ ἰδίως ἀντικείμενον τῷ ἐξ ἀνάγκης τινὶ μή, ὅπερ ἐστὶ τὸ 'οὐδενὶ ἐξ ἀνάγκης οὐχ ὑπάρξει'. εἰς ταύτην γὰρ ἡ μετάληψις ἐγένετο τῆς 'οὐκ ἐνδέχεται παντί'. ἥτις εἰ μὴ ἴση ἐστὶ τῇ 'οὐκ ἐνδέχεται παντί' ἢ 'ἐξ ἀνάγκης τινὶ μή'. τῷ τὸ μὲν 'οὐκ ἐνδέχεται παντί' ἀληθὲς εἶναι καὶ κατὰ τοῦ ἐξ ἀνάγκης τινὶ ὑπάρχοντος καὶ κατὰ τοῦ ἐξ ἀνάγκης τινὶ μὴ ὑπάρχοντος. εἰς δὲ τὸ ἐξ ἀνάγκης τινὶ ὑπάρχειν γενομένης τῆς μεταλήψεως τῆς 'οὐκ ἐνδέχεται παντί' ἐν ταύτῃ τῇ συμπλοκῇ οὐδὲν ἀδύνατον συνάγεσθαι· εἴρηται δὲ ἡμῖν περὶ τούτου ἐν τοῖς πρώτοις. τὸ δὲ 'οὐδενὶ ἐξ ἀνάγκης οὐχ ὑπάρχει' εἴη ἂν πάλιν ἀναιρετικὸν τοῦ ἐξ ἀνάγκης τινὶ μὴ ὑπάρχειν. ὥσπερ ἦν τὸ οὐδενὶ ἐξ ἀνάγκης ὑπάρχειν ἀναιροῦν τὸ τινὶ ἐξ ἀνάγκης ὑπάρχειν. εἴη δ' ἂν καὶ ἡ 'οὐδενὶ ἐξ ἀνάγκης οὐχ ὑπάρχει' ἀληθὴς καὶ ἐπὶ τῶν ἐξ ἀνάγκης τινὶ ὑπαρχόντων. ὁποία ἐστὶν ἡ λέγουσα 'οὐδενὶ σώματι ἐξ ἀνάγκης τὸ κινεῖσθαι οὐχ ὑπάρχει'· ἔστι γάρ, ᾧ ἐξ ἀνάγκης ὑπάρχει, ὡς τῷ κυκλοφορητικῷ. εἴρηται δὲ ἡμῖν περὶ τούτου ἐν τοῖς πρώτοις.

Δύναται μέντοι καὶ μὴ μεταλαμβανομένου τοῦ ἐνδέχεσθαι εἰς τὸ ὑπάρχειν ἀλλὰ τηρουμένου τοῦ τὸ Β τῷ Γ ἐνδέχεσθαι παντὶ δείκνυσθαι τὸ ἀδύνατον. ἂν γὰρ ᾖ τὸ Α τῷ Γ ἐξ ἀνάγκης τινὶ μή, τὸ δὲ Β τῷ Γ παντὶ ἐνδέχηται, συνάγεται ἐν τῷ τρίτῳ σχήματι τὸ Α τῷ Β ἐνδέχεσθαι | τινὶ μή, ὃ ἀδύνατον· παντὶ γὰρ αὐτῷ ἐξ ἀνάγκης ὑπάρχει. ἀλλ' ἐπεὶ 68r μηδέπω περὶ τῆς ἐν τῷ τρίτῳ σχήματι μίξεως τῆς ἐξ ἐνδεχομένων καὶ ἀναγκαίως ὑπαρχουσῶν δέδεικται, τί συνάγεται, καὶ τίνες εἰσὶ συμπλοκαὶ συλλογιστικαὶ ἐν αὐτῷ, διὰ τοῦτο τῇ μεταλήψει τῇ τῆς ἐνδεχομένης εἰς τὴν ὑπάρχουσαν χρῆται· εἴρηται γὰρ ἤδη περὶ τῶν μίξεων τῶν ἐξ ἀναγκαίας τε καὶ ὑπαρχούσης κατὰ πάντα τὰ σχήματα. δεῖ μέντοι εἰδέναι, ὅτι, ὅσον ἐπὶ τῇ εἰς ἀδύνατον ἀπαγωγῇ ⟨τῇ⟩ γινομένῃ διὰ τοῦ τρίτου σχήματος, ἐπὶ τῆς μίξεως τῆς ἐχούσης τὴν μείζονα καθόλου ἀναγκαίαν ἢ καταφατικὴν ἢ ἀποφατικὴν τὴν δὲ ἐλάττονα ἐνδεχομένην καὶ ἀναγκαῖον καὶ ὑπάρχον καὶ ἐνδεχόμενον συμπέρασμα γινόμενον δείκνυσθαι δύναται, καταφατικῆς μὲν οὔσης τῆς ἀναγκαίας καταφατικά, ἀποφατικῆς δὲ ἀποφατικά. αὐτὸς δὲ εἴρηκε τοῦ δὲ ἐξ ἀνάγκης μὴ ὑπάρχειν οὐκ ἔσται συλλογισμός. ἐζήτηται δὲ καὶ περὶ τούτων ἐπὶ πλέον ἡμῖν ἐν τῷ Περὶ μίξεων γεγραμμένῳ βιβλίῳ.

---

2 ὑπάρχον om. a 4. 5 ἐξ ἀνάγκης B: οὐκ ἐνδέχεται a 6 ἥτις sqq.] nescio, quo vitio periodus turbetur 7 ἡ ἐξ ἀνάγκης . . . παντὶ (8) in mg. B οὐκ (post μὲν) om. a 9. 10 ὑπάρχειν τινὶ a 11 εἴρηται] p. 198,5 sqq. 17 εἴρηται] p. 198,31 — 199,4 25 ἀναγκαίως scripsi: ἀναγκαίων aB ὑπαρχούσης a συνάγεται scripsi: συνάγεσθαι aB 27 χρῆσθαι a 29 τῇ a: om. B 35 καὶ superscr. B[1]

p. 36a2 Πάλιν τὸ μὲν Α ἐνδεχέσθω παντὶ τῷ Β. 68r

Δείκνυσιν, ὅτι τῆς μείζονος καθόλου καταφατικῆς ἐνδεχομένης οὔσης τῆς δὲ ἐλάττονος ἀναγκαίας καθόλου καταφατικῆς [ἢ ἀποφατικῆς] ἀναγκαῖόν τι συνάγεσθαι. ἅμα καί, ὅτι τέλειος ὁ ἐκ τῆς τοιαύτης συζυγίας συλλογισμός, ὑπομιμνήσκει· διὰ γὰρ τοῦ κατὰ παντὸς δείκνυται τὸ κατὰ τὸν διορισμὸν ἐνδεχόμενον συναγόμενον.

p. 36a7 Εἰ δὲ μὴ ὁμοιοσχήμονες αἱ προτάσεις.

Τοῦτ' ἔστιν, εἰ ἡ ἑτέρα εἴη μόνον καταφατική. δείκνυσι δέ, τίνες οὕτως ἐχουσῶν τῶν προτάσεων συζυγίαι συλλογιστικαί, καὶ ὅτι μηδεμία ἀναγκαῖόν τι συνάγει. λαμβάνει δὴ πρῶτον τὴν ἔχουσαν τὴν μείζονα καθόλου ἀποφατικὴν ἀναγκαίαν (τὸ γὰρ Α μηδενὶ ἐνδεχέσθω τῷ Β, ὃ ἐξ ἀνάγκης μηδενὶ ὑπάρχειν αὐτῷ σημαίνει) τὴν δὲ ἐλάττονα τὴν ΒΓ καθόλου καταφατικὴν ἐνδεχομένην. ἐπὶ δὲ ταύτης τῆς συζυγίας φησὶν ἀναγκαῖον εἶναι τὸ Α τῷ Γ μηδενὶ ὑπάρχειν, οὐ τοῦτο λέγων, ὅτι ἐξ ἀνάγκης μηδενί· οὐ γὰρ τὸ ἀναγκαῖον ἐν τῷ συμπεράσματι τίθησιν· ἀλλὰ τοῦ τὸ συμπέρασμα τοῦτο ἔσεσθαι δηλωτικὸν τὸ ἐξ ἀνάγκης παρέθετο. συλλογιστικαὶ δὲ αἱ συζυγίαι αὗται αἱ ἐξ ἀνάγκης τι συνάγουσαι· τοιαῦται δέ, ἐν αἷς ἐπὶ πάσης ὕλης γίνεται τὸ αὐτό. ὅτι γὰρ ὑπάρχον ἀποφατικὸν ἔλαβε συμπέρασμα, δῆλον ἐκ τοῦ τὸ ἀντικείμενον αὐτοῦ τὸ ὑποτιθέμενον ὑπὲρ τοῦ διὰ τῆς εἰς ἀδύνατον ἀπαγωγῆς δεῖξαι τοῦτο γινόμενον τὸ συμπέρασμα ὑπάρχον καταφατικὸν ὑποτίθεσθαι ἀλλ' οὐκ ἐνδεχόμενον, ὅ ἐστι τῷ ἀναγκαίῳ ἀντικείμενον· εἶπε γὰρ κείσθω γὰρ ὑπάρχον. τὸ δὲ ἢ παντὶ ἢ τινὶ ἐκ περιουσίας ὑποτίθεται δεικνύς, ὅτι ἑκατέρῳ αὐτῶν ὑποτεθέντι ἀδύνατόν τι ἐπακολουθεῖ· ἐπεὶ ἥ γε ἀντιφατικῶς ἀντικειμένη τῇ μηδενὶ ὑπάρχειν λεγούσῃ ἡ τὸ τινὶ ὑπάρχειν τιθεῖσά ἐστι. λαβὼν δὴ καὶ ὑποθέμενος τὸ ἀντικείμενον τοῦ συμπεράσματος τὸ τὸ Α τινὶ τῷ Γ ὑπάρχειν προσλαμβάνει τὴν ἀντιστρέφουσαν τῇ ΑΒ ἀναγκαίαν· ἦν γὰρ τὸ Α οὐδενὶ τῷ Β ἐξ ἀνάγκης· καὶ τὸ Β δὴ οὐδενὶ τῷ Α ἐξ ἀνάγκης· ἀλλὰ καὶ τὸ Α κεῖται τινὶ τῷ Γ ὑπάρχειν ἢ παντί· συνάγεται ἐν πρώτῳ σχήματι ἐξ ἀναγκαίας ἀποφατικῆς καθόλου τῆς μείζονος καὶ ὑπαρχούσης καταφατικῆς τῆς ἐλάττονος ἢ ἐπὶ μέρους ἢ καθόλου ἀναγκαῖον ἀποφατικὸν τὸ συμπέρασμα. γίνεται δὴ τὸ Β τινὶ τῷ Γ ἐξ ἀνάγκης μὴ ὑπάρχον ἢ οὐδενί, ὅπερ ἀδύνατον· ἔκειτο γὰρ τὸ Β παντὶ τῷ Γ ἐνδέχεσθαι. τὸ ἄρα ἀντικείμενον τοῦ ὑποτεθέντος ἔσται συναγόμενον ἐπὶ τῇ προκειμένῃ συζυγίᾳ τὸ τὸ Α μηδενὶ

1 παντὶ τῷ β om. a 3 καθόλου ἀναγκαίας a ἢ (in ras. B[1]) ἀποφατικῆς B: om. a 4 συνάγεσθαι scripsi (cf. vs. 13—18): συνάγεται aB 8 ἡ superscr. B[1] 10 ἔχουσαν τὴν om. a 11 post τῷ β add. ἐξ ἀνάγκης Ar. (sed om. Cn) 13 ἐπὶ δὲ B: ἐπειδὴ a 16 αἱ om. a 17 τι a: τινὶ B 21 ἀναγκαίων a 22 γὰρ alterum om. a ὑπάρχον aB (n): ὑπάρχειν Ar. τόδε a 23 post περιουσίας add. δὲ a 24 εἴ γε a 25 καὶ om. a 27 τῷ β B: τὸ β a 29 ἀνάγκης a

τῷ Γ ὑπάρχειν. εἰ δὲ τοῦ μηδενὶ ὑπάρχειν, καὶ τοῦ ἐνδέχεσθαι μηδενί. ἐπεὶ 68r καὶ τὸ ἐνδέχεσθαι καὶ κατὰ τοῦ ὑπάρχοντος κατηγορεῖται· τὸ μὲν γὰρ ὑπάρχον καὶ ἐνδεχόμενον ἀληθὲς εἰπεῖν, | τὸ δ' ἐνδεχόμενον οὐ πάντως καὶ ὑπάρχον. 68v

Δεῖ δὲ εἰδέναι, ὅτι ἀληθοῦς μὲν ὄντος τοῦ ἐν ταῖς ἐξ ἀναγκαίας τῆς μείζονος καὶ ὑπαρχούσης τῆς ἐλάττονος μίξεσιν ἐν τῷ πρώτῳ σχήματι ἀναγκαῖον γίνεσθαι τὸ συμπέρασμα ἡ δεῖξις ἡ προειρημένη ὑγιής. εἰ δὲ ὑπάρχον εἴη γινόμενον τὸ συμπέρασμα, οὐδὲν ἀδύνατον συνάγεται· τὸ γὰρ Β τινὶ τῷ Γ μὴ ὑπάρχειν ἢ μηδενὶ ὑπάρχειν συναχθήσεται κείμενον ἐνδέχεσθαι παντὶ αὐτῷ· τοῦτο δὲ οὐκ ἀδύνατον. μήποτε οὖν ἀληθέστερον λέγειν τὸ κατὰ τὸν διορισμὸν ἐνδεχόμενον καὶ ἐν τῇ τοιαύτῃ μίξει συνάγεσθαι; κειμένου γὰρ τοῦ τὸ Α τῷ Β ἐξ ἀνάγκης μηδενὶ καὶ τὸ Β τῷ Γ παντὶ ἐνδέχεσθαι συναχθήσεται τὸ Α τῷ Γ ἐνδέχεσθαι μηδενί. εἰ γὰρ μή, τὸ ἀντικείμενον οὐκ ἐνδέχεται μηδενί, τοῦτ' ἔστιν ἐξ ἀνάγκης τινί, ἧς οὔσης ἐπὶ μέρους ἀναγκαίας καταφατικῆς, οὔσης δὲ καὶ τῆς ΒΑ ἀναγκαίας ἀποφατικῆς καθόλου κατ' ἀντιστροφὴν τῆς ΑΒ γίνεται ἐκ δύο ἀναγκαίων ἀναγκαῖον τὸ συμπέρασμα τὸ τὸ Β τῷ Γ τινὶ ἐξ ἀνάγκης μὴ ὑπάρχειν, ὃ ἀδύνατον· παντὶ γὰρ ἐνδέχεται αὐτῷ. ἀδύνατον ἄρα καὶ τὸ τὸ Α ἐξ ἀνάγκης τινὶ τῷ Γ· τὸ ἄρα ἀντικείμενον τὸ 'ἐνδέχεται μηδενί'. ἢ οὐδὲ οὕτως ἐνδεχόμενον ἔσται τὸ συμπέρασμα· συναχθήσεται γὰρ τὸ τῷ ἐξ ἀνάγκης τινὶ ἀντικείμενον, ὅ ἐστιν οὐδενὶ ἐξ ἀνάγκης, ⟨ὃ⟩ ὅτι ἄλλο ἐστὶ τῆς ἐνδεχομένης, φθάνει δεδεῖχθαι.

Τὸ δὲ ὥστε οὐ παντὶ τῷ Γ τὸ Β ἐνδέχεται ὑπάρχειν, ὃ ὑπέκειτο [δὲ] ἐξ ἀρχῆς, ἴσον ἐστὶ τῷ 'ὥστε συμβήσεται τὸ Β τῷ Γ μὴ παντὶ ἐνδέχεσθαι ὑπάρχειν'. ⟨ὃ⟩ ὡς ἴσον ἔλαβε τῷ μὴ παντὶ ὑπάρχειν· τοῦτο γὰρ ἀντικείμενον τῷ δεικνυμένῳ συνάγεσθαι· βουλόμενος γὰρ δεῖξαι, ὅτι μηδενὶ ὑπάρχει, τούτῳ ἐχρήσατο. ὃ δείκνυται καὶ ὑπάρχον καθόλου ἀποφατικὸν διὰ τῆς εἰς ἀδύνατον ἀπαγωγῆς, ὡς αὐτὸς ἐβουλήθη δεικνύναι τὸ συμπέρασμα γινόμενον ἐπὶ τῇ προειρημένῃ συμπλοκῇ, διὰ τοῦ τρίτου σχήματος. εἰ γὰρ μὴ ἀληθὲς τὸ τὸ Α μηδενὶ τῷ Γ, ἀληθὲς ἔσται τὸ τινί· ⟨ᾧ⟩ εἰ προσληφθείη ⟨ἡ⟩ ἐνδεχομένη εἰς τὴν ὑπάρχουσαν μεταληφθεῖσα 'τὸ Β τῷ Γ παντί', συναχθήσεται τὸ Α τινὶ τῷ Β ὑπάρχειν, ὂν ἀδύνατον· ἔκειτο γὰρ ἐξ ἀνάγκης μηδενὶ ὑπάρχειν.

p. 36a17 Πάλιν ἔστω ἡ κατηγορικὴ πρότασις ἀναγκαία, καὶ τὸ μὲν Α ἐνδεχέσθω μηδενὶ τῷ Β ὑπάρχειν.

Λαμβάνει πάλιν συζυγίαν, ἐν ᾗ ἡ μὲν μείζων ἐνδεχομένη καθόλου ἀποφατική ἐστιν ἡ δὲ ἐλάττων καθόλου καταφατικὴ ἀναγκαία, καὶ δείκνυσιν,

2 καὶ (ante τὸ) om. a   3 καὶ prius om. a   4 μὲν om. a   6 ante δεῖξις eras. δὲ, ut videtur, B   16 τὸ alterum om. a   20 ὃ addidi: ὅπερ add. a   21 φθάνει δεδεῖχθαι] c. 15 p. 33b30, p. 34b27 sqq.   23 δὲ B: om. a   24 ὃ a: om. B   τῷ corr. ex τὸ B   30 ᾧ a: om. B   ἡ a: om. B   31 ὑπάρχειν ὃν corr. ex ὃν ὑπάρχειν B²   33 κατηγορικὴ aB: καταφατικὴ Ar.   34 τῷ aB (C): τῶν Ar.

ὅτι τε τὸ συμπέρασμα ἐνδεχόμενον, οὐκ ἀναγκαῖον, καὶ ὅτι ὁ συλλογισμὸς 68v
τέλειος· διὰ γὰρ τοῦ κατὰ μηδενὸς τὸ Α τοῦ Β ἐνδεχομένως δείκνυται τὸ
συμπέρασμα. δεικνὺς δέ, ὅτι τοῦ κατὰ τὸν διορισμὸν ἐνδεχομένου γίνεται
τὸ συμπέρασμα, φησὶν ἥ τε γὰρ πρότασις οὕτως ἐλήφθη ἡ ἀπὸ τοῦ
μείζονος ἄκρου. τοῦτ' ἔστιν 'ἡ γὰρ μείζων πρότασις ἐνδεχομένη ἐλήφθη'· 35
ἐρρήθη δὲ ἡμῖν, ὅτι τῆς μείζονος οὔσης ἐνδεχομένης τέλειοι ⟨οἱ⟩ συλλογισμοὶ
καὶ τοῦ κατὰ τὸν διορισμὸν ἐνδεχομένου. ἐνδέξεται γὰρ καὶ τῷ Γ τὸ Α,
ἐπεὶ τοῦ Β ἐστίν, ᾧ παντὶ ἐνδέχεται. τὸ δὲ καὶ εἰς τὸ ἀδύνατον οὐκ
ἔστιν ἀγαγεῖν τοιοῦτόν ἐστιν· εἰπών, ὅτι ἐκ τῶν κειμένων φανερόν ἐστιν
ἐπὶ ταύτης τῆς συζυγίας, ὅτι ἐνδεχόμενον καθόλου ἀποφατικὸν γίνεται τὸ 40
συμπέρασμα (εἶπε γὰρ ἀλλ' οὐ τοῦ μὴ ὑπάρχειν ἀλλὰ τοῦ ἐνδέ-
χεσθαι μὴ ὑπάρχειν), προστίθησιν, ὅτι 'οὐ γὰρ διὰ τῆς εἰς ἀδύνατον
ἀπαγωγῆς ἔστι δεῖξαι τοῦ ὑπάρχειν γινόμενον τὸ συμπέρασμα, ὡς ἐπὶ τῆς
πρὸ αὐτῆς συζυγίας ἐποιήσαμεν'. εἰ γὰρ ὡς ἐπ' ἐκείνης καὶ ἐπὶ ταύτης
λαβόντες τὸ Α τῷ Γ μηδενὶ ὑπάρχειν τὸ ἀντικείμενον αὐτοῦ τὸ τινὶ ὑπάρ-
χειν ἢ καὶ τὸ παντὶ ὑποθοίμεθα θέλοντες δεῖξαι τοῦ μηδενὶ ὑπάρχειν γι- 45
νόμενον τὸ συμπέρασμα ἀλλ' οὐ τοῦ ἐνδέχεσθαι μηδενί, εἶτα κειμένῃ ταύτῃ
προσλάβοιμεν τὸ Α τῷ Β ἐνδέχεσθαι μηδενί, ἀσυλλόγιστος ἡ συζυγία γί- 69r
νεται οὖσα ἐν δευτέρῳ σχήματι ⟨ἐκ⟩ καταφατικῆς ὑπαρχούσης ἐπὶ μέρους
καὶ καθόλου ἀποφατικῆς ἐνδεχομένης τῷ τὸ ἐνδεχόμενον ἴσον εἶναι κατα-
φατικῷ. οὐ πρόεισι δὴ ἡ δεῖξις. ἀσαφῆ δὲ τὴν λέξιν διὰ συντομίαν
πεποίηκε· λαβὼν γὰρ ἀντὶ τοῦ ἐνδεχομένου ἀποφατικοῦ καθόλου ὑπάρχον
ἀποφατικὸν καθόλου τὸ συμπέρασμα καί, ὅτι μὴ δείκνυται τοῦτο συναγόμενον, 5
διὰ τῆς εἰς ἀδύνατον ἀπαγωγῆς βουλόμενος δεῖξαι οὐκέτι ἔλαβε τὸ ἀντικεί-
μενον αὐτοῦ καὶ ὑπέθετο (τοῦτο δέ ἐστι τὸ ἐπὶ μέρους ὑπάρχον καταφατικὸν
τὸ τὸ Α τῷ Γ τινὶ ὑπάρχειν, ὃ μετὰ τοῦ 'τὸ Α τῷ Β ἐνδέχεται μηδενί'
οὐδὲν συνάγει), ἀλλ' ὡς γνωρίμου ὄντος τοῦ ὀφείλοντος μεταληφθῆναι καὶ
ὑποτεθῆναι ἀντὶ τοῦ καθόλου ἀποφατικοῦ ὑπάρχοντος, ὃ ἦν τὸ ἐπὶ μέρους 10
καταφατικὸν ὑπάρχον, παρείασε καὶ μόνον προσέλαβε τό, μεθ' οὗ ἐκεῖνο
οὐδὲν συνάγει. φέρεται μέντοι ἔν τισιν ἀντιγράφοις ἀντὶ τοῦ εἰ γὰρ
ὑποτεθείη τὸ Α τῷ Γ μηδενὶ ὑπάρχειν τὸ εἰ γὰρ ὑποτεθείη τὸ Α
τῷ Γ τινὶ [μὴ] ὑπάρχειν. κἂν ᾖ αὕτη γραφή, εἴη ἂν πάλιν παρειαμένον,
ὅτι τὸ Α τῷ Γ μηδενὶ ὑπάρχει, οὗ τὸ ἀντικείμενον τὸ 'τὸ Α τινὶ τῷ Γ
ὑπάρχει' τεθὲν μετὰ τοῦ τὸ Α τῷ Β ἐνδέχεσθαι μηδενὶ οὐδὲν συνάγει.
ἀλλ' οὐδ' ἂν προσλάβωμεν τῇ ὑποθέσει τῇ τὸ Α τινὶ τῷ Γ ὑπάρχειν 15
λαμβανούσῃ τὴν τὸ Β παντὶ τῷ Γ ὑπάρχειν, οὐδὲν ἀδύνατον συναχθήσεται·
συνάγεται μὲν γὰρ ἐν τρίτῳ σχήματι τὸ Α τῷ Β τινὶ ὑπάρχειν, ὃ οὐκ

---

4 ἥ τε γὰρ B et Ar.: ὅτε γὰρ ἡ a ἡ a et Ar.: om. B (n) 6 ἐρρήθη] c. 15 p. 33b25 sqq., c. 16 p. 35b23 sqq. οἱ a: om. B 9 ἀγαγεῖν a et Ar.: ἀνάγειν B 17 εἴτε a 19 ἐκ a: om. B 21 λέξιν B: δεῖξιν a 22 γὰρ corr. ex δὲ B[1] 23 μὴ om. a 28 ἀντὶ om. a 30 ἀντὶ τοῦ . . . μηδενὶ ὑπάρχειν (31) om. a (31 μηδενὶ ABC dfnu: τινὶ Bekker et Waitz vet. interpretis Lat. et Boethii auctoritatem secutus) 32 μὴ iam Waitz deleri voluit Organ. p. 29 ᾖ αὕτη scripsi: ἡ αὐτὴ B: ἡ αὐτὴ ᾖ ἡ a παρειμένον a 33 μηδενὶ corr. ex τινὶ μὴ B[1] 37 τινὶ τῷ β a

ἔστιν ἀδύνατον, ᾧ ἐνδέχεται μηδενὶ τὸ Α, τούτῳ τινὶ ὑπάρχειν αὐτὸ τοῦτο. 69r ἐπεὶ ἐνδεχομενόν γε τὸ συμπέρασμα ἔνεστι [δὲ] δεῖξαι καὶ διὰ τῆς εἰς ἀδύνατον ἀπαγωγῆς. εἰ γὰρ μὴ ἀληθὲς τὸ τὸ Α ἐνδέχεσθαι μηδενὶ τῷ Γ, ἀληθὲς ἔσται τὸ 'οὐκ ἐνδέχεται μηδενί', τοῦτ' ἔστι τὸ ἐξ ἀνάγκης τινί· κεῖται δὲ καὶ τὸ Β τῷ Γ ἐξ ἀνάγκης παντί· ἐξ ὧν ἐν τρίτῳ σχήματι συνάγεται τὸ Α τῷ Β ἐξ ἀνάγκης τινί. τοῦτο δὲ ἀδύνατον· ἔκειτο γὰρ αὐτῷ μηδενὶ ἐνδέχεσθαι, ὥστε καὶ παντί. ἀδύνατον ἄρα καὶ τὸ τὸ Α τινὶ τῷ Γ ἐξ ἀνάγκης· ἀληθὲς ἄρα τὸ 'ἐνδέχεται μηδενί'. ἔσται γὰρ συμπέρασμα τοῦ κατὰ τὸν διορισμὸν ἐνδεχομένου ἀλλ' οὐ τοῦ οὐδενὶ ἐξ ἀνάγκης, ὥσπερ ἐπὶ τῶν ἄλλων, ἐφ' ὧν ἡ μετάληψις τοῦ 'οὐκ ἐνδέχεται μηδενί' εἰς τὸ τινὶ ἐξ ἀνάγκης ἐγίνετο· ἐπὶ γὰρ τῆς προκειμένης μίξεως, κἂν τὸ 'οὐκ ἐνδέχεται μηδενί' μεταληφθῇ πάλιν καὶ εἰς τὸ ἐξ ἀνάγκης τινὶ μή, καθ' οὗ καὶ αὐτοῦ ἀληθεύεται τὸ 'οὐκ ἐνδέχεται μηδενί', ὁμοίως ἀδύνατον συνάγεται τὸ τὸ Α τινὶ τῷ Β ἐξ ἀνάγκης μὴ ὑπάρχειν, ᾧ παντὶ ἐνδέχεσθαι κεῖται. ὥστε, εἰ καθ' ἑκάτερον τούτων, καθ' ὧν ἀληθεύεται μόνων τὸ 'οὐκ ἐνδέχεται μηδενί', ὑποτεθὲν ἀδύνατόν τι ἕπεται, δῆλον ὅτι τὸ ταύτῃ ἰδίως ἀντικείμενον εἴη ἂν δεικνύμενον· τοῦτο δέ ἐστι τὸ ἐνδέχεσθαι μηδενί.

p. 36a25 Ἐὰν δὲ πρὸς τῷ ἐλάττονι ἄκρῳ τεθῇ τὸ στερητικόν.

Ἂν ἡ μὲν μείζων ᾖ καταφατικὴ ἡ δὲ ἐλάττων ἀποφατικὴ ἐν τῇ ἐξ ἀναγκαίας καὶ ἐνδεχομένης μίξει, οὗ ἂν μὲν στερητικὴ οὖσα ἡ ἐλάττων ᾖ ἐνδεχομένη, συλλογιστικήν φησιν ἔσεσθαι συζυγίαν ἀντιστραφέντος τοῦ ἐνδεχομένου ἀποφατικοῦ εἰς τὸ καταφατικόν· ὅταν δὲ ἡ ἐλάττων οὖσα ἀποφατικὴ ἀναγκαία ᾖ τῆς μείζονος οὔσης καταφατικῆς ἐνδεχομένης, οὔ φησιν ἔσεσθαι συλλογισμόν. τὸ δ' αἴτιον, ὅτι κεῖται ἡμῖν ἀδύνατον ὂν ἐν τῷ πρώτῳ σχήματι ἀποφατικῆς οὔσης τῆς ἐλάττονος γίνεσθαι συλλογισμόν. ὅταν μὲν οὖν ἐνδεχομένη ληφθῇ ⟨ἡ⟩ ἀποφατική, εἰς καταφατικὴν οἷά τέ ἐστι μεταληφθῆναι· ἂν δὲ ἀναγκαία ληφθῇ, μένουσα ἀποφατικὴ οὐ ποιεῖ συλλογισμόν· ἀλλ' οὐδ' ἂν ἀμφότεραι αἱ προτάσεις ἀποφατικαὶ ληφθῶσιν, ἀναγκαία δὲ ἡ ἐλάττων. ἐλέγχει δὲ ἀσυλλογίστους τὰς συζυγίας τὰς ἐχούσας τὴν ἐλάττονα ἀναγκαίαν ἀποφατικὴν τῇ τῶν ὅρων παραθέσει δείξας οὕτως ἐχόντων καὶ τὸ παντὶ ἐξ ἀνάγκης καὶ τὸ μηδενὶ δυνάμενον συνάγεσθαι. τοῦ μὲν οὖν παντὶ ὅροι λευκόν, ζῷον, χιών· τὸ γὰρ λευκὸν ἐνδέχεται παντὶ [τῷ] ζῴῳ καὶ | ἐνδέχεται μηδενί, τὸ δὲ ζῷον ἐξ ἀνάγκης οὐδεμιᾷ χιόνι, 69v καὶ τὸ λευκὸν πάσῃ χιόνι ἐξ ἀνάγκης. τοῦ δὲ μὴ ὑπάρχειν λευκόν, ζῷον, πίττα· ὁμοίως γὰρ ἐχουσῶν τῶν προτάσεων λευκὸν οὐδεμιᾷ πίττῃ ἐξ

---

2 ἐπεὶ B: ὅτι a   δὲ B: om. a   7 καὶ τὸ om. a   8 ἐνδέχεσθαι a

15 μόν'' B: om. a   18 ἂν a   19 μὲν ἡ a   20 μὲν om. a   21 συλλογιστικὴν] στι in ras. 3 lit. B   25 τῷ om. a   26 ἡ addidi   32 γὰρ post add., ut videtur, B[1]: om. a   33 τῷ B: om. a   35 οὐδεμιᾷ πίττῃ λευκὸν a

ἀνάγκης. ἴσως δὲ ἀληθέστερον ἀντὶ τοῦ ζῴου λαβεῖν ἵππον, ἐπεὶ μὴ 69v ἀληθὲς τὸ τὸ λευκὸν ἐνδέχεσθαι μηδενὶ ζῴῳ.

Τὸν αὐτὸν δὲ τρόπον φησὶν ἔσεσθαι καὶ ἐπὶ τῶν ἐν μέρει συλλογισμῶν. ὅνπερ. ὅτε ἀμφότεραι καθόλου ἦσαν, κἂν εἰ ἡ μὲν καθόλου εἴη τῶν προτάσεων ἡ δὲ ἐπὶ μέρους. ἐν γὰρ ταῖς συλλογιστικαῖς συζυγίαις ἐν τῇ προκειμένῃ μίξει μὴ οὐσῶν ἀμφοτέρων καθόλου, ἂν μὲν ἡ μείζων ᾖ καθόλου ἀποφατικὴ ἀναγκαία ἡ δὲ ἐλάττων ἐπὶ μέρους ἐνδεχομένη καταφατική, ἐπὶ μέρους ἀποφατικόν φησιν ἔσεσθαι τὸ συμπέρασμα, οὐ μὴν ἐνδεχόμενον ἀλλὰ ὑπάρχον. ὃ δείκνυσιν οὕτως· τὸ Α τῷ Β ἐξ ἀνάγκης οὐδενί, τὸ Β τῷ Γ ἐνδεχέσθω τινί· τὸ δὴ Α τινὶ τῷ Γ οὐχ ὑπάρχει· εἰ γὰρ μή, τὸ ἀντικείμενον παντὶ ὑπαρχέτω τὸ Α τῷ Γ· τῷ δὲ Β τὸ Α ἔκειτο ἐξ ἀνάγκης μηδενί· γίνεται ἐν δευτέρῳ σχήματι συζυγία ἐξ ἀναγκαίας ἀποφατικῆς τῆς μείζονος καὶ καθόλου καταφατικῆς ὑπαρχούσης τῆς ἐλάττονος συγκειμένη, ἐν ᾗ ἐδείχθη καθόλου ἀποφατικὸν ἀναγκαῖον γινόμενον τὸ συμπέρασμα. ἀντιστραφείσης γὰρ τῆς ἀναγκαίας γίνεται τὸ Β τῷ Α ἐξ ἀνάγκης οὐδενί· ὑπέκειτο δὲ καὶ τὸ Α τῷ Γ παντὶ ὑπάρχειν· γίνεται τὸ Β ἐξ ἀνάγκης οὐδενὶ τῷ Γ, ὅπερ ἀδύνατον· ἔκειτο γὰρ ἐνδέχεσθαι τινί. ἀδύνατον ἄρα τὸ ὑποτεθὲν συμπέρασμα. ᾧ τοῦτο ἠκολούθησεν· ἦν δὲ τὸ Α παντὶ τῷ Γ. τὸ ἄρα ἀντικείμενον ἀληθὲς τὸ τὸ Α μὴ παντὶ τῷ Γ ὑπάρχειν. ὑπάρχον δὴ τὸ συμπέρασμα. ἀλλὰ ἡ μὲν δεῖξις αὕτη ἐπὶ συγχωρουμένῳ τῷ ἐξ ἀναγκαίας τῆς μείζονος καὶ ὑπαρχούσης τῆς ἐλάττονος ἀναγκαῖον γίνεσθαι τὸ συμπέρασμα. ἔνεστι δὲ καὶ χωρὶς τούτου ἐνδεχόμενον ἐπὶ μέρους ἀποφατικὸν δεῖξαι τὸ συμπέρασμα ἐν τῇ προκειμένῃ συζυγίᾳ γινόμενον διὰ τῆς εἰς ἀδύνατον ἀπαγωγῆς ἀναμφιλέκτως. εἰ γὰρ μὴ ἀληθὲς τὸ τὸ Α ἐνδέχεσθαι τινὶ τῷ Γ μὴ ὑπάρχειν, ἀληθὲς ἔσται τὸ ἐξ ἀνάγκης παντί· κεῖται δὲ καὶ τὸ Α τῷ Β ἐξ ἀνάγκης οὐδενί· ἐξ ὧν συνάγεται ἐν δευτέρῳ σχήματι τὸ Β τῷ Γ ἐξ ἀνάγκης οὐδενί. ὅπερ ἀδύνατον· ἐνεδέχετο γὰρ τινί. ἀληθὲς ἄρα τὸ τὸ Α ἐνδέχεσθαι τινὶ τῷ Γ μὴ ὑπάρχειν.

Ἂν μέντοι, φησίν, ἐν τῷ ἀποφατικῷ συλλογισμῷ μὴ ᾖ ἡ μείζων πρότασις ἀναγκαία ἀποφατική, ἀλλὰ ἡ ἐλάττων ᾖ ἐπὶ μέρους καταφατικὴ ἀναγκαία, ὡς εἶναι τὴν μείζονα καθόλου ἀποφατικὴν ἐνδεχομένην, ἢ πάλιν ἐν τῷ καταφατικῷ συλλογισμῷ ἡ μείζων ᾖ καθόλου καταφατικὴ ἀναγκαία οὔσης τῆς ἐλάττονος ἐπὶ μέρους ἐνδεχομένης, οὔ φησιν ἔσεσθαι τὸ συμπέρασμα ἔτι τοῦ ὑπάρχοντος, ἀλλὰ δῆλον ὅτι τοῦ κατὰ τὸν διορισμὸν ἐνδεχομένου· τοῦτο γὰρ προσυπακούειν δεῖ. οὔσης γὰρ τῆς μείζονος ἐνδεχομένης ἀποφατικῆς τῆς δὲ ἐλάττονος ἀναγκαίας ἐπὶ μέρους καταφατικῆς ἐνδεχόμενον

1 μὴ a: μήτ' B 2 τὸ alterum om. a 4 ὥσπερ a 10 ἐνδέχεσθαι a 13 συγκειμένη a: συγκειμένης B 14 ἐδείχθη] c. 10 p. 30b7—13 18 δὲ in ras. B 20 post ἀλλὰ expunxit καὶ B[1] αὕτη a: αὐτῶν B ἐπὶ a: ἐπεὶ B 21 γίνεσθαι a: γίνεται B 22 ἔνεστι] ἐν B pr., εστι add. B[2] 27 ἐνδέχεται a 30 πρότασις om. a 30. 31 ἀναγκαία καταφατική a 32 ante ἡ add. εἰ a 33 ἐλάττονος ἐπὶ μέρους a: ἐπὶ μέρους ἐλάττονος B 34. 35 ἐνδεχομένου] ο prius in ras. 2—3 lit. B 36 ἐπὶ μέρους ἀναγκαίας a ἐνδεχόμενον post ἀποφατικὸν (p. 213, 1) transponit a

ἐπὶ μέρους ἀποφατικὸν δείκνυται γινόμενον τὸ συμπέρασμα διὰ τοῦ κατὰ 69v μηδενὸς τῷ τὶ μὲν Γ ὑπὸ τὸ Β εἶναι τὸ δὲ Α ἐνδέχεσθαι μηδενὶ τῷ Β, ὥστε καὶ τινὶ τῷ Γ ἐνδέχεται μὴ ὑπάρχειν. οὕτως γὰρ εἶχε, καὶ ὅτε καθόλου καταφατικὴ ἀναγκαία ἡ ἐλάττων ἔκειτο, ἐφ' ἧς συζυγίας εἰς δεῖξιν τοῦ ἐνδεχόμενον γίνεσθαι τὸ συμπέρασμα προσεχρήσατο τῷ μὴ δύνασθαι ὑπάρχον δειχθῆναι διὰ τῆς εἰς ἀδύνατον ἀπαγωγῆς. οὐδὲ γὰρ ἐπὶ ταύτης οἷόν τε διὰ τῆς εἰς ἀδύνατον ἀπαγωγῆς ὑπάρχον ἀποφατικὸν ἐπὶ μέρους δειχθῆναι τὸ συμπέρασμα· ἢ γὰρ ἐν δευτέρῳ σχήματι ἔσται ἀσυλλόγιστος συμπλοκὴ ἢ ἐν τρίτῳ μηδὲν συνάγουσα ἀδύνατον, ὡς καὶ ὅτε ἦν ἡ ἐλάττων ἀναγκαία καθόλου καταφατικὴ τῆς μείζονος οὔσης ἐνδεχομένης ἀποφατικῆς, ὡς ἐδείξαμεν. ἄξιον δ', ὡς πρόσθεν ἤδη εἶπον, ἐπιζητῆσαι, διὰ τί τῆς μείζονος ἀναγκαίας λαμβανομένης καθόλου ἀποφατικῆς οὐκ ἔσται | 70r τὸ συμπέρασμα ἀναγκαῖον ἀποφατικόν. ἄν τε γὰρ τῆς [εἰς] ΑΒ οὔσης ἀναγκαίας καθόλου ἀποφατικῆς τῆς δὲ ἐλάττονος ἐνδεχομένης καθόλου καταφατικῆς ἀναγκαῖον καθόλου φῶμεν ἀποφατικὸν συνάγεσθαι, διὰ τῆς εἰς ἀδύνατον ἀπαγωγῆς οὕτως ἔχον δειχθήσεται. εἰ γὰρ μὴ τὸ Α τῷ Γ ἐξ ἀνάγκης μηδενὶ ὑπάρξει, ἐνδέξεται οὕτω τινί· ἀλλὰ καὶ τὸ Β τῷ Γ ἐνδέχεται παντί· τὸ Α ἄρα τῷ Β ἐνδέξεται τινί, ὅπερ ἀδύνατον· ἐξ ἀνάγκης γὰρ αὐτῷ ἔκειτο μηδενὶ ὑπάρχειν. ἀλλὰ κἂν ἐπὶ μέρους καταφατικὸν ἐνδεχόμενον ᾖ τὸ ΒΓ, καὶ οὕτως ἔσεσθαι λέγειν ἐπὶ μέρους ἀποφατικὸν ἀναγκαῖον ἔσται τὸ συμπέρασμα. τὸ γὰρ Α τινὶ ⟨μὴ⟩ τῷ Γ ἐξ ἀνάγκης· εἰ γὰρ μή, παντὶ ἐνδέχεται· ἀλλὰ καὶ τὸ Β τῷ Γ τινὶ ἐνδέχεται· τὸ ἄρα Α τῷ Β τινὶ ἐνδέξεται, ὅπερ ἀδύνατον· ἔκειτο γὰρ αὐτῷ ἐξ ἀνάγκης μηδενί. ἀληθὲς ἄρα τὸ Α τῷ Γ ἐξ ἀνάγκης μηδενὶ ὑπάρχειν, εἰ εἴη ἡ ΒΓ ἐνδεχομένη καθόλου, ἢ τινὶ οὔ, εἰ ἡ αὐτὴ ἐπὶ μέρους λαμβάνοιτο ἐνδεχομένη. ἀλλὰ περὶ μὲν τούτων, ὡς εἶπον ἤδη, ἐζήτηται ἡμῖν ἐν τῷ Περὶ τῶν μίξεων βιβλίῳ.

Πάλιν δὲ ἐὰν ἀμφότεραι μὲν ὦσι καταφατικαί, ἡ δὲ μείζων καθόλου τε καὶ ἀναγκαία, ἡ δὲ ἐλάττων ἐπὶ μέρους ἐνδεχομένη (τοῦτο γάρ ἐστι τὸ ἢ τὸ καθόλου ἐν τῷ κατηγορικῷ), τὸ συμπέρασμα δὴ ἐπὶ μέρους ἐνδεχόμενον καταφατικὸν ἔσεσθαί φησιν, ὥσπερ καὶ ὅτε ἦν τῆς μείζονος οὔσης καθόλου καταφατικῆς ἀναγκαίας ἡ ἐλάττων καθόλου ἐνδεχομένη· διὰ γὰρ τῆς εἰς ἀδύνατον ἀπαγωγῆς ἐδείχθη συμπέρασμα γινόμενον ἐνδεχόμενον καθόλου καταφατικόν. οὐ μὴν ἀλλὰ καὶ ἐπὶ τῆς προκειμένης συζυγίας δεικτέον τοῦτο. κείσθω γὰρ ἐπὶ τοῖς κειμένοις τὸ Α τῷ Γ

2 τὶ a: τὸ B 3 ἐνδέχεσθαι a 9 ante συμπλοκὴ add. ἡ a 10 ἀποφατικῆς ἐνδεχομένης a 11 ἐδείξαμεν] p. 210,8 sqq. εἶπον] p. 207,28 sqq. 13 εἰς (ex vs. 15 translatum) B: om. a 14 ἐνδεχομένης καθόλου καταφατικῆς B: καθόλου ἀποφατικῆς ἐνδεχομένης a 17 ἐνδέξεται B: ἐνδέχεται a 18 ἄρα α a ἐνδέχεται a 21 μὴ a: om. B 26 εἶπον] p. 207,35 30. 31 ἐνδεχόμενον ἐπὶ μέρους a 32 ἡ ἐλάττων scripsi: ἢ καὶ aB (recte interpr. Lat.: *quemadmodum etiam quando maior universalis affirmativa necessaria, minor vero universalis contingens erat*) 33 γὰρ τῆς corr., ut videtur, B ἐδείχθη] p. 36a1 post συμπέρασμα (compend.) eras. 3—4 lit. B γινόμενον] νόμενο in ras. B 35 κείσθω B: κεῖσθαι a

ἐνδέχεσθαι τινὶ ὑπάρχειν. εἰ γὰρ μή, τὸ ἀντικείμενον οὐκ ἐνδέχεται τινὶ 70r [μὴ] ὑπάρχειν, τοῦτ' ἔστιν ἐξ ἀνάγκης οὐδενί· ἀλλὰ καὶ τὸ B τῷ Γ ἐνδέχεται τινί, ὃ μετειλήφθω εἰς τὸ τινὶ ὑπάρχειν· τὸ ἄρα A τινὶ τῷ B οὐχ ὑπάρξει ἢ ἐνδέχεται τινὶ μὴ ὑπάρχειν ἐν τρίτῳ σχήματι· οὐδὲν γὰρ διαφέρει, ὁποτέρα ἂν ληφθῇ. * * * ἐνδεχομένη καὶ μεταληφθῇ εἰς τὴν ὑπάρχουσαν, πρόεισιν ὁ λόγος. ἀδύνατον δὲ τὸ A τῷ B ἢ μὴ ὑπάρχειν τινὶ ἢ ἐνδέχεσθαι τινὶ αὐτῷ μὴ ὑπάρχειν, ὅπερ ἀδύνατον· ὑπέκειτο γὰρ αὐτῷ παντὶ ἐξ ἀνάγκης ὑπάρχειν. τὸ ἄρα ἀντικείμενον τοῦ ὑποτεθέντος, ᾧ τὸ ἀδύνατον ἠκολούθησεν, ἐστίν· ἔστι δὲ τὸ ἐνδέχεσθαι μὲν τὸ A τινὶ τῷ Γ, ὅτι ἴσον δύναται τῷ μὴ ἐνδέχεσθαι τινὶ τὸ ἐξ ἀνάγκης μηδενί, εἰς ὃ μετελήφθη. ἔστι δὲ ἄρα τὸ συναγόμενον ἰδίως τὸ οὐκ ἐξ ἀνάγκης μηδενί, ὃ ἀντίκειται τῇ ὑποθέσει. ἂν μέντοι μηδὲ τὸ ἐνδέχεσθαι τινὶ ληφθῇ συνάγεσθαι ἀλλὰ τὸ τινὶ ὑπάρχειν καὶ τούτου ὑποτεθῇ τὸ ἀντικείμενον τὸ μηδενὶ ὑπάρχειν, προσληφθέντος τοῦ τὸ B τῷ Γ ἐνδέχεσθαι τινὶ συναχθήσεται τὸ τὸ A τῷ B τινὶ μὴ ὑπάρχειν ἢ ἐνδέχεσθαι τινὶ μὴ ὑπάρχειν, ἅπερ ἀδύνατα, εἴ γε ἐξ ἀνάγκης αὐτῷ παντὶ ὑπάρχει. ὥστ' ἀναιρουμένης τῆς ὑποθέσεως συνάγοιτ' ἂν τὸ A τῷ Γ τινὶ ὑπάρχειν. λέγει δὲ μὴ γίνεσθαι τοῦ ὑπάρχειν συμπέρασμα ἐν τῇ προκειμένῃ συμπλοκῇ.

Ἂν δὲ μηκέθ' ἡ μείζων ᾖ καθόλου ἀλλ' ἡ ἐλάττων, ὡς ἂν ληφθῇ ἡ ἐλάττων, εἴτε καταφατικὴ εἴτε ἀποφατικὴ ἐνδεχομένη, τῆς μείζονος οὔσης ἐπὶ μέρους ἀναγκαίας οὐδεὶς ἔσται συλλογισμός. καὶ τοῦτο πάλιν τῇ τῶν ὅρων παραθέσει δείκνυσι. τοῦ μὲν γὰρ παντὶ ὑπάρχειν ἐξ ἀνάγκης ὅροι ζῷον, λευκόν, ἄνθρωπος· τὸ γὰρ ζῷον τινὶ λευκῷ ἐξ ἀνάγκης ὑπάρχει ὡς κύκνῳ, ἀλλὰ καὶ τινὶ λευκῷ οὐχ ὑπάρχει ὡς χιόνι· τὸ δὲ λευκὸν παντὶ ἀνθρώπῳ ἐνδέχεται, ἀλλὰ καὶ ἐνδέχεται μηδενί· καὶ τὸ ζῷον παντὶ ἀνθρώπῳ ἐξ ἀνάγκης. τοῦ δέ γε μηδενὶ ζῷον, λευκόν, ἱμάτιον· πάλιν γὰρ ὁμοίως ἀληθῶν οὐσῶν ἀμφοτέρων τῶν προτάσεων τὸ ζῷον ἐξ ἀνάγκης οὐδενὶ ἱματίῳ. ἀλλ' οὐδ' ἂν τὸ μὲν καθόλου ἀναγκαῖον ᾖ, τοῦτ' ἔστιν ἡ ἐλάττων πρότασις (καθόλου γὰρ ἦν αὕτη), τὸ δ' ἐν μέρει ἐνδεχόμενον, οὐδ' οὕτως ἔσται τις | συλλογισμός. εἰ μὲν γὰρ εἴη στερητικὴ ἡ ἐλάττων καθόλου τε 70v καὶ ἀναγκαία, ὅροι τοῦ μὲν ὑπάρχειν ζῷον, λευκόν, κόραξ· ζῷον γὰρ ἐνδέχεται τινὶ λευκῷ καὶ ἐνδέχεται τινὶ μή, τὸ δὲ λευκὸν ἐξ ἀνάγκης οὐδενὶ κόρακι, ⟨καὶ⟩ ζῷον [ὁ] ἐξ ἀνάγκης κόρακι παντί. τοῦ δὲ μηδενὶ ζῷον, λευκόν, πίττα· ὁμοίως γὰρ ἐχουσῶν τῶν προτάσεων ζῷον οὐδεμιᾷ πίττῃ. ἂν δ' ἡ ἐλάττων καθόλου καταφατικὴ ἀναγκαία, ὅροι τοῦ μὲν ὑπάρχειν ζῷον, λευκόν, κύκνος· πάλιν γὰρ ζῷον ἐνδέχεται τινὶ λευκῷ καὶ ἐνδέχεται τινὶ

---

1 ὑπάρχειν a: ὑπάρχον B 2 μὴ B: om. a μηδενί a 4 ἢ a: ἡ B 5 post ὁποτέρα add. γὰρ a suppleas ⟨ἐπεί, κἂν ληφθῇ⟩ seq. καὶ in κἂν correcto ἐνδεχομένως a 9 ἐστίν] fort. ἔσται μὲν om. a ὅτι scripsi: ὃ aB 10 τὸ corr. (ex τῷ?) B[1] 15 ἢ ἐνδέχεσθαι τινὶ μὴ ὑπάρχειν in mg. B[2] ἐνδέχεται a 17 τινὶ τῷ γ a 21 πάλιν om. a 22 δείκνυσι B: δείκνυταί τις a 27 τῶν προτάσεων ἀμφοτέρων a 27. 28 οὐδενὶ ἱματίῳ ἐξ ἀνάγκης a 30 τις om. a γὰρ superscr. B 33 καὶ a: om. B ὁ B: om. a

μή, λευκὸν δὲ ἐξ ἀνάγκης παντὶ κύκνῳ, καὶ ζῷον ἐξ ἀνάγκης παντὶ κύκνῳ. 70v τοῦ δὲ μὴ ὑπάρχειν ζῷον, λευκόν, χιών· ὁμοίως γὰρ ἐχουσῶν τῶν προτάσεων τὸ ζῷον ἐξ ἀνάγκης οὐδεμιᾷ χιόνι. ἀλλ' οὐδ' ἂν ἀμφότεραι ἢ ἀδιόριστοι ἢ ἐπὶ μέρους ὦσιν, οὐδεὶς ἔσται συλλογισμός, ὡς ἂν ἔχωσι κατὰ τὸ ποιόν. ὅροι κοινοὶ πάντων τῶν ὁπωσοῦν λαμβανομένων τοῦ μὲν ὑπάρχειν δεικτικοὶ ζῷον, λευκόν, ἄνθρωπος· ζῷον γὰρ καὶ τινὶ λευκῷ ἐξ ἀνάγκης ὡς κύκνῳ, καὶ ἐξ ἀνάγκης τινὶ μὴ ὡς χιόνι. καὶ ἐνδέχεται τινὶ καὶ τινὶ μὴ ὡς ἀνθρώπῳ (ἐνδέχεται γάρ τι λευκὸν ἄνθρωπον εἶναι, καὶ ἐνδέχεται τὶ λευκὸν μὴ εἶναι ἄνθρωπον· εἰ δὲ τοῦτο, καὶ τὶ λευκὸν ἂν ἐνδέχοιτο ζῷον καὶ εἶναι καὶ μὴ εἶναι)· καὶ τὸ λευκὸν τινὶ ἀνθρώπῳ ἐξ ἀνάγκης μὲν οὔ, ὡς Αἰθίοπι, ἐξ ἀνάγκης δὲ ὡς Γαλάτῃ· ἐνδέχεται δὲ τινὶ καὶ ἐνδέχεται τινὶ μή, ὡς ἐπὶ τῶν πλείστων· καὶ τὸ ζῷον ἐξ ἀνάγκης παντὶ ἀνθρώπῳ. τοῦ δὲ μὴ ὑπάρχειν ζῷον, λευκόν, ἄψυχον· πάλιν γὰρ ὁμοίως λαμβανομένων τῶν προτάσεων τὸ ζῷον ἐξ ἀνάγκης οὐδενὶ ἀψύχῳ. παραθέμενος δὲ τὴν ὕλην τοῦ τε παντὶ καὶ τοῦ μηδενὶ ἐξ ἀνάγκης ἐφ' ἑκατέρας δείξεως μίαν πρότασιν λαβὼν ἔδειξεν ἐπ' αὐτῶν πάσας δυναμένας τὰς μεταλήψεις γίνεσθαι ἀδιορίστως τάς τε κατὰ τὸ ἀναγκαῖον καὶ τὰς κατὰ τὸ ἐνδέχεσθαι, ἡμῖν καταλιπὼν τὸ καὶ ἐπὶ τῶν ἄλλων προτάσεων συνορᾶν τὸ ὅμοιον.

p. 36b15 Καὶ γὰρ τὸ ζῷον τινὶ λευκῷ καὶ τὸ λευκὸν τινὶ ἀψύχῳ καὶ ἀναγκαῖον ὑπάρχειν καὶ οὐκ ἐνδέχεται ὑπάρχειν.

Ἐπειδὴ ⟨αἱ⟩ συζυγίαι ἦσαν ἐκ δύο ἐπὶ μέρους, τῆς μὲν ἀναγκαίας τῆς δὲ ἐνδεχομένης, ὅτι οἷόν τε ἐπὶ πασῶν τῶν ἐκ τοιούτων προτάσεων τῇ εἰλημμένῃ ὕλῃ χρωμένους δεικνύναι ἀσυλλογίστους αὐτάς, ἔδειξεν ἑκάστην δείξας τῶν ἐν μέρει προτάσεων ἐπὶ τῆς κειμένης ὕλης καὶ ἀναγκαίαν καταφατικὴν καὶ ἀναγκαίαν ἀποφατικὴν λαμβάνεσθαι δυναμένην καὶ πάλιν ἐνδεχομένην καὶ καταφατικὴν καὶ ἀποφατικήν· ὥστε, ἐὰν παραλλὰξ λαμβάνωνται, ἡ μὲν ἀναγκαία ἡ δὲ ἐνδεχομένη, ἀληθεῖς τε ληφθήσονται καὶ ἐλεγχθήσεται ἐπ' αὐτῶν τὸ ἀσυλλόγιστον τῶν συμπλοκῶν.

p. 36b19 Δῆλον οὖν ἐκ τῶν εἰρημένων, ὅτι ὁμοίως ἐχόντων τῶν ὅρων ἔν τε τῷ ὑπάρχειν καὶ ἐν τοῖς ἀναγκαίοις.

Ὥσπερ ἐν ταῖς ἐξ ὑπαρχουσῶν γιγνομέναις συζυγίαις ἀμφοτέρων τῶν προτάσεων καὶ πάλιν ἐν ταῖς ἐξ ἀναγκαίων αἱ ὁμοίως ἔχουσαι συζυγίαι ἦσαν συλλογιστικαί, [καὶ] τὸν αὐτὸν τρόπον καὶ ἐπὶ τῶν μίξεων ἔχον ἐδείχθη τῶν ἐξ ὑπαρχούσης τε καὶ ἐνδεχομένης καὶ ἀναγκαίας· αἱ γὰρ ὁμοίως

7 χιόνι cum interpr. Lat. correxi (cf. p. 214, 24): κόρακι aB 9 δὲ B: δ' οὐ a 11 γάλακτι a 15 ἐφ' B: ἀφ' fort. recte a 19 ἀψύχῳ τινὶ Ar. 21 Ἐπειδὴ αἱ a: ἐπεὶ δὲ B 24. 25 καταφατικὴν ἀναγκαίαν a 26 ὥστε B: ὡς a 26. 27 παραλλὰξ λαμβάνωνται B: παραλαμβάνονται a 29 δῆλον aB: φανερὸν Ar. 31 γινομένων a 32 ἔχουσαι συζυγίαι a: ἐχούσαις συζυγίαις B 33 καὶ B: om. a ἔχον om. a

ἔχουσαι κείμενον τὸ ὑπάρχον καὶ τὸ ἀναγκαῖον συλλογιστικαὶ ἐν ἀμφοτέραις, 70v καὶ πάλιν ἀσυλλόγιστοι αἱ ὅμοιαι. διαφορὰ δὲ αὐτῶν, ὡς λέγει νῦν, ὅτι ἐν μὲν ταῖς τὸ ὑπάρχον ἐχούσαις μετὰ τῆς ἐνδεχομένης τῆς μείζονος στερητικῆς οὔσης [τῆς ἐξ] ὑπαρχούσης τοῦ ἐνδέχεσθαι ἦν τὸ συμπέρασμα, ἐν δὲ ταῖς ἐξ ἀναγκαίας καὶ ἐνδεχομένης στερητικῆς οὔσης τῆς ἀναγκαίας τοῦ ὑπάρχοντος καὶ τοῦ οὕτως ἐνδεχομένου ἀλλ' οὐ τοῦ κατὰ τὸν διορισμὸν τὸ συμπέρασμα. τοῦτο δὲ πῶς ἂν λέγοιτο ὑγιῶς; ἔδειξε γὰρ καί, ἐν αἷς ὑπάρχουσα ἦν ἀποφατική, οὐ τοῦ κατὰ τὸν διορισμὸν ἐν|δεχομένου γινόμενον 71r τὸ συμπέρασμα ἀλλὰ τοῦ μηδενὶ ἐξ ἀνάγκης ἢ μὴ παντὶ ἐξ ἀνάγκης. ἢ ὅτι ἐκεῖνο μὲν ἐνδεχόμενόν πως ἦν ἔτι, καὶ ⟨εἰ⟩ μὴ τὸ κατὰ τὸν διορισμὸν ἄντικρυς· τοιοῦτον γὰρ τὸ οὐδενὶ ἐξ ἀνάγκης· ἐπὶ δὲ τῆς ἀναγκαίας ἀποφατικῆς ἄντικρυς ὑπάρχον ἐδείχθη γινόμενον, ἐπεὶ καὶ τὴν ἀρχὴν ἔθετο ὑπάρχον γίνεσθαι τὸ συμπέρασμα, οὗ τὸ ἀντικείμενον ὑποθέμενος εἰς ἀδύνατον ἀπήγαγεν. ὃ οὐκ ἐγίνετο ἐπὶ τῆς ὑπαρχούσης καθόλου ἀποφατικῆς τῆς μείζονος καὶ ἐνδεχομένης καθόλου καταφατικῆς τῆς ἐλάττονος τῇ ὁμοίᾳ ἀπαγωγῇ χρωμένων τῷ ἐπὶ τούτων ληφθέντος τοῦ Α τῷ Γ μηδενὶ ὑπάρχειν διὰ τῆς εἰς ἀδύνατον ἀπαγωγῆς κατὰ τὸ δεύτερον γενομένης σχῆμα μηδὲν δείκνυσθαι ἀδύνατον. τὸ γὰρ ἀντικείμενον τοῦ τὸ Α μηδενὶ τῷ Γ ληφθὲν τὸ τὸ Α τινὶ τῷ Γ μετὰ τοῦ τὸ Α οὐδενὶ τῷ Β συνάγει ἐν δευτέρῳ σχήματι τὸ Β τινὶ τῷ Γ μὴ ὑπάρχειν, ὃ οὐκ ἔστιν ἀδύνατον, εἰ ἐνδέχεται παντὶ αὐτῷ ὑπάρχειν. κἂν διὰ τοῦ τρίτου δὲ σχήματος ἡ εἰς ἀδύνατον ἀπαγωγὴ γένηται, οὐδὲ οὕτως ἀδύνατόν τι δείκνυται· γίνεται γὰρ συναγόμενον 'τὸ Α τῷ Β ἐνδέχεται τινί', ᾧ ἔκειτο μηδενὶ ὑπάρχειν, οὐκ ὂν ἀδύνατον. ἢ ἂν μεταληφθῇ τὸ ἐνδεχόμενον εἰς τὸ ὑπάρχον, ὃ ψεῦδος μέν ἐστιν οὐ μὴν ἀδύνατον, ἀδύνατον τὸ συναγόμενον γίνεται· τὸ γὰρ Α τινὶ τῷ Β συνάγεται· ἔκειτο δὲ μηδενί. ἀναγκαίας δὲ καθόλου ἀποφατικῆς τῆς μείζονος λαμβανομένης ἐδείκνυτο τὸ Β τινὶ τῷ Γ ἐξ ἀνάγκης μὴ ὑπάρχον. ὃ ἦν ἀδύνατον. τοῦτο δὲ συνέβαινε διὰ τὸ κεῖσθαι τῆς μείζονος οὔσης ἀναγκαίας ἐν τῇ ἐξ ἀναγκαίας τε καὶ ὑπαρχούσης μίξει ἀναγκαῖον γίνεσθαι τὸ συμπέρασμα. εἰ δὲ τεθείη ὑπάρχον γίνεσθαι τὸ συμπέρασμα ἐπὶ τῇ τοιαύτῃ μίξει, οὐδὲ ἀναγκαίας οὔσης ἀποφατικῆς διὰ τοῦ δευτέρου σχήματος ἀδύνατόν τι συναχθήσεται, ὡς οὐδὲ ὑπαρχούσης. τὸ γὰρ Β τινὶ τῷ Γ οὐχ ὑπάρξει ἢ οὐδενὶ ὑπάρξει· ἔκειτο δὲ ἐνδέχεσθαι παντί, ὃ οὐκ ἀδύνατον. διὰ μέντοι τοῦ τρίτου σχήματος γίνεται, ἐπεί, τῇ ὑποθέσει τῇ τὸ Α τῷ Γ τινὶ ὑπάρχειν λαμβανούσῃ εἰ προσληφθείη ἡ ΒΓ καθόλου οὖσα καταφατικὴ ἐνδεχομένη, ὡς ἔκειτο, ἢ μεταληφθεῖσα εἰς τὴν ὑπάρχουσαν, ἀμφοτέρως ἀδύνατόν τι συναχθήσεται. τὸ γὰρ Α τῷ Β τινὶ ὑπάρξει

1 συλλογιστικὰς (omisso ἐν) a 4 τῆς ἐξ B: om. a ἐνδέχεσθαι ἦν τὸ συμπέρασμα B: ἐνδεχομένου ἦν ὁ συλλογισμός a 5 ἐξ ἀναγκαίας καὶ B: τὸ ἀναγκαῖον μετὰ τῆς a post οὔσης add. μείζονος a 6 post διορισμὸν add. ἐνδεχομένου a 10 εἰ a: om. B 12 ἐδείχθη ὑπάρχον a 16 τούτου a τὸ α a 18 δείκνυσθαι] κνυ in ras. B 19 ᾧ (ante οὐδενὶ) B: ὡς a 21 αὐτῷ παντὶ a 23 noli conicere ἐνδέχεσθαι: nam cf. velut p. 217,4, p. 249,22 οὐκ superscr. B 34 ἐπεὶ scripsi: ἐπὶ aB 35 προσληφθείη a: ληφθείη B 36 ἡ aB 37 τινὶ correxi: τὸ οὐχ B: οὐχ a; cf. p. 217,4 et 18

κείμενον ἢ παντὶ αὐτῷ μὴ ὑπάρχειν, ὡς ἐν τῇ πρώτῃ μίξει, ἢ παντὶ αὐτῷ ἐξ 71r
ἀνάγκης μὴ ὑπάρχειν, ὡς ἐν τῇ δευτέρᾳ μίξει. ⟨ἢ⟩ ἐκ τῆς 'τὸ Α τινὶ τῷ Γ' καὶ 'τὸ Β παντὶ τῷ Γ ἐνδέχεται' εἰ συνάγεται ἐν τρίτῳ σχήματι 'τὸ Α τῷ Β ἐνδέχεται τινὶ ὑπάρχειν', [δ] ἐπὶ μὲν τῆς μίξεως τῆς ἐξ ὑπαρχούσης καὶ ἐνδεχομένης οὐδὲν ἀδύνατον συναχθήσεται, ἐπὶ δὲ τῆς ἐξ ἀναγκαίας καὶ ἐνδεχομένης ἀδύνατον· τοῦ γὰρ Α τῷ Β ἐξ ἀνάγκης οὐδενὶ ὑπάρχοντος ἀδύνατον τὸ τὸ Α ἐνδέχεσθαι τινὶ τῷ Β.

Ἐπιζητήσαι δ' ἄν τις εὐλόγως ἐνταῦθα, πῶς ἐν τῇ μίξει τῇ ἐξ ὑπαρχούσης τῆς μείζονος καθόλου ἀποφατικῆς καὶ ἐνδεχομένης τῆς ἐλάττονος καθόλου καταφατικῆς ἐν πρώτῳ σχήματι οὐ παρὰ τὴν μετάληψιν τῆς ἐνδεχομένης καθόλου καταφατικῆς εἰς τὴν ὑπάρχουσαν γίνεται τὸ συμβαῖνον ἀδύνατον, εἴ γε ἐνδεχομένης μὲν τηρουμένης αὐτῆς καὶ συντεθειμένης τῇ ὑποθέσει οὐδὲν ἀδύνατον συνάγεται, εἰ δὲ μεταληφθείη εἰς ὑπάρχουσαν, μετὰ τῆς αὐτῆς ὑποθέσεως ἀδύνατον γίνεται τὸ συναγόμενον. ἐκ μὲν γὰρ τῶν 'τὸ Α τῷ Γ τινί', 'τὸ Β τῷ Γ παντὶ ἐνδέχεται' οὐκ ἀδύνατον τὸ συναγόμενον, ὅ ἐστι 'τὸ Α ἐνδέχεται τινὶ τῷ Β', ᾧ ἔκειτο μηδενὶ ὑπάρχειν· ἐκ δὲ τῶν 'τὸ Α τῷ Γ τινί', 'τὸ Β τῷ Γ παντὶ ὑπάρχει' συνάγεται τὸ Α τῷ Β τινὶ ὑπάρχειν ὂν ἀδύνατον· μηδενὶ γὰρ ὑπάρχειν ἔκειτο αὐτῷ. γίνεται γὰρ ἡ τοιαύτη καθόλου ἀποφατικὴ χρόνῳ ὡρισμένον τὸ ἀληθὲς ἔχουσα, εἰ μεταληφθείσης τῆς ἐνδεχομένης εἰς ὑπάρχουσαν καταφατικὴν μηκέτ' ἀληθὴς μένοι. οὐδ' ἂν ἀδύνατον εἴη τὸ συναγόμενον· ἐπεὶ γὰρ ἡ
μετάλη|ψις ψευδής, οὐ μὴν ἀδύνατος οὖσα, οὐ παρὰ τὴν μετάληψιν ταύτην 71v
ἀδύνατόν τι εἴη ἑπόμενον.

p. 36b24 Δῆλον δὲ καὶ ὅτι πάντες ἀτελεῖς οἱ συλλογισμοί.

Ἀτελεῖς οὐχ ἁπλῶς πάντες, ἀλλ' ἐν οἷς ἡ μείζων ἢ ὑπάρχουσα ἢ ἀναγκαία ἦν εἰλημμένη· τοὺς γὰρ τοιούτους διὰ τῆς εἰς ἀδύνατον ἀπαγωγῆς ἔδειξεν ὄντας συνακτικούς. τελειοῦνται δὲ διὰ τῶν προειρημένων σχημάτων, ὅτι ἡ εἰς ἀδύνατον ἀπαγωγὴ γίνεται διά τινος τῶν κειμένων σχημάτων.

p. 36b26 Ἐν δὲ τῷ δευτέρῳ σχήματι ὅταν μὲν ἐνδεχόμεναι λαμβάνωνται ἀμφότεραι αἱ προτάσεις, οὐδεὶς ἔσται συλλογισμός.

Μετελήλυθε μὲν ἐπὶ τὸ δεύτερον σχῆμα εἰπὼν περὶ πασῶν τῶν ἐν τῷ πρώτῳ σχήματι μίξεων, λέγει δὲ ἐν τούτῳ τῷ σχήματι ἐκ δύο ἐνδεχο-

2 ἢ addidi 4 τινὶ correxi: μὴ aB; cf. vs. 7 et 16 δ delevi 5 συναχθήσεται ἀδύνατον a 7 ἐνδέγεται a 9 τῆς prius om. a 12 εἴ a: ἀεί B 13 post εἰς add. τὴν a 15 παντὶ τῷ γ a 17 ὑπάρχει scripsi: ὑπάρχειν aB 18 ὂν B: ὃ a 22 οὖσα, οὐ] fortasse, οὐδ' ἂν 25 ἡ (ante ὑπ.) a: ἢ B 27 συλλογιστικούς a 29 [Περ]ὶ [μί]ξεων [τῶ]ν ἐξ ἀναγκαίας [καὶ] ὑπαρχούσης [ἐν] β σχήματι in mg. B (cf. p. 204 ad vs. 30); unc. incl. perierunt 29. 30 ἐνδεχόμεναι λαμβάνονται aB: ἐνδέγεσθαι λαμβάνωσιν Ar. (sed λαμβάνωνται m, marg. n, corr. C) 30 ἀμφότεραι ante ἐνδεχόμεναι (29) transponit a οὐδείς ex οὐδὲν B[1] corr. 31 μετελήλυθεν omisso μὲν a 32 σχήματι prius om. a

μένων μὴ γίνεσθαι συλλογισμόν. μήτ' ἂν καταφατικαὶ μήτ' ἂν ἀποφατικαὶ 71v ληφθῶσι, μήτ' ἂν ἡ μὲν καταφατικὴ ἡ δὲ ἀποφατική, μήτ' ἂν ἀμφότεραι καθόλου ὦσι, μήτ' ἂν ἡ ἑτέρα ἐπὶ μέρους. τὸ δ' αἴτιον, ὅτι ἐν δευτέρῳ σχήματι ἐδείχθη ἀδύνατον ὂν ἐκ δύο καταφατικῶν προτάσεων γίνεσθαι συλλογισμόν. διὸ οὐδὲ ἐξ ἀμφοτέρων ἐνδεχομένων· κἂν γὰρ ἀποφατικαὶ ληφθῶσι, τῷ ἀντιστρέφειν ταῖς ἀποφατικαῖς τὰς καταφατικὰς ἐνδεχομένας ἴσον δυνήσονται ταῖς καταφατικαῖς. ἐπιζητήσαι δ' ἄν τις, διὰ τί ἡ μὲν ἐνδεχομένη ἀποφατικὴ ἴσον δυναμένη τῇ ἐνδεχομένῃ καταφατικῇ καὶ ἀντιστρέφουσα αὐτῇ, ὅταν ληφθῇ εἰς τὴν καταφατικὴν ἐκείνην μεταλαμβανομένη, τὴν ἐκείνης χρείαν παρέχεται πρὸς τὸ συλλογιστικὴν ἢ ἀσυλλόγιστον, ὡς νῦν, ποιεῖν τὴν συμπλοκήν, οὐκέτι δὲ ἡ καταφατικὴ εἰς ἐκείνην μεταλαμβάνεται οὐδὲ ποιεῖ ἀσυλλογίστους τὰς συμπλοκὰς τὰς δεομένας αὐτῆς καταφατικῆς εἰς τὸ συλλογιστικόν. ἐλέγετο πρῶτον μέν, ὅτι ἄτοπον τῆς καταφατικῆς συλλογιστικὴν ποιούσης συμπλοκὴν μεταλαμβάνειν αὐτὴν ζητεῖν, εἰς ἣν μεταληφθεῖσα οὐ ποιήσει τὴν συμπλοκὴν ἔτι συλλογιστικήν. ἐπὶ δὲ τῆς ἀποφατικῆς εὐλόγως ἡ μετάληψις, ὅτι ἐδεῖτο βοηθείας πρὸς τὸ εἶναι συλλογιστική. τοῦτο γὰρ ποιοῦμεν καὶ ἐπὶ τῶν ἀντιστροφῶν τῶν προτάσεων· ἐπὶ γὰρ τούτων ταῖς ἀντιστροφαῖς χρώμεθα, ἐφ' ὧν δείκνυται δι' ἀντιστροφῆς τὸ συλλογιστικὸν τῶν συζυγιῶν, οὐκέτ' ἀντιστρέφοντες ταύτας τὰς προτάσεις, αἳ ἀντιστραφεῖσαι οὐκ ἔσονται συλλογιστικαί. ἔτι δὲ ἡ ἐνδεχομένη ἀποφατικὴ οὔτε ἁπλῶς ἐστιν ἀποφατική, ἐπεὶ μὴ τῷ τρόπῳ τὸ ἀποφατικὸν πρόσκειται, οὔτε ὡς ἐνδεχομένη· ὃ γὰρ ἀποφάσκει, τὸ αὐτὸ καὶ καταφάσκει δυνάμει· τοῦτο γὰρ σημαίνει τὸ ἐνδέχεσθαι μὴ ὑπάρχειν τὸ καὶ ἐνδέχεσθαι ὑπάρχειν. οὐδ' ὅλως οὖν ἐστιν ἀπόφασις. οὖσα δὲ κατάφασις, ἐπεὶ οὕτως λεγομένη ἀποφατικὸν τὸ σχῆμα ἔχει, ὡς εἰς φανερωτέραν καὶ ὁμολογουμένην κατάφασιν ἐκείνην μεταλαμβάνεται. διά τε οὖν τοῦτο ἐν δευτέρῳ σχήματι οὐδεὶς γίνεται συλλογισμὸς ἐξ ἐνδεχομένων δύο, καὶ ὅτι δι' ἀντιστροφῆς μὲν τῆς καθόλου ἀποφατικῆς προτάσεως οἱ πλεῖστοι τῶν ἐν τούτῳ τῷ σχήματι συνάγοντες ἐδείκνυντο· εἷς γὰρ μόνος αὐτῶν διὰ τῆς εἰς ἀδύνατον ἀπαγωγῆς· δείξει δέ, ὅτι ἡ ἐνδεχομένη ἀποφατικὴ οὐκ ἀντιστρέφει ἑαυτῇ.

Κἂν μικταὶ δὲ ὦσιν αἱ συζυγίαι ἐξ ὑπαρχούσης καὶ ἐνδεχομένης ἢ ἀναγκαίας καὶ ἐνδεχομένης, ἂν ᾖ ἡ ἐνδεχομένη ἐν αὐταῖς ἀποφατικὴ μόνη, οὐκ ἔσται συλλογιστικὴ ἡ συζυγία τῷ γίνεσθαι καὶ τότε δυνάμει ἀμφοτέρας καταφατικὰς διὰ τὸ τὴν ἐνδεχομένην ἀποφατικὴν ἀντιστρέφειν τῇ καταφατικῇ. τῆς δὲ ὑπαρχούσης ἢ τῆς ἀναγκαίας ἀποφατικῶν τε οὐσῶν καὶ καθόλου συναχθήσεταί τι ἀεί. εἰ γὰρ ἐπὶ μέρους εἶεν ἀποφατικαί, κἂν ἢ ὑπάρχουσαι ἢ ἀναγκαῖαι, οὐκέτι συλλογιστικαὶ αἱ συζυγίαι· δεῖ γὰρ ἐν τῷ δευτέρῳ σχήματι τὴν μείζονα καθόλου εἶναι. διὸ τούτων μὲν καὶ ὑπαρ-

1 καταφατικὰ ἢ ἀποφατικὰ a 9 ἐκείνη a μεταλαμβανομένη a: λαμβανομένη B 12. 13 καταφατικὰς a 16 εὔλογος a ὅτι B: ἥτις a 19 ταύτας a: αὐτὰς B 20 αἳ scripsi: εἰ superscr. B[3]: om. a δὲ om. a 30 δείξει] p. 36b35 sqq. 35 καταφατικῶν B pr. (ἀπο superscr. B[3]) τε a: γε B 37 τῷ om. a 38 διό scripsi: διὰ aB

χουσῶν ἐν μέρει δὲ οὐσῶν μειζόνων ἀσυλλόγιστοι αἱ | συμπλοκαί. ἀλλὰ 72r κἂν αὗται μὲν ὦσιν ἐλάττους καθόλου, αἱ δὲ μείζους ἐνδεχόμεναι ἐπὶ μέρους, καὶ οὕτως ἀσυλλόγιστοι αἱ συμπλοκαί. εἰ δὲ τούτων οὐσῶν ἐλαττόνων αἱ μείζους εἶεν ἐνδεχόμεναι καθόλου, συλλογιστικαὶ μὲν αἱ συζυγίαι, δεικνύοιντο δ' ἂν διὰ τῆς εἰς ἀδύνατον ἀπαγωγῆς, οὐ δι' ἀντιστροφῆς· οὔτε γὰρ ἡ καθόλου καταφατικὴ ἐνδεχομένη ἀντιστρέφει ἑαυτῇ, ὡς δέδεικται, οὔτε ἡ καθόλου ἀποφατική, ὡς δείξει. ἔτι τε ἡ ἐλάττων ἐν πρώτῳ σχήματι ἀποφατικὴ γίνεται, εἰ καὶ ἀντιστρέφει ἡ μείζων· ἀσυλλόγιστος δὲ ἡ οὕτως ἔχουσα συμπλοκή. ἔτι δεῖ μὲν ἀντιστροφῆς ἐν ταῖς οὕτως συλλογιστικαῖς· οὐδετέρα δὲ ἀντιστραφήσεται, οὔτε ἡ ἀποφατικὴ διὰ τὸ ἐπὶ μέρους εἶναι, οὔτε ἡ καταφατικὴ τῷ ἐνδεχομένη τε εἶναι καὶ καθόλου. συναχθήσεται δέ, κἂν ὦσιν ἀμφότεραι ἀποφατικαί, ἥ τε ὑπάρχουσα καὶ ἡ ἐνδεχομένη, τῆς ἐλάττονος οὔσης ἐνδεχομένης τῷ μεταλαμβάνεσθαι τὴν ἐνδεχομένην ἀποφατικὴν εἰς καταφατικὴν ἐνδεχομένην. τοῦτ' ἄρα ἦν, δι' ὃ εἰπὼν περὶ τῶν ἐνδεχομένων συζυγιῶν τῶν ἐν τῷ πρώτῳ σχήματι ἑξῆς περὶ τῶν μίξεων εἶπε τῶν ἐν τῷ πρώτῳ σχήματι ἐξ ὑπαρχούσης τε καὶ ἐνδεχομένης καὶ ἀναγκαίας τε καὶ ἐνδεχομένης πρὸ τοῦ περὶ τῶν ἐν τῷ δευτέρῳ καὶ τρίτῳ εἰπεῖν σχήματι ἐξ ἐνδεχομένων συζυγιῶν, ὅτι οὐδεὶς ἐν δευτέρῳ σχήματι γίνεται συλλογισμὸς ἐξ ἐνδεχομένων τῶν δύο προτάσεων, ἐκ δὲ μικτῶν γίνονται. ἔδει δὲ πρῶτον περὶ τῶν ἐν τῷ πρώτῳ σχήματι μίξεων εἰδέναι· οἱ γὰρ ἐν δευτέρῳ σχήματι γινόμενοι ἐκ μικτῶν προτάσεων κατὰ τὴν εἰς τὸ πρῶτον σχῆμα ἀναγωγὴν δείκνυνται συλλογιστικοί, ὥσπερ καὶ οἱ ἁπλοῖ. διὸ πρῶτον ἔδει περὶ ἐκείνων, τίνες τε καὶ πόσαι καὶ πῶς γίνονται, προειδέναι.

p. 36b33 Δεῖ δὲ καὶ ἐν τούτοις λαμβάνειν τὸ ἐν τοῖς συμπεράσμασιν ἐνδεχόμενον, ὥσπερ ἐν τοῖς πρότερον.

Ὡς ἐπὶ τῶν ἐν πρώτῳ σχήματι μίξεων τῆς μείζονος ὑπαρχούσης ἀποφατικῆς οὔσης ἢ ἀναγκαίας οὐκ ἐγίνετο τοῦ κατὰ τὸν διορισμὸν ἐνδεχομένου τὸ συμπέρασμα, οὕτως φησὶν ἔσεσθαι οὐδ' ἐν τῷ δευτέρῳ σχήματι· αἰεὶ γὰρ ἐν τούτῳ ἐν ταῖς συλλογιστικαῖς συμπλοκαῖς ταῖς ἐκ μίξεως ὑπαρχούσης καὶ ἐνδεχομένης ἢ ἀναγκαίας καὶ ἐνδεχομένης ἡ μείζων καθόλου ἀποφατική ἐστιν ἢ ὑπάρχουσα ἢ ἀναγκαία.

p. 36b35 Πρῶτον οὖν δεικτέον, ὅτι οὐκ ἀντιστρέφει τὸ ἐν τῷ ἐνδεχομένῳ στερητικόν.

Ὅτε περὶ τῶν κατὰ τὰς προτάσεις ἀντιστροφῶν ἐποιεῖτο τὸν λόγον δεικνύς, τίνες τίσιν ἀντιστρέφουσι, μὴ ἀντιστρέφειν μὲν ἑαυτῇ τὴν καθόλου

---

1 δὲ correxi: τε aB 2 κἂν B: καὶ a αὐταὶ a οὖσαι post καθόλου videtur intercidisse 15 ante ἑξῆς expunxit ἐξ ὑπαρχούσης B (cf. vs. 16) 18 σχήματι εἰπεῖν a 20 γίνεται a δὲ om. a 21 post ἐκ add. τῶν a 23 καὶ πόσαι om. a 26 ante ἐν add. καὶ a (C): cf. p. 232,5 29 ἔσεσθαι om. a 34 ἐνδεχομένῳ B: ἐνδέχεσθαι a et Ar.

ἀποφατικὴν ἐνδεχομένην εἶπεν. ὑπερέθετο μέντοι τὴν αἰτίαν ἀποδώσειν 72r ὕστερον. νῦν οὖν δείκνυσιν, ὅτε καὶ ὁ καιρὸς ἀπαιτεῖ, τῷ τὰς ἐν δευτέρῳ καὶ τρίτῳ σχήματι συζυγίας συλλογιστικὰς ἀντιστροφῶν προσδεῖσθαι. μέλλων οὖν δεικνύναι, ὅτι ἐξ ἐνδεχομένων ἐν δευτέρῳ σχήματι οὐδεὶς γίνεται συλλογισμός, καὶ προσχρῆσθαι καὶ τῷ μὴ ἀντιστρέφειν τὴν καθόλου ἀποφατικὴν ἐνδεχομένην αὑτῇ πρῶτον τοῦτο δείκνυσι. περὶ ποίας δὲ ἀντιστροφῆς λέγει, ἐδήλωσε παραθέμενος τοὺς ὅρους· περὶ γὰρ τῆς κατὰ ὑπαλλαγὴν τῶν ὅρων, οὐ περὶ τῆς εἰς τὴν κατάφασιν μεταλήψεως· ἐκείνη γὰρ ἀντιστρέφειν κεῖται. Θεόφραστος μέντοι καὶ Εὔδημος, ὡς καὶ κατ' ἀρχὰς ἐμνημονεύσαμεν, ἀντιστρέφειν φασὶ καὶ τὴν καθόλου ἀποφατικὴν αὑτῇ, ὥσπερ ἀντέστρεφε καὶ ἡ ὑπάρχουσα καθόλου ἀποφατικὴ καὶ ἡ ἀναγκαία. ὅτι δὲ ἀντιστρέφει, δεικνῦσιν οὕτως· εἰ τὸ Α τῷ Β ἐνδέχεται μηδενί, καὶ τὸ Β τῷ Α ἐνδέχεται μηδενί· ἐπεὶ γὰρ ἐνδέχεται τὸ Α τῷ Β μηδενί, ὅτε ἐνδέχεται μηδενί, τότε ἐνδέχεται ἀπεζεῦχθαι τὸ Α πάντων τῶν τοῦ Β· εἰ δὲ τοῦτ', ἔσται τότε καὶ τὸ Β τοῦ Α ἀπεζευγμένον· εἰ δὲ τοῦτο, καὶ τὸ Β τῷ Α ἐνδέχεται μηδενί. ἔοικε δὲ Ἀριστοτέλης βέλτιον αὐτῶν λέγειν μὴ φάσκων ἀντιστρέφειν τὴν καθόλου ἀποφατικὴν ἐνδεχομένην ἑαυτῇ τὴν κατὰ | τὸν διορισμόν. οὐ γάρ, εἴ τί τινος ἀπέζευκται, ἤδη καὶ ἐνδεχομένως 72v ἀπέζευκται αὐτοῦ· ὥστε οὐκ αὔταρκες τὸ δεῖξαι, ὅτι, ὅτε ἐνδέχεται τὸ Α τοῦ Β ἀπεζεῦχθαι, τότε καὶ τὸ Β τοῦ Α ἀπέζευκται, καὶ πρὸς τοῦτο, ὅτι καὶ ἐνδεχομένως ἀπέζευκται. εἰ δὲ μὴ τοῦτο δειχθείη, οὐ δέδεικται ἡ ἐνδεχομένη ἀντιστρέφουσα. ἐπεὶ ἀπέζευκται μὲν καὶ τὸ ἐξ ἀνάγκης τινὸς κεχωρισμένον, ἀλλ' οὐκ ἐνδεχομένως. ὅτι δὲ οὐκ ἀντιστρέφει, δείκνυσι τῇ εἰς ἀδύνατον ἀπαγωγῇ προσχρώμενος Ἀριστοτέλης. εἰ γὰρ δυνατόν, κείσθω ἀντιστρέφουσα. καὶ εἰ τὸ Α ἐνδέχεται μηδενὶ τῷ Β, καὶ τὸ Β ἐνδεχέσθω μηδενὶ τῷ Α. ἀλλὰ μὴν κεῖται ἡμῖν, ὅτι καὶ αἱ ἀποφατικαὶ ἐνδεχόμεναι πρὸς τὰς καταφατικὰς ἐνδεχομένας ἀντιστρέφουσι· κεῖται δὲ τὸ Β ἐνδέχεσθαι τῷ Α μηδενί. δῆλον οὖν, ὡς καὶ παντὶ αὐτῷ ἐνδέχεται. τοῦτο δὲ ψεῦδος· οὐ γάρ, εἰ τὸ Α τῷ Β ἐνδέχεται παντί, διότι κεῖται ἐνδέχεσθαι μηδενί, ἀνάγκη καὶ τὸ Β τῷ Α ἐνδέχεσθαι παντί· γίνεται γὰρ οὕτως ἡ καθόλου καταφατικὴ ἐνδεχομένη ἑαυτῇ ἀντιστρέφουσα, ὅπερ οὐκ ἔστιν ἀληθὲς οὐδὲ κατ' ἐκείνους. ἰδοὺ γοῦν τὸ μὲν λευκὸν ἐνδέχεται παντὶ ἀνθρώπῳ, ἐπεὶ καὶ μηδενί, οὐκέτι μέντοι τὸν ἄνθρωπον ἐνδέχεται παντὶ λευκῷ· τισὶ γὰρ λευκοῖς ἐξ ἀνάγκης οὐχ ὑπάρχει ὡς κύκνῳ, χιόνι καὶ ἄλλοις μυρίοις. εἰ δὲ ψεῦδος τὸ ἐνδέχεσθαι τὸν ἄνθρωπον παντὶ [τῷ] λευκῷ, ψεῦδος καὶ τὸ ἐνδέχεσθαι μηδενί. ὥστ' οὐκ, εἰ τὸ Α τῷ Β ἐνδέχεται

1 εἶπεν] c. 3 p. 25b14—19 μέντοι B: δὲ a 6 αὐτῇ aB 9 καὶ alterum om. a 10 ἐμνημονεύσαμεν] p. 41,27 φασὶ a: φησὶ B αὐτῇ B 12 δεικνῦσιν scripsi (cf. Lobeck ad Phryn. p. 244): δείκνυσιν aB 12 εἰ] ἔστω temptabat Prantl I 364,45 13 καὶ τὸ . . . ἐνδέχεται μηδενί om. a γὰρ B: δὲ a 15 τοῦτο a τότε om. a τῶν α a 16 ἐνδέχεται τῷ α a 20 τοῦτο scripsi: τούτῳ aB 27. 28 ἐνδέχεσθαι B: ἐνδεχέσθω a 31 ἑαυτῇ a: ἡ αὐτὴ B 33 μέντοι B: μὲν τὸ a 34 καὶ om. a 35 μυρίοις ἄλλοις a τῷ B: om. a

μηδενί, καὶ τὸ Β τῷ Α ἐνδέξεται μηδενί· οὐ γὰρ τὸ μηδενὶ ὑπάρχον ἤδη 72v καὶ ἐνδεχομένως οὐχ ὑπάρχει. ἀκολούθως δὲ λέγοντες τὴν καθόλου ἀποφατικὴν ἀντιστρέφειν τοῖς ὅροις οὐκέτι λέγουσι τὴν καταφατικὴν ἐνδεχομένην τῇ ἐνδεχομένῃ ἀποφατικῇ ἀντιστρέφειν· οὐ γὰρ οἷόν τε τῷ μηκέτι μόνην ἐνδεχομένην γίνεσθαι κατ' αὐτοὺς τὴν κατὰ τὸν διορισμόν.

Τὸ δὲ ἔτι δὲ οὐδὲν κωλύει εἴρηκεν ἀντὶ τοῦ 'οὐδὲν γὰρ κωλύει'· οὐ γὰρ ἄλλη τις δεῖξίς ἐστιν, ὡς ἐκ τῆς λέξεως φαίνεται, ἀλλὰ [ἐκ] τῆς προειρημένης κατασκευή, ὅτι οὕτως ἔχει. ᾗ πρῶτον μὲν ἔδειξε διὰ τοῦ μεταλαμβάνεσθαι τὰς ἐνδεχομένας ἀποφατικὰς εἰς τὰς καταφατικὰς τὰς δὲ καταφατικὰς ἐνδεχομένας τὰς καθόλου κεῖσθαι [κεῖσθαι] μὴ ἀντιστρέφειν ἑαυταῖς· νῦν δὲ ἐπ' αὐτῶν τῶν ἀποφατικῶν ἐνδεχομένων καθόλου τὴν δεῖξιν ποιεῖται ὅρους παρατιθέμενος καὶ διὰ τούτων ἐλέγχων καὶ δεικνύς, ὅτι μὴ ἀντιστρέφουσιν. ὥστε καὶ ἡ δεῖξις ἄλλη ἂν αὕτη τῆς πρὸ αὐτῆς εἴη. εἶπε δὲ

p. 36b38 Ἐπεὶ ἀντιστρέφουσιν αἱ ἐν τῷ ἐνδέχεσθαι καταφάσεις ταῖς ἀποφάσεσι, καὶ αἱ ἐναντίαι καὶ αἱ ἀντικείμεναι,

λέγων ἐναντίας μὲν τὰς καθόλου, τὴν 'παντὶ ἐνδέχεται' καὶ τὴν 'ἐνδέχεται μηδενί', ἀντικειμένας δὲ τὰς καθόλου ταῖς ἐπὶ μέρους, τὴν 'παντὶ ἐνδέχεται' τῇ 'ἐνδέχεται οὐ παντί' καὶ τὴν 'ἐνδέχεται οὐδενί' τῇ 'ἐνδέχεται τινί', οὐχ ὡς ἀληθῶς τούτων ἐναντίων οὐσῶν ἀλλήλαις ἢ ἀντικειμένων (πῶς γάρ, εἴ γε συναληθεύονται;), ἀλλ' ὡς τῇ λέξει ὁμοίως τούτων ἐχουσῶν πρὸς ἀλλήλας, ὡς ἔχουσιν αἱ ἐπὶ τῶν ἀναγκαίων καὶ ἐπὶ τῶν ὑπαρχουσῶν ἐναντίαι. ἐναντίαι γὰρ ἡ μὲν παντὶ ἐξ ἀνάγκης ὑπάρχειν λέγουσα τῇ ἐξ ἀνάγκης οὐδενί, ἡ δὲ παντὶ ὑπάρχειν τῇ οὐδενί· τοιαῦται δὲ κατὰ τὴν τῆς λέξεως ἀκολουθίαν καὶ ἡ 'ἐνδέχεται παντί' τῇ 'ἐνδέχεται μηδενί'. πάλιν ἀντίκειται μὲν τῇ παντὶ ὑπάρχειν λεγούσῃ ἡ οὐ παντὶ ὑπάρχειν καὶ τῇ ἐξ ἀνάγκης παντὶ ἡ οὐκ ἐξ ἀνάγκης παντί· δοκεῖ δὲ ὁμοίως ἔχειν καὶ ἡ 'παντὶ ἐνδέχεται' τῇ 'ἐνδέχεται οὐ παντί'. διὸ εἶπε καὶ ταύτας ἐναντίας τε καὶ ἀντικειμένας. λέγοι δ' ἂν οὐ ταῖς καθόλου, αἷς ἀντικεῖσθαι δοκοῦσιν αἱ ἐπὶ μέρους, συναληθεύειν αὐτάς· οὐ γάρ, εἰ ἀληθὲς τὸ 'ἐνδέχεται τινί', ἤδη ἀληθὲς καὶ τὸ 'ἐνδέχεται μηδενί'· ἀλλὰ λέγοι ἂν τὰς ταῖς καθόλου ἀντικεῖσθαι δοκούσας (αὗται δέ εἰσιν αἱ ἐπὶ μέρους, ἥ τε καταφατικὴ καὶ | ἡ ἀποφατική) ἀντιστρέφειν ἀλλήλαις, τὰς μὲν καθόλου ἀλλήλαις, τὰς δὲ 73r ἐπὶ μέρους πάλιν τὰς ἐκείναις ἀντικεῖσθαι δοκούσας ἀλλήλαις. ὃ εἶπε καὶ ἐν τῷ Περὶ ἑρμηνείας· εἰπὼν γὰρ περὶ τῶν ἐναντίων "διὸ ταύτας μὲν οὐχ

7 ἐκ repetit B: om. a 8 κατασκευή a: κατασκευῆς B 10 post ἐνδεχομένας add. εἰς a κεῖσθαι bis B: semel a 13 καὶ om. a πρὸ αὐτῆς B: πρώτης a 14 ἀντιστρέφουσιν] ντι in ras. B 15 αἱ utrumque om. B 16 καὶ (superscr. B¹) τὴν B: τῇ a 18 μηδενὶ a 21 ὑπαρχουσῶν καὶ ἐπὶ τῶν ἀναγκαίων a 23 τῇ B: τοῦ a 25 τῇ μὲν a 26 οὐκ om. a ante παντί alterum add. οὐ a δὲ B: δὴ a 33 ἐκείνας a ἀλλήλας B pr. 34 Περὶ ἑρμηνείας] c. 7 p. 17b22

οἷόν τε ἅμα ἀληθεῖς εἶναι" ἐπήνεγκε "τὰς δ' ἀντικειμένας αὐταῖς ἐνδέχεται 73r ἐπὶ τοῦ αὐτοῦ". δύναται καὶ ἀντικειμένας εἰρηκέναι τὰς ἐπὶ μέρους ἀλλήλαις, ὅταν ἐπὶ τοῦ αὐτοῦ λαμβάνωνται ὑποκειμένου ὡς διωρισμένον τὸ ὑποκείμενον ἔχουσαι. ἢ τοῦτο οὐχὶ ἴδιον τῶν ἀντικειμένων. ἢ ταῖς καθόλου ἐνδεχομέναις ἀντιστρέφειν λέγει τὰς ἐπὶ μέρους ἐνδεχομένας τὰς δοκούσας αὐταῖς ἀντικεῖσθαι, οὐκέτι μέντοι καὶ ταῖς ἐπὶ μέρους ἐνδεχομέναις τὰς καθόλου. ὅτι δὲ μὴ ἀντιστρέφουσι κατὰ τοὺς ὅρους αἱ καθόλου ἀποφατικαὶ ἐνδεχόμεναι αἱ κατὰ τὸν διορισμόν, σαφῶς ἔδειξεν ἐπὶ τῆς ὕλης. τὸ γὰρ λευκὸν ἐνδέχεται μηδενὶ ἀνθρώπῳ· ὁμοίως δὲ καὶ τὸ περιπατεῖν, ἀλλὰ καὶ τὸ κοιμᾶσθαι· οὐκέτι δὲ ἐνδέχεται τὸν ἄνθρωπον λευκῷ μηδενὶ ἢ περιπατοῦντι ἢ κοιμωμένῳ μηδενί, ὅτι μὴ καὶ παντί· τισὶ γὰρ ἀναγκαίως οὐχ ὑπάρχει κοιμωμένοις ἢ λευκοῖς. ἔτι δὲ φανερώτερον τὸ μὲν φέρεσθαι καὶ τὸ κινεῖσθαι κατὰ φορὰν ἐνδέχεται μηδενὶ ἀνθρώπῳ, ὅτι καὶ παντί, οὐκέτι μέντοι καὶ τὸν ἄνθρωπον ἐνδέχεται μηδενὶ κινουμένῳ κατὰ φοράν, ὅτι μηδὲ παντί· οὐ γὰρ δὴ τῷ κυκλοφορητικῷ· ἐξ ἀνάγκης γὰρ οὐχ ὑπάρχει τοῦτο ἐκείνῳ.

Κἂν τις ἐπιζητήσαι πρὸς τὴν τῶν ἐνδεχομένων τῶν καταφατικῶν πρὸς τὰς ἀποφατικὰς ἀντιστροφήν, μήποτε οὐχ ⟨αἱ⟩ ἐνδεχόμεναι ἀλλήλαις ἀντιστρέφουσιν, ἀλλὰ αἱ ἐνδεχόμεναι ταῖς ὑπαρχούσαις. εἰ γὰρ κυρίως ἐνδεχόμεναι αἱ εἰς τὸ μέλλον, δῆλον ὡς ἀληθοῦς οὔσης τῆς ἐνδεχομένης καταφατικῆς ἀληθές ἐστι τὸ μήπω ὑπάρχειν, ὃ ἐνδέχεσθαι ἔκειτο. τὸ οὖν ἐνδέχεσθαι μηδενὶ ἐπὶ τοῦ νῦν μὴ ὑπάρχοντος λεγόμενον ἀντιστρέφοι ἂν πρὸς τὴν 'ἐνδέχεται παντί' οὖσαν ἀληθῆ, διότι μέλλει τὸ λεγόμενον δι' αὐτῆς. ὁ αὐτὸς λόγος καὶ ἐπὶ τῆς ἐνδεχομένης ἀποφατικῆς· καὶ γὰρ ταύτῃ οὔσῃ ἀληθεῖ ἀντιστρέφει ἡ ἐπὶ τοῦ ὑπάρχοντος κατάφασις. οὐ γὰρ δή, ὃ ὑπάρχειν μέλλει, τοῦτο καὶ μὴ ὑπάρχειν μέλλει· ἤδη γὰρ οὐχ ὑπάρχει. ἢ εἰ καὶ ὅτι μάλιστα νῦν μὴ ὑπάρχει τοῦτο, ὃ ἡ κατάφασις ἐνδέχεσθαι λέγει, ἀλλὰ καὶ ὕστερον ἐνδέχεται μὴ ὑπάρχειν. καὶ γὰρ μὴ γενομένου τοῦ ἐνδέχεσθαι ὑπάρχειν λεγομένου μένει τὸ ἐνδέχεσθαι μὴ ὑπάρχειν αὐτὸ πάλιν ὕστερον· καὶ γινομένου δὲ πάλιν ⟨τοῦ⟩ ἐνδέχεσθαι [μὴ] ὑπάρχειν λεγομένου παραμένοι ἂν αὐτῷ τὸ ἐνδέχεσθαι μὴ ὑπάρχειν τότε, ὅτε ἐνεδέχετο αὐτὸ καὶ ὑπάρξαι· ἐφ' οὗ γὰρ ἀληθὲς τὸ 'ἐνδέχεται αὔριον περιπατῆσαι', ἐπὶ τούτου ἀληθὲς καὶ τὸ 'ἐνδέχεται μὴ περιπατῆσαι αὔριον'. ἐπεὶ οὖν ἐνδεχομένη ⟨ἡ⟩ εἰς τὸ μέλλον, δεῖ ἀμφοτέρας εἰς τὸ μέλλον λαμβάνειν· καὶ γὰρ εἰ ἀληθὲς τὸ ὑπάρχειν τὸ ἀντικείμενον τοῦ ἐνδεχομένου, ἀλλ' οὐ πρὸς τοῦτο κεῖται ἀντιστρέφειν.

1 δ' ex δὴ, ut videtur, corr. B[1] 4 ἔχουσαι a: ἔχουσιν B οὐχὶ a: οὐχ B 11 περιπατεῖν a μὴ καὶ a: καὶ μὴ B 12 ante ἢ intercidisse videtur ἢ περιπατοῦσιν (cf. vs. 11) 13 καταφορὰν a 14 κινουμένῳ ex κοιμωμένῳ corr. B καταφορὰν a 15 post δὴ 3—4 lit. eras. B 16 κἂν a: ἂν B ἐπιζητήσαι scripsi: ἐπιζητήσῃ aB ἀποφατικῶν a 17 καταφατικὰς a οὐχ αἱ a: οὐκ B 18 εἰ B: αἱ a 20 ἀληθὴς a 21 ἀντιστρέφει a 26 ὑπάρχῃ a 28 μένει . . . λεγομένου (29) om. a αὐτὸ . . . μὴ ὑπάρχειν (29) in mg. B[2] 29 τοῦ addidi μὴ ut ex vs. 30 translatum delevi λεγομένου pr. expunxit, deinde restituit, ut videtur, B 33 ἡ, quod ante ἐνδεχομένη habet a, hic addidi (cf. vs. 19): om. B

p. 37a9 Ἀλλὰ μὴν οὐδ' ἐκ τοῦ ἀδυνάτου δειχθήσεται ἀντιστρέφον.

Δόξει τισὶ διά γε τῆς εἰς ἀδύνατον ἀπαγωγῆς δύνασθαι δείκνυσθαι ἡ καθόλου ἀποφατικὴ ἐνδεχομένη ἀντιστρέφουσα. τῇ αὐτῇ δείξει καὶ οἱ ἑταῖροι αὐτοῦ κέχρηνται. εἰ γὰρ τὸ Α τῷ Β ἐνδέχεται μηδενί, καὶ τὸ Β τῷ Α ἐνδέχεται μηδενί· εἰ γὰρ ψεῦδος τοῦτο, τὸ ἀντικείμενον ἀληθές· ἀντίκειται δὲ τῷ 'ἐνδέχεται μηδενί' τὸ 'οὐκ ἐνδέχεται μηδενί', ὃ ἴσον δοκεῖ δύνασθαι τῷ ἐξ ἀνάγκης τινί. τὸ ἄρα Β τῷ Α ἐξ ἀνάγκης τινὶ ὑπάρχει. ἀλλ' ἐπεὶ ἡ ἐπὶ μέρους ἀναγκαία καταφατικὴ ἀντιστρέφει, καὶ τὸ Α τῷ Β ἐξ ἀνάγκης τινὶ ὑπάρχει, ὅπερ ἀδύνατον· ὑπέκειτο γὰρ τὸ Α τῷ Β ἐνδέχεσθαι μηδενὶ κατὰ τὸ ἐνδεχόμενον τὸ ἐκ τοῦ διορισμοῦ. εἰ δὴ τοῦτο ἀδύνατον, ἀδύνατος καὶ ἡ ὑπόθεσις, ᾗ τοῦτο ἠκολούθησεν· ἦν δὲ τὸ Β τῷ Α ἐξ ἀνάγκης τινὶ ὑπάρχειν μεταληφθὲν ἐκ τοῦ 'οὐκ ἐνδέχεται μηδενί'. τὸ ἀντικείμενον ἄρα ἀληθὲς τὸ τὸ | Β ἐνδέχεσθαι μηδενὶ τῷ Α. ταύτην δὴ τὴν δεῖξιν διαβάλλει ὁ Ἀριστοτέλης ὡς μὴ ὑγιῶς γινομένην. θεὶς δὲ τὴν δεῖξιν ἀντιλέγειν μέλλων αὐτῇ οὐ προεῖπε πρῶτον, ὅτι 'ψεῦδος δὲ τοῦτο', ἤ τι τῶν τοιούτων, ἀλλ' εὐθὺς ἐπὶ τὸ δεικνύναι ἐτράπετο, ὅτι οὐκ ὀρθῶς ἡ τοιαύτη γέγονε δεῖξις. διὸ καὶ ἀσαφέστερόν πως φαίνεται τὸ εἰρημένον· λέγεται γὰρ οὐ γάρ. εἰ μὴ ἐνδέχεται μηδενὶ τὸ Β τῷ Α, ἀνάγκη τινὶ ὑπάρχειν. αἰτιᾶται δὲ διὰ τούτων τὴν μετάληψιν τῆς 'οὐκ ἐνδέχεται μηδενί', ἥτις ἦν ἀντικειμένη τῇ 'ἐνδέχεται μηδενί', ὡς οὐχ ὑγιῶς γενομένην εἰς τὴν 'ἐξ ἀνάγκης τινί'. οὐ γὰρ πάντως, εἰ ἀληθὴς ἡ 'οὐκ ἐνδέχεται μηδενὶ τὸ Β τῷ Α', ἤδη καὶ διὰ τοῦτο ἀληθὴς ἡ ὅτι ἐξ ἀνάγκης τὸ Β τῷ Α τινὶ ὑπάρχει· καὶ γὰρ εἰ ἐξ ἀνάγκης τὸ Β τινὶ τῷ Α μὴ ὑπάρχει, ἀληθὴς ἡ λέγουσα 'οὐκ ἐνδέχεται μηδενὶ τὸ Β τῷ Α ὑπάρχειν'. τούτου δ' αἴτιον, ὅτι τὸ 'ἐνδέχεται παντί' ἀντιστρέφει τῷ 'ἐνδέχεται μηδενί', ἰδίᾳ δ' αὐτῶν ἑκάστῳ ἀντίκειται, τῷ μὲν ἐνδέχεσθαι παντὶ τὸ ἐξ ἀνάγκης τινὶ μή, τῷ δὲ 'ἐνδέχεται μηδενί' τὸ ἐξ ἀνάγκης τινί. ἔσται δὴ καὶ ἀμφότερα ἑκατέρου ἐκείνων ἀναιρετικά, εἴ γε ἐκεῖνα μὲν ἀλλήλοις ἀντακολουθεῖ καὶ ἀντιστρέφει, τούτων δὲ ἑκάτερον ἑκατέρου ἐκείνων ἀναιρετικόν ἐστιν. τῇ δὲ τοῦ ἑτέρου ἀναιρέσει ἐκείνων ἀναιρεῖται καὶ θάτερον. ὥστε ἀναιρετικὰ τοῦ 'ἐνδέχεται μηδενί' τό τε ἐξ ἀνάγκης τινὶ καὶ τὸ ἐξ ἀνάγκης τινὶ μή, τὸ μὲν ἐξ ἀνάγκης τινὶ καθ' αὑτό, τὸ δ' ἐξ ἀνάγκης τινὶ μὴ κατὰ συμβεβηκός. ὅτι ἐστὶν ἀναιρετικὸν τοῦ 'ἐνδέχεται παντί', ᾧ ἀναιρουμένῳ συναναιρεῖται καὶ τὸ 'ἐνδέχεται μηδενί'. εἰ δὲ τοῦτο, καὶ ἡ τοῦ ἐνδέχεσθαι μηδενὶ ἀπο-

3 γε scripsi: τε aB 4 ἐνδεχομένως a 8 ὑπάρχει a: ὑπάρχειν B 10 ὑπάρχει scripsi: ὑπάρχειν B: ὑπάρξει a 13 ὑπάρχει a 14 ἄρα ἀντικείμενον B pr. 15 γινομένη a θεὶς B: εἰς a 16 αὐτῇ B: αὐτὸς a 19 λέγει a μηδενὶ Ar.: οὐδενὶ aB 21. 22 γινομένην a 24 τῷ α τινὶ B: τινὶ τῷ α a ὑπάρχει (post μὴ) a: ὑπάρχῃ B 25 β τῷ α a: α τῷ β B 26 post τῷ expunxit οὐκ B 27 ἑκάστῳ αὐτῶν a 28 ἐνδέχεσθαι a 29 ante ἐκείνων expunxit ἐπ', ut videtur, B 32 ἐνδέχεσθαι a 35 μηδενὶ ἐνδέχεται collocat a

φασις ἡ 'οὐκ ἐνδέχεται μηδενί' ἀληθὴς ἔσται οὐ μόνον, ὅτι ἀληθής ἐστιν 73v ἡ ἐξ ἀνάγκης τινὶ λέγουσα, ἀλλὰ καὶ ὅτι ἡ ἐξ ἀνάγκης τινὶ μή· ἀμφότεραι γάρ εἰσιν ἀναιρετικαὶ τῆς ἀντικειμένης αὐτῇ τῆς 'ἐνδέχεται μηδενί', ἐπεὶ μηδὲ ταύτης οὔσης ἀληθοῦς τῆς 'ἐξ ἀνάγκης τινὶ μή' δυνατὸν ἀληθῆ εἶναι τὴν 'ἐνδέχεται μηδενί', ὥστε ὁ ὑποθέμενος τὴν 'οὐκ ἐνδέχεται μηδενί' οὐ πάντως ὑποτίθεται αὐτήν, διότι ἐξ ἀνάγκης τινί, ἀλλὰ καὶ ἐξ ἀνάγκης τινὶ μή. ἂν δὴ ὑποκειμένης τῆς 'οὐκ ἐνδέχεται μηδενὶ τὸ B τῷ A' μεταλάβῃ τις εἰς τὴν 'ἐξ ἀνάγκης τινὶ μὴ τὸ B τῷ A' οὐδὲν ἔλαττον ἑπομένην αὐτῇ τῆς 'ἐξ ἀνάγκης τινὶ τὸ B τῷ A', οὐδὲν ἀδύνατον ἀκολουθήσει· οὐ γάρ, εἰ τὸ B τῷ A ἐξ ἀνάγκης τινὶ μὴ ὑπάρχει, ἤδη καὶ τὸ A τῷ B ἐξ ἀνάγκης τινὶ οὐχ ὑπάρξει· οὐ γὰρ ἀντιστρέφει ἡ ἐπὶ μέρους ἀποφατικὴ ἀναγκαία. τούτου δὲ ὄντος οὐδὲν ἐδείχθη διὰ τῆς εἰς ἀδύνατον ἀπαγωγῆς· ὡς γάρ, εἰ τοῦ ζῴου διαιρουμένου εἰς λογικὸν καὶ ἄλογον καὶ ὄντων ζῴων λογικῶν καὶ ἀλόγων λαβών τις τὸ εἶναι ζῷον λέγοι πάντως ἄλογον αὐτὸ εἶναι, ἄτοπον ἐρεῖ καὶ οὐκ ἀληθὲς τῷ ἐνδέχεσθαι λογικὸν αὐτὸ εἶναι οὐδὲν ἧττον τούτου ἢ ἐκείνου τῷ ζῴῳ τεθέντι ἑπομένου, οὕτως καί, εἴ τις λαβὼν τὸ 'οὐκ ἐνδέχεται μηδενί' μόνον τὸ ἐξ ἀνάγκης τινὶ λέγοι σημαίνειν αὐτό, ἄτοπον ἂν εἴποι· ἐνδέχεται γὰρ ἀληθὲς εἶναι καὶ τὸ ἐξ ἀνάγκης τινὶ μή. καὶ γὰρ ἔοικε κατὰ τοῦτο μόνον μὴ ἀντιστρέφειν ἡ ἐνδεχομένη ἀποφατική· τοῦ γὰρ λευκοῦ ἐνδεχομένου μηδενὶ ἀνθρώπῳ οὐκέτ' ἀληθὲς τὸ τὸν ἄνθρωπον ἐνδέχεσθαι μηδενὶ λευκῷ, ἀλλ' ἀληθὲς τὸ μὴ ἐνδέχεσθαι μηδενὶ λευκῷ τὸν ἄνθρωπον, οὐ κατὰ τὸ τινὶ λευκῷ αὐτὸν ἐξ ἀνάγκης ὑπάρχειν (οὐκέτι γὰρ ἂν ἦν οὐδὲ λευκὸν παντὶ ἀνθρώπῳ ἐνδεχόμενον, εἰ τινὶ αὐτῷ ἐξ ἀνάγκης ὑπῆρχεν), ἀλλὰ καθ' ὅτι τινὶ λευκῷ ἐξ ἀνάγκης οὐχ ὑπάρχει. διὸ οὐ δεόντως ἡ μετάληψις ἂν γένοιτο ἐπὶ τῶν ἀντιστροφῶν τοῦ 'οὐκ ἐνδέχεται μηδενί' εἰς τὸ ἐπὶ μέρους καταφατικὸν ἀναγκαῖον οὐ διὰ τοῦτο ἀληθοῦς ὄντος τοῦ ἀποφατικοῦ ἀλλὰ διὰ τὸ ἐπὶ μέρους ἀποφατικὸν ἀναγκαῖον.

p. 37a 17 Τὸ γὰρ ἐξ ἀνάγκης τινὶ τῷ A μὴ ὑπάρχον οὐκ ἀληθὲς εἰπεῖν ὡς παντὶ ἐνδέχεται μὴ ὑπάρχειν. |

Ὃ εἶπεν ἀντὶ τοῦ 'ἐνδέχεται μηδενί'. λαβὼν δέ, ὅτι τῷ 'οὐκ ἐνδέχεται 74r μηδενί' ἕπεται καὶ τὸ ἐξ ἀνάγκης τινὶ μή, δείκνυσι, πῶς. ἐπὶ γὰρ τοῦ ἐξ ἀνάγκης τινὶ μὴ ὑπάρχοντος καὶ ἐξ ἀνάγκης τινὶ ὑπάρχοντος ἀληθές ἐστι τὸ μὴ ἐνδέχεσθαι αὐτῷ μηδενὶ ὑπάρχειν, οἷον εἰ τὸ B τῷ A ἐξ ἀνάγκης τινὶ μὴ ὑπάρχοι, οὐκ ἔστιν ἀληθὲς ἐπ' αὐτοῦ τὸ τὸ B ἐνδέχεσθαι τῷ A μηδενί· τὸ γὰρ παντὶ ἐνδέχεται μὴ ὑπάρχειν ἔλαβεν, ὡς εἶπον, ἀντὶ τοῦ

3. 4 ἐπεὶ μηδὲ B: ἐπειδὴ a 5 ὑποτιθέμενος B pr. 8 ἑπομένην a: ἑπομένης B 9 τῆς ex τὴν B³ corr. 10 ὑπάρχῃ B 11 ὑπάρξει] ει in ras. B 13 ζῴων B τῶν ζῴων καὶ a post ζῴων add. καὶ a 14 λέγει a 16 τοῦ ζῴου a οὕτω a 17. 18 ἂν εἴποι scripsi: ἀντείποι aB 25 τῆς ἀντιστροφῆς a 33 μηδενὶ αὐτῷ a εἰ om. a

'ἐνδέχεται μηδενί', ὃ καὶ ἀσαφεστέραν τὴν λέξιν ποιεῖ. εἰ δὲ μὴ τοῦτο 74r ἀληθὲς ἐπ' αὐτοῦ, δῆλον ὡς ἡ ἀπόφασις αὐτοῦ ἡ λέγουσα 'τὸ B τῷ A οὐκ ἐνδέχεται μηδενί'. τοῦτο δὲ οὕτως ἔχον δείκνυσι καὶ διὰ τοῦ τὸ καταφατικὸν πάλιν τὸ ἐνδέχεσθαι παντὶ τῷ A τὸ B ψεῦδος γίνεσθαι οὐ μόνον, ἂν τῷ A τὸ B ἐξ ἀνάγκης τινὶ μὴ ὑπάρχῃ, ἀλλὰ κἂν ἐξ ἀνάγκης τινὶ αὐτῷ ὑπάρχῃ. εἰ γὰρ εἴη τῷ A τὸ B ἐξ ἀνάγκης τινὶ ὑπάρχον, ψεῦδος τὸ ἐνδέχεσθαι παντὶ τῷ A τὸ B· οὐ γὰρ καὶ τούτῳ ἐνδέχεται, ᾧ ἐξ ἀνάγκης ὑπάρχει. ὁμοίως δὲ ἔχει καὶ ἡ 'ἐξ ἀνάγκης τινὶ ὑπάρχει' πρὸς τὴν 'ἐνδέχεται παντί' καὶ ἡ 'ἐξ ἀνάγκης τινὶ μή' πρὸς τὴν 'ἐνδέχεται μηδενί'. οὐδὲ ἐπ' ἐκείνων οὖν ἀληθὴς ἡ 'ἐνδέχεται μηδενί' ἀληθοῦς οὔσης τῆς 'ἐξ ἀνάγκης τινὶ μή'· οὐ γὰρ καὶ τούτῳ ἐνδέχεται μὴ ὑπάρχειν, ᾧ ἐξ ἀνάγκης μὴ ὑπάρχει. ἀληθὴς ἄρα ἐπ' αὐτῆς ἔσται ἡ ἀπόφασις αὐτῆς ἡ 'οὐκ ἐνδέχεται μηδενί'. ὥστε οὐκ ἐπὶ τῆς 'ἐξ ἀνάγκης τινί' μόνης ἀληθὴς ἡ 'οὐκ ἐνδέχεται μηδενί', ἀλλὰ καὶ ἐπὶ τῆς 'ἐξ ἀνάγκης τινὶ μή'· ἀμφότερα γάρ, τό τε ἐξ ἀνάγκης τινὶ καὶ τὸ ἐξ ἀνάγκης τινὶ μή, ἀναιρετικά ἐστιν ἑκατέρας ἐνδεχομένης καθόλου, τῆς τε 'ἐνδέχεται παντί' καὶ τῆς 'ἐνδέχεται μηδενί'. διὸ καὶ ἡ ἑκατέρου τούτων ἀπόφασις ἀληθὴς ὁποτερουοῦν ἐκείνων ἀληθοῦς ὄντος.

p. 37a20 Εἰ οὖν τις ἀξιοίη, ἐπεὶ οὐκ ἐνδέχεται τὸ Γ τῷ Δ παντὶ ὑπάρχειν, ἐξ ἀνάγκης τινὶ μὴ ὑπάρχειν αὐτό, ψεῦδος ἂν λαμβάνοι.

Λαβών, ὅτι τῷ ἐξ ἀνάγκης τινὶ μὴ οὐχ ἕπεται τὸ 'ἐνδέχεται παντί', ἀλλὰ δῆλον ὅτι ἡ ἀπόφασις αὐτοῦ ἡ 'οὐκ ἐνδέχεται παντί', φανερὸν ποιεῖ δι' αὐτοῦ, ὅτι μὴ πάντως ἡ 'οὐκ ἐνδέχεται παντί' ἀληθής ἐστιν ἐπὶ τῆς 'ἐξ ἀνάγκης τινὶ μή'· γίνεσθαι γὰρ ἀληθὴς δέδεικται καὶ ἐπὶ τῆς 'ἐξ ἀνάγκης τινί'. ὥστε ἔσονται ἀντικείμεναι τῇ 'ἐνδέχεται παντί' αἱ δύο ἐπὶ μέρους ἀναγκαῖαι, ἥ τε καταφατικὴ καὶ ἡ ἀποφατική. εἰ γοῦν ὑποκείμενον εἴη τὸ Γ τῷ Δ παντὶ μὲν ὑπάρχειν, τινὶ δ' αὐτοῦ ἐξ ἀνάγκης, οὐκ ἀληθὴς μὲν ἐπ' αὐτοῦ ἡ λέγουσα 'τὸ Γ τῷ Δ ἐνδέχεται παντί', οὐ μήν, διότι ἐξ ἀνάγκης τινὶ μὴ ὑπάρχει, οὐκ ἀληθής, ἀλλ' ὅτι ἐξ ἀνάγκης τινὶ ὑπάρχει. οὐκ ἀργῶς δὲ ἔλαβε τὸ τὸ Γ τῷ Δ παντὶ μὲν ὑπάρχειν, ἐξ ἀνάγκης δὲ αὐτῷ τινί, καὶ διὰ τοῦτο ψευδῆ εἶναι τὴν λέγουσαν τὸ Γ τῷ Δ παντὶ ἐνδέχεσθαι, ἀλλ' ἐπεὶ διὰ τοῦτο λέγει τὴν ἐνδεχομένην ἀποφατικὴν τὴν ἐν τῇ ἀντιστροφῇ λαμβανομένην τὴν λέγουσαν τὸ B τῷ A ἐνδέχεσθαι μηδενὶ ψευδῆ εἶναι, διότι οὐδενὶ μὲν αὐτῷ ὑπάρχει, ἐξ ἀνάγκης δὲ τινὶ αὐτῷ οὐχ ὑπάρχει. ὡς γὰρ τὸ ἐνδεχόμενον καταφατικὸν καθόλου ψεῦδος γίνεται, κἂν παντὶ

4, 5, 6, 7 τῷ α τὸ β a: τὸ α τῷ β B 8 ante ὑπάρχει alterum (ὑπάρχῃ B) add. μὴ a: eras. B 12 ἐπ' αὐτῆς post αὐτῆς transponit a 19 ἀξιώη B 25 μή corr. B[2] 28 μὲν prius om. a αὐτῷ a 29 post παντί expunxit ἐπεὶ τινὶ παντὶ B: ἐπεὶ τινὶ ἐξ ἀνάγκης add. a 30 μὴ om. a ὑπάρχει, οὐκ scripsi: οὐχ ὑπάρχει B: οὐχ ὑπάρχει. οὐκ a 32 ἐνδέχεται a 36 κἂν παντὶ . . . ψεῦδος (226,2) in mg. B[2]

μὲν ὑπάρχῃ, τινὶ δὲ ἐξ ἀνάγκης. οὕτως καὶ τὸ ἐνδεχόμενον ἀποφατικὸν 74r καθόλου ψεῦδος, κἂν μηδενὶ αὐτῷ ὑπάρχῃ, ἐξ ἀνάγκης δὲ αὐτοῦ τινὶ μή. γίνονται δὴ ἀναιρετικαὶ τῆς 'ἐνδέχεται παντί' οὐχ ἡ ἐξ ἀνάγκης τινὶ μὴ ὑπάρχειν λέγουσα μόνη ἀλλὰ καὶ ἡ ἐξ ἀνάγκης τινὶ ὑπάρχειν τιθεῖσα, ὡς ἐδείχθη. εἰ δὲ ταύτην ἀναιροῦσιν αἱ δύο, καὶ τὴν 'ἐνδέχεται μηδενί' ἴσην οὖσαν ταύτῃ καὶ ἀντιστρέφουσαν αὐτῇ ἀναιρήσουσιν αἱ αὐταὶ δύο, οὐχ ἡ ἐξ ἀνάγκης τινὶ ὑπάρχειν λέγουσα μόνη ἀλλὰ καὶ ἡ ἐξ ἀνάγκης τινὶ μὴ ὑπάρχειν· ἀλλ' ἐπειδὴ ἴσον μὲν δύναται ἡ 'ἐνδέχεται μηδενί' τῇ 'ἐνδέχεται παντί', ἐκείνην δὲ ἐδείχθησαν αἱ δύο ἀναιροῦσαι, δῆλον ὅτι καὶ τὴν 'ἐνδέχεται μηδενί' αἱ αὐταὶ δύο ἀναιρήσουσι.

p. 37a26 Δῆλον οὖν, ὅτι πρὸς τὸ οὕτως ἐνδεχόμενον καὶ μὴ ἐνδεχόμενον, ὡς ἐν ἀρχῇ διωρίκαμεν. |

Δείξας, ὅτι τῶν κατὰ τὸν διορισμὸν ἐνδεχομένων, τῆς τε καθόλου κατα- 74v φατικῆς καὶ τῆς καθόλου ἀποφατικῆς, ἀναιρετικαί εἰσιν ἑκατέρας αὐτῶν αἱ δύο ἐπὶ μέρους ἀναγκαῖαι, ἥ τε καταφατικὴ καὶ ἡ ἀποφατική, οὗ χάριν ταύτας ἔδειξε, παρατίθεται. φησὶ γὰρ ἐπὶ τῆς εἰς ἀδύνατον ἀπαγωγῆς τῆς γινομένης ἐπὶ τῆς ἀντιστροφῆς τῆς ἐνδεχομένης τῆς κατὰ τὸν διορισμὸν δεῖν ὑποθέντας τὸ μὴ ἐνδέχεσθαι τὸ B τῷ A μηδενὶ μεταλαμβάνειν αὐτὸ εἰς τὴν 'ἐξ ἀνάγκης τινὶ μή'· διὰ τοῦτο γὰρ οὐκ ἦν ἀληθὴς ἡ ἐνδέχεσθαι μηδενὶ ἀλλὰ ἡ ἀπόφασις αὐτῆς ἡ 'οὐκ ἐνδέχεται μηδενί' λέγουσα, ὅτι τινὶ ἐξ ἀνάγκης οὐχ ὑπῆρχε τὸ B τῷ A. οὐ γὰρ δι' ἄλλο τι οὔσης ἀληθοῦς τῆς 'τὸ A τῷ B ἐνδέχεται μηδενί' δύναται ψευδὴς εἶναι ἡ τὸ B τῷ A ἐνδέχεσθαι μηδενὶ λέγουσα ἢ διότι τινὶ αὐτῷ ἐξ ἀνάγκης οὐχ ὑπάρχει· εἰ γὰρ διότι τινὶ ἐξ ἀνάγκης ὑπάρχει, οὐδ' ἂν ἡ τὸ A τῷ B ἐνδέχεσθαι μηδενὶ λέγουσα ἀληθὴς εἶναι δύναιτο· εἰ γὰρ τὸ B τινὶ τῷ A ἐξ ἀνάγκης, καὶ τὸ A τινὶ τῷ B ἐξ ἀνάγκης διὰ τὸ ἀντιστρέφειν τὴν ἀναγκαίαν ἐπὶ μέρους καταφατικήν. οὐ μεταληφθείσης δὲ εἰς τοῦτο τῆς ἀποφάσεως ἀλλὰ εἰς τὴν ἐπὶ μέρους ἀποφατικὴν ἀναγκαίαν (ἦν γὰρ διὰ τοῦτο ἀληθής) οὐδὲν ἀδύνατον ἀκολουθεῖ τῷ τὴν ἀποφατικὴν ἐπὶ μέρους ἀναγκαίαν μὴ ἀντιστρέφειν. οὐδὲ διὰ τῆς εἰς ἀδύνατον ἄρα ἀπαγωγῆς δείκνυται καὶ συνάγεται ἡ καθόλου ἀποφατικὴ ἐνδεχομένη ἀντιστρέφουσα. ὅτι δὲ οὐκ ἀντίκειται τῇ 'ἐνδέχεται μηδενί' ἡ 'ἐξ ἀνάγκης τινί' οὐδὲ ἴση ἐστὶ τῇ ἀποφάσει αὐτῆς τῇ 'οὐκ ἐνδέχεται μηδενί', εἰς ἣν τὴν μετάληψιν ποιεῖται τῆς 'οὐκ ἐνδέχεται μηδενί' ὡς ἴσην ὁ βουλόμενος ἀντιστρέφουσαν δεῖξαι τὴν ἀποφατικὴν ἐνδεχομένην δι' αὐτῆς, δῆλον καὶ ἐκ τοῦ ἅμα ψευδεῖς αὐτὰς γίνεσθαί ποτε. ἐπὶ γὰρ τοῦ ἐξ ἀνάγκης μηδενὶ ὑπάρχοντος ψευδὴς καὶ ἡ

---

1 οὕτως] ὅτως periit in B 2 αὐτοῦ B: αὐτῷ a 12 διωρίσαμεν Ar. 17 τῆς (ante κατὰ) om. a 18 ὑποτιθέντας a 20 ὅτι B: ὃ a 23 ἐνδέχεται a αὐτῷ a: αὐτῶν B 28 ἀναγκαίαν ἀποφατικήν a 29 ἐπὶ μέρους ἀποφατικὴν a 33 εἰς ἣν correxi: ἴσην B: οὐδὲ ἴσην a ante ποιεῖται add. αὐτῆς a 34 post ὡς add. εἰς a δεῖξαι ἀντιστρέφουσαν a

'ἐνδέχεται μηδενί', ὅτι μὴ καὶ παντί, καὶ ἡ 'ἐξ ἀνάγκης τινί'· ψεῦδος γὰρ 74v τὸ τὸ ἄλογον ἐνδέχεσθαι μηδενὶ ἀνθρώπῳ, ἀλλὰ καὶ τὸ ἐξ ἀνάγκης τινὶ αὐτῷ ὑπάρχειν. οὐκέτι δ' εἰ ἐπὶ τινὸς μὲν τῶν ὑπὸ τὴν ἀπόφασιν προῆλθεν ἡ εἰς ἀδύνατον ἀπαγωγή (ἐπὶ γὰρ τοῦ ἐξ ἀνάγκης τινί), ἐπὶ δὲ τινὸς οὔ, ὡς ἐπὶ τοῦ ἐξ ἀνάγκης τινὶ μή, διὰ τοῦτο οὐδὲν μᾶλλον ἐδείχθη ἡ καθόλου ἀποφατικὴ ἐνδεχομένη ἀντιστρέφουσα ἢ οὐκ ἐδείχθη, ἀλλ' ὅτι μὴ ἐπὶ πάντων, καθ' ὧν ἡ ἀπόφασις ἀληθής, οὕτως εἶχεν, οὐκέτι ἐδείχθη. τὸ μὲν γὰρ συλλογιστικὸν ἐπὶ πάντων ὁμοίως ἔχειν δεῖ, ἡ δὲ ἔνστασις ἡ πρὸς αὐτὸ ἱκανή, κἂν ἐπὶ τινὸς δειχθῇ.

p. 37a32 Τούτου δὲ δειχθέντος κείσθω τὸ Α τῷ μὲν Β ἐνδέχεσθαι μηδενὶ τῷ δὲ Γ παντί.

Δείξας, ὅτι μὴ ἀντιστρέφει ἡ καθόλου ἀποφατικὴ ἐνδεχομένη, δείκνυσιν ἐφεξῆς, ὃ προεῖπεν, ὅτι ἐν δευτέρῳ σχήματι ἐκ δύο ἐνδεχομένων προτάσεων οὐδεὶς γίνεται συλλογισμός. ἐκτίθεται δὲ συζυγίαν πρώτην, ἐν ᾗ ἡ μὲν μείζων καθόλου ἐνδεχομένη ἀποφατική ἐστιν, ἡ δὲ [ἡ] ἐλάττων καθόλου ἐνδεχομένη καταφατική· ὅτι γὰρ ἐκ δύο καταφατικῶν μηδὲν συνάγεται, δῆλον ὂν ὡς γνώριμον παρέλιπε. φησὶ δὴ τὴν ἐκκειμένην συζυγίαν ἀσυλλόγιστον εἶναι. μήτε γὰρ δι' ἀντιστροφῆς δύνασθαι δειχθῆναι· γίνεσθαι μὲν γὰρ ἐν τούτῳ τῷ σχήματι καὶ ταῖς τοιαύταις συζυγίαις τῆς ἀποφατικῆς ἀντιστρεφομένης τὸ πρῶτον σχῆμα, δεδεῖχθαι δὲ τὴν ἐνδεχομένην ἀποφατικὴν μὴ ἀντιστρέφουσαν αὐτῇ. ἀλλὰ μηδὲ διὰ τῆς εἰς ἀδύνατον ἀπαγωγῆς, δι' ἧς ἐδείκνυντο αἱ μὴ δι' ἀντιστροφῆς δυνάμεναι τῶν συζυγιῶν δείκνυσθαι, ὅτι εἰσὶ συνακτικαί. ἐὰν γὰρ ᾖ τὸ Α τῷ μὲν Β ἐνδεχόμενον μηδενί, τῷ δὲ Γ ἐνδεχόμενον παντί, ἔπειτα βουλόμενός τις δεῖξαι συναγόμενον τὸ Β τῷ Γ ἐνδέχεσθαι μηδενὶ τὸ ἀντικείμενον αὐτοῦ λάβῃ (τοῦτο δ' ἐστὶ τὸ 'οὐκ ἐνδέχεται μηδενί', ὃ μετέλαβεν αὐτὸς εἰς τὸ καθόλου καταφατικὸν ἀναγκαῖον), οὐδὲν συμβαίνει ψεῦδος. τεθέντος γὰρ τοῦ Β παντὶ τῷ Γ ἐνδέχεσθαι ὑπάρχειν εἴρηκεν ἀντὶ τοῦ 'τεθέντος γὰρ καὶ ὑποτεθέντος τοῦ Β παντὶ τῷ Γ ἐξ ἀνάγκης ὑπάρχειν'. οὐ γὰρ δύναται ὡς ἀντικείμενον | τῷ ἐνδέχεσθαι τὸ Β τῷ Γ μηδενὶ τὸ ἐνδέχεσθαι παντὶ τὸ Β τῷ Γ ληφθὲν 75r ὑποτεθῆναι· ταὐτὸν γάρ ἐστιν αὐτῷ, ἀλλ' οὐκ ἀντικείμενον. οὐδὲ ἡ καθόλου δὲ καταφατικὴ ἀναγκαία, ἣν εἰληφέναι δοκεῖ, ἀντίκειται τῇ ἐνδεχομένῃ καθόλου ἀποφατικῇ· ὥστ' οὐδ', εἰ εἰς τὸ ἀναγκαῖον καθόλου μεταληφθείη τὸ ἐνδεχόμενον, ὡς ἡμεῖς μετειλήφαμεν, οὐδ' οὕτως τὸ ἀντικείμενον ἔσται λαμβάνων καὶ ὑποτιθείς, ὃ ἐν ταῖς εἰς ἀδύνατον ἀπαγωγαῖς χρὴ ποιεῖν. ἔοικε μὲν οὖν ἐκ περιουσίας τὸ καθόλου καταφατικὸν ἀναγκαῖον λαβὼν ὡς ἀντικείμενον τῷ καθόλου ἀποφατικῷ ἐνδεχομένῳ δεικνύναι μηδὲν ἀδύνατον

6 ἢ aB pr.: ἣ B[1] corr. 8. 9 πρὸς αὐτὸ B: πρὸ αὐτοῦ a 13 προεῖπεν] p. 36b26—29 15 ἡ (post δὲ) B: om. a 21 αὐτῇ B: ἑαυτῇ a 30 τῷ (ante ἐνδέχεσθαι) B: τοῦ a 33 μεταληφθῇ a 37 ἀδύνατον a: ἀδυνάτῳ B

ἑπόμενον· εἰ γὰρ τῆς ἐλάττονος καθόλου καταφατικῆς ἀναγκαίας τεθείσης 75r οὐδὲν ἀδύνατον συνάγεται, πολὺ πλέον ὅτι οὐδὲν ἀδύνατον συναχθήσεται ἐπὶ μέρους αὐτῆς οὔσης καταφατικῆς ἀναγκαίας. καὶ γὰρ τοῦ ἐπὶ μέρους καταφατικοῦ ἀναγκαίου ὑποτεθέντος, ὅ ἐστιν ἀντικείμενον τῷ ὑποτεθέντι συμπεράσματι, ὁμοίως, ὅτι μηδὲν ἀδύνατον συνάγεται, δείκνυται. εἰ γὰρ εἴη τὸ μὲν B ἢ παντὶ τῷ Γ ἐξ ἀνάγκης ὑπάρχον ἢ τινί, εἴη δὲ κείμενον καὶ τὸ Α τῷ B ἐνδέχεσθαι μηδενί, γίνεται ἐν πρώτῳ σχήματι συζυγία τὴν μείζονα ἐνδεχομένην ἔχουσα πρότασιν ἀποφατικὴν τὴν δὲ ἐλάττονα ἀναγκαίαν· ἐν δὲ ταῖς οὕτως ἐχούσαις συζυγίαις ἐνδεχόμενον γίνεται τὸ συμπέρασμα. συναχθήσεται οὖν τὸ Α ἐνδέχεσθαι ἢ μηδενὶ τῷ Γ ἢ τινὶ μή. εἰ μὲν γὰρ εἴη ἡ ΒΓ ἀναγκαία καθόλου καταφατικὴ εἰλημμένη, ὡς αὐτὸς ὑπέθετο, ἔσται καθόλου ἀποφατικὸν ἐνδεχόμενον τὸ συμπέρασμα τὸ τὸ Α τῷ Γ ἐνδέχεσθαι μηδενί, ὃ οὐκ ἔστιν ἀδύνατον· ἔκειτο γὰρ ἐνδέχεσθαι αὐτῷ παντί. εἰ δ' ἐπὶ μέρους καταφατικὴ ἡ ΒΓ εἴη ἀναγκαία, ἐπὶ μέρους ἀποφατικὸν πάλιν ἐνδεχόμενον τὸ συμπέρασμα. οὐδ' οὕτως δὲ ἀδύνατον τὸ συναγόμενον· ἔκειτο γὰρ τὸ Α ἐνδέχεσθαι παντὶ τῷ Γ· τὸ δὲ ἐνδεχόμενον παντὶ ἐνδέχεται καὶ μηδενὶ ἐκείνῳ καὶ τινὶ μή. ἂν μέντοι τὸ 'οὐκ ἐνδέχεται παντί' εἰς τὸ ἐξ ἀνάγκης τινὶ μὴ μεταληφθῇ, καθ' οὗ καὶ αὐτοῦ ἀληθῶς κατηγορεῖται, καὶ ἀσυλλόγιστος ἡ συμπλοκή· γίνεται γὰρ ἡ ἐλάττων ἐν πρώτῳ σχήματι ἀποφατικὴ ἐπὶ μέρους ἀναγκαία. δύναται καὶ τὸ τεθέντος γὰρ τοῦ B παντὶ τῷ Γ ἐνδέχεσθαι ὑπάρχειν ὡς τὸ γινόμενον συμπέρασμα ἐπὶ τῇ προκειμένῃ συζυγίᾳ λαμβάνων εἰρηκέναι, ὃ δεῖ διὰ τῆς εἰς ἀδύνατον ἀπαγωγῆς δειχθῆναι, εἰ οἷόν τέ ἐστι (καὶ εἴη ἂν ἤτοι ἡμαρτημένη ἡ λέξις καὶ ἀντὶ τοῦ ἀποφατικοῦ τὸ καταφατικὸν λαμβάνουσα· ἔδει γὰρ γεγράφθαι τεθέντος γὰρ τοῦ B παντὶ τῷ Γ ἐνδέχεσθαι μὴ ὑπάρχειν· τοῦτο γὰρ ἂν εἴη γινόμενον συμπέρασμα· ἢ καὶ τὸ καταφατικὸν ὡς ἴσον δυνάμενον τῷ ἀποφατικῷ εἰληφέναι. τούτου δὴ τεθέντος γίνεσθαι συμπεράσματος οὐδὲν ἀδύνατον διὰ τῆς εἰς ἀδύνατον ἀπαγωγῆς διὰ τοῦτο συναγόμενον δειχθήσεται· τὸ γὰρ ψεῦδος ἀντὶ τοῦ ἀδυνάτου εἶπε). λαβὼν δὲ τοῦτο μηκέτι τὴν εἰς ἀδύνατον ἀπαγωγὴν τεθεικέναι ὡς γνώριμον. εἰ γὰρ ληφθείη τὸ ἀντικείμενον τῷ 'ἐνδέχεται μηδενί', ὅ ἐστιν 'ἐξ ἀνάγκης τινί', γίνεται συναγόμενον τὸ 'ἐνδέχεται τινὶ μὴ τὸ Α τῷ Γ', ὃ οὐκ ἔστιν ἀδύνατον. καὶ γὰρ παντὶ αὐτῷ ἐνδέχεται (ἔκειτο γὰρ τοῦτο), καὶ ἐνδέχεται μηδενὶ διὰ τὸ ἀντιστρέφειν τὴν ἐνδεχομένην καταφατικήν· εἰ δὲ ἐνδέχεται τὸ Α τῷ Γ μηδενί, δῆλον ὡς οὐκ ἀδύνατον τὸ τὸ Α τινὶ τῷ Γ ἐνδέχεσθαι μὴ ὑπάρχειν.

---

1 τῆς a: τις B 19 ἀληθῶς om. a 20 τὸ scripsi: τοῦ aB 21 ante β add. τὸ a 23 οἷόν scripsi: ὅλον aB 25 ἔδει scripsi: ἐδείχθη aB 27 ἴσον B: ὃν a 36 τὸ alterum om. a

p. 37a38 Ὅλως δ' εἰ ἔστι συλλογισμός, δῆλον ὅτι τοῦ ἐνδεχομένου ἂν εἴη. 75r

Δείξας, ὅτι μήτε δι' ἀντιστροφῆς μήτε διὰ τῆς εἰς ἀδύνατον ἀπαγωγῆς οἷόν τε δειχθῆναι συλλογιστικὴν οὖσαν τὴν ἐκκειμένην συζυγίαν, νῦν τὸ αὐτὸ τοῦτο δείκνυσι καὶ ἐκ περιουσίας. φησὶ γάρ, ὅτι, εἰ ὅλως συλλογιστικὴ ἡ ἐκκειμένη συζυγία ἐστί, δῆλον ὡς ἐνδεχόμενον ἔσται τὸ συμπέρασμα διὰ τὸ ἀμφοτέρας ἐνδεχομένας εἶναι τὰς προτάσεις. δέδεικται γάρ, ὅτι τὰ ἐξ ἀνάγκης τισὶν ἀκολουθοῦντα συλλογιστικῶς ὅμοιά ἐστι τούτοις, οἷς ἀκολουθεῖ, εἰ δυνατὰ καὶ ἐνδεχόμενα, καὶ αὐτὰ τοιαῦτα, εἰ ἀναγκαῖα ἐκεῖνα, καὶ τὰ ἀκολουθοῦντα ἀναγκαῖα· ἔλαβε γὰρ τοῦτο, ὅτε ἔδειξε | δυνατῷ ἀδύνατον 75v μὴ ἀκολουθοῦν. τῷ δὲ διὰ τὸ μηδετέραν τῶν προτάσεων εἰλῆφθαι ἐν τῷ ὑπάρχειν δεῖ προσεκδέξασθαι τὸ ἐξ ἀνάγκης ὑπάρχειν. ἔσται οὖν τὸ συμπέρασμα, εἰ συλλογιστικὴ εἴη ἡ ἐκκειμένη συζυγία, ἐνδεχόμενον ἢ καταφατικὸν ἢ ἀποφατικόν· ἀλλ' οὐδέτερον οἷόν τε· ὥστε οὐκ ἔσται συλλογισμός. ὅτι δὲ οὔτε καταφατικὸν οὔτε ἀποφατικόν, δῆλον ἐκ τοῦ ἂν μὲν λέγωμεν καταφατικὸν γίνεσθαι τὸ συμπέρασμα, δύνασθαι δι' ὅρων τινῶν δειχθῆναι, ὅτι τὸ 'οὐκ ἐνδέχεται ὑπάρχειν' συνάγεται, ὅπερ οὐκ ἔστιν ἀπόφασις ἐνδεχομένη ἡ ἴσον δυναμένη τῇ καταφάσει ἀλλὰ ἐνδεχομένης ἀπόφασις, ἐὰν δὲ λέγωμεν ἀποφατικὸν γίνεσθαι τὸ συμπέρασμα ἐνδεχόμενον, δείκνυσθαι πάλιν διὰ τῶν αὐτῶν ὅρων ἀποφατικὸν μὲν ἀλλ' οὐκ ἐνδεχόμενον ἀλλ' ἀναγκαῖον γινόμενον τὸ συμπέρασμα. τὸ δὲ ἀναγκαῖον ἀποφατικὸν δειχθὲν ἀμφοτέρων ἀναιρετικὸν ἔσται, τοῦ τε ἐνδεχομένου καταφατικοῦ καὶ τοῦ ἐνδεχομένου ἀποφατικοῦ. δείκνυσι δὴ τοῦτο οὕτως ἔχον ὅρους λαβὼν ἐπὶ μὲν τοῦ Α λευκόν, ἐπὶ δὲ τοῦ Β ἄνθρωπον, ἐπὶ δὲ τοῦ Γ ἵππον· τὸ γὰρ λευκὸν ἐνδέχεται ἀνθρώπῳ μὲν μηδενί, ἵππῳ δὲ παντί, καὶ ἄνθρωπος ἐξ ἀνάγκης οὐδενὶ ἵππῳ. εἰ δ' ἐξ ἀνάγκης μηδενί, οὔτε ἐνδέχεται ὑπάρχειν αὐτῷ, οὔτε ἐνδέχεται μὴ ὑπάρχειν, ὃ δείκνυσιν. ὡς γὰρ διότι μὴ δύναται ὑπάρχειν, διὰ τοῦτο ψευδὴς ἡ ἐνδεχομένη κατάφασις, οὕτως ψευδὴς ἔσται καὶ ἡ ἐνδεχομένη ἀπόφασις ἐπ' αὐτῶν ἡ 'ἐνδέχεται μηδενὶ ἵππῳ ἄνθρωπον' λέγουσα, ὅτι ἐξ ἀνάγκης αὐτῷ οὐχ ὑπάρχει· οὐ γὰρ ἐνδέχεται μηδενί, ἀλλ' ἐξ ἀνάγκης οὐδενὶ ἵππῳ ἄνθρωπος.

Ὁμοίως δὲ δειχθήσεται, φησίν, ἀσυλλόγιστος ἡ συζυγία καὶ ἐν ᾗ ἀνάπαλιν εἴληπται τὸ στερητικὸν ἐχούσῃ τὴν μὲν μείζονα καθόλου καταφατικὴν ἐνδεχομένην τὴν δὲ ἐλάττονα καθόλου ἀποφατικὴν ἐνδεχομένην· οὔτε γὰρ δι' ἀντιστροφῆς οὔτε διὰ τῆς εἰς ἀδύνατον ἀπαγωγῆς οἷόν τε αὐτὴν δειχθῆναι συλλογιστικήν. καὶ ὁ ἔλεγχος διὰ τῶν αὐτῶν ὅρων. ἀλλὰ κἂν ἀμφότεραι καθόλου καταφατικαὶ ληφθῶσι, διὰ τῶν αὐτῶν ὅρων δειχθήσεται, ὅτι μὴ οἷόν τέ ἐστιν ἐνδεχόμενον συνάγεσθαι μήτε καθόλου κατα-

1 εἰ Ar.: ἐπεὶ aB (n): cf. vs. 5 1. 2 ἐνδέχεσθαι Ar.: cf. p. 219,31 3 μήτε (post ὅτι)] τε superscr. B 10 ἔδειξε] c. 15 p. 34a12—24 11 μὴ om. a 17 τὸ om. a 18 post ἀπόφασις eras. 2—3 lit. B 21 δὲ a: δὴ B 29 noli conicere ἐνδέχεσθαι aut ἄνθρωπος: nam cf., quae ad p. 206,1 notavi, et velut p. 220,33, p. 222,10,14, p. 237,8 30 οὐχ om. a

φατικὸν ἢ ἀποφατικὸν μήτε κατὰ μέρος· τὸ γὰρ ἐξ ἀνάγκης μηδενὶ δειχθὲν 75v πάντων τῶν ἐνδεχομένων ἀναιρετικόν ἐστιν. ἀλλὰ κἂν ἀμφότεραι [αἱ] ἀποφατικαί, ἀλλὰ κἂν ἡ μὲν καθόλου ἡ δ' ἐν μέρει ᾖ, ἢ ἀμφότεραι ἐν μέρει καταφατικαὶ οὖσαι ἢ ἀποφατικαὶ ἢ ἐνηλλαγμέναι, οἱ αὐτοὶ ὅροι παρατεθέντες ταῖς τε ἐκκειμέναις προτάσεσιν ἁρμόζουσι καὶ τῷ τοῦ συμπεράσματος ἀναγκαίῳ ἐλέγξουσιν αὐτὰς ἀσυλλογίστους. οὐ χρὴ δὲ ὑπολαμβάνειν ἐν ταῖς ἐκκειμέναις συμπλοκαῖς ἀεὶ συνάγεσθαι καθόλου ἀποφατικὸν ἀναγκαῖον, μή ποτε οἰηθῶμεν συλλογιστικὰς εἶναι τὰς συζυγίας οὐκ ἐνδεχόμενον συναγούσας ἀλλὰ ἀναγκαῖον ἀποφατικόν. ἔστι γὰρ ἐπὶ ἄλλων ὅρων δεῖξαι καὶ τὸ παντὶ ἐξ ἀνάγκης. ὃ παρέλιπεν Ἀριστοτέλης ὡς αὐτάρκως δείξας μὴ συλλογιστικὰς τὰς ἐκκειμένας συζυγίας διὰ τοῦ δεῖν μὲν ἐνδεχόμενον γίνεσθαι τὸ συμπέρασμα ἐπὶ ἐνδεχομέναις προτάσεσιν εὑρίσκεσθαι δ' ἀναγκαῖον ἀποφατικὸν καθόλου γινόμενον. ἔστι δὲ καὶ ἀναγκαῖον καθόλου καταφατικὸν γινόμενόν ποτε. τοῦ γὰρ ἐξ ἀνάγκης παντὶ ὑπάρχειν ὅροι δεικτικοὶ οἵδε· ἔστω τὸ μὲν Α λευκόν, τὸ δὲ Β ἄνθρωπος, τὸ δὲ Γ γραμματικός· τὸ γὰρ λευκὸν παντὶ ἀνθρώπῳ ἐνδέχεται καὶ ἐνδέχεται μηδενὶ γραμματικῷ, καὶ ἄνθρωπος ἐξ ἀνάγκης παντὶ γραμματικῷ. ὁμοίως, κἂν τὸ κινεῖσθαι παντὶ μὲν ζῴῳ ἐνδέχεσθαι ληφθῇ, μηδενὶ δὲ ἀνθρώπῳ, ἢ ἀνάπαλιν. ἀλλὰ καὶ τοῦ ἐνδέχεσθαι παντὶ ὅροι λευκόν, κινούμενον, ἄνθρωπος· τὸ γὰρ λευκὸν παντὶ κινουμένῳ ἐνδέχεται καὶ μηδενὶ ἀνθρώπῳ, καὶ τὸ κινούμενον ἐνδέχεται παντὶ ἀνθρώπῳ καὶ ἐνδέχεται μηδενί. οὐκ ἀπορίᾳ οὖν ὅρων ἠρκέσθη τὸ ἀναγκαῖον ἀποφατικὸν παραθέμενος μόνον, ἀλλ' ὡς αὐτάρκως διὰ τῆς ἐκείνου παραθέσεως δεδειγμένου τοῦ εἶναι πάσας ἀσυλλογίστους συζυγίας τὰς ἐν δευτέρῳ σχήματι ἐξ ἐνδεχομένων τῶν δύο προτάσεων. |

p. 37b19 Εἰ δ' ἡ μὲν ὑπάρχειν ἡ δὲ ἐνδέχεσθαι σημαίνοι, τῆς 76r μὲν κατηγορικῆς ὑπάρχειν τεθείσης.

Δείξας, ὅτι ἐκ δύο ἐνδεχομένων προτάσεων ἐν δευτέρῳ σχήματι οὐδεὶς γίνεται συλλογισμὸς ἐπὶ τὰς μίξεις μετελήλυθε, καὶ πρῶτον λέγει περὶ τῶν ἐξ ὑπαρχούσης καὶ ἐνδεχομένης μεμιγμένων, καί φησιν, ὅτι, ἂν ἡ μὲν ὑπάρχουσα ᾖ καταφατικὴ ἡ δὲ ἐνδεχομένη ἀποφατική, οὐδεὶς ἔσται συλλογισμός, ὅπως ἂν ἔχουσαι ληφθῶσιν αἱ προτάσεις, ὡς φανεροῦ δῆλον ὅτι ὄντος, εἰ ἀμφότεραι εἶεν καταφατικαί, μηδὲν συναχθήσεσθαι συλλογιστικῶς. ὅτι δὲ οὔσης τῆς ὑπαρχούσης καταφατικῆς ἀποφατικῆς δὲ τῆς ἐνδεχομένης οὐδὲν συνάγεται συλλογιστικῶς, ἀπόδειξις, φησίν, ἡ αὐτὴ καὶ διὰ τῶν αὐτῶν ὅρων. δείκνυται γὰρ ἀσυλλόγιστος καὶ ἡ τοιαύτη συμπλοκὴ διά τε τοῦ μὴ ἀντιστρέφειν τὴν καθόλου ἀποφατικὴν ἐνδεχομένην, ἀλλὰ μηδὲ τὴν

2 κἂν B: καὶ a αἱ delevi 4 παρατιθέντες a 5 ἁρμόζουσι] ι in ras. 2 lit. B 13 καὶ superscr. B 25 Μῖξις ἐν δευτέρῳ σχήματι ἐξ ἐνδεχομένης καὶ ὑπαρχούσης superscr. a σημαίνοι B (C): σημαίνει a et Ar. 33 καταφατικῆς] κατα in ras. B[2]

ὑπάρχουσαν καταφατικὴν καθόλου· γίνεται γάρ, εἰ αὕτη ἀντιστρέφει, [ἡ] 76r ἐν πρώτῳ σχήματι ἡ μείζων πρότασις ἐπὶ μέρους καταφατική. ἔτι διὰ τοῦ μηδὲ διὰ τῆς εἰς ἀδύνατον ἀπαγωγῆς δείκνυσθαί τι· τοῦ γὰρ ἀντικειμένου ἢ τῷ ἐνδεχομένῳ συμπεράσματι ἢ τῷ ὑπάρχοντι, εἴ τις ὑπάρχον λέγοι δύνασθαι γίγνεσθαι τὸ συμπέρασμα, ὑποτεθέντος συνάγεται ἐν τῷ πρώτῳ σχήματι τὸ Α τινὶ τῷ Γ ὑπάρχον, ᾧ ἔκειτο ἐνδέχεσθαι μηδενί, ὃ οὐκ ἀδύνατον. ἀλλὰ καὶ διὰ τῆς τῶν αὐτῶν ὅρων παραθέσεως· τὸ γὰρ λευκὸν καὶ ἄνθρωπος καὶ ἵππος ληφθέντα δεικνύουσιν, ὅτι μήτε ἐνδεχόμενον ἢ καταφατικὸν ἢ ἀποφατικὸν γίνεται τὸ συμπέρασμα μήτε ὑπάρχον, ἀλλ' ἀναγκαῖον ἀποφατικόν. καίτοι ἔδει ἢ τοῦ ἐνδέχεσθαι ἢ τοῦ ὑπάρχειν εἶναι τὸ συμπέρασμα, εἰ συλλογιστικῶς συνήγετο· αἱ γὰρ προτάσεις τοιαῦται. ἀλλὰ καὶ τοῦ παντὶ ἐξ ἀνάγκης καὶ τοῦ μηδενὶ ἐξ ἀνάγκης ἔστιν ὅρων εὐπορῆσαι, τοῦ μὲν μηδενὶ ἐξ ἀνάγκης, οἷς αὐτὸς κέχρηται. λευκῷ, ἀνθρώπῳ, ἵππῳ· τὸ γὰρ λευκὸν δύναται τῷ μὲν ἑτέρῳ τούτων ὑπάρχον παντὶ ληφθῆναι τῷ δὲ ἑτέρῳ ἐνδεχόμενον μηδενί. ὡς προείρηται, καὶ ὁ ἄνθρωπος ἐξ ἀνάγκης οὐδενὶ ἵππῳ. τοῦ δὲ παντὶ ἐξ ἀνάγκης λευκόν, ἄνθρωπος, γραμματικός· τὸ γὰρ λευκὸν ἐνδεχέσθω μὲν μηδενὶ ἀνθρώπῳ, ὑπαρχέτω δὲ παντὶ γραμματικῷ, καὶ ὁ ἄνθρωπος παντὶ γραμματικῷ ἐξ ἀνάγκης. ὁμοίως δέ, κἂν ζῷον καὶ ἄνθρωπος οἱ ἄκροι ληφθῶσιν.

Ἂν δὲ ἡ μὲν ἐνδεχομένη καθόλου καταφατικὴ ληφθῇ ⟨ἡ⟩ δὲ ὑπάρχουσα καθόλου ἀποφατική, ἔσται συλλογισμὸς ἀντιστραφείσης τῆς καθόλου ἀποφατικῆς ὑπαρχούσης· οὕτως γὰρ ἔσται τὸ πρῶτον σχῆμα. καὶ τὸ συμπέρασμα τοῦ ἐνδέχεσθαι μηδενί, τοῦτο δέ, πρὸς ὁποτέρῳ ἂν τὸ ὑπάρχον στερητικὸν τεθῇ. φησὶ γάρ, ὅτι, κἂν ἡ ἐλάσσων ληφθῇ καθόλου ἀποφατικὴ ὑπάρχουσα ἡ δὲ μείζων καθόλου καταφατικὴ ἐνδεχομένη, ὁ αὐτὸς ἔσται συλλογισμὸς ἀντιστραφείσης τῆς ἀποφατικῆς ὑπαρχούσης. οἷον ἔστω τὸ Α τῷ μὲν Β παντὶ ἐνδεχόμενον, τῷ δὲ Γ μηδενὶ ὑπάρχον· ἀντιστραφείσης γὰρ τῆς Α Γ γίνεται τὸ Γ οὐδενὶ τῷ Α ὑπάρχον, τὸ Α παντὶ τῷ Β ἐνδεχόμενον· τὸ ἄρα Γ ἐνδέχεται μηδενὶ τῷ Β. ἀλλ' ἐπεὶ τοῦ ἐνδέχεσθαι ὁ συλλογισμός, τὸ δὲ ἐνδεχόμενον ἀποφατικὸν οὐκ ἀντιστρέφει, πῶς τοῦ προκειμένου συναγωγὴ ἔτι ἔσται: ὅτι μὲν γὰρ τὸ Γ τῷ Β ἐνδέχεται μηδενί, δείκνυται διὰ τῶν κειμένων, οὐκέτι μέντοι, ὅτι τὸ Β τῷ Γ ἐν|δέχεται 76v μηδενί, διὰ τὸ μὴ ἀντιστρέφειν τὸ ἐνδεχόμενον ἀποφατικόν. ἀλλὰ μὴν δεῖ ἐν τῷ συμπεράσματι κατηγορούμενον τὸ Β εἶναι· οὗτος γὰρ ὁ μείζων ὅρος κεῖται. τοῦτ' οὖν τὸ ἐνδεχόμενον οὐ τὸ κατὰ τὸν διορισμὸν συνάγεται ἀλλὰ τὸ κατὰ τοῦ ὑπάρχοντος ἀληθευόμενον· ἐδείχθη γὰρ τοιοῦτον συναγόμενον τῆς μείζονος ἀποφατικῆς ὑπαρχούσης ληφθείσης ἐν πρώτῳ σχήματι. εἰ δὲ τοῦτο, καὶ τὸ συμπέρασμα ἀντιστρέφει ὂν καθόλου ἀποφατικὸν ὑπάρχον·

---

1 αὕτη scripsi: αὐτὴ aB   ἡ delevi   5 λέγει a   ὑποτιθέντος a   συνάγεται scripsi: συνάγεσθαι libri   8 μήτε correxi: μηδὲ aB   20 Ἂν ... τεθῇ (24) lemma in aB, quamquam non sunt ipsa Arist. verba (cf. p. 239,20)   ἡ addidi   26. 27 μὲν α τῷ a   29 ἐπεὶ B: ἐπὶ a   34 οὕτως a   35 τοῦτ' οὖν scripsi: spatium (6—7 lit. in B, 3—4 lit. in a) sequente τουν in aB   36 ἐδείχθη] c. 15 p. 34b27 sqq.

ἄλλως δὲ οὔ. ὅτι δὲ τοιοῦτον γίνεται τὸ συμπέρασμα ἀλλ’ οὐ τοῦ κατὰ 76v τὸν διορισμὸν ἐνδεχομένου, δῆλον ποιήσει καὶ διὰ τῶν ἑξῆς. προείρηκε δὲ καὶ ἤδη αὐτὸς ἀρχόμενος τοῦ περὶ τοῦ δευτέρου σχήματος λόγου, δι’ οὗ εἶπε “⟨δεῖ⟩ δὲ καὶ ἐν τούτοις λαμβάνειν τὸ ἐν τοῖς συμπεράσμασιν ἐνδεχόμενον, ὥσπερ ἐν τοῖς πρότερον”. ⟨ἢ⟩ ἡ ἐνδεχομένη ἀποφατικὴ ἴση τῇ ἐνδεχομένῃ καταφατικῇ, πρὸς ἣν ἀντιστρέφει, ἀντιστρέφοι ἂν καὶ αὐτὴ ὁμοίως ταῖς καταφατικαῖς· ταῖς δὲ καθόλου καταφατικαῖς ἀντιστρέφουσιν αἱ ἐπὶ μέρους καταφατικαί· ἔσται οὖν ἀντιστραφέντος οὕτως τοῦ συμπεράσματος τοῦ Γ⟨Β⟩ ‘τὸ Β τῷ Γ ἐνδέχεται τινὶ μή’.

Ἐπιζητήσαι δ’ ἄν τις, πῶς ἐν ταῖς τοιαύταις συζυγίαις συνάγεταί τι συλλογιστικῶς· ἔνεστι γὰρ τῇ τῶν αὐτῶν ὅρων παραθέσει μήτε ἐνδεχόμενον ἀποφατικὸν μήτε ὑπάρχον δεῖξαι συναγόμενον. οὕτως γὰρ ἐχουσῶν τῶν προτάσεων καὶ τοῦ μηδενὶ ἐξ ἀνάγκης καὶ τοῦ παντὶ ἐπὶ τῶν ὅρων ἡ συναγωγή. ἰδοὺ γὰρ τὸ λευκὸν οὐδενὶ ἀνθρώπῳ ὑπαρχόντως, τὸ λευκὸν ἐνδέχεται παντὶ ἵππῳ, καὶ ἄνθρωπος ἐξ ἀνάγκης οὐδενὶ ἵππῳ. καίτοι ἔδει ἢ ἐνδεχόμενον ἢ ὑπάρχον εἶναι τὸ συμπέρασμα. ἀλλὰ καὶ τοῦ παντὶ ἐξ ἀνάγκης οἷόν τε ὅρους λαβεῖν· πάλιν γὰρ τὸ λευκὸν οὐδενὶ ἀνθρώπῳ, τὸ λευκὸν ἐνδέχεται παντὶ γραμματικῷ, καὶ ἄνθρωπος παντὶ γραμματικῷ ἐξ ἀνάγκης. ὥστε καὶ τοῦ παντὶ καὶ τοῦ μηδενὶ ἡ συναγωγή. ἢ τῷ χρόνῳ ὥρισται ἡ λέγουσα τὸ λευκὸν μηδενὶ ἀνθρώπῳ, ὅτι κεῖται τὸ λευκὸν παντὶ γραμματικῷ ἐνδέχεσθαι· ὅτε γὰρ ἐνδέχεται παντὶ γραμματικῷ ὑπάρχειν ἤδη τὸ λευκόν, τότε ψευδής ἡ ‘τὸ λευκὸν οὐδενὶ ἀνθρώπῳ’. ἀλλὰ ἱκανόν γε καὶ τὸ μηδενὶ ἐξ ἀνάγκης λεχθὲν διαβάλλειν τὴν συμπλοκήν. ἀλλὰ κἂν ἀνάπαλιν τὰς προτάσεις λάβωμεν ὡς τὸ μὲν λευκὸν παντὶ ἀνθρώπῳ ἐνδέχεσθαι ἵππῳ δὲ μηδενὶ ὑπάρχειν, αἱ μὲν προτάσεις ἀληθεῖς πάλιν, τὸ δὲ συμπέρασμα ἐξ ἀνάγκης ἀποφατικόν· ἄνθρωπος γὰρ ἐξ ἀνάγκης οὐδενὶ ἵππῳ. οὐ γὰρ δὴ τὴν καθόλου ἀποφατικὴν ὑπάρχουσαν ἔνεστιν αἰτιᾶσθαι ὡς ψευδῆ· πᾶσα γὰρ ἀποφατικὴ ὑπάρχουσα καθόλου τοιαύτη, ὥσπερ γε καὶ καταφατική. καὶ ὅτι τοῦθ’ οὕτως ἔχει, δηλοῖ αὐτὸς τοιαύταις πανταχοῦ ταῖς καθόλου ὑπαρχούσαις χρώμενος. ἤτοι οὖν ἔοικε μόνῃ τῇ τῆς ὑπαρχούσης ἀποφατικῆς ἀντιστροφῇ προσέχων συλλογιστικὰς θεῖναι τὰς τοιαύτας συζυγίας οὐκέτι τὴν ἐξέτασιν αὐτῶν ἐπὶ τῶν ὅρων ποιησάμενος. ἂν γάρ τις ἀξιώσῃ τὴν ἀεὶ ὑπάρχουσαν ἡμᾶς καθόλου λαμβάνειν ἀλλὰ μὴ τὴν ποτέ, οὐδὲν ἄλλο οὗτος ἀξιώσει ἢ ἀναγκαίαν εἶναι τὴν ὑπάρχουσαν· τὸ γὰρ ἀναγκαῖον τοιοῦτον. προσέτι δὲ οὐδὲ αὐτός που ἐπὶ ὅρων λαμβάνων τὴν ὑπάρχουσαν ἐπὶ τῶν οὕτως ἐχόντων λαμβάνει. ἔτι δεῖ χρῆσθαι τῷ μὴ τοῦ κατὰ τὸν διορισμὸν ἐνδεχομένου γενέσθαι τὸ συμπέρασμα, ὡς ἔδειξεν ἐπὶ τῶν μίξεων τῶν ἐν τῷ πρώτῳ σχήματι τῆς μείζονος ἀναγκαίας

2 προείρηκε] c. 17 p. 36b33 4 δεῖ ex Arist. addidi 5 ἢ addidi 9 β prius addidi (cf. p. 258,34,38) 13 ἐπὶ scripsi: ἐπεὶ aB 19 ἢ scripsi: ἢ B (῀ ex corr.): ἡ a 23 λεχθὲν] conicio δειχθὲν ut p. 230,1 29 τοῦτ’ B 34 ἄλλο οὗτος B²a: οὗτος ἄλλο B¹ 38 ἔδειξεν] c. 16 p. 35a30 sqq. τῷ superscr. B

οὔσης καθόλου ἀποφατικῆς ἐνδεχομένης δὲ τῆς ἐλάττονος· εἶπε γάρ, ὅτι 76v οὐ τοῦ κατὰ τὸν διορισμὸν ἐνδεχομένου τὸ ἀποφατικὸν συμπέρασμα ἔσται. τοιοῦτον δὲ καὶ τὸ ἐπὶ τῆς τοιαύτης μίξεως γινόμενον, εἰ μόνον τὸ ἀποφατικὸν καὶ μὴ τὸ καταφατικὸν συνάγοιτο διὰ τὸ ἐπ' ἐκείνων τῷ χρόνῳ ὡρίσθαι τὴν ἀποφατικὴν ὑπάρχουσαν. ὥστ', εἰ καὶ ἀναγκαῖον ἀποφατικὸν τὸ συναγόμενόν ἐστι, δύναται λέγεσθαι τοῦ μὴ ὑπάρχειν | ὁ συλλογισμὸς 77r εἶναι διὰ τὸ τὸ μὴ ὑπάρχειν καὶ ἐπὶ τοῦ ἐξ ἀνάγκης μὴ ὑπάρχοντος ἀληθεύεσθαι· τὸ γὰρ μὴ ὑπάρχειν ἀληθές, κἂν ἐξ ἀνάγκης μὴ ὑπάρχῃ. ἀλλὰ καὶ τοῦτο προείρηται, ὅτι μὴ οἷόν τε ἀναγκαῖον γενέσθαι συμπέρασμα μηδεμιᾶς τῶν προτάσεων ἀναγκαίας οὔσης. καὶ εἶπε δὲ ἐπὶ τῶν τοιούτων μίξεων "τοῦ δὲ ἐξ ἀνάγκης μὴ ὑπάρχειν οὐκ ἔσται συλλογισμός". ἢ οὐκ ἔσεσθαι εἶπε τὸ μὴ ἀεί.

p. 37b29 Ἐὰν δὲ ἀμφότεραι μὲν ὦσι στερητικαί, σημαίνῃ δὲ ἡ μὲν μὴ ὑπάρχειν.

Καὶ ἀμφοτέρων οὐσῶν στερητικῶν τῶν προτάσεών φησιν ἔσεσθαι συλλογισμὸν τῆς ἐνδεχομένης ἀποφατικῆς ἀντιστραφείσης εἰς τὴν ἐνδεχομένην καταφατικήν. ἔσται δὲ καὶ ἐπὶ ταύτης τῆς συζυγίας τὸ συμπέρασμα τὸ 'τὸ Β τῷ Γ ἐνδέχεται μηδενί' οὐ τοῦ κατὰ τὸν διορισμὸν ἐνδεχομένου, ὡς ἔδειξε· γίνεται γὰρ ἡ μείζων ἐν πρώτῳ σχήματι ἀποφατικὴ ὑπάρχουσα διὰ τῆς ἀντιστροφῆς. ὃ καὶ αὐτὸς διὰ τῆς προσθήκης ἐνεδείξατο εἰπὼν τὸ καθάπερ ἐν τοῖς πρότερον· ἔσται γὰρ πάλιν τὸ πρῶτον σχῆμα· διὰ γὰρ τούτου τήν τε τῆς ὑπαρχούσης ἀποφατικῆς ἀντιστροφὴν ἐδήλωσεν καὶ τὴν ποιότητα τοῦ συμπεράσματος. ὅτι δὲ ἀμφοτέρων ληφθεισῶν καθόλου καταφατικῶν, καὶ τῆς ὑπαρχούσης καὶ τῆς ἐνδεχομένης, ἐν τούτῳ τῷ σχήματι οὐδεὶς γίνεται συλλογισμὸς τῇ τῶν ὅρων παραθέσει ἔδειξεν, ὡς ἔθος αὐτῷ ποιεῖν. ὅροι γὰρ τοῦ μὲν ὑπάρχειν ὑγεία, ζῷον, ἄνθρωπος· ὑγεία γὰρ παντὶ μὲν ζῴῳ ἐνδεχέσθω καὶ ὑπαρχέτω παντὶ ἀνθρώπῳ, καὶ ζῷον παντὶ ἀνθρώπῳ ἐξ ἀνάγκης. τοῦ δὲ μὴ ὑπάρχειν ὑγεία, ἵππος, ἄνθρωπος· πάλιν γὰρ ἵππος οὐδενὶ ἀνθρώπῳ ἐξ ἀνάγκης.

Ὡς δὲ ἐπὶ τῶν καθόλου συλλογισμῶν εἶχε (τῆς γὰρ ὑπαρχούσης προτάσεως ἀποφατικῆς λαμβανομένης ἐγίνοντο συλλογιστικαὶ συζυγίαι), οὕτως καὶ ἐπὶ τῶν ἐν μέρει. εἰ γὰρ ἡ ὑπάρχουσα ἀποφατικὴ καθόλου λαμβάνοιτο ἡ δὲ ἐνδεχομένη ἐπὶ μέρους, ἔσονται ἐπὶ μέρους συλλογισμοί, ὁποτέρα ἂν ληφθῇ ὑπάρχουσα. πλὴν τῆς μὲν μείζονος ληφθείσης γνώριμον τὸ συναγόμενον. εἰ δὲ ἡ ἐλάττων ληφθείη, καὶ τὸ Α τῷ μὲν Β τινὶ ἐνδέχοιτο, τῷ δὲ Γ μηδενὶ

2 τοῦ superscr. B[2] 6 δύνασθαι B pr. 9 προείρηται] c. 12 p. 32a8—11 ante συμπέρασμα add. τὸ a 10 εἶπε] c. 16 p. 35a34 11 δὲ add. B[2] 14 ὑπάρχον, ut videtur, B pr. 18 ἐνδέχεται B: ἐνδέχεσθαι a οὐ B[2] a: ἃ B[1] ἐνδεχομένου] ἐν in ras. B[3] 19 ἔδειξε] c. 15 p. 34b19 sqq. ἡ μείζων om. a 20 αὐτὸς a: αὐτὸ B 26 post ὑγεία alterum add. μὲν a: expunxit B 27 μὲν add. B[2] 30 δὲ superscr. B[2]

ὑπάρχοι, δῆλον ὡς καὶ τὸ Γ οὐδενὶ τῷ Α· τὸ δὲ Α τινὶ τῷ Β ἐνδέχεται· 77r γίνεται δὴ τὸ Γ τινὶ τῷ Β ἐνδέχεσθαι μὴ ὑπάρχειν. ὃ εἰ ἔστι τὸ κατὰ τὸν διορισμὸν ἐνδεχόμενον, καὶ τὸ Β τῷ Γ ἐνδέξεται τινὶ μὴ ὑπάρχειν τῷ ἀντιστρέφειν τὰς ἐπὶ μέρους ἐνδεχομένας ἀμφοτέρας. ἂν μέντοι μὴ τοῦ κατὰ τὸν διορισμὸν ἐνδεχομένου, ὡς φθάσας ἔδειξε, συλλογιστικὴ μὲν ἔσται ἡ συζυγία, οὐ μὴν τοῦ προκειμένου· ὁ γὰρ ἐλάττων κατηγορούμενος ἐν τῷ συμπεράσματι μένει τῷ μὴ ἀντιστρέφειν τὸ ἐπὶ μέρους ἀποφατικόν, ἂν ὑπάρχον ἢ ἀναγκαῖον ᾖ. οὐδὲ αὐτὸς μέντοι εἶπε σαφῶς γίνεσθαι συμπλοκὴν συλλογιστικὴν καὶ τῆς ἐλάττονος καθόλου ὑπαρχούσης ⟨οὔσης⟩ ἀποφατικῆς ληφθείσης τῆς μείζονος ἐνδεχομένης ἐπὶ μέρους· οὐδὲ γὰρ τὴν ἀρχὴν συλλογιστικὴ συμπλοκὴ ἐν τῷ δευτέρῳ σχήματι ἡ ἔχουσα τὴν μείζονα ἐν μέρει. εἰ δὲ ἡ ὑπάρχουσα καταφατικὴ εἴη, οὐδεὶς γίνεται συλλογισμός. ἡ δεῖξις διὰ τῶν αὐτῶν ὅρων, ὑγείας, ζῴου, ἀνθρώπου, ὑγείας, ἵππου καὶ ἀνθρώπου· ἔνεστι γὰρ τὴν καθόλου ἐνδεχομένην καὶ ἐπὶ μέρους λαβεῖν ἐπὶ τῶν αὐτῶν ὅρων. οὐδὲ ἡ εἰς ἀδύνατον ἀπαγωγὴ πρόεισιν. ἀλλὰ κἂν ἀμφότεραι αἱ προτάσεις ἀποφατικαὶ ληφθῶσιν, πάλιν δὲ καθόλου ἡ ὑπάρχουσα, ἔσται συλλογιστικὴ συζυγία, οὐ διὰ τῶν κειμένων ἀλλὰ μεταληφθείσης πάλιν τῆς ἐνδεχομένης ἀποφατικῆς ἐπὶ μέρους εἰς τὴν ἰσοδυναμοῦσαν αὐτῇ τὴν ἐπὶ μέρους καταφατικὴν ἐνδεχομένην. οὔτε δέ, ἂν ἀποφατικὴ ληφθῇ ἡ ὑπάρχουσα ἐπὶ μέρους τῆς ἑτέρας ἐνδεχομένης οὔσης καθόλου καταφατικῆς ἢ ἀποφατικῆς, ἔσται συλλογισμὸς διὰ τὸ μὴ ἀντιστρέφειν δῆλον ὅτι τὴν ἐπὶ μέρους ἀποφατικὴν ὑπάρχουσαν, οὔτ' ἂν ἀμφότεραι ἢ ἐπὶ μέρους ἢ ἀδιόριστοι ληφθῶσιν, ὅπως ἂν ἔχωσι κατὰ τὸ ποιόν, οὐδεὶς | ἔσται συλλογισμός. καὶ τοῦτό φησι 77v δείκνυσθαι διὰ τῶν αὐτῶν ὅρων· πάλιν γὰρ ὑγεία, ζῷον, ἄνθρωπος τοῦ ὑπάρχειν, καὶ ὑγεία, ἵππος, ἄνθρωπος τοῦ μὴ ὑπάρχειν· ἀληθεῖς γὰρ καὶ ἐπὶ μέρους λαμβανόμεναι καὶ ἐπὶ τῶν ὅρων τούτων αἱ προτάσεις.

p. 38a13 Ἐὰν δ' ἡ μὲν ἐξ ἀνάγκης ἡ δ' ἐνδέχεσθαι σημαίνῃ τῶν προτάσεων.

Ἐπὶ τὴν ἐξ ἀναγκαίας καὶ ἐνδεχομένης μῖξιν ἐν δευτέρῳ σχήματι μετελήλυθε καὶ δείκνυσι, τίνες καὶ ἐν τῇ τοιαύτῃ μίξει συζυγίαι συλλογιστικαί. τῆς μὲν οὖν ἐνδεχομένης καθόλου καταφατικῆς οὔσης τῆς δὲ ἀναγκαίας ἀποφατικῆς καθόλου λαμβανομένης ἔσεσθαί φησι συλλογισμόν. τὸ μέντοι συμπέρασμα ἐνδεχόμενον μέν, οὐ μὴν κατὰ τὸν διορισμὸν ἀλλὰ τοῦ μὴ ὑπάρχειν, ὡς ἔδειξεν ἤδη. ὅτι γὰρ τῆς μείζονος ἀναγκαίας ἢ ὑπαρχούσης οὔσης ἀποφατικῆς ἐν πρώτῳ σχήματι οὐ τοῦ κατὰ τὸν διορισμὸν ἐνδεχομένου τὸ συμπέρασμα, ἐν τοῖς πρόσθεν εἴρηκε· γίνεται γὰρ τὸ πρῶτον σχῆμα ἀντιστραφείσης τῆς ἀναγκαίας ἀποφατικῆς ἔχον τὴν μείζονα ἀναγ-

5 ἔδειξε] c. 15 p. 34b19 sqq. 9 οὔσης addidi (cf. vs. 35) 11 τῷ superscr. B τὴν om. a 13 καὶ ante ὑγείας alterum transponendum videtur 19 ληφθῇ scripsi: ληφθείη aB 20 post μέρους expunxit δὲ B² τῆς ex τὴν corr. B² 22 ἢ (ante ἐπὶ) B: εἰ a 31 δὲ correxi: δὴ aB 36 εἴρηκε] c. 15 p. 34b27, c. 16 p. 36a10

καίαν ἀποφατικὴν ἐν ταῖς τοιαύταις ἐν δευτέρῳ σχήματι συζυγίαις. καὶ 77v ὅπως γίνεται, παρατίθεται.

p. 38a16 Κείσθω οὖν τὸ Α τῷ μὲν Β ἐξ ἀνάγκης μηδενὶ ὑπάρχειν τῷ δὲ Γ παντὶ ἐνδέχεσθαι.

Ἀντιστραφείσης οὖν τῆς ἀποφατικῆς ἀναγκαίας τὸ Β τῷ Α ἐξ ἀνάγκης οὐδενί· τὸ δὲ Α παντὶ τῷ Γ ἐνδέχεται· γίνεται δὴ τὸ πρῶτον σχῆμα συμπέρασμα ἔχον τὸ Β τῷ Γ μηδενὶ ἐνδέχεσθαι. οὐ μέντοι τοῦ κατὰ τὸν διορισμὸν ἐνδεχομένου, ⟨ὃ⟩ ἐδήλωσεν εἰπὼν ἅμα δὲ δῆλον, ὅτι οὐχ ὑπάρχει τὸ Β οὐδενὶ τῷ Γ. καὶ ὅτι γίνεται καθόλου ἀποφατικὸν τὸ συμπέρασμα ὑπάρχον καὶ οὐ κατὰ τὸν διορισμὸν ἐνδεχόμενον διὰ τῆς εἰς ἀδύνατον ἀπαγωγῆς δείκνυσιν. εἰ γὰρ μὴ ἀληθὲς τὸ Β τῷ Γ μηδενὶ ὑπάρχειν, τὸ ἀντικείμενον αὐτοῦ εἰλήφθω καὶ κείσθω τὸ Β τῷ Γ τινὶ ὑπάρχειν· ἀλλὰ μὴν ἔκειτο τὸ Α ἐξ ἀνάγκης μηδενὶ τῷ Β· τοῦτο γὰρ σημαίνει τὸ μηδενὶ ἐνδέχεται· τὸ δέ γε Β τινὶ τῷ Γ ὑπάρχει· γίνεται οὖν τὸ Α τινὶ τῷ Γ ἐξ ἀνάγκης μὴ ὑπάρχον. ἔδειξε γάρ, ὅτι ἐν πρώτῳ σχήματι τῆς μείζονος οὔσης ἀναγκαίας ὑπαρχούσης δὲ τῆς ἐλάττονος ἀναγκαῖον τὸ συμπέρασμα. τὸ ἄρα Α τινὶ τῷ Γ ἐξ ἀνάγκης οὐχ ὑπάρχει, ὡς ἔφην, ὅπερ ἀδύνατον· ὑπέκειτο γὰρ τὸ Α παντὶ τῷ Γ ἐνδέχεσθαι. ἀδύνατος ἄρα ἡ ὑπόθεσις, ᾗ τοῦτο τὸ συμπέρασμα ἠκολούθησε. τὸ ἄρα ἀντικείμενον αὐτῆς· ἦν δὲ τὸ Β μηδενὶ τῷ Γ ὑπάρχειν. δεῖ δὲ εἰδέναι, ὅτι ἡ δεῖξις αὕτη καὶ τὸ ἀπ' αὐτῆς [ἂν] ἀδύνατον ἠκολούθησε, διότι ἡγεῖται ἀληθὲς εἶναι ἐν πρώτῳ σχήματι ἐξ ἀναγκαίας τῆς μείζονος καὶ ὑπαρχούσης τῆς ἐλάττονος ἀναγκαῖον γίγνεσθαι τὸ συμπέρασμα. ἐπεὶ κατά γε τοὺς ὑπάρχον λέγοντας γίγνεσθαι τὸ συμπέρασμα ἐν ταῖς τοιαύταις μίξεσιν οὐ προχωρεῖ ἡ τοιαύτη δεῖξις· οὐδὲν γὰρ ἀδύνατον ἕπεται. γίνεται γὰρ συναγόμενον ἔκ τε τῆς ὑποθέσεως τῆς τὸ Β τινὶ τῷ Γ ὑπάρχειν λεγούσης καὶ ἐκ τῆς κειμένης τῆς ἀναγκαίας τῆς 'τὸ Α ἐξ ἀνάγκης οὐδενὶ τῷ Β' τὸ Α τινὶ τῷ Γ μὴ ὑπάρχον, ὃ οὐδὲν ἀδύνατόν ἐστι κειμένου τοῦ τὸ Α παντὶ τῷ Γ ἐνδέχεσθαι· ἅμα γὰρ ἀληθῆ οὐδὲν κωλύει εἶναι τό τε παντὶ ἐνδέχεσθαι τὸ Α τῷ Γ καὶ τὸ τινὶ αὐτῷ μὴ ὑπάρχειν.

p. 38a25 Τὸν αὐτὸν δὲ τρόπον δειχθήσεται, κἂν εἰ πρὸς τὸ Γ τεθείη τὸ στερητικόν.

Κατὰ μὲν Ἀριστοτέλη τῆς ἐλάττονος ληφθείσης καθόλου ἀποφατικῆς ἀναγκαίας ἐνδεχομένης δὲ τῆς μείζονος καθόλου καταφατικῆς ἔσται τοῦ προκειμένου συμπέρασμα, ὅτι ὑπάρχον ἀποφατικὸν γίνεται κατ' αὐτὸν τὸ

3 οὖν aB: γὰρ Ar.   8 ὃ addidi   οὐχ aB: οὐδ' Ar.   9 τὸ β̄ οὐδ in ras. B   12 ἀντικε(μενον] ικ in ras. B   13 μὴν B: μὴ a   15 ἔδειξε] c. 9 p. 30a15 sqq.   18 ὑπέκειτο] το in ras. B   γὰρ τὸ add., ut videtur, B²   γ in ras. B   21 ἂν delevi   26 ante συναγόμενον expunxit τὸ B   31 κἂν aB: καὶ Ar.   τὸ aB: τῷ Ar.   33 Ἀριστοτέλην a   35 συμπέρασμα scripsi: συμπεράσματος aB

συμπέρασμα. ὥστε καὶ ἀντιστρέφει. εἰ γὰρ τὸ Α τῷ μὲν Β ἐνδέχεται 77v παντὶ τῷ δὲ Γ ἐξ ἀνάγκης οὐδενί, καὶ τὸ Γ τῷ Α ἐξ ἀνάγκης οὐδενί· τὸ δὲ Α τῷ Β ἐνδέχεται παντί· τὸ ἄρα Γ ἐνδέχεται μηδενὶ τῷ Β τοῦ 78r ἐνδέχεσθαι κατὰ τοῦ ὑπάρχειν νῦν κατηγορουμένου. ἐπεὶ τοίνυν τὸ καθόλου ἀποφατικὸν ὑπάρχον ἀντιστρέφει. καὶ τὸ Β τῷ Γ οὐδενὶ ὑπάρχει· τοῦτο γὰρ ἔδει συναχθῆναι. εἰ μέντοι μὴ τοῦ μὴ ὑπάρχειν γένοιτο τὸ συμπέρασμα ἀλλὰ τοῦ κατὰ τὸν διορισμὸν ἐνδεχομένου. τῷ μὴ ἀντιστρέφειν τὴν καθόλου ἀποφατικὴν ἐνδεχομένην οὐκέτ' ἂν τὸ Β ἐνδέχοιτο τῷ Γ μηδενί· ὥστε οὐ τοῦ προκειμένου ἡ δεῖξις, ἀλλ' εἰ ἄρα, τὸ ἐπὶ μέρους ἐνδεχόμενον ⟨ἂν⟩ συνάγοιτο τῷ τῇ ἐνδεχομένῃ καθόλου ἀποφατικῇ τὴν ἐπὶ μέρους ἐνδεχομένην ἀντιστρέφειν κατ' αὐτὸν ὡς οὔσης καταφατικῆς. καθ' οὓς μέντοι ἐνδεχόμενον ἀλλ' οὐχ ὑπάρχον γίνεται τὸ συμπέρασμα ἐν τῇ ἐκκειμένῃ δείξει, τὸ προκείμενον συναχθήσεται καθόλου ἐνδεχόμενον ἀποφατικόν, καθ' ὅτι ἀρέσκει αὐτοῖς καὶ τὴν καθόλου ἀποφατικὴν ἐνδεχομένην ἀντιστρέφειν ἑαυτῇ.

Ὅτι δὲ τῆς ἀναγκαίας καταφατικῆς τεθείσης τῆς δὲ ἐνδεχομένης ἀποφατικῆς οὐδεὶς γίνεται συλλογισμὸς ἐν τούτῳ τῷ σχήματι, τῇ τῶν ὅρων παραθέσει δείκνυσι. πρῶτον μὲν γὰρ ἐπὶ ὅρων ἔδειξε τοῦ ἐξ ἀνάγκης μηδενὶ γινόμενον συμπέρασμα ἐπὶ τῇ τοιαύτῃ συζυγίᾳ λαβὼν λευκόν, ἄνθρωπον, κύκνον· τὸ γὰρ λευκὸν ἐνδέχεται μὲν μηδενὶ ἀνθρώπῳ, ἐξ ἀνάγκης δὲ παντὶ κύκνῳ ὑπάρχει. καὶ ἄνθρωπος ἐξ ἀνάγκης οὐδενὶ κύκνῳ. δείξας δὲ ἀναγκαῖον ἀποφατικὸν συμπέρασμα ἐπὶ τοῖς κειμένοις ὅροις ἐν τῇ τοιαύτῃ συζυγίᾳ, τοῦ μὲν μὴ γίνεσθαι ἐνδεχόμενον συμπέρασμα ἱκανὸν τοῦτο σημεῖόν φησι τὸ ἐπὶ ὅρων τινῶν ἀναγκαῖον εὑρίσκεσθαι, ἄλλο δ' εἶναι τὸ ἐνδεχόμενον τοῦ ἀναγκαίου. ἑξῆς δὲ προστίθησιν, ὅτι ἀλλ' οὐδὲ ἀναγκαῖον ἀποφατικὸν ἔσται τὸ συμπέρασμα, ⟨ὃ⟩ ἐπὶ τῶν ὅρων, ὧν παρέθετο, ἔδειξεν. εἰ γὰρ ἐπὶ πάσης ὕλης οὕτως ἀπήντα, ἠδύνατό τις λέγειν συλλογιστικὴν μὲν εἶναι τὴν συζυγίαν, συνάγεσθαι δὲ μὴ ἐνδεχόμενον ἀλλ' ἀναγκαῖον. ὅτι οὖν μηδὲ τοῦθ' οἷόν τε, πρῶτον μὲν ἐκ τῶν ἤδη δεδειγμένων τε καὶ κειμένων λαμβάνει· κεῖται γάρ, ὅτι ἀναγκαῖον γίνεται τὸ συμπέρασμα ἐν τῷ δευτέρῳ σχήματι ἢ ἀμφοτέρων τῶν προτάσεων ἀναγκαίων οὐσῶν ἢ τῆς ἀποφατικῆς. ταύτης γὰρ οὔσης ἀναγκαίας καὶ καθόλου γίνεται δι' ἀντιστροφῆς ἐν πρώτῳ σχήματι ἡ μείζων ἀναγκαία· οὕτως δὲ ἐχούσης ἐδόκει αὐτῷ ἀναγκαῖον γίνεσθαι τὸ συμπέρασμα, εἰ ἡ ἐλάττων ὑπάρχουσα εἴη· ἐπεὶ ἐνδεχομένης οὔσης τῆς ἑτέρας εἶπε μηδ' ὅλως ἀναγκαῖον γίνεσθαι τὸ συμπέρασμα. τῷ οὖν μόνως οὕτως ἐκ μιᾶς ἀναγκαίας προτάσεως ληφθείσης ἐν δευτέρῳ σχήματι ἀναγκαῖον γίνεσθαι τὸ συμπέρασμα, εἰ ἀποφατικὴ εἴη καθόλου ἀναγκαία, μὴ εἶναι δὲ ἐν τῇ ἐκκειμένῃ συζυγίᾳ τὴν ἀναγκαίαν ἀποφατικὴν ἀλλὰ καταφατικήν, οὐκ ἂν συμπέρασμα ἀναγκαῖον εἴη. καίτοι οὐδὲ οὕτως συνέβαινεν ἀναγκαῖον γίνεσθαι τὸ συμπέρασμα, ὡς εἶπον, διὰ τὴν ἐνδεχομένην. οὐ μὴν ἀλλὰ καὶ ἐκ τῆς τῶν ὅρων παραθέσεως

2 καὶ τὸ Γ . . . οὐδενί om. a 4 τοῦ ὑπάρχειν scripsi: τὸ ὑπάρχον aB 24 post τοῦ add. δ' a 25 ὃ addidi (cf. p. 235,8) 29 κεῖται] c. 10 p. 30b7—18 35 τῷ οὖν . . . τὸ συμπέρασμα (36) om. a 37 καθόλου εἴη a

δείκνυσιν, ὅτι μὴ ἀναγκαῖον ἀποφατικὸν οἷόν τε γίνεσθαι τὸ συμπέρασμα, 78r δείξας καὶ τοῦ παντὶ ἐξ ἀνάγκης ὑπάρχειν γινόμενον συμπέρασμα. καὶ ἐφ' οἵας δὲ ὕλης τοῦτο οἷόν τε γίνεσθαι, λέγει· ἂν γὰρ ᾖ τὸ μὲν Γ ὁ ἔσχατος ὅρος ὑπὸ τὸν Β τὸν μείζονα ἄκρον, τὸ δὲ Α ὁ μέσος ὅρος παντὶ μὲν ἐνδέχηται ὡς καὶ μηδενὶ τῷ μείζονι τῷ Β, τῷ δὲ Γ ἐξ ἀνάγκης ὑπάρχῃ, ἔσται τὸ Β τῷ Γ παντὶ ὑπάρχον ἐξ ἀνάγκης. λαμβάνει δὲ οὕτως ἔχοντα πρὸς ἄλληλα ἐπὶ μὲν τοῦ Α κίνησιν, ἐπὶ δὲ τοῦ Β ζῷον, ἐπὶ δὲ τοῦ Γ ἐγρήγορσιν. κίνησιν μὲν γὰρ ἐνδέχεται παντὶ ζῴῳ· εἰ δὲ τοῦτο, ἐνδέχεται καὶ μηδενί (ἀποφατικὴ γὰρ αὐτῷ κεῖται ἡ ἐνδεχομένη, ὡς δὲ τὴν αὐτὴν αὐτῇ τὴν καταφατικὴν ἐνδεχομένην λαμβάνει)· καὶ παντὶ ἐγρηγορότι ἐξ ἀνάγκης, εἴ γε τὸ ἐγρηγορέναι ἐστὶ τὸ ἐνεργεῖν καὶ κινεῖσθαι κατὰ αἴσθησιν· καὶ τὸ ζῷον ἐξ ἀνάγκης παντὶ ἐγρηγορότι. ἔτι δὲ φανερώτερον ⟨ἂν⟩ δεικνύοιτο, εἰ ἀντὶ τοῦ ἐγρηγορότος τὸ βαδίζειν τεθείη· προδηλότερον γὰρ ἡ κίνησις ἐξ ἀνάγκης τῷ βαδίζοντι τοῦ ἐγρηγορότος, καὶ ζῷον ὁμοίως παντὶ ἐξ ἀνάγκης βα|δίζοντι. δείξας δὲ καὶ τὸ ἐξ ἀνάγκης παντὶ καὶ τὸ ἐξ 78v ἀνάγκης μηδενὶ συναγόμενα ἐν τῇ ἐκκειμένῃ συζυγίᾳ φανερόν φησιν εἶναι, ὅτι μηδὲ ἀποφατικὸν ὑπάρχον ἔσται τὸ συμπέρασμα· διότι γὰρ ἐπὶ τῶν ἐκκειμένων ὅρων ἐδείχθη καταφατικὸν ἀναγκαῖον συναγόμενον· ἀναιρετικὸν γὰρ τοῦ ἀποφατικοῦ ὑπάρχοντος οὐ τὸ καταφατικὸν ὑπάρχον καθόλου μόνον ἀλλ' ἔτι μᾶλλον τὸ καταφατικὸν ἀναγκαῖον. ἀμφότεραι γοῦν αἱ ἀποφάσεις ἀνῄρηνται τῇ τοῦ παντὶ ἐξ ἀνάγκης παραθέσει.

p. 38b3 Οὐδὲ δὴ τῶν ἀντικειμένων καταφάσεων.

Ἀντικειμένων δῆλον ὅτι ταῖς ἀποφάσεσι λέγει, τῇ τε καθόλου ἀναγκαίᾳ καὶ τῇ ὑπαρχούσῃ, ἃς ἡ καθόλου καταφατικὴ ἀναγκαία δειχθεῖσα ἀνεῖλεν. ἀντίκεινται δὲ καταφάσεις τῇ μὲν ἀναγκαίᾳ καθόλου ἡ ἐπὶ μέρους ἐνδεχομένη τῇ δὲ ὑπαρχούσῃ καθόλου ἡ ἐπὶ μέρους ὑπάρχουσα ἀντιφατικῶς. οὐδὲ τούτων οὖν τινα οἷόν τε λέγειν συνάγεσθαι. ὅτι μὲν γὰρ οὐδετέρα τῶν ἀποφάσεων ἐκείνων, ἔδειξε παρατεθὲν ἐπὶ τῆς ὕλης τὸ καθόλου καταφατικὸν ἀναγκαῖον ἀμφοτέρων ὂν ἐκείνων ἀναιρετικόν. ὅτι ⟨δὲ⟩ μηδὲ τῶν ἐκείναις ἀντικειμένων καταφάσεων μήτε τῶν ἀντιφατικῶν μήτε τῶν ἐναντίων, δείκνυσι πάλιν τὸ καθόλου ἀποφατικὸν ἀναγκαῖον πάσης ὂν καταφάσεως ἀναιρετικόν, ὃ φθάνει δεδεῖχθαι ἐπὶ τῆς ὕλης καὶ αὐτὸ συναγόμενον, ὥστε καὶ τῶν ἀντικειμένων καταφάσεων ταῖς καθόλου ἀποφάσεσιν οὐ μόνον τῶν ἀντιφατικῶς ἀλλὰ καὶ τῶν ἐναντίων· τὸ γὰρ ἀναγκαῖον καθόλου ἀποφατικὸν πάντων πάλιν τῶν καταφατικῶν ἐστιν ἀναιρετικόν. ἔδει μὲν οὖν, εἰ ἐγίνετο συλλογισμός, τούτων τι συνάγεσθαι τῶν ἀνῃρημένων· οὐδὲν δὲ τούτων συνάγεται· οὐδ' ⟨ἄρ'⟩ ἂν συνάγοιτό τι συλλογιστικῶς. δύναται καὶ τὸ οὐδὲ δὴ

3 δὲ correxi: τε aB 5 ἐνδέχηται et ὑπάρχῃ scripsi: ἐνδέχεται et ὑπάρχει aB 10 αὐτῇ scripsi: αὕτη aB 12 ἂν addidi 13 βαδίζον fort. recte Diels; at cf. vs. 8 ἐγρήγορσιν 16 συναγόμενον a 22 φάσεων Arist. codices excepto n; cf. p. 238, 1 28 ἀντιφάσεων a 29 δὲ addidi 30 μήτε prius correxi: μηδὲ aB ἀντιφατικῶν] fort. ἀντιφατικῶς ut vs. 34; nam hoc cur mutetur, non est (cf. p. 238, 4) 37 ἄρ' addidi post τι add. τούτων a

τῶν ἀντικειμένων καταφάσεων ὡς ἴσον εἰρῆσθαι ‘τῶν φάσεων’, ἵνα 78v μὴ καταφάσεις ᾖ λέγων ἀλλὰ φάσεις. τοῦτ᾽ ἔστι προτάσεις (ἔθος γὰρ αὐτῷ τὸ τῆς φάσεως ὄνομα καὶ ἐπὶ τῶν προτάσεων κατηγορεῖν), προτάσεις δὲ τὰς ἀντιφατικῶς ἀντικειμένας ταῖς δεδειγμέναις. τῇ τε καθόλου ἀποφατικῇ ἀναγκαίᾳ καὶ τῇ καθόλου καταφατικῇ ἀναγκαίᾳ, αἵ εἰσιν ἐπὶ μέρους, ἡ μὲν κατάφασις ἡ δὲ ἀπόφασις, ἐνδεχόμεναι. βούλεται γὰρ λέγειν, ὅτι μηδὲ ἐπὶ μέρους τι συναχθήσεται τῷ τῶν μὲν καταφάσεων πασῶν ἀναιρετικὴν εἶναι τήν τε καθόλου ἀποφατικὴν ἀναγκαίαν τῶν δὲ ἀποφάσεων πασῶν πάλιν τὴν καθόλου καταφατικήν· ὥστε, εἰ μήτε καθόλου τι μήτε ἐπὶ μέρους συνάγεται, οὐδ᾽ ἂν συνάγοιτό τι ὅλως.

Ὁμοίως δ᾽ ἀνάπαλιν, εἰ ἡ μείζων ἀναγκαία καταφατικὴ ληφθείη ἡ δὲ ἐλάττων ἐνδεχομένη ἀποφατικὴ καθόλου· διὰ γὰρ τῶν αὐτῶν ὅρων ὁ ἔλεγχος. ἂν γὰρ ᾖ ἐπὶ μὲν τοῦ Α λευκόν, κύκνος δέ, ἐφ᾽ ᾧ τὸ Β, καὶ ἄνθρωπος ἐπὶ τοῦ Γ, τὸ λευκὸν παντὶ μὲν κύκνῳ ἐξ ἀνάγκης, ἐνδέχεται δὲ μηδενὶ ἀνθρώπῳ, καὶ κύκνος ἐξ ἀνάγκης οὐδενὶ ἀνθρώπῳ. οὐκέτι ⟨δὲ⟩ τοῦ παντὶ ἐξ ἀνάγκης δεικτικοί, οὓς παρέθετο ὅρους ἐπὶ τοῦ παντί, ὅτε τὴν ἐλάττονα ἀναγκαίαν καταφατικὴν ἐλάμβανεν, ἀνάπαλιν ληφθέντες· οὐ γὰρ εἰ τὸ κινεῖσθαι παντὶ ἐγρηγορότι ἐξ ἀνάγκης, ζῴῳ δὲ ἐνδέχεται μηδενί, ἤδη καὶ τὸ ἐγρηγορέναι παντὶ ζῴῳ ἐξ ἀνάγκης. ἀλλ᾽ ἱκανὸν τὸ ἀποφατικὸν ἀναγκαῖον διαβάλλειν τὴν συζυγίαν ὡς ἀσυλλόγιστον· τὸ γὰρ ἀναγκαῖον, ὡς εἶπε, συνάγεται ἢ ἐπ᾽ ἀμφοτέραις ἢ εἰ ἡ μείζων εἴη ἀναγκαία ἀποφατική.

Ἠπόρησα, πῶς οὐκ εἰσιν αὗται συλλογιστικαὶ αἱ συζυγίαι αἱ ἔχουσαι τὴν ἑτέραν καθόλου καταφατικὴν ἀναγκαίαν τὴν δὲ ἑτέραν ἐνδεχομένην καθόλου ἀποφατικήν· δοκεῖ γὰρ δύνασθαι διὰ τῆς εἰς ἀδύνατον ἀπαγωγῆς δείκνυσθαι συμπέρασμα ἐνδεχόμενον καθόλου ἀποφατικόν. κειμένου γὰρ τοῦ τὸ Α παντὶ τῷ Β ἐξ ἀνάγκης καὶ ἐνδέχεσθαι μηδενὶ τῷ Γ λέγω, ὅτι τὸ Β ἐνδέχεται μηδενὶ τῷ Γ. εἰ γὰρ μή, οὐκ ἐνδέχεται μηδενί, τοῦτ᾽ ἔστιν ἐξ 79r ἀνάγκης τινί· ἀλλὰ καὶ τὸ Α τῷ Β ἐξ ἀνάγκης παντί· τὸ Α ἄρα τῷ Γ ἐξ ἀνάγκης τινί, ὃ ἀδύνατον· ἔκειτο γὰρ αὐτῷ ἐνδέχεσθαι μηδενί. ὁμοίως δειχθήσεται, κἂν ἡ μὲν ἐλάττων ἀναγκαία ᾖ ἡ δὲ μείζων ἐνδεχομένη· συνάγεται γὰρ διὰ τῆς εἰς ἀδύνατον ἀπαγωγῆς ἐν μὲν τῷ πρώτῳ σχήματι τὸ Α τῷ Γ ἐνδέχεσθαι τινὶ μή, ᾧ κεῖται παντὶ ἐξ ἀνάγκης ὑπάρχειν, ἐν δὲ τῷ τρίτῳ σχήματι τὸ Α τινὶ τῷ Β ἐξ ἀνάγκης, ᾧ ἔκειτο ἐνδέχεσθαι μηδενί. εἰ δὲ ταῦτα οὕτως ἔχει, ἤτοι ἡ εἰς ἀδύνατον ἀπαγωγὴ διαβληθήσεται ὡς οὐχ ἱκανὴ δεῖξαι συζυγίαν συλλογιστικήν, ἤ, εἰ ἀδιάβλητος αὕτη, ἡ ὕλη οὐ δόξει ἱκανὴ εἶναι διαβάλλειν ὡς ἀσυλλόγιστόν τινα συζυγίαν. τίς δ᾽ ἂν ἡ λύσις εἴη τῆς ἀπορίας, εἴρηταί μοι καὶ αὐτὸ ἐν τῷ Περὶ τῶν μίξεων βιβλίῳ.

---

2 καταφάσεις . . . φάσεις . . . προτάσεις scripsi: κατάφασις . . . φάσις . . . πρότασις aB   10 οὐδ᾽ ἂν superscr. B^2 11 εἰ ἡ add., ut videtur, B^2 11 ληφθείη scripsi: ληφθῇ aB   15 δὲ addidi   παρέθετο] p. 38a41   20 ὡς prius superscr. B^2 21 εἶπε] cf. p. 236, 29   25 κειμένου B corr.: κινουμένου B pr., a   28 ἀλλὰ καὶ . . . ἀνάγκης τινί (29) om. a   32 ᾧ ex ὃ corr. B

Ἀμφοτέρων δὲ στερητικῶν οὐσῶν, δῆλον ὅτι καθόλου (τοῦτο γὰρ ἐνδεῖ τῇ λέξει), πῶς γίνεται συλλογισμός. καὶ τί τὸ συναγόμενον, δείκνυσι τοῦ ἐνδεχομένου ἀποφατικοῦ πάλιν εἰς τὸ καταφατικὸν τὸ ἀντιστρέφον αὐτῷ μεταληφθέντος. τῇ γὰρ τῆς ἀναγκαίας προτάσεως ἀντιστροφῇ γίνεται τὸ πρῶτον σχῆμα ἔχον τὴν μὲν μείζονα καθόλου ἀποφατικὴν ἀναγκαίαν τὴν δὲ ἐλάττονα καθόλου καταφατικὴν ἐνδεχομένην· ἐδείχθη δὲ ἡ τοιαύτη συζυγία συλλογιστική, καὶ ὅτι γε οὐ τοῦ κατὰ τὸν διορισμὸν ἐνδεχομένου οὐδὲ τοῦτο τὸ συμπέρασμα. γίνεται δὲ συλλογιστικὴ ἡ συζυγία πρὸς ὁποτερῳοῦν ἄκρῳ τοῦ ἀναγκαίου ἀποφατικοῦ τεθέντος. πλὴν ἂν ἡ ἐλάττων ᾖ ἀναγκαία, διὰ δύο ἀντιστροφῶν· καὶ τὸ συμπέρασμα γὰρ ἀντιστρέφειν δεῖ· ἀντιστρέφει γάρ, ἐπεὶ μή ἐστι τοῦ κατὰ τὸν διορισμὸν ἐνδεχομένου, ὡς ἡγεῖται δεδεῖχθαι, ἀλλ' ἔστι καθόλου ἀποφατικὸν ὑπάρχον. τὸ δὲ ἀντιστραφεισῶν γοῦν τῶν προτάσεων εἶπεν ἐπὶ τῆς τὴν μείζονα ἐχούσης ἀναγκαίαν ἀποφατικήν, ἐπεὶ δεῖ ἀμφοτέρας ἀντιστραφῆναι, ἀλλ' οὐχ ὁμοίως, ἀλλὰ τὴν μὲν ἐνδεχομένην ἀποφατικὴν εἰς τὴν καταφατικὴν τὴν δὲ καθόλου ἀποφατικὴν ἀναγκαίαν εἰς τὴν ἀποφατικὴν ἀναγκαίαν τοῖς ὅροις· οὕτως γὰρ γίνεται τὸ πρῶτον σχῆμα. ὅταν μέντοι ἡ καθόλου ἀναγκαία ἀποφατικὴ ἐλάττων γένηται, τρεῖς ἀντιστροφαὶ γίνονται· αἵ τε γὰρ δύο προτάσεις, καθ' ἃ προείρηται, καὶ πρὸς ταύταις τὸ συμπέρασμα.

Ἀμφοτέρων δὲ ληφθεισῶν τῶν προτάσεων καταφατικῶν οὐκ ἔσται συλλογισμός· εὐλόγως, ὅτι μηδ' ὅλως ἐν δευτέρῳ σχήματι καταφατικόν τι συνάγεται. ἀποφατικὸν μὲν οὖν μὴ ἔσεσθαί φησι συμπέρασμα, ὅτι μηδὲ κεῖταί τις πρότασις ἀποφατικὴ μήτε ὑπάρχουσα μήτε ἀναγκαία· τούτων γὰρ οὐσῶν ἀποφατικῶν ἐγίνετο ἀποφατικὸν τὸ συμπέρασμα· τὸ γὰρ ἐνδεχόμενον καὶ ἀποφατικὸν ληφθὲν ἴσον καταφατικῷ δύναται. εἰπὼν δὲ μὴ γίνεσθαι ἀποφατικὸν συμπέρασμα, φησὶν ἀλλὰ μὴν οὐδὲ τοῦ ἐνδέχεσθαι μὴ ὑπάρχειν ὡς μὴ ὄντος τούτου ἀποφατικοῦ ἢ μόνον τῷ σχήματι τῆς λέξεως· τοῦτο δ', ὅτι ἀντιστρέφει τῷ καταφατικῷ. ὅτι δὲ τοῦ ἐνδέχεσθαι μὴ ὑπάρχειν οὐ γίνεται συμπέρασμα, δείκνυσιν ὅρους παραθέμενος τοῦ μηδενὶ ἐξ ἀνάγκης, οἷς ἤδη κέχρηται· τὸ γὰρ λευκὸν κύκνῳ μὲν ἐξ ἀνάγκης παντί, ἀνθρώπῳ δὲ ἐνδέχεται παντί, καὶ κύκνος ἀνθρώπῳ ἐξ ἀνάγκης οὐδενί. παραθέμενος δὲ τοῦ ἐξ ἀνάγκης μηδενὶ ὅρους δῆλόν φησιν ἐκ τούτου εἶναι καὶ ὅτι μηδὲν καταφατικὸν συνάγεται συλλογιστικῶς ἐν ταύτῃ τῇ συζυγίᾳ· πάσης γὰρ καταφάσεως ἀναιρετικόν ἐστι τὸ ἐξ ἀνάγκης μηδενί. εἰπὼν δὲ ἀποφατικὸν μὲν μὴ συνάγεσθαι, ὅτι μηδὲ ἐλήφθη ἀποφατικὴ πρότασις ὑπάρχουσα ἢ ἀναγκαία, δείξας δὲ ἐπὶ ὅρων καὶ τὸ ἐξ ἀνάγκης μηδενί, ὃ δὴ ἀναιρετικόν ἐστι τῶν ἀντικειμένων ταῖς ἀποφάσεσι καταφάσεων, ὅτι μηδὲν συνάγεται, ἔδειξε. τὸ δὲ οὐδέ γε τῶν ἀντικειμένων καταφάσεων ἴσον ἐστὶ τῷ 'οὐδὲ τῶν τοῖς ἀποφατικοῖς ἀντικειμένων καταφάσεων'. ἔνεστι μέντοι ὅρους 79v

4 μεταβληθέντος a 6 ἐδείχθη] c. 16 p. 36a7 sqq. 13 γοῦν aB: οὖν Ar. 16 οὕτω a 20 ἀμφοτέρων ... συλλογισμός (21) lemma in aB; sed Ar. librorum consensu scripsit: ἐὰν δὲ κατηγορικαὶ τεθῶσιν, οὐκ ἔσται συλλογισμός (cf. p. 231, 20) 24 γίνεται a 32 post μηδὲν expunxit τι B 33 πάσης corr. ex πάσας B 35 ἢ correxi: ἡ aB

παραθέμενον δεῖξαι καὶ τοῦ παντὶ ἐξ ἀνάγκης, ὡς καὶ ταύτῃ ἀνῃρῆσθαι 79v τὸ ἀποφατικόν τι συνάγεσθαι. ἔστω γὰρ κίνησις ζῴῳ μὲν παντὶ ἐνδεχομένη, βαδίζοντι δὲ παντὶ ἐξ ἀνάγκης· γίνεται ζῷον ἐξ ἀνάγκης βαδίζοντι παντί. ἐπιζητήσαι δ' ἄν τις καὶ ἐπὶ ταύτης τῆς συμπλοκῆς, πῶς οὐ δειχθήσεται διὰ τῆς εἰς ἀδύνατον ἀπαγωγῆς συναγόμενον συλλογιστικῶς τὸ ἐνδέχεσθαι μηδενί. εἰ γὰρ κειμένου τοῦ 'τὸ Α τῷ μὲν Β ἐξ ἀνάγκης παντί, τῷ δὲ Γ ἐνδέχεται παντί' λέγοι τι συνάγεσθαι, τὸ Β τῷ Γ ἐνδέξεται μηδενί. εἰ γὰρ μή, τὸ 'οὐκ ἐνδέχεται μηδενί', τοῦτ' ἔστιν ἐξ ἀνάγκης τινί· ἀλλὰ καὶ τὸ Α ἐξ ἀνάγκης παντὶ τῷ Β· τὸ Α ἄρα τινὶ τῷ Γ ἐξ ἀνάγκης, ὃ ἀδύνατον· ἔκειτο γὰρ τὸ Α ἐνδέχεσθαι παντὶ τῷ Γ ὡς καὶ ἐνδέχεσθαι μηδενί.

p. 38b24 Ὁμοίως δὲ ἕξει καὶ ἐπὶ τῶν ἐν μέρει συλλογισμῶν.

Μετελήλυθεν ἐπὶ τοὺς ἐν μέρει, καὶ δείκνυσι καὶ ἐπὶ τούτων, ὅτι τοῦ μὲν στερητικοῦ καθόλου τε καὶ ἀναγκαίου ὄντος τοῦ δὲ ἐνδεχομένου ἐπὶ μέρους ἔσται τοῦ ἐπὶ μέρους συλλογισμός, ἄλλως δὲ οὔ. δῆλον οὖν, ὅτι οὐδὲ ἡ συζυγία ἡ ἐξ ἀναγκαίας καταφατικῆς τῆς μείζονος καὶ ἐνδεχομένης ἀποφατικῆς τῆς ἐλάττονος ἐν δευτέρῳ σχήματι οὐ συλλογιστική, ὥσπερ οὐδὲ ἡ ἐξ ὑπαρχούσης καταφατικῆς τῆς μείζονος καὶ ἐνδεχομένης ἀποφατικῆς τῆς ἐλάττονος. ἐπὶ μέντοι τῆς ἐξ ἀναγκαίας καὶ ὑπαρχούσης καὶ ἡ οὕτως λαμβανομένη συλλογιστική. λέγει δὲ καὶ τοῦ ἐνδέχεσθαι μὴ ὑπάρχειν (τοῦτο γὰρ ὑπακοῦσαι δεῖ) καὶ τοῦ μὴ ὑπάρχειν ἔσεσθαι τὸ συμπέρασμα, ὅτι δέδεικται τῆς μείζονος οὔσης ἀποφατικῆς ἀναγκαίας ἐν πρώτῳ σχήματι τὸ συμπέρασμα γινόμενον οὐ τοῦ κατὰ τὸν διορισμὸν ἐνδεχομένου· γίνεται δὲ ἀντιστραφείσης τῆς ἀποφατικῆς ἀναγκαίας ἡ μείζων ἐν πρώτῳ σχήματι ἀναγκαία. ὅταν δὲ τὸ ἀναγκαῖον καταφατικὸν ᾖ, οὐδένα φησὶν ἔσεσθαι συλλογισμόν, ὥσπερ ἐδείχθη [μή], ὅτε ἀμφοτέρων οὐσῶν καθόλου ἦν ἡ ἀναγκαία καταφατική. ἐδείχθη γὰρ διά τε τοῦ ἐπὶ τῶν ὅρων τὸ ἐξ ἀνάγκης μηδενὶ συναχθῆναι· ἐπὶ γὰρ λευκοῦ καὶ ἀνθρώπου καὶ κύκνου τοῦτο ἔδειξεν· οὐκ ἐδύνατο δὲ ἀναγκαῖον συμπέρασμα γίγνεσθαι μήτε ἀμφοτέρων ἀναγκαίων οὐσῶν μήτε τῆς στερητικῆς ἐν δευτέρῳ σχήματι· ἀλλὰ καὶ τοῦ παντὶ ἐξ ἀνάγκης ὅρους παρέθετο ἐπὶ τῆς ἑτέρας συζυγίας κίνησιν, ζῷον, ἐγρήγορσιν· τὸ γὰρ ζῷον παντὶ ἐγρηγορότι ἐξ ἀνάγκης. σημειωτέον μέντοι, ὅτι καὶ αὕτη ἡ συζυγία δύναται δείκνυσθαι διὰ τῆς εἰς ἀδύνατον ἀπαγωγῆς συλλογιστικῶς συνάγουσα τὸ ἐνδέχεσθαι τινὶ μὴ τὸ Β τῷ Γ. εἰ γὰρ μὴ τοῦτο, τὸ ἀντικείμενον τὸ 'οὐκ ἐνδέχεται τινὶ μή', τοῦτ' ἔστιν ἐξ ἀνάγκης παντί· ἔκειτο δὲ καὶ τὸ Α τῷ Β ἐξ ἀνάγκης παντί· τὸ ἄρα Α τῷ Γ ἐξ ἀνάγκης παντί, ὅπερ ἀδύνατον· ἔκειτο γὰρ τινὶ αὐτῷ ἐνδέχεσθαι καὶ ὑπάρχειν καὶ μὴ

2 τι om. a 12 καὶ ἐπὶ aB (C): κἀπὶ Ar. 19. 20 καὶ ἡ οὕτως λαμβανομένη συλλογιστική scripsi: καὶ ἡ οὕτως λαμβανομένης συλλογιστικὴν aB 22 δέδεικται] c. 16 p. 36a32 sqq. 23 οὐ B: καὶ a 25 ᾖ, scripsi: , ἡ aB 26 ἐδείχθη] p. 38a26 sqq. μή delevit Diels ἡ scripsi: δὴ aB 29 ἠδύνατο a 35 ἔκειτο ... 36 ἐξ ἀνάγκης παντί (36) om. a

ὑπάρχειν. ἀλλ' οὐδ' ἂν ἀμφότεραι ὦσι καταφατικαί, ἀλλ' ἡ μὲν καθόλου 79v ἡ δὲ ἐν μέρει. οὐδὲ γάρ, ὅτε ἀμφότεραι καθόλου ἦσαν, οὕτως λαμβανομένων ἐγίγνετο· ἐδείχθη γὰρ ἐπὶ ὅρων ἀμφοτέρων οὐσῶν καταφατικῶν ἀποφατικὸν ἀναγκαῖον συναγόμενον. ἦσαν δ' οἱ παρατεθέντες ὅροι λευκόν, ἄνθρωπος, κύκνος. ἔστι μέντοι καὶ ταύτην τὴν συζυγίαν δεῖξαι διὰ τῆς εἰς ἀδύνατον ἀπαγωγῆς συλλογιστικῶς συνάγουσαν τὸ ἐνδέχεσθαι τινὶ μή. εἰ γὰρ μή, οὐκ ἐνδέχεται τὸ Β τῷ Γ τινὶ μή, τοῦτ' ἔστιν ἐξ ἀνάγκης παντί· κεῖται δὲ τὸ ΑΒ ἀναγκαῖον· [ἀναγκαῖον] συνάγεται τὸ Α τῷ Γ παντὶ ἐξ ἀνάγκης. ἔκειτο δὲ τινὶ ἐνδέχεσθαι ὡς καὶ τινὶ μή.

p. 38b31 Ὅταν δὲ ἀμφότεραι μὲν στερητικαί, καθόλου δὲ καὶ ἀναγκαία ᾖ ἡ τὸ μὴ ὑπάρχειν σημαίνουσα.

Δείξας, ὅτι ἀμφοτέρων οὐσῶν καταφατικῶν, ἥτις ἂν ᾖ καθόλου, ἄν τε ἡ ἀναγκαία ἄν τε ἡ ἐνδεχομένη, οὐδεὶς γίνεται συλλογισμός, λέγει περὶ τῶν ἐξ ἀμφοτέρων ἀποφατικῶν, καί φησιν, ὅτι, ἂν ἡ ἀναγκαία ἀποφατικὴ 80r καθόλου ᾖ, συλλογισμὸς ἔσται· τοῦτο γὰρ εἶπε διὰ τοῦ καθόλου δὲ καὶ ἀναγκαία ⟨ᾖ⟩ ἡ τὸ μὴ ὑπάρχειν σημαίνουσα. γίνεται δὴ ἐν τῇ τοιαύτῃ συζυγίᾳ καὶ τῆς ἐπὶ μέρους ἀποφατικῆς ἐνδεχομένης εἰς τὴν ἐπὶ μέρους καταφατικὴν μεταληφθείσης καὶ τῆς καθόλου ἀποφατικῆς ἀναγκαίας ἀντιστραφείσης, ὥσπερ καὶ ἐπὶ τῶν ἄλλων, ἐφ' ὧν ἦν ἡ συζυγία συλλογιστικὴ οὔσης τῆς ἀναγκαίας ἀποφατικῆς καθόλου. ἂν δὲ ἀμφότεραι, φησίν, ἢ ἀδιόριστοι ἢ ἐν μέρει ληφθῶσιν, ὡς ἂν ἔχωσι ποιότητος, οὐκ ἔσονται συλλογιστικαί. ἡ δ' ἀπόδειξις, φησί, διὰ τῶν αὐτῶν ὅρων. λέγοι δ' ἂν διὰ τῶν αὐτῶν ὅρων, δι' ὧν καὶ ἐν τῷ πρώτῳ σχήματι ἔδειξε τὰς ἐξ ἀναγκαίας καὶ ἐνδεχομένης ἀμφοτέρων οὐσῶν ἐπὶ μέρους ἀσυλλογίστους συζυγίας. οἱ δὲ ὅροι τοῦ μὲν παντὶ ἐξ ἀνάγκης λευκόν, ζῷον, ἄνθρωπος· μέσον δῆλον ὅτι τὸ λευκὸν ἐν τούτῳ τῷ σχήματι. ἦν δὲ καὶ ἐν τῷ πρώτῳ, ἀλλ' οὐ κατὰ τὴν αὐτὴν τάξιν· τότε μὲν γὰρ τὸ ζῷον τινὶ λευκῷ ἐξ ἀνάγκης, καὶ τὸ λευκὸν τινὶ ἀνθρώπῳ ἐνδεχομένως· νῦν δὲ τὸ λευκὸν καὶ τινὶ ζῴῳ ἐξ ἀνάγκης καὶ πάλιν τινὶ ἐξ ἀνάγκης οὔ, ὡς κόρακι καὶ κύκνῳ [καὶ ἀνθρώπῳ]. πάλιν καὶ τινὶ ἐνδέχεται καὶ ἐνδέχεται τινὶ μή, ὡς ἀνθρώπῳ· καὶ τὸ ζῷον παντὶ ἀνθρώπῳ ἐξ ἀνάγκης. τοῦ δὲ μηδενὶ λευκὸν ἦν καὶ ζῷον καὶ ἄψυχον· μέσον πάλιν τὸ λευκόν, ὃ [ἦν] ζῴῳ μὲν πάλιν καὶ τινὶ ἐξ ἀνάγκης καὶ τινὶ οὐκ ἐξ ἀνάγκης, ἀψύχῳ δὲ καὶ τινὶ ἐνδέχεται καὶ τινὶ ἐνδέχεται μή· καὶ ζῷον ἐξ ἀνάγκης οὐδενὶ ἀψύχῳ. δύναται διὰ τῶν αὐτῶν ὅρων εἰρηκέναι, οἷς πρὸ ὀλίγου κέχρηται οὐσῶν καθόλου τῶν προτάσεων καὶ καταφατικῶν· οὗτοι δὲ ἦσαν λευκόν, κύκνος, ἄνθρωπος

3 ἐδείχθη] p. 38a30—34 7 τοῦτ' ἔστιν supra ras. 1 lit. B[3]: δὲ a 8 δὲ superscr. B[3]: om. a ἀναγκαῖον alterum delevi 10 καθόλου δὲ καὶ Arist. et Alex. ipse vs. 15: καὶ καθόλου δὲ aB 11 ᾖ om. Ar. 15 δὲ] τε a 16 ᾖ addidi (cf. vs. 11) post δὴ add. καὶ a 20 ἐὰν Ar. 22. 23 λέγοι δ' ἂν διὰ τῶν αὐτῶν ὅρων om. a 23 ἔδειξε] c. 16 p. 36b12—18 26 καὶ superscr. B[2], ut videtur 30 καὶ ἀνθρώπῳ delevi ante πάλιν add. καὶ a 32 ἦν alterum delevi

τοῦ μηδενὶ ἐξ ἀνάγκης. τοῦ δὲ παντὶ ἐξ ἀνάγκης κίνησις. ζῷον. ἐγρήγορσις. 80r ἂν γὰρ μὴ καθόλου τὰς προτάσεις λαμβάνωμεν ἐπὶ τούτων τῶν ὅρων, ὡς τότε, ἀλλ' ἐπὶ μέρους, δεικνύοιτο ἂν ἐπ' αὐτῶν ἀληθῶν οὐσῶν καὶ τοῦ παντὶ καὶ τοῦ μηδενὶ ἐξ ἀνάγκης συναγωγή.

p. 38b38 Φανερὸν οὖν ἐκ τῶν εἰρημένων, ὅτι τῆς μὲν στερητικῆς καθόλου τιθεμένης.

Ὅτι τῆς ἀναγκαίας ἀποφατικῆς καθόλου οὔσης ἐν δευτέρῳ σχήματι τῆς δὲ ἑτέρας ἐνδεχομένης ἢ καταφατικῆς καθόλου ἢ ἀποφατικῆς ἢ πάλιν ἐν μέρει ἢ καταφατικῆς ἢ ἀποφατικῆς γίνεται συλλογιστικὴ συζυγία, κεῖται. ἐδείχθη δὲ καὶ ὅτι τὸ συμπέρασμα ἀποφατικὸν οὐ τοῦ κατὰ τὸν διορισμὸν ἐνδεχομένου γίνεται· τοῦτο γάρ ἐστι τὸ οὐ μόνον τοῦ ἐνδέχεσθαι μὴ ὑπάρχειν ἀλλὰ καὶ τοῦ μὴ ὑπάρχειν· ἀμφοτέρων γὰρ δοκεῖ γίνεσθαι τῷ τὸ ἐνδεχόμενον καὶ κατὰ τοῦ ὑπάρχοντος κατηγορεῖσθαι. δέδεικται δὲ καὶ ὅτι τῆς καταφατικῆς ἀναγκαίας λαμβανομένης οὐ γίνεται συλλογιστικὴ συζυγία. ἀλλὰ καὶ ὅτι ἔν τε ταῖς ἐξ ὑπαρχουσῶν καὶ ἐνδεχομένων μίξεσι καὶ ταῖς ἐξ ἀναγκαίων καὶ ἐνδεχομένων ὁμοίως τοῦ τε ἀναγκαίου καὶ τοῦ ὑπάρχοντος τιθεμένων αἱ συζυγίαι συλλογιστικαί· καὶ γὰρ ὅτε τὸ ὑπάρχον καθόλου ἀποφατικόν, ἐλαμβάνετο ἐν ταῖς συλλογιστικαῖς καὶ τὸ ἀναγκαῖον ὁμοίως· μὴ τοιούτου δὲ λαμβανομένου ὁμοίως πάλιν ἀσυλλόγιστοι. ἀλλὰ καὶ ὅτι πάντες οἱ ἐν δευτέρῳ σχήματι συλλογισμοὶ ⟨οἱ⟩ ἐκ τῶν μίξεων ἀτελεῖς· καὶ γὰρ καθόλου οἱ ἐν δευτέρῳ σχήματι ἀτελεῖς· διὰ γὰρ τῆς εἰς τὸ πρῶτον σχῆμα ἀναγωγῆς τελειοῦνται. τὸ δὲ τῶν προειρημένων σχημάτων ἤτοι ἀντὶ 'τοῦ πρώτου σχήματος' εἴρηκε (διὰ γὰρ τοῦ πρώτου σχήματος ἑνὸς ὄντος ἡ τελείωσις αὐτῶν), ἢ σχημάτων εἴρηκεν ἀντὶ τοῦ 'συζυγιῶν' καὶ 'συμπλοκῶν'· δι' ὧν γὰρ ἔδειξε συζυγιῶν οὐσῶν ἐν τῷ πρώτῳ σχήματι, εἰς ἃς ἀνάγονται διὰ τῆς ἀντιστροφῆς, διὰ τούτων τελειοῦνται. ἃ σχήματα ἂν λέγοι. ἐδείχθησαν δὲ διά τε τῆς τοῦ δευτέρου καὶ τῆς τοῦ τετάρτου.

p. 39a4 Ἐν δὲ τῷ τελευταίῳ σχήματι καὶ ἀμφοτέρων ἐνδεχομένων καὶ τῆς ἑτέρας ἔσται συλλογισμός. |

Μετελήλυθε μὲν ἐπὶ τὸ τρίτον σχῆμα. λέγει δέ, ὅτι ἐν τούτῳ καὶ 80v ἀμφοτέρων ἐνδεχομένων οὐσῶν τῶν προτάσεων συλλογισμὸς γίνεται, ὃ οὐκ ἐγίνετο ἐν τῷ δευτέρῳ σχήματι· ἔδειξε γάρ, ὅτι ἐκ δύο ἐνδεχομένων ἐν δευτέρῳ σχήματι οὐδὲν συνάγεται συλλογιστικῶς. λέγει δέ, ὅτι ἐνδεχομένων μὲν οὐσῶν ἀμφοτέρων ἔσται καὶ τὸ συμπέρασμα ἐνδεχόμενον· ἀλλὰ καὶ ἐξ ἐνδεχομένης καὶ ὑπαρχούσης ἐνδεχόμενον τὸ συμπέρασμα. ἐὰν δὲ ἀναγκαία καὶ ἐνδεχομένη, ἀναγκαία καθόλου ἀποφατική, οὐ τοῦ κατὰ τὸν

---

1 κίνησις ... ἐγρήγορσις scripsi: κίνησιν ... ἐγρήγορσιν aB 6 ante καθόλου add. τῆς Ar. 7 καθόλου ἀποφατικῆς a 16 τε B: δὲ a 19. 20 ἀλλ' ὅτι καὶ a 20 συλλογισμοὶ ... σχήματι (21) om. a οἱ addidi 24 αὐτοῦ a 32 ἔδειξε] c. 17 p. 36b26 sqq.

διορισμὸν ἐνδεχομένου τὸ συμπέρασμα ἔσται. ἀλλὰ καὶ [ἐπὶ] τοῦ μὴ 80v ὑπάρχειν. ὃ καὶ ἐπὶ τῶν πρὸ τούτου σχημάτων. εἶπε δέ, ὅτε περὶ τοῦ πρώτου σχήματος ἔλεγε. καὶ τῆς ὑπαρχούσης ⟨οὔσης⟩ ἀποφατικῆς καθόλου μὴ ἔσεσθαι τοῦ κατὰ τὸν διορισμὸν ἐνδεχομένου τὸ συμπέρασμα. οὗ ὕστερον οὐκέτι ἐμνημόνευσεν. εἰπὼν δὲ τοῦ μὴ ὑπάρχειν ἔσεσθαι συμπέρασμα. ἐν αἷς συζυγίαις ἡ ἀναγκαία καθόλου ἐστὶν ἀποφατική. ἐπήνεγκε ληπτέον δὲ καὶ ἐν τούτοις ὁμοίως τὸ ἐν τοῖς συμπεράσμασιν ἐνδεχόμενον, δῆλον ὅτι ἐνδεχόμενον ἀποφατικὸν χρὴ λέγειν τὸ συμπέρασμα. λαμβάνειν δὲ ἐνδεχόμενον τὸ ὡς ὑπάρχον ἀλλ' οὐ τὸ κατὰ τὸν διορισμόν.

p. 39a14 Ἔστωσαν δὴ πρῶτον ἐνδεχόμεναι.

Περὶ τῶν πρώτων λέγει συζυγιῶν ἐκ δύο ἐνδεχομένων καὶ πρῶτόν γε περὶ τῶν ἐκ δύο καταφατικῶν καθόλου, καὶ δείκνυσι συλλογιστικὴν οὖσαν τὴν συζυγίαν διὰ τῆς ἀντιστροφῆς ⟨τῆς⟩ ἐλάττονος καθόλου καταφατικῆς ἐνδεχομένης ἀνάγων αὐτὴν εἰς τὸ πρῶτον σχῆμα· ἀντιστρέφει γὰρ καὶ ταύτῃ ἡ ἐπὶ μέρους. ἀλλὰ κἂν ἡ μὲν μείζων καθόλου ἐνδεχομένη ἀποφατικὴ ληφθῇ. ἡ δὲ ἐλάττων καθόλου ἐνδεχομένη καταφατική, τῆς ἐλάττονος τῆς καθόλου καταφατικῆς ἐνδεχομένης ἀντιστραφείσης πάλιν γίνεται τὸ πρῶτον σχῆμα. ἐκ καθόλου ἀποφατικῆς ἐνδεχομένης τῆς μείζονος καὶ ἐπὶ μέρους καταφατικῆς ἐνδεχομένης τῆς ἐλάττονος ἐπὶ μέρους ἀποφατικοῦ ἐνδεχομένου συναγομένου. ἐὰν δὲ ἀμφότεραι ἀποφατικαὶ καὶ ἐνδεχόμεναι καθόλου ληφθῶσιν. ἐκ μὲν τῶν κειμένων οὐδὲν ἔσται συλλογιστικῶς δεικνύμενον. μεταληφθείσης δὲ τῆς ἐλάττονος εἰς τὴν καταφατικὴν ἐνδεχομένην καὶ ἀντιστραφείσης γίνεται ἡ αὐτὴ συζυγία ἐν πρώτῳ σχήματι τῇ φθανούσῃ εἰρῆσθαι. δύνανται δὲ καὶ ἀμφότεραι εἰς τὰ καταφατικὰ [καὶ] μεταληφθῆναι. ὃ καὶ αὐτὸς εἶπεν.

p. 39a28 Εἰ δ' ὁ μέν ἐστι καθόλου τῶν ὅρων ὁ δ' ἐν μέρει.

Ὅταν, φησίν, ἡ ἑτέρα τῶν προτάσεων [ἤ] ἐν μέρει ᾖ. ὅσαι ἐξ ὑπαρχουσῶν λαμβανόμεναι προτάσεων συζυγίαι ἐν τῷ τρίτῳ σχήματι συλλογιστικὰς ἐποίουν συμπλοκάς, τοσαύτας καὶ ἐπὶ τῶν ἐνδεχομένων, ὅταν ὁμοίως ληφθῶσιν, ἔσεσθαι συλλογιστικάς. ὁμοίως δὲ καὶ αἱ ἀσυλλόγιστοι ἐπὶ τῶν ἐνδεχομένων ἕξουσι ταῖς ἐπὶ τῶν ὑπαρχουσῶν· καὶ γὰρ αἱ μεταλαμβανόμεναι ἐκ τῶν ἀποφάσεων εἰς τὰς καταφάσεις ὡς ἴσον δυνάμεναι ταῖς καταφατικαῖς μεταλαμβάνονται. ἄν τε γὰρ ἡ μὲν μείζων ληφθῇ καθόλου καταφατικὴ ἐνδεχομένη ἡ δὲ ἐλάττων ἐπὶ μέρους καὶ αὐτὴ καταφατικὴ

1 ἐπὶ ut ex vs. sq. translatum delevi 2 εἶπε] c. 15 p. 34b27—35a2 3 οὔσης addidi 11 ἔστωσαν . . . ἐνδεχόμεναι non lemma sed textus verba in aB 14 τῆς addidi 16 ταύτῃ scripsi: ταύτην aB 25 καὶ delevi 27 ὁ δ' Ar.: ἡ aB: at cf. p. 244, 27 28 ἢ delevi ᾖ correxi: ἡ aB 35 αὐτὴ scripsi: αὕτη aB

ἐνδεχομένη, συλλογιστικὴ ἡ συζυγία γίνεται (γίνεται δὲ ἡ δεῖξις ἀντιστρα- 80v
φείσης τῆς ἐλάττονος προτάσεως τῆς ἐπὶ μέρους ἐνδεχομένης καταφατικῆς·
γίνεται γὰρ οὕτως τὸ πρῶτον πάλιν σχῆμα). ἄν τε ἡ μὲν μείζων ᾖ ἐπὶ 40
μέρους καταφατικὴ ἐνδεχομένη ἡ δὲ ἐλάττων καθόλου καταφατικὴ ἐνδεχο-
μένη, συλλογιστικὴ καὶ οὕτως ἡ συζυγία· ἀντιστραφείσης γὰρ τῆς μείζονος
τῆς ἐπὶ μέρους ἐνδεχομένης καταφατικῆς γίνεται πάλιν τὸ πρῶτον σχῆμα.
δεήσει δὲ ἐν ταύτῃ τῇ συζυγίᾳ καὶ τὸ συμπέρασμα ἀντιστρέφειν· οὕτως γὰρ
ἔσται τοῦ προκειμένου ὁ συλλογισμός. ἀλλὰ κἂν ἡ μὲν μείζων ληφθῇ
καθόλου ἀποφατικὴ ἐνδεχομένη ἡ δὲ ἐλάττων ἐπὶ μέρους καταφατική, 45
συλλογιστικὴ ἡ συζυγία· ἀντιστραφείσης γὰρ τῆς ἐλάττονος ἐπὶ μέρους οὔσης
ἐνδεχομένης καταφατικῆς | γίνεται πάλιν τὸ πρῶτον σχῆμα καθόλου ἀπο- 81r
φατικὴν ἐνδεχομένην ἔχον τὴν μείζονα καὶ ἐνδεχομένην ἐπὶ μέρους κατα-
φατικὴν τὴν ἐλάττονα. ἐξ ὧν ἐδείχθη ἐπὶ μέρους ἀποφατικὸν ἐνδεχόμενον
γινόμενον τὸ συμπέρασμα. εἰ δὲ εἶεν ἀμφότεραι ἀποφατικαὶ ἐνδεχόμεναι,
ἡ μὲν καθόλου ἡ δὲ ἐπὶ μέρους, μεταληφθείσης τῆς ἐπὶ μέρους ἀποφατικῆς 5
εἰς τὴν ἐπὶ μέρους καταφατικὴν καὶ ἀντιστραφείσης γίνεται τοῦ πρώτου
σχήματος ἡ προειρημένη συζυγία· μεταληφθεῖσα γὰρ ἡ ἀποφατικὴ εἰς τὴν
καταφατικὴν ποιήσει τὰς προτάσεις ὁμοίας, ὁποῖαι οὖσαι καὶ ἐπὶ τῶν
ὑπαρχουσῶν ἦσαν συλλογιστικαί. τῆς μὲν οὖν ἐλάττονος ληφθείσης ἐπὶ
μέρους ἀποφατικῆς μιᾶς δεησόμεθα ἀντιστροφῆς, τῆς δὲ μείζονος δύο· δεήσει 10
γὰρ καὶ τὸ συμπέρασμα ἀντιστρέψαι ὂν ἐπὶ μέρους ἀποφατικὸν ἐνδεχόμενον·
ἀντιστρέφει δὲ τὸ ἀποφατικὸν ἐνδεχόμενον ὁμοίως τῷ καταφατικῷ. ⟨δ⟩
οὐκέθ' οἷόν τε ἐπὶ τῶν ὑπαρχουσῶν προτάσεων ἐν τῷ τρίτῳ σχήματι
γίνεσθαι τῆς ἐλάττονος οὔσης ἀποφατικῆς καθόλου τῆς δὲ μείζονος ἐπὶ μέ-
ρους ἀποφατικῆς τῷ μὴ ἀντιστρέφειν τὴν ἐπὶ μέρους ἀποφατικὴν ὑπάρχουσαν·
οὐ γίνεται δὴ τοῦ προκειμένου συλλογισμός. διὸ καὶ ἐπιζητήσαι τις ἄν, 15
πῶς ἀληθὲς τὸ εἰ δ' ὁ μὲν ἔστιν καθόλου τῶν ὅρων ὁ δ’ ἐν μέρει,
τὸν αὐτὸν τρόπον ἐχόντων τῶν ὅρων, ὅνπερ ἐπὶ τοῦ ὑπάρχειν,
ἔσται καὶ οὐκ ἔσται συλλογισμός. ἢ δεῖ μεταλαμβάνειν τὸ ἐνδε-
χόμενον καθόλου ἀποφατικὸν εἰς τὸ καταφατικὸν καὶ ἐπὶ τοῦ ἐνδέχεσθαι.
οὐκέτι δὲ ὡς ἐπὶ τοῦ 'ἐνδέχεται', οὕτως ἕξει καὶ ἐπὶ τοῦ ὑπάρχειν διὰ τὸ
προειρημένον. ἂν δὲ ἀμφότεραι ἢ ἐπὶ μέρους ἢ ἀδιόριστοι ληφθῶσιν ἐνδε- 20
χόμεναι, ἄν τε καταφατικαὶ ἄν τε ἀποφατικαὶ ἄν τε παραλλάξ, ἀσυλλόγιστοι
αἱ συζυγίαι. καὶ τοῦτο πάλιν ἔδειξε τῇ τῶν ὅρων παραθέσει δείξας καὶ
παντὶ καὶ μηδενί. τὸ μὲν παντὶ διὰ ζῴου καὶ ἀνθρώπου καὶ λευκοῦ· τὸ
γὰρ ζῷον καὶ ὁ ἄνθρωπος καὶ τινὶ λευκῷ ἑκάτερον αὐτῶν ἐνδέχεται, καὶ
ἐνδέχεται τινὶ μὴ ἑκάτερον. καὶ τὸ μὲν ἐνδέχεται ὑπάρχειν αὐτῷ, τῷ λευκῷ,
τὸ δὲ ἐνδέχεται μὴ ὑπάρχειν. καὶ τὸ ζῷον ἐξ ἀνάγκης παντὶ ἀνθρώπῳ. 25
τοῦ δὲ μὴ ὑπάρχειν ἵππον, ἄνθρωπον, λευκόν· ὁμοίως γὰρ ἐχουσῶν τῶν
προτάσεων ὁ ἵππος ἐξ ἀνάγκης οὐδενὶ ἀνθρώπῳ.

---

3 πάλιν om. a 22 ἀντιστρέφειν a δ addidi 26 δή, quod post διὸ expunxit B², post γίνεται transposui 27 ὁ δ' ἐν μέρει ... ὅρων (28) om. a 29 post ἔσται add. τε Ar. 39 etiam ὁμοίως ... ἀνθρώπῳ (40) lemma in aB

p. 39b7 Ἂν δ' ἡ μὲν ὑπάρχειν ἡ δ' ἐνδέχεσθαι σημαίνῃ τῶν προτάσεων. 81r

Προείρηκεν ἤδη, ὅτι ἐν ταῖς ἐξ ὑπαρχούσης καὶ ἐνδεχομένης συζυγίαις συλλογιστικαῖς ἐν τρίτῳ σχήματι τὸ συμπέρασμα ἔσται τοῦ κατὰ τὸν διορισμὸν ἐνδεχομένου. τοῦτο οὖν λέγει πάλιν, καὶ ὅτι ἔσονται συλλογιστικαὶ αἱ συζυγίαι ὁμοίως ἔχουσαι τοὺς ὅρους κειμένους ταῖς ἐξ ὑπαρχουσῶν ἀμφοτέρων οὐσῶν συλλογιστικαῖς καὶ ταῖς ἐξ ἐνδεχομένων ἀμφοτέρων· τοῦτο γὰρ σημαίνει τὸ τὸν αὐτὸν τρόπον ἐχόντων τῶν ὅρων, ὃν καὶ ἐν τοῖς πρότερον. λέγει δὲ πρῶτον περὶ συζυγίας τῆς τὴν μὲν μείζονα ἐχούσης καθόλου καταφατικὴν ὑπάρχουσαν τὴν δὲ ἐλάττονα καθόλου καταφατικὴν ἐνδεχομένην· ἀντιστραφείσης γὰρ τῆς ἐλάττονος τῆς καθόλου καταφατικῆς ἐνδεχομένης εἰς τὴν ἐπὶ μέρους γίνεται τὸ πρῶτον σχῆμα ἔχον ὑπάρχουσαν καταφατικὴν τὴν μείζονα καὶ ἐπὶ μέρους ἐνδεχομένην καταφατικὴν τὴν ἐλάττονα, ἧς ἐδείχθη τὸ συμπέρασμα ἐπὶ μέρους καταφατικὸν ἐνδεχόμενον γινόμενον.

Τὸ δὲ ὅτε γὰρ ἡ ἑτέρα τῶν προτάσεων ἐν τῷ πρώτῳ σχήματι σημαίνοι ἐνδέχεσθαι, καὶ τὸ συμπέρασμα ἦν ἐνδεχόμενον λέγει μὲν ἐπὶ τῶν τὴν ἑτέραν ὑπάρχουσαν ἐχουσῶν· πῶς δ' ἂν εἴη καθόλου εἰρημένον; ἐπὶ μὲν γὰρ τῶν καταφατικῶν ἔθηκε τοῦτο, ἐπὶ δὲ τῶν ἐξ ἀποφατικῆς ὑπαρχούσης τῆς μείζονος καὶ ἐνδεχομένης καταφατικῆς τῆς ἐλάττονος εἶπεν οὕτως· "ἐὰν δ' ἡ μὲν ὑπάρχειν ἡ δ' ἐνδέχεσθαι λαμβάνηται τῶν προτάσεων, ὅταν μὲν ἡ πρὸς τὸ μεῖζον ἄκρον ἐνδέχεσθαι σημαίνῃ, τέλειοί τε πάντες ἔσονται οἱ συλλογισμοὶ καὶ τοῦ ἐνδέχεσθαι κατὰ τὸν 81v εἰρημένον διορισμόν, ὅταν δὲ ⟨ἡ⟩ πρὸς τὸν ἐλάττονα, ἀτελεῖς τε πάντες, καὶ οἱ στερητικοὶ τῶν συλλογισμῶν οὐ τοῦ κατὰ τὸν διορισμὸν ἐνδεχομένου ἀλλὰ τοῦ μηδενὶ ἢ μὴ παντὶ ἐξ ἀνάγκης ὑπάρχειν· εἰ γὰρ μηδενὶ ἢ μὴ παντὶ ἐξ ἀνάγκης, ἐνδέχεσθαί φαμεν καὶ μηδενὶ καὶ μὴ παντὶ ὑπάρχειν". ἢ οὖν τὸ λεγόμενον ἐπὶ τῶν καταφατικῶν νῦν λέγει, ἢ τὸ οὐδενὶ ἐξ ἀνάγκης, ὃ εἶπε γίνεσθαι συμπέρασμα, τότε μὲν ἀκριβολογούμενος οὐκ ἔλεγεν εἶναι ἐνδεχόμενον, ἐπεὶ διαφέρει τοῦ ἐνδέχεσθαι μηδενί, ὡς ἐδείχθη τότε· μετὰ ταῦτα μέντοι καὶ τὴν τοιαύτην ἀπόφασιν ἐν ταῖς ἐνδεχομέναις ἀποφατικαῖς τίθησιν, ἐπεὶ μή ἐστιν αὐτόθεν ὑπάρχουσα. ἤδη γὰρ φθάσας καὶ ἐπὶ τῆς ἐν δευτέρῳ σχήματι μίξεως ἐξ ἀποφατικῆς ὑπαρχούσης τῆς μείζονος καὶ ἐνδεχομένης τῆς ἐλάττονος ἐνδεχόμενον ἀποφατικὸν εἶπε γίνεσθαι τὸ συμπέρασμα τοῦ κατὰ τὸν διορισμὸν ἐνδεχομένου. ἀλλὰ κἂν ἡ μείζων μὲν ἐνδεχομένη καθόλου καταφατικὴ ληφθῇ, ἡ δὲ ἐλάττων ὑπάρχουσα καθόλου καταφατική, συλλογιστικὴ ἡ συζυγία· ἀντιστραφήσεται γὰρ ἡ ὑπάρχουσα. καὶ τῆς μείζονος δὲ στερητικῆς ληφθείσης καθόλου ἢ ἐνδεχομένης ⟨ἢ⟩

1 ἐὰν Ar. 3 προείρηκεν] c. 20 p. 39a7 4 ἔστω a 6 αἱ superscr. B 8 τὸ scripsi: ἢ aB 8. 9 ὃν καὶ ἐν delevit Waitz unum codicem n secutus 17 σημαίνει a 21 εἶπεν] c. 15 p. 33b25—33 23 ἔσονται πάντες Ar. 24 ἡ ex Arist. addidi τὸ ἔλαττον Ar. (utrum hoc recipiendum an vs. 22 τὸν μείζονα scribendum sit, dubito) 26 ἢ prius superscr. B[3] 29 ἔλεγεν] c. 15 p. 34b27 sqq. 31 εἶπε] c. 18 p. 37b23 sqq. 38 ἢ alterum addidi

ὑπαρχούσης τῆς δὲ ἐλάττονος καταφατικῆς καθόλου, ἐνδεχομένης μέν, εἰ ἡ 81v μείζων ὑπάρχουσα εἴη, ὑπαρχούσης δέ, εἰ ἐκείνη ἐνδεχομένη, συλλογιστικαὶ αἱ συζυγίαι· ἀντιστραφείσης γὰρ τῆς ἐλάττονος εἰς τὸ πρῶτον σχῆμα ἡ ἀναγωγή. ἔσται δὲ συλλογιστικὴ συμπλοκὴ καὶ ἡ τὴν ἐλάττονα ἔχουσα στερητικὴν καθόλου εἴτε ὑπάρχουσαν εἴτε ἐνδεχομένην· ἀντιστραφείσης γὰρ τῆς μείζονος ἔσται τὸ πρῶτον σχῆμα, καὶ τὸ συμπέρασμα ἐνδεχόμενον ἐπὶ μέρους ἀποφατικὸν ἀπὸ τοῦ ἐλάττονος ἄκρου· ὃ ἐπεὶ ἀντιστρέφει, ἐνδεχόμενον, ὡς λέγει νῦν, ἀντιστραφέντος αὐτοῦ δεικνύοιτο ἂν συναγόμενον τὸ προκείμενον. πάλιν γὰρ ἐπεσημήνατο ὡς, ὅπως ἂν ληφθῇ ⟨ἡ⟩ ὑπάρχουσα, εἴτε καταφατικὴ εἴτε ἀποφατική, ἐνδεχομένου γινομένου τοῦ συμπεράσματος.

p. 39b22 Εἰ δὲ τὸ στερητικὸν τεθείη πρὸς τὸ ἔλαττον ἄκρον, ἢ καὶ ἄμφω ληφθείη στερητικά.

Αὐτὸς μὲν ἁπλῶς λέγει τῆς ἐλάττονος καθόλου ἀποφατικῆς τεθείσης διὰ μὲν τῶν κειμένων μὴ ἔσεσθαι, μεταληφθείσης δὲ τῆς στερητικῆς εἰς τὴν καταφατικήν. δεῖ δὲ προσυπακούειν ἐπὶ τῆς ἐλάττονος στερητικῆς τὸ 'ἐνδεχομένης'· οὕτω γὰρ δυνήσεται μεταληφθῆναι ἡ ἀποφατικὴ εἰς τὴν καταφατικήν, εἰ ἐνδεχομένη εἴη. ὑπαρχούσης γὰρ οὔσης ἀποφατικῆς αὐτῆς οὔτε μετάληψις ἔτι δύναται γενέσθαι, οὔτε συλλογιστικὴ συζυγία τοῦ προκειμένου γίνεται, ἐκτὸς εἰ μὴ τηρήσαντες τὴν ἐλάττονα ἀποφατικὴν ὑπάρχουσαν τὴν ΒΓ ἀντιστρέψαιμεν τὴν καταφατικὴν ἐνδεχομένην τὴν ΑΓ. ἔσται γὰρ τὸ Β τῷ Γ οὐδενὶ ὑπάρχον, τὸ Γ τῷ μὲν Α τινὶ ἐνδεχόμενον, καὶ συμπέρασμα τὸ Β τῷ Α τινὶ ἐνδεχόμενον μὴ ὑπάρχειν· ὃ εἰ, ὡς νῦν φησι, τοῦ κατὰ τὸν διορισμὸν ἐνδεχομένου ἐστίν, ἀντιστρέφει, καὶ τὸ Α τινὶ τῷ Β ἐνδέχεται μὴ ὑπάρχειν. ὥστε συναχθήσεται καὶ μηδεμιᾶς γενομένης μεταλήψεως ὄντος τούτου τοῦ συμπεράσματος. πάλιν εἰ ἀμφότεραι εἶεν καθόλου ἀποφατικαί, ἡ μὲν ὑπάρχουσα ἡ δὲ ἐνδεχομένη, ἐκ μὲν τῶν κειμένων οὐδὲν συναχθήσεται, μεταληφθείσης δὲ τῆς ἐνδεχομένης ἀποφατικῆς εἰς τὴν καταφατικὴν καὶ ἀντιστραφείσης συλλογιστικὴ γίνεται ἡ συζυγία. εἰ μὲν οὖν ἡ ἐλάττων εἴη ἐνδεχομένη ἀποφατική, φανερὰ ἥ τε μετάληψις καὶ ἡ δεῖξις. εἰ δὲ ἡ μείζων εἴη ἐνδεχομένη, οὐκ ἔσται συλλογιστικὴ ἡ συζυγία τῆς ἐλάττονος ἀποφατικῆς οὔσης ὑπαρχούσης καθόλου. ἢ δεήσει τὴν μείζονα μεταλαβόντας, ἐπεί ἐστιν ἐνδεχομένη ἀποφατική, εἰς τὴν καταφατικὴν ἐνδεχομένην ἀντιστρέψαι τε καὶ ἐλάττονα ποιῆσαι, εἶτα τὸ συμπέρασμα πάλιν ἀντιστρέψαι καὶ αὐτό, εἰ ἔστι τοῦ κατὰ τὸν διορισμὸν ἐνδεχομένου, ὡς νῦν λέγει.

Εἰ δ' ἡ μὲν καθόλου τῶν προτάσεων ἡ δ' ἐν μέρει, | εἴτε 82r ἀμφότεραι εἶεν καταφατικαί, εἴτε ἡ μὲν ἑτέρα καταφατικὴ ἡ ἐπὶ μέρους ἡ

9 ἡ addidi 10 τοῦ superscr. B 11 εἰ δὲ ... στερητικά (12) non lemma sed textus verba in aB ante στερητικὸν add. ἐνδεχόμενον Arist. codices excepto n 18 οὔτε (ante μετάληψις) B: οὐ a post συλλογιστικὴ fort. ἡ addendum (cf. vs. 28, 30, p. 247, 2) 30 ἡ (ante μείζων) om. a 31 ἢ B pr. 37 ἡ (ante ἐπὶ) aB

δὲ ἑτέρα ἀποφατικὴ ⟨ἡ⟩ καθόλου, ὁποτέρα ἂν αὐτῶν ᾖ ὑπάρχουσα. συλλογιστικὴ ἡ συζυγία· τῆς γὰρ καταφατικῆς ἐπὶ μέρους, εἴτε ἐνδεχομένη εἴη εἴτε ὑπάρχουσα, ἀντιστραφείσης γίνεται διὰ τοῦ πρώτου σχήματος συζυγία συλλογιστική. τὸ δὲ ὁ αὐτὸς τρόπος ἔσται τῶν συλλογισμῶν δηλωτικόν ἐστι τοῦ δι' ἀντιστροφῆς ἔσεσθαι τὴν δεῖξιν. ἐπεσημήνατο δὲ πάλιν, ὅτι τὸ συμπέρασμα ἐνδεχόμενον ἔσται, ὡς ἐν πρώτῳ σχήματι αἰεὶ ἐν τῇ ἐξ ὑπαρχούσης καὶ ἐνδεχομένης μίξει τοιούτου γινομένου τοῦ συμπεράσματος. 82r

Εἰ δὲ εἴη ἡ μὲν ἐλάττων καταφατικὴ καθόλου ἡ δὲ μείζων ἀποφατικὴ ἐν μέρει, συλλογιστικὴν μέν φησιν ἔσεσθαι τὴν συζυγίαν, οὐ μὴν δι' ἀντιστροφῆς δειχθήσεται ἀναχθείσης αὐτῆς εἰς τὸ πρῶτον σχῆμα, ἀλλὰ διὰ τῆς εἰς ἀδύνατον ἀπαγωγῆς. κείσθω γὰρ τὸ μὲν Β παντὶ ὑπάρχειν τῷ Γ, τὸ δὲ Α ἐνδεχέσθω τινὶ τῷ Γ μὴ ὑπάρχειν· τὸ δὴ Α ἐνδέξεται τινὶ τῷ Β μὴ ὑπάρχειν. εἰ γὰρ μή, τὸ ἀντικείμενον ἐξ ἀνάγκης αὐτῷ παντί· ἀλλὰ καὶ τὸ Β παντὶ τῷ Γ ὑπάρχει· τὸ ἄρα Α παντὶ τῷ Γ ἐξ ἀνάγκης ὑπάρξει. γίνεται γὰρ ἡ συζυγία ἐν πρώτῳ σχήματι ἐξ ἀναγκαίας καθόλου καταφατικῆς τῆς μείζονος καὶ ὑπαρχούσης καθόλου καταφατικῆς τῆς ἐλάττονος, ἐφ' ἧς ἔδειξε καθόλου καταφατικὸν ἀναγκαῖον γινόμενον τὸ συμπέρασμα. ἀδύνατον δὲ τὸ Α παντὶ τῷ Γ ἐξ ἀνάγκης· ἔκειτο γὰρ ἐνδέχεσθαι αὐτῷ τινὶ μὴ ὑπάρχειν. πῶς δὲ οὐχ οἷόν τε ἔσται καὶ διὰ τῆς ἀντιστροφῆς τὴν τοιαύτην συμπλοκὴν δεικνύναι συλλογιστικὴν κατ' αὐτόν, εἴ γε ἡ ἐπὶ μέρους ἀποφατικὴ ἐνδεχομένη ἀντιστρέφει αὐτῇ, ζητήσαι τις ἄν· εἰ γὰρ τὸ Α τῷ Γ ἐνδέχεται τινὶ μή, καὶ τὸ Γ τῷ Α ἐνδέξεται τινὶ μή. μᾶλλον δὲ μεταλαβόντας ἔνεστιν εἰς τὸ καταφατικὸν τὸ ἀποφατικὸν ἐπὶ μέρους ἐνδεχόμενον (οὕτως γὰρ ἔσται συλλογιστικὴ ἡ συμπλοκή) ἀντιστρέψαι αὐτό. καὶ ἔσται τὸ Γ τῷ Α ἐνδεχόμενον τινί· κεῖται δὲ τὸ Β τῷ Γ παντὶ ὑπάρχειν· γίνεται τὸ Β τῷ Α τινὶ ἐνδεχόμενον. εἰ δὲ τοῦτο, καὶ τὸ Α τινὶ τῷ Β ἐνδέχεται· ἀντιστρέφει γὰρ καὶ τὸ ἐνδεχόμενον ἐπὶ μέρους τό τε καταφατικὸν καὶ ἀποφατικόν. καὶ ὁμολογουμένη ἂν ἐδόκει μᾶλλον αὕτη ἡ δεῖξις εἶναι· ἡ γὰρ εἰς ἀδύνατον ἀπαγωγὴ ἔνστασιν ἔχει. ἢ εἰ μὲν εἴη ἡ μείζων ἐπὶ μέρους οὖσα ἐνδεχομένη, οἷόν τε τοῦτο γίνεσθαι. εἰ δὲ αὕτη ⟨ἡ⟩ μείζων εἴη ὑπάρχουσα ἐπὶ μέρους ἀποφατική, ἡ δὲ ἐλάττων καταφατικὴ ἐνδεχομένη, οὐκέτ' ἂν ἡ δι' ἀντιστροφῆς δεῖξις χώραν ἔχοι. εἰ ληφθεῖεν αἱ προτάσεις, οὐδὲ διὰ τῆς εἰς ἀδύνατον ἀπαγωγῆς δείκνυταί τι τῷ μὴ γίνεσθαι ἐξ ἀναγκαίας καθόλου καταφατικῆς τῆς μείζονος ἐν πρώτῳ σχήματι καὶ ἐνδεχομένης καθόλου καταφατικῆς τῆς ἐλάττονος μηδὲ κατ' αὐτὸν καθόλου καταφατικὸν ἀναγκαῖον συμπέρασμα· μὴ γινομένου δὲ τοιούτου ἀλλ' ἐνδεχομένου καθόλου καταφατικοῦ οὐδὲν ἀδύνατον τὸ Α τῷ Γ τινὶ μὴ ὑπάρχον ἐνδέχεσθαι παντὶ αὐτῷ ὑπάρχειν. κατὰ μὲν γὰρ τὴν δόξαν τὴν αὐτοῦ πρόεισιν

1 ἡ addidi 2 post καταφατικῆς expunxit ὑπαρχούσης B[1] 18 ἔδειξε] c. 9 p. 30a15—23 21 κατ' αὐτὸν scripsi: καθ' αὑτὸν aB 22 αὐτῇ aB 27 τῷ a B: τῷ γ̄ a 30 ἡ om. a 31 ἡ addidi 34 δείκνυται B: δύναται a 36 κατ' αὐτὸν correxi (cf. p. 248,11): κατὰ ταύτην aB

ἡ δεῖξις ἡ δι' ἀδυνάτου ἐν τῇ ἐκκειμένῃ συζυγίᾳ τῷ ἐξ ἀναγκαίας τῆς 82r μείζονος καὶ ὑπαρχούσης τῆς ἐλάττονος ἀναγκαῖον κατ' αὐτὸν γίνεσθαι τὸ συμπέρασμα. κατὰ μέντοι τοὺς ἑταίρους αὐτοῦ ὑπάρχον λέγοντας συνάγεσθαι οὐδὲν ἀδύνατον ἀκολουθήσει· οὐ γὰρ ἀδύνατον τὸ Α παντὶ τῷ Γ ὑπάρχειν, εἰ ἐνδέχεται αὐτῷ τινὶ μὴ ὑπάρχειν. αὕτη ἐστὶν ἡ συμπλοκή, δι' ἧς πειρῶνταί τινες δεικνύναι ἀναγκαῖον γινόμενον τὸ συμπέρασμα ἐν τῇ ἐξ ἀναγκαίας τῆς μείζονος καθόλου καὶ ὑπαρχούσης τῆς ἐλάττονος συμπλοκῇ ἐν πρώτῳ σχήματι· οἱ γὰρ διὰ τῆς εἰς ἀδύνατον ἀπαγωγῆς εἰς τὴν συμπλοκὴν ταύτην τὴν δεῖξιν ἄγοντες ἀδύνατον πειρῶνται δεικνύναι τὸ συναγόμενον.

Εἰ μέντοι εἴη ἡ μείζων ἡ ΑΓ ὑπάρχουσα ἐπὶ μέρους ἀποφατική, ἡ δὲ ἐλάττων καθόλου καταφατικὴ ἐνδεχομένη, οὐδὲ κατ' αὐτὸν ἔτι 82v ἀδύνατόν τι ἀπαντήσεται, ὡς εἶπον. γίνεται μὲν γὰρ τὸ Α τῷ Β ἐξ ἀνάγκης παντὶ ὑποτιθέμενον, εἰ μὴ συγχωροίη τις τῷ τινὶ ἐνδέχεσθαι μὴ ὑπάρχειν τὸ Α τῷ Β· κεῖται δὲ καὶ τὸ Β τῷ Γ παντὶ ἐνδεχόμενον· ἐν ᾗ μίξει καὶ συζυγίᾳ ἐνδεχόμενον γίνεται τὸ συμπέρασμα κατ' αὐτόν. οὔτε δὲ ἂν ἐνδέχεσθαι μὴ ὑπάρχειν τὸ Α τῷ Γ ληφθῇ, οὔτε [δὲ] ἂν ἐνδέχεσθαι ὑπάρχειν, οὐδὲν ἀδύνατον συμβαίνει κειμένου αὐτοῦ [ἐνδέχεσθαι] τινὶ αὐτῷ μὴ ὑπάρχειν· διὸ παντελῶς ἀσυλλόγιστος ἡ τοιαύτη συμπλοκή. Θεόφραστος δὲ οὐ ποιεῖται ἁπλῶς διὰ τῆς εἰς ἀδύνατον ἀπαγωγῆς τὴν δεῖξιν τῆς προειρημένης συζυγίας, ἀλλὰ πρῶτον τὸ 'ἐνδέχεται τινὶ μή' εἰς τὸ μὴ ὑπάρχειν τινὶ μεταλαβὼν οὐκ ὂν ἀδύνατον καὶ ποιήσας δύο ὑπαρχούσας, τὴν μὲν ἐπὶ μέρους ἀποφατικὴν τὴν μεταληφθεῖσαν τὴν δὲ καθόλου καταφατικὴν τὴν κειμένην, φησὶ συμπέρασμα ἔσεσθαι τὸ τὸ Α ἐνδέχεσθαι τινὶ τῷ Β μὴ ὑπάρχειν· εἰ γὰρ μή, τὸ ἀντικείμενον τὸ παντὶ ἐξ ἀνάγκης τὸ [τὸ] Α τῷ Β· καὶ οὕτως διὰ τῆς εἰς ἀδύνατον ἀπαγωγῆς εὑρὼν ἀδύνατόν τι ἑπόμενον (συνάγεται γὰρ τὸ Α τῷ Γ παντὶ ὑπάρχον, ᾧ ἔκειτο τινὶ μὴ ὑπάρχειν), ἐπεὶ οὐ παρὰ τὴν ὑπόθεσιν τὸ ἀδύνατον ἀπήντηκεν (ἡ γὰρ ὑπόθεσις οὐκ ἦν ἀδύνατος λαμβάνεσθαι), ἀλλὰ διὰ τὸ ἐξ ἀνάγκης παντὶ τεθῆναι· τὸ ἄρα ἀντικείμενον τοῦ ἐξ ἀνάγκης παντί· τοῦτο δέ ἐστι τὸ ἐνδέχεσθαι τινὶ μή.

Ἂν δὲ ἢ ἀδιόριστοι ἀμφότεραι ἢ ἐν μέρει ἀμφότεραι ληφθῶσιν, ἄν τε καταφατικαὶ ἄν τε ἀποφατικαὶ ἄν τε παραλλάξ, οὐκ ἔσται συλλογιστικὴ συζυγία· ὃ διὰ τῶν ὅρων οὕτως ἔχον δείκνυσι. λέγει δὲ διὰ τῶν αὐτῶν ὅρων δειχθήσεσθαι, δι' ὧν καὶ ἐπὶ τῶν καθόλου, νῦν λέγων τὰς ἐξ ἀμφοτέρων ἐνδεχομένων ἐπὶ μέρους, ὡσανεὶ ἔλεγε 'δι' ὧν ὅρων ἐδείχθησαν καὶ αἱ δι' ὅλου ἐνδεχόμεναι, ἐνδεχόμεναι ἐκ δύο ἐπὶ μέρους, συζυγίαι οὖσαι ἀσυλλόγιστοι'. ἦσαν δὲ ὅροι τοῦ μὲν παντὶ ὑπάρχειν ζῷον, ἄνθρωπος, λευκόν, τοῦ δὲ μηδενὶ ἵππος, ἄνθρωπος, λευκόν, μέσον λευκόν. ἢ ἡμάρτη-

7 συμπλοκῇ scripsi: συμπλοκῆς aB 9 τὴν om. a 17 δὲ ut ex vs. 16 translatum delevi post ἐνδέχεσθαι expunxit μὴ B[1] 18 ἐνδέχεσθαι delevi (cf. vs. 10) 25 τὸ alterum ut ex vs. 24 translatum delevi 26 ἀδύνατόν B: δυνατόν a 27 ᾧ B: ὡς a 28 ἡ corr. B 29 ἀλλὰ superscr. B[2]: om. a 34 τὰς B: τοὺς a 37 τοῦ scripsi: τῷ aB

ται ἡ λέξις, καὶ γέγραπται ἀντὶ τοῦ 'ἀπόδειξις δ' ἡ αὐτή. ἢ καὶ ἐπὶ 82r τῶν ἐξ ἀμφοτέρων ἐνδεχομένων' τὸ [καὶ] ἀπόδειξις δ' ἡ αὐτή, ἢ καὶ ἐν τοῖς καθόλου.

p. 40a4 Εἰ δέ ἐστιν ἡ μὲν ἀναγκαία τῶν προτάσεων ἡ δὲ ἐνδεχομένη.

Ἐπὶ τὰς ἐξ ἐνδεχομένης καὶ ἀναγκαίας ἐν τρίτῳ σχήματι μίξεις μετελήλυθε, καὶ λέγει καταφατικῶν μὲν οὐσῶν ἀμφοτέρων καθόλου τοῦ ἐνδέχεσθαι τινὶ ἔσεσθαι τὸ συμπέρασμα, ἂν δ' ἡ μὲν καταφατικὴ ληφθῇ ἡ δὲ ἀποφατικὴ τῶν προτάσεων, ἂν μὲν ἡ καταφατικὴ ἀναγκαία ᾖ, τοῦ ἐνδέχεσθαι μὴ ὑπάρχειν ἔσεσθαι τὸ συμπέρασμα. ἂν δὲ ἡ ἀποφατική, καὶ τοῦ ἐνδέχεσθαι μὴ ὑπάρχειν καὶ τοῦ μὴ ὑπάρχειν, ὅπερ ἴσον ἐστὶ τῷ ὅτι οὐ τοῦ κατὰ τὸν διορισμὸν ἐνδεχομένου τὸ συμπέρασμα ἔσται ἀλλὰ τοῦ κατηγορουμένου τοῦ ὑπάρχοντος. οὐκέτι μέντοι τοῦ ἐξ ἀνάγκης μὴ ὑπάρχειν ἔσται τὸ συμπέρασμα· οὐδὲ γὰρ ἐν τοῖς ἄλλοις σχήμασιν, οὔτε ἐν πρώτῳ οὔτε ἐν δευτέρῳ, ἐξ ἀναγκαίας ἀποφατικῆς καὶ ἐνδεχομένης καταφατικῆς ἀναγκαῖον ἀποφατικὸν ἐγίνετο συμπέρασμα. καίτοι διὰ τῆς εἰς ἀδύνατον ἀπαγωγῆς καὶ ἐν τῷ πρώτῳ σχήματι καὶ ἐν τῷ δευτέρῳ τῆς μείζονος οὔσης ἀναγκαίας καθόλου ἀποφατικῆς τῆς δὲ ἐλάττονος ἐνδεχομένης δύναται δείκνυσθαι ἀναγκαῖον καθόλου ἀποφατικὸν γινόμενον τὸ συμπέρασμα. κείσθω γὰρ τὸ Α τῷ Β ἐξ ἀνάγκης μηδενί, τὸ δὲ Β τῷ Γ παντὶ ἐνδεχέσθω· λέγω δέ, ὅτι τὸ Α τῷ Γ ἐξ ἀνάγκης οὐδενί. εἰ γὰρ μή, ἐνδέχεται τινί· ἀλλὰ καὶ τὸ Β τῷ Γ ἐνδέχεται παντί· συνάγεται ἐν τρίτῳ σχήματι 'τὸ Α τῷ Β ἐνδέχεται τινί'. τοῦτο δὲ ἀδύνατον· ἔκειτο γὰρ αὐτῷ ἐξ ἀνάγκης μηδενί. ψευδὴς ἄρα ἡ ὑπόθεσις ἡ 'τὸ Α τῷ Γ ἐνδέχεται τινί'· τὸ ἄρα ἀντικείμενον τὸ Α τῷ Γ ἐξ ἀνάγκης οὐδενί. πάλιν ἐν δευτέρῳ σχήματι ἔσται τὸ Α τῷ μὲν Β ἐξ ἀνάγκης οὐδενί, | τῷ δὲ Γ ἐνδεχέσθω παντί· 83r λέγω, ὅτι τὸ Β τῷ Γ ἐξ ἀνάγκης οὐδενί. εἰ γὰρ τινὶ ἐνδέχεται, ἐνδέχεται δὲ καὶ τὸ Α παντὶ τῷ Γ, συναχθήσεται ἐν τρίτῳ σχήματι πάλιν τὸ Α τινὶ τῷ Β ἐνδέχεσθαι, ᾧ ἐξ ἀνάγκης ἔκειτο μηδενὶ ὑπάρχειν· ὥστε, ἐπεὶ ἀδύνατον τὸ συμπέρασμα, ἀναιρεθήσεται μὲν ἡ ὑπόθεσις ἡ 'τὸ Β τῷ Γ ἐνδέχεται τινί', τεθήσεται δὲ τὸ ἀντικείμενον τὸ τὸ Β τῷ Γ ἐξ ἀνάγκης μηδενί. πῶς δὲ λέγει τοῦ ἐξ ἀνάγκης μηδενὶ ἐν τῇ μίξει τῇ ἐξ ἀναγκαίας ἀποφατικῆς καθόλου καὶ ἐνδεχομένης καταφατικῆς ἐν μηδενὶ τῶν σχημάτων ἀναγκαῖον ἀποφατικὸν γίνεσθαι συμπέρασμα, ἄξιον ἐπιζητῆσαι. δεῖ γὰρ ἢ διαβάλλεσθαι τὴν εἰς ἀδύνατον ἀπαγωγὴν ἢ τὰς ἐν τῷ τρίτῳ σχήματι συμπλοκάς, δι' ὧν τὴν εἰς ἀδύνατον ἀπαγωγὴν πεποίημαι, ἀσυλλογίστους εἶναι ἢ τὸ ἐξ ἀνάγκης μηδενὶ συνάγεσθαι. ἐζήτηται δέ μοι περὶ τούτου καὶ ἐπὶ πλέον εἴρηται ἐν τῷ Περὶ τῆς κατὰ τὰς μίξεις διαφωνίας Ἀριστο-

---

2 καὶ prius delevi   10 καὶ om. a   16 ante συμπέρασμα add. τὸ fort. recte a (cf. vs. 19)   22 καὶ superscr., ut videtur, B²   26 ἔσται om. a   32 dubito, utrum aut τοῦ ἐξ ἀνάγκης μηδενὶ aut ἀναγκαῖον ἀποφατικὸν (34) delendum sit an haec neglegentius scripta sint   36 πεποίημαι scripsi: πεποίηται aB

τέλους καὶ τῶν ἑταίρων αὐτοῦ, ὡς ἤδη προεῖπον. ἐπὶ πλέον δὲ εἴρηται 83r περὶ αὐτοῦ μοι ἐν τοῖς Σχολίοις τοῖς λογικοῖς.

Ἀμφοτέρων μὲν οὖν καταφατικῶν καθόλου οὐσῶν καὶ ἀναγκαίας τῆς μείζονος καὶ ἀντιστραφείσης τῆς ἐλάττονος καὶ γενομένης ἐπὶ μέρους καταφατικῆς γίνεται ἐν πρώτῳ σχήματι συζυγία ἔχουσα συμπέρασμα ἐνδεχόμενον ἐπὶ μέρους καταφατικὸν τῆς μείζονος οὔσης καθόλου καταφατικῆς ἀναγκαίας, ὥσπεροῦν καὶ αἱ ἄλλαι, ἐν αἷς ἡ μείζων καταφατικὴ ἦν ὑπάρχουσα ἐνδεχομένης οὔσης τῆς ἐλάττονος. ἀλλ' εἰ καὶ ἡ ἐλάττων ἀναγκαία ἦν καθόλου καταφατικὴ ἡ δὲ μείζων ἐνδεχομένη καθόλου καὶ αὐτὴ καταφατική, ἀντιστραφείσης πάλιν τῆς ἀναγκαίας καθόλου καταφατικῆς γίνεται συζυγία ἐν πρώτῳ σχήματι ἐνδεχόμενον ἐπὶ μέρους καταφατικὸν συνάγουσα ἐνδεχομένης καθόλου καταφατικῆς οὔσης τῆς μείζονος. οὗτος ἦν τέλειος ὁ συλλογισμὸς ἐν τῷ πρώτῳ σχήματι, ὥσπερ καὶ οἱ ἄλλοι οἱ τὴν μείζονα ἐνδεχομένην ἔχοντες. ἂν δ' ἡ μὲν ἀποφατικὴ ληφθῇ τῶν προτάσεων ἡ δὲ καταφατική, καὶ ᾖ καταφατικὴ μὲν ἀναγκαία καθόλου ἡ ἐλάττων, ἀποφατικὴ δ' ἐνδεχομένη καθόλου ⟨ἡ⟩ μείζων, ἀντιστραφείσης τῆς καθόλου καταφατικῆς ἀναγκαίας ἔσται ἐν πρώτῳ σχήματι ἐπὶ μέρους ἀποφατικὸν ἐνδεχόμενον συμπέρασμα οὔσης τῆς μείζονος ἐνδεχομένης καθόλου ἀποφατικῆς. ⟨ὃς⟩ καὶ αὐτὸς ἦν τέλειος συλλογισμὸς ἐν πρώτῳ σχήματι. εἰπὼν δὲ ἔσται ⟨δὴ⟩ πάλιν τὸ πρῶτον σχῆμα προσέθηκε τὸ ⟨καὶ⟩ γὰρ ἡ στερητικὴ πρότασις ἐνδέχεσθαι σημαίνει, ὅ ἐστι δεικτικὸν τοῦ τὸ κατὰ τὸν διορισμὸν ἐνδεχόμενον ἀποφατικὸν γίνεσθαι συμπέρασμα· ὅταν γὰρ ἡ μείζων στερητική τε καὶ ἀναγκαία ᾖ, τότε μόνον οὐ τοῦ κατὰ τὸν διορισμὸν ἐνδεχομένου τὸ συμπέρασμα ἀλλὰ τοῦ μὴ ὑπάρχειν. ἔχει δέ πως ἀκαταλληλότερον ἡ λέξις, καὶ εἴη ἂν τὸ κατάλληλον αὐτῆς τοιοῦτον· 'καὶ εἰ ἡ στερητικὴ πρότασις ἐνδέχεσθαι σημαίνει, φανερὸν ὅτι τὸ συμπέρασμα ἔσται ἐνδεχόμενον'. δύναται δὲ συλλογισμὸς γενέσθαι, κἂν τὴν καθόλου καταφατικὴν ἀναγκαίαν τηρήσαντες ἀντιστρέψωμεν τὴν μείζονα οὖσαν ἐνδεχομένην καθόλου ἀποφατικὴν εἰς τὴν ἐπὶ μέρους, μεταλαβόντες αὐτὴν εἰς τὴν καταφατικήν. ἀλλὰ περιεργοτέρα ἡ δεῖξις καὶ διὰ τὴν μετάληψιν τῆς ἐνδεχομένης εἰς τὴν καταφατικὴν καὶ διὰ τὸ δεῖν καὶ τὸ συμπέρασμα ἀντιστρέψαι καὶ διὰ τοῦτο γίνεσθαι ἐπὶ μέρους ἐνδεχόμενον καταφατικὸν τὸ συμπέρασμα, οὐκ ἀποφατικόν. ἔτι δὲ εἰ ἡ μὲν μείζων στερητική τε καὶ ἀναγκαία ἡ δὲ ἐλάττων ἐνδεχομένη καταφατικὴ καθόλου, ἀντιστραφείσης τῆς ἐνδεχομένης γίνεται ἐν πρώτῳ σχήματι συζυγία ἔχουσα τὴν μείζονα καθόλου ἀποφατικὴν ἀναγκαίαν τὴν δὲ ἐλάττονα ἐνδεχομένην ἐπὶ μέρους καταφατικήν, καὶ τὸ συμπέρασμα τοῦ μὴ ὑπάρχειν τινὶ καὶ οὕτως ἐνδεχόμενον | ἐπὶ μέρους· 83v οὐ γὰρ κατὰ τὸν διορισμόν. τὸ δὲ ὥστε καὶ τὸ Α τῷ Β ἀνάγκη τινὶ

1 προεῖπον] p. 238,37 7 αἱ ἄλλαι, ἐν αἷς scripsi: οἱ ἄλλοι, ἐν οἷς (cf. vs. 13) aB 8 ἀναγκαία, quod post μείζων vs. 7 habent aB, huc transposui 15 ᾖ scripsi: ἡ aB 16 ἡ addidi 19 ὃς addidi συλλογισμὸς superscr. B² δὲ scripsi: δὴ aB 20 δὴ et καὶ (cf. vs. 25) ex Arist. addidi 27 γίνεσθαι a 33 εἰ B: καὶ a

μὴ ὑπάρχειν οὐχ ὡς ἀναγκαίου ἀποφατικοῦ ἐπὶ μέρους γινομένου τοῦ 83v συμπεράσματος εἴρηται, ἀλλ' ὡς ἴσον τῷ 'ἀνάγκη ἐπὶ μέρους ἀποφατικὸν ὑπάρχον τὸ συμπέρασμα γίνεσθαι'. ἂν δὲ ἡ ἐλάττων ἀποφατικὴ ⟨ᾖ⟩ ἡ δὲ μείζων καταφατική, ἂν ἡ ἐνδεχομένη οὖσα ἐλάττων, ἐκ μὲν τῶν κειμένων οὐκ ἔσται συλλογισμός, μεταληφθείσης δὲ τῆς ἐνδεχομένης καθόλου ἀποφατικῆς εἰς τὴν καθόλου καταφατικὴν ἐνδεχομένην καὶ ἀντιστραφείσης ἔσται πάλιν τὸ πρῶτον σχῆμα ἐπὶ μέρους ἐνδεχόμενον καταφατικὸν ἔχον συμπέρασμα ἐπὶ τῇ μείζονι καθόλου καταφατικῇ ἀναγκαίᾳ καὶ τῇ ἐλάττονι ἐπὶ μέρους καταφατικῇ ἐνδεχομένῃ· ἀποφατικῆς γὰρ μενούσης τῆς ἐλάττονος οὐδὲν συναχθήσεται.

Ἐὰν δὲ ἡ ἐλάττων ᾖ καθόλου ἀποφατικὴ ἀναγκαία, οὐκ ἔσται συλλογιστικὴ συζυγία. καὶ τοῦτο πάλιν δείκνυσι τῇ τῶν ὅρων παραθέσει δείξας καὶ παντὶ καὶ μηδενὶ ὑπάρχειν δυνάμενον τὸν μείζονα καὶ πρῶτον ὅρον τῷ ἐσχάτῳ. τοῦ μὲν οὖν παντὶ ὑπάρχειν ὅροι ὕπνος, ἵππος καθεύδων, ἄνθρωπος· ὕπνος γὰρ ἐνδέχεται παντὶ ἀνθρώπῳ, ἵππος δὲ καθεύδων οὐδενὶ ἀνθρώπῳ ἐξ ἀνάγκης, καὶ ὕπνος ἐξ ἀνάγκης παντὶ ἵππῳ καθεύδοντι. τοῦ δὲ μηδενὶ ὕπνος, ἵππος ἐγρηγορώς, ἄνθρωπος· πάλιν γὰρ ὕπνον μὲν ἐνδέχεται παντὶ ἀνθρώπῳ, ἵππος δὲ ἐγρηγορὼς ἐξ ἀνάγκης οὐδενὶ ἀνθρώπῳ, καὶ ὕπνος οὐδενὶ ἵππῳ ἐγρηγορότι. δεῖ δὲ εἰδέναι, ὅτι τὰ συμπεράσματα οὐχ ἁπλῶς ἀναγκαῖα τὰ δεδειγμένα ἀλλὰ τὰ μετὰ διορισμοῦ, ἃ ὑπάρχοντά ἐστι. τὰ δὲ οὕτως ἔχοντα τοῦ μὲν ἀναγκαῖον ἢ ὑπάρχον γενέσθαι τι συμπέρασμά ἐστιν ἀναιρετικά· τὸ γὰρ παντὶ ὑπάρχον ἀναιρεῖ ὁμοίως τάς τε ἀναγκαίας καὶ τὰς ὑπαρχούσας ἀποφάσεις· ὁμοίως δὲ πάλιν καὶ τὸ μηδενὶ ὑπάρχον τὰς καταφάσεις πάσας τάς τε ἀναγκαίας καὶ τὰς ὑπαρχούσας. τοῦ μέντοι ἐνδεχομένου οὐκ εἰσιν ἀναιρετικαὶ αἱ ἐναντίαι ὑπάρχουσαι· τό τε γὰρ παντὶ ὑπάρχον ἐνδέχεται καὶ τινὶ καὶ μηδενὶ ὑπάρχειν αὐτῷ, καὶ τὸ μηδενὶ ὑπάρχον ἐνδέχεται καὶ παντὶ αὐτῷ καὶ τινί. καὶ συλλογιστικὴ δὲ ἡ συζυγία ἡ ἔχουσα τὴν μὲν ἐλάττονα καθόλου ἀποφατικὴν ἀναγκαίαν τὴν δὲ μείζονα καθόλου καταφατικὴν ἐνδεχομένην ἐν τρίτῳ σχήματι. ἀντιστραφείσης γὰρ τῆς ἐνδεχομένης γίνεται τὸ Β τῷ Γ ἐξ ἀνάγκης οὐδενί, τὸ Γ τῷ Α ἐνδέχεται τινί· τὸ Β ἄρα τῷ Α τινὶ οὐχ ὑπάρχει· τοῦτο γὰρ ἐδόκει γίνεσθαι συμπέρασμα ἀποφατικῆς τῆς ἀναγκαίας οὔσης. ἀλλ' οὐ τὸ προκείμενον οἷόν τε συναχθῆναι· δεῖ μὲν γὰρ τὸ Α τοῦ Β κατηγορεῖσθαι· οὐ δείκνυται δὲ τοῦτο, διὰ τὸ μὴ ἀντιστρέφειν τὸ ἐπὶ μέρους ἀποφατικὸν ὑπάρχον, τῇ προκειμένῃ μίξει. εἰ μέντοι μὴ συνάγοιτο ἐπὶ τῇ προκειμένῃ μίξει τὸ τινὶ μὴ ὑπάρχειν ἀλλὰ τὸ ἐνδέχεσθαι τινί, δόξει γίνεσθαι συλλογισμὸς τῷ τὸ ἐν μέρει ἐνδεχόμενον ἀποφατικὸν ἀντιστρέφειν. τοῦ δὲ ἀσυλλόγιστον δοκεῖν εἶναι ταύτην τὴν συζυγίαν πάλιν αἴτιον τὸ τὴν ἐλάττονα ἐν πρώτῳ σχήματι μένειν ἀποφατικήν· οὐ μέντοι, εἰ [μὴ]

1 οὐχ ὡς scripsi: ὡς οὐκ aB 2 ἀλλ' ὡς scripsi: ἄλλως ὡς aB 3 ᾖ addidi 9 γὰρ μενούσης (cf. vs. 39) scripsi: μὲν γὰρ οὔσης aB 13 ὑπάρχειν scripsi: ὑπάρχον aB 26 noli post τινὶ addere μὴ: nam cf. vs. 36 27 ante συλλογιστικὴ expunxit ἡ B 32 ἐδόκει] c. 16 p. 36a7—17, 32—39 33 τοῦ corr. B 39 μὴ delevi ut ex p. 252,2 translatum

ἀντιστρέφοιεν ἀμφότεραι. γίνεται ἡ ἐλάττων ἀναγκαία ἀποφατική· μείζων 83v γὰρ γίνεται ἡ ΒΓ, εἰ μὴ ἀμφοτέρας τις ἀντιστρέφοι.

Εἰ δὲ ἡ μὲν καθόλου τῶν προτάσεων εἴη ἡ δ' ἐν μέρει (τοῦτο γὰρ σημαίνει τὸ εἰ δ' ὁ μὲν καθόλου τῶν ὅρων ὁ δ' ἐν μέρει πρὸς τὸν μέσον· διὰ γὰρ τῶν ὅρων εἶπεν αὐτάς· ἅμα δὲ καὶ τὸ τρίτον σχῆμα ὑπέγραψεν· ἐν ᾧ γὰρ δύο ὅροι ἑνὸς καὶ μέσου κατηγοροῦνται, ὥσπερ καὶ πρῶτον πάλιν, ἐν ᾧ πάλιν τριῶν ὅρων ὄντων δύο ἐξ αὐτῶν κατηγοροῦνται, ἀλλ' οὐ τοῦ αὐτοῦ. ἀλλ', ὡς εἶπεν ἐπὶ τοῦ πρώτου σχήματος, "ὅταν ὁ μὲν καθόλου τῶν ὅρων ᾖ, ὁ δ' ἐν μέρει πρὸς τὸν ἕτερον"· ὅταν γὰρ μὴ τοῦ αὐτοῦ κατηγορῶνται ἀμφότεροι. ἀλλὰ μηδὲ | οἱ δύο ἀλλήλων ἀντικατηγορῶν- 84r ται. ⟨ἀλλ' ὁ τῷ ἑτέρῳ ὑποκείμενος μὴ τοῦ κατηγορουμένου αὐτοῦ ἀντικατηγορῆται⟩ ἀλλὰ τοῦ ἑτέρου, τοῦ πρώτου σχήματος ἡ συμπλοκή), οὔσης δὲ τῆς προειρημένης συμπλοκῆς ἐν τρίτῳ σχήματι ὁμοίως, φησίν, ἔσονται οἱ συλλογισμοί, ὥσπερ καὶ ὅτε ἀμφότεραι καθόλου ἦσαν. καὶ γὰρ ἐν ἐκείνοις τῆς μὲν ἐλάττονος ἀναγκαίας ἀποφατικῆς οὔσης καθόλου οὐδὲν ἐγίνετο· οὔσης δὲ ταύτης ἐνδεχομένης ἀποφατικῆς ἐγίνετο συλλογιστικὴ συζυγία. ὁμοίως δὲ καὶ ἀναγκαίας καταφατικῆς· τὴν γὰρ καθόλου καταφατικὴν ἀντιστρέφοντες ἐπὶ μέρους τε ἐποιοῦμεν καὶ εἰς τὸ πρῶτον σχῆμα τὴν συζυγίαν ἀνήγομεν. καὶ ἐν τούτοις δὲ ὁμοίως τὴν ἐπὶ μέρους ἀντιστρέψαντες τὴν αὐτὴν ἐν πρώτῳ σχήματι συζυγίαν καὶ τῶν δύο καθόλου οὐσῶν ποιησόμεθα. ἐπὶ δὲ τῶν ἄλλων συζυγιῶν ἐν μὲν τῇ ἐχούσῃ τὴν μὲν μείζονα ἐπὶ μέρους ἀποφατικὴν ἐνδεχομένην τὴν δὲ ἐλάττονα καθόλου καταφατικὴν ἀναγκαίαν διὰ τῆς εἰς ἀδύνατον ἀπαγωγῆς, ὥσπερ καὶ ὅτε ἦν ὑπάρχουσα καθόλου καταφατικὴ αὐτὴ οὔσης τῆς μείζονος ἐπὶ μέρους ἀποφατικῆς ἐνδεχομένης. τὸ γὰρ ὁμοίως δὲ ἕξει οὐκ ἐπὶ τῶν δείξεων εἶπεν ἀλλ' ἐπὶ τοῦ τὸ συμπέρασμα ἐνδεχόμενον ὅμοιον γίνεσθαι, ὁποῖον καὶ ὅτε ἦσαν ἀμφότεραι καθόλου. δύναται δὲ καὶ μεταληφθείσης τῆς ἐπὶ μέρους ἀποφατικῆς ἐνδεχομένης εἰς τὴν καταφατικὴν καὶ ἀντιστραφείσης συναγόμενον δείκνυσθαι ἐνδεχόμενον ἐπὶ μέρους καταφατικόν· δεῖ μέντοι καὶ τὸ συμπέρασμα ἀντιστρέψαι· ὥστε οὐ πάντως διὰ τῆς εἰς ἀδύνατον ἀπαγωγῆς ἡ τοιαύτη συμπλοκή.

Εἰ μὲν οὖν ἀμφότεραι καταφατικαὶ εἶεν, τοῦ ἐνδέχεσθαι τινὶ ὑπάρχειν ἔσται τὸ συμπέρασμα ἀλλ' οὐ τοῦ ὑπάρχειν τινί, ὁποτέρα ἂν καθόλου ληφθῇ. πλὴν ὅτι τῆς μείζονος ἐπὶ μέρους ληφθείσης αὐτήν τε δεήσει καὶ τὸ συμπέρασμα ἀντιστρέψαι· οὕτως γὰρ ἔσται τοῦ προκειμένου τὸ συμπέρασμα. ἀλλὰ κἂν ἡ ἑτέρα ἀποφατικὴ ληφθῇ ἡ ἀναγκαία καταφατική, ἐνδεχόμενον ἐπὶ μέρους ἀποφατικὸν τὸ συμπέρασμα. δεῖ δὲ καὶ ἐν μέρει

1 ἀντιστρέφειν a 3 δὲ ex δὴ corr. B 4 εἰ δ' aB: καὶ εἰ Ar. τὸν aB: τὸ Ar. 8 εἶπεν] c. 4 p. 26a17 ὅταν a: 'ἂν post spatium 2 lit. B (fuit haud dubie ὅτ' ἄν, ut p. 253,37): εἰ Ar. et lemma p. 58,24 9 τὸν B: τὸ a ἕτερον ex ἑταῖρον corr. B² 10 μηδὲ] μη periit in B οἱ B: αἱ a ἀντικατηγορῶνται] γορῶνται periit in B 11 ἀλλ' ὁ ... ἀντικατηγορῆται (12) a: om. B 11. 12 ἀντικατηγορῆται scripsi: ἀντικατηγορεῖται a 17 καὶ superscr. B² 24 αὐτὴ correxi: αὐτῆς aB 28 ante εἰς expunxit τὸ γὰρ (ex vs. 25 translatum) B 28. 29 ἐνδεχόμενον] ενον evan. B 31 οὕτως γὰρ] ως γ periit in B 35 ἢ evan. B 36 τὸ periit in B

εἶναι τὴν ἀναγκαίαν οὖσαν καταφατικήν· ἂν γὰρ ᾖ αὕτη καθόλου, δεήσει 84r τὴν ἐπὶ μέρους ἐνδεχομένην ἀποφατικὴν εἰς τὴν καταφατικὴν μεταλαβεῖν· οὕτως δὲ ἔσται καὶ τὸ συμπέρασμα καταφατικόν. δύναται δέ, ἂν ἡ ἐλάττων καθόλου καταφατικὴ ἀναγκαία ληφθῇ, διὰ τῆς εἰς ἀδύνατον ἀπαγωγῆς δείκνυσθαι γινόμενον τὸ συμπέρασμα ἐνδεχόμενον ἐπὶ μέρους ἀποφατικόν. ἂν δὲ ἡ ἀποφατικὴ καθόλου τε καὶ ἀναγκαία οὖσα μείζων (τότε γὰρ ἡ συζυγία συλλογιστική), τοῦ μὴ ὑπάρχειν τινί, οὐ τοῦ ἐνδέχεσθαι μὴ ὑπάρχειν ἔσται τὸ συμπέρασμα· ὁμοίως γὰρ δειχθήσεται, ὥσπερ ἐδείχθη, καὶ ὅτε καθόλου ἦσαν ἀμφότεραι, ἡ ⟨δ'⟩ ἀποφατικὴ ἀναγκαία. εἰπὼν δὲ ἔσεσθαι τοῦ μὴ ὑπάρχειν τινὶ τὸ συμπέρασμα ἐν τῇ ἐκ καθόλου ἀποφατικῆς ἀναγκαίας καὶ ἐπὶ μέρους καταφατικῆς ἐνδεχομένης ἐν τρίτῳ σχήματι συζυγίᾳ τὴν αἰτίαν τοῦ τοιαῦτα γίνεσθαι τὰ συμπεράσματα καθόλου παρέθετο προσθεὶς ἀνάγκη γὰρ διὰ τοῦ πρώτου σχήματος τελειοῦσθαι τοὺς συλλογισμούς, ὥστε, καθάπερ ἐν ἐκείνοις, καὶ ἐπὶ τούτων ἀναγκαῖον συμπίπτειν. τοῦτ' ἔστιν 'ὁποῖα ἂν ἐν ἐκείνῳ τὰ συμπεράσματα τῷ σχήματι ἐπὶ ταῖς τοιαύταις συζυγίαις, τοιαῦτα καὶ ἐν τούτῳ δεῖ εἶναι'. ἐπιζητήσαι ἄν τις εὐκαίρως πρὸς αὐτόν, διὰ τί οὐχ οὕτως εἶπε γίνεσθαι καὶ ἐν ταῖς ἐξ ὑπαρχούσης καὶ ἐνδεχομένης μίξεσιν ἐν τούτῳ τῷ σχήματι, ὡς ἐν τῷ πρώτῳ ἐδείκνυτο. ἢ τὸ νῦν λεγόμενον καθόλου γίνεται, καὶ τούτῳ χρὴ ἕπεσθαι· ὡς γὰρ ἂν ἐν τῷ πρώτῳ σχήματι ἔχῃ τὸ συμ- 84v πέρασμα, οὕτως καὶ ἐν τοῖς ἄλλοις ἕξει σχήμασι τοῖς τὴν ὁμοίαν συμπλοκὴν δεικνυμένοις ἔχειν διὰ τῆς ἀντιστροφῆς.

Ἂν μέντοι στερητικὴ ἡ ἐλάττων πρότασις καθόλου ᾖ, ἐὰν μὲν ἐνδεχομένη, ἀντιστραφείσης τῆς ἐπὶ μέρους καταφατικῆς ἀναγκαίας συλλογιστικὴ ἡ συζυγία τοῦ ἐνδέχεσθαι τινὶ μή, ἧς πάλιν δεήσει καὶ τὸ συμπέρασμα ἀντιστρέψαι· ἀντιστρέφει δὲ ἡ ἐπὶ μέρους ἐνδεχομένη ἀποφατικὴ οὖσα τοῦ κατὰ τὸν διορισμὸν ἐνδεχομένου. ἂν δὲ στερητικὴ καθόλου ἡ ἐλάττων οὖσα ἀναγκαία, οὐκ ἔσται συλλογιστικὴ ἡ συζυγία. καὶ τοῦτο δειχθήσεται μὲν διὰ τῶν αὐτῶν ὅρων τῶν καὶ πρὸ ὀλίγου ληφθέντων, ὅτε ἦσαν ἀμφότεραι καθόλου, ἀναγκαία δὲ ἀποφατικὴ ἡ ἐλάττων. αἴτιον δὲ πάλιν τὸ γίνεσθαι μὲν συμπέρασμα ἀντιστραφείσης τῆς μείζονος οὔσης ἐνδεχομένης ἐπὶ μέρους καταφατικῆς ὑπάρχον ἐπὶ μέρους ἀποφατικὸν ἀπὸ τοῦ ἐλάττονος ἄκρου, μὴ ἀντιστρέφειν δὲ τὴν ἐπὶ μέρους ἀποφατικὴν ὑπάρχουσαν. οἱ δὲ ὅροι ἦσαν τοῦ μὲν ὑπάρχειν ὕπνος, κοιμώμενος ἵππος, ἄνθρωπος, τοῦ ⟨δὲ⟩ μὴ ὑπάρχειν ὕπνος, ἐγρηγορὼς ἵππος, ἄνθρωπος· ὁ γὰρ ὕπνος τότε μὲν ἐλαμβάνετο παντὶ ἀνθρώπῳ ἐνδέχεσθαι, νῦν δὲ ληφθήσεται τινί. ἀλλ' οὐδ' ὅταν ἡ ἐλάττων ἐπὶ μέρους ᾖ ἀναγκαία ἀποφατική, συλλογιστικὴ ἡ συμπλοκή.

---

1 καταφατικήν· ἂν] τικήν· ἂν periit in B ᾖ αὕτη scripsi: ἡ αὐτὴ aB 2 ἐνδεχομένην] δεχομέ periit in B 8 ἐδείχθη] p. 40a25—32 9 ἡ a: ᾗ B (corr.?) δ' addidi 11 συζυγίᾳ, ut videtur, B: συζυγίας a 15 ἂν] conicio οὖν 17 ante ἂν add. δ' a 18 τῷ om. a 24 post ἀντιστραφείσης add. τε a 29 πρὸ ὀλίγου] p. 40a37 32 post ὑπάρχον eras. 2—3 lit. B ἀπὸ correxi (cf. p. 246, 7): ἐπὶ aB 34 δὲ a: om. B 35 ἵππος ex ὕπνος corr. B 37 ὅτ' ἂν B: ὅτε a ἡ alterum om. a

οἱ αὐτοὶ ὅροι παρατεθέντες δείξουσιν· ληφθήσεται γὰρ ἐγρήγορσις. ἵππος [ἢ ὁ] 84v κοιμώμενος. ἄνθρωπος· ἐγρήγορσις γὰρ ἐνδέχεται παντὶ ἀνθρώπῳ, ἵππος δὲ κοιμώμενος ἐξ ἀνάγκης τινὶ ἀνθρώπῳ οὐχ ὑπάρχει. καὶ ἐγρήγορσις ἐξ ἀνάγκης οὐδενὶ κοιμωμένῳ ὑπάρχει. καὶ πάλιν ἐγρήγορσις, ἵππος ἐγρηγορώς, ἄνθρωπος· ἐγρήγορσιν γὰρ παντὶ ἀνθρώπῳ ἐνδέχεται ὑπάρχειν, ἵππος δὲ ἐγρηγορὼς ἐξ ἀνάγκης οὐδενὶ ἀνθρώπῳ. καὶ ἐγρήγορσις ἐξ ἀνάγκης παντὶ ἵππῳ ἐγρηγορότι.

Οὐκέτι τῶν ἄλλων ἀσυλλογίστων συζυγιῶν ἐμνημόνευσε τῶν ἐξ ἀμφοῖν ἐπὶ μέρους ἢ ἀδιορίστων [ἢ] καταφατικῶν τε καὶ ἀποφατικῶν καὶ ἀνομοιοσχημόνων ὡς ὄντος ἤδη γνωρίμου τούτου κατὰ ταύτας διὰ τῶν εἰρημένων.

p. 40b15 Δῆλον δὲ καὶ ὅτι πάντες ἀτελεῖς. καὶ ὅτι τελειοῦνται διὰ τοῦ πρώτου σχήματος.

Τοῦτο γὰρ ἦν τὸ καὶ ἐπὶ τοῦ δευτέρου σχήματος ῥηθὲν τὸ "τελειοῦνται διὰ τῶν προειρημένων σχημάτων"· ἀντὶ γὰρ τοῦ 'διὰ τοῦ προειρημένου σχήματος' εἶπε 'τῶν σχημάτων'. ὅτι δὲ καὶ οἱ ἐν τούτῳ τῷ σχήματι ἀτελεῖς τε συλλογισμοὶ καὶ τελειοῦνται διὰ τοῦ πρώτου σχήματος, δῆλον· οἱ μὲν γὰρ δι' ἀντιστροφῆς τῶν προτάσεων ἐδείχθησαν συνάγοντες, οἱ δὲ διὰ τῆς εἰς ἀδύνατον ἀπαγωγῆς. ἐν οἷς ἡ μὲν ἐλάττων καθόλου καταφατικὴ ἢ ὑπάρχουσα ἢ ἀναγκαία ἡ δὲ μείζων ἐπὶ μέρους ἀποφατικὴ ἐνδεχομένη. ἐμνημόνευσε δὲ καὶ ταύτης τῆς δείξεως ἐπὶ μόνης τῆς ἐξ ἐνδεχομένης καὶ ὑπαρχούσης μίξεως· ἐπὶ δὲ τῆς ἐξ ἀναγκαίας καὶ ἐνδεχομένης μόνον εἶπε τοῦ κατὰ τὸν διορισμὸν ἐνδεχομένου γίνεσθαι τὸ συμπέρασμα, οὐκέτι δὲ καὶ τὴν δεῖξιν παρέθετο ἡ λέξις "καὶ ὅταν τὸ μὲν στερητικὸν ληφθῇ τὸ δὲ καταφατικόν, ἀναγκαῖον ⟨δὲ τὸ καταφατικόν"⟩. ἡ γὰρ ἐκ καθόλου καταφατικῆς ἀναγκαίας τῆς ἐλάττονος καὶ ἐπὶ μέρους ἀποφατικῆς ἐνδεχομένης τῆς μείζονος ἐν τρίτῳ σχήματι καὶ διὰ τῆς εἰς ἀδύνατον ἀπαγωγῆς δείκνυται συλλογιστικὴ καὶ διὰ τῆς ἀντιστροφῆς. ἂν γὰρ μεταλάβωμεν τὴν ἐπὶ μέρους ἐνδεχομένην ἀποφατικὴν τὴν ΑΓ εἰς τὴν καταφατικὴν καὶ ἀντιστρέψωμεν, συναχθήσεται μὲν τὸ Β τῷ Α ἐνδέχεσθαι τινί, ἀντιστραφέντος δὲ τοῦ συμπεράσματος ἔσται δεικνύμενον τὸ προειρημένον. ἀλλὰ διὰ μὲν τῆς εἰς ἀδύνατον ἀπαγωγῆς ἐπὶ μέρους ἀποφατικὸν ἐνδεχόμενον τὸ δεικνύμενον, διὰ δὲ τῆς ἀντιστροφῆς ἐπὶ μέρους καταφατικὸν ἐνδεχόμενον τὸ δεικνύμενον. διὸ οὐδὲ χρῆται τῇ δι' ἀντιστροφῆς δείξει ἐν τῇ τοιαύτῃ συμπλοκῇ, ὅτι μὴ τηρεῖται τὸ ἀποφατικὸν γίνεσθαι τὸ συμπέρασμα | ἀποφατικῆς κειμένης προτάσεως. 85r οὕτως δέ, κἂν ἡ μείζων ᾖ ἀναγκαία καθόλου καταφατική, ἡ δὲ ἐλάττων ἐνδεχομένη ἐπὶ μέρους ἀποφατική, κατ' ἀμφοτέρας τὰς ἀντιστροφάς.

---

1 ante οἱ fort. ὁ addendum   ἐγρήγορσις correxi: ὁ ἐγρηγορὼς aB   ἢ ὁ delevi
2 et 5 παντὶ correxi (cf. vs. 8—10): τινὶ aB (ex τινὶ ἀνθρώπῳ vs. 3 fort. error irrepsit)
8 τε om. a   ἢ alterum delevi   10 δῆλον . . . σχήματος (11) non lemma sed textus verba in aB   12 ῥηθὲν] c. 19 p. 39a2; cf. p. 242, 22   16 δι' superscr. B[3]   οἱ δὲ . . . οἷς (17) scripsi: ὁ δὲ . . . αἷς aB   19 ἐμνημόνευσε] c. 21 p. 39b32   20 μόνον ex μόνην corr. B   22 ἡ λέξις] p. 40b2   23 δὲ τὸ καταφατικόν ex Arist. addidi   ἡ scripsi: ἢ aB   28 Γ B: γ a   30 διὰ δὲ . . . δεικνύμενον (31) om. a   31 καταφατικὸν ex ἀποφατικὸν corr. B[2]   32 τηρεῖται a: τηρῆται B

p. 40b17 Ὅτι μὲν οὖν ⟨οἱ⟩ ἐν τούτοις τοῖς σχήμασι συλλογισμοὶ τελειοῦνται διὰ τῶν ἐν πρώτῳ σχήματι καθόλου συλλογισμῶν. 85r

Λέγει μὲν περὶ τῶν ἐν δευτέρῳ καὶ τρίτῳ σχήματι συλλογισμῶν ὑπομιμνήσκων ἡμᾶς τῶν δεδειγμένων· δέδεικται γάρ, ὅτι πάντες οἱ ἐν τοῖς σχήμασι τούτοις συλλογισμοὶ διὰ τοῦ πρώτου σχήματος τελειοῦνται ἢ δεικτικῶς δι' ἀντιστροφῶν προτάσεων ἢ ἐξ ὑποθέσεως διὰ τῆς εἰς ἀδύνατον ἀπαγωγῆς. τὸ δὲ καθόλου πρόσκειται ἤτοι δηλωτικὸν τοῦ ὅτι πάντες ἀνάγονται εἰς τοὺς ἐν τούτῳ δύο καθόλου συλλογισμούς (ἐδείχθη γὰρ καὶ τοῦτο, ὅτε καὶ οἱ τὰ ἐπὶ μέρους ἐν πρώτῳ σχήματι συνάγοντες ἐδείχθησαν καὶ αὐτοὶ ἀναγόμενοι εἰς τοὺς δύο τοὺς καθόλου τοῦ πρώτου διὰ τοῦ πρῶτον διὰ τῆς εἰς ἀδύνατον ἀπαγωγῆς εἰς τοὺς ἐν τῷ δευτέρῳ δύο τοὺς ἐκ τῶν δύο καθόλου προτάσεων ἀναχθῆναι· εἰ δὲ εἰς τούτους πάντες ἀνάγονται, καὶ τελειοῦνται διὰ τούτων, ἐξ ὧν τὸ εἶναι ἔχουσιν), ἢ τὸ καθόλου νῦν εἶπεν ἀντὶ τοῦ 'ἁπλῶς'· καθόλου γὰρ πάντες καὶ ἁπλῶς πάντες τελειοῦνται διὰ τῶν ἐν τῷ πρώτῳ σχήματι συλλογισμῶν. καὶ εἴη ἂν τὸ λεγόμενον τοιοῦτον· 'τελειοῦνται δὲ καθόλου διὰ τῶν ἐν τῷ πρώτῳ σχήματι συλλογισμῶν'.

p. 40b20 Ὅτι δ' ἁπλῶς πᾶς συλλογισμὸς οὕτως ἕξει, νῦν ἔσται φανερόν.

Ἡ πρόθεσις αὐτῷ δεῖξαι, ὅτι μηδεὶς συλλογισμὸς ἔξω τῶν εἰρημένων γίνεται τριῶν σχημάτων, ἀλλὰ πᾶς ἔν τινι τῶν σχημάτων ἐστὶ τούτων. οὕτως δ' ἂν εἴη συναποδεικνύμενον καὶ τὸ ὅτι πᾶς συλλογισμὸς εἰς τοὺς δύο τοὺς ἐν τῷ πρώτῳ σχήματι τοὺς ἐκ καθόλου προτάσεων ἀμφοτέρων ἀνάγεται. τὸ δὲ ἁπλῶς πᾶς συλλογισμὸς οὕτως ἕξει ἤτοι λέγει, ὅτι οὕτως ἕξει, ὡς ἐξηριθμησάμεθα καὶ κατελέξαμεν τοὺς καθ' ἕκαστον σχῆμα δεικνύντες συλλογισμούς (εἷς γάρ τις τούτων ἔσται τῶν εἰρημένων ἡμῖν ἢ πᾶς ὁ λαμβανόμενος· τοῦτο δὲ δειχθήσεται, ἂν δειχθῇ μηδεὶς ἔξω τῶν τριῶν σχημάτων, ὧν ἐξεθέμεθα, γινόμενος· εἰ γὰρ πᾶς μὲν ὁ γινόμενος ἐν τούτοις, οἱ δ' ἐν τούτοις εἰσίν, οὓς ἐξεθέμεθα, πᾶς ὁ γινόμενος συλλογισμὸς εἴη ἂν ἐν τούτοις, οἷς ἐξεθέμεθα), ἢ ἁπλῶς πᾶς συλλογισμὸς οὕτως ἕξει ὡς ἀνάγεσθαι εἰς τοὺς ἐν πρώτῳ σχήματι καθόλου.

p. 40b23 Ἀνάγκη δὴ πάντα συλλογισμὸν καὶ πᾶσαν ἀπόδειξιν ἢ ὑπάρχον τί τινι ἢ μὴ ὑπάρχον δεικνύναι.

Δεικνύς, ὅτι πᾶς συλλογισμὸς τῶν εἰρημένων τις ἔσται καὶ ἔν τινι τῶν τριῶν σχημάτων, διαίρεσιν τῶν δεικνυμένων συλλογιστικῶς πρῶτον

---

1 οἱ ex Arist. addidi 2 τελειοῦνται aB (Adfu): τελειοῦνταί τε reliqui Arist. codices τῷ πρώτῳ Ar. 4 δέδεικται] c. 7 p. 29a30—39 8 ἐδείχθη] c. 7 p. 29b1—25 18 ἔχει Ar. 28 πασῶν a 32 πᾶσαν ἀπόδειξιν καὶ πάντα συλλογισμόν Arist. et Alex. ipse p. 256,4 33 τινι om. Arist. codices praeter n, qui tamen τι omittit

ποιεῖται. καὶ οὕτως ἕκαστον τῶν ἐκ τῆς διαιρέσεως δείκνυσι μὴ δυνάμενον 85r ἄλλως δειχθῆναι. εἰ μὴ διά τινος τῶν προειρημένων τριῶν σχημάτων καὶ τῶν ἐν τούτοις συζυγιῶν· τούτου γὰρ δειχθέντος ἀποδειχθὲν ἂν εἴη τὸ προκείμενον. λαμβάνει δὴ τὸ πᾶσαν ἀπόδειξιν καὶ πάντα συλλογισμὸν (κοινότερον νῦν τῆς ἀποδείξεως ὀνόματι χρώμενος) ἢ ὑπάρχον τί τινι δεικνύναι ἢ μὴ ὑπάρχον. καὶ ἑκάτερον τούτων ἢ καθόλου ἢ κατὰ μέρος· ἢ γὰρ παντὶ ὑπάρχειν ἢ μηδενὶ δείκνυσιν ὁ συλλογιζόμενος (ταῦτα γὰρ τὰ καθόλου) ἢ τινὶ ὑπάρχειν ἢ μὴ παντί· ταῦτα γὰρ τὰ ἐπὶ μέρους. εἰπὼν δέ, ὅτι τὰ δεικνύμενα ταῦτά ἐστι συλλογιστικῶς, ἑξῆς παρατίθεται καὶ τοὺς τρόπους τῶν δείξεων λέγων ἔτι ἢ δεικτικῶς ἢ ἐξ ὑποθέσεως, δεικτικῶς μὲν λέγων τοὺς κατηγορικῶς καὶ δι' οὐδεμιᾶς ὑποθέσεως ἀλλὰ 85v τὸ προκείμενον ἄντικρυς καὶ αὐτόθεν δεικνύντας (οὐ γὰρ χρῶνται τῷ κατηγορικῷ ὀνόματι ἐπὶ τούτου τοῦ τρόπου τῆς δείξεως ἀλλὰ τῷ δεικτικῷ, κατηγορικὸν δὲ ἐν ἔθει αὐτοῖς τὸ καταφατικὸν λέγειν), ἐξ ὑποθέσεως δὲ τοὺς ὑπόθεσίν τινα θέντας ἐν τῇ δείξει καὶ ὑποτεθείσῃ προσχρωμένους προτάσει ἢ μιᾷ ἢ καὶ πλείοσι. δείξει δέ, ὅτι καὶ ἐν τοῖς ἐξ ὑποθέσεως τὸ συλλογιστικῶς δεικνύμενον ἢ ὑπάρχειν τινὶ ἢ μὴ ὑπάρχειν δείκνυται, καὶ τούτων ἑκάτερον ἢ καθόλου ἢ κατὰ μέρος διὰ τούτων δείκνυται. φησὶ δὲ τοῦ ἐξ ὑποθέσεως μέρος καὶ εἶδος εἶναι καὶ τὴν δι' ἀδυνάτου δεῖξιν ἐνδεικνύμενος ἡμῖν, τί ποτέ ἐστι τὸ ἐξ ὑποθέσεως, καὶ διὰ τί ἐξ ὑποθέσεως καλεῖται· καὶ γὰρ ἐν τοῖς δι' ἀδυνάτου ὑποθέντες τὸ ἀντικείμενον, οὐ βουλόμεθα δεῖξαι, πρὸς τοῦτο τὸν συλλογισμὸν ποιούμεθα δεικνύντες ἀδύνατον αὐτό, προηγουμένως μὲν συλλογιζόμενοι καὶ δεικνύντες τὸ ψεῦδός τε καὶ ἀδύνατον, κατὰ συμβεβηκὸς δὲ καὶ κατασκευάζοντες τἀληθές τε καὶ τὸ προκείμενον. περὶ μὲν οὖν τῶν ἐξ ὑποθέσεως ποιήσεται τὸν λόγον· ἀκολουθήσει γὰρ ὁ περὶ ἐκείνων λόγος τούτοις. πρῶτον δὲ τοὺς κατηγορικῶς καὶ δεικτικῶς, ὥς φησι, δεικνύντας δείκνυσι πάντας διὰ τῶν προειρημένων γινομένους σχημάτων· ἐκ γὰρ τούτων φησὶν ἔσεσθαι γνώριμον καὶ τὸ τῶν ὑποθετικῶν.

p. 40b30 Εἰ δὴ δέοι τὸ Α κατὰ τοῦ Β συλλογίζεσθαι ὑπάρχον ἢ μὴ ὑπάρχον.

Τοῦτ' ἔστιν, ἂν ᾖ προκείμενον ἡμῖν καταφατικὸν συμπέρασμα ποιῆσαι τοῦ Α πρὸς τὸ Β ἢ ἀποφατικόν (τὸ γὰρ δεικτικὸν τοιοῦτον), ἀνάγκη μὲν λαβεῖν τι κατά τινος κατηγορούμενον· μηδενὸς γὰρ λαμβανομένου οὐδ' ἂν δειχθείη τι. ἀλλ' οὐδ' ἂν ὑποθετικὸς ληφθῇ, ὁ συλλογισμὸς ἔτι δεικτικός. ἀλλ' οὐδ' ἂν ἄλλο τι ἄλλου κατηγορούμενον ληφθῇ, μὴ συνάπτῃ δὲ πρὸς τὸ Α ἢ τὸ Β, οὐδ' ὅλως περὶ τούτων ὁ λόγος ἔσται. ἀλλὰ μὴν οὐδ' εἰ

4 τὸ om. a 15 ὑποτεθείσῃ scripsi: ὑποτεθείκει aB 16 δείξει] p. 41a21 sqq. 21 ὑποτεθέντες a 26 post κατηγορικῶς add. τε a 30 τοῦ om. a συλλογίζεσθαι B: συλλογίσασθαι a et Ar. 34 τι λαβεῖν a κατά om. a 35 ὑποθετικός] fort. ὑποθετικῶς

τὸ Α κατὰ τοῦ Β λαμβάνοιμεν κατηγορεῖσθαι· εἴημεν γὰρ ⟨ἄν⟩. ὃ βου- 85v
λόμεθα δεῖξαι, τοῦτο λαμβάνοντες, ὅπερ ἐστὶ τὸ ἐν ἀρχῇ λαμβάνειν· τὸ γὰρ τὴν ἀρχὴν ζητούμενον οὐχ ὡς ζητούμενον ἀλλ' ὡς οὕτως ἔχον ληψόμεθα. κατ' ἄλλου ἄρα τὸ Α ἢ ἄλλο κατὰ τοῦ Α. εἰ μὲν οὖν τὸ Α κατὰ τοῦ Γ κατηγορήσαιμεν, τὸ δὲ Γ κατὰ μηδενός, μηδ' ἄλλο τι κατὰ τοῦ Γ, ἀλλὰ μηδὲ κατὰ τοῦ Α τι ἕτερον, οὐδὲ συλλογισμὸν ὅλως ποιήσομεν. λείπει δὲ τὸ μηδὲ τὸ Α κατ' ἄλλου· τοιαύτη γὰρ ἡ τοῦ δευτέρου σχήματος τάξις. οὐ γὰρ γίνεται συλλογισμὸς ἑνός τινος ληφθέντος· τοῦτο γὰρ σημαίνει τὸ τῷ γὰρ ἓν καθ' ἑνὸς ληφθῆναι οὐδὲν συμβαίνει ἐξ ἀνάγκης. βούλεται γὰρ εἰπεῖν, ὅτι συλλογιστικῶς οὐδὲν συμβαίνει μιᾶς ληφθείσης προτάσεως· ἦν γὰρ ὁ συλλογισμὸς λόγος, ἐν ᾧ "τεθέντων τινῶν", ἀλλ' οὐ 'τινὸς τεθέντος'. δεῖ ἄρα καὶ ἑτέρας προτάσεως, ἵνα δειχθῇ συλλογιστικῶς ⟨τί⟩ τινι ὑπάρχον ἢ μὴ ὑπάρχον. ἂν μὲν οὖν προσληφθῇ πάλιν τὸ Α κατά τινος ἄλλου, φέρε εἰπεῖν τοῦ Δ, ἀποφατικῶς, ἔσται συλλογισμὸς ἐν δευτέρῳ σχήματι τοῦ Γ πρὸς τὸ Δ. ἂν δ' ἄλλο τι κατὰ τοῦ Α, φέρε εἰπεῖν τὸ Δ, συλλογιστικῶς, ἔσται συλλογισμὸς ἐν πρώτῳ σχήματι τοῦ Δ πρὸς τὸ Γ. ἂν δὲ κατὰ τοῦ Γ ὡς τὸ Α οὕτως καὶ ἄλλο τι συλλογιστικῶς, φέρε εἰπεῖν τὸ Δ, ἔσται συλλογισμὸς ἐν τρίτῳ σχήματι τοῦ Α πρὸς τὸ Δ. διὸ καὶ εἶπεν 'οὐδὲν μὲν κωλύσει ἐκ τῶν οὕτως λαμβανομένων γίνεσθαι συλλογισμόν. οὐ μέντοι τὸ Β ἢ τὸ Α δειχθήσεται κατηγορούμενον, ὃ προέκειτο, ἢ ὅλως ἄλλο τι τῶν προειρημένων τῷ μηδὲ τὴν ἀρχὴν εἰλῆφθαι τὸ Β ἐν ταῖς κειμέναις προτάσεσι μηδὲ συνῆφθαί τινα αὐτῷ τῶν ὅρων'. ἀλλ' οὐδ' ἂν ἐπ' εὐθείας λαμβάνωμεν ὡς τὸ Α κατὰ τοῦ Γ οὕτως τὸ Γ κατ' ἄλλου κἀκεῖνο πάλιν κατ' ἄλλου· καὶ γὰρ οὕτως πάλιν, ἂν συλλογιστικῶς ληφθῶσιν 86r
αἱ προτάσεις, ἔσται μὲν ἐν πρώτῳ σχήματι τὸ Α τοῦ ἐσχάτου ληφθέντος κατηγορούμενον, οὐ μὴν τοῦ Β, εἰ μὴ τοῦτο εἴη εἰλημμένον. ὅλως γάρ, εἰ μὴ εἴη πρὸς τὸ Β συναπτόμενός τις ὅρος ὥσπερ καὶ πρὸς τὸ Α, οὐδεὶς ἔσται καὶ πρὸς τὸ Β συλλογισμὸς τοῦ Α, ὅπερ ἦν δεῖξαι προκείμενον. οὐδεὶς γὰρ γίνεται συλλογισμὸς ἄλλου πρὸς ἄλλο, εἰ μὴ ληφθείη τις αὐτῶν μέσος ὅρος, ὃς πρὸς ἀμφότερα τὰ ἄκρα, ὧν πρόκειται ποιήσασθαι τὴν δεῖξιν, ἕξει σχέσιν τινὰ ὡς ἀμφοτέροις συνῆφθαι ἢ τῷ κατηγορεῖσθαι ἀμφοτέρων συλλογιστικῶς ἢ τῷ ὑποκεῖσθαι ἀμφοτέροις ἢ τῷ τοῦ μὲν κατηγορεῖσθαι τῷ δὲ ὑποκεῖσθαι. καθόλου μὲν γὰρ ὁ συλλογισμὸς ἐκ προτάσεών ἐστιν ἐχουσῶν μέσον ὅρον τινὰ καὶ κοινόν· ὁ δὲ πρὸς ὡρισμένον τι συλλογισμὸς ἐκ τῶν πρὸς τοῦτο συναπτουσῶν προτάσεων. ὥστ', εἰ μὴ πρὸς τοῦτο συνάπτοιέν πως αἱ λαμβανόμεναι προτάσεις, συλλογισμὸν μὲν οὐδὲν κωλύσει γενέσθαι, οὐ μὴν πρὸς τοῦτο. εἰ γὰρ εἴη προκείμενον πρὸς τὸ Α

---

1 εἴημεν scripsi: εἴη μὲν B: εἰ μὲν a   ἂν addidi   3 ὡς alterum om. a   5 κατηγορήσωμεν a   τι om. a   6 ποιήσωμεν a   11 τεθέντων τινῶν] c. 1 p. 24b19   12 τεθέντος τινὸς a   13 τί addidi (cf. p. 256,5)   ἐὰν a   14 et 15 φέρε a: φέρει B   20 τοῦ β a   22 μηδὲ a: μηδὲν B   28 καὶ om. a   συλλογισμὸς τοῦ α πρὸς τὸ β a   31 post ἕξει add. δὲ a   33 τῷ B: τοῦ a   35 συλλογισμὸν omisso τι (34) a

ποιήσασθαί τινα συλλογισμόν. δεῖ τὸ πρῶτον ἄκρον ὅρον ληφθῆναι κατά τι 86r τῶν τριῶν σχημάτων συνάπτοντα πρός τινα μέσον καὶ ἕτερον ἄκρον· ἄλλως γὰρ οὐκ ἂν γένοιτο πρὸς αὐτὸ συλλογισμός. οἷον εἰ εἴη προκείμενον περὶ ἡδονῆς τι συλλογίσασθαι. ἂν λάβωμεν, ὅτι πᾶσα ἡδονὴ κατὰ φύσιν, πᾶν τὸ κατὰ φύσιν αἱρετόν. ποιήσομέν τινα συλλογισμὸν πρὸς τὸ προκείμενον. οὐδὲν ἔλαττον ἔσται πρὸς τὸ προκείμενον. κἂν λάβωμεν 'πᾶσα ἡδονὴ κίνησις. πᾶσα κίνησις ἀτελής'· οὐ γὰρ ἦν ἡμῖν ὡρισμένος ὁ κατηγορούμενος. πάλιν δὲ ὁ τοῦδέ τινος πρὸς τόδε συλλογισμὸς ἀμφοτέρων ὡρισμένων ἐκ τῶν πρὸς τόδε καὶ τόδε συναπτουσῶν προτάσεων. εἰ [δὲ] δὴ πρόκειται τοῦ Α πρὸς τὸ Β ποιήσασθαι συμπέρασμα, δεῖ καὶ πρὸς τὸ Β συνάπτειν τὰς προτάσεις. μὴ μόνον πρὸς τὸ Α. ὡς ἔχουσιν. ἃς ἐλάβομεν· ἀδύνατον γὰρ συνάπτειν πρός τι πρότασίν τινα μηδενὸς τούτων μήτε ὑποκειμένου λαμβανομένου μήτε κατηγορουμένου αὐτοῦ. ἀλλ' οὐδὲ τοῦ Α πρὸς τὸ Β γένοιτ' ἄν ποτε συμπέρασμα, εἰ μηδὲν κοινὸν αὐτῶν ληφθείη, ὃ συνάψει αὐτά. ἀλλ' ἑκατέρου αὐτῶν ἰδίᾳ τινὰ ἢ καταφάσκοιτο ἢ ἀποφάσκοιτο. εἰ δὴ μόνως μὲν γένοιτο συλλογισμὸς τοῦδέ τινος πρὸς τόδε τι. εἰ κοινόν τι καὶ μέσον αὐτῶν ληφθείη. ἡ δὲ τοῦ μέσου σχέσις πρὸς τά, ὧν λαμβάνεται μέσον. τριχῶς γίνεται (ἢ γὰρ ἐν μέσῳ τίθεται αὐτῶν τῷ μὲν ὑποκείμενος αὐτῶν τοῦ δὲ κατηγορούμενος. ἢ ἀμφοτέρων κατηγορεῖται, ἢ ἀμφοτέροις ὑπόκειται), καὶ παρὰ ταύτας οὐχ οἷόν τε αὐτὸν σχέσιν καὶ θέσιν πρὸς τούς, ὧν λαμβάνεται μέσος. ἔχειν. αἱ δὲ προειρημέναι θέσεις αὐτοῦ ποιοῦσι τὰ τρία σχήματα. φανερὸν ὡς πᾶς δεικτικὸς συλλογισμὸς διά τινος τῶν τριῶν γίνεται σχημάτων. ὧν εἰρήκαμεν. καὶ κατὰ τὰς ἐν ἑκάστῳ συλλογιστικὰς συζυγίας πάσας· πᾶς ἄρα κατηγορικός. τοῦτ' ἔστι δεικτικὸς συλλογισμὸς εἷς. ὧν εἰρήκαμεν, ἔσται συλλογισμῶν.

Εἰπὼν δὲ καὶ δείξας τοῦτο ἐπήνεγκεν ὁ γὰρ αὐτὸς λόγος, καὶ εἰ διὰ πλειόνων συνάπτοιτο πρὸς τὸ Β· καὶ γὰρ εἰ μὴ δι' ἑνὸς ὅρου μέσου τὸ Α τῷ Β συνάπτοιτο ἀλλὰ διὰ πλειόνων, καὶ ἡ τῶν πλειόνων μέσων λῆψις κατά τι τῶν τριῶν σχημάτων ἔσται. ἂν μὲν γὰρ ἐπ' εὐθείας ᾖ τὰ μέσα πλείω εἰλημμένα ὡς εἶναι τὸ Α κατὰ τοῦ Γ, τὸ Γ κατὰ τοῦ Δ. τὸ Δ κατὰ τοῦ Ε. τὸ Ε κατὰ τοῦ Β, ἐν πρώτῳ σχήματι συλλογισμὸς τοῦ Α πρὸς τὸ Β. ἂν δὲ ᾖ τὸ Γ κατὰ μὲν τοῦ Α ἀποφατικῶς, κατὰ δὲ τοῦ Δ καταφατικῶς, ἐν δευτέρῳ σχήματι τὸ Α κατ' οὐδενὸς τοῦ Δ συναχθήσεται· ἂν δὴ προσλάβωμεν τῇ ΑΔ προτάσει καθόλου οὔσῃ ἀποφατικῇ τὸ Δ παντὶ τῷ Β. συναχθήσεται τὸ Α οὐδενὶ τῷ Β ἐν δευτέρῳ σχήματι διὰ μέσων τοῦ τε Γ καὶ τοῦ Δ. ἂν δέ γε τὸ Γ κατὰ | παντὸς 86v τοῦ Δ καὶ πάλιν τὸ Β κατὰ παντὸς τοῦ Δ, γίνεται ἐν τρίτῳ σχήματι τὸ Β κατὰ τινὸς τοῦ Γ· ἂν δὴ προσλάβωμεν τῇ ΒΓ προτάσει ἐπὶ μέρους

1 τινα a: τινι B 6 post οὐδὲν add. δὲ a 8 post τόδε fort. τι intercidit (cf. vs. 16) 9 καὶ τόδε superscr. B² δὲ B: om. a 11 ἃ a 16 γένοιτο scripsi: γένοιτ' ἂν (ex vs. 14 translatum) aB 24 post κατηγορικός add. συλλογισμὸς a 26 εἰ om. a (pr. C) 27 συνάπτοιτο B: συνάπτοι a et Ar. post β̄ add. γ̄ a 34 δὲ a 38 προσλάβωμεν a: λάβωμεν B post μέρους fort. οὔσῃ addendum (cf. vs. 34)

καταφατικῇ τὸ Α παντὶ τῷ Γ. συναχθήσεται τὸ Α τινὶ τῷ Β. ἂν δὴ 86v τὸ Γ καὶ τὸ Β κατὰ παντὸς τοῦ Δ, καὶ πάλιν τὸ Α κατὰ παντὸς τοῦ Γ, γίνεται καὶ τὸ Α κατὰ τινὸς τοῦ Β διὰ πλειόνων μέσων (διὰ γὰρ τῶν Δ, Γ) ἐν τρίτῳ σχήματι.

Ἑξῆς δὲ δείκνυσι καὶ τοὺς ἐξ ὑποθέσεως γινομένους συλλογισμοὺς διὰ τούτων τινὸς τῶν σχημάτων γινομένους, καὶ προχειρίζεταί γε ἐξ αὐτῶν τοὺς δι' ἀδυνάτου καὶ δείκνυσι, πῶς καὶ οὗτοι ἐξ ὑποθέσεώς τέ εἰσι καὶ διά τινος τῶν τριῶν σχημάτων συνάγουσιν. ἐξ ὑποθέσεως μὲν οὖν εἰσιν, ὅτι, οὗ βούλονται δεῖξαι, τὸ ἀντικείμενον ἀντιφατικῶς ὑποτίθενται· συλλογιζόμενοι δέ τι διά τε τούτου καὶ ἄλλης τινὸς ἀληθοῦς προτάσεως ἀδύνατον δεικτικῶς, διὰ τοῦτο ἀναιροῦσι μὲν τὴν ὑπόθεσιν οὖσαν αἰτίαν ἀδυνάτου συμπεράσματος, τιθέασι δὲ αὐτοῦ τὸ ἀντικείμενον, οὐκέτι τοῦτο συλλογιζόμενοι. πάντες δὲ οἱ δεικτικοὶ συλλογισμοὶ ἐδείχθησαν διά τινος τῶν τριῶν σχημάτων γινόμενοι, ὥστε καὶ ὁ ἐν τῇ εἰς ἀδύνατον ἀπαγωγῇ συλλογισμὸς διά τινος ἂν γένοιτο τῶν τριῶν σχημάτων ὤν γε κατηγορικός τε καὶ δεικτικός. ὁ γὰρ δι' ἀδυνάτου τι δεικνὺς συλλογίζεται μὲν δεικτικῶς τὸ ψεῦδος, ὡς εἶπον, ὃ δὲ βούλεται δεῖξαι, καὶ ὃ ἐξ ἀρχῆς αὐτῷ πρόκειται τῷ διὰ συλλογισμοῦ δεικτικοῦ τὸ ἀντικείμενον αὐτοῦ, ὃ ὑπέθετο, ἀδύνατον ὂν δεῖξαι, τῇ τούτου ἀναιρέσει τίθησί τε καὶ δείκνυσι. βουλόμενος γάρ τις δεῖξαι, ὅτι μηδείς ἐστιν ἄνθρωπος πτηνός, διά γε τῆς εἰς ἀδύνατον ἀπαγωγῆς, ὑποθέμενος, ᾧ βούλεται δεῖξαι, τὸ ἀντικείμενον (τοῦτο δέ ἐστι τὸ τινὰ ἄνθρωπον πτηνὸν εἶναι), ταύτῃ προσλαβὼν ἀληθῆ καὶ ὁμολογουμένην πρότασιν τὴν 'πᾶν τὸ πτηνὸν πτέρυγας ἔχει' συλλογίζεται διὰ κατηγορικοῦ συλλογισμοῦ ἐν πρώτῳ σχήματι τὸ τινὰ ἄνθρωπον πτέρυγας ἔχειν. καὶ ὁ μὲν συλλογισμὸς ὁ γινόμενος διὰ τῆς εἰς ἀδύνατον ἀπαγωγῆς οὗτος. τὸ δ' ἐξ ἀρχῆς προκείμενον τὸ μηδένα ἄνθρωπον πτηνὸν εἶναι οὐ διὰ συλλογισμοῦ δείκνυται ἀλλὰ διὰ τὸ τοῦ ἀδυνάτου συμπεράσματος αἰτίαν γενέσθαι τὴν ὑποτεθεῖσαν πρότασιν. ἥτις ἦν ἀντικειμένη τῇ δειχθῆναι προκειμένῃ. καὶ ἀναιρεῖται μὲν ἐκείνη, τίθεται δὲ αὕτη τῷ δεῖν τὸ ἕτερον μόριον τῆς ἀντιφάσεως ἀληθὲς εἶναι. πάλιν τις βουλόμενος δεῖξαι, ὅτι μή ἐστι κίνησις διὰ κενοῦ, δι' ἀδυνάτου, ὑποτίθεται μὲν τὸ εἶναι κίνησιν διὰ κενοῦ, δείξας δὲ καὶ συλλογισάμενός τι ἀδύνατον διὰ τὴν ὑπόθεσιν, ἀνελὼν ταύτην τίθησι τὸ προκείμενον· δείκνυσι γάρ, ὅτι, εἰ ἔστι διὰ κενοῦ κίνησις, ἰσοταχῶς τὰ βαρύτερα καὶ τὰ κουφότερα κινήσεται. διὰ γὰρ κατηγορικοῦ συλλογισμοῦ οὕτως· ἐν ᾧ μηδέν ἐστι τὸ διαιρούμενον ὑπὸ τῶν δι' αὐτοῦ κινουμένων, ἐν τούτῳ ἀνάγκη πάντα τὰ κινούμενα ἰσοταχῶς κινεῖσθαι· ἐν δὲ τῷ κενῷ

1 καταφατικῇ scripsi: καταφατικὴν B: καταφατικῆς a   δὴ scripsi: δέ γε (ex p. 258,36 translatum) aB   2 γ̄ (ante καὶ) scripsi: ᾱ aB   ᾱ scripsi: β̄ B: δ̄ a   τοῦ γ̄ παντὸς a   9 ἀντιφατικῶς ἀντικείμενον a   10 τε om. a   11 οὖσαν αἰτίαν scripsi: ὡς ἂν αἰτίαν corr. ex ὡς ἀναιτίαν B: ὡς αἰτίαν a   15 ὢν scripsi: ὧν aB   16 τι om. a   18 αὐτοῦ om. a   ἀδύνατον a: δυνατὸν B   20 γε a: τε B   21 ᾧ a: ὁ B   22 ταύτην a   27 τὸ delendum videtur (cf. vs. 11 et p. 272,6,7,9) συμπεράσματος scripsi: συμπέρασμα aB   31 τὸ om. a   34 γὰρ om. a   ante κατηγορικοῦ expunxit τοῦ B[1]

οὐδέν ἐστι τὸ διαιρούμενον ὑπὸ τῶν δι' αὐτοῦ κινουμένων· ἐν τῷ κενῷ 56v ἄρα ἀνάγκη πάντα τὰ κινούμενα ἰσοταχῶς κινεῖσθαι. ἀλλὰ μὴν τοῦτο ἀδύνατον· ἀδύνατον ἄρα καὶ τὸ κίνησιν γίνεσθαι διὰ κενοῦ· οὐκ ἄρα ἔστι κίνησις διὰ κενοῦ. καὶ ἐν τούτῳ δὴ τῷ λόγῳ διὰ μὲν συλλογισμοῦ κατηγορικοῦ τὸ ἀδύνατον δέδεικται, τὸ δὲ μὴ εἶναι κίνησιν διὰ κενοῦ τῇ τῆς ὑποθέσεως ἀναιρέσει τίθεται.

p. 41a26 Οἷον ὅτι ἀσύμμετρος ἡ διάμετρος τῇ πλευρᾷ διὰ τὸ γίνεσθαι τὰ περιττὰ ἴσα τοῖς ἀρτίοις συμμέτρου τεθείσης.

Παραδείγματι αὐτὸς κέχρηται τῆς δι' ἀδυνάτου δείξεως τῷ ἐπὶ τῆς διαμέτρου δεικνύς, πῶς, ὃ βούλεται κατασκευάζειν, ὁ τῇ δι' ἀδυνάτου δείξει χρώμενος δείκνυσιν. οὐ γὰρ συλλογίζεται, ὅτι ἀσύμμετρος ἡ διάμετρος τῇ πλευρᾷ, ὁ οὕτως δεικνύς, ὅπερ ἐστίν, ὃ βούλεται δεῖξαι, ἀλλὰ τοῦ 87r ἀντικειμένου τεθέντος τοῦ σύμμετρον αὐτὴν εἶναι τῇ πλευρᾷ δείκνυσι διὰ συλλογισμοῦ δεικτικῶς, ὅτι τούτου κειμένου γίνεται τὰ περιττὰ τοῖς ἀρτίοις ἴσα· ὃ ἐπεὶ ἀδύνατον, ἀναιρεῖται μὲν ἡ ὑπόθεσις, ᾗ τοῦτο ἠκολούθησεν, ἐν δὲ τῇ ταύτης ἀναιρέσει τὸ ἀντικείμενον αὐτῆς κατασκευάζεται τὸ μὴ εἶναι σύμμετρον τὴν διάμετρον τῇ πλευρᾷ, ἐπειδὴ κατὰ παντὸς θάτερον μέρος τῆς ἀντιφάσεως, ὃ ἦν ἐξ ἀρχῆς προκείμενον. ὁ δὲ συλλογισμὸς τοῦ τὰ περιττὰ τοῖς ἀρτίοις ἴσα γίνεσθαι. ἂν ᾖ ἡ διάμετρος σύμμετρος τῇ πλευρᾷ, τοιοῦτος κείσθω· τετράγωνον χωρίον τὸ Α Β Γ Δ, καὶ ἔστω διάμετρος αὐτοῦ ἡ Β Γ· εἰ δὴ σύμμετρός ἐστιν ἡ Β Γ διάμετρος τῇ Α Β πλευρᾷ, ἕξει λόγον πρὸς αὐτήν, ὃν ἀριθμὸς πρὸς ἀριθμόν· ἔχομεν γὰρ παρὰ Εὐκλείδῃ ἐν τῷ δεκάτῳ τῶν Στοιχείων δεδειγμένον τοῦτο, ὅτι "τὰ σύμμετρα μεγέθη πρὸς ἄλληλα λόγον ἔχει, ὃν ἀριθμὸς πρὸς ἀριθμόν", καὶ ἔστι τέταρτον θεώρημα ἐν τῷ δεκάτῳ τοῦτο. ἔστω δὴ ὡς ἡ Β Γ διάμετρος πρὸς τὴν Β Α πλευρὰν ὁ Ε ἀριθμὸς πρὸς τὸν Ζ, καὶ εἰλήφθωσαν οἱ ἐλάχιστοι ἀριθμοὶ τῶν τὸν αὐτὸν λόγον τούτοις ἐχόντων πρῶτοι πρὸς ἀλλήλους· "οἱ γὰρ ἐλάχιστοι ἀριθμοὶ τῶν τὸν αὐτὸν λόγον ἐχόντων πρῶτοι πρὸς ἀλλήλους"· δέδεικται δὲ καὶ τοῦτο ἐν τῷ ἑβδόμῳ τῶν Στοιχείων Εὐκλείδου. εἰσὶ δὲ πρῶτοι πρὸς ἀλλήλους οἱ μονάδι μόνῃ μετρούμενοι. πεπολυπλασιάσθω ἑκάτερος τῶν Ε Ζ, καὶ ἔστω ὁ μὲν ἀπὸ τοῦ Η ἐφ' ἑαυτὸν γενόμενος πολυπλασιασθεὶς Ι, ὁ δὲ ἀπὸ τοῦ Θ Κ. τετράγωνοι ἄρα εἰσὶν ὁ Ι καὶ Κ καὶ πρῶτοι καὶ αὐτοὶ πρὸς ἀλλήλους· δέδεικται γὰρ καὶ τοῦτο ἐν τῷ ἑβδόμῳ τῶν Στοιχείων, ὅτι, ἂν δύο ἀριθμοὶ πρῶτοι πρὸς ἀλλήλους ὦσι καὶ

3 γενέσθαι a 7 ἡ διάμετρος σύμμετρος a τῇ πλευρᾷ om. Ar. 11 οὐ B: εἰ a 11. 12 τῇ πλευρᾷ om. a et Ar. 12 οὕτω a 13 τοῦ a: τὸ B 14 κειμένου ex κινουμένου corr. B: γινομένου a 17 μέρος om. a 24 ἀριθμόν (ante πρός) a τέταρτον] nostrum quintum 25 ἡ om. a 26 $\overline{\alpha}\ \overline{\beta}$ a ζ B: ἑπτά a 27 τούτοις λόγον a 28 πρῶτοι superscr. B²: om. a 29 et 33 ἐν τῷ ἑβδόμῳ τῶν Στοιχείων] Eucl. Elem. VII, 24 et 26 31 ε ζ, ut videtur, in ras. B: $\overline{\beta}$ a 32 ι prius om. a $\overline{\iota}$ καὶ $\overline{\varkappa}$ a: $\overset{\overline{\varkappa}}{\xi\ \delta}$ καὶ $\overset{\overline{\iota}}{\overline{\pi}\ \overline{\alpha}}$ B ($\overline{\xi}\ \overline{\delta}$ et $\overline{\pi}\ \alpha$ in ras. B²): varietas errore librarii η, θ, ι, κ pro certorum numerorum notis habentis orta est

πολλαπλασιασθεὶς ἑκάτερος αὐτῶν ποιήσῃ τινά, οἱ γενόμενοι ἐξ αὐτῶν πρῶτοι 87r καὶ αὐτοὶ πρὸς ἀλλήλους ἔσονται. ἐπεὶ οὖν ἔστιν ὡς ἡ Β Γ διάμετρος πρὸς τὴν Α Β πλευρὰν οὕτως ὁ Ε ἀριθμὸς πρὸς τὸν Ζ, ὡς δ' ὁ Ε πρὸς τὸν Ζ οὕτως ὁ Η πρὸς τὸν Θ, καὶ ὡς ἡ Β Γ διάμετρος ἔχει πρὸς τὴν Α Β πλευράν, οὕτως ἕξει ὁ Η ἀριθμὸς πρὸς τὸν Θ. καὶ ὡς τὸ ἀπὸ τῆς Β Γ ἄρα διαμέτρου τετράγωνον πρὸς τὸ ἀπὸ τῆς Α Β πλευρᾶς, οὕτως ἕξει καὶ ὁ ἀπὸ τοῦ Η πρὸς τὸν ἀπὸ τοῦ Θ· εἰσὶ δὲ οὗτοι Ι καὶ Κ. διπλάσιον δὲ τὸ ἀπὸ τῆς διαμέτρου τετράγωνον τοῦ ἀπὸ τῆς πλευρᾶς· διπλάσιος ἄρα καὶ ὁ Ι ἀριθμὸς τοῦ Κ ἀριθμοῦ· ἄρτιος ἄρα ὁ Ι· πᾶς γὰρ ὁ διπλάσιός τινος ἄρτιος εἰς ἴσα γε διαιρούμενος. ἀλλὰ μὴν καὶ ὁ ἥμισυς αὐτοῦ ἄρτιος ἔσται· τῶν γὰρ τετραγώνων ἀριθμῶν τῶν εἰς ἴσα διαιρουμένων καὶ τὰ ἡμίση ἄρτιά ἐστιν. ἄρτιος ἄρα ἐστὶ καὶ ὁ Κ ἥμισυς ὢν τοῦ Ι ὄντος τετραγώνου. [οὐ] ἔστι δὲ καὶ περισσός· πρῶτοι γὰρ ἦσαν πρὸς ἀλλήλους ὁ Ι καὶ ὁ Κ. ἀδύνατον δὲ πρώτους εἶναι πρὸς ἀλλήλους τοὺς ἀρτίους· οἱ γὰρ ἄρτιοι οὐ μετροῦνται μονάδι μόνῃ κοινῷ μέτρῳ, ὃ ἴδιόν ἐστι τῶν πρώτων. δεῖ δὴ ἤτοι ἀμφοτέρους ἢ τὸν ἕτερον αὐτῶν περισσὸν εἶναι· ἐδείχθησαν δὲ καὶ ἄρτιοι ἀμφότεροι διὰ τὴν ὑπόθεσιν· τὰ περισσὰ ἄρα τοῖς ἀρτίοις ἴσα ὑποτεθείσης τῆς διαμέτρου εἶναι τῇ πλευρᾷ συμμέτρου. ὅπερ ἀδύνατον. ἐπὶ δὴ τῆς δείξεως ταύτης ὁ μὲν συλλογισμὸς ἐγένετο τοῦ τὰ περισσὰ τοῖς ἀρτίοις ἴσα εἶναι, ὅ ἐστι ψεῦδος. τὸ δὲ εἶναι ἀσύμμετρον τὴν διάμετρον τῇ πλευρᾷ διὰ τὴν ὑπόθεσιν δείκνυται· ὅτι γὰρ ὑποτεθέντος τοῦ ἀντικειμένου τούτῳ ἀδύνατόν τι ἀκολουθοῦν ἐδείκνυτο διὰ συλλογισμοῦ, τῇ τῆς ὑποθέσεως ἀναιρέσει ἐκεῖνο ἐτέθη τῷ δεῖν θάτερον αὐτῶν ἀληθὲς εἶναι· τοῦτο γάρ ἐστι τὸ διὰ τὴν ἀντίφασιν. εἰ δὲ καὶ ἐπὶ τῆς εἰς ἀδύνατον ἀπαγωγῆς ὁ γινόμενος τοῦ ψεύδους συλλογισμὸς δεικτικός τέ ἐστι, τοῦτ' ἔστι κατηγορικός, καὶ διά τινος τῶν τριῶν περαίνεται σχημάτων, εἶεν ἂν ἐν τοῖς σχήμασι τοῖς τρισὶ καὶ οἱ δι' ἀδυνάτου συλλογισμοὶ μέρος ὄντες τῶν ἐξ ὑποθέσεως.

p. 41a37 Ὡσαύτως δὲ καὶ οἱ ἄλλοι πάντες οἱ ἐξ ὑποθέσεως. |

Δείξας τοὺς δι' ἀδυνάτου συλλογισμούς, πῶς ἐξ ὑποθέσεως ὄντες 87v ὑπάγονται τοῖς προειρημένοις τρισὶ σχήμασι, φησὶν ὁμοίως τούτοις καὶ τοὺς

---

1 πολυπλασιασθεὶς a ποιήσῃ a: ποιήσει B 3 ζ̄ B: ἑπτά a 4 καὶ ὡς ἡ β̄ γ̄ ... πρὸς πρὸς τὸν θ (5) bis, semel expunctum, B 5 ἀριθμὸς om. a 7 ι καὶ κ scripsi (cf. p. 260,32): ξ δ̄ (κ̄ in ras. B²) καὶ π ᾱ (ι superscr.) B: om. a 9 ῑ (ante ἀριθμὸς) a: ῑ (π ᾱ superscr.) (ῑ in ras B²) B κ a: κ (ξ δ̄ superscr. B²) B ῑ (ante πᾶς) a: π α (ι superscr.) (π α in ras.) B 10 γε scripsi (cf. p. 259,15): τε aB μὴν B: μὴ a 12 ἡμίση B: ἥμισυ a ἐστιν B: εἰσιν a 12. 13 τετραγώνου ὄντος a 13 οὐ B: om. a 16 αὐτὸν a 18 τοῖς ἀρτίοις B: ἄρτια a 19 ἐπὶ δὴ a: ἐπειδὴ B 20 εἶναι ἴσα a σύμμετρον a 21 τῇ πλευρᾷ τὴν διάμετρον a 22 ἐδείχθη a 23 ἐκεῖνο scripsi: ἐκεῖνος aB αὐτῶν θάτερον a 24 ἀντίφασιν] ντί in ras. B 24. 25 εἰς ἀδύνατον B: ἀδυνάτου a 25 τέ om. a

ἄλλους πάντας γίνεσθαι τοὺς ἐξ ὑποθέσεως. ὡς γὰρ ἐπὶ τῶν δι' ἀδυνάτου 87v ὁ συλλογισμὸς πρὸς τὸ ὑποτεθὲν γίνεται, ὃ μεταλαβόντες, ἀνθ' οὗ βουλόμεθα δεῖξαι, τὸ ἀντικείμενον αὐτῷ ὑποτίθεμεν, καὶ δεικτικὸν ἐξ αὐτοῦ τε καὶ ἐξ ἑνὸς τῶν κειμένων ἐποιήσαμεν συλλογισμόν, οὕτως καὶ ἐπὶ τῶν ἄλλων φησὶ τῶν ἐξ ὑποθέσεως γίνεσθαι· ὁ μὲν γὰρ συλλογισμὸς πρὸς τὸ μεταλαμβανόμενον γίνεται δεικτικὸς ὤν· μεταλαμβανόμενον λέγων ἐκεῖνο, οὗ ἡ δεῖξις καὶ ὁ συλλογισμὸς γίνεται, ὅ ἐστι ποτὲ μὲν τὸ ἀντικείμενον τοῦ προκειμένου, ὡς ἐπὶ τῆς δι' ἀδυνάτου δείξεως, ποτὲ δὲ τὸ ἐξ ὁμολογίας ληφθέν, ποτὲ δέ, ὃ οἱ νεώτεροι προσλαμβανόμενον λέγουσιν. ὁ μὲν οὖν συλλογισμὸς τούτου γίνεται, τὸ δὲ προκείμενον ἐξ ἀρχῆς εἰς δεῖξιν ἤτοι δι' ὁμολογίας τινὸς τίθεται ἢ διά τινος ἄλλης ὑποθέσεως· ὑπόθεσις γὰρ καὶ ἡ ὁμολογία. οἷον ζητουμένου τοῦ 'εἰ τὰ ἀντικείμενα συνυπάρχειν δύναται ἢ οὔ', ἂν συνθώμεθα καὶ ὁμολογήσωμεν ἀλλήλοις ὡς ἐφ' ἑνὸς τῶν ἀντικειμένων οὕτως ἔχειν καὶ ἐπὶ πάντων, ἔπειτα τὰ ἐναντία προχειρισάμενοι δείξωμεν διὰ συλλογισμοῦ, ὅτι ταῦτα μὴ συνυπάρχει, λαβόντες, ὅτι τὰ ἐναντία ἀλλήλων ἐστὶ φθαρτικά, τὰ δὲ ἀλλήλων φθαρτικὰ οὐχ οἷόν τε συνυπάρχειν ἀλλήλοις, τὰ ἄρα ἐναντία οὐχ οἷόν τε συνυπάρχειν, ὁ μὲν συλλογισμὸς κατηγορικός τε καὶ δεικτικὸς γέγονε πρὸς τὸ μεταληφθὲν ἀντ' ἐκείνου τοῦ τὴν ἀρχὴν εἰς δεῖξιν προκειμένου. ἦν γὰρ κείμενον ἐκεῖνο μὲν 'εἰ τὰ ἀντικείμενα δύναται συνυπάρχειν', μετελήφθη δὲ ἀντ' ἐκείνου τὰ ἐναντία. καὶ περὶ τούτων ἡ δεῖξις ἐγένετο καὶ ὁ συλλογισμός· τὸ δ' ἐξ ἀρχῆς προκείμενον τούτου δειχθέντος συλλογιστικῶς ἐξ ὁμολογίας τίθεται, ἐπεὶ συνεθέμεθα καὶ ὡμολογήσαμεν, ὡς ἂν ἐφ' ἑνὸς τῶν ἀντικειμένων δειχθῇ, οὕτως ἐπὶ πάντων ἕξειν. οὐκ ἐδεήθημεν ⟨δὲ⟩ τοιαύτης ὁμολογίας ἐπὶ τῆς εἰς ἀδύνατον ἀπαγωγῆς, ἀλλὰ ψιλῆς τῆς τοῦ ἀντικειμένου ὑποθέσεως· τοῦ δὲ τὸ προκείμενον δειχθῆναι τοῦ συλλογισθέντος εὑρεθέντος ἀδυνάτου ἡ τῆς ἀντιφάσεως φύσις αἰτία.

Δι' ὑποθέσεως δὲ ἄλλης, ὡς εἶπεν, εἶεν ἂν καὶ οὓς οἱ νεώτεροι συλλογισμοὺς μόνους βούλονται λέγειν· οὗτοι δ' εἰσὶν οἱ διὰ τροπικοῦ, ὥς φασι, καὶ τῆς προσλήψεως γινόμενοι, τοῦ τροπικοῦ ἢ συνημμένου ὄντος ἢ διεζευγμένου ἢ συμπεπλεγμένου, οὓς οἱ ἀρχαῖοι λέγουσι μικτοὺς ἐξ ὑποθετικῆς προτάσεως καὶ δεικτικῆς, τουτ' ἔστι κατηγορικῆς. εἰ γὰρ εἴη ὑποκείμενον συνεχὲς καὶ συνημμένον τὸ 'εἰ ἐπιστήμη ἐστὶν ἡ ἀρετή, διδακτόν ἐστιν ἀρετή', εἶτα δεικνύοιτο, ὅτι ἐπιστήμη ἡ ἀρετή ἐστιν, δεδειγμένον ⟨ἂν⟩ εἴη, ὅτι καὶ διδακτή· οὕτως γὰρ ἂν προσληφθείη ὡς οὕτως ἔχον, εἰ δειχθείη, ὅτι ἐπιστήμη. ὁ μὲν οὖν συλλογισμὸς πάλιν ἂν εἴη πρὸς τοῦτο

2 τεθὲν a ἀνθ] νθ in ras. B 3 ὑποτίθεμεν a 8 δι' om. a 10 εἰς ἐξ ἀρχῆς a 11 ἢ B: ἤτοι a δι' ἄλλης τινός a 15 δείξωμεν scripsi: δείξαιμεν aB συνυπάρχει a: συνυπάρχειν B 16 εἰσὶ a δὲ B: δι' a 17 post συνυπάρχειν alterum add. ἀλλήλοις a 22 συλλογιστικῶς B: δεικτικῶς a 24 δὲ a: om. B 26 ἐρεθέντος a 33 ἡ om. a διδακτόν B: δεικτική a 34 pro ἀρετή fort. αὐτή scribendum (cf. p. 263, 7) ἐστὶν ἡ ἀρετή collocat a ἂν addidi

καὶ τούτου κατηγορικός· οἷον πᾶσα ἕξις ἀμετάπτωτος ἀπὸ ἀληθοῦς εἰς 87v ψεῦδος ἐπιστήμη· ἡ δ' ἀρετὴ ἕξις ἀμετάπτωτος ἀπὸ ἀληθοῦς εἰς ψεῦδος· ἡ ἀρετὴ ἄρα ἐπιστήμη. οὐδὲ γὰρ ἄλλως ἂν τεθείη, ὅτι ἡ ἀρετὴ ἐπιστήμη ἐστί, διὰ συλλογισμοῦ, εἰ μὴ διὰ κατηγορικοῦ συλλογισμοῦ. δειχθέντος δὲ τούτου διὰ συλλογισμοῦ τὸ ἐξ ἀρχῆς γίνεται κατασκευαζόμενον διὰ τὴν ὑπόθεσιν· ὑπετέθη γὰρ ἐν τῷ συνεχεῖ τὸ εἰ ἡ ἀρετὴ ἐπιστήμη ἐστίν, διδακτὴν αὐτὴν εἶναι. εἰ γὰρ εἴη τὸ προσλαμβανόμενον δείξεως μὴ δεόμενον ἀλλὰ φανερὸν καὶ γνώριμον ὡς καὶ τὸ συνημμένον, οὐδ' ἂν συλλογισμὸς ἔτι ὁ λόγος εἴη ὁ τοιοῦτος. οὐδὲ γὰρ χρείαν συλλογισμοῦ τινα τὴν ἀρχὴν τὸν τοιοῦτον παρέχεσθαι λόγον οἷόν τε· δεῖ γὰρ τὸν συλλογισμὸν δεικνύναι, ὃ ἄνευ τοῦ συλλογίσασθαι οὐκ ἔστι γνώριμον. τὸ μὲν οὖν συνημμένον ὡς γνώριμον ἐν τοῖς ὑποθετικοῖς, ἃ τροπικὰ λέγουσι, λαμβάνεταί τε καὶ τίθεται, ἐν οἷς γε οὕτως ἔχει. λείπεται δὲ τὸ προσλαμβανόμενον ἀμφιδοξούμενον εἶναι, ὥς φησι Θεόφραστος, καὶ δεόμενον δείξεως. ὁ δὴ συλλογισμὸς τοῦ τοῦτο οὕτως ἔχειν ἔσται κατηγορικός τε καὶ δεικτικός, ὥστε καὶ ἐν 88r τοῖς ὑποθετικοῖς τοῖς ἐκ τροπικοῦ συνημμένου συλλογισμοῖς τὸ μὲν κατασκευαζόμενον καὶ δεόμενον δείξεως διὰ κατηγορικοῦ δείκνυται συλλογισμοῦ, τὸ δ' ἐξ ἀρχῆς προκείμενον δείκνυται οὐ διὰ συλλογισμοῦ ἀλλὰ διὰ τῆς ὑποθέσεως τῆς ὑποτεθείσης· ἦν δὲ αὕτη τοῦ συνημμένου. οὐδὲ γὰρ οἷόν τε τὸ μὴ γνώριμον δειχθῆναι, ὅτι τόδε τί ἐστιν ἢ τοιόνδε, ἢ ὅλως κατασκευασθῆναί τι καὶ τεθῆναι κυρίως, εἰ μὴ διὰ κατηγορικοῦ συλλογισμοῦ. κἂν τὸ συνεχὲς δείξεως δέηται συλλογιστικῆς, κἀκεῖνο διὰ κατηγορικοῦ δειχθήσεται συλλογισμοῦ· εἰ γὰρ εἴη ζητούμενον, διὰ τί, εἰ ἡ ἀρετὴ ἐπιστήμη, διδακτή, ληφθείσης καθόλου προτάσεως τῆς 'πᾶσα ἐπιστήμη διδακτόν, ἡ δ' ἀρετὴ ἐπιστήμη' γίνεται κατηγορικὸς συλλογισμός.

Διαφέρειν δὲ δοκεῖ κατὰ τοὺς ἀρχαίους τὸ μεταλαμβανόμενον τοῦ προσλαμβανομένου. ἐφ' ὧν μὲν γὰρ ἐν τοῖς εἰλημμένοις ἔγκειταί τε καὶ ἔστι τὸ λαμβανόμενον, οὐ μὴν οὕτως οὐδὲ τοιοῦτον, οἷον λαμβάνεται, ἐπὶ τούτων τὸ λαμβανόμενον μεταλαμβανόμενόν ἐστιν· οὐ γὰρ ἔξωθεν προστίθεται, ἀλλὰ κείμενον ἄλλως μεταλαμβάνεται εἰς ἄλλο. ἐν γὰρ τῷ 'εἰ ἡμέρα ἐστί, φῶς ἐστι' τὸ '[εἰ] ἡμέρα ἐστίν', ὃ προσλαμβανόμενον οἱ νεώτεροι λέγουσιν, ἔγκειται μέν, οὐ μὴν τοιοῦτον, ὁποῖον λαμβάνεται· τίθεται μὲν γὰρ ἐν τῷ συνημμένῳ ἐν ὑποθέσει τε καὶ ἀκολουθίᾳ, λαμβάνεται δὲ ὡς ὑπάρχον. ἐπὶ δὲ τούτων καὶ τῶν τοιούτων μετάληψιν γίνεσθαι λέγουσιν· τὸ γὰρ κείμενον οὐχ ὡς κεῖται λαμβανόμενον μεταλαμβανόμενον γίνεται· κείμενον γὰρ ἐν σχέσει καὶ ἀκολουθίᾳ καὶ ὑποθέσει μεταλαμβάνεται εἰς ὕπαρξιν. προσλαμβανόμενον δὲ λέγουσιν, ἐφ' ὧν τοῖς κειμένοις ἔξωθέν τι προστίθεται δυνάμει

6 ἡ om. a 8 καὶ alterum om. a οὐδ' ἂν scripsi: οὐδὲ aB 14 ὥς φησι Θεόφραστος om. a Θεόφραστος] deest fr. apud Wimmerum 15 τοῦ τοῦτο scripsi: τούτου τὸ B: τούτου τῷ a 16 συλλογισμοῦ a 19 οὐδὲ a: οὐδὲν B (cf. p. 257, 22) 23 εἰ alterum om. a 24 post διδακτή add. ἐστι a 25 διδακτή a 28 μεταλαμβανόμενον a 30 εἰ om. a (addi voluit Waitz Organ. p. 29) 31 εἰ B: om. a 33 ὑπάρχων a 33. 34 ἐπὶ δὲ B: ἐπειδὴ a

πως ἐν αὐτοῖς περιεχόμενον οὐ μὴν ἐνεργείᾳ, ὡς ἔχει ἐπὶ τῶν κατὰ 88r πρόσληψιν γινομένων συλλογισμῶν· ἐν γὰρ τῷ 'καθ' οὗ τὸ Β, κατ' ἐκείνου τὸ Α, κατὰ δὲ τοῦ Γ τὸ Β'. ἔξωθεν τὸ 'κατὰ δὲ τοῦ Γ τὸ Β' προσείληπται· οὐ γὰρ ἔκειτο ἐνεργείᾳ ἐν τῇ προτάσει τῇ 'καθ' οὗ τὸ Β, κατ' ἐκείνου τὸ Α' τὸ κατὰ τοῦ Γ τὸ Β λέγεσθαι. χρῶνται μέντοι καὶ τῇ προσλήψει ἀντὶ τῆς μεταλήψεως.

Ὁ δ' αὐτὸς λόγος καὶ ἐπὶ τοῦ διαιρετικοῦ 'ἤτοι τόδε ἢ τόδε', ὃ καὶ αὐτὸ ἐκ τροπικοῦ καὶ τῆς προσλήψεως λέγουσιν· ὁποῖον γὰρ ἂν αὐτῶν λαμβάνηται δείξεως δεόμενον, δεῖται κατηγορικοῦ πρὸς τὸ δειχθῆναι [διὰ] συλλογισμοῦ. οἷον εἰ ληφθείη διαιρετικὸν τὸ 'ἤτοι σῶμά ἐστιν ἡ ψυχὴ ἢ ἀσώματος', εἶτα κατασκευάζοιτο, ὅτι οὐ σῶμα (οὕτως γὰρ ἂν προσληφθείη τὸ 'ἀλλὰ μὴν οὐ σῶμα. ἀσώματος ἄρα'), ἀνάγκη καὶ αὐτὸ δειχθῆναι διὰ κατηγορικοῦ συλλογισμοῦ· οἷον πᾶν σῶμα ἢ στοιχεῖον ἢ ἐκ στοιχείων· ἡ δὲ ψυχὴ οὔτε στοιχεῖον οὔτε ἐκ στοιχείων· ἡ ψυχὴ ἄρα οὐ σῶμα. ἀλλὰ καὶ ἐπὶ τοῦ ἐξ ἀποφατικῆς συμπλοκῆς, εἴ γε καὶ αὐτὸς ἄλλος τῶν προκειμένων τρόπων καὶ μὴ ὁ αὐτὸς τῷ διὰ συνημμένου τοῦ ἀρχομένου ἀπὸ καταφατικοῦ καὶ λήγοντος εἰς ἀποφατικόν, οἷόν ἐστιν τὸ 'εἰ τὸ Α, οὐ τὸ Β'· καὶ γὰρ ἐν τούτοις, εἰ εἴη τὸ μεταλαμβανόμενον δείξεως δεόμενον, διὰ κατηγορικοῦ δειχθήσεται συλλογισμοῦ· οἷον οὐχὶ καὶ τὸ ἡδέως ζῆν τέλος καὶ ἡ ἀρετὴ δι' αὑτὴν αἱρετή· ἀλλὰ μὴν ἡ ἀρετὴ δι' αὑτὴν αἱρετή· οὐκ ἄρα τὸ ἡδέως ζῆν τέλος. τὸ γὰρ μεταληφθὲν τὸ 'ἡ ἀρετὴ δι' αὑτὴν αἱρετή' διὰ κατηγορικοῦ δείκνυται συλλογισμοῦ· οἷον ἀφ' ἧς ἕξεως αὐτό τε τὸ ἔχον αὐτὴν ἄριστα ἔχει καὶ κάλλιστα τὸ ἴδιον ἔργον ἐπιτελεῖ, αὕτη δι' αὑτήν ἐστιν αἱρετή· ἀπὸ δὲ τῆς ἀρετῆς ἕξεως οὔσης αὐτό τε τὸ ἔχον αὐτὴν ἄριστα ἔχει καὶ κάλλιστα τὸ ἴδιον ἔργον ἐπιτελεῖ· ἡ ἀρετὴ ἄρα δι' αὑτήν ἐστιν αἱρετή. εἰ μέντοι εἴη ὑποθετικῶς τὸ αὐτὸ εἰλημμένον τόνδε τὸν τρόπον 'εἰ ἡδονὴ τέλος, οὐκ ἔστιν ἀρετὴ δι' αὑτὴν αἱρετή', δεικνύοιτο ἂν καὶ ἡ ἀκολουθία διὰ συλλογισμοῦ τοιούτου· πᾶν, ὃ ὡς ποιητικόν τινος αἱρετόν ἐστιν, οὐκ ἔστι δι' αὑτὸ αἱρετόν· ἡ δ' ἀρετή, εἰ ἡ ἡδονὴ τέλος, ὡς ποιητικὴ τῆς ἡδονῆς αἱρετὴ γίνεται· ἡ ἀρετὴ ἄρα, εἰ ἡ ἡδονὴ τέλος, οὐκ ἔστι δι' αὑτὴν αἱρετή.

Λέγει δὲ καὶ αὐτὸς πρὸς τὸ μεταλαμβανόμενον γίνεσθαι | τὸν 88v συλλογισμόν. οὐκ ἔστι δὲ καὶ τῆς ἀκολουθίας ἢ τῆς μάχης συλλογισμὸν

---

4 ἂν superscr. B οὗ a: ου post ras. B 8 καὶ superscr. B γὰρ om. a 9 λαμβάνεται a διὰ (cf. vs. 12) B: om. a 10 διαιρετικὸν om. a ἡ scripsi: ἢ aB ψυχὴ ex ψυχική, ut videtur, corr. B ἢ ex ἡ corr. B 11 κατασκευάζοιτο a: κατασκευάζει τὸ B 12 ληφθῆναι a 15 ἀποφατικῆς a: ἀποφατικοῦ B 16 μὴν a 16. 17 ἀπὸ καταφατικοῦ a: ἀποφατικοῦ B 17 τὸ prius om. a τὸ alterum ex τοῦ corr. B 20 καὶ ἡ ἀρετὴ . . . ζῆν τέλος (21) om. a αὑτὴν utrumque ex αὐτὴν corr. B[2]; item vs. 21,26,27,31 αἱρετή utrumque ex ἀρετή corr. B 22 ἀφ ἧς ἕξεως . . . ἐπιτελεῖ (25)] cf. Eth. Nic. I 5 p. 1106a15 sqq. 23 αὕτη scripsi: αὐτὴ aB 26 ὑποθετικῶς correxi: ὑποτεθεικῶς aB 29 αὐτὸ B pr. εἰ ἡ scripsi (cf. vs. sq.): εἰ (superscr. B[3]) εἴη aB 30 αἱρετὴ ex αἱρετικὴ corr. B[3] εἰ ἡ B corr.: εἰ εἴη a B pr. τέλος τέλος B 32 αὐτό a

γίνεσθαι, ὅτι ἥ γ' ἐπ' ἐκείνων δεῖξις πρὸς τὸ τεθῆναι τὴν ὑπόθεσιν χρήσιμος, 88r ὁ δ' ἐξ ὑποθέσεως συλλογισμὸς ὑποκειμένου τινὸς γίνεται. ὥστε οὐ γίνεται ἡ δεῖξις τῆς ὑποθέσεως ἐν τοῖς ἐξ ὑποθέσεως συλλογισμοῖς. ἃ μὲν γὰρ λέγουσι τροπικά, ἐν πᾶσι δι' ὑποθέσεως καὶ ὁμολογίας ὡς φανερὰ παραλαμβάνεται· ἐπὶ τὸ πλεῖστον δὲ δεῖται δείξεως τὰ μεταλαμβανόμενα καὶ προσλαμβανόμενα, εἰ ὅλως εἶεν χρειώδεις οἱ τοιοῦτοι λόγοι, ὡς, ὅπου μὴ δεῖται δείξεως τὸ μεταλαμβανόμενον. οὐδὲ συλλογισμὸς τὸ γινόμενόν ἐστι πάντων γε φανερῶν ὄντων. εἰ μέντοι δέοιτο δείξεως, εἰ μὲν μὴ δειχθὲν λαμβάνοιτο, οὐδὲν ἐδείχθη οὐδὲ ἐγένετό τινος συλλογισμός· εἰ δὲ δεικνύοιτο, κατηγορικοῦ χρεία συλλογισμοῦ. οὐδὲ γὰρ ὄφελός τι τὴν ἀρχὴν τῆς ὑποθέσεως πρὸς κατασκευήν τινος, ἂν μὴ μεταλαβόντες τι τῶν κειμένων τοῦτο κατασκευάσωμεν κατηγορικῶς, οὗ κατασκευασθέντος συγκατασκευάζεται τούτῳ καὶ τὸ ἑπόμενον. ἄχρηστον γὰρ πρὸς δεῖξιν καὶ θέσιν τοῦ εἶναί τι τὸ δι' ὅλων ὑποθετικὸν τῶν συλλογισμῶν εἶδος· οὔτε γὰρ ὑπάρχειν τί τινι [μὴ] οὔτε μὴ ὑπάρχειν οὔτε καθόλου οὔτ' ἐπὶ μέρους δείκνυται δι' αὐτῶν, ὃ ἴδιον εἶπεν εἶναι συλλογισμοῦ. διὸ καὶ ἡ διὰ τριῶν ἀγωγὴ ὑγιὴς μὲν ἂν εἴη, ὡς δείκνυται, οὐ μὴν καὶ συλλογιστικὴ ἂν ἁπλῶς λέγοιτο. καὶ τοῖς ὑποθετικοῖς οὖν λόγοις τὸ εὔχρηστον καὶ τὸ συλλογιστικὸν ἥκει παρὰ τῶν κατηγορικῶν συλλογισμῶν. διὸ καὶ ἁπλῶς ἐκεῖνοι συλλογισμοί, οἱ δ' ἐξ ὑποθέσεως οὐχ ἁπλῶς, ἀλλὰ τὸ ὅλον τοῦτο ἐξ ὑποθέσεως συλλογισμοί· οἱ μὲν γὰρ κατηγορικοὶ οὐδὲν προσδέονται πρὸς τὸ δεῖξαι τὸ προκείμενον τῶν ὑποθέσεων (διὸ καὶ ἁπλῶς συλλογισμοὶ ἀρκοῦντες αὑτοῖς), οἱ δὲ ὑποθετικοὶ χωρὶς τούτων οὐδὲν δεικνύουσιν. ὥστε, εἰ καὶ οἱ ἐξ ὑποθέσεως πάντες διὰ τῶν κατηγορικῶν συλλογισμῶν, γίνονται δὲ κατηγορικοὶ πάντες διὰ τῶν τριῶν σχημάτων, πάντες ἂν εἶεν οἱ συλλογισμοὶ ἀναγόμενοι εἰς ⟨τὰ⟩ τρία σχήματα. εἰ δὲ τοῦτο, ἐδείχθησαν δὲ πάντες οἱ ἐν τούτοις γινόμενοι συλλογισμοὶ ἀναγόμενοι εἰς τοὺς δύο τοὺς ἐν πρώτῳ σχήματι τοὺς πρώτους, εἴη ἂν δεδειγμένον, ὅτι πάντες οἱ συλλογισμοὶ εἰς ἐκείνους ἀνάγονται τοὺς δύο.

Εἶεν δ' ἂν ἐν τοῖς ἐξ ὑποθέσεως καὶ οἱ ἀπὸ τοῦ μᾶλλον καὶ τοῦ ὁμοίου καὶ τοῦ ἧττον· καὶ γὰρ ἐν τούτοις τὸ μὲν ὑποτίθεται, τὸ δὲ μεταλαμβάνεται, πρὸς ὃ καὶ συλλογισμοῦ κατηγορικοῦ χρεία· πάντες γὰρ ἐξ ὑποθέσεως, ἐν οἷς μεταλαμβάνεταί τι. καὶ ἐν τούτοις δὲ μετάληψις γίνεται· οἷον εἰ τὸ μᾶλλον ἀγαθόν τινος, ὃν μή ἐστιν εὐδαιμονίας ποιητικόν, οὐδὲ τὸ ἧττον· ὑγεία δὲ μᾶλλον ἀγαθὸν οὖσα πλούτου οὐκ ἔστιν εὐδαιμονίας ποιητική· τοῦτο γὰρ μεταλαμβάνεταί τε καὶ δεῖται κατηγορικῆς δείξεως. ὁμοίως καὶ ἐπὶ τοῦ 'εἰ τὸ ἧττον ἀγαθὸν δι' αὑτὸ αἱρετόν ἐστι, καὶ τὸ μᾶλλον· πλοῦτος δὲ ἧττον ἀγαθὸν ὢν ὑγείας δι' αὑτὸν αἱρετός ἐστι'· πάλιν γὰρ τὸ

1 γ' scripsi: τ' B: om. a   2 δ' om. a   3 γὰρ superscr. B²   5 δὲ δεῖται transposui: . δεῖται δὲ aB   7 πάντων] πά B² (in vestigiis, ut videtur, manus primae evanidae)   14 μὴ B: om. a   16 εἶπεν] p. 40b23—25   ἂν om. a   17 καὶ prius om. a   22 αὐτοῖς aB   25 ἀναγόμενοι οἱ συλλογισμοὶ a   τὰ a: om. B   35. 36 ποιητικόν a   37 αὐτό, ut videtur, B pr.   38 αὐτόν a B pr.   αἱρετόν a

μεταλαμβανόμενον καὶ δεόμενον δείξεως κατηγορικῆς τοῦτο. τοιοῦτος καὶ [88v] ὁ ἀπὸ τοῦ ὁμοίου. λέγει δὲ ὁ Ἀριστοτέλης ἰδίως τοὺς ἀπὸ τοῦ μᾶλλον καὶ ἧττον καὶ ὁμοίου "κατὰ ποιότητα", τοὺς δὲ κατὰ πρόσληψιν λεγομένους, οἷοί εἰσιν οἱ μικτοί, ἰδίως "κατὰ μετάληψιν", ὡς προϊόντος τοῦ λόγου μαθησόμεθα.

p. 41b6 Ἔτι δ' ἐν ἅπαντι δεῖ κατηγορικόν τινα τῶν ὅρων εἶναι καὶ τὸ καθόλου ὑπάρχειν.

Ὅτι ἀδύνατόν ἐστιν ἐκ δύο ἀποφατικῶν προτάσεων γίνεσθαι συλλογισμόν, λέγει ὑπομιμνήσκων ἡμᾶς τῶν δεδειγμένων· δεῖ γάρ, φησί, κατηγορικόν τινα τῶν ὅρων εἶναι, τοῦτ' ἔστι καταφατικὴν κἂν τὴν ἑτέραν τῶν προτάσεων εἶναι, εἰ μέλλοι συλλογισμὸς ἔσεσθαι. τοῦτο δὲ ἔδειξεν οὕτως ἔχον ἐν πᾶσι τοῖς σχήμασι δείξας ἀσυλλογίστους τὰς ἐκ δύο ἀποφατικῶν συζυγίας· καὶ γὰρ ἐν οἷς ἐδόκει γίνεσθαι, ὡς ἐπὶ τῶν ἐνδεχομένων, [89r] πρῶτον μὲν οὐχ ἁπλῶς ἀποφάσεις αἱ ἐνδεχόμεναι, εἶτα καὶ μεταλαμβανομένων ἢ ἀμφοτέρων ἢ τῆς ἑτέρας εἰς τὴν καταφατικὴν ἐγίνετο συλλογισμός, ἄλλως δὲ οὔ. λέγει δέ, ὅτι δεῖ καὶ τὸ καθόλου ὑπάρχειν, τοῦτ' ἔστι καθόλου πρότασιν εἰλῆφθαι, εἰ μέλλοι συλλογισμὸς ἔσεσθαι. ὅτι μὲν οὖν ἐκ δύο ἐπὶ μέρους προτάσεων οὐ γίνεται συλλογιστικὴ συζυγία ἐν οὐδενὶ τῶν σχημάτων, ἀλλ' οὐδὲ ἐξ ἀδιορίστων, δέδειχε. νῦν δὲ εἰπὼν ἢ μὴ ἔσεσθαι συλλογισμὸν προσέθηκεν ἢ οὐ πρὸς τὸ κείμενον, ὡς δυναμένου μέν τινος συλλογιστικῶς συναχθῆναι καὶ μὴ καθόλου ληφθείσης προτάσεως, οὐ μὴν τοῦ προκειμένου· τοῦτο δὲ οὐχ ὅτι ἐκ δύο ἐπὶ μέρους οἷόν τε γίνεσθαι συλλογισμόν, ἀλλ' ὅτι ἐκ τοῦ μὴ καθόλου. διττὸν δὲ τὸ μὴ καθόλου· καὶ γὰρ τὸ ἐπὶ μέρους σημαίνει καὶ ⟨τὸ⟩ μὴ πρὸς τὸ προκείμενον καθόλου· δύναται γάρ τι ἄλλως καθόλου ὂν μὴ εἶναι τοῦ προκειμένου περιεκτικὸν μηδὲ πρὸς τοῦτο καθόλου. ὅταν δέ τι καθόλου ληφθῇ ὡς μὴ εἶναι πρὸς τὸ κείμενον καθόλου μηδὲ τούτου περιεκτικόν, ἀλλὰ ᾖ τὸ λαμβανόμενον καθόλου ἐπὶ μέρους τινὸς τοῦ κατηγορουμένου ἐν τῷ προβλήματι λαμβανόμενον, συλλογισμὸν μὲν οὐκ ἀδύνατον ἐκ τοιούτου γενέσθαι, δῆλον ὅτι προσληφθείσης τινὸς μερικωτέρας καὶ ὑπ' αὐτὴν προτάσεως, οὐ μὴν τὸ προκείμενον ἂν δειχθείη, ὡς ἐφ' οὗ παρέθετο παραδείγματος γνώριμον ποιεῖ. προκείσθω γὰρ δεῖξαι τὴν μουσικὴν ἡδονὴν σπουδαίαν εἶναι. ἂν μὲν οὖν ἀδιορίστως λάβῃ ἡδονὴν σπουδαίαν εἶναι βουλόμενος δεῖξαι τὸ προκείμενον τὸ πᾶσαν μουσικὴν ἡδονὴν σπουδαίαν εἶναι μηκέτι προσθεὶς τὸ 'πᾶσαν', ἵν' ᾖ ἡ πρότασις 'πᾶσα ἡδονὴ σπουδαία ἐστίν', εἶτα προσλαβὼν τὸ 'ἡ δὲ μουσικὴ

---

2 λέγει] c. 29 p. 45b17 ἰδίως ὁ Ἀριστοτέλης a 3 ante ἧττον et ante ὁμοίου add. τοῦ a (cf. p. 265, 30, 31) 3. 4 λεγομένους om. a 6 δ' aB (δὲ m): τε Ar. 8 γενέσθαι a 19 ἀορίστων a 21 μὴν a ληφθείη πρότασις a 23 διττὸν δὲ τὸ μὴ καθόλου om. a 24 τὸ alterum add. a: om. B 25 γάρ τι om. a 26 δὲ ᾖ τι B; δὴ τὸ a 29 τούτου a

ἡδονή' συνάγει 'ἡ μουσικὴ ἄρα ἡδονὴ σπουδαία ἐστίν', οὐ ποιήσει συλλογισμὸν τῷ τὸ ἀδιόριστον ὡς ἴσον δυνάμενον τῷ ἐπὶ μέρους λαμβάνεσθαι. τῷ ⟨δὴ⟩ μὴ εἶναι καθόλου πᾶσαν ἡδονὴν σπουδαίαν (ἡ γὰρ οὕτω ληφθεῖσα περιεῖχεν ἂν καὶ τὴν μουσικὴν ἡδονήν) οὐ συλλογίζεται· δύο γὰρ ἐπὶ μέρους οὕτως λαμβάνει. εἰ δὲ ὁρίσας εἶδός τι ἡδονῆς τοῦτο καθόλου λάβοι, οὐκ ἂν συλλογίσαιτο τὸ προκείμενον· οὐδὲν γὰρ τῶν ἀντιδιῃρημένων τῇ μουσικῇ ἡδονῇ ἀπὸ τῆς ἡδονῆς ἐστι περιεκτικὸν τῆς μουσικῆς. διὸ εἰ μὲν ἄλλο τι ἡδονῆς εἶδος λάβοι, ποιήσει μέν τινα συλλογισμὸν καὶ συμπέρασμα, οὐ μὴν τοῦ προκειμένου. εἰλήφθω γὰρ 'πᾶσα ἡ ἀπὸ τοῦ θεωρεῖν ἡδονὴ σπουδαία'· ταύτῃ γὰρ τῇ προτάσει ἂν προσλάβωμεν τὸ 'ἡ δὲ ἀπὸ τοῦ γεωμετρεῖν ἡδονὴ θεωρητική ἐστιν ἡδονή', συναχθήσεται μὲν τὸ τὴν ἀπὸ τοῦ γεωμετρεῖν ἡδονὴν σπουδαίαν εἶναι, οὐ μὴν τοῦ προκειμένου συλλογισμὸς ἔσται. εἰ δέ τις αὐτὴν ταύτην λάβοι εἰπὼν πᾶσαν μουσικὴν ἡδονὴν εἶναι σπουδαίαν, τὸ ἐν ἀρχῇ αἰτήσεται. δεῖ ἄρα καθόλου τι ὂν τῆς μουσικῆς ἡδονῆς λαβεῖν. τὸ δ' αὐτό, καὶ εἴ τις προκειμένου δεῖξαι, ὅτι πᾶν τὸ ὡς καλὸν ἀγαθὸν τίμιόν ἐστιν, εἰ ἀδιορίστως λάβοι τὸ ἀγαθὸν τίμιον εἶναι μὴ προσθεὶς τὸ 'πᾶν', οὐ ποιήσει συλλογισμὸν τῷ τὸ ἀδιόριστον ὡς ἐπὶ μέρους λαμβάνεσθαι. ἀλλ' οὐδ' ἄν τι τῶν ὑπὸ τὸ ἀγαθὸν τῶν ἀντιδιαιρουμένων τῷ καλῷ καθόλου λάβῃ, οὐδ' οὕτως τὸ προκείμενον συλλογίζεται. ἄλλο μέντοι τι οὐ κωλυθήσεται συλλογίσασθαι· οἷον ἐὰν λάβῃ 'πᾶν τὸ θεῖον ἀγαθὸν τίμιόν ἐστι' καὶ προσλάβῃ 'ὁ δὲ ἥλιος θεῖον ἀγαθόν'· ὁ ἥλιος ἄρα τίμιον. μόνως δὲ δείξει διὰ συλλογισμοῦ τὸ ὡς καλὸν ἀγαθὸν τίμιον εἶναι, ἂν λάβῃ καθόλου τι ὂν τοῦ τοιούτου ἀγαθοῦ τίμιον εἶναι· ἂν γὰρ λάβῃ πᾶν ἀγαθὸν τίμιον εἶναι καὶ προσλάβῃ 'τὸ δὲ ὡς καλὸν ἀγαθὸν ἀγαθόν ἐστιν', εἴη ἂν τὸ προκείμενον οὕτως δεδειχὼς διὰ συλλογισμοῦ. ἂν γὰρ λάβῃ πάλιν καθόλου τὸ 'πᾶν τὸ ὡς καλὸν ἀγαθὸν τίμιον', τὸ ἐν ἀρχῇ αἰτήσεται, ὥσπερ καὶ ἐπὶ τῆς μουσικῆς ἡδονῆς ἐρρέθη.

Δύναται τὸ ἢ οὐ πρὸς τὸ προκείμενον εἰρῆσθαι οὐχ ὡς ἐσομένου μὲν συλλογισμοῦ οὐ μὴν πρὸς τὸ κείμενον, ἀλλ' ὡς τὴν | ἀρχὴν οὐδὲ συναπτούσης τῆς λαμβανομένης ἐν μέρει προτάσεως τῷ δειχθῆναι προκειμένῳ. τούτῳ δὲ κἂν ἀκόλουθον δόξειεν εἶναι καὶ τὸ ἐφεξῆς λεγόμενον τὸ εἰ δὲ τινὰ ἡδονήν, εἰ μὲν ἄλλην, οὐδὲν πρὸς τὸν λόγον. ἢ ἔσται μὲν πρὸς τὸ προκείμενον ἡ πρότασις οὐ μὴν συλλογιστική, ἂν τὸ καθόλου τοῦ προκειμένου ἀδιορίστως ληφθῇ. εἰ δὲ μὴ τὸ καθόλου ἀλλὰ τῶν ὑπὸ τὸ καθόλου τι ληφθείη ἢ τοῦτο αὐτό, ἢ οὐδὲ τὴν ἀρχὴν συνάψει τῷ προκειμένῳ, εἰ ἄλλο τι καὶ μὴ αὐτὸ τὸ προκείμενον λαμβάνοι, ἤ, εἰ αὐτὸ λαμβάνοι, τὸ ἐν ἀρχῇ αἰτήσεται. οὐδὲν δὲ τῶν εἰρημένων συλλογιστικόν. τούτῳ δόξει μᾶλλον συνᾴδειν καὶ ἡ ἐπὶ τοῦ διαγράμματος δεῖξις. μᾶλλον

3 δὴ addidi ἡ scripsi: εἰ aB 5 οὕτω a τι ἡδονῆς εἶδος a 8 εἶδος ἡδονῆς a ποιήσῃ B pr. 15 ὅτι om. a 26 post τίμιον add. εἶναι a 27 ἐρρήθη a 28 ἢ οὐ om. in lac. a 29 προκείμενον a; at cf. p. 266, 27 31 κἂν scripsi: καὶ aB καὶ om. a 32 οὐθὲν B 35 ληφθείη scripsi: ληφθῇ aB τοῦτο αὐτό a: τούτου αὐτοῦ B

δέ φησι τὸ τοιοῦτο φανερὸν ἐπὶ τῶν διαγραμμάτων γίνεσθαι· λέγει δὲ τὸ 89v μὴ γίνεσθαι συλλογισμὸν μηδὲ δείκνυσθαι τὸ προκείμενον, εἰ μὴ ληφθείη καθόλου πρότασις.

p. 41b14 Οἷον ὅτι τοῦ ἰσοσκελοῦς ἴσαι αἱ πρὸς τῇ βάσει γωνίαι.

Τὸ μὲν πρόβλημα δεῖξαι τὰς πρὸς τῇ βάσει τοῦ ἰσοσκελοῦς τριγώνου δύο γωνίας ἴσας ἀλλήλαις. ὁ Εὐκλείδης μὲν ἐν τῷ πρώτῳ τῶν Στοιχείων δέδειχε διὰ τοῦ πέμπτου θεωρήματος δείξει χρησάμενος ἄλλῃ. ὁ μέντοι Ἀριστοτέλης ἄλλως δείκνυσιν αὐτό. καὶ ἔστιν ἡ δεῖξις τοιαύτη· ἔστω κύκλος ὁ Α Β Γ Δ, καὶ ἔστω κέντρον αὐτοῦ τὸ Ε. καὶ διήχθωσαν ἀπὸ τοῦ κέντρου πρὸς τὴν περιφέρειαν εὐθεῖαι τέμνουσαι ἀλλήλας ἥ τε Α Ε καὶ ἡ Β Ε, διάμετροι οὖσαι δῆλον ὅτι τοῦ κύκλου, καὶ ἐπεζεύχθω ἡ Α Β. βάσις δὴ ἔσται ἡ Α Β τοῦ Ε Α Β τριγώνου. ἔσονται δὴ πρὸς τῇ βάσει αὐτοῦ γωνίαι ἥ τε Α Γ καὶ ἡ Β Δ. ἐπεὶ οὖν ἡμικυκλίου ἐστὶν ἑκατέρα τῶν Α Γ, Β Δ γωνιῶν, ἴσαι εἰσὶν ἀλλήλαις· αἱ γὰρ τῶν ἴσων ἡμικυκλίων γωνίαι ἴσαι τῷ ἐφαρμόζειν ἀλλήλαις. ὧν αἱ ὑπὸ τῆς βάσεως τοῦ τριγώνου καὶ τῆς περιφερείας ἀπολαμβανόμεναι ἴσαι εἰσὶν ἀλλήλαις. ἐπεί εἰσιν ἐν τῷ αὐτῷ τμήματι· αἱ γὰρ ἐν τῷ αὐτῷ τμήματι γωνίαι ἴσαι εἰσὶν ἀλλήλαις, ὅτι καὶ καθόλου αἱ τῶν ἴσων τμημάτων γωνίαι ἴσαι. λοιπαὶ ἄρα αἱ πρὸς τῇ βάσει αἱ ἀπολαμβανόμεναι ὑπό τε τῆς βάσεως καὶ ἑκατέρας τῶν τοῦ τριγώνου πλευρῶν ἴσαι εἰσὶν ἀλλήλαις· ἂν γὰρ ἀπὸ ἴσων ἴσα ἀφαιρεθῇ, καὶ τὰ λειπόμενα ἴσα ἐστὶν ἀλλήλοις. καὶ εἰσὶν αἱ πλευραὶ τοῦ τριγώνου, ὑφ' ἃς αἱ ἴσαι γωνίαι, ἴσαι ἀλλήλαις· ἀπὸ γὰρ τοῦ κέντρου εἰσὶν ἀμφότεραι. τῶν ἄρα ἰσοσκελῶν τριγώνων αἱ πρὸς τῇ βάσει γωνίαι ἴσαι ἀλλήλαις. ἂν δὴ τούτου [τοῦ] προκειμένου δειχθῆναι λάβῃ τις τὴν Α Γ γωνίαν τῇ Β Δ ἴσην μὴ δείξας καθόλου, ὅτι αἱ τῶν ἴσων ἡμικυκλίων γωνίαι ἴσαι, τὸ ζητούμενον ἂν καὶ τὸ ἐν ἀρχῇ λαμβάνοι. ἢ εἰ τοῦτο μὲν δείξειε, τὴν ὅλην τῇ ὅλῃ ἴσην, λάβοι δὲ τὰς ὑπὸ τῆς περιφερείας καὶ τῆς βάσεως τοῦ τριγώνου ἀποτεμνομένας γωνίας ἀπὸ τῶν ἐν τοῖς ἡμικυκλίοις γωνιῶν τῶν ὀρθῶν ἴσας ἀλλήλαις, τὴν Γ τῇ Δ, μὴ δείξας καθόλου, ὅτι αἱ τῶν ἴσων τμημάτων γωνίαι ἴσαι (αἱ γὰρ τῶν ἴσων τμημάτων ἴσαι γωνίαι τῷ ἐφαρμόζειν ἀλλήλοις τὰ τμήματα, ὥσπερ καὶ τὰ ἡμικύκλια, διὸ καὶ ⟨αἱ⟩ ἐκείνων γωνίαι ἴσαι· τῶν δὲ δύο ἡμικυκλίων τῶν ὑπὸ τῶν Α, Β διαμέτρων τετμημένων κοινὸν τμῆμά

4 οἷον ὅτι κτλ.] cf. Waitzii commentarium p. 434—436 5 γωνίαι om. Ar. 6 μὲν a: μέντοι B 12 δηλονότι οὖσαι a 14 α γ. β δ (cf. p. 269, 10) scripsi: α β γ δ aB 18 αἱ γὰρ ἐν τῷ αὐτῷ τμήματι in mg. B² 19 λοιπὸν a 20 ἀπολαμβανόμεναι ex ὑπολαμβανόμεναι, ut videtur, corr. B² 21 ante ἴσων add. τῶν a: ? B, in quo est foramen (at cf. p. 269, 7): om. Eucl., cuius est axioma tertium ἀφαιρεθῇ] αι ex ε corr. B² 22 ἐστὶν B: εἰσὶν a 25 τοῦ B: om. a α γ B: α β a 26 γωνίαι om. a 27 τὸ ἐν ἀρχῇ B: τὴν ἀρχὴν a 29. 30 post ἀλλήλαις add. εἶναι a 30 τῇ B: τὴν a 31 ἀλλήλαις a 32 αἱ a: om. B

ἐστι τὸ ὑπὸ τῇ τοῦ τριγώνου βάσει· ἴσον οὖν αὐτῷ δηλαδὴ καὶ ἐφαρμόζον. 89v καθ' ὃ ἑκατέρου ἀφῄρηται, δύο πως ὄν· ἴσαι ἄρα καὶ αἱ γωνίαι αὐτοῦ ἀλλήλαις). ἂν δή τις λάβῃ τὰς γωνίας ἴσας εἶναι τὰς ἐν τῷ τμήματι μὴ δείξας, διὰ τί ἴσαι, πάλιν ἂν εἴη τὸ ἐν ἀρχῇ αἰτούμενος καὶ οὐ συλλογιζόμενος. ἢ εἰ δείξειε μὲν καὶ τοῦτο, λαμβάνοι δὲ τὴν λοιπὴν ἴσην τὴν Ε τῇ Ζ, καὶ οὕτως ἂν τὸ ἐν ἀρχῇ λαμβάνοι, ἀλλ' οὐ δεικνύοι ἄν, εἰ χωρὶς τοῦ ἀξιώματος ἐκείνου τεθείη τοῦ ἐὰν ἀπὸ ἴσων ἴσα ἀφαιρεθῇ, τὰ καταλειφθέντα ἴσα εἶναι ἀλλήλοις. εἶπε δὲ τὰς καταλειπομένας ἀπὸ τῶν γωνιῶν τῶν ἡμικυκλίων τὰς Ε. Ζ, ὡς εἶναι τὰς μὲν ὅλας γωνίας τὰς τῶν ἡμικυκλίων | τὰς ΑΓ. ΒΔ, τὰς δὲ ἀφῃρημένας ἀπ' αὐτῶν τὰς τοῦ τμήματος Γ καὶ Δ, 90r τὰς δὲ καταλειπομένας ἀπ' αὐτῶν Ε καὶ Ζ, αἳ περιέχονται ὑπό τε τῆς βάσεως καὶ ἑκατέρας τῶν πλευρῶν οὖσαι αἱ πρὸς τῇ βάσει, περὶ ὧν νῦν προκείμενον δεῖξαι, ὅτι ἴσαι. ἔσται δὴ τὸ ἐξ ἀνάγκης αἰτούμενος, ἂν τὰ δεόμενα δείξεως χωρὶς δείξεως ὡς οὕτως ἔχοντα λαμβάνῃ· αἰτήσεται γὰρ τὸ ἴσας εἶναι τοῦ ἰσοσκελοῦς τριγώνου τὰς πρὸς τῇ βάσει, ἀλλ' οὐ δείξει.

p. 41b23 Καὶ ὅτι τὸ μὲν καθόλου ἐκ τῶν καθόλου προτάσεων δείκνυται.

Δείξας, ὅτι ἐν παντὶ συλλογισμῷ δεῖ καθόλου τινὰ πρότασιν εἶναι, ὑπομιμνήσκει ἡμᾶς καὶ τοῦ ὅτι, εἰ καθόλου τὸ συμπέρασμα εἴη, δεῖ ἀμφοτέρας εἰλῆφθαι καθόλου τὰς προτάσεις· οὐ γὰρ ἂν ἄλλως γένοιτο τοῦ καθόλου συμπέρασμα. οὐ μὴν ἂν ὦσιν αἱ προτάσεις καθόλου ἀμφότεραι, ἤδη καὶ τὸ συμπέρασμα ἀνάγκη καθόλου εἶναι· γίνεται γάρ ποτε ἐπὶ μέρους συμπέρασμα καὶ ἐκ καθόλου προτάσεων, ὡς ἐπὶ τῶν ἐν τρίτῳ σχήματι ἐδείχθη.

p. 41b27 Δῆλον δὲ καὶ ὅτι ἐν ἅπαντι συλλογισμῷ

Καὶ τοῦτο ὑπομιμνήσκει ἡμᾶς, ὅτι ἐν παντὶ συλλογισμῷ ἢ ἀμφοτέρας ὁμοίας ἀνάγκη τῷ συμπεράσματι εἶναι τὰς προτάσεις ἢ πάντως γε τὴν ἑτέραν. κατὰ μὲν τὸ καταφατικὸν ἀμφοτέρας (οὐ γὰρ ἂν ἄλλως γίνοιτο καταφατικὸν τὸ συμπέρασμα, εἰ μὴ ἀμφότεραι αἱ προτάσεις εἶεν καταφατικαί), εἰ δὲ ἀποφατικόν, τὴν ἑτέραν· οὔτε γὰρ ἐκ δύο καταφατικῶν ἀποφατικὸν ἂν γένοιτο συμπέρασμα οὔτε ἐκ δύο ἀποφατικῶν· οὐδὲ γὰρ ὅλως συλλογισμὸς ἐκ δύο ἀποφατικῶν γένοιτ' ἄν ποτε προτάσεων. οὐ τὸ καταφατικὸν δὲ καὶ ἀποφατικὸν μόνα δεῖν φησιν ἢ ἀμφοτέρας τὰς προτάσεις

---

1 αὐτῷ aB 2 πῶς B: περ a 4 διατί (sic) B: δ' ὅτι a 6 δεικνύει a 7 ante ἴσων add. τῶν a ἴσων a: ἴσου B (cf. p. 268,21) 9 τὰς (ante ε̅ ζ̅) a: τῶν B 10 τὰς (ante α) a: τῶν B α̅ β̅ γ̅ δ̅ a ante γ̅ alterum add. τὰς a καὶ om. a 12 αἱ om. a νῦν B: ἣν a 13 δὴ a: δὲ B 16 ἐκ τῶν καθόλου προτάσεων aB: ἐξ ἁπάντων τῶν ὅρων καθόλου Ar. 21 συμπέρασμα scripsi: συμπεράσματος aB 25 καὶ superscr. B[2] 28 γένοιτο a 29 τὸ om. a 32 post οὐ fort. κατὰ addendum (cf. p. 270, 1)

ὁμοίας εἶναι τῷ συμπεράσματι ἢ πάντως γε τὴν ἑτέραν, ἀλλὰ καὶ κατὰ τὸ 90r ἀναγκαῖον καὶ τὸ ὑπάρχον καὶ ἐνδεχόμενον. οὔτε γὰρ ἀναγκαῖον γένοιτ' ἂν συμπέρασμα μηδεμιᾶς οὔσης προτάσεως ἀναγκαίας, ὥς φησιν (ἀλλὰ δεῖ ἢ ἀμφοτέρας ἀναγκαίας εἶναι ἢ πάντως γε τὴν ἑτέραν, τὴν γὰρ μείζονα), οὔτε ὑπάρχον οὔτε ἐνδεχόμενον· ὁμοίως γὰρ καὶ ἐπὶ τοῦ ὑπάρχοντος συμπεράσματος καὶ ἐπὶ τοῦ ἐνδεχομένου αἱ προτάσεις ἕξουσιν. πῶς οὖν εἶπεν ἐν ταῖς μίξεσιν ἐξ ἀναγκαίας ἀποφατικῆς καθόλου καὶ ἐνδεχομένης καταφατικῆς ὑπάρχον ἀποφατικὸν γίνεσθαι συμπέρασμα;

p. 41b31 Ἐπισκέψασθαι δὲ δεῖ καὶ τὰς ἄλλας κατηγορίας.

Λέγοι ἂν τὰς ἄλλας κατηγορίας τὰς παρὰ τοὺς εἰρημένους τρόπους· εἶεν δ' ἂν αἱ τοιαῦται, εἰ ψεῦδος τὸ συμπέρασμα ⟨ἢ⟩ εἰ ἀδύνατον. δεῖ γὰρ καὶ τὰς προτάσεις ἀμφοτέρας ψευδεῖς εἶναι ἢ πάντως τὴν ἑτέραν· ὁμοίως δέ, καὶ εἰ ἀδύνατον, ἢ ἀμφοτέρας ἢ πάντως γε τὴν ἑτέραν ἀδύνατον ἀνάγκη εἶναι, εἴ γε ἀδύνατον μὲν ἀδυνάτῳ, ψεῦδος δὲ ψεύδει ἀκολουθεῖ. οὐ μὴν ἐπεὶ ἀληθὲς τὸ συμπέρασμα, πάντως καὶ αἱ προτάσεις ἢ ἀμφότεραι ἀληθεῖς ἢ ⟨ἡ⟩ ἑτέρα· καὶ γὰρ ἐξ ἀμφοτέρων ψευδῶν ἀληθές ποτε συναχθήσεται, ὡς δείξει. καὶ διὰ τοῦτο εἶπε τὸ ἐπισκέψασθαι δεῖν καὶ τὰς ἄλλας κατηγορίας ὑπὲρ τοῦ γνῶναι, ἐπὶ τίνων οὕτως ἔχειν ἀνάγκη· οὐ γὰρ ἐπὶ πάντων ὁμοίως ἔχει. δεήσει δέ, καὶ εἰ ἔνδοξον τὸ συμπέρασμα ἢ ἄδοξον, καὶ τῶν προτάσεων ἢ τινὰ ἢ τινὰς οὕτως ἔχειν. καὶ εἰ ἄδηλον τὸ συμπέρασμα, καὶ τῶν προτάσεών τις ἄδηλος ἔσται· εἰ γάρ τις συλλογίζοιτο καὶ συνάγοι ἀρτίους εἶναι τοὺς ἀστέρας διὰ τοῦ τὰ ἡμισφαίρια ἐξ ἴσων ἀστέρων κατ' ἀριθμὸν εἶναι, ἄδηλον δι' ἀδήλου συνάξει. ἀλλὰ καὶ εἰ τοῦ ὡς ἐπὶ τὸ πλεῖστον ἐνδεχομένου ἢ τοῦ κατὰ φύσιν ἢ τοῦ κατὰ προαίρεσιν τὸ συμπέρασμα, οὕτω τις καὶ τῶν προτάσεων ἕξει ἢ καὶ ἀμφότεραι. λέγοι δ' ἂν κατηγορίας καὶ τὰς κατὰ γένη· εἰ γὰρ ἐν τῷ ποιῷ τὸ δεικνύμενόν τε καὶ συμπεραινόμενον, δεῖ | καὶ πρότασίν τινα τοιαύτην εἰλῆφθαι· ὁμοίως, 90v εἰ ποσὸν ἢ πρός τι. ὁ αὐτὸς λόγος καὶ ἐπὶ τῶν ἄλλων κατηγοριῶν.

p. 41b32 Φανερὸν δὲ καὶ πότε ἁπλῶς ἔσται, καὶ πότε οὐκ ἔσται συλλογισμός.

Τὸ ἁπλῶς ἀντὶ τοῦ 'καθόλου' εἶπε· δῆλον γὰρ καθόλου, πότε καὶ πῶς τῶν προτάσεων λαμβανομένων συλλογισμὸς ἔσται, καὶ πότε καὶ πῶς λαμβανομένων οὐκ ἔσται· ἐδείχθη γὰρ τοῦτο καθ' ἕκαστον σχῆμα. [φανερὸν δὲ καὶ πότε ἁπλῶς ἔσται ἀντὶ τοῦ 'φανερὸν δὲ ἁπλῶς', ἀντὶ τοῦ 'καθόλου' εἶπε· δῆλον γὰρ καθόλου, καὶ πότε ⟨ἔσται καὶ πότε⟩ οὐκ ἔσται συλλογισμός.]

2 post καὶ alterum add. τὸ a 3 post ἂν add. τὸ a δεῖ scripsi: εἰ B: om. a 7 εἶπεν] c. 16 p. 36b23, c. 19 p. 38a38—41, c. 20 p. 39a10 11 ἢ a: om. B 16 ἡ a: om. B 17 δεῖν B: τε δεῖ a 22 συνάγοι scripsi: συνάγει aB 28 εἰ a: ἢ B 29 ἁπλῶς, πότε Ar. 33 φανερὸν δὲ . . . οὐκ ἔσται συλλογισμός (35) B: om. a 35 ἔσται καὶ πότε addidi

p. 41b33 Καὶ πότε δυνατὸς καὶ πότε τέλειος. 90v

Δυνατὸν εἶπε τὸν ἀτελῆ συλλογισμὸν τὸν μήπω μὲν φανερῶς ὄντα συλλογισμὸν δυνάμενον δὲ γενέσθαι φανερὸν ἢ δι' ἀντιστροφῆς ἢ διὰ τῆς εἰς ἀδύνατον ἀπαγωγῆς· διὰ γὰρ τῶν τοιούτων τρόπων οἱ ἀτελεῖς τελειοῦνται συλλογισμοί. ὅτι δὲ τὸ δυνατὸν οὕτως ἔλαβε, δῆλον ἐκ τοῦ προσθεῖναι τὸν τέλειον. δῆλον δὲ καὶ ὅτι, ἂν ᾖ συλλογισμός, ἀνάγκη τὰς προτάσεις ἔχειν κατά τινα τῶν τρόπων, ὧν προειρήκαμεν· ἢ γὰρ ἐν πρώτῳ ἢ ἐν δευτέρῳ σχήματι ἢ ἐν τρίτῳ ἔσται. πάντες γὰρ οἱ συλλογισμοὶ ἐδείχθησαν ἐν τοῖς σχήμασι τούτοις γινόμενοι καὶ καθ' ἕκαστον σχῆμα ἔν τινι τῶν δεδειγμένων συζυγιῶν συλλογιστικῶν· κἂν γὰρ σύνθετός τις ᾖ καὶ διὰ πλειόνων μέσων, ὅμως ἡ γένεσις αὐτῷ καὶ ἡ ἀνάλυσις ἐκ τούτων τινὸς τῶν σχημάτων καὶ εἰς τούτων ⟨τι⟩ ἔσται.

p. 41b36 Δῆλον δὲ καὶ ὅτι πᾶσα ἀπόδειξις ἔστι διὰ τριῶν ὅρων καὶ οὐ πλειόνων, ἂν μὴ δι' ἄλλων καὶ ἄλλων τὸ αὐτὸ συμπέρασμα γένηται.

Κοινότερον δὲ καὶ νῦν τὸν συλλογισμὸν ἀπόδειξιν εἴρηκε. δείκνυσι δέ, ὅτι πᾶς συλλογισμὸς διὰ τριῶν ὅρων γίνεται καὶ οὐ διὰ πλειόνων, τοῦτ' ἔστι διὰ δύο προτάσεων. λέγει δὲ διὰ τῶν προσεχῶν· ἐν γὰρ τοῖς συνθέτοις πλείους μὲν αἱ προτάσεις, ἀλλ' οὐχ αἱ προσεχεῖς· πάντες γὰρ διὰ δύο προτάσεων προσεχῶν καὶ τριῶν ὅρων καὶ οὐ πλειόνων, ἂν μὴ τὸ αὐτὸ συμπέρασμα δι' ἄλλου καὶ ἄλλου μέσου δεικνύηται. εἰ γὰρ εἴη τινὶ προκείμενον συλλογίσασθαι πᾶσαν ἡδονὴν ἀγαθόν, ὁ δὲ ἄλλοτε ἄλλον μέσον ὅρον λαμβάνων δεικνύοι τοῦτο, καθ' ὅσον μὲν ταὐτὸ συμπέρασμα καθ' ἕκαστον τῶν μέσων ποιεῖ, δόξει συλλογισμὸν ἕνα καὶ τὸν αὐτὸν ποιεῖν, καθ' ὅσον δὲ μὴ διὰ τῶν αὐτῶν μέσων ὅρων μηδὲ διὰ τῶν αὐτῶν προτάσεων γίνεται τὸ συμπέρασμα, διαφέροντες ἔσονται πάλιν οἱ συλλογισμοὶ καὶ πλείονες καὶ τοσοῦτοι, ὁσάκις καὶ τὰ μέσα ὑπήλλακται. οὐ γὰρ ὁ αὐτὸς συλλογισμὸς ὁ λέγων 'πᾶσα ἡδονὴ αἱρετόν, πᾶν αἱρετὸν ἀγαθόν, πᾶσα ἄρα ἡδονὴ ἀγαθόν' τῷ λέγοντι 'πᾶσα ἡδονὴ κατὰ φύσιν, πᾶν τὸ κατὰ φύσιν ἀγαθόν, πᾶσα ἄρα ἡδονὴ ἀγαθόν'. ἀλλ' οὐδὲ τούτων τις ὁ αὐτὸς τῷ λαμβάνοντι πᾶσαν ἡδονὴν ὑπὸ τέχνης γίνεσθαι, πᾶν τὸ ὑπὸ τέχνης γινόμενον ἀγαθὸν εἶναι, πᾶσαν ἄρα ἡδονὴν ἀγαθὸν εἶναι. καίτοι ἐν πᾶσι τούτοις ταὐτὸ συμπέρασμα. ὁμοίως καὶ εἰ τὸ ἐναντίον τούτου συνάγοι τις, ὅτι μηδεμία ἡδονὴ ἀγαθόν, ποτὲ μὲν διὰ τοῦ 'πᾶν ἀγαθὸν ὠφέλιμον, οὐδεμία δὲ ἡδονὴ ὠφέλιμος, οὐδεμία ἄρα

2 ἀτελεῖ a 8 ἐν om. a 10 συλλογισμῶν a ἢ a 12 τούτων τι ἔσται scripsi: τουτ[ους] (ους in ras. B²) ἔσται B: ἔσται τούτων a 13 ἔσται a et Ar. 14 ἐὰν Ar. 15 γίνηται Ar. 16 νῦν] ῦν in ras. B² δείκνυσι] δείκ in ras. 5—6 lit. B 18 προσεχῶν] ε in ras. B² 21 δεικνύηται scripsi: δείκνυται aB 23 δεικνύοι scripsi: δείκνυσι aB 25 μέσων om. a 27 ὡσάκις a 29 τῷ λέγοντι . . . ἡδονὴ ἀγαθόν (30) om. a

ἡδονὴ ἀγαθόν'. ποτὲ δὲ διὰ τῶν 'πᾶσα ἡδονὴ ἀτελής (εἴ γε κίνησις, ἡ δὲ 90v κίνησις ἐνέργεια ἀτελής), οὐδὲν ἀγαθὸν ἀτελές, οὐδεμία ἄρα ἡδονὴ ἀγαθόν'. καὶ γὰρ ἐπὶ τούτων ταὐτὸν συμπέρασμα δι' ἄλλων καὶ ἄλλων ὅρων τε καὶ προτάσεων δείκνυται· διὸ καὶ πλείους εἰσὶν οἱ συλλογισμοί. ἀλλ' οὐχ εἷς. καὶ ὡς Πλάτων ἀθάνατον εἶναι τὴν ψυχὴν ποτὲ μὲν διὰ τοῦ τὰς μαθήσεις ἀναμνήσεις εἶναι δείκνυσι. ποτὲ δὲ διὰ τοῦ ἀνεπίδεκτον εἶναι τοῦ ἐναντίου διὰ τὸ συνεπιφέρεσθαι ἑαυτῇ τὸ ἐκείνῳ ἐναντίον, ποτὲ δ' αὖ διὰ τοῦ μὴ φθείρεσθαι ὑπὸ ἀλλοτρίας πονηρίας τὸ ὑπὸ τῆς οἰκείας μὴ φθειρόμενον, ἄλλοτε ⟨δὲ⟩ διὰ τοῦ αὐτοκίνητον εἶναι τὴν ψυχήν· τὸ γὰρ αὐτὸ διὰ πλειόνων δείκνυσι μέσων. διὸ πλείους οἱ συλλογισμοί.

p. 41b38 Οἷον τὸ Ε διά τε τῶν Α, Β καὶ διὰ τῶν Γ, Δ.

Τὸ μὲν Ε λαμβάνει τὸ συμπέρασμα. τὸ δὲ Α, Β καὶ τὸ Γ, Δ προτάσεις ἄλλας καὶ ἄλλας, δι' ὧν δείκνυσι τὸ Ε, ποτὲ μὲν διὰ τῶν Α, Β προτά- 91r σεων, ποτὲ δὲ διὰ τῶν Γ, Δ. ἔστω γὰρ τὸ μὲν 'οὐδὲν αἰσχρὸν καλόν' συμπέρασμα ὂν τὸ Ε· τοῦτο δὲ συναγέσθω ποτὲ μὲν διὰ τῶν 'οὐδὲν καλὸν κακόν, πᾶν δὲ αἰσχρὸν κακόν', ὅς συλλογισμὸς ἐν δευτέρῳ σχήματι, ὧν τὸ μὲν ἔστω τὸ Α τὸ δὲ ⟨τὸ⟩ Β. πάλιν δὲ τὸ αὐτὸ δεικνύσθω διὰ τῶν 'πᾶν καλὸν ἀγαθόν, οὐδὲν αἰσχρὸν ἀγαθόν'· συνάγεται γὰρ πάλιν διὰ τούτων τὸ 'οὐδὲν αἰσχρὸν καλόν', ὅπερ ἦν τὸ Ε. ἐν δευτέρῳ σχήματι· τῶν δὲ προτάσεων ἡ μὲν ἔστω Γ ἡ δὲ Δ. ἢ πάλιν πᾶν αἰσχρὸν φευκτόν, οὐδὲν φευκτὸν καλόν· συνάγεται γὰρ καὶ ἐκ τούτων ἐν πρώτῳ σχήματι τὸ μηδὲν αἰσχρὸν καλὸν εἶναι.

Ὃ δὲ ἐπήνεγκεν ἢ διὰ τῶν Α, Β καὶ τῶν ⟨Α, Γ καὶ τῶν⟩ Β, Γ δηλωτικόν ἐστι τοῦ καὶ ἄλλα δύνασθαι μέσα λαμβάνεσθαι, ὡς μὴ μόνον δύο συλλογισμοὺς δεικτικοὺς τοῦ αὐτοῦ συμπεράσματος γίνεσθαι ἀλλὰ καὶ πλείους· τὸ γὰρ Ε ποτὲ μὲν διὰ τῶν Α, Β προτάσεων, ποτὲ δὲ διὰ τῶν Α, Γ, ποτὲ δὲ διὰ τῶν Β, Γ δεικνύσθαι δυνήσεται. δύναται τὰ ὕστερα προσκείμενα ἄλλου τινὸς εἶναι δεικτικά· τοῦ γὰρ δύνασθαι πλείους γενέσθαι συλλογισμοὺς τοῦ αὐτοῦ μὴ μόνον ἄλλοτε ἄλλου τοῦ μέσου λαμβανομένου ἀλλὰ καὶ τοῦ αὐτοῦ, ἄλλως δὲ καὶ ἄλλως, δεικτικὸν ἂν εἴη τὸ προσκείμενον· τὸν γὰρ αὐτὸν μέσον λαμβάνοντας ἔσται ποτὲ μὲν ἐν πρώτῳ σχήματι συλλογίσασθαι τὸ προτεθέν, ποτὲ δὲ ἐν δευτέρῳ, ποτὲ δὲ ἐν τρίτῳ. καὶ δῆλον ὅτι διαφέροντες ἂν εἴησαν οἱ συλλογισμοὶ ὄντες γε ἐν διαφέρουσι σχήμασιν. τοῦτο δ' ἂν εἴη λέγων ὑπὲρ τοῦ δεῖξαι. ὅτι οὐ μόνον διαφέροντες συλλογισμοί, ὧν διαφέροντες οἱ μέσοι καὶ αἱ προτάσεις, ἀλλὰ καὶ τῶν αὐτῶν ὅρων

---

2 ἀγαθὸν οὐδὲν a ἀγαθὸν ἡδονή B pr. 5 Πλάτων] Phaedo 18 p. 72E sqq., 52 p. 103C sqq., De Republ. X 9. 10 p. 608D — 611A, Phaedrus 24 p. 245C — 246A 7 ἑαυτῇ scripsi: ἑαυτῷ aB 9 δὲ addidi τοῦ ex τὸ corr. B 10 δείκνυται a 12 προτάσεις ex προτάσας, ut videtur, corr. B 15 ὂν om. a 16 ὅς scripsi: ὁ aB ὧν scripsi: ὢν aB 17 τὸ (ante β) a: om. B 23 α γ καὶ τῶν addidi: καὶ α γ καὶ β γ Ar. (καὶ α γ καὶ διὰ τῶν β γ Vat. 199) 26 α γ correxi (cf. p. 273, 3): γ δ aB 27 δυνήσεται B: συνάγεται a 29 ἄλλοτε om. a 30 προκείμενον a 32 προστεθέν a

λαμβανομένων καὶ τῶν αὐτῶν γινομένων συμπερασμάτων ἡ θέσις τοῦ μέσου 91r καὶ ἡ τάξις διαφορὰν ποιεῖ συλλογισμῶν. καὶ εἴη ἂν διὰ μὲν τοῦ Α· Β τὸ πρῶτον λέγων σχῆμα, διὰ δὲ τοῦ Α, Γ τὸ δεύτερον, διὰ δὲ τοῦ Β, Γ τὸ τρίτον. οὐσῶν γὰρ προτάσεων τῶν Α, Β ἐν πρώτῳ σχήματι τῶν δεικνυουσῶν τὸ Ε συμπέρασμα τὸ αὐτὸ συμπέρασμα ἐν μὲν δευτέρῳ δειχθήσεται ἐπὶ τοῖς αὐτοῖς ὅροις τῆς μὲν Α προτάσεως τῆς αὐτῆς ληφθείσης, τῆς δὲ Β ὑπαλλαγείσης, τοῦτ' ἔστιν ἀντιστραφείσης καὶ γενομένης Γ· αὕτη δ' ἂν ἡ μείζων εἴη· πάλιν δὲ ἐν τρίτῳ τῆς μὲν Β, τοῦτ' ἔστι τῆς μείζονος, τῆς αὐτῆς ληφθείσης, ἥτις ἦν καὶ ἐν τῷ πρώτῳ, τῆς δὲ ⟨Α⟩ ἀντιστραφείσης καὶ γενομένης Γ. δύναται γὰρ τὸ αὐτὸ συμπέρασμα ἐπὶ τοῖς αὐτοῖς ὅροις διὰ τῶν τριῶν σχημάτων δειχθῆναι οὕτως. οἷον ἔστω προκείμενον δειχθῆναι, ὅτι τις ἄνθρωπος οὐκ ἔστι λευκός. τοῦτο ἐν μὲν πρώτῳ σχήματι οὕτως ἂν δειχθείη· τὶς ἄνθρωπος Αἰθίοψ ἐστίν, οὐδεὶς Αἰθίοψ λευκός ἐστι, τὶς ἄρα ἄνθρωπος οὐκ ἔστι λευκός· καὶ ἔσται ἡ μὲν 'τὶς ἄνθρωπος Αἰθίοψ ἐστί' πρότασις τὸ Α, ἡ δὲ 'οὐδεὶς Αἰθίοψ λευκός' τὸ Β. ἐν δὲ τῷ δευτέρῳ σχήματι πάλιν οὕτως· τὶς ἄνθρωπος Αἰθίοψ ἐστίν, ἥτις ἦν ἡ Α πρότασις, οὐδεὶς λευκὸς Αἰθίοψ ἐστίν, ἥτις ἐστὶν ἀντιστροφὴ τῆς Β· αὕτη ἔστω τὸ Γ· τὸ γὰρ αὐτὸ καὶ ἐκ τούτων συνάγεται τὸ 'τὶς ἄνθρωπος οὐκ ἔστι λευκός'. ἡ μὲν οὖν Α πρότασις κοινὴ αὐτῷ πρὸς τὴν πρώτην δεῖξιν, ἡ δὲ Γ ἄλλη ἐλήφθη· ἡ γὰρ Β ἀντεστράφη. καὶ διὰ τοῦτο ὅ τε συλλογισμὸς ἄλλος καὶ τὸ σχῆμα· δεύτερον γάρ. πάλιν ἐν τρίτῳ σχήματι οὐδεὶς Αἰθίοψ λευκός ἐστιν, ἥτις ἦν ἡ Β πρότασις ἐν τῷ πρώτῳ σχήματι, τὶς Αἰθίοψ ἄνθρωπός ἐστιν, ἡ ἀντιστρέφουσα τῇ Α, ἥτις ἔσται τὸ Γ. καὶ αὕτη ἡ δεῖξις τὴν μὲν Β πάλιν πρότασιν κοινὴν τῇ ἐν πρώτῳ σχήματι δείξει ἔχει ἰδίαν δὲ τὴν Γ· καὶ γὰρ διὰ τούτων πάλιν τὸ αὐτὸ δείκνυται τὸ 'τὶς ἄνθρωπος οὐκ ἔστι λευκός'. καὶ οὕτως δείκνυται τὸ αὐτὸ συμπέρασμα διὰ πλειόνων δεικνύμενον οὐκ ἄλλοτε ἄλλων ὅρων λαμβανομένων, ὡς τὸ πρῶτον ἐδείξαμεν, ἀλλὰ τῶν αὐτῶν ἄλλως καὶ ἄλλως τιθεμένων κατὰ τὰς τῶν σχημάτων διαφορὰς καὶ διὰ τοῦτο πλειόνων συλλογισμῶν γινομένων. ἀλλὰ καὶ τὸ μὴ εἶναι τὸ αἰσχρὸν καλὸν δεικνύοιτ' ἂν διὰ τῶν αὐτῶν ὅρων ἐν 91v τοῖς τρισὶ σχήμασιν, ἐν μὲν τῷ πρώτῳ διὰ τῶν 'πᾶν αἰσχρὸν κακόν, οὐδὲν κακὸν καλόν', διὰ δὲ δευτέρου διὰ τοῦ 'πᾶν [τὸ] αἰσχρὸν κακόν, οὐδὲν καλὸν κακόν', διὰ δὲ τρίτου ⟨διὰ τοῦ⟩ 'οὐδὲν κακὸν καλόν, τὶ κακὸν αἰσχρόν'. διοίσει δὲ μόνῳ τῷ ἐν τρίτῳ ἐπὶ μέρους γίνεσθαι τὸ συμπέρασμα. ἔνεστι τὸ αὐτὸ συμπέρασμα διὰ τῶν τριῶν σχημάτων δεῖξαι καὶ μὴ τὸν αὐτὸν μέσον λαμβάνοντας, ὡς νῦν, ἀλλ' ἄλλοτε ἄλλον· ἔστω γὰρ συμπέρασμα τὸ τινὰ ἄνθρωπον μὴ εἶναι ἵππον· τοῦτο ἐν μὲν πρώτῳ σχήματι συνάξομεν λαβόντες

2 μὲν a: μέσου B 3 α γ̄ a: δ̄ γ B (α . B³) 4 β̄ in ras. B² 5 post μὲν add. τῷ a 9 α a: om. B 12 μὲν B: τῷ a 15 τὸ α πρότασις a 17 λευκὸς] ος B² (evan. B¹) ἔστιν (post ἥτις) B: ἦν a 18 αὐτὸ evan. B 24 πάλιν om. a δείξει a: δεῖξιν B 25 ἰδία a 32 ante δευτέρου et 33 ante τρίτου add. τοῦ a 32 τὸ B: om. a 33 διὰ τοῦ addidi 34 post ἐν add. τῷ a 37 τοῦτον a

'τὶς ἄνθρωπος γραμματικός, οὐδεὶς γραμματικὸς ἵππος'. ἐν δὲ τῷ δευτέρῳ [91v] 'τὶς ἄνθρωπος μουσικός. οὐδεὶς ἵππος μουσικός', ἐν ⟨δὲ τῷ⟩ τρίτῳ 'πᾶν γελαστικὸν ἄνθρωπος. οὐδὲν γελαστικὸν ἵππος'· καθ' ἕκαστον γὰρ συλλογισμὸν δι' ἄλλου μέσου τὸ αὐτὸ δέδεικται συμπέρασμα.

p. 42a1 Ἢ πάλιν ὅταν ἑκάτερον τῶν ΑΒ διὰ συλλογισμοῦ ληφθῇ.

Καὶ οὕτως, φησί, τὸ αὐτὸ διὰ πλειόνων ὅρων δειχθήσεται, εἰ ἑκατέρα τῶν προτάσεων, ἥ τε Α καὶ ἡ Β, δι' ὧν συνήγετο τὸ Ε, εἰ εἴη διὰ προσυλλογισμοῦ εἰλημμένη, ὡς ἑκατέραν αὐτῶν συμπέρασμα συλλογισμῶν εἶναι, τὴν μὲν Α διὰ τῶν Δ, Ε προτάσεων τὴν δὲ Β διὰ τῶν Ζ, Θ. δεικνύοιτο γὰρ ἂν καὶ τὸ Ε διὰ τῶν ΔΕΖΘ προτάσεων· οὐ μὴν ὁ συλλογισμὸς ἁπλοῦς ἔτι ἀλλὰ σύνθετος· ἀνάγκη γὰρ τὸ ὑπό τινων συναγόμενον συνάγεσθαι καὶ ὑπὸ τῶν ἐκεῖνα συναγόντων διὰ τὸ δυνάμει ἐν τοῖς συνάγουσιν εἶναι τὰ συναγόμενα. οἷον εἰ εἴη δεικνύμενον πᾶν δίκαιον συμφέρον εἶναι διὰ προτάσεων τῶν 'πᾶν δίκαιον ἀγαθόν, πᾶν ἀγαθὸν συμφέρον', ἑκατέρα δὲ τῶν προτάσεων τούτων εἴη δεικνυμένη συλλογιστικῶς, ἡ μὲν πρώτη διὰ τῶν 'πᾶν δίκαιον καλόν, πᾶν καλὸν ἀγαθόν', ἡ δὲ δευτέρα διὰ τῶν 'πᾶν ἀγαθὸν ὠφέλιμον, πᾶν ὠφέλιμον συμφέρον', συνάξει καὶ ** τὸ 'πᾶν δίκαιον συμφέρον', ὃ ἦν δεικνύμενον ὑπὸ τῶν διὰ τούτων δεικνυμένων. δι' ὧν δὲ λέγει νῦν, ὑπογράφει ἡμῖν φανερώτερον τὸ λεγόμενον συνθετικὸν θεώρημα, οὗ αὐτός ἐστιν εὑρετής. ἔστι δὲ ἡ περιοχὴ αὐτοῦ τοιαύτη 'ὅταν ἔκ τινων συνάγηταί τι, τὸ δὲ συναγόμενον μετά τινος ἢ τινῶν συνάγῃ τι, καὶ τὰ συνακτικὰ αὐτοῦ, μεθ' οὗ ἢ μεθ' ὧν συνάγεται ἐκεῖνο, καὶ αὐτὰ τὸ αὐτὸ συνάξει'. τὰ γὰρ τῶν Α, Β συνακτικά, δι' ὧν δείκνυται τὸ Γ φέρε εἰπεῖν, ταῦτα συνάγειν φησὶ καὶ τὸ ὑπὸ τῶν Α [καὶ τὸ] Β συναγόμενον, ὃ ἦν τὸ Γ. ἐπεὶ γὰρ τὸ 'πᾶν δίκαιον ἀγαθόν' συναγόμενον ὑπὸ τῶν 'πᾶν δίκαιον καλόν, πᾶν καλὸν ἀγαθόν' συνάγει μετὰ τοῦ 'πᾶν ἀγαθὸν συμφέρον' τὸ 'πᾶν δίκαιον συμφέρον', καὶ τὰ 'πᾶν δίκαιον καλόν, πᾶν καλὸν ἀγαθόν' ὄντα συνακτικὰ τοῦ 'πᾶν δίκαιον ἀγαθόν' μετὰ τοῦ 'πᾶν ἀγαθὸν συμφέρον' συνάξει τὸ 'πᾶν δίκαιον συμφέρον', ὃ συνῆγε καὶ τὸ ὑπ' αὐτῶν συναγόμενον καὶ μετὰ τοῦ 'πᾶν ἀγαθὸν συμφέρον'. κἂν ληφθῇ δὲ τὸ 'πᾶν δίκαιον ἀγαθόν' μετὰ τῶν 'πᾶν ἀγαθὸν ὠφέλιμον, πᾶν ὠφέλιμον συμφέρον' συνάγειν τὸ 'πᾶν δίκαιον συμφέρον', καὶ τὰ τοῦ 'πᾶν δίκαιον ἀγαθόν' συνακτικὰ μετὰ

2 post οὐδεὶς expunxit δὲ B δὲ τῷ a: om. B 7 εἰ scripsi: ἡ aB 8 ante τὸ expunxit τὸ B εἰ fort. delendum: sed cf. p. 267,15,16 9 προσυλλογισμοῦ ex πρὸ συλλογισμοῦ corr. B² 12 ἁπλοῦς] οῦς in ras. B² ἔτι om. a 13 τὸ a: τοῦ B 16 τούτων om. a 18 post καὶ requiritur velut ταῦτα 24 post γὰρ eras. διά, ut videtur, B 25 καὶ prius om. a καὶ τὸ alterum delevi: καὶ τῶν a (cf. p. 277,37) 27. 28 τὸ πᾶν δίκαιον συμφέρον in mg. add. B³: om. a 28 τὰ scripsi: τὸ aB 29 ante μετὰ add. συνάγει (ex vs. 27 translatum) a: ὃ συνάγει expunxit B² 32 συνάγειν Brandis Schol. p. 173b9: συνάγει aB 33 δίκαιον (ante συμφέρον) scripsi: ἀγαθὸν aB

τούτων τὸ αὐτὸ συνάξει· διὰ τοῦτο γὰρ πρόσκειται ἐν τῇ περιοχῇ τὸ 'μετά 91v τινὸς ἢ τινῶν'.

Καὶ οὕτως γίνεται τὸ αὐτὸ διὰ πλειόνων δεικνύμενον ὅρων, κἂν τῶν συνακτικῶν τινος τὸ μὲν ἐπαγωγῇ τὸ δὲ συλλογισμῷ δεδειγμένον ᾖ, οἷον τὰ Α, Β, ἃ τοῦ Ε ἦν συλλογιστικά, εἰ τὸ μὲν Α δι' ἐπαγωγῆς εἰλημμένον εἴη τὸ δὲ Β διὰ συλλογισμοῦ· πάλιν γὰρ ἔσται καὶ τὸ Ε δεικνύμενον ἐκ τῶν ἐπακτικῶς δειξάντων τὸ Α καὶ ἐκ τῶν συλλογιστικῶς τὸ Β. οἷον εἰ δεικνύοιτο, ὅτι ἡ πολιτικὴ ἀγαθοῦ τινος ἐφίεται, διὰ προτάσεων τῶν 'ἡ πολιτικὴ μέθοδός ἐστι. πᾶσα μέθοδος ἀγαθοῦ τινος ἐφίεται', τούτων δὲ ἡ μὲν λέγουσα 'πᾶσα μέθοδος ἀγαθοῦ τινος ἐφίεται' δι' ἐπαγωγῆς δεικνύοιτο προχειριζομένων ἡμῶν τάς τέχνας τε καὶ τὰς ἐπιστήμας, καθ' ὧν ἡ μέθοδος, καὶ δεικνύντων, ὅτι | οὕτως ἔχουσιν. ἡ δὲ λέγουσα τὴν πολιτικὴν 92r μέθοδον εἶναι διὰ συλλογισμοῦ τοῦ 'πᾶσα ἕξις μετά τινος λόγου τῶν ὑπ' αὐτὴν οὖσα θεωρητικὴ μέθοδός ἐστιν. ἡ δὲ πολιτικὴ ἕξις ἐστὶ μετὰ λόγου τῶν ὑπ' αὐτὴν θεωρητική'. ἢ ὡς ὁ Πλάτων δείκνυσιν ἐν πρώτῳ Πολιτείας τὴν μὲν δικαιοσύνην φρόνησίν τινα οὖσαν τὴν δὲ ἀδικίαν ἀφροσύνην οὕτως· ὁ τοῦ ἀνομοίου μὲν ἀξιῶν τὸ πλέον ἔχειν τοῦ δὲ ὁμοίου μὴ ἀξιῶν φρόνιμος· ὁ δὲ δίκαιος τοῦ μὲν ἀνομοίου ἀξιοῖ πλέον ἔχειν, τοῦ δὲ ὁμοίου οὐκ ἀξιοῖ· δίκαιος ἄρα ὁ φρόνιμος. ἑκατέραν γὰρ τῶν προτάσεων τούτων δείκνυσιν, ἀλλὰ τὴν μὲν πρώτην δι' ἐπαγωγῆς τὴν δὲ δευτέραν διὰ συλλογισμοῦ. ἡ μὲν οὖν ἐπαγωγὴ ὑπάρχει τοιαύτη· ὁ ἐν τοῖς ὑγιεινοῖς τοῦ μὲν ὁμοίου οὐκ ἀξιῶν πλεῖον ἔχειν τοῦ δὲ ἀνομοίου φρόνιμος περὶ ταῦτα· ἔστι δὲ οὗτος ὁ ἰατρός. ἀλλὰ καὶ ὁ ἐν τοῖς κατὰ μουσικὴν τοῦ μὲν ὁμοίου μὴ ἀξιῶν πλεονεκτεῖν περὶ τὴν ἐπίστασιν τῶν χορδῶν ἢ ἄνεσιν τοῦ δὲ μὴ ὁμοίου φρόνιμος ἐν τούτοις· τοιοῦτος γὰρ ὁ μουσικός. καὶ καθόλου ἄρα πᾶς ὁ τοῦ μὲν ὁμοίου οὐκ ἀξιῶν πλέον ἔχειν τοῦ δὲ ἀνομοίου φρόνιμος. τὴν δὲ δευτέραν πρότασιν οὕτως ἔστι συλλογίσασθαι· πᾶς ὁ τοῦ ἴσου ἀπονεμητικὸς "τοῦ μὲν ὁμοίου οὐ πλεονεκτεῖ, τοῦ δὲ ἀνομοίου"· ὁ δὲ δίκαιος τοῦ ἴσου ἀπονεμητικός· "ὁ ἄρα δίκαιος τοῦ μὲν ὁμοίου οὐ πλεονεκτεῖ, τοῦ δὲ ἀνομοίου"· ὁ δὲ τοιοῦτος φρόνιμος. οὐ μὴν οὐδὲ ἡ τοιαύτη δεῖξις ἁπλῆ ἀλλὰ σύνθετος, σύνθετος δὲ οὐκ ἐκ πλειόνων συλλογισμῶν ἀλλ' ἐξ ἐπαγωγῆς καὶ συλλογισμοῦ. διὸ καὶ ἡ ἀνάλυσις αὐτοῦ οὐκ εἰς συλλογισμοὺς ἔσται, ὥσπερ τοῦ πρώτου ⟨τοῦ⟩ ἐκ συλλογισμῶν (ἑκατέρας γὰρ τῶν προτάσεων ἦν ἐν ἐκείνῳ τῷ συλλογισμῷ δεικτικά τινα συλλογιστικῶς). ἀλλὰ καὶ ἔσται τούτου ἡ ἀνάλυσις εἰς ἐπαγωγὴν καὶ συλλογισμόν, ἐξ ὧν καὶ συνετέθη. ἀναλύομεν γὰρ τὸν ὅλον λόγον φάσκοντες συνάγεσθαι τὸ μὲν Α ὑπὸ τῶν ἐπακτικῶς αὐτὸ κατασκευασάντων τὸ δὲ Β ἐκ τῶν οἰκείων προτάσεων· ὑπὸ δὲ τῶν Α, Β τὸ Ε· ὥστε καὶ ὑπὸ τῶν ἐξ ἀρχῆς τῶν τε τοῦ Α δεικτικῶν καὶ τῶν

6 εἴη B: ᾖ a 8 ἡ πολιτικὴ κτλ.] cf. Eth. Nicom. I 1 p. 1094a1 sqq. διὰ προτάσεων . . . ἐφίεται (9) in mg. B¹ 15 Πλάτων ἐν πρώτῳ Πολιτείας] I 20 p. 349B sqq. 22 πλέον a περὶ B: παρὰ a 24 πλεονεκτεῖν B: πλέον ἐνοεῖν a περὶ B: παρὰ a 24. 25 μὴ ὁμοίου B: ἀνομοίου a 28 et 29 οὐ superscr. B³: om. a 33 τοῦ alterum addidi 36 φάσκοντες B: λέγοντες a 37 αὐτὸ correxi: αὐτὰ aB

τοῦ Β τὸ Ε συναχθήσεται, ἐπειδὴ τὰ συνακτικά τινος, ὡς ἔφαμεν, μεθ' 92r
οὗ ἢ μεθ' ὧν τὸ ἐξ αὐτῶν δεικνύμενον συνάγει τι, μετ' ἐκείνου ἢ μετ' ἐκείνων καὶ αὐτὰ συνάξει. τὰ γὰρ συνακτικὰ τοῦ Α ἔστω τὰ Γ, Δ· μεθ' οὗ ἢ μεθ' ὧν τὸ Α τὸ ἐξ αὐτῶν δεικνύμενον συνάγει τι, μετὰ τούτου ἢ μετὰ τούτων καὶ αὐτὰ συνάξει, ὃ καὶ αὐτό· συνῆγε δὲ τὸ Α μετὰ τοῦ Β τὸ Ε· ἀλλὰ καὶ μετὰ τῶν τοῦ Β συνακτικῶν (ἔστω δὲ ταῦτα τὰ Ζ, Θ) τὸ αὐτὸ συνῆγε (τὸ γὰρ Ε)· καὶ τὸ Γ, Δ ἄρα μετὰ τῶν Ζ, Θ ἢ μετὰ τοῦ Β τὸ Ε συνάξει.

p. 42a4 Ἀλλὰ καὶ οὕτως πλείους οἱ συλλογισμοί· πλείω γὰρ τὰ συμπεράσματα, οἷον τό τε Α καὶ τὸ Β καὶ τὸ Γ.

Τὸ μὲν Γ ἀντὶ τοῦ Ε εἴληφεν, ὃ ἦν ἐπὶ τοῖς Α, Β [καὶ τὸ Γ] εἰλημμένον αὐτῶν συμπέρασμα. λέγει δὲ μὴ ἕνα γίνεσθαι συλλογισμόν, ἐν ᾧ συλλογισμῷ αἱ προτάσεις αἱ δεικτικαὶ τοῦ συμπεράσματος συμπεράσματα ἄλλων τινῶν εἰσιν· ὅσα γὰρ τὰ συμπεράσματα, τοσοῦτοι καὶ οἱ συλλογισμοί. ἔστι δὲ συμπέρασμα τό τε Α καὶ τὸ Β· αὗται γὰρ ἦσαν μὲν δεικτικαὶ τοῦ Γ προτάσεις, αὗται δὲ ἄλλων συμπεράσματα· ἀλλὰ καὶ τὸ Γ τὸ προσαχθὲν ἐκ τῶν Α, Β δεικνύμενον. δῆλον δέ, ὅτι ἐφ' ὧν διὰ συλλογισμῶν αἱ δύο προτάσεις δείκνυνται εἶναι τὰ δύο συμπεράσματα τρία γίνεται συμπεράσματα. τὸ γὰρ δι' ἐπαγωγῆς δειχθὲν οὐ συλλογισμός. ἀλλ' οὖν κἀκεῖ πλείους οἱ συλλογισμοί, ὅτι ἡ ἑτέρα τῶν προτάσεων ἡ Β ἦν διὰ συλλογισμοῦ δεδειγμένη, ὥστε καὶ οὕτως δύο συλλογισμοί. εἰπὼν δὲ οὐχ ἕνα γίνεσθαι συλλογισμὸν ἀλλὰ τοσούτους, ὅσα τὰ συμπεράσματα, ἐπιφέρει

p. 42a6 Εἰ δ' οὖν μὴ πλείους ἀλλ' εἷς, οὕτω μὲν ἐνδέχεται γίνεσθαι διὰ πλειόνων τὸ αὐτὸ συμπέρασμα.

Εἰ τις, φησίν, ἀξιώσαι καὶ τὸν τοιοῦτον ἕνα συλλογισμὸν εἶναι τῷ πρὸς 92v
τὴν τοῦ τελευταίου συμπεράσματος δεῖξιν καὶ τὰς τῶν προτάσεων δείξεις συντείνειν, οὐ πρὸς τοῦτο, φησί, φιλονεικητέον, ἀλλὰ γνωστέον, ὅτι οὕτως μὲν καὶ τοῦτον τὸν τρόπον ἐγχωρεῖ διὰ πλειόνων ὅρων καὶ προτάσεων γίνεσθαι τὸ αὐτὸ συμπέρασμα ἐμπεριεχομένων πλειόνων συμπερασμάτων τῷ παντὶ λόγῳ, ὡς δὲ τὸ Γ διὰ τῶν Α, Β, ἀδύνατον, τοῦτ' ἔστιν 'οὕτως δέ, ὡς διὰ δύο προτάσεων δείκνυταί τι, συμπλέκειν καὶ διὰ πλειόνων προσαχθὲν λαμβανομένων καὶ μηδὲν ἄλλο ἀλλ' ἢ τὸ προκείμενον συμπέρασμα συναγουσῶν ἀδύνατον'.

---

1 συνακτικά] τὰ om. B¹ ἔφαμεν] p. 274, 21—24 7 τ̄ B: ε̄ a 10 post συμπεράσματα add. ἔστιν Ar. 11 καὶ τὸ Γ ut ex vs. 10 translatum delevi 12 εἰσι a 13 συλλογισμῷ om. a συμπεράσματα ex συμπέρασμα corr. B² 15 συμπεράσματα a 16 συμπεράσματα a: συμπέρασμα B αὗται a: αὗται B [illegible] om. a 18 δείκνυνται a: δείκνυσι B 24 γίνεσθαι aB (Codd.): γενέσθαι Ar. 30 τοῦτ' ἔστιν om. a 31 συμπλέκειν a: πλέκειν B 32 μηδὲν B: οὐδὲν a

p. 42a8 Ἔστω γὰρ τὸ Ε συμπεπερασμένον ἐκ τῶν Α Β Γ Δ. οὐκοῦν ἀνάγκη τι αὐτῶν ἄλλο πρὸς ἄλλο εἰλῆφθαι. 92v

Ὅτι πᾶς συλλογισμὸς διὰ τριῶν ὅρων καὶ διὰ προτάσεων προσεχῶν δύο δείκνυται, δι' ὑποθέσεως δείκνυσιν. εἰ γὰρ οἷόν τε διὰ πλειόνων, ἔστω τὸ Ε δεδειγμένον διὰ προτάσεων τῶν Α Β Γ Δ. ποιεῖται δὲ τὴν δεῖξιν ἐπὶ τοῦ πρώτου σχήματος· ὡς γὰρ ἂν ἐπὶ τούτου δειχθῇ, οὕτως ἔσται καὶ ἐπὶ τῶν ἄλλων σχημάτων. οὐκοῦν εἰ τὸ Ε συλλογιστικῶς δείκνυται διὰ τῶν Α Β Γ Δ προτάσεων, ἀνάγκη ἐν αὐταῖς εἶναι τὸ μέν τι ὡς ὅλον τὸ δὲ ὡς μέρος, τοῦτ' ἔστι τὴν μέν τινα πρότασιν καθόλου εἶναι τὴν δὲ ὑπὸ ταύτην· ἀδύνατον γὰρ ἄλλως γενέσθαι συλλογισμὸν μὴ τοῦ μὲν καθόλου ληφθέντος τοῦ δὲ ἐπὶ μέρους καὶ ἐν τούτῳ περιεχομένου. τοῦτο γάρ, φησί, δέδεικται, ὅτι, εἰ εἴη συλλογισμός, ἀνάγκη τῶν ὅρων τινὰς τῶν δεικτικῶν συλλογιστικῶς τοῦ προκειμένου πρὸς ἀλλήλους οὕτως ἔχειν ὡς τὸν μὲν περιέχειν τὸν δὲ περιέχεσθαι. τοῦτο γὰρ δέδεικται μὲν καὶ πρὸ ὀλίγου, εἴρηκε δὲ αὐτὸ καὶ ἐν τῇ τῶν συλλογισμῶν καταριθμήσει τε καὶ ἐκθέσει· αὕτη γὰρ ἦν πρώτη γένεσις τῶν συλλογισμῶν· τῷ γὰρ ἐν ὅλῳ ἄλλῳ ἄλλον εἶναι καὶ τῷ κατὰ παντὸς ἄλλον ἄλλου λέγεσθαι τούτων τῶν ἀναποδείκτων συλλογισμῶν ⟨αἱ⟩ εὑρέσεις. οὐ μόνον δὲ ἔδει τοὺς ὅρους οὕτως ἔχειν πρὸς ἀλλήλους, ἀλλὰ καὶ τῶν προτάσεων τὴν μὲν καθόλου εἶναι πρὸς τὸ κείμενον, ἣν καὶ μείζονα λέγομεν, τὴν δὲ ἐλάττονά τε καὶ ὑπὸ ταύτην. δεήσει δὴ καὶ ἐπὶ τῶν Α Β Γ Δ προτάσεων τοῦτο γίνεσθαι καὶ εἶναι τὴν μὲν καθόλου τὴν δὲ ὑπ' αὐτήν, εἰ συναχθήσεταί τι δι' αὐτῶν συλλογιστικῶς. ἐχέτωσαν οὕτως πρὸς ἀλλήλας αἱ προτάσεις, ἥ τε Α καὶ ⟨ἡ⟩ Β. οὐκοῦν εἰ οὕτως ἔχουσι πρὸς ἀλλήλας, δῆλον ὡς καὶ συναχθήσεταί τι ἐξ αὐτῶν· ὅταν γὰρ δύο προτάσεις οὕτως ἔχειν ληφθῶσι πρὸς ἀλλήλας, ἐξ ἀνάγκης συνάγεταί τι ἐξ αὐτῶν, καὶ δείκνυται συλλογιστικῶς τὸ δεικνύμενον καὶ συναγόμενον ἐκ τῶν Α, Β προτάσεων οὕτως ἐχουσῶν πρὸς ἀλλήλας. ἤτοι οὖν τὸ Ε, ὅπερ ἦν προκείμενον δείκνυσθαι ἐκ τῶν Α Β Γ Δ προτάσεων, ἢ τὸ ἕτερον τῶν Γ, Δ, ἃ καὶ αὐτὰ συνακτικὰ μετὰ τῶν Α, Β ἔκειτο τοῦ Ε, ἢ οὔτε τὸ Ε οὔτε τὸ Γ ἢ τὸ Δ ἀλλὰ ἄλλο τι παρὰ ταῦτα πάντα. εἰ μὲν οὖν τὸ Ε, εἴη ἂν ἐκ τῶν δύο μόνων, τοῦ τε Α καὶ τοῦ Β, συναγόμενον τὸ Ε ἀλλ' οὐκ ἐκ τῶν ὑποτεθέντων τεσσάρων, τὰ δὲ λοιπὰ δύο τὸ Γ καὶ τὸ Δ, τοῦτ' ἔστιν αἱ προτάσεις αἱ δύο αἱ λοιπαί. εἰ μὲν οὖν καὶ αὗται οὕτως ἔχουσι πρὸς ἀλλήλας ὡς τὴν μὲν καθόλου εἶναι, τὴν μείζονα πρότασιν, τὴν δ' ἐλάττονά τε καὶ ὑποκειμένην ὡς γίνεσθαι συλλογιστικὴν ὑπ' αὐτῶν συζυγίαν, συναχθήσεταί τι καὶ ἐκ τούτων συλλογιστικῶς. καὶ ἤτοι τὸ Ε ἢ τῶν Α [καὶ τὸ] Β τὸ ἕτερον ἢ ἄλλο τι παρ' αὐτά. εἰ μὲν οὖν τὸ Ε καὶ ἐκ

8 εἶναι post ὅλον transponit a 9 εἶναι om. a 16 ἄλλον a: ὅλον B 17 ἄλλου ἄλλον a 18 αἱ a: om. B 23 ἡ a: om. B 26 ante καὶ prius add. εἰ a 27 οὖν in mg. B^3: om. a τὸ ε . . (ras.) ἔσται B: τοῦτο ἔσται a 33 οὖν om. a αὐταὶ a 37 καὶ τὸ B: καὶ τῶν a (cf. p. 274,25): om. Ar. θάτερον Ar. παρὰ ταῦτα a et Ar.

τούτων συνάγεται ὥσπερ καὶ ἐκ τῶν Α, Β, πλείους ἔσονται συλλογισμοὶ τοῦ 92v αὐτοῦ· ἐδείχθη γάρ, ὅτι, ἂν τὸ αὐτὸ συμπέρασμα "δι' ἄλλων καὶ ἄλλων" προτάσεων γίνηται, πλείους οἱ συλλογισμοί. ἀλλὰ κἂν τῶν Α, Β τὸ ἕτερον ὑπὸ τῶν Γ, Δ συνάγηται, καὶ οὕτως πλείους οἱ συλλογισμοὶ ⟨τῷ⟩ τὴν ἑτέραν 93r πρότασιν τῶν Α, Β, αἳ ἦσαν τοῦ Ε συλλογιστικαί, συμπέρασμα εἶναι ἐπὶ ταῖς Γ, Δ προτάσεσιν. ἔστι δὲ ἡ τοιαύτη σύνθεσις κατὰ τὸ τρίτον ὑπὸ τῶν νεωτέρων καλούμενον θέμα γινομένη, ὅ ἐστιν ὑπὸ τὸ προειρημένον ἡμῖν συνθετικὸν θεώρημα. εἴ γε τοῦ μέν ἐστι περιοχή, ὡς προειρήκαμεν, 'ὅταν ἔκ τινων συνάγηταί τι, τὸ δὲ συναγόμενον μετά τινος ἢ τινῶν συνάγῃ τι, καὶ τὰ συνακτικὰ αὐτοῦ, μεθ' οὗ ἢ μεθ' ὧν συνῆγέ τι ἐκεῖνο, καὶ αὐτὰ τὸ αὐτὸ συνάξει'. τοῦ δέ γε τρίτου καλουμένου θέματος ἡ περιοχὴ καὶ αὐτοῦ ἔχει ὧδε 'ὅταν ἐκ δυεῖν τρίτον τι συνάγηται, ἑνὸς δὲ αὐτῶν ἔξωθεν ληφθῇ συλλογιστικά, ἐκ τοῦ λοιποῦ καὶ ἐκ τῶν ἔξωθεν τοῦ ἑτέρου συλλογιστικῶν τὸ αὐτὸ συναχθήσεται'. εἰ δὲ καὶ τὸν διὰ προσυλλογισμοῦ γινόμενον συλλογισμὸν ὄντα σύνθετον βούλοιτό τις ἕνα λέγειν συλλογισμόν, ὡς ἔφαμεν, τῷ δύνασθαι τὸ αὐτὸ διὰ πλειόνων ὅρων συνάγεσθαι, οὕτως ἕξει καὶ οὗτος ὁ λόγος· οὐ γὰρ τῷ τὰς προσεχῶς δεικτικὰς τοῦ Ε πλείους εἶναι προτάσεις τούτῳ διὰ πλειόνων ὅρων ὁ συλλογισμὸς ἔσται, ἀλλὰ τῷ τῶν προσεχῶς δεικτικῶν τοῦ Ε προτάσεων εἶναί τινων τὴν ἑτέραν ἢ τὰς δύο συμπεράσματα ἄλλων λόγων τε καὶ συλλογισμῶν. εἰ δὲ μήτε τοῦ Ε τὰ Γ, Δ μήτε τῶν Α, Β τοῦ ἑτέρου εἴη συλλογιστικά, ἄλλο δέ τι συλλογίζοιτο, πλείους τε ὁμοίως ἔσονται οἱ συλλογισμοὶ καὶ ἀσύναπτοι καὶ οὐδὲν κοινὸν πρὸς ἀλλήλους ἔχοντες· οὔτε γὰρ αὐτὰ τὰ Γ, Δ συνῆπται τῷ Ε οὔτε τὸ δεικνύμενον ἐξ αὐτῶν. εἴ γε τὰ μὲν Α, Β τοῦ Ε δεικτικά ἐστι, τὰ δὲ Γ, Δ ἔξωθέν τινος ἄλλου καὶ οὔτε τοῦ Ε οὔτε τῶν Α, Β τινός.

Εἰ δὲ μηδ' οὕτως ἔχοιεν πρὸς ἀλλήλας αἱ Γ, Δ προτάσεις, ὡς ἐχουσῶν συλλογιστικῶς τι συνήγετο, οὐκ ἀναγκαίως ἔσονται εἰλημμέναι (καὶ γὰρ χωρὶς τοῦ ληφθῆναι αὐτὰς τὸ Ε συνήγετο ἂν ἐκ τῶν Α, Β), ἀλλ' ἢ μάτην ἔσται εἰλημμένα, τοῦτ' ἔστι παρελκόντως καὶ ἀχρήστως, εἰ μὴ ἐπαγωγῆς χάριν ὡς πιστώσασθαί τι τῶν τοῦ Ε δεικτικῶν δι' αὐτῶν (⟨οὐ⟩ γὰρ ἔτι ἐν τῇ ἐπαγωγῇ τὰ δεικτικά τινος τὰ μὲν ὡς ὅλα ἐστὶ τὰ δὲ ὡς μέρος· οὐδὲ γὰρ συλλογίζεταί τι) ἢ κρύψεως χάριν ὡς διὰ τὴν τούτων παράθεσιν τὸν προσδιαλεγόμενον συγχωρεῖν ῥᾷον ταῖς συλλογιστικαῖς τοῦ προκειμένου προτάσεσι τῷ ταύτας ἐν μέσῳ τιθεμένας ἀποκρύπτειν καὶ μὴ ἐᾶν τὸ συμβησόμενον ἐκ τῶν συγχωρηθέντων καταφανὲς γίνεσθαι καὶ γνώριμον.

—

1 ante συλλογισμοὶ add. οἱ a ἐδείχθη] p. 41a37 3 τῶν corr. ex τὸ B 4 τῷ a: om. B 6 ante ἔστι add. αβ a 8 προειρήκαμεν] p. 274,21 10 συνῆγέ τι] item p. 283,17: p. 274,23 scripserat συνάγεται 11 θέματος B: θεωρήματος a 12 αὐτοῦ B: αὐτὴ a δυοῖν a 12. 13 ληφθῇ ἔξωθεν a 13. 14 συλλογιστικὸν B pr. 14 πρὸ συλλογισμοῦ a et B pr. (corr. B[2]) 15 ἕνα βούλοιτό τις a ἔφαμεν] p. 276,25 sqq. 16 τῷ B: τὸ a οὗτος B: οὕτως a 17 λόγος] λογ in ras., ut videtur, B[1] 19 τὰς a: τὰ B 23 τῷ B: τὸ a 27 τι a: τινι B οὐκ ἀναγκαίως B: κἀναγκαίως a 30 τοῦ post ras. B[2] οὐ a: om. B 33 ταῖς a: τε B 34 ἀποκρύπτει a

ῥᾷον γὰρ οἱ οὐκ εἰδότες τὸ συναχθησόμενον ἐκ τῶν συγχωρηθέντων συγχωροῦσιν. ὃ ποιοῦσιν αἱ κρύψεως χάριν τοῦ συμπεράσματος ἔξωθεν ἐπιβαλλόμεναι προτάσεις· τοῦτο δὲ ποιοῦσιν οἱ διαλεκτικοί τε καὶ σοφισταί. τὸ δὲ ἢ τινος ἄλλου εἶπεν ἀντὶ τοῦ ὄγκου καὶ αὐξήσεως ἢ τοῦ σαφέστερον εἶναι τὸν λόγον· αἱ γὰρ παρὰ τὰς ἀναγκαίας προτάσεις λαμβανόμεναι τούτων τινὸς χάριν εἰώθασι λαμβάνεσθαι, ὡς ἔδειξεν ἐν τῷ τελευταίῳ τῶν Τοπικῶν. δι᾽ ἐπαγωγῆς μὲν ⟨οὖν⟩, ὅταν ἡ καθόλου πρότασις δέηται πίστεως. ὡς ἐδείξαμεν ἐν τῷ συνάγοντι λόγῳ τὴν πολιτικὴν ἀγαθοῦ τινος ἐφίεσθαι· ἡ γὰρ πρότασις ἡ 'πᾶσα μέθοδος ἀγαθοῦ τινος ἐφίεται' δι᾽ ἐπαγωγῆς ἐδείκνυτο. ἀλλὰ καὶ ἐν τῷ συλλογιζομένῳ λόγῳ τὸν δίκαιον φρόνιμον ἡ πρότασις ἡ λέγουσα ἅπαντα τὸν τοῦ μὲν ὁμοίου οὐκ ἀξιοῦντα πλεῖον ἔχειν τοῦ δὲ ἀνομοίου φρόνιμον εἶναι δι᾽ ἐπαγωγῆς ἐδείκνυτο. αὐξήσεως δέ, ὅταν μηκῦναί τις τὸν λόγον βούληται. ὡς ποιοῦσι πολλάκις οἱ συγγραφεῖς· οὐ γὰρ ἀρκούμενοι ψιλαῖς μόναις ταῖς τοῦ προκειμένου δεικτικαῖς προτάσεσιν ἔξωθέν τινας ἐπεμβάλλουσι κόσμου τε χάριν καὶ ὄγκου τοῦ κατὰ τὸν λόγον ἢ τῶν ἐν ταῖς προτάσεσι κειμένων τι, ὁποῖόν ἐστι τὴν φύσιν, ἐξηγούμενοι ἤ τι ἄλλο ἐνείροντες τῷ λόγῳ. οἷον εἰ βουλόμενός τις δεῖξαι τὸ καλὸν ὠφέλιμον λάβοι πρότασιν τὴν 'πᾶν καλὸν ἀγαθόν', ἔπειτα περὶ τοῦ καλοῦ τινα προστιθείη λέγων τὸ καλὸν εἶναι καὶ ἐπαινετὸν τῇ αὑτοῦ φύσει καὶ δι᾽ αὑτὸ αἱρετόν· τὸ γὰρ καλὸν πρὸς ἑαυτὸ ἐπισπώμενον δι᾽ αὑτὸ αἱρετόν· ἀλλὰ μὴν καὶ τὴν πλείστην μοῖραν ἔχειν πρὸς εὐδαιμονίαν αὐτό. ὁ γὰρ μήτε εἰς κατασκευὴν τοῦ τὸ καλὸν αἱρετὸν εἶναι ταῦτα λαμβάνων τῷ μὴ ἀμφισβητεῖσθαι τοῦτο μήτε ὡς πρὸς τὴν δεῖξιν τοῦ προκειμένου ἄλλως δ᾽ αὐτὰ προστιθεὶς αὐξήσεως χάριν αὐτὰ προστίθησι τοῦ λόγου, ὄγκον τινὰ περιτιθεὶς αὐτῷ καὶ φεύγων τὸ ἐκ τῆς τέχνης ξηρόν τε καὶ ψιλόν. κρύψεως δέ φησιν ὑπὲρ τοῦ μὴ δυσχεραίνειν μηδὲ ἀνανεύειν τὸν ἀποκρινόμενον ἀλλὰ ῥᾷον τὸ φαινόμενον διδόναι μὴ συνορῶντα τὸ συμβησόμενον. οἷον εἰ βουλόμενός τις δεῖξαι, ὅτι ἡ ὑγεία ἀγαθόν, λαβὼν τὴν ὑγείαν ὠφέλιμον εἶναι τῷ ἀγαθῷ μὴ εὐθέως ἐρωτῴη, εἰ τὸ τῷ ἀγαθῷ ὠφέλιμον ἀγαθόν, διὰ τὸ μὴ δώσειν τὸν ἀντιλέγοντα τῷ δοθέντος τὸ συμβησόμενον φανερὸν εἶναι, ἀλλὰ ἐν μέσῳ ἄλλα τινὰ ἐρωτῴη, οἷον εἰ ἀγαθός ἐστιν ὁ τὰς ἀρετὰς ἔχων, καὶ εἰ ἡ ἀρετὴ ἀγαθόν, ὡς ἐπαινετόν ἐστι. καὶ εἰ δι᾽ αὑτὴν αἱρετή, ἃ οὐδὲν μὲν αὐτῷ συντελεῖ, πρὸς ὃ βούλεται δεῖξαι, διασπᾷ δὲ τὴν συνέχειαν τῶν συναγουσῶν τὸ προκείμενον προτάσεων, εἶτα ἐπὶ τούτοις ἐξετάσαι, εἰ τὸ τῷ ἀγαθῷ ὠφέλιμον δύναταί ποτε κακὸν εἶναι ἢ ἀγαθόν ἐστιν ἀεί· ῥᾷον γὰρ οὕτως λήψεται, ἢ εἰ εὐθὺς αὐτὸ αἰτοίη. δύναται

6. 7 ἐν τῷ τελευταίῳ τῶν Τοπικῶν] VIII 1 p. 151b20 sqq. 7 οὖν a: om. B 8 ἐδείξαμεν] p. 275, 8—12 11 πλέον a 12 ἐδείκνυτο] p. 275, 15 sqq. αὐξήσεως] sc. χάριν; cf. vs. 2, 4, 26, p. 280, 3 19 αὐτοῦ a B pr. 20 αὑτὸ prius ex αὐτοῦ corr. B καλὸν in mg. B[2] αὑτὸ alterum ex αὐτὸ corr. B 21 καὶ μὴν a 22 ταῦτα λαμβάνων B: λαμβάνων αὐτὰ a 25 ψιλόν τε καὶ ξηρόν a 28 δεῖξαι] εἰξ B[2] (B[1] evan.) ὑγιείαν a 29 εὐθὺς a ἐρωτῶ· ἢ εἰ B τῶν ἀγαθῶν (post τὸ) B pr. 31 ante ἀγαθός add. ὁ a 33 αὐτὴν B pr. συντελεῖ scripsi: συνετέλει aB ἐβούλετο a 36 εἰ om. a αἰτοίη a: αἰτῶ. ἢ B

τὸ αὐτὸ τοῦτο καὶ δι' ἐπαγωγῆς λαβεῖν λέγων 'ὥσπερ τὸ τῷ μουσικῷ 93v μουσικὸν καὶ τὸ τῷ τέκτονι τεκτονικόν, οὕτως καὶ τὸ τῷ ἀγαθῷ ἀγαθόν'. σαφηνείας δέ. ὅταν ἀσαφῶν οὐσῶν τῶν συλλογιστικῶν τοῦ προκειμένου προτάσεων εἰς σαφήνειαν αὐτῶν ᾖ τινα τιθέμενα. ὡς ἔχουσιν αἱ διὰ παραβολῆς προτάσεις λαμβανόμεναι· θέλοντας γὰρ λαβεῖν. ὅτι πᾶν τὸ ὅμοιον ταὐτόν. παραβλητέον 'καὶ γὰρ τὸ ἀνόμοιον ἕτερον', καὶ ὅτι ἐπιστήμη μία τῶν ἐναντίων. βουλομένους λαβεῖν παραβλητέον τὸ ὅτι καὶ γὰρ αἴσθησις ἡ αὐτὴ τῶν ἐναντίων.

p. 42a24 Εἰ δ' ἐκ τῶν Α, Β μὴ τὸ Ε ἀλλ' ἄλλο τι γίνεται.

Πρότερον λαβὼν ἐκ τῶν Α, Β προτάσεων συνάγεσθαι τὸ Ε καὶ περὶ τῶν Γ, Δ ποιησάμενος τὸν λόγον νῦν ζητεῖ, εἰ μὴ εἴη τὸ Ε συναγόμενον ἐκ τῶν Α, Β, ἄλλο δέ τι. ἂν δή, φησίν, ὑπὸ τῶν Α, Β ἄλλο τι καὶ μὴ τὸ Ε συνάγηται, ἐκ δὲ τῶν Γ, Δ ἢ τὸ ἕτερον τῶν Α, Β ἤ τι ἄλλο ἔξωθεν, οἵ τε συλλογισμοὶ πλείους (πλείω γὰρ καὶ τὰ συμπεράσματα, τὸ μὲν ἐπὶ τοῖς Α, Β τὸ δὲ ἐπὶ τοῖς Γ, Δ, εἴτε τὸ Α ἢ τὸ Β εἴη τοῦτο εἴτε ἄλλο τι ἔξωθεν). καὶ ἔτι οὐ τὸ προκείμενον ἔσται δεικνύμενον καὶ συναγόμενον· ἔκειτο γὰρ τὸ Ε συμπέρασμα εἶναι. εἰ δὲ τὰ μὲν Α, Β εἴη συνάγοντα ἔξωθέν τι, τὰ δὲ Γ, Δ μηδὲν εἴη δεικνύντα, ὁ μὲν συλλογισμὸς εἷς ἔσται, ἀλλ' οὐ τοῦ προκειμένου· οὐ γὰρ τὸ Ε ἐδείχθη ὑπὸ τῶν Α, Β ἀλλὰ ἄλλο τι· τὰ δὲ Γ, Δ "μάτην ἔσται εἰλημμένα" καὶ κείμενα. ὁ δὲ αὐτὸς λόγος, καὶ εἰ τὰ μὲν Γ, Δ εἴη ἔξωθέν τι συνάγοντα τὰ δὲ Α, Β μηδέν. ἢ τὸ εἰ δὲ μὴ γίνεται ἐκ τῶν Γ, Δ μηδὲν γέγραπται ἀντὶ τοῦ 'εἰ δὲ μὴ γίνεται ἐκ τῶν Α, Β μηδέν'· περὶ μὲν γὰρ τῶν Γ, Δ ἔφθασε τοῦτο εἰρῆσθαι, περὶ δὲ τῶν Α, Β ἔλιπεν ἔτι ῥηθῆναι. εἰ γὰρ μὴ οὕτως ἔχοι, δὶς μὲν ἔσται τὸ αὐτὸ περὶ τῶν Γ, Δ λεγόμενον, περὶ δὲ τῶν Α, Β παρειμένον. δείξας δὲ ταῦτα ἐπιφέρει εὐλόγως, ὅτι πᾶς συλλογισμὸς διὰ τριῶν ὅρων καὶ διὰ προτάσεων δύο· καὶ γὰρ οἱ σύνθετοι συλλογισμοὶ τὰς προσεχῶς δεικνυούσας προτάσεις δύο ἔχουσιν. οἱ γὰρ τρεῖς ὅροι δύο ποιοῦσι προτάσεις, ἐκτὸς εἰ μὴ καὶ ἀντιστροφὴ γίνοιτό τινος τῶν προτάσεων ἢ καὶ ἀμφοτέρων· οὕτως γὰρ δόξουσι πλείους προτάσεις ἐκ τριῶν ὅρων γίνεσθαι. ἐλαμβάνομεν δὲ τὰς ἀντιστροφὰς πρὸς τὴν τελείωσιν τῶν ἀτελῶν συλλογισμῶν· οὗτοι δ' ἦσαν οἱ ἐν δευτέρῳ τε καὶ τρίτῳ σχήματι. ἀλλὰ καὶ ἐπ' ἐκείνων ἐκ δύο προτάσεων ὁ συλλογισμός· τὴν γὰρ ἀντιστρέφουσαν ἐλαμβάνομεν ἀντὶ τῆς, πρὸς ἣν ἀντέστρεφε, πρὸς τὸ | δεῖξαι τὸ συμπέρασμα ἀλλ' οὐκ ἀμφοτέρας. 94r ἀναγκαίως δὲ ἐκ τριῶν ὅρων πάντα συντελούμενον δείκνυσι συλλογισμόν· χρήσιμον γὰρ αὐτῷ πρὸς τὸ τρία σχήματα μόνα εἶναι· τριῶν γὰρ ὄντων

1 καὶ om. a 2 οὕτω a 4 ἔχουσιν B[2] (B[1] evan.?) 6 ἐπιστήμη μία τῶν ἐναντίων] cf. Anal. pr. I 1 p. 24a21, 36 p. 48b5 7 τὸ corr. (ex καὶ?) B[2]: om. a 14 καὶ om. a 15 ἢ a B corr.: εἴτε B pr. 21 τὸ εἰ δὲ a: εἰ τὸ ε B 23 α β] γ δ Arist. codices, sed α β corr. n 24 ἔλειπεν a ἔχει a 28 προτάσεις prius ex προτάσεων, ut videtur, corr. B[2] οἱ B: καὶ a 30 αὔξουσι a 31 ἀτελῶν B: ἁπλῶν a 32 ἐκ ex τῶν corr. B[2] 36 γὰρ (post χρησ.) B: δὲ a τὸ a: τὰ B

ὅρων ἡ τοῦ μέσου θέσις οὐκ ἄλλως ἕξει πρὸς τοὺς ἄκρους παρὰ τὴν ἐν 94r τοῖς τρισὶ σχήμασι κειμένην σχέσιν αὐτοῦ πρὸς αὐτούς.

p. 42a35 Φανερὸν οὖν, ὡς, ἐν ᾧ λόγῳ συλλογιστικῷ μὴ ἄρτιαί εἰσιν αἱ προτάσεις, δι' ὧν γίνεται τὸ συμπέρασμα τὸ κύριον.

Τὸ μὲν ἄρτιαι ἀντὶ τοῦ 'δύο'· ἔδειξε γάρ, ὅτι ἐκ τριῶν ὅρων καὶ δύο προτάσεων πᾶς ἁπλοῦς καὶ εἷς συλλογισμός. τὸ δὲ συλλογιστικῷ προσέθηκεν, ὅτι εἰσί τινες καὶ ἐπακτικοὶ λόγοι, οἳ καὶ αὐτοὶ μὲν γίνονται διὰ προτάσεων, οὐ μὴν δύο ἐξ ἀνάγκης. ἀλλὰ καὶ τὸ δι' ὧν γίνεται τὸ συμπέρασμα τὸ κύριον δηλωτικόν ἐστι τῶν προτάσεων τῶν προσεχῶν, δι' ὧν [ἦν] τὸ προκείμενον συμπέρασμα προσεχῶς δείκνυται· οὐδὲν γὰρ κωλύει τῶν προσεχῶν τῷ δεικνυμένῳ προτάσεων εἶναί τινα συμπέρασμα ἄλλων τινῶν προτάσεων, ὡς ἐπὶ τῶν συνθέτων ἐδείχθη συλλογισμῶν.

p. 42a37 Ἔνια γὰρ τῶν ἄνωθεν συμπερασμάτων ἀναγκαῖον εἶναι προτάσεις.

Τοῦτ' ἔστιν 'ἔνια γὰρ τῶν ἄνωθέν τε καὶ πρώτως δεδειγμένων καὶ συμπερασμάτων ἐπ' ἄλλαις προτάσεσι γεγονότων ἀναγκαῖον εἶναι τῶν μετὰ ταῦτα προτάσεις'· τὸ γὰρ ἄλλων συμπέρασμα προτάσεων οὐδὲν κεκώλυται ἄλλου συμπεράσματος πάλιν αὐτὸ εἶναι πρότασιν συνακτικήν. εἰ δὲ μὴ δύο εἶεν αἱ τοιαῦται προτάσεις, δι' ὧν γίνεται τὸ προσεχῶς γινόμενον συμπέρασμα, φανερόν φησιν ἐκ τῶν προειρημένων εἶναι, ὅτι οὗτος ὁ λόγος ἢ οὐ συλλελόγισται ἢ πλείω τῶν ἀναγκαίων ἠρώτηκε πρὸς τὴν θέσιν. εἰ μὲν γὰρ μήτε τὸ Α καὶ τὸ Β συνάγοιέν τι μήτε τὸ Γ καὶ τὸ Δ, ἃ ἦν συνακτικὰ τοῦ Ε κείμενα, οὐδ' ὅλως ἂν εἴη συλλογισμὸς γινόμενος· εἰ δ' ἄλλα τινὰ συλλογίζοιτο, οὐ τοῦ προκειμένου ἂν εἴη συλλογισμὸς γινόμενος. εἰ δὲ τὰ μὲν δύο τὸ Ε δεικνύοι τὰ δὲ δύο ἢ ἄλλο τι ἢ [εἰ] μηδέν, μάτην ἂν εἴη εἰλημμένα κατὰ ἀμφότερα· εἰ μὲν γὰρ ἄλλο τι, πλείους οἱ συλλογισμοί, εἰ δὲ μηδέν, μάτην ἂν εἴη εἰλημμένα· μάτην δὲ ὡς πρὸς τὴν τοῦ Ε δεῖξιν, καὶ εἰ ἄλλο τι ἔξωθεν συνάγοιτο ὑπ' αὐτῶν· κατὰ τοῦτο δὲ πλείους ἂν εἶεν τῶν ἀναγκαίων εἰλημμέναι.

p. 42b1 Κατὰ μὲν οὖν τὰς κυρίας προτάσεις λαμβανομένων τῶν συλλογισμῶν.

Κυρίας προτάσεις λέγει τὰς προσεχῶς δεικνυούσας καὶ συλλογιζομένας

1 οὐκ ἄλλως ex οὐ καλῶς corr. B[3] παρὰ ex περὶ corr. B[2] 3 ᾧ a et Ar.: ὅλῳ B 6 συλλογιστικῷ a et Ar. (et B ipse vs. 3): συλλογιστικῶς B 9 τῶν προσεχῶν προτάσεων a 10 ἦν B: om. a 11 τινα scripsi: τι aB 12 ἐδείχθη] p. 42a1 sqq. 15 πρώτως a: πρώτων B 17 προτάσεων συμπέρασμα a 22 μήτε (post γὰρ) B: μήτις a 25 δεικνύοιτο B pr. εἰ alterum add. B: om. a 26 εἴη a: ἢ B 29 εἰλημμένοι a 30 οὖν om. a

τὸ προκείμενον, ἃς ἔδειξεν οὔσας δύο. τοῦτο δὴ λέγει καὶ νῦν, ὅτι, εἰ 94r τὰς κυρίας τοῦ συμπεράσματος καὶ προσεχῶς αὐτὸ δεικνυούσας λαμβάνομεν, ἔσονται ἐν παντὶ συλλογισμῷ προτάσεις μὲν δύο (τὸ γὰρ ἄρτιοι τῶν δύο σημαντικὸν εἴληφε πάλιν) ὅροι δὲ περιττοί· τρεῖς γὰρ ἐδείχθησαν ὄντες, ἐξ ὧν αἱ προσεχεῖς προτάσεις. ὅτι δὲ τὰ τρία τῶν δύο ἑνὶ ὑπερέχει, δῆλον. ἀλλὰ καὶ ὅτι τὰ συμπεράσματα ἡμίση τῶν προτάσεων τῶν προσεχῶς δεικτικῶν, δῆλον· δύο μὲν γὰρ αἱ προτάσεις, ἓν δὲ τὸ ἐξ αὐτῶν συμπέρασμα. ὁ γὰρ λαβὼν τὸ Α κατὰ τοῦ Β, τὸ Β κατὰ τοῦ Γ, τὸ Γ κατὰ τοῦ Δ καὶ συμπερανάμενος 'τὸ Α ἄρα κατὰ τοῦ Δ' οὐ διὰ κυρίων οὐδὲ διὰ προσεχῶν προτάσεων ἔδειξε τὸ συμπέρασμα· κύριαι γὰρ καὶ προσεχεῖς ἡ 'τὸ Α κατὰ τοῦ Γ' καὶ 'τὸ Γ κατὰ τοῦ Δ', αἱ δὲ Α Β καὶ Β Γ δεικτικαὶ προσεχῶς τοῦ Α Γ, ὃ συμπέρασμα τούτων ὂν πρότασις προσεχῶς γίνεται δεικτική [πρότασις] τοῦ Α Δ συμπεράσματος.

p. 42b5 Ὅταν δὲ διὰ προσυλλογισμῶν περαίνηται ἢ διὰ πλειόνων μέσων μὴ συνεχῶν.

Εἰπὼν δύο εἶναι τὰς προσεχεῖς προτάσεις ἐν παντὶ συλλογισμῷ τὰς κυρίως δεικνυούσας τὸ προκείμενον συμπέρασμα καὶ διὰ τοῦτο ἀρτίους, καὶ τρεῖς ὅρους τοὺς τοιούτους, ἐξ ὧν αἱ δύο προτάσεις, διὸ καὶ περιττοὺς καὶ ἑνὶ πλείους | τοὺς ὅρους τῶν προτάσεων, νῦν λέγει, εἰ μηκέτι μόνον αἱ 94v κύριαι καὶ προσεχεῖς λαμβάνοιντο προτάσεις, ἀλλ' εἶεν μὲν καὶ αὗται συμπεράσματα ἄλλων τῷ μὴ εἶναι ἀναπόδεικτοι, λαμβάνοιντο δὲ καὶ αἱ τῶν προτάσεων τούτων δεικτικαὶ προτάσεις. τοῦτο γάρ ἐστι διὰ προσυλλογισμῶν, ὅταν ὦσιν αἱ προσεχεῖς καὶ κύριαι τοῦ προκειμένου συμπεράσματος προτάσεις καὶ αὐταὶ δεικνύμεναι μετὰ συλλογισμῶν· οἱ γὰρ τῶν εἰς δεῖξίν τινος συμπεράσματος λαμβανομένων προτάσεων δεικτικοὶ συλλογισμοὶ προσυλλογισμοὶ γίνονται τοῦ τελευταίου καὶ ἐκ τούτων γινομένου συλλογισμοῦ. διὰ προσυλλογισμοῦ μὲν οὖν λέγει, ὅταν ἑκατέραν τῶν προτάσεων τῶν κυρίων τῶν τελευταίου συλλογισμοῦ πρῶτον διὰ τῶν οἰκείων προτάσεων συλλογισάμενοι καὶ ποιήσαντες συμπεράσματα τὰς προτάσεις οὕτως αὐτὰς λάβωμεν εἰς τὴν δεῖξιν τοῦ προκειμένου. οἷον εἰ εἴη ἐκ τῶν Α Γ, Γ Ε δεικνύμενόν τι προσεχῶς, αὐτὰ δὲ ταῦτα τὸ μὲν Α Γ διὰ τῶν Α Β, Β Γ δεικνύοιτο τὸ δὲ Γ Ε διὰ τῶν Γ Δ, Δ Ε· ὅταν γὰρ συλλογισάμενοι πρῶτον τὸ Α Γ εἶτα τὸ Γ Ε τότε λάβωμεν τὸ Α Γ καὶ Γ Ε ὡς δεικτικὰ τοῦ Α Ε, διὰ προσυλλογισμῶν τὴν δεῖξιν ποιούμεθα. οὐδὲν δὲ διαφέρει, ἂν ἐν ᾧ

2 λαμβανόμενον a 3 ἄρτιαι Ar. (cf. vs. 17, p. 284,36, 285,4) 5 περιέχει a 6 ἡμίση post δεικτικῶν (7) transponit a 7 μὲν post add. B 11 γ̄ (post τοῦ) ex β̄ corr. B 13 πρότασις B: om. a 14 πρὸ συλλογισμῶν B pr., ut fere semper περάνηται B pr. 15 μὴ aB et Arist. codices excepto n; Alex. ipse non legit; nam cf. p. 283,3, p. 284,20,29 20 κυρίως a 21 ἀναπόδεικτοι a: ἀναπόδεικτον B 22 δεικτικαὶ om. a post ἐστι add. τὸ a 24 αὐταὶ scripsi: αὗται aB οἱ B: εἰ a 27 πρὸ συλλογισμοῦ B οὖν om. a 28 post διὰ add. τῆς a 29 συλλογισάμενοι] α corr. B

δήποτε σχήματι ὦσιν οἱ προσυλλογισμοὶ γεγονότες· ὁ γὰρ αὐτὸς λόγος, 94v ἄν τε ἐν τῷ αὐτῷ ἄν τε ἐν διαφόροις.

Τὸ δὲ διὰ πλειόνων μέσων συνεχῶν ἔστιν, ὅταν συνεχεῖς ἐφεξῆς προτάσεις πλείονας λαβόντες μηκέτι τὰ γινόμενα ἐξ αὐτῶν συμπεράσματα ἐκλαμβάνοντες τούτοις ὡς δεικτικοῖς τοῦ προκειμένου χρησώμεθα, ἀλλὰ πάσας τὰς προτάσεις λαμβάνωμεν ὡς δεικτικὰς τοῦ προκειμένου· ὅταν γὰρ οὕτως ποιῶμεν, δυνάμει προσυλλογιζόμεθα, οὐκ ἐνεργείᾳ. οἷον εἰ λάβοιμεν τὸ Α κατὰ τοῦ Β, τὸ Β κατὰ τοῦ Γ, τὸ Γ κατὰ τοῦ Δ, τὸ Δ κατὰ τοῦ Ε, τὸ Α ἄρα κατὰ τοῦ Ε· συνεχεῖς γὰρ ἐνταῦθα τὰς προτάσεις λαβόντες καὶ οὐκ ἐπεκλαβόντες ⟨τὰ⟩ ἐπ' αὐταῖς γινόμενα συμπεράσματα χρώμεθα πᾶσιν αὐτοῖς ὡς ἐκ τούτων ὁμοίως πάντων συναγομένου τοῦ Α Ε συμπεράσματος. ἐν τῇ τοιαύτῃ τῶν προτάσεων συνεχείᾳ τό τε συνθετικόν ἐστι θεώρημα, περὶ οὗ προειρήκαμεν, καὶ οἱ καλούμενοι ὑπὸ τῶν νεωτέρων ἐπιβάλλοντές τε καὶ ἐπιβαλλόμενοι. τὸ μὲν οὖν συνθετικὸν θεώρημα εἴη ἂν ἐν τοῖς ἐκ προσυλλογισμῶν· ὅταν γὰρ ἔκ τινων συναγόμενόν τι ληφθὲν ὡς συμπέρασμα μετά τινος ἢ τινῶν ἢ πάλιν συνάγον τι, 'καὶ τὰ συνακτικὰ αὐτοῦ, μεθ' οὗ ἢ μεθ' ὧν συνῆγέ τι ἐκεῖνο, καὶ αὐτὰ τὸ αὐτὸ συνάξει'. οἱ δὲ ἐπιβάλλοντές τε καὶ ἐπιβαλλόμενοι καλούμενοι εἶεν ἂν ἐν ταῖς συνεχῶς λαμβανομέναις προτάσεσι χωρὶς τῶν συμπερασμάτων· ἐπιβαλλόμενοι μὲν γάρ εἰσιν, ὧν παρείαται τὸ συμπέρασμα, ἐπιβάλλοντες δέ, ὧν ἡ δεικτικὴ πρότασις παρείαται. τὰ γὰρ συμπεράσματα τὰ παραλειπόμενα τῶν ἐπιβαλλομένων συλλογισμῶν, οἵ εἰσι πρῶτοι τῇ τάξει, προτάσεις εἰσὶ δεικτικαὶ τῶν ἐπιβαλλόντων, οἵ εἰσι δεύτεροι τῇ τάξει, οἷον τὸ Α κατὰ παντὸς τοῦ Β, τὸ Β κατὰ παντὸς τοῦ Γ, τὸ Γ κατὰ παντὸς τοῦ Δ, τὸ Α κατὰ παντὸς τοῦ Δ. ἐπιβαλλόμενος γάρ ἐστιν ὁ πρῶτος, οὗ παρεῖται τὸ συμπέρασμα, ὅ ἐστιν 'Α κατὰ παντὸς τοῦ Γ'· ἐπιβάλλων δὲ ὁ ἔκ τε τοῦ παρειμένου [ὁ ἐκ] τοῦ 'τὸ Α κατὰ τοῦ Γ' καὶ 'τὸ Γ κατὰ τοῦ Δ' δεικνύμενος, οὗ ἐστι συμπέρασμα 'τὸ ἄρα Α κατὰ τοῦ Δ'. ἐπὶ μὲν οὖν τῶν εἰρημένων καὶ ὁ ἐπιβάλλων καὶ ὁ ἐπιβαλλόμενος ἐν πρώτῳ σχήματι. δύναται δὲ κατὰ τὴν ὁδὸν ταύτην καὶ ἐκ δευτέρου σχήματος ἐπιβάλλειν συλλογισμὸς ἐκ πρώτου σχήματος συλλογισμῷ· ἂν γὰρ τὸ Α κατὰ παντὸς τοῦ Β, τὸ Β κατὰ παντὸς τοῦ Γ, τὸ Α κατ' οὐδενὸς τοῦ Δ, γίνεται ὁ μὲν ἐπιβαλλόμενος ἐν πρώτῳ σχήματι, οὗ συμπέρασμα τὸ Α Γ, ὁ δὲ ἐπιβάλλων αὐτῷ ἐν δευτέρῳ σχήματι ὁ ἔχων προτάσεις 'τὸ Α κατὰ παντὸς τοῦ Γ', ὃ παρειατέον συμπέρασμα τοῦ πρώτου, πρότασις | 95r δὲ τούτου καὶ 'τὸ Α κατ' οὐδενὸς τοῦ Δ', ἔχων συμπέρασμα 'τὸ Γ κατ' οὐδενὸς τοῦ Δ'. δύναται καὶ ἀνάπαλιν ὁ ἐπιβαλλό-

---

1 συλλογισμοὶ a 3 ante συνεχῶν add. μὴ a (cf. p. 282,15) 10 τὰ a: om. B 13 προειρήκαμεν] p. 274,20—24 et 278,8—11 16 ἢ ex ἡ corr. B³: om. a συνάγον corr. B³: συνάγῃ a B pr. 20 et 21 παρειᾶται B: παρεῖται a 26 ὁ ἐκ delevi: καὶ ὁ ἐκ a 27 καὶ τὸ γ̄ ex καὶ τοῦ corr. B: ἐκ τοῦ τὸ γ̄ a 28 α ἄρα a 30 συλλογισμὸς ἐκ πρώτου σχήματος B: συλλογισμὸν τῷ ἐν πρώτῳ σχήματι a 35 πρότασις a: προτάσεις B 36 ἀνάπαλιν in mg. add. B¹

μενος εἶναι ἐν δευτέρῳ σχήματι ὁ δὲ ἐπιβάλλων ἐν τῷ πρώτῳ· οἷον τὸ Α 95r κατ' οὐδενὸς τοῦ Β, τὸ Α κατὰ παντὸς τοῦ Γ, τὸ Γ κατὰ παντὸς τοῦ Δ, τὸ Β ἄρα κατ' οὐδενὸς τοῦ Δ. παρειᾶται μὲν γὰρ τὸ συμπέρασμα τοῦ πρώτου ὄντος ἐν δευτέρῳ σχήματι ὂν 'τὸ Β κατ' οὐδενὸς τοῦ Γ'· ἐκ δὲ τούτου ⟨καὶ τοῦ⟩ 'τὸ Γ κατὰ παντὸς τοῦ Δ' ἐν πρώτῳ συνάγεται 'τὸ Β οὐδενὶ τῷ Δ'. τῇ αὐτῇ μεθόδῳ καὶ ἐκ τοῦ τρίτου σχήματος ἔστι καὶ ἐπιβάλλοντα καὶ ἐπιβαλλόμενον λαβεῖν καὶ πρὸς τῶν ἐν πρώτῳ τινὰ σχήματι καὶ πρὸς τῶν ἐν δευτέρῳ· ἀλλὰ καὶ τοὺς ἐκ τῶν αὐτῶν σχημάτων πρὸς ἀλλήλους, τοὺς μὲν ἐν πρώτῳ πρὸς ἀλλήλους, τοὺς δὲ ἐν δευτέρῳ πρὸς ἀλλήλους, καὶ τοὺς ἐν τρίτῳ ὁμοίως. ἀλλὰ καὶ τρεῖς συλλογισμοὺς ἔστιν οὕτως λαβεῖν ἐκ τῶν τριῶν σχημάτων ἐπιβάλλοντάς τε καὶ ἐπιβαλλομένους κατὰ τὸ παραδεδομένον συνθετικὸν θεώρημα. ὃ οἱ μὲν περὶ Ἀριστοτέλη τῇ χρείᾳ παραμετρήσαντες παρέδοσαν, ἐφ' ὅσον αὕτη ἀπῄτει, οἱ δὲ ἀπὸ τῆς Στοᾶς παρ' ἐκείνων λαβόντες καὶ διελόντες ἐποίησαν ἐξ αὐτοῦ τὸ καλούμενον παρ' αὐτοῖς δεύτερον θέμα καὶ τρίτον καὶ τέταρτον, ἀμελήσαντες μὲν τοῦ χρησίμου πᾶν δὲ τὸ ὁπωσοῦν δυνάμενον λέγεσθαι ἐν τῇ τοιαύτῃ θεωρίᾳ, κἂν ἄχρηστον ᾖ, ἐπεξελθόντες τε καὶ ζηλώσαντες. δέδεικται δὲ περὶ τούτων ἐν ἄλλοις.

Δεικνὺς δέ, πότε ἐστὶ τὸ διὰ [τὸ διὰ] προσυλλογισμῶν, διὰ πλειόνων συνεχῶν μέσων εἶπεν. οἷον τὸ Α Β διὰ τῶν Γ, Δ. εἰ γὰρ εἴη συμπέρασμα μὲν ὂν τὸ Α Β, δεικνύοιτο δὲ τοῦτο διὰ μέσων τῶν Γ, Δ, τοῦ μὲν Α κατὰ τοῦ Γ τοῦ δὲ Γ κατὰ τοῦ Δ τοῦ δὲ Δ κατὰ τοῦ Β, διὰ προσυλλογισμῶν μὲν ἔσται, ἂν πρῶτον τὸ Α κατὰ τοῦ Δ συλλογισάμενος διὰ τοῦ Γ, εἶτα τὸ Δ κατὰ τοῦ Β λαβὼν ἢ καὶ αὐτὸ συλλογισάμενος διὰ τοῦ Ε λάβῃ τὰ Α Δ, Δ Β συμπεράσματα προτάσεις δεικτικὰς τοῦ Α Β συμπεράσματος, διὰ δὲ πλειόνων μέσων συνεχῶν, ἂν ἁπλῶς λαβὼν τὸ Α κατὰ τοῦ Γ, τὸ Γ κατὰ τοῦ Δ, τὸ Δ κατὰ τοῦ Β ἐπενέγκω ἐπὶ τούτοις 'τὸ Α ἄρα κατὰ τοῦ Β'· αὕτη γὰρ ἡ διαφορὰ τοῦ τε διὰ προσυλλογισμῶν καὶ τοῦ διὰ πλειόνων μέσων συνεχῶν. ἀμφοτέρως δὲ τὸ Α Β συμπέρασμα διὰ τῶν Γ, Δ μέσων.

Ἐπὶ δὴ τῶν οὕτως γινομένων συλλογισμῶν, οἳ οὐκέτ' εἰσὶν ἁπλοῖ, τὸ μὲν πλῆθος τῶν ὅρων ὁμοίως φησὶν ὑπερέξειν τοῦ τῶν προτάσεων πλήθους ἑνί, ὥσπερ καὶ ὅτε αἱ κύριαι προτάσεις τοῦ προκειμένου συμπεράσματος ἐλαμβάνοντο μόναι. οὐ μέντοι ἔτι αἱ μὲν προτάσεις αἰεὶ ἄρτιαι ἔσονται, οἱ δὲ ὅροι περισσοί, ὡς εἶχεν ἐπὶ τῶν ἁπλῶν συλλογισμῶν, ἀλλ' ἔμπαλιν μὲν ἕξουσιν, ὁμοίως δέ· ὅταν μὲν γὰρ αἱ προτάσεις ὦσιν ἄρτιοι,

1 τῷ om. a 3 παρειᾶται B: παρεῖται a 5 καὶ τοῦ a: om. B 7 τῶν a: τὸ B τινὰ a: τινὶ B 8 τῶν (ante ἐν) a B pr.: τὸ corr. B² τοὺς B: τὰ a 11 τῶν om. a 12 Ἀριστοτέλην a 13 αὕτη B: αὐτῇ a Στοᾶς (ut iam recte Zeller coniecerat III 1 p. 113, 1) B: τοῦ a 15 καὶ τρίτον θέμα a 16. 17 ἄχρηστος a 19 τὸ διὰ alterum delevi 20 μέσων συνεχῶν Ar. et Alex. ipse vs. 29 et p. 283, 3 25 λάβῃ] conicio λάβω, ut vs. 27 ἐπενέγκω 27 ἐπενέγκω a: ἐπενεγκὼν B 28 γὰρ om. a 29 ἀμφοτέρων a 31 ἐπὶ δὴ a: ἐπειδὴ B 34 ἔτι B: ὅτι a 35 περιττοί a 36 γὰρ om. a

οἱ ὅροι περισσοί. ὅταν δὲ αἱ προτάσεις περισσαί. οἱ ὅροι πάλιν ἄρτιοι· 95r οὕτως γὰρ ἔσονται ἑνὶ ὑπερέχοντες οἱ ὅροι τῶν προτάσεων. ἡ δὲ λέξις οὕτως ἔχει· ὅταν μὲν αἱ προτάσεις ἄρτιαι, περιττοὶ οἱ ὅροι, ὅταν δὲ οἱ ὅροι, ἄρτιοι [περιτταὶ] αἱ προτάσεις. ἡμάρτηται ⟨δέ⟩· δὶς γὰρ ταὐτὸν λέγει. δεῖ δὲ εἶναι ὅταν δὲ οἱ ὅροι ἄρτιοι, περιτταὶ αἱ προτάσεις, ὡς προσυπακούσομεν τὸ περιτταί. ἀνὰ μέρος δὲ τὸ περιττὸν καὶ ἄρτιον ἕξουσιν οἵ τε ὅροι καὶ αἱ προτάσεις. αἴτιον δὲ τοῦ ἑνί τε ὑπερέχειν τοὺς ὅρους τὸν τῶν προτάσεων ἀριθμὸν καὶ παρὰ μέρος ἀρτίους τε καὶ περιττοὺς γίνεσθαι τὸ ἐξ ἀρχῆς μὲν ἐν τοῖς ἁπλοῖς συλλογισμοῖς τοὺς ὅρους ὑπερέχειν ἑνὶ τῶν προτάσεων (αἱ μὲν γὰρ ἦσαν δύο, οἱ δὲ τρεῖς), ἑκάστῃ δὲ προσθήκῃ ὅρου καὶ διάστημα, τοῦτ' ἔστι πρότασιν, προστίθεσθαι. τούτου γὰρ οὕτως γινομένου ἡ ἐξ ἀρχῆς ἐν τοῖς ὅροις ὑπεροχὴ μένει· ὅταν γὰρ ἀνίσοις ἴσα προστεθῇ, τῷ αὐτῷ ἀλλήλων διοίσουσιν, ᾧ διέφερον καὶ πρὸ τοῦ τὰ ἴσα αὐτοῖς προστεθῆναι. ὅταν μὲν οὖν τοῖς τρισὶν ὅροις εἷς προστεθῇ, οἱ μὲν ὅροι τέσσαρές τε καὶ ἄρτιοι ἔσονται. αἱ δὲ προτάσεις τρεῖς τε καὶ περιτταί· δύο γὰρ οὔσαις αὐταῖς προσετέθη τρίτη διὰ | τὴν πρόσθεσιν 95v τοῦ ὅρου· ἅμα γὰρ ὅρου τε προσθήκη καὶ προτάσεως, ὡς ἔφαμεν.

Τὸ δὲ ἢ γὰρ ἔξωθεν ἢ εἰς τὸ μέσον τεθήσεται ὁ παρεμπίπτων ὅρος εἴρηκεν ἤτοι διὰ τὰς τῶν σχημάτων διαφοράς (ἔξωθεν μὲν γάρ ἐστιν ὁ προστιθέμενος ὅρος, ἂν ἐν δευτέρῳ σχήματι ἢ τρίτῳ μέλλῃ δειχθήσεσθαι τὸ συμπέρασμα. ἐν τῷ μέσῳ δέ. ἂν ἐν πρώτῳ· ἂν μὲν γὰρ ᾖ δεδειγμένον τὸ Α κατὰ παντὸς τοῦ Γ διὰ μέσου τοῦ Β, εἰ μὲν ἐν δευτέρῳ σχήματι βουλοίμεθά τι συμπεράνασθαι, προσληψόμεθα τὸ Α κατὰ μηδενὸς τοῦ Δ, ἔξωθεν τὸ Δ προστεθέν· οὕτως γὰρ ἔσται τὸ Γ κατ' οὐδενὸς τοῦ Δ· ἂν δὲ ἐν τρίτῳ, προσληψόμεθα πάλιν τὸ Δ κατὰ τοῦ Γ, ὥσπερ ἦν καὶ τὸ Α· οὕτως γὰρ ἔσται τὸ Α τινὶ τῷ Δ ὑπάρχον· ἂν δὲ ἐν πρώτῳ, ἐπ' εὐθείας ληψόμεθα ὑποκείμενόν τι τῷ Γ τὸ Δ· οὕτω γὰρ ἐν πρώτῳ σχήματι τὸ Α κατὰ τοῦ Δ), ἢ οὐ τοῦτο λέγει· οὐ γὰρ τὸ Δ ἐν μέσῳ ἐλήφθη τῶν Α Β ἢ τῶν Β Γ, ἀλλ' ἔσχατον τοῦ Γ· ἀλλ' εἴη ἂν τὸ λεγόμενον ἁπλούστερον ἢ γὰρ ἔξωθεν ἢ εἰς τὸ μέσον τεθήσεται ὁ παρεμπίπτων ὅρος, ἔξωθεν μέν, εἰ πρὸ τοῦ Α εἴη τις εἰλημμένος κατηγορούμενος τοῦ Α ἢ μετὰ τὸ Γ ὑποκείμενος τῷ Γ. εἰς τὸ μέσον δέ, εἰ μεταξὺ εἴη τοῦ Α Β ἢ τοῦ Β Γ. ὅπου γὰρ ἂν καὶ ὅθεν ἂν προστεθῇ, σὺν αὐτῷ καὶ μία πρότασις προστίθεται· οὐσῶν γὰρ δύο προτάσεων, τῆς τε Α Β καὶ τῆς Β Γ, ἄν τε πρὸ τοῦ Α τὸν Δ ὅρον λαμβάνωμεν, ἔσται καὶ πρότασις προστιθεμένη ἡ Δ Α οὐδεμιᾷ τῶν κειμένων οὖσα ἡ αὐτή, ἄν τε μεταξὺ τοῦ Α Β· ἔσονται γὰρ αἱ Α Δ καὶ Δ Β δύο ἀντὶ μιᾶς· ἀλλὰ κἂν

1 πάλιν om. a 2 οἱ ὅροι ἑνὶ τῶν προτάσεων ὑπερέχοντες a 3 post μὲν add. γὰρ a 4 περιτταὶ delevi (cf. vs. 6) 4 et 5 αἱ προτάσεις περιτταί a 4 δὲ alterum add. a: om. B 5 εἶναι Brandis Schol. p. 174b17: εἰδέναι aB περιτταὶ deleri vult Waitz Org. p. 29 6 προσυπακούομεν a περιτταὶ habent omnes Arist. codices 13 ἀλλήλων] ἀλλ in ras. B 14 προστεθεῖναι a 16 πρόσθεσιν ex πρόθεσιν corr. B[3] 20 μέλλει a 23 τι B: τὸ a 25 ante τρίτῳ add. τῷ a 31 ἃ scripsi: ὃ aB 35 τὸν B: τὸ a λάβωμεν a

μεταξὺ τοῦ ΒΓ· πάλιν γὰρ ἔσονται ΒΔ. ΔΓ· ἀλλὰ κἂν ἔξωθεν μετὰ τὸ Γ· προστεθήσεται γὰρ ὁμοίως πάλιν ταῖς κειμέναις ἡ ΓΔ.

Αἱ μὲν οὖν προτάσεις καὶ οἱ ὅροι ταύτην ἀεὶ τὴν σχέσιν τε καὶ τάξιν φυλάξουσι. τὰ δὲ συμπεράσματα οὔτε πρὸς τοὺς ὅρους οὔτε πρὸς τὰς προτάσεις ἀεὶ τὴν αὐτὴν τάξιν ἕξει. καὶ τὴν αἰτίαν προσέθηκεν· ἑνὸς γὰρ ὅρου προστεθέντος συμπεράσματα προστίθεται ἑνὶ ἐλάττω τῶν ὑπαρχόντων ὅρων. οὗ αἴτιον. ὅτι πρὸς μόνον τὸν ἔσχατον τῶν κειμένων ὁ προστεθεὶς αὐτῷ. εἰ μετὰ τοῦτον ἡ προσθήκη γένοιτο. οὐ ποιεῖ συμπέρασμα. εἰ γὰρ εἶεν ὅροι ΑΒΓ. προστεθείη δὲ τὸ Δ. ἔσται συμπέρασμα καὶ τοῦ Α πρὸς τὸν Δ καὶ τοῦ Β πρὸς τὸν Δ· ἦν δὲ καὶ τοῦ Α πρὸς τὸν Γ· τριῶν δὴ ὅρων προϋπαρχόντων ἡ ἑνὸς ὅρου πρόσθεσις δύο συμπεράσματα προσέθηκεν ἑνὶ ἐλάττω τῶν προϋπαρχόντων ὅρων. οὐκέτι μέντοι τοῦ Γ πρὸς τὸ Δ γίνεται συμπέρασμα. ὅτι μηδεὶς αὐτῶν ἐστι μέσος· δύο οὖν προσετέθη συμπεράσματα ἑνὸς προστεθέντος ὅρου. ἦν δὲ συμπέρασμα μὲν ἐπὶ τοῖς τρισὶν ὅροις τὸ ΑΓ. προτάσεις δὲ δύο. ὅροι δὲ τρεῖς· προστεθέντος οὖν τοῦ τετάρτου ὅρου δύο γίνεται προστιθέμενα συμπεράσματα. καὶ τὰ πάντα συμπεράσματα γίνεται τρία· ἀλλὰ καὶ αἱ προτάσεις τρεῖς. οἱ δὲ ὅροι τέσσαρες. ἂν δὴ πάλιν ἄλλος ὅρος προστεθῇ. πρότασις μὲν ἔσται μία προστεθειμένη. ὥστε αἱ πᾶσαι τέσσαρες ἔσονται. ὅροι δὲ πέντε οἱ πάντες. συμπεράσματα δὲ ἑνὶ ἐλάττω τῶν ὑπαρχόντων ὅρων ἔσται τὰ προστιθέμενα· ἦσαν δὲ οἱ ὅροι τέσσαρες· τρία οὖν ἔσται συμπεράσματα προστιθέμενα. ἦν δὲ καὶ τὰ ἐπὶ τοῖς κειμένοις τέτταρσιν ὅροις ἤδη τρία· τὰ πάντα οὖν ἓξ ἔσται συμπεράσματα ἐπὶ ὅροις πέντε καὶ τέτταρσι προτάσεσιν. πλείω οὖν τὰ συμπεράσματα. καὶ ἔτι μᾶλλον, ἂν ἄλλος ὅρος προστεθῇ· πολὺ γὰρ πλείω γίνεται τὰ συμπεράσματα καθ' ἑκάστην πρόσθεσιν ὅρου. δι' ἣν εἴρηκεν αἰτίαν. εἰπὼν δέ, ἂν ἔξωθεν προστεθῇ ὅρος. πρὸς τὸν ἔσχατον μόνον τῶν κειμένων πρὸ αὐτοῦ μὴ ποιήσειν αὐτὸν συμπέρασμα λέγει. ὅτι. κἂν ἐν μέσῳ τεθῇ, ὁμοίως ἑνὶ ἐλάττω τὰ προστιθέμενα συμπεράσματα ἔσται τῶν ἐξ ἀρχῆς κειμένων ὅρων πρὸ τῆς προσθέσεως τούτου· πρὸς γὰρ ἕνα μόνον ὅρον τῶν κειμένων καὶ οὗτος τεθεὶς οὐ ποιήσει συμπέρασμα. κείσθωσαν γὰρ ὅροι οἱ ΑΒΓ συνάγοντες τὸ ΑΓ συμπέρασμα. καὶ ἐμβεβλήσθω μεταξὺ τῶν ΑΒΓ ὁ Δ ὅρος· ἔσται δὴ τὰ συμπεράσματα ⟨τὰ⟩ προσκείμενα τῷ ΑΓ τό τε ΑΒ διὰ τοῦ Δ καὶ τὸ ΔΓ διὰ τοῦ Β. δύο μὲν οὖν προσετέθη συμπεράσματα, οὐ μὴν τὰ δύο πρὸς αὐτόν. ἀλλὰ τὸ μὲν πρὸς αὐτὸν τὸν Δ (τὸ γὰρ ΔΓ), τὸ δὲ δι' αὐτοῦ (τὸ γὰρ ΑΒ) οὐ πρότερον ὂν συμπέρασμα διὰ τὸ προστεθῆναι τὸ Δ συμπέρασμα γέγονε. τὸ οὖν πρὸς ἕνα γὰρ μόνον οὐ ποιήσει

4. 5 οὐκέτι τὴν αὐτὴν ἕξει τάξιν οὔτε ... οὔτε Ar. 5 ἕξει ex ἔχει corr. B[2] 6 προστιθεμένου et προστεθήσεται Ar. 7 προϋπαρχόντων Ar. et Alex. ipse vs. 11, 12; at cf. vs. 20 8 μετὰ Brandis Schol. p. 174b39: κατὰ aB 10 τὸν ... τὸν B: τὸ ... τὸ a 11 τὸν B: τὸ a δὴ scripsi: δὲ aB 13 ἐστι μέσος αὐτῶν a 15 ὅροις] ις corr. B[2] 19 προστιθεμένη a αἱ correxi: καὶ aB 22 et 23 τέσσαρσιν a 31 ante ὅροι add. οἱ a: expunxit B 32 ῑ alterum om. a 33 τὰ alterum add. a: om. B προκείμενα a τῷ a: τῶν B 37 τὸν δ̄ a

συλλογισμὸν εἴη ἄν, ὅτι ἑνὶ μόνῳ οὐκ ἔσται αἴτιος διαστήματι ⟨τοῦ⟩ συμ- 96r
πέρασμα γίνεσθαι· τῷ γὰρ ΑΔ. πρὸς δὲ τὸν Β, εἰ καὶ μὴ αὐτὸς συμπέρασμα ποιεῖ, ἀλλ' αἴτιός γε γίνεται τοῦ ΑΒ συμπεράσματος αὐτός· εἰ δὲ αἴτιος, αὐτὸς ποιεῖ.

p. 42b24 Πρὸς ἕνα γὰρ μόνον οὐ ποιήσει συλλογισμόν.

Περὶ τοῦ ἐσχάτου κειμένου ὅρου λέγει πάλιν· οὗτος γὰρ ἔσται, κἂν ἐν μέσῳ ὅρος ἐμβληθῇ, πρὸς ἕνα μόνον ὅρον μὴ ποιῶν συλλογισμόν· πρὸς γὰρ τὸν πρὸ αὐτοῦ κείμενον. ἐπεὶ ὅ γε μέσος ἐμβαλλόμενος πρὸς οὐδέτερον τῶν, ὧν ἐστι μέσος, ποιεῖ συμπεράσματα πρὸς τοὺς ἄλλους ποιῶν πάντας.

p. 42b27 Ἐπεὶ δ' ἔχομεν, περὶ ὧν οἱ συλλογισμοί, καὶ ποῖον ἐν ἑκάστῳ σχήματι.

Ἐπεὶ ἔχομεν, φησί, περὶ ὧν οἱ συλλογισμοί (περὶ γὰρ τῶν προβλημάτων, ταῦτα δέ ἐστι τέσσαρα, δύο μὲν καθόλου ἢ καταφατικὸν ἢ ἀποφατικόν, δύο δὲ ἐπὶ μέρους ὁμοίως τὸ μὲν καταφατικὸν τὸ δὲ ἀποφατικόν), ἔχομεν δὲ καὶ ποῖον ἐν ἑκάστῳ σχήματι καὶ ποσαχῶς ἕκαστον τῶν προβλημάτων (τὸ μὲν γὰρ καθόλου καταφατικὸν ἐν πρώτῳ σχήματι μόνῳ δείκνυται καὶ μοναχῶς, διὰ γὰρ ἑνὸς συλλογισμοῦ, τὸ δὲ καθόλου ἀποφατικὸν καὶ ἐν πρώτῳ καὶ ἐν δευτέρῳ σχήματι, μοναχῶς μὲν ἐν πρώτῳ, δι' ἑνὸς γὰρ συλλογισμοῦ, διχῶς δὲ ἐν δευτέρῳ, διὰ γὰρ δύο συλλογισμῶν, τὸ δὲ ἐν μέρει καταφατικὸν ἔν τε τῷ πρώτῳ σχήματι καὶ ἐν τῷ τρίτῳ, μοναχῶς μὲν ἐν τῷ πρώτῳ, τριχῶς δὲ ἐν τῷ τρίτῳ, τὸ δ' ἐν μέρει ἀποφατικὸν ἐν τοῖς τρισὶ σχήμασιν, ἀλλ' ἐν μὲν τῷ πρώτῳ μοναχῶς, ἐν δὲ τῷ δευτέρῳ διχῶς, τριχῶς δ' ἐν τῷ τρίτῳ), ἐπεὶ οὖν ταῦτα φανερά ἐστι, φησί, φανερόν ἐστι καὶ ποῖον τῶν προβλημάτων εὐεπιχείρητόν ἐστι καὶ ποῖον οὔ. τὸ μὲν γὰρ ἐν πλείοσι δεικνύμενον σχήμασι καὶ διὰ πλειόνων συλλογισμῶν (πτώσεων γὰρ ἢ τῶν συλλογισμῶν λέγει ἢ τῶν συζυγιῶν) εὐεπιχείρητον πρόβλημα· τὸ γὰρ διὰ πλειόνων δεικνύμενον πλείονας ἀφορμὰς ἔχει πρὸς τὸ δειχθῆναι, διὸ καὶ εὐεπιχειρητότερον· τὸ δὲ ἐν ἐλάττοσι καὶ δι' ἐλαττόνων συλλογισμῶν δυσεπιχειρητότερόν τε καὶ χαλεπώτερον. ἔστι δὲ διὰ πλειόνων σχημάτων καὶ διὰ πλείστων συλλογισμῶν τὸ ἐπὶ μέρους ἀποφατικόν· ἔν τε γὰρ τοῖς τρισὶ σχήμασι τοῦτο μόνον τῶν προβλημάτων καὶ διὰ συλλογισμῶν ἕξ. πτώσεις δ' ἂν λέγοι τὰς διαφορὰς

---

1 συλλογισμὸν ex συλλογισμῶν corr. B[1] ὅτι a: ὁ B τοῦ a: om. B 2 γενέσθαι a αὐτὸς B: ἂν a 3 γε scripsi: τε aB 4 ποιεῖ om. a 7 ὅρον B: ὅρων a 9 συμπέρασμα a 11 οἱ om. a ποῖον a et Ar.: ποῖοι B (cf. vs. 16) 16 post σχήματι add. δείκνυται a: post ποσαχῶς Ar. 18 δὲ a: γὰρ B 25 post φανερὸν add. δὲ a 29 εὐεπιχειρητότερον (superscr. ητ) B: εὐεπιχείρητον πρότερον a δὲ in ras. B: δ' a 31 πλείστων B: πλειόνων a 32 μόνον τοῦτο a

τῶν καθ' ἕκαστον σχῆμα συλλογισμῶν ἀπὸ τῆς τῶν προτάσεων σχέσεως 96r πρὸς ἀλλήλας· τὰς γὰρ σχέσεις αὐτῶν τὰς πρὸς ἀλλήλας πτώσεις εἴρηκε. μετὰ δὲ τὸ ἐπὶ μέρους ἀποφατικὸν εἴη ἂν εὐκολώτερον τὸ ἐπὶ μέρους καταφατικόν· δείκνυται γὰρ διά τε τοῦ πρώτου καὶ τοῦ τρίτου σχήματος καὶ διὰ συλλογισμῶν τεσσάρων, ἑνὸς μὲν ἐν τῷ πρώτῳ, τριῶν δ' ἐν τρίτῳ. μετὰ δὲ τοῦτο τὸ καθόλου ἀποφατικὸν εἴη ἄν· καὶ γὰρ ἐν τῷ πρώτῳ καὶ δευτέρῳ σχήματι δείκνυται, μοναχῶς μὲν ἐν πρώτῳ, διχῶς δὲ ἐν δευτέρῳ. τὸ δὲ καθόλου καταφατικὸν χαλεπώτατον· καὶ γὰρ ἐν τῷ πρώτῳ σχήματι δείκνυται μόνῳ καὶ ἐν τούτῳ μοναχῶς. ἐξ ὧν δῆλον, ὅτι πάντων τὸ καθόλου καταφατικὸν κατασκευασθῆναι μὲν χαλεπώτατον, ῥᾷστον δὲ ἀνασκευασθῆναι· διά τε γὰρ τοῦ ἐπὶ μέρους ἀποφατικοῦ ἡ ἀνασκευὴ αὐτοῦ, ὃ ἐν πᾶσί τε τοῖς σχήμασι | δείκνυται καὶ διὰ πλείστων συλλογισμῶν· 96v ἀλλὰ καὶ διὰ τοῦ καθόλου ἀποφατικοῦ, ὃ καὶ αὐτὸ ἐν δύο τε σχήμασι καὶ συλλογισμοῖς τρισίν. ἔτι δὲ καὶ τοῦτο, φησί, γνώριμον, ὅτι τὸ κατασκευάσαι τὸ καθόλου τοῦ ἀνασκευάσαι χαλεπώτερον. ἔμπαλιν δὲ ἐπὶ τοῦ ἐπὶ μέρους ἔχει· κατασκευασθῆναι μὲν γὰρ τὰ ἐπὶ μέρους ῥᾴονα, ἀνασκευασθῆναι δὲ χαλεπώτερα. ἀνασκευάζεται μὲν γὰρ τὸ καθόλου καὶ ὑπὸ τοῦ ἀντικειμένου ἀντιφατικῶς τοῦ ἐπὶ μέρους, τὸ μὲν καταφατικὸν ὑπὸ τοῦ ἀποφατικοῦ, ὃ ἐν τοῖς τρισὶ δείκνυται σχήμασι, τὸ δὲ ἀποφατικὸν ὑπὸ τοῦ καταφατικοῦ, ὃ ἐν δύο ἐστὶ σχήμασι, τῷ τε πρώτῳ καὶ τῷ τρίτῳ, καὶ ἔτι ὑπὸ τοῦ ἐναντίου, τὸ μὲν καθόλου καταφατικὸν ὑπὸ τοῦ καθόλου ἀποφατικοῦ, ὅ ἐστι καὶ αὐτὸ ἐν δύο σχήμασι, τὸ δὲ καθόλου ἀποφατικὸν ὑπὸ τοῦ καθόλου καταφατικοῦ, ὅ ἐστι μόνον ἐν ἑνί, τῷ γὰρ πρώτῳ. κατασκευάζεται δὲ τὸ μὲν καθόλου καταφατικὸν μοναχῶς, τὸ δὲ καθόλου ἀποφατικὸν τριχῶς τε καὶ ἐν δύο σχήμασι. τὸ δὲ ἐν δύο σχήμασι περὶ τοῦ ἐπὶ μέρους καταφατικοῦ λέγει, ὅ ἐστιν ἀναιρετικὸν τοῦ καθόλου ἀποφατικοῦ.

p. 43a8 Ἐπὶ δὲ τῶν ἐν μέρει μοναχῶς.

Τοῦτ' ἔστιν 'ἡ τῶν ἐν μέρει ἀνασκευὴ οὐκέτι καὶ διὰ τοῦ καθόλου καὶ διὰ τοῦ ἐπὶ μέρους γίνεται, ἀλλὰ μοναχῶς'· διὰ γὰρ τοῦ καθόλου μόνου τοῦ ἀντικειμένου. διὸ χαλεπώτερον τὸ ἐπὶ μέρους ἀνασκευάσαι. αὐτῶν δὲ τούτων ἔτι χαλεπώτερον τὸ ἐπὶ μέρους ἀποφατικὸν τοῦ ἐπὶ μέρους καταφατικοῦ, ὅτι διὰ τοῦ καθόλου καταφατικοῦ μόνου ἡ ἀνασκευὴ αὐτοῦ, ὃ μοναχῶς ἐν πρώτῳ σχήματι δείκνυται μόνῳ· τὸ δ' ἐπὶ μέρους καταφατικὸν διὰ μὲν ⟨μόνου⟩ τοῦ καθόλου ἀποφατικοῦ ἀναιρεῖται, τοῦτο δὲ [ὃ] καὶ διὰ πρώτου

1 προτάσεων ex προτάσεως corr. B[1] 2 γὰρ om. a 5 ante τρίτῳ add. τῷ a 6 τῷ om. a 8 et 10 χαλεπώτερον a 12 πλειόνων a 16 ῥᾴονα scripsi: ῥᾷον B: ῥάω a 17 ἀντικειμένου in mg. B[2] 20 τρίτῳ καὶ τῷ πρώτῳ B pr. 22 ἐν δύο σχήμασι καὶ αὐτό ἐστι a 25 δυσὶ (post καὶ ἐν) a 29 τῶν B: τοῦ a 34 μόνῳ δείκνυται a 35 μόνου addidi ὃ B: om. a

καὶ δευτέρου δείκνυται σχήματος. κατασκευάζεται δέ, ὡς εἶπον, δι' ἐλατ- 96v τόνων τὰ καθόλου· τὸ μὲν γὰρ καθόλου καταφατικὸν δι' ἑνὸς μόνου συλλογισμοῦ, τὸ δὲ ἀποφατικὸν διὰ τριῶν. τὰ δέ γε ἐπὶ μέρους κατασκευάσαι μὲν ῥᾷον· διὰ γὰρ πλείστων συλλογισμῶν, τὸ μὲν ἐν μέρει ἀποφατικὸν ἔν τε τοῖς τρισὶ σχήμασι καὶ διὰ ἓξ συλλογισμῶν, τὸ δὲ ἐν μέρει καταφατικὸν ἐν τέτταρσι συλλογισμοῖς καὶ ἐν δύο σχήμασιν· ἔτι καὶ τοῖς καθόλου κατασκευάζεται. ἀνασκευάζεται δὲ χαλεπώτερον· διὰ γὰρ μόνων τὰ ἐπὶ μέρους ἀναιρεῖται τῶν ἀντικειμένων καθόλου, τὸ μὲν ἀποφατικὸν ἐν μέρει ὑπὸ τοῦ καθόλου καταφατικοῦ, τὸ δὲ καταφατικὸν ὑπὸ τοῦ καθόλου ἀποφατικοῦ, ὡς προείρηται. ἀλλὰ καὶ τοῦτο καθόλου γνώριμον, ὅτι ἀνασκευάζεται μὲν καὶ δι' ἀλλήλων τὰ προβλήματα· τά τε γὰρ καθόλου ὑπὸ τῶν ἐπὶ μέρους ἀντικειμένων καὶ τὰ ἐπὶ μέρους διὰ τῶν καθόλου· ὡς γὰρ τὸ παντὶ ὑπὸ τοῦ οὐ παντὶ ἀναιρεῖται, οὕτως καὶ τὸ οὐ παντὶ ὑπὸ τοῦ παντί, καὶ ὡς τὸ οὐδενὶ ὑπὸ τοῦ τινί, οὕτως καὶ τὸ τινὶ ὑπὸ τοῦ οὐδενί. οὐκέτι μέντοι κατασκευάσαι δι' ἀλλήλων οἷόν τε· τὸ γὰρ καθόλου ⟨οὐ⟩ καὶ διὰ τῶν ὑπ' αὐτὰ ἐπὶ μέρους· ὥστ' οὐ δι' ἀλλήλων. τὰ μὲν γὰρ ἐπὶ μέρους τοῖς καθόλου, ὑφ' ἅ ἐστι, συγκατασκευάζεται, οὐ μὴν καὶ ἀνάπαλιν.

p. 43a14 Ἅμα δὲ δῆλον, ὅτι καὶ τὸ ἀνασκευάζειν ἐστὶ τοῦ κατασκευάζειν ῥᾷον.

Δείξας ἀνασκευαζόμενα μὲν τὰ προβλήματα δι' ἀλλήλων (ὡς γὰρ ὑπὸ τοῦ καθόλου τὸ ἐπὶ μέρους τὸ ἀντικείμενον, οὕτως καὶ ὑπὸ τοῦ ἐπὶ μέρους τὸ καθόλου), οὐκέτι δὲ καὶ κατασκευαζόμενα δι' ἀλλήλων, καὶ ἐκ τούτου δῆλον [ὅτι] εἶναί φησιν, ὅτι ῥᾷον τὸ ἀνασκευάσαι τοῦ κατασκευάσαι. δῆλον δέ, ὅτι | καὶ ἐπὶ πάντων ῥᾷον ἀνελεῖν τι καὶ φθεῖραι τοῦ ποιῆσαί τι καὶ 97r γεννῆσαι, ὁμοίως ἐπί τε τῶν φυσικῶν καὶ τῶν κατὰ τὰς τέχνας γινομένων· χαλεπώτερον γὰρ τῶν φύσει γινομένων ἕκαστον γεννῆσαί τε καὶ ποιῆσαι τοῦ φθεῖραι, οἷον ἄνθρωπον ἤ τι ἄλλο τῶν φύσει γινομένων, ἢ πάλιν ἐπὶ τῶν κατὰ τέχνην ῥᾷον φθεῖραι ναῦν ἢ οἰκίαν τοῦ ποιῆσαι.

p. 43a16 Πῶς μὲν οὖν γίνεται πᾶς συλλογισμὸς καὶ διὰ πόσων ὅρων καὶ προτάσεων.

Ὅτι πᾶς συλλογισμὸς γίνεται κοινοῦ τινος ὅρου ληφθέντος, καὶ ὅτι δεῖ ἢ ἀμφοτέρας εἶναι τὰς προτάσεις καθόλου καταφατικὰς ἢ πάντως γε τὴν ἑτέραν, ἐδίδαξεν. ἀλλὰ καὶ ὅτι πᾶς συλλογισμὸς ἁπλοῦς διὰ τριῶν ὅρων καὶ διὰ προτάσεων δύο γίνεται, καὶ τοῦτο δέδεικται, καὶ ὅτι αἱ προτάσεις

---

1 σχήματος δείκνυται a εἶπεν a 2 καταφατικοῦ a post μόνου add. ὡς εἶπον a 4 ῥάω a πλειόνων a 6 τέσσαρσι a 7 συγκατασκευάζεται a 13 et 14 οὕτω a 15 οὐ a: om. B 16 καὶ om. a 22 οὕτω a 24 ὅτι prius delevi 35 δύο προτάσεων omisso διὰ a

καθ' ἕκαστον σχῆμα πρὸς ἀλλήλας ὧδέ πως λαμβανόμεναι, ὡς εἶπε, 97r ποιοῦσι συλλογισμόν. ἀλλὰ καὶ ποῖον πρόβλημα ἐν πᾶσίν ἐστι τοῖς σχήμασιν (ὅτι γὰρ τὸ ἐπὶ μέρους ἀποφατικόν), καὶ ποῖον ἐν δύο (ὅτι γὰρ τὸ ἐπὶ μέρους καταφατικόν· ἐν γὰρ πρώτῳ καὶ τρίτῳ· καὶ τὸ καθόλου ἀποφατικὸν ἐν τῷ πρώτῳ καὶ δευτέρῳ), καὶ ποῖον ἐν ἑνὶ μόνῳ (ὅτι τὸ καθόλου καταφατικόν· ἐν γὰρ τῷ πρώτῳ μόνῳ). ταῦτα πάντα ἐκ τῶν προειρημένων γνώριμά τε καὶ δῆλα.

p. 43a20 Πῶς δ' εὐπορήσομεν αὐτοὶ πρὸς τὸ τιθέμενον ἀεὶ 97v συλλογισμῶν, καὶ διὰ ποίας ὁδοῦ ληψόμεθα τὰς περὶ ἕκαστον ἀρχάς, νῦν ἤδη λεκτέον.

Διδάξας ἡμᾶς, τί τέ ἐστι συλλογισμὸς καὶ πῶς γίνεται καὶ ἐν τίσι σχήμασι καὶ διὰ πόσων ὅρων τε καὶ προτάσεων προσεχῶν ἕκαστος καὶ πῶς πρὸς ἀλλήλας ἐχουσῶν, διδάξας δὲ καὶ περὶ τῶν προβλημάτων, ποῖον ἐν ποίῳ σχήματι δείκνυται, καὶ ποῖον μὲν αὐτῶν ἐν πλείοσι σχήμασίν ἐστι καὶ εὐεπιχειρητότερον καὶ εὐκολώτερον, ποῖον δὲ ἐν ἐλάττοσι, ποῖον δὲ ἐν ἑνὶ μόνῳ, ὃ καὶ χαλεπώτατον δειχθῆναι, μεταβαίνει ἀπὸ τούτων εἰς τὸ μέθοδον ἡμῖν ὑπογράψαι, ᾗ χρώμενοι δυνησόμεθα πρὸς τὸ τιθέμενον πρόβλημα συλλογισμῶν εὐπορεῖν καὶ προτάσεων τῶν οἰκείων τοῦ δειχθησομένου συμπεράσματος· ἀρχὰς γὰρ τὰς προτάσεις λέγει. ὄργανον δή τι πρὸς τὴν εὕρεσιν ἡμῖν τὴν τούτων παραδίδωσιν. τὸν γὰρ μέλλοντα χρῆσθαι συλλογισμῷ τε καὶ ἀποδεῖξει οὐ μόνον εἰδέναι δεῖ, τί ποτέ ἐστι συλλογισμὸς καὶ πῶς γίνεται, ἀλλὰ καὶ δύναμιν ἔχειν αὐτὸν τοῦ ποιεῖν τε συλλογισμοὺς καὶ συλλογίζεσθαι· τοῦτο γάρ ἐστι μάλιστα τοῦ συλλογιστικοῦ. πρὸς δὴ τὴν παραδοθησομένην ὑπ' αὐτοῦ μέθοδον πρῶτον λαμβάνει τινὰ καὶ τίθησι, δι' ὧν δείκνυσιν, ὅτι μὴ πάντα περὶ πάντων δεῖ ζητεῖν. ἐπεὶ γὰρ τῶν ὄντων τὰ μὲν ἔσχατα καὶ ἄτομά ἐστι καὶ μηδενὸς κατηγορούμενα τὰ δὲ πρῶτα γένη καὶ μηδὲν ἔχοντα αὐτῶν κατηγορούμενον, οὔτε τὰ ἄτομα δεῖ ζητεῖν ἀποδεικνύναι ὑπάρχοντά τισι καὶ κατηγορούμενα οὔτε τοῖς πρώτοις γένεσιν ἄλλα τινὰ ὑπάρχοντα καὶ κατηγορούμενα αὐτῶν. τῶν γὰρ ὄντων, φησί, πάντων τὰ μὲν τοιαῦτά ἐστιν ὡς κατὰ μηδενὸς κατηγορεῖσθαι καθόλου ἀληθῶς, τὸ μὲν ἀληθῶς προσθείς, ὅτι ἡ ζήτησις ἡμῖν οὐ περὶ τῶν ψευδῶς κατηγορουμένων (πάντα γὰρ οὕτως πάντων οἷόν τε κατηγορεῖσθαι) ἀλλὰ περὶ τῶν ἀληθῶς, τοῦτ' ἔστι φύσιν ἐχόντων κατηγορεῖσθαι. τὸ δὲ καθόλου εἶπεν ἤτοι ὡς καθόλου τούτου ὑγιοῦς ὄντος τοῦ εἶναί τινα τῶν ὄντων, ἃ κατὰ μηδενὸς κατηγορεῖται (τὰς γὰρ ἀτόμους οὐσίας καθόλου καὶ

5 τῷ B: γὰρ a   7 Ἀλεξάνδρου Ἀφροδισιέως εἰς τὰς μίξεις τῶν γ̄ σχημάτων ὑπόμνημα subscr. B   8 Περὶ εὐπορίας προτάσεων superscr. a   11 ἐν om. a   13 δὲ om. a   15 εὐεπιχείρητον a   ἐν alterum om. a   16 χαλεπώτερον a   18 τῶν om. a   19 προτάσεις B: πρώτας a   21 ἐστι a: ἔσται B   25 ἐπεὶ corr. B²: ἐπὶ a B pr.   28 καὶ om. a   29 ἄλλα a   33 ἔχων a

ἁπλῶς ἔστιν εἰπεῖν κατ' οὐδενὸς κατηγορεῖσθαι, ἢ ἐπεὶ δοκοῦσί ποτε κατά 97v τινων κατηγορεῖσθαι (κατὰ γὰρ τινὸς ἀνθρώπου τὸν Καλλίαν οἷόν τε κατηγορεῖν ποτε λέγοντας 'τὶς ἄνθρωπος Καλλίας ἐστί'. παρὰ φύσιν μέν· ἀνάπαλιν γὰρ ὑγιὲς τὸ τὸν Καλλίαν λέγειν τινὰ ἄνθρωπον), διὰ τοῦτο τὸ καθόλου προσέθηκε. καὶ γὰρ εἴ τινός ποτε ἡ ἄτομος οὐσία παρὰ φύσιν κατηγορεῖται. ἀλλὰ καθόλου γε οὐδέποτε οὐδενὸς κατὰ φύσιν ἀτόμου· ἄτομον γάρ τι τὸ ὑποτιθέμενον τῇ οὐσίᾳ τῇ ἀτόμῳ ἐν ταῖς κατὰ συμβεβηκὸς κατηγορίαις· λέγομεν γὰρ ἐκεῖνο τὸ προσιὸν ἢ ἐκεῖνο τὸ λευκὸν Καλλίαν εἶναι. ὅτι τὸ ἄτομον οὐχ οἷόν τε ἀληθῶς ἄλλου τινὸς ἢ ἀτόμου κατηγορῆσαι· χρήσιμον δὲ πρὸς τὸ συλλογίσασθαί τι ἄλλῳ ὑπάρχον τὸ καθόλου τινὸς αὐτὸ λαβεῖν κατηγορούμενον, ὡς ἐρεῖ. εἰπὼν δὲ παράδειγμα τῆς ἐσχάτης καὶ ἀτόμου οὐσίας τὸν Κλέωνα καὶ Καλλίαν προσέθηκε καὶ τὸ καθ' ἕκαστον καὶ αἰσθητόν, καθόλου πᾶσαν ἄτομον καὶ αἰσθητὴν οὐσίαν ταύτης λέγων τῆς φύσεως εἶναι· τὰ γὰρ αἰσθητὰ καὶ καθ' ἕκαστα. αἱ δὴ ἄτομοι οὐσίαι αὐταὶ μὲν ἀληθῶς [καὶ] κατ' ἄλλων οὐ κατηγοροῦνται, κατὰ δὲ τούτων ἄλλα· τὰ γὰρ εἴδη καὶ τὰ γένη τῶν ἀτόμων οὐσιῶν κατηγορεῖται αὐτῶν, ἀλλὰ καὶ τὰ συμβεβηκότα αὐταῖς. τὰ μὲν οὖν τοιαῦτα τῶν ὄντων ἐστί, τὰ δὲ ἔμπαλιν αὐτὰ μὲν ἄλλων κατηγορεῖται, αὐτῶν δὲ οὐδέν· εἴη δ' ἂν ταῦτα τὰ ἀνωτάτω καὶ πρῶτα καὶ κοινότατα γένη, εἰς ἃ ἡ τοῦ 98r ὄντος διαίρεσις ἐν ταῖς δέκα κατηγορίαις γέγονεν αὐτῷ πολλαχῶς λεγομένου. τὰ δὲ καὶ αὐτὰ ἄλλων κατηγορεῖται καὶ αὐτῶν ἄλλα, ὁποῖά ἐστι τὰ ἐν μέσῳ τῶν τε πρώτων γενῶν καὶ τῶν ἀτόμων τε καὶ ἐσχάτων· τοιαῦτά ἐστιν ὁ ἄνθρωπος καὶ τὸ ζῷον.

Λέγων δὲ περὶ τῶν ἀτόμων οὐσιῶν, ὅτι μηδενὸς κατηγοροῦνται, προσέθηκε πλὴν ὡς κατὰ συμβεβηκός, καὶ πῶς ἡ κατὰ συμβεβηκὸς ἁπάντων γίνεται κατηγορία, ἐδήλωσεν εἰπὼν φαμὲν γάρ ποτε τὸ λευκὸν ἐκεῖνο Σωκράτη εἶναι καὶ τὸ προσιὸν Καλλίαν κατὰ συμβεβηκὸς καὶ παρὰ φύσιν ποιούμενοι τὴν κατηγορίαν· τὸ γὰρ ὑποκείμενον τοῦ συμβεβηκότος ἐν τοῖς τοιούτοις κατηγοροῦμεν δέον ἀνάπαλιν τὸ συμβεβηκὸς τοῦ ὑποκειμένου· τοῦτο γὰρ ἐν τῇ οὐσίᾳ ἐστίν, ἀλλ' οὐχ ἡ οὐσία ἐν τῷ συμβεβηκότι. γίνεται δὲ ἡ τοιαύτη κατηγορία ἡ κατὰ συμβεβηκός, ὅταν τὸ ὑποκείμενον ἀγνωστότερον ᾖ τινι τοῦ συμβεβηκότος αὐτῷ· διὰ γὰρ τοῦ συμβεβηκότος γνώριμον ποιοῦμεν τό, ᾧ συμβέβηκεν, διὰ τοῦ λευκοῦ τό, ᾧ τὸ λευκὸν συμβέβηκεν, ὅταν εἴπωμεν 'τὸ λευκὸν Σωκράτης ἐστί', πάλιν διὰ τοῦ προσιέναι τό, ᾧ τὸ προσιέναι συμβέβηκεν, ὅταν εἴπωμεν τὸ προσιὸν Καλλίαν. ἀλλ' ἐπεὶ τὰ κατὰ συμβεβηκὸς λεγόμενα ἐν πᾶσί τε καὶ καθόλου οὐ κυρίως καὶ ἁπλῶς τοιαῦτά ἐστιν, οὐδ' ἂν τὰ κατὰ συμβεβηκότος κατηγορούμενα ἁπλῶς κατηγορεῖσθαι λέγοιτ' ἄν.

---

9 ὅτι scripsi: ἔτι aB 11 ἐρεῖ] p. 43b11—17 15 καὶ B: om. a 16 τὰ alterum om. a 19 ἀνώτατα a 23 ὁ ἄνθρωπος (compend.) B: ὁμοίως a 26 φαμὲν a et Ar.: μὲν B 27 Σωκράτην a et Ar. 28. 29 ἐν τοῖς τοιούτοις τοῦ συμβεβηκότος a 35 τό (ante ᾧ) B: τῷ a 36 post Καλλίαν add. εἶναι a 37 συμβεβηκότα B

p. 43a33 Τῶν γὰρ αἰσθητῶν σχεδὸν ἕκαστόν ἐστι τοιοῦτον 98r ὥστε μὴ κατηγορεῖσθαι μηδενός, πλὴν ὡς κατὰ συμβεβηκός.

Τὸ σχεδὸν ἴσως πρόσκειται διὰ τὰς ἀτόμους ποιότητας. αἳ αἰσθηταὶ μέν εἰσιν, ἐν τῇ ἀτόμῳ δὲ οὐσίᾳ τὸ εἶναι αὐταῖς καὶ κατηγοροῦνται ταύτης. ἢ οὐχ ὡς ἄτομοι λαμβάνονται, ὅταν κατηγορῶνται· ὁ γὰρ εἰπὼν 'Σωκράτης λευκός ἐστιν' οὐ τὸ ἄτομον αὐτοῦ λευκὸν κατηγόρησε τῷ τὸν κατηγορούμενον ὅρον διορισμὸν μὴ δέχεσθαι· ἔτι τὸ ἄτομον λευκὸν οὐδενὸς καθόλου κατηγορεῖται, εἰ καὶ κατηγορεῖταί τινος. ἢ εἰ καὶ μὴ διορισμὸν δέχεται τὸ κατηγορούμενον, ἀλλ' ἔστι γε τὸ ἔν τῳδέ τινι λευκὸν κατὰ τοῦ, ἐν ᾧ ἐστι, κατηγορῆσαι. καὶ οὐκ ἔστιν ἡ τοιαύτη κατηγορία κατὰ συμβεβηκός, οἷον ἐν τῷδε τῷ ἱματίῳ τόδε τὸ λευκόν ἐστιν. ἢ αἰσθητὰ λέγει τὰ ὑποκείμενα καὶ καθ' αὑτὰ ὄντα· ταῦτα γὰρ ἄτομα· τοιαῦται δὲ αἱ ἄτομοι οὐσίαι. τὸ οὖν σχεδὸν διὰ τὰ κατὰ συμβεβηκὸς προσέθηκε· διὰ τοῦτο γὰρ σχεδόν, ἐπεὶ κυρίως γε οὐδενός.

Δείξας δέ, τίνα ἐστὶ τῶν ὄντων, ἃ μηδενὸς ἀληθῶς κατηγορεῖσθαι πέφυκε, λέγει περὶ τούτων, ὧν μηδὲν ἄλλο κατηγορεῖται. καὶ ὅτι μέν ἐστί τινα τῶν ὄντων τοιαῦτα, δείξειν ὑπερτίθεται. ἐρεῖ δὲ ἐν τοῖς Ὑστέροις ἀναλυτικοῖς περὶ τούτου. εἰ γὰρ ἐπ' ἄπειρον προΐοι ἄλλο ἄλλου κατηγορούμενον, οὐδ' ἂν ἔσχατόν τι εἴη· τῶν γὰρ ἀπείρων οὐχ οἷόν τέ ἐστιν ἔσχατόν τι εἶναι· ἔστι δὲ ἔσχατον· τοιοῦτον γὰρ τὸ ἄτομον· οὐκ ἄρα ἐπ' ἄπειρον αἱ κατηγορίαι. νῦν δὲ ὡς δεδειγμένῳ καὶ ὁμολογουμένῳ αὐτῷ χρῆται. ὧν μὲν οὖν μηδὲν κατηγορεῖται ὥσπερ τῶν ἀνωτάτω γενῶν, κατὰ τούτων οὐδὲν ἔστι, φησίν, ἀποδεῖξαι κατηγορούμενον· εἰκότως· οὗ γὰρ μηδὲν κατηγορεῖται, τούτου οὐδ' ἂν ἀποδειχθείη κατηγορεῖσθαί τι· ἡ γὰρ ἀπόδειξις τῶν ὄντων. καὶ γὰρ εἰ τὸ δεικνύμενον κατηγορεῖσθαι διά τινος δείκνυται, ὡς δείξει, διά τε τῶν ἑπομένων αὐτῷ, ᾧ δείκνυταί τι ὑπάρχον, καὶ διὰ τῶν, οἷς ἕπεται τὸ δεικνύμενον ὑπάρχειν αὐτῷ, μηδὲν δὲ τῷ προκειμένῳ ὑπάρχει, οὐδ' ἂν δύναιτο δείκνυσθαί τι αὐτῷ ὑπάρχον. προσέθηκε δὲ αὐτῷ τὸ πλὴν εἰ μὴ κατὰ δόξαν, τοῦτ' ἔστι 'μὴ ἀληθῶς μὲν κατὰ δόξαν δέ τινων'· εἰ γάρ τις οἴοιτο καὶ τούτων εἶναί τινα ἐπαναβεβηκότα κατηγορούμενα αὐτῶν, δεικνύοιτ' ἂν κατὰ τὴν οἴησιν τὴν τούτου κατηγορούμενόν τι καὶ τούτων. οὐ γὰρ ταὐτὸν ἀποδεῖξαί τε καὶ συλλογίσασθαί τι, διότι ἔδοξέ τινι ἢ συνεχώρησε· συγχωρεῖται γὰρ πολλὰ | καὶ ψευδῆ, δι' ὧν 98v συλλογισμὸς μὲν ἂν γένοιτο, ἀπόδειξις δὲ οὔ. εἰ γάρ τις λάβοι συγχωρήσαντός τινος τὴν οὐσίαν ὂν εἶναι καὶ τὸ ὂν ἓν πάλιν, οὗτος ἂν συλλογίσαιτο, ὅτι ἡ οὐσία ἕν. οὐ μὴν ἀπόδειξις τοῦτο· οὐ γὰρ τὸ ὂν τῆς οὐσίας ὡς γένος οὔτε τὸ ἓν τοῦ ὄντος κατηγορεῖται· ὁμώνυμα γὰρ τό τε ὂν καὶ τὸ

2 ante μηδενός add. κατὰ Ar. (sed om. Af) 3 πρόκειται a 4 ταύτης B: αὐτῆς a 6 κατηγόρησε corr. ex κατηγορήσ.. (evan. 2 lit.) B[1], ut videtur 9 γε om. a 10 κατηγορῆσαι B: κατηγορεῖται a 12 post δὲ add. καὶ a 13 τοῦ, τὸ a 15 τῶν ὄντων τίνα ἐστὶν a 17 ὑποτίθεται a ἐν τοῖς Ὑστέροις ἀναλυτικοῖς] I 22 21 ὡμολογημένῳ a 27. 28 ὑπάρχειν (ν B[2]) B 36 τοῦτο a: τούτου B ὡς om. a

ἕν. δύναται τὸ κατὰ δόξαν εἰρῆσθαι καὶ ἐπὶ τῆς κατὰ συμβεβηκὸς κατηγορίας· 98r ὡς γὰρ αἱ ἄτομοι ⟨καὶ⟩ αἰσθηταὶ οὐσίαι οὐδενὸς ἀληθῶς κατηγορούμεναι κατὰ συμβεβηκὸς κατηγοροῦνταί ποτε. οὕτως καὶ τῶν ἀνωτάτω γενῶν ἁπλῶς μὲν οὐδὲν κατηγορηθήσεται, κατὰ συμβεβηκὸς δὲ καὶ κατὰ δόξαν τῶν ὑστέρων τι καὶ σαφηνείας χάριν. οἷον ἂν εἴπωμεν τὴν οὐσίαν ἄνθρωπον. ἢ κατὰ δόξαν εἴρηκε τὸ ἐνδόξως καὶ διαλεκτικῶς. ὥσπερ εἶπεν ἐν τοῖς Τοπικοῖς "ἡ διαλεκτικὴ ἐξεταστικὴ οὖσα πρὸς τὰς ἁπασῶν τῶν ἐπιστημῶν ἀρχὰς ὁδὸν ἔχει". διὸ ἔνεστι διαλεκτικῶς πως καὶ περὶ τῶν πρώτων συλλογίζεσθαι δεικνύντας. ὅτι ὑπάρχει αὐτοῖς. ἂν οὕτω τύχῃ. τὸ ἓν (ἓν γὰρ αὐτῶν ἕκαστον). ἀλλὰ καὶ τὸ ὄν.

Τῶν μὲν οὖν ἀνωτάτω γενῶν οὐκ ἔστι δεῖξαι κατηγορούμενόν τι. αὐτὰ δὲ ἄλλων· ὁ γὰρ λαβὼν τὸν ἄνθρωπον ζῷον εἶναι τὸ δὲ ζῷον οὐσίαν ἀπέδειξε τὴν οὐσίαν τοῦ ἀνθρώπου κατηγορουμένην. ἀνάπαλιν ἐπὶ τῶν καθ' ἕκαστα καὶ ἀτόμων αὐτὰ μὲν οὐχ οἷόν τε ἄλλων κατηγορούμενα ἀποδεῖξαι, ὅτι μηδὲ κατηγορεῖται ὅλως τινῶν. ἄλλα δέ τινα τούτων· τοῦ γὰρ Κλέωνος καὶ τὸν ἄνθρωπον ἔστι κατηγορούμενον δεῖξαι. ἂν λάβωμεν γελαστικὸν αὐτὸν εἶναι. πᾶν δὲ γελαστικὸν ἄνθρωπον εἶναι· ὁμοίως καὶ ζῷον καὶ οὐσίαν. ἀλλὰ καὶ ὅτι ⟨τὰ⟩ μεταξὺ τῶν τε ἀτόμων καὶ τῶν πρώτων γενῶν καὶ κατηγορούμενά τινα ἔχει καὶ αὐτὰ ἄλλων κατηγορεῖται, δῆλον. διὸ καὶ αἱ ζητήσεις καὶ οἱ συλλογισμοὶ καὶ αἱ ἀποδείξεις περὶ τούτων γίνονται τῶν ἐν μέσῳ, ⟨ἃ⟩ καὶ αὐτὰ ἄλλων κατηγορεῖται καὶ αὐτῶν ἄλλα. τὸ δὲ σχεδὸν προσέθηκεν. ὅτι γένοιτο μὲν ἂν ζήτησις καὶ περὶ τῶν ἀνωτάτω γενῶν. οἷον εἰ δέκα τὰ ἀνωτάτω γένη. καὶ εἰ τὸ ὂν ἢ τὸ ἓν γένος. καὶ εἰ ταὐτὰ τὸ ὂν καὶ τὸ ἓν ἢ ἕτερα ὁμοίως. ἀλλ' αἵ γε πλεῖσται καὶ κοινόταται περὶ τῶν μεταξύ. ἔτι περὶ τῶν ἀνωτάτω. εἰ καὶ συλλογιζοίμεθα καὶ δεικνύοιτό τι. οὐκ ἀποδεικτικῶς ἀλλὰ ἐκ τῶν ὑστέρων δεικνύοιτ' ἄν. οὐ γὰρ διὰ τῶν κατηγορουμένων· τὸ γὰρ τὴν οὐσίαν νοητὴν λέγειν ἢ αἰσθητὴν τὰ ὕστερα κατηγορεῖν ἐστιν αὐτῆς· ὕστερα γὰρ ταῦτα τῆς οὐσίας. τούτων οὖν χάριν καὶ τῶν τοιούτων εἶπε τὸ καὶ σχεδὸν οἱ λόγοι καὶ αἱ σκέψεις μάλιστά εἰσι περὶ τὰ μεταξύ. καὶ γὰρ εἰ μὴ αὐτῷ τι ⟨τῷ⟩ πρώτῳ ὑπάρχον ἀποδείκνυται. ἀλλ' αὐτό γε ἄλλῳ· ὁμοίως καὶ κατὰ τοῦ ἀτόμου τι δείκνυται. ὥστε γίνονται μὲν καὶ περὶ τούτων σκέψεις. ἀλλ' αἵ γε πλεῖσται περὶ τῶν μεταξύ· ἄμφω γὰρ ταῦτα ἔχει. ἣν μέντοι παραδίδωσιν ἐκλογήν τε καὶ μέθοδον. οὔτε ἐπὶ τῶν ἀνωτάτω γενῶν οὔτε ἐπὶ τῶν ἀτόμων ἁρμόζει, ἀλλ' ἐπὶ τῶν μεταξύ· καὶ γὰρ τὸν ὑποκείμενον καὶ τὸν κατηγορούμενον ἐν τῷ προβλήματι δεῖ τῶν μεταξὺ εἶναι. οὕτως

2 καὶ a: om. B 3 οὔτω a 5 σαφηνίας a 7 ἐν τοῖς Τοπικοῖς] I 2 p. 101b3 8 περὶ B: πρὸς a 11 ἀποδεῖξαι a 18 τὰ a: om. B 21 ἃ addidi: γὰρ post καὶ prius add. a 23 δέκα τὰ] δὲ κατὰ aB 24 ταῦτα a post ταὐτὰ add. ὂν a (ἐστι Waitz Org. I p. 29): eras. B ἢ ex ἡ corr. B 25 τῶν (ante μεταξὺ) a: τοῦ B 25. 26 συλλογιζοίμεθα Waitz Org. I p. 29: συλλογιζόμεθα aB 27 post νοητὴν expunxit εἶναι B[1] 29 οὖν B: γὰρ a 30 μάλιστά εἰσι aB (d): εἰσὶ μάλιστα Ar. τὰ μεταξὺ B: τῶν μεταξὺ a: τούτων Ar. 31 τῷ a: om. B ὁμοίως ἄλλῳ a 32 post δείκνυται add. εἰ μὴ καὶ αὐτό κατ' ἄλλου a 36 οὔτω a

γὰρ ἕξομεν λαβεῖν καὶ τὰ ἑκατέρῳ αὐτῶν ἑπόμενα, τοῦτ' ἔστι κατηγορου- 98v μένους αὐτῶν ὅρους, καὶ οἷς αὐτοὶ ἕπονται, τοῦτ' ἔστι ἑκατέρῳ ὑποκειμένους· διὰ γὰρ τούτων τὴν τῶν προτάσεων εὕρεσιν ὑπογράφει λαμβάνων πρὸς τούτοις ἐν τῇ ἐκλογῇ καὶ τὰ μηδετέρῳ ἑπόμενα τῶν ἐν τῷ προβλήματι ὅρων. ἢ κατὰ τὰ ὑφηγημένα δυνάμεθα τὸ μὲν ἀνωτάτω γένος ὑπάρχον τινὶ δεικνύναι, εἰ λάβοιμεν, οἷς ἕπεται· ταῦτα γὰρ χρήσιμα πρὸς τὴν κατὰ παντὸς κατηγορίαν, ὡς δείξει· ἔχει δὲ τά, οἷς ἕπεται. πάλιν δ' αὖ τῷ ἐσχάτῳ καὶ ἀτόμῳ τι ὑπάρχον ἐκ τοῦ τὰ ἑπόμενα αὐτῷ λαβεῖν, ἅ ἔστιν ἐπ' αὐτοῦ λαβεῖν, ἐπειδὴ τὰ κατηγορούμενα ἔχει. οὐ γὰρ ἐπὶ πάντων ληψόμεθα καὶ τὰ ἑπόμενα αὐτοῖς καὶ οἷς αὐτὰ ἕπεται, εἰ μὴ τοιαῦτα εἴη, ἀλλ' ἐφ' ὧν θάτερον μόνον ἔστι λαβεῖν. | τοῦτο ληφθήσεται, καὶ ὁ πρὸς 99r αὐτὸ συλλογισμὸς κατὰ τοῦτο γενήσεται. ἢ εἰ ἄρα καὶ ἐπὶ τούτων, λαμβάνοιμεν ἂν τά τε πρὸς δόξαν καὶ τὰ κατὰ συμβεβηκός.

p. 43b1 Δεῖ δὴ τὰς προτάσεις περὶ ἕκαστον αὐτῶν λαβεῖν.

Εἰπών, τίνα ἐστί, περὶ ὧν αἱ ζητήσεις μάλιστα καὶ αἱ σκέψεις γίνονται (ὅτι ταῦτα, οἷς καὶ ἕπεταί τινα καὶ αὐτὰ ἔχει, οἷς ἕπεται· ταῦτα γάρ ἐστι τὰ μεταξὺ τῶν τε πρώτων γενῶν καὶ τῶν ἀτόμων οὐσιῶν), εἰπὼν δὲ καί, τίνα μὲν δείκνυται περὶ τῶν πρώτων γενῶν (ὅτι γὰρ αὐτὰ ἄλλοις ὑπάρχει), τίνα δὲ περὶ τῶν ἀτόμων (ὅτι γὰρ τούτοις ἄλλα), πῶς εὑρήσομεν καὶ ληψόμεθα προτάσεις ἐπὶ τοῦ προκειμένου εἰς δεῖξιν προβλήματος, ὑπογράφει τε καὶ διδάσκει. ποιεῖται δὲ τὸν λόγον ἐπὶ τῶν μεταξύ, ἃ καὶ αὐτὰ ἄλλοις καὶ ἄλλα τούτοις ὑπάρχει. ἔνεστι δέ, ἐξ ἧς ποιεῖται διδασκαλίας, ὡς εἶπον, καὶ τὰ πρῶτα γένη λαμβάνοντας, οἷς ταῦτα ἕπεται, ἐκλέγειν καὶ πάλιν τὰ ἄτομα τὰ τούτοις ἑπόμενα. τέσσαρα δὲ εἶπεν εἶναι προβλήματα, καθόλου καταφατικόν, καθόλου ἀποφατικόν, ἐπὶ μέρους καταφατικόν, ἐπὶ μέρους ἀποφατικόν. εἰς δὴ τὴν δεῖξιν τῶν προβλημάτων τούτων ἑκάστου πῶς εὐπορήσομεν τῶν οἰκείων προτάσεων καί, ⟨ὡς⟩ αὐτός φησιν, ἐκληψόμεθά τε καὶ ἐκλέξομεν, ὑπογράφει. δεῖ δὴ προβλήματος, φησί, προβληθέντος πρῶτον ἐκλαβεῖν καὶ χωρίσαι καὶ ἐκθέσθαι ἑκάτερον τῶν ἐν τῷ προβλήματι ὅρων· ἔστι δὲ ὁ μὲν ὑποκείμενος αὐτῶν ὁ δὲ κατηγορούμενος. τὸ γὰρ αὐτὸ πρῶτον τούτου ἐστὶ δηλωτικόν· περὶ οὗ γὰρ λαβεῖν βουλόμεθα τὰς προτάσεις, τοῦτό φησι δεῖν πρῶτον ὑποτίθεσθαι· βουλόμεθα δὲ περὶ τῶν ὅρων τῶν ἐν τῷ προβλήματι προτάσεις τινὰς λαβεῖν ἢ συναπτούσας αὐτοὺς ἢ διαιρούσας. καὶ μετὰ τὸ τοὺς ὅρους ἐκλαβεῖν οὕτω τὸν ἑκατέρου, τοῦ τε ὑποκειμένου ὅρου καὶ τοῦ κατηγορουμένου, ὁρισμὸν λαμβάνειν καὶ τὰ ἑκατέρῳ

1 et 2 post ἔστι add. τοὺς a   7 δείξει] c. 28 p. 43b39   8 ὑπάρχον scripsi: ὑπάρχει B: ὑπάρχειν a   αὐτοῦ a   14 αὐτῶν om. Ar. (τούτων mu) et Alex. ipse p. 300,22   λαβεῖν B (cf. p. 300,22): οὕτως ἐκλαμβάνειν a et Ar.   20 εἰς δεῖξιν om. a   23 καὶ τὰ ex κατὰ corr. B   24 τὰ add. B[2]   27 οἰκείων B: ἐκείνων a   ὡς a: om. B

αὐτῶν ἴδια· πράγματα γὰρ τοὺς ὅρους τοὺς ἐν προβλήματι λέγει. καὶ 99r μετὰ ταῦτα ἐκλέγειν φησὶ δεῖν ὅλως, ὅσα ἕπεται ἑκατέρῳ τῶν ὅρων. ἕπονται μὲν οὖν καὶ οἱ ὁρισμοὶ τοῖς, ὧν εἰσιν ὁρισμοί, καὶ τὰ ἴδια· ἀλλὰ ταῦτα μὲν μόνοις αὐτοῖς ἕπεται. ὡς τὸ ζῷον λογικὸν θνητὸν ἀνθρώπῳ καὶ τὸ γελαστικόν· διὸ καὶ ἴσα ἐστὶν αὐτοῖς καὶ ἀντ' αὐτῶν. καὶ οὐ μόνον ἕπεται ταῦτα αὐτοῖς ἀλλὰ καὶ αὐτὰ τούτοις διὰ τὸ ἀντιστρέφειν τὰ ἐπ' ἴσης λεγόμενα. ἕπεται δ' αὐτοῖς καὶ τὰ γένη καὶ αἱ διαφοραί, ταῦτα ⟨δ'⟩ οὐκέτι μόνοις, ⟨ὡς⟩ τὸ ζῷον ἀνθρώπῳ καὶ τὸ δίπουν· ταῦτα καὶ ἰδίως ἑπόμενα εἶπε. δῆλον δέ, ὅτι τὰ ἑπόμενά τινι καὶ κατὰ παντὸς αὐτοῦ κατηγορεῖται. μετὰ δὲ ταῦτά φησι δεῖν ἐκλέγειν τε καὶ ἐκλαμβάνειν ταῦτα, οἷς αὐτὰ ἕπεται τὰ πράγματα, τοῦτ' ἔστιν αὐτὰ τὰ κείμενα ἐν τῷ προβλήματι· ἐν τῷ προβλήματι δέ εἰσιν οἱ τοῦ προβλήματος ὅροι. οἷον εἰ ζῷόν ἐστιν ὁ ὅρος, τίνι τὸ ζῷον ἕπεται· ἕπεται δὲ τὸ ζῷον τῷ τε ἀνθρώπῳ καὶ τοῖς εἴδεσι πᾶσι τοῖς ὑπ' αὐτό, τῷ δὲ ζῴῳ τὸ ἔμψυχον. οὐκέτι γὰρ τά, οἷς ἕπεται ὁ τοῦ προβλήματος ὅρος, κατὰ παντὸς ὅρου τοῦ ἑπομένου αὐτοῖς κατηγορεῖται, ἀλλ' ἔμπαλιν ὁ ὅρος ἐκείνων ἑκάστου κατὰ παντός· τὸ γὰρ ἑπόμενόν ἐστι τὸ κατὰ παντὸς κατηγορούμενον. ἔτι φησὶ δεῖν ἐκλέγειν καὶ ὅσα μὴ ἐνδέχεται αὐτοῖς ὑπάρχειν, οἷον τῷ ἀνθρώπῳ τὸ χρεμετιστικόν, τῷ ζῴῳ τὸ ἄψυχον. οἷς δὲ αὐτὸ οὐκ ἐνδέχεται ὑπάρχειν, οὐκέτι φησὶ δεῖν ἐκλαμβάνειν· τὰ γὰρ αὐτά ἐστι τά τε μὴ ὑπάρχοντα αὐτῷ καὶ οἷς αὐτὸ μὴ ὑπάρχει διὰ τὸ τὸ καθόλου ἀποφατικὸν ἀντιστρέφειν ἑαυτῷ. οὐκ ἦν δὲ τοιαῦτα τὰ ἑπόμενα αὐτοῖς καὶ οἷς αὐτὰ ἕπεται· τῷ γὰρ ζῴῳ ἕπεται μὲν τὸ ἔμψυχον, αὐτὸ δὲ ἕπεται ἀνθρώπῳ, ἵππῳ, τοῖς εἴδεσι τοῖς αὐτοῦ. διὰ τοῦτο ἀμφοτέρων ἐκείνων τὴν ἐκλογὴν ἠξίωσεν ἡμᾶς ποιεῖσθαι διὰ τὸ μὴ ἀντιστρέφειν τὸ καθόλου καταφατικὸν ἑαυτῷ· τῶν δὲ μὴ ὑπαρχόντων αὐτοῖς καὶ οἷς αὐτὰ μὴ ὑπάρχει, οὐκ ἔστιν ἀμφοτέρων ἐκλογή, | ὅτι ταὐτά 99v ἐστι ταῦτα καὶ ἀντιστρέφει.

Φησὶ δὲ δεῖν διαιρεῖσθαι καὶ αὐτῶν τῶν ἑπομένων, ὅσα τε ὡς ἐν τῇ οὐσίᾳ αὐτῶν περιεχόμενα καὶ ἐν τῷ τί ἐστι κατηγορούμενα ἕπεται αὐτοῖς, καὶ ὅσα ὡς ἴδια καὶ ὅσα ὡς συμβεβηκότα. οὐ γὰρ ταὐτὰ τὰ ἴδια τοῖς ἐν τῇ οὐσίᾳ καὶ ἐν τῷ τί ἐστι κατηγορουμένοις καὶ οὕτως ἑπομένοις· τὸ μὲν γὰρ ζῷον καὶ τὸ λογικὸν ἕπεται τῷ ἀνθρώπῳ ὡς καθ' αὐτά τε καὶ ἐν τῷ τί ἐστι κατηγορούμενα, τὸ δὲ γελαστικὸν ὡς ἴδιον οὐ μὴν καὶ ἐν τῷ τί ἐστι κατηγορούμενον. ταῦτα γὰρ ἐν τῷ τί ἐστι κατηγορεῖταί τινος κυρίως, ὅσα ἐν τῷ ὁριστικῷ λόγῳ περιέχεται, ὧν τῆς ἐνεργείας στερόμενόν τό, οὐ κατηγορεῖται ταῦτα, εἰς τὸ παντελὲς οὐδ' ἂν ὅλως εἴη· οἷον ἄνθρωπος, εἰ μὴ ζῷον εἴη, οὐδ' ἂν εἴη· ὁμοίως εἰ μὴ λογικόν, ὡς πάντως

1 post ἐν add. τῷ a 4 ὡς B: οἷς a λογικὸν] γικὸν in ras. B² 5 ἐστὶν om. a 7 δ' addidi 8 ὡς addidi 10 λαμβάνειν a 14 αὐτό ex αὐτόν, ut videtur, corr. B 16 κατὰ om. a 17 παντός B: τινος a 18 τὸ B: τῷ a 21 αὐτὸ] ὁ in ras. B² ἑαυτῷ B: αὐτῷ a 23 αὐτοῦ scripsi: αὐτοῦ aB 26 ἔσται a 28 τε ὡς a: τέως B 30 ὡς prius corr. B¹ 36 ante οὐδ' add. καὶ a 37 εἰ μὴ alterum corr. ex 2 lit. (εἰ?) B²

καὶ λογίζεσθαί ποτε, ἢ μὴ θνητόν, ὡς πάντως ἀποθανούμενον. καὶ ὁρισμὸς 99r δὲ πᾶς ἐν τῷ τί ἐστιν. οὐκέτι δὲ τὸ γελαστικὸν τοιοῦτον ⟨ἂν⟩ εἴη· οὔτε γὰρ ἐν τῷ ὁρισμῷ περιέχεται, οὔτε οὕτως ὑπάρχει αὐτῷ, ὡς καὶ τῆς ἐνεργείας τῆς κατ' αὐτὸ *** κωλύομεν τὴν ὕπαρξιν· καὶ γὰρ μηδέποτε γελῶν τῷ κεκωλῦσθαι οὐδὲν κεκώλυται ἄνθρωπος εἶναι. οὕτως δόξει καὶ τῆς γῆς ἴδιον εἶναι τὸ ὕεσθαι καὶ τῆς σελήνης τὸ ἐκλείπειν· κυρίως γὰρ τὸ ἐκλείπειν ἐπὶ μόνης τῆς σελήνης. τὰ δὲ ὡς συμβεβηκότα ἑπόμενά ἐστιν, ὅσα κατηγορούμενά τινος μήτε ὡς ἐν τῷ τί ἐστι μήτε ὡς ἴδια κατηγορεῖται αὐτοῦ· τοιαῦτα δ' ἂν εἴη, ἃ οἷά τε καὶ ἄλλοις τισὶν ὑπάρχειν, ὡς τὸ λευκὸν τῷ ψιμυθίῳ καὶ ἀνθρώπῳ τὸ περιπατεῖν. δεῖ δέ, φησί, καθόλου τῶν ἑπομένων τινὶ διακρίνειν, ποῖα κατ' ἀλήθειαν καὶ ποῖα δοξαστικῶς ἕπεται. τοῦτ' ἔστι κατὰ τὰς τῶν πολλῶν ἢ τὰς τῶν τινῶν δόξας· ἐκ τῶν τοιούτων γὰρ οἱ διαλεκτικοὶ συλλογισμοί, οἷον ὅτι τῇ ὑγείᾳ ἕπεται τὸ εἶναι μεγίστῳ ἀγαθῷ (τοῦτο γὰρ κατὰ δόξαν) ἢ τῷ ἀγαθῷ τὸ ἀγαθοὺς ποιεῖν. ἡ μὲν γὰρ πλειόνων τῶν ἑπομένων ἀμφοτέροις τοῖς ὅροις εὐπορία θᾶττω τὴν εὕρεσιν ἡμῖν παρέξει τῶν τε προτάσεων καὶ τοῦ συμπεράσματος, ἡ δὲ τῶν ἀληθεστέρων μᾶλλον ἀποδεικτικὸν ποιήσει τὸν συλλογισμόν. τούτου οὖν χάριν ἠξίωκε διακρίνειν τά τε ἐν τῷ τί ἐστι κατηγορούμενα τῶν ἑπομένων καὶ τὰ ἴδια καὶ τὰ συμβεβηκέναι δοκοῦντα.

p. 43b11 Δεῖ δὲ ἐκλέγειν μὴ τὰ ἑπόμενα τινί, ἀλλ' ὅσα ὅλῳ τῷ πράγματι ἕπεται.

Δεῖν φησι τὰ ἑπόμενα τοῖς ὅροις τοῖς ἐν τῷ προκειμένῳ προβλήματι ἐκλέγοντας μὴ τὰ τινὶ αὐτῶν ἑπόμενα ἐκλέγειν ἀλλὰ τὰ παντί· εἰ γὰρ ὅρος εἴη ἄνθρωπος, οὐ τὸ τινὶ ἀνθρώπῳ ἑπόμενον ἐκλεκτέον ἀλλὰ τὸ παντί, οὐδὲ τὸ τινὶ ἡδονῇ, ἂν ὅρος τοῦ προβλήματος ἡ ἡδονὴ ᾖ, ἀλλὰ τὸ πάσῃ. οὕτως γὰρ εὐπορήσομεν καθόλου προτάσεων, ὧν χωρὶς ἀδύνατον συλλογισμὸν γενέσθαι· διὰ γὰρ τοῦτο οὐδὲ ἀδιορίστως ἐκλαμβάνοντας τιθέναι φησὶ δεῖν ἀλλὰ προστιθέντας τὸ παντὶ ἕπεσθαι. ᾧ γὰρ ὅρος ἐστὶν ὁ ἄνθρωπος ἢ πάλιν ⟨ἡ⟩ ἡδονή, οὗτος τότε τὸν συλλογισμὸν πρὸς τὸν ἄνθρωπον ἢ τὴν ἡδονὴν ποιήσει, ὅταν πάντα ἄνθρωπον καὶ πᾶσαν ἡδονὴν περιλάβῃ· περιλαμβάνεται δὲ ὁ μὲν ἄνθρωπος ὑπὸ τοῦ παντὶ αὐτῷ ἑπομένου, ἡ δὲ ἡδονὴ ὑπὸ τοῦ πάσῃ ἡδονῇ, καὶ ἐπὶ τῶν ἄλλων ὁμοίως. καὶ γὰρ εἰ τὸ ὀφεῖλον δειχθῆναι ἐπὶ μέρους εἴη, τὸ παντὶ ὑπάρχον ἔνεστι καὶ τινὶ λαβεῖν ὑπάρχον. ἀλλὰ καὶ τά, οἷς αὐτὰ ἕπεται ὅλοις, οὐ μέρεσιν

1 ἢ scripsi: εἰ aB πάντως] ως in ras. B[2] ante ὁρισμὸς add. ὁ a 2 ἂν addidi 4 αὐτὸ a: αὐτὰ B post αὐτὸ addendum velut στερίσκοντες αὐτὸν (cf. p. 295,35) ante τὴν add. πρὸς a 11 ποῖα δοξαστικῶς καὶ ποῖα κατ' ἀλήθειαν Ar. 12 τὰς alterum om. a τῶν (ante τινῶν) superscr. B[2] 14 τὸ ἀγαθοὺς B: τὸ τὸ ἀγαθὸν a 15 εὐπορία ex εὐπορίας, ut videtur, corr. B 17 post ποιήσει eras. 2 lit. B 25 ἡ om. a 27 ἀδιορίστως a (ἀδιορίστου b14 Ar.): ἀορίστως B λαμβάνοντας a 29 ὁ om. a ἡ addidi 31 περιλαμβάνεται B[2] corr.: παραλαμβάνεται a B pr. 32 πάσῃ ἡδονῇ B[2] corr.: πᾶσα ἡδονὴ a B pr. 34 καὶ alterum om. a ὅλοις B: ὅροις a

αὐτῶν. ταῦτα ἐκλεκτέον· τὸ γὰρ ζῷον οὐχ ἕπεται παντὶ ἐμψύχῳ. παντὶ [99v] δὲ αἰσθητικῷ καὶ παντὶ ἀνθρώπῳ. ταῦτα ἄρα καὶ οὐκ ἐκεῖνο ἐκλεκτέον ἐκλέγοντας, οἷς τὸ ζῷον ἕπεται· ἔσται γὰρ οὕτως κατὰ παντὸς τούτου. ᾧ ἕπεται· διὰ γὰρ τῶν τοιούτων αἱ καθόλου προτάσεις. οὐκέτι μέντοι, φησί, τὸ ἑπόμενόν τινι δεῖ ὅλον ἐκλέγειν· ἕπεται μὲν γὰρ ἀνθρώπῳ τὸ ζῷον, οὐ μὴν πᾶν, καὶ τῇ γραμματικῇ ἐπιστήμη, οὐ μὴν πᾶσα· οὐδὲ δεῖ ζητεῖν τὸ οὕτως ἑπόμενον· ἱκανὸν γὰρ πρὸς τὴν τῶν προτάσεων λῆψιν | τὸ ἕπε- [100r] σθαι μόνον. τούτου δὲ τὴν αἰτίαν τοῦ μὴ δεῖν τὰ ἑπόμενα τοιαῦτα ζητεῖν καὶ ἐν τῷ Περὶ ἑρμηνείας ἀποδέδωκε, δι' ὧν εἶπεν "ἐπὶ δὲ τοῦ κατηγορουμένου καθόλου τὸ καθόλου κατηγορεῖν οὐκ ἔστιν ἀληθές"· οὐ γὰρ ἔσται τις πρότασις, ἐν ᾗ τοῦ καθόλου τὸ καθόλου προσκατηγορήσομεν, "οἷον ἔστι πᾶς ἄνθρωπος πᾶν ζῷον". τὸ αὐτὸ δὴ καὶ νῦν λέγει. καὶ δείκνυσί γε, πῶς ἄχρηστόν τέ ἐστι τὸ οὕτως ἐκλέγειν πειρᾶσθαι τὰ ἑπόμενα καὶ πρὸς τῷ ἀχρήστῳ καὶ ἀδύνατον· ἀδύνατον γὰρ πάντα ἄνθρωπον πᾶν ζῷον εἶναι ἢ πάντα ἄνθρωπον πᾶν γελαστικόν. οὐ δὴ τὸ ἑπόμενον πᾶν ληπτέον ἀλλὰ τό, ᾧ ἕπεται· τὸν γὰρ ἄνθρωπον καθόλου ληπτέον, ᾧ τὸ ζῷον ἕπεται, τοῦτο παντὶ τιθέντας ἀνθρώπῳ ἑπόμενον· οὕτως γὰρ εὐπορήσομεν καθολικῶν προτάσεων. ὁμοίως καὶ ᾧ παντὶ ὁ ἄνθρωπος ἕπεται· δίποδι μὲν γὰρ παντὶ οὐχ ἕπεται, παντὶ δὲ βουλευτικῷ. τὸ δὲ καθάπερ καὶ προτεινόμεθα ἔστι 'καθάπερ καὶ προτείνομεν ἐν τῇ χρήσει'. λέγομεν γὰρ πάντα ἄνθρωπον ἁπλῶς ζῷον, ἀλλ' οὐ καὶ πᾶν ζῷον, καὶ πᾶσαν ἡδονὴν κατὰ φύσιν ἁπλῶς, ἀλλ' οὐ πᾶν κατὰ φύσιν· οὐ γὰρ τῷ ἑπομένῳ τὸ πᾶν ἀλλὰ τῷ ὑποκειμένῳ, ᾧ ἕπεται, προστίθεται.

p. 43b22 Ὅταν δ' ὑπό τινος περιέχηται τὸ προκείμενον, ᾧ τὰ ἑπόμενα δεῖ λαβεῖν, τὰ μὲν τῷ καθόλου ἑπόμενα ἢ μὴ ἑπόμενα οὐκ ἐκλεκτέον ἐν τούτοις.

Τὸ λεγόμενόν ἐστιν· ὅταν ὁ κείμενος ὅρος, ⟨ὃς⟩ μέρος ἐστὶ τοῦ προβλήματος, ᾧ τὰ ἑπόμενα ζητοῦμεν, ὑπό τινος περιέχηται ἑπομένου αὐτῷ, οἷον ὡς ἄνθρωπος ὑπὸ τοῦ ζῴου, οὐκέτι φησὶ δεῖν ἐκλέγειν, ὅσα τῷ περιέχοντι τὸν κείμενον ὅρον ἕπεται οἷον τῷ ζῴῳ, εἰς τὸ δεικνύναι καὶ ταῦτα ἑπόμενα τῷ περιεχομένῳ· οὗτος δ' ἦν ὁ ἄνθρωπος. φθάνει γὰρ ταῦτα εἰλῆφθαι δυνάμει, ὅτε ἐλήφθη ἑπόμενον τὸ ζῷον τῷ ἀνθρώπῳ· τούτου γὰρ ληφθέντος εἴληπται δυνάμει καὶ τὰ τῷ ζῴῳ ἑπόμενα ἕπεσθαι τῷ ἀνθρώπῳ οἷον ἡ οὐσία, τὸ ἔμψυχον, τὸ αἰσθητικόν. ὡς δὲ τὰ τούτῳ ἑπόμενα ἕπεται τῷ ἀνθρώπῳ, οὕτως καὶ τὰ μὴ ἑπόμενα τούτῳ δῆλον ὅτι

3 οἷς B: ὡς a   5 ὅλον δεῖν a   μὲν om. a   6 οὐδὲ B: οὐ δὴ a   9 Περὶ ἑρμηνείας] c. 7 p. 17b12—16   13 λέγειν a   17 οὕτω a   22 ἁπλῶς om. a   24 προκείμενον B (n): ὑποκείμενον a et Ar.   26 ἐν τούτοις non lemmatis sed textus verba in aB   27 ὃς addidi   ἐστὶ B: ὢν a   29 ante ἄνθρωπος add. ὁ a   31 ἕπεται a   32 ὅτε ex οὔτε corr. B: ὅπερ a   33 ἕπεσθαι B: ἕπεται a   35 οὕτω a

οὐδὲ τῷ ἀνθρώπῳ ἀκολουθήσει, τὸ ἄψυχον, τὸ ἀναίσθητον, τὸ ἀσώματον. 100r οὐκέτ' οὖν χρὴ περὶ ταῦτα κατατρίβεσθαι καὶ ταῦτα ἐκλέγοντας τιθέναι τὰ κείμενα ἤδη. οὔτε οὖν τὰ τῷ περιέχοντι τὸν κείμενον ὅρον ἑπόμενα ἐκλέγειν ἔτι δεῖ οὔτε τὰ μὴ ἑπόμενα τούτῳ. τὰ μὲν οὖν τῷ καθόλου ἑπόμενα οἷον τῷ ζῴῳ, ὃ ἦν περιέχον τὸν ἄνθρωπον, οὐ χρὴ ἐκλέγειν ἔτι, τὰ δὲ οἰκεῖα καὶ ἰδίως ἑπόμενα τῷ ἀνθρώπῳ, ἃ μηκέτι τῷ γένει αὐτοῦ ἕπεται, τῷ ζῴῳ, ταῦτα ἐκλεκτέον· ἔστι γάρ τινα, ἃ τῷ ἀνθρώπῳ ἕπεται τῷ γένει αὐτοῦ, τῷ ζῴῳ, μὴ ἑπόμενα. ὧν τὰ μὲν καὶ κυρίως ἐστὶν ἴδια τοῦ ἀνθρώπου, ὡς τὸ γελαστικόν, ὡς τὸ βουλευτικόν. τὰ δὲ ὡς πρὸς ἄλλα ἰδιά ἐστιν αὐτοῦ, ὡς τὸ λογικόν· ὡς γὰρ πρὸς τὸ ἄλογον ἴδιον γίνεται τοῦ ἀνθρώπου· καὶ οὐχ ἕπεται τούτων οὐδὲν τῷ ζῴῳ. ὁμοίως τὸ πεζόν, τὸ δίπουν καὶ ὅσα τοιαῦτα· ταῦτα γὰρ ὡς ἴδια λαμβάνοντας τιθέναι χρή, ἐπεὶ μὴ ἕπεται τῷ περιέχοντι αὐτὸ γένει μηδὲ διὰ τὸ ἐκείνῳ κεῖσθαι ἑπόμενα καὶ αὐτῷ δύναται δείκνυσθαι καὶ αὐτὰ ἑπόμενα. οὐ γὰρ ὅσα ἑκάστῳ τῶν εἰδῶν ὑπάρχει, ταῦτα καὶ τῷ γένει· ἀνάγκη γὰρ τοῖς διαφέρουσιν εἴδεσιν ἰδιά τινα ὑπάρχειν αὐτοῖς καὶ μὴ δύνασθαι καὶ τοῖς ἀντιδιαιρουμένοις αὐτοῖς εἴδεσιν ὑπάρχειν. καὶ οὐκ ἂν ἕποιτο τῷ γένει· τὰ γὰρ τῷ γένει ἑπόμενα κατὰ παντός τε καὶ αὐτοῦ κατηγορεῖται καὶ ἑκάστῳ τῶν εἰδῶν ἕπεσθαι ἀνάγκη, ἃ δὲ ἑκάστῳ τῶν εἰδῶν, οὐκέτι οὔτε τῷ γένει οὔτε ἀλλήλοις. τοιαῦται δ' ἂν εἶεν καὶ αἱ οἰκεῖαι ἑκάστου εἴδους διαφοραί, ὑφ' ὧν ὁρίζονται.

p. 43b29 Οὐδὲ δὴ τῷ καθόλου ἐκλεκτέον, οἷς ἕπεται τὸ περιεχόμενον, οἷον ζῴῳ, οἷς ἕπεται ἄνθρωπος.

Ὃ λέγει τοιοῦτον εἶναι δοκεῖ· οὐ χρὴ ἐκλέγοντας, οἷς ἕπεται ὁ ὑποκείμενος | ὅρος ὁ περιεχόμενος ὑπό τινος, προσχρῆσθαι τῷ καθόλου τῷ 100v περιέχοντι καὶ λαμβάνειν ταῦτα τῶν, οἷς ἕπεται ὁ κείμενος ὅρος, οἷς καὶ αὐτοῖς ὁ περιέχων αὐτὸν ἕπεται. οἷον εἰ ἔστιν ὁ κείμενος ὅρος ἄνθρωπος, περιέχει μὲν τοῦτον τὸ ζῷον καὶ ἕπεται αὐτῷ· ὅταν δὴ ἐκλέγωμεν, οἷς ἕπεται ὁ ἄνθρωπος, οὐ δεῖ προσπαραλαμβάνειν τὸ ζῷον λέγοντας, ὅτι καὶ τοῦτο, λέγω δὲ τὸ ζῷον, ἕπεται ἐκείνοις, οἷς καὶ ὁ ἄνθρωπος ἕπεται. τοῦτο γὰρ κεῖται δυνάμει· τὸ γὰρ τῷ ἀνθρώπῳ ἀκολουθοῦν ἀκολουθεῖ καὶ οἷς ὁ ἄνθρωπος· ἠκολούθει δὲ τὸ ζῷον τῷ ἀνθρώπῳ· ὥστε καὶ οἷς ὁ ἄνθρωπος. οὐ δὴ τούτῳ προσχρηστέον ἔτι οὐδὲ ῥητέον, ὅτι ἕπεται τὸ καθόλου καὶ τὸ γένος, οἷς ἕπεται τὸ περιεχόμενον ὑπ' αὐτοῦ· πρὸς γὰρ τῷ

3 οὔτε B: εἴτ' a 4 δεῖ a: δὲ B ante μὴ add. ἔτι a 5 ἐκλέγειν B: καὶ λέγειν a 6 ἴδια καὶ οἰκείως a 8. 9 τῷ ἀνθρώπῳ a 16 αὐτοῖς ex αὐτῷ corr. B^2; sequuntur ἴδια ἑκάστου εἴδους καὶ οἱ .... (spat. ca. 7 lit.) in B 17 αὐτοῖς om. a καὶ add. B^2: om. a 22 οὐδὲ] οὐ γὰρ a τῷ B corr.: τὸ a B pr. 26 ὑποκείμενος a 28 δὴ B: μὴ a 29 οὐ δεῖ scripsi: οὐδὲ aB προσλαμβάνειν a 31 ἀκολουθοῦν B^2 corr.: ἀκόλουθον a B pr. 33 οὐ δὴ τούτῳ B: οὐ γὰρ δὴ τοῦτο a

κεῖσθαι τοῦτο οὐδὲ πρόκειται ἡμῖν ζητεῖν, τίνι τὸ γένος τοῦ ἐκκειμένου 100v ὅρου ἕπεται, ἀλλὰ τίνι αὐτὸς οὗτος ὁ προκείμενος ὅρος. ἢ δύναται μᾶλλον τὸ λεγόμενον τοιοῦτον εἶναι· οὐδ' ὅταν πάλιν ᾖ προκείμενον ἡμῖν ἐκλέγειν, τίσιν ἕπεται τὸ καθόλου καὶ περιέχον τι, οὐ χρὴ λαμβάνοντάς τι τῶν ὑπὸ τὸ καθόλου, ᾧ ἕπεται τὸ καθόλου, ζητεῖν. οἷς τοῦτο ἕπεται· οἷον εἰ ζητοίημεν, τίσιν ἕπεται τὸ ζῷον, οὐ δεῖ λαμβάνοντας τῶν ὑπὸ τὸ ζῷόν τι, οἷς ἕπεται τοῦτο, ἐκλέγειν, ὅτι τούτοις καὶ τὸ ζῷον, οἷον τὸν ἄνθρωπον. οἷς ἕπεται ὁ ἄνθρωπος, ἐκλέγειν καὶ τιθέναι, ὅτι τούτοις καὶ τὸ ζῷον. ἀληθὲς μὲν γάρ ἐστι τοῦτο τὸ πᾶσιν, οἷς ὁ ἄνθρωπος ἕπεται, καὶ τὸ ζῷον ἕπεσθαι· οὐ μὴν τοῦτ' ἦν προκείμενον ζητεῖν [εἰ], οἷς ἄνθρωπος ἕπεται [καὶ τὸ ζῷον ἕπεσθαι]. τότε γὰρ ἐκλέξομεν, τίσιν ὁ ἄνθρωπος ἕπεται, ὅταν ᾖ περὶ ἀνθρώπου ζητεῖν ἡμῖν προκείμενον· οἰκειότερα γὰρ ταῦτα τῆς τοῦ ἀνθρώπου ἐκλογῆς. ὡς οὖν τὰ ἑπόμενα ἀνθρώπῳ ζητοῦντες οὐχ ἃ ζῴῳ εἵπετο, ἐξελέγομεν (ἦν γὰρ εἰλημμένα δυνάμει), οὕτως οὐδέ, οἷς ἕπεται τὸ ζῷον, ἐκλέγοντες ζητήσομεν καὶ ἐκλέξομεν, οἷς ἕπεται τὸ περιεχόμενον ὑπὸ τοῦ ζῴου. οἷον εἰ ἄνθρωπος περιέχεται ὑπὸ ζῴου καὶ δεῖ λαβεῖν τοῦτο τὸ περιεχόμενον ὑπὸ τοῦ ζῴου, οὐ δεῖ λαμβάνειν ταῦτα, οἷς ἕπεται ὁ ἄνθρωπος· δυνάμει γὰρ εἴληπται καὶ ταῦτα ἐν τῷ τὸν ἄνθρωπον κεῖσθαι, ᾧ ἕπεται τὸ ζῷον· πᾶσι γάρ, οἷς ὁ ἄνθρωπος ἕπεται, καὶ τὸ ζῷον ἀκολουθήσει τὸ τῷ ἀνθρώπῳ ἑπόμενον. ἀμείνων δὲ δοκεῖ μοι εἶναι ἥδε ἡ ἐξήγησις τῆς λέξεως καὶ ἀκόλουθος τῇ προειρημένῃ. ἡ δὲ λέξις ἀσαφής ἐστι διὰ συντομίαν· ἔστι δὲ τοιαύτη 'οὐδὲ δὴ ἐπὶ τοῦ καθόλου τινὶ ἐκλέγοντας, οἷς τὸ καθόλου ἕπεται, ἐκλεκτέον, οἷς ἕπεταί τι τῶν ὑπὸ τὸ καθόλου'. ἢ οὕτως· οὐδὲ δὴ τῷ καθόλου ἐκλεκτέον, οἷς ἕπεται τὸ περιεχόμενον ἀντὶ τοῦ 'οὐδὲ δὴ ἐπὶ τῶν καθόλου, ὧν ἐστι καὶ τοῖς ὑποκειμένοις ὑποκείμενα ἄλλα. οὐ γὰρ ἐπὶ πάντων τῶν καθόλου τοῦτο δυνατόν· τὰ γὰρ εἴδη τὰ ἀτόμων καθόλου μέν ἐστιν, οὐ μὴν καὶ ἕκαστον τῶν, οἷς ἕπεται τὸ εἶδος (ταῦτα δέ ἐστι τὰ ἄτομα), ἄλλοις πάλιν αὐτὰ ἕπεται· εἰ γὰρ ἄλλοις εἵπετο, οὐκ ἂν ἦν ἄτομά τε καὶ ἔσχατα. ποιουμένοις οὖν τὴν ἐκλογὴν ἐπὶ τῶν τοιούτων καθόλου, ὧν καὶ τά, οἷς ἕπεται αὐτά, κἀκεῖνα ἔχει αὐτοῖς ὑποκείμενά τινα, οἷς καὶ αὐτὰ πάλιν ἕπεται (τοιαῦτα δέ ἐστι καὶ οὕτως καθόλου τὰ γένη), ἐπὶ δὴ τῶν τοιούτων λαμβάνοντας τά, οἷς ἕπεται τὰ οὕτως καθόλου, οὐ ληπτέον τά, οἷς ἕπεται τὰ ὑποκείμενα αὐτοῖς, οἷον ζητοῦντας, τίνι οἷον ζῷον ἕπεται, οὐ ληπτέον, οἷς ἄνθρωπος ἕπεται, ἕπεσθαι καὶ ζῷον· ἀληθὲς μὲν γάρ, οἷς ἄνθρωπος ἕπεται, ἕπεσθαι καὶ τὸ περιέχον τὸν ἄνθρωπον, οὐ μὴν οἰκεῖον τῆς τοῦ ζῴου ἐκλογῆς, εἰ ὁ κείμενος ὅρος τὸ ζῷον εἴη.

1 ἐκκειμένου] ἐκ add. B², κ in ras. 2 ὅρος om. a 4 τι prius om. a 5 τὸ (post ἕπεται) B: τῷ a (correxerat iam Waitz Org. I p. 29) 9 τὸ prius om. a 10 ἕπεσθαι add. B² post οἷς add. ὁ a ἕπεται om. a 10. 11 καὶ τὸ ζῷον ἕπεσθαι (ἕπεται a) ut ex vs. 9. 10 translata delevi 12 ἡμῖν] ἡ in ras. B προκείμενον a: προκείμενα B 13 τὰ om. a 16 τὸ om. a 17 λαβεῖν a 22 τοῦ B: τῶν a 23 post ἕπεται expunxit ἐκλεκτέον. ἕπεται τὸ καθόλου ζητοῦντας B², ut videtur 26 ὑποκειμένοις ὑποκείμενα ἄλλα. οὐ γὰρ scripsi: ἑπομένοις ἑπόμενα. ἀλλὰ γὰρ οὐκ aB 27 ἀτόμων correxi: ἄτομα aB 28 αὐτὰ a: αὐτὰ B ἕπεται ante αὐτὰ transponit a 32 ἐπὶ δὴ a: ἐπειδὴ B 36 οἰκεῖον scripsi: οἰκεῖα aB

p. 43b32 Ληπτέον δὲ καὶ τὰ ὡς ἐπὶ τὸ πολὺ ἑπόμενα καὶ οἷς 100v ἕπεται.

Ἐπεὶ ἔστι τινὰ προβλήματα στοχαστικὰ καὶ ἐκ τῶν ὡς ἐπὶ τὸ πολὺ τὰς δείξεις ἔχοντα, δεῖν φησι καὶ τὰ οὕτως ἑπόμενα τοῖς προκειμένοις ὅροις καὶ οἷς αὐτοὶ οὕτως ἕπονται λαμβάνειν· οὕτως γὰρ διὰ τῶν τοιούτων δυνησόμεθα τὰ περὶ τῶν τοιούτων προβλήματα συλλογίζεσθαι. ὅτι δὲ ὅμοιον 101r ἑκάστου συλλογισμοῦ τὸ συμπέρασμα ταῖς ἀρχαῖς, τοῦτ' ἔστι ταῖς προτάσεσιν, ἔδειξεν, ὅτε ἐδείκνυε μὴ δυνάμενον δυνατῷ ἀδύνατον ἀκολουθεῖν, οἷον ὅτι τῷ μετ' ἰσημερίαν χειμερινὴν πλέοντι τὸ εὐπλοεῖν (ὡς ἐπὶ πολὺ γάρ) καὶ τῷ διαίτῃ τοιᾷδε χρωμένῳ τὸ ὑγιαίνειν· καὶ γὰρ τοῦτο ὡς ἐπὶ τὸ πολύ· πάλιν τῷ μοιχεύειν ἕπεται τὸ καλλωπίζεσθαι ὡς ἐπὶ τὸ πολύ, καὶ τῷ κλέπτειν ὡς ἐπὶ τὸ πολὺ ἕπεται τὸ νύκτωρ πλανᾶσθαι.

p. 43b36 Ἔτι ⟨τὰ⟩ πᾶσιν ἑπόμενα οὐκ ἐκλεκτέον.

Τὸ πᾶσιν ἀντὶ τοῦ 'τοῖς δύο ὅροις τοῖς τοῦ προβλήματος'. οὔ φησι δὲ δεῖν τὰ τοῖς δύο ἑπόμενα λαμβάνειν ὡς μηδενὸς ἐκ τῆς τῶν τοιούτων μεταλήψεως καὶ συνθέσεως γινομένου συλλογισμοῦ. αὐτὸς μὲν οὖν ὑπερτίθεται τὴν τούτου δεῖξιν εἰς τὸ μετὰ ταῦτα. ἔστι δὲ αἴτιον, ὅτι γίνεται μὲν τὸ δεύτερον σχῆμα, εἰ τὰ ἑκατέρῳ τῶν ὅρων ἑπόμενα συνθείημεν καὶ ποιήσαιμεν ἕν· ἀλλὰ καὶ δύο προτάσεις καταφατικαὶ ἔσονται· ἀσυλλόγιστος δὲ ἡ τοιαύτη συμπλοκὴ τῶν προτάσεων. οὐ τοῦτο δὲ λέγει, ὅτι μὴ δεῖ τὰ ἑκατέρῳ ἰδίᾳ ἑπόμενα ἐκλέγειν· φθάνει γὰρ εἰρηκέναι τοῦτο, δι' ὧν εἶπε "δεῖ δὴ τὰς προτάσεις περὶ ἑκάστου οὕτως λαμβάνειν, ὑποθέμενον αὐτὸ πρῶτον καὶ τοὺς ὁρισμούς τε καὶ ὅσα ἴδια τοῦ πράγματός ἐστιν, εἶτα μετὰ τοῦτο, ὅσα ἕπεται τῷ πράγματι". οὐκ ἂν οὖν εἰπὼν δεῖν τὰ ἑπόμενα τοῖς πράγμασι, τοῦτ' ἔστι τοῖς ὅροις, ἐκλέγειν νῦν μὴ δεῖν ἐκλέγειν ἔλεγε πάλιν. ἀλλ' ὃ λέγει, τοιοῦτόν ἐστι· τὰ μὲν ἑκατέρῳ ἰδίᾳ τῶν ὅρων ἑπόμενα ἐκλέγειν δεῖ, οὐκέτι δὲ ζητητέον, τίνα κοινῶς αὐτοῖς ἕπεται, ὡς ἀμφοτέροις εἶναι ταὐτὸν ἑπόμενον. ὃ ἐδήλωσε διὰ τοῦ εἰπεῖν ἔτι τὰ πᾶσιν ἑπόμενα οὐκ ἐκλεκτέον· ἄλλο γάρ τὸ τὰ ἑκατέρῳ ἑπόμενα, ἄλλο τὸ πᾶσιν· τὸ γὰρ πᾶσι τοῦ 'κοινῶς' ἐστι δηλωτικόν. κοινοῦ γὰρ ληφθέντος τοῦ ἀμφοτέροις ἑπομένου ἐν δευτέρῳ σχήματι δύο γίνονται καταφατικαί, οἷον εἰ ὅρων ὄντων ἀνδρείας καὶ σωφροσύνης ἐκλέγων τις τὰ ἑκατέρῳ αὐτῶν ἑπόμενα ἐκλέγοι καὶ ὅτι ἡ ἀρετὴ ἀμφοτέροις αὐτοῖς ἕπεται

1 πολὺ a et Ar. (cf. vs. 3, 9, 11, 12): πλεῖστον B 6 τὰ a: τὸ B 8 ἔδειξεν] c. 15 p. 34a5 sqq. 9 ἐπὶ πολὺ] cf. Waitzii comment. ad p. 25b14 11 τὸ μοιχεύειν ἕπεται τῷ a 12 τὸ κλέπτειν a ἕπεται om. a τῷ νύκτωρ a 13 τὰ a et Ar. (cf. vs. 29): om. B ἐκλεκτέον] λ in ras. B[2] 14 τὸ scripsi: τὰ aB 16 μεταλήψεως B: λήξεως a 17 τὸ B: τὰ a 19 ἓν a 21 et 26 ἰδίᾳ scripsi: ἴδια aB 22 εἶπε] b1—4 ἑκάστου B: ἕκαστον a et Ar. (et B ipse in lemm. p. 294, 14) 23 πράγματος a et Ar.: προβλήματος B (sed cf. p. 295, 1) 28 post ταὐτὸν add. τὸ a 29 ἔτι ex εἰ corr. B[2] 30 ante ἄλλο add. καὶ a 33 ἐκλέγει a ὅτι καὶ a

καὶ ἡ ἕξις καὶ ἡ μεσότης· ἡ γὰρ τῶν τοιούτων καὶ οὕτως ἑπομένων ἐκ- 101r
λογὴ ἄχρηστος πρὸς συλλογισμόν.

p. 43b39 Κατασκευάζειν μὲν οὖν βουλομένοις κατά τινος ὅλου.

Εἰπών, τίνα χρὴ ἐκλέγειν ἑκατέρου τῶν ὅρων τῶν ἐν τῷ προβλήματι, μετὰ ταῦτα δείκνυσι, τίνα μετὰ τίνων ληφθέντα ἀπὸ τῶν ἐκλελεγμένων τῶν προβλημάτων ἕκαστον συνάξει· τούτου γὰρ χάριν καὶ ἡ ἐκλογὴ γέγονεν αὐτῷ. ἔστι δέ, ὡς εἰρήκαμεν, τὰ προβλήματα τέσσαρα· ἢ γὰρ καθόλου καταφατικὸν ἢ ἀποφατικὸν καθόλου ἢ ἐπὶ μέρους καταφατικὸν ἢ ἀποφατικόν. σαφηνείας δὲ χάριν τῶν λεγομένων ὑπογράψωμεν τάς τε ἐκλογὰς καὶ τὸ διάγραμμα ὅλον καὶ τοὺς συλλογισμούς, πῶς τε καὶ ἐκ τίνων γίνονται· οὐ γὰρ τὸ τυχὸν ἡμῖν συμβάλλοιτ' ἂν εἰς τὸ συλλογιστικοῖς εἶναι ἡ τούτων σαφήνεια. ἔστωσαν δὴ τὰ πράγματα, ὥς αὐτός φησιν (ταῦτα δέ ἐστιν οἱ ὅροι οἱ τῶν προβλημάτων τῶν τεσσάρων), ἡδονή τε καὶ ἀγαθόν, καὶ δέον ἔστω ποτὲ μὲν πᾶσαν ἡδονὴν ἀγαθὸν δεῖξαι, ποτὲ δὲ τινά, ποτὲ δὲ μηδεμίαν, ποτὲ δὲ μὴ πᾶσαν.· ἐκλελέχθω δὴ τὰ ἑκατέρῳ αὐτῶν ἑπόμενα καὶ οἷς αὐτὰ ἕπεται καὶ ὅσα μὴ ἐνδέχεται αὐτοῖς ὑπάρχειν, ὡς εἶπον, καὶ κείσθω τὰ μὲν τῷ ἀγαθῷ τῷ Α ἑπόμενα ὑπὲρ τὸ ἀγαθόν, ἔνθα τὸ Β, οἷς δὲ πάλιν τὸ ἀγαθὸν ἕπεται, ὑπ' αὐτό, ἔνθα τὸ Γ, τὰ δὲ μὴ ἐνδεχόμενα τῷ ἀγαθῷ ὑπάρχειν ἐκ πλαγίων αὐτοῦ, ἐφ' ὧν τὸ Δ. εἴη δ' ἂν ἑπόμενα μὲν τῷ ἀγαθῷ τὰ πρὸς τῷ Β κείμενα, ὠφέλιμον, αἱρετόν, διωκτόν, οἰκεῖον, λυσιτελές, συμφέρον, ὀρεκτὸν καὶ ὅσα τοιαῦτα. οἷς δὲ πάλιν αὐτὸ ἕπεται, ἅ ἐστιν ἐπὶ τοῦ Γ, εὐδαιμονία, τέλειον, ἀρεταί, "κατ' ἀρετὴν ἐνέργεια", 101v
σωματικὰ ἀγαθά, τὰ ἐκτός, τὰ κατὰ φύσιν καὶ τὰ τοιαῦτα. ἃ δὲ μὴ ἐνδέχεται ὑπάρχειν αὐτῷ, τὰ πρὸς τῷ Δ κείμενα, φευκτόν, βλαβερόν, κακόν, ἀσύμφορον, ἀλυσιτελές, αἰσχρόν, ἀτελές. πάλιν τὰ μὲν τῇ ἡδονῇ [ἑπόμενα], ἐφ' ἧς τὸ Ε, ἑπόμενα ὑπὲρ αὐτὴν τετάχθω, ἐφ' ὧν Ζ· ταῦτα δ' ἂν εἴη ἡ λεία κίνησις, "ἐνέργεια τῆς κατὰ τὴν φύσιν ἕξεως ἀνεμπόδιστος", τὸ ἀνενόχλητον, τὸ ἀνόργητον, τὸ ἀρεστόν, τὸ ἄπονον, τὸ ἄλυπον, τὸ ἄφοβον, τὸ κατὰ φύσιν, τὸ αἱρετόν. οἷς δ' ἡ ἡδονὴ ἕπεται, ὑπ' αὐτὴν κείσθω, ἐφ' ὧν τὸ Η· εἴη δ' ἂν ταῦτα ὑγεία, εὐτυχία, εὐτεκνία, "ἐνέργεια κατ' ἀρετήν", εὐπορία καὶ τὰ τοιαῦτα. ἃ δὲ μὴ ἐνδέχεται αὐτῇ ὑπάρχειν, ἐκ πλαγίου κείσθω αὐτῆς, ἐφ' ὧν Θ· εἴη δ' ἂν νόσος, πόνος, λύπη, φόβος, ἀπορία. κατασκευάσαι μὲν οὖν καὶ δεῖξαι θέλοντες τὸ καθόλου καταφατικόν (τοῦτο γὰρ εἶπε διὰ τοῦ κατασκευάζειν μὲν οὖν βουλομένοις κατά τινος ὅλου), τοῦτ'

1 μεσότης ex μέσις, ut videtur, corr. B[1] 6 γὰρ om. a 7 εἰρήκαμεν] p. 294, 25 9 ὑπογράψομεν a 10. 11 γίνωνται a 12 ἔστωσαν B: ἔστω γὰρ a 15 ἐκλελέχθω scripsi: ἐλελέχθω aB 16 εἶπον B[2] corr.: εἰπεῖν a 22 κατ' ἀρετὴν ἐνέργεια] Eth. Nicom. I 6 p. 1098a16, X 7 p. 1177a12 23 σώματος a τὸ κατὰ a 24 τῷ B: τὸ a 25 ἑπόμενα B: om. a 26 ἧς scripsi: ὧν aB ἡ superscr. B[3], ut videtur: om. a λεία correxi (cf. p. 303, 6—8, 29): τελεία aB 27 ante ἐνέργεια fort. ἡ addendum ἐνέργεια . . . ἀνεμπόδιστος] Eth. Nicom. VII 13 p. 1153a14, 14 b12 τὴν om. a (et B ipse p. 302, 5, 8) 28 ἀνόργητον B corr.: ἀόργητον a et, ut videtur, B pr. 29 ἡ om. a ἐφ' scripsi: ὑφ' aB 32 ὧν a: οὗ B

ἔστι πᾶσαν ἡδονὴν ἀγαθὸν δεῖξαι βουλόμενοι ληψόμεθά τι τῶν Γ ἐκ τῶν, 101v οἷς ἕπεται τὸ ἀγαθόν, καὶ ἐκ τῶν Ζ τῶν ἑπομένων τῇ ἡδονῇ. τούτων ἀλλήλοις τινὰ δοκεῖ τὰ αὐτὰ εἶναι. εἰλήφθω ἐκ μὲν τῶν Γ, οἷς ἕπεται τὸ ἀγαθόν, ἂν οὕτω τύχῃ, τὸ τέλειον, ἐκ δὲ τῶν Ζ τῶν ἑπομένων τῇ ἡδονῇ ἡ "ἐνέργεια τῆς κατὰ φύσιν ἕξεως ἀνεμπόδιστος" ἢ τελειότης τῆς κατὰ φύσιν ἐνεργείας· καὶ ταῦτα ὡς ἓν λαβόντες ποιήσομεν τὸν μέσον ὅρον. οὕτως γὰρ ἔσται συλλογισμὸς ἐκ δύο καθόλου καταφατικῶν ἐν πρώτῳ σχήματι 'πᾶσα μὲν ἡδονὴ "ἐνέργεια τῆς κατὰ φύσιν ἕξεως ἀνεμπόδιστος" ἢ τελειότης τῆς κατὰ φύσιν ἐνεργείας, εἴ γε αὐτὸς ὅρος τῆς ἡδονῆς καὶ ἕπεται τῇ ἡδονῇ· ἡ δὲ τελειότης τῆς κατὰ φύσιν ἐνεργείας οὖσα τέλειον ἀγαθόν ἐστιν· ἕπεται γὰρ τῷ τελείῳ τὸ ἀγαθόν· πᾶσα ἄρα ἡδονὴ ἀγαθόν'. ἀλλὰ καὶ τὸ κατὰ φύσιν εἵπετο τῇ ἡδονῇ, αὐτῷ δὲ τὸ ἀγαθόν· ὥστε καὶ διὰ τούτου δεικνύοιτ' ἂν τὸ προκείμενον. κατασκευαζόμενον δὲ εἶπε τὸ κατηγορούμενον, ὅπερ ἦν τὸ ἀγαθόν. τὸ δὲ καθ' ὧν αὐτὸ τυγχάνει λεγόμενον ἴσον ἐστὶ τῷ 'οἷς ἕπεται τὸ κατηγορούμενόν τινος'· ἕπεται γὰρ ἐκείνῳ, οὗ κατηγορεῖται.

p. 43b43 Ἢν δὲ μὴ ὅτι παντὶ ἀλλ' ὅτι τινί, οἷς ἕπεται ἑκάτερον.

Τοῦτ' ἔστιν 'ἂν δὲ μὴ τὸ καθόλου καταφατικὸν δεῖξαι βουλώμεθα ἀλλὰ τὸ ἐπὶ μέρους καταφατικόν, πάλιν ληπτέον, οἷς ἕπεται ἑκάτερον'. ἕπεται δὲ τὸ μὲν ἀγαθὸν τοῖς, ἐφ' ὧν τὸ Γ, ἡ δὲ ἡδονὴ τοῖς, ἐφ' ὧν τὸ Η· ἐν τούτοις δὴ ἂν ληφθῇ τινα ταὐτὰ ἀλλήλοις, ἔσται δεικνύμενον δι' αὐτῶν, ὅτι τις ἡδονὴ ἀγαθόν, ἐν τρίτῳ σχήματι. εἰλήφθω γὰρ ἔκ τε τῶν Γ, οἷς ἕπεται τὸ ἀγαθόν, ἡ "κατ' ἀρετὴν ἐνέργεια" καὶ ἐκ τῶν Η τῶν, οἷς ἕπεται ἡδονή, ὁμοίως ἡ "κατ' ἀρετὴν ἐνέργεια", καὶ ὁ μέσος ὅρος ἔστω. ἔσται δὴ ἐν τρίτῳ σχήματι 'πᾶσα "κατ' ἀρετὴν ἐνέργεια" ἡδονή, πᾶσα "κατ' ἀρετὴν ἐνέργεια" ἀγαθόν'· ἐξ ὧν ἐν τρίτῳ σχήματι συναχθήσεται τὸ 'τὶς ἡδονὴ ἀγαθόν'. ἀντιστραφείσης γὰρ τῆς 'πᾶσα "κατ' ἀρετὴν ἐνέργεια" ἡδονή' καὶ γινομένης ἐπὶ μέρους καταφατικῆς τῆς ὅτι τὶς ἡδονὴ "ἐνέργεια κατ' ἀρετήν", κειμένου δὲ καὶ τοῦ πᾶσαν ἐνέργειαν κατ' ἀρετὴν εἶναι ἀγαθὸν συνάγεται τὸ τινὰ ἡδονὴν ἀγαθὸν εἶναι ἐν πρώτῳ σχήματι.

p. 44a2 Ὅταν δὲ μηδενὶ δέῃ ὑπάρχειν.

Τοῦτ' ἔστιν· ὅταν δὲ δέῃ καθόλου ἀποφατικὸν δεῖξαι, ὃ μὲν οὐ δεῖ ὑπάρχειν, τοῦτ' ἔστιν, ὃ δεῖ κατηγορῆσαι ἀποφατικῶς ἐν τῷ συμπεράσματι (ἔστι δὲ τοῦτο τὸ ἀγαθόν), ληπτέον τούτου τι ἐκ τῶν μὴ ἐνδεχομένων

2 ζ in ras. B² 3 post Γ repetit τῶν a 5 et 8 ἢ scripsi: ἡ aB 15 τῷ a: τὸ B 18 βουλόμεθα a 23 τὸ ἀγαθόν ... οἷς ἕπεται (24) om. a 26. 27 συνάγεται a 27 γὰρ B: δὲ a 32 ὑπάρχῃ a 33 ὃ] ᾧ Arist. codices excepto m (cf. p. 304, 4. 15) οὐ om. in lac. a δεῖ B¹ corr. 35 τούτου] τοῦ τοῦ B: om. a

αὐτῷ ὑπάρχειν, ἃ ἐπὶ τοῦ Δ κεῖται· ᾧ δὲ βουλόμεθα δεῖξαι μηδενὶ ὑπάρ- 101v
χον αὐτό (τοῦτο δ' ἐστὶν ἡ ἡδονή), ἐκ τῶν τούτῳ ἑπομένων ληπτέον, ἃ κεῖται ἐπὶ τοῦ Ζ· κἂν ταῦτα ἀλλήλοις ἑνώσωμεν, ἔσται καθόλου ἀποφατικὸν ἐν πρώτῳ σχήματι συμπέρασμα. εἰλήφθω ἐκ μὲν τῶν Δ τὸ ἀτελὲς ἐκ δὲ τῶν Ζ τῶν τῇ ἡδονῇ ἑπομένων ἡ λεία κίνησις, καὶ κείσθω ταὐτὰ εἶναι ἀλλήλοις, ἐπειδὴ πᾶσα κίνησις ἀτελής· ἔσονται προτάσεις ‘πᾶσα ἡδονὴ λεία κίνησις, | τοῦτ' ἔστιν ἀτελής (ἔκειτο γὰρ τὸ πᾶσαν κίνησιν ἀτελῆ εἶναι 102r
καὶ τὴν ἡδονὴν κίνησιν εἶναι), οὐδὲν δὲ ἀγαθὸν ἀτελές’· τὸ γὰρ ἀτελὲς ἦν ἓν τῶν Δ, ἃ οὐχ ὑπῆρχε τῷ ἀγαθῷ. ἐξ ὧν συνάγεται τὸ ‘οὐδεμία ἡδονὴ ἀγαθόν’ ἐν πρώτῳ σχήματι, ὃ ἴσον ἐστὶ τῷ ‘τὸ ἀγαθὸν κατ' οὐδεμιᾶς ἡδονῆς’. οὕτω μὲν οὖν ἐν τῷ πρώτῳ σχήματι τὸ καθόλου ἀποφατικὸν συναχθήσεται. εἰ δὲ ἐν δευτέρῳ βουλόμεθα σχήματι ταὐτὸ τοῦτο δεῖξαι, χρὴ ἀνάπαλιν λαμβάνειν· ᾧ γὰρ χρὴ δεῖξαι μηδενὶ ὑπάρχον, τούτου ληψόμεθά τι ἐκ τῶν μὴ ὑπαρχόντων αὐτῷ. ἦν δὲ τὸ μὲν Ε, ἐφ' οὗ ἡ ἡδονή, ᾧ ἔδει δειχθῆναι μηδενὶ ὑπάρχον τὸ Α τὸ ἀγαθόν· ἐπὶ δὲ τοῦ Θ ἦν τὰ μὴ ὑπάρχοντα τῷ Ε· ἔστω ἐκ τούτων τὸ ἐπίπονον εἰλημμένον. ἐκ δὲ τῶν Α, ὅ ἐστι τὸ ἀγαθόν, ὃ δεῖ δεῖξαι μηδεμιᾷ ἡδονῇ ὑπάρχον, εἰλήφθω τι τῶν ἑπομένων αὐτῷ· ταῦτα δ' ἦν ἐπὶ τοῦ Β. εἰλήφθω τὸ ὠφέλιμον, καὶ ἔστω ἀλλήλοις ταὐτὰ τὸ ἐπίπονον καὶ τὸ ὠφέλιμον· πᾶν γὰρ ὠφέλιμον μετὰ πόνου καὶ ἐπίπονον· ἀληθὲς γὰρ τὸ “ἀντὶ τῶν πόνων διδοῦσιν ἡμῖν πάντα τὰ ἀγαθὰ οἱ θεοί” καὶ “ἐκ τῶν πόνων τὰ ἀγαθὰ αὔξονται βροτοῖς”. ἔσονται δὴ προτάσεις ‘τὸ ἐπίπονον οὐδεμιᾷ ἡδονῇ, τὸ ἐπίπονον, ἐπεὶ ταὐτόν ἐστι τῷ ὠφελίμῳ, παντὶ ἀγαθῷ’, ὡς εἶναι τὴν πρότασιν ‘πᾶν ἀγαθὸν ἐπίπονον’· εἵπετο γὰρ αὐτῷ· ἐξ ὧν ἐν δευτέρῳ σχήματι συναχθήσεται ‘τὸ ἀγαθὸν οὐδεμιᾷ ἡδονῇ’. ἢ δύναται ἐν δευτέρῳ σχήματι δείκνυσθαι, κἂν ἐκ τῶν Δ τι, ἃ οὐχ ὑπάρχει τῷ Α, ταὐτὸν ᾖ τινι τῶν Ζ, ἃ ἕπεται τῷ ὑποκειμένῳ ὅρῳ, τοῦτ' ἔστι τῇ ἡδονῇ· τὸ γὰρ Δ οὐδενὶ μὲν τῷ ἀγαθῷ πάσῃ δὲ ἡδονῇ, οἷον τὸ ἀτελές, ὥς φαμεν, εἰ εἴη ταὐτὸν τῇ λείᾳ κινήσει, ἐπεὶ ἡ κίνησις ἀτελές. ἐπὶ γὰρ τούτων τῶν ὅρων οὐ μόνον ἐν πρώτῳ σχήματι συναχθήσεται τὸ καθόλου ἀποφατικόν, ἀλλὰ καὶ ἐν δευτέρῳ, ὡς καὶ αὐτὸς προϊὼν φανερὸν ποιεῖ, ὁποτερωσοῦν ἂν ληφθῇ ταὐτὸν δειχθήσεται· ἄν τε γάρ τι τῶν μὴ ἐνδεχομένων ἕπεσθαι τῷ ἀγαθῷ ταὐτὸν δειχθῇ ὂν ἑνὶ τῶν ἑπομένων τῇ ἡδονῇ, ἄν τε καὶ ἀνάπαλίν τι τῶν μὴ ἐνδεχομένων ὑπάρχειν τῇ ἡδονῇ τινι τῶν ἑπομένων τῷ ἀγαθῷ ταὐτὸν ληφθῇ, τὸ καθόλου ἀποφατικὸν συναχθήσεται, ἀλλ' ἐκείνως μὲν ἐν πρώτῳ καὶ δευτέρῳ σχήματι, οὕτως δὲ ἐν δευτέρῳ μόνον. εἰ γὰρ ἐν πρώτῳ θελήσαιμεν δεῖξαι, ληψόμεθα τὴν ἡδονὴν οὐδενὶ ἐπιπόνῳ, τὸ ἐπίπονον, εἰ ταὐτὸν τῷ ὠφελίμῳ, παντὶ ἀγαθῷ· ἐξ ὧν συνάγεται ‘ἡ ἡδονὴ οὐδενὶ ἀγαθῷ’.

---

2 ἡ om. a 3 κἀνταῦθα a 5 ταῦτα a 9 ἓν τῶν scripsi: ἐν τῷ aB συναχθήσεται a 11 τῷ om. a 12 τὸ αὐτὸ a 18 τι B: ἐκ a 19 ταὐτὰ a: ταῦτα B 20 ἀντὶ κτλ.] cf. Epicharm. fr. p. 259 Lor. διδοῦσιν] cf. Lob. Phryn. p. 244 (cf. p. 220, 12) 21 ἐκ τῶν κτλ.] cf. Eurip. Erechth. fr. 366 Dind. 25 ἢ a: εἰ B 26 ᾖ corr. B²: ἦ a B pr. 28 πάσῃ δὲ ἡδονῇ a: πᾶσα δὲ ἡδονή B 29 ἀτελής a 31 προϊὼν] p. 44a21—27 37 θελήσομεν a

ἀλλ' οὐ 'τὸ ἀγαθὸν οὐδεμιᾷ ἡδονῇ', ὃ ἦν προκείμενον. ἀντιστρέφει μὲν οὖν 102r τὸ συμπέρασμα καθόλου ἀποφατικὸν ⟨ὄν⟩. ἀλλ' ἐν τῷ πρώτῳ σχήματι οὐδὲν ἐδείκνυτο δι' ἀντιστροφῆς.

Εἰπὼν δὲ ὅταν δὲ μηδενὶ δέῃ ὑπάρχειν. ὃ μὲν οὐ δεῖ ὑπάρχειν. εἰς ἃ μὴ ἐνδέχεται αὐτῷ παρεῖναι, εἶτα μὴ προσθεὶς 'ᾧ δὲ μὴ δεῖ ὑπάρχειν. [τὸ] εἰς τὰ ἑπόμενα αὐτῷ' ἐπήνεγκε τὸ ἢ ἀνάπαλιν, ᾧ μὲν δεῖ μὴ ὑπάρχειν. εἰς ἃ μὴ ἐνδέχεται αὐτῷ παρεῖναι, ὃ δὲ δεῖ μὴ ὑπάρχειν εἰς τὰ ἑπόμενα. διὰ τοῦ πᾶν τοῦτο θεῖναι δηλῶν καὶ τὸ ἐπὶ τοῦ πρώτου. παρέθετο γὰρ ἀνάπαλιν τοῦτο, ὃ καὶ δι' οὗ ἑξῆς εἶπεν, ἐδήλωσε· τούτων γάρ. φησίν. ὄντων τῶν αὐτῶν ὁποτερωνοῦν· ἄν τε γὰρ τὸ τῷ κατηγορουμένῳ μὴ ὑπάρχον ταὐτὸν ῇ τινι τῶν ἑπομένων, ἄν τε ἀνάπαλιν τῶν τῷ ὑποκειμένῳ τι μὴ ὑπαρχόντων ταὐτόν τινι ῇ τῶν τῷ κατηγορουμένῳ ἑπομένων. καθόλου ἀποφατικὸν συνάγεται. φέρεται δὲ ἔν τισιν ἀντιγράφοις ἡ λέξις ὁλόκληρον καὶ σαφέστερον οὕτως ἔχουσα· ὅταν δὲ μηδενὶ δέῃ ὑπάρχειν. ᾧ μὲν οὐ δεῖ ὑπάρχειν εἰς τὰ ἑπόμενα. ὃ δὲ δεῖ μὴ ὑπάρχειν, εἰς ἃ μὴ ἐνδέχεται αὐτῷ παρεῖναι. ἢ ἀνάπαλιν· αὕτη γὰρ ἡ λέξις ὁλοκλήρως ἔχει. ὃ βούλεται εἰπεῖν.

p. 44a9 Ἐὰν δὲ τινὶ μὴ ὑπάρχειν.

Τοῦτ' ἔστιν· ἐὰν δὲ δέῃ τὸ ἐπὶ μέρους ἀποφατικὸν δεῖξαι, ὃ λοιπὸν ἔτι τῶν προβλημάτων. τοῦ μὲν ὑποκειμένου ὅρου, ᾧ δεῖ τινὶ μὴ ὑπάρχειν τι δειχθῆναι (οὗτος δέ ἐστιν ἡ ἡδονή). ληπτέον τι ἐξ ἐκείνων, οἷς ἕπεται ἡ 102v ἡδονή (ταῦτα δ' ἐστὶ τά, ἐφ' ὧν τὸ Η), τοῦ δὲ κατηγορουμένου, ὃ βουλόμεθα δεῖξαι τινὶ μὴ ὑπάρχον τῷ ὑποκειμένῳ (τοῦτο δέ ἐστι τὸ ἀγαθόν), ἐκ τῶν, ἃ μὴ ἐνδέχεται [μὴ] ὑπάρχειν αὐτῷ· ταῦτα δ' ἐστίν, ἐφ' ὧν τὸ Δ. εἰλήφθω ἐκ μὲν τῶν Δ τὸ ἀλυσιτελές ἐκ δὲ τῶν Η τὸ ἄπονον· ἔσονται ἐν τρίτῳ σχήματι προτάσεις 'οὐδὲν ἀλυσιτελές, τοῦτ' ἔστιν ἄπονον, ἀγαθόν, πᾶν ἄπονον. τοῦτ' ἔστιν ἀλυσιτελές, ἡδύ'· τὶς ἄρα ἡδονὴ οὐκ ἔστιν ἀγαθόν. ἀντιστραφεῖσα γὰρ ἡ καθόλου καταφατικὴ ἐπὶ μέρους καταφατικὴ γίνεται ἡ 'πᾶν ἄπονον ἡδύ'· τὶ γὰρ ἡδὺ ἄπονον, οὐδὲν δὲ ἄπονον ἀγαθόν ἐν πρώτῳ σχήματι.

p. 44a12 Ἔστω γὰρ τὰ ⟨μὲν⟩ ἑπόμενα τῷ Α, ἐφ' ὧν Β.

Ἐπὶ στοιχείων, ἃ προειρήκαμεν, δείκνυσι σαφηνείας χάριν. λαμβάνει δὲ ὅρους μὲν τοὺς ἐν τῷ προβλήματι. περὶ ὧν δεῖ τὰς ἐκλογὰς ποιήσασθαι,

2 ὂν addidi 4 δὲ alterum om. a 5 προθεὶς a 6 τὸ prius add. B: om. a post ἀνάπαλιν add. τὸ a 7 ὃ B: ᾧ a δεῖ aB (C, Laur. 72, 12, B pr.): om. Arist. codices reliqui 9 παρέθετο a: παρέθεντο B 11 ῇ scripsi: ἢ aB 12 τι scripsi: τινι aB ῇ a: ἡ B 14 ἔν τισιν ἀντιγράφοις] cum his conciuunt nostri codices Arist. 17 post εἰπεῖν eras. 5—6 lit. B 19 δέῃ scripsi: δεῖ aB 20 δεῖ B: δὴ a 21 ante δειχθῆναι add. δεῖ a ἡ utrumque om. a 24 μὴ alterum add. B: om. a 29 ἡ a B pr.: ἡ corr. B[1] 31 ἔστω corr. B[2] (ω in ras.): ἔστωσαν a et, ut videtur, B pr. μὲν a et Ar.: om. B ante β expunxit τὸ B

τὸ Α καὶ τὸ Ε, ὡς ἡμεῖς ἐλάβομεν τὸ ἀγαθὸν καὶ τὴν ἡδονήν. καὶ τίθησι 102v τὰ μὲν τῷ Α ὅρῳ ἑπόμενα, ἐφ' ὧν Β, οἷς δ' αὐτὸς ἕπεται, τὸ Α, ἐφ' ὧν Γ, ἃ δὲ μὴ ἐνδέχεται αὐτῷ ὑπάρχειν, ἐφ' ὧν Δ, ὥσπερ καὶ ἡμεῖς ἐλάβομεν, τῷ δὲ Ε τὰ μὲν ἑπόμενα καὶ ὑπάρχοντα, ἐφ' ὧν Ζ, οἷς δ' αὐτὸ ἕπεται, ἐφ' ὧν Η, ἃ δὲ μὴ ἐνδέχεται αὐτῷ ὑπάρχειν, ἐφ' ὧν Θ, ἃ καὶ ἡμεῖς παραπλησίως πεποιήκαμεν. θεὶς δὲ οὕτως λέγει, ὅτι, ὅταν μὲν τῶν Γ τι, οἷς εἵπετο τὸ Α, ταὐτόν τινι εὑρεθῇ τε καὶ ληφθῇ τῶν Ζ, ἃ εἵπετο τῷ Ε, τὸ Α παντὶ τῷ Ε ὑπάρξει. τὸ μὲν γὰρ Α παντὶ τῷ Γ (εἵπετο γὰρ τῷ Γ τὸ Α), τὸ δὲ Ζ, ὃ ἴσον ἐστὶ τῷ Γ, παντὶ πάλιν αὐτὸ τῷ Ε (εἵπετο γὰρ τὸ Ζ τῷ Ε)· καὶ τὸ Α ἄρα παντὶ τῷ Ε. εἰ δὲ ταὐτὰ πάλιν ληφθείη τῶν τε Γ, οἷς εἵπετο τὸ Α, καὶ τῶν Η, οἷς εἵπετο τὸ Ε, τινὶ τῷ Ε ὑπάρξει τὸ Α· κατὰ γὰρ τοῦ Γ καὶ Η τό τε Α καὶ τὸ Ε κατὰ παντός· ἄμφω γὰρ ταῦτα ἕν τε καὶ ταὐτόν. εἰ δὲ τῶν Ζ τι, ἅπερ ἦν τὰ ἑπόμενα τῷ Ε, ταὐτὸν ληφθείη τινὶ τῶν Δ, ἃ οὐδενὶ τῶν Α ὑπῆρχε, ἔσται τὸ Α οὐδενὶ τῶν Ε. φησὶ δὲ τοῦτο δειχθήσεσθαι τὸ συμπέρασμα οὕτως ἔχον διὰ προσυλλογισμοῦ· ἐπεὶ γὰρ ἀντιστρέφει τὸ στερητικὸν καὶ τὸ Ζ τῷ Δ ταὐτόν, οὐδενὶ τῷ Ζ ὑπάρχει τὸ Α διὰ τοῦ Δ, τὸ δὲ Ζ παντὶ τῷ Ε. διὰ γὰρ τούτων δείκνυται ὁ προσυλλογισμός· ἐπεὶ γὰρ ἀντιστρέφει τὸ στερητικόν, κεῖται δὲ τὸ Δ κατ' οὐδενὸς τοῦ Α, καὶ τὸ Α κατ' οὐδενὸς τοῦ Δ· διότι δὲ τὸ Δ ταὐτόν ἐστι τῷ Ζ, παντὶ αὐτῷ ὑπάρξει· ἐξ ὧν συνάγεται τὸ Α μηδενὶ τῶν Ζ. καὶ ὁ μὲν προσυλλογισμὸς οὗτος· ἐπεὶ δὲ τὸ Ζ παντὶ τῷ Ε, ἔσται καὶ τὸ Α μηδενὶ τῷ Ε. τὸ αὐτὸ δείκνυσι συναγόμενον, κἂν ἐναλλάξαντες λάβωμεν τῶν τῷ Ε μὴ ὑπαρχόντων τι (ταῦτα δ' ἦν τὰ Θ) ταὐτόν τινι τῶν ἑπομένων τῷ Α· ταῦτα δ' ἦν τὸ Β. τοῦτο γὰρ τὸ ληφθὲν οὐδενὶ μὲν τῷ Ε ὑπάρξει, παντὶ δὲ τῷ Α· οὕτως δὲ ἐχουσῶν τῶν προτάσεων ἐν τῷ δευτέρῳ σχήματι οὐδενὶ τὸ Α τῷ Ε.

p. 44a 28 Εἰ δὲ τὸ Δ καὶ τὸ Η ταὐτόν.

Δείκνυσι πάλιν ἐπὶ μέρους ἀποφατικὸν γινόμενον συμπέρασμα, εἰ τῶν Δ τι, ἃ ἦν μὴ ὑπάρχοντα τῷ Α, ταὐτόν τινι ληφθείη τῶν Η, οἷς εἵπετο τὸ Ε. τὸ γὰρ Α τῷ Η οὐδενί, ὅτι οὐδὲ τῷ Δ, ταὐτὸν δὲ τὸ Δ τῷ Η· τὸ δέ γε Ε παντὶ τῷ Η· ἐξ ὧν ἐν τρίτῳ σχήματι συνάγεται τὸ Α τινὶ τῷ Ε μὴ ὑπάρχον. ἐπεὶ γὰρ ἕπεται τῷ Η τὸ Ε καὶ περιέχει αὐτὸ καὶ κατὰ παντὸς λέγεται τὸ Ε τοῦ Η, καὶ ἀντιστρέψαντι ἀληθὲς ἔσται τὸ 'Η τινὶ τῷ Ε ὑπάρχει'· ἀντιστρέφει γὰρ ἡ ἐπὶ μέρους καταφατικὴ τῇ καθό-

1 τὸ ᾱ a: τὸν ᾱ B   2 ᾱ (post τῷ) B: πρώτῳ a   ὧν (ante β̄ et ante γ̄) Ar.: ᾧ aB   3 ἃ B: ᾧ a   ὧν B et Ar.: ᾧ a   4 μὲν om. a   4 et 5 ὧν aB: οἷς Ar.   5 ante η̄ add. τὸ a   7 τῶν a: $\overset{ω}{τ}$ B   8 τῶν a: τῷ B   10 ante εἵπετο add. ὑπάρξει a   ταὐτὰ ex ταῦτα B[2] corr.   11 εἵπετο τὸ ᾱ a: ἕπεται τῷ ᾱ B   τῶν η̄ a: τῷ η̄ B   14 τῷ a: τῶν B   τῷ ᾱ a   15 τῷ ε̄ a   21 τῷ ζ̄ a   30 τινι a: τί B   34 ἐστι a   35 ὑπάρχειν a

λου· οὕτως δὲ ἐχουσῶν τῶν προτάσεων συνάγεται τὸ τὸ Α τινὶ τῷ Ε μὴ 102v
ὑπάρχειν ἐν πρώτῳ σχήματι.

p. 44a30 Εἰ δὲ τὸ Η τῷ Β ταὐτόν, ἀντεστραμμένος ἔσται ὁ συλλογισμός.

Δείξας ἐπὶ μέρους ἀποφατικὸν γινόμενον τὸ συμπέρασμα, εἰ τῶν Δ τι ταὐτὸν τῷ Η ληφθείη, φησὶν ἀντεστραμμένον ἔσεσθαι συλλογισμόν, εἰ ληφθείη τι τῶν Η, οἷς ἕπεται τὸ Ε, ταὐτόν τινι τῶν Β, ἃ εἵπετο τῷ Α. 103r
ἀντεστραμμένον δὲ εἶπεν ἤτοι τῷ προειρημένῳ, ὅτι ἐκεῖνος μὲν ἦν ἐπὶ μέρους ἀποφατικὸν ἔχων τὸ συμπέρασμα, οὗτος δέ γε, ὃν νῦν δείκνυσιν, ἐπὶ μέρους καταφατικὸν συνάγων δείκνυται, ἢ ἀντεστραμμένον εἶπεν, ὅτι ἡ δεῖξις ἀνάπαλιν ἔχει· οὐ γὰρ δείκνυται διὰ τῶν οὕτως λαμβανομένων τὸ Α κατηγορούμενον τοῦ Ε, ὃ ἔκειτο εἶναι κατηγορούμενον, ἀλλὰ ἀνάπαλιν· τὸ γὰρ Ε κατὰ τοῦ Α παντός, ἐπειδὴ κατὰ τοῦ Η παντός, τὸ δὲ Η κατὰ παντὸς τοῦ Α ταὐτόν γε ὂν τῶν Β τινί, ἃ εἵπετο τῷ Α. ἡ μὲν οὖν δεῖξις καὶ ὁ συλλογισμὸς τοῦ ἀνάπαλιν καὶ ἀνεστραμμένου· τῷ δὲ ἀντιστρέφειν τὴν καθόλου καταφατικὴν τῇ ἐπὶ μέρους δι' ἀντιστροφῆς γίνεται καὶ τὸ Α τινὶ τῷ Ε ὑπάρχον ἐπὶ ταῖς τοιαύταις προτάσεσιν. ἐπεὶ δὲ ἐγίνετό πως συλλογισμὸς τοῦ προκειμένου καὶ τοῦ Η τῷ Β ληφθέντος τοῦ αὐτοῦ (διὰ γὰρ τῆς τοῦ συμπεράσματος ἀντιστροφῆς), διὰ τοῦτο οὐδὲ ταύτην παρέλιπε τὴν δεῖξιν. ὅτι μὲν οὖν πάντα τὰ προβλήματα δείκνυται διὰ τῆς εἰρημένης μεθόδου, δῆλον.

p. 44a38 Δεῖ δὲ καὶ τῶν ἑπομένων καὶ οἷς ἕπεται ἕκαστον εἰς τὰ πρῶτα καὶ τὰ καθόλου μάλιστα βλέπειν.

Δεῖν φησιν ἐν ταῖς ἐκλογαῖς τῶν ἑπομένων ἑκατέρῳ τῶν κειμένων ὅρων καὶ οἷς ἑκάτερος αὐτῶν ἕπεται μήτε τὰ προσεχῆ εὐθὺς ἑπόμενα λαμβάνειν μήτε τά, οἷς ἕπεται, ἀλλὰ τὰ πρῶτα καὶ καθολικώτερα, ὑφ' ἃ τέτακται καὶ τὰ προσεχῆ τοῖς κειμένοις πρῶτα, ἐπισκοπεῖν. λέγει δὲ τῶν ἑπομένων οὐ τὰ ἴδια καὶ τοὺς ὁρισμούς (ταῦτα γὰρ οἰκεῖά τε τῶν κειμένων, καὶ οὐχ οἷόν τε ὁρισμόν τινος ἢ ἴδιον ἔτι εἶναι τὸ καθολικώτερον καὶ πλείοσιν ὑπάρχον) ἀλλὰ τὰ γένη καὶ τὰς διαφορὰς καὶ ὅσα οὕτως ἕπεται. οἷον εἰ ἄνθρωπος εἴη ὁ κείμενος ὅρος, μὴ ζῷον πεζὸν εὐθέως λαμβάνειν ἑπόμενον αὐτῷ ἀλλὰ ζῷον (καθολικώτερον γάρ), καὶ ἔτι πρὸ τοῦ ζῴου τὴν ἔμψυχον οὐσίαν, καὶ ἔτι πρὸ τούτου τὴν οὐσίαν· καὶ εἰ μέλιττα εἴη, μὴ τὸ ὁλόπτερον ἀλλὰ μᾶλλον τὸ πτηνόν (καθολικώτερον γὰρ τοῦτο), καὶ ἔτι μᾶλλον τὸ ζῷον, καὶ ἔτι πρῶτον τὴν οὐσίαν. λέγει δὲ τὸ

1 τὸ alterum om. a   3 τὸ Η τῷ aB (m): τῷ Η τὸ Ar.   ὁ B (dfnm): om. a et Ar. (cf. vs. 6)   5 τῶν a: τῷ B   7 τῶν Β scripsi: τῷ Β aB   8 ἦν scripsi: ἢ aB   13 post ἐπειδὴ add. καὶ a   14 τῶν scripsi: τῷ aB   26 μήτε B: μὴ a   27 ἐπισκοπεῖ a   28 γὰρ om. a   33 καὶ ἔτι πρὸ τούτου τὴν οὐσίαν om. a   34 ὁλόπτερον . . . πτηνόν] cf. Anal. post. II 13 p. 96b39

μὲν προσεχῶς τῷ Ε ἑπόμενον (ἔστω δὲ τοῦτο ἡ μέλιττα) τὸ Ζ, τοῦτ’ 103r ἔστι τὸ ὁλόπτερον, τὸ δὲ καθολικώτερον τοῦ Ζ τὸ ΚΖ, ὅπερ ἐστὶ τὸ πτηνόν· ὁμοίως δὲ καὶ ἐπὶ τοῦ Α (ἔστω δὲ τοῦτο ἄνθρωπος) τὰ μέν, προσεχῶς οἷς ἕπεται, τὸ Γ, τοῦτ’ ἔστι τὸ γραμματικόν, τὸ δὲ καθολικώτερον τὸ ΚΓ, τοῦτ’ ἔστι τὸ ἐπιστῆμον. τῇ δὲ τοῦ Κ προσθέσει πρός τε τὸ Ζ, ὃ ἦν ἑπόμενον τῷ Ε, καὶ πρὸς τὸ Γ, ᾧ εἵπετο τὸ Α, ἐχρήσατο διὰ τούτου τὸ καθολικώτερον προσσημαίνων. ἔθηκε δὲ ταῦτα, δι’ ὧν τὸ καθόλου καταφατικὸν συνάγεται. τοῦ δὲ δεῖν οὕτως ποιεῖσθαι τὴν ἐπίβλεψιν αἰτίαν ἀποδίδωσιν, ὅτι εὐπορώτερον καὶ ἐν πλείοσιν ἡμῖν ἡ ἐκλογὴ τῶν προτάσεων ἔσται καὶ ἡ ζήτησις τοῦ καθολικωτέρου πρῶτον λαμβανομένου· ὁ γὰρ τὸ καθολικώτερον τῶν ἑπομένων τινὶ λαβὼν ἔχει καὶ τὰ ὑπ’ ἐκείνου περιεχόμενα καὶ προσεχέστερον ἑπόμενα τῷ κειμένῳ καὶ αὐτὰ λαμβάνειν, ὁ δὲ τὰ προσεχῆ λαβὼν μόνα οὐκέτ’ ἔχει καὶ τὰ καθολικώτερα τῷ ἐν τοῖς φθάνουσιν εἰλῆφθαι τοῖς προσεχῶς ἑπομένοις κἀκεῖνα τὰ καθολικώτερα περιέχεσθαι. ὁ μὲν γὰρ λαβὼν τῷ ἀνθρώπῳ τὸ ζῷον ἕπεσθαι ἀποκέκλεισται τοῦ τὴν οὐσίαν ἔτι λαβεῖν τῷ ἐν τῷ ζῴῳ καὶ τὴν οὐσίαν περιέχεσθαι, ὁ δὲ τὴν οὐσίαν πρώτην λαβὼν ἔχει καὶ τὸ ζῷον ἐν τοῖς ἑπομένοις τῷ ἀνθρώπῳ λαβεῖν ἔτι. πλειόνων δὲ ὄντων τῶν κειμένων εὐπορωτέρα ἡ τοῦ μέσου εὕρεσις· ῥᾷον γὰρ ἐν πλείοσιν εὑρεῖν, ὃ ζητεῖ τις. ἂν γὰρ δέῃ δεῖξαι τὸ Α τῷ Ε ὑπάρχον, ἐπεὶ ἕπεται τῷ Ε οὐ μόνον τὸ Ζ ἀλλὰ καὶ τὸ ΚΖ, πρῶτον ἐπισκεψώμεθα, εἴ τι τῶν, οἷς ἕπεται τὸ Α, τοῦτ’ ἔστι τῶν Γ ἢ ΚΓ, ταὐτόν ἐστι τῷ ΚΖ. κἂν μὲν εὕρωμεν τούτων τι ταὐτὸν ἐκείνων τινί, ληψόμεθα τὸ Α τῷ ΚΖ ὑπάρχειν, τὸ δὲ ΚΖ τῷ Ε, καὶ οὕτως τὸ Α τῷ Ε. εἰ | δὲ μὴ εὑρίσκοιμεν τῶν, οἷς ἕπεται τὸ Α, 103v ταὐτόν τι ὂν τῷ ΚΖ τῷ καθολικωτέρῳ, καταλείπεται ἡμῖν ἡ ζήτησις ἐπὶ τοῦ Ζ· δύναται γάρ, καὶ εἰ μὴ τῷ ΚΖ ταὐτόν τι εἴη τῶν ΚΓ ἢ τῶν Γ, ἀλλὰ τῷ γε Ζ [τὸ ΓΖ] εἶναι ταὐτόν. εἰ μὲν γὰρ ὅλῳ τῷ πτηνῷ τὸ Α, ὑπάρξει καὶ τῷ ὁλοπτέρῳ καὶ τῇ μελίττῃ δῆλον ὅτι, ἥτις ἦν τὸ Ε· εἰ δὲ μὴ τῷ πτηνῷ ὅλῳ, οὐ κεκώλυται τῷ ὁλοπτέρῳ καὶ διὰ τοῦ ὁλοπτέρου τῇ μελίττῃ. πλείονες οὖν αἱ ἀφορμαὶ πρὸς τὴν ἐπιχείρησιν, καὶ ἐν πλείοσιν ἡ ζήτησις οὕτως ἔσται. καὶ ἐπεὶ τῇ ἡδονῇ ἕπεται καὶ ἡ ἐνέργεια καὶ ἡ τοιαύτη ἐνέργεια (ἡ γὰρ τῆς κατὰ φύσιν ἕξεως), ἂν μέν τι τῶν, οἷς ἕπεται τὸ ἀγαθόν, ταὐτὸν ᾖ τῇ ἐνεργείᾳ, ὃ ἦν κοινότερον τῶν ἑπομένων τῇ ἡδονῇ, διὰ τούτου ἂν δεικνύοιτο οὖσα ἀγαθόν. εἰ δὲ μὴ τοῦτο, ζητή-

3 δὲ prius superscr. B² τὰ B: τὸ a 5 post τὸ prius ras. in B ἐπιστημονικόν a τοῦ κ̄ B: τοῦ ᾱ a τε om. a 7 προσσημαίνων scripsi: προσημαίνων aB 9 εὐπορώτερος a 12 λαμβάνει a 13 μόνα om. a post καθολικώτερα expunxit περιέχεσθαι ὁ μὲν γὰρ λαβὼν (ex vs. 15 translata) B¹, ut videtur τῷ B: τὸ a 14 εἰλήφθω a 18 πλειόνων ex πλεῖον corr. B² 22 τῶν γ̄ a: τῶ γ B ante ταὐτόν add. εἴη a et ex corr. B¹: expunxit B² ἐστι B: τινι a 23 τινὶ B: τινὸς a ληψώμεθα a 24 καὶ οὕτως τὸ ᾱ τῷ ε̄ om. a δὲ superscr. B² 25 κᾱ a καταλήψεται a 27 τὸ γ̄ζ̄ delevi: τὸ γ a 28 τῇ μελίττῃ] ῇ μελί in ras. B ἦν B: ᾖ a 29 δὲ μὴ a: μὴ δὲ B ὁλοπτέρου ex ὅλου πτεροῦ corr. B 32 ὀρέξεως a μέν τι B: μέντοι a

σομεν. τί τῇ τοιαύτῃ ἐνεργείᾳ ταὐτόν ἐστι τῶν, οἷς ἕπεται τὸ ἀγαθόν· κἂν 103v εὕρωμεν τοιοῦτον ὂν τὸ κατὰ φύσιν (δοκεῖ γὰρ πᾶν τὸ κατὰ φύσιν ἀγαθὸν εἶναι. τοῦτο δ' ἦν τῇ κατὰ φύσιν ἐνεργείᾳ ἀνεμποδίστῳ ἑπόμενον). διὰ τούτου ἂν εἴη δεικνύμενον τὸ προκείμενον.

p. 44b3 ʽΟμοίως δὲ καὶ ἐφ' ὧν αὐτὸ ἀκολουθεῖ.

Τοῦτ' ἔστιν 'ὁμοίως δὲ ζητητέον καὶ ἐπὶ τῶν, οἷς αὐτὸ ἀκολουθεῖ'. ἔστι δέ, ὃ λέγει, ὅτι οὐ μόνον δεῖ λαμβάνειν ἐπὶ τῶν ἑπομένων τῷ Ε τὰ καθολικώτερα πρῶτον καὶ τῶν, οἷς ἕπεται τὸ Α, τὰ καθόλου καὶ ταῦτα πρῶτον ζητεῖν. εἰ ἔστιν ἀλλήλοις ταὐτά. εἶτα, εἰ μὴ ἐν τούτοις εὑρίσκοιτο, ἐπὶ τὰ προσεχέστερα καὶ μὴ ὁμοίως ἔτι κοινὰ μετιτέον· ταῦτα δὲ ἐποιοῦμεν καὶ συνεκρίνομεν τὸ καθόλου καταφατικὸν θέλοντες δεῖξαι. οὐκ ἐπὶ τούτου οὖν μόνου φησὶ δεῖν οὕτως ποιεῖν. ἀλλὰ καὶ ἐπὶ τῶν, οἷς τὸ Ε ἀκολουθεῖ. ὁμοίως ποιητέον· ἦν δὲ ταῦτα τὰ ἐπὶ τοῦ Η. καὶ γὰρ ἐπὶ τούτων φησὶ τὰ καθολικώτερα δεῖν πρῶτον τῶν, οἷς ἕπεται τὸ Ε, λαμβάνοντας συγκρίνειν αὐτὰ τοῖς καθολικωτέροις τῶν, οἷς εἵπετο τὸ Α, ἃ ἦν ἐπὶ τοῦ Γ. ἃ εἶπε πρὸ ὀλίγου ΚΓ. ἡ δὲ τούτων σύγκρισις γίνεται, ὅτε τὸ ἐπὶ μέρους καταφατικὸν ζητεῖται· τότε γὰρ ἡ σύγκρισις αὐτῶν ἐκ τούτων γίνεται, οἷς ἀμφότερα ἕπεται, ἃ ἦν Γ, Η. τὸ δὲ εἰ μὲν γὰρ τοῖς πρώτοις. καὶ τοῖς ὑπ' ἐκεῖνα εἴρηκε περί τε τοῦ Α, ὃ ἐστιν ἑπόμενον τοῖς Γ. ὁμοίως καὶ περὶ τοῦ Ε, ὃ ἕπεται τοῖς Η· τὸ γὰρ ἑπόμενον, εἰ μὲν ἕποιτο τοῖς πρώτοις καὶ καθολικωτέροις. ἕποιτο ἂν καὶ τοῖς ὑπ' ἐκείνων περιεχομένοις. εἰ δὲ μὴ τοῖς καθολικωτέροις ἕποιτο, οὐδὲν κεκώλυται τῶν ὑπ' ἐκεῖνα ἕπεσθαί τινι, οἷον ὁ ἄνθρωπος εἰ μὴ ἕπεται τῷ δίποδι, ἀλλὰ τῷ πεζῷ δίποδι οὐδὲν κεκώλυται ἕπεσθαι. οὐ λέγει δέ, ὅτι τὸ τῷ καθόλου ⟨μὴ⟩ ἑπόμενον πᾶσι τοῖς ὑπ' αὐτὸ ἐνδέχεται ἀκολουθεῖν, ἀλλ' ὅτι τισὶ τῶν ὑπ' αὐτὸ ἐγχωρεῖ ἕπεσθαι αὐτό.

Ἐπισκεπτέον δέ, πῶς τοῦτο συνᾴδει τῷ πρὸ ὀλίγου εἰρημένῳ τῷ "οὐδὲ δὴ τῷ καθόλου ἐκλεκτέον. οἷς ἕπεται τὸ περιεχόμενον". ἢ δι' ἐκείνου οὐ παρῃτεῖτο τὸ πρῶτον δεῖν τὰ καθολικώτερα λαμβάνειν τῶν. οἷς ἕπεται ὁ κείμενος ὅρος. ἀλλὰ τὸν τρόπον τῆς ἐκλογῆς· διὰ γὰρ τοῦ δεικνύναι τὸ καθολικώτερον τῶν, οἷς ἕπεταί τι, ἑπόμενόν τισι, διὰ τούτου ἔλεγε δεῖν δεικνύναι τὸ ἕπεσθαι καὶ οἷς τὸ καθολικώτερον εἵπετο, ἀλλ' οὐχ ὡς τούτῳ ἑπόμενον αὐτὸ ἀπ' ἀρχῆς τιθέναι. καὶ λέγοι ἂν δεῖν πρῶτον ἐκεῖνα ἐν τῇ ἐκλογῇ τῶν. οἷς ἕπεται τὸ προκείμενον. λαμβάνειν· οὕτως γὰρ οὐ δὶς ταὐτὰ ληψόμεθα. ὁ μὲν γὰρ λαβὼν τῷ αἱρετῷ ἕπεσθαι τὸ ἀγαθὸν

1 τί B: εἴ τι a 7 λαμβάνειν B[1] corr. 9 ταὐτά a: ταῦτα B 18 $\overline{η}$ in ras. B 23 ἐκεῖνα a: ἐκεῖνο B 25 μὴ a: om. B ὑπ'] ὑ in ras. B[2] 27 πρὸ ὀλίγου] c. 27 p. 43b29 28 δὴ $\overset{ω}{τὸ}$ B: δεῖ τῷ a 30 ante διὰ add. ἀλλὰ γὰρ a: expunxit B[2] γὰρ add. B[2]: om. a 31 τοῦτο a 32 οὐχ add. B[2]: om. a 33 λέγοιτο a 34 οὕτω a 35 οὐ δὶς B: οὐδεὶς a ταὐτὰ scripsi: ταῦτα aB ληψώμεθα a μὲν om. a

λήψεται, ὅτι καὶ τῇ ἀρετῇ καὶ τῇ ὑγείᾳ, ὁ δὲ πρῶτον λαβὼν τὴν ἀρετὴν 103v ἔπειτα τὸ αἱρετὸν δὶς ταὐτὸν ἔσται λαμβάνων. ἐν γὰρ τῇ ἀρετῇ τὸ αἱρετόν· οὐκέτι δὲ ἕπεται τῷ αἱρετῷ καὶ ἡ ἀρετή· ὥστε λαμβάνοι ἄν. οἷς ἕπεται τὸ περιεχόμενον ὑπὸ τοῦ ἀγαθοῦ, τούτοις ἕπεσθαι καὶ τὸ ἀγαθόν. ἢ καὶ τῶν αὐτῷ τῷ προκειμένῳ ἑπομένων τὰ μὲν κοινότερά ἐστι, τὰ δ' οὔ. τῷ γὰρ ἀνθρώπῳ ἕπεται τὸ ζῷον, ἕπεται καὶ τὸ λογικόν· ἀλλὰ κοινότερον τὸ ζῷον τοῦ | λογικοῦ, ὥστε καὶ χωρὶς τοῦ λαμβάνειν τὰ τῷ 104r ζῴῳ ἑπόμενα ἕπεσθαι τῷ ἀνθρώπῳ ἔστι τῶν ἑπομένων αὐτῷ τὰ μὲν κοινότερα τὰ δὲ ὑπ' ἐκεῖνα. ὁμοίως καὶ ἐπὶ τῶν, οἷς ἕπεται αὐτά· κοινότερον γὰρ τὸ ἐπιστήμην ἔχειν τοῦ γραμματικὴν ἔχειν, καὶ ἕπεται ἀμφοτέροις ὁ ἄνθρωπος. δύναται καὶ ἁπλούστερόν τις ἀκοῦσαι τοῦ "δεῖ δὲ καὶ τῶν ἑπομένων καὶ οἷς ἕπεται ἕκαστον εἰς τὰ πρῶτα καὶ τὰ καθόλου μάλιστα βλέπειν". λέγοι γὰρ ἂν δι' αὐτῶν οὐκέτι περὶ τῆς ἐκλογῆς (εἴρηκε γὰρ περὶ ἐκείνης, πῶς αὐτὴν χρὴ ποιεῖσθαι) ἀλλὰ περὶ τῆς λήψεως τῶν μέσων ὅρων, ἣ γίνεται ἐκ τοῦ ἄλλο ἄλλῳ ταὐτὸν εὑρίσκεσθαι. ἐπεὶ γὰρ τῶν ἑπομένων τισὶ καὶ τῶν, οἷς ἕπεται, τὰ μὲν κοινότερά ἐστιν τὰ δὲ προσεχέστερά τε καὶ ὑπ' ἐκεῖνα (οὐ γὰρ δὴ πάντα ἴσα), ἀξιοῖ τοὺς βουλομένους τὸν μέσον ὅρον λαβεῖν διὰ τοῦ τῶν ἐκλεγομένων τινὰ ταὐτὰ ἀλλήλοις εὑρεῖν πρῶτον ἐπίβλεψιν τῶν κοινοτέρων ποιεῖσθαι ζητοῦντας, εἴ τινα τούτων ἀλλήλοις ἐστὶ τὰ αὐτά, εἰ δὲ μὴ ἐν τούτοις εὑρίσκοιτο, τότε ἐπὶ τὰ μερικώτερα μεταβαίνειν. ὁ μὲν γὰρ τὰ κοινότερα τὰ αὐτὰ δείξας καὶ διὰ τούτων τι συλλογισάμενος ἔχει τὸ αὐτὸ δεικνύναι καὶ διὰ τῶν ὑπὸ τὸ κοινότερον, ὥστε πλείους οἱ συλλογισμοί· εἰ δὲ μὴ δυνηθείη διὰ τῶν κοινοτέρων, οὐκ ἀφῄρηται τὸ δύνασθαι εὑρεῖν τὸ προκείμενον ἐπὶ τῶν μερικωτέρων. δεῖξαι γάρ τις βουλόμενος τὸ Α τῷ Ε ὑπάρχον, ἂν ᾖ τῷ Ε ἑπόμενα καθολικώτερον μὲν τὸ ΚΖ ὑπὸ τοῦτο δὲ ὂν τὸ Ζ, τὸ δὲ Α ἑπόμενον αὐτὸ πάλιν καθολικώτερον μὲν τῷ ΚΓ ὑπὸ τοῦτο δὲ ὄντι τῷ Γ, δείξας μὲν ἢ τὸ ΚΓ ἢ τὸ Γ ταὐτὸν τῷ ΚΖ ἔχει δεῖξαι δι' αὐτοῦ τὸ Α καὶ τῷ Ζ ὑπάρχειν, ὃ ἦν ὑπὸ τὸ ΚΖ, καὶ τῷ Ε, ὃ ἦν τὸ προκείμενον· εἰ δὲ μὴ τούτῳ εἴη ταὐτὸν ἐκείνων τι, ὑπολείπεται τὸ ἐπὶ τοῦ Ζ πάλιν ποιεῖσθαι τὸν λόγον. ὥστε ἐν πλείοσιν ἂν ἡ ζήτησις καὶ ἐν τάξει γένοιτο. ὁ δ' αὐτὸς λόγος καὶ ἐπὶ τῶν ΚΓ καὶ Γ, οἷς εἵπετο τὸ Α. καὶ γὰρ τούτων πρῶτον μὲν τὸ ΚΓ τὸ καθολικώτερον εἰ δειχθείη τῷ ΚΖ ὄντι καθόλου ταὐτόν, διὰ τούτου δειχθήσεται τὸ Α τῷ Ε ὑπάρχον· εἰ δὲ μὴ τοῦτο εἴη ταὐτόν τινι ἐκείνων, καταλείπεται ζητεῖν περὶ τοῦ Γ, εἰ τοῦτό ἐστί τινι ταὐτὸν ἐκείνων. δύναται τὸ ὁμοίως δὲ καὶ ἐφ' ὧν αὐτὸ ἀκολουθεῖ σκεπτέον καὶ αὐτὸ περὶ τοῦ Ε λέγειν. ἂν γὰρ βουλόμενοι δεῖξαι τὸ Α τινὶ τῷ Ε ὑπάρχειν ζητῶμεν, τί τῶν, οἷς ἕπεται τὸ Α, τινὶ

5 αὐτῶν a 8 ἑπόμενα om. a 10 τὸ ex τοῦ corr. B[2] 15 ταὐτὸν ἄλλῳ a 16 ἐπεὶ scripsi: ἐπὶ aB 17 τε om. a 18 τοῦ τῶν ex τούτων corr. B[2] 19 ἐπίβλεψιν scripsi (cf. p. 329, 10): ἐπὶ aB 22 διὰ (ante τῶν) B: τινα a 26 ἑπόμενον a ὂν τὸ scripsi: ὄντος τοῦ aB δὲ τοῦτο a 29 ὑπάρχειν B[1] corr.: ὑπάρχον a B pr. 30 τούτῳ ex τοῦτο corr. B[1] 36 ταὐτόν τινι a αὐτὸ superscr. B[2] 38 ὑπάρχον a

τῶν, οἷς ἕπεται τὸ Ε, ταὐτόν ἐστι (τούτου γὰρ εὑρεθέντος διὰ τοῦ τρίτου 104r σχήματος τὸ προκείμενον δείκνυται), πάλιν δεῖ πρῶτον τὰ καθολικώτερα τῶν, οἷς ἕπεται τὸ Ε, ζητεῖν, εἰ ταὐτά ἐστί τισι τῶν, οἷς ἕπεται τὸ Α, καθολικωτέροις· ἂν γὰρ μὴ τούτων τι εὑρεθῇ, ὑπολείπεται τὸ ἐπὶ τῶν μερικωτέρων πάλιν ζήτησιν ποιήσασθαι.

p. 44b3 Ὁμοίως δὲ καὶ ἐφ' ὧν αὐτὸ ἀκολουθεῖ σκεπτέον.

Αὐτὸ εἶπεν ἀντὶ τοῦ 'αὐτά'· ἔστι γάρ, ὃ λέγει, 'ὁμοίως δὲ σκεπτέον καὶ ἐπὶ τῶν, οἷς αὐτὰ ἀκολουθεῖ', δῆλον ὅτι τὸ Α καὶ τὸ Ε. εἰ μὲν γὰρ τῶν κοινοτέρων, οἷς ἀκολουθεῖ ταῦτα, εὑρίσκοιτό τι ταὐτόν, ᾧ ἀμφότερα ἀκολουθεῖ, εὑρίσκοιτο ἂν καὶ ἐν τοῖς ὑπὸ ταῦτα· εἰ δὲ μὴ ἐν τοῖς κοινοτέροις καὶ καθολικωτέροις εὑρίσκοιτό τι ταὐτόν, δυνήσεται εὑρεθῆναι ἐν τοῖς ὑπὸ ταῦτα.

p. 44b6 Δῆλον δέ, ὅτι καὶ διὰ τῶν τριῶν ὅρων καὶ τῶν δύο προτάσεων ἡ σκέψις.

Δείξας, πῶς οἷόν τε γίνεσθαι τοὺς συλλογισμοὺς καθ' ἕκαστον πρόβλημα, φανερόν φησι καὶ ἐκ τούτων εἶναι, ὅτι πᾶς συλλογισμὸς ἁπλοῦς διὰ τριῶν ὅρων καὶ διὰ δύο γίνεται προτάσεων καὶ διὰ τῶν τριῶν σχημάτων, ἃ φθάσας ἔδειξεν ἤδη. καὶ πῶς δῆλον καὶ ἐκ τούτων, δείκνυσιν. ὑπάρχειν μὲν γὰρ παντὶ δείκνυται τὸ Α τῷ Ε, εἰ εἶεν τὸ Γ καὶ τὸ Ζ τὰ αὐτὰ καὶ εἷς ὅρος ἐξ αὐτῶν γένοιτο· τοῦτον γὰρ μέσον ὅρον λαβόντες δείκνυμεν τὸ Α τῷ Ε παντὶ ὑπάρχον διὰ προτάσεων | δύο καθόλου καταφατικῶν ἐν πρώτῳ 104v σχήματι. πάλιν δ' αὖ, ἂν τινὶ δεικνύωμεν τὸ Α τῷ Ε, λαμβάνομεν τὸ Γ καὶ Η ταὐτά, οἷς εἵπετο τὸ Α καὶ τὸ Ε· ἐὰν γὰρ ἕνα ὅρον ταῦτα ποιήσωμεν καὶ θῶμεν μέσον, συνάγεται τὸ Α τῷ Ε τινὶ ὑπάρχον διὰ τοῦ τεθέντος μέσου ἐν τρίτῳ σχήματι. ὅταν δὲ δεικνύωμεν τὸ Α τῷ Ε μηδενί, πάλιν λαμβάνομεν τὸ Δ καὶ τὸ Ζ ταὐτὰ καὶ ἐξ αὐτῶν ἕνα ποιοῦμεν ὅρον τὸν μέσον. γίνεται δὲ ἡ δεῖξις τούτου οὕτως ληφθέντος καὶ ἐν τῷ πρώτῳ σχήματι καὶ ἐν τῷ δευτέρῳ, καὶ ἐν μὲν τῷ πρώτῳ, ἂν λάβωμεν, ἐπεὶ τὸ Ζ ταὐτὸν [ὂν] τῷ Δ, ὃ οὐδενὶ ὑπάρχει τῷ Α, καὶ τὸ Α τῷ Ζ μηδενί (ἀντιστρέφει γὰρ ἡ καθόλου ἀποφατική), τὸ δέ γε Ζ παντὶ τῷ Ε (εἵπετο γὰρ αὐτῷ), ἐν δὲ τῷ μέσῳ σχήματι, ὅτι τὸ Δ, ὃ ἐστι ταὐτὸν τῷ Ζ, τῷ μὲν Α οὐδενὶ ὑπάρχει τῷ δὲ Ε παντί. οὐκέτι δὲ ἐνταῦθα τῆς ἑτέρας ἐκλογῆς ἐμνημόνευσε, καθ' ἣν ἐν δευτέρῳ σχήματι μόνον ἡ συναγωγὴ γίνεται, εἰ τῶν Β τῶν ἑπομένων τῷ Α ταὐτόν ⟨τί⟩ τινι εἴη τῶν Θ, ἃ οὐχ

2 τὰ καθολικώτερα post ε̄ (3) transponit a 9 post κοινοτέρων add. καὶ πρώτων a 13 καὶ ὅτι Ar. 18 δῆλον in δηλῶν corr. B[3] 28 καὶ ἐν μὲν τῷ om. a 29 ὂν delevi 31 ζ . . . δ a 32 post δὲ prius add. γε a 34 τί addidi τῶν θ a: τῷ θ̄ B

ὑπάρχει τῷ Ε, ὅτι ὁμοία καὶ ἐπὶ τούτου ἡ δεῖξις· εἴρηκε δὲ περὶ αὐτῆς 104v ἐν τοῖς πρώτοις. ἐπὶ μέρους δέ γε ἀποφατικὸν συνάγοντες ἀπὸ τοῦ Α πρὸς τὸ Ε λαμβάνομεν τὸ Δ καὶ τὸ Η ταὐτά, καὶ ἕνα μέσον ὅρον ποιήσαντες ἐξ αὐτῶν ἐν τρίτῳ σχήματι διὰ δύο προτάσεων συνάγομεν τὸ ἐπὶ μέρους ἀποφατικόν· τὸ μὲν γὰρ Α οὐδενὶ τῷ Δ, ὅ ἐστι ταὐτὸν τῷ Η, τὸ δὲ Ε παντὶ τῷ Η, ὅ ἐστι ταὐτὸν τῷ Δ.

p. 44b19 Φανερὸν οὖν, ὅτι διὰ τῶν προειρημένων σχημάτων οἱ συλλογισμοί, καὶ ὅτι οὐκ ἐκλεκτέον, ἃ πᾶσιν ἕπεται.

Ὅτι μὲν πάντες οἱ συλλογισμοὶ καὶ πάντα τὰ προβλήματα διὰ τῶν τριῶν σχημάτων, καὶ ἐν τούτοις ἔδειξεν. ὑπομιμνήσκει δὲ ἡμᾶς καὶ οὗ εἶπε μέν, ὑπερέθετο δὲ αὐτοῦ τὴν αἰτίαν ἐρεῖν, ἣν νῦν λέγει· ἦν δέ, ὅτι μὴ δεῖ ἐκλέγειν τὰ πᾶσιν ἑπόμενα, τοῦτ' ἔστιν, ὅτι οὐκ εἴ τινα τὰ αὐτὰ ἀμφοτέροις ἕπεται, ταῦτα ἐκλεκτέον. αἰτίαν δὲ τούτου ἀποδίδωσιν, ὅτι μηδεὶς γίνεται συλλογισμὸς τοῦ ἀμφοτέροις τοῖς ἄκροις ἑπομένου ληφθέντος· εἰ δὲ τοῦτο, ἄχρηστος ἂν εἴη πρὸς συλλογισμῶν εὕρεσιν ἡ τούτων ἐκλογή. ὅτι δὲ μὴ γίνεται συλλογισμός τις, ἔδειξε καθόλου. οὔτε γὰρ κατασκευαστικὸς καὶ καταφατικὸς οὔτε ἀνασκευαστικὸς καὶ ἀποφατικός, καταφατικὸς μέν, ὅτι ἐκ τῶν ἑπομένων ἀμφοτέροις οὐδὲν συνάγεται συλλογιστικῶς (διὰ τοῦτο γὰρ ἐν δευτέρῳ σχήματι ἀσυλλόγιστοι αἱ ἐκ δύο καταφατικῶν ἐδείχθησαν οὖσαι συζυγίαι), ἀποστερεῖν δ' οὐκ ἐνδέχεται, τοῦτ' ἔστι 'στερητικὸν δὲ καὶ ἀποφατικὸν συλλογισμὸν οὐκ ἐνδέχεται γενέσθαι ἐξ ἀμφοτέρων καταφατικῶν'· τὸ γὰρ ἑπόμενον ἀμφοτέροις καταφάσκεται ἀμφοτέρων· ἐν δὲ τοῖς ἀποφατικὸν συνάγουσι καὶ δεικνύουσιν ἐξ ἀνάγκης δεῖ τὴν ἑτέραν πρότασιν ἀποφατικὴν εἶναι.

p. 44b25 Φανερὸν δέ, ὅτι καὶ αἱ ἄλλαι σκέψεις τῶν κατὰ τὰς ἐκλογὰς ἄχρειοι πρὸς τὸ ποιεῖν συλλογισμόν.

Δείξας, ὅτι, εἰ τὰ ἀμφοτέροις ἑπόμενα ταὐτὰ ληφθείη εἶναι, οὐδεὶς ἔσται συλλογισμός, φησίν, ὅτι οὐδ' ἂν ἄλλα τινὰ τῶν ἐκλελεγμένων ἡμῖν ταὐτὰ ἀλλήλοις λάβωμεν, παρ' ἃ προειρήκαμεν, οὐδ' οὕτως ἔσται συλλογισμός. πρῶτον μὲν οὖν εἶπεν, ὅτι μὴ δεῖ ἐκλέγειν τὰ πᾶσιν ἑπόμενα. νῦν δέ φησιν, ὅτι ἀλλ' οὐδὲ τῶν ἐκλελεγμένων, ἃ ἐδόκει ἀλλήλων διαφέρειν, ληπτέον τινὰ τῶν ἀμφοτέροις ἑπομένων ὡς ἕνα ποιήσοντας ὅρον ἐξ αὐτῶν· καὶ γὰρ οὕτως γίνεται τὸ δεύτερον σχῆμα ἔχον τὰς δύο καταφατικάς.

1 ὑπάρχει ex ὑπῆρχε corr. B[1] τῷ ex τὸ corr. B[2] τούτου B: ταύτης a εἴρηκε] p. 44a25—27 4 post συνάγομεν add. καὶ a 6 η̄ . . . δ a: δ̄ . . . η B (ut vs. 5) 8 post συλλογισμοὶ add. πάντες Ar. (cf. vs. 9) ἃ aB: ὅσα Ar. 11 εἶπε] c. 27 p. 43b36 12 ὅτι om. a 14 τοῖς ἄκροις om. a 15 τοῦτο ex οὗτος corr. B[1] ἄχρηστον a συλλογισμοῦ a 19 τούτων a 20 post οὖσαι add. αἱ a 22 καταφάσκεται B: κατασκευάζεται a 25 καὶ ὅτι Ar. αἱ a et Ar.: om. B τῶν om. a 31 οὐδὲ B: οὐ δὲ a 32 ποιήσοντας a: ποιήσαντας B

ἀλλ' οὐδὲ τῶν Γ τι λαβόντας (τούτοις γὰρ ἕπεται τὸ Α) συγκριτέον τῶν Θ 104v τινί, ἃ οὐχ ὑπῆρχε τῷ Ε· ἔσται γὰρ οὕτως τὸ πρῶτον σχῆμα τὴν ἐλάττονα πρότασιν ἀποφατικὴν ἔχον· ἔσται γὰρ τὸ μὲν Α παντὶ τῷ Γ, ὃ ἦν τὸ Θ, τὸ δὲ Θ, ὃ ἦν τὸ Γ, οὐδενὶ τῷ Ε. ἂν γὰρ ἀντιστρέψαντες ἀμφοτέρας λάβωμεν, τὸ Ε τῷ Θ οὐδενί, τοῦτ' ἔστι τῷ Γ, τὸ δὲ Γ τινὶ τῷ Α, συναχθήσεται μὲν | τὸ Ε τινὶ τῷ Α μὴ ὑπάρχειν, ἀλλ' οὐ τὸ προκείμενον 105r ἔτι τῷ μὴ ἀντιστρέφειν τὸ ἐπὶ μέρους ἀποφατικόν. κἂν ἐν τρίτῳ δὲ σχήματι τὴν συμπλοκὴν ποιήσῃ, καὶ οὕτως ἀσυλλόγιστος ἡ συμπλοκή· γίνεται γὰρ ἐν αὐτῇ ἡ ἐλάττων ἀποφατική· τὸ μὲν γὰρ Α κατὰ παντὸς τοῦ Θ, εἴ γε καὶ κατὰ παντὸς τοῦ Γ, ᾧ ταὐτόν ἐστι τὸ Θ, τὸ δὲ Ε κατ' οὐδενὸς τοῦ Θ. ἀλλ' οὐδὲ τῶν ἑκατέροις μὴ ὑπαρχόντων τινὰ ταὐτὰ ἀλλήλοις ληπτέον, οἷον τῶν Δ τι καὶ τῶν Θ· ἀμφότεραι γὰρ ἔσονται αἱ προτάσεις ἀποφατικαί, ἢ ἐν τῷ πρώτῳ σχήματι, εἰ ἀντιστρέψαιμεν τὴν Δ Α, ἥ ἐστιν ἴση τῇ Θ Α, ἵνα ληφθῇ τὸ Α μηδενὶ τῷ Θ, τὸ δὲ Θ μηδενὶ τῷ Ε, ἢ ἐν τῷ μέσῳ σχήματι, εἰ εἴη τὸ Δ, ὅ ἐστι ταὐτὸν τῷ Θ, μήτε τῷ Α μήτε τῷ Ε ὑπάρχον.

p. 44b38 Δῆλον δέ, ὅτι καὶ ὁποῖα ταὐτὰ ληπτέον κατὰ τὴν ἐπίσκεψιν καὶ ὁποῖα ἑτέρα ἢ ἐναντία.

Δείξας, τίνα οὐ χρὴ συγκρίνειν ἀλλήλοις καὶ ὡς ταὐτὰ λαμβάνοντας συντιθέναι διὰ τὸ μηδένα ἐξ αὐτῶν οὕτως ληφθέντων γίνεσθαι συλλογισμόν, φησίν, ὅτι καὶ τίνα χρὴ ταὐτὰ ἀλλήλοις πρὸς τὸ συλλογίζεσθαι τῶν προβλημάτων τι, δῆλον ἡμῖν ἐγένετο. προστίθησι δὲ τὸ καὶ ὁποῖα ἕτερα ἢ ἐναντία, ὧν οὐδαμοῦ ἐμνημόνευσεν ἐν τοῖς προειρημένοις. ὃ δὲ λέγει, τοιοῦτον ἂν εἴη· ἐξ ὧν, φησίν, εἰρήκαμεν (εἰρήκαμεν δὲ περὶ τοῦ ποῖα δεῖ ταὐτὰ λαμβάνοντα καθ' ἕκαστον πρόβλημα τὸν τοῦ προειρημένου δεικτικὸν συλλογισμὸν ποιεῖν), ἔστι δὴ ἐκ τούτων δῆλον καὶ ὁποῖα δεῖ τῶν ἐκλελεγμένων ἕτερα ἀλλήλων λαμβάνειν ἢ καὶ ἐναντία· ἕπεται γὰρ τῇ γνώσει τῶν ὁμοίων τε καὶ τῶν αὐτῶν καὶ ἡ τῶν ἑτέρων τε καὶ ἐναντίων γνῶσις. ὅταν γὰρ ᾖ τὸ ἑπόμενόν τινι ταὐτὸν τῶν μὴ ὑπαρχόντων τινί, δῆλον ὡς τοῦτο ἅμα καὶ ἐναντίον ἐστί τινι τῶν ἑπομένων ἐκείνῳ. οἷον εἰ τὸ Β τὸ ἑπόμενον τῷ Α ταὐτόν ἐστί τινι τῶν Θ, ἃ οὐχ ὑπάρχει τῷ Ε, δῆλον ὡς καὶ τῶν Ζ τῶν ἑπομένων τῷ Ε τινὶ ἢ ἀντίκειται ἢ ἐναντίον ἐστὶ τὸ Β ὡς καὶ τὸ Θ, εἴ γε τὰ μὲν ἑπόμενά τινι τοῖς μὴ ὑπάρχουσι τῷ αὐτῷ ἐναντία ἐστὶν ἢ ἀντικείμενα· τούτοις δὲ τοῖς μὴ ὑπάρχουσι τῷ Ε ταὐτόν ἐστι τὸ Β τὸ τῷ Α ἑπόμενον· τοῖς Ζ ἄρα τοῖς

1 τῶν Θ scripsi: τῷ Θ aB 5 τῷ Θ τὸ ε a 6 ε om. a post οὐ expunxit δὲ B[2] 9 γὰρ alterum om. a 11 ταὐτὰ scripsi: ταῦτα B: αὐτὰ a 14 δὲ om. a 17 ὅτι om. codices Arist. et Alexander ipse p. 313,18, 314,3 (καὶ ὅτι 314,6) 18 post καὶ add. οὐχ Arist. (cf. 314,7) 20 οὕτω a 21 post ἀλλήλοις add. λαμβάνειν a 25 λαμβάνοντας a 27 δεῖ ex δὲ corr. B[2] 28 τῶν αὐτῶν scripsi: ταυτῶν aB 29 ante ἐναντίων add. τῶν a 32 τῶν ζ a: τὸ ζ B 33 καὶ om. a 34 ἐναντία ex ἐναντίων vel ἐναντίου corr. B[1]

ἑπομένοις τῷ Ε τὸ Β τὸ ἑπόμενον τῷ Α ἢ ἐναντίον ἢ ἀντικείμενόν ἐστιν, 105r ἐπεὶ ταὐτόν ἐστί τινι τῶν Θ τῶν μὴ ἑπομένων τῷ Ε. τὸ μὲν οὖν προηγούμενόν ἐστι τὸ λαβεῖν τινα τῶν ἐκλεγομένων ταὐτὰ ἀλλήλοις. οὗ τὴν αἰτίαν παρέθετο, ὅτι τὴν ἐπίβλεψιν τῶν ἐκλεγομένων ποιούμεθα οὐ δι' ἄλλο τι ἢ τὸν μέσον ὅρον εὑρεῖν τε καὶ λαβεῖν βουλόμενοι, δι' οὗ τοὺς ἄκρους συνάξομεν. τὸν δὲ μέσον τὸν αὐτὸν καὶ ἕνα δεῖ εἶναι· γίνεται δὲ οὗτος, ἂν δείξωμέν τινα τῶν ἐξ ἑκατέρου ἐκλελεγμένων ταὐτὰ ὄντα ἀλλήλοις· οὕτω γὰρ ἔσται τὰ δύο ἕν τε καὶ μέσος ὅρος. ὥστε τὸ προηγούμενόν ἐστι τὸ λαβεῖν τινα ταὐτὰ ἀλλήλοις ὄντα. ἐκ δὲ τῆς τούτων λήψεως δῆλον γίνεται, καὶ τίνα ἕτερα τῶν περὶ ἑκατέρου ἐκλεγομένων ἀλλήλων ἔσται καὶ τίνα ἐναντία. εἰ μὲν γὰρ τὰ Ζ, Γ τὰ αὐτά, δῆλον ὡς ἀντικείμενα γίνεται τὸ μὲν Ζ τὸ ἑπόμενον τῷ Ε τῷ Δ, ᾧ οὐχ ὑπάρχει τὸ Α (ὡς γὰρ τῷ Α τὸ Δ οὐχ ὑπάρχει, οὕτως οὐδὲ τῷ Γ, ᾧ ἕπεται τὸ Α· ὡς οὖν τὸ Γ τῷ Δ ἀντίκειται, οὕτως καὶ τὸ Ζ ἐστὶν αὐτῷ ἀντικείμενον ταὐτὸν ὂν τῷ Γ· τῷ μὲν γὰρ Γ ἕπεται τὸ Α, τῷ δὲ Δ οὔ, διὸ ἀντίκειται· οὕτως καὶ τὸ Ζ ἔσται τῷ Δ ἀντικείμενον), ἀλλὰ καὶ τὸ Γ τῷ Θ διὰ τὸ αὐτό. εἰ δὲ τὰ Γ, Η πάλιν εἴη τὰ αὐτά, ἔσται ἀντικείμενα τὸ μὲν Γ τῷ Θ τὸ δὲ Η τῷ Δ.

Δύναται τὸ εἰρημένον διὰ τῆς λέξεως τῆς δῆλον δὲ καὶ ὁποῖα ταὐτὰ ληπτέον κατὰ τὴν ἐπίσκεψιν καὶ ὁποῖα ἕτερα ἢ ἐναντία ὡς ἴσον εἰρῆσθαι τῷ 'δῆλον δὲ ἐκ τῶν εἰρημένων καὶ τίνα χρείαν παρέχεται τά τε ταὐτὰ ἐκ τῶν ἐκλεγομένων ληφθέντα, καθ' ὃν ὑφηγήμεθα τρόπον, καὶ εἰ ἐξ αὐτῶν λαμβάνοιτο τὰ ἐναντία ἀλλήλοις ἢ τὰ ἀντικείμενα'. οὐ γὰρ συλλογιστικὴ ἡ τῶν τοιούτων ἐκλογή, ὡς δείκνυσι διά τε | τοῦ 105v παραστῆσαι, ὅτι τῆς τοῦ μέσου ὅρου εὑρέσεως χάριν ἡ ἐπίσκεψις γίνεται, δεῖ δὲ τὸν μέσον ὅρον ἕνα καὶ τὸν αὐτὸν εἶναι, οὐ γίνεται δὲ τὰ ἐναντία ἀλλήλοις ἕν, καὶ διὰ τοῦτο, ὅτι καὶ ἐν οἷς συμβαίνει γίνεσθαί τινα συλλογισμὸν ληφθέντων τινῶν ἐναντίων εἶναι ἀλλήλοις ἐκ τῶν περὶ ἑκατέρου ἐκλελεγμένων. καθ' ὃν πεποιήμεθα τὴν ἐκλογὴν τρόπον, ἢ μὴ ἐνδεχομένων τῷ αὐτῷ ὑπάρχειν, τοῦτ' ἔστιν ἀντικειμένων, ἃ εἶπεν ἐν τοῖς ἐπάνω ἕτερα ἢ ἐναντία, ὑποπίπτει καὶ ταῦτα τῇ προειρημένῃ ὑφ' ἡμῶν ἐκλογῇ, καθ' ἣν ἐδείκνυμεν καὶ ἐλαμβάνομεν ταὐτά τινα τῶν περὶ ἑκάτερον ἐκλελεγμένων· καὶ γὰρ ταῦτα οὐ δι' ἄλλο τι εὑρεθήσεται συνάγοντα καὶ συλλογιζόμενά τι ἢ διά τινα τῶν προειρημένων ἡμῖν ἐκλογῶν. ἡ δὲ λέξις ἐνδεῶς ἔχει· λείπειν γὰρ δοκεῖ τῷ καὶ ὁποῖα ἕτερα ἢ ἐναντία τὸ μὴ εἶναι μέντοι τὴν τούτων ἐκλογὴν χρήσιμον προηγουμένως πρὸς τὴν εὕρεσιν τῶν προτάσεων. τὸ γὰρ ἐπιφερόμενον τῇ λέξει ἔλεγε τὸ εἶτα ἐν ὅσοις καὶ συμβαίνει γίνεσθαι συλλογισμὸν τῷ ληφθῆναι ἐναντία ἢ μὴ ἐνδεχόμενα τῷ αὐτῷ ὑπάρχειν, εἰς τοὺς προειρημένους ἅπαντα

5 βουλόμενος a   6 οὕτως a   12 ὑπῆργε a   14 ante ἀντικείμενον add. τὸ a   17 ταυτά a   ante ἀντικείμενα expunxit τὰ B[1], ut videtur   18 ὁποῖα B: ὁπότερα a   21 ante ἐκ expunxit καὶ B[2]   ἐκλελεγμένων a   22 τὰ alterum superscr. B   23 τῶν τοιούτων B: τούτων a   26 καὶ alterum superscr. B[2]   27 ἑκατέρων a   32 εὑρεθήσονται a   post καὶ alterum expunxit συνάγοντα καὶ B[2]   36 ἔλεγε τὸ scripsi: ἐλέγετο aB   38 ἅπαντα Ar.: ἅπαντας aB (in fu, corr. B)

ἀναχθήσεται τρόπους. αὕτη γὰρ ἡ λέξις μηνύει, ὅτι τοιοῦτον λείπει 105v τῇ προειρημένῃ λέξει τῇ δῆλον δὲ καὶ ὁποῖα ταὐτὰ ληπτέον κατὰ τὴν ἐπίσκεψιν καὶ ὁποῖα ἕτερα ἢ ἐναντία, τὸ μὴ εἶναι μέντοι τὴν τούτων ἐκλογὴν χρήσιμον. καὶ εἴη ἂν οὕτως τὸ κατάλληλον σώζουσα· δῆλον δὲ καὶ ὅτι ὁποῖα ταὐτὰ ληπτέον κατὰ τὴν ἐπίσκεψιν, καὶ οὐχ ὁποῖα ἕτερα ἢ ἐναντία.

p. 45a4 Οἷον εἰ τὸ Β καὶ τὸ Ζ ἢ ἐναντία ἢ μὴ ἐνδέχεται τῷ αὐτῷ ὑπάρχειν.

Δείκνυσιν, ὅτι καὶ ὅταν ἐναντία λαβόντες τινὰ ἀλλήλοις εἶναι τῶν περὶ ἑκατέρου τῶν ἄκρων ἐκλελεγμένων ἢ ὅλως ἀντικείμενα δεικνύωμέν τι καὶ συλλογιζώμεθα, ὅτι καὶ τότε οὐ διὰ τὸ τὰ ἐναντία ἢ ἀντικείμενα εἰλῆφθαι ὁ συλλογισμὸς ἀλλὰ διὰ τὸ τινά, ὧν προειρήκαμεν ἡμεῖς ἐκλογῶν, ἀληθῆ εἶναι. εἰ γάρ τις λαβὼν τὸ Β (τοῦτο δ' ἦν ἑπόμενον τῷ Α) ἐναντίον εἶναι τῷ Ζ, ὃ ἦν τῷ Ε ἑπόμενον, δεικνύοι, ὅτι μηδενὶ τῷ Ε τὸ Α ὑπάρχει, οὐ δι' ἄλλο τι τοῦτο δείξει συναγόμενον ἢ δι' ὃν ἡμεῖς εἰρήκαμεν τρόπον. εἰ γὰρ τὸ Ζ καὶ τὸ Β εἴη ἐναντία, ἀμφοτέροις, τῷ τε Ε καὶ τῷ Α, ἑπόμενα, ἀδύνατα ἂν εἴη ἀμφότερα τῷ αὐτῷ, ἢ τῷ Α ἢ τῷ Ε, ὑπάρχειν· δῆλον γὰρ ὡς τὸ Β τῷ μὲν Α παντὶ ὑπάρξει, τῷ δὲ Ε οὐκ ἂν ἐνδέχοιτο αὐτὸ ὑπάρχειν ἐναντίον γε ὂν τοῖς ἑπομένοις αὐτῷ· ταῦτα δ' ἦν τὰ Ζ· ἀλλὰ μὴν τὰ μὴ ὑπάρχοντα τῷ Ε τὰ Θ ἦν· τὸ ἄρα Β τινὶ τῶν Θ ἔσται ταὐτόν. οὕτως γὰρ παντὶ μὲν τῷ Α τὸ Β τῷ Θ ὂν ταὐτόν, τῷ δὲ Ε οὐδενὶ τὸ Θ ὑπάρξει· οὗτος δέ ἐστιν εἷς τῆς ἐκλογῆς τῶν προειρημένων ὑφ' ἡμῶν τρόπος. ἐπεὶ ἄν γε ληφθῇ τὸ μὲν Β παντὶ τῷ Α τὸ δὲ Ζ παντὶ τῷ Ε, ἐναντίον δὲ ᾖ τὸ Β τῷ Ζ, ἐκ τούτων οὐδὲν οἷόν τε προσεχῶς συναχθῆναι· οὐδὲ γὰρ μέσος τις ὅρος ἐν ταῖς προτάσεσιν εἴληπται. εἰ γὰρ τὸ μὲν λευκὸν χιόνι τὸ δὲ μέλαν ἐναντίον ὂν τῷ λευκῷ πίττῃ, χιὼν μὲν οὐδεμιᾷ πίττῃ, οὐ μὴν ἐκ τῶν κειμένων, ἐπειδὴ μὴ εἴληπταί τι κοινόν. ἀλλὰ τῷ τὸ Β τὸ ἑπόμενον τῷ Α ταὐτὸν εἶναι τῷ Θ, ὃ οὐχ οἷόν τε ὑπάρχειν τῷ Ε, ἢ πάλιν τὸ Ζ, ὃ ἦν ἑπόμενον τῷ Ε, ταὐτὸν εἶναι τῷ Δ, ὃ μὴ ἐνδέχεται τῷ Α. οὕτω γὰρ τὸ αὐτὸ τῷ μὲν ἑτέρῳ αὐτῶν ὑπάρξει παντὶ τῷ δὲ ἑτέρῳ οὐδενί, καὶ ἔσται συλλογισμός, καθ' ὃν τρόπον εἰρήκαμεν, ἐν δευτέρῳ σχήματι· δεῖ γὰρ τὸ λευκὸν ταὐτόν τινι εἶναι τῶν μὴ ἐνδεχομένων πίττῃ ὑπάρχειν, ἵν' οὕτως ᾖ συλλογισμός, ἀλλ' οὐχ ἁπλῶς [ὡς] ἐναντίον τῷ μέλανι, ὃ ὑπάρχει τῇ πίττῃ.

1 ἀναχθήσονται a 5 etiam δῆλον ... ἐναντία (6) lemmatis loco in aB ὅτι superscr. B[1] ταῦτα B ληπτέον a et Ar. (et B ipse supra): ληπτέα B 7 ἢ (post ζ) Ar.: ᾖ aB 10 δεικνύομεν a 10. 11 συλλογιζώμεθα scripsi: συλλογιζόμεθα aB 11 τὸ corr. B[2]: τοῦ a B pr. 12 εἶναι ἀληθῆ a 14 δεικνύει a 15 δείξει ex δεῖξαι, ut videtur, corr. B[1]: δόξει a εἰρήκαμεν ἡμεῖς a 15. 16 τὸ β καὶ τὸ ζ a 16 ᾱ καὶ τῷ ε̄ a 17 τῷ αὐτῷ ἀμφότερα a 18 αὐτὸ scripsi: αὐτῷ aB 19 ἐναντίον iterat a 20 ἦν B: ᾖ a οὕτω a 21 μὲν om. a 23 γε B: τε a ἐναντίον scripsi: ἐναντία aB ᾖ scripsi: εἴη aB 24 τῷ B: καὶ τὸ a 27 τὸ prius superscr. B[3] 29 μὴ B: ἦν ἑπόμενον a 33 οὕτως ex οὗτος corr. B[1] ὡς delevi

p. 45a9 Πάλιν εἰ τὸ Β καὶ τὸ Η μὴ ἐγχωρεῖ τῷ αὐτῷ παρεῖναι, 105v
ὅτι τινὶ οὐχ ὑπάρξει τῷ Ε τὸ Α.

Δείξας ἐπὶ τῶν ἀμφοτέροις ἑπομένων, τῷ τε Α καὶ τῷ Ε, εἰ ἐναντία ταῦτα εἴη καὶ μὴ ἐνδεχόμενα ἅμα τῷ αὐτῷ, τὸ Α μηδενὶ τῷ Ε ὑπάρχον, οὐ μὴν διὰ τὸ ἐναντία τὰ Β, Ζ ἀλλήλοις εἶναι ἀλλὰ διὰ τὸ ἢ τὸ Β ταὐτὸν εἶναι τῷ Θ, ὃ οὐχ ὑπῆρχε τῷ Ε, ἢ τὸ Ζ τῷ Δ, ὃ πάλιν οὐδὲ αὐτὸ ὑπῆρχε τῷ Α, νῦν δείκνυσιν, ὅτι, κἂν ληφθῇ τὸ Β τὸ ἑπόμενον τῷ | Α 106r ἐναντίον εἶναι τῷ Η, ᾧ εἵπετο τὸ Ε, ὅτι τινὶ μὲν οὐχ ὑπάρχει τὸ Α τῷ Ε, οὐ μὴν διὰ τὸ ἐναντία μὲν εἶναι τὸ Β καὶ τὸ Η ἕπεσθαι δὲ τῷ μὲν Α τὸ Β τῷ δὲ Η τὸ Ε· οὐ γὰρ συλλογιστικὴ ἡ τοιαύτη λῆψις τῶν προτάσεων τῷ μηδένα μέσον καὶ κοινὸν ὅρον εἰλῆφθαι· ἀλλ' ἔσται συναγόμενον τὸ Α τινὶ μὴ ὑπάρχον τῷ Ε ἐν δευτέρῳ σχήματι τῷ τὸ Β τῷ μὲν Α παντὶ ὑπάρχειν τῷ δὲ Ε τινὶ μή. ᾧ γὰρ ὑπῆρχε τὸ Η τοῦ Ε, τούτῳ τὸ Β ἐναντίον ⟨ὂν⟩ τῷ Η οὐχ ὑπάρξει· τινὶ δὲ τῷ Ε τὸ Η ὑπῆρχεν· οὕτω γὰρ ἀντιστρέφει τὸ καθόλου καταφατικόν· ὥστε καὶ τὸ Β τινὶ αὐτῷ οὐχ ὑπάρχει· ἐναντίον γὰρ τῷ Η ἐλήφθη. ἐπεὶ δὲ ἀληθές ἐστι τὸ ἐπὶ μέρους ἀποφατικὸν καὶ διὰ τὸ καθόλου ἀποφατικόν (κἂν γὰρ μηδενί) καὶ τὸ μηδενὶ ὑπάρχον τινὶ μὴ ὑπάρχειν. ἂν ληφθῇ τὸ Β τῷ Θ τινὶ ταὐτόν, καὶ τὸ Β οὐδενὶ τῷ Ε ὑπάρξει· οὕτω δὲ καὶ τὸ Α οὐδενὶ τῷ Ε ὑπάρχει· εἰ δὲ οὐδενὶ αὐτῷ, ὑπάρξει καὶ τινὶ οὔ. κειμένου δὴ τοῦ Β τῷ μὲν Α παντὶ τῷ δὲ Ε τινὶ μή, γίνεται συζυγία ἐν δευτέρῳ σχήματι ἡ διὰ τῆς εἰς ἀδύνατον ἀπαγωγῆς δεικνύουσα τὸ Α τινὶ τῷ Ε μὴ ὑπάρχον. αὐτὸς δὲ ἀντὶ τοῦ 'τινὶ μή' τὸ 'μηδενί' ἔλαβε διὰ τὰ εἰρημένα. ἢ τὸ λεγόμενον τοιοῦτόν ἐστιν· εἰ εἴη κείμενον, ᾧ τὸ Η τινὶ ὑπάρχει, τούτῳ μηδενὶ τὸ Β, ἔσται τὸ μὲν Β τῷ Θ ταὐτόν, καὶ καθόλου τε ἀποφατικὴ ἡ ΒΕ πρότασις καὶ τὸ συμπέρασμα ὁμοίως τὸ ΑΕ καθόλου ἀποφατικόν. τὸ δὲ ὅτι τινὶ οὐχ ὑπάρξει τὸ Α οὐκ ἂν εἴη εἰρημένον ὡς ἐπὶ μέρους ἀποφατικοῦ συναχθησομένου, ἀλλ' ἀντὶ τοῦ 'ὅτι οὔ τινι ὑπάρξει τὸ Α'· τῷ γὰρ Ε οὐχ ὑπάρχει τὸ Α. ὅτι δὲ τὸ Β, εἰ μὴ τῷ Ε ὑπάρχοι, ταὐτὸν ἔσται τινὶ τῶν Θ, ἔδειξεν εἰπὼν πάντα γὰρ εἴληπται τὰ μὴ ἐνδεχόμενα τῷ Ε ὑπάρχειν, δῆλον ὅτι ἐπὶ τοῦ Θ· τοῦτο γὰρ οὐ προσέθηκεν ὡς ὂν δῆλον. εἰ δὲ πάντα τὰ μὴ ὑπάρχοντα τῷ Ε ἐπὶ τοῦ Θ ἐστίν, οὐχ ὑπάρχει δὲ αὐτῷ τὸ Β τῷ ἐναντίον μὲν εἶναι τῷ Η μὴ δύνασθαι δὲ τὰ ἐναντία τῷ αὐτῷ ὑπάρχειν, οὐχ ὑπάρξει δῆλον ὅτι οὔτε τὸ Η τῷ Α· ἔσται οὖν ταὐτὸν τὸ Η τῷ Δ τινί· οὔτε τὸ Β τῷ Ε· ἔσται οὖν ταὐτὸν πάλιν τὸ Β τῷ Θ τινί· εἰ δὲ τοῦτο, ἔσται ταὐτόν τινι τῶν ἐπὶ τοῦ Θ. δύναται καὶ

---

1 καὶ τὸ aB (C): καὶ Ar. ἐγχωρῇ B (Ad) 2 τῷ ε οὐχ ὑπάρξει Ar. 4 ταῦτα B: ταύτης a 6 ὃ (ante οὐχ) a: ἃ B 14 ὂν a: om. B 16 ὑπάρξει fort. recte a 18 ὑπάρχον scripsi: ὑπάρχειν aB 24 τὸ alterum ex τῷ corr. B[1] 27 ὑπάρξει Ar. (cf. vs. 2 et 28): ὑπάρχει aB 28 οὔ τινι scripsi: οὐδενὶ Waitz comment. p. 452: τινὶ οὐχ aB, sed recte ἀλλ' ὅτι οὐ τινὶ ὑπάρχει τὸ α in mg. add. B[3] ὑπάρξει ex ὑπάρχει corr. B[1] 29 ὑπάρχοι ex ὑπάρξοι corr. B[1]: ὑπάρχει a ἐστι a

τοιαύτη ἡ δεῖξις εἶναι εἰλημμένου τοῦ Β τῷ Η ἀντικεῖσθαι· ἐπεὶ τὸ 106r Β τῷ Η ἀντίκειται, οὐδενὶ αὐτῷ ὑπάρξει· ἀλλὰ καὶ τὸ Β τῷ Α παντί· οὐδενὶ ἄρα τῷ Η τὸ Α· εἰ δὲ τοῦτο, ἔσται τὸ Η τινὶ τῶν Δ ταὐτόν, οἷς οὐχ ὑπάρχει τὸ Α· ἔσται δὴ τὸ Α τῷ Η οὐδενί, τὸ δὲ Ε τῷ Η παντί· συναχθήσεται ἐκ τούτων ἐν τρίτῳ σχήματι τὸ Α τινὶ τῷ Ε μὴ ὑπάρχειν. δεήσει δὲ γεγράφθαι τὸ γὰρ Β τῷ μὲν Α παντὶ τῷ δὲ Η οὐδενί. ἢ οὖν τὸ Η ταὐτὸν ἔσται τινὶ τῶν Δ, ὡς εἶπον, ἢ τὸ Β τινὶ τῶν Θ, ὡς αὐτὸς λέγει. εἰ γὰρ τὸ Β ληφθείη μηδενὶ τῶν Ε, δῆλον ὡς τὸ αὐτὸ ἔσται τινὶ τῶν Θ· ταῦτα γὰρ ἦν τὰ μὴ ὑπάρχοντα τῷ Ε. τὸ γὰρ Β τῷ μὲν Α παντὶ τῷ δὲ Ε οὐδενί. δύναται τὸ Β τῷ Ε οὐδενί. διότι, εἰ ἐναντίον ἐστὶ τῷ Η, ᾧ παντὶ τὸ Ε, οὐδενὶ αὐτῷ τὸ Ε ὑπάρξει· εἰ δὲ τὸ Ε τῷ Β μηδενί, καὶ τὸ Β τῷ Ε οὐδενί. εἰ δὲ τὸ Β οὐδενὶ τῷ Ε, ταὐτὸν ἔσται τινὶ τῷ Θ. οὕτως δὲ ἐχουσῶν τῶν προτάσεων καθόλου ἀποφατικὸν ἀλλ' οὐκ ἐπὶ μέρους γίνεται τὸ συμπέρασμα. ἢ οὐκ ἀληθὲς τὸ ληφθὲν τὸ εἰ ἐναντίον ἐστὶ τῷ Η τὸ Β, εἰ τῷ Η παντὶ τὸ Ε, τῷ Β οὐδενὶ τὸ Ε. οὐδὲ γὰρ ἐπεὶ ἐναντίον ἐστὶ τὸ μέλαν τῷ λευκῷ, ᾧ παντὶ ὑπάρχει τὸ χρῶμα, διὰ τοῦτο τὸ χρῶμα οὐδενὶ μέλανι· τῶν γὰρ ἐναντίων ταὐτὸν εἶναι γένος οὐ κεκώλυται. μήποτ' οὖν ἐκ τῶν κειμένων οὐ τὸ Β ταὐτὸν γίνεται τινὶ τῶν Θ τῶν μὴ ὑπαρχόντων τῷ Ε, ἀλλὰ τὸ Η τινὶ τῶν Δ, ἃ οὐχ ὑπῆρχε τῷ Α. εἰ γὰρ τὸ Β παντὶ μὲν τῷ Α οὐδενὶ δὲ τῷ Η, τὸ Α οὐδενὶ τῷ Η· οὐδὲ τὸ Η ἄρα οὐδενὶ τῷ Α· ἦν δὲ τὰ μὴ ὑπάρχοντα τῷ Α τὰ Δ. οὕτως δὲ καὶ πρὸ ὀλίγου ἐδείχθη τὸ Α τινὶ τῷ Ε μὴ ὑπάρχον τῷ τινὶ τῶν Δ ταὐτὸν ληφθῆναι τὸ Η. οὕτως δὲ τὸ μὲν Α μηδενὶ τῷ Η διὰ τοῦ δευτέρου δειχθήσεται σχήματος· ὅτι μέντοι τινὶ τῷ Ε οὐχ ὑπάρχει, διὰ τρίτου. τὸ μὲν γὰρ Α οὐδενὶ τῷ Η, τὸ δὲ Ε παντὶ τῷ Η· εἰ δὲ τοῦτο, καὶ τὸ Η τινὶ τῷ Ε.

p. 45a17 Φανερὸν οὖν, ὅτι ἐξ αὐτῶν μὲν τούτων τῶν ἐπιβλέψεων οὐδεὶς γίνεται συλλογισμός. |

Δείκνυσιν ἡμῖν, ὅτι οὐκ ἂν ἐναντία ἢ ἀντικείμενα ἀλλήλοις εἶναι λάβω- 106v μέν τινα τῶν περὶ ἑκατέρου ⟨τῶν⟩ ἄκρων ἐκλελεγμένων, οὐ διὰ τοῦτο συλλογισμὸς ἔσται τῶν ἄκρων πρὸς ἀλλήλους· οὐδὲ γὰρ μέσος τις ὅρος γίνεται ἐκ τούτων· τὰ γὰρ ἐναντία ἢ ἀντικείμενα οὐχ ἕν· ἀλλὰ διὰ τοῦ καὶ τότε ταὐτά τινα ἀλλήλοις εὑρίσκεσθαι γίνεται συλλογισμός. καὶ γὰρ ὅταν ἐναντία τινὰ ἀλλήλοις τούτων ληφθῇ, ἔσται συλλογισμός, ὅτι ἔστιν, ὅταν ἑκάτερον αὐτῶν ἄλλῳ τινὶ ταὐτὸν ᾖ, μεθ' οὗ γινόμενον καὶ ἑνωθὲν αὐτῷ μέσος ὅρος ἔσται, καθ' ἃ προειρήκαμεν. ταῦτα δὲ ἐπέξεισι δεικνὺς ἡμῖν, ὅτι

---

4 ὑπάρξει a 6 ἢ οὐδενί habent omnes codices Arist. (η corr. B u) 7 ἢ (ante οὖν) scripsi: εἰ aB 8 τῶν B: τῷ a 11 ὑπάρχει a 12 οὐδενὶ τῷ $\overline{ε}$ B: τῷ $\overline{ε}$ οὐδενὶ a 15 τῷ (post παντὶ) a 17 γένος εἶναι a 18 γίνεται a: γίνεσθαι B 24 ante τρίτου add. τοῦ a 26 $\overline{η}$ B: α a 29 δείκνυσιν a: δεικνὺς B 30 τῶν alterum addidi 31 γίνεται om. a 32 τοῦ B: τὸ a 33 ὅταν scripsi: ὅτε aB

πρὸς τὸ συλλογίζεσθαί τι τῶν ἐκκειμένων προβλημάτων μόνη χρήσιμος, ἣν 106v εἰρήκαμεν, τῶν περὶ ἑκατέρου ἐκλελεγμένων λῆψις, καθ' ἣν ταὐτά τινα ἀλλήλοις ὄντα ἐλαμβάνομεν ἀλλ' οὐκ ἐναντία ἢ ἀντικείμενα. γίνεται μέντοι ἐκ τῆς ἐκείνων ἐπιβλέψεώς τε καὶ ἐκλογῆς γνώριμα, καὶ τίνα ἐστὶν ἐναντία καὶ ἀντικείμενα ἀλλήλοις.

p. 45a20 Συμβαίνει δὴ τοῖς οὕτως ἐπισκοποῦσι προσεπιβλέπειν ἄλλην ὁδὸν τῆς ἀναγκαίας διὰ τὸ λανθάνειν τὴν ταὐτότητα τῶν Β καὶ τῶν Θ.

Τοῖς ἐναντία εἶναί τινα τῶν περὶ ἑκατέρου ἐκλελεγμένων ἢ ἀντικείμενα λαμβάνουσι καὶ διὰ τῆς τῶν τοιούτων λήψεως βουλομένοις τινὰ τῶν ἄκρων συναγωγὴν ποιεῖσθαι, οἷον καθόλου ἀποφατικὸν δεικνύναι διὰ τοῦ λαβεῖν ἐναντία εἶναι τὸ Β καὶ τὸ Ζ, συμβαίνει, φησίν, ἄλλην τινὰ καὶ πρὸ τῆς ἀναγκαίας καὶ συλλογιστικῆς ὁδοῦ πρῶτον ἐπιβλέπειν. οἱ γὰρ τὸ Β τῷ Ζ ἐναντίον λαμβάνοντες εἶναι πρὸς τὸ δεῖξαι τὸ Α μηδενὶ τῷ Ε ὑπάρχον τὸ ἀναγκαῖον παρέντες ζητεῖν τε καὶ λαμβάνειν, δι' οὗ ὁ τοῦ προκειμένου γίνεται συλλογισμός (ἔστι δὲ τοῦτο τὸ λαβεῖν τὸ Β τῷ Θ ταὐτὸν ἢ τὸ Ζ τῷ Δ· ὁ γὰρ αὐτὸς λόγος), ἐπὶ ἄλλην τινὰ πρὸ ταύτης οὐδαμῶς δεικτικὴν τοῦ προκειμένου καθ' αὑτὴν ὁδὸν τρέπονται, ἧς οὐδὲν ὄφελος, εἰ μὴ ληφθείη τὰ προσεχῶς δεικτικὰ τοῦ προκειμένου συμπεράσματα. ἔστι δέ, ἃ προειρήκαμεν· διὰ γὰρ τὸ τινὰ λαμβάνεσθαι ταὐτὰ κἀκεῖνα δοκεῖ δεικνύναι τι. τοῦτο δὲ πάσχουσι διὰ τὸ λανθάνειν αὐτούς, ἢ τίνα τίσιν ἔσται ταὐτά, ἢ τίνα τίσι δεῖ ζητεῖν, εἰ ἔστι τὰ αὐτά.

p. 45a23 Τὸν αὐτὸν δὲ τρόπον ἔχουσι καὶ οἱ εἰς τὸ ἀδύνατον ἀπάγοντες συλλογισμοὶ τοῖς δεικτικοῖς.

Δείξας, πῶς καθ' ἕκαστον πρόβλημα τῶν οἰκείων τοῦ συμπεράσματος προτάσεων εὐπορήσομεν, ὃ προηγουμένως δείκνυται καὶ συνάγεται (διὸ καὶ δεικτικοὶ οἱ τοιοῦτοι συλλογισμοί) ἐκ τῆς τῶν ἐκλελεγμένων περὶ ἑκάστου τῶν ὅρων τῶν ἐν τῷ προβλήματι ἐπιβλέψεώς τε καὶ συνθέσεως, ὁμοίως φησὶ τούτοις καὶ διὰ τῶν αὐτῶν ἔσεσθαι καὶ τοὺς διὰ τῆς εἰς ἀδύνατον ἀπαγωγῆς δεικνύντας τι συλλογισμούς, οὓς μέρος εἶπεν εἶναι τῶν ἐξ ὑποθέσεως. τοῦ δὲ ὁμοίως καὶ διὰ τῶν αὐτῶν καὶ τούτους γίνεσθαι ἡ αἰτία, ὅτι ἐστὶν αὐτοῖς ἡ διαφορὰ πρὸς τοὺς δεικτικῶς δεικνύντας οὐ κατὰ τὸν συλλογισμὸν αὐτόν (ὅμοιοι γὰρ καὶ ἐξ ὁμοίων δεικνύμενοι· δεικτικοὶ γὰρ ὁμοίως ἐκείνοις καὶ οὗτοι), ἀλλ' ὅτι συμπεραίνονται καὶ συνάγουσιν οὐ τὸ

2 προειρήκαμεν a 10 τῶν τοιούτων B: τούτων a 12 καὶ alterum om. a 13 πρῶτον ἐπιβλέπειν B: προσεπιβλέπειν a (ut vs. 6) 19 συμπεράσματα corr. B[1]: συμπεράσματος a B pr. 20 ταυτά a: ταῦτα B 24 ἄγοντες Ar. 28 ἐπισκέψεως a 30 εἶπεν] c. 23 p. 41a38 31 καὶ alterum om. a 33 καὶ om. a 34 καὶ οὗτοι ἐκείνοις a

προκείμενον ἀλλὰ ψεῦδός τι, ὃ τῷ ἀδύνατον εἶναι ἀνελόντες, ὃ ὑπέθεντο, 106v τὸ ἀντικείμενον αὐτῷ, ὃ συνελογίσαντο, τιθέασιν. τοῦ οὖν ἀδυνάτου δεικνυμένου ἐστὶν ὁ συλλογισμός, ⟨ὃς⟩ ἐπεὶ ὁμοίως γίνεται (δεικτικῶς γάρ), καὶ διὰ τῶν αὐτῶν ἔσται τοῖς προειρημένοις. τὸ δὲ ἀδύνατον εὑρίσκεταί τε καὶ συλλογίζεται διὰ τοῦ εἰλῆφθαι, τίνα τίσιν ἐστὶ τὰ αὐτὰ τῶν τε ἑπομένων καὶ τῶν, οἷς ἕπονται οἱ ἐν τῷ προβλήματι ὅροι, καὶ τῶν μὴ ὑπαρχόντων αὐτοῖς. διὸ καὶ αὐτὸς δείκνυσιν ὁμοίως γίνεσθαι αὐτοὺς τοῖς δεικτικοῖς. ἔτι ἔστιν, ὃ δεικτικῶς δείκνυται, καὶ διὰ τῆς εἰς ἀδύνατον ἀπαγωγῆς δεῖξαι διὰ τῶν αὐτῶν ὅρων καὶ πάλιν, ὃ διὰ τῆς εἰς ἀδύνατον ἀπαγωγῆς, καὶ δεικτικῶς. |

Ἐπιζητήσαι δ' ἄν τις, πῶς ἀληθὲς τὸ τοὺς δι' ἀδυνάτου δεικνυμένους 107r πάντας συλλογισμοὺς καὶ δεικτικῶς δείκνυσθαι· δοκεῖ γὰρ ψεῦδος εἶναι τοῦτο. τοὺς μὲν γὰρ δεικτικῶς οἷόν τε καὶ δι' ἀδυνάτου (ἐπισκεπτέον δ', εἰ καὶ τοὺς ἐν ταῖς μίξεσι πάντας), οὐ μὴν ἀνάπαλιν· εἷς γὰρ ἐν τῷ δευτέρῳ σχήματι καὶ εἷς ἐν τῷ τρίτῳ, οἱ ἔχοντες τὰς συζυγίας ἐκ καθόλου καταφατικῆς καὶ ἐπὶ μέρους ἀποφατικῆς, διὰ τῆς εἰς ἀδύνατον ἀπαγωγῆς δείκνυνται μόνης, οὐκέτι δὲ καὶ δεικτικῶς. ἢ καὶ ἐπὶ τούτων εἴη ἂν μετὰ τὴν πίστιν τὴν διὰ τῆς εἰς ἀδύνατον ἀπαγωγῆς τοῦ συλλογιστικὴν εἶναι τὴν συμπλοκὴν καὶ ἐκ τῶν κειμένων προτάσεων δεικτικῶς δεικνύμενον τὸ προκείμενον. εἰ γὰρ τὸ Α παντὶ μὲν τῷ Β, τινὶ δὲ οὐ τῷ Γ, καὶ τὸ Β τινὶ οὐ τῷ Γ δεικτικῶς· πίστις δὲ τοῦ δεικτικῶς τοῦτο συνάγεσθαι ἡ διὰ τῆς εἰς ἀδύνατον ἀπαγωγῆς ὡς ἐπὶ τῶν ἄλλων προτάσεων ἡ ἀντιστροφή. φασὶ δέ τινες μὴ τοῦτο εἶναι τὸ λεγόμενον, ἀλλ' ὅτι ταὐτὰ [τὰ] προβλήματα καὶ δεικτικῶς δείκνυται καὶ διὰ τῆς εἰς ἀδύνατον ἀπαγωγῆς καὶ διὰ τῶν αὐτῶν ὅρων καὶ οὐκ ἄλλα τινά ἐστι τὰ δεικνύμενα. ἢ γὰρ καθόλου καταφατικὸν ἢ καθόλου ἀποφατικὸν ἢ ἐπὶ μέρους καταφατικὸν ἢ ἀποφατικὸν καὶ διὰ τῆς εἰς ἀδύνατον ἀπαγωγῆς ἐστι τὸ δεικνύμενον· ταῦτα δέ, δι' ὧν πεποιήμεθα ἐπιβλέψεών τε καὶ συνθέσεων, δείκνυται. ὥστε τὸ διὰ τῶν αὐτῶν ὅρων τοῦτο σημαίνειν.

p. 45a28 Οἷον ὅτι τὸ Α οὐδενὶ τῷ Ε ὑπάρχει· κείσθω γάρ τινι.

Ὅτι δὲ ταὐτά ἐστι τὰ προβλήματα ὡς δεικνύμενα δεικτικῶς τε καὶ διὰ τῆς εἰς ἀδύνατον ἀπαγωγῆς καὶ "διὰ τῶν αὐτῶν ὅρων", τοῦτ' ἔστι διὰ τῆς προειρημένης ἐκλογῆς τῶν ὅρων, ἑξῆς παρατίθεται. καὶ πρῶτόν γε, πῶς τὸ καθόλου ἀποφατικὸν διὰ τῆς εἰς ἀδύνατον ἀπαγωγῆς δεικνύμενον, δι' ἧς πεποιήμεθα ἐπιβλέψεως, δείκνυται καὶ διὰ τῶν αὐτῶν ὅρων, δι' ὧν

1 ὃ alterum in οὗ corr. B² 3 ὁ om. a ὃς addidi 6 ἕπονται a: ἕπεται B 8 ἔτι scripsi: ὅτι aB 13 et 14 τοὺς B: τὰ a 15 τῷ om. a 21 δεικτικῶς alterum ex δεικτικοῦ corr. B² ἡ corr. ex ἢ B²: ἢ ἡ a 22 ante προτάσεων add. ἢ ἡ τῶν a ἡ (ʹ corr. B²) B: om. a 23 ταὐτὰ scripsi: ταῦτα τὰ aB 26 ante ἀποφατικὸν alterum repetit ἐπὶ μέρους a 28 αὐτῶν superscr. B² 30 τῶν ε̅ Ar. 31 ὡς ex καί, ut videtur, corr. B²: τὰ a 33 προκειμένης a

καὶ δεικτικῶς. λέγει. ὁ γὰρ βουλόμενος δι' ἀδυνάτου δεῖξαι μηδενὶ τῷ Ε 107r ὑπάρχον τὸ Α, ὃ δέδεικται δεικτικῶς διὰ τοῦ τὸ Β ταὐτὸν κεῖσθαι τῷ Θ (τὸ γὰρ Β παντὶ μὲν τῷ Α οὐδενὶ δὲ τῷ Ε, ἐξ ὧν συνάγεται τὸ Α οὐδενὶ τῷ Ε). ὑποτίθεται δῆλον ὅτι τινὶ ὑπάρχειν αὐτό. ἀλλὰ καὶ τὸ Β ἔχει παντὶ τῷ Α ὑπάρχον· ἦν γὰρ ἑπόμενον αὐτῷ. γίνεται οὖν ὁ συλλογισμὸς 'τὸ Β παντὶ τῷ Α. τὸ Α τινὶ τῷ Ε'· ὑπόκειται γάρ· ἐξ ὧν συνάγεται τὸ Β τινὶ τῷ Ε, ὃ ἀδύνατον. ἀδύνατον δ' ἐστίν, ὅτι ἦν τινὶ τῶν Θ ταὐτὸν τὸ Β κείμενον· ὥστε διὰ τῆς τῶν αὐτῶν ἐκλογῆς τε καὶ συνθέσεως ἡ δεῖξις ἐγένετο τοῦ τὸ Α μηδενὶ τῷ Ε· διὰ γὰρ τοῦ τὸ Β τῷ Θ ταὐτὸν εἰλῆφθαι τὸ ἀδύνατον πέφηνεν. πάλιν ἂν δεικνύῃ τις δι' ἀδυνάτου τὸ Α τινὶ τῷ Ε ὑπάρχον, ἦν μὲν δεικτικῶς συναγόμενον ἐκ τοῦ τὸ Γ καὶ τὸ Η ταὐτὰ ἀλλήλοις εἶναι. ὁ δὲ δι' ἀδυνάτου δεικνὺς ὑποτίθεται αὐτὸ μηδενὶ ὑπάρχειν· ἀλλὰ μὴν τὸ Ε παντὶ τῷ Η ὑπάρχει· ἕπεται γὰρ αὐτῷ· συναχθήσεται ἄρα τὸ Α μηδενὶ τῷ Η. ἀλλὰ παντὶ ὑπῆρχεν αὐτῷ, εἴ γε καὶ τῷ Γ, ᾧ ταὐτόν ἐστι τὸ Η. πάλιν οὖν ἡ δεῖξις διὰ τῶν αὐτῶν. εἰπὼν δὲ περί τε τοῦ καθόλου ἀποφατικοῦ προβλήματος καὶ περὶ τοῦ ἐπὶ μέρους καταφατικοῦ καὶ δείξας, δι' ὧν τὰ δεικτικὰ ἐγίνετο συμπεράσματα, διὰ τούτων καὶ διὰ τῆς εἰς ἀδύνατον ἀπαγωγῆς δεικνύμενα αὐτά, φησίν, ὅτι ὁμοίως καὶ ἐπὶ τῶν ἄλλων προβλημάτων ἔχει· ἔστι δὲ τό τε καθόλου καταφατικὸν καὶ τὸ ἐπὶ μέρους ἀποφατικόν. τὸ γὰρ καθόλου καταφατικὸν δείκνυται μὲν δεικτικῶς διὰ τοῦ τὸ Γ ταὐτὸν κεῖσθαι τῷ Ζ. ἂν δὲ τὸ ἀντικείμενον ὑποτεθῇ τὸ Α τινὶ τῷ Ε μὴ ὑπάρχειν, κεῖται δὲ καὶ τῷ Ζ τὸ Α παντὶ ὑπάρχειν (ταὐτὸν γὰρ ἦν τὸ Ζ τῷ Γ, ᾧ εἵπετο τὸ Α), ἔσται τὸ Ζ οὐ παντὶ τῷ Ε, ὃ ἀδύνατον· εἵπετο γὰρ αὐτῷ καὶ παντὶ ὑπῆρχεν. ἀλλὰ καὶ τὸ ἐπὶ μέρους ἀποφατικόν, εἰ δι' ἀδυνάτου δεικνύοιτο, ὁμοίως δειχθήσεται. ἐδείχθη μὲν γὰρ δεικτικῶς τὸ Α τινὶ τῷ Ε μὴ ὑπάρχον διὰ τοῦ τὸ Δ ταὐτὸν εἶναι τῷ Η· τὸ | μὲν γὰρ Α οὐδενὶ τῷ Η, τὸ δὲ Ε παντὶ 107v τῷ Η· εἵπετο γὰρ αὐτῷ. ἂν δὴ ὑποθώμεθα δι' ἀδυνάτου δεικνύντες τὸ Α παντὶ τῷ Ε, ἔκειτο δὲ καὶ τὸ Α μηδενὶ τῷ Η, τὸ Η συναχθήσεται μηδενὶ τῷ Ε κατὰ τὸν πρῶτον τρόπον ὑπάρχον. ἀλλ' ἀδύνατον· κεῖται γὰρ τινὶ αὐτῷ ὑπάρχειν· ἐπεὶ γὰρ τὸ Ε τῷ Η παντί, δῆλον ὡς καὶ τὸ Η τῷ Ε τινί. ἢ τὸ μὲν Α παντὶ τῷ Ε, τὸ δὲ Ε παντὶ τῷ Η· συνάγεται γὰρ τὸ Α παντὶ τῷ Η ὂν ἀδύνατον· ἔκειτο γὰρ αὐτῷ μηδενί, ἐπεὶ ταὐτὸν ἦν τὸ Η τῷ Δ. συνάγεται δὲ καὶ τὸ Ε μηδενὶ τῷ Η διὰ τοῦ τὸ Α παντὶ μὲν τῷ Ε οὐδενὶ δὲ τῷ Η ὂν ἀδύνατον· ἕπεται γὰρ αὐτῷ.

Δείξας δὲ τοὺς δι' ἀδυνάτου δεικνυμένους συλλογισμοὺς διὰ τῶν αὐτῶν ὅρων δεικνυμένους, δι' ὧν καὶ οἱ δεικτικοί, πάλιν ἀνάπαλιν δείκνυσι. δι' ὧν

1 καὶ om. a 2 τῷ α a 3 β̄ om. a τῷ α B: τὸ α a α alterum superscr. B² 4 αὐτῷ a 5 ὑπάρχον a: ὑπάρχειν B 8 ἐκλογῶν a 9 τῷ prius ex τὸ corr. B¹ 10 ἀπέφηνε a δεικνύοι a 12 αὐτῷ a 12. 13 ὑπάρχον a 14 τῷ (post καὶ) a: τὸ B 16 τε B: τῆς a 17 δι' ὧν δείξας a 21. 22 ἀντικείμενον] ἀντι add. B² 27 ἡ (ante τὸ μὲν) B: ζ̄ a 32 τῷ ε̄ παντὶ collocat a 35 ἕπεται B: ἔκειτο a post αὐτῷ add. παντί a

οἱ δι' ἀδυνάτου. διὰ τούτων καὶ τοὺς δεικτικούς, ἀποδεικνύς, ὅτι διὰ τῶν 107v αὐτῶν ἀμφότεραι αἱ δείξεις. εἰ γὰρ δέδεικται διὰ τῆς εἰς ἀδύνατον ἀπαγωγῆς τὸ Α μηδενὶ τῷ Ε, διότι συνέβαινε τινὶ τῷ Ε τοῦ Α ὑπάρχειν ὑποτεθέντος καὶ τὸ Β τινὶ τῷ Ε ὑπάρχειν, ὅτι παντὶ τῷ Α ὑπῆρχε τὸ Β, ἀδύνατον δὲ ἦν τὸ Β τινὶ τῷ Ε ὑπάρχειν τὸ αὐτὸ ὂν τῷ Θ, τοῦτο δεικτικῶς δειχθήσεται, ἐὰν ληφθῇ τὸ Β τῷ μὲν Α παντὶ τῷ δὲ Ε μηδενὶ ὑπάρχον· ληφθήσεται δὲ οὕτως ἔχειν, ἂν ᾖ ταὐτὸν τὸ Β τῷ Θ.

p. 45b1 Πάλιν εἰ δεικτικῶς συλλελόγισται τὸ Α τῷ Ε μηδενὶ ὑπάρχειν.

Ἔφθακε μὲν ἤδη τοῦτο εἰρηκέναι, ὅτι τὰ δεικτικῶς δεικνύμενα καὶ δι' ἀδυνάτου δείκνυται, ὥσπερ καὶ ἀνάπαλιν. ἂν γὰρ ᾖ δεδειγμένον δεικτικῶς, ὅτι τὸ Α τῷ Ε οὐδενί, διὰ τοῦ τὸ Β τῷ Θ ταὐτὸν εἶναι, καὶ διὰ τῆς εἰς ἀδύνατον ἀπαγωγῆς τὸ αὐτὸ δειχθήσεται, ἂν ὑποθώμεθα αὐτὸ τινὶ τῷ Ε ὑπάρχειν καὶ προσλάβωμεν τὸ Β αὐτῷ, λέγω δὲ τῷ Α, παντὶ ὑπάρχειν· εἵπετο γὰρ αὐτῷ. ἔσται δὴ τὸ Β τινὶ τῷ Ε ὑπάρχον, ὅ ἐστιν ἀδύνατον· ἦν γὰρ τὸ Β ταὐτὸν τῷ Θ, ὃ οὐδενὶ ὑπῆρχε τῷ Ε. ὁμοία ἡ δεῖξις καὶ ἐπὶ τῶν ἄλλων προβλημάτων, τοῦ τε καθόλου καταφατικοῦ καὶ τῶν δύο τῶν ἐπὶ μέρους. νῦν δὲ προστίθησι καὶ τὴν αἰτίαν, δι' ἣν διὰ τῶν αὐτῶν ὅρων ἀμφότεροι γίνονται οἱ συλλογισμοί, καὶ πῶς διὰ τῶν αὐτῶν ὅ τε δεικτικὸς καὶ δι' ἀδυνάτου γίνεται συλλογισμός, διδάσκει. ἐν ἅπασι γάρ φησι τοῖς δι' ἀδυνάτου δεικνύουσί τι (περὶ τούτων γὰρ λέγει), ὅτι ἀνάγκη κοινόν τινα λαβεῖν ὅρον ἔξωθεν ἄλλον τῶν ὑποκειμένων ἐν τῇ ὑποθέσει, ἥτις ἐστὶ τὸ ἀντικείμενον, οὗ βουλόμεθα δεῖξαι, κοινὸν λέγων νῦν οὐ τὸν ὡς μέσον ἀμφοτέροις τοῖς ἐν τῇ ὑποθέσει ὅροις συντιθέμενον, ἀλλὰ πρὸς μὲν τὸν ἕτερον τῶν ἐν τῇ ὑποθέσει ὅρων συντασσόμενον καὶ ποιοῦντα πρότασιν ἀληθῆ συντελοῦσαν εἰς τὴν δεῖξιν τοῦ ἀδυνάτου συμπεράσματος πρὸς δὲ τὸν ἕτερον ἐν τῷ συμπεράσματι τῷ ἀδυνάτῳ τῷ γινομένῳ διὰ τὴν ὑπόθεσιν συντασσόμενον ψευδῶς. ἐν γὰρ τῇ εἰς ἀδύνατον ἀπαγωγῇ παρὰ τοὺς ὅρους τοὺς ἐν τῇ ὑποθέσει εἰλημμένους, ἧς βουλόμεθα τὸ ἀντικείμενον δεῖξαι συναγόμενον, τρίτος τις ὅρος ἔξωθεν προσλαμβάνεται, ὃς πρὸς μὲν τὸν ἕτερον τῶν ὅρων τῶν ἐν τῇ ὑποθέσει ἀληθῶς συντάσσεται καὶ πρότασιν ἀληθῆ ποιεῖ. λαμβάνεται δὲ ⟨καὶ⟩ ἐν τῷ συμπεράσματι τῷ ψευδεῖ. τὸ γὰρ δεικνύμενον συμπέρασμα τὸ ἀδύνατον ἐξ αὐτοῦ τέ ἐστι καὶ τοῦ ἑτέρου τῶν ὅρων ⟨τῶν⟩ εἰλημμένων ἐν τῇ ὑποθέσει· πρὸς γὰρ τὸν ὅρον τὸν προσληφθέντα γίνεται τὸ τοῦ ψεύδους καὶ ἀδυνάτου συμπέρασμα. οὗ συμπεράσματος εἰς τὸ ἀληθὲς μετα-

3 τοῦ Β: τὸ a 4 post ὑπάρχειν τὸ αὐτὸ ὂν (ex vs. sq. translatum) expunxit B 7 ᾖ om. a 13 τὸ αὐτὸ Β: ταὐτὸν a 14 post προσλάβωμεν add. δὲ a 15 δὴ Β: δὲ a 16 ὁμοίως a 18 προστίθησι δὲ νῦν a 20. 21 τοῖς δι' ἀδυνάτου recepit a 21 δείκνυσί a 23 δεῖξαι om. a 24 ἐν τῇ ὑποθέσει om. a 25 ὅρων om. a 28 τοὺς alterum om. a 32 καὶ a: om. B 33 τῶν alterum add. a: om. B

ληφθέντος καὶ ἀληθοῦς τῆς προτάσεως γενομένης. τῆς δὲ ἑτέρας οὐ τῆς 107v ὑποτεθείσης, ἀλλὰ ἐν ᾗ ἦν ὁ προσληφθεὶς ὅρος, τῆς αὐτῆς μενούσης τε καὶ προσληφθείσης (ἦν γὰρ ἀληθής) μέσος μὲν ὅρος γίνεται τότε ὁ προσληφθεὶς ἔξωθεν, ὃν ἴσως καὶ διὰ τοῦτο κοινὸν εἶπεν ὡς γινόμενον κοινόν τε καὶ μέσον ἐν τῷ δεικτικῷ συλλογισμῷ· ἀμφότεραι γὰρ αἱ προτάσεις τότε γίνονται πρὸς τοῦτον συνάγουσαι ἀληθές, ὅταν γένηται δεικτικὸς ὁ συλλογισμός. ἂν γὰρ θέλοντες δεῖξαι τὸ Α τῷ Ε | παντὶ ὑπάρχον τὸ ἀντικείμενον 108r λάβωμεν τὸ τὸ Α τινὶ τῷ Ε μὴ ὑπάρχειν, εἶτα ἔξωθεν ὅρον προσλάβωμεν τὸν Ζ καὶ λάβωμεν ἀληθῆ πρότασιν τὴν 'τὸ Α παντὶ τῷ Ζ'. συναχθήσεται τὸ Ζ τινὶ τῷ Ε μὴ ὑπάρχον, ὅ ἐστιν ἀδύνατον· ἦν γὰρ ἑπόμενον αὐτῷ. τοιαύτη μὲν ἡ δι' ἀδυνάτου δεῖξις. ἂν δὴ μεταλάβωμεν τὸ συναχθὲν ἀδύνατον τὸ Ζ τινὶ τῷ Ε μὴ ὑπάρχειν εἰς ἀληθὲς ὂν τὸ τὸ Ζ παντὶ τῷ Ε καὶ ποιήσωμεν ἀληθῆ πρότασιν τὸ Ζ παντὶ τῷ Ε ὑπάρχειν τιθεῖσαν καὶ προσλάβωμεν τὴν ἑτέραν πρότασιν τῶν, δι' ὧν ἡ εἰς ἀδύνατον ἀπαγωγὴ ἐγένετο, μὴ τὴν ὑποτεθεῖσαν, ἧς τὸ ἀντικείμενον ἐδείκνυμεν, ἀλλὰ τὴν προτέραν τὴν ἀληθῆ τὴν τὸ Α παντὶ τῷ Ζ λέγουσαν, ἔσται μὲν ὁ Ζ ὅρος ὁ ἔξωθεν προσληφθεὶς μέσος· δεικτικῶς δὲ συναχθήσεται τὸ τὸ Α παντὶ τῷ Ε, ὃ καὶ διὰ τῆς εἰς ἀδύνατον ἀπαγωγῆς ἐδείχθη. ταῦτα δὲ οὕτως ἔχει διὰ τὸ εἶναι τῷ Γ, ᾧ εἵπετο τὸ Α, τὸ Ζ ταὐτὸν τὸ τῷ Ε ἑπόμενον. ἔστω πάλιν διὰ τῆς εἰς ἀδύνατον ἀπαγωγῆς δεικνύμενον τὸ Α μηδενὶ τῷ Ε· ἐὰν ὑποθώμεθα τὸ ἀντικείμενον, οὗ βουλόμεθα δεῖξαι, τὸ τὸ Α τινὶ τῷ Ε, ἀλλὰ καὶ προσλάβωμεν ἔξωθεν ὅρον τὸν Β, ὃς τῷ Α παντὶ ὑπάρχει, συναχθήσεται τὸ Β τῷ Ε ὑπάρχειν τινί, ὂν ἀδύνατον· οὐδενὶ γὰρ αὐτῷ ὑπάρχει· ταὐτὸν γὰρ τῷ Θ ἦν. ἀδύνατος ἄρα ἡ ὑπόθεσις, ᾗ τοῦτο ἠκολούθησεν· τὸ ἄρα ἀντικείμενον τοῦ τὸ Α τινὶ τῷ Ε, τοῦτ' ἔστι τὸ Α οὐδενὶ τῷ Ε. ἐὰν δὴ τὸ συμπέρασμα τὸ γενόμενον πρὸς τὸν ληφθέντα ἔξωθεν ὅρον ψεῦδος καὶ ἀδύνατον ὂν μεταλάβωμεν εἰς τὸ ἀληθές (ἦν δὲ τὸ τὸ Β τινὶ τῷ Ε ὑπάρχειν, ὃ ἦν ἀδύνατον· οὐδενὶ γὰρ αὐτῷ ὑπῆρχεν· ἦν γὰρ τὸ αὐτὸ τῷ Θ, ὃ οὐχ ὑπῆρχε τῷ Ε), ἔσται τὸ Β οὐδενὶ τῷ Ε· ᾗ προσειλήφθω ἡ ἑτέρα πρότασις ⟨τῶν⟩, δι' ὧν ἡ τοῦ ἀδυνάτου δεῖξις ἐγένετο, ἡ ἀληθὴς ἡ τὸ Β παντὶ τῷ Α τιθεῖσα· γίνεται μὲν ὁ Β ὅρος ⟨ὁ⟩ ἔξωθεν προσληφθεὶς ἐν τῇ εἰς ἀδύνατον ἀπαγωγῇ μέσος, δεικτικὸς δὲ ὁ συλλογισμὸς συνάγων τὸ Α τῷ Ε μηδενί, ὃ καὶ δι' ἀδυνάτου ἦν δεδειγμένον. ὁμοίως, κἂν ἐπὶ μέρους καταφατικὸν συνάγηται διὰ τῆς εἰς ἀδύνατον ἀπαγωγῆς, συναχθήσεται μὲν ὑποθεμένων ἡμῶν τὸ Α μηδενὶ τῷ Ε (τοῦτο γὰρ τὸ ἀντικείμενον τοῦ δεικνυμένου). προσληψόμεθα δὲ ἔξωθεν ὅρον τὸν Η, ᾧ τὸ Ε παντὶ ἀληθῶς ὑπάρχει· συναχθήσεται τὸ Α τῷ Η μηδενὶ ὑπάρχειν, ὅ ἐστιν ἀδύνατον· παντὶ γὰρ αὐτῷ ὑπάρχει, εἴ γε καὶ τῷ Γ, ὃ ταὐτόν ἐστι τῷ Η. τὸ ἄρα ἀντικείμενον τοῦ ὑποτεθέντος. ἂν δὴ μεταλάβωμεν πάλιν τὸ συμπέρασμα τὸ δειχθὲν ὂν ψεῦδος καὶ ἀδύνατον εἰς τὸ ἀληθὲς καὶ θῶμεν τὸ Α παντὶ τῷ Η, προσλάβωμεν δὲ καὶ τὴν ἑτέραν

3 ἀληθές a μὲν om. a 4 καὶ om. a 8 τῷ ε τινὶ a 30 τῶν addidi (cf. vs. 14) 31 ὁ alterum addidi (cf. vs. 17) 33 διὰ τοῦ a 34 συνάγεται a

πρότασιν τὴν ὁμολογουμένην ἀληθῆ εἶναι τὴν 'τὸ Ε παντὶ τῷ Η', ὁ μὲν Η 108r πάλιν μέσος ὅρος γίνεται. συνάγεται δὲ δεικτικῶς ἐν τρίτῳ σχήματι τὸ Α τινὶ τῷ Ε ὑπάρχειν, ὃ ἐδείχθη καὶ διὰ τοῦ ἀδυνάτου. ἀλλὰ κἂν τὸ ἐπὶ μέρους ἀποφατικὸν δι' ἀδυνάτου δεικνύωμεν, ὑποθησόμεθα μὲν τὸ Α τῷ Ε παντί (τοῦτο γὰρ ἀντίκειται τῷ τινὶ μὴ τῷ δεικνυμένῳ), προσληψόμεθα δὲ ὅρον τὸν Η, ᾧ τὸ Α οὐδενὶ ἀληθῶς. συναχθήσεται δὴ τὸ Ε μηδενὶ τῷ Η, ὅπερ ἀδύνατον· παντὶ γὰρ αὐτῷ ὑπάρχει. ἂν δὴ μεταλάβωμεν τοῦτο εἰς τὸ ἀληθὲς τὸ τὸ Ε παντὶ τῷ Η ὑπάρχειν, προσλάβωμεν δὲ καὶ τὴν 'τὸ Α οὐδενὶ τῷ Η' οὖσαν ἀληθῆ, δεικτικῶς πάλιν δειχθήσεται τὸ Α τινὶ τῷ Ε μὴ ὑπάρχον διὰ τοῦ τρίτου σχήματος, μέσου ὅρου γενομένου τοῦ ἔξωθεν προσληφθέντος· οὗτος δ' ἦν ὁ Η. καθόλου γὰρ τῷ ἀληθεῖς ⟨εἶναι⟩ τὰς προτάσεις, δι' ὧν τὰ προκείμενα οἷόν τε δεικτικῶς δειχθῆναι, τούτῳ καὶ ἡ εἰς ἀδύνατον ἀπαγωγὴ πρόεισι.

Δείξας δέ, ὅτι διὰ τῶν αὐτῶν ὅρων ὅ τε δεικτικὸς καὶ ὁ δι' ἀδυνάτου γίνεται συλλογισμός, προσέθηκε

p. 45b8 Διαφέρει δὲ ὁ δεικτικὸς τοῦ εἰς ἀδυνάτον, ὅτι ἐν μὲν τῷ δεικτικῷ κατ' ἀλήθειαν ἀμφότεραι τίθενται |

δεικνύς, ὅτι μὴ τῷ διαφόρῳ τῶν ὅρων τε καὶ προτάσεων γίνεται ἡ 108v διαφορὰ τοῦ δεικτικοῦ συλλογισμοῦ πρὸς τὸν δι' ἀδυνάτου· αἱ μὲν γὰρ ἀγωγαὶ καὶ τὰ σχήματα καὶ οἱ τρόποι τῶν δείξεων ἐπ' ἀμφοτέρων ὅμοιοι. ἡ δὲ διαφορὰ αὐτῶν, ὅτι ἐν μὲν τῷ δεικτικῷ ἀμφότεραι αἱ προτάσεις ὡς ἀληθεῖς λαμβάνονται εἰς τὴν δεῖξιν τοῦ προκειμένου, ἐν δὲ τῷ δι' ἀδυνάτου ψευδὴς ἡ ἑτέρα λαμβάνεται, ἣν ὑποτίθενται οἱ δεικνύναι βουλόμενοι τὸ ἀντικείμενον ταύτης. ἢ οὐ περὶ τῆς ὑποτιθεμένης λέγει, ὅτι ψευδής, ἀλλά, ὃ λέγει, ἐστίν, ὅτι διὰ μὲν τῶν αὐτῶν δύο προτάσεων τά τε δεικτικῶς δεικνύμενα γίνεται καὶ τὰ δι' ἀδυνάτου, ἀλλ' ἐν μὲν τῇ δεικτικῇ δείξει ἀμφότεραι ἀληθεῖς ληφθεῖσαι δεικνύουσι τὸ προκείμενον, ἐν δὲ τῇ δι' ἀδυνάτου ἡ ἑτέρα αὐτῶν ψευδής· ληφθεῖσα γὰρ ψευδὴς ἐν τῷ συμπεράσματι αἰτία γίνεται τοῦ ἐλεγχθῆναι τὴν ὑπόθεσιν οὖσαν ἀδύνατον, οὗ τῇ ἀναιρέσει τίθεται τὸ προκείμενον, ὃ ἐδείκνυτο δεικτικῶς ληφθείσης αὐτῆς ἀληθοῦς. δεικτικῶς μὲν γὰρ ἐδείκνυτο τὸ Α τῷ Ε οὐδενὶ δι' ἀληθῶν ⟨τῶν⟩ 'τὸ Β τῷ Α παντί, τὸ Β τῷ Ε οὐδενί'· ἐν δὲ τῇ εἰς ἀδύνατον ἀπαγωγῇ ἡ μὲν 'τὸ Β τῷ Α παντί' ἀληθὴς οὖσα λαμβάνεται, συνάγει δὲ αὕτη μετὰ τῆς ὑποθέσεως τῆς τὸ Α τῷ Ε τινὶ ὑπάρχειν λεγούσης τὸ τὸ Β τῷ Ε τινί, ὂν ψεῦδος· ἦν γὰρ τὸ Β τῷ Ε οὐδενί· ὃ τῷ ψεῦδος ὂν ἐλέγχεσθαι ἀναιρεῖ τὴν ὑπόθεσιν διὰ τὸ εἶναι ἀληθῆ τὴν 'τὸ Α τῷ Ε μηδενὶ ὑπάρχει'.

---

4 διὰ τοῦ a 4. 5 παντὶ τῷ ε a 8 τῷ η̅ παντὶ a 11 προσληφθέντος] τος expunxit, ut videtur, B εἶναι a: om. B 16 δὲ aB: γὰρ Ar. τὸ ἀδύνατον Ar. 20 ἀμφοτέρας a 21 ὡς om. a 31 τῶν a: om. B 35 τῷ alterum ex τὸ corr. B 36 μηδενὶ τῷ ε a ὑπάρχει scripsi: ὑπάρχειν aB

p. 45b12 Ταῦτα μὲν οὖν ἔσται μᾶλλον φανερὰ διὰ τῶν ἑπομένων, ὅταν περὶ τοῦ ἀδυνάτου λέγωμεν. 108v

Ἐν τῷ μετὰ τοῦτο βιβλίῳ λέγων περὶ τοῦ ἀδυνάτου, ᾧ διαφέρει τοῦ δεικτικοῦ τρόπου, ἐπιμελέστερον λέγει περὶ τῆς διαφορᾶς αὐτῶν· ὅτι γὰρ ἡ μὲν δεικτικὴ δεῖξις ἀνυπόθετος ἡ δὲ δι' ἀδυνάτου ὑποθετική. καὶ ἐν μὲν τῇ δεικτικῇ οὔπω τὸ συμπέρασμα γνώριμον πρὸ τοῦ ληφθῆναι τὰς δεικτικὰς αὐτοῦ προτάσεις (διότι γὰρ ἄδηλόν ἐστι, δείκνυται), ἐν δὲ τῇ εἰς ἀδύνατον ἀπαγωγῇ πρὸ τῆς δείξεως δῆλον, διότι καὶ τὸ ἀντικείμενον αὐτοῦ ὑποθέμενος ἐπί τι φανερὸν ἄγει ψεῦδος, καὶ ἡ μὲν δεικτικὴ συνάγει τοῦτο, ὃ βούλεται, ἡ δ' εἰς ἀδύνατον ἄλλο μὲν συνάγει, ἄλλο δὲ δεῖξαι βούλεται. περὶ μὲν οὖν τούτων ὕστερον ἐρεῖν ἐπαγγέλλεται. νῦν δὲ ἐκ τῶν εἰρημένων γνώριμόν φησιν εἶναι, ὅτι δεῖ εἰς ταὐτὰ βλέπειν, τά τε ἑπόμενα δῆλον ὅτι τοῖς ὅροις τοῖς τοῦ προβλήματος καὶ οἷς ἕπονται αὐτοὶ καὶ εἰς τὰ μὴ ἐνδεχόμενα αὐτοῖς ὑπάρχειν, ἄν τε δεικτικῶς τις βούληται συνάγειν ἄν τε δι' ἀδυνάτου· διὰ γὰρ τῶν αὐτῶν ἐπιβλέψεων ἀμφοτέροις τοῖς τρόποις ἡ τῶν δείξεων εὐπορία.

p. 45b15 Ἐν δὲ τοῖς ἄλλοις συλλογισμοῖς τοῖς ἐξ ὑποθέσεως, οἷον ὅσοι κατὰ μετάληψιν ἢ κατὰ ποιότητα, ἐν τοῖς ὑποκειμένοις, οὐκ ἐν τοῖς ἐξ ἀρχῆς ἀλλ' ἐν τοῖς μεταλαμβανομένοις ἔσται ἡ σκέψις.

Δείξας ὁμοίως ἐν τοῖς δεικτικοῖς ἐκ τῆς ἐπιβλέψεως τῶν περὶ ἕκαστον ἐκλελεγμένων γινομένους τοὺς συλλογισμοὺς καὶ ἐν τοῖς δι' ἀδυνάτου. ἐπεὶ δοκοῦσιν αὐτῷ καὶ οἱ δι' ἀδυνάτου ἐκ τῶν ἐξ ὑποθέσεως εἶναι, φησὶν 'ἐν δὲ τοῖς ἄλλοις συλλογισμοῖς τοῖς ἐξ ὑποθέσεως οὐ περὶ τῶν ὑποκειμένων καὶ ἐξ ἀρχῆς κειμένων ἡ ζήτησις καὶ ἡ ἐκλογὴ ἔσται ἀλλ' ἐπὶ τῶν μεταλαμβανομένων'. περὶ γὰρ τούτων ὁ συλλογισμὸς γίνεται ὁ δεικτικός, ὃν καὶ κυρίως συλλογισμὸν λέγει· "πρὸς γὰρ τὸ μεταλαμβανόμενον", ὡς εἶπεν ἐν τοῖς ἐπάνω, ὁ συλλογισμός. τούτων οὖν καὶ ἡ ἐκλογὴ τῶν ἐν τῷ μεταλαμβανομένῳ καὶ διὰ συλλογισμοῦ δεικνυμένων ὅρων· τὰ γὰρ τούτοις ἑπόμενα καὶ οἷς ταῦτα ἕπεται καὶ τὰ τούτοις μὴ ἐνδεχόμενα ὑπάρχειν ἐκλεκτέον, ἐπειδὴ καὶ περὶ τούτων ποιούμεθα τοὺς συλλογισμοὺς ἀλλ' οὐ | τῶν ὑποθετικῶς εἰλημμένων. τὸ δὲ ἐν τοῖς ὑποκειμένοις 109r δύναται μὲν λέγειν καὶ ἀντὶ τοῦ 'ἐν τοῖς ὑποθετικοῖς', ἵνα ᾖ τὸ λεγόμενον 'ἐν δὲ τοῖς ἄλλοις τοῖς ἐξ ὑποθέσεως τοῖς παρὰ τοὺς διὰ τοῦ ἀδυνάτου, οἷον ὅσοι κατὰ μετάληψιν ἢ κατὰ ποιότητά εἰσι τῶν ὑποθετικῶν

3 ἐν τῷ μετὰ τοῦτο βιβλ(ίῳ)] Anal. pr. II 14 4 γὰρ om. a 11 οὖν superscr. B[2]: om. a 12 φησὶ γνώριμον a ταὐτὰ scripsi: ταῦτα aB 13 τοῖς alterum om. a 17 τοῖς ἐξ ὑποθέσεως om. a 26 μεταλαμβανομένων] μετα superscr. B 26. 27 ὁ δεικτικὸς γίνεται a 28 εἶπεν] c. 23 p. 41a39 29 συλλογισμῶν a 34 διὰ τοῦ B: δι' a

(ἦσαν γὰρ καὶ οἱ εἰς ἀδύνατον ἀπάγοντες ἐν τοῖς ἐξ ὑποθέσεως. οὐκ ἐν 109r τοῖς ἐξ ἀρχῆς κειμένοις). οὐδὲ ἐπὶ τούτων ἡ ἐκλογή, ὃν προειρήκαμεν τρόπον, ἔσται, ἀλλ' ἐπὶ τῶν μεταλαμβανομένων'. ἢ τὸ ἐν τοῖς ὑποκειμένοις, οὐκ ἐν τοῖς ἐξ ἀρχῆς ἴσον ἐστὶ τῷ 'οὐκ ἐν τοῖς ἐξ ἀρχῆς ὑποκειμένοις ἀλλ' ἐν τοῖς μεταλαμβανομένοις καὶ ἐπὶ τούτων ἡ ζήτησις ἔσται'. ἐν γὰρ τῷ ὑποθετικῷ τῷ 'εἰ ἡ ψυχὴ ἀεικίνητος, ἀθάνατος. ἀλλὰ μὴν ἀεικίνητος' οὐκέτι τῶν ἐν τῇ πρώτῃ προτάσει τῇ ὑποθετικῇ τῇ 'εἰ ἡ ψυχὴ ἀεικίνητος, ἀθάνατός ἐστι' τὴν προειρημένην ἐκλογὴν ποιήσομεν ζητοῦντες, τίνα ἕπεται τῷ ἀεικίνητον εἶναι τὴν ψυχήν, καὶ τίσι τοῦτο ἕπεται, καὶ τίνα οὐχ οἷά τε ὑπάρχειν αὐτῷ· ὁμοίως οὐδὲ τῷ ἀθάνατον εἶναι τὴν ψυχήν· ἀλλὰ ληψόμεθα τοὺς ἐν τῇ μεταλήψει ἢ προσλήψει ὅρους (εἰσὶ δὲ οὗτοι ἥ τε ψυχὴ καὶ τὸ ἀεικίνητον), καὶ ἐπὶ τούτων τὴν προειρημένην ἐκλογὴν ποιησόμεθα· τοῦτο γάρ ἐστι τὸ ὀφεῖλον δειχθῆναι διὰ συλλογισμοῦ. ἂν γὰρ ληφθῇ τῷ μὲν αὐτοκινήτῳ καὶ ἐξ αὑτοῦ κινουμένῳ ἕπεσθαι τὸ ἀεικίνητον, τῇ δὲ ψυχῇ τὸ αὐτοκίνητον, εἴη ἂν δεικνύμενον τὸ τὴν ψυχὴν ἀεικίνητον εἶναι.

Λέγοι δ' ἂν κατὰ μετάληψιν μὲν τοὺς κατὰ πρόσληψιν λεγομένους, οἵ εἰσι μικτοί· ὃ γὰρ οἱ νεώτεροι πρόσληψιν λέγουσι, τοῦτο οἱ περὶ Ἀριστοτέλη μετάληψιν εἰώθασι λέγειν, ὥσπερ καὶ ἤδη προειρήκαμεν. κατὰ μετάληψιν μὲν οὖν οἱ τοιοῦτοι, ὡς καὶ πρόσθεν εἰρήκαμεν. κατὰ ποιότητα δὲ λέγονται οἱ ἀπὸ τοῦ μᾶλλον καὶ ἧττον καὶ ὁμοίου δεικνύντες, ἐπειδὴ ταῦτα, τὸ ὅμοιον καὶ τὸ μᾶλλον καὶ τὸ ἧττον, τῷ ποιῷ παρακολουθεῖ, οἳ καὶ αὐτοὶ γίγνονται κατὰ μετάληψιν· καὶ γὰρ ἐπὶ τῶν οὕτως δεικνυμένων ἄλλο μὲν ὑποτίθεται, ἄλλου δὲ ἡ δεῖξις καὶ ὁ συλλογισμὸς γίνεται, ὃ καὶ αὐτὸ μεταλαμβανόμενον λέγει. ὁ γὰρ δεικνύς, ὅτι μή ἐστιν ἐν τῷ πλουτεῖν τὸ εὐδαιμονεῖν, διὰ τοῦ ὅτι μηδ' ἐν τῷ ὑγιαίνειν, ὑποτίθεται μὲν 'εἰ ὃ μᾶλλον ἂν δόξαι αὔταρκες εἶναι πρὸς εὐδαιμονίαν, τοῦτο μή ἐστιν αὔταρκες, οὐδὲ τὸ ἧττον ἐκείνου εἴη ἂν αὔταρκες'· ὑγεία δὲ πλούτου μᾶλλον δοκοῦν εἶναι αὔταρκες πρὸς εὐδαιμονίαν οὐκ ἔστιν αὔταρκες· οὐδ' ἄρα ὁ πλοῦτος. τὸ μὲν μὴ εἶναι τὸν πλοῦτον αὐτάρκη πρὸς εὐδαιμονίαν, εἴ γε μηδὲ ἡ ὑγεία, ὑπόκειται. δειχθείη δ' ἂν διὰ συλλογισμοῦ, ὅτι μή ἐστιν ὑγεία πρὸς εὐδαιμονίαν αὐτάρκης, οὕτως· ὑγιαίνουσί τινες κακίαν ἔχοντες, οὐδεὶς κακίαν ἔχων εὐδαιμονεῖ, οὐκ ἄρα οἱ ὑγιαίνοντες εὐδαιμονοῦσιν, οὐκ αὐτάρκης ἄρα ἡ ὑγεία πρὸς εὐδαιμονίαν. ἔστι καὶ οὕτως δεῖξαι· ἡ ὑγεία οὐκ ἔστιν αὐτάρκης πρὸς τὸ ζῆν ἀναμαρτήτως, ἡ εὐδαιμονία αὐτάρκης ἐστὶ πρὸς τὸ ζῆν ἀναμαρτήτως, ἡ ὑγεία ἄρα οὐκ ἔστιν αὐτάρκης πρὸς εὐδαιμονίαν. ἢ οὕτως· ἐν τῷ ὑγιαίνειν οὐκ ἐσμὲν ἀναμάρτητοι· ἐν δὲ τῷ εὐδαιμονεῖν ἀναμάρτητοί ἐσμεν· οὐκ ἄρα ἐν τῷ ὑγιαίνειν τὸ εὐδαιμονεῖν. δεῖ οὖν τὰς προειρημένας ἐκλογὰς ποιεῖσθαι τῆς τε ὑγείας καὶ τοῦ αὐτάρκους πρὸς εὐδαιμονίαν· ταῦτα γὰρ τὰ δεικνύμενα διὰ συλλογισμοῦ. καὶ ἔστιν ἡ

4 τοῖς (ante ἐξ prius) B: τῷ a   6 εἰ ἡ ψυχὴ κτλ.] cf. Plat. Phaedr. c. 24 p. 245 C   ἀθάνατος ... ἀεικίνητος (7) om. a   8 ante ζητοῦντες add. οὐ a   11 τῇ B: τοῖς a   12 ἐκλογὴν om. a   18 Ἀριστοτέλην a   προειρήκαμεν] p. 262, 9, 263, 26 sq.   26 εἰ om. a   ἂν om. a   31 ὑγιαίνοντες a

δεῖξις γεγονυῖα διὰ τοῦ τὸ ἑπόμενον τῇ εὐδαιμονίᾳ, ὅ ἐστι τὸ ἀναμάρτητον, 109r μὴ ὑπάρχειν τῇ ὑγείᾳ. καὶ τοιοῦτοι μὲν οἱ ἀπὸ τοῦ μᾶλλον ὄντες ἀνασκευαστικοί. οἱ δὲ ἀπὸ τοῦ ἧττόν εἰσι μὲν ἔμπαλιν ἔχοντες τούτοις (κατασκευαστικοὶ γάρ εἰσιν), ἔχουσι δὲ οὕτως· εἰ τὸ ἧττον ἀγαθὸν ἀγαθόν ἐστι, καὶ τὸ μᾶλλον ἀγαθὸν ἀγαθὸν ἂν εἴη· ἀλλὰ μὴν ἡ ὑγεία ἀρετῆς ἧττον οὖσα ἀγαθὸν ἀγαθόν ἐστι· καὶ ἡ ἀρετὴ ἄρα. πάλιν γὰρ καὶ ἐνταῦθα ὁ συλλογισμὸς τοῦ ὅτι ἡ ὑγεία ἀγαθὸν δεικτικός. ἐξ ὑποθέσεως δὲ τούτου δειχθέντος λαμβάνεται ἡ ἀρετὴ ἀγαθὸν εἶναι. τούτων οὖν δεῖ ποιεῖσθαι τὴν ἐκλογήν. ἥτις ἔσται λαβόντων ἡμῶν τὸ μὲν ἀγαθὸν ἕπεσθαι τῷ κατὰ φύσιν, τὸ δὲ κατὰ φύσιν τῇ ὑγείᾳ πάλιν. ὁ δὲ ἀπὸ τοῦ ὁμοίου πρὸς ἄμφω 109v χρήσιμος, καὶ πρὸς ἀνασκευὴν καὶ πρὸς κατασκευήν· τῶν γὰρ ὁμοίως ἐχόντων τι εἰ θάτερον ἔχοι αὐτό, καὶ θάτερον ἂν ἔχοι, καὶ εἰ μὴ ἔχοι πάλιν θάτερον. οὐδ' ἂν τὸ ἕτερον ἔχοι. καὶ ἔστι τὸ μὲν δεικνύμενον διὰ συλλογισμοῦ καὶ ἐπὶ τούτων τὸ ἕτερον· τὸ δὲ ἕτερον ἐξ ὑποθέσεως τὴν δεῖξιν λαμβάνει καὶ διὰ τὴν ὑπόθεσιν. ἐκείνου οὖν δεῖ ποιεῖσθαι τὴν ἐκλογήν, οἷον εἰ ὁμοίως οὖσα ἡ εὐγένεια τῷ πλούτῳ αἱρετὸν ἀγαθόν ἐστι, καὶ ὁ πλοῦτος ἀγαθόν· ἡ δὲ εὐγένεια ὁμοίως οὖσα αἱρετὴ τῷ πλούτῳ ἀγαθόν ἐστι. τοῦ γὰρ τὴν εὐγένειαν ἀγαθὸν εἶναι ὁ συλλογισμός, τὰ δ' ἄλλα ὑπόκειται. ὅτι δὲ ἡ εὐγένεια ἀγαθόν. δεικνύοιτ' ἂν διὰ τῆς ἐκλογῆς, εἰ ληφθείη τὸ μὲν ἀγαθὸν ἕπεσθαι τῷ αἱρετῷ (πᾶν γὰρ αἱρετὸν ἀγαθόν) τῇ δὲ εὐγενείᾳ τὸ αἱρετόν· ἡ γὰρ εὐγένεια αἱρετόν. οὐκοῦν καὶ ἐπὶ τῶν τοιούτων συλλογισμῶν. οὓς κατὰ ποιότητα λέγειν αὐτοῖς ἔθος. ⟨ὡς⟩ ἐπὶ τῶν κατὰ μετάληψιν ὁ συλλογισμὸς οὐ τῶν ὑποκειμένων γίνεται ἀλλὰ τῶν μεταλαμβανομένων. τούτων οὖν χρὴ καὶ τὴν ἐκλογὴν ποιεῖσθαι.

Τὸ δὲ ἐν τοῖς ὑποκειμένοις εἰρῆσθαι δύναται καὶ ἀντὶ τοῦ 'περὶ τῶν ὑποκειμένων'· ἔστι γὰρ τὸ λεγόμενον 'ὅσοι κατὰ μετάληψιν ἢ κατὰ ποιότητα περὶ τῶν ὑποκειμένων δεικνύουσιν'. ἐπὶ δὴ τούτων ἔσται ἡ ἐπίσκεψις οὐκ ἐν τοῖς ἐξ ἀρχῆς ἀλλ' ἐν τοῖς μεταλαμβανομένοις, ἐπεὶ καὶ ὁ συλλογισμὸς τούτων. ἡ δὲ ἐπίβλεψις καὶ ἡ ἐκλογὴ καὶ ἐπὶ τούτων ἡ αὐτὴ ἔσται, ὁποίαν ὑπεγράψαμεν.

p. 45b19 Ἐπισκέψασθαι δὲ δεῖ καὶ διελεῖν. ποσαχῶς οἱ ἐξ ὑποθέσεως.

Τοῦτο εἴρηκεν ἤτοι ὡς πάντων τῶν ἐξ ὑποθέσεως ὑποπίπτειν δυναμένων τῇ ἐκκειμένῃ τῶν ὅρων ἐκλογῇ τε καὶ τῇ δι' αὐτῶν δείξει (εἰ γὰρ ἐπισκέπτοιτό τις καὶ διέλοι, εὑρήσει τοῦτο οὕτως ἔχον· εἰπὼν γὰρ τούς τε "κατὰ μετάληψιν" καὶ τοὺς "κατὰ ποιότητα" δεῖν φησιν ἐπισκέψασθαι καὶ τοὺς ἄλλους τοὺς ἐξ ὑποθέσεως· ἐξ ὑποθέσεως γὰρ καὶ οἱ διαιρετικοί. οἳ

17 ante ἀγαθόν add. αἱρετὸν a 22 ὡς addidi 23 ante οὐ add. ἀλλ' a: eras. 3 lit. B 27 ἐπὶ] ι in ras. 2 lit. B^2 28 σκέψις a 33 ὑποπίπτειν B: ἢ τὸ πίπτειν a 34 ἐκκειμένῃ] ἐκ in ras. B^1

καὶ αὐτοὶ ἐν τοῖς "κατὰ μετάληψιν", ἐξ ὑποθέσεως καὶ οἱ ἐξ ὁμολογίας· 109v δεῖν οὖν φησι τῶν ἐξ ὑποθέσεως προσεχεστέραν ποιήσασθαι διαίρεσιν), ἢ εἰπών, τίνες τῶν ὑποθετικῶν φανερῶς ὑπάγονται τῇ ἐκκειμένῃ μεθόδῳ (οἵ τε γὰρ δι' ἀδυνάτου καὶ οἱ "κατὰ μετάληψιν", ὑφ' οὓς πάντες οἱ λεγόμενοι ἀναπόδεικτοι, καὶ ἔτι οἱ "κατὰ ποιότητα"). λέγει δεῖν ἐπισκέψασθαι καὶ διελεῖν, ποσαχῶς οἱ ἐξ ὑποθέσεως λέγονται· ἐκ γὰρ τῆς διαιρέσεως δῆλον ἔσται, εἴτε πάντας οἷόν τε ὑπάγειν τῇ ἐκκειμένῃ μεθόδῳ οὔσῃ δεικτικῇ εἴτε οὔ. δόξουσι γὰρ οἱ δι' ὅλων ὑποθετικοί, οὓς Θεόφραστος "κατὰ ἀναλογίαν" λέγει, οἷοί εἰσιν οἱ διὰ τριῶν λεγόμενοι, μηκέτι ὑποπίπτειν τῇ διὰ τῆς ἐκλογῆς δείξει. λέγει δὲ αὐτοὺς ὁ Θεόφραστος "κατὰ ἀναλογίαν", ἐπειδὴ αἵ τε προτάσεις ἀνάλογον καὶ τὸ συμπέρασμα ταῖς προτάσεσιν· ἐν πᾶσι γὰρ αὐτοῖς ὁμοιότης ἐστίν. ἢ οὐδὲ συλλογισμοὶ κυρίως καὶ ἁπλῶς ἐκεῖνοι, ἀλλὰ τὸ ὅλον τοῦτο ἐξ ὑποθέσεως συλλογισμοί· οὐδὲν γὰρ εἶναι ἢ μὴ εἶναι δεικνύουσιν. οἱ μὲν γὰρ προειρημένοι ἐξ ὑποθέσεως καὶ συλλογισμοί· δεικνύουσι γάρ τι ὑπάρχειν ἢ μὴ ὑπάρχειν· οἱ δὲ τοιοῦτοι μηδὲν τοιοῦτον δεικνύοντες οὐκέτι οὐδὲ ἁπλῶς συλλογισμοί. εἰ δὲ οὗτοι οὐδὲ τὴν ἀρχὴν ἁπλῶς συλλογισμοί, πάντες ἂν οἱ κυρίως καὶ ἁπλῶς ὄντες συλλογισμοὶ διὰ τῆς προκειμένης μεθόδου δεικνύοιντο.

Ἀνάγονται μέντοι καὶ οἱ δι' ὅλων ὑποθετικοὶ εἰς τὰ τρία τὰ προειρημένα σχήματα ἄλλῳ τρόπῳ, ὡς καὶ Θεόφραστος δέδειχεν ἐν τῷ πρώτῳ τῶν Προτέρων ἀναλυτικῶν. ἔστι δὲ δι' ὅλων ὑποθετικὸς τοιοῦτος· εἰ τὸ Α, τὸ Β, εἰ τὸ Β, τὸ Γ, εἰ ἄρα τὸ Α, τὸ Γ· τούτων γὰρ καὶ τὸ συμπέρασμα ὑποθετικόν· οἷον εἰ ἄνθρωπός ἐστι, ζῷόν ἐστιν, εἰ ζῷόν ἐστιν, οὐσία ἐστίν, εἰ ἄρα ἄνθρωπός ἐστιν, οὐσία ἐστίν. ἐπεὶ τοίνυν δεῖ καὶ ἐν τούτοις μέσον τινὰ ὅρον εἶναι, καθ' ὃν συνάπτουσιν αἱ προτάσεις ἀλλήλαις (ἄλλως γὰρ ἀδύνατον καὶ ἐπὶ τούτων συνακτικὴν συζυγίαν γίνεσθαι), οὗτος ὁ μέσος 110r τριχῶς καὶ ἐν ταῖς τοιαύταις συζυγίαις τεθήσεται. ὅταν μὲν γὰρ ἐν ῇ μὲν τῶν προτάσεων λήγῃ, ἐν ᾗ δὲ ἄρχηται, τὸ πρῶτον ἔσται σχῆμα· οὕτως γὰρ ἕξει, ὡς καὶ ὅτε τοῦ μὲν τῶν ἄκρων κατηγορεῖτο, τῷ δὲ ὑπέκειτο. ἀνάλογον γὰρ τὸ μὲν λήγειν καὶ ἕπεσθαι τῷ κατηγορεῖσθαι, τὸ δὲ ἄρχεσθαι τῷ ὑποκεῖσθαι· ὑπόκειται γάρ πως τῷ ἐπιφερομένῳ αὐτῷ. οὕτως γὰρ ληφθέντος τοῦ μέσου συμπέρασμα ἔσται, ὃ ἄρχεται μέν, ἀφ' οὗ ἤρχετο καὶ ἡ πρώτη πρότασις, λήγει δέ, εἰς ὃ ἔληγεν ἡ δευτέρα, τὴν μὲν τοῦ κατηγορουμένου χώραν ἐν τῷ συμπεράσματι τοῦ ἑπομένου λαμβάνοντος τὴν δὲ τοῦ ὑποκειμένου τοῦ ἡγουμένου· οἷον εἰ τὸ Α, τὸ Β, εἰ τὸ Β, τὸ Γ, εἰ ἄρα τὸ Α, τὸ Γ. δύναται ἐπὶ τῇ τοιαύτῃ συζυγίᾳ καὶ ἀνάπαλιν ληφθῆναι τὸ συμπέρασμα ὥστε μὴ ἑπόμενον εἶναι ἀλλ' ἡγούμενον, οὐ μὴν ἁπλῶς

2 ποιεῖσθαι a 7 inter εἴ et τε ras. in B 8 Θεόφραστος] fr. 63e Wimmeri 11 ἀνάλογον B: ἀνάλογοι a post συμπέρασμα expunxit καὶ B 23 τὸ (ante β̄ prius) B: τῷ a τὸ (ante γ̄ utrumque) B: τῷ a 26 μέσον scripsi: μέσου aB 29 ἄρχεται a 30 κατηγοροῖτο a 31 τὸ B: τὰ a 32 τὸ B: τῷ a 33 μέν om. a 36 τὸ (ante β̄ prius) B: τῷ a τῷ γ̄ a

ἀλλὰ σὺν ἀντιθέσει· συναχθέντος γὰρ τοῦ 'εἰ τὸ Α, τὸ Γ' συνάγεται καὶ 110r τὸ 'εἰ μὴ τὸ Γ, οὐ τὸ Α'. εἰ δὲ ἀπὸ διαφόρων ἀρχόμεναι αἱ ὑποθετικαὶ προτάσεις λήγοιεν εἰς ταὐτό, ἔσται τὸ τοιοῦτον σχῆμα δεύτερον ἀνάλογον ὂν τῷ ἐν τοῖς κατηγορικοῖς δευτέρῳ, ἐν οἷς ὁ μέσος ὅρος ἀμφοτέρων τῶν ἄκρων κατηγορεῖτο· ἐπεὶ γὰρ ἐν τοῖς ὑποθετικοῖς τὸ ἑπόμενον κατηγορουμένου χώραν ἔχει, ὅταν ἐν ταῖς δύο προτάσεσι ταὐτὸν ἑπόμενον λαμβάνηται, τὸ δεύτερον ἔσται σχῆμα. συλλογιστικὴ δὲ ἡ συζυγία, ἂν ἀντικειμένως ἑπόμενον ἑκατέρῳ τῶν ἡγουμένων λαμβάνηται, οἷον εἰ τὸ Α, τὸ Γ, εἰ τὸ Β, οὐ τὸ Γ· τὸ γὰρ Γ μέσος ὢν ὅρος ἀντικειμένως εἴληπται ἑπόμενος τοῖς ἡγουμένοις, τῷ τε Α καὶ τῷ Β. διὸ καὶ συναχθήσεται οὕτως ληφθέντων τὸ 'εἰ θάτερον τῶν ἀρχομένων, οὐ θάτερον'· εἰ γὰρ τὸ Α, τὸ Γ, εἰ τὸ Γ, οὐ τὸ Β, εἰ ἄρα τὸ Α, οὐ τὸ Β, οἷον εἰ ἄνθρωπος, ζῷον, εἰ λίθος, οὐ ζῷον, εἰ ἄρα ἄνθρωπος, οὐ λίθος. εἰ δέ γε ἀπὸ τοῦ αὐτοῦ ἀρχόμεναι αἱ προτάσεις λήγοιεν εἰς ἕτερα, ἔσται ἀνάλογον τοῦτο τὸ σχῆμα τῷ τρίτῳ· τὸ γὰρ ἡγούμενον ὑποκειμένου χώραν ἔχον ἐν ἀμφοτέραις ταῖς προτάσεσι ταὐτόν ἐστιν. ὅταν δὴ ἀντικειμένως τοῦτο ληφθῇ, συνακτικὸν ἔσται, οἷον εἰ τὸ Α, τὸ Β, εἰ οὐ τὸ Α, τὸ Γ· συναχθήσεται γάρ, εἰ μὴ θάτερον τῶν ληγόντων, θάτερον· εἰ γὰρ οὐ τὸ Β, τὸ Γ, ἢ εἰ οὐ τὸ Γ, τὸ Β, οἷον εἰ ἄνθρωπος, λογικόν, εἰ μὴ ἄνθρωπος, ἄλογον, εἰ μὴ λογικὸν ἄρα, ἄλογον. ταύτῃ τε οὖν ὅμοιαι αἱ ἐν τούτοις συμπλοκαὶ ταῖς ἐν τοῖς κατηγορικοῖς σχήμασιν οὖσαι εἰκότως ἂν εἰς ἐκείνας ἀνάγοιντο, καὶ ἔτι ἡ γένεσις ὥσπερ ἐν τοῖς κατηγορικοῖς τῷ δευτέρῳ καὶ τρίτῳ σχήματι ἀπὸ τῶν ἀντιστροφῶν τῶν ἐν τῷ πρώτῳ προτάσεων, οὕτως δὲ καὶ ἐν τούτοις· τῆς μὲν γὰρ μείζονος ἀντιστραφείσης ἐν πρώτῳ σχήματι προτάσεως τὸ δεύτερον ἐγένετο σχῆμα, τῆς δὲ ἐλάττονος τὸ τρίτον. ἔστι δὲ τοῖς ὑποθετικοῖς μείζων μὲν ἡ δευτέρα, ἐν ᾗ ἡγεῖται ὁ μέσος, ἐλάττων δὲ ἡ πρώτη, ἐν ᾗ ἕπεται ὁ μέσος· οἷον ἡ μὲν 'εἰ τὸ Α, τὸ Β' πρώτη τε καὶ ἐλάττων, ἡ δὲ 'εἰ τὸ Β, τὸ Γ' δευτέρα τε καὶ μείζων. τῆς μὲν οὖν 'εἰ τὸ Β, τὸ Γ' ἀντιστραφείσης ἔσται ἐν ἀμφοτέραις τὸ Β ἑπόμενον καὶ τὴν χώραν λαμβάνον τοῦ κατηγορουμένου, ὃ ἴδιον τοῦ δευτέρου σχήματος· τῆς δὲ πρώτης ⟨τῆς⟩ 'εἰ τὸ Α, τὸ Β' ἀντιστραφείσης ἔσται πάλιν ἡγούμενον ἐν ἀμφοτέραις ταῖς προτάσεσι τὸ Β, ὃ χώραν ὑποκειμένου ἔχον ποιεῖ τὸ τρίτον σχῆμα. παραπλησίως δὲ καὶ αἱ ἀναλύσεις τῶν ἐν τῷ δευτέρῳ καὶ τρίτῳ σχήματι ἐς τὸ πρῶτον ἔσονται σχῆμα, ἐξ οὗ καὶ αἱ γενέσεις αὐτοῖς, ὥσπερ καὶ ἐπὶ τῶν κατηγορικῶν. οὗτοι μὲν οὖν οἱ ἁπλοῖ τε καὶ πρῶτοι ὑποθετικοὶ

---

1 εἰ B: καὶ a 2 οὐ B: οὐδὲ a 5 κατηγοροῖτο a 6 ἔχει ex ἔχοι (?) corr. B: ἔχουσιν a ἐν om. a 7 δεύτερον (quod iam Prantl coniecerat I 381,61) B: πρῶτον a ἐάν a 10 συνάγεται a 11 γ̄ Prantl l. c.: β aB 17 τὸ ᾱ (post οὐ) B: τὸ β̄ a γ̄ in ras. B 20 αἱ post τούτοις transponit a 21 οὖσαι a: οὔσαις B ἀνήγοντο a 22 ὥσπερ ἐν B: ἐπὶ a 23 ἐν τούτοις B: ἐπὶ τούτοις τοῖς σχήμασι a 24 δεύτερον B: πρῶτον a 26 ἡγεῖται B: ἕπεται a 27 ἡ prius in ras. B 28 δευτέρα . . . τὸ γ̄ om. a 29 ἀμφοτέροις a 29. 30 λαμβάνων a 30 δευτέρου B: πρώτου a 31 τῆς a: om. B 34 εἰς a

δι' ὅλων λεγόμενοι. ἐκ τούτων δὲ καὶ οἱ σύνθετοι πάντες τὴν σύστασιν 110r ἔχοντες δειχθήσονται. Θεόφραστος μέντοι ἐν τῷ προτέρῳ τῶν Ἀναλυτικῶν δεύτερον σχῆμα λέγει ἐν τοῖς δι' ὅλων ὑποθετικοῖς εἶναι, ἐν ᾧ ἀρχόμεναι ἀπὸ τοῦ αὐτοῦ [αἱ] προτάσεις λήγουσιν εἰς ἕτερα. τρίτον δέ, ἐν ᾧ ἀπὸ διαφόρων ἀρχόμεναι λήγουσιν εἰς ταὐτόν. ἀνάπαλιν δ' ἡμεῖς ἐξεθέμεθα. ἀλλὰ | περὶ μὲν τούτων ἰδίᾳ καιρὸς ἂν εἴη λέγειν. νῦν δ' ἐπανιτέον ἐπὶ 110v τὴν τῆς λέξεως ἐξήγησιν.

p. 45b22 Ἔστι δὲ καὶ ἄλλον τρόπον ἔνια τούτων συλλογίσασθαι, οἷον τὰ καθόλου διὰ τῆς κατὰ μέρος ἐπιβλέψεως ἐξ ὑποθέσεως.

Δείξας καθ' ἕκαστον πρόβλημα, τίνων τῶν αὐτῶν λαμβανομένων ἐγίνετο τὸ συμπέρασμα, λέγει, ὅτι ἔνια τῶν κειμένων ἔστι καὶ ἄλλῃ τινὶ μεθόδῳ τε καὶ ἐφόδῳ χρωμένους συνάγειν, προσχρωμένους μέντοι πρὸς τοῖς κειμένοις ἤδη καὶ εἰρημένοις ὑποθέσει τινί. τὰ γὰρ καθόλου καταφατικὰ καὶ ἀποφατικὰ ὅπως μὲν συνήγετο, εἴρηται· ληφθέντος γὰρ τοῦ Γ τῷ Ζ ταὐτοῦ καθόλου τὸ Α τῷ Ε ἐδείκνυτο ὑπάρχειν· πάλιν δ' αὖ ληφθέντος ἢ τοῦ Δ τῷ Ζ ταὐτοῦ ἢ τοῦ Β τῷ Θ τὸ καθόλου ἀποφατικόν. φησὶ δὴ τὰ αὐτὰ δυνήσεσθαι συναγόμενα δείκνυσθαι καὶ ἄλλως, τὸ μὲν καθόλου καταφατικόν, ἂν τὸ Γ τῷ Η, ᾧ εἵπετο τὸ Ε, ταὐτὸν ληφθῇ, δι' ὧν συνήγετο τὸ ἐπὶ μέρους καταφατικόν. εἰ γὰρ ἐπιβλέψαιμεν τὰ καθ' ἕκαστα καὶ εὕροιμεν μόνῳ τῷ Η τὸ Ε ἑπόμενον καὶ μηδενὶ ἄλλῳ, οἷον εἰ εἴη τὸ μὲν Η ἄνθρωπος τὸ δὲ Ε γελαστικόν, ἐπεὶ μόνῳ τῷ Η τὸ Ε ἕπεται, ἂν λάβωμεν αὐτὸ ὡς μόνῳ ἑπόμενον, καὶ τὸ Α παντὶ τῷ Ε ὑπάρξει. ὑπάρχει μὲν γὰρ τὸ Α παντὶ τῷ Γ· ἕπεται γὰρ αὐτῷ· καὶ τῷ Η ἄρα· ταὐτὸν γάρ ἐστι τὸ Γ τῷ Η· ἀλλ' εἰ τῷ Η μόνῳ τὸ Ε ἕπεται, καὶ ἀντιστρέψει καὶ τῷ Ε τὸ Η ἀκολουθήσει καὶ ἕξει τὴν τοῦ Ζ χώραν· εἰ δὲ ἀκολουθεῖ αὐτῷ, κατὰ παντὸς αὐτοῦ κατηγορηθήσεται· ὥστε καὶ τὸ Α τοῦ Ε παντός. ἐξ ὑποθέσεως οὖν ἐκ τῶν Γ, Η τῶν αὐτῶν ληφθέντων τὸ καθόλου συναχθήσεται· ἂν γὰρ τῷ Η μόνῳ ἕπηται τὸ Ε, ἄλλως δὲ οὔ. τὰ δὲ ἴδια καὶ οἱ ὁρισμοὶ ἑκάστου, ὥσπερ προείρηται, ἐπ' ἴσης ὄντα τῷ πράγματι δύναται καὶ ἐν τοῖς ἑπομένοις αὐτοῖς τίθεσθαι καὶ ἐν τοῖς, οἷς ἕπεται αὐτά.

p. 45b25 Καὶ πάλιν εἰ τὸ Δ καὶ τὸ Η τὰ αὐτά.

Διὰ τούτων δὲ τὸ ἐπὶ μέρους ἀποφατικὸν συνήγετο· τὸ γὰρ Α οὐ παντὶ τῷ Ε διὰ τοῦ τὸ μὲν Α οὐδενὶ τῷ Η, τὸ δὲ Ε παντὶ αὐτῷ. ἀλλ'

2 Θεόφραστος] fr. 59 Wimmeri πρώτῳ a 3 post ὅλων add. εἶναι a εἶναι] ἐκεῖνο temptabat Prantl l. c. 4 ἀπὸ (ante τοῦ) B: ὑπὸ a 6 ἰδίᾳ καιρὸς ἂν εἴη B: ἰδίως πρόσεστι a 8 συλλογίσασθαι τούτων a et Ar. 10 λαμβανομένων B: ὄντων a 12 τε om. a 18 ante ἂν expunxit ἂν B 24 τῷ γ̄ τὸ a ἀντιστρέψει scripsi: ἀντιστρέφει aB 26 ἢ scripsi: ῃ aB τὸ a post παντός transponit a 28 τῷ B: τὸ a ἕπεται a 29 προείρηται] p. 295,3—7 31 καὶ ... αὐτά textus verba in aB τὸ δ aB (Af): τὰ δ Ar. τὸ η aB (f): η Ar. ταὐτά a et Ar. 33 τοῦ B: τῶν a

εἰ τὸ Η τοιοῦτον ληφθείη ὡς πάλιν μόνῳ τὸ Ε ἕπεσθαι, ὡς καὶ ἐπὶ τῆς 110v πρὸ ταύτης δείξεως. ἀντιστραφήσεται πάλιν καὶ ἔσται τῷ Ε τὸ Η ἑπόμενον ὥσπερ καὶ τὸ Ζ. εἰ δὴ τὸ Η τῷ Δ ταὐτὸν ἦν, τὸ δὲ Α τῷ Δ οὐδενί, δῆλον ὅτι οὐδὲ τῷ Η· τὸ δὲ Η παντὶ τῷ Ε· τὸ Α ἄρα οὐδενὶ τῷ Ε. δεῖ οὖν, φησί, καὶ οὕτως ἐπιβλέπειν τε καὶ ἐκλέγειν τὰ προειρημένα, ἐπεὶ καὶ διὰ τῆς τοιαύτης ἐπιβλέψεως δύναται δείκνυσθαι τὸ καθόλου.

p. 45b28 Τὸν αὐτὸν δὲ τρόπον καὶ ἐπὶ τῶν ἀναγκαίων καὶ τῶν ἐνδεχομένων.

Λέγει, ὅτι οὐ μόνον, εἰ ὑπάρχον τι συνάγομεν, δεῖ τὴν τοιαύτην ἐπίβλεψιν ποιεῖσθαι ζητοῦντας τά τε ἑπόμενα καὶ οἷς ἕπεται καὶ τὰ μὴ ὑπάρχοντα, ἀλλὰ καὶ ἐπὶ τῶν ἀναγκαίων ὁμοίως καὶ ἐπὶ τῶν ἐνδεχομένων· ἡ γὰρ αὐτὴ μέθοδος ἐπὶ πάντων. ὁ γὰρ τρόπος τοῦ συμπεράσματος διοίσει τῷ ὑπάρχοντα εἶναι τὰ ἐκλεγόμενα ἢ ἀναγκαῖα ἢ ἐνδεχόμενα, ἀλλ' οὐ τῷ ἄλλως καὶ ἄλλως λαμβάνεσθαι.

p. 45b31 Ληπτέον δὲ ἐπὶ τῶν ἐνδεχομένων καὶ τὰ μὴ ὑπάρχοντα δυνατὰ δὲ ὑπάρχειν.

Ἐν τῇ ἐκλογῇ τῇ ἐπὶ τῶν ἐνδεχομένων συλλογισμῶν δεῖν φησι τὰ ἑπόμενα λαμβάνοντα τοῖς κειμένοις ὅροις, ὧν κατὰ τὸ ἐνδεχόμενον τὴν συναγωγὴν βουλόμεθα ποιήσασθαι πρὸς ἀλλήλους, μὴ μόνον λαμβάνειν τὰ ὑπάρχοντα μὲν αὐτοῖς ἐνδεχομένως δὲ ὑπάρχοντα, ἀλλὰ καὶ τὰ μὴ ὑπάρχοντα μὲν αὐτοῖς ἐνδεχόμενα δὲ ὑπάρχειν καὶ ταῦτα θετέον ἐν τοῖς ἐνδεχομένως ὑπάρχουσι καὶ ἑπομένοις. ἐδείχθη γάρ, ὅτι καὶ διὰ τῶν μὴ ὑπαρχόντων ἐνδεχομένων δὲ ὑπάρχειν ὁ τοῦ ἐνδεχομένου συλλογισμός· ἐχρήσατο δὲ τούτῳ, ὅτε ἐν ταῖς μίξεσι τὸ ἐνδεχόμενον μετελάμβανεν εἰς τὸ ὑπάρχον ἐν ταῖς εἰς ἀδύνατον ἀπαγωγαῖς ὡς εἰς ψεῦδος μὲν οὐ μὴν ἀδύνατον. καὶ ὁ τοῦ ἐνδεχομένου δὲ ὁρισμός, ὃν ἐξέθετο, τοιοῦτος ἦν· "οὗ γὰρ μὴ ὄντος ἀναγκαίου τεθέντος δὲ ὑπάρχειν" οὐδὲν ἀδύνατον εἵπετο, | τοῦτ' ἦν ἐνδε- 111r χόμενον· καὶ γὰρ καὶ διαφέρειν δοκεῖ τὸ κυρίως ἐνδεχόμενον τοῦ κυρίως ὑπάρχοντος κατὰ τοῦτο.

p. 45b35 Ὁμοίως δὲ καὶ ἐπὶ τῶν ἄλλων κατηγοριῶν.

Τοὺς τρόπους κατηγορίας εἴρηκεν· αἰεὶ γὰρ κατηγοροῦνται. εἰπὼν δὲ δεῖν καὶ ἐπὶ τοῦ ἀναγκαίου καὶ ἐπὶ τοῦ ἐνδεχομένου τὴν αὐτὴν ἐπίβλεψιν

1 τὸ ε a: τῷ ε B 2 πρὸ ταύτης B: πρώτης a 3 ἦν scripsi: ᾖ aB οὐδενὶ τῷ δ a 7 ἀναγκαῖον a 10 post ζητοῦντας add. πάντα a τε om. a 15 ἐνδεχομένων] συλλογισμῶν a 18 λαμβάνοντας a 19 post τὰ add. μὴ a 20 ἐνδεχομένως . . . αὐτοῖς (21) in mg. B[2] 21 ante ἐν add. ὡς a 26 οὗ κτλ.] c. 13 p. 32a19 οὗ ex οὐ corr. B[2]

ποιεῖσθαι προσέθηκεν, ὅτι καὶ ἐπὶ τῶν ἄλλων τρόπων ὁμοίως, δεικνύς, ὅτι 111r πάντες οἱ συλλογισμοὶ γίνονται διὰ τῆς ἐκκειμένης μεθόδου. εἶεν δ' ἂν καὶ αἱ ἄλλαι κατηγορίαι οἱ τρόποι, ὡς εἰρήκαμεν ἤδη, τὸ δυνατόν, τὸ ἀδύνατον, τὸ ἔνδοξον, τὸ ἄδοξον, τὸ δῆλον, τὸ ἄδηλον, τὸ κατὰ φύσιν, τὸ καλῶς, τὸ ὠφελίμως· τὰ τοιαῦτα γὰρ τρόποι. εἴη δ' ἂν μεταξὺ ἐμβεβλημένον τὸ "ληπτέον δὲ ἐπὶ τῶν ἐνδεχομένων"· τὸ γὰρ ὁμοίως ⟨δὲ καὶ⟩ ἐπὶ τῶν ἄλλων κατηγοριῶν ἀκολουθεῖ τῷ "ἡ γὰρ αὐτὴ σκέψις, καὶ διὰ τῶν αὐτῶν ὅρων ἔσται τῇ τάξει τοῦ τε ἐνδέχεσθαι καὶ τοῦ ὑπάρχειν ὁ συλλογισμός". δύναται τὸ ὁμοίως δὲ καὶ ἐπὶ τῶν ἄλλων κατηγοριῶν εἰρηκέναι, τοῦ τε ἀναγκαίου καὶ τοῦ ὑπάρχοντος· ὡς γὰρ ἐπὶ τοῦ ἐνδεχομένου ταῦτα ἐκλέγομεν, δι' ὧν ὁ τοῦ ἐνδέχεσθαι γίνεται συλλογισμός, οὕτως καὶ ἐπὶ τοῦ ὑπάρχοντος χρὴ ἐκλέγειν τά, δι' ὧν ὁ τοῦ ὑπάρχοντος γίνεται συλλογισμός, καὶ ἐπὶ τοῦ ἀναγκαίου, δι' ὧν ὁ τοῦ ἀναγκαίου.

p. 45b36 Φανερὸν οὖν ἐκ τῶν εἰρημένων οὐ μόνον, ὅτι ἐγχωρεῖ διὰ ταύτης τῆς ὁδοῦ γίνεσθαι πάντας τοὺς συλλογισμούς.

Οὐ μόνον φησὶν ἐνδέχεσθαι τοὺς συλλογισμοὺς πάντας γίνεσθαι κατὰ τὴν εἰρημένην μέθοδον, ἀλλὰ καὶ ἄλλως ἀδύνατον, καὶ δείκνυσι, διὰ τί ἀδύνατον ἄλλως. πᾶς μὲν γὰρ συλλογισμὸς διά τινος τῶν τριῶν σχημάτων γίνεται· αἱ γὰρ λαμβανόμεναι προτάσεις συλλογιστικῶς κατά τι τούτων τῶν σχημάτων λαμβάνονται· τὰ δὲ σχήματα ταῦτα καὶ τὰς κατ' αὐτὰ συζυγίας οὐχ οἷόν τε ἐξ ἄλλων συνίστασθαι ἢ ἐκ τῶν ἑπομένων τε αὐτοῖς καὶ τῶν, οἷς ἕπεται αὐτά, καὶ τῶν μὴ ὑπαρχόντων αὐτοῖς. ἐκ τούτων γὰρ καὶ ὁ μέσος λαμβάνεται· τὸ μὲν γὰρ καθόλου καταφατικὸν ἐκ τῶν ἑπομένων καὶ οἷς ἕπεται, τὸ δὲ καθόλου ἀποφατικὸν ἐκ τῶν ὑπαρχόντων καὶ μὴ ὑπαρχόντων, τὰ δὲ ἐπὶ μέρους, τό τε καταφατικὸν καὶ τὸ ἀποφατικόν, ἐκ τῶν, οἷς ἕπεται αὐτά· τούτων δὲ ἀλλήλοις συντιθεμένων ὁ μέσος ὅρος ἐδείχθη γινόμενος. οὐκ ἂν λέγοι δὲ ταῦτα περὶ τῶν δι' ὅλου ὑποθετικῶν, ὅτι μηδὲ κυρίως ἡγεῖται τοὺς τοιούτους εἶναι συλλογισμοὺς οὐδεμιᾶς ὑπάρξεως ὄντας δεικτικοὺς ἀλλὰ ἀκολουθίας μόνον.

p. 46a3 Ἡ μὲν οὖν μέθοδος κατὰ πάντων ἡ αὐτή.

Ὃ λέγει, τοιοῦτόν ἐστιν· ἡ μὲν πρὸς τὸ συλλογίσασθαι ὁδός τε καὶ μέθοδος ἡ αὐτὴ ἐν πάσαις ἐπιστήμαις τε καὶ τέχναις ταῖς διὰ συλλογισμῶν ἀποδεικνυούσαις τι τῶν οἰκείων, εἴ γε ἐκ τῶν εἰρημένων ἐπιβλέψεων πᾶς συλλογισμός. καὶ φιλοσόφῳ δὴ καὶ ἰατρῷ καὶ ῥήτορι καὶ μουσικῷ καὶ

---

3 οἱ B: καὶ a   6 δὲ καὶ a et Ar.: om. B (sed cf. vs. 9)   11 ἐνδέχεσθαι B: ἐνδεχομένου a   γίνεται om. a   12 ἐκλέγειν χρὴ a   17 πάντας τοὺς συλλογισμοὺς a   21 αὐτάς a   22 τε alterum om. a   28 λέγει a   31 μέθοδος aB (n): ὁδὸς Ar.   32 συλλογίζεσθαι a   35 δὴ om. a

παντὶ συλλογιζομένῳ τι ἀναγκαία ἡ προειρημένη μέθοδός τε καὶ ὁδός· 111r διὰ γὰρ ταύτης ἡ τῶν προτάσεων εὕρεσις, καθ' ἃς ὁ συλλογισμός. πάντας γὰρ τοὺς συλλογιζομένους δεῖ ἐπιβλέπειν εἴς τε τὰ ἑπόμενα τούτοις, περὶ ὧν συλλογίζονται, καὶ εἰς τά, οἷς ἕπεται ταῦτα, καὶ εἰς τὰ μὴ ὑπάρχοντα αὐτοῖς καὶ ταῦτα ὡς ὅτι πλεῖστα ἐκλέγειν καὶ εὐπορεῖν αὐτῶν καὶ ἔχειν πρόχειρα. εἶπε δὲ δεῖ γὰρ τὰ ὑπάρχοντα καὶ ὅσοις ὑπάρχει περὶ ἕκαστον [ἑκάτερον] ἀθρεῖν, ἵνα ἐφ' ἑκατέρου τῶν ὅρων ζητῶμεν ἀμφότερα, καὶ τὰ ἑπόμενα καὶ οἷς αὐτὸς ἕπεται, καὶ μὴ τοῦ μὲν τὰ ἑπόμενα μόνον ἐκλέγωμεν τοῦ δὲ τά, οἷς ἕπεται. τὸ δὲ καὶ ταῦτα διὰ τῶν τριῶν ὅρων σκοπεῖν ἴσον ἐστὶ τῷ 'καὶ ταῦτα ἐν τοῖς τρισὶν ὅροις, ἐξ ὧν ὁ συλλογισμὸς γίνεται, συντιθέναι, ἄλλως μὲν | ἀνασκευάζοντα ἄλλως 111v δὲ κατασκευάζοντα'. ὑπέγραψε γάρ, πῶς χρὴ καθ' ἕκαστον πρόβλημα τὰς προτάσεις λαμβάνειν· οὔτε γὰρ ὁμοίως οὔτε ἐκ τῶν αὐτῶν αἰεί. ἀλλὰ ἄλλοτε μὲν ἐκ τῶν, οἷς ἀμφότερα ἕπεται, ἄλλοτε δὲ τοῦ μέν, οἷς ἕπεται, τοῦ δὲ ἐκ τῶν ἑπομένων αὐτῷ, ἄλλοτε δὲ τοῦ μὲν τὸ μὴ ὑπάρχον ληπτέον τοῦ δὲ τῶν ἑπομένων τι, ποτὲ δὲ τοῦ μὲν τὸ μὴ ὑπάρχον ληπτέον, τοῦ δέ, ᾧ αὐτὸ ἕπεται. δῆλον δέ, ὡς κἂν ἡ διαφορὰ τῶν συλλογισμῶν ἐκ τῆς διαφορᾶς τῶν ἐκλελεγμένων γένοιτο. ἐκ μὲν γὰρ τῶν ἀληθῶν λημμάτων ἀληθεῖς οἱ συλλογισμοὶ μόνον· ἂν δὲ καὶ οἰκεῖα ᾖ καὶ πρῶτα τὰ ἐκλελεγμένα, ἀποδεικτικοί. ἀληθεῖς μὲν οὖν καὶ δεικτικοὶ οἱ ἐκ γένους, ἐκ διαφορᾶς, ἐξ ἰδίου, ἐξ ὁρισμοῦ, ἐξ αἰτίου. ἂν δὲ ᾖ διὰ τῶν πρὸς δόξαν, τουτ' ἔστι διὰ τῶν ἐνδόξων, διαλεκτικοί. ἡ δὲ τῶν ἐνδόξων προτάσεων ἐκλογὴ ὁποία τίς ἐστιν, εἴρηται αὐτῷ ἐν τῷ πρώτῳ τῶν Τοπικῶν ἐπὶ πλέον, ὥσπεροῦν καὶ ἡ τῶν ἀποδεικτικῶν ἐν τοῖς Ὑστέροις ἀναλυτικοῖς.

p. 46a10 Αἱ δ' ἀρχαὶ τῶν συλλογισμῶν καθόλου μὲν εἴρηνται.

Τὰς μὲν ἀρχὰς τῶν συλλογισμῶν τὰς προτάσεις λέγει. καθόλου μὲν οὖν καὶ κοινῶς εἴρηται, πῶς ληπτέον αὐτὰς καὶ τίνα τίσι συγκριτέον τῶν ἐκλελεγμένων βουλομένοις ἢ καθόλου καταφατικὴν ἢ καθόλου ἀποφατικὴν ἢ ἐπὶ μέρους πρότασιν λαβεῖν· οὔτε γὰρ εἰς ταὐτὰ αἰεὶ οὐδὲ ἐν τοῖς αὐτοῖς τὴν ζήτησιν καὶ τὴν σύγκρισιν ποιησόμεθα, ἀλλ' ὃν εἰσηγήσατο τρόπον.

p. 46a16 Καθ' ἕκαστον δὲ τῶν ὄντων ἐκλέγειν.

Δεῖν φησι καθ' ἕκαστον τῶν ὄντων ἐκλέγειν προχειριζομένους, τίνα τε ἑπόμενα αὐτῷ ἢ τίσιν ἕπεται, τίνα δὲ μὴ ἐνδεχόμενα ὑπάρχειν αὐτῷ. εἰπὼν δὲ ἢ ἐπιστήμης ἀντὶ τοῦ 'ἢ ἐπιστήμης πλείους' προσέθηκεν. ὅτι

5 ὡς om. a 6 οἷς Ar. 7 ἕκαστον ἑκάτερον aB: ἑκάτερον Ar. (ἕκαστον u m) 12 ὑπέγραφε a 13 post ἀλλὰ add. καὶ a 15 μὴ om. a ὑπάρχον a: ὑπάρχειν B 16 τοῦ δὲ . . . ληπτέον om. a 17 κἂν scripsi: καὶ aB 20 οὖν om. a 23 ἐν τῷ πρώτῳ τῶν Τοπικῶν] I 13—18 24 ἀποδεικτικῶν B: τοπικῶν a 29 ταὐτὰ scripsi: ταῦτα B: τὰ αὐτὰ a οὐδὲ] immo οὔτε 31 ἐκλέγειν τῶν ὄντων Ar. 34 ἐπιστήμης (ante πλείους) scripsi: ἐπιστήμας aB πλείους] scil. ἀρχαί (46a10)

καθ' ἑκάστην ἐπιστήμην ἴδιαί εἰσιν αἱ ἐκλογαὶ καὶ ἴδιά ἐστι τά τε ἑπόμενα 111v καὶ τά, οἷς ἕπεται, καὶ τὰ μὴ ὑπάρχοντα. διὸ ἑκάστης ἐπιστήμης ἐστὶ τὰς ἰδίας ἀρχάς, ἐξ ὧν αἱ προτάσεις τε καὶ οἱ συλλογισμοί, παρέχειν τε καὶ ἐκλέγειν. τῷ δὲ ἴδιαι γὰρ καθ' ἑκάστην λείποι ἂν τὸ εἰσίν', ἵνα ᾖ 'ἴδιαι δὲ καθ' ἑκάστην εἰσὶ τῶν ἐκλογῶν αἱ πλείους'. ἐπείπερ καὶ κοινά τινά ἐστιν αὐταῖς, ἀλλὰ τὰ πλεῖστα ἴδια. διὸ οὐκ ἐκ τῶν αὐτῶν περὶ πάντων τὰς προτάσεις ποιήσομεν, ἀλλὰ δεῖ καθ' ἕκαστον τῶν ὄντων τὰ οἰκεῖα ἐκλέγειν τε καὶ ἔχειν παρεσκευασμένα· οἷον τίνα τῷ ἀγαθῷ ἕπεται, τίσι τὸ ἀγαθόν, τίνα οὐχ ὑπάρχει τῷ ἀγαθῷ, πάλιν τίνα ἐπιστήμῃ ἕπεται, τίσιν ἐπιστήμη, τίνα οὐχ ὑπάρχει τῇ ἐπιστήμῃ. καὶ καθ' ἑκάστην ἐπιστήμην τὰ ἑκάστῃ αὐτῶν οἰκεῖα· καθ' ἑκάστην γὰρ ἐπιστήμην ἴδιά ἐστι τά τε ἑπόμενα καὶ οἷς ἕπεται καὶ τὰ μὴ ὑπάρχοντα. τὸ δὲ αἱ πλεῖσται προσέθηκεν, ὅτι ἔστι τινὰ καὶ κοινὰ ἀξιώματα, οἷς προσχρώμεθα πρὸς πάντα τὰ δεικνύμενα, ὡς τὸ κατὰ παντὸς τὴν κατάφασιν ἢ τὴν ἀπόφασιν καὶ τὸ ἂν ἀπὸ ἴσων ἴσα ἀφαιρεθῇ, καὶ τὰ καταλειπόμενα ἴσα εἶναι· τοῦτο γὰρ καὶ ἐπὶ μεγεθῶν καὶ ἐπ' ἀριθμῶν καὶ ἐπὶ χρόνων καὶ ἐπὶ δυνάμεων ὁμοίως ἀληθές. ἀλλὰ κοινὰ μὲν ταῦτα, ἰδία δὲ τοῦ μὲν δικαίου τὸ καλὸν ἀρχή, τοῦ δ' ἀθανάτου φέρ' εἰπεῖν τὸ αὐτοκίνητον· ἄλλου δὲ ἄλλο τι οἰκεῖον. διό φησιν, ὅτι τὰς προτάσεις τὰς οἰκείας ἑκάστῃ ἐπιστήμῃ τοῦ καθ' ἑκάστην ἐπιστήμονός ἐστιν ἐκλέξαι ἐκλογῶν οἰκείων· ἐκ γὰρ τῶν οἰκείων ἕκαστον γνωρίζεται ὑπὸ τῶν περὶ αὐτὰ καταγινομένων καὶ ἐμπείρων. ἐκ τούτων γὰρ αἱ περὶ ἑκάστου ἀποδείξεις· ἐκ γὰρ τῆς τῶν καθ' ἕκαστα πείρας ἡ τοῦ καθόλου γνῶσις, ὅ ἐστιν ἀρχή. τὸ μὲν οὖν ἐκλέγειν, τίνα οἰκεῖα καὶ τίνα μὴ τῶν ὑποκειμένων ὅρων, τῶν περὶ ἕκαστον ἐμπείρων τε καὶ ἐπιστημόνων ἴδιον· τὸ δὲ ταῦτα λαβόντα ἐξ αὐτῶν τούς τε συλλογισμοὺς τοὺς οἰκείους καὶ τὰς ἀποδείξεις ποιεῖσθαι τοῦ συλλογιστικοῦ τε καὶ ἀποδεικτικοῦ. μηδενὸς γὰρ ἐνδέοντος κατὰ τὴν ἱστορίαν ἀλλὰ πάντων ἐκλελεγμένων ὁ συλλογιστικός τε καὶ ἀποδεικτικός, ὧν μὲν ἐνδέχεται ἀπόδειξιν γενέσθαι, ταῦτα ἀποδείξει, ὧν δὲ μὴ οἷόν τε ἀπόδειξιν γενέσθαι, τοῦτ' αὐτὸ δῆλον 112r ποιήσει, ὅτι μὴ οἷόν τε ἀποδεῖξαι. εἴη δ' ἂν τοιαῦτα τά τε πρῶτα, οἷς οὐδὲν ἕπεται (τὸ γὰρ καθόλου καταφατικὸν ἐπὶ τούτων ἢ καθόλου ἀποφατικὸν οὐχ οἷόν τε συλλογίσασθαι μηδενὸς ἑπομένου· κατ' ἄλλων δὲ αὐτὰ συλλογιζόμεθα, ἀλλ' οὐ τῶν προσεχῶν), ἀλλὰ καὶ οἱ ὁρισμοί· οὐδὲ γὰρ τούτων οἷόν τε ἀπόδειξιν γενέσθαι, ὡς δείξει. ἀλλ' οὐδὲ τῶν ἀτόμων ὡς ὑπαρχόντων τισὶν ἀπόδειξις ἔσται. ἀλλ' οὐδὲ ὧν μὴ οἷόν τε λαβεῖν ταὐτά τινα ἑπόμενα ἢ ἐν τοῖς, οἷς ἕπεται, ἡγουμένων τῶν, οἷς ἕπεται, τούτων δὲ ἑπομένων αὐτοῖς ὁμοίως καὶ ἐπὶ τῶν ἄλλων. λέγει δὲ δι' ἀκριβείας περὶ τῆς τῶν προτάσεων ἐκλογῆς εἰρηκέναι ἐν τοῖς Τοπικοῖς· αὕτη γάρ ἐστιν,

4 γὰρ aB: δὲ Ar. et Alex. ipse vs. 5   11 τε om. a   17 ἴδια aB   18 ἄλλου B: ἀλλ' οὐ a   20 ἐκλογῶν a: ἐκ λόγων B   ἕκαστον scripsi: ἑκάστῳ aB   21 ὑπὸ B: τὸ a   24. 25 ἐπιστημόνων τε καὶ ἐμπείρων a   32 ἄλλων a   δείξει] cf. p. 335,5—9   35 ταὐτά scripsi: ταῦτα aB   36 τινα post λαβεῖν (35) transponit a   38 εἰρηκέναι ante περὶ (37) transponit a

ἣν λέγει διαλεκτικὴν πραγματείαν. εἴρηκε δὲ περὶ ἐκλογῆς προτάσεων καὶ 112r ἐν τῷ πρώτῳ καὶ ἐν τῷ τελευταίῳ. ἐν μὲν τῷ πρώτῳ, ἐν οἷς λέγει "τὰ δὲ ὄργανα, δι' ὧν εὐπορήσομεν τῶν συλλογισμῶν, ἐστὶ τέσσαρα, ἓν μὲν προτάσεις λαβεῖν". ἐν δὲ τῷ τελευταίῳ, ἐν οἷς λέγει "περὶ τάξεως δὲ καὶ τοῦ ἐρωτηματίσαι λεκτέον διελόμενον τὰς προτάσεις, ὅσαι ληπτέαι παρὰ τὰς ἀναγκαίας· ἀναγκαῖαι δ' εἰσίν, δι' ὧν ὁ συλλογισμὸς γίνεται".

p. 46a31 Ὅτι δ' ἡ τῶν γενῶν διαίρεσις μικρόν τι μόριόν ἐστι τῆς εἰρημένης μεθόδου ῥᾴδιον ἰδεῖν· ἔστι γὰρ ἡ διαίρεσις οἷον ἀσθενὴς συλλογισμός.

Λέγει μὲν περὶ τῆς διαιρετικῆς, ᾗ Πλάτων ἐχρήσατο. δείκνυσι δὲ αὐτὴν μικρὸν μέρος οὖσαν τῆς ὑπ' αὐτοῦ εἰρημένης τε καὶ παραδεδομένης συλλογιστικῆς μεθόδου. τὴν δὲ εἰρημένην μέθοδον λέγοι ἂν ἤτοι, ἣν πρὸς τὴν εὕρεσιν τῶν οἰκείων καθ' ἕκαστον πρόβλημα προτάσεων ὑπέγραψε διὰ τῆς εἰρημένης ἐκλογῆς τε καὶ ἐπισκέψεως τῶν τε ἑπομένων καὶ τῶν, οἷς ἕπεται, καὶ τῶν μὴ ὑπαρχόντων τοῖς, περὶ ὧν ὁ συλλογισμός (ταύτης γὰρ τῆς μεθόδου μικρόν τι μόριόν φησιν εἶναι τὴν διαιρετικὴν μέθοδον, ᾗ ἐχρῶντο οἱ πρὸ αὐτοῦ πρὸς τὴν τῶν προτάσεων εὕρεσιν καὶ τὴν τῶν οἰκείων ὅρων τοῦ ζητουμένου λῆψιν διὰ τῆς τῶν γενῶν διαιρέσεως). ἢ τῆς εἰρημένης μεθόδου λέγοι ἂν μᾶλλον 'τῆς συλλογιστικῆς πάσης'· ταύτης γὰρ μικρὸν μόριον ἡ διαιρετική, εἴ γε, ὡς ἐρεῖ, ἀσθενής ἐστι συλλογισμός. πρόκειται δὲ αὐτῷ δεῖξαι, ὅτι οὐδεὶς τῶν πρὸ αὐτοῦ περὶ συλλογισμῶν ἢ ἔγνω τι ἢ ἐπραγματεύσατο. τοῦτο δὲ δείκνυσιν ἐκ τοῦ τὴν διαιρετικήν, ᾗ ἐχρῶντο οἱ πρὸ αὐτοῦ μόνῃ (οὗτοι δ' ἦσαν, ὡς εἶπον, οἱ περὶ Πλάτωνα), πρῶτον μὲν ἄχρηστον εἶναι πρὸς συλλογισμόν, δεύτερον δέ, ὅτι, καὶ εἰ συγχωρηθείη τινὰ δύνασθαι δείκνυσθαι δι' αὐτῆς συλλογιστικῶς, ἀλλὰ ὀλίγα τε καὶ οὐδὲ τὰ προκείμενα κατ' αὐτούς. μόνα μὲν γὰρ ἐπαγγέλλεται ἡ μέθοδος αὕτη δεικνύναι τὰ ἐν τῇ οὐσίᾳ ὑπάρχοντα τοῦ προκειμένου· εἰς γὰρ ταῦτα ἡ διαίρεσις ἡ τῶν γενῶν, ἃ οὐδὲ αὐτὰ δείκνυσιν, ὡς δειχθήσεται. οὔτε δὲ ἀνασκευάσαι τι τῇ μεθόδῳ χρωμένους τῇ διαιρετικῇ οἷόν τε οὔτε περὶ συμβεβηκότος ἢ ἰδίου συλλογίσασθαι, ὡς δείξει. μικρὸν μὲν οὖν μόριον τῆς εἰρημένης μεθόδου τὴν διαιρετικὴν εἶπεν ἤτοι, ὅτι καὶ αὐτὴ λαμβάνει τὰ τῷ ζητουμένῳ ἑπόμενα καὶ διὰ τούτων πειρᾶταί τι δεικνύναι· τὰ γὰρ γένη λαμβάνουσα τῶν προκειμένων, ἅπερ ἐστὶν ἑπόμενα αὐτοῖς, τούτων ποιεῖται τὴν διαίρεσιν ζητοῦσα τῶν ἐκ τῆς διαιρέσεως τίνα ἕπεται, πάλιν καὶ λαμβάνουσα τὰ τούτοις ἑπόμενα, ὡς δείξουσα, τί τῶν ἐκ τῆς τοῦ γένους διαιρέσεως ἕπεται τῷ ὑποκειμένῳ, οὗ τὸ γένος ἐλήφθη. οὐ μὴν

2. 3 τὰ δὲ κτλ.] Top. I 13 p. 105a21 3 μὲν τὸ Ar. 4 περὶ τάξεως κτλ.] Top. VIII 1 p. 155b18 5 ληπταίαι a 6 δ' εἰσίν aB: δὲ λέγονται Ar. ὁ om. a 7 τῶν aB: διὰ τῶν Ar. 20 γε B: τε a 23 ὡς εἶπον om. a 31 ἤτοι] cf. p. 334,12 33 τῶν προκειμένων om. a 35 πάλιν καὶ λαμβάνουσα, quod post ζητοῦσα (vs. 34) habent aB, huc transposui

δεικνύουσα, ὡς προϊὼν ὁ λόγος δείξει. καθ' ὅσον μὲν οὖν τὰ ἑπόμενα τῷ 112r γένει τίθησί τε καὶ ἐκλέγει καὶ ταῦτα δείκνυσι καὶ τούτῳ ἑπόμενα, ᾧ καὶ τὸ γένος ἕπεται, καὶ ὅλως καθ' ὅσον συλλογίζεταί τι, μόριόν τι ἂν εἴη τῆς ἐκκειμένης μεθόδου. οὔτε γὰρ ἔτι τά, οἷς ἕπεται τὸ ὑποκείμενον, ζητεῖ οὔτε τὰ μὴ ὑπάρχοντα αὐτῷ, ἀλλ' οὐδὲ τὰ ἑπόμενα τῷ κατηγορουμένῳ, οὐδ' ὅσα μὴ ὑπάρχει αὐτῷ, ἀλλ' οὐδὲ τά, οἷς ἕπονται ὁ ὑποκείμενος ἢ ὁ κατηγορούμενος, δι' ὧν τά τε ἐπὶ μέρους δείκνυται καὶ τὸ ἀποφατικὸν 112v τὸ καθόλου. ἀλλὰ καὶ καθ' ὅσον οὐδὲ τὰ ἑπόμενα πάντα ἀλλὰ μόνον τὰ ἐν τῇ οὐσίᾳ· τὸ γὰρ γένος καὶ τὰς οἰκείας διαφορὰς ἐπαγγέλλεται δεικνύναι, οὔτε δὲ τῶν ἰδίων τι οὔτε τῶν συμβεβηκότων. καθ' ὅσον δὲ οὐδὲ ταῦτα λαμβάνουσα τὸ προκείμενον αὐτῇ συλλογίζεται, ἄλλο δέ τι, ὡς δειχθήσεται, ἀσθενής ἐστι συλλογισμός. δύναται καὶ μικρόν τι μόριον τῆς συλλογιστικῆς μεθόδου εἰρηκέναι, ἐπεὶ ὅλως συλλογίζεταί τι, εἰ καὶ μὴ τὸ προκείμενον, ὡς δείξει.

Τὸ δὲ ἔστι γὰρ ἡ διαίρεσις οἷον ἀσθενὴς συλλογισμὸς πῶς καὶ διὰ τί εἴρηκεν, ἐξηγεῖται αὐτός, δι' ὧν ἐπιφέρει, λέγων ὃ μὲν γὰρ δεῖ δεῖξαι, αἰτεῖται, συλλογίζεται δὲ αἰεί τι [ἐκ] τῶν ἄνωθεν. ἔστι δέ, ὃ λέγει, τοιοῦτον· ὃ μὲν πρόκειται δεῖξαι τῷ ὑποκειμένῳ ὑπάρχον διὰ τῆς διαιρετικῆς μεθόδου, τοῦτο οὐ δείκνυσιν ἀλλ' αἰτεῖται καὶ προχείρως καὶ χωρὶς δείξεως λαμβάνει, διό ἐστιν ἀσθενὴς οὐ δεικνῦσα. ὃ βούλεται. τὴν γὰρ δεῖξιν καὶ τὸν συλλογισμὸν ποιεῖται αἰεί τινος ἀνωτέρω ὄντος καὶ κοινοτέρου καὶ περιέχοντος τοῦτο, ὃ βούλεται λαβεῖν. προθέμενος γὰρ δεῖξαι τὸν ἄνθρωπον λογικόν, ἂν οὕτω τύχῃ, λαβὼν τὸ γένος αὐτοῦ τὸ ζῷον, τοῦτο διαιρεῖ εἴς τε τὸ λογικὸν καὶ τὸ ἄλογον, καὶ συλλογίζεται μέν, ὅτι ἐστὶν ἄνθρωπος ἢ λογικὸν ἢ ἄλογον, διὰ τῶν 'ὁ ἄνθρωπος ζῷόν ἐστι, πᾶν ζῷον ἢ λογικὸν ἢ ἄλογόν ἐστιν, ὁ ἄνθρωπος ἄρα λογικὸν ἢ ἄλογον'. διὸ καὶ μόριόν ἐστι τῆς προειρημένης μεθόδου. ὃ ⟨δὲ⟩ προέκειτο αὐτῷ δεῖξαι (ἦν δὲ τοῦτο τὸ λογικόν), τοῦτο οὔτε δείκνυσιν οὔτε συλλογίζεται, ἀλλὰ συλλογισάμενος τὸ κοινὸν καὶ καθόλου, ὑφ' οὗ περιέχεται τὸ λογικόν (συνήγαγε γὰρ ἢ λογικὸν ἢ ἄλογον εἶναι τὸν ἄνθρωπον), τὸ λογικὸν αὐτὸν εἶναι καὶ μὴ ἄλογον χωρὶς δείξεως αἰτεῖταί τε καὶ τίθησιν. εἰ δέ ἐστιν ἀσθενὴς συλλογισμὸς ἡ διὰ τῆς διαιρέσεως δεῖξις, μικρόν τι ἂν μόριον εἴη τῆς ὑφ' ἡμῶν μεθόδου παραδεδομένης, μόριον μὲν οὖσα αὐτῆς, καθ' ὃ ὁπωσοῦν συνάγει τι καὶ συλλογίζεται, εἰ καὶ μὴ ὃ προτίθεταί τε καὶ βούλεται, μικρὸν δέ, ὅτι ἀσθενὴς καὶ οὐχ ὃ βούλεται δείκνυσιν. ἢ μικρὸν μέν, διότι περὶ τῶν ἐν τῇ οὐσίᾳ μόνων καὶ κατὰ τὸ πρῶτον σχῆμα μόνον καὶ ἐν τούτῳ μοναχῶς, ἀσθενὴς δέ, ὅτι μὴ τὸ προκείμενον οἷόν τε κατ' αὐτὸν συλλογίζεσθαι.

6 ὑπάρχῃ B   17 ἐκ B: om. a et Ar. (cf. p. 335, 14, 24)   20 δεικνὺς a
21 ἀεί a   ἀνωτέρου a   24 τὸ alterum om. a   26 ἄρα ὁ ἄνθρωπος a
27 δὲ a: καὶ B   31 τε om. a   post δὲ add. καὶ a   32 ἂν om. a
34 ὁποσοῦν a   36 τὸ om. a   38 κατ' αὐτὸν a: κατὰ ταὐτὸν B

p. 46a34 Πρῶτον δὲ αὐτὸ τοῦτο ἐλελήθει τοὺς χρωμένους αὐτῇ πάντας. 112v

Καὶ τοῦτο αἰτιᾶται τῶν τῇ διαιρετικῇ μεθόδῳ χρωμένων, ὅτι ᾤοντο οὐσίας τε καὶ ὁρισμοῦ ἀπόδειξιν εἶναι καὶ διὰ τοῦτο ἐπειρῶντο ἀποδεικνύναι τε καὶ συνάγειν τὸν ἑκάστου ὁρισμὸν χρώμενοι τῇ διαιρετικῇ ταύτῃ. ὅτι μὲν οὖν μή ἐστιν ὁρισμοῦ ἀπόδειξιν καὶ συλλογισμὸν ποιῆσαι ὡς συμπέρασμα τὸν ὁρισμὸν τῆς ἀποδείξεως γενέσθαι, καθ' ἃ ἡ διαιρετικὴ ποιεῖν βούλεται, δείξει αὐτὸς διὰ πλειόνων ἐν τῷ τῶν Ὑστέρων ἀναλυτικῶν δευτέρῳ. ὅτι δὲ μηδὲ ἡ διαίρεσις αὐτοῖς τοιοῦτόν τι ἐδείκνυεν, ὡς ᾤοντο, νῦν ἐρεῖ. δύο οὖν ἠγνόουν οἱ χρώμενοι τῇ διαιρετικῇ, ὅ τι τε οὕτως οἷόν τε ἦν συλλογίσασθαι διαιρουμένους (τὸ γὰρ ὅ τι ἀντὶ τοῦ 'τί'· οὐ γὰρ τὸν ὁρισμόν, ὡς ᾤοντό τε καὶ ἐβούλοντο), ἔτι τε [οὔτε] ὅτι οὕτως ἐνεδέχετο τῇ διαιρετικῇ χρωμένους συλλογίζεσθαί τι, ὡς εἰρήκαμεν· εἴρηκε γάρ, ὅτι αἰεὶ τῶν ἄνωθέν τινος ὁ συλλογισμὸς διὰ τῆς διαιρέσεως γίνεται, ἀλλ' οὐκ αὐτοῦ τοῦ προκειμένου. καὶ τοῦτο οὖν ἠγνόουν. ἢ τὸ ὅτι οὕτως ἐνεδέχετο, ὡς προειρήκαμεν δηλωτικόν ἐστι τοῦ ἀγνοεῖν αὐτοὺς τὸν τρόπον τοῦ πῶς οἷόν τέ ἐστι συλλογίζεσθαι τὸ προκείμενον μόνως, ὡς ἔδειξεν, ὃν τρόπον αὐτὸς πρὸ ὀλίγου παρέδωκεν, οὗ τρόπου κατ' ἄγνοιαν οὐ τὸ προκείμενον αὐτοῖς συνελογίζετο.

p. 46a39 Ἐν μὲν οὖν ταῖς ἀποδείξεσιν, ὅταν δέῃ τι συλλογίσασθαι ὑπάρχειν, δεῖ τὸ μέσον *ἐπόμενον*.

Προειπὼν περὶ τῆς διαιρετικῆς τινα, ὅτι τε "μικρὸν μόριόν" ἐστι τῆς συλλογιστικῆς καὶ | "ἀσθενὴς συλλογισμός", διότι ὃ μὲν βούλεται δεῖξαι, 113r τοῦτο "αἰτεῖται, συλλογίζεται δὲ αἰεί τι τῶν ἄνωθεν", καὶ ὅτι τὴν οὐσίαν καὶ τὸν ὁρισμὸν τὸν ἑκάστου ᾤοντο δεικνύναι τῇ μεθόδῳ ταύτῃ. ὃ οὔτε ἔστι συλλογίσασθαι οὔτε ἐδείκνυον ἐκεῖνοι, καὶ ὅτι ἠγνόουν, πῶς δεῖ συλλογίζεσθαι, νῦν ἕκαστον τούτων οὕτως ἔχον δείκνυσι διὰ τοῦ παραθέσθαι, πῶς μὲν ποιοῦσιν οἱ ἀποδεικνύοντές τι καὶ συλλογιζόμενοι, τί δὲ ἐποίουν ἐκεῖνοι. ἐν μὲν οὖν ταῖς ἀποδείξεσι καὶ τοῖς συλλογισμοῖς, ὅταν ἄλλο ἄλλῳ ὑπάρχειν δέῃ δεῖξαί τε καὶ συλλογίσασθαι, δεῖ τὸν μέσον ὅρον τὸν συνάπτοντα τὰς προτάσεις ἐλάττονα εἶναι τοῦ κατηγορουμένου καὶ ὑποκείμενον τῷ, οὗ βούλονται ποιῆσαι τὸ συμπέρασμα. αὕτη γὰρ ἡ τάξις ἐν πρώτῳ σχήματι, δι' οὗ αἵ τε ἀποδείξεις αἱ κυρίως καὶ τὸ παντὶ καὶ καθόλου ἄλλο ἄλλῳ ὑπάρχειν δείκνυται, ὅπερ κἀκεῖνοι δεικνύναι βούλονται· ὧν γὰρ τοὺς ὁρισμοὺς ζητοῦσιν, οὐκ ἔστι καθ' ἕκαστα· τὰ γὰρ καθ' ἕκαστα οὐχ ὁριστά. αἱ μὲν οὖν ἀποδείξεις διὰ τοιούτου μέσου, ὃ πάντως ὑπόκειται τῷ δεικνυμένῳ·

1 ἐκλήθει a 8 ἐν τῷ τῶν Ὑστ. ἀναλ. δευτέρῳ] II 4 10 ὅτι τε οὕτως in spat. vac., ut videtur, B[2] 11 διαιρουμένους ex διαιρουμένης corr. B 12 οὔτε ut ex Ar. translatum delevi 16 ὥσπερ εἰρήκαμεν (cf. vs. 13) Ar. 17 συλλογίζεσθαι ex συλλογίσασθαι corr. B[1] 29 ἄλλῳ ἄλλο a 30 τε B: τι a 32 τάξις B: πρότασις a 33 ἄλλῳ ἄλλο a 35 ὡριστά a 36 ante τοιούτου add. τοῦ a ὃ a: ᾧ B

τοῦτο γάρ ἐστι τὸ ἐλάττονα εἶναι. διὸ καὶ ἔστιν ἧττον καθόλου τὸ μέσον, 113r εἰ καὶ ἴσον ποτὲ τῷ κατηγορουμένῳ λαμβάνεται· τὸ γὰρ κατηγορούμενον μᾶλλον καθόλου τοῦ ὑποκειμένου αὐτῷ. ἡ δὲ διαίρεσις τοὐναντίον μεῖζον μὲν καὶ καθόλου τὸ μέσον λαμβάνει. τὸ δὲ κατηγορούμενόν τε καὶ ὃ βούλεται δεῖξαι καὶ συμπεράνασθαι διὰ τοῦ μέσου ὑπάρχον τινί, ἔλαττον, ὃ ἐδείχθη ἡμῖν ἀσυλλόγιστον· γίνεται γὰρ οὕτως ἡ μείζων πρότασις ἐπὶ μέρους ἐν πρώτῳ σχήματι. διὸ οὐδὲ συνελογίζοντο τὸ προκείμενον. πῶς οὖν τοῦτο ποιοῦσι, δείκνυσι. βουλόμενοι γὰρ δεῖξαι τὸν ἄνθρωπον θνητὸν λαμβάνουσι τὸ ζῷον, ὃ γένος τίθενται εἶναι τοῦ ἀνθρώπου, καὶ διαιροῦσιν αὐτὸ εἴς τε τὸ θνητὸν καὶ τὸ ἀθάνατον. καὶ τὸ μὲν ζῷον ἐπὶ τοῦ Α τιθέασι, τὸ δὲ θνητὸν ἐπὶ τοῦ Β, τὸ δὲ ἀθάνατον ἐπὶ τοῦ Γ, καὶ τὸν ἄνθρωπον, οὗ ζητοῦσι τὸν ὁρισμόν τε καὶ τὸν λόγον, ἐπὶ τοῦ Δ. θεὶς δὲ ταῦτα μετὰ ταῦτα ποιεῖται τοῦ ζῴου τὴν διαίρεσιν τὴν εἰς τὰ προειρημένα πάντα δεικνὺς τὴν μέθοδον αὐτῶν. καὶ λαμβάνει ἅπαν ζῷον ἢ θνητὸν ἢ ἀθάνατον, ὃ ἴσον ἐστὶ τῷ 'ὃ ἂν ᾖ Α, πᾶν ἢ Β ἐστὶν ἢ Γ'. διελὼν δὲ τὸ γένος, τὸ ζῷον, τὸν ἄνθρωπον μετὰ ταῦτα, ὅ ἐστιν ὑποκείμενος ὅρος, τοῦτ' ἔστι τὸ Δ, λαμβάνει καὶ τίθεται ζῷον εἶναι, καὶ τοῦτο χωρὶς δείξεώς τινος ποιεῖ· αἰεὶ γὰρ ἐν τῷ διαιρουμένῳ ὅρῳ καὶ μέσῳ λαμβανομένῳ χωρὶς δείξεώς τινος τίθησι τὸν ὅρον, οὗ τὸν ὁρισμὸν ζητῶν τῇ διαιρέσει χρῆται. ἐκ δὴ τούτων συνάγεται τὸ Δ ἢ τὸ Β ἢ τὸ Γ εἶναι, τοῦτ' ἔστι τὸν ἄνθρωπον ἢ θνητὸν ἢ ἀθάνατον. καὶ τὸ μὲν δεικνυμένον συλλογιστικῶς τοῦτο. ὃ δέ γε βούλονται δεῖξαι, ὅτι θνητόν ἐστιν ὁ ἄνθρωπος, ἐπ' ἔλαττόν ἐστι τοῦ μέσου, τοῦ ζῴου· διὸ οὐκ ἐκ τῶν κειμένων συνάγεσθαι δύναται, ἀλλὰ λαμβάνουσι καὶ τίθενται ἀναποδείκτως αὐτό. ὥσθ' ὃ μὲν οὐ βούλονται συλλογίζεσθαι, συλλογίζονται, ὃ δὲ προέκειτο αὐτοῖς συλλογίσασθαι, τοῦτο οὐ συνελογίσαντο, ἀλλ' ᾐτήσαντο λαβόντες τὸν ἄνθρωπον ἐν τούτῳ τῷ μορίῳ τῆς τοῦ ζῴου διαιρέσεως εἶναι. καὶ πάλιν ἂν θελήσωσι τὸν ἄνθρωπον ὑπόπουν δεῖξαι, συλλογίζονται μὲν αὐτὸν ἢ ὑπόπουν ἢ ἄπουν εἶναι, αἰτοῦνται δὲ τὸ ὑπόπουν, ὃ προέκειτο αὐτοῖς δεῖξαι· λαβόντες γὰρ τὸν ἄνθρωπον ζῷον θνητὸν εἶναι καὶ ἐν γένει τούτῳ, ὃ οὐδὲ αὐτὸ ἔδειξαν, ἀλλὰ ἔλαβον. διὸ καὶ εἶπε τὸν γὰρ ἄνθρωπον ζῷον θνητὸν εἶναι ἔλαβεν, καὶ ἐν τοῖς ἐπάνω πάλιν τὸν ἄνθρωπον αἰεὶ διαιρούμενος ζῷον εἶναι τίθεται· οὐ γὰρ ἔδειξεν, ἀλλ' ᾐτήσατο τὸ θνητὸν αὐτὸν εἶναι.

p. 46b22 Τέλος δέ, ὅτι τοῦτ' ἔστιν ἄνθρωπος ἢ ὅ τι ποτ' ἂν ᾖ τὸ ζητούμενον.

Καίτοι οὕτως, φησί, λαμβάνοντες, ἃ χρήσιμα οἴονται πρὸς τὸ ὁρίσασθαι καὶ ταῦ|τα αὐτὰ αἰτούμενοι ἀλλ' οὐ διὰ συλλογισμοῦ δεικνύντες τὸ 113v

4 καὶ prius om. a 5 ὃ B: καὶ a 6 οὕτως om. a 8 δείκνυται a 12 οὗ scripsi: οὐ aB τε om. a 18 διαλαμβανομένῳ a 23 οὐκ superscr. B²: οὖν B pr.: οὐδ' a 26 τῷ om. a 28 ἢ ἄπουν ἢ ὑπόπουν a 31 ἔλαβεν Ar.: ἔλαβον (ut vs. 30) aB 32 τίθεται ζῷον εἶναι Ar.

εἶναι τοῦτο τὸν ἄνθρωπον ἢ ὅ τι ἂν ᾖ τὸ ὁριζόμενον ὑπ' αὐτῶν. τὸ ἐκ τῶν 113v οὕτως εἰλημμένων ἠθροισμένον, οὐ δεικνύουσι συλλογιστικῶς οὐδ', ὅτι ἀναγκαῖον οὕτως ἔχειν. οὐ γὰρ εἰ κατά τινος τὸ ζῷον ἀληθὲς καὶ τὸ θνητόν, ἤδη καὶ τὸ ὅλον ὡς ἕν· δεῖται γάρ τινος τοῦτο διορισμοῦ, πότε ἓν συντεθέντα τὰ χωρὶς κατηγορούμενα καὶ πότε οὔ. οὔτε γὰρ ἐπὶ πάντων ἀληθὲς οὔτε, ἐφ' ὧν ἀληθές, ἤδη καὶ ἕν, ὅπερ ὁ μὴ διαστειλάμενος καὶ τοῦτο, εἰ καὶ ἀληθές ἐστι, προχείρως λαμβάνει. ὅτι γὰρ τὰ ληφθέντα οὕτως καὶ συντεθέντα τοῦτον τὸν τρόπον ἢ ὡς ἓν κατηγορεῖται ἢ ὡς ὁρισμός ἐστιν ἀνθρώπου ἢ ἄλλου τινός, ὃ προτίθενται ὁρίσασθαι, οὔτε σαφῶς λέγουσιν οὔθ' ὡς ἀναγκαῖον ὂν ἐκ τῶν κειμένων τοῦτ' εἶναι τὸν ὁρισμὸν τοῦ προκειμένου δεικνύουσι τῷ μήτε ἀναγκαῖον εἶναι τὰ ἰδίᾳ ὑπάρχοντά τινι ταῦτα καὶ συντεθέντα ἀληθεύεσθαι κατ' αὐτοῦ, ὡς ἐπὶ τοῦ σκυτέως τοῦ ἀγαθοῦ ἐν τῷ Περὶ ἑρμηνείας ἐδείχθη, μήτε. εἰ καὶ ὑπάρχοι πάντα ἅμα τῷ ὑποκειμένῳ τὰ κατ' ἰδίαν ληφθέντα, ἤδη γνώριμον εἶναι, ὅτι ὁρισμός ἐστι τοῦ ὑποκειμένου ταῦτα τὰ συντεθέντα. οὐδὲν γὰρ ἡ μέθοδος εἰς τὴν τούτων δεῖξιν συντελεῖ· καὶ γὰρ εἰ τὸ πάντα ὑπάρχειν ἀκολουθεῖ τῷ εἶναι ἐκ τῆς τοῦ εἰλημμένου διαιρέσεως ἕκαστον τῶν προσλαμβανομένων. ἀλλ' ὅτι γε ὁρισμὸς ταῦτα, οὐ δεικνύουσιν, ὅπερ ὡς ποιήσοντες ἦλθον ἐπὶ τὸ διαιρεῖν.

p. 46b24 Καὶ γὰρ τὴν ἄλλην ὁδὸν ποιοῦνται πᾶσαν οὐδὲ τὰς ἐνδεχομένας εὐπορίας ὑπολαμβάνοντες ὑπάρχειν.

Τοῦτ' ἔστι· πᾶσα ἡ ὁδὸς αὐτοῖς ἡ διαιρετικὴ αὕτη γίνεται. οὐδὲ τὰς περὶ ἑκάστου τῶν λαμβανομένων ὑπ' αὐτῶν ἐνδεχομένας εὐπορίας πρὸς τὸ συλλογιστικῶς δειχθῆναι αὐτὰ λαμβάνουσιν. ἔνεστι μὲν γὰρ τὸ τὸν ἄνθρωπον λογικὸν εἶναι συλλογίσασθαι καὶ ἐξ οἰκείων προτάσεων λαβόντας πάντα ἄνθρωπον διανοητικὸν εἶναι φέρ' εἰπεῖν ἢ βουλευτικὸν ἢ ἀριθμητικόν, ἑκάστου δὲ τούτων τὸ λογικὸν κατηγορήσαντας. οὐ μὴν ἀλλὰ καὶ ἐκ τοῦ συλλογίσασθαι, ὅτι μή ἐστιν ἄλογος· ἦν γὰρ αὐτοῖς ἡ διαίρεσις ἡ τοῦ ζῴου εἴς τε λογικὸν καὶ ἄλογον. ἂν δὴ διὰ συλλογισμοῦ δειχθῇ ὁ ἄνθρωπος μὴ ὢν ἄλογος, εὐλόγως ἂν λαμβάνοιτο λογικὸς εἶναι, ἐπεὶ δέδεικτο ἢ λογικὸς ἢ ἄλογος ὤν. ὅτι οὖν μὴ ἄλογος, ⟨οὕτως⟩· πᾶς ἄνθρωπος διανοητικός, οὐδὲν διανοητικὸν ἄλογον, οὐδεὶς ἄρα ἄνθρωπος ἄλογος. τούτων μὲν οὖν οὐδὲν προσπαραλαμβάνουσιν ἐν ταῖς δείξεσι, δι' ὧν οἷόν τέ ἐστι διὰ συλλογισμοῦ τῶν ἐκ τῆς διαιρέσεως τοῦ κοινοῦ τὸ ἕτερον δεῖξαι τῷ ὑποκειμένῳ ὑπάρχον, διαιρούμενοι δὲ τὸ κοινὸν καὶ τὸ γένος αἰεί, ὃ βούλονται τῶν ἐκ τῆς διαιρέσεως, χωρὶς δείξεως προσλαμβάνουσιν.

1 ᾖ B: εἴη a   τῶν B: τούτων a   3 τὸ alterum om. a   4 δι' ὁρισμοῦ B   13 Περὶ ἑρμ.] c. 11 p. 20b35   15 ἐστι om. a   τὰ om. a   17 προλαμβανομένων a   22 ἡ διαιρετικὴ αὕτη B: αὐτὴ ἡ διαιρετικὴ a   24 αὐτὰς a   25 λαβόντες a   29 δὴ B: μὴ a   30 δέδεικτο ἢ ex δέδεικται corr. B[1]: δέδεικτο a   31 οὕτως addidi   35 διαιρούμενον a   post κοινὸν add. καὶ τὸ κοινὸν a

p. 46b26 Φανερὸν δέ, ὅτι οὔτε ἀνασκευάσαι ταύτῃ τῇ μεθόδῳ 113v ἔστιν οὔτε περὶ συμβεβηκότος ἢ ἰδίου συλλογίσασθαι οὔτε περὶ γένους.

Ὃ εἶπε πρὸ ὀλίγου, ὅτι "μικρόν τι μόριόν" ἐστιν ἡ διαιρετικὴ τῆς συλλογιστικῆς μεθόδου, νῦν δείκνυσι καὶ διὰ τούτων· πρὸς γὰρ τῷ καὶ ὃ συλλογίζονται μὴ δεῖξαι, ὃ βούλονται, εἶναι, ἄλλο δέ τι, διὸ καὶ ἀσθενὴς ὁ συλλογισμὸς αὐτῶν, οὔτε ἀνασκευάσαι τι οἷόν τε χρωμένους ταύτῃ τῇ μεθόδῳ (πάντα γὰρ καταφατικὰ τὰ συναγόμενα κατὰ τὴν μέθοδον ταύτην, τὸ δὲ ἕτερον τῶν ἐκ τῆς διαιρέσεως μὴ ὑπάρχειν τῷ προκειμένῳ προχείρως λαμβάνεται ὥσπερ καὶ τὸ τὸ ἕτερον ὑπάρχειν· οὐδετέρου γὰρ ἰδίᾳ γίνεται ὁ συλλογισμός)· ἀλλ' οὐδὲ περὶ συμβεβηκότος ἢ ἰδίου συλλογίσασθαι οἷόν τε τῇ μεθόδῳ ταύτῃ χρωμένους· τῶν γὰρ λαμβανο|μένων κοινῶν 114r τε καὶ γενῶν ἡ διαίρεσις οὐ κατὰ συμβεβηκότα γίνεται ἀλλὰ κατὰ τὰς διαφορὰς τὰς ἐν τῇ οὐσίᾳ· συμβεβηκὸς δὲ καὶ τὸ ἴδιον· ἔτι τε οὐδὲ οἷόν τε εἰς ἴδια τῶν γενῶν γίνεσθαι τὴν διαίρεσιν. ἔτι οὐδέ, εἰ γένος τόδε τι ἢ οὔ, δείκνυσιν, ἀλλὰ λαβὼν τόδε εἶναι γένος τοῦ προκειμένου ὡς ὂν φανερὸν τὴν διαίρεσιν αὐτοῦ ποιεῖται, ὡς ἤδη προείρηται. δι' ὧν δὲ οἷόν τε γένος κατασκευάζειν ἢ ἀνασκευάζειν, ἐν τοῖς Τοπικοῖς εἴρηται· ὁμοίως καὶ δι' ὧν συμβεβηκὸς ἢ ἴδιον δείκνυται. ἀλλ' οὐδ' ὃ ἐκ τοῦ συλλογισθέντος αἰτεῖταί τε καὶ τίθησιν (ἔστι δὲ τοῦτο τὸ ἕτερον τῶν ἐκ τῆς διαιρέσεως, ὃ λαμβάνει μετὰ τοῦ διαιρεθέντος γένους), πότερον γένος ἢ ἴδιον ἢ συμβεβηκός ἐστι τοῦ προκειμένου, δείκνυσιν· οὐδὲ γὰρ τὴν ἀρχὴν αὐτὸ ὑπάρχειν τῷ κειμένῳ διὰ συλλογισμοῦ δείξας ἔθετο. τέλεον δὲ ἄχρηστον τὴν μέθοδον ἔδειξε διὰ τούτων τὴν διαιρετικὴν πρὸς συλλογισμόν· τεττάρων γὰρ ὄντων προβλημάτων, περὶ ὅρου, περὶ ἰδίου, περὶ γένους, περὶ συμβεβηκότος, περὶ οὐδενὸς τούτων ἔδειξεν αὐτὴν συλλογιζομένην· περὶ γὰρ οὗ οἴεται μόνου δεικνύναι, οὐδὲ τοῦτο δείκνυται διὰ συλλογισμοῦ.

p. 46b28 Οὔτ' ἐν οἷς ἀγνοεῖται, πότερον ὧδε ἢ ὧδε ἔχει.

Τὸ λεγόμενον τοιοῦτόν ἐστιν· ἐφ' ὧν μὲν φανερόν ἐστι τὸ προκείμενον καὶ μὴ δεόμενον δείξεως, οἷον ὅτι ἄνθρωπος λογικός ἐστιν ἀλλ' οὐκ ἄλογον, ἢ ὅτι ὑπόπουν ἀλλ' οὐκ ἄπουν, καὶ δίπουν ἀλλ' οὐ πολύπουν, ἐπὶ τούτων δόξουσιν εὐλόγως προσλαμβάνειν τὸ ἕτερον τῶν ἐκ τῆς διαιρέσεως τῷ γνώριμον εἶναι καὶ μὴ ἀμφισβητούμενον· ἐφ' ὧν δὲ ἀγνοεῖται τὸ προκείμενον, ἐν ὁποτέρῳ τῶν ἐκ τῆς διαιρέσεώς ἐστι, καὶ δείξεως δεῖται, ἄχρηστος ἐπὶ τούτων ἡ μέθοδος αὐτοῖς. ἀπορουμένου γὰρ τοῦ πότερον ἄρτιοι οἱ ἀστέρες ἢ περιττοί, ἂν λαβών τις τὸν ἀριθμὸν πάντα καὶ πᾶν πλῆθος

4 πρὸ ὀλίγου] p. 46a31 10 τὸ alterum om. a 13 ante συμβεβηκότα add. τὰ a 15 εἰσὶ διὰ τὴν διαίρεσιν τῶν γενῶν γίνεσθαι a post ἔτι add. δὲ a 18 ἐν τοῖς Τοπικοῖς] l. II—V post ὁμοίως add. δὲ a 23 συλλογισμοῦ] υ alterum in ras. B 28 ante πότερον add. τὸ Ar. ἢ ὧδε in mg. B[2] 36 ante τὸν add. καὶ a

διέλῃ εἴς τε τὸ ἄρτιον καὶ τὸ περιττόν, προσλάβῃ δὲ καὶ τὸ τοὺς ἀστέρας πλῆθος εἶναι καὶ ἀριθμόν, συνάξει μέν, ὅτι ἄρτιοί εἰσιν ἢ περιττοὶ οἱ ἀστέρες, οὔτε δὲ τὸ περιττοὺς αὐτοὺς εἶναι οὔτε τὸ ἀρτίους ἔτι δυνήσεται προσλαβεῖν τῷ μήτε γνώριμόν τι αὐτῶν εἶναι μήτε δείκνυσθαι. πάλιν εἰ ζητουμένου τοῦ πότερον ἡ διάμετρος τῇ πλευρᾷ σύμμετρος ἢ ἀσύμμετρος λαβών τις μῆκος εἶναι τὴν διάμετρον διέλοι τὸ μῆκος εἴς τε τὸ σύμμετρον καὶ ἀσύμμετρον, συνάξει μὲν καὶ τὸ τὴν διάμετρον ἢ σύμμετρον ἢ ἀσύμμετρον εἶναι τῷ λαβεῖν μῆκος αὐτὴν εἶναι, ὃ οὐκ ἦν ζητούμενον, οὐχ ἕξει δὲ δεῖξαι, ἐν ὁποτέρῳ τούτων αὐτὴν θετέον. ὃ γὰρ ἂν προσλάβῃ, δεόμενον δείξεως καὶ ζητούμενον ἁπλῶς καὶ χωρὶς δείξεως λήψεται, ὃ ποιεῖν ἐξῆν αὐτῷ καὶ μὴ διαιρέσει χρησαμένῳ· ὥστε καθόλου, ἐν οἷς ζητεῖται καὶ μή ἐστι γνώριμον, ἐν ὁποτέρῳ τὸ ζητούμενον τῶν ἐκ τῆς διαιρέσεως, ἄχρηστος ἡ μέθοδος. δῆλον οὖν, ὅτι μήτε πρὸς πᾶσαν σκέψιν ἁρμόζει ὁ τοιοῦτος τρόπος τῆς ζητήσεως, τοῦτ' ἔστιν ὁ διαιρετικός (οὔτε γὰρ περὶ συμβεβηκότος ἢ ἰδίου, περὶ ὧν αἱ πλεῖσται ζητήσεις, οὔτε ἀποφατικόν τι ἔνεστι δι' αὐτῆς δεῖξαι, οὐδ' ὅτι γένος τὸ λαμβανόμενον)· ἀλλ' οὐδὲ ἐφ' ὧν δοκεῖ μάλιστα ἁρμόττειν (ταῦτα δέ ἐστιν οἱ ὁρισμοί), οὐδὲ ἐπὶ τούτων ἔχει τι χρήσιμον. οὔτε γὰρ ἐφ' ὧν ἄδηλον, ἐν ὁποτέρᾳ τὸ προκείμενον τῶν διαφορῶν τῶν ἐκ τῆς διαιρέσεως, ἔχει λαβεῖν, οὔτε ἐφ' ὧν δῆλόν τέ ἐστι καὶ προσλαμβάνει θάτερον καὶ τίθησιν, οὐδὲ ἐπὶ τούτων, ὅτι τὸ ἐκ πάντων τῶν εἰλημμένων συντεθέντων ὁρισμός ἐστι τοῦ ἀνθρώπου, δύναται δειχθῆναι τῇ μεθόδῳ ταύτῃ. οὔτε γὰρ πάντα τὰ κατ' ἰδίαν ἀληθευόμενα κατά τινος ἤδη καὶ συντεθέντα ἀληθῆ (οὐδὲ γὰρ εἰ σκυτεὺς καὶ ἀγαθός, ἤδη καὶ συντεθέντα σκυτεὺς ἀγαθός, οὐδ' εἰ καὶ ἀληθῆ, διὰ τοῦτο ἤδη καὶ | τὸ ἐξ αὐτῶν ἕν· 114v οὐ γὰρ εἰ λευκὸν καὶ μουσικὸν καὶ βαδίζον ἦν, ἤδη καὶ ἓν ταῦτα, τὸ λευκὸν μουσικὸν βαδίζον, ὡς ἐν τῷ περὶ Ἑρμηνείας ἐδείχθη)· ἀλλ' οὐδ' εἰ ἀληθῆ τε καὶ ἕν, ἤδη γνώριμον, ὅτι καὶ ὁρισμός· οὔτε γὰρ τὸ 'ἄνθρωπος λευκός', ἐπεὶ ὡς ἓν κατηγορεῖταί τινος, ἤδη καὶ ὁρισμός, οὔτε τὸ 'ζῷον πεζόν'.

p. 46b38 Ἐκ τίνων μὲν οὖν αἱ ἀποδείξεις γίνονται.

Δείξας ὅτι πρὸς ἀπόδειξιν καὶ συλλογισμὸν οὐδὲν χρήσιμος ἡ διαιρετικὴ μέθοδος, ὅτι καὶ τοῦτο πρὸς τὴν τοῦ προκειμένου δεῖξιν χρήσιμον ἦν (πρὸς γὰρ τὴν κατασκευὴν τοῦ ὅτι κατὰ τὴν προειρημένην ὑπ' αὐτοῦ ἐκλογὴν καὶ τὴν ἐπίβλεψιν τῶν ἐκλελεγμένων, καθ' ὃν εἴρηκε τρόπον, δεῖν ποιεῖν τήν τε τῶν προτάσεων λῆψιν καὶ τῶν συλλογισμῶν πάντων εὕρεσιν, χρήσιμον ἦν αὐτῷ δειχθὲν τὸ κατ' ἐκείνην τὴν μέθοδον ἄχρηστον), ὃ φανερὸν ποιήσας ὑπομιμνήσκει ἡμᾶς τῶν προειρημένων δεικνύς, ὅτι ἐκ τούτων

1 τὸ περιττὸν καὶ τὸ ἄρτιον a τὸ (ante τοὺς) om. a 6 διέλοι correxi: διέλῃ aB 7 post καὶ prius add. τὸ a 11 μή alterum ex μὴν corr. B[1] 17 δέ B: τέ a 18 ὁποτέρῳ a 19 post ἐστι add. τοῦτο τῷ a 20 προσλαμβάνειν . . . τιθέναι a 26 Περὶ ἑρμ.] c. 11 p. 20b35—21a1 29 οὖν om. a 30 ante χρήσιμος add. ἐστι a 32 ὑπ' αὐτοῦ B: αὐτῷ a 34 τήν . . . λῆψιν . . . εὕρεσιν scripsi: ἡ . . . λῆψις . . . εὕρεσις aB

καὶ οὕτως μόνως ἡ γένεσίς τε καὶ εὕρεσις τῶν συλλογισμῶν· κοινότερον 114v
γὰρ νῦν τοὺς συλλογισμοὺς ἀποδείξεις λέγει. | 23

p. 46b40 Πῶς δ' ἀνάξομεν τοὺς συλλογισμοὺς εἰς τὰ προειρημένα σχήματα. 115r

Διὰ τούτων ὑπογράφει μέθοδον ἡμῖν, δι' ἧς δυνησόμεθα πάντα τὸν προβληθέντα συλλογισμὸν ἀνάγειν εἰς τὸ οἰκεῖον σχῆμα, ἥτις μέθοδος εὑρετικοὺς ἡμᾶς ποιήσει καὶ τοῦ τίνες μὲν τῶν ἐρωτωμένων λόγων εἰσὶ συλλογιστικοί, τίνες δὲ φαίνονται μέν, εἰσὶ δὲ ἀσυλλόγιστοι· εἰ γάρ τις εἰς μηδὲν τῶν τριῶν ἀνάγεσθαι δύναιτο σχῆμα τῇ μεθόδῳ ταύτῃ προσχρωμένων ἡμῶν, ἣν παραδίδωσιν, ἢ ἀνάγοιτο μὲν εἴς τι αὐτῶν, μὴ τῶν συλλογιστικῶν δὲ συζυγιῶν τινα, δῆλον ὅτι ἀσυλλόγιστος ἂν εἴη. ἀπὸ δὲ τῆς μεθόδου τῆς νῦν παραδεδομένης καὶ Ἀναλυτικὰ ἐπιγράφεται τὰ βιβλία. οὐ τῶν ἁπλῶν δὲ μόνων ἀλλὰ καὶ τῶν συνθέτων ὑπογράφει τὴν ἀνάλυσιν. οὐ ταὐτὸν δέ ἐστιν ἀνάγειν τε λόγους εἰς τὰ σχήματα, ὡς ἔχει τὰ Θεοφράστου δύο τὰ ἐπιγραφόμενα Ἀνηγμένων λόγων εἰς τὰ σχήματα, καὶ μέθοδον ὑπογράψαι, δι' ἧς πάντα τὰ προβληθέντα ἀναλύειν αὐτοὶ καὶ ἀνάγειν δυνησόμεθα. ὁ μὲν γὰρ τὴν μέθοδον τοῦ ἀναλύειν καὶ τὴν ἐπιστήμην ἔχων πάντας οἷός τε ἔσται καὶ τοὺς μήπω γνωρίμους ἀνάγειν· ὁ δέ τινας ἔχων ἀνηγμένους τούτους ἂν ἀνάγοι μόνους ὡς ἂν ἔχων τήρησιν αὐτῶν ἀναίτιον ἀλλ' οὐκ ἐπιστήμην. ὑπογράφει δὲ τὴν αὐτὴν ταύτην μέθοδον καὶ Θεόφραστος ἐν τῷ ἐπιγραφομένῳ Περὶ ἀναλύσεως συλλογισμῶν. λοιπὸν δὲ τοῦτό φησιν ἔτι τὸ κεφάλαιον εἶναι τῆς περὶ συλλογισμῶν πραγματείας· εἰ γὰρ τήν τε γένεσιν τῶν συλλογισμῶν εἰδείημεν, ἣν ὑπέγραψε διὰ τῶν τριῶν σχημάτων καὶ τῶν καθ' ἕκαστον αὐτῶν συλλογιστικῶν συζυγιῶν, ἔχοιμεν δὲ καὶ τοῦ εὑρίσκειν τε καὶ ποιεῖν αὐτοὶ τοὺς συλλογισμοὺς μέθοδον, ἣν ἐδίδαξεν ἡμᾶς διὰ τοῦ δεῖξαι, ὅτι δεῖ ἐκλέγειν ἑκατέρου τῶν ἐν τῷ προβλήματι ὅρων τά τε ἑπόμενα αὐτοῖς καὶ οἷς αὐτοὶ ἕπονται καὶ τὰ μὴ ὑπάρχοντα ἑκατέρῳ αὐτῶν, καὶ ἐκ τούτων τίνα κατ' οἰκειότητα τοῦ προβλήματος συντιθέμενα τὸν μέσον ὅρον ποιεῖ, εἰ δὴ πρὸς ἐκείνοις τοῖς δύο καὶ τοὺς γεγονότας ἤδη συλλογισμοὺς ἀναλύειν δυναίμεθα εἰς τὰ συλλογιστικὰ σχήματα, τέλος ἂν ἔχοι, φησίν, ἡ πραγματεία ἡ προκειμένη. χρήσιμον δέ φησιν ἔσεσθαι τὴν γνῶσιν τῆς ἀναλύσεως τῶν συλλογισμῶν καὶ πρὸς τὴν τῶν πρότερον εἰρημένων βεβαίωσιν· ταῦτα δέ ἐστιν, ὅτι τε πᾶς συλλογισμὸς ἐν τοῖς τρισὶ σχήμασι,

1 Ἀλεξάνδρου Ἀφροδισιέως ὑπόμνημα εἰς τὸ περὶ ἀναλύσεως συλλογισμῶν Ἀριστοτέλους Αναλυτικῶν προτέρων πρώτου (cf. p. 1) superscr. et Ἀρχὴ τοῦ τρίτου τμήματος in mg. add. B[2]: Ἀρχὴ τοῦ τρίτου τμήματος περὶ τῆς τῶν συλλογισμῶν ἀναλύσεως superscr. a 7 εὑρετικὴ a 9 δύναται a 13 συνθέντων a 16 προβλήματα a αὐτοὶ om. a 17 ἀναλύειν B: ἀνάγειν a πάντας om. a ἐστι a 19 αὐτῶν om. a 21 ἔτι B: ἔνι a 24 τοῦ a: τὸ B 25 αὐτοὶ scripsi (cf. c. 27 p. 43a20): αὐτοὺς aB ἣν scripsi: τὴν aB 28 τινῶν a συντιθεμένων a 29 ποιεῖν a εἰ δὴ B: ἤδη a 30 δυνάμεθα a 33 τοῖς om. a

καὶ ὅτι ἐξ ὅρων τριῶν καὶ προτάσεων δύο προσεχῶν πᾶς. ἐκ γὰρ τῆς τῶν 115r γεγονότων ἀναλύσεως εἰς αὐτὰ πιστότερα ἐκεῖνα καὶ βεβαιότερα ἡμῖν ἔσται, [καὶ] ὅτι ἐκ τοῦ εἰς μηδὲν ἄλλο ἀνάγεσθαι δύνασθαι τοὺς γεγονότας συλλογισμοὺς ἢ εἰς ἐκείνων τι καὶ ἐκεῖνα βεβαιωθήσεται.

p. 47a10 Πρῶτον μὲν οὖν δεῖ πειρᾶσθαι τὰς δύο προτάσεις ἐκλαμβάνειν τοῦ συλλογισμοῦ· ῥᾷον γὰρ εἰς τὰ μείζω διελεῖν ἢ εἰς τὰ ἐλάττω.

Ἐπεὶ πᾶς συλλογισμός, ἄν τε ἁπλοῦς ἄν τε σύνθετος ᾖ, ἐδείχθη ἐκ προσεχῶν δύο προτάσεων γινόμενος καὶ ὅρων τριῶν, φησὶ δεῖν προβληθέντος συλλογισμοῦ πρῶτον τὰς δύο προτάσεις λαμβάνειν, αἵ εἰσι μὲν δῆλον ὅτι ἐκ τριῶν ὅρων, ἀλλὰ ῥᾷον εὑρεῖν τὰ μείζω μόρια τῶν ἐλαττόνων. μείζω δέ ἐστι τὰ συγκείμενα τῶν ἁπλῶν, ἐξ ὧν σύγκειται, ὅπερ αἱ προτάσεις πρὸς τοὺς ὅρους πεπόνθασιν· ἐκ γὰρ τῶν ὅρων σύγκεινται αὗται. |

p. 47a13 Εἶτα σκοπεῖν, ποτέρα ἐν ὅλῳ καὶ ποτέρα ἐν μέρει. 115v

Μετὰ τὸ λαβεῖν τὰς προσεχεῖς προτάσεις φησὶ δεῖν ἐπιβλέπειν, ποία καθόλου καὶ μείζων ἐστί, καὶ ποία ἐλάττων καὶ μερικωτέρα· κἂν γὰρ ἀμφότεραι καθόλου ὦσιν, ἀλλ' ἔστιν αὐτῶν καθ' ἕκαστον σχῆμα ἡ μὲν μείζων ἡ δὲ ἐλάττων, μείζων μέν, ἐν ᾗ ὁ μείζων καὶ κατηγορούμενος ὅρος ἐν τῷ συμπεράσματι, ἐλάττων δέ, ἐν ᾗ ὁ ὑποκείμενος. ἐπεὶ δὲ ἐνίοτε οἱ συλλογίζεσθαι βουλόμενοι οὐ τιθέασιν ἀμφοτέρας τὰς προτάσεις, ἀλλὰ τὴν ἑτέραν παραλείπουσιν, αὐτόν φησι δεῖν λαμβάνειν τὴν παρειμένην, μεθ' ἧς ἡ κειμένη τὸ προκείμενον συμπέρασμα προσεχῶς συνάγει· ἐνίοτε γὰρ οἱ συλλογιζόμενοι τὴν μὲν καθόλου πρότασιν λαμβάνουσι, τὴν δὲ ὑπ' αὐτὴν ὡς γνώριμον παραλείπουσιν, οἷον εἴ τις συνάγοι, ὅτι ἡ ὑγεία ἀγαθόν, λαβὼν καθόλου πρότασιν τὴν 'πᾶν τὸ οἰκεῖον ἀγαθόν', μηκέτι δὲ τὴν ἑτέραν προσλαβὼν ἀλλὰ παραλιπὼν ὡς γνώριμον· ἔστι δ' αὕτη, ὅτι ἡ ὑγεία οἰκεῖον. ἡμᾶς οὖν τοὺς βουλομένους ἀναγαγεῖν τὸν συλλογισμὸν καὶ ἀναλῦσαι εἴς τι τῶν σχημάτων δεῖ θεῖναι τὴν παραλειπομένην· τεθείσης γὰρ εὑρεθήσεται, ἐν ᾧ σχήματί ἐστιν ὁ συλλογισμός, ὡς ἐπὶ τοῦ προκειμένου. προστεθείσης γάρ, ἧς εἶπον, προτάσεως γνώριμον ἐγένετο, ὅτι πρῶτόν ἐστι σχῆμα· ὁ μέσος γὰρ ὅρος ἐν τῷ συλλογισμῷ, τὸ οἰκεῖον, κατηγορούμενος μὲν τῆς ὑγείας ὑποκείμενος δὲ τῷ ἀγαθῷ. μὴ τεθείσης δὲ ταύτης οὐδὲ τὴν ἀρχὴν εἴη ἂν τὸ εἰρημένον συλλογισμός. ἢ πάλιν εἴ τις λαβὼν πᾶν τὸ αἱρετὸν ἀγαθὸν εἶναι ἐπιφέροι τὸ 'ἡ ἡδονὴ ἄρα ἀγαθόν' παραλιπὼν ὡς γνώριμον

---

1 καὶ postea add. B[1] 3 καὶ ut ex vs. 1 translatum delevi 6 ῥᾷον . . . ἐλάττω (7) om. a ῥᾷον B (C corr., n m): ῥᾷω Ar. 7 εἰς B (m): om. Ar. 8 ἁπλοῦς ex ἁπλῶς corr. B[1] 10 ἐκλαμβάνειν a 11 post ἐκ add. τῶν a 18 καὶ om. a 19 ἐνίοτε post βουλόμενοι (20) transponit a 24 συνάγει a 25 λαβὼν a 26 αὐτὴ a 33 εἰρημένον B: συναγόμενον a 34 ἐπιφέρει a

τὸ τὴν ἡδονὴν αἱρετὸν εἶναι, ἥτις ἐλάττων ἐστὶ πρότασις. ὁμοίως κἂν λαβών 115v τις 'οὐδεὶς τὰ ἀλλότρια κρύφα ὑφαιρούμενος ἀγαθός' ἐπενέγκῃ 'οὐδεὶς ἄρα κλέπτης ἀγαθός', ἔσται παρεικακῶς ὡς γνώριμον τὴν ἐλάττονα τὴν 'πᾶς δὲ κλέπτης τὰ ἀλλότρια ὑφαιρεῖται'. καὶ οὕτως μὲν ἐν τοῖς τοιούτοις ἡ ἐλάττων παραλείπεται. ἔστι δ', ὅτε ἔμπαλιν τὴν μὲν καθόλου παραλείπουσιν ὡς γνώριμον, τὴν δὲ ἐλάττω τιθέασιν, ὡς ὁ συλλογιζόμενος, ὅτι οὗτος κολάσεώς ἐστιν ἄξιος, διὰ τοῦ 'μοιχὸς γάρ ἐστιν ἢ κλέπτης ἢ ἱερόσυλος'· ἐν πᾶσι γὰρ τούτοις ἡ καθόλου παρεῖαται ὡς φανερὰ ἡ λέγουσα, ὅτι πᾶς [ὁ] μοιχὸς κολάσεως ἄξιος ἢ πᾶς κλέπτης ἢ πᾶς ἱερόσυλος, ἐφ' οἷς συμπέρασμα τὸ 'οὗτος ἄρα κολάσεως ἄξιος'. ἢ πάλιν εἴ τις λαβὼν τὸ 'οὗτος καλλωπιστής' ἐπιφέροι 'μοιχὸς ἄρα' παραλιπὼν τὸ καθόλου τὸ 'πᾶς καλλωπιστὴς μοιχός'. χρὴ οὖν τὸν ἀνάγειν καὶ ἀναλύειν πειρώμενον πάλιν ταύτην τὴν πρότασιν αὐτὸν προστιθέναι, λέγω δὲ τὴν καθόλου. εἰπὼν δὲ ἐνίοτε γὰρ τὴν καθόλου προτείναντες τὴν ἐν ταύτῃ οὐ λαμβάνουσι τὸ ἀνάπαλιν βουλόμενος εἰπεῖν ἐπήνεγκε τὸ ἢ ταύτας μὲν προτείνουσι, τοῦτ' ἔστι τὰς καθ' ἕκαστα, δι' ὧν δ' αὗται περαίνονται, παραλείπουσιν· αὗται δ' εἰσὶν αἱ καθόλου· διὰ γὰρ τῶν καθόλου αἱ καθ' ἕκαστα δείκνυνταί τε καὶ πιστοῦνται τῷ ὑπ' ἐκείνας εἶναι. διὸ καὶ ἕπονται αὐταῖς· καὶ γὰρ προεῖπεν ἐπὶ τῆς παραλειπομένης ἐπὶ μέρους τὴν ἐν ταύτῃ οὐ λαμβάνουσιν· εἰ δὲ ἐν τῇ καθόλου ἡ ἐν μέρει, εἰκότως ἂν λέγοιτο δι' ἐκείνης καὶ περαίνεσθαι. ἔτι εἰ ἡ καθόλου τεθεῖσα ἀεὶ συγκατασκευάζει αὐτῇ τὰς ἐν μέρει τε καὶ ὑφ' αὑτὴν πάσας, εὐλόγως λέγοιντο ἂν αἱ ἐν μέρει καὶ διὰ τῶν καθόλου περαίνεσθαι. λέγοι δ' ἂν διὰ τοῦ δι' ὧν δ' αὗται περαίνονται καὶ περὶ τῶν συμπερασμάτων τῶν λαμβανομένων ἐπὶ ταῖς ἐν μέρει προτάσεσιν· ἐν οἷς γὰρ συλλογισμοῖς ἐπὶ μέρους εἴληπται πρότασις, ἐν τούτοις καὶ τὸ συμπέρασμα ἐν μέρει. τοῦτο δὴ τὸ συμπέρασμα διὰ τῆς καθόλου περαίνεται διὰ τὸ ἀδύνατον εἶναι ἄνευ τῆς καθόλου γενέσθαι συλλογισμόν. τὸ δὲ οὔτε γράφοντες οὔτε ἐρωτῶντες προσέθηκεν, ὅτι ταῦτα καὶ διαλεγόμενοί τινες ποιοῦσι καὶ συγγράφοντες.

Δύναται τὸ ταύτας μὲν προτείνου|σι, δι' ὧν δ' αὗται περαί- 116r νονται, παραλείπουσιν οὐκ ἐπὶ τῆς μείζονος εἰρῆσθαι προτάσεως ὡς παραλειπομένης, ὅταν αὕτη παραλειφθῇ, ἀλλὰ τοῦτο μὲν παραλελοιπέναι ὡς ἢ μηδ' ὅλως συλλογιστικοῦ ἔτι τοῦ λόγου γινομένου, ὅταν ἡ μείζων παραλειφθῇ, τῷ τῆς μείζονος τεθείσης δυνάμει πως καὶ τὴν ἐλάττονα εἰλῆφθαι περιεχομένην γε ὑπ' αὐτῆς, μηκέτι μέντοι ὑπὸ τῆς ἐλάττονος περιέχεσθαι δύνασθαι τὴν μείζονα, διὸ μηδὲ γίνεσθαι συλλογισμὸν ἔτι δύνασθαι μόνης τῆς ἐλάττονος ληφθείσης, ἢ ὡς ὁμοίως ἡμῶν καὶ ταύτην προσληψομένων ὥσπερ καὶ τὴν ἐλάττονα, ἐπεὶ ἐνδεῖ, ὅταν ἐκείνη παραλείπηται.

8 παρεῖται a 9 ὁ add. B: om. a 11 ἐπιφέρει a 12 ἀνάγειν B: κλέπτην a 13 αὐτοῦ προτιθέναι a 15 τὸ om. a 20 ἡ ex ἢ corr. B 22 αὐτῇ aB αὑτὴν ex αὐτὴν corr. B αἱ om. a 23 δ' alterum om. a 24. 25 ἐπὶ ταῖς ἐν μέρει a: ἐν ταῖς ἐπὶ μέρους B 32 αὐτὴ παραληφθῇ a 34 παραληφθῇ a post τῆς fort. μὲν addendum 38 παραλείπεται a

λέγει δὲ νῦν περὶ τῶν συλλογισμῶν, ἐν οἷς αἱ μὲν προσεχεῖς τῷ συμ- 116r περάσματι προτάσεις εἰσὶν εἰλημμέναι ἀμφότεραι, παραλείπονται δὲ αἱ τούτων τῶν προτάσεων δεικτικαί, δῆλον ὅτι δεομένων δείξεως καὶ τούτων. ἢ οὐδὲν ἐκείνων δεῖ πρὸς τὴν ἀνάλυσιν τοῦ κειμένου συλλογισμοῦ· αὐτάρκεις γὰρ αἱ προσεχεῖς πρὸς τὴν ἀναγωγήν· ἄλλαι δέ τινες μάτην εἰσὶ προσκείμεναι καὶ ἐκ περισσοῦ φαντασίαν ἀποστέλλουσαι ὡς τῶν προτάσεων τῶν προσεχῶν οὖσαι δεικτικαί. ὥσπερ δὲ αἱ κατασκευαστικαὶ τῶν προσεχῶν τοῦ προκειμένου προτάσεων παραλείπονται, ἄλλαι δὲ μάτην προστίθενται, οὕτως ἔστιν, ὅτε αἱ μὲν κατασκευαστικαὶ τῶν προτάσεων τῶν προσεχῶν τίθενται, αὗται δὲ παραλείπονται αἱ προσεχεῖς. χρὴ οὖν καὶ ταύτας παραφυλάττειν τὰς ἔξωθεν τῶν προσεχῶν εἰλημμένας, καὶ εἰ μὲν εἶεν τοιαῦται ὡς δι' αὐτῶν περαίνεσθαί τε καὶ δείκνυσθαι τὰς δύο, ὡς εἶναι ἑκατέραν τῶν προσεχῶν τοῦ δεικνυμένου προτάσεων ἐκείνων συμπεράσματα, κἀκείνας δῆλον ὅτι ὁμοίως ἐκληψόμεθά τε καὶ ἀνάξομεν εἴς τι τῶν σχημάτων. εἰ δὲ μήτε συλλογίζοιντό τι τῶν κειμένων μήτε ἄλλως δεικνύοιέν τι, ὥσπερ δεικνύουσιν αἱ ἐπακτικῶς λαμβανόμεναι εἰς σύστασιν τῆς καθόλου προτάσεως, μήτε ὄγκου ἢ ἄλλου τινὸς χρειώδους χάριν εἶεν οἷον κρύψεως ἢ σαφηνείας, ἀφαιρετέον καὶ ἀποκριτέον αὐτὰς ἐν ταῖς ἀναλύσεσι τῶν συλλογισμῶν ὡς μάτην καὶ κενῶς εἰλημμένας. εἰ δὲ εἶεν ἐκείνων τινὸς χάριν παρακείμεναι, χωριστέον μὲν καὶ τότε τῶν κυρίων τοῦ συμπεράσματος προτάσεων, παραδεικτέον δέ, οὗ χάριν εἰσὶ κείμεναι. δεῖ γὰρ τὸ συμπέρασμα γίνεσθαι, εἰ κατὰ συλλογισμὸν γίνοιτο, "τῷ ταῦτα εἶναι"· τὰ δ' οὕτως τιθέμενα οὐ τοιαῦτα. ἐν γὰρ τῷ λόγῳ τῷ 'πᾶν τὸ αὐτοκίνητον ἀεικίνητον, πᾶν τὸ ἀεικίνητον ἀθάνατον' ⟨τὸ⟩ "τὸ δ' ἄλλο τι κινοῦν καὶ ὑπ' ἄλλου κινούμενον παῦλαν ἔχον κινήσεως παῦλαν ἔχει ζωῆς" οὐδὲν πρὸς τὸ συμπέρασμα τὸ 'πᾶν τὸ αὐτοκίνητον ἀθάνατον' συντελεῖ, ἀλλ' εἰσὶν αἱ πρῶται προτάσεις αὐτοῦ συνακτικαί. καθόλου οὖν φησι δεῖν ἐπισκέπτεσθαι ἐν ταῖς ἀναλύσεσι τῶν συλλογισμῶν ταῖς εἰς τὰ σχήματα, τί ἐστι περιέργως καὶ ἔξωθεν εἰλημμένον, καὶ τί τῶν ἀναγκαίων παραλέλειπται, καὶ τὸ μὲν ἀναγκαῖον προσθετέον, τὸ δὲ περιττὸν ἀφαιρετέον, ἕως ἂν ἔλθωμεν καὶ εὕρωμεν ζητοῦντες, τί τίνος χάριν εἴληπται καὶ τί παρείαται, εἰς τὰς δύο προτάσεις τὰς τοῦ συμπεράσματος κυρίας. ἄνευ γὰρ τοῦ ταύτας μὲν λαβεῖν ἀποκρῖναι δὲ καὶ χωρίσαι τὰς περιττὰς οὐκ ἔστιν ἀναγαγεῖν εἰς σχῆμα τοὺς οὕτως ἠρωτημένους λόγους. οἷον ἂν λαβών τις καθόλου πρότασιν τὴν 'πᾶν τὸ οἰκεῖον ἀγαθόν' λάβῃ καὶ τὸ 'πᾶν τὸ καλὸν ἀγαθόν', λάβῃ δὲ καὶ τὸ 'πᾶν συμφέρον ἀγαθόν' ὁμοίως, εἶτ' ἐπενέγκῃ συμπέρασμα τὸ 'ἡ ὑγεία ἄρα ἀγαθόν'· ἐν γὰρ τούτῳ τῷ λόγῳ αἱ μὲν 'πᾶν καλὸν ἀγαθόν' καὶ 'πᾶν συμφέρον ἀγαθόν' περιτταί, παρείαται δὲ ἡ λέγουσα 'ἡ δὲ ὑγεία οἰκεῖον'· μετὰ γὰρ ταύτης ἡ 'πᾶν τὸ

6 περιττοῦ a 10 παραφυλάσσειν a 12 ἑκατέρας a 16 μήτε B: εἴτε a 17 ὄγκου . . . σαφηνείας] cf. p. 279 20. 21 παραδεικνυτέον a 22 τῷ ταῦτα εἶναι] c. 1 p. 24b20 οὕτω a 23 τὸ prius om. a 24 τὸ addidi τὸ δ' ἄλλο τι κτλ.] Plat. Phaedr. c. 24 p. 245c τὰ δ' a 28 περιεργεία a προσειλημμένον a 30 τί superscr. B 31 παρεῖται a 32 post ταύτας spatium ca. 6 lit. in B 35 τὸ prius om. a 37 ἀγαθὸν καλὸν a 38 παρεῖται a

οἰκεῖον ἀγαθόν' συνάγει τὸ εἰρημένον συμπέρασμα τὸ 'ἡ ὑγεία ἀγαθόν'. 116r κἂν ᾖ δὲ εἰλημμένον τό τε 'πᾶν τὸ οἰκεῖον κατὰ φύσιν' καὶ τὸ 'πᾶν τὸ κατὰ φύσιν ἀγαθόν' καὶ ἐπὶ ταύταις συμπέρασμα τὸ 'ἡ ὑγεία ἄρα ἀγαθόν', τὸ μὲν 'ἡ ὑγεία οἰκεῖον' ἔσται πάλιν ὁμοίως παρειαμένον, αἱ δὲ 'πᾶν τὸ 116v οἰκεῖον κατὰ φύσιν. πᾶν τὸ κατὰ φύσιν ἀγαθόν' δεικνύοιεν ἂν τὴν εἰλημμένην πρότασιν τὴν 'πᾶν τὸ οἰκεῖον ἀγαθόν'.

p. 47a22 Ἔνιοι δὲ λανθάνουσι καὶ δοκοῦσι συλλογίζεσθαι διὰ τὸ ἀναγκαῖόν τι συμβαίνειν ἐκ τῶν κειμένων.

Ὅτι μὴ ἁπλῶς χρὴ βλέπειν πρὸς τὸ συμπέρασμα καί, εἰ τοῖς κειμένοις ἀναγκαίως τι ἕπεται, ἡγεῖσθαι συλλογισμὸν εἶναι, σαφῶς ἡμᾶς διὰ τούτων ἐφίστησιν. οὐ γὰρ εἰ ὁ συλλογισμὸς ἐξ ἀνάγκης δείκνυσί τι, ἤδη καὶ ἔνθα ἂν ᾖ ἐξ ἀνάγκης τι δεικνύμενον τῷ τοῖς κειμένοις ἕπεσθαι, τοῦτο συλλογισμός ἐστιν· ἐπὶ πλέον γὰρ τὸ ἀναγκαῖον τοῦ συλλογισμοῦ. διὸ οὐχί, εἰ ἕπεται ἐξ ἀνάγκης ληφθέντι τῷ τὸ Α τῷ Β ἴσον εἶναι καὶ τὸ Γ τῷ Β τὸ καὶ τὸ Α τῷ Γ ἴσον εἶναι, ἤδη καὶ συλλογισμὸς τοῦτο. ἔσται δὲ συλλογιστικῶς [τὸ] συναγόμενον, ἂν προσλαβόντες καθόλου πρότασιν τὴν λέγουσαν "τὰ τῷ αὐτῷ ἴσα καὶ ἀλλήλοις ἐστὶν ἴσα" τὰ εἰλημμένα ὡς δύο προτάσεις εἰς μίαν συστείλωμεν πρότασιν. ἣ ἴσον ταῖς δύο δύναται· ἔστι δὲ αὕτη 'τὸ δὲ Α καὶ Γ τῷ αὐτῷ (τῷ γὰρ Β) ἴσον'· συνάγεται γὰρ κατὰ συλλογισμὸν οὕτως τὸ Α καὶ τὸ Γ ἀλλήλοις εἶναι ἴσα. ὅμοιον τούτῳ καὶ τὸ λαβόντας τὸ Α μεῖζον εἶναι τοῦ Β καὶ τὸ Β τοῦ Γ ἡγεῖσθαι συλλογιστικῶς δείκνυσθαι τὸ καὶ τὸ Α τοῦ Γ μεῖζον εἶναι, ἐπεὶ ἀναγκαίως τοῦτο ἕπεται. ἀλλ' οὔπω συλλογισμὸς τοῦτο, ἂν μὴ προσληφθῇ καθόλου πρότασις ἡ λέγουσα 'πᾶν τὸ τοῦ μείζονός τινος μεῖζον καὶ τοῦ ἐλάττονος ἐκείνου μεῖζόν ἐστι'. τὰ δὲ κείμενα δύο πρότασις γένηται μία ἡ ἐλάττων ἐν τῷ συλλογισμῷ λέγουσα 'τὸ δὲ Α τοῦ Β μείζονος ὄντος τοῦ Γ μεῖζόν ἐστιν'· συναχθήσεται γὰρ οὕτως τὸ καὶ τὸ Α τοῦ Γ μεῖζον εἶναι κατὰ συλλογισμόν. ἐπεὶ ἀναγκαίως γε πολλάκις ληφθεῖσί ⟨τί⟩ τισιν ἀκολουθεῖ καὶ παρὰ τὴν τῆς ὕλης ἰδιότητα καίτοι ἀσυλλογίστως κειμένων τῶν, ἐφ' οἷς τὸ ἀναγκαῖον, ὡς ἐπὶ τῶν ὁρισμῶν καὶ τῶν ἰδίων ἐν δευτέρῳ σχήματι δύο καταφατικῶν ληφθεισῶν προτάσεων. ὅμοιος τοῖς προειρημένοις καὶ οὗτος ὁ λόγος· ὅδε τις τῷδέ ἐστιν ἐκ τῶν αὐτῶν γονέων, οἷον ὁ Α τῷ Β· ἀλλὰ καὶ ὁ Β τῷ Γ ἐκ τῶν αὐτῶν ἐστι γονέων· ὁ Α ἄρα τῷ Γ ἐκ τῶν αὐτῶν γονέων ἐστίν. λείπει γὰρ πρὸς τὸ συλλογισμὸν γενέσθαι καθόλου πρότασις ἡ λέγουσα πάντας τοὺς τῷ αὐτῷ ἐκ τῶν αὐτῶν γονέων ὄντας ἀδελφοὺς εἶναι·

2 τὸ (post καὶ) om. a 4 μὲν ἡ a: ἡ μὲν B παρειμένον a 5 ante πᾶν expunxit καὶ τὸ B[2] δεικνύεν (sic) B 7. 8 διὰ τῶν a 9 εἰ a: ἐν B 11 συλλογιζόμενος a 14 εἰ add. B[2] ληφθέντι om. a 14. 15 β τῷ γ a 15 τὸ prius om. a 16 τὸ delevi 17 τὰ τῷ αὐτῷ κτλ.] Eucl. Elem. I ax. 1 ὡς δύο a: δύο ὡς B 19 τὸ a: τὰ B 21 ἡγεῖσθαι (cf. vs. 10, p. 345,15) Diels: εἰρῆσθαι B: λέγειν a 25 πρότασις a: προτάσεις B 28 ἀναγκαῖον omisso γε a τι addidi 29 κείμενον a 32 ὁ β B: τὸ β a

ᾗ προτάσει ἂν προστεθῇ ἡ διῃρημένη μία γενομένη ἡ λέγουσα 'οἱ δὲ A [A 116v] καὶ Γ ἐκ τῶν αὐτῶν γονέων εἰσὶ τῷ B'· οὕτως γὰρ συνάγεται τὸ τοὺς A, Γ ἀδελφοὺς εἶναι. ὅτι γὰρ διὰ τὴν καθόλου πρότασιν τὴν προστεθειμένην ὁ συλλογισμός, δῆλον ἐκ τοῦ ἂν μὴ τὸ καθόλου ἀληθὲς ᾖ, μηκέτ' ἀληθὲς γίνεσθαι τὸ ἐπὶ τοῖς οὕτως ληφθεῖσι συμπέρασμα· οὐ γὰρ ἔτι ἀληθὲς γίνεται, ἂν λάβωμεν 'ὁ A τοῦ B ἀδελφός ἐστιν, ὁ B τοῦ Γ ἀδελφός', τὸ καὶ τὸν A τοῦ Γ ἐξ ἀνάγκης ἀδελφὸν εἶναι τῷ μὴ εἶναι τὴν καθόλου πρότασιν ἀληθῆ τὴν ὅτι οἱ τῷ αὐτῷ ἀδελφοὶ καὶ ἀλλήλοις εἰσὶν ἀδελφοί. ὁ γὰρ παῖδα ἔχων καὶ ἀγαγόμενος ἄλλην γυναῖκα παῖδα καὶ αὐτὴν ἔχουσαν ἂν σχῇ ἐξ αὐτῆς παῖδα, ἑκατέρου μὲν τῶν προϋπαρχόντων αὐτοῖς παιδίων ἀδελφὸς ἔσται τοῦτο, οὐ μὴν διὰ τοῦτο καὶ ἀλλήλων ἀδελφοὶ οἱ προϋπάρχοντες.

Τοιοῦτοί εἰσι καὶ οὓς λέγουσιν οἱ νεώτεροι ἀμεθόδως περαίνοντας. οὓς ὅτι μὲν μὴ λέγουσι συλλογιστικῶς συνάγειν, ὑγιῶς λέγουσι· πολλοὶ γὰρ αὐτῶν εἰσι τοιοῦτοι. ὅτι δὲ ἡγοῦνται ὁμοίους αὐτοὺς εἶναι τοῖς κατηγορικοῖς συλλογισμοῖς, περὶ ὧν ἡ παροῦσα πραγματεία, οὕτως λαμβανομένους, ὡς τιθέασιν αὐτούς, τοῦ παντὸς διαμαρτάνουσιν· εἰ γὰρ ἦσαν τούτοις ὅμοιοι, εἶχον ἂν καὶ τὸ εἶναι συλλογισμοί. νῦν δὲ οἱ μὲν πολλοὶ τῶν τοιούτων λόγων ἐκ πάντων ἐπὶ μέρους εἰσίν· ἡμεῖς δὲ ἐδείξαμεν μηδένα τῶν κατηγορικῶν συλλογισμῶν γινόμενον χωρὶς καθόλου προτάσεως. εἰ γὰρ | [117r] ἐγίνετό τι κατὰ συλλογισμὸν συμπέρασμα ἐπὶ δύο προτάσεσιν ἐν μέρει, ἔδει ἐπὶ πάσης ὕλης τὸ ὅμοιον γίνεσθαι συμπέρασμα· διὸ καὶ οὗτοι οὐκ ὄντες καθ' αὑτοὺς συλλογιστικοὶ προστεθείσης αὐτοῖς τῆς καθόλου προτάσεως, ὡς εἰρήκαμεν, γίνονται συλλογισμοί. ἡ γὰρ αἰτία τοῦ τοὺς λεγομένους ἀμεθόδως περαίνειν ἔχειν ἐξ ἀνάγκης τοῖς κειμένοις ἑπόμενον τὸ δοκοῦν συνάγεσθαι παρὰ τὸ καὶ ἐν τούτοις ἀληθῆ εἶναι τὴν καθόλου πρότασιν ὄντων τοιούτων τῶν λαμβανομένων, ἣν παραλείπουσιν· διαιροῦσι δὲ τὴν ἐλάττονα εἰς δύο προτάσεις. τοιοῦτοι γάρ εἰσιν οἱ τοιοίδε· λέγει Δίων, ὅτι ἡμέρα ἐστίν· ἀλλὰ καὶ ἀληθεύει Δίων· ἡμέρα ἄρα ἐστίν. πάλιν λέγει Δίων, ὅτι ἡμέρα ἐστίν· ἀλλὰ καὶ ἡμέρα ἐστίν· ἀληθεύει ἄρα Δίων. προσληφθέντι μὲν γὰρ τῷ εἶναι τοῦτο, ὃ λέγει τις, ἕπεται τὸ ἀληθεύειν αὐτόν, εἰ δὲ ἀληθεύειν προσληφθείη, ἕπεται τὸ εἶναι τοῦτο, ὃ λέγει εἶναι. ἐν ἑκατέρῳ γὰρ τῶν λόγων παρειάθησαν καθόλου προτάσεις ἀληθεῖς οὖσαι, ἐν τῷ μὲν τὸ 'πᾶν, ὃ λέγων τις ἀληθεύει, ἐκεῖνο ἔστιν· ἀληθεύει δὲ Δίων λέγων, ὅτι ἡμέρα ἐστίν', ὃ διῄρηται εἴς τε τὸ 'λέγει Δίων, ὅτι ἡμέρα ἐστίν' καὶ τὸ 'ἀλλὰ καὶ ἀληθεύει Δίων', ἐφ' οἷς συμπεράσμα κατὰ συλλογισμὸν τὸ 'ἡμέρα ἄρα ἐστίν, ὃ λέγει Δίων'· ἐν δὲ τῷ ἑτέρῳ ἡ μὲν παρειμένη πρότασις οὖσα καθόλου ἐστὶν ὅτι ὁ τὸ ὂν λέγων, ὅτι ἐστίν, ἀληθεύει· διῄρηται δὲ ἡ 'Δίων

1 ᾗ corr. B² 2 et 5 οὕτω a 5 post ἀληθὲς add. ἀναγκαῖον a 6 post ἀδελφός alterum add. ἐστι a 10 ἐκ ταύτης a 13 ἀμεθόδως περαίνοντας] cf. p. 21,30 sqq. περαίνοντας ex περαίνοντες corr. B² 21 συλλογισμὸν ex συλλογισμῶν corr. B¹ 22 συμπέρασμα in mg. B² 23 αὐτοῖς B: αὐτῷ a 24 τοῦ τοὺς B: τούτους a 28 Δίων] δι' ὧν aB 32 τῷ a 34 λέγων alterum om. a 36 συμπέρασμα a: συμπεράσματα (compend.) B

δὲ ἡμέρας οὔσης λέγει, ὅτι ἡμέρα ἐστίν’· αὕτη γὰρ διῄρηται εἴς τε τὴν 117r ‘λέγει Δίων, ὅτι ἡμέρα ἐστί’ καὶ τὴν ‘καὶ ἡμέρα ἐστίν’. συμπέρασμα γὰρ συλλογιστικῶς. οὐκέτ’ ἀμεθόδως οὕτως ληφθεισῶν τῶν προτάσεων τὸ ‘Δίων ἀληθεύει’. ὅσον δὴ οἱ οὕτως λαμβανόμενοι τῶν ἐκείνως διαφέρουσι, τοσοῦτον καὶ οἱ κατηγορικοὶ συλλογισμοὶ τῶν λεγομένων ἀμεθόδως περαίνειν.

p. 47a22 Ἐνίων μὲν οὖν ῥᾴδιον ἰδεῖν τὸ ἐνδεές, ἔνιοι δὲ λανθάνουσι καὶ δοκοῦσι συλλελογίσθαι διὰ τὸ ἀναγκαῖόν τι συμβαίνειν ἐκ τῶν κειμένων.

Ἐπ’ ἐνίων φησὶ λέγων οὐ χαλεπὸν τὸ συνιδεῖν, τί ἐνδεῖ πρὸς τὸ πλήρη τὸν συλλογισμὸν γίνεσθαι, καὶ τί περιττὸν εἴληπται, ὡς ἐφ’ ὧν προειρήκαμεν λόγων· δῆλον γὰρ ἐν τούτοις τὸ παρειαμένον. ἀλλὰ καὶ ἐφ’ ὧν ἄλλο τι συμπέρασμα ἐπενήνεκται καὶ οὐ τὸ ἐκ τῶν κειμένων συναγόμενον, ὡς ἔχει ἐπὶ τοῦ ὑπὸ τοῦ Ἐπικούρου λόγου ἠρωτημένου τοῦ ‘ὁ θάνατος οὐδὲν πρὸς ἡμᾶς· τὸ γὰρ διαλυθὲν ἀναισθητεῖ, τὸ δ’ ἀναισθητοῦν οὐδὲν πρὸς ἡμᾶς’. ἀλλ’ οὐ τοῦτο τὸ συναγόμενον, ἀλλ’ ὅτι τὸ διαλυθὲν οὐδὲν πρὸς ἡμᾶς, ἐν πρώτῳ σχήματι. ὁμοίως καὶ ἐπὶ τοῦ Παρμενίδου λόγου συνάγοντος, ὅτι ἓν τὸ ὄν, ἐκ τῶν ‘τὸ παρὰ τὸ ὂν οὐκ ὄν, τὸ οὐκ ὂν οὐδέν’· καὶ γὰρ ἐνταῦθα τὸ συναγόμενον φανερόν ἐστι· συνάγεται γὰρ ἐκ τῶν κειμένων τὸ παρὰ τὸ ὂν μηδὲν εἶναι ἐν πρώτῳ σχήματι, ἀλλ’ οὐ τὸ ‘ἓν ἄρα τὸ ὄν’, ὡς ἐκεῖνος οἴεται. δεῖ γὰρ καθόλου τὸ συμπέρασμα ἐκ τῶν ἄκρων τῶν εἰλημμένων ἐν ταῖς προτάσεσι ταῖς δύο συγκεῖσθαι. ἄκροι δέ εἰσιν ἐν ταῖς προτάσεσιν οἱ ἀνὰ ἅπαξ εἰλημμένοι ἐν τῇ θέσει τῶν προτάσεων· ὁ γὰρ ἐν ἀμφοτέραις κείμενος ταῖς προτάσεσι καὶ ἑκατέρῳ τῶν ἄκρων συναπτόμενος ὁ μέσος ἐστίν. ἐπ’ ἐνίων μὲν οὖν, ὡς ἔφην, ῥᾷον τὸ φωρᾶσαι τὴν κατὰ τοὺς λόγους ἁμαρτίαν· ἐπ’ ἐνίων δὲ οὐ ῥᾴδιον συνιδεῖν, ἀλλὰ δοκοῦσι συλλογισμοὶ εἶναι, οὐκ ὄντες, διὰ τὸ τοῖς κειμένοις ἕπεσθαι τὸ ἐπιφερόμενον ἐξ ἀνάγκης, ὡς ἐφ’ ὧν γε ἡμεῖς εἰρήκαμεν δῆλόν ἐστιν καὶ ἐφ’ οὗ αὐτὸς παρατίθεται παραδείγματος τοῦ μὴ οὐσίας ἀναιρουμένης μὴ ἀναιρεῖσθαι οὐσίαν, ἐξ ὧν δέ ἐστί τι, ἀναιρουμένων καὶ τὸ ἐκ τούτων φθείρεσθαι. ἐκ γὰρ τούτων ἀναγκαῖον μὲν τὸ οὐσίας μέρος εἶναι οὐσίαν, οὐ μὴν συλλογιστικῶς δέδεικται, ἀλλ’ ἐλλείπουσί τινες προτάσεις πρὸς τὸ γενέσθαι συλλογισμόν, τουτ’ ἔστιν οὐχ ἃ ἔδει ληφθῆναι κεῖνται, ἀλλ’ αἱ μὲν ἰσοδυναμοῦσι ταῖς, ἐξ ὧν ἂν δειχθείη τι συλλογιστικῶς, τὸ δέ τι παρείαται. ἂν δὴ εἰς ἐκείνας | μετα- 117v

1 post οὔσης add. καὶ a 5 τοσοῦτον ex τοσούτων corr. B[1] 8 συλλογίζεσθαι a et Ar. 10 πρὸς τὸν a 11 γενέσθαι a περιττὸν B: περίληπτον a 12 παρειμένον a 13 οὐ τὸ B: οὐκ a 14 ὑπὸ τοῦ Ἐπικούρου (cf. Diog. Laert. X 139,2) B: Ἐπικούρῳ a 15 ἀναισθητοῦν B: ἀναισθητεῖν a 20 ante ὂν expunxit μὴ B 23 ταῖς om. a ἀνὰ om. a 26 ἔφησε a 29 τοῦ a: τὸ B 30 τι om. Ar. et Alex. ipse p. 347,6 31 φθείρεται (ut p. 347,6) a 34 μὲν om. a ἰσοδυναμοῦσαι a 35 , τὶ δὲ καὶ παρεῖται a

ληφθῶσιν αὗται αἱ κείμεναι καὶ προσληφθῇ τὸ λεῖπον, συλλογισμὸς 117v ἔσται. τῇ μὲν γὰρ 'οὐσίας μὴ ἀναιρουμένης οὐκ ἀναιρεῖται οὐσία' ἴσον δύναται ἡ ἀντιστρέφουσα αὐτῇ ἡ λέγουσα 'οὐσία ὑπὸ οὐσίας ἀναιρεῖται', ᾗ ἴσον δύναται ἡ λέγουσα 'τὸ συναναιροῦν οὐσίαν οὐσία ἐστίν'· οὗ γὰρ ἀναιρουμένου ἀναιρεῖται οὐσία, ἐκεῖνο οὐσία ἐστίν. πάλιν δ' αὖ τῇ λεγούσῃ ἐξ ὧν δέ ἐστιν, ἀναιρουμένων καὶ τὸ ἐκ τούτων φθείρεται προσληπτέον ὡς λεῖπον τὸ 'ἐκ δὲ τῶν μερῶν τὸ ὅλον'· ἔσται γὰρ ἀληθὲς καὶ τὸ τῶν μερῶν ἀναιρουμένων τὸ ὅλον φθείρεσθαι, ᾧ ἕπεται τὸ καὶ τῶν τῆς οὐσίας μερῶν ἀναιρουμένων καὶ τὴν ἐξ αὐτῶν φθείρεσθαι, ᾧ ἴσον τὸ τὰ μέρη τῆς οὐσίας τὴν οὐσίαν συναναιροῦντα οὐσίαν εἶναι, ὃ μεταληφθὲν ἐξ ἐκείνων κεῖται. γίνονται οὖν προτάσεις 'τὰ μέρη τῆς οὐσίας συναναιρεῖ οὐσίαν, τὰ συναναιροῦντα οὐσίαν οὐσία'· ἐκ τούτων συνάγεται συμπέρασμα τὸ 'τὰ μέρη ἄρα τῆς οὐσίας οὐσία' ἐν πρώτῳ σχήματι. ἄλλαι τε οὖν ἀντ' ἄλλων προτάσεις ἐλήφθησαν ἐν τῷ λόγῳ καὶ παρειάθησαν.

p. 47a28 Πάλιν εἰ ἀνθρώπου ὄντος ἀνάγκη ζῷον εἶναι καὶ ζῴου οὐσίαν, ἀνθρώπου ἄρα ὄντος ἀνάγκη οὐσίαν εἶναι· ⟨ἀλλ' οὔπω συλλελόγισται·⟩ οὐ γὰρ ἔχουσιν αἱ προτάσεις, ὡς εἴπομεν.

Αἰτιᾶται καὶ τοῦτο τὸ παράδειγμα ὡς ἔχον μὲν ἐξ ἀνάγκης τοῖς κειμένοις ἑπόμενον, τῷ γε ἀνθρώπου ὄντος ζῷον εἶναι καὶ ζῴου ὄντος οὐσίαν εἶναι, τὸ ἀνθρώπου ὄντος οὐσίαν εἶναι, οὐ μὴν συλλογιστικῶς. οὐ γὰρ ἔχουσιν αἱ προτάσεις, ὡς εἴρηται δεῖν ἔχειν, εἰ μέλλοι συλλογισμὸς ἔσεσθαι· ἔστι δὲ τοῦτο τὸ δεῖν ἢ ἀμφοτέρας εἶναι τὰς προτάσεις καθόλου ἢ πάντως γε τὴν ἑτέραν. ἐνταῦθα δὲ οὐδεμία εἴληπται καθόλου. τῷ μέντοι τὴν καθόλου ἀληθῆ εἶναι τὴν παρειαμένην, ἧς τεθείσης συλλογισμὸς ἔσται, ἀληθὲς δοκεῖ τὸ τοῖς κειμένοις ἕπεσθαι δοκοῦν. ἔστι δὲ ἡ καθόλου πρότασις 'πᾶν τὸ ἑπόμενόν τινι ἕπεται καὶ ᾧ ἐκεῖνο ἕπεται'. ἐν δὲ τῷ 'εἰ ἀνθρώπου ὄντος ζῷόν ἐστι καὶ ζῴου ὄντος οὐσία' τῷ μὲν ζῴῳ ἕπεται ἡ οὐσία, τῷ δ' ἀνθρώπῳ ἕπεται τὸ ζῷον· καὶ τῷ ἀνθρώπῳ ἄρα ἕπεται ἡ οὐσία. ἢ καὶ οὕτως· ἐν οἷς τρισὶν οὖσιν ἕπεται τῷ πρώτῳ τὸ δεύτερον καὶ τῷ δευτέρῳ τὸ τρίτον, ἐν τούτοις ἀκολουθεῖ καὶ τῷ πρώτῳ τὸ τρίτον· ἐν δὲ τῷ ἀνθρώπῳ καὶ τῷ ζῴῳ καὶ τῇ οὐσίᾳ τρισὶν οὖσιν ἀκολουθεῖ τῷ μὲν ἀνθρώπῳ τὸ ζῷον τῷ δὲ ζῴῳ ἡ οὐσία· ἐν τούτοις ἄρα ἀκολουθήσει καὶ τῷ ἀνθρώπῳ ἡ οὐσία. ληφθέντος γὰρ τοῦ καθόλου, οὗ προειρήκαμεν, καὶ προσληφθέντος αὐτῷ τοῦ 'ἀνθρώπου δὲ ὄντος ζῷόν ἐστι καὶ ζῴου

1 ἐγκείμεναι a   προσληφθῇ scripsi: προσληφθείη aB   2 τῇ a: τῆς B   οὐκ ἀναιρεῖται οὐσία B: μὴ ἀναιρεῖσθαι οὐσίαν (ut p. 246,30) a   4 ᾗ corr. B[1]: ἢ a B pr.   οὗ (ex οὐ corr. B[1]) γὰρ . . . οὐσία ἐστίν (5) om. a   5 αὖ τῇ scripsi: αὐτῇ aB   6 δὲ om. a   8 post ἀναιρουμένων add. καὶ a   ὅλον B: ἐκ τούτων a   καὶ (post τὸ) B: ἐκ a   9 τὴν B: τὸ a   10 τὴν οὐσίαν om. a   οὐσίαν (ante εἶναι) a: οὐσίας B   13 τῆς οὐσίας ἄρα a   14 παρειάθησαν B: παρμενίδου καὶ ἐπικούρου a   16 ἄρα om. Ar.   16. 17 ἀλλ' οὔπω συλλελόγισται ex Arist. addidi (cf. p. 348,15)   19 τῷ a: τό B   24 παρειμένην a   32 post μὲν expunxit τῷ B

οὐσία' συνάγεται συλλογιστικῶς τὸ καὶ ἐν τούτοις ἀνθρώπου ὄντος οὐσίαν 117v εἶναι. ὅτι γὰρ οὐ παρὰ τὴν κειμένην ἀκολουθίαν τὸ συμπέρασμα ἀλλὰ παρὰ τὸ τὴν καθόλου ἀληθῆ εἶναι πρότασιν, ἣν προσειλήφαμεν, δῆλον ἂν γένοιτο. εἰ ἄλλην τινὰ ἀκολουθίαν προχειρισαίμεθα ἀληθῆ μὲν ⟨καὶ⟩ αὐτὴν οὐκέτι δὲ ὑπό τι ἀληθὲς καθόλου τεταγμένην, οἷα ἐστὶν ἡ τοιαύτη 'τὸ Α τοῦ Β πήχει ὑπερέχει, καὶ τὸ Β τοῦ Γ πήχει ὑπερέχει'. οὐκέτι γὰρ καὶ τὸ Α τοῦ Γ πήχει ὑπερέξει· ψεῦδος γὰρ τοῦτο. ἡ δ' αἰτία τούτου, ὅτι καὶ ἡ καθόλου ψευδὴς ἡ λέγουσα 'εἴ τί τινος ὑπερέχει μέτρῳ τινί κἀκεῖνο ἄλλου τῷ αὐτῷ, καὶ τὸ πρῶτον τοῦ τρίτου τῷ αὐτῷ ὑπερέξει'. δῆλος δέ ἐστι διὰ τούτων καὶ τὸν διὰ τριῶν λεγόμενον λόγον ἐξ ἀνάγκης μὲν λέγων ἔχειν τὸ ἑπόμενον τὸ τοῦ πρώτου ὄντος τὸ τρίτον εἶναι, οὐ μὴν συλλογιστικῶς, οὐδ' εἶναι τὸν διὰ τριῶν λόγον συλλογισμὸν οὐδὲ ὅλως τὸν δι' ὅλων ὑποθετικὸν λεγόμενον. διὸ καὶ μᾶλλον δύναται ἐπὶ τοῦ παραδείγματος τοῦ πάλιν εἰ ἀνθρώπου ὄντος ἀνάγκη ζῷον εἶναι εἰρηκέναι τὸ ἀλλ' οὔπω συλλελόγισται· οὐ γὰρ ἔχουσιν αἱ προτάσεις, ὡς εἴπομεν, ὅτι μὴ δεικτικῶς μηδὲ καθόλου ἐλήφθησαν. ἔσται γὰρ συλλογισμός, ἂν οὕτω ληφθῶσι 'πᾶς ἄνθρωπος ζῷον, πᾶν ζῷον οὐσία'. ἐκείνως δὲ ληφθέντων ἀναγκαῖον μὲν τὸ συμβαῖνον οὐ μὴν συλλογιστικῶς, ἐπεὶ πᾶς συλλογισμὸς κεῖται ὑπάρχειν ἢ μὴ ὑπάρχειν δεικνύναι. δυνατὸν πάλιν τὸ εἰ 118r ἀνθρώπου ὄντος ἀνάγκη ζῷον εἶναι καὶ ζῴου οὐσίαν αἰτιᾶσθαι ὡς μὴ συλλογιστικῶς συνάγον, ὅτι ἀδιόριστοι αἱ προτάσεις, ἥ τε 'ὁ ἄνθρωπος ζῷον' καὶ ἡ 'τὸ ζῷον οὐσία'. λέγει μέντοι περὶ τούτου ἐν τοῖς ἑξῆς φανερώτερον.

Φανερῶς δὲ καὶ τὴν διαφορὰν τοῦ ἀναγκαίου καὶ τοῦ συλλογισμοῦ δηλοῖ, δι' ὧν ἐπενήνοχεν. ὧν δὲ χάριν ταῦτα παρέθετο, ἃ εἶπεν, ἔστι τὸ ὥστε οὐκ εἴ τι συμβαίνει τεθέντων τινῶν, πειρατέον ἀνάγειν εὐθύς· ὅταν γὰρ συλλογιστικῶς συμβαίνῃ τι, τότε δεῖ ἀνάγειν τὸν λόγον εἴς τι τῶν σχημάτων ὡς ὄντα συλλογισμόν, ἀλλ' οὐχ ὅταν ἁπλῶς ἐξ ἀνάγκης συμβαίνῃ τι. εἰ δὲ οὕτως ταῦτα λέγοιτο, εἴη ἂν καὶ ἐν τῷ τοῦ συλλογισμοῦ ὅρῳ τὸ "τεθέντων" ἐπὶ τοῦ 'κατηγορικῶς ληφθέντων' εἰρημένον ἴσον τῷ 'εἶναι ἢ μὴ εἶναι ληφθέντων' ἀλλ' οὐχ 'ὑποτεθέντων', ἐπεὶ μὴ συλλογιστικῶς τοῖς ὑποτεθεῖσι τὸ ἀναγκαίως ἑπόμενον ἕπεται. εἰπὼν δὲ διὰ μέσου ταῦτα ἐπανῆλθεν ἐπὶ τὸ προειρημένον τὸ ὅτι πρῶτον ληπτέον τὰς δύο προτάσεις (ῥᾷον γάρ, ὡς εἶπεν, εἰς τὰ μεγάλα καὶ συγκείμενα διελεῖν), εἶτα οὕτως ἐκ τῶν προτάσεων τοὺς ὅρους ἐκληπτέον καὶ μέσον τῶν ὅρων θετέον τὸν ἐν ἀμφοτέραις ὄντα ταῖς προτάσεσιν. ὁ γὰρ δὶς λαμβανόμενος καὶ ἑκατέρῳ συντεθειμένος τῶν ἄκρων ἐν πᾶσι τοῖς σχήμασιν ὁ αὐτός ἐστιν ὁ μέσος ὅρος· τοιοῦτος γὰρ ὁ μέσος ἐν τοῖς τρισὶ σχήμασιν.

---

1 συνάγεται a: συνάγεσθαι B 3 πρότασιν om. a 4 καὶ addidi 11 τὸ (post ἑπόμενον) B: τῷ ? a 16 ἔστι a 17 οὕτως a 21 τε ὁ om. a 22 τούτων a 25 προέθετο a 26 οὐκ εἴ τι] οὐκέτι a 27 τὸν λόγον om. a 30 τεθέντων] c. 1 p. 24b19 36 τὸν ὅρον a 37 ἄκρων B: ὅρων a

p. 47a40 Ἐὰν μὲν οὖν καὶ κατηγορῇ καὶ κατηγορῆται τὸ μέσον. 118r

Μετὰ τὸ λαβεῖν τὰς κυρίας τοῦ συμπεράσματος προτάσεις καὶ τοὺς ὅρους ἐκλαβεῖν ἀπ' αὐτῶν ῥᾳδία λοιπὸν ἡ ἀναγωγὴ ἡ εἰς τὸ οἰκεῖον σχῆμα τοῦ ἀναγομένου συλλογισμοῦ. ἡ γὰρ τοῦ μέσου πρὸς τοὺς ἄκρους σχέσις τοῦτο φανερὸν ποιεῖ. ἂν μὲν γὰρ ὁ μέσος ἐν ἀμφοτέραις ὢν ταῖς προτάσεσιν οὕτως ᾖ ὡς τοῦ μὲν κατηγορεῖσθαι αὐτῶν τῷ δὲ ὑποκεῖσθαι, πρῶτον ἔσται σχῆμα. τοῦτο γὰρ δηλοῖ τὸ κατηγορῇ καὶ κατηγορῆται· τὸ γὰρ κατηγορῆται σημαίνει τὸ ὑποκείμενον, ὅταν ᾖ τι κατηγορούμενον αὐτοῦ καταφατικῶς. ὁμοίως κἂν αὐτὸ μέν τινος κατηγορῆται, ἄλλο δὲ αὐτοῦ ἀποφάσκηται. ἐὰν δὲ ἀμφοτέρων κατηγορῆται τῶν ἄκρων, ἀλλὰ τοῦ μὲν καταφατικῶς τοῦ δὲ ἀποφατικῶς, ἐν δευτέρῳ σχήματι ὁ συλλογισμός· ἄλλως γὰρ ἔχοντος τοῦ μέσου πρὸς τοὺς ἄκρους, ὧν κατηγορεῖται, ἔσται μὲν ἐν δευτέρῳ σχήματι ἡ συζυγία, ἀλλ' οὐ συλλογιστική. ἐὰν δὲ τὰ ἄκρα (ταῦτα γὰρ εἶπε τὰ ἄλλα) τοῦ μέσου ἀμφότερα κατηγορῆται, ἢ καταφατικῶς ἢ θάτερον μὲν καταφατικῶς θάτερον δὲ ἀποφατικῶς, ὁ συλλογισμὸς ἐν τρίτῳ σχήματι. ὁμοίως δὲ ἀναχθήσονται οἱ συλλογισμοί, κἂν μὴ ἀμφότεραι ὦσιν αἱ προτάσεις καθόλου, ἀλλ' ἡ ἑτέρα μόνον· καὶ γὰρ καθόλου οὐσῶν τῶν προτάσεων ἀμφοτέρων καὶ τῆς ἑτέρας μόνης τριττὴ τοῦ μέσου πρὸς τοὺς ἄκρους ἡ σχέσις, κατὰ δὲ τὰς τῶν σχέσεων διαφορὰς ἡ τῶν σχημάτων διαφορά. δῆλον δέ φησιν ἐκ τῶν εἰρημένων εἶναι καὶ τοῦτο, ὅτι, ἐν ᾧ λόγῳ ὁ αὐτὸς ὅρος πλεονάκις οὐκ εἴληπται, οὗτος οὐκ ἔστι συλλογισμός· ἀδύνατον γὰρ συλλογισμὸν γενέσθαι χωρὶς μέσου, ὡς δέδεικται· μέσος δέ ἐστιν ἐν πᾶσι τοῖς σχήμασιν ὁ δὶς λαμβανόμενος.

p. 47b9 Ἐπεὶ δὲ ἔχομεν, ποῖον ἐν ἑκάστῳ σχήματι περαίνεται τῶν προβλημάτων.

Καὶ ταύτην ἡμῖν ὁδὸν τῆς ἀναλύσεως τῶν συλλογισμῶν τῆς εἰς τὰ σχήματα ὑπογράφει· ἐπεὶ γὰρ τεσσάρων ὄντων τῶν προβλημάτων ἔχομεν, ποῖον ἐν ἑκάστῳ σχήματι δείκνυται, λαβόντας χρὴ τὸ πρόβλημα καὶ τὸ συμπέρασμα, δι' οὗ σχήματος τοῦτο συνάγεσθαι πέφυκεν, ἐν τούτῳ ζητεῖν καὶ μὴ ἐν πᾶσιν. ἐπὶ μὲν οὖν τοῦ καθόλου καταφατικοῦ ῥᾴδιον τοῦτο· ἐν γὰρ τῷ πρώτῳ σχήματι μόνῳ τοῦτο δείκνυται τὸ πρόβλημα. τῶν δ' ἄλλων προβλημάτων τὸ μὲν καθόλου ἀποφατικὸν διά τε τοῦ πρώτου δείκνυται σχήματος καὶ διὰ τοῦ δευτέρου, μοναχῶς μὲν διὰ | τοῦ πρώτου 118v διχῶς δὲ διὰ τοῦ δευτέρου, τὸ δὲ ἐπὶ μέρους καταφατικὸν πάλιν διά τε τοῦ πρώτου καὶ διὰ τοῦ τρίτου, μοναχῶς μὲν διὰ τοῦ πρώτου τριχῶς δὲ

---

1 καὶ (ante κατηγορῇ) B: om. a et Ar. 3 ἡ (ante εἰς) a: καὶ B 6 τῷ B: τοῦ a 7 καὶ superscr. B[3] 14 ἀλλὰ B 15 θατέρου . . . θατέρου a 16 καὶ a 21 ὅρος om. a 22 συλλο[γισμός· ἀδύνατον γὰρ] unc. incl. evanida restituit B[2]; δυνατὸν B[2], sed ' internoscitur 23 μέσον a τοῖς om. a 28 ἑκάστῳ] ῳ corr. B[1] 30 οὖν om. a

διὰ τοῦ τρίτου, τὸ δὲ ἐπὶ μέρους ἀποφατικὸν καὶ διὰ τοῦ πρώτου καὶ διὰ 118v τοῦ δευτέρου καὶ διὰ τοῦ τρίτου, μοναχῶς μὲν διὰ τοῦ πρώτου, διχῶς δὲ διὰ τοῦ δευτέρου, τριχῶς δὲ διὰ τοῦ τρίτου. ἐπὶ δὲ τῶν διὰ πλειόνων σχημάτων δεικνυμένων προβλημάτων ἐπιβλεπτέον μὲν καὶ ἐκεῖνο, δι' οὗ μᾶλλον δείκνυται καὶ πλεονάκις. οὐ μὴν ἀλλὰ γνώριμον ποιήσει τὸ σχῆμα ἡ τοῦ μέσου θέσις· εἰ μὲν γὰρ ὁ αὐτὸς ὑποκείμενος καὶ κατηγορούμενος εἴη, τὸ πρῶτον ἔσται σχῆμα, εἰ δὲ μόνον κατηγορούμενος, τὸ δεύτερον, εἰ δὲ μόνον ὑποκείμενος, τὸ τρίτον.

p. 47b15 Πολλάκις μὲν οὖν ἀπατᾶσθαι συμβαίνει περὶ τοὺς συλλογισμοὺς διὰ τὸ ἀναγκαῖον, ὥσπερ εἴρηται πρότερον.

Ἐπιζητήσαι τις ἂν ἐνταῦθα γενόμενος, πῶς ἔτι ὁρισμὸς τοῦ συλλογισμοῦ ὁ ἀποδεδομένος λόγος, εἴ γε καὶ ἄλλοι εἰσὶ λόγοι, ἐν οἷς "τεθέντων τινῶν ἕτερόν τι τῶν κειμένων ἐξ ἀνάγκης συμβαίνει". ἢ λείπει τούτοις τοῖς λόγοις, ὡς προείρηται ἐν τοῖς ἐπάνω, τὸ "τῷ ταῦτα κεῖσθαι"· οὐ γὰρ διὰ τὰ κείμενα τὸ ἀναγκαῖον ἐν τούτοις ἀλλὰ παρὰ τὸ ἀληθὲς εἶναι τὸ καθόλου παρειμένον, οὗ προστεθέντος γίνεται συλλογισμὸς καὶ αὐτός. ὁ δὲ δι' ὅλων ὑποθετικὸς ἀποκρίνοιτο ἂν τοῦ συλλογισμοῦ τῷ "τεθέντων", ἐπεὶ ἔχει γε καὶ οὗτος τὸ ἐπὶ τοῖς κειμένοις συμπέρασμα, ἀλλ' οὐ τῷ "ταῦτα εἶναι". δείξας δέ, πῶς χρὴ τὴν ἀνάλυσιν τῶν συλλογισμῶν ποιεῖσθαι, νῦν ὑπογράφει, τίνα δεῖ φυλάσσεσθαι ὡς δυνάμενα ἡμᾶς ἐξαπατᾶν πρὸς τὸ ἡγεῖσθαι τοὺς μὴ συλλογισμοὺς συλλογισμοὺς εἶναι· τοῦτο γὰρ εἰδότες φυλάσσεσθαι οὐ ματαιοπονήσομεν ὡς συλλογισμοὺς ἀναλύειν πειρώμενοι τοὺς μὴ συλλογισμούς. πρῶτον μὲν οὖν ⟨οὐ⟩ χρὴ πρὸς τὸ ἀναγκαίως ἕπεσθαι τοῖς κειμένοις τὸ ἐπιφερόμενον βλέποντας εὐθὺς ἡγεῖσθαι καὶ συλλογισμὸν εἶναι τὸν λόγον· ἀπάτη γὰρ γίνεται παρὰ τοῦτο. εἴρηται δὲ περὶ τούτου καὶ δέδεικται, ὅτι ἐπὶ πλέον τὸ ἀναγκαῖον τὸ ἐν λόγοις τοῦ ἐν συλλογισμοῖς. ἐνίοτε δὲ ἀπατώμεθα διὰ τὴν ὁμοιότητα τῆς τῶν ὅρων θέσεως· οὐδὲν γὰρ δοκεῖ διαφέρειν ἢ ἀδιορίστως θεῖναι τὴν πρότασιν ἢ καθόλου. διὸ καὶ προτείναντός τινος ἀδιόριστον πρότασιν συγχωροῦμεν ὡς οὐδὲν διάφορον οὖσαν τῆς καθόλου. τοιούτων δὲ ληφθεισῶν οὐ γίνεται συλλογισμός. καὶ τοῦτο καὶ διὰ παραδειγμάτων ἡμᾶς διδάσκει λαβὼν ἐπὶ μὲν τοῦ Α τὸ ἀεὶ εἶναι, ἐπὶ δὲ τοῦ Β διανοητὸν Ἀριστομένη, ἐπὶ δὲ τοῦ Γ Ἀριστομένη· οὓς λαβὼν ὅρους καὶ κατηγορήσας τὸ μὲν Α κατὰ τοῦ Β ἀδιορίστως, τὸ ἀεὶ εἶναι κατὰ τοῦ διανοητοῦ Ἀριστομένους, ἀληθὲς ὂν (διανοητὸς γὰρ Ἀριστομένης ἀεί, τουτ' ἔστιν οἷόν τε ἀεὶ διανοεῖσθαί τινα Ἀριστομένη καὶ διανοεῖσθαί τινα

5 πολλάκις a post ἀλλὰ add. καὶ a 9 οὖν om. a 12 τεθέντων κτλ.] c. 1 p. 24b19 14 προείρηται] p. 21, 10sqq. κεῖσθαι] εἶναι Ar. (cf. vs. 18) 17 post ὑποθετικὸς add. καὶ αὐτὸς a 18 ἀλλ' οὐ a: ἀλλὰ B 21 συλλογισμοὺς εἶναι ... συλλογισμοὺς (22) om. a 23 οὐ a: om. B 25 εἴρηται] c. 32 p. 47a31—35 28. 29 προτείνοντος a 31 παραδείγματος a λαβὼν B: λέγων a 32 Ἀριστομένην a semper λαβὼν om. a 34 post ἀεί add. ἐστιν a

περὶ Ἀριστομένους), τὸ δὲ Β κατὰ τοῦ Γ (καὶ γὰρ τοῦτο ἀληθὲς τὸ τὸν 118r Ἀριστομένη, ὅπερ ἐστὶ τὸ Γ, διανοητὸν εἶναι Ἀριστομένη, ὃ ἦν τὸ Β), οὐκέτι φησὶν ἀληθὲς γίνεσθαι τὸ τὸ Α κατὰ τοῦ Γ, τὸ αἰεὶ εἶναι κατὰ Ἀριστομένους, ὅπερ ἐστὶ τὸ συνάγεσθαι δοκοῦν. οὐ γὰρ ἀεί ἐστιν Ἀριστομένης· φθαρτὸς γάρ. οὕτως δὲ δόξει διαβάλλεσθαι τοῦ πρώτου σχήματος ἡ πρώτη συμπλοκὴ καὶ ὁ πρῶτος συλλογισμός, εἴ γε ἀληθῶν οὐσῶν τῶν προτάσεων τὸ συμπέρασμα ψεῦδος. ἀλλὰ τούτου αἴτιον τὸ μὴ συλλογιστικῶς ληφθῆναι τὰς προτάσεις. ἀδιορίστως μὲν γὰρ λαμβανομένη ἡ Α Β πρότασις ἀληθὴς εἶναι δύναται ἡ λέγουσα διανοητὸν Ἀριστομένην ἀεὶ εἶναι, ἂν μέντοι καθόλου ληφθῇ καὶ γένηται 'πᾶς ὁ διανοητὸς Ἀριστομένης ἀεί ἐστι', ψευδής. ὁ γὰρ λέγων 'πᾶς ὁ διανοητὸς Ἀριστομένης αἰεί ἐστιν' οὐκέτι λαμβάνει πάντα τὸν διανοητὸν Ἀριστομένη ἀεὶ εἶναι διανοητόν, ἀλλ' Ἀριστομένη, ᾧ ὑπάρχει διανοητῷ εἶναι, ἀεὶ εἶναι· ὃ ψεῦδος ὂν εἰ ἐσήμαινε καὶ ἡ ἀδιόριστος ἡ λέγουσα 'διανοητὸς Ἀριστομένης ἀεί ἐστι', ψευδὴς ἂν ἦν καὶ αὐτὴ τῷ μηδέ τινα Ἀριστομένη, ᾧ συμβέβηκε διανοητῷ εἶναι, δύνασθαι | ἀεὶ εἶναι. νῦν δὲ ἄλλο μὲν ὑπ' ἐκείνης τῆς ἀδιορίστου ἐσημαίνετο, 119r ἄλλο δὲ τὸ σημαινόμενον καὶ ἀλλοῖον ἐγένετο τοῦ 'πᾶς' προστεθέντος. ἐπεὶ εἰ καὶ προστεθέντος τοῦ 'πᾶς' ταὐτὸ ἔτι ἐσημαίνετο, ἦν ἂν καὶ ἡ καθόλου ὁμοίως τῇ ἀδιορίστῳ ἀληθής· πᾶς γὰρ Ἀριστομένης ἀεὶ διανοητός ἐστι. διὸ οὐ ταὐτὸν τὸ νῦν εἰρημένον ὑπ' αὐτοῦ τῷ πρὸ ὀλίγου, ὅτε ἔλεγε "πάλιν εἰ ἀνθρώπου ὄντος ἀνάγκη ζῷον εἶναι". οὕτως δέ γε λαμβανομένη ἀνάγκη συλλογιστικὴ γίνεται, ἀλλ' οὐχ ἀδιορίστως· δεῖ γὰρ ἐν τῷ πρώτῳ σχήματι τὴν μείζονα πρότασιν ἀεὶ καθόλου εἶναι.

Χρῆται δὲ καὶ ἄλλῳ παραδείγματι πρὸς τὴν τοῦ αὐτοῦ ἀπόδειξιν. λαμβάνει γὰρ ἐπὶ μὲν τοῦ Γ Μίκκαλον, ἐπὶ δὲ τοῦ Β μουσικὸν Μίκκαλον, ἐπὶ δὲ τοῦ Α τὸ φθείρεσθαι αὔριον· ἔπειτα τὸ μὲν Β τοῦ Γ κατηγορεῖ, τὸν μουσικὸν Μίκκαλον Μικκάλου, ὡς ἀληθὲς ὄν (ἦν γάρ τις, ὡς ἔοικε, Μίκκαλος μουσικός), τὸ δὲ Α τοῦ Β, ⟨τὸ⟩ φθείρεσθαι αὔριον κατὰ μουσικοῦ Μικκάλου. πῶς ἐνδεχόμενον δὲ λαμβάνει τοῦτο; ὡς καὶ τὸ διανοητὸν Ἀριστομένη ἀεὶ εἶναι ἢ ὡς Μικκάλου μουσικοῦ φθειρομένου αὔριον τῷ ἀποβάλλειν τὴν μουσικήν; τούτων γὰρ ὄντων ἀληθῶν οὐκέτι φησὶν ἀληθῶς τὸ Α τοῦ Γ κατηγορεῖσθαι, τὸ φθείρεσθαι αὔριον Μίκκαλον· δι' ὑποθέσεως γὰρ εἴληφθαι καὶ τὸ μὴ φθείρεσθαι αὔριον μουσικὸν Μίκκαλον κατὰ τὸ ἀποβάλλειν αὔριον τὴν μουσικήν. οὗ ψεύδους φησὶν αἴτιον εἶναι τὸ ἀδιόριστον ληφθῆναι τὴν μείζονα πρότασιν τὴν ἐγχωρεῖν λέγουσαν μουσικὸν

2 ὅπερ . . . Ἀριστομένη om. a ἦν B: εἶναι a 3 ἀεὶ a 4 ante Ἀριστομένους add. τοῦ a 10 διαληφθῇ a 12 διανοητόν (post εἶναι) B: δυνατόν a 13 post εἰ add. μὲν a 15 αὕτη B διανοητῷ ex διανοητὸν corr. B[1] 16 ἐκείνης ex ἐκείνους corr. B[1] 19 ἀορίστῳ a 20 ἔλεγε] p. 47a28 21 λαμβανομένης a 23 ἀεὶ superscr. B 24 τοῦ om. a 25 μὲν om. a 28 τὸ alterum addidi 29 πῶς B: ὡς a 30 αἰεὶ a 31 ἀληθῶς ex ἀληθὲς corr. B[1] 32 Μίκκαλον B: τὸ κατὰ τοῦ Μικκάλου a ὑποθέσεως a: ὑπόθεσιν B 33 εἴληπται a κατὰ τὸ om. in lac. a 34 ἀποβάλλειν ex ἀποβαλεῖν corr. B[1] οὗ ex οὐ corr. B 35 ἐγχωρεῖ a

Μίκκαλον αὔριον φθαρῆναι, ὡς ἀδιορίστως μὲν αὐτῆς λαμβανομένης ἀληθοῦς 119r οὔσης. καθόλου δὲ οὐκέτι ἀληθοῦς· μὴ γὰρ ἀληθὲς εἶναι τὸ πάντα τὸν μουσικὸν Μίκκαλον ἐνδέχεσθαι αὔριον φθαρῆναι. τοῦτο δ' ἂν εἴη λέγων ψεῦδος εἶναι ἤτοι διὰ τὸ εἰληφέναι ὑπόθεσιν ταύτην τοὺς τὸ σόφισμα ἐρωτῶντας (λαμβάνουσι γὰρ ὑποθέσεις οὐκ ἀδυνάτους τό τε μὴ φθείρεσθαι αὔριον τὸν μουσικὸν Μίκκαλον καὶ τὸ ἀποβάλλειν αὐτὸν αὔριον τὴν μουσικήν· ὡς γὰρ δυνατοῖς οὖσι τοῖς ἐν ἀμφοτέραις ταῖς προτάσεσι λαμβανομένοις ᾤοντο δεικνύναι ἀδύνατον τὸ ἑπόμενον), ἢ λέγοι ἂν ψεῦδος εἶναι πάντα τὸν μουσικὸν Μίκκαλον ἐνδέχεσθαι φθαρῆναι αὔριον, ὅτι ἐνδέχεταί τινα καὶ μηδέπω εἶναι μουσικὸν Μίκκαλον, ἔσεσθαι δέ· ὃν τίθησι μὲν ὁ λέγων πάντα τὸν μουσικὸν Μίκκαλον ἐνδέχεσθαι αὔριον φθαρῆναι μὴ προστιθεὶς δὲ τὸ 'ὄντα' ὡς ἐνδεχόμενον καὶ αὐτὸν φθαρῆναι· οὐ μὴν δυνατὸν οὐδ' ἐνδεχόμενον τὸν μηδέπω ὄντα φθαρῆναι. ἢ ὡς ὑπόθεσιν ἔλαβε τὸ τινὰ μουσικὸν Μίκκαλον αὔριον φθείρεσθαι· τούτου γὰρ ὑποτεθέντος ἀληθοῦς εἶναι οὐ πάντως ἕπεται τὸ καὶ τοῦτον τὸν Μίκκαλον αὔριον φθείρεσθαι. ζητήσαι δ' ἄν τις, διὰ τί οὐκ ἔσται ἀληθὲς τὸ συμπέρασμα ὡς ἐνδεχόμενον τοῦ τὸν Μίκκαλον αὔριον ἐνδέχεσθαι φθαρῆναι· καὶ γὰρ ἡ μείζων πρότασις ἐνδεχομένη ἐλήφθη, ἧς οὔσης ἐνδεχομένης ἐνδεχόμενον ἔσται καὶ τὸ συμπέρασμα. ἢ τὸ Α τοῦ Γ ψεῦδος εἶπεν ὡς ἴσον τῷ 'τὸ δὲ λέγειν ἐπὶ τούτοις συλλογιστικῶς τὸ Α τοῦ Γ κατηγορεῖσθαι ψεῦδος'· καὶ γὰρ εἰ ἄλλως ἀληθές, ἀλλ' ὡς ἐν συλλογισμῷ ψεῦδος. οὐ γὰρ περὶ τοῦ συμπεράσματος ἀκριβολογεῖται νῦν, ἀλλὰ μόνον ἡμῖν ἐνδείκνυται τὴν τῆς ἀδιορίστου καὶ τῆς καθόλου προτάσεως διαφορὰν διὰ τοῦ λαβεῖν τῆς λεγούσης μουσικὸν Μίκκαλον αὔριον φθείρεσθαι ἀληθοῦς οὔσης μὴ πάντως ἀληθῆ γίνεσθαι τὴν λέγουσαν πάντα μουσικὸν Μίκκαλον αὔριον φθείρεσθαι· τὸ γὰρ καθόλου Μίκκαλος μουσικὸς τὴν 'πᾶς Μίκκαλος μουσικός' σημαίνει.

Ἔστι δὲ τὸ λεγόμενον δεῖξαι καὶ διὰ φανερωτέρων παραδειγμάτων. ἔστω ἐπὶ μὲν τοῦ Α ἀγαθόν, ἐπὶ δὲ τοῦ Β οἰκεῖον, ἐπὶ δὲ τοῦ Γ ἡδονή· τὸ δὴ Α κατὰ τοῦ Β κατηγορείσθω, τὸ ἀγαθὸν κατὰ τοῦ οἰκείου· ἀλλὰ καὶ τὸ Β κατὰ τοῦ Γ, τὸ οἰκεῖον κατὰ τῆς ἡδονῆς. ἀληθῶν δὴ τῶν προτάσεων οὐσῶν οὐ πάντως τὸ ἀγαθὸν κατὰ τῆς ἡδονῆς, ὅτι μὴ ἐλήφθη τὸ ἀγαθὸν κατὰ | παντὸς τοῦ οἰκείου, ἀλλ' ἀδιορίστως. ἀλλὰ κἂν λάβῃ τις, 119v ὅτι ἡ ποιότης ποιεῖ, τὸ ποιοῦν σῶμα, οὐ συλλογιεῖται 'ἡ ποιότης ἄρα σῶμα'. οὐ γὰρ ἔλαβε 'πᾶν τὸ ποιοῦν σῶμα'· ψεῦδος γάρ· ἀδιορίστως γὰρ ληφθὲν ἀληθὲς μέν, ἀσυλλόγιστον δέ. ὁμοίως κἂν τὸν μὲν ἄνθρωπον λάβῃ ζῷον εἶναι, τὸ δὲ ζῷον γένος· οὐ γὰρ καὶ ὁ ἄνθρωπος γένος. γίνεται δὲ ἐν τοῖς

2 μηκέτι a εἶναι om. a 7. 8 λαμβανομένοις ex λαμβανομέναις, ut videtur, corr. B[1]: λαμβάνειν a 8 τὸ om. a 10 ὃν scripsi: ὂν aB 11 αὔριον φθαρῆναι om. in lac. a 12 δὲ superscr. B[3] δυνατὸν οὐδ' om. a 13 τὸν μηδέπω om. in lac. a 14 αὔριον om. in lac. a 15 τὸ om. a τοῦτον τὸν B: τοῦ sequente lac. a 16 ἔστιν a 17 τὸν scripsi: τὸ B: om. a 19 ἡ ex ἡ corr. B[2] 20 ψευδές a 22 μόνον ἡ evanida restituit B[2] τῆς (ante ἀδιορίστου) B: τοῦ a 34 οὐδὲ a 35 post ὁμοίως add. δὲ a

τοιούτοις ἡ ἀπάτη διὰ τὸ τῷ καθόλου ἐφαρμόζειν τὸ ἀδιόριστον· ὡς γὰρ 119v τοῦ ἀδιορίστου ἴσον τῷ καθόλου δυναμένου συγχωροῦσι καὶ δέχονται. πλεῖστον δὲ διαφέρει· τὸ μὲν γὰρ καθόλου καὶ ἀδιορίστως εἰπεῖν ἀληθές, τὸ δὲ ἀδιορίστως ἀληθὲς οὐκέτι καὶ καθόλου ἐξ ἀνάγκης. ταύτην μὲν οὖν καὶ τὴν τοιαύτην ἀπάτην γίνεσθαί φησι διὰ τὸ παρὰ μικρόν· ὡς γὰρ οὐδὲν διαφέρον καθόλου πρότασιν λαβεῖν ἢ ἀδιόριστον συγχωρήσαντες τὴν ἀδιόριστον ὡς καθόλου ἀπατῶνται.

p. 47b40 Πολλάκις δὲ διαψεύδεσθαι ⟨συμπεσεῖται⟩ παρὰ τὸ μὴ καλῶς ἐκτίθεσθαι τοὺς κατὰ τὴν πρότασιν ὅρους.

Εἰ γὰρ λόγον ἀναλύοντες τὸν 'τὸ ὑγιαίνειν οὐδενὶ νοσοῦντι, τὸ νοσεῖν παντὶ ἀνθρώπῳ' ἐκτιθέμενοι τοὺς ὅρους μὴ τὸ ὑγιαίνειν καὶ τὸ νοσεῖν λαμβάνοιμεν ἀλλὰ νόσον καὶ ὑγείαν, ἔσται τοῦτο ἡμῖν ἀπάτης αἴτιον· αἰτίαν γὰρ ἀπάτης φησὶ γίνεσθαι καὶ τὴν ἔκθεσιν τῶν ὅρων, ὅταν μὴ δεόντως γένηται. ὅταν γὰρ ἀντὶ τῶν κατὰ τὰς ἕξεις αὐτὰς τὰς ἕξεις ἐν τοῖς ὅροις λάβωμεν ὡς μηδὲν διαφέρον οὕτως ἢ ἐκείνως λαβεῖν, ἀσυλλογίστους παρὰ τοῦτο ποιήσομεν τοὺς λόγους. ἐπεὶ γὰρ οὐκ ἔστιν ἀληθὲς οὐδὲ δυνατὸν ⟨τὸ⟩ 'ἄνθρωπος ὑγεία ἐστίν' ἢ 'ἄνθρωπος νόσος ἐστίν', δύναται μέντοι ἀληθὲς εἶναι τὸ 'ἄνθρωπος νοσεῖ' ἢ τὸ ὑπάρχειν νόσον ἢ τὸ νοσεῖν ἀνθρώπῳ, ἢ πάλιν τὸ 'ἄνθρωπος ὑγιαίνει' ἢ 'ὑπάρχει αὐτῷ ὑγεία ἢ τὸ ὑγιαίνειν' (ἡ μὲν γὰρ ὑγεία καὶ ἡ νόσος αἱ ἕξεις ἦσαν, τὸ δὲ 'ὑγιαίνει' καὶ τὸ 'νοσεῖ' διαθέσεις κατὰ τὰς ἕξεις), ὅταν οὖν τοὺς ὅρους τούτους ἐκτιθώμεθα ὡς κατηγορήσοντες τοῦ ἀνθρώπου, οὐ τὰς ἕξεις αὐτὰς χρὴ λαμβάνειν ἀλλὰ τὰς κατὰ τὰς ἕξεις διαθέσεις· ἢ γὰρ ψευδῆ πρότασιν ληψόμεθα, ἢ ἀσυλλόγιστος ὁ λόγος ἔσται. εἰ γὰρ λάβοιμεν ἐπὶ τοῦ Α ὑγείαν, ἐπὶ δὲ τοῦ Β νόσον, ἐπὶ δὲ τοῦ Γ ἄνθρωπον, ἔπειτα τὸ Α ἐξ ἀνάγκης μηδενὶ τῷ Β λάβοιμεν ἀληθὲς ὄν (ἐξ ἀνάγκης γὰρ οὐδεμία νόσος ὑγεία ἐστίν), τὸ δὲ Β τῷ Γ ὑπάρχειν παντὶ θῶμεν, τοῦτ' ἔστι νόσον παντὶ ἀνθρώπῳ (οὐ γὰρ ἀδύνατον δόξει, ἐπειδὴ πᾶς ἄνθρωπος δοκεῖ δεκτικὸς εἶναι νόσου), δεήσει μὲν συνάγεσθαι τὸ ἐξ ἀνάγκης τὴν ὑγείαν μηδενὶ ἀνθρώπῳ, ἐπειδὴ εἴληπται ἐν τῷ πρώτῳ σχήματι ἀναγκαία μὲν ἡ μείζων ὑπάρχουσα δὲ ἡ ἐλάττων, ἐδόκει δὲ αὐτῷ ἐν ταῖς τοιαύταις μίξεσιν ἀναγκαῖον γίνεσθαι τὸ συμπέρασμα, ὅπερ ψεῦδός ἐστιν ἐπὶ τοῦ προκειμένου· τὸ γὰρ ὑγείαν ἐξ ἀνάγκης μηδενὶ ἀνθρώπῳ ψεῦδος. τοῦτο δὴ τὸ ἄτοπόν φησιν ἠκολουθηκέναι παρὰ τὸ τοὺς ὅρους μὴ καλῶς ληφθῆναι· οὐ γὰρ τὰς ἕξεις ἐν τοῖς ὅροις δεῖ τιθέναι τοῖς Α, Β, τὴν ὑγείαν καὶ τὴν νόσον, ἀλλὰ τὸ ὑγιαίνειν καὶ τὸ νοσεῖν, ἅ ἐστι κατὰ τὰς

1 ὡς B: καὶ a   4 καὶ om. a   7 καθόλου ὡς ἀδιόριστον a   8 συμπεσεῖται a et Ar.: om. B   9 κατὰ τὴν πρότασιν om. a   15. 16 παρὰ τοῦτο om. a   17 τὸ addidi   19 ὑγίεια a   20 γὰρ om. a   21 ὡς B: καὶ a   21. 22 κατηγορήσοντες scripsi: κατηγορήσαντες aB   24 post λόγος expunxit ἕξει B²   27 τοῦτ' ἔστι νόσον ex τουτέστιν ὅσον, ut videtur, corr. B²   29 ante ἐξ add. *a* a   30 ἐδόκει] c. 9 p. 30a15 sqq.   32 ὑγεία a

ἕξεις· οὕτως γὰρ ληφθέντων οὐκέτι γίνεται ἀληθὲς τὸ ὑγιαίνειν ἐξ ἀνάγκης 119v μηδενὶ νοσοῦντι. οὕτως δὲ δεῖ λαμβάνειν, ὅτι τὸ μὲν πάντα ἄνθρωπον νοσεῖν δύναται ὡς ὑπάρχον ἀληθὲς ληφθῆναι καθ' ὑπόθεσιν, τὸ δὲ πάντα ἄνθρωπον νόσον εἶναι ἀδύνατον. ὃ οὖν τοῦ ἀνθρώπου κατηγορεῖται, τοῦτο δεῖ μέσον ὅρον τιθέναι· ἔστι δὲ τὸ νοσεῖν· οὕτως γὰρ ἀληθὲς τὸ νόσον ὑπάρχειν παντὶ ἀνθρώπῳ, ὅτι νοσεῖν οἷόν τε αὐτόν, οὐχ ὅτι νόσον εἶναι. οὐ γὰρ ὁμοίως τοῦ ἀνθρώπου τὸ ζῷον καὶ ἡ νόσος κατηγορεῖται· τὸ μὲν γὰρ τὸν ἄνθρωπον ζῷον εἶναι ἀληθές, τὸ δὲ νόσον οὐκ ἀληθές, ὅτι μὴ ἐν τῷ τί ἐστιν αὐτοῦ τῶν τοιούτων τι κατηγορεῖται. οὐδεμία δὲ νόσος ὑγεία ἐξ ἀνάγκης, καθ' ὅσον οὐχ οἷόν τε τὴν νόσον ὑγείαν εἶναι. καὶ ἄλλως τὸ ἀληθὲς ἐπὶ τῆς πρώτης προτάσεως, ἄλλως ἐπὶ τῆς δευτέρας· ἐπὶ μὲν 120r γὰρ τῆς πρώτης τῷ τὴν νόσον εἰλῆφθαι, ἐπὶ δὲ τῆς δευτέρας τῷ τὸ νοσοῦν. τοῦ δὴ νοσοῦντος εἰ μὲν τὸ ὑγιαίνειν κατηγοροῖτο, ἐνδεχομένη ἀποφατικὴ ἔσται ἀλλ' οὐκ ἀναγκαία, καὶ τὸ συμπέρασμα τοιοῦτον (τὸ γὰρ ὑγιαίνειν ἐνδέχεται μηδενὶ ἀνθρώπῳ). εἰ δὲ ἡ ὑγεία, ἔσται καὶ τὸ συμπέρασμα ἀναγκαῖον ἀποφατικόν· ἐξ ἀνάγκης γὰρ οὐδεὶς ἄνθρωπος ὑγεία ἐστίν. οὐ μὴν ἀληθὴς ἔτι ἡ τὴν νόσον παντὸς ἀνθρώπου κατηγοροῦσα οὕτως ὥστε λέγειν τὸν ἄνθρωπον νόσον εἶναι. εἰ δὲ τὸ ὑπάρχειν προσθείη τις, οὐ τὸν αὐτὸν λήψεται μέσον. μεταληφθέντων δὲ τῶν ὅρων ἀπὸ τῶν ἕξεων εἰς τὰ κατὰ τὰς ἕξεις, οὐκ ἔσεσθαί φησι συλλογισμὸν τοῦτον, ὃν ἔλεγεν ἐξ ἀναγκαίας ἀποφατικῆς τῆς μείζονος καθόλου καὶ καταφατικῆς ὑπαρχούσης τῆς ἐλάττονος ἐν πρώτῳ σχήματι· οὐκέτι γὰρ γίνεται ἡ καθόλου ἀποφατικὴ ἀναγκαία ⟨ἀλλ'⟩ ἐνδεχομένη. διὸ τοῦ μὲν ἀναγκαίου συλλογισμὸς οὐκ ἔσται, τοῦ δὲ ἐνδεχομένου ἔσται· γίνεται γὰρ ἐνδεχομένη μὲν ἀποφατικὴ ἡ μείζων καθόλου ἡ 'τὸ ὑγιαίνειν οὐδενὶ νοσοῦντι'. ὑπάρχουσα δὲ ἡ ἐλάττων καθόλου καταφατικὴ ἢ ἐνδεχομένη καὶ αὐτὴ ἡ 'τὸ νοσεῖν παντὶ ἀνθρώπῳ'. ὅπως δ' ἂν ἔχῃ, συλλογιστικὴ μὲν ἡ συζυγία ἐν πρώτῳ σχήματι, οὐ μὴν ἐξ ἀνάγκης ἀλλὰ τοῦ ἐνδέχεσθαι τὸ συμπέρασμα. ὡς καὶ αὐτὸς εἶπεν· ἐνδέχεται γάρ, φησί, μηδενὶ ἀνθρώπῳ ὑπάρχειν ὑγείαν, ὃ ἴσον ἐστὶ τῷ 'ἐνδέχεται μηδένα ἄνθρωπον ὑγιαίνειν'· τὸ γὰρ ὑπάρχειν ὑγείαν ἢ νόσον τὸ ὑγιαίνειν ἢ νοσεῖν σημαίνει.

p. 48a15 Πάλιν ἐπὶ τοῦ μέσου σχήματος ὁμοίως ἔσται τὸ ψεῦδος.

Δείκνυσι καὶ ἐπὶ τοῦ δευτέρου σχήματος παρὰ τὴν τῶν ὅρων ὁμοίαν ἔκθεσιν τὸ δοκοῦν συμπέρασμα ψεῦδος γινόμενον ἐπὶ ταῖς προτάσεσι ταῖς λαμβανομέναις ἀληθέσιν. ἂν γὰρ λάβωμεν ὑγείαν νόσῳ μὲν μηδεμιᾷ ἐξ

1 οὕτω a 3 δύναται B: ἀδύνατον a δὲ om. a 5 οὕτω a 6 ὑπάρχειν om. a post ἀνθρώπῳ add. εἶναι a 8 post νόσον add. εἶναι a 13 ὑγιαίνειν scripsi (cf. p. 355, 8): ὑγιαῖνον aB ἐνδεχόμενον ἀποφατικὸν a 19 δὲ B: γὰρ a 22 ἀλλ' a: om. B 23 διὸ B: ὅτι a 24 ἡ μὲν μείζων ἐνδεχομένη ἀποφατικὴ a 26 αὐτὴ a: αὕτη B 27 συλλογιστικὴν B pr. 29 φησί superscr. B 29. 30 ἐνδέχεσθαι a 35 ἀληθεύειν a

ἀνάγκης. ἀνθρώπῳ δὲ παντὶ ὑπάρχειν. συνάγεσθαι μὲν δόξει τὸ νόσον ἐξ 120r ἀνάγκης μηδενὶ ἀνθρώπῳ· ψεῦδος δὲ τοῦτο, ἐπειδὴ ἐπιδεκτικὸς ὁ ἄνθρωπος νόσου ὡσπεροῦν καὶ ὑγείας. ἀλλ' οὐχ ὁμοίως ἀληθής ἥ τε λέγουσα ὑγείαν μηδεμιᾷ νόσῳ καὶ ἡ λέγουσα ὑγείαν παντὶ ἀνθρώπῳ· ἡ μὲν γὰρ 'ὑγεία οὐδεμιᾷ νόσῳ' οὕτως ἀληθὴς ὡς λέγουσα 'οὐδεμία νόσος ὑγεία ἐστίν' (τοῦτο γὰρ σημαίνει), ἡ δὲ ὑγείαν παντὶ ἀνθρώπῳ οὐκέτι ὡς λέγουσα 'πᾶς ἄνθρωπος ὑγεία ἐστίν', ἀλλ' ὡς λέγουσα 'πᾶς ἄνθρωπος ὑγιαίνει'. ἂν οὖν μεταλαμβάνωμεν ἀντὶ τῆς ὑγείας καὶ τῆς νόσου τὸ ὑγιαίνειν καὶ τὸ νοσεῖν, οὐκ ἔσται ἀναγκαία καθόλου ἀποφατικὴ ἀληθὴς ἡ λέγουσα τὸ ὑγιαίνειν ἐξ ἀνάγκης οὐδενὶ νοσοῦντι. ἔνεστι δὲ καὶ ἐπὶ ταύτης τῆς συζυγίας τὰ αὐτὰ εἰπεῖν, ὅτι οὐδὲ ἡ πρότασις ἀληθὴς ἁπλῶς ἡ λέγουσα 'ὑγεία κατὰ παντὸς ἀνθρώπου', ὅτι μηδὲ ἀληθὲς εἶναι δύναται τὸ 'πᾶς ἄνθρωπος ὑγεία ἐστίν'. ὥστε καὶ διὰ τοῦτο οὐ καλῶς οἱ ὅροι εἰσὶ κείμενοι, ἀλλὰ χρὴ μεταλαμβάνειν τὰς ἕξεις εἰς τὰ κατὰ τὰς ἕξεις. ὁ γὰρ λέγων παντὶ ἀνθρώπῳ ὑγείαν ὑπάρχειν ἴσον λέγει τῷ 'πᾶς ἄνθρωπος ὑγιαίνει'· ὅρον οὖν τὸ ὑγιαίνειν θετέον, οὐ τὴν ὑγείαν. εἰ δέ τις ἐκείνην παραδέξαιτο ὡς ἀληθῆ, ἔσται καὶ τὸ συμπέρασμα ἀληθὲς τὸ νόσον μηδενὶ ἀνθρώπῳ, ἀλλ' οὐκ ἀναγκαῖον ἀλλὰ ὑπάρχον, ὅ τι ἦν ἀντιλεγόμενον αὖ τῷ ἐπὶ τῆς προκειμένης μίξεως ἀναγκαῖον γίνεσθαι τὸ συμπέρασμα.

p. 48a18 Ἐν δὲ τῷ τρίτῳ σχήματι κατὰ τὸ ἐνδέχεσθαι.

Δείξας ἐπὶ τοῦ πρώτου καὶ δευτέρου σχήματος ἀναγκαίας τῆς μείζονος λαμβανομένης ὑπαρχούσης δὲ τῆς ἐλάττονος μὴ γινόμενον ἀναγκαῖον τὸ συμπέρασμα παρὰ τὸ μὴ γίνεσθαι τὴν ἔκθεσιν τὴν τῶν ὅρων οἰκείως, ἐπὶ τοῦ τρίτου σχήματος οὐκέτι κατὰ τὸ ἐξ ἀνάγκης μέν τινα λαμβάνεσθαι τῶν προτάσεων ὁμολογούμενον δὲ τῇ τοιαύτῃ προτάσει γενέσθαι τὸ συμπέρασμα τὸ ἄτοπον γίνεσθαι λέγει, ἀλλ' ὅτι ἐνδεχομένων ἀμφοτέρων λαμβανομένων τῶν προτάσεων οὐκ ἀκολουθεῖ τὸ συμπέρασμα. ἔμπαλιν γὰρ ἐπὶ τούτου τοῦ σχήματος τὸ συμβαῖνον· ἀναγκαῖον γὰρ ἀποφατικὸν συναγόμενον εὑρί- 120v σκεται τὸ συμπέρασμα ἐξ ἐνδεχομένων καταφατικῶν, εἰ οὕτως οἱ ὅροι λαμβάνοιντο. ἐνδεχομένων γὰρ οὐσῶν καθόλου καταφατικῶν ἐν αὐτῷ τῶν δύο προτάσεων τὸ συμπέρασμα οὔτ' ἐπὶ μέρους καταφατικὸν ἐνδεχόμενον γίνεται, ὃ συνάγεται ἐκ τῆς τοιαύτης συζυγίας, οὔτ' ἐπὶ μέρους ἐνδεχόμενον ἀποφατικόν, ἀλλ' οὐδὲ καθόλου καταφατικὸν ἐνδεχόμενον οὔτε ἀποφατικὸν ἀλλ' ἀναγκαῖον ἀποφατικὸν καθόλου. διὸ καὶ οὕτως εἶπεν· ἐν δὲ τῷ τρίτῳ σχήματι συμβαίνει τὸ ψεῦδος κατὰ τὸ ἐνδέχεσθαι. ἐν μὲν γὰρ τῷ πρώτῳ καὶ δευτέρῳ σχήματι κατὰ τὸ ἀναγκαῖον, ὥσπερ εἶπον· ἀναγκαίας

4 καὶ ἡ . . . νόσῳ (5) om. a 6 δὲ B: τε a 7. 8 μεταλάβωμεν a 8 ὑγιαίνειν . . νοσεῖν scripsi: ὑγιαῖνον . . νοσοῦν aB (cf. p. 354, 13) 11 ἀληθὴς om. a 12 καὶ om. a 15 τὸ B: τοῦ a 16 παραδέξεται a 18 αὖ τῷ scripsi: αὐτῷ aB μίξεως B: λέξεως a 23 τὴν alterum om. a 25 ὁμολογούμενον B: ἀνόμοιον a γίνεσθαι a 27 οὐκ om. a 31 ἐνδεχόμενον καταφατικὸν a 31. 32 γίνεται om. a 35 κατὰ τὸ ἐνδέχεσθαι συμβαίνει τὸ ψεῦδος a et Ar. (cf. vs. 20)

γὰρ δοκούσης εἶναι τῆς μείζονος οὐκ ἐγίνετο τὸ συμπέρασμα τοιοῦτον. 120v ἐν δὲ τῷ τρίτῳ ἔμπαλιν αἱ μὲν προτάσεις ἐνδεχόμεναι τὸ δὲ συμπέρασμα ἀναγκαῖον· οὕτω γὰρ κειμένων τῶν ἄκρων ἐξ ἀνάγκης οὐδενὶ ὁ ἕτερος τῷ ἑτέρῳ. εἰ δὲ τοῦτο, ἀσυλλόγιστος ἂν γίνοιτο ἡ τοιαύτη συζυγία, ἣν φθάσας ἔδειξεν οὖσαν συλλογιστικήν. ὑγείαν γὰρ ἐνδέχεται παντὶ ἀνθρώπῳ, καὶ νόσον ἐνδέχεται παντὶ ἀνθρώπῳ, καὶ ὑγεία ἐξ ἀνάγκης οὐδεμιᾷ νόσῳ. αἴτιον δὲ τούτου πάλιν τὸ μὴ καλῶς εἰλῆφθαι τοὺς ὅρους τοὺς ἄκρους τοὺς κατηγορουμένους τοῦ ἀνθρώπου· οὐ γὰρ τὴν ὑγείαν χρὴ λαμβάνειν καὶ τὴν νόσον ἀλλὰ τὸ ὑγιαίνειν καὶ τὸ νοσεῖν. οὕτως γὰρ λαμβανομένων αὐτῶν ἀληθεῖς αἱ προτάσεις ἐνδεχόμεναι καθόλου καταφατικαί, ἐκείνως δ' οὔ. ὁ γὰρ λέγων τὴν ὑγείαν ἐνδέχεσθαι παντὶ ἀνθρώπῳ ἴσον λέγει τῷ 'πάντα ἄνθρωπον ἐνδέχεται ὑγιαίνειν'· τὴν ὑγείαν γὰρ ἀντὶ τοῦ ὑγιαίνειν λαμβάνει· οὕτως γὰρ ἀληθὴς ἑκατέρα τῶν προτάσεων, ἀλλ' οὐχ ὅτι ἐνδέχεται τὸν ἄνθρωπον ἢ ὑγείαν ἢ νόσον εἶναι. ὥστε ἐν τῇ τῶν ὅρων ἐκθέσει χρὴ τιθέναι τὸ ὑγιαίνειν· ὁμοίως δὲ καὶ ἐπὶ τῆς νόσου. ληφθέντων δὲ ἀντὶ τῶν ἕξεων τῶν κατὰ τὰς ἕξεις ὁμοίως αἵ τε προτάσεις ἀληθεῖς καὶ τὸ ἐπ' αὐταῖς συμπέρασμα. τό τε γὰρ ὑγιαίνειν ἐνδέχεται παντὶ ἀνθρώπῳ· ὁμοίως δὲ καὶ τὸ νοσεῖν· καὶ τὸ ὑγιαίνειν ἐνδέχεται τινὶ νοσοῦντι, ὅπερ ἐστὶ τῆς προκειμένης συζυγίας συμπέρασμα. ὁ δ' αὐτὸς λόγος, κἂν ἄλλαι τινὲς ἕξεις ἐναντίαι ληφθῶσι. καὶ ἔοικέ γε φανερώτερον διαβεβλῆσθαι ἡ τοιαύτη τῶν ὅρων λῆψις ἐπὶ τοῦ τρίτου σχήματος ἢ ἐπὶ τῶν πρὸ αὐτοῦ. ἐπ' ἐκείνων μὲν γὰρ διεβάλλετο, ἐπεὶ κειμένῳ τῷ ἐξ ἀναγκαίας τῆς μείζονος καὶ ὑπαρχούσης τῆς ἐλάττονος ἀναγκαῖον γίνεσθαι τὸ συμπέρασμα[, ὃ] οὐκ ἦν συγχωρούμενον· ἐπὶ δὲ τοῦ τρίτου ὁμολογούμενον ὂν ἀναιρεῖται τῷ ἐξ ἐνδεχομένων γίνεσθαι τὸ συμπέρασμα ἐνδεχόμενον. ἀξιοῖ δὲ καθόλου ἡμᾶς ἐν ταῖς τῶν τοιούτων συλλογισμῶν ἀναλύσεσι τοὺς ὅρους ἐκτιθεμένους μὴ τὰς ἕξεις αὐτὰς ἐκτίθεσθαι ἀλλὰ τὰ κατὰ τὰς ἕξεις.

Σημειωτέον δέ, ὅτι γίνεταί ποτε ἀπάτη καὶ παρὰ τὸ τὸν μέσον μὴ τὸν αὐτὸν ἐν ἀμφοτέραις εἰλῆφθαι ταῖς προτάσεσιν ἢ τῇ λέξει μόνον, οἷον ἂν ληφθῇ τὸ χρῶμα κατὰ παντὸς λευκοῦ, τὸ λευκὸν κατὰ παντὸς κύκνου· οὐκέτι γὰρ τὸ χρῶμα κατὰ παντὸς κύκνου· οὐ γὰρ ὁ κύκνος χρῶμα. αἴτιον δ', ὅτι τὸ λευκὸν οὐ ταὐτὸν ἐν ἀμφοτέραις ταῖς προτάσεσιν ἐλήφθη, ἀλλ' ἐν μὲν τῇ πρώτῃ ἡ ποιότης (ὡς γὰρ λευκότης, ὅπερ ἐστὶν ἡ ἕξις αὐτή), ἐν δὲ τῇ δευτέρᾳ τὸ τὴν ποιότητα ἔχον ὡσανεὶ τὸ κατὰ τὴν ἕξιν· οὐ γὰρ τὸ λευκὸν τὸ ὡς λευκότης ἀληθὲς κατὰ κύκνου (ἦν γὰρ ἂν πᾶς κύκνος λευκότης), ἀλλ' ὡς τὸ λευκότητα ἔχον. ἢ καὶ τοῦτο τὸ εἶδος ὑπάγεται τῷ τὴν μείζονα ἀδιόριστον, μὴ καθόλου λαμβάνεσθαι· οὐ γὰρ ἀληθὴς ἡ λέγουσα τὸ χρῶμα κατὰ παντὸς λευκοῦ· ψεῦδος γὰρ τὸ πᾶν λευκὸν χρῶμα.

2 δὲ alterum om. a 4 γένοιτο a 5 ἔδειξεν] c. 20 p. 39a4 sqq. 8 λαβεῖν a 9 ὑγιαίνειν . . νοσεῖν (ut p. 355,8) scripsi: ὑγιαῖνον . . νοσοῦν aB 10 καταφατικαὶ καθόλου a 12 λαμβάνειν a 14 ἢ νόσον ἢ ὑγείαν a 14. 15 τὸ ὑγιαίνειν χρὴ τιθέναι a 18 δὲ om. a 22 μὲν om. a προεβάλλετο a ἐπεὶ κειμένῳ B: ἐπικειμένῳ a 23 ὃ delevi 24 ὂν a: ὃ B τῷ B: τὸ a 33 γὰρ om. a 34 τὸ prius om. a 35 ἀληθὴς a

οὕτω παραλογίζεται καὶ Παρμενίδης ἑαυτὸν λέγων "τὸ παρὰ τὸ ὂν οὐκ ἔστιν 120v ὄν, τὸ μὴ ὂν οὐδέν ἐστιν". τὸ μὲν γὰρ πρῶτον οὕτως ἀληθὲς ἐλάμβανεν, ὅτι ἀντὶ τῆς οὐσίας τῷ ὄντι ἐχρήσατο· τὸ γὰρ παρὰ τὴν οὐσίαν οὐκ ἔστιν οὐσία· διὰ γὰρ τὸ οὕτως λαμβάνειν τὸ ὂν πειρᾶται ἐπιφέρειν τὸ "ἓν ἄρα τὸ ὄν". τὸ δὲ δεύτερον οὐκ ἐπὶ | τῆς οὐσίας φυλάσσει τὸ ὄν· οὐ γὰρ 121r ἀληθὲς τὸ παρὰ τὴν οὐσίαν μηδὲν εἶναι· ἀλλ' ὡς λαβὼν τὸ πρῶτον τὸ παρὰ πᾶν τὸ ὂν πᾶν οὐκ ὂν εἶναι οὕτως τὸ δεύτερον προστίθησι τὸ τὸ οὐκ ὂν οὐδέν. οἷς οὕτως εἰλημμένοις ἕπεται συμπέρασμα τὸ παρὰ πᾶν τὸ ὂν πᾶν μηδὲν εἶναι, δι' οὗ συμπεράσματος ὁμολογεῖται πολλὰ εἶναι τὰ ὄντα· τὸ γὰρ πᾶν τοῦ 'πολλά' δηλωτικόν. τοιοῦτός ἐστιν ὁ λέγων 'τὸ πεπερασμένον ἀρχὴν ἔχει, τὸ ἀρχὴν ἔχον ἐγένετο, τὸ πεπερασμένον ἄρα γέγονεν, ὥστε, εἰ καὶ ὁ κόσμος πεπερασμένος, γέγονεν'· τὸ γὰρ ἀρχὴν ἔχειν ὅπου μὲν εἴληπται τὴν κατὰ μέγεθος (οὕτως γὰρ ἐπὶ τοῦ πεπερασμένου καὶ τοῦ κόσμου), ἐν δέ γε τῷ γεγονότι τὴν κατὰ χρόνον· τὸ γὰρ τὴν κατὰ χρόνον ἀρχὴν ἔχον γέγονεν, οὐ τὸ τὴν κατὰ μέγεθος. διὰ τοῦτο πανταχοῦ λέγει δεῖν φυλάττεσθαι τὰς ὁμωνυμίας. οὐδ' ἐνταῦθα δὲ ἡ μείζων πρότασις καθόλου· οὐ γὰρ ἀληθὲς τὸ πᾶν τὸ ἀρχὴν ἔχον γεγονέναι.

p. 48a29 Οὐ δεῖ δὲ τοὺς ὅρους ἀεὶ ζητεῖν ὀνόματι ἐκτίθεσθαι· πολλάκις γὰρ ἔσονται λόγοι, οἷς οὐκ ἔσται ὀνομασία.

Πολλῶν φησι συλλογισμῶν τοὺς ὅρους ἢ τινὰς ἢ πάντας λόγῳ δηλοῦσθαι καὶ λόγους εἶναι, οὐκ ὀνόματα, ἐφ' ὧν οὐ δεῖ, φησί, τοὺς ἀναλύειν βουλομένους ζητεῖν πάντως τοὺς ὅρους δι' ὀνομάτων ἐκτίθεσθαι, ἀλλὰ τοὺς λόγους αὐτοὺς τοὺς κειμένους ἐκθετέον ἐν τῇ τῶν ὅρων λήψει. παρὰ γὰρ τοῦτο πολλάκις χαλεπὴ καὶ δύσκολος ἡ ἀναγωγὴ γίνεται τῷ μὴ εὑρίσκεσθαι τῶν ὅρων ὀνόματα· οἷον εἴ τις συλλογίσαιτο τὸν ἀνδρεῖον τιμῆς ἄξιον εἶναι διὰ μέσου τοῦ καταφρονεῖν τῆς ἑαυτοῦ σωτηρίας ὑπὲρ τοῦ κοινῇ συμφέροντος λέγων 'ὁ ἀνδρεῖος καταφρονεῖ τῆς ἑαυτοῦ σωτηρίας ὑπὲρ τοῦ κοινῇ συμφέροντος, πᾶς ὁ καταφρονῶν τῆς ἑαυτοῦ σωτηρίας ὑπὲρ τοῦ κοινῇ συμφέροντος τιμῆς ἄξιος, ὁ ἄρα ἀνδρεῖος τιμῆς ἄξιος'. τὸν γὰρ βουλόμενον ἐκλαμβάνειν τοὺς ὅρους τούτου τοῦ συλλογισμοῦ οὐ δεῖ τὸν μέσον ὅρον ὄνομα ζητεῖν· λόγος γάρ ἐστιν, οὗ φυλαχθέντος ἥ τε διαίρεσις ἡ εἰς τοὺς ὅρους φανερὰ καὶ ἡ τοῦ συλλογισμοῦ ἡ εἰς τὸ πρῶτον σχῆμα ἀνάλυσις. πάλιν εἴ τις λάβοι, ὅτι ἡ τοῦ ὄντος ἐπιστήμη ᾗ ὂν ἐπιστήμη ἐστὶ τοῦ πρώτου αἰτίου κινοῦντος, ἡ δέ γε ἐπιστήμη ἡ τοῦ πρώτου αἰτίου κινοῦντος ἡ πρώτη ἐστὶ φιλοσοφία, καὶ συνάγοι, ἐκ τούτων, ὅτι ἡ τοῦ ὄντος ᾗ ὂν ἐπιστήμη ἡ

1 post οὕτω add. γὰρ a καὶ Παρμενίδης παραλογίζεται a 3 post οὐσίαν spat. (ras.?) 3 lit. in B 7 πᾶν prius om. a 8 πᾶν om. a 11 ὥστε B: οὕτως a 12 ἔχον a 14 γε om. a 19 οὐκ ἔσται aB: οὐ κεῖται Ar. ὄνομα a et Ar. 23 παρὰ B: περὶ a 24 τῷ B: τὸ a 25 συλλογίσαιτο a: λογίσαιτο B 27 λέγων ... συμφέροντος (28) om. a 33 et 35 ᾗ ex ἡ corr. B[1] 33 et 34 αἰτίου B: αὐτό a

πρώτη ἐστὶ φιλοσοφία· καὶ γὰρ οὕτως συλλογισάμενος τοὺς ὅρους οὐκ ὀνόματα 121r ἀλλὰ λόγους εἴληφε πάντας, οὓς εἰ μὴ ὁ βουλόμενος ἀναλύειν τὸν λόγον λάβοι, ὀνόματα δὲ ζητοίη ἀντ' αὐτῶν, οὐκ ἂν εὕροι τὴν ἀνάλυσιν τοῦ συλλογισμοῦ εἰς τὸ οἰκεῖον σχῆμα ὂν τὸ πρῶτον.

p. 48a31 Ἐνίοτε δὲ καὶ ἀπατᾶσθαι συμβήσεται διὰ τὴν τοιαύτην ζήτησιν.

Ἐνίοτε παρὰ τὴν τοιαύτην ζήτησιν τῶν ὅρων φησὶ γίνεσθαι τὴν ἀπάτην. πολλοὺς γὰρ τῶν συλλογιστικῶν, ἐπεὶ οὐκ ἔστι μέσον ὅρον δι' ὀνόματος λαβόντας δεῖξαι τῶν ἄκρων συμπέρασμα, ἡγεῖσθαι τὰ τοιαῦτα ἄμεσά τε εἶναι καὶ ἀναπόδεικτα. ὄντα [ἢ] ἀποδεικτὰ μὲν ἀλλ' οὐχ ὑπ' ὀνόματος δηλωθῆναι δυναμένου τοῦ μέσου ὅρου, ⟨δι'⟩ οὗ ὁ συλλογισμός· ὑπολαβόντας δὲ εἶναι τὰ τοιαῦτα ἀναπόδεικτα τοῖς βουλομένοις αὐτὰ διὰ τοῦ οἰκείου μέσου δεικνύειν ὄντος λόγου ἐπικαλεῖν ὄντα ἀναπόδεικτα καὶ ἄμεσα [τοῖς βουλομένοις] ἀποδεικνύειν τε καὶ συλλογίζεσθαι. τοῦτο δέ ἐστι τὸ λεγόμενον διὰ τοῦ οἷον ὅτι τῶν ἀμέσων ὁ συλλογισμός. τὸ δὲ παράδειγμα, ᾧ κέχρηται, τοιοῦτον· ἔλαβε τὸ ἰσοσκελὲς τρίγωνον τρίγωνον εἶναι μόνον καὶ πᾶν τρίγωνον δυσὶν ὀρθαῖς ἴσας ἔχειν τὰς τρεῖς γωνίας· ἐξ ὧν συνάγεται τὸ ἰσοσκελὲς δυσὶν ὀρθαῖς ἴσας ἔχειν τὰς τρεῖς γωνίας. τίθησι δὲ ἐπὶ μὲν τοῦ Γ τὸ ἰσοσκελές, δῆλον ὅτι τρίγωνον, ἐπὶ δὲ τοῦ Β τὸ τρίγωνον, ἐπὶ δὲ τοῦ Α τὸ δυσὶν ὀρθαῖς ἴσας ἔχειν τὰς τρεῖς γωνίας. τὸ μὲν οὖν συμπέρασμα τὸ κείμενον διὰ μέσου ὀνόματος ὄντος δείκνυται. εἰ δέ τις ἐπὶ τοῦ Α Β, ὅτι 121v μηκέτ' ἔστι μέσον ὅρον δι' ὀνόματος λαβεῖν, ἡγοῖτο τὸ παντὸς τριγώνου τὰς τρεῖς γωνίας δυσὶν ὀρθαῖς ἴσας εἶναι ἄμεσόν τε πρότασιν εἶναι καὶ ἀναπόδεικτον καὶ αἰτῷτο τοὺς οὕτως δεικνύειν αὐτὸ πειρωμένους, ἀπατᾶται τὸ ἀποδεικτὸν ἀναπόδεικτον ἡγούμενος. ἔστι γὰρ καὶ τούτου ἀπόδειξις· ἀλλ' ὁ μέσος ὅρος λόγος ἐστίν, οὐκ ὄνομα. * * * ε λόγος 'τοῦ τριγώνου αἱ τρεῖς γωνίαι ταῖς ἐφεξῆς ἀλλήλαις ἴσαι'. εἰ δὲ ταῖς ἐφεξῆς ἴσαι ἀλλήλαις, καὶ δυσὶν ὀρθαῖς ἴσαι· τοῦτο δ', ἐπεὶ πᾶσα εὐθεῖα ἐπ' εὐθεῖαν σταθεῖσα τὰς ἐφεξῆς γωνίας ἤτοι δύο ὀρθὰς ἢ δυσὶν ὀρθαῖς ἴσας ποιεῖ. αἱ τοῦ τριγώνου ἄρα γωνίαι τρεῖς δυσὶν ὀρθαῖς ἴσαι εἰσίν. ὅτι μὲν οὖν ἀποδεικτόν, δῆλον. ὁ δὲ μὴ οἰόμενος αὐτὸ ἀποδεικτόν, ὅτι μὴ ὁ μέσος ὅρος ὄνομα εὑρίσκετο, ἀπατᾶται ἀγνοίᾳ τοῦ μὴ πάντας τοὺς ἐν τοῖς συλλογισμοῖς ὅρους ὀνόματι ὀφείλειν δηλοῦσθαι. αὐτὸς μέντοι εἰπὼν ἀποδεικτὸν εἶναι τὸ Α Β, τοῦτ' ἔστι τὸ τὰς τοῦ τριγώνου τρεῖς γωνίας δυσὶν ὀρθαῖς ἴσας εἶναι, οὐκέτι

1 οὕτω a 7 περὶ a 8 συλλογιστικῶν scripsi: συλλογισμῶν aB τῶν συλλογισμῶν ἐπεὶ οὐκ in lac. 10 lit. add. B² 10 ἢ delevi 11 δι' addidi προλαβόντας a 12 ante τοῖς fort. addendum καὶ ἄμεσα (cf. vs. 13) 13 καλεῖν a τοῖς βουλομένοις delevi 14 τοῦ scripsi: τούτων aB 15 post ἀμέσων add. ἐστὶ Ar. 17 ἔχειν a: ἔχει B ἐξ ὧν ... γωνίας (18) om. a 22 ἡγεῖτο a 24 ἀπατᾶσθαι a 25 ἀποδεικτὸν a: ἀποδεικτικὸν B ἡγούμενοι a 26 ε λόγος post lac. 10 lit. B: λόγου post lac. ca. 18 lit. a; requiritur velut ἔστι δὲ 27 εἰ δὲ ταῖς scripsi: ις post lac. ca. 8 lit. B: unius paene versus lac. in a 29 ante αἱ add. καὶ τότε a 30 ἀποδεικτόν] όν in ras. B: item vs. sq. 31 εὑρίσκεται a 33 ἀποδεικτὸν scripsi (cf. Waitzii comment. ad p. 48a37): ἀποδεικτικὸν aB

παρέθετο τοῦ μέσου ὅρου λόγου ὄντος τὸ παράδειγμα, δι' οὗ δείκνυται τὸ 121v ἄμεσον εἶναι δοκοῦν. ἡ δὲ δεῖξις· τρίγωνον λαμβάνεται τὰ Α Β Γ καὶ ἐκβάλλεται ἡ Β Γ Δ ἐπὶ τὸ Ε καὶ δείκνυται ἡ ἐκτὸς γωνία τοῦ τριγώνου ἡ Γ ταῖς ἐντὸς τοῦ τριγώνου καὶ ἀπεναντίον αὐτῇ οὔσαις δυσὶ γωνίαις ἴση. ἀχθείσης γὰρ διὰ τοῦ Γ σημείου παραλλήλου τῇ Β Α τῆς Γ Δ, ἐπεὶ παράλληλοι ἡ Α Β, Γ Δ καὶ εἰς αὐτὰς εὐθεῖα ἐμπέπτωκεν ἡ Α Γ, αἱ ἐναλλὰξ γωνίαι ἴσαι αἱ Α Γ Δ, Γ Α Β. πάλιν ἐπεὶ παράλληλοι αἱ Α Β, Γ Δ καὶ εἰς αὐτὰς ἐμπέπτωκεν ἡ Β Ε, ἡ ἐκτὸς γωνία ἡ κατὰ τὸ Γ τῇ ἐντὸς καὶ ἀπεναντίον ἴση τῇ Β γωνίᾳ. ὅλη ἄρα ἡ Γ ἡ ἐκτὸς τοῦ τριγώνου ἴση ἐστὶ ταῖς Α, Β γωνίαις τοῦ τριγώνου ταῖς ἀπεναντίον αὐτῆς γωνίαις. * δὲ ὅτι τῇ τε ἐκτὸς τοῦ τριγώνου καὶ ταῖς ἀπεναντίον αὐτῆς κοινῆς προσληφθείσης τῆς ἐφεξῆς τῇ ἐκτὸς τοῦ τριγώνου τῇ Γ γίνονται ταῖς δύο ταῖς ἐφεξῆς αἱ τοῦ τριγώνου τρεῖς ἴσαι· αἱ δὲ ἐφεξῆς δυσὶν ὀρθαῖς ἴσαι· ὥστε καὶ αἱ τρεῖς τοῦ τριγώνου δυσὶν ὀρθαῖς ἴσαι.

p. 48a40 Τό τε ὑπάρχειν τὸν πρῶτον τῷ μέσῳ καὶ τοῦτον τῷ ἄκρῳ οὐ δεῖ λαμβάνειν ὡς αἰεὶ κατηγορηθησομένων ἀλλήλων ἢ ὁμοίως τό τε πρῶτον τοῦ μέσου καὶ τοῦτο τοῦ ἐσχάτου.

Διδάσκει ἡμᾶς διὰ τούτων, ὅτι μὴ δεῖ τοὺς ὅρους, ὡς εἰσιν ἐκκείμενοι, οὕτως αὐτοὺς καὶ ἐν ταῖς προτάσεσι καὶ ἐν ταῖς πρὸς ἀλλήλους συμπλοκαῖς σχηματίζειν κατὰ τὰς πτώσεις. τοὺς μὲν γὰρ ὅρους ἐν ταῖς ἐκλογαῖς ἐκθετέον ἀεὶ κατ' εὐθεῖαν πτῶσιν, τὰς δὲ συμπλοκὰς αὐτῶν, καθ' ἣν ἂν ἐνδέχηται γίνεσθαι πτῶσιν, κατὰ ταύτην ποιητέον, ἐπειδὴ κατὰ πάσας τὰς πτώσεις αἱ κατηγορίαι τῶν ὅρων γίνονται. οὐ γὰρ πάντα τὰ κατηγορούμενα ὡς καθ' ὑποκειμένου κατηγορεῖται· ἐπεὶ πάσας ἂν ἔδει τὰς προτάσεις τοὺς ὅρους ἔχειν κατ' εὐθεῖαν πτῶσιν συντεταγμένους, ὡς ἐπὶ τῶν 'ὁ ἄνθρωπος ζῷόν ἐστιν, ἡ γραμματικὴ ἐπιστήμη ἐστίν, τὸ χρῶμα ποιότης ἐστίν'. ἐπεὶ δ' οὐ μόνα τὰ καθ' ὑποκειμένου λεγόμενα κατηγορεῖται ἀλλὰ καὶ τὰ συμβεβηκότα καὶ ἐν ὑποκειμένῳ ὄντα, ὧν οὐκ ἀεὶ κατ' ὀρθὴν πτῶσιν αἱ κατηγορίαι, ἀλλὰ ποτὲ μὲν κατ' ὀρθήν, ὡς ὅταν λέγωμεν 'τὸ σῶμα λευκόν ἐστιν, ἡ ὑγεία ἀγαθόν', ποτὲ δὲ κατὰ γενικήν, ὡς ὅταν λέγωμεν 'ὁ ἀδελφὸς ἀδελφὸς ἀδελφοῦ ἐστί', ποτὲ δὲ κατὰ δοτικήν, ὡς 'τὸ ὅμοιον ὁμοίῳ ὅμοιον', ποτὲ δὲ πρὸς αἰτιατικήν, ὡς ὅταν λέγωμεν 'τὸ μέγα πρὸς μικρὸν λέγεται' καὶ 'Πλάτων ἐπαινεῖ Σωκράτην', ἐπεὶ τοίνυν αἱ κατηγορίαι τῶν κατηγορουμένων κατὰ πάσας γίνονται τὰς πτώσεις, αἱ δὲ προτάσεις ἐν ταῖς κατηγορίαις, δεῖν

2 τὰ ex τὸ corr. B[1] 3 ε B: γ a B pr. 4 ταῖς ἐντὸς scripsi: τῶν ἐντὸς a et in lac. 9 lit. B[3] 6 ἐναλλὰξ B: ἐναλλα ante lac. ca. 8 lit. a 7 ἡ α β superscr. B[3] αἱ (ante α β) B: ἡ a 9 γωνίᾳ. ὅλη ἄ in lac. 10 lit. B[3] τοῦ superscr. B[3] 10 ante δὲ lac. ca. 8 lit. B: lac. ca. 12 lit. a: excidit velut φανερὸν 11 καὶ ταῖς . . . τριγώνου (12) om. a 14 ante δυσὶν expunxit τρι B 15 τε aB: δὲ Ar. τὸ πρῶτον . . . τοῦτο Ar. 16 ἢ om. a 17 ἐσχάτου B (ἐ corr. B[1]) et Ar.: ἄκρου a 18 δεῖται a 21. 22 ἐνδέχεται a 29 ὡς ὅταν λέγωμεν om. a 30 ἀδελφὸς alterum ex ἀδελφοῦ corr. B[1]: τοῦ ἀδελφοῦ a 31 ἀδελφός a

φησι τοὺς μὲν ὅρους ἐκτίθεσθαι τοὺς τῶν προτάσεων καὶ συλλογισμῶν, ὅταν 122r ἐκλέγωμεν αὐτούς, κατ' εὐθεῖαν πτῶσιν, τὰς δὲ κατηγορίας αὐτῶν καὶ τὰς προτάσεις ἐν τῇ πρὸς ἀλλήλας συντάξει οὕτως ποιεῖσθαι, ὡς ἐγχωρεῖ. κατηγορούμενα δὲ ἀλλήλων τὰ κατ' εὐθεῖαν πτῶσιν λέγει, ὅτι αὐτὸ τὸ ὑποκείμενον πρᾶγμα ὑπὸ τῆς εὐθείας δηλοῦται. ὅταν οὖν τὸ κατηγορούμενον κατ' εὐθεῖαν κατηγορῆται, τότε κυρίως κατὰ τοῦ ὑποκειμένου κατηγορεῖται· καὶ γὰρ τὸ ὑποκείμενον τότε κατ' εὐθεῖαν λαμβάνεται. ἂν δὲ κατὰ πτῶσιν, οὐκέτι κατ' αὐτοῦ τῷ τὴν πτῶσιν μὴ τὸ ὑποκείμενον αὐτὸ σημαίνειν, τοῦ δὲ σημαινομένου ὑπὸ τῆς πτώσεως κατηγορεῖται. ἀλλ' οὐδ' ὁμοίως ὡς τὸ πρῶτον τοῦ δευτέρου κατηγορούμενον εἴληπται καὶ καθ' ἣν πτῶσιν, κατὰ τὴν αὐτὴν καὶ τὸ δεύτερον τοῦ τρίτου ληπτέον πάντως κατηγορεῖσθαι. οὔτε γὰρ εἰ τὸ πρῶτον τοῦ δευτέρου κατ' εὐθεῖαν, δεῖ καὶ τοῦτο τοῦ ἐσχάτου ἄκρου κατ' εὐθεῖαν πτῶσιν κατηγορεῖν· τὴν γὰρ κατ' εὐθεῖαν βουλόμενος δηλῶσαι κατηγορίαν εἶπεν ὡς ἀεὶ κατηγορηθησομένων ἀλλήλων. ἄκρον δὲ εἶπεν τὸν ἔσχατον ὅρον πρὸς ἀντιδιαστολὴν τοῦ μέσου· ἄκροι γὰρ οἱ παρὰ τὸν μέσον. εἰπὼν δὲ ἐπὶ τῆς εὐθείας πτώσεως μὴ ὁμοίας ἐν ἀμφοτέραις ταῖς προτάσεσι τὰς κατηγορίας ἔσεσθαι κατὰ τὴν πτῶσιν ἐπήνεγκε καθολικώτερον τὸ μηδὲ ὁμοίως τό τε πρῶτον τοῦ μέσου μηδὲ καθ' οἵαν τοῦτο πτῶσιν, κατ' ἐκείνην πάντως καὶ τὸ μέσον καὶ τοῦτο τοῦ ἐσχάτου. τὸ δ' αὐτὸ οὐ μόνον, φησίν, ἐπὶ τῶν καταφατικῶν, τοῦτ' ἔστι καταφατικῶς κατηγορουμένων, ἀλλὰ καὶ ἐπὶ τῶν ἀποφατικῶν ποιητέον.

p. 48b2 Ἀλλ' ὁσαχῶς τὸ εἶναι λέγεται καὶ τὸ ἀληθὲς εἰπεῖν τοῦτο.

Τοῦτ' ἔστι· καθ' ὅσους τρόπους καὶ καθ' ὅσας πτώσεις ἄλλο ἄλλῳ συντάσσοντες τῷ εἶναι καὶ τῷ 'ἐστί' χρώμεθα ἐπ' αὐτῶν, καὶ ὁσαχῶς συντεταγμένων ἀλλήλοις τῶν ὅρων ἔστιν ἀληθῆ εἰπεῖν εἶναι τὴν πρότασιν, τοσαυταχῶς χρὴ τοὺς ὅρους ἐν ταῖς προτάσεσι πειρᾶσθαι συμπλέκειν ἀλλήλοις καὶ λέγειν ὑπάρχειν τὸν ἕτερον τῷ ἑτέρῳ. δείκνυσι δέ, δι' ὧν ἐπιφέρει, πῶς μὲν χρὴ τὴν ἔκθεσιν τῶν ὅρων τῶν ἐν ταῖς προτάσεσι κατ' εὐθεῖαν ποιεῖσθαι, πῶς δ' αὐτοὺς ἐν τῇ γενέσει τῶν προτάσεων συμπλέκειν ἀλλήλοις. λαβόντες γὰρ πρότασιν τὴν λέγουσαν τῶν ἐναντίων μίαν εἶναι ἐπιστήμην ἐκτιθέμενοι μὲν τοὺς ὅρους 'μία ἐπιστήμη ἐστί' καὶ τὰ ἐναντία ἀλλήλοις ἐκθησόμεθα· λαβόντες δὲ τοὺς ὅρους ἐν τῇ προτάσει οὐ 'τὰ ἐναντία μία ἐπιστήμη ἐστίν' ἐροῦμεν, ἀλλ' ἀντὶ τοῦ 'τὰ ἐναντία ἐστί' μετασχηματίσαντες ποιήσομεν τῶν ἐναντίων ἐστὶ μία ἐπιστήμη· οὕτως γὰρ ἀληθὴς ἡ πρότασις. ὡς γὰρ εἴρηται, ὁσαχῶς ἄλλο ἄλλου κατηγρούμενον ἀληθεύεσθαι δύναται κατὰ τὸν τῆς λέξεως σχηματισμὸν καταφατικῶς

3 οὕτω ποιῆται a 3. 4 κατηγορουμένους . . . τοὺς a 6 κατηγορεῖται (ante τότε) a 7 τότε B: τὸ a 11 οὔτε] cf. μηδὲ vs. 18 16 ὁμοίως a μηδὲ] ἢ Ar. (cf. p. 359,16) 23 αὐτὸ ante τοῦτο add. Ar. (cf. p. 361,5) 25 συντάττοντες a 31 μίαν B: μὴ a 32 ἐστὶν ἐπιστήμη a 33 δὲ om. a 33. 34 τἀναντία a 35 ποιήσομεν a: ποιήσωμεν B οὕτω a

τε καὶ ἀποφατικῶς, τοσαυταχῶς καὶ τὰς προτάσεις καὶ τὰς τῶν ὅρων 122r κατηγορίας ποιεῖσθαι χρή, ὡς ἂν ὑπακούωσιν οἱ κείμενοι ὅροι ἐν τῇ πρὸς ἀλλήλους συμπλοκῇ πρός τε τὸ κατὰ φύσιν γίνεσθαι τὴν κατηγορίαν καὶ πρὸς τὸ ἀληθές· τοῦτο γὰρ σημαίνει ἡ λέξις ἀλλ' ὁσαχῶς τὸ εἶναι λέγεται ἢ τὸ ἀληθὲς εἰπεῖν τοῦτο. τὸ μὲν οὖν ζῷον κατὰ ἀνθρώπου καὶ ἄνθρωπος ⟨κατὰ⟩ γραμματικοῦ καὶ τὸ ζῷον κατὰ γραμματικοῦ ὁμοίως πάντα κατηγορεῖται· κατὰ γὰρ εὐθεῖαν πτῶσιν ὅ τε γραμματικὸς ἄνθρωπός ἐστιν καὶ ὁ ἄνθρωπος ζῷον, καὶ διὰ τοῦτο ὁ γραμματικὸς ζῷον. οὐ μὴν ἐπὶ πάντων τῶν συλλογισμῶν οἷόν τε οὕτως κατηγορεῖσθαι τὰ κατηγορούμενα, οἷον ἐν τῇ προτάσει, ἣν αὐτὸς ἐξέθετο, τῇ λεγούσῃ τῶν ἐναντίων ἀλλήλοις μίαν εἶναι ἐπιστήμην κατηγορούμενον μέν ἐστι τὸ 'μία ἐπιστήμη ἐστί', διὸ καὶ ἐπὶ τοῦ Α ἔθηκεν αὐτό, ὑποκείμενον δὲ τὸ 'τῶν ἐναντίων ἀλλήλοις'. ὃ τίθησιν ἐπὶ τοῦ Β. οὐ δὴ οὕτως ὑπάρχει τὸ Α τῷ Β ἐνταῦθα ὡς δύνασθαι λέγειν 'τόδε τόδε ἐστίν'. ὡς λέγομεν 'ὁ γραμματικὸς ἄνθρωπός ἐστιν'· οὐ γάρ ἐστιν ἡ πρότασις λέγουσα 'τὰ ἐναντία μία ἐστὶν ἐπιστήμη' (ἀδιανόητον | γὰρ καὶ σόλοικον λέγειν 'τὰ ἐναντία ἀλλήλοις μία ἐπιστήμη 122v ἐστίν'). ἀλλ' ὅτι τῶν ἐναντίων, ὅπερ ἐστὶ γενικὴ πτῶσις, μία ἐστὶν ἐπιστήμη· οὕτως γὰρ συντεταγμένων αὐτῶν ἀληθές ἐστιν εἰπεῖν τὸ τῶν ἐναντίων μία ἐστὶν ἐπιστήμη. ἐν μὲν οὖν τῇ ἐκθέσει τῶν ὅρων ἦν κείμενα τὰ ἐναντία καὶ μία ἐπιστήμη, ἐν δὲ τῇ προτάσει οὐ 'τὰ ἐναντία' ἔτι ἥρμοσε λαβεῖν ἀλλὰ 'τῶν ἐναντίων'.

p. 48b10 Συμβαίνει δ' ὁτὲ μὲν ἐπὶ τοῦ μέσου τὸ πρῶτον λέγεσθαι, τὸ δὲ μέσον ἐπὶ τοῦ τρίτου μὴ λέγεσθαι.

Δείξας. πῶς ἐν ταῖς προτάσεσιν οὐκ ἀεὶ κατ' εὐθεῖαν αἱ τῶν ὅρων κατηγορίαι γίνονται, ἐπὶ παραδείγματος τοῦ "τῶν ἐναντίων μία ἐστὶν ἐπιστήμη", νῦν καθόλου ἐπὶ τῶν ἐν τοῖς συλλογισμοῖς προτάσεων δείκνυσιν, ὅτι μὴ αἰεὶ αἱ κατηγορίαι τῶν ὅρων ὅμοιαι καὶ κατὰ τὴν αὐτὴν πτῶσιν, ἀλλὰ ἐν τισὶ μὲν ὁ πρῶτος ὅρος κατὰ τοῦ μέσου λέγεται, τοῦτ' ἔστι κατ' εὐθεῖαν πτῶσιν κατηγορεῖται, οὐκέτι δὲ ὁ μέσος τοῦ τρίτου, ὡς ἐφ' οὗ παρέθετο αὐτὸς ἔχει παραδείγματος 'ἡ τοῦ ἀγαθοῦ γνῶσις σοφία ἐστίν, ἡ σοφία ἐπιστήμη ἐστίν, ἡ τοῦ ἀγαθοῦ ἄρα γνῶσις ἐπιστήμη ἐστίν'. ἡ μὲν γὰρ μείζων πρότασις ἡ λέγουσα 'ἡ σοφία ἐπιστήμη ἐστίν' κατ' εὐθεῖαν πτῶσιν ἔχει τοὺς ὅρους, οὐκέτι δὲ ἡ ἐλάττων ἡ λέγουσα τοῦ ἀγαθοῦ τὴν σοφίαν εἶναι· γενικὴ γὰρ πτῶσις ἡ 'τοῦ ἀγαθοῦ'. ἐν δὲ τῇ ἐκθέσει τῶν προτάσεων συνέπλεξε τῇ ἐλάττονι προτάσει καὶ τὸν μείζονα ⟨καὶ⟩ κατηγορού-

4 post λέξις add. ἡ δὲ a 5 ἢ aB: καὶ Ar. (cf. p. 360, 22) 6 ante ἄνθρωπος add. ὁ a κατὰ prius addidi γραμματικὸς (ante καὶ) a κατὰ alterum om. a 7 πάντως a 8 ὁ γραμματικὸς B: γραμματικὸν a 10 post ἐν add. δὲ a 13 οὐ δὴ om. a post οὐ eras. 3—4 lit. B 15 μία a: ἄρα B 16 ἀσόλοικον a 17 post γενικὴ add. ἡ a 19 κείμενον a 20 ἔτι add. B²: om. a 34 ante πτῶσις add. ἡ a 35 συνέλεξε a καὶ τὸν B: αὐτὸν a καὶ alterum add. a: om. B

μενον συνθεὶς αὐτὸν τῷ μέσῳ εἰπὼν ⟨τοῦ⟩ δὲ ἀγαθοῦ ἐστιν ἡ σοφία 122v ἐπιστήμη· ἦν γὰρ ἡ πρότασις 'ἡ τοῦ ἀγαθοῦ γνῶσίς ἐστι σοφία'. ἡ γὰρ ἐπιστήμη οὐ τῇ σοφίᾳ συνῆπται οὐδέ ἐστι τοῦ μέσου ὅρου μέρος, ἀλλ' ἔστιν ὁ κατηγορούμενος καὶ μείζων ὅρος· ἡ γὰρ σοφία ἐπιστήμη. παρ' ὃ καὶ ἀσαφεστέρα ἡ λέξις γέγονεν. ὅτι γὰρ ὁ κατηγορούμενος ὅρος ἐστὶν ἡ ἐπιστήμη, ἐδήλωσε δι' οὗ ἐπήνεγκε συμπεράσματος· γίνεσθαι γὰρ εἶπε συμπέρασμα τὸ τοῦ ἀγαθοῦ ἐπιστήμην εἶναι, ὃ οὐκ ἂν ἦν συμπέρασμα, εἰ ἡ ἐπιστήμη συνῆπτο τῇ σοφίᾳ ὡς ἕνα καὶ μέσον ὅρον τὸ ὅλον εἶναι. δύναται τὸ [ἡ] ἐπιστήμη προστεθεικέναι ὑπὲρ τοῦ δεῖξαι, ὅτι κατὰ γενικὴν πτῶσιν λαμβανομένου τοῦ ἀγαθοῦ ἡ σοφία κατηγορεῖται· ὅτι γὰρ ἐπιστήμη ἐστὶν αὐτοῦ ἡ σοφία. δύναται καὶ ἀντὶ τοῦ 'γνῶσις' ⟨τὸ⟩ ἐπιστήμη εἰρηκέναι· ἦν γὰρ ἡ τοῦ ἀγαθοῦ γνῶσις σοφία, ᾧ ὡς ἴσον εἶπε τοῦ ἀγαθοῦ ἡ σοφία ἐστιν ἐπιστήμη ἀντὶ τοῦ 'τοῦ δ' ἀγαθοῦ ἡ γνῶσίς ἐστι σοφία', ὡς μετειλῆφθαι τὴν γνῶσιν εἰς ἐπιστήμην. ἢ ἀμφότερα ἔλαβεν ἅμα, καὶ τὸν μέσον ὅρον, τὴν σοφίαν, καὶ τὸν μείζονα ἄκρον, τὴν ἐπιστήμην, ὑπὲρ τοῦ δεῖξαι, ὅτι καὶ ἡ πρότασις ἡ ἐλάττων καὶ τὸ συμπέρασμα τὴν αὐτὴν πτῶσιν κειμένην ἔχει· ὥσπερ δὲ ἡ ἐλάττων πρότασις οὐκ εἶχε κατ' εὐθεῖαν τὴν κατηγορίαν, οὕτως οὐδὲ τὸ συμπέρασμα.

p. 48b13 Τὸ μὲν δὴ ἀγαθὸν οὐκ ἔστιν ἐπιστήμη.

Διὰ τούτου δείκνυσιν, ὅτι μηδὲ ἐν τῷ συμπεράσματι κατ' εὐθεῖαν ἡ κατηγορία, ἀλλ' ὥσπερ εἶχεν ἐν τῇ ἐλάττονι προτάσει. ἄλλοτε δ' αὖ πάλιν φησὶ τὴν μὲν ἐλάττονα πρότασιν κατ' εὐθεῖαν ἔχειν τὴν κατηγορίαν τοῦ μέσου κατὰ τοῦ ἐσχάτου ὅρου, τὴν δὲ μείζονα μηκέτι κατ' εὐθεῖαν τῷ τὸν μείζονα ὅρον μηκέτι τοῦ μέσου οὕτως κατηγορεῖσθαι. ὃ καὶ αὐτὸ διὰ παραδείγματος δείκνυσιν ἐκθέμενος συλλογισμὸν τοιοῦτον· τοῦ ἐναντίου παντὸς ἐπιστήμη ἐστί, τὸ ἀγαθὸν ἐναντίον· συμπέρασμα μὲν τὸ 'τοῦ ἀγαθοῦ ἐπιστήμη ἐστίν'. ἐν δὲ ταῖς προτάσεσι τοῦ μὲν ἐλάττονος καὶ ὑποκειμένου ὅρου ὁ μέσος ὅρος κατ' εὐθεῖαν κατηγορεῖται πτῶσιν· οὕτως γὰρ ἔχει ἡ πρότασις ἡ λέγουσα 'τὸ ἀγαθὸν ἐναντίον'. οὐκέτι δὲ τοῦ μέσου ὁ μείζων ἄκρος οὕτως· ἐν γὰρ τῇ προτάσει τῇ μείζονι τῇ λεγούσῃ τοῦ ἐναντίου ἐπιστήμην εἶναι οὐ 'τὸ ἐναντίον' ὑπόκειται, ὅπερ ἦν εὐθεῖα πτῶσις, ἀλλὰ 'τοῦ ἐναντίου', ὅ ἐστι γενική. λαμβάνει δὲ μέσον ποτὲ μὲν ἐναντίον ποτὲ δὲ ποιόν. ὁπότερον δ' ἂν ληφθῇ, αἱ προτάσεις ὅμοιαι· ἔσται γὰρ ποτὲ μὲν 'τὸ ἀγαθὸν ποιόν, τοῦ ποιοῦ ἐπιστήμη ἐστί', ποτὲ δὲ 'τὸ ἀγαθὸν ἐναντίον, τοῦ ἐναντίου ἐπιστή|μη ἐστίν'. ἀλλ' οὐδὲ τὸ συμπέρασμα κατ' εὐθεῖαν 123r

---

1 συνθεὶς] συν in ras. B[1] τοῦ a: om. B δ' a 8 τὸν a 9 ἡ B: om. a (cf. vs. 11) 11 ἐστὶν αὐτοῦ B: αὐτῆς a καὶ ἀντὶ τοῦ γνῶσις post ἐπιστήμη transponit a τὸ a: om. B 14 ἢ a: ἡ B ἀμφοτέραν a 17 ἔχει κειμένην a 20 ἐν τῷ συμπεράσματι B: αὐτῷ συμπέρασμα a 28 πτῶσιν κατηγορεῖται a 30. 31 τοῦ ἐναντίου ἐπιστήμην B: ἐναντίον a 32 ὅ om. a ante γενική add. ἡ a μὲν om. a 33. 34 τὸ ἀγαθόν ποτε μὲν a

γίνεται πτῶσιν· τοῦ γὰρ ἀγαθοῦ ἐπιστήμη εἶναι συνάγεται, ἀλλ' οὐ τὸ ἀγαθόν, 123r ὥσπερ οὐδὲ τὸ ποιὸν ἐλέγετο ἢ τὸ ἐναντίον ἐπιστήμη εἶναι, ἃ ἦσαν οἱ μέσοι ὅροι, ἀλλὰ τούτων ἐπιστήμη. τὸ μὲν οὖν ἀγαθὸν ἔκειτο ἢ ἐναντίον εἶναι ἢ ποιὸν κατ' εὐθεῖαν πτῶσιν· τοῦτο γὰρ ἐδήλωσε διὰ τοῦ εἰπεῖν ἀλλὰ τὸ ἀγαθὸν ταῦτα, ὧν ἐμνημόνευσεν· τὸ γὰρ ἀγαθὸν ἐναντίον ἢ ποιόν, ἄμφω κατ' εὐθεῖαν.

Ἔστι δέ, φησίν, ὅτε μήτε τὸ πρῶτον κατὰ τοῦ μέσου μήτε τοῦτο κατὰ τοῦ τρίτου κατ' εὐθεῖαν πτῶσιν κατηγορεῖται· τὴν γὰρ κατ' εὐθεῖαν καὶ οὕτως [οὕτως] κατηγορίαν καὶ ἁπλῶς κατηγορίαν, ὡς εἶπον, λέγει, ὅταν ᾖ εἰπεῖν τόδε τόδε εἶναι, τὸ ὑποκείμενον, ὅπερ τὸ κατηγορούμενον. τὸ δὲ πρῶτον τοῦ τρίτου οὕτως ἐχουσῶν τῶν προτάσεων ὁτὲ μὲν κατ' εὐθεῖαν ὁτὲ δὲ οὐ κατ' εὐθεῖαν κατηγορεῖται. παράδειγμα δὲ πάλιν παρέθετο τοῦ μέν, ἐν ᾧ συλλογισμῷ μήτε τῶν προτάσεών τις κατ' εὐθεῖαν εἴληπται μήτε τὸ συμπέρασμα, τὸν λέγοντα οὗ ἐστιν ἐπιστήμη, ἔστι τούτου γένος, τοῦ δὲ ἀγαθοῦ ἐστιν ἐπιστήμη, τοῦ ἄρα ἀγαθοῦ ἐστι γένος. οὔτε γὰρ ἐν ταῖς προτάσεσιν εἴληπται ὅρος τις ὅρου κατ' εὐθεῖαν πτῶσιν κατηγορούμενος (καὶ γὰρ ἐν τῇ μείζονι εἴληπται οὗ ἐστιν ἐπιστήμη, τούτου γένος εἶναι, οὐχ ὃ ἐστιν ἐπιστήμη, τοῦτο γένος, καὶ ἐν τῇ ἐλάττονι τοῦ ἀγαθοῦ εἶναι ἐπιστήμην, οὐ τὸ ἀγαθόν), καὶ ἐν τῷ συμπεράσματι πάλιν τοῦ ἀγαθοῦ γένος εἶναι, οὐ τὸ ἀγαθόν· οὐ γὰρ ταὐτόν ἐστιν εἰπεῖν τὸ ἀγαθὸν γένος ἢ τοῦ ἀγαθοῦ γένος εἶναι. τοῦ δέ, ἐν ᾧ ἐν μὲν ταῖς προτάσεσιν ἐν οὐδετέρᾳ αὐτῶν κατ' εὐθεῖαν ἡ κατηγορία ἐν μέντοι τῷ συμπεράσματι κατ' εὐθεῖαν, τοῦ δὴ τοιούτου συλλογισμοῦ παράδειγμα ἐξέθετο τοιοῦτον συλλογισμόν· οὗ ἐστιν ἐπιστήμη, γένος ἐστὶ τοῦτο, τοῦ δ' ἀγαθοῦ ἐστιν ἐπιστήμη· συμπέρασμα 'τὸ ἀγαθὸν ἄρα γένος', αὐτὸ μὲν κατ' εὐθεῖαν πτῶσιν ὄν, τῶν δὲ προτάσεων μηδετέρας τοῦτ' ἐχούσης. ἄκρον δὲ πάλιν εἶπε τὸν ἔσχατον ὅρον τὸν ὑποκείμενον ἐν τῷ συμπεράσματι· ἔστι δὲ τὸ ἀγαθόν· κατὰ μὲν γὰρ τούτου τὸ γένος αὐτὸ εἶναι κατηγορεῖται, ἐν δὲ ταῖς προτάσεσιν οὔτε τούτου ἡ ἐπιστήμη οὔτε τῆς ἐπιστήμης τὸ γένος· τοῦτο γὰρ δηλοῖ τὸ κατ' ἀλλήλων δὲ οὐ λέγεται.

p. 48b27 Τὸν αὐτὸν δὲ τρόπον καὶ ἐπὶ τοῦ μὴ ὑπάρχειν ληπτέον.

Δείξας ἐπὶ τῶν καταφατικῶν προτάσεων οὐκ αἰεὶ τὴν κατηγορίαν ὁμοίως κατὰ τὰς πτώσεις γινομένην, φησίν, ὅτι ὁμοίως δεῖ καὶ ἐπὶ τῶν ἀποφατικῶν προτάσεών τε καὶ συμπερασμάτων κατὰ τὴν ἁρμόζουσαν καὶ ἀληθῆ πτῶσιν τοῦ ἀποφατικοῦ τὴν κατηγορίαν ποιεῖσθαι, ὃ καὶ αὐτὸ

1 ἐπιστήμην a 2 ἐπιστήμην a 3 μὲν οὖν B: μέντοι a 5 ὧν ταῦτα B pr. 7 τοῦ πρώτου a 9 καὶ prius om. a οὕτως alterum add. B: om. a εἶπον] p. 360,4 14 τὸ λέγον a εἰ οὗ ἐπιστήμη ἐστίν Ar. 15 τοῦ ἄρα] συμπέρασμα ὅτι τοῦ Ar. 16 τις om. a 17 τῇ B: τῷ a 22 μέντοι τῷ B: μὲν τοιούτῳ a 23 δὲ a παρέθετο a 24 εἰ δ' οὗ Ar. 25 ὅτι τἀγαθόν ἐστι Ar. 28 ἔστι scripsi: εἰ aB 32 δὴ Ar. 33 αἰεὶ B: ἀεὶ a 34 δεῖ scripsi: δὲ aB

προσέθηκέ πως. οὐ γὰρ ἀεὶ ὁ λέγων τόδε τῷδε μὴ ὑπάρχειν λέγει, ὅτι 123r τόδε τόδε οὐκ ἔστιν, ὥσπερ ἐπὶ τοῦ 'ὁ ἄνθρωπος ἵππος οὐκ ἔστιν', ἀλλ' ἐνίοτε, ὅτι μή ἐστι τόδε τοῦδε, ὡς ὅταν τις εἴπῃ τὴν ἐπιστήμην μὴ ὑπάρχειν τῷ μὴ ὄντι (ὁ γὰρ τοῦτο λέγων οὐ τοῦτο λέγει, ὅτι τὸ μὴ ὂν οὐκ ἔστιν ἐπιστήμη, ἀλλ' ὅτι τοῦ μὴ ὄντος οὐκ ἔστιν ἐπιστήμη), ἐνίοτε δέ, ὅτι τόδε τῷδε οὐχ ὑπάρχει· ὁ γὰρ τὸ νοσεῖν ἀποφήσας ἀνθρώπου οὐ τοῦτο λέγει, ὅτι ἄνθρωπος οὐκ ἔστι νόσος, ἀλλ' ὅτι τῷ ἀνθρώπῳ οὐχ ὑπάρχει τὸ νοσεῖν ἢ τὸ κινεῖσθαι καὶ τὰ τοιαῦτα. δείκνυσι δὲ καὶ αὐτὸς τὸ εἰρημένον ὑπ' αὐτοῦ πρῶτον ἐπὶ συλλογισμῶν ἀποφατικῶν δύο ἐν δευτέρῳ σχήματι ἠρωτημένων· ἐν γὰρ ἀμφοτέροις τὸ καθόλου ἀποφατικὸν δείκνυται ἐν δευτέρῳ σχήματι. ἔστι δὲ τὸ μὲν πρῶτον παράδειγμα τοιοῦτον· οὐκ ἔστι κινήσεως κίνησις ἢ οὐκ ἔστι γενέσεως γένεσις· ἡδονῆς δέ ἐστι γένεσις ἢ ἡδονῆς ἐστι κίνησις· οὐκ ἄρα ἡ ἡδονὴ γένεσις ἢ κίνησις. τῶν μὲν γὰρ προτάσεων οὐδεμία κατ' εὐθεῖαν πτῶσιν συντέτακται, τὸ μέντοι συμπέρασμα· τὸ γὰρ 'οὐκ ἔστιν ἡ ἡδονὴ γένεσις' τοιοῦτον. τὸ δὲ δεύτερον παράδειγμα τοιοῦτον· γέλωτός ἐστι σημεῖον, σημείου δὲ οὐκ ἔστι σημεῖον, ὥστε οὐ σημεῖον ὁ γέλως· καὶ γὰρ ἐπὶ τούτων τῶν μὲν προτάσεων οὐδετέρα, οὔτε ἡ καταφατικὴ οὔτε ἡ ἀποφατική, κατ' εὐθεῖαν πτῶσιν συντέτακται, τὸ μέντοι συμπέρασμα. |

p. 48b33 Ὁμοίως δὲ καὶ ἐν τοῖς ἄλλοις, ἐν οἷς ἀναιρεῖται τὸ 123v πρόβλημα τῷ λέγεσθαί πως πρὸς αὐτὸ τὸ γένος.

Δείξας ἐπὶ δύο συλλογισμῶν ἠρωτημένων ἐν δευτέρῳ σχήματι μήτε τὴν ἀποφατικὴν πρότασιν κατ' εὐθεῖαν λαμβανομένην μήτε τὴν καταφατικὴν ἀλλὰ κατὰ γενικὴν καὶ τὸ συμπέρασμα ἀποφατικὸν γινόμενον κατ' εὐθεῖαν πτῶσιν, ὁμοίως φησὶν ἕξειν καὶ ἐπὶ τῶν ἄλλων, ἐν οἷς ἀποφατικόν τι συνάγεται (τοῦτο γάρ ἐστι τὸ ἀναιρεῖται τὸ πρόβλημα) κατὰ τὴν ποιὰν σχέσιν τοῦ κατηγορουμένου πρὸς τοὺς ὑποκειμένους ἢ τῷ κατὰ σχέσιν πως καὶ κατὰ πτῶσιν ἐν τῇ ἀποφατικῇ προτάσει συντάσσεσθαι τὸν ὑποκείμενον τῷ κατηγορουμένῳ τε καὶ τῷ μέσῳ, ὃ γίνεται ἐν τῷ μέσῳ σχήματι. οὕτως καὶ τὸ συμπέρασμα ἀποφατικὸν γενήσεται· ἐν γὰρ τῷ δευτέρῳ σχήματι ὁ μέσος ἐστὶν ὁ κατηγορούμενος ἀμφοτέρων· τῷ γὰρ λέγεσθαί πως πρὸς τὸ ὑποκείμενον τὸ κατηγορούμενον ἀποφατικῶς, καθ' ἣν δήποτε πτῶσιν ἁρμόζει, τὸ συμπέρασμα ἀποφατικὸν ἔσται. ἡ δὲ λέξις ἀσαφής, ὅτι ἀντὶ τοῦ 'κατηγορούμενον' λαβεῖν καὶ 'μέσον' γένος εἶπεν, ὃ οὔτε ἐπὶ πάντων τῶν καταφατικῶς κατηγορουμένων ἀληθὲς οὔτε ἔτι μᾶλλον ἐπὶ τῶν ἀποφατικῶς. ἐχρήσατο δ' αὐτῷ, ὅτι καὶ τὸ γένος ἀεὶ κατηγορεῖται, ὧν ἐστι γένος, καὶ

1 τῷδε B: τόδε a λέγει, ὅτι B: λέγων a 3 ὅτι B: ὅτε a 5 ἀλλ' ὅτι ... ἐπιστήμη om. a 6 post γὰρ expunxit λέγων B[1] 7 ante ἄνθρωπος add. ὁ a 9 et 11 δευτέρῳ B: πρώτῳ a 15 γὰρ om. a 16 post γέλωτος add. μὲν Ar. 18 ἀποφατικὴ ... καταφατικὴ a 20 καὶ ἐν B: ἐν a: κἂν Ar. ὅσοις Ar. 22 πρώτῳ a 23 ἀναλαμβανομένου a 27 τῷ om. a 28 συντάττεσθαι a 29 οὕτως B: οὔτε a οὕτως ... γενήσεται (30) fort. transponenda post ἀμφοτέρων (31) 35 κατηγορούμενον a 36 αὐτῷ ex αὐτὸ corr. B[1]

ἐν τῷ μέσῳ σχήματι ὁ μέσος πάντων τῶν ἄκρων κατηγορεῖται καὶ κατὰ 123v τοῦτο ταὐτὸν πέπονθε τῷ γένει· γένους γὰρ χώραν ὁ μέσος ἐν τῷ δευτέρῳ σχήματι ἔχει, καθ' ὅσον πάντων κατηγορεῖται. ὅτι γὰρ ἐπὶ τοῦ δευτέρου σχήματος τὸν μέσον καὶ κατηγορούμενον γένος εἶπεν, ὃς ὅπως ἂν καὶ καθ' ὁποίαν πτῶσιν συνταχθῇ τῷ ἑτέρῳ τῶν ἄκρων ἀποφατικῶς, ἀναιρεῖ τὸ πρόβλημα, δῆλον ἐξ ὧν ἐπιφέρει· μετὰ γὰρ τὸ τοῦτο εἰπεῖν πάλιν ἀποφατικοῦ συλλογισμοῦ παράδειγμα ἐν τρίτῳ σχήματι ἐκτίθεται, ὡς οὐκέτι ἐπὶ τούτου τοῦ παραδείγματος τοῦ μέσου ὅρου γένους τάξιν ἐπέχοντος, ὅτι μηδὲ κατηγορεῖται. ἢ οὐκ ἐπὶ τῆς ἀποφατικῆς προτάσεως εἶπε μόνης τῷ λέγεσθαί πως πρὸς αὐτὸ τὸ γένος, ἀλλ' ἐπὶ τοῦ προβλήματος ὅλου· ὁ γὰρ μέσος ἐν τῷ δευτέρῳ σχήματι ἀμφοτέρων τῶν ἐν τῷ προβλήματι ὅρων κατηγορούμενος αἴτιος τοῦ ἀποφατικοῦ συμπεράσματος. ἐν πᾶσι δέ, ἐν οἷς ἀποφατικόν τι συνάγεται τῷ κατὰ σχέσιν τινὰ καὶ κατὰ πτῶσιν συντάσσεσθαι τῷ ἀναιρουμένῳ ἐν τῷ προβλήματι τὸν μέσον ἢ καταφατικῶς ἢ ἀποφατικῶς, οὐκ ἔσονται οἱ ὅροι πάντως κατ' εὐθεῖαν πτῶσιν ἀλλήλοις συντιθέμενοι ἀλλὰ οὕτως ὡς ἐπὶ τῶν προειρημένων παραδειγμάτων. δύναταί ⟨τι⟩ καὶ τῶν ἀπ' ἀρχῆς παρεωρᾶσθαι καὶ εἶναι ἁμάρτημα ἐν τῇ λέξει γραφέντος ἀντὶ τοῦ τῷ λέγεσθαί πως πρὸς αὐτὸ τὸ μέσον τοῦ τῷ λέγεσθαί πως πρὸς αὐτὸ τὸ γένος. ἔστι δὲ καὶ τὸ ἐν τῷ τρίτῳ σχήματι παράδειγμα καὶ αὐτὸ τοιοῦτο. τὸ μὲν συμπέρασμα ἔχον ἀποφατικὸν ἐπὶ μέρους κατ' εὐθεῖαν πτῶσιν τῶν μέντοι προτάσεων οὔτε τὴν καταφατικὴν οὔτε τὴν ἀποφατικὴν κατ' εὐθεῖαν· θεῷ γὰρ καιρός ἐστι, θεῷ χρόνος δέων οὐκ ἔστιν, ἐξ ὧν συνάγεται, ὅτι τις καιρὸς χρόνος δέων οὐκ ἔστιν. ἐξηγούμενος δὲ τὴν δύναμιν τῆς ἀποφατικῆς προτάσεως καὶ δεικνὺς ἅμα, ὅτι ἐστὶν ἀληθής, προσέθηκε τὸ διὰ τὸ μηδὲν εἶναι τῷ θεῷ ὠφέλιμον ὡς τῆς προτάσεως τῆς λεγούσης 'θεῷ χρόνος δέων οὐκ ἔστι' σημαινούσης, ὅτι θεῷ χρόνος ὠφέλιμος οὐκ ἔστι· τοῦτο δὲ ὡς ὁριζομένων τινῶν τὸν καιρὸν χρόνον ὠφέλιμον.

Τοὺς μὲν οὖν ὅρους ἐκλέγοντας φησὶ δεῖν αὐτὰ τὰ ὀνόματα ἐκτίθεσθαι· ὀνόματα δέ ἐστι τὰ κατ' εὐθεῖαν λεγόμενα, καιρός, χρόνος δέων, θεός. τὴν μέντοι πρότασιν ⟨λέγει⟩ (λέγοι δ' ἂν περὶ τῆς ἀποφατικῆς) ἀντὶ τοῦ 'προτάσεις'· ἐπὶ γὰρ ἀμφοτέρων τῶν προτάσεων ἐπὶ τούτου τοῦ παραδείγματος ὁμοίως λαμβάνεται κατὰ δοτικὴν πτῶσιν· θεῷ γὰρ οὐ θεός. οὐ κατὰ τὸ ὄνομα οὖν, τοῦτ' ἔστιν οὐ κατὰ τὴν εὐθεῖαν πτῶσιν, ληπτέον λέγοντας 'θεὸς χρόνος δέων οὐκ ἔστιν', ἀλλὰ κατὰ τὴν πτῶσιν τοῦ ὀνόματος· τὴν γὰρ δο|τικὴν· 124r 'θεῷ' γὰρ ληπτέον ἐν ταῖς προτάσεσιν. ὃ καὶ καθόλου παραινεῖ δεῖν ποιεῖν.

2. 3 τῷ σχήματι τῷ δευτέρῳ a 4 τὸν scripsi: τὸ aB καὶ prius superscr. B ὃς B: ὡς a καθ' addidi: spat. 5 lit. in B: om. a 6 ἐξ B: δι' a 8 γένος a ἔχοντος a 9 τὸ a 13. 14 συντάττεσθαι a 16. 17 δύναταί ⟨τι⟩ scripsi: δείκνυται aB 17 τῶν om. in lac. a 18 τοῦ τῷ (post μέσον) a: τούτων B πως om. a 19 σχήματι om. a 22 δὲ ὧν B pr. 25 τῷ om. a et Ar. 31 λέγει addidi περὶ τῆς ἀποφατικῆς B: τὴν ἀποφατικὴν a ante ἀντὶ add. ἢ πρότασιν a 34 οὖν B: εἶναι a

τοὺς μὲν ὅρους ἐκτίθεσθαι κατὰ τὰς κλήσεις τῶν ὀνομάτων. τουτ' 124r ἔστι κατὰ τὰ ὀνόματα (τὰς γὰρ πτώσεις οὐκ εἶναι ὀνόματα εἶπεν ἐν τῷ Περὶ ἑρμηνείας). συμπλέκειν δὲ αὐτοὺς ἐν ταῖς προτάσεσι κατὰ τὰς ἁρμοζούσας πτώσεις. τὰς δὲ διαφορὰς τῶν πτώσεων διὰ τῆς τῶν πρός τι παραθέσεως ἐδήλωσε· τὰ μὲν γὰρ αὐτῶν πρὸς δοτικὴν πτῶσιν λέγεται, ὡς τὸ ἴσον καὶ ὅμοιον (ἴσῳ γὰρ τὸ ἴσον ἴσον, καὶ ὁμοίῳ τὸ ὅμοιον ὅμοιον), τὰ δὲ πρὸς γενικήν, ὡς τὸ διπλάσιον (ἡμίσεως γάρ), τὰ δὲ ὡς πρὸς αἰτιατικήν, ὡς τὸ τύπτον· τὸ γὰρ τύπτον τυπτόμενον τύπτει. τὸ δὲ τυπτόμενον κοινόν ἐστιν εὐθείας τε καὶ αἰτιατικῆς πτώσεως. οὐ πάντως δὲ παραινεῖ πρὸς πτῶσιν καὶ κατὰ πτῶσιν τὰς προτάσεις συντάσσειν, ἀλλ' ὅταν οὕτως ἁρμόζῃ· ὅταν δὲ κατ' εὐθεῖαν, τῇ εὐθείᾳ χρηστέον. ὃ ἐδήλωσε παραθέμενος καὶ τούτου παράδειγμα τὸ ἢ ὅτι οὗτος, οἷον ὁ ἄνθρωπος [τὸ] ζῷον.

p. 49a6 Τὸ δ' ὑπάρχειν τόδε τῷδε καὶ τὸ ἀληθεύεσθαι τόδε κατὰ τοῦδε τοσαυταχῶς ληπτέον, ὁσαχῶς αἱ κατηγορίαι διῄρηνται.

Εἰπὼν ἐν τοῖς προειρημένοις "ὁσαχῶς τὸ εἶναι λέγεται καὶ τὸ ἀληθὲς εἰπεῖν τοῦτο, τοσαυταχῶς οἴεσθαι χρὴ καὶ τὸ ὑπάρχειν" (οὐ γὰρ τοῖς ὀνόμασιν ἢ τῇ τῶν ὀνομάτων πτώσει προσέχοντας χρὴ τὰς κατηγορίας ἐν ταῖς προτάσεσι ποιεῖσθαι, ὡς εἰ μὲν κατ' εὐθεῖαν λέγοιτο, καὶ δὴ γίγνεσθαι κατηγορίαν, ἂν δὲ κατὰ πτῶσιν, μηκέτι, ἀλλὰ πρὸς τὰ πράγματα ἀποβλέποντας χρὴ καὶ τὰς ὑπάρξεις αὐτῶν, ὡς ἐνδέχεται ταύτας σημαίνεσθαι καὶ δι' ἧς ἂν πτώσεως, οὕτως καὶ τὰς προτάσεις σχηματίζειν), νῦν λέγει, ποσαχῶς ἀληθές ἐστιν εἰπεῖν ἄλλο ἄλλῳ ὑπάρχειν· ὁσαχῶς γὰρ αἱ κατηγορίαι καὶ τὰ τῶν ὄντων γένη διῄρηται. ἢ γὰρ ὡς οὐσίαν τὸ κατηγορούμενον τοῦ ὑποκειμένου καὶ ἐν τῷ τί ἐστιν ὂν αὐτοῦ ληπτέον ἐν ταῖς προτάσεσιν, ὡς ἐν τῇ 'ὁ ἄνθρωπος ζῷόν ἐστιν', ἢ ὡς ποσότητα αὐτοῦ δηλοῦν, ὡς ἐν τῇ 'ὁ ἄνθρωπος τρίπηχύ ἐστιν', ἢ ὡς ποιότητα, ἂν λευκὸς εἶναι ῥηθῇ, ἢ ὡς σχέσιν, ἐὰν δεξιὸς ἢ πατήρ, ἢ ὡς ἐνέργειαν, ἂν διαλέγηται ἢ γράφῃ, ἢ ὡς πάθος, ἂν τύπτηται ἢ ἀλγῇ, ἢ ὡς τόπον, ἂν ἐν Λυκείῳ εἶναι ῥηθῇ, ἢ ὡς χρόνον, ἂν λέγηται, ὅτι χθὲς ἦν ἢ πέρυσιν, ἢ ὡς κεῖσθαι, ὅταν καθῆσθαι λέγηται, ἢ ὡς ἔχοντός τι, ἂν ὑποδεδέσθαι ἢ ὡπλίσθαι λέγηται. τοσαῦται γὰρ αἱ κατηγορίαι, καὶ τοσαυταχῶς οἷόν τε ἄλλο ἄλλῳ ὑπάρχειν τε καὶ ἀληθεύεσθαι κατ' αὐτοῦ. καὶ τούτων τῶν κατηγορουμένων καὶ ἀληθευομένων κατά τινος ἢ ἁπλῶς καὶ καθόλου ληπτέον τὰ κατηγορούμενα κατηγορεῖσθαι ἢ πῇ· τὰ μὲν γὰρ γένη καὶ αἱ διαφοραὶ καὶ τὰ ἴδια καὶ

1 κλήσεις a et Ar.: κλίσεις B (ABu) 3 Περὶ ἑρμ.] c. 2 p. 16a32 6 καὶ alterum om. a 7 ὡς τὸ διπλάσιον· ἡμίσεος γὰρ in vestigiis manus primae evanidae B[2] 12 τὸ alterum add. B: om. a 16 ὁσαχῶς κτλ.] c. 36 p. 48b2 17 post χρὴ add. σημαίνειν Ar. 18 τῇ om. a 20. 21 ἀποβλέπειν a 21 ὡς ἐνδέχεται B: ἐνδέχεσθαι a 22 οὕτω a 23 εἰπεῖν om. a 24 διῄρηνται a 27 τριπήχης a 30 λέγηται a: γένηται B 31 λέγηται (post καθῆσθαι) scripsi: λέγοιτο aB ὁπλίζεσθαι λέγοιτο a 33 τε om. a

οἱ ὁρισμοὶ ἁπλῶς κατηγοροῦνταί τε, ὧν εἰσι, καὶ ἀληθεύονται κατ' αὐτῶν. 124r τὸ δὲ συμβεβηκὸς ποτὲ μὲν ἁπλῶς, ὡς ἐπὶ τῆς χιόνος τὸ λευκόν, ποτὲ δὲ πῇ, ὡς τοῦ ὀφθαλμοῦ τὸ λευκόν. ἔτι δὲ ἢ ἁπλῶς τε καὶ ἄνευ συνθέσεως κατηγορητέον, τοῦτ' ἔστιν ἕν τι καὶ μιᾶς κατηγορίας, ἢ συμπεπλεγμένα τε καὶ συγκείμενα· ἡ μὲν γὰρ 'Σωκράτης ἄνθρωπός ἐστιν' ἁπλοῦν ἔχει τὸ κατηγορούμενον, ἡ δὲ λέγουσα 'Σωκράτης ἄνθρωπος λευκός ἐστιν' ἢ 'Σωκράτης καθήμενος διαλέγεται' σύνθετόν τε καὶ συγκείμενον. ἐπισκεπτέον δέ, φησί, ταῦτα καὶ διοριστέον βέλτιον, ἐπεὶ τῶν συγκειμένων ἐν ταῖς κατηγορίαις τὰ μὲν μίαν πρότασιν ποιεῖ, τὰ δ' οὐ μίαν. ἔστι δὲ τῶν ἰδίᾳ κατηγορουμένων ἀληθῶς τὰ μὲν καὶ συνθέντας ἀληθῶς κατηγορῆσαι, τὰ δὲ συνθέντας οὐκ ἔστιν ἀληθῶς κατηγορῆσαι. περὶ τούτων ἀξιοῖ ἄμεινον δεῖν ἐπεσκέφθαι· ἀλλὰ καὶ περὶ τῶν ἄλλων, ὧν τὰ κεφάλαια ἐκτίθεται. καὶ αὐτὸς μὲν ἐν τῷ Περὶ ἑρμηνείας, ἐπὶ πλέον δὲ Θεόφραστος ἐν τῷ Περὶ καταφάσεως περὶ τούτων λέγει. |

p. 49a11 Τὸ δ' ἐπαναδιπλούμενον ἐν ταῖς προτάσεσι πρὸς τῷ 124v πρώτῳ ἄκρῳ θετέον, οὐ πρὸς τῷ μέσῳ.

Τὸ ἐπαναδιπλούμενον, ὅ ἐστι τὸ δὶς λαμβανόμενον, οὐχ ἁπλῶς τὸ προστιθέμενον καὶ προσκατηγορούμενον· τοῦτο γὰρ καὶ αὐτὸ τὸ ὄνομα δηλοῖ τὸ τῆς ἐπαναδιπλώσεως· ἔστι δὲ ὁ ἐπαναδιπλούμενος ἐν ταῖς προτάσεσιν ὁ μέσος ὅρος· οὗτος γὰρ γίνεται προσκατηγορούμενος ἐπαναδιπλωθείς· οὔ φησι δὲ δεῖν ἐν ταῖς ἀναλύσεσι τῶν τοιούτων συλλογισμῶν τῷ μέσῳ ὅρῳ τὸ δεύτερον λαμβανόμενον καὶ ἐπαναδιπλούμενον συντάσσεσθαι, ὡς δὶς εἶναι τὸν μέσον λεγόμενον, ἀλλὰ τῷ πρώτῳ, τοῦτ' ἔστι τῷ μείζονι καὶ κατηγορουμένῳ. ὃ δὲ λέγει, διὰ τοῦ παραδείγματος σαφὲς πεποίηκεν· εἰ γὰρ γίνοιτο συμπέρασμα διὰ συλλογισμοῦ, ὅτι τῆς δικαιοσύνης ἐστὶν ἐπιστήμη, ὅτι ἀγαθόν, τὸ μὲν ἐπαναδιπλούμενόν ἐστι τὸ ἀγαθόν, ὃ πρόσκειται τῇ ἐπιστήμῃ, ἐπαναδιπλούμενον δέ, ὅτι καὶ ὁ μέσος ὅρος τὸ ἀγαθόν ἐστιν. ὁ γὰρ συλλογισμὸς οὗτος· ἡ δικαιοσύνη ἀγαθόν, τοῦ ἀγαθοῦ ἐστιν ἐπιστήμη, ὅτι ἀγαθόν, τῆς δικαιοσύνης ἄρα ἐστὶν ἐπιστήμη, ὅτι ἀγαθόν. οὕτως γὰρ κειμένων τῶν ὅρων καὶ ὄντος μείζονος μὲν ἄκρου ἐπιστήμης, ὅτι ἀγαθόν, μέσου δὲ ἀγαθοῦ, ἐλάττονος δὲ ἄκρου δικαιοσύνης ἔσται τὸ εἰρημένον συμπέρασμα τὸ τῆς δικαιοσύνης ἐπιστήμην εἶναι, ὅτι ἀγαθόν, καὶ ἡ ἀνάλυσις εἰς τοὺς εἰρημένους ὅρους ἔσται τοῦ συλλογισμοῦ. ἐὰν δὲ τὸ ἐπαναδιπλούμενον (τοῦτο δέ ἐστι τὸ ἀγαθόν) μὴ τῷ μείζονι ἄκρῳ συναφθῇ ἀλλὰ τῷ μέσῳ καὶ γένηται ὁ μέσος ἀγαθόν, ὅτι ἀγαθόν, οὔτε ἔτι συμπέρασμα ἔσται τὸ τὴν δικαιοσύνην ἐπιστήμην εἶναι, ὅτι ἀγαθόν, τῷ μὴ εἶναι τῷ κατηγο-

1 τε om. a 3 συνθέσεως a: συνέσεως B 4 ἕν τι καὶ om. in lac. a 5. 6 τὸ κατηγορούμενον om. a 8 φησί om. a 10 et 11 κατηγορεῖν a 12 ἐπεσκέφθαι ex ἔπεσθαι corr. B¹ 13 post μὲν add. γὰρ a Περὶ ἑρμ.] c. 11 ante Θεόφρ. add. ὁ a 17 ante ἐπαναδ. add. δ' (ut vs. 15) a: eras. B 25 συλλογισμοῦ B: συλλαβῶν a 31 ante ἔσται add. δὲ a 35 γενήσεται a

ρουμένῳ προσκείμενον τὸ ὅτι ἀγαθόν. ὅπερ ἦν τὸ ἀναδιπλούμενον· ἀλλ' 124v οὐδ' ἡ ἐλάττων πρότασις συνετή ἔτι· ἔσται γὰρ ἡ δικαιοσύνη ἀγαθόν, ὅτι ἀγαθόν. ἢ γὰρ περιττῶς ἔσται προσκείμενον τῷ ἀγαθῷ τὸ ὅτι ἀγαθὸν μηδὲν σημαῖνον. καὶ ἀσύνετος ἡ πρότασις ἔσται ἡ λέγουσα 'ἡ δικαιοσύνη ἀγαθόν, ὅτι ἀγαθόν'. ἢ εἰ σημαντικὸν τοῦ διὰ τοῦτο τὴν δικαιοσύνην ἀγαθὸν εἶναι, ὅτι μόνη ἀγαθόν ἐστι καὶ ταὐτὸν τῷ ἀγαθῷ. ψεῦδος ἂν εἴη τὸ λεγόμενον. σημειωτέον δέ, ὅτι ψεῦδος καὶ τὸ μὴ συνετὸν λέγει. οὐ δὴ τῷ μέσῳ ὅρῳ χρὴ προσκεῖσθαι τὸ ἐπαναδιπλούμενον, ὡς τὸν μέσον ὅρον εἶναι δὶς τὸν αὐτὸν λαμβανόμενον, ἀλλὰ τῷ κατηγορουμένῳ. τὸ δὲ ἡ γὰρ δικαιοσύνη, ὅπερ ἀγαθόν, δεικτικὸν ἅμα ἐστὶ τοῦ πῶς ἀληθής ἐστιν ἡ πρότασις· τὸ γὰρ ὅπερ τοῦ γένους αὐτῷ δηλωτικόν ἐστι. διὰ τοῦτο οὖν ἀληθὴς ἡ ἐλάττων πρότασις ἡ λέγουσα 'ἡ δικαιοσύνη ἀγαθόν'. ὅτι, ὅπερ ἀγαθόν, ἐστί, τοῦτ' ἔστιν, ὅτι ὡς ἐν γένει τῷ ἀγαθῷ ἐστιν· τοῦτο δέ, ἐπεὶ περιέχεται ὑπ' αὐτοῦ. ἅμα δὲ σημεῖον τὸ ὅπερ προσκείμενον τοῦ κατ' εὐθεῖαν κατηγορεῖσθαι τὸ ἀγαθὸν τῆς δικαιοσύνης, οὐχ οὕτως, ⟨ὡς⟩ ἦν τὸ ὑποκείμενον τῇ ἐπιστήμῃ· τοῦ γὰρ ἀγαθοῦ ἐπιστήμη, ἀλλ' οὐ τὸ ἀγαθὸν ἐπιστήμη. οὕτως μὲν οὖν τῆς δικαιοσύνης κατηγορεῖν τὸ ἀγαθὸν ἁπλῶς ὑγιές τε καὶ ἀληθές· τὸ γὰρ γένος τοῦ εἴδους καὶ τὸ περιέχον ὅλως τοῦ περιεχομένου κατηγορεῖται. διὸ καὶ ἁπλῶς. οὐκέτι μέντοι ἀληθὲς τὸ 'ἡ δικαιοσύνη ταὐτὸν τῷ ἀγαθῷ ἐστιν'. ὃ δηλοῖ ὁ λέγων 'ἡ δικαιοσύνη ἀγαθόν ἐστιν, ὅτι ἀγαθόν'. κοινότερον δὲ νῦν τὸ ἀγαθὸν ὡς ἐν τῷ ὅπερ καὶ ὡς γένος ἔλαβε κατηγορεῖσθαι τῆς δικαιοσύνης· ἀντὶ γὰρ τοῦ περιέχειν τῷ ὅπερ ἐχρήσατο.

Ὁμοίως δὲ πάλιν. κἂν ᾖ συμπέρασμα, ὅτι τὸ ὑγιεινὸν ἐπιστητόν ἐστιν, ᾗ ἀγαθόν, τὸ μὲν ἀναδιπλούμενόν ἐστι τὸ ἀγαθόν· ἡ δ' ἀνάλυσις ἔσται καὶ τούτου τοῦ συλλογισμοῦ εἴς τε τοὺς ὅρους καὶ τὰς προτάσεις, ἂν ᾖ τῷ μείζονί τε καὶ κατηγορουμένῳ ὅρῳ προσκείμενον τὸ ᾗ ἀγαθόν, ἵνα ᾖ μείζων μὲν ἄκρος ἐπιστητόν, ᾗ ἀγαθόν, μέσος δὲ ἀγαθόν, ἔσχατος δὲ τὸ ὑγιεινόν. ἔσονται γὰρ αἱ μὲν προτάσεις 'τὸ ὑγιεινὸν ἀγαθόν, τὸ ἀγαθὸν ἐπιστητόν, ᾗ ἀγαθόν', συμπέρασμα δὲ 'τὸ ὑγιεινὸν ἐπιστητόν, ᾗ ἀγαθόν'. ἂν δὲ μὴ τῷ κατηγορουμένῳ τὸ ἐπαναδιπλούμενον ἐν τῇ ἀναλύσει προστεθῇ ἀλλὰ τῷ μέσῳ, οὔτε τὸ συμπέρασμα ἔτι δειχθήσεται τὸ προκείμενον ⟨τὸ⟩ 'τὸ ὑγιεινὸν ἐπιστητόν, ᾗ ἀγαθόν'. οὔτε ἡ πρότασις πρότασις ἀληθής ἐστιν ἢ συνετή 125r ἡ λέγουσα 'τὸ ὑγιεινὸν ἀγαθόν, ᾗ ἀγαθόν'. ὅμοιον τούτοις ἐστὶ καὶ τὸ ὁ τραγέλαφος [δοξαστόν], ᾗ μὴ ὄν. σφόδρα δὲ συντόμως εἰρημένον ἀσάφειαν ἔχει· μόνον γὰρ ἔλαβε τὸ ἐπαναδιπλούμενον τοῦ ὑποκειμένου κατη-

1 ὅτι om. a 2 συνετὴ corr. B[1]: συστῇ a 2. 3 ὅτι ἀγαθόν om. a 3 γὰρ om. a 4 συμβαῖνον a 5 εἰ om. a σημαντικὴ a τοῦ scripsi: τὸ B: om. a 6 τὸ λεγόμενον εἴη a 7 οὐδὲ a 8 ἐπαναμετρούμενον a 10 post τοῦ add. κατ' εὐθεῖαν a 12 ὅτι om. a 15 ⟨ὡς⟩ ἦν τὸ scripsi: ἢ τὸ B: δὲ τοῦτο a 19 ἡ ex εἰ corr. B[1] 21 ὡς ἐν τῷ . . . ᾗ (ex ἡ corr. B[2]) ἀγαθόν (24) om. a 25 τε B: τὴν a 26 ᾗ ex ἡ corr. B[1] 27 ᾗ ex ἡ corr. B[2] 29 συμπέρασμα . . . ἀγαθόν om. a 30 ante τῷ add. ἐν a 31 τὸ alterum add. a: om. B 32 πρότασις alterum om. a ᾗ ex ἡ corr. B 33 ὁ om. Ar. (cf. p. 369, 2—5) 34 δοξαστόν, quod exceptis Bd Arist. cod. non habent, ut ex p. 369, 2—4 translatum delevi (cf. Waitzii comment.) ᾗ ex ἡ corr. B

γορούμενον παραλιπὼν τῷ κατηγορουμένῳ προσκεῖσθαι αὐτὸ δεῖν. ἔστι 125r γὰρ τὸ συμπέρασμα τραγέλαφος δοξαστόν, ᾗ μὴ ὄν· ὁ δὲ συλλογισμὸς 'τραγέλαφος μὴ ὄν. τὸ μὴ ὂν δοξαστόν, ᾗ μὴ ὄν', ἐφ' αἷς προτάσεσι συμπέρασμα τὸ τραγέλαφος δοξαστόν, ᾗ μὴ ὄν. τινὲς δὲ ἤκουσαν οὕτως· ὁ τραγέλαφος μὴ ὄν, τὸ μὴ ὂν μὴ ὄν, ᾗ μὴ ὄν, τραγέλαφος ἄρα μὴ ὄν, ᾗ μὴ ὄν.

Ὅμοιον παράδειγμα τοῖς προειρημένοις καὶ τὸ ἄνθρωπος φθαρτόν, ᾗ αἰσθητόν· ἔστι γὰρ συμπέρασμα ἔχον ἐπαναδεδιπλωμένον τὸ αἰσθητὸν δῆλον ὡς διὰ μέσου ὅρου τοῦ αἰσθητοῦ γεγονότος καὶ δεδειγμένον. ὁ γὰρ ἄνθρωπος αἰσθητόν, τὸ αἰσθητὸν φθαρτόν, ᾗ αἰσθητόν· ἐφ' οἷς τὸ κείμενον συμπέρασμα τοῦ αἰσθητοῦ ἐπαναδεδιπλωμένου καὶ δεύτερον εἰλημμένου τῷ κατηγορουμένῳ ἄκρῳ συντεταγμένου τῷ φθαρτῷ ἀλλ' οὐ τῷ μέσῳ. τὸ δ' ἐπαναδιπλούμενον ἐπικατηγορούμενον εἶπεν. ἐπεὶ τῷ κατηγορουμένῳ συντάσσεται καὶ ἔστιν ἐν τοῖς συμπεράσμασι προσκατηγορούμενόν τε καὶ ἐπικατηγορούμενον. δύναται δὲ καὶ καθολικώτερον εἰρηκέναι νῦν, ὅτι ἐν πᾶσι τοῖς συλλογισμοῖς, ἐν οἷς ἔστι προσκείμενόν τι τῷ κατηγορουμένῳ καὶ ἐπικατηγορούμενον ἐν τῷ συμπεράσματι. ἄν τε δὶς ᾖ ταὐτὸν εἰλημμένον καὶ ἐπαναδεδιπλωμένον, ὡς ἐφ' ὧν εἰρήκαμεν εἶχεν (ἦν γὰρ τῷ μέσῳ ταὐτόν· ἐδύνατο δὲ καὶ τῷ κατηγορουμένῳ ταὐτόν, ὡς ἐπὶ τοῦ τραγελάφου, εἰ ἐν τῷ συμπεράσματι λαμβάνοι τις 'ὁ τραγέλαφος μὴ ὄν, ᾗ μὴ ὄν'). ἄν τε καὶ ἄλλως ᾖ ἔξωθεν προσειλημμένον, δεῖ τὰς ἀναλύσεις ποιουμένους ἐν ταῖς τῶν ὅρων ἐκθέσεσι τὸ τοιοῦτον συντάσσειν τῷ μείζονι ἄκρῳ, ὃς κατηγορεῖται ἐν τῷ συμπεράσματι· οὕτως γὰρ ἐπικατηγορούμενόν τε καὶ προσκατηγορούμενον ἔσται ἐν τῷ συμπεράσματι. ἔοικε μέντοι ταὐτὸν λέγειν ἐπικατηγορούμενόν τε καὶ ἐπαναδιπλούμενον· ἐπήνεγκε γὰρ τὸ πρὸς τῷ ἄκρῳ τὴν ἐπαναδίπλωσιν θετέον.

p. 49a27 Οὐχ ἡ αὐτὴ δὲ θέσις τῶν ὅρων, ὅταν ἁπλῶς τι συλλογισθῇ, καὶ ὅταν τι τόδε ἢ πῇ ἢ πῶς.

Οὔ φησι δεῖν ἐν ταῖς τῶν συλλογισμῶν ἀναλύσεσι τὴν αὐτὴν καὶ ὁμοίαν θέσιν καὶ ζήτησιν τῶν ὅρων ποιεῖσθαι, ὅταν τε ἁπλῶς τι ἐν τῷ συμπεράσματι ᾖ κατηγορούμενον εἰλημμένον, καὶ ὅταν μετὰ προσθήκης τινὸς ἐπικατηγορουμένου τῷ κατηγορουμένῳ συντεταγμένου, ὡς ἔδειξεν ἐν τοῖς τὸ ἐπαναδιπλούμενον προσκατηγορούμενον ἔχουσι συμπεράσμασιν. ὃ ἐδήλωσε διὰ τοῦ τὶ τόδε ἢ πῇ ἢ πῶς. τῶν γὰρ προσκατηγορουμένων τὰ μέν, τί ἐστι τὸ ὑποκείμενον, δηλοῖ, ὡς ἐπὶ τοῦ συμπεράσματος τοῦ τὸ ἰσοσκελὲς δυσὶν ὀρθαῖς ἴσας ἔχειν, ᾗ τρίγωνον (τὸ γὰρ προσκατηγορούμενον, ἔστι δὲ

1 αὐτῷ a   2 post συμπέρασμα add. τὸ a   ἢ B pr.   3 post ᾗ μὴ ὂν expunxit ὅμοιον . . . φθαρτόν (ex vs. 7 translata) B   3. 4 ante συμπέρασμα add. τὸ a   5 μὴ ὂν ᾗ μὴ ὄν recepit Ar. cod. n   7. 8 ἄνθρωπος φθαρτόν, ᾗ B[2] (B[1] evan.)   8 ἐπαναδιπλωμένον a   9 δεδειγμένον scripsi: δεδειγμένου aB   11 ἐπαναδιπλωμένου a   14 συνέπεται a   19 ἠδύνατο a   20 τις B: τίσι a   23 γὰρ om. a   27 τι om. a

[illegible]

ἔθηκε γὰρ αὐτὸς τοῦτο ἐν τοῖς προειρημένοις παραδείγμασιν, ὅτι, εἰ ἦν τὸ 126r ὂν κατηγορούμενον κατὰ τῆς δικαιοσύνης ἢ κατὰ τοῦ ἀγαθοῦ, ἐγίνετο συμπέρασμα 'ἡ δικαιοσύνη ἐπιστητόν, ὅτι ὄν' (τοῦτο γὰρ δηλοῖ διὰ τοῦ ἀλλ' ὅτι ὄν), οὐκέτι δὲ 'ἐπιστητόν, ὅτι ἀγαθόν', τῷ μὴ εἶναι ἀληθῆ πρότασιν τὴν λέγουσαν 'τὸ ὂν ἐπιστητόν, ᾗ ἀγαθόν'. εἰ γὰρ ὅλως δεῖ προσκεῖσθαί τι, προστεθήσεται τοῦτο, ὃ ἦν μέσος ὅρος, τὸ ὄν, καὶ ἔσται συμπέρασμα 'ἡ δικαιοσύνη ἢ τὸ [ὂν] ἀγαθὸν ἐπιστητόν, ᾗ ὄν', ἀλλ' οὐχὶ ᾗ ἀγαθόν'.

p. 49b1 Φανερὸν οὖν, ὅτι ἐν τοῖς ἐν μέρει συλλογισμοῖς οὕτω ληπτέον τοὺς ὅρους.

Ἐν μέρει συλλογισμοὺς εἶπε τοὺς οὐχ ἁπλῶς ἔχοντας τὸ κατηγορούμενον ἀλλὰ μετὰ τῆς προσθήκης τῆς δηλούσης "τὶ τόδε ἢ πῇ ἢ πῶς"· ταῦτα γὰρ καὶ τὰ τούτων δηλωτικὰ προσκείμενα τῷ κατηγορουμένῳ μερικώτερον αὐτὸ ποιεῖ. οὐ γὰρ ὁμοίως καθόλου 'τό τε ἀγαθὸν ἐπιστητόν' καὶ τὸ 'τὸ ἀγαθὸν ἐπιστητόν ⟨, ᾗ⟩ ὄν' ἢ 'τὸ ἀγαθὸν ἐπιστητόν, ᾗ ἀγαθόν' ἢ 'ἡ δικαιοσύνη ἐπιστητόν, ᾗ ἀγαθόν'. ἐν τοῖς τοιούτοις οὖν συλλογισμοῖς καὶ οὕτως ἐν μέρει φανερόν φησιν εἶναι, ὅτι οὕτως δεῖ λαμβάνειν τοὺς ὅρους. τὸν γὰρ μέσον οὐ κοινὸν ληπτέον ὄντος μερικωτέρου τοῦ συμπεράσματος διὰ τὸ προσκατηγορούμενον ἀλλὰ προσεχῆ καὶ τῆς ἰδίου οὐσίας δηλωτικὸν ἢ καὶ τὸν αὐτὸν τῷ προσκειμένῳ· οὕτως γὰρ αὐτῷ ὑπάρξει ὁ μείζων ἄκρος. προειπὼν δὲ περὶ τοῦ ἐπαναδιπλουμένου, ὅτι δεῖ αὐτὸν προσκεῖσθαι τῷ κατηγορουμένῳ, μετὰ ταῦτα εἶπε, τίνα μέσον ὅρον χρὴ λαμβάνειν, ἐν οἷς ἐπικατηγορούμενόν τι πρόσκειται τῷ κατηγορουμένῳ, καὶ ἐδίδαξεν, ὅτι ἢ τὸ προσκείμενον ἢ οἰκεῖόν γέ τινα ἢ καὶ προσεχῆ τῷ ὑποκειμένῳ.

p. 49b3 Δεῖ δὲ καὶ μεταλαμβάνειν, ⟨ἃ⟩ τὸ αὐτὸ δύναται, ὀνόματα ἀντ' ὀνομάτων.

Δεῖ, φησίν, ἐν ταῖς ἀναλύσεσι τῶν συλλογισμῶν ὑπὲρ τοῦ εὐκολώτερον ἀναλύειν μεταλαμβάνειν τὰ ἐν τοῖς ὅροις κείμενα εἰς τὰ τὸ αὐτὸ δυνάμενα· τὸ αὐτὸ δὲ δύναται καὶ ὀνόματα ὀνόμασι καὶ λόγοι λόγοις καὶ ὀνόματα λόγοις. ἐπεὶ οὖν οὐκ ἐν ταῖς λέξεσιν ὁ συλλογισμὸς τὸ εἶναι ἔχει ἀλλ' ἐν τοῖς σημαινομένοις, σημαίνει δὲ λόγοις ὀνόματα ταὐτόν, ὅταν ὦσιν οἱ ὅροι διὰ λόγων εἰλημμένοι, ἀναλύοντας χρὴ εἰς τὰ ἴσον τοῖς λόγοις ὀνόματα δυνάμενα καὶ σημαίνοντα ταὐτὸν προηγουμένως μεταλαμβάνειν τοὺς ὅρους.

2 ἐγένετο a 3 ὅτι, quod ante ἡ habent aB, transposui 4 ὅτι (ante ὄν) B: οὔ τι a 7 ante ἡ add. ἢ a ὂν B: om. a 8 οὕτως a 11 τῆς prius om. a 13 καὶ τὸ . . . ὄν (14) om. a 14 ᾗ prius addidi ἐπιστητόν, ᾗ (ex ἢ corr. B) ἀγαθόν om. a 15 ᾗ ex ἢ corr. B 18 ἰδίας a 19 post αὐτῷ repetit γὰρ a post δὲ add. ἐπὶ τοῦ κατηγορουμένου a 23 ἢ om. a 24 ἃ τὸ αὐτὸ a et Ar.: ταῦτα B (cf. vs. 27) 24. 25 ὀνόματα ἀντ' ὀνομάτων om. a 30 τοῖς σημαινομένοις scripsi (cf. p. 373, 29): ταῖς σημαινομέναις aB 31 ἴσα a 32 προηγοῦμαι a

ῥᾴων γὰρ ἡ ἀνάλυσις τοῦ συλλογισμοῦ εἰς τὰς προτάσεις καὶ ἡ εὕρεσις τοῦ 126r σχήματος, καθ' ὃ ἠρώτηται, γίνεται ὀνομάτων ὄντων τῶν ὅρων καὶ μὴ λόγων· οἱ γὰρ λόγοι διὰ τὸ μῆκος ἀσάφειαν παρέχουσιν ἐν ταῖς τῶν προτάσεων εἰς τοὺς ὅρους διαιρέσεσί τε καὶ συμπλοκαῖς. οἷον ἂν ᾖ κείμενον κατὰ Σωκράτους ζῷον πεζὸν δίπουν, κατὰ ζῴου πεζοῦ δίποδος οὐσία ἔμψυχος αἰσθητική· μεταληψόμεθα γὰρ τῶν λόγων τὸν μὲν εἰς τὸν ἄνθρωπον τὸν δὲ εἰς τὸ ζῷον. πάλιν ἂν ᾖ κείμενον τῇ αὑτοῦ φύσει ἀγαθόν, εἰς τὸ δι' αὑτὸ ἀγαθὸν μεταληψόμεθα. καὶ ὄνομα δὲ ἀντ' ὀνόματος, οἷον ἀντὶ χαρᾶς ἡδονήν· συνηθέστερον γάρ. ὁποίαν δὲ χρὴ τὴν μετάληψιν τῶν ὅρων ποιεῖσθαι καὶ πῶς, αὐτὸς διὰ τοῦ παραδείγματος ἐδήλωσεν· εἰ γὰρ ταὐτὸν σημαίνει τῷ λόγῳ τῷ λέγοντι τὸ ὑποληπτὸν τοῦ δοξαστοῦ μὴ εἶναι γένος ὁ λέγων τὸ δοξαστὸν μὴ εἶναι, ὅπερ ὑποληπτόν, ἐπεὶ τὸ ὅπερ τοῦ γένους ἐστὶν δηλωτικόν, εἰς τοῦτο χρὴ τὴν μετάληψιν ποιεῖσθαι καὶ ἀντὶ τοῦ τιθέναι ὅρον τὸ δοξαστὸν καὶ τὸν λόγον τὸν λέγοντα μὴ εἶναι τοῦ δοξαστοῦ γένος τὸ ὑποληπτὸν ληπτέον τὸ δοξαστὸν ὅρον καὶ τὸ ὅπερ ὑποληπτόν· ὁ γὰρ αὐτὸς ἔσται συλλογισμός. | διὰ γὰρ τὰ σημαινόμενα ὑπὸ τῶν λέξεων, 126v ὡς ἔφαμεν, ὁ συλλογισμὸς γίνεται, οὐ διὰ τὰς λέξεις· ὅταν γοῦν μηδὲν σημαίνωσιν ἢ ἀμφίβολοι ὦσιν, οὐ γίνεται συλλογισμὸς ἐξ αὐτῶν. ὥσθ' ὅταν ταὐτὰ σημαίνηται ὑπὸ διαφόρων λέξεων προηγουμένως καὶ ὁμοίως λαμβάνηται, ὁ αὐτὸς ἔσται συλλογισμός. ταὐτὸν δὲ σημαίνει τῇ λέξει τῇ λεγούσῃ 'τὸ ζῷον ἐν γένει ἐστὶν τῇ οὐσίᾳ' ἡ λέγουσα λέξις 'τὸ ζῷον, ὅπερ οὐσία, ἐστίν'. γέγονε δὲ οὕτως λόγου εἰς λόγον μετάληψις· ὥστε καὶ ἡ μετάληψις αὐτῶν ἡ εἰς ἄλληλα κατ' οὐδὲν ἀλλοιοτέρους ποιήσει τοὺς συλλογισμούς. οὐκ ἔστι δὲ τὸ νῦν εἰρημένον μαχόμενον τῷ εἰρῆσθαι δοκοῦντι πρὸ ὀλίγου τῷ "οὐ δεῖ δὲ τοὺς ὅρους ζητεῖν ὀνόματι ἐκτίθεσθαι". ἐκεῖ τε γὰρ εἶπεν 'οὐκ ἀεὶ δεῖ ζητεῖν', διότι ἐπ' ἐνίων οὐχ οἷόν τέ ἐστιν εὑρεῖν, ἐνταῦθά τε ἀξιοῖ τοῦτο ποιεῖν, ἐφ' ὧν οἷόν τε εὑρεῖν τὰ ἴσον δυνάμενα λόγοις ὀνόματα. Ἀριστοτέλης μὲν οὖν οὕτως περὶ τῶν κατὰ τὰς λέξεις μεταλήψεων φέρεται· οἱ δὲ νεώτεροι ταῖς λέξεσιν ἐπακολουθοῦντες οὐκέτι δὲ τοῖς σημαινομένοις οὐ ταὐτόν φασι γίνεσθαι ἐν ταῖς εἰς τὰς ἰσοδυναμούσας λέξεις μεταλήψεσι τῶν ὅρων. ταὐτὸν γὰρ σημαίνοντος τοῦ 'εἰ τὸ Α, τὸ Β' [ἐν] τῷ ἀκολουθεῖν τῷ Α τὸ Β, συλλογιστικὸν μὲν λόγον φασὶν εἶναι τοιαύτης ληφθείσης τῆς λέξεως 'εἰ τὸ Α τὸ Β. τὸ δὲ Α, τὸ ἄρα Β', οὐκέτι δὲ συλλογιστικὸν ἀλλὰ περαντικὸν τὸ 'ἀκολουθεῖ τῷ Α τὸ Β. τὸ δὲ Α, τὸ ἄρα Β'.

---

1 τῶν συλλογισμῶν a εἰς B: καὶ a 2 ὃ a: ὃν B τῶν om. a 6 αἰσθητή a
τὸν ἄνθρωπον B: τὸ δίπουν a 7 αὑτοῦ scripsi: αὐτοῦ aB 8 αὐτὸ B pr.
7. 8 μεταληψόμεθα εἰς τὸ δι' αὐτὸ (αὐτὸ B pr.) ἀγαθόν a 12 ἐπεὶ . . . γένος τὸ ὑποληπτὸν (15) om. a 16 λέξεων B: λεγόντων a 18 ἐξ αὐτῶν, ὥσθ' B: οὔτ' a
22 λόγον B: λόγου a μετάληψις (post λόγον) scripsi: μετάληψιν aB καὶ om. a
24 ἔστι B: ἔτι a πρὸς ὀλίγον a 25 οὐ δεῖ κτλ.] c. 35 p. 48a29 post ὅρους add. ἀεὶ Ar. et lem. p. 357,18 τε B: τὸ a 27 ἴσα a 28. 29 φαίνεται a
31 τοῦ a: τῷ B ἐν B: om. a 33 τῷ α a οὐκέτι δὲ B: οὐκ ἔστι a
34 παρεπτικὸν a ἀκολουθεῖν a

p. 49b10 Ἐπεὶ δ' οὐ ταὐτόν ἐστι τὸ εἶναι τὴν ἡδονὴν ἀγαθὸν 126v
καὶ τὸ εἶναι τὴν ἡδονὴν τἀγαθόν.

Ὅτι, ἐν οἷς μὴ ταὐτὸν ἡ λέξις σημαίνει, κἂν παρ' ὀλίγον ἡ τῆς λέξεως μετάληψις ᾖ, ἀκριβολογεῖται πρὸς τὸ σημαινόμενον, ἡγούμενος δεῖν βλέπειν οὐκ εἰς τὴν λέξιν ἀλλ' εἰς τὸ σημαινόμενον ὑπὸ τῆς λέξεως καὶ τοῦτον σκοπὸν τίθεσθαι, δῆλον [δὲ] διὰ τοῦ νῦν λεγομένου. ἀξιοῖ γάρ, ἐπεὶ μὴ ταὐτὸν σημαίνει τὸ λέγειν τὴν ἡδονὴν ἀγαθὸν εἶναι καὶ τὴν ἡδονὴν τἀγαθὸν εἶναι (ὁ μὲν γὰρ ἀγαθὸν τὴν ἡδονὴν λέγων ἁπλῶς αὐτῆς κατηγορεῖ τὸ ἀγαθόν, ὁ δὲ τἀγαθὸν λέγων αὐτὴν τὴν ἐν τοῖς ἀγαθοῖς αὐτῆς ὑπεροχὴν κατηγορεῖ), ἐν δὴ ταῖς τῶν συλλογισμῶν ἀναλύσεσι, φησί, δεῖ παραφυλάττειν, κἂν μὲν ᾖ τἀγαθὸν ἡ ἡδονὴ κείμενον, ὅρους τὴν ἡδονὴν καὶ τἀγαθὸν ληπτέον, ἂν δὲ ᾖ ἁπλῶς ἡ ἡδονὴ [καὶ] ἀγαθόν, ἡδονὴν καὶ ἀγαθόν. ὁμοίως τούτοις οὐ ταὐτόν ἐστι λαβεῖν τὸν ἄνθρωπον ζῷον εἶναι ἢ τὸ ζῷον· τὸ μὲν γὰρ εἰπεῖν τὸν ἄνθρωπον ζῷον εἶναι ἀληθές, τὸ δὲ τὸν ἄνθρωπον τὸ ζῷον οὐκ ἀληθές. παρὰ τοῦτο γὰρ καὶ ὁ παραλογισμὸς ἐν τῷ λόγῳ τῷ 'ὁ ἄνθρωπος ζῷον, τὸ ζῷον γένος'· οὐκέτι γὰρ ὁ ἄνθρωπος γένος, ὅτι μηδὲ τὴν ἀρχὴν ἐλήφθη ὁ ἄνθρωπος τὸ ζῷον εἶναι, ἀλλ' ἁπλῶς ζῷον, οὐχ ἁπλῶς δὲ ζῷον γένος, ἀλλὰ τὸ ζῷον· οὐ γὰρ πᾶν ζῷον γένος. διὸ καὶ τοῦτο ὁ λόγος ἁμάρτημα ἔχει μὴ ληφθείσης καθόλου τῆς μείζονος προτάσεως. ὁμοίως καὶ τὸ μὲν εἰπεῖν, ὅτι ἡ χιὼν λευκόν ἐστιν, ἀληθές, τὸ δὲ 'ἡ χιὼν τὸ λευκόν' οὐκ ἀληθές. φησὶν οὖν δεῖν ἐν ταῖς τοιαύταις προσθήκαις ἀκριβολογεῖσθαι καὶ πρὸς τὸ σημαινόμενον βλέποντας τοὺς ὅρους ἐν ταῖς ἀναλύσεσι τῶν συλλογισμῶν ἐκλαμβάνειν, καθ' ἃ ἐτέθησαν. οὕτως καὶ ἐν τῷ εἰς διαβολὴν τοῦ διὰ τριῶν φερομένῳ λόγῳ τῷ 'εἰ μηδέν ἐστιν, οὐδὲ νύξ ἐστιν, εἰ μὴ νύξ ἐστιν, ἡμέρα ἐστιν, εἰ μηδὲν ἄρα ἐστίν, ἡμέρα ἐστίν' χρὴ ποιεῖν. ἐπεὶ γὰρ ἕπεται τῷ μηδὲν εἶναι οὐχ ἁπλῶς τὸ μὴ εἶναι νύκτα ἀλλὰ μηδὲ νύκτα, τοῦτον χρὴ τῆς δευτέρας συνεχείας ὅρον ἡγούμενον λαμβάνειν τὸν 'εἰ μηδὲ νύξ ἐστιν'· ᾧ οὕτως ληφθέντι οὐκέτι ἀκολουθήσει τὸ ἡμέραν εἶναι. ἔτι καθ' αὑτὸ μὲν λαμβανόμενον τὸ 'εἰ μὴ νύξ ἐστιν, ἡμέρα ἐστίν' ἀληθές, ἂν δὲ ἐπὶ προκειμένῳ συνημμένῳ τῷ 'εἰ μηδέν ἐστιν, οὐδὲ νύξ ἐστιν', οὐκέτι ἀληθὲς τῷ τὸ μέσον τὸ ἑπόμενον μὲν ἐν τῷ πρώτῳ συνημμένῳ ἡγούμενον δὲ ἐν τῷ δευτέρῳ μὴ ὁμοίως ἐν ἀμφοτέροις λαμβάνεσθαι· ἐλήφθη γὰρ ἐν τῷ πρώτῳ συνημμένῳ τὸ 'οὐδὲ νύξ' ὡς 127r
ἴσον τῷ πρὸς τοῖς ἄλλοις μηδὲ νύκτα ἔσεσθαι, ᾧ οὐκέτι ἕπεται τὸ ἡμέραν εἶναι.

---

1 δ' postea add. B ταὐτά a 2 τἀγαθὸν ex ἀγαθὸν corr. B[1] 3 μὴ B: μὲν a 5 τοῦτο a 6 δὲ delevi μὴ B: μὲν γὰρ a 7 λέγειν ex λεγόμενον corr. B 8 γὰρ om. a 9 ὑπεροχὴν αὐτῆς a 10 δὴ B: δὲ a 12 ἐὰν a καὶ prius add. B: om. a 16 μηδὲ scripsi: μὴ δὴ B: μὲν δὴ a 19 μὴ B: μὲν a 24 τοῦ B: τῷ a φερομένῳ λόγῳ a: φερομένου λόγου B 25 εἰ μὴ νύξ ἐστιν om. a 29 μὴ B: μὲν a 32 μὴ B: μὲν ante lac. a post ὁμοίως add. εἰ a

p. 49b14 **Οὐκ ἔστι δὲ ταὐτὸν οὔτ' εἶναι οὔτ' εἰπεῖν, ὅτι ᾧ τὸ Β ὑπάρχει, τούτῳ παντὶ τὸ Α ὑπάρχει.** B 127r

Ἐπεὶ γίνεται καὶ παρὰ τὸν τρόπον τῆς κατηγορίας τὸ σημαινόμενον διάφορον, φησὶ δεῖν καὶ τοῦτο παραφυλάττειν ἐν ταῖς ἀναλύσεσι τῶν συλλογισμῶν, πῶς ἡ κατηγορία γέγονε. καὶ ὅτι γε παρὰ τὸν τρόπον τῆς κατηγορίας τὸ σημαινόμενον διάφορον γίνεται, δείκνυσιν. λέγει γάρ, ὅτι οὔτε ἐν τῇ ὑπάρξει τε καὶ τῷ σημαινομένῳ ταὐτόν ἐστιν οὔτε ἐν τῇ φωνῇ τῇ σημαινούσῃ αὐτὸ τὸ ὅτι ᾧ τὸ Β ὑπάρχει, τούτῳ παντὶ τὸ Α ὑπάρχει καὶ ᾧ παντὶ τὸ Β ὑπάρχει, τούτῳ καὶ τὸ Α ὑπάρχει παντί· τοῦτο γάρ ἐστιν, ὃ λέγει. καὶ ὅτι γε μὴ ταὐτὸν σημαίνει ταῦτα ἀλλήλοις, δείκνυσιν. ἂν μὲν γὰρ εἴπωμεν ᾧ τὸ Β ὑπάρχει, μὴ προσθέντες τὸ 'παντί', τούτῳ παντὶ τὸ Α ὑπάρχει, ἀδιορίστως εἰλήφαμεν τὸ Β κατηγορεῖσθαι, οὗ κατηγορεῖται, οἷον τοῦ Γ, εἰ τούτου κατηγοροῖτο· τὸ δὲ ἀδιόριστον ἐφαρμόζει καὶ τῷ ἐπὶ μέρους. δύναται οὖν τὸ Β τινὶ τῷ Γ κεῖσθαι ὑπάρχον· κἂν γὰρ τινὶ αὐτῷ ὑπάρχῃ, ἀληθὲς τὸ ὑπάρχειν αὐτῷ τὸ Α, καὶ γίνεται τὸ ἀδιορίστως λεγόμενον ἴσον τῷ 'ᾧ τινὶ τὸ Β ὑπάρχει, τούτῳ παντὶ τὸ Α'· τούτου δὲ ὄντος καὶ κειμένου γίνεται τὸ Α τινὶ τῷ Β ὑπάρχον. ὅταν γὰρ ᾧ τινὶ τὸ Β ὑπάρχει, τούτῳ ληφθῇ τὸ Α ὑπάρχειν εἴτε ἁπλῶς εἴτε παντί, ἴσον λαμβάνεται τῷ τὸ Α τινὶ τῷ Β, ὥσπερ καὶ ὅταν ληφθῇ, ᾧ παντὶ τὸ Β ὑπάρχει, τούτῳ ὑπάρχειν τὸ Α παντί, κατὰ παντὸς τοῦ Β εἴληπται τὸ Α, εἴ γε κατὰ παντός ἐστιν τὸ μηδὲν εἶναι λαβεῖν τοῦ ἑτέρου, "καθ' οὗ θάτερον οὐ ῥηθήσεται"· ταὐτὸν γάρ ἐστι τὸ 'καθ' οὗ παντὸς τὸ Β, κατ' ἐκείνου τὸ Α παντός' τῷ κατὰ παντὸς τοῦ Β τὸ Α. ἔστι δὲ καὶ ἡ μείζων πρότασις αὕτη ἐν τῇ ἐκκειμένῃ συζυγίᾳ οὔσῃ ἐν πρώτῳ σχήματι. γίνεται οὖν οὕτως [οὕτως] λαμβανομένης τῆς προτάσεως ἐν πρώτῳ σχήματι ἡ μείζων πρότασις ἐπὶ μέρους. ἀσυλλόγιστος δὲ ἡ τοιαύτη συζυγία, ἄν τε τὸ Β τῷ Γ παντὶ ὑπάρχῃ ἄν τε τινί· ἔσται γὰρ ἡ ἐλάσσων αὕτη πρότασις. ἔσται δὲ ἐπὶ ὅρων σαφέστερον τὸ λεγόμενον. κείσθω ἐπὶ τοῦ Β πτηνόν, ἐπὶ τοῦ Α λευκόν. ἂν δὴ ῥηθῇ, ᾧ πτηνὸν ὑπάρχει, τούτῳ παντὶ λευκόν, κύκνου μὲν [δὴ] ληφθέντος τοῦ πτηνοῦ ἀληθὲς τὸ εἰρημένον· καὶ γὰρ πτηνὸν ὁ κύκνος καὶ λευκόν. ἂν δέ τις φῇ 'ἀλλὰ κόρακι τὸ μὲν πτηνὸν ὑπάρχει, τὸ δὲ λευκὸν οὐκέτι', ῥητέον, ὅτι οὐκ ἐρρήθη 'ᾧ παντὶ τὸ Β', ἀλλ' ἁπλῶς 'ᾧ ὑπάρχει', ὃ ἴσον ἐδύνατο εἶναι τῷ 'τινὶ τῷ Β τὸ Α'. οὕτω δὲ λαμβανομένου ἀσυλλόγιστος ἡ συζυγία· καὶ γὰρ ὑπάρξει τὸ Α τῶν ὑπὸ τὸ Β

9 post καὶ prius add. τὸ a 10 γε om. a 12 οὗ scripsi: οὐ aB 14 μέρει a ὑπάρχειν a 15 ὑπάρχει a 16 ᾧ B: οὗ a 16. 17 [τὸ] β ὑπάρχει, τού[τῳ] παντὶ τὸ α. [τούτου δὲ] ὄντος καὶ κειμένου γί[νεται] τὸ α τινὶ in mg. B[1]; unc. incl. perierunt 17 τῷ ex τὸ corr. B[1] 18 ὑπάρχει a: ὑπάρχῃ B 20 ὑπάρχειν a: ὑπάρχει B 21 λαμβάνειν a καθ' οὗ κτλ.] c. 1 p. 24b30 22 τοῦ β B 24 ἐκκειμένῃ] ἐκ in ras. B[2] 25 οὕτως alterum add. B: om. a 26 ἐπὶ μέρους in mg. B[2] μέρει a 29 ὑπάρχῃ a 30 δὴ delevi 31 φησὶν a 32 ᾧ B: τὸ α a 33 ὑπάρχῃ a ὃ ex ᾧ corr. B 33. 34 λαμβανομένων a

τινὶ καὶ οὐχ ὑπάρξει· γίνεται γὰρ ἐπὶ τῇ ἐκκειμένῃ συμπλοκῇ τὸ λευκὸν 127r τινὶ πτηνῷ καὶ τὸ πτηνὸν παντὶ κύκνῳ καὶ παντὶ κόρακι, ὧν τῷ μὲν κύκνῳ παντὶ τὸ λευκὸν τῷ δὲ κόρακι οὐδενί. ἔστω πάλιν ἐπὶ μὲν τοῦ Α λογικόν, ἐπὶ δὲ τοῦ Β ἔμψυχον, καὶ εἰλήφθω, ᾧ τὸ ἔμψυχον ὑπάρχει, ἐκείνῳ παντὶ τὸ λογικόν. ἀνθρώπου μὲν οὖν ληφθέντος ὑπὸ τὸ ἔμψυχον ἀληθές, ἵππου δὲ οὐκέτι· γίνεται γὰρ τὸ μὲν λογικὸν τινὶ ἐμψύχῳ. τὸ δὲ ἔμψυχον καὶ ἀνθρώπῳ παντὶ καὶ ἵππῳ παντί. ὅτι δὲ ἀσυλλόγιστοι αὗται αἱ συζυγίαι, δῆλον, ὥστε οὐδὲ ἀναλύειν αὐτὰς ὡς συλλογιστικὰς χρή. τὸ δὲ ὡς ἀδιόριστον τῆς ΒΓ προτάσεως δεικνὺς ἐν τῇ τοιαύτῃ λήψει παρέθετο ὅρους ἐπὶ μὲν τοῦ Β καλόν, ἐπὶ δὲ τοῦ Γ λευκόν. ἂν δὴ ὑπάρχῃ τινὶ λευκῷ τὸ καλόν, ἀληθὲς μὲν ἔσται εἰπεῖν ἀδιορίστως, ὅτι λευκῷ ὑπάρχει καλόν, καὶ 'ᾧ ὑπάρχει τὸ Β' ἀδιορίστως χωρὶς τοῦ 'τινί' ἢ 'παντί', οὐκέτι δὲ ἀληθὲς τὸ 'παντὶ λευκῷ ὑπάρχει τὸ καλόν'. τὸ δὲ ἴσως προσέθηκε λέγων ἀλλ' οὐ παντὶ ἴσως οὐ διὰ τοὺς ἐκκειμένους ὅρους ἀλλὰ διὰ τὸ τὸ ἀδιόριστον ; ἀληθεύεσθαι καὶ ἐπὶ τοῦ καθόλου ὥσπερ γε καὶ 127v ἐπὶ τοῦ ἐπὶ μέρους.

p. 49b20 Εἰ μὲν οὖν τὸ Α τῷ Β ὑπάρχει, μὴ παντὶ δέ, καθ' οὗ τὸ Β, οὔτ' εἰ παντὶ τῷ Γ τὸ Β, οὔτ' εἰ τινὶ μόνον ὑπάρχει, ἀνάγκη τὸ Α οὐχ ὅτι οὐ παντί, ἀλλ' οὐδὲ ὑπάρχειν τῷ Γ.

Τὸ λεγόμενον ὑπ' αὐτοῦ ἐστιν, ὅτι. εἰ τὸ Α τινὶ τῷ Β ὑπάρχει καὶ μὴ παντί (ἦν δ' ἂν παντί, εἰ καθ' οὗ τὸ Β παντός, κατὰ τούτου παντὸς τὸ Α κατηγορεῖτο· τὸ γὰρ μὴ παντὶ δέ. καθ' οὗ τὸ Β ἴσον ἐστὶ τῷ 'μὴ κατὰ παντὸς δὲ τοῦ Β λέγεται' καὶ 'καθ' οὗ παντὸς τὸ Β'), οὐ μόνον, φησίν. οὐ παντὶ ὑπάρξει τὸ Α τούτῳ, ᾧ τὸ Β, ἀλλὰ ἐνδέξεται τὸ αὐτὸ μηδὲ ὅλως αὐτῷ ὑπάρχειν, ἄν τε τὸ Β κατὰ παντός τινος ληφθῇ κατηγορούμενον οἷον τοῦ Γ, ὡς τὸ λευκὸν κατὰ τινὸς μὲν ἀψύχου κατὰ πάσης δὲ χιόνος, ἄν τε κατὰ τινός, ὡς τὸ πτηνὸν κατὰ τινὸς μὲν μέλανος κατὰ παντὸς δὲ κόρακος, καὶ οὐδετέρῳ αὐτῶν τὸ λευκὸν καίτοι τινὶ πτηνῷ ὑπάρχον. οὐ γὰρ περὶ τοῦ μὴ παντὶ τὸ Α τῷ Γ ὑπάρχειν ἢ παντὶ ὁ λόγος ἔσται ἐν τῇ τοιαύτῃ συζυγίᾳ· δύναται γὰρ καὶ μηδ' ὅλως αὐτῷ ὑπάρχειν· ἡ γὰρ μείζων πρότασις ἐν πρώτῳ σχήματι ἐπὶ μέρους οὖσα ἀσυλλόγιστον τὴν συμπλοκὴν ποιεῖ, ὅπως ἂν ἡ ἐλάττων ἔχουσα ληφθῇ. τὸ δὲ οὔτ' εἰ παντὶ τῷ Γ τὸ Β, οὔτ' εἰ τινὶ μόνον ὑπάρχει ἐν μέσῳ εἴρηται ταὐτὸν ὂν τῷ 'οὔτ' εἰ ἐπὶ μέρους εἴη ἡ ἐλάττων λαμβανομένη πρότασις, οὔτ' εἰ καθόλου. τὸ δὲ καθ' οὗ τὸ Β, ὃ ἔλαβεν, οὐκ ἔστιν ἴσον τῷ

---

1 ἐπὶ B[2] (B[1] evan.): ἐπεὶ a   2 πτηνὸν B: λευκὸν a   5 οὖν om. a   6 μὲν γὰρ τὸ a   7 αὗται αἱ B: αἱ τοιαῦται a   10 δὲ ὑπάρχει a   11 ante λευκῷ add. τῷ Ar. (om. n)   13 τὸ (ante καλόν) om. a   16 ἐπὶ (post τοῦ) in mg. add. B[2]   18 τινὶ (cf. vs. 34) om. Ar.   20 τῷ γ aB (n): om. Ar.   22 δ' B: γ' a   29 αὐτῷ a   29. 30 ὑπάρχον om. a   30 ἢ ὑπάρχειν a   31 τῇ om. a   33 post ἔχουσα eras. (?) 1—2 lit. B   36 ὃ B: ἢ a   τῷ B: τοῦ a

'καθ' ὅτου'· τὸ μὲν γὰρ 'καθ' ὅτου' διωρισμένον ἐστὶν δηλωτικὸν ὂν τοῦ 127v καθόλου, ὃ ἴσον ἐστὶ τῷ 'κατὰ παντός'. τὸ δὲ 'καθ' οὗ' ἀδιόριστον· τὸ δὲ ἀδιόριστον ἐφαρμόζει τῷ ἐπὶ μέρους.

p. 49b22 Εἰ δὲ καθ' οὗ ἂν τὸ Β λέγηται ἀληθῶς, τούτῳ παντὶ ὑπάρχει.

Προσυπακουστέον, ὅτι τὸ Α. ἔστι δὲ τὸ καθ' ὅτου ἄν, ὡς ἔφαμεν, ἴσον τῷ 'κατὰ παντός, καθ' οὗ τὸ Β'. πρόσκειται δὲ τὸ ἀληθῶς, ἐπεὶ δύναται κατὰ παντὸς μὲν κατηγορεῖσθαι, ψευδῶς δέ. ἔστιν οὖν ἡ τάξις· εἰ δὲ καθ' οὗ παντὸς τὸ Β λέγεται, κατ' ἐκείνου παντὸς τὸ Α λέγοιτο, συμβήσεται τὸ Α, καθ' οὗ παντὸς τὸ Β λέγεται, κατὰ τούτου παντὸς λέγεσθαι. ἐδήλωσε δέ, ὅτι τὸ καθ' ὅτου ἂν τὸ Β ἴσον ἐστὶ τῷ 'καθ' οὗ τὸ Β παντός', μεταλαβὼν αὐτὸ εἰς τοῦτο αὐτό· γίνεται γὰρ οὕτως ληφθείσης τῆς προτάσεως τὸ Α κατὰ παντὸς τοῦ Β. ἔστω γὰρ ἐπὶ μὲν τοῦ Α ζῷον, ἐπὶ δὲ τοῦ Β γελαστικὸν ἢ λογικόν, ἐπὶ δὲ τοῦ Γ ἄνθρωπος. καθ' ὅτου δὴ ἢ τὸ γελαστικὸν ἢ τὸ λογικόν, κατὰ τούτου παντὸς τὸ ζῷον· τὸ δὲ γελαστικόν, ἀλλὰ καὶ τὸ λογικὸν ὁμοίως, εἰ τοῦτο ληφθείη, οὕτως κατὰ ἀνθρώπου· κατὰ παντὸς γὰρ αὐτοῦ· καὶ τὸ ζῷον ἄρα· ἴσον γάρ ἐστι τοῦτο τῷ 'τὸ ζῷον κατὰ παντὸς γελαστικοῦ, τὸ γελαστικὸν κατὰ παντὸς ἀνθρώπου, τὸ ζῷον ἄρα κατὰ παντὸς ἀνθρώπου'. κἂν κατά τινος δὲ ληφθῇ ἢ τὸ γελαστικὸν ἢ τὸ λογικόν, οὐδὲν ἧττον κἀκείνῳ τῷ τινὶ τὸ ζῷον συλλογιστικῶς ὑπάρξει.

p. 49b25 Εἰ μέντοι τὸ Α λέγεται, καθ' οὗ ἂν τὸ Β λέγηται, κατὰ παντός.

Ἀδιόριστον πάλιν λαμβάνει τὴν ἐλάττονα· τοιοῦτον γάρ ἐστι τὸ καθ' οὗ ⟨ἂν⟩ ἄλλο ὂν τοῦ 'καθ' ὅτου ἄν', ὥσπερ καὶ τὸ 'καθ' οὗ' τοῦ 'καθ' ὅτου'. καὶ ἔστιν αὕτη ἡ αὐτὴ τῇ ἐν ἀρχῇ εἰρημένῃ τῇ "ᾧ τὸ Β ὑπάρχει, τούτῳ παντὶ τὸ Α ὑπάρχει". ἂν δὴ οὕτως ἡ πρότασις ληφθῇ ἀδιορίστως καὶ ᾖ ἀληθὴς τῷ τὴν ἐπὶ μέρους ἀληθῆ εἶναι τὴν 'ᾧ τὸ Β τινί, τὸ Α παντί', ὡς τὸ Β τινὶ τῷ Γ ὑπάρχειν, ἀλλὰ μὴ παντί· τοῦτο γὰρ δηλοῖ τὸ οὐδὲν κωλύει ⟨, εἰ⟩ τῷ Γ ὑπάρχει τὸ Β μὴ παντὶ δέ, τὸ Α ὅλως μὴ ὑπάρχειν· τότε γὰρ ἔσται ἀσυλλόγιστος, ὅταν τὸ ἀδιορίστως εἰλημμένον τῷ ἐπὶ μέρους ἐφαρμόζῃ. τὸ γὰρ 'ᾧ τὸ Β, τὸ Α παντί' ἀσυλλόγιστον, ὅταν ἴσον ᾖ τῷ 'ᾧ τὸ Β τινί,

1 καθ' ὅτου prius ex καθὸ τοῦτο corr. B[3] καθ' ὅτου alterum ex καθὸ τοῦ corr. B[2] διωρισμένον a: τοῦ (superscr. B[3]) διωρισμένου B 3 μέρει a 4 καθ' οὗ ἂν] cf. vs. 11 7 ἀληθῶς ex ἀληθὲς, ut videtur, corr. B[1] 8 τάξις scripsi (cf. p. 379,5): πρότασις B: λέξις a 9 κατ' ἐκείνου a: κατέχειν οὐ B πάντως a τὸ α . . . τούτου (ex τοῦ corr. B[3]) παντὸς (11) om. a 12 τὸ β̄ παντὸς B pr.: corr. B[2] 14 ἐπὶ δὲ τοῦ γ̄ . . . τὸ δὲ γελαστικόν (16) om. a 16 ante ἀνθρώπου add. παντὸς a 18 ante γελαστικόν expunxit δὲ B 20 κἀκεῖνο a 21 εἰ . . . παντός (22) textui continuant aB λέγηται Ar.: λέγεται aB 24 ἂν prius addidi καθ' οὗ a: καθότου B τοῦ superscr. B[2] καθότου a B pr.: καθόλου corr. B[1] 26 ᾖ a: ἡ B[1]: εἰ B[3] 28 εἰ Ar. cod. C et Al. ipse p. 378,4: om. aB et Ar. 29 ὑπάρχει C: ὑπάρχειν aB et Ar. cf. p. 378,4 δὲ παντὶ a α B (pr. Cn): α ᾖ a et Ar.

τὸ Α παντί', ὃ ἴσον ἐστὶ τῷ 'ᾧ τὸ Β, τὸ Α ⟨παντί'⟩· τότε γὰρ γίνεται τὸ Α 127v τινὶ τῷ Β. τοῦτο δὲ γίνεται, ὅταν ἴσον ᾖ τὸ 'ᾧ τὸ Β [τινί], τὸ Α παντί' ἀδιορίστως εἰρημένον τῷ 'ᾧ τὸ Β τινί, τὸ Α παντί', ὡς προείρηται. ὃ ἐδήλωσε διὰ τοῦ εἰ τῷ Γ ὑπάρχει τὸ Β, μὴ παντὶ δέ· γίνεται γὰρ οὔσης ταύτης τοιαύτης ἡ μείζων ἡ ΑΒ ἐπὶ μέρους λαμβανομένη, ὡς | προείρηται. καὶ ἐπέξεισι δὲ τὰ προειρημένα· οὕτως γὰρ ληφθείσης τῆς ΒΓ 128r οὐκέτ' ἀληθὲς τὸ τὸ Α τῷ Γ ὑπάρχειν· οὕτως γὰρ ληφθεισῶν γίνεται ἡ μείζων, ὡς ἔφαμεν, ἐπὶ μέρους.

p.49b27 Ἐν δὲ τοῖς τρισὶν ὅροις δῆλον ὅτι τὸ καθ' οὗ τὸ Β, παντὸς ⟨τὸ Α⟩ λέγεσθαι, τοῦτ' ἔστι, καθ' ὅσων τὸ Β λέγεται, κατὰ πάντων λέγεσθαι καὶ τὸ Α.

Ὃ λέγει, τοιοῦτόν ἐστιν. ὅτι ἐν ταῖς τοιαύταις προτάσεσιν, αἳ δυνάμει τοὺς τρεῖς ὅρους ἐν αὑταῖς ἔχουσιν, ὁποῖαί εἰσιν, ἃς ἐξέθετο νῦν, καὶ ὅλως αἱ κατὰ πρόσληψιν ὑπὸ Θεοφράστου λεγόμεναι (αὗται γὰρ τοὺς τρεῖς ὅρους ἔχουσί πως· ἐν γὰρ τῇ 'καθ' οὗ τὸ Β παντός, κατ' ἐκείνου καὶ τὸ Α παντός' ἐν τοῖς δύο ὅροις, τῷ τε Β καὶ τῷ Α, τοῖς ὡρισμένοις ἤδη πως περιείληπται καὶ ὁ τρίτος, καθ' οὗ τὸ Β κατηγορεῖται, πλὴν οὐχ ὁμοίως ἐκείνοις ὡρισμένος καὶ φανερός), ἐν δὴ ταῖς τοιαύταις προτάσεσιν, αἳ τῇ λέξει μόνον τῶν κατηγορικῶν διαφέρειν δοκοῦσιν, ὡς ἔδειξεν ἐν τῷ Περὶ καταφάσεως ὁ Θεόφραστος, φησίν, ὅτι ἡ οὕτως λαμβανομένη, ὅτι καθ' οὗ τὸ Β παντός, κατ' ἐκείνου παντὸς τὸ Α, σημαίνει τὸ καθ' ὅσων τὸ Β λέγεται, κατὰ πάντων τούτων λέγεσθαι καὶ τὸ Α· τοῦτο γὰρ ἐδείχθη. διὸ εἰ μὲν εἴη τῷ Β τὸ κατὰ παντὸς προσκείμενον, καὶ τὸ Α κατὰ παντὸς ἔσται τοῦ Β· οὕτως δὲ καὶ καθ' ὧν τὸ Β κατηγορεῖται, καὶ τὸ Α κατηγορηθήσεται. εἰ δὲ μὴ εἴη τῷ Β τὸ κατὰ παντὸς προσκείμενον ἐν τῇ κατὰ πρόσληψιν προτάσει, ἀλλ' ἀδιορίστως λαμβάνοιτο, οὐκέτι τὸ Α κατὰ παντὸς κατηγορηθήσεται τοῦ Β· οὕτως δέ, ὃ ἂν προσληφθῇ, ἀσυλλόγιστος ἡ συμπλοκή.

p.49b30 Καὶ εἰ μὲν κατὰ παντὸς τὸ Β, καὶ τὸ Α οὕτως.

Λαβὼν ἐν τῷ "καθ' οὗ τὸ Β παντὸς τὸ Α λέγεσθαι" τὴν μείζονα πρότασιν τὴν ΑΒ καθόλου (ἴσον γὰρ τῷ "καθ' οὗ τὸ Β παντὸς τὸ Α" τὸ 'κατὰ παντὸς τοῦ Β τὸ Α'), ἐπειδὴ τῆς ἐλάττονος προτάσεως καὶ ἐπὶ

1 τὸ α . . . ᾧ τὸ β̄ ante τινί (377,31) habet a et in mg. B²: post τινί addi voluit B³ παντί alterum add. B³: om. a 2 τῷ β̄ B: τὸ β̄ a τὸ ᾧ B: τῷ ᾧ a τινί alterum ut ex vs. 3 translatum delevi 3 τῷ scripsi: τὸ aB τὸ α a: τῷ α B 6 κ γ̄ a 7 τὸ alterum om. a 9 δὲ aB (C): δὴ Ar. 10 τὸ α a et Ar. et Al. ipse vs. 30, 31: om. B 12 δυνάμεις B pr. 13 καὶ ὅλως B: ὁποῖαί εἰσιν a 16 ὡρισμένος a 18 καὶ om. a 19 κατηγορικῶν ex κατηγοριῶν corr. B² ἔδειξεν] hinc altera manus 20 ὁ om. a 21 τὸ α superscr. B¹ τὸ α παντὸς a καθ' ὅσων τὸ om. a 22 τούτων aB (corr. C): om. Ar. (cf. vs. 11) 24. 25 κατηγορεῖται τὸ β̄, κατηγορηθήσεται καὶ τὸ α a 25 τῷ Waitz Org. I, 29: τὸ aB 27 ὃ om. a 31 τὸ (ante καθ') a 32 τῷ (ante κατὰ) a

μέρους οὔσης καταφατικῆς καὶ καθόλου συλλογιστικὴ ἡ συζυγία, ἀλλὰ κα- 128r θόλου μὲν οὔσης καὶ τὸ συμπέρασμα καθόλου, ἐπὶ μέρους δὲ τοιοῦτον καὶ τὸ συμπέρασμα, διὰ τοῦτο προσέθηκε τούτου ὂν δηλωτικὸν τὸ καὶ εἰ μὲν κατὰ παντὸς τὸ Β, καὶ τὸ Α οὕτως· εἰ δὲ μὴ κατὰ παντός, ὡς εἶναι τὴν τάξιν τοιαύτην 'καθ' ὅσων ἂν τὸ Β, κατὰ πάντων τὸ Α', ἔπειτα 'τὸ δὲ Β κατὰ τινὸς τοῦ Γ, καὶ τὸ Α ἄρα' ἢ 'τὸ δὲ Β κατὰ παντὸς τοῦ Γ, ὥστε καὶ τὸ Α'. τὸ δὲ οὐκ ἀνάγκη τὸ Α κατὰ παντὸς ἴσον ἐστὶ τῷ 'οὐδὲ τὸ Α κατὰ παντὸς συλλογιστικῶς τοῦ ὑπὸ τὸ Β κατηγορηθήσεται, εἰ τὸ Β αὐτῷ τινὶ ὑπάρχοι'. ὁ μέντοι Θεόφραστος ἐν τῷ Περὶ καταφάσεως τὴν 'καθ' οὗ τὸ Β, τὸ Α' ὡς ἴσον δυναμένην λαμβάνει τῇ 'καθ' οὗ παντὸς τὸ Β, κατ' ἐκείνου παντὸς τὸ Α'.

p. 49b32 Οὐ δεῖ δ' οἴεσθαι παρὰ τὸ ἐκτίθεσθαί τι συμβαίνειν ἄτοπον.

Ἔκθεσιν μὲν λέγει τὴν τῶν ὅρων καταγραφήν. ἐπεὶ δὲ ἐν τῇ τῶν συλλογισμῶν παραδόσει κέχρηται τοῖς στοιχείοις ἀντὶ τῶν ὅρων καὶ ἐπ' αὐτῶν δέδειχε τάς τε συλλογιστικὰς συζυγίας καὶ τὰς ἀσυλλογίστους, νῦν λέγει περὶ τούτου, ὅτι μὴ παρὰ τὴν τοιαύτην λῆψιν τῶν ὅρων καὶ ἔκθεσιν ὑπολαμβάνειν χρὴ ἄτοπόν τι καὶ ψεῦδος συμβαίνειν ὡς τῆς τῶν στοιχείων λήψεως αἰτίας γινομένης τοῦ δοκεῖν δείκνυσθαί τι συνάγον ἢ μὴ δείκνυσθαι, ὡς πολλάκις δείκνυταί τινα παρὰ τὴν ὕλην συνάγοντά τι οὐκ ὄντα συλλογιστικά. οὐδὲν γὰρ προσχρώμεθα ἐν τῇ διὰ τῶν στοιχείων λήψει (ἐκ δὲ τῶν οὕτως ἐχόντων πρὸς ἄλληλα ἡ κατὰ τοὺς συλλογιστικοὺς δεῖξις· ὅταν γὰρ τὸ μὲν ὡς ὅλον τὸ δὲ ὡς μέρος) τῇ οἰκειότητι τῇ πρὸς ἀλλήλους τῶν ὅρων ὡς διὰ τούτου δεικνύναι τὸ συναγόμενον, οἷον ὅτι τόδε τοῦδέ ἐστι γένος ἢ τόδε τοῦδέ ἐστιν ἴδιον ἢ ὁρισμός, ὥσπερ ἂν εἰ τὴν ὕλην παρετιθέμεθα· τὰ | γὰρ στοιχεῖα αὐτὰ μόνον σημεῖα κοινὰ τῶν ὅρων εἴληπται οὐδὲν 128v παρ' αὐτῶν συντελοῦντα εἰς τὸ ἢ συνακτικὴν δειχθῆναι τὴν συζυγίαν ἢ ἀσύνακτον. ὡς γὰρ ὁ γεωμέτρης ὑπὲρ σαφηνείας τῆς κατὰ τὴν διδασκαλίαν καταγραφὴν ποιεῖταί τινα καὶ λέγει 'ἔστω ποδιαία ἥδε, ἢ ἔστω εὐθεῖα ἥδε' οὔτε τὴν ποδιαίαν ποδιαίαν λαμβάνων οὔτε τὴν εὐθεῖαν εὐθεῖαν, οὐδὲ τοῖς καταγεγραμμένοις προσχρώμενος δείκνυσιν αὐτῷ τὸ προκείμενον, ἀλλὰ τούτοις σημείοις χρῆται οὐδὲν συντελοῦσιν οὐδὲ συνεισφέρουσι πρὸς τὸ δεικνύμενον (οὐδὲν γὰρ ἔλαττον καὶ μὴ καταγράψας ταύτας μηδὲ προσχρησάμενος αὐταῖς δύναται δεῖξαι τὸ προκείμενον), ἀλλ' ὑπὲρ τοῦ εὖ παρακολουθῆσαι † τούτου ἐν τοῖς λεγομένοις λαμβάνει ταῦτα, ἵν' ἔχουσά πως ἡ διάνοια ἐπαναπαύεσθαι τούτοις

5 τάξιν scripsi: πρότασιν aB (cf. p. 380,31, 382,2) 9 ὑπάρχοι B[1] corr.: ὑπάρχει a B pr. Θεόφραστος] fr. 63a 14 ἐπεὶ B: ἐπειδὴ a 15 συλλογιστικῶν a καὶ om. a 16 δεδειχὼς a 17 et 19 λῆξιν et λήξεως a 20 δείκνυσθαί a 21 ἐν om. a 24 δείκνυνται a 25 ἢ prius om. a 25. 26 παρατιθέμεθα a 26 αὐτὰ scripsi: αὐτὸ aB 27 αὐτῶν a 29 ποδιαία B: δικαία a ἥδε ἢ ἔστω] δε ἢ ἔστ evan. B 31 προκείμενον B: ἀ κείμενον a 32 οὐδὲ B: ἢ a 34 εὖ om. in lac. a τούτου ἐν B: τοῦτο a; fort. latet τὸν νοῦν 35 ταῦτα λαμβάνει a

ῥᾷον παρακολουθῇ, οὕτως καὶ ἡμεῖς τῶν στοιχείων τὴν ἔκθεσιν πεποιήμεθα 128v οὐδὲν ἡμῖν εἰς τὰ δεικνύμενα παρ' αὐτῶν συνεισφερόντων. οὐ γὰρ παρὰ τὸ τὸ μὲν Α αὐτῶν εἶναι τὸ δὲ Β ἢ [τὸ] Γ ἡ συναγωγή· τὸ γὰρ αὐτὸ γίνεται, κἂν ἄλλοις ἀντὶ τούτων χρησώμεθα. ὃ οὐ γίνεται ἐπὶ τοῦ 'πᾶς ἄνθρωπος ζῷον, πᾶν γελαστικὸν ζῷον'· ἐκ γὰρ τούτων συνάγεσθαι δοκεῖ τὸ πάντα ἄνθρωπον γελαστικὸν εἶναι. ἀλλὰ τοῦτο διὰ τὴν τῶν εἰλημμένων ὅρων σχέσιν ποιὰν πρὸς ἀλλήλους, οὐ διὰ τὸ σχῆμα· ἄλλων γὰρ ὅρων ἐν τῇ τοιαύτῃ συζυγίᾳ ληφθέντων οὐδὲν συνάγεται, ὥσπερ ἐπὶ τῶν 'πᾶς ἄνθρωπος ζῷον, πᾶς ἵππος ζῷον'. ἐπὶ δὲ τῆς τῶν στοιχείων ἐκθέσεως οὐχ οὕτως· ὃ ἔδειξε καὶ αὐτὸς ἄλλοτε ἄλλοις χρησάμενος καθ' ἕκαστον σχῆμα. οὐ γάρ ἐστιν ἐπὶ τῶν στοιχείων, ἵνα τὸ μὲν ὡς ὅλον τὸ δ' ὡς μέρος τούτου ληφθῇ, ὡς ἔχει τὸ ἔμψυχον καὶ τὸ ζῷον· τὸ μὲν γὰρ ὡς ὅλον ἐστίν (ἐπὶ πλέον γὰρ καὶ καθόλου τὸ ἔμψυχον), τὸ δ' ὡς μέρος [καὶ τούτου ἐλήφθη, ὡς ἔχει τὸ ἔμψυχον τὸ ζῷον]. καὶ πάλιν ἂν ἄλλο τι πρὸς τοῦτο τὸ ζῷον, ὃ ἦν ὡς μέρος εἰλημμένον ἐν τῇ πρώτῃ προτάσει, ὡς μέρος πρὸς ὅλον ληφθῇ, οἷον ὁ ἄνθρωπος (μέρος γὰρ τοῦ ζῴου, ὃ ἦν μέρος τοῦ ἐμψύχου), ἐκ τῶν οὕτως ἐχόντων, τοῦτ' ἔστιν ὡς τὸν μὲν κατηγορεῖσθαι τὸν δὲ ὑποκεῖσθαι τῶν ὅρων ἐν ταῖς προτάσεσιν, αἱ δείξεις. ἐξ οὐδενὸς γὰρ τῶν, ἃ μὴ ἔχει πρὸς ἄλληλα οἰκειότητα, οἷόν τέ τι δειχθῆναι συναγόμενον συλλογιστικῶς. τὰ δὲ στοιχεῖα οὐδεμίαν τοιαύτην ἔχει σχέσιν πρὸς ἄλληλα. οὔκουν παρὰ ταῦτα ἢ συμβαίνει τι ἢ οὐ συμβαίνει. διὸ καὶ ἐπὶ τοιούτων αἱ δείξεις, ὃ οὐκέτ' ἐνῆν λέγειν, εἰ ἐπὶ ὕλης ἡμῖν, ἐφ' ὧν χρώμεθα τοῖς συλλογισμοῖς, αἱ δείξεις ἐγίνοντο· παρὰ γὰρ τὴν ταύτης διαφορὰν πολλάκις συνακτικόν τι φαίνεται οὐκ ὂν τοιοῦτον. ὥστ' οὐδὲ γίνεται συλλογισμός. ὅτι αἱ ἐπὶ τῶν τοιούτων στοιχείων δείξεις ὑπογραφαὶ συλλογιστικῶν εἰσι τρόπων, οὐ μὴν ἤδη συλλογισμοί, ἐδήλωσεν· ὁ γὰρ συλλογισμὸς μετὰ τῆς ὕλης, ἐφ' ἧς τι δείκνυται.

p. 49b37 Ὅλως γὰρ ὃ μή ἐστιν ὡς ὅλον πρὸς μέρος καὶ ἄλλο πρὸς τοῦτο ὡς μέρος πρὸς ὅλον.

Ἣν ἐκτέθειται ἀκολουθίαν καὶ συμπλοκὴν προτάσεων, ἐν πρώτῳ ἐστὶ σχήματι, τρόπον δέ τινα καὶ ἐν τοῖς ἄλλοις σχήμασιν ἡ αὐτὴ τάξις τῷ κἀκεῖνα δείκνυσθαι συλλογιστικὰ διὰ τοῦ πρώτου σχήματος. λέγει δὲ ὡς ὅλον μὲν τὸν κατηγορούμενον ὅρον, ὡς μέρος δὲ τὸν ὑποκείμενον, τὸ ὡς προστιθείς, ὅτι μήτε πάντως ὁ κατηγορούμενος ἐπὶ πλέον μήτε πᾶν τὸ ἐπὶ

1 παρακολουθεῖ a καὶ om. a τὴν ἔκστασιν τῶν στοιχείων a 3 τὸ (ante Γ) B: om. a 7 ἐν om. a 13 καὶ alterum et ὡς ἔχει τὸ ἔμψυχον τὸ ζῷον (14) om. a; etiam τούτου ἐλήφθη ut ex vs. 11 translata delevi 15 πρώτῃ om. in lac. a 16 ζῴου scripsi: ζῷον aB 17 post ἔστιν lac. 10—11 lit. B: 12—13 lit. a; sententia nihil requiritur 21 τοιούτων B: τούτων a 22 ὕλης B: ὅλης a 23 τι a: τε B 24 ὥστ'] incipit novum lemmation 28 ὡς om. a 30 ἐκτίθεται a ἐστὶ om. a 31 τάξις scripsi (cf. p. 379,5): πρότασις a: evan. B τῷ scripsi: τῶν a: evan. B

πλέον τινὸς ὂν ὡς μέρους αὐτοῦ ὑπερέχει· οὐ γὰρ εἰ τὸ λευκὸν ἐπὶ πλέον 128r τοῦ ἀνθρώπου, ἤδη ὁ ἄνθρωπος μέρος ἐστὶ τοῦ λευκοῦ.

p. 50a1 Τῷ δ' ἐκτίθεσθαι προσχρώμεθα ὥσπερ καὶ τῷ αἰσθάνεσθαι τὸν μανθάνοντα λέγοντες.

Εἰπών, ὅτι οὐ παρὰ τοὺς ἐκτιθεμένους ὅρους δείκνυταί τι (οὐδὲν γὰρ τὰ στοιχεῖα πρὸς τὰ δεικνύμενα συντελεῖ παρ' αὐτῶν), νῦν λέγει, διὰ τί ὅλως αὐτοῖς προσχρώμεθα· διὰ γὰρ τὸ εὐπαρακολουθητότερα τὰ λεγό- 129r μενα ἐπὶ τῆς καταγραφῆς εἶναι, ὥσπερ καὶ ἐπὶ τῶν γεωμετρικῶν δείξεων αἰσθητά τινα λαμβάνομεν ἐν ταῖς καταγραφαῖς οὐ περὶ αἰσθητῶν τὰς ἀποδείξεις ποιούμενοι ὑπὲρ τοῦ εὐπαρακολουθητότερα τοῖς μανθάνουσι τὰ δεικνύμενα γίνεσθαι, ἐπεὶ οὐδὲν ἔλαττον καὶ λόγῳ ψιλῷ διεξιόντες ταῦτα δεικνύουσι καὶ χωρὶς καταγραφῆς. τὸ οὖν ὥσπερ καὶ τῷ αἰσθάνεσθαι τὸν μανθάνοντα λέγοντες ἴσον ἂν εἴη τῷ 'ὥσπερ καὶ αἰσθητοῖς τισι πρὸς τὴν μάθησιν καὶ διδασκαλίαν τινῶν προσχρώμεθα λέγοντες ἐπὶ τούτων, ἃ δείκνυμεν'· ταῦτα δ' ἐστὶ τὰ γεωμετρικά. τὸ γὰρ ὥσπερ καὶ τῷ αἰσθάνεσθαι τὸν μανθάνοντα λέγοντες σημαίνει, ὅτι πολλάκις διδάσκοντές τι οὐκ αἰσθητὴν τὰς δείξεις ποιούμεθα τοῖς μανθάνουσιν ἐπὶ αἰσθητῶν παραδειγμάτων διὰ τούτων ἐφιστῶντες αὐτοὺς ἐπὶ τὴν τῶν οὐκ αἰσθητῶν νόησιν. οὔτε γὰρ τότε χρώμεθα ταῖς τῶν αἰσθητῶν παραβολαῖς ὡς ἐπ' ἐκείνων καὶ δι' ἐκείνων γινομένης τῆς δείξεως, οὔτε τῇ τῶν στοιχείων ἐκθέσει ὡς ἄνευ τούτων μὴ δυναμένου γενέσθαι τοῦ συλλογισμοῦ ὥσπερ ἐπὶ τῶν προτάσεων τῶν οἰκείων, ἐξ ὧν ὁ συλλογισμός. ἐκείνων μὲν ⟨γὰρ⟩ χωρὶς οὐχ οἷόν τε τὸν κατ' αὐτὰς γενέσθαι συλλογισμόν· τὰ δὲ στοιχεῖα οὐδέν ἐστι τῶν δεικνυμένων μέρος. καὶ εἴη ἂν ἴσον τὸ εἰρημένον τῷ 'ὥσπερ καὶ οἱ ὑπὲρ τοῦ αἰσθάνεσθαι τὸν μανθάνοντα λέγοντες ἐπὶ τοιούτων'.

p. 50a5 Μὴ λανθανέτω δὲ ἡμᾶς, ὅτι ἐν τῷ αὐτῷ συλλογισμῷ οὐχ ἅπαντα τὰ συμπεράσματα δι' ἑνὸς σχήματός ἐστιν.

Ἐπεὶ ὁ λόγος αὐτῷ, περὶ ἀναλύσεως συλλογισμῶν, εἰσὶ δέ τινες καὶ σύνθετοι συλλογισμοί, ἐν οἷς πλείω τὰ συμπεράσματα καὶ πλείους οἱ συλλογισμοί, μὴ λανθανέτω ἡμᾶς, φησίν, ὅτι ἐν τοῖς ἐκ πλειόνων συλλογισμῶν καὶ συμπερασμάτων συγκειμένοις συλλογισμοῖς οὐχ ἅπαντα τὰ συμπεράσματα κατὰ τοὺς συλλογισμοὺς ἅπαντας ἀναγκαῖόν ἐστιν ἐν τῷ αὐτῷ γεγονέναι σχήματι, ἀλλ' ἐγχωρεῖ τὸ μέν τι συμπέρασμα κατὰ πρῶτον σχῆμα γεγονέναι τῶν ἐν αὐτῷ, τὸ δέ τι κατὰ δεύτερον ἢ τρίτον. ἐν μὲν γὰρ τῷ τοιούτῳ

---

1 μέρος a 3 χρώμεθα a: οὕτω χρώμεθα Ar. καὶ τῷ Ar.: καὶ τὸ aB (cf. vs. 12, 15) 5 οὐδὲν B: οὐδὲ a 9 ἐν B: ἐπὶ a 10 post ὑπὲρ add. δὲ a 12 τῷ B: τὸ ut vs. 3 a 13 ἴσον . . . λέγοντες (16) om. a 15 τῷ scripsi: τὸ B 21 ὥσπερ . . . συλλογισμόν (23) om. a 22 γὰρ addidi 24 οἱ om. a 27 ἐστιν aB (n): εἰσιν Ar. 29 post σύνθετοι add. οἱ a 31 συγκείμενοι συλλογισμοὶ a 33 μέν τι B: μέντοι a

τὸ Α κατὰ παντὸς τοῦ Β. τὸ Β κατὰ παντὸς τοῦ Γ. τὸ Γ κατὰ παντὸς 129r τοῦ Δ'. κἂν τι προσληφθῇ κατὰ τὴν αὐτὴν τάξιν. πάντα τὰ συμπεράσματα ἔσται δι' ἑνὸς σχήματος· διὰ γὰρ τοῦ πρώτου ὑπὸ μὲν τῶν ΑΒ, ΒΓ συναγομένου τοῦ ΑΓ ἐν πρώτῳ σχήματι. πάλιν δὲ τοῦ ΑΓ συνάγοντος μετὰ τοῦ ΓΔ τὸ ΑΔ ἐν τῷ αὐτῷ σχήματι. ἐὰν δὲ ᾖ τὸ Α τῷ μὲν Β οὐδενὶ τῷ δὲ Γ παντί, τὸ δὲ Β παντὶ τῷ Δ. τὸ ἄρα Γ οὐδενὶ τῷ Δ, σύνθετος μὲν καὶ οὗτος ὁ συλλογισμὸς καὶ τὰ συμπεράσματα [τὰ] ἐν τῷ αὐτῷ σχήματι πάντα. ἀλλ' οὐκ ἐν τῷ πρώτῳ ἀλλ' ἐν τῷ δευτέρῳ. ἐκ τῶν ΑΒ. ΑΓ συναγομένου τοῦ ΒΓ τοῦ 'τὸ Β οὐδενὶ τῷ Γ' ἀποφατικοῦ ἐν τῷ δευτέρῳ σχήματι. πάλιν δὲ ἐκ τοῦ ΒΓ ἀποφατικοῦ μετὰ τοῦ ΒΔ καταφατικοῦ συναγομένου τοῦ 'τὸ Γ οὐδενὶ τῷ Δ'. ὃ ἦν κείμενον. ἐν τῷ αὐτῷ σχήματι. ὁμοίως δὲ καὶ ἐπὶ τοῦ τοιούτου συνθέτου συλλογισμοῦ 'τὸ Α καὶ τὸ Β παντὶ τῷ Γ. ἀλλὰ καὶ τὸ Δ παντὶ τῷ Β. τὸ ἄρα Δ τινὶ τῷ Α'· πάλιν γὰρ καὶ οὗτος σύνθετος ὢν ὁ συλλογισμὸς ἔχει πάντα τὰ συμπεράσματα ἐν τῷ τρίτῳ σχήματι. ἐκ μὲν γὰρ τῶν ΑΓ, ΒΓ καταφατικῶν καθόλου συνάγεται τὸ Α τινὶ τῷ Β ἐν τρίτῳ σχήματι. τούτου δὲ τοῦ συμπεράσματος μετὰ τοῦ 'τὸ Δ παντὶ τῷ Β' συνάγοντος ἐν τῷ αὐτῷ σχήματι τὸ Δ τινὶ τῷ Α. ἂν δὲ ὁ συλλογισμὸς οὕτως ἔχῃ 'τὸ Α παντὶ τῷ Β. τὸ Β παντὶ τῷ Γ. τὸ Α οὐδενὶ τῷ Δ. τὸ ἄρα Δ οὐδενὶ τῷ Γ', ὁ μὲν συλλογισμὸς σύνθετος καὶ οὕτως, ἀλλ' οὐκέτ' ἐν τῷ αὐτῷ σχήματι τὰ συμπεράσματα πάντα. ἀλλ' ἔσται αὐτῶν τὸ μὲν ἐν πρώτῳ σχήματι, τὸ δὲ ἐν δευτέρῳ· ὑπὸ μὲν γὰρ τῶν ΑΒ. ΒΓ ἐν πρώτῳ σχήματι συνάγεται τὸ ΑΓ. τοῦτο δὲ μετὰ τοῦ 'τὸ Α οὐδενὶ τῷ Δ' συνάγει τὸ Δ οὐδενὶ τῷ Γ ἐν δευτέρῳ σχήματι. ἂν δὲ ὁ συλλογισμὸς ᾖ τοιοῦτος 'τὸ Α παντὶ τῷ Β, τὸ Β παντὶ τῷ Γ, τὸ Δ παντὶ ἤ τινὶ τῷ Γ, τὸ ἄρα Α τινὶ τῷ Δ', σύνθετος μὲν ὁ συλλογισμός. ἀλλὰ τὸ μὲν ἐν πρώτῳ συναχθήσεται, τὸ δὲ ἐν τρίτῳ· τὸ μὲν γὰρ Α παντὶ τῷ Γ ἐν πρώτῳ σχήματι συνάγεται διὰ τῶν ΑΒ, ΒΓ. τὸ δὲ ΑΓ μετὰ τοῦ 'τὸ Δ παντὶ ἤ τινὶ τῷ Γ' συνάγει τὸ Α τινὶ τῷ Δ ἐν τρίτῳ σχήματι. πάλιν ἂν ᾖ συλλογισμὸς τοιοῦτος 'τὸ Α οὐδενὶ μὲν τῷ Β. παντὶ δὲ τῷ Γ, ἀλλὰ καὶ τὸ Δ παντὶ τῷ Γ, τὸ ἄρα Β οὐ παντὶ τῷ Δ', τὸ μὲν ἕτερον συμπέρασμα ἔσται ἐν δευτέρῳ σχήματι, τὸ δ' ἕτερον ἐν τρίτῳ. | τὸ μὲν γὰρ Β οὐδενὶ τῷ Γ συνάγεται ἐν δευτέρῳ 129v σχήματι ὑπὸ τῶν ΑΒ, ΑΓ, τοῦτο δὲ μετὰ τοῦ 'τὸ Δ παντὶ τῷ Γ' συνάγει τὸ κείμενον τὸ 'τὸ Β οὐ παντὶ τῷ Δ'. μῖξις δ' ἂν γένοιτο καὶ τῶν τριῶν σχημάτων ἐν τῷ τοιούτῳ συλλογισμῷ 'τὸ Α παντὶ τῷ Β, τὸ Β παντὶ τῷ Γ. τὸ Α οὐδενὶ τῷ Δ, τὸ Ε παντὶ τῷ Γ, τὸ ἄρα Δ οὐ παντὶ τῷ Ε'. συναγομένου μὲν ὑπὸ τοῦ ΑΒ, ΒΓ τὸ Α παντὶ τῷ Γ ἐν πρώτῳ σχήματι, τούτου δὲ μετὰ τοῦ 'τὸ Α οὐδενὶ τῷ Δ' συνάγοντος τὸ 'τὸ Δ

---

2 τάξιν B: πρότασιν a 3 διὰ a: δεῖ B β̄ γ̄ B: ᾱ γ̄ a 6 β̄ evan. B 7 τὰ alterum delevi 10 τοῦ (post μετὰ) B: τῶν a 12 σύνθετον συλλογισμῶν a 15 ᾱ γ̄ scripsi: ᾱ β̄ aB 19 τὸ ἄρα B: συνάγει τὸ a 20 οὕτως B: οὗτος a οὐκέτ' B: οὐκ a 21 αὐτῷ a 25 σύνθετος μὲν . . . τινὶ τῷ δ̄ (29) om. a 36 γ̄ (ante τὸ ᾱ) B: δ̄ a οὐ παντὶ B: οὐδενὶ a 37 ante τὸ add. τοῦ a

οὐδενὶ τῷ Γ' ἐν δευτέρῳ σχήματι, τούτου δὲ μετὰ τοῦ 'τὸ Ε παντὶ τῷ Γ' 129v συνάγοντος τὸ κείμενον τὸ 'τὸ Δ οὐ παντὶ τῷ Ε' ἐν τρίτῳ σχήματι, ἡγουμένου μὲν τοῦ πρώτου σχήματος (ἡγεῖται γὰρ ὁ λόγος, οὗ τὸ συμπέρασμα ἄλλου λῆμμά ἐστιν), ἑπομένου δὲ πᾶσι τοῦ τρίτου σχήματος. μέσου δ' ὄντος τοῦ δευτέρου. πάλιν δ' αὖ ἡγήσεται τὸ δεύτερον πάντων ἐν τῷ τοιούτῳ συλλογισμῷ 'τὸ Α οὐδενὶ μὲν τῷ Β παντὶ δὲ τῷ Γ, ἀλλὰ καὶ τὸ Γ παντὶ τῷ Δ, καὶ τὸ Ε παντὶ τῷ Δ, τὸ ἄρα Β οὐ παντὶ τῷ Ε'. συναγομένου μὲν ὑπὸ τοῦ Α Β, Α Γ τοῦ 'τὸ Β οὐδενὶ τῷ Γ' ἐν δευτέρῳ σχήματι, τούτου δὲ μετὰ τοῦ 'τὸ Γ παντὶ τῷ Δ' συνάγοντος τὸ Β οὐδενὶ τῷ Δ ἐν πρώτῳ σχήματι, τούτου δὲ μετὰ τοῦ 'τὸ Ε παντὶ τῷ Δ' συνάγοντος τὸ κείμενον τὸ Β οὐ παντὶ τῷ Ε ⟨ἐν⟩ τρίτῳ σχήματι, ἑπομένου μὲν πᾶσι | τοῦ τρίτου. ἡγουμένου δὲ τοῦ δευτέρου, μεταξὺ δὲ ὄντος τοῦ πρώτου. τὸ δὲ τρίτον σχῆμα τοῦ μὲν δευτέρου ἡγήσεται, τοῦ δὲ πρώτου οὔ, εἰ κάτωθεν ἡ πρότασις προσλαμβάνοιτο, διὰ τὸ τοῦ μὲν τρίτου τὰ συμπεράσματα ἂν ἐπὶ μέρους εἶναι. εἰ δὲ προστεθείη τῷ συμπεράσματι πρότασις κάτωθεν, ἐν πρώτῳ σχήματι ἀσυλλόγιστον γίνεσθαι τὴν συζυγίαν ἔχουσαν τὴν μείζονα πρότασιν ἐπὶ μέρους. τοῦ δὲ δευτέρου ἡγήσεται ἐν τῷ τοιούτῳ 'τὸ Α καὶ τὸ Β παντὶ τῷ Γ, ἀλλὰ καὶ τὸ Α οὐδενὶ τῷ Δ, τὸ ἄρα Δ οὐ παντὶ τῷ Β', συναγομένου μὲν ὑπὸ τῶν Α Γ, Β Γ τοῦ 'τὸ Α τινὶ τῷ Β' ἐν τρίτῳ σχήματι, τούτου δὲ μετὰ τοῦ 'τὸ Α οὐδενὶ τῷ Δ' συνάγοντος τὸ κείμενον τὸ Δ οὐ παντὶ τῷ Β ἐν δευτέρῳ σχήματι. εἰ μέντοι ἄνωθεν ἡ πρότασις ἡ ἐν τῷ πρώτῳ σχήματι εἴη τῷ συμπεράσματι τοῦ τρίτου σχήματος προστιθεμένη καὶ μὴ κάτωθεν, ἡγήσαιτο ⟨ἂν⟩ τὸ τρίτον σχῆμα καὶ τοῦ πρώτου, ὡς ἐν τῷ τοιούτῳ συλλογισμῷ 'τὸ Α καὶ τὸ Β παντὶ τῷ Γ, ἀλλὰ καὶ τὸ Δ παντὶ τῷ Α, ἀλλὰ καὶ τὸ Δ οὐδενὶ τῷ Ε. τὸ ἄρα Ε οὐ παντὶ τῷ Β'· συνάγεται μὲν γὰρ ὑπὸ τῶν Α Γ, Β Γ τὸ Α τινὶ τῷ Β ἐν τρίτῳ σχήματι, τοῦτο δὲ μετὰ τοῦ 'τὸ Δ παντὶ τῷ Α' συνάγει τὸ Δ τινὶ τῷ Β ἐν πρώτῳ σχήματι, τοῦτο δ' αὖ μετὰ τοῦ 'τὸ Δ οὐδενὶ τῷ Ε' συνάγει τὸ κείμενον τὸ Ε οὐ παντὶ τῷ Β ἐν δευτέρῳ σχήματι, ἡγουμένου μὲν πάντων τοῦ τρίτου, ἑπομένου δὲ πᾶσι τοῦ δευτέρου, τοῦ δὲ πρώτου ἐν μέσῳ κειμένου.

Παραφυλακτέον δέ, ὅτι ὥσπερ ἐν τοῖς ἁπλοῖς ἀποφατικοῖς συλλογισμοῖς ἀδύνατον μιᾶς πλείους ἀποφατικὰς προτάσεις ληφθῆναι, οὕτως καὶ ἐν τοῖς συνθέτοις· καὶ γὰρ τῶν συνθέτων ἡ παραύξησις διὰ τῶν καταφατικῶν γίνεται. ἀλλ' οὐδὲ ἐκ πλειόνων ἐπὶ μέρους, ἀλλὰ καὶ τὸ ἐπὶ μέρους ἓν καὶ ἐν τοῖς συνθέτοις ἐπὶ μέρους συλλογισμοῖς ὥσπερ καὶ ἐν τοῖς ἁπλοῖς. τὰ δὲ καταφατικὰ καὶ καθόλου ὡς ἐν τοῖς ἁπλοῖς πλείω καὶ ἐν τοῖς συνθέτοις.

---

7 παντὶ τῷ δ̄ καὶ τὸ ε̄ παντὶ τῷ δ̄ in vestigiis man. primae evanidae B[2] ante καὶ add. ἀλλὰ a 8 τοῦ (post ὑπὸ) B[2] (B[1] evan.) 11 ἐν a: om. B 12 τοῦ τρίτου, ἡγουμένου δὲ . . . σῶμα πόρινον ὁρισαμένου (p. 385, 24) om. in lac. duarum fere paginarum a 19 β̄ γ̄ ex α β corr. B[1] 23 ἂν addidi 29 ἡγουμένου scripsi: ἡγουμένων B

p. 50a8 Ἐπεὶ δ' οὐ πᾶν πρόβλημα ἐν παντὶ σχήματι ἀλλ' ἐν ἑκάστῳ τεταγμένον.

Ὅτι τὰ μὲν τῶν προβλημάτων ἐν πᾶσι δείκνυται τοῖς σχήμασι, ὡς τὰ ἐπὶ μέρους ἀποφατικά. τὰ δὲ ἐν τοῖς δύο. ὡς τό τε ἐπὶ μέρους καταφατικόν (ἐν γὰρ τῷ πρώτῳ καὶ τῷ τρίτῳ) καὶ τὸ καθόλου ἀποφατικόν (ἐν γὰρ πρώτῳ καὶ ἐν δευτέρῳ), τὰ δὲ ἐν ἑνὶ μόνῳ, ὡς τὸ καθόλου καταφατικόν (ἐν γὰρ πρώτῳ μόνῳ), δῆλον. φησὶ δὲ δεῖν ἀναλύοντας τὸν προκείμενον συλλογισμόν, ὅστις ἂν ᾖ. ἐπεὶ μὴ πάντα τὰ συμπεράσματα ἐν τῷ αὐτῷ σχήματι γίνεται, ὡς ἐδείχθη. καὶ δεῖ ἕκαστον εἰς τὸ οἰκεῖον ἀνάγειν, τοῦ ληφθέντος συμπεράσματος μὴ ἐν πᾶσι τοῖς σχήμασιν ἔτι ζητεῖν τὴν ἀνάλυσιν, εἰ μὴ εἴη τῶν ἐν πᾶσι δεικνυμένων. ἀλλ' ἐκ τοῦ συμπεράσματος γνωρίσαντας, ἐν ᾧ ἢ μόνῳ δείκνυται ἢ μάλιστα. τὸ μὲν γὰρ καθόλου καταφατικὸν ἐν μόνῳ τῷ πρώτῳ. τὸ δὲ καθόλου ἀποφατικὸν μάλιστα ἐν τῷ δευτέρῳ, εἰ καὶ μὴ ἐν μόνῳ (διχῶς γὰρ ἐν τούτῳ). τὸ δὲ ἐπὶ μέρους ἀποφατικόν τε καὶ καταφατικὸν ἐν τῷ τρίτῳ μάλιστα· ἑκάτερον γὰρ τριχῶς. ἐν ᾧ δ' αὖ μάλιστα ἢ μόνῳ δείκνυται σχήματι τὸ κείμενον συμπέρασμα. κατὰ τοῦτο ἢ μόνον ἢ μάλιστα χρῆναί φησιν [δεῖν] τοῦ προκειμένου συλλογισμοῦ ζητεῖν ποιεῖσθαι τὴν ἀνάλυσιν [τῶν συμπερασμάτων]. αὐτὸς μὲν οὖν ἀπὸ τῶν συμπερασμάτων ἀξιοῖ λαμβάνειν τὸ σχῆμα, εἰς ὃ δεῖ ποιεῖσθαι τὴν ἀνάλυσιν τοῦ ἐκκειμένου συλλογισμοῦ. δῆλον δέ, ὅτι ῥᾷον ἂν τὸ οἰκεῖον σχῆμα εὑρεθείη τοῦ μέσου ληφθέντος. ὡς ἐν τοῖς πρώτοις εἴρηκεν· ἐν γὰρ τῇ τούτου ποιᾷ σχέσει πρὸς τοὺς ἄκρους ἡ τοῦ σχήματος εὕρεσις· τὸ γὰρ συμπέρασμα ἐνδέχεται καὶ κοινὸν πλειόνων εἶναι σχημάτων. τοῦτο δὲ φθάνει ἐν τοῖς πρόσθεν εἰρηκέναι.

p. 50a11 Τούς τε πρὸς ὁρισμὸν τῶν λόγων, ὅσοι πρὸς ἕν τι τυγχάνουσι διειλεγμένοι.

Ὅτι τῶν προβλημάτων τῶν τεσσάρων, ὧν ἐν τοῖς Τοπικοῖς ἐξέθετο, ἐν τοῖς ἀπὸ τοῦ ὁρισμοῦ ἐστι, δῆλον. καὶ τοῦτο δὴ παραινεῖ δεῖν ἐν ταῖς ἀναλύσεσι τῶν συλλογισμῶν ποιεῖν. ὅσοι συλλογισμοὶ ἀνασκευαστικοί εἰσιν ὅρου τινὸς ἀποδεδομένου. ⟨εἰ⟩ εἶεν ἑνός τινος τῶν ἐν τῷ ὅρῳ ἀναιρετικοὶ καὶ πρὸς ἓν τῶν ἐν αὐτῷ διειλεγμένοι καὶ οὕτως ἀναιροῦντες τὸν ὅρον. ἀναιρεῖται γὰρ ὁρισμὸς καὶ δείκνυται μὴ ὑγιὴς καὶ ἑνός τινος ἀναιρεθέντος τῶν ἐν αὐτῷ, ὡς εἴ τις ὁρισαμένου τινὸς τὸν ἄνθρωπον ζῷον λογικὸν θνητὸν πτηνὸν δεῖξαι διὰ συλλογισμοῦ, ὅτι μὴ εὐλόγως τὸ πτηνὸν πρόσκειται (οὐ γάρ ἐστιν οἰκεία διαφορὰ ἀνθρώπου), ὅλον μὲν τὸν ἀποδεδομένον ὅρον ⟨ἂν⟩ ἀνασκευάσειεν· ψευδὴς γὰρ ὁ πᾶς γίνεται καὶ οὑτινοσοῦν ἀναιρεθέντος τῶν

---

2 τεταγμένον B (Bun): τεταγμένα Ar. 10 ἔτι scripsi: ἔστι B 17 δεῖν delevi (fort. corr. δεῖ vs. 19 huc translatum) 18 τῶν συμπερασμάτων delevi (cf. vs. 19) 21 εἴρηκεν] c. 32 p. 47a40 sq. 27 ὅτι] parum liquet scriptum B 30 εἰ addidi 35 post ὅρον superscr. οὐκ B[3] 35. 36 ἂν ἀνασκευάσειεν scripsi: ἀνασκευάσειν B

ἐν αὐτῷ. οὐ μὴν πρὸς ὅλον τὸν λόγον καὶ τὸν συλλογισμὸν πεποίηται, ὥσπερ ὁ ἀνασκευάζων τὸν ἀποδεδομένον τοῦ θεοῦ λόγον, εἰ εἴη σῶμα πύρινόν τις ὡρισμένος τὸν θεόν· εἰ γὰρ ἀνασκευάζοι λαμβάνων 'τὸ φθαρτὸν οὐδενὶ μὲν θεῷ παντὶ δὲ σώματι πυρίνῳ', πρὸς ὅλον ἂν τὸν ὅρον ποιοῖτο τὸν λόγον, ἀλλ' οὐ πρός τι τῶν ἐν αὐτῷ. ὅταν μὲν οὖν πρὸς ὅλον τὸν ὅρον ὁ λόγος ⟨, ὃς⟩ ἀνασκευάζει αὐτόν, γίγνηται, δῆλον ὡς καὶ ἐν τῇ τῶν ὅρων ἐκθέσει ὅλον τὸν ὁρισμὸν ὅρον χρὴ τιθέναι τοῦ συλλογισμοῦ, ὥσπερ ἐφ' οὗ ἐφθάκαμεν εἰρηκέναι. ὅλον γὰρ ἡμῖν τὸ 'σῶμα πύρινον' ὅρος τεθήσεται, ὃς ἦν ὁρισμὸς ἀποδεδομένος τοῦ θεοῦ· τὸ γὰρ φθαρτὸν παντὸς αὐτοῦ ἀπεφήσαμεν, οὐ τινὸς τῶν ἐν αὐτῷ. εἰ δὲ ὁ λόγος μὴ πρὸς ὅλον γένοιτο τὸν ὁρισμὸν ἀλλὰ πρός τι τῶν ἐν αὐτῷ, ἀξιοῖ τοῦτο μόνον, πρὸς ὃ ⟨ὁ⟩ λόγος γίνεται, ὅρον τίθεσθαι ἐν τῷ συλλογισμῷ τῷ ἀναλυομένῳ ἀλλὰ μὴ πάντα τὸν ὁρισμόν· ἧττον γὰρ ἀσαφὴς ὁ λόγος ἔσται τοῦ κατὰ τὸν ὁρισμὸν μήκους περιαιρεθέντος. ἅμα δὲ καὶ γνώριμον ἔσται, τί ποτέ ἐστι τῶν ἐν τῷ ὅρῳ τὸ μὴ δεόντως εἰλημμένον, οἷον εἴ τις ὕδατος ὁρισμὸν ἀποδοίη ὑγρὸν ποτόν, εἰ ἐνίσταιτό τις δεικνὺς ψευδῆ τὸν ὁρισμὸν διὰ τὸ μὴ πᾶν ὕδωρ ποτὸν εἶναι λέγων 'ἡ θάλαττα ὕδωρ μέν ἐστι, ποτὸν δὲ οὐκ ἔστιν', ἐν δὴ τῇ τούτου τοῦ συλλογισμοῦ ἀναλύσει δεῖ ὅρους λαμβάνειν μέσον μὲν τὴν θάλατταν ἄκρους δὲ τό τε ὕδωρ καὶ τὸ ποτόν, οὐκέτι δὲ ὅλον τὸν ὁρισμὸν τὸ ὑγρὸν ποτόν· οὐ γὰρ πρὸς ὅλον τὸ ὑγρὸν εἶναι ποτὸν τὸ ὕδωρ ὁ λόγος ἠρώτηται ἀλλὰ μόνον πρὸς ποτόν. ἔτι ὁ μὲν τοιοῦτος λόγος ὁ ἕν τι τῶν ἐν τῷ ὁρισμῷ ἀναιρῶν καὶ ἐν τρίτῳ σχήματι ἐρωτᾶται μερικὴν τὴν ἀναίρεσιν ποιούμενος, ὁ δὲ πάντα τὸν ὁρισμὸν ἀναιρῶν ἐν δευτέρῳ, ὡς ἐδείχθη ἐπὶ τοῦ τὸν θεὸν σῶμα πύρινον ὁρισαμένου, | οὐχ ὅτι μὴ καὶ ἐν 130v πρώτῳ οἷόν τε ἀμφότερα δεῖξαι, ἀλλὰ κατ' ἀντιστροφὴν προτάσεων καὶ οὐχ ὁμοίως ἐναργῶς. ἐλέγχεται γὰρ ὁ ὁρισμὸς οὐκ ὢν ὑγιὴς ἤτοι, ὅταν μὴ δύνηται ταὐτὸν ὑπάρχειν τῷ τε ὁρισμῷ καὶ τῷ ὁριστῷ, ὅ ἐστι τοῦ δευτέρου σχήματος, ἢ ὅταν μὴ ὑπάρχειν ταὐτῷ δύνηται ὅ τε ὁρισμὸς καὶ τὸ ὁριστόν, ὡς τῇ θαλάττῃ τὸ μὲν ὁριστὸν τὸ ὕδωρ ὑπῆρχε, τῶν δ' ἐν τῷ ὁρισμῷ τι οὐχ ὑπῆρχε (τὸ γὰρ ποτόν), ὅ ἐστιν ἐν τρίτῳ σχήματι. οὕτως μὲν οὖν, ἢ εἰ μηδενὶ ἢ εἰ μὴ παντὶ τῷ ὁριστῷ ὑπάρχοι ὁ ἀποδεδομένος ὁρισμός, ἡ ἀνασκευὴ γίνοιτ' ἄν. γίνεται δὲ ἀνασκευὴ ὅρου καὶ διὰ τοῦ δεῖξαι, ὅτι μὴ μόνῳ ὁ ἀποδοθεὶς ὅρος ὑπάρχει, οἷον εἴ τις τὴν φρόνησιν ὁρίσαιτο ἕξιν ποιητικὴν ἀγαθῶν ἢ τὴν ἐγκράτειαν ἕξιν ἡδονῶν κρείττω· καὶ γὰρ ἡ στρατηγικὴ καὶ ἡ ἰατρικὴ ἕξις ποιητικὴ ἀγαθῶν, καὶ ἡ σωφροσύνη ἕξις ἡδονῶν κρείττων. καὶ ἡ τοιαύτη τῶν ὅρων ἀνασκευὴ καὶ αὐτὴ ἐν τρίτῳ γίνεται σχήματι· τῷ γὰρ αὐτῷ ὅρῳ οἷον τῇ σωφροσύνῃ ὁ μὲν ἀποδοθεὶς ὁρισμὸς τῆς ἐγκρατείας ὑπάρχει, ἡ δὲ ἐγκράτεια, ἥτις ἦν τὸ ὁριστόν, οὐχ

6 ὃς ἀνασκευάζει scripsi: ἀνασκευάζειν B 11 ὁ addidi 12 μὴ in vestigiis manus primae B² 13 ἧττον scripsi: ἡ ante spatium decem fere lit. B ἀσαφὴς] α alterum et ἡς evan. B 27 δύναται a 27. 28 β' σχῆμα a 28 τῷ αὐτῷ a 30 οὐχ om. a 31 ἀποδοθεὶς a 32 γίνοιτ' ἄν scripsi: γίνοιτο aB τοῦ B: τὸ a 36 αὐτὴ a: αὕτη B

ὑπάρχει, ὥστε οὐχ ὁρισμὸς τῆς ἐγκρατείας ὁ ἀποδοθεὶς λόγος· οὐ γὰρ πᾶσα 130v ἕξις ἡδονῶν κρείττων ἐγκράτεια.

p. 50a16 Ἔτι δὲ τοὺς ἐξ ὑποθέσεως συλλογισμοὺς οὐ πειρατέον ἀνάγειν· οὐ γὰρ ἔστιν ἐκ τῶν κειμένων ἀνάγειν.

Φησίν, ὅτι τοὺς ἐξ ὑποθέσεως δεικνύντας τι λόγους οὐ χρὴ πειρᾶσθαι ἀναλύειν καὶ ἀνάγειν εἰς τὰ σχήματα· οὐδὲ γὰρ οἷόν τέ ἐστιν ἐκ τῶν κειμένων καὶ εἰλημμένων ἀνάλυσιν αὐτῶν καὶ ἀναγωγὴν εἴς τι τῶν σχημάτων ποιήσασθαι. τούτου δὲ τὸ αἴτιον προσέθηκεν αὐτὸς εἰπὼν οὐ γὰρ διὰ συλλογισμῶν δεδειγμένοι εἰσίν, ἀλλὰ διὰ συνθήκης ὡμολογημένοι πάντες. ἐν πᾶσι γὰρ τοῖς ἐξ ὑποθέσεως οὐ τοῦ τιθεμένου καὶ δεικνυμένου ὁ συλλογισμὸς γίνεται. ἀλλὰ τοῦτο μὲν διά τινος ὑποθέσεώς τε καὶ συνθήκης λαμβάνεται, ὁ δὲ συλλογισμὸς πρὸς ἄλλο τι καὶ ἄλλου τινὸς γίνεται· "πρὸς γὰρ τὸ μεταλαμβανόμενον", ὡς εἶπε. συλλογισμοὺς δὲ ἁπλῶς καὶ κυρίως λέγει τοὺς κατηγορικούς. ὅτι δὲ τοιοῦτοι οἱ συλλογισμοί, οὓς λέγει ἐξ ὑποθέσεως, δῆλον. ὅ τε γὰρ ἐξ ὁμολογίας καὶ συνθήκης δεικνύς τι ἐξ ὑποθέσεως ὤν, ὃ μὲν βούλεται δεῖξαι, ὑποτίθεταί τε καὶ συντίθεται καὶ οὐ συλλογίζεται. ἄλλο δέ τι. ἀλλ' οὐχ ὃ ὑποτίθεται, συλλογίζεται, οἷον ὁ βουλόμενος τὴν ἀρετὴν ἐπιστήμην δεῖξαι, εἶτα συντιθέμενος, ἂν δείξῃ τὴν ἀρετὴν διδακτόν τι, καὶ ἐπιστήμην αὐτὴν δεδεῖχθαι, ἔπειτα δεικνὺς καὶ συλλογιζόμενος, ὅτι διδακτὸν ἡ ἀρετή, διὰ τοῦ 'πᾶσα ἕξις λογικὴ διδακτή, ἡ δὲ ἀρετὴ ἕξις λογική'· ὁ γὰρ συλλογισμὸς γίνεται τούτῳ οὐ πρὸς τὸ προκείμενον, ἀλλὰ "πρὸς τὸ μεταλαμβανόμενον", ὡς αὐτὸς προείρηκεν. ἐξ ὑποθέσεως δέ εἰσι καὶ οἱ διὰ τῆς εἰς ἀδύνατον ἀπαγωγῆς δεικνύντες τι, ἐφ' ὧν οὐδ' αὐτῶν ὁ συλλογισμὸς τοῦ δεικνυμένου γίνεται, ἀλλ' ὁ μὲν συλλογισμὸς πρὸς τὸ ὑποτεθὲν καὶ τοῦ ψεύδους, τῇ ⟨δὲ⟩ ἀναιρέσει τῇ τοῦ διὰ συλλογισμοῦ δειχθέντος ἀδυνάτου τίθεται τὸ προκείμενον οὐδενὸς πρὸς αὐτὸ συλλογισμοῦ προηγουμένως γενομένου. ἀλλὰ καὶ ἐπὶ τῶν διὰ τοῦ συνεχοῦς ὑποθετικῶν, ὁμοίως δὲ καὶ τοῦ διαιρετικοῦ. τὸ μὲν οὖν τιθέμενον οὐ διὰ συλλογισμῶν λαμβάνεται ἀλλὰ διὰ τὴν ὑπόθεσιν, ὁ δὲ συλλογισμὸς ἄλλου γίνεται· τοῦ γὰρ προσλαμβανομένου ἢ μεταλαμβανομένου.

Σαφῶς δὲ διὰ τοῦ παραδείγματος, ὃ λέγει, γνώριμον ποιεῖ. ἂν γὰρ ὑποθώμεθα καὶ συνθώμεθα, ἂν μὴ ᾖ μία δύναμις πάντων τῶν ἐναντίων, μηδὲ ἐπιστήμην | εἶναι μίαν πάντων τῶν ἐναντίων, εἶτα συλλογισώμεθα καὶ 131r δείξωμεν, ὅτι μή ἐστι μία δύναμις τῶν ἐναντίων πάντων, λαβόντες 'τὸ ὑγιεινὸν καὶ τὸ νοσῶδες ἐναντία, τοῦ ὑγιεινοῦ καὶ νοσώδους οὐκ ἔστι μία δύναμις, οὐ πάντων ἄρα τῶν ἐναντίων μία δύναμις' (ὅτι δὲ τοῦ ὑγιεινοῦ καὶ νοσώ-

3 ἔτι B: ὅτι a 13 εἶπε] c. 23 p. 41a39 15 γὰρ B: δὲ a 17 συλλογίζεται scripsi: συλλογίζεσθαι aB 18 δείξῃ scripsi: δείξω aB 19 διδακτὴν a 25 τὸ ψεῦδος a; at cf. p. 388, 29, 30 δὲ a: om. B τῇ alterum om. a τοῦ διὰ scripsi: διὰ τοῦ B: τοῦ διὰ τοῦ a 28 ὑποθετικῶν a: ὑποθετικῶς B οὖν om. a 33 συλλογιζώμεθα a 34 ἐπιδείξωμεν a 35 post καὶ alterum add. τοῦ a οὐ μία δύναμίς ἐστιν a 36 οὐ πάντων ἄρα ... δύναμις (p. 387, 1) om. a

δους οὐ μία δύναμις, οὕτως ἂν καὶ αὐτὸ διὰ συλλογισμοῦ δειχθείη· ὧν ἡ 131r αὐτὴ δύναμις, ταῦτα τοῦ αὐτοῦ ποιητικά· τὰ γὰρ τὴν τοῦ θερμαίνειν δύναμιν ἔχοντα θερμαίνει καὶ τὰ τοῦ ψύχειν ψύχει· τὸ δὲ ὑγιεινὸν καὶ τὸ νοσῶδες οὐκ ἔστι τοῦ αὐτοῦ ποιητικά· οὐκ ἄρα τοῦ ὑγιεινοῦ καὶ νοσώδους δύναμις ἡ αὐτή. αὐτὸς μέντοι διὰ τὸ εἰπεῖν ἅμα γὰρ ἔσται τὸ αὐτὸ ὑγιεινὸν καὶ νοσῶδες ἔοικεν οὐχ ὡς προείρηται δεδειχέναι. διότι μή ἐστιν ἡ αὐτὴ δύναμις τοῦ ὑγιεινοῦ καὶ νοσώδους. ἀλλ' ἐξ ὑποθέσεως αὐτὸ δέδειχε τοιαύτης· εἰ τοῦ ὑγιεινοῦ καὶ νοσώδους ἡ αὐτὴ δύναμις, ἅμα ἔσται τὸ αὐτὸ ὑγιεινὸν καὶ νοσῶδες· οὐχ οἷόν τε δὲ τοῦτο· οὐκ ἄρα ἡ αὐτὴ δύναμις αὐτῶν. ἐὰν δὲ οὕτως ᾖ δεικνύμενον. οὐκ ἔσται οὐδὲ τοῦτο διὰ συλλογισμοῦ δεδειγμένον, ἀλλὰ καὶ αὐτὸ ἐξ ὑποθέσεως), τὸ μὲν δὴ μὴ εἶναι μίαν πάντων τῶν ἐναντίων δύναμιν ἔσται διὰ συλλογισμῶν δεδειγμένον. καὶ ἔσται γε τούτων τὴν ἀνάλυσιν ποιεῖσθαι· ἔστι γὰρ ὁ μὲν πρῶτος ἐν τρίτῳ σχήματι τῶν εἰρημένων, ὁ δὲ δεύτερος ἐν δευτέρῳ. οὐδαμοῦ μέντοι διὰ συλλογισμοῦ δέδεικται, ὅτι μή ἐστιν ἐπιστήμη μία τῶν ἐναντίων, ἀλλ' ἐκείνου δειχθέντος τοῦτο συγχωρεῖται διὰ τὴν ὁμολογίαν. τὸ δὲ εἶτα διαλεχθείη, ὅτι οὐκ ἔστι πᾶσα δύναμις τῶν ἐναντίων ἴσον ἐστὶ τῷ 'εἶτα δείξειε καὶ συλλογίσαιτο, ὅτι μή ἐστιν τῶν ἐναντίων μία δύναμις'· τοῦτο γὰρ σημαίνει τὸ οὐ πᾶσα δύναμις τῶν ἐναντίων. μὴ γεγονότος δὴ πρὸς αὐτὸ συλλογισμοῦ οὐδ' ἀνάλυσις ἂν γένοιτο. τοῦτο δὲ καὶ αὐτὸς διὰ τοῦ τοῦτον μὲν οὖν οὐκ ἔστιν ἀναγαγεῖν τὸν λόγον εἴρηκε· συλλογισμὸς γὰρ οὐκ ἔστιν. τιθέναι μὲν οὖν αὐτὸν ἀναγκαῖον, οὐ μὴν διὰ συλλογισμοῦ ἀλλὰ διὰ τὴν ὁμολογίαν τὴν ἐξ ἀρχῆς. τὸ δὲ ὅτι ⟨μὴ⟩ μία δύναμις τῶν ἐναντίων ἔστιν ἀναγαγεῖν· διὰ συλλογισμοῦ γὰρ ἐκεῖνο ἐδείχθη, ὡς ἡμεῖς ἐφθάκαμεν δεδειχέναι. καὶ τούτου ἀνάλυσις ἂν εἴη τοῦ ὅτι μὴ μία δύναμις ἐστίν. τούτῳ δ' εἴρηκεν ὡς ἴσον τὸ ὅτι δὲ οὐ μία δύναμις, ἔστιν. λείποι δ' ἂν τῇ λέξει καὶ τὸ 'τῶν ἐναντίων'.

Τὸ δ' ἴσως προσέθηκεν, ὅτι μὴ πάντως τοῦτο διὰ συλλογισμοῦ δείκνυται, ἀλλ' ἔνεστι καὶ αὐτὸ ὡς ἐναργὲς δι' ὑποθέσεως καὶ διὰ συνθήκης λαβεῖν, οἷον εἴ τις πάλιν βουλόμενος λαβεῖν, ὅτι ὑγιεινοῦ καὶ νοσώδους οὐχ ἡ αὐτὴ δύναμις, ὑπόθοιτο εἰπὼν 'εἰ τῶν ἀντικειμένων οὐ μία ἐστὶν καὶ ἡ αὐτὴ δύναμις, οὐδὲ ὑγιεινοῦ καὶ νοσώδους', εἶτα ἐπὶ τῶν ἀντικειμένων τὸν λόγον ποιήσαιτο (ὁ γὰρ συλλογισμὸς ἔσται περὶ τὸ μὴ εἶναι τῶν ἀντικειμένων δύναμιν μίαν, ἀλλ' οὐ πρὸς τὸ τοῦ ὑγιεινοῦ καὶ νοσώδους μὴ εἶναι δύναμιν μίαν), ἢ ὡς αὐτὸς δοκεῖ δεδειχέναι, 'εἰ τῶν ἐναντίων ἡ αὐτὴ δύναμις,

---

1 συλλογισμῶν a 3 θερμαίνειν a ψύχει B: ψύχειν a τὸ alterum om. a 5 τὸ (post διὰ) B: τοῦ a 6 ante οὐχ add. μὴ a διότι] cf. Vahlen Rhetor. p. 58 9 post ἄρα add. οὐδὲ a 12 τῶν ἐναντίων πάντων μίαν a 14 μέντοι a: δείκνυσι B² (B¹ evan.) 15 συλλογισμῶν a 17 πᾶσα B (pr. Be): μία a (rc. ABC) 18 εἶτα om. a 20 συλλογισμῶν a 21 τὸν λόγον om. Ar. 23 συλλογισμῶν a μὴ addidi 24 συλλογισμῶν a 25 μὴ om. a 26 τούτῳ . . . τὸ scripsi: τοῦτο . . . τῷ aB δὲ οὐ om. a 28 συλλογισμῶν a 31 ἀντικειμένων οὐ (οὐ superscr. B²) μία B: ἐναντίων οὐκ a καὶ superscr. B¹: om. a 33 ante τῶν add. περὶ a

ἅμα ἔσται τὸ αὐτὸ ὑγιεινὸν καὶ νοσῶδες', εἶτα ὡς ἐναργὲς προσλάβοι 131r 'ἀλλὰ μὴν οὐχ οἷόν τε ἅμα τὸ αὐτὸ ὑγιεινόν τε καὶ νοσῶδες εἶναι'. καὶ γὰρ ἡ τοιαύτη δεῖξις ἐξ ὑποθέσεως μέν, οὐ μὴν διὰ συλλογισμοῦ, ὃ ἔοικε καὶ αὐτὸς τεθεικέναι. ὡς εἶπον, διὰ τοῦ οἷον εἰ τοῦ ὑγιεινοῦ καὶ νοσώδους· ἅμα γὰρ ἔσται τὸ αὐτὸ [τὸ] ὑγιεινὸν καὶ νοσῶδες. εἰ γὰρ διὰ τούτου δεικνύοιτο τὸ μὴ εἶναι μίαν τῶν ἐναντίων δύναμιν, οὐ διὰ συλλογισμοῦ ἂν δεικνύοιτο, ἀλλὰ καὶ αὐτὸ ἐξ ὑποθέσεως. οὔτε γὰρ εἰ ὡς ἐναργὲς λαμβάνοιτο μὴ εἶναι ἅμα τὸ αὐτὸ ὑγιεινὸν καὶ νοσῶδες, οὔτε εἰ δι' ἐπαγωγῆς πιστὸν γένοιτο καὶ μὴ διὰ συλλογισμοῦ τὸ προσλαμβανόμενον, εἴη ἂν διὰ συλλογισμοῦ γεγονυῖα ἡ δεῖξις τοῦ μὴ εἶναι μίαν τῶν ἐναντίων ἐπιστήμην. ἀλλ' ἐξ ὑποθέσεως μόνον· διὸ οὐδὲ ἀναλύσεως ὁ τοιοῦτος δεήσεται λόγος συλλογιστικῆς. ἐπεὶ οὖν αὐτὸς διὰ τοιούτου ἔδειξε, διὰ τοῦτο προσέθηκε τῷ οὗτος γὰρ ἦν συλλογισμὸς τὸ ἴσως. ὅτι δὲ μὴ πᾶν τὸ μεταλαμβανόμενον διὰ κατηγορικοῦ δείκνυται συλλογισμοῦ, ἀλλ' ἔστι πολλάκις καὶ διὰ τὴν ἐνάργειαν τιθέμενον, ἐκ τοῦ προειρημένου παραδείγματος δῆλον· τὸ γὰρ μὴ δύνασθαι συνυπάρχειν ὑγείαν καὶ νόσον ὄντα ἐναντία ὡς ἐναργὲς προσλαμβάνεται ἀλλ' οὐχ ὡς δεδειγμένον διὰ | συλλογισμοῦ. καὶ Θεό- 131v φραστος δὲ ἐν τῷ πρώτῳ τῶν Προτέρων ἀναλυτικῶν λέγει τὸ προσλαμβανόμενον ἢ δι' ἐπαγωγῆς τίθεσθαι ἢ καὶ αὐτὸ ἐξ ὑποθέσεως ἢ δι' ἐναργείας ἢ διὰ συλλογισμοῦ. τοὺς δὴ τοιαύτην καὶ οὕτω ποιουμένους τὴν πρόσληψιν λόγους περαίνειν μὲν Ἀριστοτέλης λέγει καὶ δεικνύναι αὐτὸ ⟨τὸ⟩ προκείμενον, οὐ μὴν διὰ συλλογισμοῦ εἶναι. τὸ δὲ εἶτα διαλεχθείη, ὅτι οὐκ ἔστι πᾶσα δύναμις τῶν ἐναντίων ὡς ἴσον εἴρηκε τῷ 'εἰ διαλεχθείη καὶ δείξειεν, ὅτι οὐκ ἔστι πάντων τῶν ἐναντίων δύναμις ἡ αὐτή', ὡς ἤδη προεῖπον.

Εἰπὼν δὲ περὶ τῶν ἐξ ὁμολογίας ὑποθετικῶν καὶ δείξας, ὅτι μὴ γίνεται τοῦ τιθεμένου ὁ συλλογισμός, ἀλλ' εἴπερ ἄρα, ἄλλου τινός, ἑξῆς λέγει περὶ τῶν δι' ἀδυνάτου, οἳ καὶ αὐτοὶ τῶν ἐξ ὑποθέσεώς εἰσιν. φησὶ γάρ, ὅτι μηδὲ τούτους ἔστιν ἀναλύειν, ὅτι μηδ' ἐπὶ τούτων πρὸς τὸ τιθέμενον ὁ συλλογισμὸς ἀλλ' ἄλλου τινός. διὰ γὰρ τὸ ⟨τὸ⟩ ἀντικείμενον αὐτῷ ὑποτεθῆναι ἀδύνατόν τι συμβαῖνον δείκνυται διὰ συλλογισμοῦ· τὸ δὲ προκείμενον τῇ τοῦ ἀδυνάτου διὰ συλλογισμοῦ δειχθέντος ἀναιρέσει τίθεται ἀλλ' οὐ δι' οἰκείου καὶ πρὸς αὐτὸ γεγονότος συλλογισμοῦ. ὁμολογουμένου γὰρ τοῦ πᾶσαν ἀρετὴν καλὸν εἶναι, ἔτι δὲ τοῦ πᾶν τὸ καλὸν ἐπαινετόν, πρὸς τὸν μὴ συγχωροῦντα πᾶσαν ἀρετὴν ἐπαινετὸν εἶναι ὁ δεικνὺς τοῦτο διὰ τῆς

1 τὸ αὐτὸ ὑγιεινὸν . . . οἷόν τε ἅμα (2) om. a 3 τοιαύτη B: αὐτὴ a συλλογισμῶν a 4 καὶ aB (f): καὶ τοῦ Ar. 5 τὸ alterum add. B: om. a 6 οὐ superscr. B[2]: om. a 6. 7 συλλογισμῶν a 8 αὐτὸ om. a 9 et 10 συλλογισμῶν a 10 τῶν ἐναντίων μίαν a 12 τοιούτου B: τούτου a 13 μὴ δὲ a 15 ante ἐκ add. ὡς a 16 ὑγ[είαν καὶ νόσον ὄντα ἐν]αντία] unc. incl. evanida restituit B[2] 17 συλλογισμῶν a Θεόφραστος] fr. 62 18. 19 προσλαμβανόμενον a: προσλαμβάνον B 20 συλλογισμῶν a δὴ τοιαύτην B: ταύτην a 21 δεικνύναι om. in lac. a τὸ addidi 22 συλλογισμῶν a 23 ὅτι] ὡς a ὡς ἴσον om. in lac. a εἰ B: εἶτα a 24 δείξει a 25 προείρηται a 30 τὸ addidi: τῷ a 31 συμβαίνειν a

εἰς ἀδύνατον ἀπαγωγῆς αὐτὸ μὲν οὐ συλλογίζεται. ὑποθέμενος δὲ τὸ ἀντι- 131v
κείμενον αὐτῷ τὸ μὴ πᾶσαν ἀρετὴν ἐπαινετὸν εἶναι καὶ προσλαβὼν τούτῳ τὸ πᾶσαν ἀρετὴν καλὸν εἶναι συλλογίζεται ἐν τρίτῳ σχήματι τὸ μὴ πᾶν καλὸν ἐπαινετὸν εἶναι. καὶ ὁ μὲν συλλογισμὸς τούτου, τὸ δὲ ἐξ ἀρχῆς δείκνυται διὰ τοῦ τὸ συλλογισθὲν ἀδύνατον εἶναι.

p. 50a32 Διαφέρουσι δὲ τῶν προειρημένων.

Λέγει τὴν διαφοράν, ᾗ διαφέρουσιν οἱ δι' ἀδυνάτου τῶν ἐξ ὁμολογίας. ἀμφότεροι μὲν γὰρ ἐξ ὑποθέσεως, ἀλλ' ἐπ' ἐκείνων μέν, εἰ μὴ πρῶτον ὁμολογία γένοιτο, ὡς ἐπὶ τοῦ δεικνυμένου ἔχει. οὕτως δὲ καὶ ἐπὶ τοῦ προκειμένου ἔσεσθαι δεδειγμένον, οὐ πάντως δειχθέντος ἐκείνου τοῦτο κατεσκεύασται· οὐ γὰρ ⟨ἔδειξεν⟩ ὁ δείξας, ὅτι μὴ πάντων τῶν ἐναντίων ἡ αὐτὴ δύναμίς ἐστιν, ἐξ ἀνάγκης ἑπόμενον τὸ 'οὐδὲ ἐπιστήμη'. εἰ μὴ προσυνέθετο περὶ αὐτοῦ. ἐπὶ δὲ τῆς εἰς ἀδύνατον ἀπαγωγῆς μηδεμιᾶς ὁμολογίας γενομένης τῇ δείξει τοῦ ἀδυνάτου τίθεται τὸ ἀντικείμενον αὐτῷ διὰ τὴν τῆς ἀντιφάσεως ἀνάγκην.

p. 50a37 Οἷον τεθείσης τῆς διαμέτρου συμμέτρου τὸ τὰ περιττὰ ἴσα εἶναι τοῖς ἀρτίοις.

Παραδείγματι πάλιν τούτῳ κέχρηται τῆς εἰς ἀδύνατον ἀπαγωγῆς, οὗ τὴν δεῖξιν ἐν τοῖς ἔμπροσθεν, ἥτις ἐστίν, εἰρήκαμεν. εἰπὼν δὲ περὶ τῆς εἰς ἀδύνατον ἀπαγωγῆς, ὅτι καὶ μὴ προδιομολογησάμενοι συγχωροῦσι διὰ τὸ φανερὸν εἶναι τὸ ψεῦδος, τοῦ πῶς φανερόν ἐστι τὸ ψεῦδος τὸ ἑπόμενον τῇ ὑποθέσει παρέθετο παράδειγμα τοῦτο τὸ ὑποτεθείσης τῆς διαμέτρου συμμέτρου εἶναι τῇ πλευρᾷ ἕπεσθαι τὸ τὰ περιττὰ τοῖς ἀρτίοις ἴσα εἶναι, οὐχ ὡς φανερῶς καὶ γνωρίμως ἑπομένου τούτου τῇ ὑποθέσει, ἀλλ' ὡς δεικνυμένου μὲν διὰ συλλογισμοῦ, ὅτι ἕπεται. φανερῶς δ' ὄντος ἀτόπου καὶ ἀναιροῦντος τὴν ὑπόθεσιν, ᾗ εἵπετο· ἧς ἀναιρεθείσης διὰ τὴν τοῦ ἑπομένου ἀτοπίαν τὸ ἀντικείμενον αὐτῆς τίθεται. ὃ ἦν προκείμενον. πῶς δὲ ἕπεται τῷ 'ἂν ἡ διάμετρος σύμμετρος ᾖ τῇ πλευρᾷ' τὰ περιττὰ τοῖς ἀρτίοις εἶναι ἴσα, διὰ τῶν πρώτων, ὡς εἶπον, ἐδείξαμεν.

p. 50a39 Πολλοὶ δὲ καὶ ἕτεροι περαίνονται ἐξ ὑποθέσεως, οὓς ἐπισκέψασθαι δεῖ καὶ ἐπισημῆναι καθαρῶς.

Εἰπὼν περὶ τῶν ἐξ ὁμολογίας καὶ τῶν διὰ τῆς εἰς ἀδύνατον ἀπαγωγῆς λέγει καὶ ἄλλους πολλοὺς ἐξ ὑποθέσεως περαίνεσθαι, περὶ ὧν ὑπερτίθεται

---

7 οἱ B: ὡς a 11 οὐ B: καὶ a ἔδειξεν a: om. B ὁ δείξας om. a 14 αὐτῶν a 15 τὸ a B pr.: τῷ B[1] corr. 16 τοῖς om. a 17 χρῆται a 18 τις evan. B εἰρήκαμεν] p. 260,9 sq. 23 εἶναι B: τῆς a 24 ἀλλ' ὡς . . . ᾗ εἵπετο (25) om. a ἀλλ' ὡς scripsi: καλῶς B διὰ scripsi: δὴ B 26 αὐτῇ a 27 τὸ τὰ a (cf. vs. 15,22) 30 διασημῆναι a et Ar.

μὲν ὡς ἐρῶν ἐπιμελέστερον. οὐ μὴν φέρεται αὐτοῦ σύγγραμμα περὶ αὐτῶν· 131v Θεόφραστος δ' αὐτῶν ἐν τοῖς ἰδίοις Ἀναλυτικοῖς μνημονεύει, ἀλλὰ καὶ Εὔδημος καί τινες ἄλλοι τῶν ἑταίρων αὐτοῦ. λέγοι δ' ἂν τούς τε διὰ 132r συνεχοῦς, ὃ καὶ συνημμένον λέγεται, καὶ τῆς προσλήψεως ὑποθετικοὺς καὶ τοὺς διὰ τοῦ διαιρετικοῦ τε καὶ διεζευγμένου ἢ καὶ τοὺς διὰ ἀποφατικῆς συμπλοκῆς. εἰ ἄρα οὗτοι ἕτεροι τῶν προειρημένων, παρὰ τοὺς εἰρημένους εἶεν ἂν καὶ οἱ ἐξ ἀναλογίας καὶ οὓς λέγουσι κατὰ ποιότητα, τοὺς ἀπὸ τοῦ μᾶλλον καὶ ἧττον καὶ ὁμοίως. καὶ εἴ τινες ἄλλαι τῶν ἐξ ὑποθέσεως διαφοραὶ προτάσεών εἰσι, περὶ ὧν ἐν ἄλλοις εἴρηται. ἐκεῖνο δὲ ἄξιον ἐκ τῆς λέξεως ἐπισημήνασθαι, ὅτι συλλογισμοὺς μὲν ἁπλῶς οὐ λέγει τοὺς ὑποθετικοὺς εἶναι, περαίνειν μέντοι αὐτοὺς λέγει. ὥσπερ προειρήκαμεν ἤδη, εἰπὼν πολλοὶ δὲ καὶ ἕτεροι περαίνονται ἐξ ὑποθέσεως, καὶ τὸ ὅλον ἐξ ὑποθέσεως συλλογισμούς· τοῦτο γάρ ἐστι τὸ τοὺς τοιούτους συλλογισμούς. εἶεν δ' ἂν περαίνοντες μὲν μόνον, ὧν ἡ πρόσληψις οὐ διὰ συλλογισμοῦ τίθεται, ἐξ ὑποθέσεως δὲ συλλογισμοὶ οἱ τὴν πρόσληψιν ἔχοντες εἰλημμένην διὰ συλλογισμοῦ· ὥστε ἀνάπαλιν κατ' αὐτόν, ἢ ὡς οἱ νεώτεροι ἀξιοῦσιν. [ἢ] οἱ ὑποθετικοὶ λόγοι περαντικοὶ μὲν οὐ συλλογισμοὶ δέ, ὥσπερ φθάνομεν εἰρηκότες, συλλογισμοὶ δ' οἱ κατηγορικοί. διὸ καὶ ὁ διὰ τριῶν λέγοιτο [δ'] ἂν κατ' αὐτὸν λόγος περαντικός, ἀλλ' οὐ συλλογιστικός.

p. 50b5 Ὅσα δ' ἐν πλείοσι σχήμασι δείκνυται τῶν προβλημάτων, ἂν ἐν θατέρῳ συλλογισθῇ, ἔστιν ἀνάγειν τὸν συλλογισμὸν εἰς θάτερον.

Κεῖται, ὅτι τὰ μὲν τῶν προβλημάτων ἐν ἑνὶ δείκνυται μόνῳ σχήματι, ὡς τὸ καθόλου καταφατικόν (ἐν γὰρ τῷ πρώτῳ μόνῳ), τὰ δὲ ἐν δύο, ὡς τὸ καθόλου ἀποφατικὸν πάλιν· ἐν γὰρ τῷ πρώτῳ καὶ ἐν τῷ δευτέρῳ. ὁμοίως δὲ ἐν δύο καὶ τὸ ἐπὶ μέρους καταφατικόν· καὶ γὰρ ⟨ἐν⟩ τῷ πρώτῳ καὶ τῷ τρίτῳ. τὸ δ' ἐπὶ μέρους ἀποφατικὸν [μὴ] ἐν τοῖς τρισίν. οὕτως τοίνυν ἔχοντος τούτου φησίν, ὅτι, ὅσα τῶν προβλημάτων διὰ πλειόνων δείκνυται σχημάτων, ἐὰν συλλογισθῇ ἔν τινι, δυνατὸν ἀναγαγεῖν τὸν συλλογισμὸν καὶ εἰς τὸ ἄλλο σχῆμα ἢ εἰς τὰ ἄλλα, ἐν ᾧ ἢ ἐν οἷς καὶ αὐτοῖς τὸ αὐτὸ πρόβλημα δείκνυται. οἷον εἰ εἴη ἐν πρώτῳ σχήματι τὸ καθόλου ἀποφατικὸν δεδειγμένον, ἐνέσται τὸν συλλογισμὸν τὸν γινόμενον ἀναγαγεῖν καὶ εἰς τὸ δεύτερον σχῆμα ἀντιστρέψαντας τὴν ἀποφατικὴν πρότασιν, ἐπειδὴ καὶ ἐν τούτῳ τῷ σχήματι τὸ πρόβλημα τοῦτο δείκνυται. ὁμοίως δέ, κἂν ἐν τῷ

---

3 λέγοι scripsi: λέγει aB 4 συνεχῶν a 5 συνεζευγμένου a ἀποφατικῆς a: ἀποφατικοῦ B 6 ἕτεροι om. a 9 εἴρηται] cf. p. 324, 16 sq. ἐκεῖνο Brandis Schol. p. 185a6: ἐκεῖνα aB 11 post μέντοι add. καὶ a 12 καὶ prius superscr. B 17 ἢ delevi οἱ om. a 18 φθάνωμεν a 19 λέγοιτο δ' ἂν B (δ' delevi): λεγόμενος a 21 συλλογισθῇ B: συλλογισμῷ a ἀναγαγεῖν Ar. 23 μόνῳ δείκνυται a 25 πάλιν ἀποφατικόν a ἐν τῷ (post καὶ) om. a 26 καὶ (ante τὸ) superscr. B ἐν (ante τῷ) a: om. B 27 ἀποφατικὸν μὴ (μὴ om. a) ἐν B[2] (B[1] evan.) 28 ὅσα B: τὰ a διὰ B: μὲν a 30 τὸ αὐτὸν a

δευτέρῳ σχήματι δεδειγμένον ᾖ τὸ καθόλου ἀποφατικόν, ἔνεστι τὸν συλλογισμὸν εἰς τὸ πρῶτον ἀναγαγεῖν τῇ τῆς ἀποφατικῆς ἀντιστροφῇ. οὐ πάντας δέ φησιν οἷόν τε εἶναι ἀνάγεσθαι τοὺς δεικνυμένους ἔν τινι σχήματι συλλογισμοὺς εἰς τὰ ἄλλα σχήματα, ἐν οἷς καὶ αὐτοῖς τὸ αὐτὸ πρόβλημα δείκνυται. λέγει δὲ τοῦτο περὶ τοῦ τετάρτου τοῦ ἐν δευτέρῳ σχήματι, ὃς ἐκ καθόλου καταφατικῆς τῆς μείζονος καὶ ἐπὶ μέρους ἀποφατικῆς τῆς ἐλάττονος ἐπὶ μέρους ἀποφατικὸν συνάγει, καὶ περὶ τοῦ ἕκτου τοῦ ἐν τῷ τρίτῳ σχήματι, ὃς καὶ αὐτὸς ἐκ καθόλου καταφατικῆς τῆς ἐλάττονος καὶ ἐπὶ μέρους ἀποφατικῆς τῆς μείζονος ἐπὶ μέρους ἀποφατικὸν συνάγει. δείκνυται μὲν γὰρ τὸ ἐπὶ μέρους ἀποφατικὸν πρόβλημα ἐν τοῖς τρισὶ σχήμασιν, ἀλλ' οἱ προειρημένοι συλλογισμοὶ οὐ δύνανται εἰς ἄλλο σχῆμα ἀναχθῆναι τῷ τὴν μὲν ἀναγωγὴν καὶ τὴν ἀνάλυσιν τὴν ἔκ τινος σχήματος εἰς ἄλλο σχῆμα δι' ἀντιστροφῆς γίνεσθαι, τούτων δὲ μηδέτερον δείκνυσθαι δύνασθαι δι' ἀντιστροφῆς ἀλλ' ἀμφοτέρους διὰ τῆς εἰς ἀδύνατον ἀπαγωγῆς, ὡς ἐδείχθη. τοῦτο καὶ αὐτὸς προϊὼν γνώριμον ποιήσει. δείκνυσι δὲ πρῶτον ἐπιών, πῶς τοὺς ἐξ ἄλλου σχήματος συλλογισμοὺς ἔστιν ἀνάγειν εἰς ἄλλο σχῆμα, καὶ ἔστιν ἡ ἔφοδος, ἣν ποιεῖται, γνωρίμως λεγομένη. διὰ δὲ ταύτης τῆς ἐφόδου καὶ αὐτὸς προεῖπε μέλλων περὶ τῆς τῶν συλλογισμῶν εἰς τὰ σχήματα ἀναγωγῆς λέγειν, ὃ νῦν ἔστι γινόμενον ἰδεῖν· εἶπε γὰρ "συμβήσεται δ' ἅμα καὶ τὰ πρότερον εἰρημένα ἐπιβεβαιοῦσθαι καὶ φανερώτερα εἶναι". |

p. 50b21 Ἐὰν δὲ τὸ κατηγορικὸν ᾖ πρὸς τῷ Β, τὸ δὲ στερητικὸν πρὸς τῷ Γ. 132v

Ὁ δεύτερος ἐν τῷ δευτέρῳ σχήματι ἦν ὁ τὴν μείζονα ἔχων καθόλου καταφατικὴν τὴν δὲ ἐλάττονα καθόλου ἀποφατικὴν δεικνύμενος διὰ δύο ἀντιστροφῶν τῆς τε ἀποφατικῆς προτάσεως καὶ τοῦ συμπεράσματος. δείκνυσι δέ, πῶς τοῦτον ἀνάξομεν εἰς τὸν ἐν τῷ πρώτῳ σχήματι καθόλου ἀποφατικόν. φησὶ δὲ δεῖν τὸν ἐλάττονα ὅρον πρῶτον τιθέναι ὡς μείζονα καὶ πρὸ τοῦ μείζονος, ὃν ἐν τῷ συμπεράσματι δεῖ κατηγορῆσαι, καὶ τὴν καθόλου ἀποφατικὴν πρότασιν [καὶ] ἀντιστρέψαντας αὐτῇ προσλαμβάνειν τὴν μείζονα πρότασιν τὴν καθόλου καταφατικὴν ὡς ἐλάττονα. οὕτω γὰρ ἔσται τὸ πρῶτον σχῆμα καὶ ἔσται συναγόμενον τὸ τὸν ἐλάττονα μηδενὶ τῷ μείζονι· ὃ συμπέρασμα ἀντιστρέψαντες (ἡ γὰρ καθόλου ἀποφατικὴ ἀντιστρέφει) ἕξομεν τὸ προκείμενον δεδειγμένον τὸ τὸν μείζονα μηδενὶ τῷ ἐλάττονι. ἦν δὲ μέσος μὲν ὁ Α ἐν τῷ συλλογισμῷ τῷ ἐν δευτέρῳ σχήματι, μείζων δὲ ὁ

---

2 ἀναγαγεῖν εἰς τὸ πρῶτον a 3 εἶναι om. a 5 post ἐν add. τῷ a 11 ἄλλα σχήματα a 14 ἐδείχθη] c. 5 p. 27a37 sq., c. 6 p. 28b17 sq. 15 ἐπὶ ὧν a 17. 18 ταύτην τὴν ἔφοδον a 18. 19 τὸ σχῆμα a 19 εἶπε] c. 32 p. 47a5 20 φανερώτερα a et Ar.: φανερώτατα B 21 κατηγορικὸν a et Ar.: κατηγορούμενον B 26 τῷ om. a 28 ὃν om. a 29 καὶ delevi ἀντιστρέψαντας αὐτῇ scripsi: ἀντιστρέψαντες αὐτὴν aB 30 ἔστι a 31 τὸν B: τὴν a ὃ scripsi: τὸ B: τὸ δὲ a 33 τὸν scripsi: τὴν aB 34 μὲν om. a

Β, πρὸς ᾧ ἡ καταφατικὴ ἡ καθόλου ἔκειτο, ἐλάττων δὲ ὁ Γ, πρὸς 132v ὃν ἡ καθόλου ἀποφατική.

p. 50b30 Ὅταν δὲ τὸ κατηγορικόν, οὐκ ἀναλυθήσεται.

Εἰπὼν περὶ τοῦ τρίτου ἐν τῷ δευτέρῳ σχήματι ὄντος ἐκ καθόλου ἀποφατικῆς τῆς μείζονος καὶ ἐπὶ μέρους καταφατικῆς τῆς ἐλάττονος καὶ δείξας αὐτὸν ἀναγόμενον διὰ τῆς μείζονος προτάσεως ἀντιστραφείσης εἰς τὸν ἐν πρώτῳ σχήματι τέταρτον νῦν λέγει περὶ τοῦ τετάρτου συλλογισμοῦ τοῦ ἐν τῷ δευτέρῳ σχήματι· φησὶ δέ, ὅταν ᾖ τὸ καταφατικὸν πρὸς τῷ μείζονι ἄκρῳ, τὸ δὲ στερητικὸν πρὸς τῷ ἐλάττονι. οὕτως δὲ ἐχουσῶν ἐξ ἀνάγκης ἡ συζυγία συλλογιστική ἐστιν ἔχουσα τὴν ἑτέραν ἐπὶ μέρους τὴν δὲ ἑτέραν καταφατικὴν καθόλου· μείζων γὰρ αὕτη· ἀδύνατον γάρ, ὡς ἐδείχθη, ἐν δευτέρῳ σχήματι μὴ οὔσης τῆς μείζονος καθόλου συλλογισμὸν γίνεσθαι. γίνεται οὖν ἡ ἀποφατικὴ ἐπὶ μέρους. ἡ δὲ οὕτως ἔχουσα συζυγία καὶ ὁ ἐκ τοιούτων προτάσεων συλλογισμὸς ἐν δευτέρῳ σχήματι ἔχων ἐπὶ μέρους ἀποφατικὸν τὸ συμπέρασμα οὐκ ἀναχθήσεται εἰς τὸ πρῶτον σχῆμα, καίτοι τοῦ ἐπὶ μέρους ἀποφατικοῦ καὶ ἐν πρώτῳ δεικνυμένου σχήματι, ὅτι μὴ δείκνυται ὁ συλλογισμὸς οὗτος δι' ἀντιστροφῆς ἀλλὰ διὰ μόνης τῆς εἰς ἀδύνατον ἀπαγωγῆς. ἡ δὲ ἀνάλυσις τῶν ἐξ ἄλλου σχήματος εἰς ἄλλο σχῆμα συλλογισμῶν δι' ἀντιστροφῆς, ὡς ἔφαμεν, γίνεται. τὸ δὲ οὔτε γὰρ ἐπιδέχεται ἀντιστροφὴν τὸ Α Β εἴρηκεν, οὐχ ὅτι οὐδ' ὅλως ἀντιστρέφει ἡ καθόλου (καθόλου γὰρ κεῖται καταφατικὴ ἡ Α Β, τῇ δὲ καθόλου καταφατικῇ ἡ ἐπὶ μέρους καταφατικὴ ἀντιστρέφει), ἀλλ' ὅτι αὐτῇ οὐκ ἀντιστρέφει· αὗται γὰρ κυρίως ἀντιστρέφειν λέγονται αἱ αὑταῖς ἀντιστρέφουσαι. διὸ μάλιστα ἀντιστρέφειν δοκεῖ ἡ καθόλου ἀποφατικὴ ὑπάρχουσά τε καὶ ἀναγκαία καὶ ἡ ἐπὶ μέρους καταφατική· ἡ δὲ καθόλου καταφατική, εἰ καὶ ἔχει τινὰ ἑαυτῇ ἀντιστρέφουσαν, ἀλλ' οὐ πρὸς αὑτὴν ἀντιστρέφει. διὰ τοῦτο δὴ εἶπεν 'οὔτε γὰρ ἐπιδέχεται ἡ καθόλου καταφατικὴ ἀντιστροφήν, οὔτε εἰ καὶ γένοιτο ἀντιστροφὴ καὶ ληφθείη, ἣν ἐπιδέχεται ἡ καθόλου καταφατικὴ ἀντιστροφήν (ἐπιδέχεται δὲ τὴν τῆς ἐπὶ μέρους καταφατικῆς), συλλογιστικὴ ἔτι ἡ συζυγία'· γίνεται γὰρ ἐν πρώτῳ σχήματι συζυγία ἔχουσα ἐπὶ μέρους καταφατικὴν τὴν μείζονα τὴν Β Α, ἐπὶ μέρους δὲ ἀποφατικὴν τὴν ἐλάττονα ⟨τὴν⟩ Α Γ, ἥτις ἀσυλλόγιστός ἐστιν. δύναταί τις καὶ οὕτως ἀκοῦσαι τοῦ οὔτε γενομένης ἔσται συλλογισμὸς ἀντὶ τοῦ 'οὔτε εἰ καὶ συγχωρηθείη τὴν καθόλου καταφατικὴν ἀντιστρέφειν αὑτῇ, οὐδ' οὕτως ἔσται συλλογισμός'.

2 ὃν ἡ B: ᾧ οὐ a 4 τῷ om. a 5 μέρους scripsi: μέρει aB 10 μέρει a 12. 13 συλλογισμὸς γενέσθαι a 13 et 15 μέρει a 19. 20 ἐπιδέχεται om. a: δέχεται Ar. (cf. vs. 27) 20 τὸ B: τοῦ a 21 ἡ a β καταφατικὴ a 21. 22 καταφατικῇ καθόλου a 22 μέρει a (corr. Waitz l. c.) αὐτῇ Brandis Schol. p. 185a25: αὕτη aB 23 αὑταῖς scripsi: αὐταῖς aB 24 ἐπιφατικὴ a 25 μέρει a ἐπιφατική (ante εἰ) a 26 ἀντιστρέφουσαν ἑαυτῇ a αὑτὴν scripsi: αὐτὴν B: ἑαυτὴν a δὴ a: δ' B 27 καὶ εἰ a 29 et 30 μέρει a 32 τὴν om. a post ἥτις add. καὶ a 33 καὶ B: μὴ (quod delebat Waitz l. c.) a 34 αὑτῇ scripsi: αὐτῇ B: ἑαυτῇ a

καὶ γὰρ οὕτως ἀσυλλόγιστος ἡ συζυγία· ἔσται γὰρ ἐν πρώτῳ σχήματι ἡ 132r μὲν μείζων πρότασις καθόλου καταφατικὴ ἡ Β Α, ἡ δὲ ἐλάττων ἐπὶ μέρους ἀποφατική· ἀδύνατον δὲ τῆς ἐλάττονος ἀποφατικῆς οὔσης συλλογισμὸν ἐν πρώτῳ γενέσθαι σχήματι. |

p. 50b33 Πάλιν οἱ ἐν τῷ τρίτῳ σχήματι οὐκ ἀναλυθήσονται πάντες εἰς τὸ πρῶτον, οἱ δὲ ἐν τῷ πρώτῳ πάντες εἰς τὸ τρίτον. 133r

Ὅτι μὲν οἱ ἐν τῷ τρίτῳ οὐκ ἀναλυθήσονται πάντες εἰς τὸ πρῶτον, αἴτιος ὁ ἕκτος συλλογισμὸς ἐν αὐτῷ ἐκ καθόλου καταφατικῆς τῆς ἐλάττονος καὶ ἐπὶ μέρους ἀποφατικῆς τῆς μείζονος οὐ δυνάμενος δι' ἀντιστροφῆς δειχθῆναι ὥσπερ οὐδὲ ὁ τέταρτος ἐν τῷ δευτέρῳ σχήματι· καὶ γὰρ αὐτὸς διὰ τῆς εἰς ἀδύνατον ἀπαγωγῆς μόνης ἐδείκνυτο, ὡς προϊὼν δηλώσει. τὸ δὲ εἰρημένον, ὅτι οἱ ἐν τῷ πρώτῳ πάντες εἰς τὸ τρίτον, οὐχ οὕτως εἴρηται, ὅτι ἁπλῶς πάντες (οὔτε γὰρ ὁ καθόλου καταφατικὸν ἔχων τὸ συμπέρασμα οὔτε ὁ καθόλου ἀποφατικὸν εἰς τὸ τρίτον ἀνάγονται σχῆμα), ἀλλὰ πάντες οὗτοι, ὅσοι δεικνύμενον ἔχουσι πρόβλημα, ὃ καὶ ἐν τῷ τρίτῳ σχήματι δείκνυται· περὶ γὰρ τούτων ὁ λόγος αὐτῷ. εἰσὶ δὲ οὗτοι οἱ δύο οἱ ἔχοντες ἐπὶ μέρους τὸ συμπέρασμα· ὁ μὲν γὰρ καταφατικόν, ὁ δὲ ἀποφατικόν· ταῦτα γὰρ καὶ ἐν τῷ τρίτῳ σχήματι τὰ συμπεράσματα δείκνυται. καὶ πρώτου γε τὴν ἀνάλυσιν ποιεῖται τοῦ ἐκ καθόλου καταφατικῆς τῆς μείζονος καὶ ἐπὶ μέρους καταφατικῆς τῆς ἐλάττονος ἐπὶ μέρους καταφατικὸν συνάγοντος· ἀντιστραφείσης γὰρ τῆς ἐλάττονος τῆς ἐπὶ μέρους καταφατικῆς τὸ τρίτον γίνεται σχῆμα καὶ συζυγία ἡ ταὐτὸν συνάγουσα τῷ κειμένῳ ἐν τῷ πρώτῳ σχήματι. καὶ τὸν ἐπὶ μέρους δὲ ἀποφατικὸν συνάγοντα ἐν πρώτῳ σχήματι ἀναλύει εἰς τὸ τρίτον κατὰ τὴν τῆς ἐπὶ μέρους καταφατικῆς πάλιν ἀντιστροφήν, ἥτις ἐστὶν ἐλάττων· ὁ γὰρ συλλογισμὸς οὗτος ἐκ καθόλου ἀποφατικῆς ἐστι τῆς μείζονος καὶ ἐπὶ μέρους καταφατικῆς τῆς ἐλάττονος, ἧς ἀντιστραφείσης πάλιν τὸ τρίτον σχῆμα γίνεται καὶ ἐν αὐτῷ συζυγία ἐπὶ μέρους ἀποφατικὸν δεικνύουσα.

p. 51a1 Τῶν δ' ἐν τῷ τελευταίῳ σχήματι εἷς μόνος οὐκ ἀνάγεται.

Δείξας τοὺς ἐν τῷ πρώτῳ τοὺς τὸ ἐπὶ μέρους συνάγοντας δύο συλλογισμοὺς ἀναγομένους εἰς τὸ τρίτον σχῆμα λέγει πάλιν περὶ τῶν ἐν τῷ τρίτῳ σχήματι, καὶ τοὺς μὲν πέντε τῶν ἐν τούτῳ τῷ σχήματι φησί τε καὶ δείκνυσιν εἰς τὸ πρῶτον ἀναγομένους σχῆμα (καὶ γὰρ καὶ ἐδείχθησαν ὄντες

1 post γὰρ prius add. καὶ a 2 β α scripsi (cf. p. 392,31): α β aB 5 οἱ μὲν Ar. τῷ om. a 11 τῷ om. a 19 τῷ om. a 20 πρῶτον a καταφατικοῦ a 24 τῷ om. a 27 ἐκ καθόλου om. a 29 μέρους om. a 30 ante εἷς add. συλλογισμῶν Ar. 30. 31 ἀναλύεται Ar. 33 τῷ om. a

συλλογιστικοὶ τοῦτον τὸν τρόπον), τὸν δὲ ἕκτον μηκέτι, δι' ἣν εἰρήκαμεν 133r αἰτίαν. πρῶτον δὲ ἀνάγει τὸν ἐκ δύο καθόλου καταφατικῶν. ἐπεὶ γὰρ αἱ καταφατικαὶ αἱ καθόλου ἀντιστρέφουσι πρὸς τὰς ἐπὶ μέρους, κατηγορουμένων τοῦ τε Α καὶ τοῦ Β κατὰ παντὸς τοῦ Γ ⟨ἂν⟩ ἀντιστρέφωμεν τὴν Β Γ, ἔσται τὸ Γ τινὶ τῷ Β· ἔκειτο δὲ καὶ τὸ Α παντὶ τῷ Γ· γίνεται ἐν πρώτῳ σχήματι τὸ Α τινὶ τῷ Β, ὃ ἦν δεικνύμενον καὶ διὰ τῆς ἐκκειμένης συζυγίας τῆς ἐν τρίτῳ σχήματι. τὸ δὲ οὐκοῦν ἐπεὶ ἀντιστρέφει τὸ Γ πρὸς ἑκάτερον ἴσον ἐστὶ τῷ 'ἐπεὶ ἀμφότεραι αἱ προτάσεις οὖσαι καθόλου καταφατικαὶ ἀντιστρέφουσι. δυνησόμεθα, ἣν ἂν θελήσωμεν αὐτῶν ἀντιστρέψαι, ἀναγαγεῖν τὸν συλλογισμὸν ἐπὶ τὸ πρῶτον σχῆμα'. εἶτα ἑξῆς ἀνάγει τὸν ἐκ καθόλου καταφατικῆς τῆς μείζονος καὶ ἐπὶ μέρους καταφατικῆς τῆς ἐλάττονος ἐν τρίτῳ σχήματι ἀντιστρέψας πάλιν τὴν ἐπὶ μέρους καταφατικήν. τρίτον ἀνάγει τὸν ἐκ καθόλου καταφατικῆς τῆς ἐλάττονος καὶ ἐπὶ μέρους καταφατικῆς τῆς μείζονος. δι' ἀντιστροφῆς μὲν καὶ τοῦτον τῆς ἐπὶ μέρους καταφατικῆς προτάσεως. ἐπειδὴ δὲ ἦν οὗτος διὰ δύο ἀντιστροφῶν δεικνύμενος (καὶ γὰρ τὸ συμπέρασμα ἀντεστρέφετο αὐτοῦ πρὸς τῇ ἐπὶ μέρους προτάσει· οὕτως γὰρ ἐδείκνυτο τὸ προκείμενον), φησίν, ὅτι πρῶτον καὶ μείζονα ὅρον ληπτέον τὸν Β. ἐπεὶ γὰρ ἡ Β Γ πρότασίς ἐστι καθόλου. δεῖ δὲ ἐν πρώτῳ σχήματι τὴν μείζονα καθόλου εἶναι, φησὶ δεῖν ταύτην [τὴν] μείζονα ποιεῖν πρότασιν καὶ τὴν Α Γ ἐπὶ μέρους οὖσαν καταφατικὴν ἐλάττονα· ἧς ἀντιστραφείσης ἔσται τὸ Β παντὶ τῷ Γ, τὸ Γ τινὶ τῷ Α, καὶ συναχθήσεται τὸ Β τινὶ τῷ Α συμπέρασμα. ὃ ἀντιστρέψαντες οὕτως 133v ἕξομεν τὸ προκείμενον δεδειγμένον συμπέρασμα, ὃ ἦν καὶ διὰ τῆς προκειμένης τοῦ τρίτου σχήματος συζυγίας δεδειγμένον. ἐπὶ τούτοις τέταρτον ἀναλύει στερητικὸν ἐπὶ μέρους συνάγοντα τὸν ἐκ καθόλου ἀποφατικῆς τῆς μείζονος τῆς Α Γ καὶ καθόλου καταφατικῆς τῆς ἐλάττονος τῆς Β Γ· ἀντιστραφείσης γὰρ τῆς καταφατικῆς τὸ πρῶτον γίνεται σχῆμα καὶ ταὐτὸν συμπέρασμα. πέμπτον ἀναλύει τὸν ἐκ καθόλου ἀποφατικῆς τῆς μείζονος τῆς Α Γ καὶ ἐπὶ μέρους καταφατικῆς τῆς ἐλάττονος τῆς Β Γ, ὁμοίως καὶ τοῦτον τῇ τῆς καταφατικῆς ἀντιστροφῇ.

p. 51a18 Ἐὰν δὲ ἐν μέρει ληφθῇ τὸ στερητικόν.

Ἐνταῦθα λέγει περὶ τοῦ ἕκτου, ἐν ᾧ τὸ ἀποφατικὸν ἐπὶ μέρους ἐστίν. οὔ φησι δὲ τοῦτον εἰς τὸ πρῶτον ἀναλυθήσεσθαι καὶ ἀναχθήσεσθαι σχῆμα, ὅτι ἡ μὲν ἐπὶ μέρους ἀποφατικὴ οὐκ ἀντιστρέφει, ἐὰν δὲ ἡ καθόλου καταφατικὴ ἀντιστραφῇ, αἱ δύο ἐπὶ μέρους ἔσονται προτάσεις, δι' ἀντιστροφῆς δὲ ἡ ἀνάλυσις.

1 τὸν (ante δὲ) B: τὸ a 3 κατηγορουμένων a: κἂν τηρουμένων B 4 τοῦ γ̄ scripsi: τὸ γ̄ aB ἂν addidi: εἰ a ἀντιστρέφωμεν B: ἀντιστρέψομεν a 7 ἐπεὶ ἀντιστρέφει aB: ἀντιστρέψει Ar. 9. 10 post ἀντιστρέψαι add. καὶ a 19 φασὶ a 20 τὴν prius add. B: om. a α β̄ a 21 τινὶ B: παντὶ a 26 καὶ καθόλου . . . τῆς α γ̄ (29) om. a 31 ἐπὶ μέρους a

p. 51a22 Φανερὸν δὲ καὶ ὅτι πρὸς τὸ ἀναλύειν εἰς ἄλληλα τὰ 133v σχήματα ἡ πρὸς τῷ ἐλάττονι ἄκρῳ πρότασις ἀντέστραπται.

Εἰς ἄλληλα λέγει νῦν ἐπὶ τοῦ πρώτου καὶ τοῦ τρίτου· καὶ γὰρ οἱ ἐν τῷ πρώτῳ εἰς τοὺς ἐν τρίτῳ καὶ οἱ ἐν τῷ τρίτῳ εἰς τοὺς ἐν πρώτῳ διὰ τῆς ἐλάττονος καταφατικῆς οὔσης ἀντιστρεφομένης γίνονται. οὐκ εἶχε δὲ οὕτως ἐπὶ τοῦ πρώτου καὶ δευτέρου· οἱ γὰρ ἐν ἐκείνοις εἰς ἀλλήλους ἀνήγοντο τῆς μείζονος ἀντιστρεφομένης τῆς καθόλου ἀποφατικῆς.

p. 51a26 Τῶν δ' ἐν τῷ μέσῳ σχήματι ἅτερος μὲν ἀναλύεται, ἅτερος δ' οὐκ ἀναλύεται εἰς τὸ τρίτον.

Τὸ ἐπὶ μέρους ἀποφατικὸν διχῶς μὲν ἐν δευτέρῳ σχήματι δείκνυται, τριχῶς δὲ ἐν τρίτῳ. δείκνυσιν οὖν καὶ ἐπὶ τούτων τῶν σχημάτων, πῶς τοὺς ταὐτὸν ἔχοντας συμπέρασμα συλλογισμούς, εἰ μὲν εἶεν ἐν δευτέρῳ σχήματι ἠρωτημένοι, ἀνάξομεν εἰς τὸ τρίτον, εἰ δ' ἐν τρίτῳ, εἰς τὸ δεύτερον, ἐπειδὴ περὶ τῆς ἐκ τοῦ πρώτου εἰς ταῦτα τὰ σχήματα καὶ τούτων εἰς τὸ πρῶτον ἀναγωγῆς εἶπεν. λέγει δέ, ὅτι τῶν ἐν τῷ δευτέρῳ σχήματι δύο ἐπὶ μέρους ἀποφατικὸν συναγόντων τὸν μὲν ἕτερον ἀναλύομεν εἰς τὸ τρίτον σχῆμα, τὸν δὲ ἕτερον οὔ. τὸν μὲν γὰρ ἐκ καθόλου ἀποφατικῆς τῆς μείζονος καὶ ἐπὶ μέρους καταφατικῆς τῆς ἐλάττονος ἀναλύσομεν ἀμφοτέρας τὰς προτάσεις ἀντιστρέφοντες· καὶ γὰρ ἡ καθόλου ἀποφατικὴ ἀντιστρέφει αὑτῇ καὶ ἡ ἐπὶ μέρους καταφατικὴ ὁμοίως. ὥστε, εἰ κεῖται τὸ Α τῷ μὲν Β οὐδενὶ τῷ δὲ Γ τινί, ἔσται 'τὸ Β τῷ Α οὐδενί, τὸ Γ τῷ Α τινί' ἐν τρίτῳ σχήματι συζυγία ἐπὶ μέρους ἀποφατικὸν συνάγουσα. ὁ δὲ ἕτερος ὁ τὴν μείζονα ἔχων καθόλου καταφατικὴν τὴν δὲ ἐλάττονα ἐπὶ μέρους ἀποφατικήν, ὥσπερ οὐδὲ εἰς τὸ πρῶτον ἀνελύετο σχῆμα, οὕτως οὐδὲ εἰς τὸ τρίτον. δεῖ μὲν γὰρ ἀμφοτέρας ἀντιστραφῆναι, εἰ μέλλοι τις ἀναλύειν εἰς τὸ τρίτον σχῆμα συλλογισμὸν ἠρωτημένον ἐν δευτέρῳ σχήματι. τῶν δὲ κειμένων προτάσεων ἡ μὲν ἐπὶ μέρους ἀποφατικὴ οὐδ' ὅλως ἀντιστρέφει, ἡ δὲ καθόλου καταφατικὴ ἀντιστραφεῖσα ἐπὶ μέρους γίνεται. αὐτὸς δὲ ταχέως εἶπεν τὴν αἰτίαν· οὐδετέρα γὰρ τῶν προτάσεων ἐκ τῆς ἀντιστροφῆς καθόλου· δεῖ μὲν γάρ, εἰ μέλλοι συλλογισμὸς ἔσεσθαι, καθόλου τινὰ πρότασιν εἶναι, οὐ γίνεται δὲ καθόλου πρότασις ἀντιστραφείσης τῆς καθόλου καταφατικῆς, ἣν μόνην οἷόν τε ἀντιστρέψαι. καίτοι οὐδ' εἰ αὕτη καθόλου ἀντιστρέφει, ἤδη ἐδύνατο ἡ ἀνάλυσις γενέσθαι εἰς τὸ τρίτον σχῆμα ἐκ τούτου ⟨τῷ⟩ δεῖν μὲν ἀμφοτέρας ἀντιστραφῆναι μὴ ἀντιστρέφειν δὲ τὴν ἑτέραν.

2 ἄκρῳ om. a ἀντιστρεπτέα a et Ar. 3 τοῦ alterum om. a 6 οἱ B: καὶ a 13 τὸν γ' a τὸν β' a 15 τὸν α' a τῶν om. a 19 ἀντιστρέψαντες a 20 αὑτῇ scripsi: αὐτῇ B: ἑαυτῇ a ἡ superscr. B 21 post οὐδενὶ alterum add. τὸ a τῷ γ οὐδενὶ a 33 αὕτη scripsi: αὐτὴ aB 34 τούτου τῷ scripsi: τούτου B: τοῦ a

p. 51a34 Καὶ οἱ ἐκ τρίτου δὲ σχήματος ἀναλυθήσονται εἰς τὸ μέσον, ὅταν ᾖ καθόλου τὸ στερητικόν. 133v

Τριῶν ὄντων ἐν τρίτῳ σχήματι τῶν τὸ ἐπὶ μέρους ἀποφατικὸν συναγόντων, δύο μέν, οἱ ἐκ καθόλου ἀποφατικῆς τῆς μείζονος καὶ ἐκ καθόλου καταφατικῆς τῆς | ἐλάττονος ἢ ἐπὶ μέρους, ἑνὸς δέ, ὃς ἦν ἐκ καθόλου μὲν καταφατικῆς τῆς ἐλάττονος ἐπὶ μέρους δὲ ἀποφατικῆς τῆς μείζονος, 134r τῶν δὴ τριῶν τούτων τοὺς μὲν δύο φησὶν εἰς τὸ μέσον ἀναλύεσθαι σχῆμα τοὺς ἔχοντας τὸ καθόλου ἀποφατικὸν ἀντιστραφεισῶν ἀμφοτέρων τῶν προτάσεων. ἂν γὰρ ᾖ κείμενον τὸ Α τῷ Γ οὐδενί, τὸ Β τῷ Γ ἢ παντὶ ἢ τινί, ἀντιστραφεισῶν ἀμφοτέρων γίνεται 'τὸ Γ τῷ Α οὐδενί, τὸ Γ τῷ Β τινί' ἐν δευτέρῳ σχήματι συζυγία ἐπὶ μέρους ἀποφατικὸν συνάγουσα. τὸν δὲ τρίτον τὸν τὴν ἐπὶ μέρους ἀποφατικὴν ἔχοντα φησὶν οὐδ' αὐτὸν ἀναχθήσεσθαι εἰς τὸ δεύτερον. ὥσπερ οὐδὲ ὁ ἐν δευτέρῳ ἐκ τῆς ἐπὶ μέρους ἀποφατικῆς εἰς τὸ τρίτον ἀνήγετο. καὶ ἡ αὐτὴ αἰτία· δεῖ μὲν γὰρ ἀμφοτέρας ἀντιστραφῆναι. τούτων δὲ ἡ μὲν οὐδ' ὅλως ἀντιστρέφει, ἡ δὲ ἀντιστραφεῖσα ἐπὶ μέρους γίνεται· μὴ οὔσης δὲ καθόλου προτάσεως ἀδύνατον συλλογισμὸν γενέσθαι. ἀμφότερα δὲ ἔδειξέ σοι, ὅτι οὗτοι οἱ συλλογισμοὶ οἱ τὴν ἐπὶ μέρους ἀποφατικὴν ἔχοντες οὐκ ἀναλύονται εἰς ἄλλο σχῆμα, ἐπὶ μὲν τοῦ ἐν δευτέρῳ σχήματι αἰτιασάμενος τὸ τὴν καθόλου καταφατικήν, εἰ ἀντιστραφείη, ἐπὶ μέρους γίνεσθαι. ἧς ἐπὶ μέρους γενομένης καὶ ἀντιστρεφομένης τῆς ἑτέρας καὶ μὴ ἀντιστρεφομένης ἀσυλλόγιστος ἡ συζυγία τῷ ἀμφοτέρας ἐπὶ μέρους γίνεσθαι. ἐπὶ δὲ τοῦ ἐν τρίτῳ, ὅτι μὴ οἷόν τε τὴν ἐπὶ μέρους ἀποφατικὴν ἀντιστρέψαι, ἃ ἀμφότερα αἴτια καθ' ἑκάτερον τῶν συλλογισμῶν ἐστι τοῦ μὴ δύνασθαι αὐτοὺς εἰς θάτερον ἀναχθῆναι σχῆμα. ὅτι δὲ οὐδ' εἰς τὸ πρῶτον ἀνάγονται σχῆμα οὗτοι, ἔδειξέ τε ἔμπροσθεν, καὶ νῦν ὑπέμνησε δὲ ἡμᾶς, καὶ ὅτι τῶν ἄλλων, καὶ τῶν ἐν δευτέρῳ σχήματι καὶ τῶν ἐν τρίτῳ, συλλογισμῶν ἀναλυομένων εἰς τὸ πρῶτον σχῆμα δι' ἀντιστροφῶν καὶ τὴν πίστιν τοῦ συνάγειν παρ' ἐκείνου λαμβανόντων οὗτοι μόνοι οἱ δύο διὰ μὲν ἀντιστροφῶν οὐκ ἀνήγοντο εἰς τὸ πρῶτον σχῆμα, ἐδείκνυντο δὲ συνάγοντες διὰ μόνης τῆς εἰς ἀδύνατον ἀπαγωγῆς.

p. 51b5 Διαφέρει δέ τι ἐν τῷ κατασκευάζειν ἢ ἀνασκευάζειν τὸ ὑπολαμβάνειν ταὐτὸν ἢ ἕτερον σημαίνειν τὸ μὴ εἶναι τόδε καὶ εἶναι μὴ τοῦτο.

Πρὸς τὸ συλλογίζεσθαι καὶ κατασκευάζειν τι ἢ ἀνασκευάζειν τι δύνασθαι διὰ συλλογισμοῦ διαφέρειν φησὶ τὸ εἰδέναι διακρίνειν καὶ χωρίζειν τὰς

1 post ἐκ add. τοῦ a et Ar. εἰς B: εἰ a 2 τὸ a et Ar.: ᾗ B 5 ὃς om. a 7 δὴ B: δὲ a ἀναλύεσθαι εἰς τὸ μέσον a 10 post ἀντιστραφεισῶν add. μὲν a 12 οὐδ' αὐτὸν ἀναχθήσεσθαι B: οὐ δυνατὸν ἀνασχέσθαι a 19 [τὴν κα]θόλ[ου καταφα]τικ[ήν] unc. incl. evan. B 25 οὗτος a 26 post ἐν add. τῷ a 27 ἀναλυομένου a ἀντιστροφῆς a 32 ante ταὐτὸν add. ἢ Ar. et Alex. ipse p. 411,3 33 τόδε aB (corr. n): τοδὶ Ar. (cf. p. 397,15) 34 τι alterum om. a

προτάσεις τὰς ἀποφατικὸν μὲν ἐχούσας τὸ σχῆμα οὔσας δὲ καταφάσεις ἀπὸ 134r τῶν ἀποφάσεων (λέγει δὲ περὶ προτάσεων, ἃς Θεόφραστος κατὰ μετάθεσιν λέγει· εἴρηκε δὲ καὶ αὐτὸς περὶ τούτων ἐν τῷ Περὶ ἑρμηνείας δεικνύς, ὅτι οὐκ εἰσὶ καταφάσεων ἀποφάσεις) ἤτοι διὰ τὸ οὕτως ἂν πολλάκις καὶ τὰ συλλογιστικὰ καὶ δεικτικά τινος ἀσυλλόγιστα ὑπολαμβάνειν ὡς ἐκ δύο ἀποφατικῶν συγκείμενα ἤ, ὡς ἐν πρώτῳ σχήματι ἢ τρίτῳ, τὴν ἐλάττονα πρότασιν ἀποφατικὴν ἔχοντα. τὸν γὰρ λόγον τὸν λέγοντα 'ὁ λίθος ἐστὶν οὐκ ἔμψυχον. πᾶν τὸ οὐκ ἔμψυχον ἀναίσθητον ἢ ὅ τι ἂν ἀληθὲς ᾖ κατ' αὐτοῦ κατηγορῆσαι' συλλογιστικὸν ὄντα διὰ τὸ μὴ εἶναι ἀπόφασιν τὴν 'ὁ λίθος ἐστὶν οὐκ ἔμψυχον' ἀσυλλόγιστόν τις ὑπολήψεται, ἂν ὡς ἀποφάσεως αὐτῆς ἀκούσῃ. ἀσυλλόγιστος γὰρ συμπλοκὴ ἡ λέγουσα, ὅτι ὁ λίθος οὐκ ἔστιν ἔμψυχον, ἔπειτα τοῦ ἐμψύχου τι καθόλου κατηγορούμενον· ἔχει γὰρ ἀποφατικὴν τὴν ἐλάττονα ἐν πρώτῳ σχήματι. ἔτι οὐδὲ ὁ μέσος ⟨ὁ⟩ αὐτὸς ἐν ἀμφοτέραις ταῖς συμπλοκαῖς. καθόλου δὲ ἐδήλωσε, περὶ ὧν ποιεῖται τὸν λόγον, εἰπὼν τὸ μὴ εἶναι τόδε καὶ εἶναι μὴ τοῦτο· περὶ ὧν καὶ ἐν τῷ Περὶ ἑρμηνείας φθάνει εἰρηκέναι, ὡς ἔφην, δι' ὧν ἔδειξεν, ὅτι μόνῳ τῷ 'ἔστι' τοῦ ἀποφατικοῦ μορίου συνταττομένου ἀπόφασις γίνεται, ἐν αἷς προτάσεσι μὴ τρόπος προσκατηγορεῖται ὑπάρξεως, εἰ δὲ μὴ τῷ 'ἔστι' εἴη συντεταγμένον ἄλλῳ δέ τινι τῶν πρὸ τοῦ 'ἔστι' κειμένων, οὐκ ἀπόφασις ἀλλὰ κατάφασις γίνεται. περὶ τούτων δὴ καὶ νῦν διαστέλλει καὶ δείκνυσιν, ὅτι μὴ ταὐτὸν σημαίνει τὸ μὴ εἶναι λευκὸν τῷ εἶναι μὴ λευκὸν οὐδέ ἐστιν ἀπόφασις τοῦ 'ἔστι λευκόν' τὸ 'ἔστιν οὐ λευκόν' ἀλλὰ τὸ 'οὐκ ἔστι λευκόν'. τοῦτο δὲ ποιεῖ, ἐπεὶ φαντασίαν ἀποστέλλουσιν ὡς οὖσαι αἱ τοιαῦται αἱ αὐταὶ ταῖς ἀποφάσεσιν· ὡς γὰρ ἀδύνατον Σωκράτη ἅμα ἀγαθὸν εἶναι καὶ μὴ εἶναι ἀγαθόν, οὕτω καὶ εἶναι ἀγαθὸν καὶ εἶναι μὴ ἀγαθόν. δείκνυσιν οὖν, ὅτι μήτε ταὐτὸν ἀλλήλαις αἱ οὕτως λαμβα|νόμεναι προτάσεις σημαίνουσι μήτε 134v εἰσὶν ἀποφάσεις. ἡ δὲ δεῖξις δι' ἀναλογίας, ἥτις ἐστὶ δεῖξις ὑποθετικὴ καὶ αὐτή. ἡ δὲ ἀναλογία τοιαύτη· λαβὼν ὁμοίως ἔχειν πρὸς ἀλλήλας τὴν ἔστι λευκὸν πρὸς τὴν ἔστιν οὐ λευκὸν καὶ τὴν δύναται βαδίζειν πρὸς τὴν δύναται μὴ βαδίζειν καὶ τὴν ἐπίσταται τὸ ἀγαθὸν πρὸς τὴν ἐπίσταται τὸ οὐκ ἀγαθόν. ὡς γὰρ ἔχει πρὸς τὴν 'ἔστι λευκόν' ἡ λέγουσα 'ἔστιν οὐ λευκόν', οὕτως ἔχει πρὸς μὲν τὴν 'δύναται βαδίζειν' ἡ λέγουσα 'δύναται μὴ βαδίζειν', πρὸς δὲ τὴν 'ἐπίσταται τὸ ἀγαθόν' ἡ 'ἐπίσταται τὸ μὴ ἀγαθόν'. ἔδειξε δέ, ὅτι ὁμοίως ἔχουσι πρὸς ἀλλήλας, διὰ τοῦ λαβεῖν, ὅτι τῷ μὲν 'ἐπίσταται τὸ ἀγαθόν' ἴσον ἐστὶ τὸ ἔστιν ἐπιστάμενος τὸ ἀγαθόν (ἐμπεριέχεται γὰρ τὸ 'ἔστι' τῷ 'ἐπίσταται') τῷ δὲ 'δύναται βαδίζειν'

3 Περὶ ἑρμηνείας] c. 10 4 ἤ τοι a 5 ὑπολαμβάνειν ἀσυλλόγιστα a 6 τρίτον a 7 γὰρ om. a 8 ἢ ὅτι ἂν . . . οὐκ ἔστιν ἔμψυχον (12) om. a 13 ὁ alterum add. a: om. B 15 τοῦτο B: τόδε a (cf. p. 396,33) 17 συντασσομένου a 18 προσκατηγορῆται B 19 τῶν . . . κειμένων a: τῷ . . . κειμένου B 20 δὴ B: δὲ a διαστέλλεται a 22 λευκὸν (post οὐ) evan. B 24 εἶναι μὴ a 26 μὴ (ante ταὐτὸν) a οὔτω a post λαμβανόμεναι add. αἱ a 28 αὐτή scripsi: αὔτη aB λαβὼν] cf. p. 398,15 32 τὴν a: τὸ B 33 post δὲ add. καὶ a 34 μὴ B: οὐκ a δέ om. a 35. 36 τἀγαθόν a

τὸ ἔστι δυνάμενος βαδίζειν. ὡς οὖν ἐν τοῖς 'ἔστιν ἐπιστάμενος τἀγαθόν' 134v καὶ 'ἔστιν ἐπιστάμενος τὸ μὴ ἀγαθόν' καὶ 'ἔστι δυνάμενος βαδίζειν' καὶ ἔστι δυνάμενος μὴ βαδίζειν (ἐν πάσαις γὰρ ταῖς ἀντιθέσεσι τὸ 'ἔστιν' προτέτακται). οὕτως ἔχει καὶ ἐπὶ τῆς 'ἔστι λευκόν' καὶ 'ἔστιν οὐ λευκόν'· καὶ γὰρ ἐν ταύτῃ προτέτακται τὸ 'ἔστιν' ἐν ἀμφοτέραις. ὁμοίως ἄρα ἔχουσι πρὸς ἀλλήλας κατὰ τὴν τοῦ 'ἔστιν' θέσιν τε καὶ τάξιν. ἀλλὰ μὴν οὐκ ἔστιν ἐν ταῖς 'δύναται βαδίζειν, δύναται μὴ βαδίζειν' καὶ 'ἐπίσταται τὸ ἀγαθὸν καὶ ἐπίσταται τὸ μὴ ἀγαθόν' ἀντιφατικὴ ἀντίθεσις. οὔτε γὰρ τοῦ 'δύναται βαδίζειν' ἀπόφασις τὸ 'δύναται μὴ βαδίζειν' οὔτε τοῦ 'ἐπίσταται τὸ ἀγαθόν' ⟨τὸ⟩ 'ἐπίσταται τὸ μὴ ἀγαθόν' ἀπόφασις. οὗ σημεῖον, ὅτι αὗται μὲν ἅμα ἀληθεῖς εἰσιν. ἥ τε 'δύναται βαδίζειν' καὶ ἡ 'δύναται μὴ βαδίζειν'· τοιοῦτον γὰρ τὸ [μὴ] δυνατόν· ὁμοίως καὶ ἡ 'ἐπίσταται τὸ ἀγαθόν' τῇ 'ἐπίσταται τὸ μὴ ἀγαθόν', εἴ γε ἡ αὐτὴ ἐπιστήμη τῶν ἐναντίων. τὰς δὲ ἀποφάσεις ἀδύνατόν ἐστι ταῖς καταφάσεσι συναληθεύεσθαι. οὐδ' ἄρα τῆς 'ἔστι λευκόν' ἀπόφασίς ἐστι τὸ 'ἔστιν οὐ λευκόν'. τὸ μὲν ὡς ἐπ' ἐκείνων οὕτως ἕξειν καὶ ἐπὶ τούτων τὴν δοκοῦσαν ἀντικεῖσθαι. εἰ ὁμοίως ἔχουσι πρὸς ἀλλήλας, δι' ὑποθέσεως λαβὼν δείξας τε. ὅτι ὁμοίως ἔχουσι πρὸς ἀλλήλας διὰ τοῦ ἐν πάσαις αὐταῖς τὸ 'ἔστιν' ὁμοίως τετάχθαι, ἐν αἷς δὲ τὸ 'ἔστι' ὁμοίως τέτακται, ταύτας ὁμοίως πρὸς ἀλλήλας ἔχειν, καὶ ἐπενεγκὼν δυνάμει τὸ 'πᾶσαι ἄρα αὗται ὁμοίως ἔχουσι πρὸς ἀλλήλας'. δείξας δὲ καὶ τὸ μὴ εἶναι ἀποφάσεις μήτε τὴν 'δύναται μὴ βαδίζειν' τῆς 'δύναται βαδίζειν' μήτε τὴν 'ἐπίσταται τὸ μὴ ἀγαθόν' τῆς 'ἐπίσταται τὸ ἀγαθόν' διὰ τοῦ ταύτας μὲν ἅμα ἀληθεῖς εἶναι ταῖς καταφάσεσι, τὰς δὲ ἀντικειμένας μηκέτι (ἀσαφὴς δὲ ἡ λέξις ἐστίν. ὅτι δείξας ἐν τῷ δύνασθαι βαδίζειν καὶ ἐπίστασθαι τὸ ἀγαθὸν ἐμπεριεχόμενον δυνάμει τὸ 'ἔστιν' ἑξῆς προσέλαβεν ὥστε καὶ τὰ ἀντικείμενα, ὡς κάλλιον ⟨ὂν⟩ γε ταῦτα ⟨τὰ⟩ ἀντικείμενα λαβεῖν, περὶ ὧν λέγειν αὐτῷ προέκειτο, ἢ τὰ συναληθευόμενα. ἃ οὐκ ὄντα ἀντικείμενα φαντασίαν ἀντικειμένων παρέχει. ἦν δὲ ταῦτα τό τε 'δύναται μὴ βαδίζειν' καὶ τὸ 'ἐπίσταται τὸ μὴ ἀγαθόν'). παραλιπὼν δὴ καὶ τὸ δεῖξαι εὐθέως, ὅτι καὶ τούτων ἑκάτερον τὸ μὲν 'δύναται μὴ βαδίζειν' ἴσον ἐστὶ τῷ 'ἔστι δυνάμενος μὴ βαδίζειν', τὸ δὲ 'ἐπίσταται τὸ μὴ ἀγαθόν' τῷ 'ἔστιν ἐπιστάμενος τὸ μὴ ἀγαθόν', οἷς ὅμοιόν ἐστι τὸ 'ἔστιν οὐ λευκόν', πρῶτον ἔλαβεν αὐτῶν τὰς κυρίως ἀποφάσεις τὰς οὐ δύναται βαδίζειν καὶ 'οὐκ ἐπίσταται τὸ ἀγαθόν', καὶ ἔδειξεν, ὅτι καὶ ἡ 'οὐ δύναται βαδίζειν' ἴση ἐστὶ τῇ οὐκ ἔστι δυνάμενος βαδίζειν, ὁμοίως καὶ ἡ 'οὐκ ἐπίσταται τὸ ἀγαθόν' τῇ 'οὐκ ἔστιν ἐπιστάμενος τὸ ἀγαθόν', ἣν οὐκέτι παρέθετο ὡς δεδειχὼς αὐτὴν ἐν τῷ εἰπεῖν περὶ τῆς 'οὐ δύναται βαδίζειν', βουληθεὶς πάσας τὰς ἀντικεῖσθαι δοκούσας δεῖξαι, πῶς ἔχουσι πρὸς ἀλλήλας, καὶ ὅτι ὁμοίως συναληθεύουσι.

1 ὡς οὖν . . . μὴ βαδίζειν (3) om. a 3. 4 προτέτακται scripsi: προστέτακται aB 5 προστέτακται a 7 ταῖς B: τῇ a δύναται μὴ βαδίζειν . . . μὴ βαδίζειν (9) om. a 10 τὸ prius add. a: om. B 12 μὴ B: om. a τῇ B: καὶ ἡ a 15 ἐστι om. a 16 τῶν δοκουσῶν a 19 καὶ ἐπενεγκὼν . . . ἀλλήλας (20) om. a 22 μὲν om. a 26 post ὡς add. οὐ a ὂν et τὰ addidi 27 προσέκειτο a 29 παραλειπὼν (sic) a 33 αὐτὸς a 34 καὶ alterum om. a

μνημονεύσας δὲ τῆς κυρίως ἀποφάσεως καὶ δείξας, ᾗ ἴσον δύναται, μετὰ 134r ταῦτα παρέθετο καί, περὶ ἧς προέκειτο λέγειν αὐτῷ, τῆς δοκούσης καὶ αὐτῆς ἀντικεῖσθαι, εἰπὼν καὶ ἔστι δυνάμενος βαδίζειν καὶ μὴ βαδίζειν, ἴσον λέγων τῷ 'καὶ αὗται ἴσον δύνανται καὶ ταὐτὸν σημαίνουσιν, ἥ τε 'ἔστι δυνάμενος βαδίζειν' ⟨τῇ 'δύναται βαδίζειν' καὶ ἡ 'ἔστι δυνάμενος μὴ βαδίζειν⟩ τῇ 'δύναται μὴ βαδίζειν'. οὐ μὴν ἀργῶς οὐδὲ ἀχρήστως ἐμνημόνευσε καὶ τῆς ἀποφάσεως, ἀλλ' ὑπὲρ τοῦ δεῖξαι, ὅτι καὶ αὗται. ἥ τε 'οὐ δύναται βαδίζειν' καὶ ἡ 'οὐκ ἐπίσταται τὸ ἀγαθόν' ὅμοιαί εἰσι τῇ 'οὐκ ἔστι λευκόν'· ὡς γὰρ ἐν τῇ 'οὐκ ἔστι λευκόν' τῷ 'ἔστι' συντέτακται τὸ ἀποφατικὸν πρὸ αὐτοῦ κείμενον, οὕτως καὶ ἐν ταῖς 'οὐ δύναται βαδίζειν' καὶ 'οὐκ ἐπίσταται τὸ ἀγαθόν'. | ὥστ', ἂν ὦσιν ἀποφάσεις αὗται, ἡ μὲν 135r τοῦ 'δύναται βαδίζειν' ἡ δὲ τοῦ 'ἐπίσταται τὸ ἀγαθόν', ἀπόφασις ἔσται καὶ ἡ 'οὐκ ἔστι λευκόν' τῆς 'ἔστι λευκόν' ὁμοίως ἐκείναις ἔχουσα, ἀλλ' οὐχ ἡ 'ἔστιν οὐ λευκόν'. εἰπὼν δὲ τὸ γὰρ ἐπίσταται τὸ ἀγαθὸν τοῦ ἔστιν ἐπιστάμενος τὸ ἀγαθὸν οὐδὲν διαφέρει, οὐδὲ τὸ δύναται βαδίζειν τοῦ ἔστι δυνάμενος βαδίζειν, εἶτα ἐν μέσῳ παραθέμενος τὸ ὅτι καὶ ἐπὶ τῶν ἀντικειμένων τούτοις ἀποφατικῶς ὁμοίως τὸ 'ἔστι' περιέχεται δυνάμει (τὸ γὰρ 'οὐ δύναται βαδίζειν' ἴσον ἐστὶ τῷ 'οὐκ ἔστι δυνάμενος βαδίζειν') ἐπὶ τὴν ἑτέραν πρότασιν τοῦ δύνασθαι μετῆλθε τὴν ἐν τῇ ἀναλογίᾳ εἰλημμένην, ἥτις ἦν 'δύναται μὴ βαδίζειν', καὶ δείκνυσιν, ὅτι καὶ ἐν ταύτῃ τὸ 'ἔστι' περιέχεται καὶ ἔστιν ἴσον τὸ 'δύναται μὴ βαδίζειν' τῷ 'ἔστι δυνάμενος μὴ βαδίζειν ὁ αὐτός'. οὕτως εἶπεν ἢ μὴ βαδίζειν χωρὶς τοῦ 'δύναται'. τοῦτο δὴ ἴσον καὶ αὐτό ἐστι τῷ 'ἔστι δυνάμενος μὴ βαδίζειν'· οὕτως γὰρ ὅμοιον ὂν δειχθήσεται τῷ 'ἔστιν οὐ λευκόν'. ὃ δείξας ἐπιφέρει τὸ ταῦτά γε δὴ ἅμα ὑπάρχει τῷ αὐτῷ ἴσον λέγων τῷ 'ἀλλὰ μὴν ταῦτά γε ἅμα ὑπάρχειν οἷά τε τῷ αὐτῷ, τό τε δύνασθαι βαδίζειν καὶ τὸ δύνασθαι μὴ βαδίζειν καὶ πάλιν τὸ ἐπίστασθαι τὸ ἀγαθὸν καὶ ἐπίστασθαι τὸ μὴ ἀγαθόν'. καὶ τοῦ γε ἅμα ὑπάρχειν αὐτὰ τὴν αἰτίαν παρέθετο εἰπὼν ὁ γὰρ αὐτὸς δύναται βαδίζειν καὶ μὴ βαδίζειν, καὶ ὁ ἐπιστήμων τοῦ ἀγαθοῦ καὶ τοῦ μὴ ἀγαθοῦ ἐστιν. πιστωσάμενος δὲ τὴν πρότασιν ⟨τὴν⟩ ταῦτά γε ἅμα ὑπάρξει τῷ αὐτῷ προσλαμβάνει αὐτῇ ἑτέραν πρότασιν τὴν ἡ φάσις δὲ καὶ ἀπόφασις οὐχ ὑπάρχουσιν αἱ ἀντικείμεναι ἅμα τῷ αὐτῷ· ἐξ ὧν ἐν δευτέρῳ σχήματι συνάγεται τὸ τὰς προειρημένας προτάσεις μὴ ἀντικεῖσθαι ἀλλήλαις ὡς φάσιν καὶ ἀπόφασιν. ὃ συμπέρασμα μηκέτι προσθεὶς ὡς γνώριμον μέτεισιν ἐπὶ τὸ προκείμενον καὶ δείκνυσιν, ὅτι μὴ ταὐτὸν σημαίνει τό τε 'οὐκ ἔστι λευκόν' καὶ τὸ 'ἔστιν

3 οὐ βαδίζειν ἢ μὴ βαδίζειν Ar. (cf. vs. 22) 5. 6 unc. incl. addidi 6 τῇ B: καὶ ἡ a ἀχρήστως οὐδὲ ἀργῶς a 9 τῷ B: τὸ a 13 ἡ alterum om. a 14 τοῦ (in ras.?) B: ἢ a et Ar. (cf. vs. 16) 16 τοῦ aB: ἢ Ar. 17 ἀποφατικῶς scripsi: ἀποφατικῶν aB 25 γε om. Ar. δὴ B: δὲ a: om. Ar. et Al. vs. 31 ὑπάρξει Ar. et Al. vs. 31 26 τε prius om. a δύνασθαι scripsi: δύναται aB 27 δύναται a ἐπίσταται (post τὸ) a 28 τὴν αἰτίαν scripsi: τῆς αἰτίας aB 29 post δύναται add. καὶ Ar. καὶ ὁ aB (pr. n): καὶ Ar. 31 τὴν a: om. B δὲ ἅμα ὑπάρχει (ut vs. 25) a 32 ἡ om. Ar. δὴ a ante αἱ add. ἅμα a 33 τὸ B: ὃ a

οὐ λευκόν', οὐδ' ἐστὶν ἀπόφασις ὅλως τὸ 'ἔστιν οὐ λευκόν', καὶ λέγει ὡς 135r οὖν οὐ ταὐτόν ἐστι τὸ μὴ ἐπίστασθαι τὸ ἀγαθὸν καὶ τὸ ἐπίστασθαι τὸ μὴ ἀγαθόν (ἐδείχθη γὰρ τὸ ἐπίστασθαι τὸ μὴ ἀγαθὸν συναληθευόμενον τῇ καταφάσει τῇ ἐπίστασθαι λεγούσῃ τὸ ἀγαθόν· οὐκέτι δὲ συναληθεύειν οἷόν τε τῇ καταφάσει τὴν 'οὐκ ἐπίσταται τὸ ἀγαθόν'), οὕτως οὐδὲ εἶναι μὴ ἀγαθὸν ταὐτὸν καὶ μὴ εἶναι ἀγαθὸν ἢ εἶναι μὴ λευκὸν καὶ μὴ εἶναι λευκόν. ὁ γὰρ αὐτὸς λόγος ἐπὶ πάντων τῶν ὁμοίων καὶ ἀνάλογον ἐχόντων πρὸς ἄλληλα· καθόλου γὰρ οὐ ταὐτόν ἐστι τὸ μὴ εἶναι τόδε τῷ εἶναι μὴ τῷδε. ἐπὶ δὲ τῶν ἀνάλογον ἂν θάτερα ᾖ ἕτερα, καὶ τὰ ἕτερα. ἀνάλογον δ' ὄντων τοῦ τ' ἐπίστασθαι τὸ ἀγαθὸν καὶ ἐπίστασθαι τὸ μὴ ἀγαθὸν καὶ μὴ ἐπίστασθαι τὸ ἀγαθὸν καὶ τοῦ εἶναι λευκὸν καὶ εἶναι μὴ λευκὸν ⟨καὶ μὴ εἶναι λευκὸν⟩ τὸ ἐπίστασθαι τὸ μὴ ἀγαθὸν ἄλλο ἐστὶ τοῦ μὴ ἐπίστασθαι τὸ ἀγαθόν. τὸ μὲν γὰρ ἐπίστασθαι τὸ μὴ ἀγαθὸν τῷ ἐπίστασθαι τὸ ἀγαθὸν συνυπάρχει ἐπὶ τοῦ αὐτοῦ, τὸ δὲ μὴ ἐπίστασθαι τὸ ἀγαθὸν οὐχ οἷόν τε ἀληθὲς εἶναι, ἐφ' οὗ ἀληθὲς τὸ ἐπίστασθαι τἀγαθόν. καὶ τὸ εἶναι ἄρα μὴ λευκὸν ἄλλο ἐστὶ τοῦ μὴ εἶναι λευκόν.

p. 51b25 Οὐδὲ τὸ εἶναι μὴ ἴσον καὶ μὴ εἶναι ἴσον· τῷ μὲν γὰρ ὑπόκειταί τι.

Δείξας καὶ διὰ τῆς ἀναλογίας τῆς πρὸς τὸ 'δύναται βαδίζειν καὶ δύναται μὴ βαδίζειν' καὶ ἐπίστασθαι τὸ ἀγαθὸν καὶ ἐπίστασθαι τὸ μὴ ἀγαθὸν μὴ ὂν τὸ αὐτὸ τὸ εἶναι μὴ ἀγαθὸν τῷ μὴ εἶναι ἀγαθόν, τῇ ἀποφάσει, καὶ καθόλου τὸ εἶναι μὴ τόδε ἕτερον ὂν τοῦ μὴ εἶναι τόδε, νῦν καὶ ἄλλο τι προστίθησι, δι' οὗ δείκνυσιν, ὅτι μὴ ταὐτά ἐστιν ἀλλήλοις τό τε εἶναι μὴ τόδε καὶ τὸ μὴ εἶναι τόδε. τῷ μὲν γὰρ 'ἔστιν οὐ τόδε' ὑπόκειταί τι· ὁ γὰρ λέγων 'ἔστιν οὐκ ἴσον' εἶναι μέν τι λέγει καὶ κατηγορεῖ τινος τὸ εἶναι, οὐ μὴν ἴσον αὐτό φησιν εἶναι. ὁ γὰρ λέγων 'ἔστιν οὐκ ἴσον' τιθείς τι εἶναι τὸ ἴσον αὐτοῦ χωρίζει· κατὰ ὡρισμένου γάρ τινος ἡ τοιαύτη κατηγορία καὶ ὑποκειμένου· οὐ γὰρ ἀληθὲς κατὰ τοῦ μηδ' ὅλως ὄντος κατηγορῆ|σαι τὸ 135v 'ἔστιν οὐκ ἴσον'. τῷ δὲ 'οὐκ ἔστιν ἴσον' οὐδὲν ὑπόκειται ὡρισμένον, ὅτι καὶ ἐπὶ ὄντος καὶ μὴ ὄντος λέγεσθαι δύναται· τὸ γὰρ 'οὐκ ἔστιν ἴσον' οὐκ ἐπὶ ὄντων μόνον ἀληθεύεται ἢ ποσῶν, οἷον τῶν ἀνίσων, ἀλλὰ καὶ ἐπὶ μὴ ὄντων πάντων· ἐπὶ παντὸς γὰρ μὴ ὄντος ἀληθὲς τὸ μὴ εἶναι αὐτὸ ἴσον. διὸ τὸ μὲν ἴσον ἢ οὐκ ἴσον ἐπὶ παντὸς διαιρεῖ τὸ ἀληθές τε καὶ ψεῦδος ὄντος τε ὁμοίως καὶ μὴ ὄντος· ἀντίφασις γάρ ἐστιν. ἴσον δὲ καὶ ἄνισον, ᾧ ὅμοιον τὸ 'ἔστιν οὐκ ἴσον', οὐκ ἐπὶ παντὸς διαιρεῖ τό τε ἀληθές τε καὶ τὸ ψεῦδος, ἀλλ' ἐπὶ ὄντων τε καὶ ποσῶν.

---

1 ὥσπερ Ar. 2 ταὐτόν aB (C): ταὐτό Ar. τὸ (post καὶ) om. Ar. 8 ἀναλόγως a 9 post τῷ add. μὴ a τῷδε B: τόδε a 9. 10 θάτερον ᾖ a 10 τ' om. a 11 καὶ ἐπίστασθαι ... τὸ ἀγαθὸν om. a 12 καὶ μὴ εἶναι λευκόν addidi τὸ om. a 18 καὶ τὸ Ar. 32 ἀλ[ηθεύεται ἢ] unc. incl. evan. B ο[ἷον] unc. incl. evan. B 33 post αὐτὸ add. μὴ a 34 διὰ a τἀληθές a 37 τὸ om. a ποσῶν a: ψευδῶν B

p. 51b28 Ἔτι τὸ ἔστιν οὐ λευκὸν ξύλον καὶ οὐκ ἔστι λευκὸν 135r ξύλον οὐχ ἅμα ὑπάρχει.

Ὅτι μήτε ταὐτά ἐστι μήτε ταὐτὰ σημαίνει τά τε τὸ ἀποφατικὸν τῷ εἶναι ἔχοντα προσκείμενον καὶ τὰ μὴ τούτῳ ἔχοντα συντεταγμένον αὐτό, δείκνυσι καὶ ἐκ τοῦ μὴ ἅμα αὐτὰ ἀληθῆ εἶναι προχειρισάμενος προτάσεις οὕτως ἐχούσας τήν τε ἔστιν οὐ λευκὸν ξύλον καὶ τὴν οὐκ ἔστι λευκὸν ξύλον. ἡ μὲν γὰρ λέγουσα ἔστιν οὐ λευκὸν ξύλον ἀληθής ἐστιν ἐπὶ ξύλου μὴ λευκοῦ· τίθησι γὰρ εἶναι τὸ ξύλον· ἡ δὲ λέγουσα οὐκ ἔστι ξύλον λευκὸν ἀληθὴς εἶναι δύναται καὶ μὴ ὄντος ξύλου. δείξας δὲ διὰ τούτων, ὅτι μὴ ταὐτόν ἐστι τὸ 'ἔστιν οὐ τοῦτο' τῷ 'οὐκ ἔστι τοῦτο', μὴ ὂν δὲ τούτῳ ταὐτὸν ὄντι ἀποφατικῷ τὸ 'ἔστιν οὐ τοῦτο' οὐδ' ἀπόφασις ἂν εἴη, ἀπ' αὐτοῦ ἐπιφέρει καὶ δείκνυσιν, ὅτι κατάφασίς ἐστιν πᾶν τὸ οὕτως λεγόμενον. καί φησιν

p. 51b32 Εἰ οὖν κατὰ παντὸς ἡ φάσις ἢ ἡ ἀπόφασις ἀληθής, εἰ μή ἐστιν ἀπόφασις, δῆλον ὡς κατάφασις ἄν πως εἴη.

Τὸ λεγόμενον τοιοῦτον ἂν εἴη· ⟨εἰ⟩ πᾶσα πρότασις καὶ πᾶς λόγος ἀποφαντικὸς ἀληθεύεται κατά τινος ἢ ὡς κατάφασις ὢν ἢ ὡς ἀπόφασις, ἀληθεύεται δὲ καὶ τὰ οὕτως λεγόμενα κατά τινων καὶ οὐχ ὡς ἀπόφασις, δῆλον ὡς κατάφασις ἂν εἴη. τὸ δὲ πως προσέθηκεν, ὅτι μὴ ὅμοια ταῦτα ταῖς ἁπλαῖς τε καὶ κυρίως καταφάσεσιν. ἐκεῖναι μὲν γὰρ τιθέασί τι, οἷον ἡ λέγουσα 'ἔστι λευκόν' καὶ ἡ λέγουσα 'ἔστιν ἀγαθόν', αὗται δὲ αἱ οὕτως λεγόμεναι αἱ ἐκ μεταθέσεως τὸ εἶναι κατηγοροῦσαι τῶν ὑποκειμένων καὶ κατὰ τοῦτο καταφάσεις οὖσαι ἀναιροῦσιν αὐτῶν τὸ κατηγορούμενον, ὃ καὶ ἀποφάσκουσι τρόπον τινά· τοιαῦται γὰρ αἱ 'ἔστιν οὐ λευκόν' [εἶναι] καὶ 'ἔστιν οὐκ ἀγαθόν', εἶναι μὴ τοιοῦτον τὸ ὑποκείμενον λέγουσαι. δύναται καὶ τοιοῦτον εἶναι τὸ εἰ οὖν κατὰ παντὸς ἡ φάσις ἢ ἡ ἀπόφασις· εἰ κατὰ πάσης προτάσεως καὶ κατὰ παντὸς ἀποφαντικοῦ λόγου ἀληθεύεται τὸ ἢ καταφατικὸν αὐτὸν ἢ ἀποφατικὸν εἶναι, τὰ δ' οὕτως λεγόμενα ὄντες ἀποφαντικοὶ λόγοι καὶ προτάσεις οὐκ εἰσιν ἀποφάσεις (ἐδείχθη γὰρ τοῦτο· εἰ γὰρ μὴ τοῦ κειμένου, οὐδ' ἄλλου τινός), καταφάσεις ἂν εἶεν. ἐπεὶ οὖν πάσης καταφάσεως ἀπόφασίς ἐστιν, καὶ τῶν οὕτως λεγομένων 'ἔστιν οὐ τοῦτο' ἀποφάσεις ἔσονται αἱ λέγουσαι 'οὐκ ἔστιν οὐ τοῦτο', τῆς μὲν 'ἔστιν οὐ λευκόν' ἡ 'οὐκ ἔστι λευκόν', τῆς δ' 'ἔστιν οὐκ ἀγαθόν' ἡ 'οὐκ ἔστιν οὐκ ἀγαθόν', καὶ ἐπὶ τῶν ἄλλων αἱ ὁμοίως ἔχουσαι.

4 προκείμενον a 5 post δείκνυσι add. γε a 8 τὸ B: τι a 11 τοῦτο a: ταὐτὸ B 14 παντὸς ἡ aB: παντὸς ἑνὸς ἢ Ar. (cf. vs. 26) ἢ ἡ B (n): ἡ a et Ar. (cf. vs. 26) 15 ὡς B: ἡ a 16 εἰ addidi 16. 17 ἀποφατικός a 18 καὶ τὰ οὕτως B: οὕτως τὰ a 19 post δῆλον add. οὖν a 20 τε om. a ἐκεῖναι a: ἐκεῖ B 22 αἱ om. a 24 εἶναι (ex vs. 25 translatum) B: om. a 25 μὴ B: μὲν a 26 ἡ alterum om. a (ut vs. 14) εἰ (ante κατὰ) a: ἢ B 28 αὐτὸ a 29 ἀποφάσεις a: ἀπόφασις B 30 καταφάσεις a: κατάφασις B 31 ἀποφάσεις ex ἀπόφασις corr. B[3] 32 post μὲν add. γὰρ a 34 αἱ om. a

Ἀριστοτέλης μὲν οὖν τῆς ‘Σωκράτης ἐστὶ λευκός’ καταφάσεως ἀπό- 135v φασιν λέγει τὴν ‘Σωκράτης οὐκ ἔστι λευκός’, οὐ τὴν ‘Σωκράτης ἐστὶν οὐ λευκός’. εἰσὶ δέ, οἷς δοκεῖ μηδέπω μηδὲ ἡ οὕτως λαμβανομένη ἀπόφασις εἶναι. μὴ γὰρ ὀφείλειν τὸ ἀποφατικὸν πρὸ τοῦ ‘ἔστι’ μηδὲ πρὸ τοῦ κατηγορουμένου τίθεσθαι μόνου, ἀλλ’ εἶναι ἀπόφασιν τὴν τὸ ἀποφατικὸν πρὸ πάσης τῆς καταφάσεώς τε καὶ προτάσεως ἔχουσαν κείμενον· τῆς γὰρ ‘Σωκράτης ἐστὶ λευκός’ ἀπόφασιν εἶναι τὴν ‘οὐχὶ Σωκράτης ἐστὶ λευκός’ ἀλλ’ οὐ τὴν ‘Σωκράτης οὐκ ἔστι λευκός’. φασὶ γὰρ διττὸν εἶναι τὸ μὴ περιπατεῖν Καλλίαν, ὁτὲ μὲν ὅλῳ τῷ περιπατεῖν Καλλίαν προστεθειμένου τοῦ ἀποφατικοῦ μορίου, ὃ καὶ ἀπόφασιν εἶναι, ὁτὲ δὲ μόνῳ τῷ περιπατεῖν προστεθειμένου, | ὅ φασιν οὐδὲν ἧττον καταφατικὸν εἶναι 136r λόγον [Καλλίας οὐ περιπατεῖ]. πιστοῦνται δὲ τοῦτο τῷ ἅμα μὲν δύνασθαι ψευδῆ ποτε εἶναι τό τε ‘Καλλίας περιπατεῖ’ καὶ τὸ ‘Καλλίας οὐ περιπατεῖ’, μηδέποτε δὲ τὰ ἀντικείμενα ἀντιφατικῶς ἅμα γίνεσθαι ψευδῆ. μὴ γὰρ ὄντος Καλλίου οὐδὲν ἧττόν φασι τῆς ‘Καλλίας περιπατεῖ’ ψευδῆ εἶναι τὴν ‘Καλλίας οὐ περιπατεῖ’· ἐν ἀμφοτέραις γὰρ αὐταῖς εἶναι τὸ σημαινόμενον ‘ἔστι τις Καλλίας, τούτῳ δὲ ὑπάρχει ἢ τὸ περιπατεῖν ἢ τὸ μὴ περιπατεῖν’. τὸ μέντοι ‘οὐ Καλλίας περιπατεῖ’ οὐδέποτε δύναται ψευδοῦς οὔσης τῆς καταφάσεως τῆς ‘Καλλίας περιπατεῖ’ ψεῦδος εἶναι καὶ αὐτό. ἔτι τοῦ μὴ δεῖν οὕτως τὴν ἀπόφασιν ποιεῖσθαι πίστιν καὶ τοιαύτην προφέρουσιν· οὗτος περιπατεῖ, οὗτος οὐ περιπατεῖ δεικνυμένου θήλεος· ἄμφω γὰρ πάλιν τὰ οὕτως λαμβανόμενα ψευδῆ γίνεσθαί φασιν, εἴτε περιπατοίη τὸ δεικνύμενον εἴτε μή. ὁμοίως τούτοις ἔχειν καὶ τὰ τοιαῦτά φασι· Καλλίας ὁ γραμματικὸς περιπατεῖ, Καλλίας ὁ γραμματικὸς οὐ περιπατεῖ· καὶ γὰρ ταῦτα ἄμφω ψευδῆ μὴ ὄντος γραμματικοῦ τοῦ Καλλίου. ὧν τὸ μὲν “κατὰ παρέμφασιν μοχθηράν”, τὸ δὲ δεύτερον “κατὰ παράληψιν” λέγουσιν. οὐκέτι μέντοι ἄμφω ψευδῆ γίνεσθαι, εἰ πρὸ πάσης τῆς προτάσεως τεθείη τὸ ἀποφατικόν. τοῦ δὲ κατὰ τούτων ἅμα γίνεσθαι ψευδῆ τὰ οὕτως ἀντιτιθέμενα αἴτιόν φασι τὸ αὐτό· οὕτως γὰρ τὸν λέγοντα ‘οὗτος οὐ περιπατεῖ’ ἴσον λέγειν τῷ ‘ἔστιν ὁ δεικνύμενος οὗτος, ὃς οὐ περιπατεῖ’. τὸ αὐτὸ καὶ ἐπὶ τῆς μοχθηρᾶς παραλήψεώς φασι γίνεσθαι· καὶ γὰρ ἐπ’ ἐκείνης τὸν λέγοντα ‘Καλλίας ὁ γραμματικὸς οὐ περιπατεῖ’ ἴσον λέγειν τῷ ‘ἔστι τις Καλλίας γραμματικός, ὃς οὐ περιπατεῖ’. ἔτι φασὶν ἀληθοῦς ὄντος τοῦ ‘Σωκράτης περιεπάτησεν’ οὐδὲν ἧττον ἀληθῆ εἶναι καὶ τὴν ‘Σωκράτης οὐ περιεπάτησε’· καὶ γὰρ περιεπάτησε καὶ οὐ περιεπάτησεν. ἀδύνατον δὲ ὥσπερ συμψεύδεσθαι τὰ ἀντικείμενα οὕτως δὲ καὶ ἀληθῆ εἶναι. ἀλλ’ ὅτι γε τὸ λεγόμενον ὑπ’ αὐτῶν ψεῦδός ἐστι καὶ οὐ σημαίνει τὸ ὄνομα ἐν ταῖς

1 ἐστὶ om. a 5 εἶναι (? evan.) ἀπόφασιν τὴν B: ἡ ἀπόφασις ἡ a 6 ἔχουσα a 7 ἀπόφασις εἶναι ἡ a 8 ἀλλ’ οὐ . . . λευκός om. a 10 ἀπόφασις a 11 εἶναι καταφατικὸν a 12 Καλλίας οὐ περιπατεῖ delevi 13 Καλλίαν περιπατεῖν a 14 ἀντιφατικῶς scripsi: ἀποφατικῶς aB γίνεται a 20 οὕτω a καὶ B: δὲ a 23 ἔχει a 26 μοχθηράν scripsi: μοχθηρόν aB 28. 29 ἀντικείμενα a 30 λέγειν a: λέγει B ὃς om. a 34 καὶ om. a 36 ὅπερ a

προτάσεσιν, ὅταν χωρὶς τοῦ ἀποφατικοῦ λαμβάνηται, τὸ εἶναι τὸ ὀνομαζόμενον 136r, μάλιστα δῆλον ἐκ τῶν καταφάσεων, αἳ κατὰ τῶν γινομένων ἔτι καὶ μηδέπω ὄντων κατηγοροῦνται. ἀληθὲς μὲν γὰρ τὸ ἐπὶ τῆς οἰκοδομουμένης οἰκίας εἰπεῖν 'οἰκία οἰκοδομεῖται' καὶ ἐπὶ τῆς γινομένης ἔτι χλαμύδος τὸ 'χλαμὺς ὑφαίνεται'· οὐκ ἀληθὲς δὲ οὔτε τὸ 'ἔστι τις οἰκία, ἥτις οἰκοδομεῖται' ἐπὶ τῆς οἰκοδομουμένης ἔτι, οὔτε τὸ 'ἔστι τις χλαμύς, ἥτις ὑφαίνεται' ἐπὶ τῆς ὑφαινομένης ἔτι. πῶς γὰρ ἂν εἴη ἤδη τὸ γινόμενον ἔτι; μάχεται γὰρ τὸ εἶναί τι τῷ γίνεσθαι αὐτό. ὥστε οὐ σημαίνει τὸ ὄνομα τὸ ἐν ταῖς καταφάσεσι τὸ εἶναι τοῦτο. εἰ δὲ μὴ ἐν ταῖς καταφάσεσιν, οὐδ' ἂν ἐν ταῖς ἀποφάσεσι τοῦτο σημαίνοι ταῖς οὐκ ἐχούσαις πρὸ τοῦ ὀνόματος τὸ ἀποφατικὸν μόριον κείμενον. ἔτι εἰ διὰ τοῦτο ψευδής ἐστιν, ἣν λέγομεν ἀπόφασιν, ἡ λέγουσα 'Σωκράτης οὐ ζῇ', ὅτι σημαίνει τὸ 'ἔστι τις Σωκράτης, ὃς οὐ ζῇ', διὰ τὸ αὐτὸ τοῦτο ψευδὴς ἔσται καὶ ἡ λέγουσα 'Σωκράτης ἀπέθανεν'· ἔσται γὰρ κἀκείνη σημαίνουσα τὸ 'ἔστι Σωκράτης, ὃς ἀπέθανε'. τὸ δὲ λέγειν, ὅτι τὸ 'Σωκράτης ἀπέθανε' διττόν ἐστιν, ἓν μέν, ὃ σύγκειται ἐξ ὀνόματος μὲν τοῦ 'Σωκράτης' ῥήματος δὲ τοῦ 'ἀπέθανεν', ὃ καὶ ψεῦδός ἐστιν, ἄλλο δέ, ὃ ἐγκέκλιται ὅλον ἀπὸ τοῦ 'Σωκράτης ἀποθνήσκει', ὃ καὶ ἀληθές ἐστιν, οὐχ ὑγιῶς λέγουσι. τὰ γὰρ κατὰ τοὺς χρόνους ἐγκλινόμενα τὰ ῥήματά ἐστιν, ὃ δὲ μὴ χρόνου ἐστὶ σημαντικόν, οὐδ' ἐγκλίνεται κατὰ χρόνον· τοιαῦτα δὲ τὰ ὀνόματα. ὥστε οὐδ' εἴ τι σύγκειται ἐξ ὀνόματος καὶ ῥήματος, τοῦθ' ὅλον ἐγκλινόμενον ἂν κατὰ χρόνον εἴη κυρίως διὰ τὸ θάτερον τῶν ἐν τῇ συνθέσει ἀνέγκλιτον εἶναι. ἔτι τὸ 'Σωκράτης ἀπέθανεν', εἰ ὅλον ἦν ἐγκλινόμενον, οὐκ ἂν ἦν ἀποφαντικόν· τὸ γοῦν Σωκράτη τεθνάναι οὐκ ἔστιν ἀποφαντικὸς λόγος, ὅτι ὅλου ἡ ἔγκλισις δοκεῖ | γεγονέναι. τὸ δὲ 136v 'Σωκράτης ἀπέθανεν' ἀποφαντικὸς λόγος, ὅτι τὸ μὲν ἕτερον μένει, τὸ ὄνομα, ἐγκέκλιται δὲ μόνον θάτερον, τὸ ῥῆμα. οὐ ταὐτὸν μὲν οὖν σημαίνει τὸ 'Σωκράτης' ἔν τε τῷ 'ἀποθνήσκει' καὶ ἐν τῷ 'ἀπέθανεν'· ἐπὶ μὲν γὰρ τοῦ 'Σωκράτης ἀποθνήσκει' τοῦ ὄντος Σωκράτους ἐστὶ δηλωτικόν, ἐπὶ δὲ τοῦ 'Σωκράτης ἀπέθανεν' κατ' ἀναφορὰν λέγεται· σημαίνει γὰρ τότε τὸ 'Σωκράτης' τοῦτον, ὃς ἦν Σωκράτης, οὐχ ὃς ἔστιν. καὶ διὰ τοῦτο ἀληθὴς ἡ πρότασις ἡ 'Σωκράτης ἀπέθανεν'· ὃν γὰρ ἐσήμαινε τὸ 'Σωκράτης' ὄνομα, οὗτος ἀπέθανεν. τοιοῦτον δέ ἐστι καὶ τὸ 'τεχθήσεταί μοι υἱός' (οὐ γὰρ ὃς ἔστιν υἱός, ἀλλ' ὃς ἔσται) καὶ τὸ 'ἔσται μοι οἰκία'· οὐ γὰρ τοῦτο λέγομεν, ὅτι ἐστὶν οἰκία, ἥτις ἔσται· ἀλλ' οὐδ' ἀπό τινος ἐγκέκλιται. οὕτως μὲν λαμβανομένου τοῦ ὑποκειμένου ἀληθεύεται ἑκάστη τῶν προειρημένων προτάσεων. οὐ μὴν ὁ λέγων τὴν πρότασιν ἐν τῷ τὸ ὄνομα λέγειν προσδιορίζει τοῦτο, ὅτι ἄλλως ἔχοντος τοῦ ὑποκειμένου ὅρου ἐν τῇ προτάσει ἀληθὴς ἡ

7 τὸ (post γὰρ) B: τῷ a   10 σημαίνῃ a   12 post ὃς add. τις a   13 καὶ om. a   16 μὲν τοῦ B: αὐτοῦ a   18 ἐστιν om. a   post ὑγιῶς expunxit δὲ B[1]   21 κυρίως B: ἤγουν a   22 τῶν B: ταῖς a   23 Σωκράτην a   24 post γεγονέναι iterata τὸ δὲ Σωκράτη τεθνάναι (23) . . . γεγονέναι, quae sunt prima f. v. verba, expunxit B   26 μόνον om. a   28 Σωκράτους B: Σωκράτης a   30 post ἀληθὴς add. ἐστιν a   ἡ om. a

πρότασις γίνεται, ἢ οὕτως ἔχειν λαμβάνεται. εἰ μὲν οὖν τινι τῶν ὑποκει- 136^{v}
μένων μὴ ὑπάρχοι τὸ κατηγορούμενον, οὕτως· εἰ δὲ δῆλον ὅτι μή ἐστιν, ἐκείνως. τὸ γὰρ ὄνομα αὐτὸ καθ' αὑτὸ λεγόμενον [ὑπ' αὐτοῦ] οὔτε τὸ εἶναι σημαίνει οὔτε τὸ μὴ εἶναι· τὸ γὰρ σημαινόμενον ὑπ' αὐτοῦ οὔτε τὸ μὴ εἶναι προσσημαίνει οὔτε τοῦ ὄντος μᾶλλον ἢ γεγονότος ἢ ἐσομένου δηλωτικόν ἐστι καθ' αὑτό, ἀλλ' αὐτὸ τοῦτο μόνον σημεῖόν ἐστι πράγματος, ὃ εἰ ἢ ἔστιν ἢ ἦν ἢ ἔσται τὸ συντασσόμενον αὐτῷ δηλοῖ. οὕτως τοίνυν καὶ τὸ 'ἔζησε Σωκράτης ἢ ἀπέθανεν ἢ ἐφιλοσόφησε' πάντα πρὸς ἀναφορὰν λέγεται τῷ τὰ προστιθέμενα τῷ ὀνόματι δηλοῦν, ὅτι τὸ σημαινόμενον ὑπὸ τοῦ ὀνόματος πρότερον ἦν. διὸ ἐπεὶ ἕκαστον τούτων ἀληθές, ψεῦδος τὸ ἀντικείμενον τὸ 'οὐκ ἀπέθανεν' ἢ 'οὐκ ἔζησεν' ἢ 'οὐκ ἐφιλοσόφησεν'. ἔτι δὲ ἀληθὲς μέν ἐστι τὸ 'ἔστι τὸ ὄν', ἀδιανόητον δὲ τὸ 'ὂν κατὰ τοῦτο ἔστιν'. εἰ δὲ μὴ τούτῳ ἴσον ἔσται τὸ 'ἔστι τὸ ὄν', οὐδὲ 'τὸ μὴ ὂν οὐκ ἔστιν' ἴσον ἔσται τῷ 'ἔστι τὸ μὴ ὄν, ὃ μὴ ἔστιν'. οὐδ' ὅλως γὰρ ἡ κατάφασις τοῦτο λέγει, ὅτι ἔστι τόδε, ᾧ τόδε ὑπάρχει, οὐδὲ ἐφ' ὧν κατ' αὐτὸ τὸ εἶναι γίνεται ἡ κατηγορία, ὡς ἐπὶ τοῦ 'τὸ ὂν ἔστιν' καὶ 'οὗτος ζῇ' καὶ 'οὗτος ἔστι' καὶ 'θεοί εἰσιν'· πάντα γὰρ ταῦτα καὶ τὰ τοιαῦτα ἀληθῆ μὲν οὕτω λεγόμενα, μεταλαμβανόμενα δὲ ἄτοπα καὶ ἀδιανόητα. ἔτι ἀληθὲς μὲν τὸ εἰπεῖν 'τὸ ἔστι ἔστι', παντελῶς δὲ ἀδύνατον τὸ εἰπεῖν, ὅτι ἔστι τι ἔστιν, ᾧ ὑπάρχει τὸ 'ἔστι'. καὶ ἀληθὲς μὲν τὸ ἀδύνατον ἀδύνατον εἶναι, ψεῦδος δὲ τὸ 'ἔστι τι ἀδύνατον, ᾧ ὑπάρχει τὸ ἀδύνατον αὐτὸ εἶναι'. καὶ ἀναγκαῖον μὲν πάντα τὰ τρέχοντα κινεῖσθαι, οὐκέτι δὲ ἀναγκαῖον τὸ εἶναί τινα τρέχοντα, ὃς κινεῖται ἐξ ἀνάγκης. καὶ ἀναγκαῖον μὲν πάντα τὸν τρωθέντα καρδίαν ἀποθανεῖν, οὐκ ἀναγκαῖον δὲ τὸ εἶναί τινα τὴν καρδίαν τετρωμένον. καὶ γὰρ εἰ τὰ ὀνόματα ἐν ταῖς προτάσεσι τοῦτο σημαίνει, καὶ καθ' αὑτὰ λεγόμενα τὸ αὐτὸ ἂν σημαίνοι. οὕτως δὲ καὶ πᾶς ὁ ὄνομα λέγων πρότασιν ἂν λέγοι καταφατικήν. ἔτι ⟨εἰ⟩ ὁ λέγων 'Σωκράτης περιπατεῖ' ἴσον λέγει τῷ 'ἔστι τις Σωκράτης, κἀκεῖνος περιπατεῖ', καὶ ὁ λέγων 'Σωκράτης οὐκ ἔστι' λέγοι ἂν ἴσον τῷ 'ἔστι τις Σωκράτης, κἀκεῖνος οὐκ ἔστιν', ὅπερ ἀδιανόητον. καὶ τὸ μὲν 'Σωκράτης οὐκ ἔστιν' ἀληθές, τὸ δὲ εἶναί τινα Σωκράτη, ὃς οὐκ ἔστι, ψεῦδος. καὶ τὸ 'οὗτος δὲ περιπατεῖ' καὶ 'οὗτος οὐ περιπατεῖ' ἄμφω δοκεῖ ψευδῆ εἶναι θήλεος ὄντος τοῦ δεικνυμένου διὰ τὸ ἀνοίκειόν τε τῆς παρεμφάσεως καὶ τὸ δοκεῖν τὸν λέγοντα 'οὗτος οὐ περιπατεῖ' ἴσον λέγειν τῷ 'ὁ ἀνὴρ οὗτος διὰ τοῦ 'οὗτος' ἐστὶν ὁ δεικνύμενος, ὃς οὐ περιπατεῖ'. ταῦτα δ' οὐκ ἂν ἔλεγον, εἰ συνίεσαν οἱ λέγοντες, τί σημαίνει ἡ ἀπόφασις· σημαίνει γὰρ τὸ ᾧ λέγεται τοῦτο ὑπάρχειν, μὴ ὑπάρχειν. λοιπὸν εἴτε ἔστι

1 ἔχειν a: ἔχον B^{1}: ἐγὼ B^{3} 2 δῆλον scripsi: δεῖ B pr.: δὴ aB^{3} 3 ὑπ' αὐτοῦ (cf. vs. 4) delevi 5 προσσημαίνει scripsi: προσημαίνει aB (cf. p. 405,3) 6 σημεῖόν om. a εἰ scripsi: ἦν aB 7 ἢ ἦν om. a δηλοῖεν a 9 τῶν ὀνομάτων a 10 ἐπὶ a 11 ἔτι B^{2}: ὅτι aB^{1} 13 δὲ B: γὰρ a 15 κατ' αὐτὸ B: κατὰ a 19 post ᾧ add. οὐχ a 20 ἔστι B: εἶναι a τὸ alterum om. a post τὸ ἀδύνατον add. τι a 24 οὐκ om. a τὴν B: τὸν a 26 τὸ αὐτὸ B: τοῦτο γὰρ a προτάσεως a 27 καταφατικήν scripsi: κατάφασιν aB εἰ addidi 29 ἴσον λέγοι ἂν a τις om. a 30 Σωκράτη B: Σωκράτην a 33. 34 λέγει a 35 συνείησαν a 36 μὴ ὑπάρχειν, ᾧ λέγεται τοῦτο ὑπάρχειν B^{3}

τοῦτο, εἴτε καὶ μή, ἀμφοτέρως τυγχάνει. εἴτε γὰρ ἔστιν, ᾧ λέγεται τόδε 136v τι ὑπάρχειν, ἡ ἀπόφασίς φησι μὴ ὑπάρχειν αὐτῷ, εἴτε μὴ ἔστι. καὶ οὕτω λέγει μὴ ὑπάρχειν αὐτῷ ἡ ἀπόφασις, οὐ προσσημαίνουσα ἢ τὸ εἶναι ἢ τὸ μὴ εἶναι τοῦ ὑποκειμένου. οὐδὲ οὕτω μὲν λεγομένη ἀληθής, ἐκείνως δὲ οὔ, 137r ἀλλ' ἀμφοτέρως ἀληθής, εἰ ἡ κατάφασις ψευδής. ὥστε καὶ εἰ περιπατεῖ, ἀλλὰ τῷ 'οὗτος' οὐχ ὑπάρχει, ᾧ φησιν ὑπάρχειν τὸ περιπατεῖν, εἴ γε μὴ τὸ δεικνύμενον οὗτός ἐστι. τὸ αὐτὸ καὶ ἐπὶ τοῦ 'οὗτος ὁ γραμματικὸς περιπατεῖ' μὴ ὄντος αὐτοῦ γραμματικοῦ· καὶ γὰρ εἰ περιπατεῖ, αὐτὸ μὲν ψεῦδος τὸ τῆς καταφάσεως, ἀληθὲς δὲ τὸ 'οὗτος ὁ γραμματικὸς οὐ περιπατεῖ'· ᾧ γάρ φησιν ὑπάρχειν τὸ περιπατεῖν, ἐκείνῳ οὐχ ὑπάρχει. τὸ δὲ 'Σωκράτης περιεπάτησε' καὶ 'Σωκράτης οὐ περιεπάτησεν' ἄμφω ἐστὶν ἀληθῆ οὐκ ἐν τῷ αὐτῷ χρόνῳ, ὥστ' οὐκ ἀντικείμενα· οὐ γὰρ τοιοῦτον ἡ ἀντίφασις. καὶ οὐδέν γε μᾶλλον ἅμα ἀληθὲς τὸ 'Σωκράτης περιεπάτησε' καὶ τὸ 'Σωκράτης οὐ περιεπάτησε'· καθ' ὧν γὰρ τὸ ἀόριστον ὄνομα, τούτων τις περιεπάτησεν. οὐχ ὑγιεῖς δὴ αἱ ἐνστάσεις αἱ πρὸς τὸ δεῖν τὸ ἀποφατικὸν ἐν ταῖς τῶν καθ' ἕκαστα ἀποφάσεσι τῷ κατηγορουμένῳ συντάσσεσθαι γινόμεναι.

p. 51b36 Ἔχει δὲ τάξιν τήνδε πρὸς ἄλληλα· ἔστω τὸ εἶναι ἀγαθόν, ἐφ' οὗ Α.

Δείξας τὴν 'ἔστιν οὐ λευκόν' καὶ 'ἔστιν οὐκ ἀγαθόν' καὶ πάσας τὰς ὁμοίως ταύταις τὸ κατηγορούμενον ἐχούσας τὸ 'ἔστιν οὐ τόδε' ἄλλας οὔσας τῶν ἀποφάσεων τῶν 'οὐκ ἔστι λευκόν' καὶ 'οὐκ ἔστιν ἀγαθόν' καὶ καθόλου 'οὐκ ἔστι τοῦτο' καὶ οὔσας καὶ αὐτὰς καταφάσεις, ὥσπερ καὶ ⟨ἡ⟩ 'ἔστι λευκόν' καὶ 'ἔστιν ἀγαθόν' καὶ καθόλου 'ἔστι τοῦτο', καὶ οὔσας αὐτῶν ἀποφάσεις τὴν 'οὐκ ἔστιν οὐ λευκόν' καὶ 'οὐκ ἔστιν οὐκ ἀγαθόν' καὶ ὅλως τὰς 'οὐκ ἔστιν οὐ τοῦτο' (καθόλου γάρ, ἐν αἷς "τὸ ἔστι τρίτον προσκατηγορεῖται", δύο ἀντιθέσεις γίνονται καὶ δύο ἀντιφάσεις, αἵ τε ἁπλαῖ καὶ αἱ ἐκ μεταθέσεως, ὡς ἐν τῷ Περὶ ἑρμηνείας ἔδειξεν), καὶ νῦν, τίνα τάξιν καὶ ἀκολουθίαν ἔχουσι πρὸς ἀλλήλας ἥ τε ἁπλῆ ἀντίφασις καὶ ἡ ἐκ μεταθέσεως, ὑπογράφει· καὶ ἔστι ταῦτα δεικνύμενα νῦν ὑπ' αὐτοῦ, ὧν ἐμνημόνευσε μὲν καὶ ἐν τῷ Περὶ ἑρμηνείας, εἶπε δὲ εἰρῆσθαι περὶ τῆς τάξεως αὐτῶν ἐν τοῖς 'Αναλυτικοῖς διὰ τῆς λέξεως τῆς "ὅταν δὲ τὸ ἔστι τρίτον προσκατηγορῆται, ἤδη διχῶς λέγονται αἱ ἀντιθέσεις. λέγω δὲ οἷον ἔστι δίκαιος ἄνθρωπος· τὸ ἔστι τρίτον φημὶ συγκεῖσθαι ὄνομα ἢ ῥῆμα ἐν τῇ καταφάσει" ἕως τοῦ "ταῦτα μὲν οὖν, ὥσπερ ἐν τοῖς 'Αναλυτικοῖς λέγεται, οὕτω τέτακται". ἃ δὴ ἐκεῖ

1 ἀμφοτέρου a 2 φησι om. a 3 λέγειν a προσσημαίνουσα scripsi: προσημαίνουσα aB (cf. p. 404,5) ἢ τὸ εἶναι om. a 4 τὸ ὑποκείμενον a λεγομένη a: λέγομεν ἂν B ἀληθής] ἡ corr. B^2 5 ἀμφοτέρων a 10 ὑπάρχειν B: ὑπάρχει a 13 ἀληθὲς ἅμα a 15 ἐνστάσεις B: προτάσεις a 20 ἐχούσαις a 21 post ἀγαθόν eras. ca. 11 lit. B 22 ἡ addidi 24 οὐ om. a οὐκ (ante ἀγαθόν) om. a 25 οὐ om. a 27 ἔδειξεν ante ἐν transponit a τάξιν B: πρότασιν a 28 ἔχοισι (sic) a ante ὑπογράφει add. ἣν a 29 ἐμνημόνευσε μὲν a: ἐμνημονεύσαμεν B καὶ alterum om. a 30 Περὶ ἑρμηνείας] c. 10 p. 19b19—32

φησιν ἐν τούτοις τετάχθαι. ταῦτα ἐνταῦθα διδάσκει τάσσων τε καὶ ὑπο- 137r γράφων. τίθησι δὲ τὴν μὲν ἁπλῆν ἀντίφασιν ἐπὶ τῶν Α Β, καὶ ἐπὶ μὲν τοῦ Α τὴν κατάφασιν τὴν 'ἄνθρωπος ἀγαθός ἐστιν', ἐπὶ δὲ τοῦ Β τὴν ἀπόφασιν αὐτῆς τὴν 'ἄνθρωπος οὐκ ἔστιν ἀγαθός', καὶ τούτοις ὑποτάσσει τὴν ἐκ μεταθέσεως ἀντίφασιν, ὑπὸ μὲν τὸ Β, ἐφ' οὗ ἦν ἡ ἀπόφασις, τάσσων τὸ Γ καὶ ἐπ' αὐτοῦ τὴν κατάφασιν τὴν ἐκ μεταθέσεως τὴν λέγουσαν 'ἄνθρωπός ἐστιν οὐκ ἀγαθός', ὑπὸ δὲ τὸ Α, ἐφ' οὗ ἦν ἡ ἁπλῆ κατάφασις, τιθεὶς τὸ Δ ⟨καὶ⟩ ἐπ' αὐτοῦ τὴν ἐκ μεταθέσεως ἀπόφασιν τὴν 'ἄνθρωπος οὐκ ἔστιν οὐκ ἀγαθός'. ὡς τετάχθαι ὑπὸ μὲν τὴν ἁπλῆν κατάφασιν τὴν ἀπόφασιν τὴν οὐχ ἁπλῆν ἀλλὰ ἐκ μεταθέσεως λεγομένην, ὑπὸ δὲ τὴν ἁπλῆν ἀπόφασιν τὴν κατάφασιν, οὐ τὴν ἁπλῆν ἀλλὰ τὴν ἐκ μεταθέσεως λεγομένην. μεθ' ὃ διάγραμμα δείκνυσιν αὐτῶν τὴν πρὸς ἄλληλα σχέσιν τε καὶ ἀκολουθίαν, καὶ ὅτι ταῖς μὲν καταφάσεσιν αἱ συντεταγμέναι αὐταῖς ἀποφάσεις ἀκολουθοῦσιν, ἑκατέρα ἑκατέρᾳ, οὐκέτι δὲ ταῖς ἀποφάσεσιν αἱ καταφάσεις.

p. 51b39 Παντὶ δὴ ὑπάρχει ἢ τὸ Α ἢ τὸ Β, καὶ οὐδενὶ ταὐτῷ· καὶ ἢ τὸ Γ ἢ τὸ Δ, καὶ οὐδενὶ ταὐτῷ. καὶ ᾧ τὸ Γ, ἀνάγκη τὸ Β παντὶ ὑπάρχειν.

Παντὶ μὲν γὰρ θάτερον μόριον τῆς ἀντιφάσεως τῆς ἁπλῆς, ἢ ἣν ἐπὶ τῶν Α Β, καὶ οὐδενὶ ἅμα ἄμφω· ἀδύνατον γὰρ συνυπάρχειν τὴν ἀντίφασιν. καὶ ὁμοίως πάλιν παντὶ μὲν θάτερον μόριον τῆς οὐχ ἁπλῆς ἀντιφάσεως, ἢ ἣν ἐπὶ τῶν | Γ Δ, καὶ ἀδύνατον ἅμα ἄμφω τῷ αὐτῷ· ἀντίφασις γὰρ καὶ 137v αὕτη, καὶ φύσις ἀντιφάσεως πάσης ἡ αὐτή. καὶ ᾧ ὑπάρχει ἡ κατάφασις ἡ οὐχ ἁπλῆ, ἣν ἐλέγομεν ἐκ μεταθέσεως, ἐφ' ἧς ἐστι τὸ Γ, ἡ 'ἄνθρωπός ἐστιν οὐκ ἀγαθός', καὶ ἐφ' οὗ αὕτη ἀληθεύεται, ἐπὶ τούτου ἐξ ἀνάγκης καὶ ἡ ἁπλῆ ἀπόφασις ⟨ἡ⟩ ἐπὶ τοῦ Β, ὑφ' ὃ τέτακται τὸ Γ, ἡ λέγουσα 'ἄνθρωπος οὐκ ἔστιν ἀγαθός'. ἐφ' οὗ γὰρ ἀληθές, ὅτι ἔστιν οὐ λευκὸν ἢ ἔστιν οὐκ ἀγαθόν, ἐπὶ τούτου ἐξ ἀνάγκης ἀληθὲς καὶ τὸ 'οὐκ ἔστι λευκόν' καὶ 'οὐκ ἔστιν ἀγαθόν'· ἀδύνατον γάρ τι ἅμα εἶναι λευκὸν καὶ εἶναι μὴ λευκόν. εἰ δὲ ἐπὶ τοῦ Γ, ἐφ' οὗ τὸ 'ἔστιν οὐ λευκόν', οὐχ οἷόν τε ἀληθῆ εἶναι τὴν ἁπλῆν κατάφασιν τὴν Α τὴν λέγουσαν 'ἔστι λευκόν', ἀληθὴς ἐπ' αὐτοῦ ἔσται ἡ ἀπόφασις αὐτῆς ἡ Β ἡ λέγουσα περὶ αὐτοῦ, ὅτι οὐκ ἔστι λευκόν· ἐπὶ παντὸς γὰρ ἢ τὸ Α ἢ τὸ Β ἔκειτο. ὅτι δὲ τὸ 'ἔστι λευκόν' καὶ 'ἔστιν οὐ λευκόν' οὐχ ὡς προτάσεις λαμβάνει, ἀλλ' ὡς κατηγορούμενα ἐν τῇ προτάσει, ἐδήλωσε διὰ τοῦ εἰπεῖν ἔστι ξύλον οὐ λευκὸν καὶ ἔστι ξύλον λευκόν. αὗται γὰρ καὶ αἱ τοιαῦται ὅλαι προτάσεις αἱ ἔχουσαι μετὰ τοῦ κατηγορουμένου τὸν ὑποκείμενον ὅρον, ὃν εἴωθε παραλείπειν, ὅτι ὁ μὲν ὑπο-

2 ἁπλῆν μὲν a 3 ἐστιν ἀγαθός a 5 ἐφ' οὗ a: ὑφ' ὃ B 8 καὶ addidi τὴν prius om. a 9 τετάχθαι scripsi: τέτακται B: τέταχεν a 15 ὑπάρξει a et Ar. 15 et 16 τῷ αὐτῷ a et Ar. 18 et 20 ἢ scripsi: ἃ aB 22 φάσις a 23 λέγομεν a 25 ἡ alterum add. a: om. B 28 εἶναι alterum superscr. B[1] 35 καὶ om. a προτάσεις ὅλαι a 36 παραλίπειν a

κείμενος ἐν ταῖς τέτταρσιν ἐκκειμέναις προτάσεσιν ὁ αὐτός, ἡ δὲ διαφορὰ 137v καὶ ἑτερότης τῶν προτάσεων τῶν τε καταφατικῶν πρὸς ἀλλήλας καὶ τῶν ἀποφάσεων καὶ τῶν καταφάσεων πρὸς τὰς ἀποφάσεις διὰ τὸ διαφόρως λαμβάνεσθαι τὸ κατηγορούμενον γίνεται. τῷ μέντοι Β, τουτ' ἔστι τῇ ἁπλῇ ἀποφάσει. οὐκέτι πάντως ἀκολουθεῖ τὸ Γ, τουτ' ἔστιν ἡ κατάφασις ἡ ἐκ μεταθέσεως· ἡ μὲν γὰρ ἀπόφασις ἡ ἁπλῆ ἡ λέγουσα 'οὐκ ἔστι ξύλον λευκόν' ἀληθὴς δύναται εἶναι καὶ ἐπὶ ξύλου καὶ ἐπὶ μὴ ξύλου καὶ ἐπὶ πάντων, ἃ μή ἐστι λευκά· οὕτως δὲ καὶ ἐπὶ τῶν μὴ ὄντων ὅλως· οὐδὲ γὰρ ταῦτα λευκά. ἡ δὲ Γ ἡ κατάφασις ἡ ἐκ μεταθέσεως ἡ λέγουσα 'ἔστι ξύλον οὐ λευκόν' ἐπὶ ὡρισμένων ἀληθεύει· ἐπὶ γὰρ μόνων ξύλων τῶν μὴ λευκῶν ἐστιν ἀληθές· τίθησι γὰρ τὸ εἶναι ξύλον· διὰ τοῦτο γὰρ καὶ κατάφασις οὖσα ἐδείχθη. διὸ ὅταν ἐπὶ μὴ ξύλου ἀληθὴς ἡ ἀπόφασις, οὐκ ἀκολουθήσει αὐτῇ ἡ ἐκ μεταθέσεως κατάφασις· ὃ γὰρ ὅλως μή ἐστι ξύλον, τοῦτο οὐδὲ ξύλον οἷόν τε εἶναι μὴ λευκόν, ὃ σημαίνει ἡ ἐκ μεταθέσεως κατάφασις ἡ εἶναι ξύλον οὐ λευκὸν λέγουσα.

Ἀνάπαλιν δείκνυσι τὴν ἀκολουθίαν γινομένην ἐπί τε τοῦ Α καὶ τοῦ Δ τοῦ ὑποτεταγμένου αὐτῷ, τουτ' ἔστιν ἐπί τε τῆς ἁπλῆς καταφάσεως (αὕτη γὰρ ἦν ἐπὶ τοῦ Α ἡ λέγουσα 'ἔστι ξύλον λευκόν') καὶ ἐπὶ τῆς ἀποφάσεως τῆς οὐχ ἁπλῆς· αὕτη γὰρ ἦν ἐπὶ τοῦ Δ ἡ λέγουσα 'οὐκ ἔστι ξύλον οὐ λευκόν'. ἐπὶ μὲν γὰρ τῶν Β καὶ Γ τῷ μὲν Γ, ὃ ἦν ὑποτεταγμένον τῷ Β ὂν κατάφασις ἐκ μεταθέσεως, εἵπετο πάντως τὸ Β, ὃ ἦν ἁπλῆ ἀπόφασις· οὐκέτι μέντοι τῷ Β τῷ ἡγουμένῳ πάντως καὶ τὸ Γ τὸ ὑποτεταγμένον αὐτῷ ἠκολούθει. ἐπὶ δὲ τῶν Α καὶ Δ ἔμπαλιν τῷ μὲν Α, τουτ' ἔστιν τῇ ἁπλῇ καταφάσει, πάντως ἕπεται ἡ ἐκ μεταθέσεως ἀπόφασις· ἐφ' οὗ γὰρ ἀληθὲς τὸ Α τὸ 'ἔστι ξύλον λευκόν' (ἔστι δὲ ἐπὶ ξύλου μόνου), ἐπὶ τούτου ἐξ ἀνάγκης ἀληθὲς καὶ τὸ Δ τὸ 'οὐκ ἔστι ξύλον οὐ λευκόν'. τοῦ δὲ ἀκολουθεῖν τῷ Α τὸ Δ ἀπόδειξις, ὅτι ἐπὶ παντὸς ἢ τὸ Γ ἢ τὸ Δ· ἀντίφασις γάρ ἐστιν· ὥστε καὶ ἐπὶ ⟨τοῦ Α ἢ τὸ Γ ἢ τὸ⟩ Δ, θάτερον αὐτῶν. ἀλλὰ μὴν ἀδύνατον τὸ Γ· εἵπετο γὰρ τῷ Γ τὸ Β, ὃ ἀπόφασις ἦν τοῦ Α. εἰ δὴ τὸ Γ ἕποιτο τῷ Α, ἕποιτο ἂν αὐτῷ καὶ τὸ Β τὸ ἑπόμενον τῷ Γ, ὅ ἐστιν ἀδύνατον· οὐ γὰρ οἷόν τε ἅμα τε λευκὸν εἶναι καὶ μὴ εἶναι λευκόν· οὐ γὰρ συνυπάρχει ἡ ἀντίφασις οὐδ' οἷόν τε ἅμα τῷ αὐτῷ. τὸ Δ ἄρα ἕπεται τῷ Α, τῷ ἡγουμένῳ τὸ ὑποτεταγμένον· ὃ γὰρ ἂν ᾖ λευκόν, κατὰ τούτου ἀληθὲς τὸ μὴ εἶναι αὐτὸ μὴ λευκόν. αὐτὸς μέντοι ὡς ἐναργεῖ ὄντι ἐχρήσατο τῷ μὴ δύνασθαι τῷ Α τὸ Γ ἀκολουθεῖν· ἦν γὰρ ἐπὶ τοῦ Α τὸ εἶναι λευκὸν κείμενον, ἐπὶ δὲ τοῦ Γ τὸ εἶναι μὴ λευκόν· ἀδύνατον

---

6 ἡ λέγουσα om. a 7 ἀληθὲς a μὴ B: μὲν a 10 ante ξύλων add. τῶν a 11 γὰρ alterum om. a 12 μὴ ἐπὶ a 13 μή evan. B 15 ante λέγουσα add. οὐ a 16 post ἀνάπαλιν add. δὲ a 17 τε om. a 20 τῶν] ν superscr. B¹ τῷ ex τὸ corr. B 22 παντὶ a 23 ὃ B: β a 26 ἀληθὴς a 27 ἐπακολουθεῖν a 28 post ἐπὶ lac. ca. 9 lit. B, ca. 12 lit. a: lac. explevi ὃ θάτερον B: καθάπερ a 30 τῷ α ἕποιτο τὸ γ a καὶ B: οὐ a 33 ὃ a: δ' B τὸ α a 34 αὐτὸς scripsi: αὐτὸ B: αὐτῷ a

δὲ τὸ αὐτὸ ἅμα εἶναί τε λευκὸν καὶ εἶναι μὴ λευκόν. οὐκέτι μέντοι καθ' 138r οὗ τὸ Δ, κατ' ἐκείνου ἐξ ἀνάγκης τὸ Α. κατὰ γὰρ τοῦ μὴ ξύλου ἀληθὴς μὲν ἡ ἀπόφασις ἡ ἐκ μεταθέσεως, ἐφ' ἧς τὸ Δ, ἡ λέγουσα 'οὐκ ἔστι ξύλον οὐ λευκόν'· ὁ γὰρ τοῖχος οὐκ ἔστι ξύλον οὐ λευκόν· οὐ γὰρ δὴ τὸ Γ ἐπ' αὐτοῦ ἀληθὲς οἷόν τε εἶναι· τοῦτο δέ ἐστι τὸ εἶναι ξύλον οὐ λευκόν· δεῖ δὲ ἢ τὸ Γ ἢ τὸ Δ. διὰ δὲ τοῦ δεῖξαι, ὅτι μὴ ἡ κατάφασις ἀληθής, ἔδειξε τὴν ἀπόφασιν ἀληθῆ, ὅτι μὴ ἦν αὐτόθεν γνώριμον τὸ σημαινόμενον ὑπὸ τῆς ἀποφάσεως τῆς 'οὐκ ἔστι ξύλον οὐ λευκόν'. οὐκέτι μέντοι, ἐφ' οὗ ἀληθὴς ἡ ἀπόφασις ἡ ἐκ μεταθέσεως (ἐπὶ μὲν γὰρ τοίχου ἀληθὴς ἡ ἀπόφασις ἡ λέγουσα 'ὁ τοῖχος οὐκ ἔστι ξύλον οὐ λευκόν'). οὐκέτι μέντοι ἐπ' αὐτοῦ ἀληθὴς καὶ ἡ κατάφασις ἡ ἁπλῆ ἡ λέγουσα 'ὁ τοῖχός ἐστι ξύλον λευκόν', ἐφ' ἧς Α. ἀκολουθεῖ ἄρα τῷ μὲν Γ τὸ Β τῷ δὲ Α τὸ Δ, οὐ μὴν ἀνάπαλιν· ὥστε ταῖς μὲν καταφάσεσιν αἱ ἀποφάσεις ἀκολουθήσουσι, τῇ μὲν ἐκ μεταθέσεως καταφάσει ἡ ἁπλῆ ἀπόφασις, τῇ δὲ ἁπλῇ καταφάσει ἡ ἐκ μεταθέσεως ἀπόφασις, οὐκέτι δὲ ταῖς ἀποφάσεσιν αἱ καταφάσεις· ἐπὶ πλέον γὰρ αἱ ἀποφάσεις.

p. 52a12 Δῆλον δέ, ὅτι καὶ τὸ Α, Γ οὐδενὶ τῷ αὐτῷ καὶ τὸ Β καὶ τὸ Δ ἐνδέχεται τινὶ τῷ αὐτῷ ὑπάρξαι.

Περὶ τῶν διαγωνίων λέγει· ἔστι γὰρ τὸ μὲν Α τῷ Γ διαγώνιον, αἱ καταφάσεις, τὸ δὲ Β τῷ Δ, αἱ ἀποφάσεις. λέγει δή, ὅτι τὰ μὲν Α Γ ἀδύνατον συνυπάρξαι· ταῦτα δὲ ἦν ἥ τε ἁπλῆ κατάφασις καὶ ἡ ἐκ μεταθέσεως· ἀδύνατον γὰρ τὸ αὐτὸ ἅμα τε λευκὸν εἶναι καὶ μὴ λευκόν, ὃ σημαίνεται ὑπὸ τῆς ἐκ μεταθέσεως καταφάσεως τῆς ἐπὶ τοῦ Γ. λέγοι δ' ἂν ταῦτα ἐπὶ τῶν διωρισμένων προτάσεων· αὗται γάρ εἰσιν αἱ τὴν ἀντίφασιν ποιοῦσαι, ἐπεὶ τάς γε ἀδιορίστους οὐδὲν κωλύει πάσας πάσαις συναληθεύειν. ὅτι δὲ μὴ οἷόν τε τὰς καταφάσεις τὰς προειρημένας ἅμα ἀληθεῖς εἶναι, ἱκανὴ μὲν καὶ ἡ ἐνάργεια δηλῶσαι, οὐ μὴν ἀλλὰ καὶ διότι ἅμα ἀληθεῖς ἔσονται καὶ αἱ ἀντιφατικῶς ἀντικείμεναι. τῇ μὲν γὰρ ἁπλῇ καταφάσει ἕπεται ἡ ἐκ μεταθέσεως ἀπόφασις, ὥστε ἅμα ἀληθεῖς ἥ τε κατάφασις ἡ ἐκ μεταθέσεως, ἐφ' ἧς τὸ Γ, καὶ ἡ ἀπόφασις αὐτῆς, ἐφ' ἧς τὸ Δ. πάλιν ἐπεὶ τῷ Γ, τῇ καταφάσει τῇ ἐκ μεταθέσεως, ἕπεται τὸ Β, ἡ ἁπλῆ ἀπόφασις, ἅμα ἔσονται ἀληθεῖς ἥ τε ἁπλῆ κατάφασις, ἐφ' ἧς τὸ Α, καὶ ἡ ἀπόφασις αὐτῆς, ἐφ' ἧς τὸ Β· ταῦτα δὲ ἀδύνατον. τὰς μέντοι ἀποφάσεις, τήν τε ἁπλῆν, ἥτις ἦν ἐπὶ τοῦ Β, καὶ τὴν ἐκ μεταθέσεως, ἥτις ἦν ἐπὶ τοῦ Δ, ἐνδέχεσθαί φησιν ἐπί τινος ἅμα ἀληθεῖς εἶναι. ἐφ' ὧν γὰρ ἡ μὲν ἁπλῆ ἀπόφασις ἀληθὴς ἦν ἡ Β, οὐκέτι δὲ καὶ ἡ ἐκ μεταθέσεως κατάφασις ἡ Γ (οὐ γὰρ ἀντέ-

---

1 τε εἶναι a 4 τεῖχος a 8 οὐ om. a 9 μὲν om. a 9. 10 ἡ ἀπόφασις om. a 11 αὐτοῦ a: αὐτῆς B 12 ante α prius add. τὸ a 18 τινὶ B: περὶ a 20 β τῷ δ αἱ evan. B ἀποφάσεις a: καταφάσεις B 22 τε om. a 25 ἀδιωρίστους a πάσαις om. a 29 ἀληθεῖς B: ἀληθὴς ἔσται a 30 δ a: β B 31 τῇ B: τῆς a τὸ β post ἀπόφασις transponit a ἔσονται ἅμα a 34 ἐνδέχεταί a

στρεφεν). ἐπὶ τούτων ἐξ ἀνάγκης ἀληθὴς ἡ Δ ἡ ἐκ μεταθέσεως ἀπόφασις· 138r ἐπὶ παντὸς γὰρ ἢ τὸ Γ ἢ τὸ Δ (ἀντίφασις γάρ), καὶ οὐχ εἵπετο τῷ Β τὸ Γ παντί. πάλιν ἐφ' ὧν ἀληθοῦς οὔσης τῆς Δ τῆς ἐκ μεταθέσεως ἀποφάσεως οὐκ ἦν ἀληθὴς ἡ Α ἡ ἁπλῆ κατάφασις (οὐ γὰρ ἀντέστρεφεν), ἐπὶ τούτων ἀληθὴς ἡ ἀπόφασις ἡ ἁπλῆ [κατάφασις] αὐτῆς ἡ Β· ἐπὶ παντὸς γὰρ ἢ τὸ Α ἢ τὸ Β. ὥστε γίνονται ἅμα ἀληθεῖς αἱ ἀποφάσεις ἐπί τινων· ἐπὶ γὰρ τοῦ τοίχου ἀληθεῖς ἥ τε λέγουσα αὐτὸν μὴ εἶναι ξύλον λευκὸν ἀπόφασις ἁπλῆ καὶ ἡ λέγουσα αὐτὸν μὴ εἶναι ξύλον οὐ λευκὸν ἀπόφασις ἐκ μεταθέσεως οὖσα. ἐμνημόνευσε καὶ τούτου ἐν τῷ Περὶ ἑρμηνείας ἐν οἷς λέγει "ὁμοίως δὲ ἔχει, κἂν καθόλου τοῦ ὀνόματος ⟨ᾖ⟩ ἡ κατάφασις" ἕως ⟨τοῦ⟩ "πλὴν οὐχ ὁμοίως τὰς κατὰ διάμετρον ἐνδέχεται ἀληθεύεσθαι· ἐνδέχεται δὲ ποτέ". ἐπὶ γὰρ τῶν διωρισμένων ἀντιφάσεων, αἳ κυρίως εἰσὶν ἀντιφάσεις, οὐ πάσας ἐνδέχεται τὰς κατὰ διάμετρον συναληθεύεσθαι, ἀλλὰ τινὰς καὶ ποτέ· τὰς γὰρ ἀποφάσεις τὰς Β Δ, ὡς ἔδειξεν ἄρτι, 'οὐκ ἔστι ξύλον λευκόν, οὐκ ἔστι ξύλον οὐ λευκόν'. |

p. 52a15 Ὁμοίως δὲ ἔχουσι καὶ αἱ στερήσεις πρὸς τὰς κατηγορίας ταύτῃ τῇ θέσει. 138v

Οὗ καὶ αὐτοῦ ἐν τῷ Περὶ ἑρμηνείας ἐμνημόνευσε, περὶ τούτου λέγει· εἰπὼν γὰρ ἐκεῖ, ἐν αἷς προτάσεσι "τὸ ἔστι τρίτον προσκατηγορεῖται", δύο γίνεσθαι ἀντιφάσεις καὶ προτάσεις τέσσαρας προσέθηκεν "ὧν τὰ μὲν δύο πρὸς τὴν κατάφασιν καὶ ἀπόφασιν ἕξει κατὰ τὸ στοιχοῦν ὡς αἱ στερήσεις, τὰ δὲ δύο οὔ". τοῦτο δὴ καὶ νῦν δείκνυσιν, ὅτι ἡ στερητικὴ ἀντίφασις τὴν ὁμοίαν τάξιν σῴζει πρὸς τὴν ἁπλῆν ἀντίφασιν ἐν τῇ θέσει τε καὶ ἀκολουθίᾳ, ἣν καὶ ἡ ἐκ μεταθέσεως ἀντίφασις. κατηγορίας δὲ εἴρηκεν ἤτοι τὰς ἀντικατηγορίας καὶ ἀκολουθίας, ὅτι ὁμοίως πρὸς τὰς ἀντικατηγορίας καὶ ἀκολουθίας, ἢ τὰς τὸ ἁπλοῦν τό, οὗ αἱ στερήσεις εἰσί, κατηγορούσας καταφατικῶς ἢ ἀποφατικῶς κατηγορίας εἶπε τὰς 'ἔστιν ἴσον' καὶ 'οὐκ ἔστιν ἴσον'. ἂν γὰρ τὴν στερητικὴν ἀντίφασιν ὑποτάξωμεν τῇ ἁπλῇ ἀντιφάσει, τῇ μὲν ἀποφάσει τὴν κατάφασιν τῇ δὲ καταφάσει τὴν ἀπόφασιν, ὅμοιαι αἱ ἀκολουθίαι τῇ τάξει ἔσονται ταῖς μικρῷ πρόσθεν ἐπὶ τῆς ⟨ἐκ⟩ μεταθέσεως ἀντιφάσεως· ταῖς μὲν γὰρ καταφάσεσιν αἱ ἀποφάσεις αἱ κατὰ ταύτας τεταγμέναι ἀκολουθήσουσιν ἐξ ἀνάγκης, οὐκέτι δὲ ταῖς ἀποφάσεσι πάντως αἱ καταφάσεις. ἔστω γὰρ τὸ μὲν 'ἴσον ἐστίν' ἐπὶ τοῦ Α, ἡ δὲ τούτου ἀπόφασις τὸ 'οὐκ ἔστιν ἴσον' ἐπὶ τοῦ Β, καὶ ὑποτετάχθω τῷ μὲν Β τὸ Γ ἔχον ἐπ' αὐτοῦ τὴν τοῦ ἴσου στερητικὴν κατάφασιν τὴν 'ἄνισόν ἐστι' (στέρησις γὰρ τοῦ ἴσου τὸ ἄνισον). τῷ δὲ Α τὸ Δ ἔχον τὴν ἀπόφασιν τὴν τοῦ στερητικοῦ τὴν 'οὐκ

5 ἡ ἁπλῆ ἀπόφασις omisso κατάφασις (cf. vs. 4) a: ἡ ἁπλῆ φασις (sic) corr. B[3] 7 ἀληθεῖς B corr.: ἀληθὴς a B pr. 9 Περὶ ἑρμηνείας] c. 10 p. 19b32—36 10 ᾖ Ar.: om. aB τοῦ alterum add. a: om. B 13 συναληθεύεται a 16. 17 κατηγορίας a et Ar. (cf. vs. 24, 27): κατηγορικὰς B 17 ἐκθέσει a 20 τέτταρας a ὧν τὰ μὲν κτλ.] p. 19b23 24 κατηγορίας ex κατηγορικὰς corr. B 26 τό B: τε a 27 ante κατηγορίας add. καὶ a 30 τάξει scripsi (cf. p. 405, 27, 414, 18): προτάσει aB ἐκ a: om. B 33. 34 ἔστιν ἴσον a: ἴσον ἐστίν B 34 β (post μὲν) B: α a

ἔστιν ἄνισον'. ὅμοιαι δὴ καὶ αἱ τούτων ἀκολουθίαι· τῷ μὲν γὰρ Γ, τῇ 138v στερητικῇ καταφάσει, ἐξ ἀνάγκης ἀκολουθήσει τὸ Β, ἡ τοῦ ἴσου ἀπόφασις· δεῖ μὲν γὰρ ἐπὶ τοῦ 'ἄνισόν ἐστιν' ἀληθῆ εἶναι ἢ τὴν 'ἴσον ἐστίν' ἢ τὴν 'οὐκ ἔστιν ἴσον'· ἀλλὰ ἀδύνατον τὸ ἄνισον καὶ ἴσον εἶναι ἅμα· ἡ ἄρα ἀπόφασις ἡ 'οὐκ ἔστιν ἴσον'. οὐκέτι μέντοι τῇ ἀποφάσει τῇ 'οὐκ ἔστιν ἴσον', τῷ Β, ἐξ ἀνάγκης ἀκολουθήσει ἡ στερητικὴ κατάφασις ἡ 'ἔστιν ἄνισον', ἥτις ἦν τὸ Γ· οὐ γὰρ ἐπὶ πάντων, ἐφ' ὧν ἀληθής ἐστιν ἡ ἀπόφασις ἡ ἁπλῆ, ἐπὶ τούτων καὶ ἡ στερητικὴ κατάφασις, ἥτις ἦν τὸ Γ. οὐκ ἴσον μὲν γὰρ χρῶμα καὶ φωνή, οὐ μὴν καὶ ἄνισον. τὸ γὰρ ἄνισον, ὡς προεῖπεν, ἐπὶ ὡρισμένου τινὸς ἀληθές ἐστιν· ἐπὶ γὰρ ποσοῦ. ἀνάπαλίν ἐστι τοῦ Α καὶ τοῦ Δ ἡ ἀκολουθία· τῷ μὲν γὰρ Α, τῇ ἁπλῇ καταφάσει, ἀκολουθήσει τὸ Δ, ἡ στερητικὴ ἀπόφασις· τὸ γὰρ ἴσον οὐκ ἄνισον. οὐκέτι μέντοι τῇ στερητικῇ ἀποφάσει τῇ 'οὐκ ἄνισον' ἐξ ἀνάγκης ἀκολουθήσει τὸ Α, ἡ ἁπλῆ κατάφασις· τὸ μὲν γὰρ 'οὐκ ἄνισον' καὶ ἐπὶ μὴ ποσῶν ἀληθές, τὸ δὲ ἴσον οὐκέτι. [ἴσον Α ἐστί, Β οὐκ ἔστιν ἴσον, Δ ἄνισόν ἐστι, Γ ἴσον οὐκ ἔστιν, Δ ἐστὶν ἄνισον.]

p. 52a18 Καὶ ἐπὶ πολλῶν δέ, ὧν τοῖς μὲν ὑπάρχει τοῖς δὲ οὐχ ὑπάρχει τὸ αὐτό, ἡ μὲν ἀπόφασις ὁμοίως ἀληθεύει.

Ὅτι μὴ ταὐτὸν σημαίνει τὸ 'ἔστιν οὐ τοῦτο' τῷ 'οὐκ ἔστι τοῦτο', δείκνυσι καὶ ἐκ τοῦ ἐφ' ὧν ταὐτὸ τοῖς μὲν ὑπάρχει τοῖς δὲ μὴ ὑπάρχει τῶν ἐν τῷ αὐτῷ εἴδει, μὴ συναληθεύεσθαι τὰ αὐτά. εἰ γὰρ τῶν ἀνθρώπων οἱ μὲν λευκοί εἰσιν οἱ δὲ μή, τὸ μὲν 'οὐκ εἰσὶ πάντες ἄνθρωποι λευκοί' καὶ τὸ 'οὐκ ἔστι λευκὸς ἕκαστος' ἀληθές, οὐκέτι δὲ ἀληθὲς τὸ 'εἰσὶν οὐ λευκοὶ πάντες ἄνθρωποι' ἢ 'ἔστιν οὐ λευκὸς ἄνθρωπος ἕκαστος'· ταῦτα γὰρ ταὐτὸν σημαίνει τῷ μηδένα ἄνθρωπον εἶναι λευκόν, ὅ ἐστι ψεῦδος. ἔτι εἰ τὰ μὲν εἴη τῶν ζῴων λευκὰ τὰ δὲ μή, ψευδοῦς οὔσης τῆς καθόλου καταφάσεως τῆς 'πᾶν ζῷόν ἐστι λευκόν' ἀπόφασίς ἐστιν οὐχ ἡ 'ἔστιν οὐ λευκὸν πᾶν ζῷον' (καὶ γὰρ αὕτη ψευδὴς ὁμοίως τῇ 'πᾶν ζῷον λευκόν ἐστιν'· οὐδὲν γὰρ λευκὸν εἶναι λέγει), ἡ δὲ 'οὐ πᾶν ζῷον λευκόν ἐστιν' ἀπόφασίς τε αὐτῆς ἐστι καὶ ἀληθής. εἰ δὲ τοῦτο, οὐ ταὐτὸν σημαίνει τῇ 'οὐ πᾶν ζῷον λευκόν' ἡ 'ἔστι πᾶν ζῷον | οὐ λευκόν'· εἰ δὲ μὴ ταὐτὸν σημαίνει, οὐδὲ 139r ταὐτόν ἐστιν.

p. 52a24 Ἐπεὶ δὲ δῆλον ὅτι ἕτερον σημαίνει τὸ ἔστιν οὐ λευκὸν καὶ οὐκ ἔστι λευκόν.

Δείξας διὰ πλειόνων, ὅτι μὴ ταὐτὸν σημαίνει τὸ 'οὐκ ἔστι τόδε' καὶ 'ἔστιν οὐ τόδε', καὶ τὸ μὲν 'οὐκ ἔστι τόδε' ἀπόφασίς ἐστι, τὸ δὲ 'ἔστιν οὐ

1 δὴ B: δὲ a 6 τῷ β scripsi: τὸ β aB 9 προεῖπεν] p. 51b26 15 ἴσον α . . . ἄνισον (16) delere malui quam sic emendare: . . . ῆ, ἄνισόν ἐστι, δ [ἴσον] οὐκ ἔστιν [δ̄ ἐστὶν] ἄνισον (cf. p. 409,33 sq.) 17 καὶ ἐπὶ . . . ἀληθεύει (18) lemma textui continuant aB 18 ἀληθεύει aB: ἀληθεύοιτ' ἂν Ar. 19 σημαίνει a: σημαίνοι B 20 τῶν a: τῷ B 23 ἀληθές a: ἀληθεῖς B 24 ἕκαστος ἄνθρωπος B pr.

τόδε' κατάφασίς ἐστιν. ἀκολούθως τοῖς δεδειγμένοις ἐπιφέρει, ὅπερ ἦν προει- 139r
ρηκώς, τὸ "διαφέρει δέ τι ἐν τῷ κατασκευάζειν ἢ ἀνασκευάζειν τὸ ὑπολαμβάνειν ἢ ταὐτὸν ἢ ἕτερον σημαίνειν τὸ μὴ εἶναι τόδε καὶ εἶναι μὴ τοῦτο"· τοῦτο δέ ἐστιν τὸ μὴ ὁμοίως δείκνυσθαι ἑκάτερον αὐτῶν, ἀλλὰ τὸ μὲν ἀποφατικὸν διὰ προτάσεως καταφατικῆς τὸ δὲ καταφατικὸν ἐξ ἀμφοτέρων καταφατικῶν, καὶ τὸ μὲν καταφατικὸν ἐν τῷ πρώτῳ σχήματι τὸ δὲ ἀποφατικὸν ἐν τῷ δευτέρῳ καὶ ἐν τῷ πρώτῳ. πῶς δὲ γίνεται, προελθὼν διδάσκει. ὃ μὲν οὖν προτέθειται δεῖξαι, τοιοῦτόν ἐστι, χρήσιμον ὂν καὶ πρὸς τὴν ἀνάλυσιν τῶν συλλογισμῶν· ὡς γὰρ δείκνυται ἑκάτερον αὐτῶν, οὕτως καὶ ἀναλυθήσεται. ἀσάφειαν δὲ ἡ λέξις ἔχει τῷ τὰς προτάσεις μὴ συνήθως εἰλῆφθαι μήτε τὰς καταφατικὰς μήτε τὰς ἀποφατικάς. εἰπὼν γάρ, ὅτι οὐχ ὁ αὐτὸς τρόπος τοῦ δεικνύναι ἑκάτερον, θέλων τὰς προτάσεις παραθέσθαι καὶ δεῖξαι, ὅτι ἄλλος ὁ τρόπος τῆς τῶν ἀποφατικῶν δείξεως καὶ ἄλλος τῆς τῶν καταφατικῶν, εἶπεν οἷον ὅτι, ὃ ἂν ᾖ ζῷον, οὐκ ἔστι λευκὸν ἢ ἐνδέχεται μὴ εἶναι λευκόν, καὶ ὅτι ἀληθὲς εἰπεῖν μὴ λευκόν· τοῦτο γάρ ἐστιν εἶναι μὴ λευκόν, τὸ † γὰρ ἀποφατικὰς μὲν λαβὼν ὅ τι ἂν ᾖ ζῷον, ἐνδέχεται μὴ εἶναι λευκόν· ἀπὸ κοινοῦ γὰρ τὸ ἐνδέχεται μὴ εἶναι λευκὸν εἶπε τοῦ ὅ τι ἂν ᾖ ζῷον· ἴσον γὰρ αὗται δύνανται ταῖς 'οὐδὲν ζῷον λευκόν ἐστι' καὶ 'οὐδὲν ζῷον ἐνδέχεται λευκὸν εἶναι', ἡ μὲν οὖσα καθόλου ἀποφατικὴ ὑπάρχουσα, ἡ δὲ καθόλου ἀποφατικὴ ἀναγκαία· δεῖ γάρ, ὡς εἶπον, τῷ ἐνδέχεται μὴ εἶναι λευκὸν προσυπακούειν τὸ ὅ τι ἂν ᾖ ζῷον. ὃ ἴσον γίνεται τῷ 'οὐδὲν ζῷον ἐνδέχεται εἶναι λευκόν'· οὕτω γὰρ ἂν ἀπόφασις ἔσται. χωρὶς δὲ ἐκείνου κατάφασις καὶ αὕτη. δύναται τὸ ἐνδέχεται μὴ εἶναι λευκὸν καὶ αὐτὸ παράδειγμα εἰρηκέναι τῆς ἐκ μεταθέσεως καταφάσεως, ὥσπερ καὶ τὸ μετ' αὐτὸ ⟨τὸ⟩ καὶ ὅτι ἀληθὲς εἰπεῖν μὴ λευκόν, ὡς εἶναι ἴσην αὐτὴν τῇ 'πάντα ἄνθρωπον ἐνδέχεται μὴ εἶναι λευκόν'. εἴτε δὲ καὶ ἐκείνην ὡς ἀποφατικὴν ἔθηκεν, εἴτε καὶ αὐτὴν ὡς ἐκ μεταθέσεως κατάφασιν, ὅμοιος ὁ λόγος καὶ ἡ δεῖξις. χρησάμενος δὲ ἐπὶ τῆς ἐκ μεταθέσεως καταφατικῆς τῷ ἀληθὲς εἰπεῖν μὴ λευκόν, τὸ ἀληθὲς εἰπεῖν, ὅ τι ποτὲ σημαίνει, ἐξηγούμενος προσέθηκεν τοῦτο γάρ ἐστιν εἶναι μὴ λευκόν. ὡς τῆς ἀληθὲς εἰπεῖν τῆς αὐτῆς οὔσης τῇ 'ἔστιν οὐ λευκόν' οὔσῃ καταφατικῇ, ὡς δέδεικται. τὸ γὰρ ἀληθὲς εἰπεῖν ἀντὶ τοῦ 'ἔστιν' ἔθηκεν, ὡς καὶ αὐτὸς προϊὼν δηλώσει· οἱ γὰρ τρόποι τὴν αὐτὴν χώραν ἐν ταῖς προτάσεσι τῷ 'ἔστιν' ἔχουσιν ὡς πρὸς τὸ κατάφασιν ἢ ἀπόφασιν ποιεῖν· καὶ τὸ ἀληθὲς δὲ τρόπος τις. καὶ εἴη ἂν πάλιν αὕτη ἡ πρότασις τοιαύτη· ὅ τι ἂν ᾖ ζῷον, τοῦτο ἀληθὲς εἰπεῖν μὴ εἶναι λευκόν, ἥτις ἴση ἐστὶ τῇ 'πᾶν ζῷόν ἐστιν οὐ λευκόν'. οὐχ ὁμοίως οὖν, φησί, δειχθήσεται τά τε ἀποφατικά, οἷον 'οὐδὲν ζῷον λευκόν ἐστι' καὶ 'οὐδὲν ζῷον

2 διαφέρει δέ τι κτλ.] p. 51b5 (cf. p. 396,31) 9 τοῦ συλλογισμοῦ a αὐτῶν scripsi: αὐτοῦ aB 13 τοῦ ἀποφατικοῦ a 14 τοῦ καταφατικοῦ a ὅτι, ὃ] cf. vs. 17,18 15 καὶ ὅτι ἀληθὲς . . . μὴ εἶναι λευκόν (17) om. a 16 post εἶναι μὴ λευκόν iterata καὶ ὅτι (15) . . . εἶναι μὴ λευκόν (16) expunxit B[1] γὰρ ἀποφατικάς] παράδειγμα ἀποφατικῶς fort. recte Diels 21 ἀναγκαία] cf. Waitzii comment. ad p. 52a28 23 ἐκείνων a 24 τὸ scripsi: τῷ aB 25 τὸ alterum addidi 29 εἰπεῖν Ar.: εἶναι aB 36 τοῦτο B: τοῦ a

ἐνδέχεται εἶναι λευκόν'. εἰ ὡς ἀποφάσεως καὶ ταύτης ἀκούοιμεν καθόλου, 139r καὶ τὸ καταφατικὸν τὸ 'πᾶν ζῷόν ἐστιν οὐ λευκόν'· ἀλλὰ τὰ μὲν καταφατικά. τό τε 'ἀληθὲς εἰπεῖν, ὅτι πᾶν ζῷόν ἐστι λευκόν' καὶ τὸ 'ἀληθὲς εἰπεῖν, ὅτι πᾶν ζῷόν ἐστιν οὐ λευκόν' (τοῦτο γὰρ σημαίνει τὸ εἶτε μὴ λευκόν), ἃ ἴσον δύναται τὸ μὲν τῷ 'ἔστι λευκόν' τὸ δὲ τῷ 'ἔστιν οὐ λευκόν', ὁμοίως ἀλλήλοις καὶ τῷ αὐτῷ τρόπῳ δειχθήσεται. παρέθηκε δὲ τῷ 'ἔστιν οὐ λευκόν' τὸ 'ἔστι λευκόν' εἰς ἔνδειξιν τοῦ ὁμοίως κἀκεῖνο τούτῳ κατάφασιν εἶναι, διὸ καὶ ὁμοίαν αὐτῶν τὴν δεῖξιν ἔσεσθαι. ἀμφότερα γὰρ ταῦτα ὁμοίως ὄντα καταφατικὰ δειχθήσεται, κατασκευαστικῶς δέ, τοῦτ' ἔστι καταφατικῶς, ἐν τῷ πρώτῳ σχήματι· ἐν γὰρ τούτῳ μόνῳ τὸ καθόλου καταφατικὸν δείκνυται. | δεῖ δὲ τῶν 'ἀληθὲς εἰπεῖν λευκόν, [ὅτι ἂν] ἀληθὲς 139v εἰπεῖν ὅτι οὐ λευκόν' ὡς καθόλου λεγομένων ἀκούειν· ἐνδεῖ γὰρ αὐτοῖς τὸ 'πᾶν ζῷον', ὡς αὐτὸς ἑξῆς δηλοῖ. εἰπὼν δέ, ὅτι τὰ τοιαῦτα προβλήματα καταφατικὰ ὄντα ἐν πρώτῳ καὶ διὰ πρώτου γίνεται σχήματος, ἐξηγεῖται, πῶς ἡ λέγουσα ἀληθὲς εἰπεῖν ἔστι λευκὸν κατάφασίς ἐστι καὶ τί σημαίνει· τὸ γὰρ ἀληθές, φησί, τῷ ἔστιν ὁμοίως τάττεται. ἴσον οὖν ἐστι τῷ 'ἀληθὲς εἶναι λευκόν' τὸ 'ἔστι λευκόν'· τοῦτο δὲ κατάφασις. ἧ καταφάσεως οὔσης ὑπομιμνήσκει ἡμᾶς πάλιν, ὅτι οὐκ ἔστιν ἀπόφασις ἡ ἀληθὲς εἰπεῖν μὴ λευκὸν ἀλλ' ἡ 'οὐκ ἀληθὲς εἰπεῖν λευκόν', ἐκείνη δὲ ἡ 'ἀληθὲς εἰπεῖν μὴ λευκόν' κατάφασις καὶ αὐτή, ὡς καὶ ἡ ἀληθὲς εἰπεῖν λευκόν· διὸ καὶ ὁμοίως καὶ διὰ τοῦ αὐτοῦ δειχθήσονται σχήματος. καὶ ὅτι ἡ λέγουσα 'ἅπαν ζῷον ἀληθὲς εἰπεῖν μὴ εἶναι λευκόν' οὐκ ἔστιν ἀπόφασις οὔτε ἁπλῶς οὔτε τῆς λεγούσης πᾶν ζῷον λευκὸν εἶναι, ἀλλὰ ἡ 'οὐ πᾶν ζῷον ἢ οὐδὲν ζῷον ἀληθὲς εἰπεῖν λευκόν', πάλιν προσέθηκεν ὑπομιμνήσκων τε ἡμᾶς τῶν δεδιδαγμένων καὶ τί σημαίνει ἀληθὲς εἰπεῖν μὴ εἶναι λευκὸν διδάσκων.

p. 52a34 Εἰ δή ἐστιν ἀληθὲς εἰπεῖν, ὃ ἂν ᾖ ἄνθρωπος, μουσικὸν εἶναι ἢ μὴ μουσικὸν εἶναι, ὃ ἂν ᾖ ζῷον, ληπτέον ἢ εἶναι μουσικὸν ἢ εἶναι μὴ μουσικόν.

Εἰπών, ὅτι ὁμοίως χρὴ τήν τε ἁπλῆν κατάφασιν καθόλου καὶ τὴν ἐκ μεταθέσεως δεικνύναι (διὰ γὰρ πρώτου σχήματος), νῦν, πῶς ποιήσομεν τὴν δεῖξιν ἑκατέρου αὐτῶν καὶ τὸν συλλογισμόν, ὑπογράφει. ἔστι γάρ, ὃ λέγει, τοιοῦτον· εἰ βουλόμεθα δεῖξαι, ὅτι πᾶς ἄνθρωπος μουσικός ἐστιν ἢ ὅτι πᾶς ἄνθρωπός ἐστιν οὐ μουσικός, δείκνυμεν οὕτως· ἡ μὲν ἀληθὲς εἰπεῖν, ὃ ἂν ᾖ ἄνθρωπος, μουσικὸν εἶναι σημαίνει τὴν 'πᾶς ἄνθρωπος μουσικός', ἡ δὲ 'ἀληθὲς εἰπεῖν, ὃ ἂν ᾖ ἄνθρωπος, μὴ μουσικὸν εἶναι' σημαίνει τὴν 'πᾶς ἄνθρωπός ἐστιν οὐ μουσικός'. φησὶ δὲ χρῆναι ἐν τῇ ἑκατέρου τούτων δείξει μέσον ὅρον λαμβάνειν τὸ ζῷον. κἂν μὲν βουλώ-

5 ἃ scripsi: ὃ aB   8 αὐτοῦ a   11 τῶν scripsi: τῷ aB   ὅτι ἂν delevi
15. 16 σημαίνει scripsi: σημαίνοι aB   27 ἂν Ar.: ἐὰν aB (ABu)   28 ἢ alterum superscr. B², ut videtur   29 μὴ εἶναι B pr.: corr. B², ut videtur   33 βουλοίμεθα a
38 ἑκατέρᾳ a   δεῖξαι B pr.: corr. B²   λαμβάνει a

μεθα δεῖξαι τὸ πάντα ἄνθρωπον μουσικόν, μείζονα ἄκρον κατηγορούμενον 139v καταφατικῶς τοῦ ζῴου παντὸς ληπτέον τὸ μουσικόν, ἔσχατον δὲ καὶ ἐλάττονα, οὗ τὸ ζῷον κατηγορεῖται παντός, τὸν ἄνθρωπον· ἔσονται γὰρ αἱ προτάσεις 'πᾶς ἄνθρωπος ζῷον, πᾶν ζῷον μουσικόν, πᾶς ἄρα ἄνθρωπος μουσικόν', ὃ ἦν προκείμενον. οὐ δεῖ δὲ τὰς προτάσεις, αἷς χρῆται, ἀπαιτεῖν ὡς ἀληθεῖς· παραδείγματι γὰρ καὶ ὑπογραφῇ τῆς λέξεως χρῆται τοῦ πῶς διὰ καταφατικῶν ἀμφοτέρων δείκνυται τό τε 'πᾶς ἄνθρωπος μουσικός ἐστι' καὶ τὸ 'πᾶς ἄνθρωπος οὐ μουσικός ἐστιν'. ἂν δέ γε ᾖ προκείμενον ἡμῖν δεῖξαι πάντα ἄνθρωπον εἶναι μὴ μουσικόν, τὸ μὲν ζῷον πάλιν μέσος ὅρος ἔστω ὁ αὐτός, τὸ δὲ μὴ μουσικὸν μείζων καταφατικῶς τοῦ ζῴου καὶ αὐτὸς κατηγορούμενος, ἄνθρωπος δὲ ὁ ἔσχατος, καὶ αἱ προτάσεις 'πᾶς ἄνθρωπος ζῷον, πᾶν ζῷόν ἐστιν οὐ μουσικόν (κατάφασις γὰρ καὶ τοῦτο). πᾶς ἄρα ἄνθρωπός ἐστιν οὐ μουσικός'. εἰ μὲν οὖν ἡ 'πᾶς ἄνθρωπός ἐστιν οὐ μουσικός' ἦν ἀπόφασις, οὐκ ἐν πρώτῳ ἂν τοῦτο τὸ συμπέρασμα σχήματι ἐδείκνυτο μόνῳ ἀλλὰ καὶ ἐν τῷ δευτέρῳ ἀντιστρεφομένης τῆς καθόλου ἀποφατικῆς τῆς 'πᾶς ἄνθρωπός ἐστιν οὐ μουσικός'· νῦν δὲ ἐν τούτῳ μόνῳ δείκνυται. ὅτι δὲ μή ἐστιν ἀπόφασις, δεικνύοιτο ἂν ἐκ τοῦ μὴ ἀντιστρέφειν αὐτήν· ἀληθοῦς γὰρ οὔσης τῆς λεγούσης 'πᾶν ἄψυχόν ἐστιν οὐκ αἰσθητικόν' οὐκέτ' ἀληθὴς ἡ λέγουσα 'πᾶν οὐκ αἰσθητικὸν ἄψυχόν ἐστιν'· ἀληθὴς δὲ ἡ ἐν μέρει ἡ 'τὶ οὐκ αἰσθητικὸν ἄψυχον' λέγουσα. διὰ τοῦτο δὲ ἐν τῷ πρώτῳ δείκνυται μόνῳ σχήματι, καὶ εἴη ἂν φανερώτατον σημεῖον τοῦ μὴ εἶναι ἀπόφασιν τὴν ἐκ μεταθέσεως τὸ μὴ ἀντιστρέφειν αὐτήν.

p. 52a37 Τὸ δὲ μὴ εἶναι μουσικόν, ὃ ἂν ᾖ ἄνθρωπος, ἀνασκευαστικῶς δείκνυται. |

Δείξας τὸ καταφατικὸν τὸ 'πᾶς ἄνθρωπός ἐστιν οὐ μουσικός' διὰ τοῦ 140r πρώτου δεικνύμενον σχήματος μόνον ἐκ δύο καθόλου καταφάσεων νῦν δείκνυσι τὸ ἀποφατικὸν καθόλου πάλιν, πῶς καὶ διὰ τίνων δείκνυται· τὸ γὰρ τὸ δὲ μὴ εἶναι μουσικόν, ὃ ἂν ᾖ ἄνθρωπος, ἴσον ἐστὶ τῷ 'οὐδεὶς ἄνθρωπος μουσικός'. τοῦτο δέ φησι δείκνυσθαι κατὰ τοὺς προειρημένους τρόπους· τρεῖς εἰσι δὲ οὗτοι. ἐν μὲν γὰρ τῷ πρώτῳ σχήματι εἷς· ὁ γὰρ δεύτερος τρόπος τῶν ἐν πρώτῳ σχήματι τοῦ καθόλου ἀποφατικοῦ συνακτικός ἐστιν. οἷον πᾶς ἄνθρωπος ζῷον, οὐδὲν ζῷον μουσικόν, οὐδεὶς ἄνθρωπος μουσικός. ἢ πᾶς ἄνθρωπος ζῷον, οὐδὲν ζῷον ἄψυχον, οὐδεὶς ἄνθρωπος ἄψυχον, εἰ εἴη προκείμενον δεῖξαι, ὅτι μηδεὶς ἄνθρωπος ἄψυχον. ἐν δὲ τῷ δευτέρῳ σχήματι δύο οἱ πρῶτοι ⟨οἱ⟩ ἐκ καθόλου ἀποφατικῆς καὶ καθόλου καταφατικῆς· ἀμφότεροι γὰρ τοῦ καθόλου ἀποφατικοῦ εἰσι δεικτικοί. οἷον οὐδὲν ἄψυχον ζῷον, πᾶς ἄνθρωπος ζῷον, οὐδεὶς ἄνθρωπος

1 post μουσικὸν add. εἶναι a   3 τὸν B: τὸ a   8 ἐστιν οὐ μουσικός a   9 μὴ om. a   10 μὴ om. a   καταφατικῶς a: καταφατικὸς B   20 post ἄψυχον add. ἐστι a   26 καθόλου om. a   34 εἰ om. a   35 οἱ alterum addidi

ἄψυχον. ἢ πάλιν οὐδεὶς ἄνθρωπος ἵππος, πᾶς ἵππος χρεμετιστικόν, οὐδεὶς ἄνθρωπος χρεμετιστικόν· πάλιν γὰρ διὰ τούτων καθόλου ἀποφατικὸν ἐν δευτέρῳ δείκνυται σχήματι τὸ 'οὐδεὶς ἄνθρωπος χρεμετιστικόν'. 140r

p. 52a39 'Ἁπλῶς δ', ὅταν οὕτως ἔχῃ τὸ Α καὶ τὸ Β, ὥσθ' ἅμα μὲν τῷ αὐτῷ μὴ ἐνδέχεσθαι.

Ἀναδεδράμηκε πάλιν ἐπὶ τὸ προδεδειγμένον αὐτῷ περὶ τῆς τῶν προτάσεων ἀκολουθίας τῶν τε τὴν ἁπλῆν ἀντίφασιν ἐχουσῶν καὶ τῶν τὴν κατὰ μετάθεσιν, καὶ τὴν ἀκολουθίαν, ἣν ἐπ' ἐκείνων τῶν προτάσεων ἔδειξε, νῦν καθολικώτερον δείκνυσιν, οὐκέτ' ἐπὶ ὕλης ἀλλ' ἐπὶ στοιχείων μόνων, ἐφ' ὧν τὰς καθολικὰς δείξεις ἔθος αὐτῷ ποιεῖσθαι. τὴν δὲ τῶν ὅρων καταγραφὴν ὑπήλλαξε· διὸ δοκεῖ περὶ ἄλλου τινὸς λέγειν. τότε μὲν γὰρ ἦν τὸ Α προτεταγμένον καὶ ὑποτεταγμένον τὸ Δ, τῷ δὲ Β ἀποφάσει ὄντι τοῦ Α τὸ Γ ὂν κατάφασις τοῦ Δ, καὶ ἦν τότε τῷ μὲν Γ τὸ Β ἑπόμενον τῷ δὲ Α τὸ Δ. νῦν δὲ λαμβάνει τὸ Α Β ἀντίφασιν, ὥσπερ καὶ τότε· ἀντιφάσεως γὰρ τὸ ἅμα μὲν τῷ αὐτῷ μὴ ἐνδέχεσθαι, παντὶ δ' ἐξ ἀνάγκης θάτερον· ὁμοίως δὲ καὶ τὸ Γ Δ ἀντίφασιν, ἥτις ἦν τότε αὐτῷ ἐκ μεταθέσεως. ὑποτάσσει δὲ οὐκέτι τῷ Β τὸ Γ ἀλλὰ τῷ Α, τὸ δὲ Δ τῷ Β· ὡς γὰρ ἔχουσι τάξεως, πάντως τῷ τῆς ἑτέρας ἀντιφάσεως μορίῳ τὸ τῆς ἑτέρας ἀκολουθήσει. τότε μὲν οὖν ἔλαβεν ὑπὸ μὲν τὴν κατάφασιν τῆς ἁπλῆς ἀντιφάσεως τὴν τῆς ἑτέρας ἀντιφάσεως ἀπόφασιν, πάλιν δὲ ὑπὸ τὴν ἀπόφασιν τῆς ἁπλῆς τὴν τῆς ἑτέρας κατάφασιν. νῦν δὲ ἁπλῶς δύο ἀντιφάσεις λαμβάνει οὐ διορίσας τίνας, καὶ ἐπ' αὐτῶν καθόλου δείκνυσιν, ὅτι, ἂν τῷ ἑτέρῳ μέρει τῆς πρώτης κειμένης ἀντιφάσεως ἕπηται τὸ ἕτερον μέρος τῆς δευτέρας ἀντιφάσεως καὶ μὴ ἀντιστρέφῃ, καὶ τῷ λοιπῷ μέρει τῆς δευτέρας ἀντιφάσεως τὸ λοιπὸν τῆς πρώτης ἀκολουθήσει καὶ οὐκ ἀντιστρέψει. ἀνάπαλιν γὰρ ἡ ἀκολούθησις· εἴτε γὰρ τῇ καταφάσει ἡ κατάφασις εἴτε τῇ ἀποφάσει ἡ ἀπόφασις εἴτε τῇ ἀποφάσει ἡ κατάφασις εἴτ' ἔμπαλιν, καὶ τῶν καταλειπομένων μορίων τῶν ἀντιφάσεων ἡ ἀκολουθία ἔμπαλιν ἕξει, ὡς δείκνυσιν. ἁπλῶς γὰρ ὑποθέμενος τὸ Α, ὅ ἐστιν μόριον τῆς Α Β ἀντιφάσεως, τῷ Γ, ὃ καὶ αὐτὸ μόριόν ἐστι τῆς Γ Δ ἀντιφάσεως, ἕπεσθαι, δείκνυσιν ἔμπαλιν τῷ Β τὸ Δ τὸ τῆς Γ Δ ἀντιφάσεως ἑπόμενον μόριον, οὐδὲν ἔτι προστιθείς, εἴτε κατάφασις τοῦτο εἴτε ἀπόφασις, καὶ εἴτε ὑποτεταγμένον αὐτῷ εἴτε καὶ μὴ αὐτῷ ἀλλὰ τῷ Α, ἀλλὰ μηδὲ εἰ ἡ μὲν [ἡ] ἑτέρα ἀντίφασις ἐκ μεταθέσεως ἡ δὲ ἑτέρα ἁπλῆ, ὡς εἶχεν ἐπὶ τῶν πρὸ ὀλίγου δεδειγμένων. δείκνυσι δέ, κἂν θάτερα τὰ ἑπόμενα συναληθεύῃ, θάτερα τὰ προηγούμενα συναληθεύσοντα, ἃ ἦν καὶ αὐτὰ ἐπ' ἐκείνων τῶν ἀντιφάσεων

1, 2, 3 χρεμετιστικός a 4 οὕτως om. a 14 λαμβάνει B: λέγει a 16 ἀντίφασις a 17. 18 τῷ δὲ δ̄ τὸ β̄ a 18 τάξεως B: προτάσεως a 20 τὴν ... ἀντιφάσεως om. a 22 τίνα a 23 μέρει om. a κειμένης om. a 24 μέρος B: μόριον a ἀντιστρέψῃ a 27 ἀποφάσει (ante ἡ ἀπ.) scripsi: καταφάσει aB 28 καταλιμπανομένων a 31 τὸ alterum om. a μόριον ἑπόμενον a 33 μηδ' a εἰ ἡ μὲν a: εἴη μὲν ἡ B 36 συναληθεύοντα a δεδειγμένα. φησὶ γάρ, ὅτι καθόλου (τοῦτο γὰρ τὸ ἁ|πλῶς σημαίνει) 140v δύο ἀντιφάσεων ληφθεισῶν, οἷον τῆς τε ΑΒ καὶ τῆς ΓΔ, ἐὰν τῷ τῆς ἑτέρας ἀντιφάσεως μορίῳ ἕπηται θάτερον μέρος τῆς ἑτέρας ἀντιφάσεως, οἷον τὸ Α τῷ Γ, καὶ μὴ ἀντιστρέφῃ ὡς καὶ τὸ Γ τῷ Α ἕπεσθαι, ἀνάπαλιν τῷ τῆς ἑτέρας ἀντιφάσεως τῆς ὑποτεταγμένης ὑπολειπομένῳ μορίῳ ἀκολουθήσει θάτερον μόριον τῆς ἡγουμένης ἀντιφάσεως καὶ οὐκ ἀντιστρέψει· τὸ γὰρ Δ τῷ Β ἀκολουθήσει, οὐκέτι δὲ καὶ τὸ Β τῷ Δ, εἰ τῷ Γ εἴη τὸ Α ἀκολουθοῦν καὶ μὴ ἀντιστρέφον. ταῦτα δέ, ὡς εἶπον, ἔστιν, ἃ φθάσας ἔδειξεν ἐπὶ τῆς ἁπλῆς ἀντιφάσεως καὶ ἐπὶ τῆς ἐκ μεταθέσεως, ὁμοίως δὲ καὶ ἐπὶ τῆς στερητικῆς ἀντιφάσεως καὶ τῆς ἁπλῆς. ἀλλὰ τότε μὲν ἐπὶ ὕλης τινὸς ὡρισμένης νῦν δὲ καθολικὴν τὴν δεῖξιν ποιεῖται· διὸ καὶ τὴν τῶν στοιχείων ὑπήλλαξε τάξιν. οὐκέτι γὰρ τῷ μὲν Γ ἀεὶ τὸ Β ἀκολουθήσει, τῷ δὲ Α τὸ Δ, ὡς ἔδειξε πρὸ ὀλίγου, ἀλλὰ καθόλου, ὁποίῳ ἂν τῆς ἑτέρας ἀντιφάσεως καὶ πάλιν τῷ τῆς ἑτέρας ἀντιφάσεως μορίῳ τὸ ἕτερον μόριον τῆς ἑτέρας ἀντιφάσεως ἕπηται, ἂν μὴ ἀντιστρέφῃ, τῷ καταλειπομένῳ μορίῳ τὸ τῆς ἑτέρας ὑπολειπόμενον ἀκολουθήσει καὶ οὐκ ἀντιστρέψει. ἀλλὰ καὶ τὸ ἑξῆς λεγόμενον ἔδειξεν, ὅτι τῶν διαγωνίων αἱ μὲν συναληθεύουσί ποτε ἀλλήλαις, αἱ δὲ οὔ. αἱ μὲν γὰρ ἡγούμεναι, αἷς ἕπονται αἱ λοιπαί, οὐδέποτε ἅμα ἀληθεῖς ἔσονται· ἔσται γὰρ οὕτως ἡ ἀπόφασις συναληθευομένη, ὡς πρὸ ὀλίγου δέδεικται· τὰς δὲ ἐκείναις ἑπομένας οὐδὲν κωλύει ποτὲ ἅμα ἀληθεῖς εἶναι.

p. 52b4 Πρῶτον μὲν οὖν, ὅτι τῷ Β τὸ Δ ἕπεται, ἐνθένδε φανερόν.

Ἃ προέθετο, δείκνυσι. καὶ ὅτι γε τῷ Β τὸ Δ ἕπεται κειμένου ἕπεσθαι τῷ Γ τοῦ Α, οὕτως δείκνυσιν, ὡς εἴ γε ἔκειτο τῷ Α τὸ Γ ἕπεσθαι καὶ μὴ ἀντιστρέφειν, ἀνάπαλιν ἂν τῷ Δ τὸ Β εἵπετο. ἡ δὲ δεῖξις· ἐπεὶ ἀντίφασίς ἐστι τὸ ΓΔ, καὶ παντὶ θάτερον αὐτῶν ἀνάγκη ὑπάρχειν· ἐφ' οὗ δὲ ἀληθὲς τὸ Β, οὐκ ἐνδέχεται τὸ Γ διὰ τὸ τῷ Γ ἕπεσθαι τὸ Α· ἕποιτο γὰρ ἂν τῷ Β τὸ Α, καὶ κατὰ τοῦ αὐτοῦ ἅμα ἂν εἴη ἀληθῆ τὰ ΑΒ, ὅπερ ἀδύνατον· λείπεται ἄρα τὸ Δ ἕπεσθαι τῷ Β. πάλιν ἐπεὶ κεῖται τῷ μὲν Γ ἕπεσθαι τὸ Α οὐ μὴν ἀντιστρέφειν (οὐ γὰρ καὶ τῷ Α τὸ Γ), κατὰ παντὸς δὲ τὸ Γ ἢ τὸ Δ, εἰ τῷ Α μὴ ἕπεται τὸ Γ διὰ τὸ μὴ ἀντιστρέφειν, τότε ἀκολουθήσει αὐτῷ τὸ Δ· ἅμα ἄρα ἀληθὲς ἔσται τό τε Α καὶ τὸ Δ. εἰ δὲ ἦν ἀνάπαλιν τῷ Α τὸ Γ ἑπόμενον καὶ μὴ ἀντιστρέφον, εἵπετο μὲν ἂν καὶ τῷ Δ καὶ τὸ Β καὶ οὐκ ἀντέστρεφεν, ἦν δ' ἂν τὰ συναληθευόμενα τὰ ΓΒ, οὐ τὰ ΑΔ. εἰ δὲ εἴη τὰ ΑΔ συναληθευόμενα, οὐκέτι τὰ ΒΓ ἅμα ἔσται ἐπὶ τοῦ αὐτοῦ ἀληθῆ τῷ ἕπεσθαι μὲν τῷ Γ τὸ Α τῷ δὲ Β τὸ Δ.

---

2 τε om. a   3 μέρος B: μόριον a   9 τῆς ἁπλῆς . . . τότε μὲν ἐπὶ (10) om. a
15 ἀντιστρέφει a   18 ante αἷς add. ἐν a   20 ἐκείνας a   23 καὶ om. a
24 τὸ α τῷ a   25 δ B³ corr.: α a B pr.   26 ἀνάγκη ὑπάρχειν B: ὑπάρχει a
27 post β eras. ca. 3 lit. B   30 τὸ α τῷ γ B pr.: corr. B³   31 εἰ a: ἡ ex ἡ corr. B³   32 ἔστι a   35 α δ (ante εἰ) B: α β a   36 τὸ αὐτὸ a
τῷ prius evan. B

ἅμα καί, ⟨εἰ⟩ εἶεν [ἂν] ἀληθῆ τὰ Β Γ, ἕπεσθαι ληφθέντος τοῦ Β τῷ Γ 140v ἅμα ἂν ἀληθῆ γίνοιτο τὰ Γ Δ. ὁμοίως καὶ τὰ Α Β, εἰ ληφθείη ἕπεσθαι τῷ Γ τὸ Β (τῷ γὰρ Γ τὸ Α ἕπεται). ὃ ἀδύνατον· ἀντίφασις γάρ ἐστιν.

p. 52b 12 Φανερὸν οὖν, ὅτι οὐδὲ τῷ Δ τὸ Β ἀντιστρέφει.

Δείξας, ὅτι τῷ Β τὸ Δ ἕπεται ἑπομένου τῷ Γ τοῦ Α, δείξας δὲ καὶ ὅτι τὰ μὲν Α Δ ἔσται ποτὲ ἅμα ἀληθῆ ὡς ἀποφατικὰ ὄντα, τὰ δὲ Β Γ ἀδύνατον, εἰ εἶεν καταφατικά, νῦν τὸ καταλειπόμενον ἐπὶ τῶν προτεθέντων δείκνυσιν, ὅτι γὰρ μηδὲ τῷ Δ τὸ Β ἀντιστρέφει, ἐπεὶ μηδὲ τὸ Α Γ ἀντέστρεφεν. οὐ γὰρ οἷόν τε τῷ Δ τὸ Β ἀκολουθεῖν. ἐπεὶ γὰρ δέδεικται, ὅτι ἐνδέχεται ἅμα ἀληθῆ ποτε εἶναι τὰ Δ Α, εἰ ἕποιτο τῷ Δ τὸ Β, ὅτε ἅμα ἀληθῆ ἐστι τὰ Δ Α, τότε ἂν ἅμα ἀληθῆ γίγνοιτο καὶ τὰ Α Β· ἐπὶ γὰρ τοῦ Δ ἄμφω ἅμα ἔσται ἀληθῆ, εἰ ἀντιστρέφοι καὶ ἕποιτο τῷ Δ τὸ Β. ὅτε γὰρ καὶ ἐφ' οὗ ἀληθὲς τὸ Δ, τότε καὶ ἐπὶ τούτου ἀληθὲς γίνεσθαι τὸ Β· ἦν δὲ κείμενον καὶ τὸ Α ποτὲ συναληθεύειν αὐτῷ. εἶεν ⟨ἂν⟩ ἄρα ὁμοίως ἀληθῆ τὰ Α Β· ἀδύνατον δὲ ἅμα ἀληθῆ εἶναι τὰ Α Β· τοῦτο γὰρ ἔκειτο.

p. 52b 14 Συμβαίνει δὲ ἐνίοτε καὶ ἐν τῇ τοιαύτῃ τάξει τῶν ὅρων ἀπατᾶσθαι διὰ τὸ μὴ | τὰ ἀντικείμενα λαμβάνειν ὀρθῶς, ὧν 141r ἀνάγκη παντὶ θάτερον ὑπάρχειν.

Δείξας, τίς ἡ ἀκολουθία ἅμα δύο ἀντιφάσεων, ὅτι, ἐὰν τῷ τῆς ἑτέρας μέρει τὸ τῆς ἑτέρας μόριον ἀκολουθῇ μὲν μὴ μέντοι καὶ ἀντιστρέφῃ, ὅτι καὶ ἔμπαλιν τῷ καταλειπομένῳ μορίῳ τῆς ἑτέρας ἀντιφάσεως, ᾗ εἵπετο θάτερον μόριον [τῆς ἑτέρας ἀντιφάσεως], ἀκολουθήσει πάλιν τὸ λοιπὸν τῆς ἑτέρας μόριον καὶ οὐκ ἀντιστρέψει (δύο γὰρ ἀντιφάσεων οὐσῶν τῆς Α Β καὶ Γ Δ, ἂν ἕπηται τῷ Γ τὸ Α, μηκέτι δὲ καὶ τῷ Α τὸ Γ, ἀκολουθήσει μὲν καὶ τῷ Β τὸ Δ, οὐ μὴν ἀντιστρέψει· οὐ γὰρ καὶ τῷ Δ τὸ Β), νῦν φησιν, ὅτι, εἰ μὴ καλῶς ληφθεῖεν αἱ ἀντιθέσεις καὶ ἀντιφάσεις, ὡς μήτε ἄμφω τῷ αὐτῷ καὶ παντὶ θάτερον ἐξ ἀνάγκης, δόξει τῷ Γ τοῦ Α ἑπομένου καὶ τῷ Δ τὸ Β ἕπεσθαι, ὃ ἐδείχθη μὴ οὕτως ἔχον. τῷ γὰρ εἶναι μὴ λευκὸν οὐκ ἀκολουθεῖ μὲν ἀεὶ ἡ ἁπλῆ ἀπόφασις τὸ μὴ εἶναι λευκόν, ᾗτινι αὕτη αἰεὶ ἠκολούθει, ὡς ἐδείχθη, δόξει δὲ ἀκολουθεῖν, ἐὰν μὴ ὀρθῶς αἱ ἀντιφάσεις ληφθῶσιν. ἂν γάρ τις λάβῃ δύο ἀντιφάσεις τὴν Α Β καὶ Γ Δ, λάβῃ δὲ καὶ τῷ Γ ἕπεσθαι τὸ Α καὶ μὴ ἀντιστρέφειν, δόξει καὶ τῷ Δ ἕπεσθαι τὸ Β παρὰ τὸ μὴ ὑγιῶς αὐτὸν τὰς ἀντιθέσεις ποιήσασθαι. εἰ γὰρ

1 ἅμα a: evan. B εἰ addidi ἂν ut ex vs. 2 translatum delevi 3 ὃ scripsi: ἃ aB 7 καταλιπόμενον a 10 ἅμα prius om. a Β B: Α a 14 ἦν scripsi: εἶναι aB δὲ om. a εἶεν B² corr.: εἰ a B pr. ἂν addidi 18 ὧν a et Ar.: ᾧ B (Α pr.) 28 τῆς ἑτέρας ἀντιφάσεως delevi 29 ἀντιστρέψει scripsi: ἀντιστρέφει aB 30 ἐὰν a 33 δείξει a 34 ante εἶναι add. μὴ a: expunxit B 35 ᾗ τινι a 39 παρὰ τὸ om. in lac. a

λάβοι ἀμφοτέρων ἀποφατικὸν τῶν Α Β ἅμα τὸ Ζ. ὁμοίως δὲ καὶ ἀμφοτέρων 141r τῶν Γ Δ πάλιν ἀποφατικὸν τὸ Θ. εἶτα οἴοιτο ἀμφοτέρων ἅμα ἀποφατικὰ εἶναι καὶ ἑκατέρου αὐτῶν ἀποφατικὰ εἶναι καὶ πρὸς ἑκάτερον αὐτῶν ἀντίφασιν ποιεῖν τὸ μὲν Ζ καὶ πρὸς τὸ Α ἰδίᾳ καὶ πρὸς τὸ Β, ὁμοίως τὸ Θ καὶ πρὸς τὸ Γ καὶ τὸ Δ, καὶ λαμβάνοι, ἐπεὶ ἀντίφασις τὸ Α καὶ Ζ, ἐξ ἀνάγκης παντὶ αὐτῶν θάτερον· καὶ πάλιν ἐπεὶ ἀντίφασις τὸ Γ καὶ Θ, καὶ τούτων ἐξ ἀνάγκης θάτερον, ἦν δὲ κείμενον τῷ Γ ἀκολουθεῖν τὸ Α. τῷ Ζ, ὃ καταλείπεται τῆς Α Ζ ἀντιφάσεως, ἀκολουθήσει τὸ Θ, ὃ τῆς ἑτέρας τῆς Γ Θ ἀντιφάσεως ὑπολείπεται. εἰ γὰρ ἀντιφάσεων οὐσῶν τῶν Α Ζ καὶ Γ Θ τῷ Γ τὸ Α ἕπεται, λείπεται τῷ Ζ ἕπεσθαι τὸ Θ, καθὼς δέδεικται πρὸ ὀλίγου. τούτων δ' οὕτως ἐχόντων πάλιν ἐπεὶ ἀντίφασις τό τε Ζ Β καὶ τὸ Θ Δ, καὶ τούτων ἐξ ἀνάγκης παντὶ τῷ ληφθέντι θάτερον ὑπάρξει· κεῖται δὲ τῷ Ζ τὸ Θ ἕπεσθαι· ἀκολουθήσει ἄρα καὶ τῷ Δ τῷ ὑπολειπομένῳ ἐκ τῆς Θ Δ ἀντιφάσεως τὸ ὑπολειπόμενον ἐκ τῆς ἑτέρας ἀντιφάσεως τῆς Ζ Β· τοῦτο δέ ἐστι τὸ Β· ὥστε καὶ τῷ Δ τὸ Β, ἀκολουθεῖν κειμένου τῷ Γ, ὃ ἦν ἀντικείμενον τῷ Δ, τοῦ Α, ὃ ἀντέκειτο τῷ Β. ἐδείχθη δέ, ὅτι οὕτως ἐχόντων οὐ τῷ Δ τὸ Β, τὸ δὲ Δ τῷ Β ἀκολουθήσει. λύων δὴ τοῦτο καὶ δεικνύς, παρὰ τί τοῦ ψεύδους ἡ δεῖξις γέγονε, φησὶν οὐ γὰρ ἴσως ἀνάγκη παντὶ τὸ Α ἢ τὸ Ζ ἢ πάλιν τὸ Ζ ἢ τὸ Β. λέγει δὲ διὰ τούτων, ὅτι μὴ ὑγιῶς ἐλήφθη ἡ ἀμφοτέρων ἅμα ἀπόφασις καὶ ἑκατέρου αὐτῶν ἰδίᾳ ἀπόφασις οὖσα· τὸ γὰρ Ζ ἦν ἀπόφασις τῶν ἀντιφατικῶς ἀλλήλοις ἀντικειμένων. εἴη γὰρ ἂν τὰ Α Β ἀγαθὸν καὶ οὐκ ἀγαθόν, ἡ ἀπόφασις αὐτῶν τὸ Ζ 'οὔτε ἀγαθὸν οὔτε οὐκ ἀγαθόν', ὃ οὔτε τοῦ ἀγαθοῦ ἰδίως ἀπόφασίς ἐστιν οὔτε τοῦ οὐκ ἀγαθοῦ. τοῦ γὰρ 'οὐκ ἀγαθόν ἐστιν' ἀπόφασις τὸ 'οὐκ ἔστιν οὐκ ἀγαθόν' ἀλλ' οὐ τὸ 'οὔτε ἀγαθὸν οὔτε οὐκ ἀγαθόν ἐστιν'· διαφέρει γὰρ ταῦτα ἀλλήλων. ὥστε οὐ δεόντως ἀντιφάσεις ἐλήφθησαν τό τε Α Ζ καὶ τὸ Γ Θ. ὁμοίως καὶ εἰ εἴη τὸ Α Β ἴσον καὶ οὐκ ἴσον, ἡ ἀπόφασις αὐτῶν 'οὔτε ἴσον οὔτε οὐκ ἴσον'. ὁ αὐτὸς λόγος καὶ ἐπὶ τοῦ Γ Δ· οὐδὲ γὰρ τούτων ἑκατέρου ἰδίᾳ ἀπόφασις ἦν τὸ Θ, ἀλλ' ἅμα ἀμφοτέρων. εἰ γὰρ ἦν ἄνισον καὶ οὐκ ἄνισον, ἡ ἀπόφασις ἦν αὐτῶν 'οὔτε ἄνισον οὔτε οὐκ ἄνισον', καὶ εἰ ἦν [ἂν] καλὸν καὶ οὐ καλόν, [καὶ] ἡ ἀπόφασις αὐτῶν 'οὔτε καλὸν οὔτε οὐ καλόν'. καὶ εἰ ἦν 'ἔστιν οὐ λευκόν' καὶ 'οὐκ ἔστιν οὐ λευκόν', ⟨ἡ⟩ ἀπόφασις αὐτῶν 'οὔτε ἐστὶν οὐ λευκὸν οὔτε οὐκ ἔστιν οὐ λευκόν'. δύο γὰρ ἀποφάσεις εἰσὶν ἐν τῇ 'οὔτε ἀγαθὸν οὔτε οὐκ

1 τὸ om. a 2 τῶν B: τῷ a 3 εἶναι prius delendum aut in ὄντα corrigendum videtur ἑκατέρου scripsi: ἑκατέρῳ aB 4 ποιεῖν τὸ] εἶν τὸ evan. B 5 λαμβάνοι a: λαμβάνει B ante ζ add. τὸ a 6 ante θ add. τὸ a 8 τῷ ex τὸ corr. B² α β a 10 καθὰ a 11 β ζ a 13 καὶ om. a 13. 14 ὑπολειπομένῳ a: ὑποκειμένῳ B 15 ἀκολουθεῖ a 16 τῷ γ scripsi: τοῦ γ aB 17 οὐ scripsi: οὗ aB τὸ δ τῷ β, τῷ δὲ δ τὸ B pr.: corr. B³ 18 δὲ a 19 τῷ α a ἢ πάλιν aB: οὐδὲ Ar. 21 τῶν B: αὐτῶν a 22 εἴη B: εἰ a 26 ἀντιφάσεις a: ἀντίφασις B 27 καὶ (post ἴσον) om. a 29 οὐδὲ scripsi: οὔτε aB 30 καὶ superscr. B² 31 ἂν (cf. vs. 30) et καὶ (cf. vs. 32) delevi καὶ (ante ἡ) om. a 33 ἡ a (cf. vs. 30, 31): om. B

ἀγαθόν', ὁμοίως καὶ ἐν τῇ 'οὔτε ἴσον οὔτε οὐκ ἴσον' καὶ ἐν τῇ 'οὔτε 141r
ἄνισον οὔτε οὐκ ἄνισον'· αἱ δὲ δύο ἀποφάσεις οὐκ ἂν εἶεν μιᾶς προτά-
σεως | καὶ καταφάσεως ἀπόφασις. 141v

Ὅτι δὲ μὴ ἀντιφάσεις τὰ τοιαῦτα, δεικνύοιτο ἂν καὶ διὰ τοῦ τὰς
ἀμφοτέρων ἀποφάσεις τῷ ἑτέρῳ μέρει τῆς ἀντιφάσεως αἰεὶ συμψεύδεσθαι·
αἰεὶ μὲν γὰρ καὶ ἐπὶ παντὸς ψευδὴς ἡ ἀμφοτέρων ἀπόφασις· οὐ γὰρ
οἷόν τέ τι ἅμα καὶ οὐκ ἀγαθὸν καὶ οὐχὶ οὐκ ἀγαθὸν εἶναι. ὁποτέρα ⟨ἂν⟩ 5
οὖν τῆς ἀντιφάσεως ἀληθὴς ᾗ, ⟨ἡ⟩ ἀμφοτέρων ἀπόφασις μετὰ τῆς ἀντι-
κειμένης τῇ ἀληθεῖ αἰεὶ ψευδὴς ἔσται. ἔτι δ' εἰ ἐπὶ πάντων ψευδὴς ἡ
ἀμφοτέρων ἀπόφασις, ὅταν ἐπί τινος τοῦ αὐτοῦ πρὸς ἑκάτερον μόριον τῆς
ἀντιφάσεως, ὧν ἀμφοτέρων ἐστὶν ἀπόφασις, ἀντιτιθῆται ὡς ἀντίθεσιν πρὸς
αὐτὰ ποιοῦσα, ἔσται ἑκατέρα ἐκείνων ἀληθής, καὶ ἡ κατάφασις καὶ ἡ
ἀπόφασις. εἰ δὲ τοῦτο, ἅμα ἀληθὴς ἡ ἀντίφασίς ἐστιν, ἀλλὰ καὶ ἅμα 10
ψευδής. εἰ γὰρ ἀντίφασις τὸ ἀγαθὸν καὶ τὸ οὔτε ἀγαθὸν οὔτε οὐκ ἀγαθόν,
καὶ ἐφ' οὗ ψεῦδος τὸ ἀγαθὸν εἶναι, ἐπὶ τούτου ψεῦδος καὶ τὸ οὔτε ἀγαθὸν
οὔτε οὐκ ἀγαθὸν εἶναι, ἅμα ψευδὴς ἔσται ἡ ἀντίφασις ἐπὶ τοῦ αὐτοῦ.
† καθ' οὗ δὲ ἡ ἀντίφασις. ταῦτα δὲ καθόλου παρέθετο πρὸς ἔνδειξιν τοῦ
δεῖν ἀκριβῶς τὰς ἀντιθέσεις καὶ ἀντιφάσεις λαμβάνειν, ἐπεὶ δόξει τοῖς μὴ 17
μετ' ἐπιστάσεως λαμβάνουσιν ἄλλως τινὰ ἔχειν δύνασθαι τῶν ἀποδε- 23
δειγμένων.

7 ἂν a: om. B 8 ἀντιφάσεως B: ἀποφάσεως a ᾗ, ἡ scripsi: ἣν aB 9 ἀληθείᾳ ἔσται ἀεὶ ψευδής a 10 πρὸς in vestigiis manus primae B² 11 ἀντιτίθεται a 12 καὶ ἡ alterum evan. B 14 post τὸ ἀγαθὸν add. καὶ τὸ οὐκ ἀγαθόν a 17 καθ' οὗ δὲ ἡ ἀντίφασις om. a: fort. καθ' ὃ οὐδὲ ἦν ἀ. παρέθετο καθόλου a 18 μὴ om. a 19 τῶν om. a 20 Ἀλεξάνδρου ἀφροδισιέως ὑπόμνημα εἰς τὸ περὶ ἀναλύσεων συλλογισμῶν ἀριστοτέλους ἀναλυτικῶν προτέρων πρώτου subscr. B (cf. ad p. 1,1, 340,3)

INDICES

INDEX NOMINUM*)

*) Index verborum alteri huius voluminis parti adiungetur.

LOCI PLATONICI

LOCI ARISTOTELICI

ADDENDA ET CORRIGENDA*)

p. 7,18 τά,] l. τά
p. 11 n. 26 c. 5] l. c. 6
p. 22,4 τὸ 'εἰ cum cod. B legendum est
p. 37 n. 19 lacera quaedam habet F, non B
p. 70,6 τέλειοί] τέλεόν legendum esse videtur cf. p. 15,30, 16,5, 338,23
p. 121,9 τι] immo , τί
p. 125 n. 6 excidisse videtur velut] l. add. Brandis Schol. 159a14
p. 141 col. tit. b13] l. b31
p. 176 n. 30 adde (post οὖν)
p. 201,9, p. 309,8 ζώω] l. ζώῳ
p. 228,2 ὅτι] conico ἔτι
p. 230,28 l. συλλογισμός,
p. 232 n. 38, p. 233 n. 10 a30, a34] l. b30, b34
p. 242 n. 19. 20 post καὶ adde ὅτι
p. 267,1 συνάγει] legendum esse videtur συνάγῃ
p. 275,24 ἐπίστασιν] l. ἐπίτασιν
p. 277,21 ante κἀ εἶναι excidit καὶ εἶναί τινα σχέσιν αὐτῶν πρὸς ἀλλήλας τοιαύτην ὡς συνῆφθαί τε ἀλλήλαις
p. 278 n. 2 a37] l. b37
p. 340 n. 1] l. 3
p. 366,7 ἡμίσεως] l. ἡμίσεος

*) De locis, quos [Themistii] paraphrasis emendatos exhibe, cf. Supplementa.